浔阳区政协志

中国人民政治协商会议
九江市浔阳区委员会 编

方志出版社

修以明史
志存千秋

戴晓慧

中共浔阳区委书记戴晓慧题词

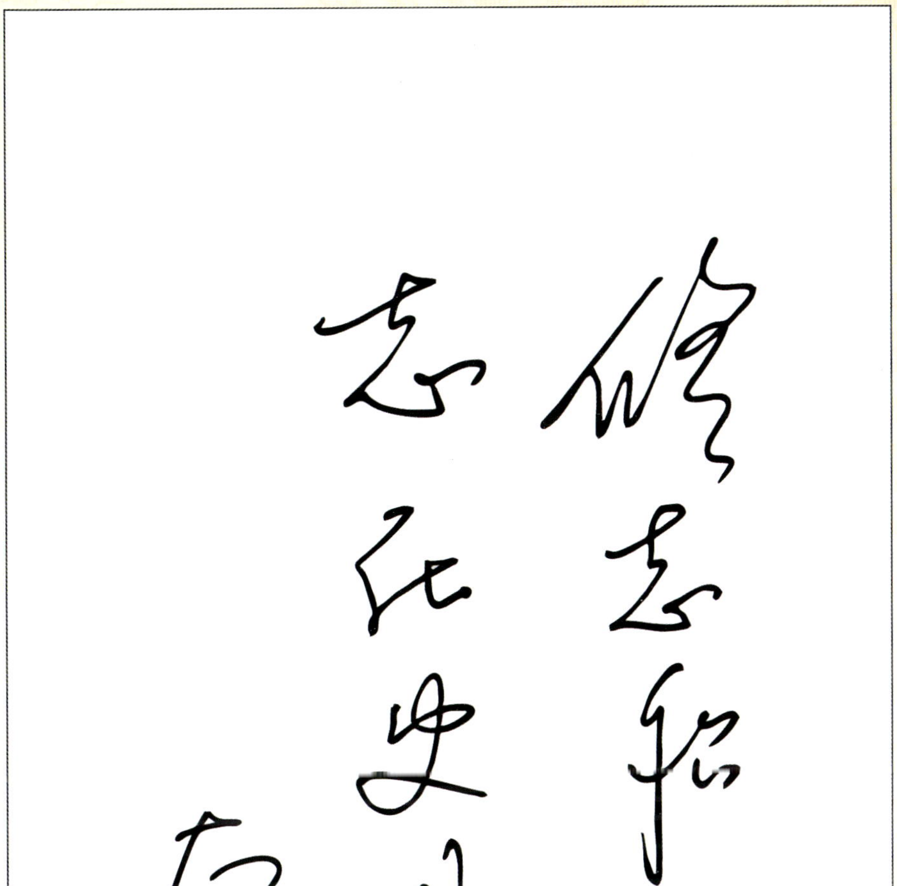

浔阳区人民政府区长左延题词

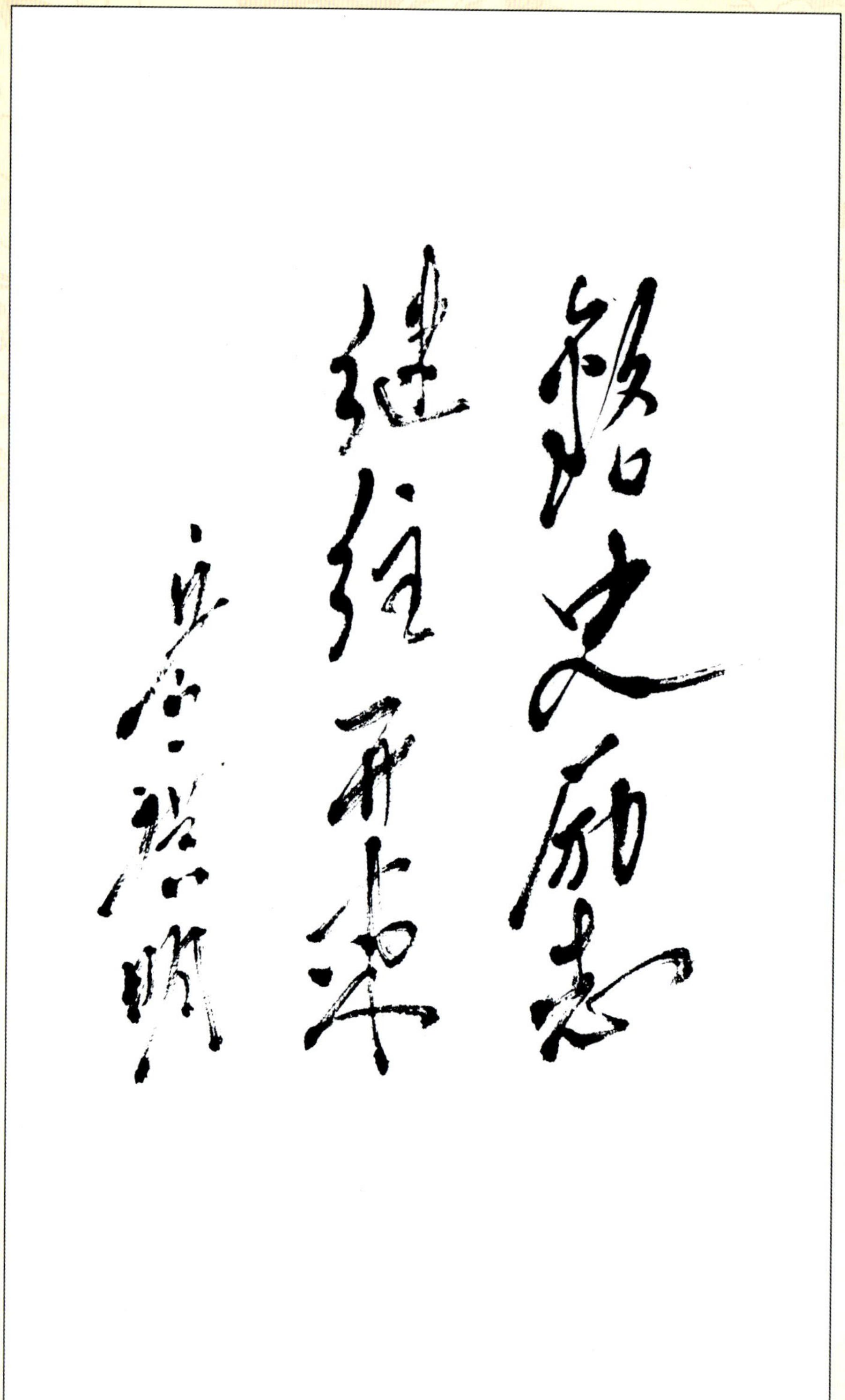

浔阳区政协第一届委员会主席岳广明题词

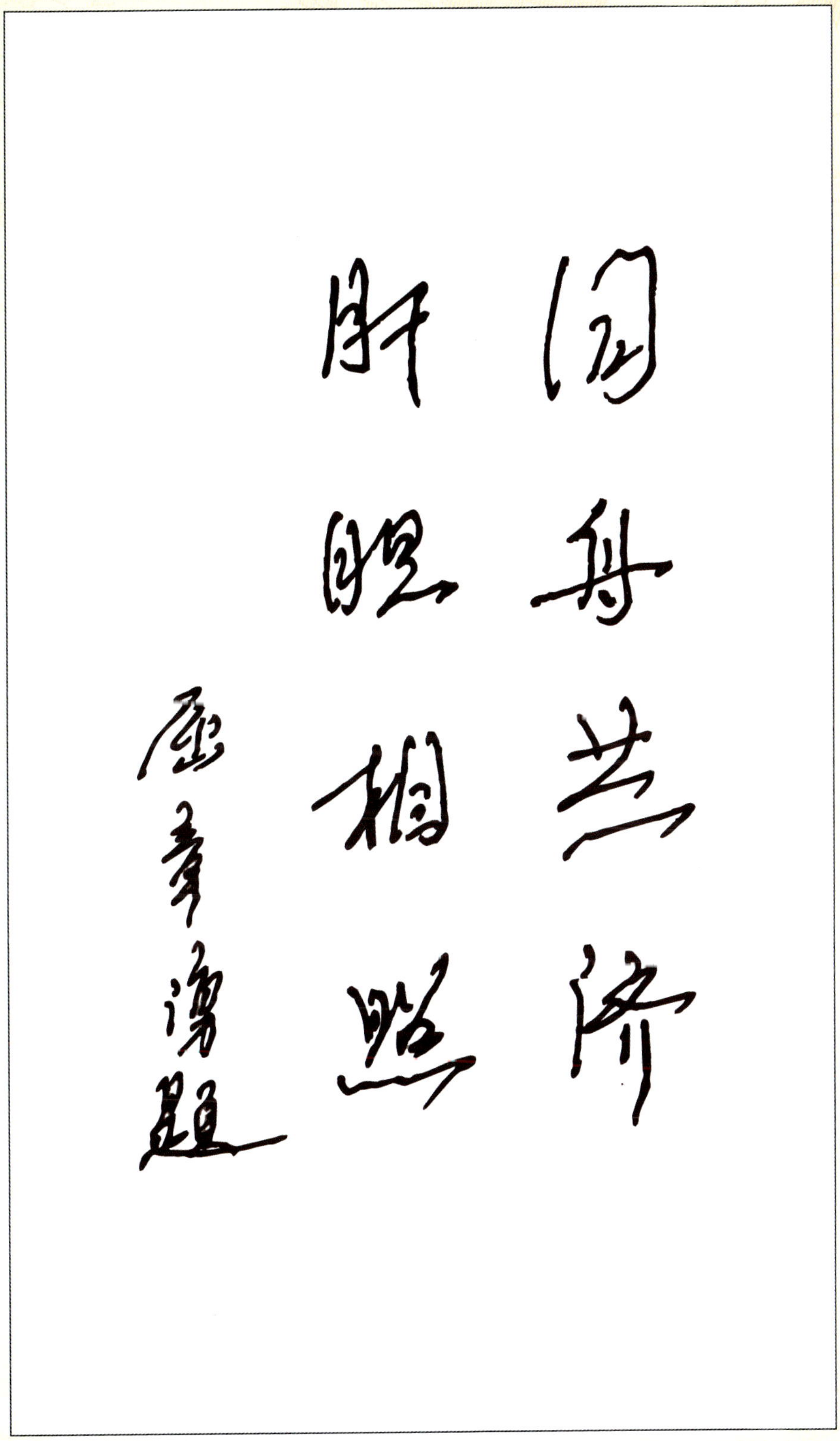

浔阳区政协第二、三届委员会主席屈章湧题词

难忘怀，和浔阳区政协的
同志们共事的日子。

胡勋杰
二〇一四年十二月二日

浔阳区政协第四届委员会主席胡勋杰题词

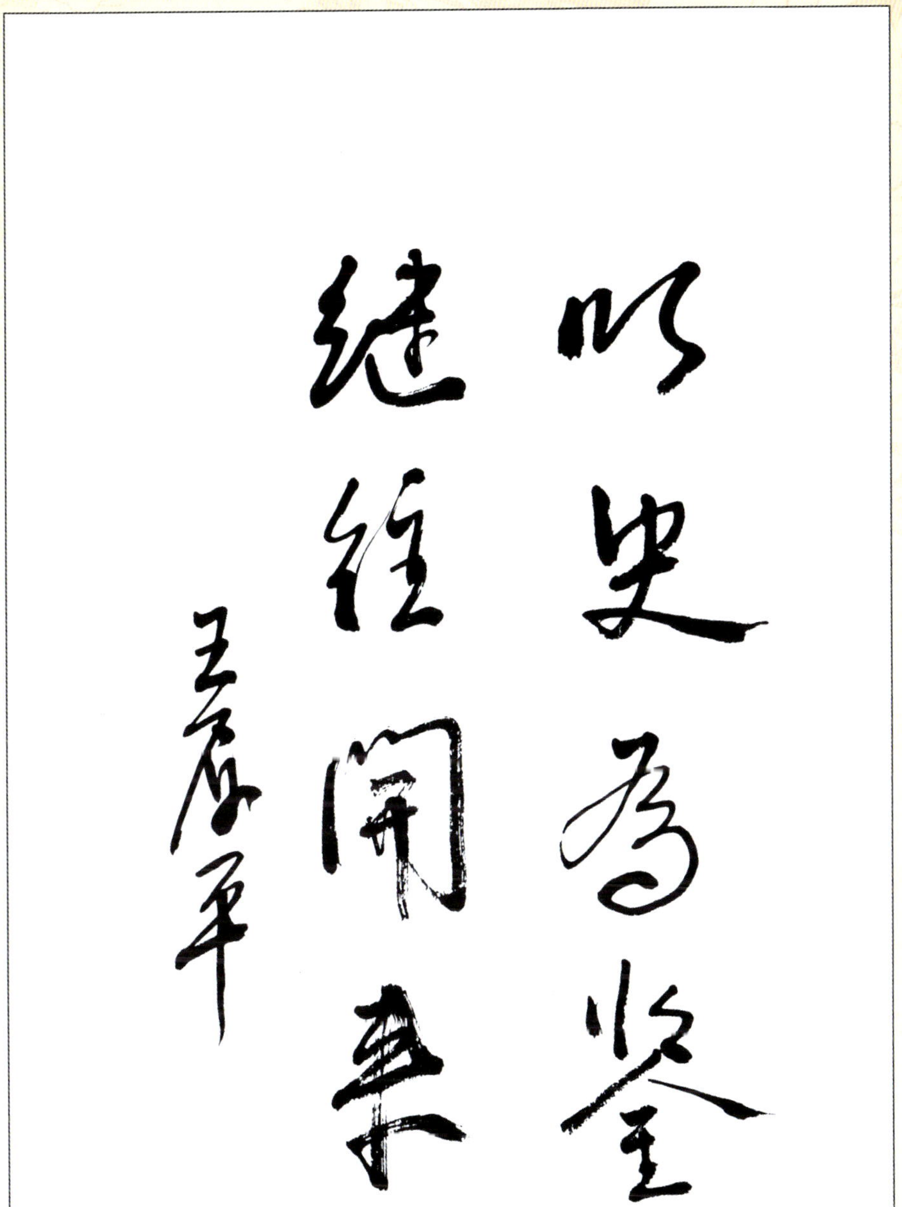

浔阳区政协第四届委员会主席王原平题词

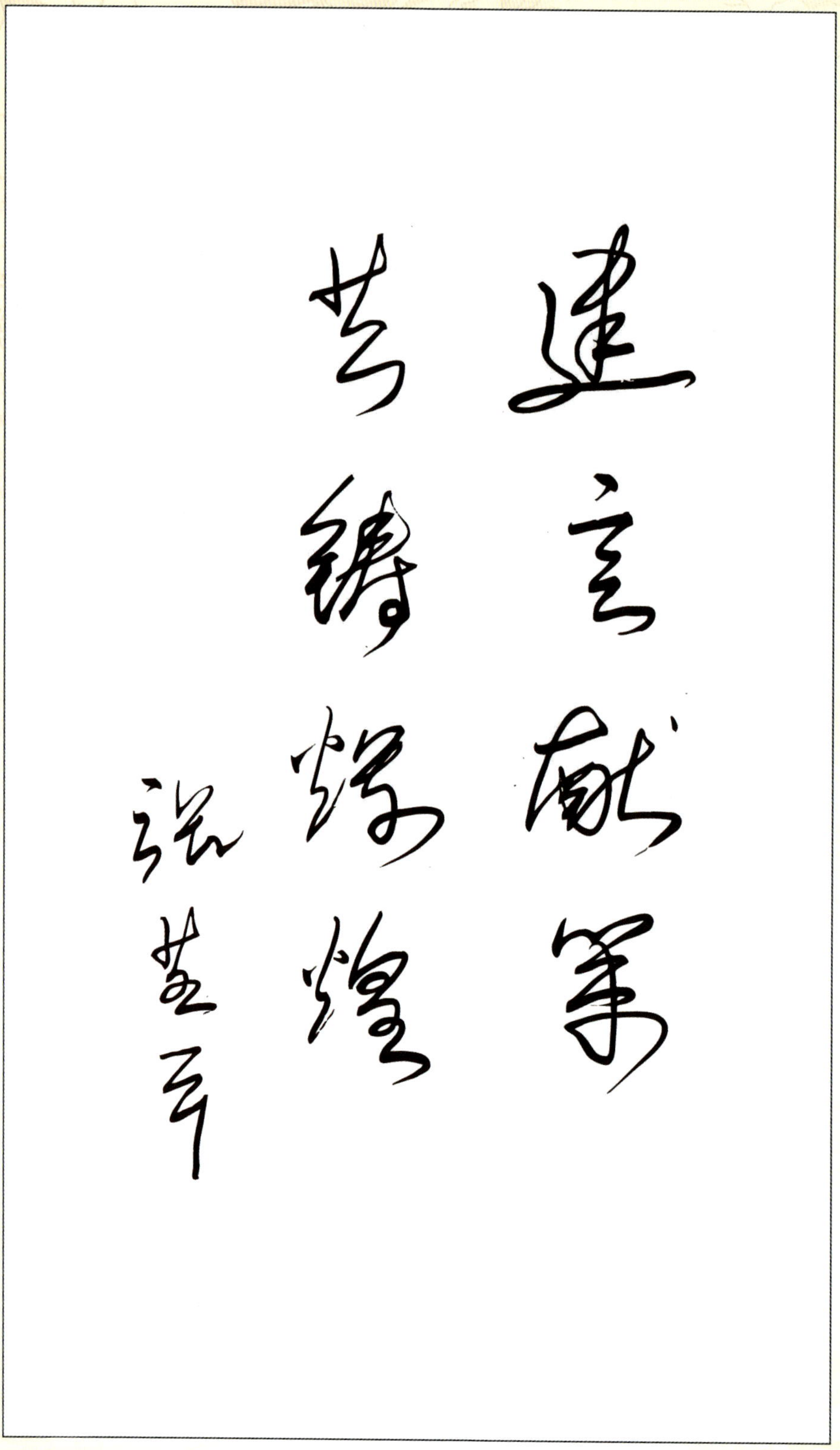

浔阳区政协第六届委员会主席张燕萍题词

盛世修志存千古

继往开来铸辉煌

文建華

二〇一五、六、六

浔阳区政协第七届委员会主席文建华题词

1987年7月16日，区政协主席岳广明在政协浔阳区第一届委员会第一次会议上作报告

1990年4月13日，区政协主席屈章湧在政协浔阳区第二届委员会第一次会议上讲话

1998年2月8日，区政协主席胡勋杰在四届一次大会上投票

1999年1月13日，区政协主席王原平在政协浔阳区第四届委员会第二次会议上讲话

2003年1月8日，区政协主席杨朱记在政协浔阳区第五届委员会第一次会议上讲话

2007年2月26日，区政协主席张燕萍在政协浔阳区第六届委员会第一次会议上讲话

2012年2月8日，区政协主席文建华在政协浔阳区第七届委员会第二次会议上作报告

1987年7月14日，市委书记江国镇在政协浔阳区第一届委员会第一次会议开幕式上讲话

1987年7月14日，市政协副主席李国忠在政协浔阳区第一届委员会第一次会议开幕式上致贺词

1988年，市政协主席王佐良在政协浔阳区第一届委员会第二次会议开幕式上致贺词

1990年4月10日，市政协副主席王国珍在政协浔阳区第二届委员会第一次会议开幕式上讲话

2003年1月6日，市政协副主席姚果原在政协浔阳区第五届委员会第一次会议开幕式上讲话

2011年8月，市政协副主席魏改生在政协浔阳区第七届委员会第一次会议开幕式上致贺词

1987年7月14日，区委书记王文敬在政协浔阳区第一届委员会第一次会议开幕式上讲话

1990年4月13日，区委副书记范序德在政协浔阳区第二届委员会第一次会议上讲话

1996年1月17日，区委副书记王原平在政协浔阳区第三届委员会第四次会议上讲话

1998年2月6日，区委书记曹林森在政协浔阳区第四届委员会第一次会议上讲话

2005年1月10日，区委副书记、区长尹雪秀在政协浔阳区第五届委员会第三次会议开幕式上讲话

2010年2月3日，区委书记朱汉浩在政协浔阳区第六届委员会第四次会议闭幕式上讲话

2011年8月30日，区委书记戴晓慧在政协浔阳区第七届委员会第一次会议闭幕式上讲话

2014年1月15日，区委副书记、区长左延在区政协七届四次全会上点评委员大会发言

政协浔阳区第一届委员会第二次会议于1988年3月23日在浔阳区原政府六楼会议室隆重举行

政协浔阳区第二届委员会第二次会议于1991年3月27日在浔阳区原政府六楼会议室隆重举行

政协浔阳区第三届委员会第一次会议于1993年1月5日至1月7日在浔阳区原政府六楼会议室隆重举行

政协浔阳区第四届委员会第二次会议于1999年1月11日至1月13日在浔阳区综合楼十楼会议室隆重举行

政协浔阳区第五届委员会第二次会议于2004年2月5日至2月7日在浔阳区综合楼十楼会议室隆重举行

政协浔阳区第六届委员会第二次会议于2008年2月26日至2月28日在浔阳区青少年活动中心隆重举行

政协浔阳区第七届委员会第一次会议于2011年8月28日至8月30日在浔阳区青少年活动中心隆重举行

中国人民政治协商会议九江市浔陽区第一届委
九江
九江市
阳区司法局

政协浔阳区第一届委员会第一次会议全体委员合影

政协浔阳区第三届委员会第五次会议全体委员合影

政协浔阳区第四届委员会第二次会议全体委员合影

政协浔阳区第五届委员会第一次会议全体委员合影

政协浔阳区第七届委员会第一次会议全体委员合影

政协浔阳区第六届委员会第一次会议全体委员合影

2011年8月，区委书记戴晓慧（右七）、区长左延（左六）与区政协班子成员合影

2011年8月，区委书记戴晓慧（右七）、区长左延（左六）与区政协常委合影

2016年1月20日，区政协机关干部与区政协常委合影

2016年1月20日，区政协领导文建华（右六）、刘宗强（右五）、廖济煊（左五）、韩万金（右四）等与七届六次会议工作人员合影

1987年7月30日，区政协一届一次常委会议在区政府三楼会议室召开

2007年3月29日，区政协六届一次常委会在区政协三楼会议室召开

2013年1月15日，区政协七届七次常委会议在区政协三楼会议室召开

2015年12月17日，中共浔阳区委在区综合楼十楼会议室召开全区人大政协工作会议。

2009年10月9日，全市县（区、市、山）政协工作委员会第三次会议在浔阳召开

2012年9月25日，市政协副主席朱汉浩在浔阳区召开“三区”（庐山区、开发区、浔阳区）委员进社区现场座谈会

区政协七届三次会议授奖先进集体

区政协七届三次会议授奖先进个人

视察调研

1988年，全国政协办公厅秘书局局长马永胜（中）到浔阳视察

1988年，区政协主席岳广明（左二）带领区政协委员视察城区码头

1999年8月，区政协副主席王之军（左四）带领委员考察长江水运情况

1999年冬，区政协主席王原平（右二）视察区民政局并慰问贫困家庭

2007年9月6日，区政协主席张燕萍（右三）调研人民路街道新农村建设

2009年5月21日，区政协副主席任惠萍（右一）调研浔阳公安分局刑事科学技术室

视察调研

2009年7月8日，区政协副主席刘其祥（右二）带领委员到新华书店和图书市场调研文化市场管理工作

2009年10月10日，市政协主席程来安（右四）实地视察区城东工业基地3号园

2010年4月22日，区政协副主席胡迪（右一）带领委员视察城东工业基地九星运动器材有限公司

2010年10月，区政协副主席张华桥（右一）带领委员视察审计政务工作情况

2011年11月5日，区政协主席文建华（左二）视察大中路升级改造情况

2012年4月11日，省政协副主席郑小燕（右三）一行视察社会服务中心

视察调研

2012年11月8日，区政协副主席刘宗强（左三）视察检察院工作

2012年11月11日，市政协主席魏宏彬（左四）一行视察浔阳区金旺达项目建设

2013年4月22日，江西省政协副主席汤建人（右二）调研浔阳区公共文化服务体系建设

2013年11月9日，区政协副主席易小慧（右四）调研现代物流业

2014年11月4日，区政协副主席朱少芬（左三）调研人民路街道日间照料中心打造情况

2014年7月24日，区政协副主席周华（右二）调研保障性住房后期管理工作

视察调研

2015年2月13日，市政协主席杨小华（右二）视察浔阳区并为社区居民送春联

2015年7月22日，区政协副主席廖济煊（右二）调研金鸡坡街道政协联络处“委员之家”工作

2015年11月7日，区政协副主席、工商联主席秦永红（右四）调研白水湖街道白水湖村招商项目

2015年11月17日，区政协秘书长韩万金（左一）调研白水湖街道政协联络处委员进社区工作

参政议政

1987年7月15日区政协一届一次会议分组讨论

2011年2月19日，区委书记朱汉浩（右二）参加区政协六届五次会议小组讨论

2011年2月19日，区政府区长李广欣（右三）参加区政协六届五次会议小组讨论

2011年8月29日，区委书记戴晓慧（右三）参加区政协七届一次会议小组讨论

参政议政

2014年1月16日，区长左延（右一）参加区政协七届四次会议小组讨论

历届委员在政协大会上发言

协商民主

2007年5月19日，区政协在信华会议室就如何做好“三产强区”工作与相关部门进行专题协商

2009年9月18日，区政府在区财政局会议室就如何开展协税护税工作与区政协进行专题协商

2013年11月15日，区政协提案委员会根据委员提出如何治理环境污染的提案，与相关部门进行协商

2015年4月24日，区政协就落实流动人口计生“四式”网格管理工作开展对口协商

2015年7月24日，区政府就如何推进全区重大项目工作，在区政协常委会上开展协商

2016年3月28日，区政府就2016年度财政预算安排等在主席会上开展专题协商

民主监督

2012年7月18日，区政协对中百站农贸市场食品卫生情况开展民主监督

2013年6月26日，区政协召开统一委派政协委员担任相关部门民主监督员工作会议

2013年9月29日，区政协常委会专题视察“十件惠民实事”推进情况

2015年4月14日，区政协民主监督小组对区重点化工企业——齐鑫化工公司开展安全生产民主监督

2016年3月29日，区政协民主监督小组对区行政服务中心前台管理工作开展民主监督活动

2007年8月31日，区政协委员向优秀贫困生代表捐款

2007年11月13日，浔阳区政协将一批“十七大”知识读本和有关科技、法律等书籍共1500册送到金鸡坡姬公庵村

2008年5月，区政协组织委员向四川汶川地震灾区捐款

2012年6月15日，政协委员进社区活动启动仪式

2012年6月15日，区政协组织文艺界委员送文艺下人民街道湖滨社区

2012年9月11日，区政协在金鸡坡街道大唐村举行“百名委员进社区带动群众促创建”暨金鸡坡街道“委员之家”揭牌仪式

2013年8月15日，区政协视察湓浦街道“委员之家”打造情况

2014年4月27日，区政协视察界别“委员之家”打造情况

2014年9月26日，区政协组织委员开展“进社区，庆重阳，送健康”活动

2015年7月29日，区政协组织委员开展“访基层、送清凉”活动

2012年6月13日，人民路街道政协联络处召开政协委员座谈会，区政协委员积极为街道献言献策

2012年9月11日，区政协金鸡坡街道联络处在“委员之家”的“委员论坛”室开展讲授活动

2012年12月20日，区政协甘棠街道联络处组织义工联，卫生界委员开展为民送温暖活动

2014年9月，区政协白水湖街道联络处组织委员开展老人健步行活动

2015年5月，区政协湓浦街道联络处组织委员，开展爱心送考活动

2013年5月，区政协港澳台侨委员会联合湓浦街道联络处开展“助残日”活动，区政协委员为残疾人奉献爱心

2015年2月，区政协文教卫生法制社团委员会组织委员开展春节送春联活动

2013年7月3日，区政协常委黎璇如倡议，政协委员吴晓、丁琪、应万来、马年青、戴可可等积极响应帮助贵州孩子圆梦回家

2013年10月12日，在重阳来临之际区政协委员纷纷走进社区开展送温暖活动

2007年12月6日，民建浔阳区支部换届

2007年12月25日，民盟浔阳区支部换届

2008年4月11日，民进浔阳支部提升公共安全指数座谈会

2011年8月，民革浔阳区支部在星子县开展扶贫助学活动

2011年12月16日上午，九三学社九江市委浔阳区支社成立大会在区党政大楼会议室隆重召开

2014年5月24日，农工党浔阳区支部在白水湖街道沿江社区开展“春夏季传染病预防知识宣传”活动

2015年1月21日，无党派知识分子联谊会慰问九江市特殊教育学校

1987年9月5日，区政协会同区委统战部、区委对台办共同在区政府六楼会议室召开中秋茶话会

1988年8月13日，区政协在区政府六楼会议室举行抗日战争胜利43周年报告会

2000年9月8日，区政协举办庆中秋、教师节茶话会

2001年1月，区政协举办各界人士迎春茶话会

2004年1月，区政协主席杨朱记（左一）召开政协老干部座谈会，征求新一年工作意见

2004年9月9日，区政协在翠竹山庄举办委员培训班

2011年11月26日，区政协在星子县龙湾温泉宾馆举办委员培训班

2014年6月28日，区政协主席文建华（左一）到社区民意直通车联系点，甘棠街道延支山社区召开座谈会，听取社区社情民意

光華時報
九江市浔阳区政协民主监督更有效
"向空中要效益"
既是民主监督，更是促进部门工作
不搞"你好我也好"
政协新闻
光華時報
践行群众路线 发挥委员作用
省政协机关传达学习省委全委会精神
南丰县政协重视作风建设
76次约访解决48件实事
品味人生
政协委员风采录
江西省九江市浔阳区政协部署委派民主监督员
对法律法规执行情况开展民主监督
广西容县落实
为地质灾害隐患点
金嗓子喉片
治疗咽炎 祛口臭 入口见效
广西金嗓子集团
电话:0772-2825718

2012年9月28日，区政协承办的"庆国庆·迎中秋"文艺晚会在九江市青少年活动中心上演

1988年4月28日，区政协举行七省市25区、县政协联谊会

1994年4月，区政协主席屈章湧（右二）在湖口县参观学习

2009年9月30日，区政协主席张燕萍（右四）带领机关干部到福建泉州市鲤城区参观学习

2013年4月19日，武汉市新洲区政协副主席陈金旺一行到区就提案工作进行交流座谈

2013年11月6日，河北省石家庄市桥东区政协主席张云雁一行到区金鸡坡街道视察委员进社区工作

2014年8月21日，区政协主席文建华（右一）带队到景德镇珠山区开展学习交流活动，双方就政协志及政协工作研讨会学习交流

2016年1月21日，《那年那月——九江知青谈忆录》编审人员向部分知青和委员代表赠书

区政协成立以来编辑的文史资料

2008年1月7日，区政协机关干部上街铲雪

2009年10月，区政协机关干部和部分政协委员一起开展人民政协成立60周年“金秋大家唱”活动

2010年2月20日，区政协机关干部到金鸡坡开展植树活动

2011年5月，区政协联合农工党浔阳区支部到区福利院开展送药活动

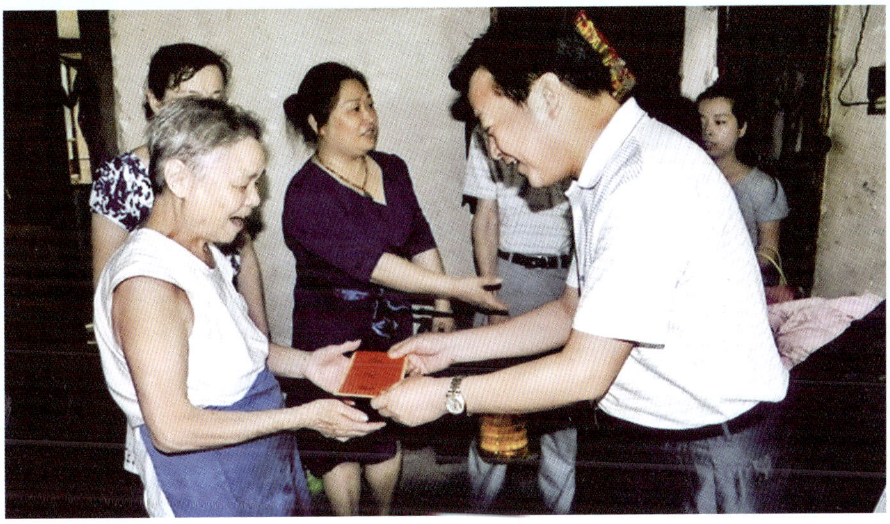

2012年6月26日，区政协领导带领机关干部走访困难户

2014年3月7日，区政协党组群众路线教育实践活动动员大会在区政协三楼会议室召开

2014年10月16日，区政协组织政协常委开展国防教育实践活动

2014年12月15日，区政协机关干群主动融入市区城市环境综合整治“百日大会战”活动开展路见本色清扫行动

2015年12月31日，区政协开展登山健身活动

2011年5月，区政协联合农工党浔阳区支部到区福利院开展送药活动

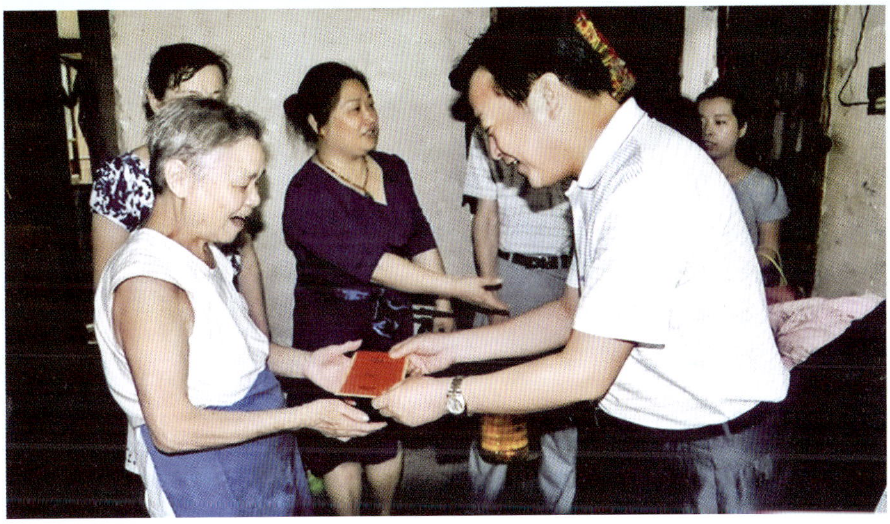

2012年6月26日，区政协领导带领机关干部走访困难户

2014年3月7日，区政协党组群众路线教育实践活动动员大会在区政协三楼会议室召开

2014年10月16日，区政协组织政协常委开展国防教育实践活动

2014年12月15日，区政协机关干群主动融入市区城市环境综合整治“百日大会战”活动开展路见本色清扫行动

2015年12月31日，区政协开展登山健身活动

区政协办公楼旧址

区政协办公楼

2015年8月24日，区政协召开《浔阳区政协志》评审会议

《浔阳区政协志》编委会部分成员合影

《浔阳区政协志》编辑部部分成员合影

序

史从志出，存史资政。编史修志是中华民族优良传统，也是传承中华文明的重要方式。政协志作为方志中的专志，是系统记载地方政协历史的综合性著述。编好、用好政协志书，对加强人民政协工作，推进社会主义民主政治建设具有重要意义。

中国人民政治协商会议是中国人民爱国统一战线组织，是中国共产党领导的多党合作和政治协商的重要机构。中国人民政治协商会议江西省九江市浔阳区委员会（以下简称浔阳区政协）是县级人民政协组织，成立于1987年4月，历经七届、近三十年。浔阳区政协自成立以来，始终坚持在中共浔阳区委的正确领导下，坚持“围绕中心，服务大局”履职理念，积极团结全区各民主党派、工商联、无党派人士、人民团体和社会各界人士，与时俱进，开拓创新，认真履行政治协商、民主监督、参政议政职责，各项工作取得了明显成绩，为加快浔阳经济社会发展做出了应有贡献。

为全面、准确、科学记载浔阳区政协事业发展历程，浔阳区政协积极筹划编纂《浔阳区政协志》。特别自2011年换届以来，七届政协履新伊始，就把《浔阳区政协志》提到政协工作日程上来。2011年9月2日，主席会议正式提出编纂《浔阳区政协志》工作设想。2012年5月31日，主席会议提出着手考虑《浔阳区政协志》相关工作，做好《目录》等相关准备工作。2013年5月23日，主席会议专题讨论《浔阳区政协志》工作，确定编委会主任、副主任、执行副主任成员名单，成立了编辑部，下设编辑部办公室；同年7月18日，区政协七届九次常委会审议通过“浔阳区政协志编纂方案”，标志着《浔阳区政协志》编纂工作正式启动。经过3年多时间的资料收集、整理、初编、审核，《浔阳区政协志》于2016年3月完成编纂工作。

《浔阳区政协志》以翔实的史料、完备的体例、严谨的结构、流畅的文字，系统记述了浔阳区政协的发展脉络和组织沿革，全面总结了浔阳区政协履行政治协商、民主监督、参政议政职能成果，充分展示了历届政协委员建言献策、建功立业、公益事业风采魅力。我们相信，《浔阳区政协志》的出版，对社会各界进一步认识和支持政协工作，研究和了解浔阳政治史、社会发展史、统一战线史具有重要的参考价值，起到了志书特有的“存史、资政、育人”的重要作用。

《浔阳区政协志》编纂工作，得到了中共浔阳区委的高度重视和浔阳区政府的大力支持，得到了历届政协老领导和政协委员的积极配合，得到了市委史志办、市政协文史委、区委办、区政府办、区档案局、区志办、区民宗局和各街道办事处、各民主党派、工商联、无党派等部门单位的全力协助，特别是全体编纂工作人员为之付出了辛勤劳动，在此，真诚表示感谢。

七届浔阳区政协主席　**文建华**

2016 年 4 月

凡 例

一、本志以辩证唯物主义和历史唯物主义为指导，坚持实事求是编纂原则，全面系统、客观、真实地记述本行政区内人民政治协商会议制度的历史与现状，反映其发展的基本面貌和地方特色，从而使志书起到“存史、资政、育人”的作用。

二、本志上限为中共九江市委员会决定成立浔阳区政协即1987年4月，下迄2016年1月中国人民政治协商会议九江市浔阳区第七届委员会第六次全体委员会任期结束之时。部分篇章为完整记录史实，适当上溯其发端，如浔阳区前身为县级九江市，政协组织机构则上溯前县级九江市政协组织机构，“大事记”则延至2016年3月底。

三、本志以文为主，辅以图表、照片。编纂时，横排门类，纵写史实。除编首之序、凡例、概述、大事记、专记及卷末之附录、后记外，凡8章35节。

四、本志纪年，1911年前保留历史纪年，括注公元纪年；1912年后，概用公元纪年。

五、地名、区划、机构称谓，以记事年代实际使用者为准。凡“区”“市”“省”称谓，均指“浔阳区”“九江市（设区市）”“江西省”；他省、市、区明确指称。中国人民政治协商会议九江市浔阳区委员会，简称“区政协”。

六、本志除引文、序号及习惯用语中的数字用汉字表述外，其余概用阿拉伯数字表述。

七、生不立传，入传者系本行政区中国人民政治协商会议制度实施中有一定贡献或较大社会影响者。入传人物以卒年为序排列。另置人物名录，收录健在本行政区区政协委员会秘书长以上人物。所录人物按职务及任职时间分类排列，不重复出现。先进集体属人物构成，归入人物章。

八、各项数据以市统计局及浔阳区统计局统计数字为准，统计局缺少的，采用相关部门及档案资料反映的数据。

九、本志资料来自各类档案、志书、年鉴、报刊或有关部门和个人提供的材料，编纂时概不注明出处。

目　录

概　述

一

浔阳区的前身是以原九江市（县级市）为主体。1980年3月，经国务院批准，九江市与庐山管理局合并，由地辖市升格为省辖市，并调整了市辖范围；同年5月，升格后的九江市设浔阳区、郊区、庐山区3个县级区，原县级九江市改为浔阳区。1983年7月，地市合并，撤地并市，实行市管县（区）体制，浔阳区属九江市。

浔阳区位于江西省北部，赣、鄂、皖3省交界处，是江西省设区市——九江市中心城区。至2015年12月，全区面积26平方千米，人口28.5万人，辖湓浦、甘棠、人民路、白水湖、金鸡坡5个街道办事处，72个社区，8个村民委员会。浔阳历史悠久，因“南开六道，途道五岭，北守长江，运行岷汉，来商纳贾”，明清曾以中国“四大米市”“三大茶市”之一而著称于世。历为国之州、郡、府、道治所，是历代文化墨客游历之胜地，留有丰富的诗文和佳句，有“九派寻阳郡，分明是画图”之美誉。

二

中国共产党领导的多党合作和政治协商制度是中国人民在长期革命、建设和改革实践中找到的一条符合中国国情，独具中国特色的一项基本政治制度。中国人民政治协商会议是中国共产党领导的多党合作和政治协商重要机构，是中国发扬社会主义民主的重要形式，是各民主党派、人民团体、各族各界代表人士团结合作、参政议政的重要场所，是中国最广泛的爱国统一战线组织。中国人民政治协商会议具有组织上的广泛代表性和政治上的巨大包容性、党派合作性和民主协商性。人民政协的职能是政治协商、民主监督、参政议政，在中国政治结构中占有重要地位，在中国政治运作过程中处于重要位置，在中国政治生活中起着团结作用、协调作用、参谋作用和监督作用。

1987年4月18日，经中共九江市委批准成立浔阳区政协，同年4月28日，经中共浔阳区委批准，设立区政协党组，并成立区政协筹备工作小组。同年7月14～16日，政协浔阳区第一届委员会第一次全体会议举行，选举产生政协浔阳区第一届委员会。

区政协成立以来，至2016年3月，共进行7次换届。一至二届委员会每届任期为3年，三至七届每届任期为5年。每届第一次全体会议选举产生主席、副主席、秘书长、常务委员，组成常务委员会，主持会议。为适应工作需要，委员会先后设置学习提案文史委员会、文教卫生法制社团委员会、经济科技委员会、港澳台侨委员会、人口资源环境委员会等工作机构及街道政协联络处等基层组织。区政协办公室（区七届政协增设区政协委员工作办公室和区政协机关后勤服务中心）作为区政协的常设办事机构。

三

区政协成立以来，区委、区政府高度重视政协工作，坚持把政协工作作为推进民主建设、加快浔阳发展、促进社会和谐的重要抓手，将政协工作纳入区委决策重要程序。

区委从政治和全局的高度，以战略眼光，充分认识政协工作是党的全部工作的重要组成部分，政治协商是发扬社会主义民主的一条重要渠道，科学决策的一个重要程序；注重发挥政协组织在改革开放、经济社会建设中凭借自身优势所能起的无可替代的重要作用，始终把政治协商纳入领导决策程序，纳入区委、区政府工作全局统筹、全面安排之中。政治上关注，工作上支持，生活上关心，切实加强与改善对政协工作的领导，为政协组织、委员卓有成效地履行政治协商、民主监督、参政议政的工作职能营造氛围，为委员们展示风采拓展空间，为委员们献智出力搭建平台。

区委从坚持中国共产党和国家政治制度，建设中国特色社会主义，发展社会主义民主政治，构建社会主义和谐社会，维护国家长治久安的高度，从执政理念与思想，从工作性质与思路上，充分认识人民政协工作的意义与重要性。区委常委会议多次组织学习、领会党和国家领导人关于统一战线、人民政协工作的重要论述，学习、落实中共中央出台的一系列关于统一战线、人民政协工作的重要文件，牢固树立统战意识，团结意识，民主意识，努力营造畅所欲言，融洽和谐，生动活泼的政治氛围。

区委按照党委总揽全局，协调各方的原则，加强与改进对政协工作的领导，支持区政协依照政协章程独立负责开展工作。区委经常听取、研究和部署区政协工作，印发《中共浔阳区委关于加强人民政协工作的实施意见》《中共浔阳区委关于加强和改进人民政协政治协商工作的意见》《实行区党政领导领办督办政协重点提案的意见》等，转发《关于开展政协委员进社区活动方案》《关于政协提案办理工作的规程》《区政协党组关于进一步推进社会主义协商民主制度建设加强人民政协民主监督工作的意见》《关于统一选派政协委员担任相关部门民主监督员的实施意见》等文件。区委常委会坚持区政协主席列席常委会议，并行使表决权；区政协副主席列席区政府常务会议制度，参与商讨有关国家大政方针实施，区重要事务决策以及与人民群众密切相关的热点问题处理。区委、区政府召开的全区性的重要会议都安排区政协有关负责人参加。同时，区委将区政协工作作为区直单位和街道工作年度重要考核指标，纳入全区综合目标考核体系。

区委、区政府高度重视区政协组织“人才库”“智囊团”作用，坚持“三在前、三在先”原则，做到重大问题协商在区委决策之前，人大通过之前，政府实施之前；制定经济和社会发展规划先协商后决策，重要人事安排和事关人民群众切身利益的重大问题先协商后决定，在制定事关全局的政策性、规划性文件先协商后通过。区委全会工作报告、区政府工作报告，都事先征询区政协和委员的意见，并充分融入报告之中，真正做到决策前让政协了解情况，决策中有政协参与意见，决策后让政协监督落实，区政协在民主决策中的参谋作用、在推进经济发展中的促进作用得到充分发挥。

区委高度重视政协领导班子和干部队伍建设，合理安排政协的界别设置和委员构成，按规定比例配齐配强政协领导班子；高度重视政协机关干部培养、选拔和使用，注重改善政协机关干部队伍年龄结构，加强对政协干部使用和交流，做到区政协干部与党政机关干部一视同仁，为区政协培养和配备优秀干部人才，政协队伍建设焕发新活力；强化基层政协组织建设，在街道设立政协联络处，明确街道党工委1名副书记分管政协工作。

区委、区政府注重发挥区政协整体优势和作用，每届区委、区政府都安排区政协领导参与全区的招商引资、重点项目、重点工程建设等中心工作。六届常委会期间，区委给区政协下达招商引资硬性目标任务，招商引资工作与党委、政府同部署、同考核、同奖惩。区委建立“党委出题、人大议题、政府领题、政协参题、专家判题”的责任“共担”机制，要求区政协就一些事关全局的问题进行调查研究，为区委、区政府科学决策提供参考依据；多做合民情、顺民意、得民心的工作，为区委、区政府排忧解难，化解矛盾，理顺情绪，达成共识。

区委、区政府主要领导关注政协工作。历届区委经常就全区性的重要决策部署、重大活动安排、重要人事任免及时征求政协意见，并确定一名副书记负责联系政协工作。一年一次的区政协全体会议，区委、区人大、区政府的领导到会指导，区委、区政府领导在会上作重要讲话。五届以来，区委书记每年都出席区政协全体会，并在闭幕上会作讲话。七届三次会议以来，区政府区长均出席区政协全体会并在开幕式上对委员大会发言和交流材料进行点评。区政协组织重大活动，区委、区政府每次都指派联系政协工作的领导参加；外地政协组织来浔考察，区委、区政府都对口陪同考察，介绍情况，交流经验。区政协呈送的视察报告、调研报告、大会发言、建议案和专题送阅材料，区委、区政府及时审阅、批示。对其中有价值的及时批转各部门贯彻落实，并反馈区政协。为确保政协机关正常运转和政协会议顺利召开，区政府在工作经费、工作用车和办公条件等方面均做到优先安排，重点保障，区财政足额安排政协工作经费，并根据政协事业的发展需要相应增加；同时，将各专门委员会和街道政协联络处工作经费也列入财政预算。

四

区政协成立以来，坚持在区委正确领导下，不断创新履职方式，汇聚发展力量，营造和谐氛围，在全区经济社会发展过程中留有足迹、享有地位。

区政协始终坚持“围绕中心、服务大局”意识，把加快浔阳经济社会发展作为履行职能第一要务。区政协组织广大政协委员把服务经济建设作为政协工作主旋律，把搞好调研视察作为建言献策、参政议政立足点和切入点，紧紧围绕区委、区政府的中心工作和总体要求，加强选题的谋划和论证。每年都选择一批事关全区改革发展重大课题，选择一批事关群众切身利益热点问题，开展经常性调研和深度调研，开展有针对性的专项视察，取得一大批紧扣中心、见真着实、切实可行的调研、视察成果，许多调研、视察成果被区委、区政府及相关部门吸收采纳。同时，许多政协委员通过大会发言等形式积极参政议政、建言献策。历届政协委员在政协会议上作典型发言，内容包括全区政治建设、经济建设和社会事业各个方面。这些发言见解深刻，主题突出，针对性强，具有充分的可行性，许多意见和建议被区委、区政府采纳。同时，区政协不断强化民主监督职能，与区纪委和区监察局联合选派政协委员担任相关部门民主监督员，对部门落实区委区政府工作任务、履行部门职能进行民主监督，有效促进部门工作提升。

始终把加强团结、关注民生，推进社会和谐建设作为履行职能的重大使命。区政协组织广大政协委员牢牢把握团结和民主两大主题，高举大团结大联合的旗帜，坚持用中央和省、市、区委的决策部署，统一全区政协组织和政协委员的思想和行动，在坚持党的基本路线、坚持中国共产党的领导、坚持社会主义方向、坚持发展第一要务、坚持改革开放不动摇、坚持高举邓小平理论伟大旗帜、坚持“三个代表”重要思想、坚持科学发展观等重大政治原则问题上；在1989年春夏之交发生在北京的政治风波和东欧剧变带来冲击等关键时刻；在遇到重大自然灾害和国际金融危机面前；在反对邪教等重大事件中，都旗帜鲜明地表明态度，引导全区政协组织、政协委员及其所联系的各界群众，保持政治上的清醒和行动上的自觉，保持同党中央的高度一致，保持同区委的同心、同步、同向、同力。区政协每年都利用五一、中秋、国庆、春节等重大节日，以召开不同形式的座谈会、茶话会、联谊会等形式，加强与民主党派、海内外侨胞、社会各界人士的联系，加深友谊，巩固共同的思想政治基础；协助区委、区政府处理好政党关系、民族关系、宗教关系、阶层关系，努力使党同民主党派、无党派人士的团结更加巩固，各民族之间的关系更加和谐，宗教与社会主义社会更加适应，社会各阶层关系更加协调。大力开展公益活动，组织引导区政协机关人员、政协委员、各民主党派及社会各界开展助学、救灾、扶贫等公益活动，帮助社区和群众解决实际困难。七届以来，为充分发挥委员主体作用，区政协先后开展以“四进四联”（即“关注民生进社区、联户知民情，资源优势进社区、联居解民困，民主监督进社区、联片促和谐，建言献策进社区、联区议发展”）和“五个一”（即联系一个驻地社区、帮扶一户困难家庭、参加一次委员约访、反映一条社情民意、实施一件惠民实事）为主题的委员进社区活动，不断做优委员履职平台，深化活动内容，密切党群、干群关系。活动以来，累计打造“委员之家”9个，组织委员开展“委员约访”“爱心助学”“扶贫助困”“社情民意恳谈会”等活动。

始终把加强协商民主、推进民主政治建设作为履行职能的重要政治责任。认真贯彻中国共产党领导的多党合作和政治协商制度，区政协认真对全区的重大事务进行协商讨论，从政治上对全区全局性的工作提供广泛的民主基础上的支持。区政协成立以来，共召开全委会议31次，常委会议120次。通过这些会议，就每年区委在党代会上的报告、人代会上的政府工作报告和国民经济与社会发展规划、财政预决算报告、社会事业等方面的一系列重大方针问题，进行充分的协商讨论，郑重地提出意见和建议。同时，对全区改革发展中的重要举措和群众普遍关心的热点问题，也以各种方式积极参与，共商发展大计。支持各民主党派、无党派人士参与重大方针政策的讨论协商及其履行职能的各项活动，选择科学发展热点、改革开放重点、构建和谐焦点、涉及民生难点，有计划有组织地开展民主监督。按照“围绕中心、服务大局、提高质量、讲求实效”工作方针，积极做好提案办理工作，认真做好提案征集、提交、审查、立案、交办、督办和答复，抓好重点提案跟踪督办，开展好对优秀提案、先进提案承办单位评比表彰。七届以来，区政协总结提出提案工作“三会”（即提案交办会明确责任、常委汇报会督促办理、民主评议会跟踪问效）机制，有力地促进提案的高效办理和有效落实，提案工作水平不断提高。七届委员会期间收到提案 844 件，累计立案各类提案 767 件，其中确立重点提案件，办复率达到 100%，在促进政府依法行政，促进区委、区政府中心工作的开展和落实上取得积极进展，发挥重要作用。

始终把开拓创新、与时俱进，加强政协自身建设作为履行职能的坚实基础。加强“学习型、效能型、创新型”政协机关建设，加强对政协委员的政治业务培训，通过举办“政协委员培训班”、召开座谈会、定期走访、发送学习材料、建立浔阳政协网、编发《浔阳政协信息》等形式，帮助委员了解情况，熟悉政策，提高广大政协委员政治业务素质和参政议政能力。加强对外学习交流，学习兄弟县区政协工作经验，不断提高履职能力。特别是一届政协常委会，为加强区域经济文化交流，增进各地政协联络联谊，区政协倡议并组织开展第一届部分区（市）县政协工作研讨会。研讨会自 1988 年直至2012 年，（2013 年起因客观原因中断）共组织开展 21 次。加强政协制度建设，先后制定并完善《政协常委会工作规则》《关于加强与市政协委员联系的若干规定》等制度，形成一整套工作制度体系和比较适合政协特点的工作运行机制。抓好机关作风建设。通过经常性的思想政治工作和有计划的思想、作风、纪律整顿，区政协机关牢固树立“围绕中心、服务大局”宗旨，工作水平和工作效率不断提高。加大宣传工作力度，利用新闻媒体广泛宣传政协工作和政协委员的先进事迹。先后在《人民日报》《人民政协报》《光华时报》等报刊上稿 310 余篇，其中《人民政协报》上稿 34 篇，增强了政协的活力和影响力。积极做好文史资料的征集和编辑出版工作，先后编印出版《名人与浔阳》《委员风采录》《百年西园》《百年大中路》《浔阳拾遗》《票证岁月》《百年莲花池》《那年那月——九江知青谈忆录》等多部、册文史资料。充分发挥文史资料“存史、资政、团结、育人”作用，组织编写《浔阳区政协志（1987—2016)》。

回顾历史，展望未来，人民政协任重而道远，工作大有可为。区政协将继续高举中国特色社会主义伟大旗帜，在中共浔阳区委的坚强领导下，以邓小平理论、“三个代表”重要思想和科学发展观为指导，坚持和完善中国共产党领导的多党合作和政治协商制度，切实履行政治协商，民主监督，参政议政职能，调动一切积极因素，同心同德，群策群力，与时俱进，锐意进取，不断开拓政协工作新局面，为全面建设小康社会继续谱写灿烂辉煌的新篇章。

大 事 记

1987 年

4 月 18 日　中共九江市委办公室九办字〔1987〕14 号文件批示，同意成立浔阳区政协。

5 月 28 日　中共浔阳区委浔字〔1987〕013 号文件通知，经区委研究决定，成立中共九江市浔阳区政协党组，岳广明任党组书记，牛增辉、毛应生任党组成员。同日，区政协筹备工作小组成立。

6 月 8 日　区委常委会批准筹备工作小组方案，抽调工作人员成立区政协筹备小组办公室，下设宣传秘书组、组织组、总务组。

6 月 29 日　区政协启用“中国共产党九江市浔阳区政协党组”印章。

7 月 1 日　区政协筹备小组召开会议，讨论研究召开第一届委员会第一次会议事宜。

7 月 14—16 日　区政协一届一次会议在区政府六楼会议室召开。市委书记江国镇出席开幕式并讲话。区委书记王文敬在闭幕会上讲话。区政协主席岳广明作《政协浔阳区一届委员会筹备工作报告》。

7 月 18 日　区政协党组向区委报告《中共浔阳区政协党组关于政协浔阳区第一届委员会第一次会议选举结果的情况报告》。

7 月 30 日　区委转发市委《关于政协浔阳区第一届委员会选举结果的批复》的通知，同意岳广明当选为政协浔阳区第一届委员会主席，牛增辉、毛应生、王柱勋当选为政协浔阳区第一届委员会副主席。

同日　区政协一届一次常委会在区政府三楼会议室召开。

8 月 6 ~ 8 日　区政协主席岳广明、副主席毛应生、办公室主任谢生梅一行 5 人，到湖口县、九江县、德安县政协参观学习。

8 月 13 日　湖南省衡阳市城南区政协主席张信祖带领考察组一行 8 人到浔阳进行友好访问。

9 月 5 日　区政协联合区委统战部、区委对台办举行中秋佳节茶话会。

9 月 8 日　区政协联合区委统战部、区委对台办举行教师节座谈会。

10 月 6 日　区政协一届二次常委会在区政协二楼会议室召开。

10 月 15 ~ 29 日　区政协组织 8 名常委和委员到江苏省南京市鼓楼区、浦口区，镇江市京口区，常州市钟楼区，无锡市北塘区，苏州市金阊区，学习政协工作经验，重点考察区街企业发展情况。

11 月 5 日　区政协联合区委统战部、区委对台办举行台湾形势报告会。区委统战部长牛增辉作台湾形势报告。

同日　景德镇市珠山区政协副主席罗长庚率考察组一行 6 人到浔阳考察区街经济工作。参观考察浔阳巧克力厂和滨兴建筑辅助材料公司。

12 月 26 日　区政协召开民主党派负责人座谈会。九江市民革、民盟、民建、工商联、农工党等相关负责人应邀参加。区政协主席岳广明主持会议。

12 月 29 日　区政协一届三次常委会在区政府三楼会议室召开。

同年，全国政协副主席钱伟长到浔阳参观考察。

1988 年

1 月 6 日　区政协召开民主党派及各界爱国人士民主协商会，协商区委、区政府关于 1988 年工作安排。

1 月 10 日　区政协向周边城区政协发出“召开横向联系联谊会倡议书”，发起组建沿江 7 省 25 县（区）联谊会。

2 月 10 日　区政协召开各界爱国人士、台湾同胞春节茶话会，包括部分回乡探亲的台胞在内约 100 余人参加。区委副书记范序德讲话，区政协主席岳广明致新春贺词。

2月24日　区政协党组向区委递交《关于成立浔阳区政协劳动服务公司的报告》。

3月14日　区政协一届四次常委会在区政府三楼会议室召开。

3月18日　区政协在石油办事处会议室召开增补42名委员座谈会。

3月23～25日　区政协一届二次全会在浔召开。市政协主席王佐良向大会致贺词。

3月　区政协与区委统战部共同成立浔阳区海外联谊会小组。

4月10日　区政协成立区政协中心学习组。

4月22日　区政协一届五次常委会在区政府三楼会议室召开。

4月28～5月3日　区政协举行7省部分区（市、县）政协工作研讨会第一次会议。来自江苏、安徽、湖北、湖南、广东、四川及江西省等24个区（市、县）政协共计100余人应邀参加。会议期间，交流397条经济信息。18个区（县）达成59个协作项目和意向协议，其中浔阳区与8个区（县）15个单位签订经济横向联系意向书，达成协办项目2个，引进技术设备项目1个，协进协出物资12种。浔阳区与黄石市黄石港区结为友好区，区政协与南京市鼓楼区政协结为友好区政协。

6月28日　区政协一届六次常委会在区政府三楼会议室召开。

6月　区政协与南京市鼓楼区政协联合举办统一祖国画展。

7月　区政协成立归国华侨联合会。

8月13日　区政协举行纪念抗日战争胜利43周年报告会。市政府参事、市政协常委、区政协委员叶在增作报告。

9月14～15日　区政协主席岳广明带领考察组一行4人对南昌市东湖区属地化管理情况进行学习考察。

9月16日　区政协、区委统战部联合组建区海外联谊会。岳广明任名誉会长，牛增辉任会长，柯桂香任秘书长兼办公室主任。

10月14日　区政协一届七次常委会在能仁寺会议室召开。

1989年

1月10日　区政协一届八次常委会在区政府三楼会议室召开。

1月　市政协副主席沈振铭、姜尧天带队，到区考察社会治安工作。

3月23日　区政协一届九次常委会在区政府三楼会议室召开。

3月30日～4月1日　区政协一届三次全会召开。

5月　区政协协同政府经济部门参加在广东省湛江市召开的7省部分区（市）县政协工作研讨会第二次会议。

6月17日　区政协召开驻区各民主党派、工商联、人民团体和无党派人士及少数民族和宗教代表座谈会，传达学习邓小平在接见首都戒严部队军以上干部大会上的讲话。

6月20日　区人大、区政府、区政协联合召开办理人大代表建议和政协委员提案工作会议。

6月29日　区政协一届十次常委会在区政协会议室召开。

10月11日　区政协召开常委会议，学习讨论中共中央总书记江泽民在庆祝中华人民共和国成立四十周年大会上的讲话。

10月13日　区政协一届十一次常委会在区政协会议室召开。

10月　区政协举办庆国庆40周年、政协成立40周年暨中秋联欢会。

11月　区政协组织委员参观九江文化建设的新项目——翠竹院。

1990年

3月13日　区政协一届十二次常委会在区政府三楼会议室召开。

4月10～13日　区政协二届一次全会在区政府六楼会议室召开。市政协副主席王国珍到区政协指导换届工作，并在区政协二届一次全会开幕式上讲话。

5月3日　区政协二届一次常委会在海联会议室（九江市分区招待所院内）召开。

5月19日　区政协举行东欧形势报告会。

6月20日　区政协向区委、区政府提交《关于尽快成立浔阳区智囊团的建议》。

7月28日　区政协二届二次常委会在区委六楼会议室召开。

同日　区政协启用刻有政协会徽图案的“中国

人民政治协商会议江西省九江市浔阳区委员会”新印章，原印章同时作废。

8月　区政协副主席张力才率部分委员到天津市和平区等地考察学习政协工作和社区服务工作。

9月29日　区政协与区委统战部、对台办、工商联海外联谊会联合举办庆国庆、度中秋座谈会。

10月13日　区政协二届三次常委会在海联会议室（九江军分区招待所）召开。

10月　区政协主席屈章湧协同区政府有关领导及经济部门负责人到安徽省黄山市屯溪区参加7省部分区（市）县政协工作研讨会第三次会议。

1991年

1月17日　区政协二届四次常委会在区委六楼会议室召开。

3月14日　区政协二届五次常委会在区委六楼会议室召开。

3月27~29日　区政协二届二次会议在浔阳召开。

7月19日　区政协二届六次常委会在区委六楼会议室召开。

9月12日　区政协二届七次常委会在海联（九江军分区招待所院内）会议室召开。

10月　区政协举办“纪念辛亥革命80周年报告会”，全体委员参加。

12月10日　区政协组织常委及部分委员对区经济计划和生产安排情况进行视察。

12月11日　区政协二届八次常委会在海联会议室（九江军分区招待所院内）召开。

1992年

1月24日　区政协二届九次常委会在海联会议室（九江军分区招待所院内）召开。

2月25~27日　区政协二届三次全会在浔阳召开。

4月9日　区政协二届十次常委会在区政协二楼会议室召开。

7月25日　区政协二届十一次常委会在区政协二楼会议室召开。

9月12日　全国政协副主席钱伟长到浔阳，先后视察外贸码头、九江长江大桥、九江石化总厂。省政府副省长舒圣佑、省政协副主席吴永乐、市政协副主席许杰夫陪同视察。

9月27日　区政协编辑的《名人与浔阳》（第1辑）出版发行。

10月30日　区政协二届十二次常委会在区委办公楼二楼会议室召开。

12月8日　区政协二届十三次常委会在区政协二楼会议室召开。

1993年

1月5~7日　区政协三届一次会议在区政府六楼会议室召开。

3月10日　区政协三届一次常委会在区政协二楼会议室召开。

6月　市政协主席王佐良，副主席张作孚、王国珍带领调查组到区开展《中华人民共和国义务教育法》实施情况调研。

6月8日　全国政协副主席杨汝岱到浔阳视察。

7月　区政协委派部门负责人参加全省技工学校浔阳考区监考的监督工作。

7月10日　区政协三届二次常委（扩大）会议在区政协二楼会议室召开。

9月15日　中共中央政治局常委、全国政协主席李瑞环到浔阳视察。

9月22日　区政协三届三次常委（扩大）会议在区政协二楼会议室召开。

12月16日　区政协三届四次常委会在区政协二楼会议室召开。

1994年

1月10~12日　区政协三届二次全会召开。

3月11日　区政协三届五次常委会在区政协二楼会议室召开。

4月13日　省政协常委、提案委员会主任刘峰一行4人到区考察提案工作情况。

5月29日　全国政协副主席、中共中央统战部部长王兆国到浔阳，先后考察九江长江大桥、九江港客运站、外贸码头、九江建陶工业总公司。

7月6日　区政协三届六次常委会召开。

7月26日　市政协招商引资发展三资企业调查组到区调研。

9月6日、8日、15～18日　区政协举行纪念人民政协成立45周年电视大奖预赛。

10月25日　区政协三届七次常委会召开。

10月　区政协副主席李玉昌一行到湖北省武汉市参加7省部分区（市）县政协工作研讨会第六次会议。

12月13日　区政协三届八次常委会在区政协二楼会议室召开。

1995年

1月10～12日　区政协三届三次全会在浔阳召开。

3月10日　区政协三届九次常委会召开。

3月　区政协举办台湾形势报告会。全体委员参加。市对台办主任黄河主讲。

8月18日　区政协三届十次常委会在区政协二楼会议室召开。

10月5～18日　区政协组织部分委员对各街道办事处、区工商局、区物价局和公安分局进行视察。

10月　区政协副主席龚爱先到安徽省合肥市参加7省部分区（市）县政协工作研讨会第七次会议。

11月28～30日　区政协组织部分委员到二轻局、市容局、计经委、物价局和西二路街办对提案承办工作进行视察。

12月28日　区政协三届十一次常委会在区政协二楼会议室召开。

1996年

1月14日　区政协在政协机关开展"思想大解放、观念大转变、经济大发展"大讨论活动。

1月15～17日　区政协三届四次会议在浔召开。

3月26日　区政协三届十二次常委会召开。

5月17日　区政协组织部分常委、委员到九江大化肥厂、浔阳区工业小区、九江蔬菜批发大市场等企业视察。

5月20～27日　区政协组织部分常委和委员赴景德镇市珠山区、鹰潭市月湖区和上饶市等市区政协学习考察。

5月29日　市政协调查组到区就社会治安整治、市容卫生环境整治、投资环境整治进行专题调研。

7月5日　区政协三届十三次常委会召开。

9月24日　区政协三届十四次常委会召开。

10月8日　政协香港地区委员视察团一行20人到浔阳，参观长江大桥、外贸码头和大化肥厂。

10月　区政协主席屈章湧一行4人参加景德镇市珠山区、吉安市安福县联合举办的7省部分区（市）县政协工作研讨会第八次会议。

12月10～11日　区政协组织部分委员对区卫生系统的医德医风和教育系统的小学德育教育进行视察。

12月27日　区政协三届十五次常委会召开。

1997年

1月12～14日　区政协三届五次会议在浔召开。

3月25日　区政协三届十六次常委会召开。

4月24日　全国政协副主席孙孚凌一行5人到浔阳考察。

5月6日　区政协在区人武部三楼会议室召开"迎接香港回归，纪念收回九江英租界70周年"报告会。

5月　区政协组织部分委员到井冈山参观学习井冈山斗争史实。

6月18日　区政协在区文化馆三楼会议室召开迎接"九七"香港回归暨庆祝区政协成立10周年大会。

7月11日　区政协三届十七次常委会召开。

8月4日　区政协在各街道党委、区委各部门和区直各单位开展学习《中国人民政治协商会议九江市浔阳区委员会关于政治协商、民主监督、参政议政的实施办法》活动。

10月　区政协先后派员到陕西省西安市碑林区、上海市浦东区、广西壮族自治区桂林市秀峰区、广东省深圳市等地政协考察学习。

12月12日　区政协三届十八次常委会召开。

1998年

2月6～8日　区政协四届一次会议在区政府礼堂召开。

4月8日　区政协四届一次常委会在区政协二

楼会议室召开。

5月10日　区政协副主席潘亦生带队到浙江省奉化市、杭州市下城区等地政协学习。

6月30～7月3日　区政协副主席潘亦生、高秋深一行对区上半年经济工作、市场建设培育、招商引资，发展非公有制、股份制企业等情况进行视察。

8月7日　在城区防洪堤4～5号闸口溃决之时，区政协投入龙开河二道防线的垒堤战斗。

8月22日　中共中央政治局常委、全国政协主席李瑞环，副主席毛致用视察长江大堤堵口大坝。

8月　区政协副主席胡勋杰率部分常委到九江县江洲镇，开展慰问“抗洪部队官兵”活动，送去防暑降温用品。

10月29日　为防洪，区政协四届二次、三次常委会合并在区政协二楼会议室召开。

11月　市政协视察组到浔阳，视察灾后生产自救、灾后防病防疫情况。

12月24日　区政协四届四次常委会在区政协会议室召开。

1999年

1月11～13日　区政协四届二次会议召开。补选王原平为区政协主席。

3月23日　区政协会同区人大、区政府办联合召开议案、提案交办会。

3月25日　区政协四届五次常委会在区人大会议室召开。

同日　全国政协副主席胡启立、毛致用到浔阳，了解1998年抗洪抢险及灾后重建恢复发展生产和保障人民生计等方面的情况。

3月26日　区政协制订下发《社情民意》表。

4月14日　全国政协原副主席吕正操，在中共中央统战部原副部长胡德平陪同下，到浔阳考察市容市貌工作。

4月22日　区政协会同区科协在金鸡坡街道大王庙村举办“香菇种植技术”讲座。

同日　全国政协副主席陈锦华、毛致用在全国政协常委、安徽省政协主席卢景荣，江西省政协主席朱治宏陪同下到浔阳考察，参观视察烟水亭博物馆、浔阳楼、滨江路防洪工程。

5月4日　区政协举办纪念五四运动80周年专题讲座。

5月10～15日　区政协举办委员提案学习班，对全体委员分两批进行轮训，重点学习提案的拟写内容、格式等。

5月　市政协主席史之汉，副主席程来安、黄章干，带领市规划和建设专题调查组到浔阳调研。

6月21～22日　区政协组织部分委员对金鸡坡街道、滨兴街道和湓浦街道个体私营经济发展情况及街道实行一级财政情况进行视察。

6月23～25日　区政协组织15名撰写提案的委员，分批到民政局、城建局等11个承办单位进行提案督办工作。

6月30日　区政协四届六次常委会在区人大四楼会议室召开。

6月　区政协组织部分委员到湖北省武汉市江汉区、云南省昆明市盘龙区、辽宁省大连市中山区、山东省威海市环翠区等地政协参观学习。

9月8日　市政协副主席高朝曦、林耀兴、姚果原分别带领视察组到区开展商品市场视察。

9月　区政协联合区委办、区委统战部举办庆祝中华人民共和国暨人民政协成立50周年茶话会。

10月19日　区政协四届七次常委会在区政协会议室召开。

10月　区政协组织部分常委、委员对区法院开展解决“执行难”问题进行参政议政。

同月　区政协派员出席在湖北省黄石市召开的7省部分区（市）县政协工作研讨会第十次会议。

12月28日　区政协四届八次常委会在区政协三楼会议室召开。

2000年

1月11～13日　区政协四届三次会议在浔阳召开。

3月10日　市政协副主席林耀兴率领检查团一行3人，到区检查关于贯彻落实市委有关政协工作文件精神情况。

3月30日　区政协四届九次常委会在区政协会议室召开。

4月　区政协祖国统一委员会会同区台办召开《一个中国原则和台湾问题》白皮书座谈会，市、区政协委员以及部分台胞、台属代表40余人参加会议。

6月29日　区政协四届十次常委会在区政协会议室召开。

6月　区政协组织委员到修水和武宁县政协参观学习。

8月　区政协副主席梅冬乔一行3人到重庆市南川市参加7省部分区（市）县政协工作研讨会第十一次会议。

9月20日　区政协四届十一次常委会在区政协会议室召开。

9月5～30日　区政协在全体党员中开展以胡长清等重大典型案件为反面教材的警示教育活动。

9月　区政协组织部分常委、委员到甘棠、湓浦、滨兴和人民路4个街道对城市低保工作进行视察调研。区政协主席王原平，副主席王之军、任惠萍参加。

11月6日～12月5日　区政协开展“三讲”教育“回头看”活动。

11月23～24日　市政协三胞联谊委员会到区就裕华房地产公司、其士大酒店、招商石化公司等企业经营状况和经济效益进行视察调研。区政协副主席王之军陪同调研。

12月15日　区政协组织部分委员对区永康副食品批发市场、香港黄氏干菜批发市场的培育发展以及京九市场总体建设情况进行视察。

12月26日　区政协四届十二次常委会在区政协会议室召开。

12月　区政协组织委员赴湖口、彭泽县政协参观学习。

2001年

1月8～10日　区政协四届四次会议在区委新办公大楼召开。

3月27日　区政协四届十三次常委会在区政协会议室召开。

5月29日　区政协主席王原平一行到彭泽县佛应寺就佛教工作进行视察。

6月26日　区政协四届十四次常委会在区政协会议室召开。

6月　区政协副主席高秋深一行出席在江苏省镇江市召开的7省部分区（市）县政协工作研讨会第十二次会议。

9月27日　区政协组织部分委员对九江城区水运市场和港口建设情况进行视察。

同日　区政协四届十五次常委会在区政协会议室召开。

9月　区政协组织部分委员视察区食品卫生防疫工作情况。

10月17日　区政协副主席潘亦生一行到南昌市东湖区参观学习市容环境综合整治工作。

10月19～20日　区政协组织部分委员对公检法系统的行风评议、竞争上岗、执法工作情况进行视察。

10月20日　区政协副主席高秋深一行对区经济工作进行视察，实地视察区闽浔建材开发有限公司、九江信华集团和煤灰砖厂等企业。

12月14日　区政协组织部分常委和委员对京九大市场的建设和培育情况进行视察。

12月26日　区政协四届十六次常委会在区政协会议室召开。

2002年

3月29日　区政协四届十七次常委会在区政协会议室召开。

7月4日　区政协四届十八次常委会在区政协会议室召开。

7月　区政协副主席王之军率部分委员对全区审计工作进行专题视察调研。

9月27日　区政协四届十九次常委会在区政协会议室召开。

10月15日　省政协副主席黄懋衡到区视察社区建设工作。

10月23日　区政协副主席王之军一行3人参加湖北省鄂州市鄂城区政协召开的7省部分区（市）县政协工作研讨会第十三次会议。

11月13日　区政协副主席王之军率部分委员视察浔阳区安居工程、蔬菜批发大市场建设、滨江路拆迁工程等城建项目。

11月　区政协组织委员专题视察区政府驻北京办事处工作情况。

12月26日　区政协四届二十次常委会在区政协会议室召开。

12月　区政协编辑的《名人与浔阳》（第2辑）出版发行。

2003 年

1 月 6 ~ 8 日　区政协五届一次全会在区综合楼十楼会议室召开。

3 月 25 日　区政协五届一次常委会在区政协会议室召开。

4 月　区人大、区政府、区政协联合召开提案交办会和人大代表交办会。

6 月 5 ~ 6 日　省政协副主席黄定元一行 3 人到浔阳调研。

6 月 24 日　区政协五届二次常委会在区政协会议室召开。

6 月 24 ~ 25 日　省政协副主席雍忠诚及部分省政协常委、委员到浔阳视察，指导长江大堤防洪设施建设情况，到滨江大道、九威大道、长虹大道、滨湖路、李公堤等处参观绿化、美化、亮化工程。

9 月 9 日　区政协港澳台侨委员会召开中秋茶话会，区政协主席杨朱记主持并致辞，区政府区长尹雪秀通报政府经济运行和社会各项事业发展情况，区委书记傅云生讲话。

9 月 17 日　全国政协副主席、中国社会科学院院长陈奎元在省政协副主席黄定元、省社会科学院院长傅伯言的陪同下到浔阳视察，参观长江大堤 4 ~ 5 号闸口、烟水亭、浔阳楼等。

9 月　区政协主席杨朱记率机关干部一行 5 人，参加广西壮族自治区凭祥市政协举办的新时期政协工作理论研讨会。

10 月 16 日　区政协五届三次常委会在区政协会议室召开。

10 月　区政协港澳台侨委员会邀请部分探亲的台湾同胞组织开展秋游联谊活动，游览鞋山、石钟山等景点。

11 月 17 日　区政协副主席刘其祥代表浔阳区政协，在全市政协第二次“三胞”联谊工作座谈会上作交流发言。

12 月 3 日　区委下发《关于进一步加强人民政协工作的意见》。

同日　区委召开浔阳区第一次全区政协工作会议，区委书记傅云生、区长尹雪秀分别做重要讲话。

12 月 24 日　区政协五届四次常委会在区政协会议室召开。

12 月　区政协会同区科协开展送科技下街道活动，为村民们讲解“非典”防治基本知识。

2004 年

3 月 24 日　区政协五届五次常委会在区政协会议室召开。

4 月　区政协组织部分委员到广西壮族自治区桂林市秀峰区和云南省昆明市五华区参观学习。区政协副主席刘其祥、胡迪带队。

6 月　市政协主席胡春如、副主席卢志鹏一行 6 人到区政协检查调研工作。

7 月 2 日　区政协五届六次常委会在区政协会议室召开。

9 月 8 ~ 10 日　区政协在庐山翠竹山庄举办全区政协委员培训班。

9 月 21 日　区政协五届七次常委会在区政协会议室召开。

9 月　区政协组织部分委员先后到湖北省武汉市武昌区、安徽省安庆市大观区等地政协参观学习。

12 月 24 日　区政协五届八次常委会在区政协会议室召开。

2005 年

1 月 10 ~ 12 日　区政协五届三次全会在区综合办公楼十楼会议室举行。

2 月 3 日　区政协机关召开保持共产党员先进性教育活动动员会。区政协主席杨朱记，副主席潘亦生等出席会议。

3 月 25 日　区政协五届九次常委会在区政协会议室召开。

6 月 10 日　区政协港澳台侨委员会与区委统战部共同举办“学习《中华人民共和国反分裂国家法》暨台海形势报告会”。市对台办主任黄河做报告。

6 月 28 日　区政协五届十次常委会在区政协会议室召开。

6 月下旬至 8 月上旬　区政协在全区政协委员中开展“新阶段、新发展”大讨论活动。

6 ~ 12 月　区政协在人民路街道开展以清除违章建筑、乱搭乱建、占道为市为重点的市容环境综合整治工作，共计拆除违章建筑 121 处，约 3 万平方米。

7月　区政协组织编辑的《百年西园》一书出版。

同月　区政协副主席潘亦生一行赴安徽省芜湖市新芜区，参加7省部分区（市）县政协工作研讨会第十四次会议。

9月4日　区政协组织部分委员参加坐落在区金鸡坡街道游岭村的道教协会及万寿宫视察活动。区政协副主席刘其祥、易小慧参加。

9月28日　区政协五届十一次常委会在区政协会议室召开。

10月　区政协机关组织开展党务行为和政务行为“两个规范”教育活动。

12月21日　区政协五届十二次常委会在区政协会议室召开。

12月　区政协副主席潘亦生、易小慧带队，区政协港澳台侨委员会组织工商界委员到瑞昌市地震灾区送矿泉水、方便面、棉衣等爱心物资。

2006年

1月10～12日　区政协五届四次全会在区综合办公楼十楼会议室召开。

3月14日　市政协三胞委员会组织部分市政协委员，在市政协副主席安珍清的带领下，视察走访区台属企业“蓝宝布艺”，就九江经济社会发展、海峡两岸当前局势、祖国统一大业等话题进行讨论交流，开展联谊活动。

3月24日　区政协五届十三次常委会在区政协会议室召开。

5月26日　区政协港澳台侨委员会组织部分政协委员对全区人口计划生育综合改革情况进行视察。区政协党组书记张燕萍、副主席刘其祥参加。

6月　区政协党组书记张燕萍率机关干部到修水、武宁县政协学习提案工作。

7月12日　区政协五届十四次常委会在区政协会议室召开。

8月　区政协委员分两批到四川省峨眉山、九寨沟学习考察。

9月19日　区政协组织部分委员就区招商引资工作对区民营局和恒天糖业生产基地进行视察。

9月27日　区政协五届十五次常委会在区政协会议室召开。

9月　区政协派员到贵州省遵义市红农岗区政协学习。

10月　区政协副主席潘亦生率队到福建省漳州市芗城区政协，参加7省部分区（市）县政协工作研讨会第十五次会议。

2007年

1月　区政协召开党组班子和科级干部民主生活会。

同月　区政协换届工作部署动员大会在区综合办公楼三楼会议室召开。区四套班子主要或分管领导，区政协新老副主席、秘书长提名人选，区委组织部、宣传部、统战部等47个相关单位参加会议。

2月1日　区政协五届十六次常委会在区政协会议室召开。

2月27～3月1日　区政协六届一次全会在市少儿活动中心召开。

3月12日　以市政协巡视员胡春如、副主席魏改生为组长的市政协调研组一行，到区就打造特色饮食一条街的情况进行调研。

3月29日　区政协六届一次常委会在区政协会议室召开。

4月17日　安徽省安庆市大观区政协主席刘宜彪一行9人到区考察政协工作和民营经济发展情况。

4月27日　区政协副主席任惠萍一行到区卫生系统视察区卫生工作及其效能建设情况。

4月　区政协主席张燕萍率机关干部到浙江省杭州市江干区、景德镇市珠山区政协参观学习。

5月18日　区政协港澳台侨委员会与区科协在区柴桑小学共同举办“浔阳区科普活动进校园”启动仪式。

同日　区政协召集区“三产”领域具有一定代表性企业界委员及相关单位，在信华（集团）有限公司六楼会议室召开“三产强区”座谈会。区政协主席张燕萍参加。

5月25日　区政协主席张燕萍，副主席刘其祥、胡迪，率部分政协委员对鄱阳湖生态环境进行考察。

5月28日　市政协副主席徐少伟、陶春元率领市信访局、九三学社、市妇幼保健院等单位相关负责人到区，对社区卫生医疗服务情况开展专题调研。

6月5日　区政协组织委员对区社区建设情况进行调研，区政协主席张燕萍、副主席朱少芬参加。

6月8～14日　区政协港澳台侨委员会组织部分委员到山西省太原市、陕西省西安市新城区等地学习考察，并到延安接受革命传统教育。

6月19日　区政协主席张燕萍率队到沃尔玛购物中心、宏图三胞总部、花园大酒店有限公司3家由区政协引进的企业，就企业的发展、生产、经营状况进行视察。

6月22日　区政协主席张燕萍作为市政协浔阳区活动小组召集人，组织本组委员视察区劳动就业和流动人口管理工作。市政协副主席陶春元参加活动。

6月　区政协利用1个多月时间，以参观、考察、座谈等形式，开展“专访委员”系列活动。

7月17日　区政协六届二次常委会在区城建局会议室召开。

8月23日　市政协主席程来安、市政府副市长吴锦萍一行，通过实地察看和召开座谈会的形式，了解庐山南路饮食文化街的进展情况。

8月31日　区政协在三楼会议室举行扶贫帮困爱心捐赠仪式，共为10名优秀大学生和20户贫困家庭捐赠资金3万余元。

9月5～7日　区政协副主席胡迪一行到重庆市武隆县政协参加7省部分区（市）县政协工作研讨会第十六次会议。

9月6日　区政协组织部分委员深入人民路街道长虹村调研区新农村建设。区政协主席张燕萍、副主席朱少芬参加。

9月30日　区政协六届三次常委会在区政协会议室召开。

10月24日　区政协组织部分委员视察区检察院工作，区政协主席张燕萍、副主席刘宗强参加。

10月29～31日　区政协集中全体委员举办为期3天的委员培训班。省政协常委、社会科学界联合会副主席汪玉奇就学习贯彻中共十七大报告精神作专题讲座。

11月15日　区政协8名科级干部分别到湓浦、余家垅、小南门、能仁寺等社区报到，参加社区活动，接受社区监督。

12月20日　区政协组织部分委员视察区烟草专卖管理局，区政协副主席胡迪参加。

12月22日　区政协召开提案工作座谈会，区政协主席张燕萍、副主席朱少芬参加会议，各民主党派和部分委员会在会上交流。

2008年

1月6日　区政协主席张燕萍作为全市县（市、区、山）唯一代表，在市政协十三届三次全会上作题为《加快均衡发展步伐，实现区域教育公平》的典型发言。

1月11日　区政协六届四次常委会在区政协会议室召开。

1月30日　区政协组织机关干部和政协委员开展防冻抗灾捐赠活动，全体机关干部、区政协委员向困难家庭和居民捐款捐物。

2月26～28日　区政协六届二次全会在市少儿活动中心召开。

3月7日　市政协副主席陈晖一行到区，就贯彻落实全市政协工作会议精神情况进行督查。区委书记傅云生、区长李广欣、区委副书记李亚东、区政协主席张燕萍参加座谈会。

3月18日　区政协主席张燕萍与区委常委、区政府副区长周衍军，区政协副主席朱少芬以及各委办负责人一行到包点街道社区——人民路街道向阳闸社区，就学习贯彻落实全国“两会”精神、区委、区政府三级干部会议精神以及区机关效能建设年会议精神进行督促检查指导。

3月20～23日　区政协主席张燕萍率机关干部到安徽省安庆市大观区、迎江区、池州市贵池区等地政协学习。

3月28日　区政协六届五次常委会在区政协会议室召开。

4～5月　区政协组织招商队伍，分别到江苏省南京市、上海市、广东省深圳市等地招商。

5月15日　区政协举行向“5·12”汶川地震灾区献爱心捐赠活动，来自企业界、各民主党派、工商联、无党派人士等近200名政协委员，以及政协机关干部和离退休干部，共向灾区捐款捐物折人民币120余万元。

5月21日　市政协副主席陶春元一行10人到区，视察公共文化服务体系工作情况。区长李广欣、区政协副主席刘宗强陪同视察。

5月　区政协组织委员深入环卫一线、各市容所、垃圾中转台等视察市容市貌工作。

同月　区政协组织委员对物价工作进行视察

调研。

6月13日　区政协组织部分委员对全区优化投资环境工作进行专题视察。区政协主席张燕萍、副主席朱少芬参加。

6月18日　市政协副主席陈晖一行12人到区，视察城乡低保工作，参观区社会服务中心大楼。区委书记傅云生，区长李广欣，区政协主席张燕萍陪同视察。

7月25日　区政协六届六次常委会在区政协会议室召开。

8月6日　区政协组织部分委员对区房产局民主评议政风行风情况进行专项视察。区政协主席张燕萍，副主席胡迪、朱少芬参加。

8月19日　区委书记朱汉浩到区政协机关，看望机关全体干部职工。

8月21日　区政协主席张燕萍、副主席胡迪率部分委员视察区楼宇经济工作。区委常委、常务副区长严盛平应邀参加视察。

8月　区政协组织部分委员赴山东省青岛市、辽宁省大连市、新疆等地考察学习。

9月28日　区政协招商引资项目——市花园大酒店开业。区委书记朱汉浩、区政府区长李广欣、区人大常委会主任刘爱琴、区政协主席张燕萍等四套班子领导出席开业剪彩仪式。

9月　区政协副主席朱少芬参加在德安县举行7省部分区（市）县政协工作研讨会第十七次会议。

10月10日　区政协六届七次常委会在区政协会议室召开。

11月6日　区政协组织部分委员列席区检察院检察委员会会议。

12月6～8日　区政协招商引资洽谈会在浙江省乐清市举行，来自浙江省的30多位知名人士、企业家及部分客商代表出席洽谈会。区政协主席张燕萍、副主席胡迪出席。

12月13日　市政协副主席徐少伟率市政协专题调研组到区，就城乡医疗救助工作进行调研。区委书记朱汉浩、区政协主席张燕萍等陪同调研。

12月30日　区政协六届八次常委会在区政协会议室召开。

2009年

1月8日　区政协组织部分委员参加区长李广欣主持召开的征询人大代表、政协委员意见建议座谈会。

2月3～5日　区政协六届三次全会在市少儿活动中心召开。

2月7日　区政协联合市第一人民医院、市劳教所举办新春文艺联欢会，300多名劳教学员观看节目，区政协副主席朱少芬参加活动。

3月31日　区政协六届九次常委会在龙翔国贸大厦十一楼会议室召开。

4月18日　由区政协牵头组织，民进九江市文化支部、市工人文化宫、九江太平洋购物广场主办的“‘为九江加速发展喝彩　为我们美好生活歌唱’拥抱春天文艺演出”在龙开河景观台拉开帷幕。

5月12日　区政协组织部分医疗界委员对区开展甲型HINI流感防控工作情况进行视察调研。区政协副主席胡迪、朱少芬参加。

5月14日　区政协主席张燕萍到市建设工程质量监督检验站，走访在招商引资工作中成绩突出，被评为“2008年浔阳区优秀政协委员”的市建设工程质量监督检验站书记蔡仔华。

5月15日　由区政协等单位协办的“生命之光”爱心公益演出在市第三人民医院报告厅拉开帷幕。

5月19日　市政协委员曲永和、杜鸿明，市民政局副局长王小军及庐山区、开发区民政局负责人等，到区就社区养老服务工作进行调研。

5月21日　区政协组织部分委员，到浔阳公安分局开展公众安全感工作视察调研。区政协副主席任惠萍、刘宗强参加。

6月3日　区政协主席张燕萍主持召开区政协党组领导干部学习实践科学发展观活动专题民主生活会。

6月16日　市政协副主席徐少伟、陶春元率市政协视察组到区视察规范文化市场工作。区委书记朱汉浩，区委副书记、区长李广欣出席汇报会。区政协主席张燕萍陪同视察。

7月3日　区政协组织部分企业界委员就区返乡务工人员就业培训安置情况进行专项调研视察。区政协主席张燕萍，副主席刘宗强、朱少芬参加。

7月8日　区政协组织部分文艺界委员到区文教局对文化市场情况进行专项视察，区政协主席张燕萍、副主席刘其祥参加。

7月10日　区政协六届十次常委会在区政协会议室召开。

7月27日　区政协组织25名有专业特长的文艺界政协委员到驻市九江县海军某部队进行慰问演出，与官兵共庆建军节。区政协副主席朱少芬参加。

8月19日　区政协主席张燕萍率全区20名民营企业家、政协常委，专题调研城东工业园区。区委书记朱汉浩参加调研座谈会。

8月　区政协组织委员参加区委、区政府举办的“爱满人间·慈善助学”资助活动，共捐款40万，资助学生100多个。

9月10日　区政协就协税护税工作组织委员对5个街道及区国税局、地税局、财政局等部门进行视察。

9月15日　以全国政协常委、教科文卫体委员会副主任张文康为组长的全国政协教科文卫体委员会“慢性非传染性疾病防治”专题调研组到区调研。省政协教文卫体委员会副主任张华东，市政协副主席徐少伟，区领导李广欣、张燕萍陪同调研。

9月18日　区政协在区财政局会议室召开协税护税调研座谈会。区委副书记、区长李广欣，区政协主席张燕萍出席。

9月24日　区政协六届十一次常委会在区政协会议室召开。

9月　区政协主席张燕萍率4名机关干部参加在福建省龙岩市新罗区政协举办的7省部分区（市）县政协工作研讨会第十八次会议。

10月9～10日　全市县（区、市、山）政协工作委员会第三次会议在浔阳召开，来自市政协各委办，各县（区、市、山）政协主席、副主席、秘书长或办公室主任共120余人出席会议。市政协领导程来安、陈晖、赵登荣、魏改生、卢志鹏、徐少伟、纪岗昌、陶春元、王翔、朱忠玲，秘书长洪华，浔阳区委书记朱汉浩、区长李广欣、区政协主席张燕萍出席会议。

10月20日　区政协召集6个党派负责人就2010年大会发言材料的准备工作情况进行座谈和讨论。区政协主席张燕萍，副主席刘宗强、朱少芬参加座谈。

10月28日　以市政协副主席魏改生为组长的视察组到区开展九江市中心城区环境质量情况专题视察活动，区委书记朱汉浩，区委副书记、区长李广欣，区政协主席张燕萍出席汇报会。

10月　区政协组织政协委员到庐山好汉坡，开展“金秋大家唱”及登山活动，庆祝中华人民共和国诞辰60周年和人民政协成立60周年。

11月　区政协组织18名政协常委和委员到区人防办，就区《中华人民共和国人民防空法》执行情况进行专题视察调研。区政协主席张燕萍，副主席刘宗强、朱少芬参加。

2010年

1月7日　区政协六届十二次常委会在区政协会议室召开。

2月　区政协主席张燕萍带队到都昌、武宁、永修、德安县政协参观学习。

2月1～2日　区政协六届四次全会在区综合楼十楼会议室召开。

3月30日　区政协六届十三次常委会在建国酒店会议室召开。

3月　区政协到南京、上海等地招商，引进1亿元综合码头项目。

4月14日　区政协组织部分常委、经济界委员就区个体私营经济发展情况进行专题调研。

4月16日　区政协联合区科协组织部分委员观看“科普之春”活动演出，并参与科普义诊、低碳生活科普知识展览及科普知识讲座等活动，区政协副主席刘其祥出席活动。

4月21日　区政协组织部分政协常委、经济界委员就区民营经济发展情况进行专项视察调研。区政协副主席胡迪参加。

5月和6月　区政协机关干部和部分政协委员分两批到上海市参观世界博览会。

7月20日　区政协组织部分委员参加区委、区政府举办的“关注民生，传递爱心，关爱老人”企业家座谈会暨区老年公寓竣工庆典活动，共计捐款18万元。

7月22日　区政协六届十四次常委会在区政协会议室召开。

8月3日　市政协主席程来安带领部分市政协委员到区督办大中路步行街升级改造提案。副市长卢天锡出席督办汇报会。

9月30日　区政协六届十五次常委会在区政协会议室召开。

9月　区政协组织委员视察“病毒性肝炎”传染病在全区防控执行情况。区政协副主席刘其祥参加。

同月　区政协副主席张华桥、朱少芬带队参加在江苏省南京市六合区政协举办的7省部分区（市）县政协工作研讨会第十九次会议。

11月3日　区政协主席张燕萍带领经济界委员到区财政局调研财政工作。区政协副主席胡迪参加。

11月24日　区政协主席张燕萍带领委员到城东工业基地调研浔阳区“决战工业60亿”情况。

11月26日　区政协副主席张华桥带领委员一行12人到区检察院视察检察工作。

12月2日　区政协主席张燕萍带领委员到区疾病预控中心视察防治乙肝型病毒性肝炎重大国家项目工作情况。

12月9日　市政协副主席陈晖带领部分市政协委员到区，就城区社会化养老工作进行专题调研。调研组实地参观湓浦社区老年人日间照料中心。区委书记朱汉浩、区长李广欣、区政协主席张燕萍陪同调研。

12月13日　区政协响应“浔阳区‘下基层、解民忧、抓发展、促和谐’活动动员大会”精神，到向阳闸社区听民情、解民意、做实事。

12月14日　区政协在市浔庐电工器材有限公司会议室召开评选“浔阳区界别2009~2010年度优秀市政协委员”会议。

12月29日　区政协六届十六次常委会在区政协会议室召开。

2011年

2月18~19日　区政协六届五次全会在市青少年活动中心召开。

3月11日　区政协按照《浔阳区深入推进“六城同创”暨“百院千巷”集中整治活动》要求，组织政协机关干部到黄土坡社区参加劳动。

3月31日　区政协六届十七次常委会在区政协会议室召开。

5月10号　区政协组织部分委员到湓浦社区日间照料中心和区福利院，就全区社会化养老服务工作进行调研。区政协副主席易小慧参加。

5月31日　市政协副主席魏改生率市政协调研组到区就城市园林绿化管护和市政设施管养工作进行专题调研。

6月16~27日　区政协组织人员对所属浔阳东路汽车站岗亭至三里街立交桥责任路段进行三次集中清理整治。

6月29日　区政协组织机关党员干部走进社区，开展“万名党员进社区，干干净净迎大庆”主题实践活动，对市容环境卫生进行大扫除。

7月20日　由省政协人资环委副主任倪忠民率领省政协民主监督专题调研组到区，就区贯彻落实计划生育政策情况开展调研。市政协副主席魏改生、市政协副秘书长李烈勇、市人口计生委主任高婷，区领导左延、曹应发、文建华、钱萍、易小慧陪同调研。

8月3日　市政协主席程来安，副主席魏改生、徐少伟一行到区视察指导工作。先后到桃园路、大中路项目施工现场实地察看区重点城建项目建设情况，到九江新新百货党支部调研民营企业开展学习实践活动及生产经营情况。区领导戴晓慧、曹应发、张燕萍陪同。

8月13~15日　区政协党组副书记、统战部部长郑观兴和区政协副主席朱少芬分别带队，对非公有制企业提名委员进行为期3天考察。

8月18日　区政协六届十八次常委会在区政协会议室召开。

8月28~30日　区政协七届一次全会在市少儿活动中心召开。选举产生新一届区政协领导班子和新的常委会。

9月22日　区政协港澳台侨委组织委员一行10人，在区政协副主席秦永红的带领下视察城投公司暨重大项目建设情况。

9月23日　区政协七届一次常委会在区政协三楼会议室召开。

9月　区政协副主席刘宗强带领3名机关干部，参加在安徽省安庆市大观区政协举办的7省部分区（市）县政协工作研讨会第二十次会议。

同月　区政协主席文建华、副主席刘宗强率机关干部，到庐山区政协学习政协委员分组划分等有关工作。

10月9日　区政协组织委员参加市政协在市图书馆多功能厅举办的“纪念辛亥革命100周年”报告会。

10月13日　区政协组织部分政协委员，在区政协主席文建华带领下，就全区贯彻执行《中华人民共和国残疾人保障法》情况进行视察。

10月18日　区政协组织部分委员视察区旧城改造（棚户区）规划工作。区政协副主席易小慧、周华参加。

10月26～28日　区政协在龙湾温泉举办新委员培训班。

11月10日　区政协主席文建华带领部分专家、学者委员到大中路（西段）升级改造项目工地进行实地视察。

11月18日　区政协在全市政协宣传暨2012年度政协报刊征订工作会议上获全市政协宣传工作先进集体称号。

同日　区政协主席文建华率机关干部和部分政协委员，到云南省昆明市盘龙区、丽江市古城区政协，学习发挥专委会、界别、党派、委员主体作用和如何做好提案工作经验。

11月22日　区政协主席文建华率部分政协委员视察并旁听区人民法院庭审工作。

12月1日　区政协主席文建华带领区政协机关领导干部一行到江西广通电缆有限公司进行视察调研。

12月14日　区政协主席文建华带领部分委员到区检察院视察工作。

12月17日　区政协组织部分委员，与行政执法、公安、消防、街道社区等相关单位人员，对金鸡坡街道曹家山二组、白水湖街道花果园社区、人民路街道琥珀山社区的8户违章建筑，共计1000余平方米依法进行拆除。

12月29日　区委书记戴晓慧到区政协看望新一届政协班子。

12月30日　区政协党组会议决定在5个街道成立街道联络处。

12月　区政协编辑文史专辑《百年大中路》出版发行。

2012年

1月6日　区政协召开迎新年座谈会，区政协主席文建华出席并讲话。

1月16日　区政协七届二次常委会在区政协会议室召开。

1月29日　区政协机关干部在区三号工业园参加全区春节植树团拜活动。

2月7～9日　区政协七届二次全会在九江少儿活动中心召开。

2月　区政协主席文建华、副主席刘宗强率机关干部，到庐山区政协学习委员进社区工作。

3月2日　区政协主席文建华到白水湖街道，就水产市场开发建设楼宇项目进行调度。

3月14日　区政协环资委、九三学社浔阳区医卫支社邀请市第一人民医院教授饶凯，在人民路街道七楼会议室举办“春季流行病预防知识讲座”。

3月20日　区政协在白水湖街道会议室召开征求“委员进社区”（试点）工作的意见和建议座谈会，区政协副主席刘宗强参加。

3月28日　市政协副主席朱忠玲到区，就贯彻落实市委《关于加强和改进人民政协政治协商工作的意见》情况进行调研。区领导戴晓慧、曹应发、文建华出席情况汇报会。

4月11日　省政协副主席郑小燕一行到区调研流动人口社会管理服务工作。市政协主席魏宏彬出席调研座谈会，省政协社会和法制委员会主任张莉，副市长、市公安局局长陈光明，市政协副主席朱汉浩，区领导戴晓慧、曹应发、文建华陪同调研。

4月27日　区政协主席文建华率领农林、三产等部门负责人到区政协常委、浙江商会副会长王中财所在基地——彭泽县东升梅花鹿生产基地走访，并现场办公。

4月28日　区政协办公室下发《浔阳区政协委员街道联络处工作制度》，启动街道联络处工作。

同日　区政协七届三次常委会在区政协会议室召开。

4月　区政协副主席朱少芬、秘书长韩万金和部分街道联络处主任随市政协一起赴河南省郑州、天津市、江苏省无锡市等地政协学习政协委员进社区工作。

5月15日　区政协副主席刘宗强、周华带领人口环境资源委员会部分委员到区旅游局调研旅游工作。

同日　市政协副主席徐少伟在市政协理论研究会副会长、市政协委员、市委党校常务副校长董和清的陪同下到区，就发挥政协委员主体作用工作开展情况进行调研。区领导左延、曹应发、文建华出席座谈会。

5月22日　区委办公室下发《关于转发区政协办公室〈关于开展政协委员进社区活动方案〉的通知》。

5月　区政协联合民革浔阳支部到市聋哑学校开展送爱心活动，为学校捐赠各种生活用品及资金共计24000余元。

同月　吉安市新干县政协主席张梅生带队17人到区政协学习提案工作，并考察大中路和八里湖新区。区政协主席文建华陪同座谈和视察。

同月　区政协副主席刘宗强、朱少芬率领机关部分人员及政协委员，赴黑龙江省绥芬河市政协学习考察政协党建工作。

6月5日　为了纪念第41个“世界环保日”，区政协联合甘棠街道办、区环保局和九三学社浔阳支社邀请市环境保护局副总工程师汪爱元，在市生殖保健中心举办“环保知识讲座”。

同日　区政协就“提高我区婚前医学检查率，提升浔城人口出生质量”重点提案召开办理工作协调会。区政协副主席刘宗强、张华桥出席。

6月8日　区政协在三楼会议室召开街道联络处第一次会议。

6月9日　区政协委员、建设银行九江分行环城支行行长杨震云邀请部分经济界企业家委员在环城支行参加“金融服务座谈会”，就企业家委员提出的“融资难”问题进行专门解答，并推介“个人助业贷款”“个人消费额度贷款”，有多位委员达成贷款意向。

6月13日　区政协街道政协联络处座谈会在人民路街道召开。区政协副主席刘宗强、朱少芬出席。

6月15日　区政协在人民路街道湖滨社区举办政协委员进社区活动启动仪式。市政协秘书长洪华，区委副书记曹应发，区政协主席文建华出席活动。

同日　区政协主席文建华召集广东商会、检察院、城建、房产、三产、城投公司、白水湖街道等相关部门负责人，就加快推进广东商务楼宇项目有关事宜进行调度。

6月21日　区政协主席文建华、副主席刘宗强带领部分政协委员到区公证处视察《中华人民共和国公证法》贯彻落实情况。

7月4日　区政协副主席易小慧带领部分委员到区工业园调研企业现状及发展情况。

7月6日　区政协副主席张华桥、朱少芬率队一行就创建全国卫生城市工作，对区龙开河农贸市场、滨江路、甘棠北路、悠然快捷酒店进行视察调研。

7月11日　区政协副主席廖济煊一行就部分委员调整，到委员候选人企业对委员“先进性”进行考察。

7月19日　区政协组织部分委员到白水湖街道办事处调研指导城镇居民医疗保险工作。

7月27日　区政协七届四次常委会在区政协会议室召开。

8月14日　区政协邀请市政协领导及委办主任和各县市区政协主席观看由浔阳区打造的音舞诗画剧《春江花月夜》。

8月22日　省政协副主席刘晓庄一行在省地震局局长王建荣、市政协副主席朱汉浩陪同下，到龙山小学视察指导“防震减灾科普示范校”工作。

9月11日　区政协在金鸡坡街道大塘村举行“百名委员进社区，文明新风进万家活动”暨金鸡坡街道“委员之家”揭牌仪式。

9月25日　市政协“委员进社区”活动座谈会在区政协金鸡坡街道联络处“委员之家”召开。市政协副主席朱汉浩，区领导曹应发、文建华、朱少芬参加会议。

9月25日　以区政协副主席廖济煊为团长的区代表团前往福建省泉州市鲤城区，参加7省部分区（市）县政协工作研讨会第二十一次会议。

9月28日　由区政协承办的“喜迎十八大　庆祝双佳节”文艺晚会在市青少年活动中心精彩上演，共表演了政协委员企业选送的12个节目。节目形式有舞蹈、快板书、男女声独唱、诗朗诵、器乐演奏等。市政协主席魏宏彬、秘书长洪华，区四套班子领导，区直单位正科以上干部，区政委员，驻区市政协委员等300余人观看了文艺演出。

10月11日　修水县政协副主席朱啸一行7人到区学习提案工作。

10月15日　市政协副主席李军一行到三里小学调研农民工子女教育教学工作，区政协主席文建华、副主席朱少芬陪同。

10月23日　区政协在三楼会议室举行老干部重阳节茶话会。区政协副主席刘宗强、朱少芬、廖济煊参加。

10月26日　区政协七届五次常委会在区政协三楼会议室召开。

10月31日　区政协副主席周华带领部分政协委员到大中路步行街开展调研视察活动。

10月　市政协主席魏宏彬带领市政协工作组到区视察项目建设。市政协副主席徐少伟、纪岗昌、陶春元、朱忠玲、黄大明、朱汉浩、李军参加视察活动。区委书记戴晓慧，区委副书记、区长左延，区政协主席文建华陪同。

11月2日　区政协副主席刘宗强一行到区德化路安置小区建设工地，实地察看小区建设情况。

11月8日　区政协副主席刘宗强带领部分委员到区检察院视察工作。

11月16日　区政协在三楼会议室组织召开2012年民主评议提案办理工作座谈会。区政协副主席张华桥参加。

11月23日　区政协副主席周华带领部分政协委员调研视察全区市容环卫工作。

11月29～30日　区政协作为部分县（市、区）代表，参加在九江宾馆召开的全省港澳台侨和外事工作学习座谈会，区政协副主席朱少芬在大会上作经验介绍。

11月　区政协主席文建华等领导，在区环卫协会成立暨捐赠仪式上，为11名困难环卫职工发放首批救助基金。

12月5日　区政协副主席刘宗强、朱少芬带领“委员进社区”文学艺术活动小组部分委员到湖口县参观学习。

12月6日　区政协副主席周华等陪同市九三学社副主委胡帆一行到区工业园，就工业园的环境保护情况进行调研。

12月7日　区政协组织的2012年度区港澳台侨工作会议在九江天翔商务大酒店召开。区政协主席文建华、副主席朱少芬出席。

同日　市政协副主席、市总工会主席朱忠玲到区调研工会工作。区领导戴晓慧、左延、曹应发陪同调研。

12月27日　白水湖街道政协联络处召开迎新座谈会。区政协副主席刘宗强、副主席朱少芬出席。

12月28日　区政协七届六次常委会在区政协三楼会议室召开。

2013年

1月15日　区政协七届七次常委会在区政协三楼会议室召开。

1月15～16日　区政协七届三次全会在区少儿活动中心召开。

1月23日　区政协副主席秦永红出席香港—九江（浔阳）合作成立股权投资基金座谈会。

3月12日　都昌县政协主席石和平一行到区学习委员进社区工作，区政协主席文建华陪同。

同日　市政协副主席徐少伟一行到区督查贯彻市委加强政协工作有关文件精神的落实情况。区委书记戴晓慧，区委副书记曹应发，区政协主席文建华陪同座谈检查。

3月26日　区政协召开七届十三次主席会议，研究决定正式启动《浔阳区政协志》编纂工作。区政协主席文建华参加会议。

3月29日　市政协主席魏宏彬，副主席徐少伟、朱汉浩带领各县（市、区）政协主席及秘书长一行，参观视察区政协金鸡坡街道联络处“委员之家”。区委副书记、区长左延，区委副书记曹应发，区政协主席文建华陪同视察。

4月9日　德安县政协主席高茂木、副主席江清华、秘书长苏建华等一行，到区开展委员进社区交流座谈活动。区政协主席文建华、副主席朱少芬陪同座谈参观。

4月12日　市政协副主席、九江学院副院长陶春元带领部分委员、教授、博士到区，就“九江沿江开放开发对策研究”进行专题调研。区政协主席文建华陪同调研。

4月16日　区政协七届八次常委会在区政协三楼会议室召开。

4月19日　湖北省武汉市新洲区政协副主席陈金旺一行，到区就提案工作进行交流座谈。区政协主席文建华，副主席刘宗强、张华桥参加。

同日　九江县政协副主席王宏松一行到金鸡坡街道大塘村“委员之家”开展委员进社区交流座谈活动。区政协副主席朱少芬陪同座谈参观。

4月22日　省政协副主席汤建人率领调研组到区考察公共文化服务体系建设。市政协副主席李军，区领导曹应发、文建华陪同调研。

4月26日　区政协召开委员进社区活动动员会。

同日　区政协港澳台侨委员会联合区台办、区红十字会，在浔阳江畔广场开展向雅安芦山地震灾区人民献爱心活动，当场募集爱心资金6800元。

5月3日　区政协副主席刘宗强带领调研组到

区市容局，对“开放式”小区物业管理工作进行调研。

5月8日　由市政协委员、市委宣传部副部长、市文明办主任陈则仁带队的市政协调研组，到区开展“民主监督”专题调研活动。区委副书记曹应发，区政协主席文建华陪同调研座谈。

5月17日　在第23次“全国助残日”到来之际，区政协联合区残联、湓浦街道政协联络处，在湓浦街道办事处会议室共同开展政协委员帮扶贫困残疾人活动。

5月19日　区政协联合区科技局组织部分委员在庐峰花园社区广场开展“科技活动周”启动仪式。

5月21日　区政协组织部分委员在远洲国际大酒店参加民营企业创新发展论坛活动。

5月28日　区政协主席文建华带领机关全体工作人员，在九江长江航道处负责人陪同下，乘船视察沿江开放开发巨大变化。

5月　新疆维吾尔自治区巴音郭楞蒙古自治州和静县政协副主席郝根生一行7人到区政协学习参观。

6月3日　区政协副主席廖济煊带领机关工作人员到区残联，就政协委员黎茂菊《落实残疾人申办“残疾人证”免收残疾鉴定费政策》的重点提案进行督办。

6月8日　区政协副主席易小慧带领经科委主任和提案人等，到区环保局就提案的答复落实情况进行督办。

6月26日　区政协联合区纪委召开全区统一选派政协委员担任相关部门民主监督员工作会议，标志着区统一选派民主监督员工作正式启动。区政协主席文建华出席。

7月2日　星子县政协副主席宋从文等一行到区共同交流“委员之家”打造工作。区政协副主席廖济煊陪同座谈。

7月4日　区政协主席文建华，副主席刘宗强、周华一行到甘棠街道调研面粉厂片区旧城改造工作。

7月11日　区政协召开全区委员进社区活动调度会。区政协主席文建华出席会议。

7月16日　区政协副主席刘宗强、张华侨、秦永红一行到区建设局开展“背街小巷”建设与管理专题调研。

7月18日　区政协七届九次常委会在区政协三楼会议室召开。

7月26日　市政协副主席徐少伟带队，市物价、商管办、农业局、工商局、规划局、水文局等相关部门负责人组成的市政协专题调研组一行，就“我市城区‘社区菜店’建设”情况到区进行调研。

7月　区政协党组副书记刘宗强、副主席廖济煊率领导机关干部到景德镇市珠山区政协参观学习，并就7省（市）部分区（市）政协工作研讨会工作进行商议。

8月2日　区政协副主席易小慧带队到中瀚国际商务大厦工程项目建设现场，就该项目的建设进行调度。

同日　区政协对全区新选聘的社情民意信息员进行社情民意业务知识培训。

8月6日　区政协主席文建华到甘棠街道，就解决“四风”问题进行专项调研。

8月13日　区政协副主席秦永红，市政协委员汪登保，区政协委员杨瑞龙、徐凯一行，到白水湖街道长虹北路社区，与社区干部、居民代表、辖区单位代表、老党员及困难群众座谈，了解社情民意。

8月15日　区政协主席文建华到湓浦街道濂溪社区，视察湓浦街道“委员之家”打造情况。

8~9月　区政协经科委开展财税情况专题调研。

9月26日　区政协副主席朱少芬率部分政协委员到区教体局调研义务教育均衡发展工作。调研组到金鸡坡小学、希望小学和新建的浔阳小学实地走访。

9月27日　区政协副主席刘宗强率调研组对区开展“打造社区群众文化阵地，活跃市民精神文化生活”工作进行专题调研，先后到游岭村文化活动中心、南司社区文化活动中心实地查看。

9月29日　区政协七届十次常委会在区政协三楼会议室召开。

10月10日　市政协副主席徐少伟带领部分市政协委员到浔阳工业园就园区基础设施建设情况开展专题视察。区长左延、区政协主席文建华陪同视察。

10月12日　区政协主席文建华在区政府十楼会议室主持召开全区政协委员座谈会。区委副书记曹应发出席。110余名区政协委员应邀参加座谈会。

10月28日　区政协副主席周华带领部分政协委员视察区旧城改造工作，先后到封缸酒厂旧城改造项目、花果园安置小区项目、德化东路综合安置小区项目实地查看。

10月30日　区政协主席文建华，副主席易小慧、廖济煊带领部分政协委员到曹家山公租房建设项目工地视察浔阳区公共租赁住房建设情况。

11月7日　区政协副主席易小慧带领部分政协委员就区现代物流业发展状况进行调研。

11月15日　区政协副主席刘宗强率部分委员视察区社会养老工作，实地参观区社会福利院和白水湖街道日间照料中心。

同日　区政协召开2013年民主评议提案办理工作座谈会。区城建局、区文新局、区民政局、区市容局、区大中路步管办5个被评单位参加会议。

12月13日　区政协召开2013年度港澳台侨工作会议。区政协主席文建华出席会议。区台办、区民宗局、区侨办负责人以及在浔的港澳台侨专委会委员共38人参加会议。

12月27日　区政协七届十一次常委会在区政协三楼会议室召开。

2014年

1月15日　区政协七届十二次常委会在区政协三楼会议室召开。

1月15～17日　区政协七届四次全会在青少年活动中心召开。

1月16日　区政协七届十三次常委会在区政协三楼会议室召开。

2月25日　《浔阳区政协志》编纂工作第一次调度会召开，区政协主席文建华出席并讲话。

3月7日　区政协召开党的群众路线教育实践活动动员大会，全面启动区政协党组和机关党总支党的群众路线教育实践活动。

3月26日　市政协党组副书记、副主席徐少伟到金鸡坡街道大塘村开展党的群众路线教育实践活动，区政协主席文建华、副主席刘宗强陪同调研。座谈会围绕贯彻落实中央八项规定、践行群众路线的主题召开，街道负责人、村、组干部、群众代表参加座谈。

3月27日　区政协七届十四次常委会在区政协三楼会议室召开。

3月28日　区政协主席文建华带队一行到湓浦街道濂溪社区，开展党的群众路线教育实践活动征求意见座谈会。

3月　区政协主席文建华率区政协领导班子成员，到九江县政协学习群众路线教育工作。

4月10日　区政协副主席朱少芬率区经济服务中心和湓浦街道有关负责人，调研指导城市风景大楼项目建设。

4月12日　区“社区民意直通车”活动拉开帷幕。区政协主席文建华一行到甘棠街道延支山社区，与居民群众面对面交谈。

4月27日　区政协经济科技界“委员之家”挂牌仪式在江西欧保能源技术有限公司办公大楼内举行。区政协主席文建华参加。

5月8日　区政协主席文建华、区委常委白尔迈提·托木西一行，到区曹家山公租房建设施工现场，对公租房建设进展情况进行专题视察。

5月13日　市政协理论研究会副会长周光灿等一行到浔阳，就加强政协机关建设开展专题调研。区政协主席文建华陪同。

5月15日　区“全国助残日”委员捐赠活动在白水湖街道举行。区政协副主席朱少芬及部分政协委员参加活动。

5月16日　区政协副主席朱少芬带领部分委员，对进一步加强城区市容管理工作进行专题调研。

5月28日　区政协经科委组织部分委员开展全区物价工作视察。

6月6日　区政协副主席刘宗强带领部分委员到区第一幼儿园和浔阳小学，对新建学校管理工作进行视察。

6月9日　市政协副主席李军一行10人实地考察白水湖街道李家垅卫生服务站、湓浦街道社区卫生服务中心，了解中医诊疗的运行机制和服务模式。区领导文建华、钱萍、刘宗强陪同考察。

6月27日下午和6月30日　区政协党组召开专题民主生活会。区政协党组书记、主席文建华主持会议，市委第一督导组组长余修德及其他成员到会指导。

6月27日　区政协副主席朱少芬带领区政协港澳台侨委和区教育体育局相关负责人，对区政协委员徐燕提出的《关于中小学生就近读书的建议》提案进行重点督办。

6月28日　区政协主席文建华一行到社区民

意直通车联系点甘棠街道延支山社区，召开老党员和困难党员座谈会，听取他们对全区和所在社区开展党的群众路线教育实践活动的看法、评价以及意见建议。

7月16日　区政协组织部分政协委员开展艾滋病防治工作专题调研。区政协主席文建华、区政府副区长钱萍参加调研座谈。

7月17日　区政协七届十五次常委会在区政协三楼会议室召开。

7月22日　市政协副主席徐少伟一行12人视察区琵琶亭公园码头整治拆迁情况。

7月25日　区政协副主席刘宗强一行到甘棠街道六角石社区对“启和调解室”工作进行调研。

7月30日　星子县政协副主席宋从文一行到区开展“保障性住房物业管理”调研座谈。

8月7日　市政协办公厅副主任余德义和委工委主任张铁虎一行到区经济界别“委员之家”指导工作，区政协副主席廖济煊陪同指导。

8月14日　区政协机关组织政协机关党支部与退休党支部全体党员，召开区政协党的群众路线教育实践活动专题组织生活会。

8月21日　区政协主席文建华带队到景德镇市珠山区开展学习交流活动，双方就政协志及政协工作研讨会进行学习交流。

8月27日　市政协主席魏宏彬率市政协副主席、秘书长及各委办主任，各县市区政协主席等，到区白水湖街道“委员之家”开展专项视察。

9月5日　区政协文卫界“委员之家”在委员周春柏的企业——松柏茶庄成立，区政协主席文建华、副主席刘宗强参加揭牌启动仪式。

9月10~12日　区政协组织部分委员到安徽省安庆市大观区、宣城市宣州区、广德县等地调研“飞地工业”发展情况。

9月15日，景德镇市珠山区政协主席施向阳一行，到区政协开展学习交流活动。区政协主席文建华参加座谈。

9月18日　市政协副主席、市委统战部部长黄大明一行到区调度广东、福建两大商务楼宇项目，区政协主席文建华陪同并汇报项目进展情况。

9月26日　区政协主席文建华带领区政协机关干部和政协委员，到甘棠街道延支山社区开展“进社区、庆重阳、送健康”活动。

10月11日　区政协主席文建华带领部分委员到区人民法院对法院当年亮点工作进行专项视察。

10月14日　区政协七届十六次常委会在区政协三楼会议室召开。

10月17日　市政协人口环资委主任周光灿一行到区调研城区禁燃烟花爆竹工作，区政协副主席朱少芬参加。

10月21日　区政协召开机关党的群众路线教育实践活动总结大会，学习贯彻中央、省、市、区党的群众路线教育实践活动总结大会精神，对区政协机关教育实践活动进行总结，对巩固发展教育实践活动成果、建立长效机制进行部署。区政协党总支成员及各委办负责人、机关其他工作人员、部分老同志代表、部分党员群众代表参加会议，区委第三督导组负责人到会指导。

10月27日　区政协主席文建华主持召开主席会议，专题传达学习十八届四中全会精神。

10月28日　市政协副主席、民建主委李军一行到浔调研标准化农贸市场升级改造情况。市商管办主任陈世超，副主任肖仁鹏，区政协主席文建华陪同调研或参加座谈。

10月31日~11月6日　区政协联合区卫生局组织部分委员到吉林省船营区对艾滋病防治工作进行调研，区政协副主席周华带队。

11月5日　区政协组织部分政协委员对区琵琶湖农产品市场建设运营情况进行专题视察，区政协主席文建华，副主席易小慧、廖济煊参加。

11月6日　区政协副主席朱少芬带领部分委员，对全区日间照料中心打造和运行情况进行专题视察。

11月7日　按照全区城市环境综合整治的要求，区政协主席文建华带领全体机关领导干部走上包挂路段，发放综合整治活动宣传单，对行人不文明行为进行劝导。

11月19日　区政协在三楼会议室举办“中国现代书画艺术欣赏和品鉴”知识讲座。市书法家协会副主席兼秘书长姚杰应邀主讲。全区60余名政协委员、机关干部参加。

11月27日　市政协组织委员到浔阳，就区“十大片区”旧城改造工作进展情况开展专题视察。市政协主席魏宏彬带队，市政协副主席徐少伟、纪岗昌、陶春元、黄大明、朱汉浩，秘书长洪华参加视察。区领导戴晓慧、左延、刘武爱、文建华、朱超、刘宗强、易小慧、朱少芬、周华、廖济煊陪同视察座谈。

12月5日　区政协组织部分委员对区边街小巷改造工作进行专题视察。区政协副主席周华参加。

12月6日　区政协主席文建华带领全体机关领导干部走上街头，参与主题为“我当一天环卫工人——百家包挂单位进路段”活动。

12月13日　区政协主席文建华带领全体机关领导干部走上街头，参与“清洗人行道，路面显本色”主题活动。

2015年

1月13日　区政协七届十七次常委会在三楼会议室召开。

2月3~5日　区政协七届五次全会在青少年活动中心召开。

2月4日　区政协七届十八次常委会在三楼会议室召开。

2月11日　区政协主席文建华带队一行对区部分重点企业、纳税大户和商会组织走访慰问。

2月13日　市政协书画联谊会联合区政协在花果园社区举办“迎新春·书春联·送祝福”书法春联赠送活动。市政协主席杨小华，副主席朱汉浩、李军，区领导戴晓慧、左延、刘武爱、文建华参加活动。

3月18日　区政协召开委员进社区工作会议，专题部署2015年委员进社区工作要求。区政协副主席廖济煊主持会议。

3月31日　区政协召开全区统一委派民主监督员工作部署会。

4月10日　区政协七届十九次常委会在区政协三楼会议室召开。

4月17日　区政协召开提案交办会，将年初提案办理任务送交至区委、区政府相关承办单位。

4月24日　区政协副主席朱少芬一行到区计生委就全区贯彻执行《江西省人口与计划生育条例》情况开展民主监督活动。

同日　区政协人口资源环境委员会组织部分委员，就全区垃圾分类处理工作与区市容局、区环保局开展对口协商活动。区政协副主席周华参加。

4月28日　区政协文教卫法制社团委员会组织部分委员到白水湖街道花果园社区卫生服务站、李家垅社区卫生服务站和柘电社区卫生服务站，就全区基层中医药创建工作开展专题视察，区政协副主席刘宗强带队。

5月7日　区政协经科委组织部分委员就“金融工作创新”与区金融办等部门开展对口协商活动，区政协副主席易小慧参加。

5月12日　区政协召开《九江知青》文稿征集座谈会，部分文史专家、下放的老知青和参与管理知青的老同志受邀参加，区政协主席文建华出席会议。

5月13日　瑞昌市政协到区就全市政协开展“双争四创”活动情况进行交流学习。考察组实地参观金鸡坡街道大塘村政协委员之家和白水湖街道政协委员之家。

5月14日　区政协港澳台侨委员会组织部分委员，就全区学前教育工作情况进行专题视察。区政协副主席朱少芬带队，区政府副区长胡迪陪同视察。

5月25日~30日　区政协副主席周华带领部分委员到江苏省徐州市鼓楼区、江苏省淮安市清河区，就保障性住房管理工作进行专题调研。

5月29日　区政协召开“三严三实”专题教育党课暨动员部署会，区政协党组书记、主席文建华讲授题为“以‘三严三实’为准绳、不断提升政协工作水平”的专题党课。

6月2日　市政协副主席古小平带领部分市政协委员就“抢抓国家建设长江经济带的战略机遇，全力打造赣鄂皖沿江先行先试示范区”到浔阳区进行专题调研，区委书记戴晓慧，区政协主席文建华，区委常委、常务副区长王风雷，区政协副主席易小慧陪同调研。区发改委、财政局、工信委、建设局等单位负责人参加座谈。

6月16日　市政协副主席朱忠玲带队一行到浔阳开展“加快城区菜市场升级改造”专题调研，调研组实地查看姚家洼、江洲、新一、花果园等4个菜市场的改造升级情况，区领导左延、文建华、张小军、易小慧陪同调研。

6月19日　市政协理论研究会副会长陈则仁一行到浔阳就加强对口协商工作开展专题调研，区政协主席文建华、副主席廖济煊等参加调研座谈。

7月20日　安徽省宣城市广德县政协副主席傅朝到浔阳交流学习。考察组参观金鸡坡街道大塘村政协委员之家和白水湖街道政协委员之家，并就基层政协工作及“委员之家”建设等进行座谈交流。区政协副主席廖济煊陪同考察。

7月28日　区政协七届二十次常委会在政协三楼会议室召开。

7月29日　区政协召开政协委员“访基层·送清凉”活动，为全区1200名环卫工人送去慰问金、西瓜、药品等价值10万元的慰问品，区政协主席文建华，区政府副区长胡迪，区政协副主席刘宗强、廖济煊等出席活动。

8月18日　江苏省扬州市宝应县政协副主席、工商联主席金陵一行到区考察学习全民创业工作，区政协副主席、工商联主席秦永红陪同考察。

8月19日　区政协副主席朱少芬带队一行到彭泽县和星子县就法律援助工作进行专题调研。

8月24日　区政协召开《浔阳区政协志》编纂评审会，区政协主席、副主席、各委办主任参加评审，根据评审意见修改后送方志出版社审核。

8月26日　区政协召开司法援助专题调研座谈会，区政协主席文建华、副主席朱少芬参加座谈并讲话。

9月2日　区政协组织部分委员就大中路步行街环卫市场化运作情况开展专题视察。区政协副主席朱少芬带队。

9月8日　市政协副主席、统战部部长黄大明带队一行到浔阳调研归侨侨眷权益保护条例在区执行情况。区领导文建华、胡迪、朱少芬陪同调研。调研组一行先后到人民路街道向阳闸社区和白水湖街道沿江社区实地调研。

9月9日~12日　区政协组织部分委员到安徽省阜阳市颍泉区和山东省威海市环翠区调研法律援助工作，区政协副主席朱少芬带队。

9月29日　区政协七届二十一次常委会在区政协三楼会议室召开。

10月12日~14日　区政协组织部分委员到浙江省绍兴市上虞区、江苏省江阴市和江苏省昆山市就政府引导中小企业上市工作进行专题调研，区政协主席文建华、副主席易小慧参加调研。

10月20日　区政协召开机关离退休老干部座谈会，与老干部共度中秋佳节，区政协主席文建华，副主席刘宗强、廖济煊出席会议。

10月27日　区政协组织部分委员对区疾病预防控制工作开展专题视察，区政协副主席朱少芬参加。

11月17日　赣州市章贡区政协秘书长黄翃晖一行到浔阳交流学习委员联络服务工作。考察实组地参观白水湖街道“委员之家”打造情况。

11月25日　区政协召开《那年那月——九江知青谈忆录》评审会，研究讨论全书篇目设置、文稿选用等事项，区政协主席文建华主持会议。

11月27日　区政协召开2015年度港澳台侨工作会议，区政协主席文建华、副主席朱少芬出席会议。

11月27日　区政协组织部分委员对城区公交工作开展专题视察。区政协主席文建华、副主席朱少芬出席活动。市公交公司党委书记、总经理黄慧声陪同座谈视察。

12月4日　区政协组织部分委员对区光伏发电情况开展专题视察，视察组实地考察浔鑫新能源科技有限公司长东物流园1Mw光伏电站和香榭丽舍小区居民屋顶光伏发电等项目，区政协副主席易小慧参加。

12月8日　区政协召开民主评议提案工作座谈会。区政协副主席张华桥出席会议并讲话。

12月17日　区人大政协工作会在区综合楼十楼大会议室召开。戴晓慧、左延、刘武爱、张显旺、文建华等区四套班子领导出席会议，区人武部政委，区法检两长，区政协常委，各街道书记主任，区委各部门负责人，区人大各委办负责人，区直各单位负责人，区政协各委办负责人参加会议。

12月23~30日　区政协班子成员分别带队对全体232名政协委员进行走访座谈。

12月30日　区政协七届二十二次常委会召开。

12月31日　区政协组织全体机关干部开展迎新年登山比赛。区政协主席文建华，副主席刘宗强、张华桥、周华、廖济煊参加。

2016年

1月15日　区政协党组召开“三严三实”专题民主生活会，区政协党组书记、主席文建华主持会议。

1月19~20日　区政协七届六次全会在青少年活动中心召开。

1月20日　区政协七届二十三次常委会在三楼会议室召开。

1月21日　区政协举行《那年那月——九江

知青谈忆录》赠书活动，编审人员向部分知青作者和委员代表赠送书籍。区政协主席文建华，副主席张华桥出席活动仪式。

1月21～23日　区政协班子成员分别带队对离退休老干部进行走访慰问。

1月30日　区政协组织部分文化界委员到人民路街道幸福里社区开展"贺新春·送春联"活动，为广大居民群众书写春联。区政协副主席刘宗强参加活动。

2月14日　市政协主席杨小华一行到区工业园齐鑫化工有限公司走访调研企业工作，向企业负责人和企业员工致以诚挚的新春祝福和问候。市人大常委会副主任柳国发，市政协副主席、市统战部部长黄大明，市政协秘书长洪华，区领导戴晓慧、左延、文建华、王安定陪同走访。

2月24日　省政协副主席郑晓燕一行到浔阳调研。市政协主席杨小华、区政协主席文建华等陪同调研。

2月29日　中共浔阳区委九届常委会第六十一次会议讨论通过在各街道政协联络处设立一名正科级主任。

3月9日　市政协副主席李军一行到浔阳区，就贯彻落实省委、市委加强政协工作相关文件精神情况，在湓浦街道办事处濂溪社区政协委员之家开展调研座谈。区政协主席文建华，副主席廖济煊出席座谈会议。

3月23日　武宁县政协主席余育民，副主席张庆文、汪会华等一行到浔阳区，就基层政协组织建设工作与区政协进行交流座谈。区政协主席文建华，副主席刘宗强、廖济煊陪同座谈。

3月28日　区政府就2016年度财政预算安排与区政协在主席会议上开展专题协商，区政协主席文建华，区委常委、常务副区长王风雷，区政协副主席刘宗强、易小慧、张华桥、朱少芬、周华、廖济煊、秦永红，秘书长韩万金等参加会议。

同日　区政协召开2016年民主监督小组工作布置会，区政协副主席廖济煊在会上做工作部署安排，各民主监督小组组长和派驻单位相关负责人参加会议。

3月31日　区政协主席文建华带领区政协调研组来到白水湖街道花果园社区调研委员进社区活动，区政协副主席廖济煊陪同调研。

专　记

部分区（市）县政协工作研讨会

浔阳区政协成立初期，各项工作都处于摸索阶段。如何做好政协工作，是当时摆在区政协领导干部面前一个现实问题。为积极探讨新形势下如何开创人民政协工作的新局面，加强区域之间的经济文化交流，区政协积极争取区委重视，建议开展区域之间政协工作学习交流，得到区委的大力支持。前期，经区政协多方充分沟通，共同协商，初步提出自1988年起，每年开展一次部分区（市）县政协工作横向联系联谊会。当年1月，区政协向部分兄弟友好城区政协发出举行城区政协横向联系联谊会倡议书，得到江苏、安徽、湖北、广东、四川、重庆及江西省共24个城区（市）县政协的积极响应。经过精心筹划，1988年4月1日，第一次城区政协横向联系联谊会预备会在浔阳区召开，会期两天，各城区政协秘书长、办公室主任参加，区委副书记范序德出席并讲话，区委书记王文敬到住地看望与会人员。会上，与会人员交流讨论"如何适应新形势开拓政协工作新路子，为振兴本区经济服务""如何加强自身建设，适应新形势要求的经验和做法""如何为发展本区经济，技术协作，促进本地区改革和经济振兴"等议题，并就联谊会的有关事宜达成协议，协定自1988年起，每年举办一次横向联系联谊会，具体时间和地点由上届城区政协横向联系联谊会协商确定。

1988年4月28日，第一次城区政协横向联系联谊会在浔阳区召开，会议地点设在九江石油招待所，会期7天，24个城区（县）政协各派4名人员参加，人员以政协为主，部分政府经济口负责人参加，共计100余人参加会议。会议日程安排：4月28日上午，省市区领导讲话，4月28日下午—29日上午，大会发言，29日下午—30日分政协、经济口交流、座谈。5月1日，到庐山参观考察。5月2日，到共青城参观考察。5月3日上午讨论会议纪要及有关问题，下午闭幕。会议期间，共交流397条经济信息；18个区县达成59个协作项目和意向协议。其中，浔阳区与8个区县的15个单位签订了经济横向联系意向书，达成协办项目2个，引进技术设备项目1个，协进协出物资12种。还与黄石市黄石港区结为友好区，与南京市鼓楼区政协结为友好区政协。

部分区（市）县政协横向联系联谊会自1988年开始至2012年共举办21次。由于每次参会区（市）县略有变动，故历次会议名称根据实际情况而不同。1999年，部分区（市）县政协横向联系联谊会更名为部分区（市）县政协工作研讨会。

经第二十一次部分区（市）县政协工作研讨会理事会决定，第二十二次研讨会定于2013年6月在景德镇珠山区举办，由于客观原因，研讨会于2013年中断。

附：1988～2012年历次部分区（市）县政协工作研讨会情况

表专-1-1　1988~2012年7省部分区（市）县政协工作研讨会情况

会议名称	召开时间	召开地点	区参会人员组成情况
7省25区（县）政协横向联系联谊会第一次会议	1988年4月28日	江西省九江市浔阳区	区政协与部分政府经济部门人员
7省27区（县）政协横向联系联谊会第二次会议	1989年5月	广东省湛江市	区政协与政府经济部门部分人员
7省25城区政协横向联系联谊会第三次会议	1990年10月	安徽省黄山市屯溪区	副主席屈章湧等与区政府有关领导及经济部门人员
7省部分区（市）县政协横向联系联谊会第四次会议	不详	不详	不详
7省25区县政协横向联系联谊会第五次会议	1993年11月	四川省綦江县	区政协主席屈章湧带队一行
6省26区县政协横向联系联谊会第六次会议	1994年10月	湖北省武汉市	区政协副主席李玉昌带队一行
6省26区县市政协横向联系联谊会第七次会议	1995年10月	安徽省合肥市	区政协副主席龚爱先
6省27城区政协横向联系联谊会第八次会议	1996年10月	江西省景德镇市珠山区、安福县	区政协主席屈章湧一行4人
部分区（市）县政协横向联系联谊会第九次会议	不详	不详	不详
6省（市）27区县（市）政协工作理论研讨会第十次会议	1999年10月	湖北省黄石县	不详
6省（市）27区（县、市）政协工作理论研讨会第十一次会议	2000年8月	重庆市南川市	区政协副主席梅冬乔一行3人
6省（市）、27区、县（市）政协工作理论研讨会第十二次会议	2001年6月	江苏省镇江市	区政协副主席高秋深带队一行
6省（市）27区（县市）政协工作理论研讨会第十三次会议	2002年10月23日	湖北省鄂州市鄂城区	区政协副主席王之军一行3人
7省（市）部分区（县、市）政协工作理论研讨会第十四次会议	2005年7月	安徽省芜湖市	区政协副主席潘亦生一行5人
7省部分区（县、市）政协工作理论研讨会第十五次会议	2006年10月	福建省漳州市芗城区	区政协副主席潘亦生一行5人
7省部分区（县、市）政协工作理论研讨会第十六次会议	2007年9月5~7日	重庆市武隆县	区政协副主席胡迪一行5人
7省（市）27城区政协工作研讨会第十七次会议	2008年9月	江西省德安县	区政协副主席朱少芬一行4人
7省（市）27城区政协工作研讨会第十八次会议	2009年9月	福建省龙岩市新罗区	区政协主席张燕萍一行5人
7省（市）27城区政协工作研讨会第十九次会议	2010年9月	江苏省南京市六合区	区政协副主席张华桥、朱少芬带队一行
7省（市）区政协理论研讨会第二十次会议	2011年9月	安徽省安庆市大观区	区政协副主席刘宗强一行4人
7省（市）部分县（市、区）政协工作研讨会第二十一次会议	2012年9月25日	福建省泉州市鲤城区	区政协副主席廖济煊一行4人

委员进社区活动

为充分发挥委员主体作用，进一步改进机关作风，密切党群关系，积极组织和引导委员走进社区、深入基层、贴近群众，自2012年起，区政协在全体政协委员内大力开展委员进社区活动。

2012年5月14日，市政协下发《关于开展“在委员进社区”活动试点工作的指导意见》，浔阳区被列为试点区。5月22日，区政协下发《浔阳区关于开展政协委员进社区活动方案》，明确以“四进四联”为主题，即组织委员开展“关注民生进社区、资源优势进社区、民主监督进社区、建言献策进社区”等活动，逐步实现“联户知民情、联居解民困、联片促和谐、联区议发展”的活动目标。6月15日，区政协委员进社区活动启动仪式在人民路街道湖滨社区举办，标志着浔阳区政协委员进社区活动全面启动。市政协秘书长洪华，区委副书记曹应发，区政协主席文建华，市政协办公厅副主任余德义，区政府副区长胡迪，区政协副主席刘宗强、易晓慧、张华桥、周华、廖济煊、秦永红，区政协秘书长韩万金出席活动仪式。现场开展了“一对一”结对助学、文艺演出、法律咨询、医疗咨询、科普宣传等活动。9月11日，区政协在金鸡坡街道大塘村举行“百名委员进社区、带动群众促创建”活动暨金鸡坡街道大塘村“委员之家”揭牌仪式。区政协主席文建华参加活动并揭牌，标志着区首个“委员之家”正式成立。

2013年4月，为不断巩固和深化区政协委员进社区“四进四联”活动成果，根据市政协《关于在政协委员中开展密切联系群众“三进三服务”活动的实施方案》要求，结合浔阳区实际，区政协决定在全区开展政协委员进社区“五个一”活动，即联系一个驻地社区、帮扶一户困难家庭、参加一次委员约访、反映一条社情民意、实施一件惠民实事。9月12日，区政协召开全区委员进社区工作现场会，区政协班子成员和各街道政协联络处负责人对湓浦、人民路、白水湖街道政协“委员之家”打造情况进行视察座谈，传达全市“三进三服务”工作现场会上市政协主席魏宏彬和副主席朱汉浩的讲话精神，对委员进社区工作进行再动员、再部署，并将9月确定为“委员进社区活动推进月”。

2014年、2015年，区政协继续以“五个一”为主题，深化开展委员进社区活动。

自2012年委员进社区活动开展以来，区政协不断争取领导重视，强化平台打造，深化活动内涵，委员进社区活动取得一定的实效，得到省市政协的充分肯定和社会的一致认可。

一、争取各方支持。区政协积极争取区委、区政府的重视支持和市政协的关心指导。区委常委会专题听取和讨论委员进社区活动方案，转发区政协委员进社区活动实施方案。市政协主席、副主席以及区委、区政府主要领导多次对委员进社区活动进行视察指导。市政协把部分市级委员下划到区里，并自2014年起，按每位市政协委员每年200元的标准安排活动经费，加大政协组织为民办实事的力度。

二、搭建活动平台。区政协坚持以街道和社区为依托，整合有效资源、突出各自特色，先后在社区、企业、界别打造了9个“委员之家”，覆盖全区5个街道。同时，为了拉近委员与基层和群众的距离，区政协按照就近原则，将下划到区的市政协委员和全区政协委员划分到各街道政协联络处，街道政协联络处再细化到各社区（村）。

三、创新活动形式。为使委员进社区活动更深入、更实效，自2013年以来，区政协创新提出“委员约访”，由街道组织委员与群众进行“面对面”“一对一”地交流，帮助群众解决实际困难，得到上级政协认同，《人民政协报》和《光华时报》头版头条予以报道。2015年，区政协提出开展“社情民意恳谈会”，由政协或街道政协联络处组织部分委员与群众代表共同座谈，协商解决社区及群众实际困难。与此同时，区政协、各委办以及街道政协联络处组织引导市区两级委员，开展慈善助学、扶残助残、捐助灾区等形式多样的公益活动。

四、荣誉成绩。1．获2013年度九江市政协授予的全市“三进三服务”活动先进组称号；2．获2013年度九江市政协授予的全市先进区域活动组称号；3．获2014年度九江市政协授予的驻区市政协委员先进区域活动组称号。

第一章　地理环境

第一节　区域位置

浔阳区位于江西省北部，赣、鄂、皖 3 省交界处，长江中游末端南岸，晋时有“亦一都会”之称。所处位置为北纬 29°41′44″～29°45′47″、东经 115°55′18″～116°5′4″之间。东北、东南分别与庐山区新港镇、五里街道办事处接址，界长 19.2 千米；南与庐山区十里街道办事处、九江经济开发区八里湖街道办事处、茅山头垦殖场、水产场交错，界长 13.4 千米；西与赛城湖养殖场比邻，界长 0.6 千米；北滨长江，江岸线长 15.9 千米，与湖北省黄梅县小池镇隔江相望。辖区面积 50 平方千米，其中陆地面积 36.15 平方千米。城区中心南距省会南昌 120 千米、庐山 12 千米，东距鄱阳湖 23.4 千米。

第二节　建置沿革

新石器时代，境内已有人类活动。

春秋战国时，为吴之西境，楚之东境，俗称“吴头楚尾”。战国初属吴。楚昭王十二年（前 504）吴伐楚。吴灭入越，越灭入楚。

秦始皇二十六年（前 221），置 36 郡，地属九江郡。二世二年（前 208），复属楚。

楚汉相争，先属英布九江王国，后改淮南王国。

西汉高帝六年（前 201），始置柴桑县，隶豫章郡。新莽改郡名九江，县曰九江亭。东汉复旧称。

三国魏黄初二年（221），孙权置武昌郡，柴桑为之属。

西晋元康元年（291），“以荆、扬两州疆土广远，统理尤难，于是割扬州之豫章、鄱阳、庐陵、临川、南康、建安、晋安，荆州之武昌、桂阳、安成合十郡，因江水之名而置江州”。永兴元年（304），析庐江之寻阳、武昌之柴桑2县立寻阳郡，属江州。永嘉三年（309），寻阳县治南迁，江北划归蕲春，寻阳老城改称“浔水城”。东晋咸和中（326—334），移江州治寻阳。咸康六年（340）移治寻阳县，隶江州。义熙八年（412），省寻阳县入柴桑县。

南朝宋、齐依前制。梁太清二年（548），分柴桑置汝南县，同属江州寻阳郡。太平二年（557），立西江州，领寻阳及四侨郡。陈天嘉六年（565），罢西江州，寻阳郡还隶江州。

隋平陈，复曰江州，置江州总管。隋开皇九年（589）废郡置江州，废柴桑，汝南，复立寻阳县，因水患仍迁县入城，治湓口。十九年（599），改寻阳县为彭蠡县，直隶江州。大业二年（606），改彭蠡县为彭城县，寻废彭城县为湓城县。三年（607）又改江州为九江郡。

唐武德四年（621）复称江州，改寻阳为浔阳，五年（622）又分湓城置楚城县，皆隶江州。八年（625）废湓城。贞观八年（634）废楚城，俱入浔阳县。开元二十一年（733）属江南西道。天宝元年（742）江州改称浔阳郡。乾元元年（758）复为江州，析湓城置浔阳、楚城县，后俱入浔阳县。

五代属吴，亦为浔阳，属江州。南唐升元三年（939）改浔阳为德化，废江州，升奉化军节度，改浔阳为德化县属之。

宋复置江州，为江州浔阳郡。开宝八年（975），降为军事。太平兴国七年（982）析江州星子、都昌和洪州3县置南康军。大观三年（1109）升为望郡，初隶江南路。建炎元年（1127），升定江军节度，二年，置江州路，以州属焉。绍兴二年（1132），江州路省，江州改隶江南西格。

元至元十二年（1275），于江州置江东西宣抚司治江州，十三年（1276）改为江西大都督府，隶扬州行省。十四年（1277）立为江州路置总管，区境域先后分属司、府、路。江州路先隶江西等处行中书省，十六年（1279）改隶黄蕲等路宣慰司，二十二年（1285）复隶江西行省。至正二十一年（1361），朱元璋攻下江州，改江州路为九江府，区境属之。

明洪武九年（1376），改江西行省为江西等处承宣政使司，全省分5道，九江府隶九江道。

清因明制，康熙二十一年（1682），改道名分巡兼分守九江道。雍正九年（1731），增辖广信府，改称分巡广饶南九道。咸丰四年（1854）三月，太平军改湖口为九江郡，以九江府为江西省，区境域在其辖下。太平天国失败，清复原制。

民国初，废府存道，全省划4道。1914年1月，为避福建、四川辖县之同名，改德化县为九江县，隶赣北道（6月改称浔阳道）。1926年，废道，直隶江西省。1927年3月，九江城区（今区境域）另设九江市政厅，直隶省政府。1926年，改市政厅为九江市政府，1930年10月九江市政府撤销，市政并入九江县政府综理。1932年，全省分设13个行政区，区境域属第四行政区，1934年6月，重设九江市政委员会，直隶省政府。1935年4月，减为8个行政区，区境域属第五行政区。1936年，因赣、鄂、皖3省省界改划，将九江市政委员会所辖之江北封一、封三、桑落等乡分别划归鄂、皖后，九江市面积削减，人口及税收均不符设市之条件，便又撤销市政委员会，市区归为九江县浔阳镇。

1939年冬，因赣北沦陷，区辖宜小，全省增至11个行政区，以原第五行政区之九江、星子、德安、瑞昌4县别立第九行政区。1942年8月，鉴于地理历史沿革及交通、面积现状，全省改划为9个行政区，境属新的第九行政区。

1949年5月17日，九江市区解放。6月4日，城区浔阳镇成立市人民政府；15日，相继成立九江县人民政府，市、县分治，同隶九江分区行政督察专员公署（后改称九江地区行政专员公署）。1959年1月，撤县并市，1961年9月复分治。1980年3月，原地辖九江市升格为省辖市。5月，市区置浔阳区，市郊置郊区、庐山置庐山区。1983年7月，撤地并市，实行市管县（区）体制，浔阳区属九江市。

第三节　行政区划

清以前，区境域隶属德化县，为乡村组织，其名谓与划分，代不划一，更迭频繁。宋初为乡里制，太平兴国年间，县设20乡。熙宁间，初行保甲制，未几即废。元丰三年（1080），县有13乡和3镇。元代县下设社，社数、社名无考。

明初实行里甲制，在城设坊，近城设厢，城外设乡、里（图）；关隘设镇，集贸设市。嘉靖六年（1527），县编户17里，设有8乡、6图、17坊、1厢及3镇、3市。城区坊、厢领宣化坊、丰储坊、永安坊、泰宁坊、玄妙坊、崇儒坊、育民坊、清平坊、通惠坊、揽秀坊、湓浦坊、迎恩坊、福星坊、白莲坊、世德坊、经武坊、新民坊、通津厢。乡、图有仁贵乡（二图）。

明末改里甲为保甲制。清初袭明制，县下一级称乡。乾隆二十年（1755），县置17乡，城区隶泰宁、通津、仁贵（两乡）。乾隆四十五年（1780），增至21乡。迄同治十一年（1872），仍为21乡，同时以信、仁、义、礼、智为序编成21路，下辖144保、2164.5甲。城区路、乡、保、甲设置：

信一路泰宁乡，辖东大街（4保）、棋盘街、西大街、县前街、南前街、时雍街、书院街、实政街、兴隆街、长福街（2保）等，凡14保98甲。

信二路新民乡，辖岳师门、马王坡、望京门等，凡3保27甲。

信三路通津乡，辖清平街、揽秀街、通惠街、福寿街、康宁街（2保）、大马头、湓浦街、新街（2保）、湓浦街（2保）、关部街（2保）、新坝（3保）、龙河西、南湾（2保）、南门街、北湾（4保）等，凡25保，131甲。

仁一路仁贵东乡，辖白水港、游家岭、凡2保9甲。

仁二路仁贵西乡，辖平岭，凡1保6甲。

民国初，沿用清末乡制，乡下设堡，堡数不详。1929年推行区、乡（镇）、闾、邻地方自治组织，城区属市，乡村设8区，辖18乡，闾、邻不见记载。次年撤市、县置9区、辖20乡。

一区驻城区，辖泰宁、通津乡。

1932年6月，改组区公所及乡（镇）、闾、邻组织，推行保甲制。是年，撤销城区第一区建制，列为公安区。

1940年，全县置4区，城区称第一区，辖滨兴、甘棠、江州、柴桑4镇，因日伪占领中心，未编出保甲。

1946年年初，合并柴桑、湓浦、彭楼、甘棠4小镇设浔阳镇，为九江县属特种甲级镇，镇公所设在柴桑支路，辖40保，605甲。

1949年5月九江市区解放后，6月4日成立九江市，9月10日，撤浔阳镇公所，设甘棠、湓浦、滨兴3人民区公所，为市人民政府派出机关。区下保甲设置，计32保，497甲。其中甘棠11保，141甲；湓浦17保，219甲；滨兴4保，137甲。

1950年3月，撤销甘棠、湓浦、滨兴3区公所，加强并增设9个派出所，实行警政合一。其中甘棠1—3派出所，湓浦4—6派出所，滨兴7—9派出所。

1951年街道民主建政时，将9个派出所合并成立3个区人民政府，即一区滨兴，二区湓浦，三区甘棠。区下设9个街政府，其中一区辖七、八、九街，二区辖一、五、六街，三区辖二、三、四街。

1953年初，将3区人民政府试改区公所，下设14街政府。后将3区公所和14街政府撤销，改设6街公所。同时，为加强对水上船户的管理，增设九江市水上区人民政府。

1955年，将6个街公所改为街道办事处，分称八角石街、双峰街、环城街、湓浦街、滨兴街、官牌夹街。街设办事处，加上水上办事处共7办事处。

1956年，将八角石、双峰合并为甘棠街道办事处，撤环城为湓浦街道办事处，撤官牌夹为演兴街道办事处，加上水上办事处共4街道办事处。

1958年，人民公社化时，九江县于1959年1月并入九江市。城区街道办事处仍隶属市管辖。

1960年5月，街道办事处改为人民公社，居委会改为分社。至是，城区有城市公社3个，水上公社1个，城市分社27个。

1961年9月，九江县、市分置，城区仍辖甘棠、湓浦、滨兴3街道公社，另增市郊十里公社。

1970年，从九江县大桥人民公社、新港人民公社共划出红旗、东风、五里、南湖、太阳5个生产大队，成立前进人民公社，归市管辖。

1972年，工农兵人民公社水产大队升为水产人民公社。

1973年，为适应新工业区居民管理工作之需要，增设十里人民公社、白水湖人民公社。

1977年，划九江县之新港人民公社、周岭人民公社、大桥人民公社归九江市辖。

1980年5月，经国务院批准，地辖九江市升省辖市，市区范围扩大，设浔阳、郊区、庐山3个县级行政区。浔阳区辖甘棠、湓浦、滨兴、十里、白水湖、金鸡坡6街道公社。

1992年8月，因浔阳、庐山区（原郊区）行政管理工作之需要，经市政府同意，于10月成立人民路街道办事处（由原滨兴街道办事处老马渡片区划入）；同时撤销浔阳区十里街道办事处，原辖地划归庐山区；12月，成立浔阳区西二路街道办事处，至是，区辖甘棠、湓浦、滨兴、人民路、白水湖、金鸡坡、西二路7个街道办事处，127个居民委员会，12个村民委员会。1995年3月西二路街道办事处划归市经济技术开发区，并改称向阳街道办事处。

2003年8月，滨兴街道办事处划归市经济开发区。

2010年辖甘棠、湓浦、人民路、白水湖、金鸡坡、滨兴、向阳7个街道办事处（其中滨兴、向阳由经济开发区代管），88个社区（居民委员会），15个村民委员会。

1988年所属基层组织概况

表1-3-1　　单位：个

街道名称	驻地	居/村委会	居/村小组	居（村）委会名称
甘棠	浔阳路	22	227	南司、北司、庐峰、龙山、滨江、八角石、南湖、能仁寺、建设、黄土坡、联南、赵家花园、联北、六角石、延支山、双峰、柴桑、百岁坊、九华门、市政府大院、小南门、岳师门
湓浦	丁官路	21	117	新桥、龙开河、湖亭、湓浦、交通、孤溪埂、圣庙巷、梅绽坡、濂溪、丁官路、南门口、环湖、西园、西园巷口、浪井、桂枝巷、西门口、新城门、湖滨、莲花池、锦新里
滨兴	三马路	33	352	老马渡、姚家洼、新村、桃园、环河、坝回里、建材、江纺、官牌夹、春安里、港南、学洲、港西、八里湖、新建、桥西、站前、人民路、琵琶亭、放马场、大树下、黄土岭、飞机坝、三角线、一支路、山川岭、女儿街、琥珀山、三马路、河西
十里	前进东路	19	168	十里、技校、轻机、二工区、长江工厂、七四室、江塑、仪表厂、江氧、九玻、柴油机厂、六三五四所、汽运、动力机厂、九微厂、九棉一厂、九棉二厂、九棉三厂、企校
白水湖	滨江路	14	153	三里街、东门口、黄泥塘、万杉山、花果园、锁江楼、白水湖、大桥五处、金鸡坡、沿江、沿湖、余家垅、李家垅、庐木
金鸡坡	滨江东路	7/6	96/33	炼油厂区、船舶新村、油站、铁里湾、天灯坡、九炼西区、张家花屋；金鸡坡、游岭、大塘、大王庙、姬公庵、曹家山
合计	—	113/6	1113/33	—

1992年街道办事处社区一览

表1-3-2　　单位：个

街道名称	驻地	居/村委会	居/村小组	居（村）委会名称
甘棠	浔阳路352号	26	291	赵家花园、滨江、岳师门、九华门、联北、百岁坊、八角石、延支山、六角石、柴桑、双峰、联南、能仁寺、南湖、市府大院、龙山、黄土坡、北司、建设、庐峰、南司、小南门、考棚、江洲、浔阳楼、新公园
湓浦	西园路11号	24	166	丁官路、西门口、新城门、西园、浪井、西园巷口、交通、孤溪埂、圣庙巷、梅绽坡、龙开河、湓浦、锦新里、湖亭、桂支巷、新桥、环湖、莲花池、南门口、湖滨、濂溪、环城路、慎德里、船舶大院

街道名称	驻地	居/村委会	居/村小组	居（村）委会名称
滨兴	三马路 55 号	21/1	290/3	环河、三马路、琵琶亭、桥西、放马场、一支路、站前、春安里、新建、河西、学洲、港西、八里湖、官牌夹、坝围里、飞机坝、港瑞、红纺、建材、214、三角线；新桥
白水湖	滨江路 238 号	17/2	245/9	沿江、锁江楼、白水湖、花果园、沿湖、东门口、黄泥塘、三里街、李家垄、余家垄、刘家垄、万家垄、庐木、万杉山、九磷、大桥、牌楼坊；三里、白水湖
金鸡坡	滨江东路 98 号	6/8	90/40	石化总厂、船舶新村、油站、铁里湾、二电厂、省二建；泉井、大王庙、游岭、大塘、曹家山、姬公庵、时家垄、金鸡坡
十里铺	前进东路 137 号	19	18/1	十里、省建二工区、九玻厂、仪表厂、动力机厂、柴油机厂、船校、5727 厂、汽运公司、6354 所、江氧、二厂一区、二厂二区、二厂三区、江塑、企业、707 所、九微厂、轻机厂
人民路	十里大道 52 号	16/1	165/3	大树下、琥珀山、山川岭、姚家洼、袁家嘴、孙家垄、老马渡、人民路、女儿街、桃园、新村、供电局、港南、新港、黄土岭、铁四局五处；长虹
西二路	旭日路赣华酒店二楼	8	82	西二路、向阳、向阳路、螺丝山、湖中、园艺、毛纺、五厂

2010 年街道办事处社区一览

表 1－3－3　　单位：个

街道名称	驻地	居/村委会	居/村小组	居（村）委会名称
甘棠	浔阳路 352 号	20		赵家花园、滨江、岳师门、八角石、延支山、六角石、柴桑、双峰、能仁寺、南湖、龙山、黄土坡、庐峰、南司、小南门、考棚、新公园、景星、浔阳楼、城市花园
湓浦	丁官路	7		丁官路、抓溪埂、梅绽坡、龙井河、湓浦、濂溪、半月亭
白水湖	庐峰东路	15/2		沿江、锁江楼、白水湖、花果园、长虹北路、庐峰东路、九针集团、东门口、三里街、李家垅、余家垅、万杉山、琵琶亭、大桥、柘电；白水湖、三里
金鸡坡	滨江东路	6/6		石化、发电厂、油站、铁里湾、大桥七公司、省二建；大王庙、游岭、大塘、曹家山、姬公庵、金鸡坡
人民路	十里大道	20		两亩地、山川岭、桃园、沙子墩、向阳闸、新村、罗家洼、人民路、新东方、庐南、老马渡、琥珀山、大树下、黄土岭、姚家洼、湖滨、长虹、地质队、供电局、德化
滨兴	三马路	13		三马路、二马路、一马路、杨子巷、月亮湾、放马场、向湖、春安里、坝围里、官牌夹、建材、三角线、214
向阳	前进西路	7/7		西二路、向阳闸、螺丝墩、湖中、园艺、畔湖、新湖、刘家塘、通畔垄、西林、双塔、九龙、梅山、排山

第四节　人口状况

浔阳区历属江州、九江府、德化县、九江县城区，人口统计，从来附属于州、府、县。1980年5月，浔阳区建区，年末，据公安部门户籍登记，全区常住人口161072人。1990年，全区常住人口210228人。2000年，全区常住人口261140人。2010年，全区人口40.28万人，13.83万户，其中男性19.96万人，女性20.32万人。有回、满、蒙古、壮等32个少数民族，少数民族人口2506人。

1980～2010年人口自然变动概况

表1－4－1　　单位：人、‰

年份	总户数	总人数	非农业人口	出生人数	出生率	死亡人数	死亡率	自然增长率
1980	39166	161072	161047	1535	—	796	—	—
1981	41747	169282	163876	2045	12.40	953	5.80	6.60
1982	43327	173505	167954	2737	16.00	778	4.50	11.43
1983	45183	177039	172022	1790	10.20	856	4.90	5.33
1984	46711	180849	175307	1803	10.10	923	5.20	4.90
1985	47872	184044	178624	1880	10.30	955	5.20	5.10
1986	50068	190099	188043	1947	10.40	810	4.33	6.08
1987	51888	197139	195070	2148	11.10	931	4.81	6.29
1988	54300	201838	198858	2388	11.97	863	4.33	7.64
1989	56393	204668	202875	2464	12.10	917	4.50	7.61
1990	58771	210228	208416	2772	13.36	1113	5.36	7.99
1991	60709	214224	212566	2010	9.47	861	4.06	5.41
1992	65973	227129	219815	2351	10.60	863	3.90	6.70
1993	67517	230777	222318	1891	8.26	998	4.35	3.90
1994	75812	238389	231189	2813	11.91	963	4.22	7.83
1995	80466	243740	236207	2184	8.96	756	3.10	5.86
1996	82182	252835	244246	2467	9.93	840	3.38	6.55
1997	84370	260142	249791	2511	9.79	784	3.06	6.73
1998	86063	265515	254507	2402	4.07	809	1.11	2.96
1999	82815	259159	248582	1879	7.16	1111	4.24	2.92
2000	84791	261140	257632	4499	17.20	1613	6.20	11.00
2001	88057	268533	265151	2130	6.53	707	2.70	3.83
2002	90900	277401	274741	2317	8.35	810	2.92	5.43
2003	94333	288297	286056	2697	9.35	825	2.86	6.49
2004	84813	257208	255496	2346	9.12	796	3.09	6.03
2005	87800	263401	261720	2233	8.48	867	3.29	5.19

年份	总户数	总人数	非农业人口	出生人数	出生率	死亡人数	死亡率	自然增长率
2006	90493	268870	267233	2097	7.80	708	2.63	5.17
2007	93355	274387	272754	2541	9.26	777	2.83	6.43
2008	95617	276946	275315	2422	8.75	689	2.49	6.26
2009	98079	279556	277939	2334	8.35	724	2.59	5.76
2010	100439	282004	280404	2253	7.99	871	3.09	4.90

注：此表数据由公安部门提供

家庭规模　据建区后的4次人口普查统计资料，1982年，全区42773户、173203人，其中家庭户42471户、158378人，户均3.73人。1990年，全区56576户、215935人，其中家庭户55773户、198257人，户均3.55人，较1982年家庭户增加13302户，家庭规模下降0.18人。2000年，全区96237户、297704人，其中家庭户90927户、270645人，户均2.98人，较1982年，家庭户增加48456户，家庭规模下降0.75人。2010年，全区128344户、402758人，其中家庭户124063户、365040人，户均2.94人，较1982年，家庭户增加81592户，家庭规模下降0.79人。

据公安机关常住户口登记资料，1980年，全区常住户39166户，常住人口161072人，户均4.11人。1990年，常住户58771户，常住人口210228人，户均3.58人，较1980年建区时，常住户增加19605户，家庭规模下降0.53人。2000年，常住户84791户，常住人口261140人，户均3.08人，较1980年，常住户增加45625户，家庭规模下降1.03人。2010年，常住户100439户，常住人口282004人，户均2.81人，较1980年常住户增加61273户，家庭规模下降1.30人。

家庭组成　据第四、第五、第六次人口普查统计资料，1990年，全区55773个家庭户中，一代户4107户（单身户2623户），二代户36162户，三代户8346户，四代户219户。2000年，全区90927个家庭户中，一代户29338户（单身户9525户），二代户52579户，三代户8710户，四代户300户。2010年，全区124063个家庭户中，一代户（单身户38281户），二代户69441户，三代户16168户，四代户173户。

年龄构成　据建区后人口普查资料统计，1982年，全区0～14岁43860人，15～29岁55342人，30～49岁47536人，50～59岁13110人，60岁以上13355人。

1990年，0～14岁43036人，较1982年，人口比下降5.39个百分点；15～29岁69511人，上升0.24个百分点；30～49岁66804人，上升3.49个百分点；50～59岁18322人，上升0.92个百分点；60岁以上18261人，上升0.75个百分点。

2000年，0～14岁51327人，较1982年，人口比下降8.08个百分点；15～29岁80731人，下降4.83个百分点；30～49岁108129人。上升8.87个百分点；50～59岁27990人，上升1.83个百分点；60岁以上29527人，上升2.21个百分点。

2010年，0～14岁54936人，较1982年，人口比下降11.68个百分点；15～29岁98479人，下降7.50个百分点；30～49岁148599人，上升9.45个百分点；50～59岁48846人，上升4.45个百分点；60岁以上51899人，上升5.18个百分点。人口结构趋于老龄化。

第三至六次全国人口普查区民年龄构成情况

表1-4-2　　单位：岁、人

年龄	1982	1990	2000	2010	年龄	1982	1990	2000	2010
0～4	11699	14392	15065	15345	55～59	5654	8542	12208	23748
5～9	14400	13190	16441	17967	60～64	4845	6294	9945	17081

年龄	1982	1990	2000	2010	年龄	1982	1990	2000	2010
10 ~ 14	17761	15454	19822	21624	65 ~ 69	3835	5027	8228	12794
15 ~ 19	20699	20890	24356	35805	70 ~ 74	2434	3517	5508	9535
20 ~ 24	15889	24624	26060	36684	75 ~ 79	1393	2109	3346	7005
25 ~ 29	18754	23997	30315	25900	80 ~ 84	634	895	1703	3530
30 ~ 34	15841	20063	31742	32561	85 ~ 89	179	356	623	1439
35 ~ 39	11696	20441	30634	40810	90 ~ 94	31	54	139	407
40 ~ 44	10557	14726	23257	40021	95 ~ 99	4	8	32	101
45 ~ 49	9442	11574	22496	35207	100 以上	–	–	3	6
50 ~ 54	7456	9780	15782	25098	–	–	–	–	–

性别构成 1982 年第三次全国人口普查，浔阳区男性 90911 人，女性 82292 人，其男女性别比为 100∶110.47（以女性为 100）。

1990 年第四次全国人口普查，浔阳区男性 111721 人，女性 104213 人，其性别比为 107.20，比 1982 年第三次全国人口普查有所下降。

2000 年第五次全国人口普查，浔阳区男性 149329 人，女性 148375 人，其性别比为 100.64，与 1990 年第四次全国人口普查相比再呈下降趋势，与生态平衡正常性别比 102 ~ 107 之间比较，已进入平衡状态。

2010 年第六次全国人口普查，浔阳区男性 199530 人，女性 203228 人，其性别比为 98.18。

文化构成 新中国建立前，具有高、中等文化程度人口在城区，农村人口中具有小学文化程度的不到 5%，多数人不识字。新中国建立后，文化程度逐渐提高，文化结构逐步改变。20 世纪 50 年代至 60 年代，小学文化程度增加。70 年代，中学水平增加。80 年代后，普及九年义务教育，适龄儿童入学率 100%，受到初中教育 87.2%，高中（含中专）、大专、大学文化人口增幅明显。据人口普查统计，1982 年，全区 6 岁以上人口 158650 人，其中文盲、半文盲 42145 人，占 26.56%，小学 64769 人，占 40.83%；初中 33443 人，占 21.08%；高中（含中专）16633 人，占 10.48%；大专以上 1660 人，占 1.05%。

1990 年，全区学龄以上人口 200339 人，其中文盲、半文盲 34433 人，占 17.19%，较 1982 年下降 9.37 个百分点，降幅为 35.28%；小学 68586 人，占 34.23%，下降 6.6 个百分点，降幅为 16.17%；初中 59197 人，占 29.55%，上升 8.47 个百分点，增幅为 40.18%；高中（含中专）33360 人，占 16.65%，上升 6.17 个百分点，增幅为 58.87%；大专以上 4769 人，占 2.38%，上升 1.33 个百分点，增幅为 126.67%。

2000 年，全区学龄以上人口 235168 人，其中文盲、半文盲 12417 人，占 5.28%，较 1982 年下降 21.28 个百分点，降幅为 80.12%；小学 73230 人，占 31.1%，下降 9.69 个百分点，降幅为 23.73%；初中 88373 人，占 37.58%；上升 16.5 个百分点，增幅为 78.27%；高中（含中专）43870 人，占 18.665；上升 8.18 个百分点，增幅为 78.05%；大专以上 17278 人，占 7.35%，上升 6.3 个百分点，增幅为 600%。

2010 年，全区学龄以上人口 235168 人，其中文盲、半文盲 12417 人，占 5.28%，较 1982 年下降 21.28 百分点；小学 53529 人，占 13.94%，下降 26.89 个百分点，初中 112224 人，占 29.22%，上升 8.14 百分点；高中（含中专）128336 人，占 33.42%，上升 22.94 个百分点；大专以上 83187 人，占 21.66%，上升 20.61 个百分点。

第二章　政治环境

第一节　民族宗教

一、民族构成

浔阳区原系汉民族聚居地，明景泰元年(1450)陕西回族将领马哈直调任九江总兵，率部来浔，均为回族将士，此后部分定居区内，并繁衍至今。故区内原住居民，新中国成立前仅有汉、回两个民族。新中国建立后，随着干部工作调动，军人转业，学生分配，民族构成遂日趋多元化，尤其改革开放之后，到浔阳经商就业的少数民族人口与族别日益增加，部分通过婚嫁定居于浔阳。尽管如此，区内人口仍以汉族为主，历次人口普查显示，均占98%以上。少数民族人口，则以回族居多，占区内少数民族人口80%左右。

根据人口普查资料统计，2000年，全区人口由汉族、回族、蒙古族、藏族、维吾尔族、苗族、壮族、布依族、朝鲜族、满族、侗族、瑶族、白族、土家族、彝族、畲族、达斡尔族、锡伯族、哈尼族、傣族、黎族、纳西族、土族、达尔族、撒拉族、怒族、基诺族27个民族构成。其中，汉族人口294826人，占总人口99.03%；少数民族2883人，占总人口0.97%。少数民族中，回族2209人，蒙古族139人，藏族14人，维吾尔族33人，苗族43人，壮族48人，布依族16人，朝鲜族31人，满族222人，侗族13人，瑶族7人，白族9人，土家族26人，彝族14人，畲族32人，达斡尔族5人，锡伯族6人，土族4人，达尔族5人，哈尼族、傣族、黎族、纳西族、撒拉族、怒族、基诺族7个民族人口均为1人。

二、主要宗教

（一）道教

传入 道教是传入境内最早的宗教。周景式《庐山记》载：西周威烈王时（公元前4世纪），有匡俗（续）结庐庐山求仙学道，后被汉武帝封为“南极大明公”。三国时，董奉精于道家内外丹功，医术高超，享誉南中，后隐居庐山，筑董奉馆（亦称真人坛）和太乙观，开展斋醮占卜之类道术以宣教演教，并常为人治病，逝后封为“升元真人”。“天下名山僧占多”，浔城比邻道佛名山庐山，有利于宗派活动的传入交流。地界吴楚，“土风重祷祀”，好巫之风对道教的产生与发展也有一定的影响。

两晋时，南北五斗米道、天师道（二名并用）汇播于长江中下游一带，境内道教渐趋发展，其时江州官宦多有崇信，刺史王羲之、凝之父子“世事五斗米道”，另一世家大族、江州刺史郗愔也“事天师道”，足见道教的修炼颇适其趣。

唐、宋之际，道教几度被捧为国教地位，唐玄宗李隆基崇道可谓登峰造极。开元十九年（731），他因梦下诏在庐山西北建九天使者庙，并以缪篆亲书赐额“九天使者之殿”。宋徽宗溺信道教，自称“教主道君皇帝”，在京城设道箓院，命州县设道学，借以培训道士。境内亦然。

明初，朱元璋登基后，即编造以周颠为首的庐山“四仙”（余为无眼尊者、徐道人、赤脚僧）助其平定天下、送药治病的神话。为感激“仙恩”，亲撰诗文、传记，在庐山锦绣峰上立碑、建亭；重新修饰天池寺，题额“敕建天池护国寺”，赐以铜钟、铁瓦、象皮鼓、乌金太子像，富丽甲于庐山南北寺观。其实朱元璋并非崇仙信道，而是借此张扬“君扬神授”，以图“帝道遐昌”，当明、清两代随着中央集权的日益强化，则对道教和管束愈加严格，恰是由其发端。

洪武元年（1368）立玄教院，五年起由政府发给道士度牒。十五年（1382），中央置道录司，掌管天下道士；府置道纪司，设都纪、副都纪各一人；州置道正司，设道正一人；县置道会司，设道会一人，均由精通经典、戒行端法的道士担任。同时规定各府、州、县道观只许保留房屋宽大的一所，道士名额府最多40、州30、县20人，且年龄男40、女50以上方能出家。二十八年（1395），又下令天下道士赴京考试，合格者给予度牒，不通经籍者不准当道士。由此，境内道观和道士数量急剧减少。据考，洪武间，九江都纪潘心古奉命于城南创建南门观（亦称万寿宫）一所，永乐间纪查致中以旧基狭隘，迁于宫之北重修，时有殿宇上重，前为灵官、吕祖殿，中为福主玉皇楼、后为老君殿，遂设道纪司（县道会司附）于斯，全城出家道人和道姑共30余人。

清代，对道众的管理基本袭明制。乾隆初年（1736），曾宣布黄教（喇嘛教）为国教，不断削弱汉人的宗教。四年（1739），下诏禁止正一真人传度。道光年间，割断皇室与正一道的关系，终把道教从社会上层排挤出去。光绪至民国初年，城内道人和道姑减至20余人。

五四运动兴起，一切旧宗教和偶像成了新文化潮流的冲击对象。1928年，国民政府曾公布祠庙存废标准，其中道教“应保留的只有伏羲、神农、仓颉、禹、孔子、孟子、岳飞、关帝、土地神、灶神、太上老君、元始无尊、三官、天师、吕祖、风雷雨神等”，并声称“画符念咒的道教是不善的宗教，故应废除”。据1930年5月14日江西省民政厅呈报《南昌等二十八县市宗教调查表》显示，九江市（时城区曾设市政府）有常住道士25人，其中城区9人。至解放前夕，境内作为有组织的道团不复存在。1949年6月，市、县分治，城区道徒活动归市人民政府管理。

新中国建立后，实行宗教信仰自由政策，既不强制也不禁止。但随着人民文化水平的提高，科学的进步与普及，道教信仰日益淡薄，不仅鲜有新增信徒，连原出家的道众多渐返俗。1966—1976“文化大革命”中，道教受到冲击。1978年，中共十一届三中全会后，中国共产党和政府一系列宗教政策得以落实，一些遭破坏的道教场所、设施得到恢复和修缮，道教活动得以进行，1997年9月，区道教协会成立。至2009年，境内道教场所8个，即市隐庵、万寿宫、三清殿、三圣宫、姬公庵、白龙潭道院、天后宫、三圣娘娘庙；有教职人员18人，信教信徒3800人。

活动 境内原无正式道教组织，道士一般为自由结合，按片区划定范围，谓之“坛盘”。其道业相传，多为师徒相授，部分为子袭父业，道士“念经”“做斋”“打醮”，都具有一定的文化知识，仪表斯文，故称“道士先生”。其活动方式，多为亡人“做斋”，为地方“做平安”，个别地方也有“除妖”“捉鬼”活动。“做斋”则分为“门板斋”“夜公斋”和“谱堂斋”几种；“做平安”则有三、七、九日不同。法事仪式主要是念经拜忏，经忏主要有“皇经”“皇忏”“度阴经”“三官经”“北斗经”等。新中国建立后，逐渐摒弃请道士做斋念经的活动。职业道士无生计，都改行就业，故道教活动一度鲜见。1978 年，中共十一届三中全会后，党的宗教政策落实，1997 年，区成立道教协会组织，新建和维修道场，自此始，法事活动都集中在宫观内进行。第一任会长吴信启、第二任会长袁绍安、第三任会长潘翼峰。

（二）佛教

传入　东晋升平年间，天竺（古印度）僧竺昙(曾被后赵启用为将）力屏荣利，云游江南，到浔阳庐山西北香炉峰下，结茅习禅。兴宁年间，昙寂，其早年弟子慧永到浔继承师业。太和元年(366)，光禄勋寻阳陶范（侃之子）慕永清声，助其建寺，初赐号太平兴国乾明禅寺，后改曰“西林”。太元六年（381），山西高僧慧远偕弟慧持和门徒 10 余人（一说数十人），从荆州至寻阳，拟邀早年同年师兄慧永去罗浮修行，“见庐山闲旷，可以息心”，遂于西林寺旁筑龙泉精舍而止。九年(384)，徒属渐广，西林狭窄，精舍简陋，不敷所用，永乃进言新任江州刺史桓伊为之建寺传徒，继组织取经、译经，开展佛学研究，著书立说，倡导念佛方便法门；又结白莲花社，开佛门创宗先声，是故驰名朝野，先后投其门下弟子达 3000 之多，世称高贤者亦有 18 名之众，连文坛高傲首领谢灵运和跋扈擅权将军桓玄均为之倾倒。如桓氏在汰沙门“禁令”中却提出“唯庐山道德所居，不在搜简之列”，使之东林为中心的庐山地区寺院非特免遭涂炭，反获相对稳定的发展，竟成当时南方唯一的佛教圣地，慧远亦成为一代著名的佛教领袖。斯时，慧远在位于甘棠湖北岸建龙池寺。

进入南朝，历宋、齐、梁、陈帝王多崇佛，这一时期佛寺得到相应的护持和发展，佛学研究之风依然高涨。境内承天院，肇自梁武。隋唐五代至北宋，历代帝王（除唐武宗）大都崇佛，对佛教持扶植和利用政策。隋唐之际，不断完善僧尼管理体制和健全寺院经济制度。唐初规定僧人给田 30 亩，女尼给田 20 亩，且“调课不输，丁税俱免”，使境内僧尼日众，寺院迅增。有史可考，期间建兴果寺、佛母寺，等等。会昌五年（845）武宗灭佛事件发生，对浔阳地区佛教亦是一次沉重打击。五代至北宋，不少帝王直接关注浔阳、庐山地区佛门，有赐寺田土、钱帛、有诏高僧住持京寺。仁宗赵祯御书赐“承天禅寺”额。南宋至绍兴年间，长江南岸、庐山上下屡遭金兵和流寇李成的焚掠，“无问郡县与村落，极目灰烬，所至残破，十室九空”，城乡官署、民居如此，寺院亦难幸免。元末天下大乱，区境又是战乱之地，先是南方红巾军与元军争夺九江，后是朱元璋与陈友谅九江—鄱湖拉锯战，长逾 10 余年的战火竟将此前经营的寺庵毁去十之七八。明洪武十二年（1379），城内众僧募缘重建能仁禅寺，致香火延燃，梵乐久响；崇祯七年(1634)，浔阳巡道王恩任倡议捐奉修葺寺宇和大胜宝塔。清乾隆二年（1737）秋，显亲王赐“白堂云静”匾额至寺。乾隆六年，朝廷颁赐《大清三藏经》一部至寺，浔阳巡道李根云和知府施延翰倡议众官捐俸，重建藏经阁。九江钞关关督唐英捐俸修复山门、斋堂。清咸丰年间，清军与太平军在浔相持多年，城区无论寺观、神宇毁之殆尽。至此，境内佛寺再也无法恢复旧观，佛事活动难以为继。

民国伊始，各地佛教高僧、大德、居士和学者起而开展佛教复兴活动，组织佛教会，提出各种改革方案。有的主张进行教理、教制、教产三大革命，提倡办好人间佛教，建立由佛教徒自己推选产生佛教管理组织，庙产应属全体僧尼共有，集中举办教育和慈善事业。也有的主张佛、道合一，建立全国统一的宗教组织。1912 年，经过多方协商，求同存异，成立中国佛教总会。接着，境内成立佛教分会，宣传和贯彻佛教改革措施，出现一些新的佛学思想，如临济宗庐山莲花禅院月西，力主以儒、道、佛三教经典度人，深得康有为的赏识。1924 年夏，第一次国际性的佛教徒会议在庐山召开，推进了境内佛教和佛学活动的开展。然而民国时期，日军侵华，内战不断，几乎国无宁日，佛教革新竟成泡影。尤其是境内沦陷期间，众多佛寺被日军摧毁，许多珍贵法器和经典被劫，不少僧尼被迫转移到居士家，共同兴办居林。如六角石有罗超主持的念佛林，岳师门有刘云樵、三姊妹主持的三莲经社，使香火燃于家庭佛龛，梵呗之声响于民宅。战后虽修复和重建一些寺庵，确是微不足道。

新中国建立后，实行宗教信仰自由政策，凡现存的传统佛寺和寺内的历史文物均予保护，并先后在属地人民政府办公室或党委统战部门设兼、专职秘书或干事，管理有关宗教事务。随着社会的变革，人们思想观念的不断更新，不仅信佛的人越来越少，连原有的年轻僧尼也自动返俗。1955 年 9 月，市佛教协会筹备小组成立，能仁禅寺住持悟超任组长、果悟任副组长，办公地点在能仁禅寺。1957 年，筹备小组移至天花宫。1959 年，能仁禅寺大胜宝塔被列为省级重点文物保护单位，省、市政府拨专款对能仁禅寺进行修葺。

1966～1976 年“文化大革命”中，境内佛教团体和场所被停止活动，僧尼驱出寺院，寺产被占用。“文化大革命”后，宗教政策得到落实，佛教活动恢复正常。1988 年 7 月，区佛教协会成立。1989 年重修天花宫。2000 年浔阳区划调整，万佛寺、清静寺、殊胜院地属九江经济开发区，暂由区宗教局管理，2005 年移交给开发区。2009 年，经中国佛教协会和省民族宗教事务局批准，省佛教协会于 10 月 18 日～11 月 17 日在能仁寺举行传授三坛大戒活动，有 300 名外地僧众在能仁寺进行为期一个月的受戒活动。是年，境内有佛教教职人员 30 人，信众为 5700 人。

活动 境内流派主要是净土宗和禅宗，故僧尼常自称为禅门弟子。供奉的主要神像有：释迦牟尼、阿弥陀佛、地藏王、观音大士、五祖菩萨（即禅宗五世祖弘忍）。神像多为木胎塑金，亦有少数大型神像为泥胎全金。旧时，境内民间佛教徒众多，尤以中老年妇女为多。有些信徒吃花斋、吃长斋，且经常上庙敬香拜佛。佛教活动主要形式为“庙会”。有“释迦牟尼会”（二月初八、二月十五、四月初八、腊月初八）、“观音会”（二月十九、六月十九、九月十九）、“地藏会”（七月二十九）、“阿弥陀佛会”（十一月十七日）、“五祖会”（十月十五）等。1988 年 7 月成立浔阳区佛教协，现成员单位有四个：能仁寺、菩提园、普润寺、观音寺。第一任会长释云安、第二任会长释辉悟、第三任会长释普禅。第四任会长释普钰。

（三）基督教

传入 清同治六年（1867），美国美以美会牧师赫尔利、陶理经福州至浔，在城外江边土桥口（今湓浦路地段）买下瓦屋数间，以办日学为先导，夜开小堂传教。尔后数年，海格思、贺格绥、胡遵礼、昊格矩等布道使相继前来，分别于江边、小巷创办学校、教堂立足，后逐步拓展到南门湖畔环城路及庾亮、甘棠南路一带，局面渐开。美以美会捷足先登，美欧其他差会接踵而至，诸如美圣公会、基督复临安息日会（简称安息日会）、灵修会、路德会、行道会、贵格会、浸礼会、雅礼会、使徒信心会、青年会；英内地会、大英执事会、伦敦会、苏格兰会、长老会、兄弟会、湖北循道公会；瑞典信义会、行道会及挪威信义会等 20 多个差会均先后涉足浔城，且多在庐山占有房地产，建有教室。他们往来于川汉、苏皖、昌九和浔庐之间，或向华人、外侨传教，或巡视教务、游历、避暑，使基督“福音”流播于长江上下、赣江两岸。

入浔基督教派林立，然以美卫理公会（即美以美会 1941 年与监理公会、美普会在上海合并后更改的名称）占绝对优势。清同（治）光（绪）之际，美以美会即以浔为据点，向四周扩展，布道区域江北渐至湖北黄梅和安徽宿松、太湖，江南延及沙河、瑞昌、建昌、彭泽、景德镇、鄱阳等地，初为一个教区（不含牯岭教区）。清末，根据形势需要和地理关系，分立黄梅、赣北两个教区。1932 年改设太宿，黄梅、九江、景饶 4 个教区。1940 年，太宿、黄梅教区划归九江教区，由在浔教区长掌管。1946 年，正式成立包括黄梅、大宿在内的赣北教区。卫理公会赣北教区初期地跨赣、鄂、皖 3 省，共辖 13 个牧区，其中境内 3 个，即九江恩湓牧区（原名后街牧区，包括二马路分堂），九江甘南牧区（原名同文牧区，包括龙山分堂）、九江化善堂牧区。1952 年，鉴于外籍布道使已陆续离境，教徒相对减少，继将城区 3 个牧区并为 1 个牧区，称九江牧区。

基督教系统常驻浔开堂传教的还有圣公会、安息日会、内地会等差会。圣公会创于清光绪三十一年（1905），先是胡厚斋牧师从汉口到浔阳，在西门口创办开化阅报社，借此开堂布道；三十四年，华人牧师李元模接任后，教务大进，并于甘棠南路建立复生堂，为中华圣公会皖赣中心教堂之一。安息日会系 1916 年柳种广牧师来浔布道时创立的，初于毛家巷租赁民房，继迁大中路，待会务有所拓展，遂于柴桑路 76 号购地建堂，称为福音堂。内地会始自1930年耿希忠牧师传教时所置，越三年交由华人蓝玉田负责，直至1946年成立执事会，亦于柴桑支路修建福音堂。以上三会与卫理公会的教务活动，均延续至新中国建立后。

1950年6月，经四会协商合并成立九江基督教协进会，并公推原圣公会牧师王尔斌负总责。合并前4个教派共有工作人员74人（其中男41人、女33人），内含牧师6人。合并后，共有基督会员415人（其中男174、女241人），工作人员9人（其中男8人、女1人）。12月，原留浔的美国传教士相继回国。教会在中国共产党和人民政府领导下，开展“三自”爱国革新运动，学校、医院由政府接收，但福德护士学校与九江卫校合并，成立九江医学院。其余教产全部出租，作为自养基金。之后，成立“九江市三自革新爱国运动委员会”，由江孝伟牧师任主任，教会开始沿着“爱国爱教”“自养、自治、自传”的方向发展。1966～1976“文化大革命”期间，教会活动停止。中共十一届三中全会以后，宗教信仰自由政策得到贯彻落实。1982年，在市委统战部门的支持和帮助下，落实了安息日会福音堂为教堂，开始恢复礼拜。同时，恢复成立九江市基督教三自爱国运动委员会，组成人员9人，由王尔斌牧师任会长，成员轮流讲道。后因形势发展，成员有所调整，推选胡其春为主任委员，组成第三届九江市基督教三自爱国运动委员会。至1990年，境内基督教活动场所有滨江东路教堂、泉井聚会点。2006年，市基督教新教堂在庐山大道西落成。2008年，区内有信教群众1000余人，基督教传道员72人。

传教途径 自清同治年间发轫，凡在浔传教的基督教差会，几乎都是教、学、医三管齐下。即教会为学校，医院提供经费，学校为教会、医院培养人才，医院为教会、学校扩大影响，三者相依相促，形成独具一格的宗教文化，旨在将人们的思想引入教堂，皈依上帝，客观上却促进了境内教育、医疗事业的发展。

建教堂：教堂是专供基督教“三节”即纪念耶稣圣诞、受难、复活的节日和“两礼”即信徒洗（浸）礼、教徒圣餐礼（或称擘饼聚会）及平日礼拜的活动场所。抗日战争前后，城区建有固定的基督教堂15座，其中卫理公会8座、圣公会2座、安息日会2座、内地会2座、兄弟会1座，不少教堂是设在中、小学和医院内，规模大小得视所在区域教徒多寡而定。据1948年统计，境内有基督教徒1021人。

办学校：基督教传入浔城后，4个西差会先后兴办小学12所，中学5所、大学1所。卫理公会起步早、办得多，计有同文附中、儒励附小、诺立附小、四翘（翘志、翘材、翘秀、翘德）小学、昂得升小学和岳师门小学，同文中学、儒励女中、诺立神道女中以及南伟烈大学共13所。次为圣公会，有辅仁小学、辅仁中学和圣约翰中学共3所。余为安息日会三育小学、内地会养正小学。各校开办期间，均设礼拜堂，配牧师和女传道，开圣经课，每天晨会、晚自修和星期日尚须校长或教师率领学生做礼拜；另办“主日学”共10余所，招引教徒、教会职工和社会妇女、儿童，进行短期启蒙教理培训，从而灌输宗教信仰，传播基督教义。诺立神道女校还专为妇女传道部培养输送人才。

办医院：基督教在浔传教期间，先后开办医院3所和护士学校2所，即卫理公会的但福德医院、生命活水医院及两院附设护校和圣公会的圣约翰医院。他们分别设“残疾人之家”和免费病房，对患小儿麻痹后遗症等残疾儿童或遇天灾人祸的贫困病员，施行免费治疗或提供衣、食、住宿和生活护理。每所医院亦设礼拜堂，配牧师和女传道，定期向患者宣扬基督教。

节日 每年3月21日至4月25日，是纪念耶稣死后复活的节日，名复活节，为基督教的第二大节日。根据《新约全书》记载：耶稣被钉死十字架后的第三日“复活”。复活节这天，城内各教派举行纪念活动，信徒们清晨见面的第一句话即彼此相告“主复活了”，以纪念耶稣复活；日出时聚集一起朝太阳高唱复活节的赞美诗，表达喜悦心情。福音堂（教堂）举行圣烛游行，当神职人员连续唱“基督之光”3遍完毕，点燃的巨大圣烛把福音堂（教堂）照映得如同白昼，每人手持一根点燃的蜡烛，象征基督光明的来临，以及人们对光明的憧憬和希望。整个复活节期间各福音堂（教堂）灯火辉煌，乐声悠扬，钟声四起，到处皆有礼拜活动。

在复活节前3天，为纪念耶稣为人们承担罪孽而钉上十字架，城内各教会有时为此举行专场礼拜。

12月25日，是纪念耶稣基督诞生的节日，名圣诞节，为基督教各派第一大圣节。圣诞节的庆祝活动从 24 日即“圣诞夜”开始。圣诞夜还有圣诞老人送礼品，由此圣诞老人成为吉祥如意的象征。12 月 25 日白天，基督教各福音堂（教堂）都要举行圣诞礼拜，有隆重的崇拜仪式。其中午夜零时的礼拜最为壮观，将整个圣诞庆典推向高潮。自基督教传入浔后，许多人在家里包括公共场所安置一棵圣诞树，以增添节日气氛。

（四）天主教

传入 明万历中初播南昌，再缓慢地传入浔城，时境内无固定传教场所，但住有在外地受洗之教徒过往，常在教徒家逗留，传经讲道，短期即走。清康熙二十六年（1687），随着天主教在华传教区域日张，法王鲁易十四亦遣教士来华。据四十一年统计，法耶稣会士已在各府州设传教处 25 所，江西计 8 所，浔列其中。不久，因罗马教皇不允许华籍教徒尊孔祭祖，两遣使团乞请清廷谕示中国教徒遵守，康熙拒绝这一无理“教条”，乃于五十六年春（公历 4 月 16 日）下令禁止天主教在中国传播，历雍正、乾隆、嘉庆、道光四朝皆然。

迨至道光中叶，教禁稍弛，原在中国传教的耶稣会（乾隆四十年据罗马教皇令解散）尚未恢复，法巴黎遣使会（又名味增爵会）遂派教士赴浔传教。首任天主教会主教为法籍穆导源，道光十八年（1838）到任，任期 6 年，其间他撰《教理问答》等小册子，推动了天主教义的流传。迄九江开埠前，在浔继任主教在法籍教士 4 人。这一时期，清政府对天主教仍持排斥、压制态度，一般士民亦怀“仇外”心理，且邻省教案时有发生，因而在浔外籍教士较谨慎，多昼伏夜出，潜行传教。然已惨淡经营 20 余年，为天主教在浔的发展奠定基础。

鸦片战争后，九江被辟为通商口岸，赣北门户洞开，不仅外国人可自由经商、游历，且外国教士可自由传教。咸丰十一年（1861）冬，法籍神甫罗安当以法国总理在江西天主教务代全权大臣身份到浔，企图以此为据点，开辟江西教务。同治元年（1862）初，他恃中法《天津条约》为护符，在南昌大肆进行侵略活动，激起民愤，群起将所有教堂付之一炬，并一再抵制其入昌。罗氏被迫退回浔，在环城路南门口一带购置房地产，建造教堂。二年（1863），江西天主教府亦迁浔。主教府北迁后，下设九江、南昌、高安 3 个总铎区，南昌改作九江教区所属的总铎区，浔则成为江西天主教的基地。

清末至民国时期，江西教区迭经析立。九江教区历任主教有法籍罗安、安若望、戴济世、王吾柏、白振铎、郎守信、樊体爱、杜保禄等人。第二次世界大战结束，中国属战胜国之一。罗马教廷以迎合江西人民及其教徒心愿为名，于 1946 年 7 月将河北保定的国籍紫衣主教周济世调任江西总主教，而周氏亦法籍教士栽培的遣使会成员，曾在巴黎任神甫 15 年。同年 10 月，他途经浔赴昌就职，旋将主教府迁昌，并任命法籍神甫杜天任为副主教，教内大权仍操外籍人之手。从此，浔便改为南昌总主教区下属的总铎站，时辖湖口、彭泽、星子、都昌、牯岭、湖北小池口、孔垅等天主堂及城内天主堂、经租处、天主堂医院、天主堂仁慈堂、济世小学等机构，教徒 700 余人。

天主教自传入浔至解放初期，其教会主教均由法籍传教士把持。1951 年 1 月 22 日，城内教友响应四川广元县天主教王良佑神甫的倡议，掀起反帝爱国运动，召开“九江市天主教反帝爱国三自革新运动动员大会”，宣称要服从国家法令，坚决铲除和肃清帝国主义在九江天主教的势力和影响，割断与罗马教廷的政治、经济关系。1952 年 3 月，所有在浔外籍神职人员离境。1958 年，全省天主教三自革新委员会成立，同时九江天主教三自革新委员会成立，并由省直管。自此，一个独立自主办教会，实行自传、自养、自治的爱国新教会诞生，开始进入稳定、健康发展的新时期。

1966～1976 年“文化大革命”期间，教会受到冲击，教堂被封闭、占用或拆毁，教职人员和爱国会工作人员被迫离散，正常的宗教活动无法开展，只有一些虔诚的教徒仍秘密在家过宗教生活。1978 年，中共十一届三中全会后，党的宗教政策得以贯彻执行，逐步退还被占用的教会团体的房产，恢复教会组织和开展活动，协助教会解决自养问题，培养年轻的爱国教职人员。1984 年，市天主堂经修复后正式开堂。1990 年，境内有教堂 2 座，教徒 1000 余人。2009 年，信奉教徒达 3700 人。

慈善事业 天主教会在浔扩展教务的同时，还举办一系列慈善事业，作为传教的辅助手段。凡领受其“恩赐”的人，最易接受基督“福音”而领洗奉教。

天主堂医院：光绪三年（1877）创办，设病房

3间，称圣味增爵医院。六年，增筑屋舍3间。八年秋，上海仁爱会派法籍修女数人掌管院务，并直拨经费，规模渐蔚，更名法国天主堂医院。初10年仅设施诊所、养老院、男孤儿院，后20年增设免费病房、残废所。平日常派医护人员到近郊免费施诊，若遇危重病人则收治入院。浔城沦陷，一度被迫迁入仁慈堂，除继续行医还收养社会上无人照顾的男老人，解放时在院尚有83人。

仁慈堂：同治二年（1863）创立，原为天主教会专作收养弃婴（多为女婴）机构，由天主堂或医院兼管。光绪十三年，巴黎仁爱总会派法籍修女接办。旋于南门口一带购置房地产，设立孤儿院，始收孤儿20人，后逐年增多；孤儿进入学龄期即施以教育，讲授教义、教理、教规、圣经等知识，学习刺绣、编织、烹调、缝纫等手艺；孤儿成人后由院方为其择配，凡娶仁慈堂长大女子者必须是天主教徒，如未奉教应先领洗方可成婚。光绪二十四年，增设残废院；三十年，又设贫民免费医院和旋诊所，免费施医药。其经费来源主要由巴黎仁爱总会、国际婴孩会和全国天主教福利会提供。直至解放前夕，堂内尚有孤儿60人、女孤老人20人。

济世中、小学：光绪八年天主堂医院和1918年仁慈堂先后各办义学（亦称保守学堂）1所，学生在校期间，免费提供衣食和住宿，逢主日及四大瞻礼日另发食品、衣物与奖品，对贫寒子女及其家长颇具吸引力，然学校仅授教会经义、规诫，为领洗奉教作准备，被称为“保守教友”（即预备教徒）。1912年，在天主堂义学基础上创办益智女校，以办小学为主；1934年春，又在环城路创办培德小学，专招男生；1939年，因受日军胁迫两校联合上课。翌年，培德男校迁入城内天主堂东侧，至1943年增设初中部；益智女校迁入仁慈堂与义学合并，校名未变，至1944年亦增设初中部；1946年9月，将培德与益智的初中部合并成立济世中学，原培德小学部改为济中附小（亦称济世小学）；益智女校改称济世女生部，仍在原址上课。1949年解放后，男女合校，统称济世中学，原益智小学部并入济世小学（1948年秋，国籍教徒曾开办崇道小学，次秋与济小合并，两月后又自动退出停办）。1951年冬，济世中、小学脱离教会领导，由市人民政府接管。

（五）伊斯兰教

传入　浔城固无回族。何时有回族人定居和伊斯兰教传入，众说不一。一说明景泰元年（1450），陕西回族将军马哈直调任九江总兵，率部1500余人均为回族子弟，随军带有三阿訇（教长）主持教仪、讲授经典，时日一长，部分官兵解甲与眷属散居在今北司路、四码头、莲花池、金官营、老马渡、九华门等处，就地经商务农，遂将宗教带入浔阳。一说清道光元年（1821），安徽寿县回人陶奎臣调来浔任守备、赵振卿任城防营（又称飞虎营）管带，驻扎今九华门（即北司路陶家菜园）附近，所部官兵和随眷500余皆系回族，日久部分落根于浔，宗教活动亦随之进行。另一说九江之有回族定居，约始于道光十年安徽回民马万和赴浔开花粉店，推而论之，伊教的传入应此发端。以上三说并无多大牴牾，只因受某种客观环境（如战乱、灾荒或民族迫害）影响，导致回民聚而复散、散而复聚，没有形成一脉相承而已。据秦山僧《九江指南》“宗教篇”记述“元明至清，数百年来，回民渐渐迁居于长江各埠”和九江清真寺内部资料表述“寺内原有乾隆御赐碑刻两块”分析，明中叶以后，浔城便有回民定居和伊斯兰教活动是可能的，最晚不迟于乾隆在位之后。

规诫习俗　伊斯兰教历来规定念清真经、礼拜、斋戒、纳天课、朝觐等为教徒必遵之“功课”，并提出一系列规范性的要求；一即每年3个重大节日。一为开斋节，回民称之过大年，教历十月一日举行；二为古尔邦节，亦称宰牲节，在开斋节后百日举行，当日全天或半天不饮食，宰牛羊祭祀真主；三为圣纪节，即纪念穆罕默德生辰，教历三月间举行，当日族内凑钱宰牛祭祀，嗣将牛肉分给穷人，以示济穷。二即每年1个斋月，即教历九月一整月，每日破晓前早餐，日落后晚餐，日间不饮不食，斋戒期满，便举行开斋节。三即每7日1次聚礼，即主麻日，全族集中礼拜，每星期五举行；每日5次小礼拜，即日出前晨礼、正午晌礼、半下午晡礼、日落后昏礼、睡眠前霄礼。礼拜前须用净水沐浴，分大净和小净，意即洗涤脏物，保持整洁，节制慾性。

境内回民全族信教，教族密不可分，有些本属民族风俗习惯却演变成教规，以致生死嫁娶均须按宗族教仪式办理。如婴儿出生3日内，须请阿訇主持命名仪，用阿拉伯文封名，一般汉名为化名，男女结婚须请阿訇主持婚仪、念经，方可同房；回族男女不准随便与他族男女通婚，回女若嫁他族男子或回男若娶他族女子，他族男或女必先办理入教手续才许结婚；回民死后须先用水将亡人洗净，再将香料粉洒在3块白布上用以裹身，然后请阿訇念经，发送土葬。回民婚丧喜庆，一律不动响器和放鞭炮，严禁烧纸钱和烧香拜佛等。在饮食方面禁吃猪肉、狗肉和无鳞、无鳍的鱼蟹，禁吃自死的家禽、家畜，鸡、鸭、牛、羊须经阿訇念经，宰杀后方可食用。解放前，这些规禁任何回民不得违犯，否则即以判教论处。新中国建立后，随着中国共产党的方针、政策深入贯彻，回民政治思想觉悟不断提高，有些戒律渐次放松，不仅婴儿取教名、结婚行教礼被革除，连回汉通婚今亦无所禁忌。

活动 教寺即清真寺，亦称礼拜寺，是伊斯兰教举行宗教仪式、传授宗教知识和教徒聚礼等活动场所。据史料载，自明季首批回族先民在浔定居不久，便于江边修建清真寺。然“这座清真寺，几经兴衰，有时焚于火，有时毁于内乱，连清乾隆皇帝御赐二块碑石也茫然无存”。足见从明代宗朝至清高宗朝之间，浔城确有清真寺，毁建且不止一次，惜无年份可考。民国初年，定居浔的回族人口约100余户、400人，为协调回民和教寺间的关系，通过回民代表会议选举成立中国回协江西九江支会。1947年8月换届，马干臣、马鸣疆分别担任董事长和理事长，至浔城解放。1949年5月，境内有回民200余户、900余人；其时参加主麻日礼拜和斋月封斋的每寺约20人，逢开斋节活动人数达200人。1955年，城外清真寺教长李殿君参加省宗教界人士参观团赴沪参观。1956年11月，继任教长李怀志参加中国伊斯兰教第二届代表大会。1957年，政府拨款1000元，对清真寺进行维修。城内、城外两寺经费来源为房屋出租。1958年12月22日，市第三届回民代表会议决定撤销两寺董事会，合并清真寺，以加强民族团结。城里清真寺撤销，改为清真食堂和回民协会办公室，教长郑余斋移居城外清真寺任教长。穆斯林教徒政治、社会地位得到提高，阿訇郑余斋当选为市政协委员，阿訇李平玉参加中国伊斯兰协会组织的朝觐团出国朝觐圣地，成为全省第一位“哈吉”。1966～1976年“文化大革命”中，宗教活动停止，阿訇被赶走，寺产被移作他用。中共十一届三中全会以后，全面落实党的民族宗教政策，1980年，市政府拨款2－7万元对市清真寺进行维修，并成立清真寺管理委员会。1984年，经省人民政府批准，市清真寺被列为省重点开放寺院。1986年7月，为加强团结，通过反复协商，调整改组清真寺管理委员会，成立市区回民工作委员会，委员7人，下设清真寺管理小组和经济管理小组，负责处理清真寺事务和回民企业工作。1989年，召开市伊斯兰教第一次代表会议，成立九江伊斯兰教协会及清真寺管理委员会筹备组。据1990年人口普查统计，境内回民人数为3871人。2009年穆斯林群众发展到5000人。

三、宗教场所

（一）寺观

寺观变迁 境内道、佛史上，通常是道士居宫观，僧尼居寺庵。后戒律突破，有僧居宫，道居庵，亦有僧道同居神庙各持信仰，孰寺孰观不易分辨，故以寺观统括。

境内佛寺创自东晋，据史志查考，慧远建龙池寺。南朝寺庵又有增加，尤以梁代居多，其中重创承天院（能仁寺前身，本滥觞于东晋，经毁无考，俗谓“肇自梁武”成习，姑且从之）。晋至南朝时，道观即在萌生。隋至北宋间，区境僧侣曾遭大业“因僧毁寺”、会昌“勅毁佛寺”和开宝“翰兵屠城”等厄运，然风波过后，官府和社会对寺僧的资助尚优厚，使之不仅对承天院屡毁屡修，且新建一批中小寺庵和大胜塔，成为境内佛寺史上的鼎盛期。据可考的资料载，唐建兴果寺、佛母寺；但自建炎至绍兴年间，因遭金兵和流寇李成的焚掠，境内毁坏寺观不少。终南宋之世，仅建舍利寺。唐宋时的宫观稍有创建，如紫极宫（天庆观前身）、洞庭顺利之祠（后改寿圣观）等。元、明、清三季，境内寺观历经由衰转兴再败落的曲折。元建寺观寥寥无几，而元末兵乱竟将境内寺庵、宫观毁去十之七八。明洪武和万历年间曾两度复兴，有明一代新建佛寺海天寺、兴隆庵、观音阁、太保庙、大王庙等。道观方面，先是元末明初建南门观；明清之际境内城乡建三宫殿、三官庙、吕祖庙、许真君庙多处。清代前，中期亦修复部分寺观，但咸丰年间又在多毁于战火。据清同治十一年（1872）《德化县志》辑录，境内寺观（不含单纯祭祀性祠庙和无年代、地址可考寺观）达22所，多为咸丰后期与同治年间重修，规模远逊于前。

清末至民国初年，民建香火神庙多，佛寺、道观亦有。据民国19年（1930）5月九江市政府调查统计，城区有僧道活动的寺观（含神庙）共43所，其中僧尼居住40所，即关帝庙、关帝坡庙、东岳庙、府城隍庙、五帝药王庙、火帝庙、水府庙、三王庙（有二，疑三圣庙和大王庙之误）、康王庙、灵官庙、吕祖庙（在烟水亭）、九顶娘娘庙、广娘娘庙、都天庙、白马庙、相公庙、紫云庙（有三，一在九华门、一在雷家塘、一在西园巷后），万寿宫、天后宫、既济宫、天花宫、龙池寺、能仁寺、舍利寺、普润寺，西佛庵、观音庵、慈孝庵、清平庵、一缽庵，地藏林、慈航阁、观音阁、观音堂（有二，一在关帝坡，一在梅花巷）、念佛堂、降福亭、杨泗庙等。

民国时期，区境先后遭国民政府军和侵华日伪军破坏，不少寺观沦为废墟。新中国成立初期，人民政府对于进行正常佛道活动的寺观实行保护政策，不许任何单位和个人擅自拆毁，并将各宫古刹列为重点人物保护单位。随着社会制度的变革和观念形态的更新，人们对于寺观大都采取凡濒临倒塌的不复修，被水火灾冲倒或焚毁的不再建，保存较好而又空无僧道的则利用其作仓库存放杂物；但在激烈的群众运动中人为地“拆庙毁菩萨”亦有之，故境内寺观日趋减少。据1978年统计，仅存能仁寺、天花宫、吕祖庙、菩提园、普润庵。

现有寺观 **能仁寺**：位于庾亮南路市二中学对面，旧名“承天院”。建于南北朝梁武帝在位时（公元500年左右），元时遭兵火焚。元至正九年（1349）危素写《江州路能仁禅寺三门记》：“江州城南隅有浮屠，东魏天平二年（535）沙门祖道佛舍利其中，贮以水精瓶金银铁石函护唯谨。南唐李昪时（937～943）军师威烈公何洙乃作佛寺号曰福圣。宋遣曹翰取江州，屠其城。寺以舍利所在独免于兵烬。

天圣（1023～1031）间赐额承天，沙门智聪大加修葺。尚书礼部郎中祖士衡实记之。已而名师有若白云守端佛印元铁面感宏智觉皆相继主斯寺，号为丛林之盛。政和七年（1127）改曰能仁。”

明洪武十二年（1379）重建。该寺院历代甚受官方重视，虽屡遭天灾、战火之毁，皆能重建，香火延燃，梵乐久响。先后有智聪、杨岐宗二世白云守端、云门宗五世佛印了元、曹洞宗十世宏智正觉、南康府沙门师严等高僧住持。民国后相继有修一、静修、禅静、惠禅、如相等执掌法席，率众维护香火，十九年秋，法天主教九江总铎罗望达，侵占寺内名胜，二十年2月基督教美以美会在寺西空基强划为建书院之用，僧人数陷冤狱，寺产被蚕食。抗战期间，又遭日军抢劫、占领。直至抗日战争胜利后，寺院得到一定程度的修复，并开展正常佛事活动；37年，寺院启坛传授三坛大戒，由住持光明主持，为数百名戒子圆具员戒，印光、太虚等曾先后来寺礼佛敬祖。

新中国成立后，佛光主持寺务。1953年夏，中国佛教协会名誉会长虚云在果一、觉民等陪同到寺礼佛，并应四众弟子请求，在寺升大座开讲《楞严经》，武汉、安庆、扬州等地有人慕名前来听讲。1966～1976年“文化大革命”中，寺院又遭劫难，僧众被逐，佛经被焚，宋代3尊铁铸佛像被砸，道场被一些单位及个人占据。1981年，落实宗教政策，寺院收回作宗教活动场所。1983年，国务院批准能仁寺为汉族地区佛教全国寺院。1984年，云安等僧回住，次年占用寺院的单位全部迁出，交寺僧管理，并由省宗教处安排，中国佛教协会第四届理事会原理事印慈主持寺务，云安为首座兼监院，寺中住僧增多。1986年1月，江西省佛教徒第一届代表大会在寺院召开，成立省佛教协会，会址设寺内，印慈当选为副会长。1987年上半年，寺内住户26家全部搬出，原市博物馆在寺内兴建的二层办公楼亦移交省佛协使用。1983～1987年，国务院宗教局和省宗教处先后拨专款用于寺院的修复重建工程。1988年，云安任住持。现寺内外已修整焕然一新，四方香客朝拜不绝，香火日益兴旺。住持释辉悟。

此寺殿宇建筑，依坡就势，布局整规，主次分明，宽敞幽静，寺内分前、中、后3个院落。前院有山门、天王殿、大雄宝殿、大胜宝塔；中院有铁佛殿、左右禅房、方丈室；后院有藏经楼、法堂等建筑。3个院落面积共15595平方米，殿宇占地面积为2986.6平方米。

普润寺：原名普润庵，又称茶庵，位于甘棠湖西今普润路。清康熙文人查慎行《庐山纪游》“辰刻出九江西门，过龙开闸，从荷叶、稻花中步入普润庵”。据《江西通志》载：“朽木，杭州人，随师埋庵游庐山居之，后建普润庵。勤修胜果，恻念长江往来行人，于九江施茶数年。”朽木施茶之举，为远近所称道。清咸丰三年（1853）毁于兵火重建。1938 年，妮宏修购得此庙，之后，此寺为尼姑修行之所。1966 ~ 1976 年“文化大革命”时，市 36 座庙宇之僧人均聚居此处。现有一面积约 40 平方米之接引殿，内供西方三圣，居比丘尼 7 人，住持弘慈。

清静寺：位于九江国棉一厂牛奶公司后，内居比丘尼 1 人，仅初一、十五开门接待香客，现住持惠明。

广佛寺：位于七里湖火车站与开发区西二路之间，内供西方三圣。现住持普刚。

降福宫：位于春安里。原为一小土地庙，2002 年改为居士林，2005 年改名降福宫。现有一排三殿，中敬西方三圣，右为观音殿，左为土地庙，前有一大棚总计建筑面积 100 平方米。住持常安。

菩提园：位于新公园路 44 号。1976 年由塔北路（今气象局处）迁此，1987 年重修，现有前后肉重，前殿正面供阿弥陀佛，背面敬降魔韦驮，后殿供奉西方三圣，后殿右侧建有斋堂、静室、寮房等，建筑面积 400 平方米。庙内现藏“衣鉢庵”石制横额一方。

观音寺：原址在南司路，因城市建设需要拆迁，新建在九星公路八里坡立交桥坎下。现住持为比丘尼性平。

殊胜院：原为娘娘庙，位于九江建材厂门前江边，现因防汛筑堤迁至建材厂后八里湖堤上。前殿兼念佛堂，供释迦牟尼佛、西方药师佛、阿弥陀佛；后重供三花娘娘。现主持印青。

大王庙：位于金鸡坡九江炼油厂与九江二电厂之间的琵琶湖的尾部，1993 年重建，内供大王公及济公等。

海天寺：位于花果园 3 组，2003 年重建。

水王庙：位于九江炼油厂生活区 5 区后，1993 年重建。

姬公庵：原名姬公古刹，位于九江炼油厂门前，1993 年重建。

天善宫：原名娘娘庙，位于五里村三堡垅。20 世纪 90 年代重建，改名天善宫。2008 年又重建大殿一幢。

天花宫：位于甘棠湖李公堤南端，建于清同治九年（1870），占地面积 1100 平方米，有娘娘殿、娘娘阁、禅房等建筑。1986 年被列为九江市文物保护单位，今市佛教协会在此问事。

关帝庙：位于金鸡坡街道大王庙村 2 组，旧地名孙家垅。1998 年新建，内供关圣菩萨。

（二）教堂、教寺

基督教堂　基督教传入九江后，在浔城共建立教堂 15 个。由于教会、学校、医院多为三位一体，故所办的学校、医院皆有教堂。其分布是同文中学教堂、同文小学教堂、儒励女中教堂、儒励小学教堂、诺立神道女校教堂、翘智小学教堂（化善堂）、翘才小学教堂（溢思堂）、翘秀小学教堂、翘德小学教堂、圣约翰中学（含辅仁小学）教堂（1926 年后为圣约翰医院教堂）、但复德医院教堂、生命活水医院教堂、仓巷圣公会教堂（含安德烈小学）、柴桑支路勃兰地福音堂、督府巷安息日会教堂。

天主教堂　天主教传入九江后，在浔城先后建南门口天主堂、环城路天主堂、湓浦路天主大教堂、滨江路主教府、味增爵医院教堂、庾亮南路天主教修道院及教堂、湓浦路神父堂。主要教堂例介：

城外天主堂：清同治十年（1871），九江天主教会转租九江英租界位于滨江路及湓浦路的地基，同时买下盖得洋行的堆栈房屋建天主堂。光绪六年（1880）六月落成，举行首祭开堂。占地 1000 平方米（俗称城外天主堂）。建成后即将初设在庾亮南路天主堂的九江教区主教府迁入，成为主教堂。教堂结构为哥特式建筑，门面为红砂石砌面，内为麻石。大厅内有 10 根圆形麻石柱，每根立柱设有雕花的红砂石底落，底落上方安置 12 位近 2 米高的门徒座像。顶部有两个高高的尖顶，分外显目。主教堂的迁入，成为全城天主教中枢机构，也是赣北教区中心教堂。抗日战争期间，遭盟国飞机误炸，主体栏杆以上被炸成两个深坑，从此未举行过弥撒。1949 年 5 月浔城解放后，租赁给市人民医院作托儿所。1966 ~ 1976 年“文化大革命”期间被民政部门作为遣送站。1981 年归还天主教会。1985 年，作危房被拆。

城内天主堂：清同治元年至二年（1862 ~ 1863），九江天主教会先后买下南门口和环城路的房产建造圣堂（今庾亮南路天主堂，俗称城内天主堂）。主体为砖木结构，是附近教徒进行圣事活动的场所。“文化大革命”期间关闭。1984 年经修复后正式开堂。

味增爵医院教堂：位于湓浦路 85 号（今市二医院处），清光绪十三年（1887）建，今已拆。

天主教修道院及教堂：位于庚南路 167 号（今船舶工业公司处），清光绪二十二年（1896）建，今已拆。

祖父堂：位于湓浦路（今港务局内），清宣统三年（1911）建，今已拆。

伊斯兰教寺　城外清真寺：又称矶湾清真寺，因位于江边矶湾（今滨江路）故名。原寺由明景泰年间（1450～1456）由九江总兵马哈直修建，有阿訇 3 人主持教事活动。自是以后“几经兴衰，有时焚于火，有时毁于内乱”。清道光三十年（1850），德化知县钱宝昌和安徽籍著名人士马宁森等倡导回民集资，在江边矶湾购地一块，比原寺进行较大规模的扩建。光绪二十四年（1898），再次对寺内大殿、水房、客厅和住房进行改建和扩大。1935 年因修滨江路，再行在滨江路 6 号重建。新中国建立后，1957 年政府拨款维修。1980 年又拨款维修和改建。占地面积 515.3 平方米，建筑面积 922.26 平方米。将原砖木结构改为砖混结构，建有礼拜大殿、女大殿、男女淋浴室、议事大厅、殡仪室、会议室、办公室、宿舍等，并有锅炉房等设施。1984 年，被批准对外开放。2000 年寺所在地——西园拆迁改造，新寺于 2008 年在原址旁落成。

城里清真寺：位于城内四码头，故名。清光绪二十八年（1902）以著名人士马宁森、古董商杨遐年、马寿田等在浔穆斯林知名人士带头发起建寺义捐活动，并从安徽聘请胡郎初阿訇到浔负责筹建。该寺上下两层，前后厅堂四进，一楼为庭院、大厅、水房、厨房；二楼为主体礼拜大殿、宿舍、会议室等。1958 年，市第三届回民代表会议决定将城里、城外清真寺合并，撤销城里清真寺，改作市回民食堂和作回民协会办公场所。

�青里女寺：位于柴桑路�青里（今滨江一支路）。清咸丰年间，居住在柴桑路筠青里一带的江苏南京镇江籍穆斯林较为集中，为适应其宗教活动的需要，由浔“同泰当铺”经理南京籍回民蒋春晖牵头筹资修建，为城内女穆斯林宗教活动场所。抗战时因教徒离散停用。

四、重大宗教活动

1995 年，能仁寺举办释辉悟方丈升座暨大雄宝殿诸佛菩萨大胜宝塔开光法会。

2000 年 9 月 28 日至 10 月 26 日，能仁寺举办传授三坛大戒法会。此为能仁寺自 1947 年以来首次举办该项大型宗教活动。来自全国 27 个省、市、自治区 309 名沙弥授了新戒，历经 28 天传戒活动圆满完成。

2003 年 9 月 26 日到 10 月 26 日，能仁寺举行三坛大戒活动。

2005 年 8 月初一至初五，万寿宫举行大殿落成暨诸神开光法会。

2009 年 10 月 18 日至 11 月 17 日，能仁寺举行传授三坛大戒活动，来自全国各地 300 多名僧众和 120 名服务人员，在能仁寺进行为期 1 个月的受戒活动。

2009 年，根据区城东工业基地 2 号工业园建设需要，姬公庵实施整体搬迁，经过 1 年重建，完成庙的主体工程和神像的礼清，2010 年 4 月 15 日，进行开光仪式。

2008 年，根据区城东工业基地 1 号工业园区建设需要，道教三圣宫实施整体搬迁，2009 年 5 月 19 日新庙奠基，经过 1 年多的重建，完成新庙的主体工程和神像的重塑。2010 年 9 月 11 日道教三圣宫举行开光庆典。

2009 年 8 月，经市政府同意、市规划局批准，市隐庵原地续建。2010 年 6 月 9 日奠基，经过 1 年多的重建，完成新庙的主体工程和神像重塑。2012 年 4 月 23 日，市隐庵举行开光仪式。

2013 年 10 月 18 日（农历九月十五），能仁寺隆重举行普钰法师荣膺方丈升座庆典。参加庆典仪式的诸山大德有中国佛教协会咨议委员会副主席、江苏省佛教协会名誉会长、江苏省无锡市祥符禅寺住持无相长老，中国佛教协会副会长、江苏省佛教协会会长、金山江天禅寺方丈心澄大和尚，中国佛教协会副会长、中国佛学院普陀山学院院长、普陀山佛教协会会长、普济禅寺方丈道慈大和尚，中国佛教协会副会长、江西省佛教协会会长、南昌佑民寺方丈纯一大和尚，中国佛教协会秘书长王健等诸山大德参加庆典仪式。省委统战部、省民族宗教事务局有关领导和处室负责人，市人大常委会副主任卢志鹏，市政协副主席、统战部部长黄大明，市政协副主席朱汉浩，区政协主席文建华，中国佛学院副院长张厚荣等市、区领导出席庆典仪式。

第二节 民主党派 工商联

一、中国国民党革命委员会浔阳区支部

（一）组织建设

1981年，浔阳区建区时就已有民革党员。1989年6月，民革市委会决定成立民革九江市浔阳区支部，姜农瑞任支部主委，支部党员11人。1992年，民革浔阳区支部撤销，其成员列入市内各行业支部。2007年6月，民革九江市第十四届委员会决定，撤销原文艺支部并转出6名党员，从市直一支部转出2名党员，从市直二支部转出2名党员，从教育支部转出1名党员（浔阳区属学校教师）重新组建浔阳区支部委员会。2007年12月17日，民革浔阳区支部委员会成立暨第一次代表大会在区政府综合楼十楼多媒体会议室召开，民革江西省委会副主委、省建设厅副厅长马志武，市人大常委会副主任、民革九江市委会主委王际民等省市领导到会指导。大会选举产生民革浔阳区第一届支部委员会，程候锋当选为主任委员，蔡明明当选为副主任委员，夏忠群当选为组织委员，徐金燕当选为宣传委员，宋景红当选为祖统（祖国统一）委员。党员多是区行政事业单位的干部职工和在浔的市属文艺系统文艺工作者。

2010年，区内有机关支部、一支部、二支部、浔阳区支部、老年支部、民生支部、文艺支部、卫生支部、教育支部、九江学院支部与炼油厂小组。共有党员239名。

2012年11月13日，民革浔阳区支部第二次党员大会在召开，换届选举产生民革浔阳区支部第二届委员会。程候锋当选为主任委员，刘炳华、王颖当选为副主任委员，王飞炎当选为组织委员，郑姗姗当选为宣传委员，徐金燕当选为祖统委员。换届时支部党员已发展到23人，全部为大专以上学历，中级以上学历有10人。至2013年，支部党员担任市人大代表1名，市政协委员3名，区人大代表1名，区政协委员5名（其中担任常委2名）。支部党员在九江市、区两级人大和政协平台的参政议政工作中发挥着民革主力军作用。

在发展党员，壮大支部队伍的同时，加强和改进支部组织建设，按照民革市委要求，制定和完善各种支部管理制度。支部会议、民主生活会、议事等工作都以制度形式确定下来，对支部班子成员工作职责进行明确分工。

（二）参政议政

1989年支部成立以来，围绕民革市委会以及区委区政府、区政协提出的促进浔阳经济社会发展课题开展调研。每年支部都要开展重点调研课题，共提交课题调研交流材料10余份。其中，在区政协六届、七届全会上作大会发言4次，提交书面材料7篇。2007年提交的《发展新型社区卫生医疗服务，探索城区医疗卫生社会保障新思路》提案作为区六届政协一次会议发言材料，并被民革九江市委会选为2007年市政协大会发言材料。2008年，支部提交的《实行市容环卫责任区制度，提高城区市容卫生管理水平》课题调研报告获得区委书记批示，并由区政协牵头，在2008年作为浔阳区政府重点督办调研报告并进行实地调研。

支部党员在市、区两级人大、政协“两会”期间共提出人大代表、政协委员建议、提案共计40余件。内容涉及楼宇经济、市容环保、社区卫生医疗、城市建设和公共交通以及领导干部经济责任审计等各方面。罗万辉提交的《关于浔阳区楼宇经济发展的建议》、罗列提交的《关于完善浔阳区居家养老服务的思考》等提案被区政协七届四次全会评为优秀提案。

在开展调研过程中，支部注重联系专家学者，谈认识，提措施，以提案的形式反映到市、区两级政协，帮助和督促职能部门搞好工作，解决社会难点问题，取得良好的效果和影响。支部课题组撰写的区政协大会发言材料《关于我市大城建发展应及时规划城市公交站台的建议》等调研报告，通过民革市委会和区政协渠道，通过担任市人大代表、市政协委员的支部党员，反映到市政府职能部门，促成市城区公共交通详规的制定。

2009年，组织支部党员参加民革市委会和区委统战部开展学习中共中央关于开展纪念“五一”口号发布60周年主题学习教育活动有关精神；2011年组织支部委员会学习“开展和践行社会主义核心价值观活动”。2014年组织支部担任人大代表和政协委员的党员参加区政协、区委统战部党的群众路线教育实践活动动员大会和座谈会。

（三）社会服务

1989年以来，支部党员，特别是民营企业家党员热心公益事业，先后为玉树地震、长江大堤防洪、看望福利院孤寡老人和聋哑学校学生等各类救灾、扶贫、助困光彩慈善活动捐款捐物累计达到40万元。支部在活动经费紧张的条件下，每年都会安排几千元捐款主导开展公益活动，为支部的公益活动带好头，提升民革的形象。

支部与民革卫生支部、民革庐山区支部联合开展“送药下乡”“光明服务”等免费义诊活动。支部党员、中山眼科医院院长陈东、中山口腔医院院长刘炳华每年率领医疗小分队到星子、都昌、武宁等县贫困山区，前后共送医送药下乡、开展免费义诊2000多人次，药品30余万元。每次光彩公益活动，都联系有专业技术的党员和所到地的民革支部，使活动准备充分，宣传广泛，接受服务人数多。

2008年年初，九江遭遇严重的冰雪灾害。支部组织党员开展抗冰雪送温暖献爱心活动，区直机关党员参加铲除冰雪，方便市民的出行。全体党员自发参加民革市委会“献爱心党费”和人大、政协机关组织的捐赠活动，共计捐款2万余元支援受灾群众活动。

2008年，汶川大地震发生后，支部全体党员行动起来，为抗震救灾出力献爱心。市人大代表、支部党员、利郎服饰九江旗舰店总经理张明在新店开业之际，联系区慈善会，将收到的礼金和店面准备的开业经费共计5万余元当场全部捐给玉树地震灾区群众。

2010年，青海玉树大地震、舟曲发生特大泥石流等自然灾害，支部党员通过民革组织、人大、政协渠道捐助共计5000余元。

2011年，联系市特殊教育学校，看望智障残疾学生，支部党员捐款购买学生文具和生活用品共计3万余元。

2013年，参与社会光彩事业，捐款捐物献爱心，支部党员向雅安地震灾区捐款1万余元；在区开展“爱满浔阳·慈善助学”募捐助学活动中支部捐款1000元；支部党员响应区委、区政府“慈善一日捐”号召，自主捐献1天的工资。

（四）支部活动

1989年以来，支部紧跟不断发展的形势，配合民革九江市委会、中共浔阳区委的重大部署，通过学习会、座谈会、支部组织生活会等形式，在全体支部党员中开展学习讨论，重点学习中共十七大和十七届历次全会精神，中共十八大和十八届三中全会精神，“三个代表”重要思想、科学发展观、社会主义荣辱观，中发〔2005〕5号和中发〔2006〕5号两个文件，省、市、区党代会精神等内容，每年通过市委会并组织新党员和骨干党员参加省社会主义学院的学习培训，按照民革中央、民革省委会、民革市委会的统一部署，开展学习“科学发展观”“社会主义核心价值体系教育”“党外人才队伍专题教育”“深入开展基层组织建设年活动”等主题，主动地组织开展学习实践活动。

民革区支部是在原文艺支部的基础上重新恢复组建的，原文艺支部老党员多，支部每年都从有限的工作经费中安排他们外出考察学习。为加强横向联系，支部每年组织和其他兄弟支部开展联谊活动，学习取经。2008年，组织各基层支部参加民革瑞昌市总支成立大会。

2010年，联系民革卫生支部和中山口腔医院，到区福利院为孤寡老人开展义诊活动，和卫生支部党员开展联谊活动。

2011年，开展纪念“辛亥革命”100周年活动，组织党员到湖口石钟山纪念革命先烈。参加纪念“辛亥革命”100周年征文活动。

2012年，联系兄弟支部配合民革市委会创建成立九江中山羽毛球俱乐部，激发党员参与全民健身、奉献奥运热情。

2013年，响应民革省委会开展的“我为赣鄱献一策”征文活动，组织支部党员到星子县工业园华康实业公司学习考察开展联谊活动。

（五）荣誉成绩

1989年成立以来，探索新形势下基层组织建设新思路，支部凝聚力增强，参政议政成绩突出，组织生活形式活泼。2010年3月份，支部获得民革省委会颁发的“江西省民革参政议政先进基层支部”称号，2011年11月，被民革省委选为“全国先进基层民革支部”代表向民革中央申报。2012年，被民革市委会评为2012年度组织工作先进集体；2013年，支部党员张恒颖、王飞炎被区政协评为2013年度先进个人；2015年，被民革省委会评为先进集体。支部党员充分发挥自身智力优势，为九江市经济建设、文化教育卫生事业的发展作出努力，取得可喜的成绩。民革党员率先垂范，投身市、区各项建设和改革开放，为发展九江、振兴九江立下新功。支部党员陈东自主创办“九江中山眼科医院”；支部党员刘炳华自主创办“九江中山口腔医院”等。支部党员张恒颖担任法人代表和总经理的“和汇集团”，企业年纳税1600余万元。支部党员王飞炎担任总经理的“江西国力建设集团九江分公司”，企业年纳税400余万元。

二、中国民主同盟浔阳区支部

（一）组织建设

1981年，浔阳区成立时区内有民盟成员47人。1991年，区有基层组织12个。1993年，有基层组织13个。1998年，有基层组织13个支部。1999年12月3日，盟市委召开常委会议，决定成立民盟浔阳区支部。1999年12月22日，召开成立大会，成立民盟浔阳区支部，有盟员6人。2002年，民盟区支部有盟员8人。2003年，区有支部13个。2007年，区有13个支部。2012年，区有13个，区支部有盟员15人。2013年，民盟区支部有盟员16人，其中大专以上学历占87.5%，中级以上职称占37.5%，平均年龄44岁。

至2013年，民盟区支部在民盟市委会和中共浔阳区委的领导下，围绕地方党委的中心工作积极参政议政、开展社会服务，先后担任省、市、区政协委员55人次，在省、市、区人大、政协“两会”期间共提出建议、提案110余件。在区政协全会上作大会口头发言6次，提交书面材料10余篇，完成调研课题20余个，提交建言交流材料10余份。盟员撰写社情民意79条，被各级采用59条，捐赠赈灾累计3.45万元，获得盟中央授予的全国先进基层支部、民盟江西省委授予的全省先进基层支部、民盟九江市委授予的全市综合先进支部等荣誉，为区经济社会发展做出重要贡献。

（二）参政议政

民主协商与监督　2001年，参加区政协举办的浔阳区各界人士纪念中国共产党诞生80周年茶话会活动。2003年，参加区党外干部情况通报座谈会。参加“十五”“十一五”“十二五”规划编制工作座谈会。2013年，列席区政协常委会。2014年，分别参加区委统战部、区政协党的群众路线教育实践活动动员大会和座谈会。

建议提案　2001年，支部撰写《个体民营企业呼唤全社会支持》的集体提案。

2007年，帅斌在市政协十三届二次会议上提交《开禁马路摊点　方便百姓生活　促进城镇居民就业》提案和2010年在市政协十三届五次会议上提交《关于尽快实现退休人员异地居住医疗养老统筹对接建议》提案被市政协评为优秀提案。

2010年，瞿畅在市政协十三届五次会议上提出《关于修建环城东路路口护坡的建议》提案转交有关部门办理后，重修护坡围墙。但污水冲刷护坡的问题未得到根本解决。在实地查看护坡改造情况后，瞿畅对该提案的办理结果表示“不满意”。在有关部门的督办下，护坡不稳、污水横流的问题得到解决，为民办了一件大实事。

2012年，刘俊文在区政协七届三次会议上作题为《全面加强“流动校舍”管理，为孩子建立安全无忧绿色通道》大会发言，被区政协评为优秀调研文章。

调查研究　2003年，瞿畅撰写《关于浔阳区文化市场管理存在问题建议》调查报告。

2004年，围绕浔阳区位优势，支部组织开展都市商贸、沿江开发、民营经济等课题调研，完成中共区委交给的《开发都市大商贸，促进浔阳大发展》都市商贸课题；针对白水湖污染严重，白水湖村民反映强烈，撰写《治理白水湖污染刻不容缓》的调查报告；周华撰写《浔阳区贯彻落实共产党领导的多党合作和政治协商制度的情况汇报》调查报告。

2005年，支部与盟市委领导深入九江县马回岭乡、星子县归宗乡、温泉乡等地调研，为形成《树立科学发展观，做大九江花卉苗木产业》收集大量翔实资料。

2006年，为完成市委政研室调查全市林权制度改革情况的任务，和盟市委领导一起到德安县爱民乡、河东乡，武宁县罗坪镇、长水村、新宁镇等地林区，了解第一手情况，形成调查报告，为领导决策提供参考；在全市“新阶段、新发展”大讨论活动中，瞿畅向市政协提交的《创新工作，力争跨越发展》论文，刊登在“新阶段、新发展”策论上。

2007年，在区政协六届一次会上周华的《依托现代文明，发掘传统文化，全力打造浔阳城市文化品牌》和王卫华的《建设商贸物流中心，我们责无旁贷》作为大会书面发言材料。

2008年，由盟市委组织的区支部成员参与的调研组，深入湖口县金沙湾工业园等沿江开发的重点区域，就全市沿江开发及服务管理情况进行调研，为撰写《强力推进沿江开发、打造经济增长极》调查报告收集大量的第一手资料并撰写报告的一部分内容。

2009年，为配合盟市委开展九江楼宇经济发展情况调研，区支部与盟市委领导到庐山区、开发区等地调研，收集整理提供浔阳区楼宇经济发展情况和有价值的参考意见，为形成调研报告《关于加快中心城区楼宇经济发展的建议》一文收集大量翔实资料。

支部还围绕浔阳区的中心工作和区政协的课题任务开展调研，撰写《加快浔阳工业经济发展的建议》《加快浔阳区现代服务业发展的思考与建议》《浔阳区第三产业发展情况》《多措并举和谐推进旧城改造》《对农贸市场标准化改造与管理的几点思考》等调查报告，每年都能及时完成区政协课题调研任务。

反映社情民意　1999年支部成立以来，盟员撰写社情民意79余条，被各级采用59余条，有的社情民意起到很好的效果。如瞿畅撰写的《健全和完善工作机制、加强反映社情民意工作》的理论文章被《江西盟讯》采用刊出，为经济发展和有关部门决策提供参考依据。刘俊文结合工作实际，写出一条关于应尽快完善相关劳动配套法规的社情民意，分别被盟省委、盟中央采用。帅斌报送的《本土企业待遇不如招商引资企业影响创业积极性》被盟中央采用。魏晓宏撰写的《关于加强开放式小区长效管理的建议》《关于换发IC卡式献血证的建议》被江西民盟信息采用。

（三）社会服务

捐赠赈灾　1998年，九江市遇到超历史的特大洪水，在这场与自然灾害的斗争中，盟组织和盟员同样经受严峻的考验。盟员在抗洪抢险的紧要关头，除年老体弱者外，全部投身到第一线，顶烈日、斗酷暑，挥锹铲石，扛包垒坝，勇斗洪魔，为接待安置灾民，支援部队后勤服务做了大量的工作。盟员捐款捐物，帮助灾区人民渡过难关。

2001年，盟市委开展“盟员献爱心”活动，支部参与活动的盟员7人，捐款140元，资助市福利院添置电视机电扇等物品，改善他们生活条件。

2003年，抗击非典工作中，按照盟市委“政府所急、群众所需、党派所能为”要求，通过社情民意、建议等渠道，结合九江地理特点、环境特点、人文特点，建有用之言，献可行之策。

2004年，参加浔阳晚报举办的“捐资助学、回报社会”助学活动，资助贫困大学生。

2005年11月，瑞昌地带发生5.7级地震，盟员行动起来，为灾区群众捐款捐物，新太子餐饮有限公司董事长、盟员帅斌购买1万多元的棉被和食品，亲自送到灾民手中。2007年，在区委统战部开展的“爱心联倡互助”活动中帅斌捐款1000元。2008年年初，九江遭遇严重的冰雪灾害。开展抗冰雪送温暖献爱心活动，盟员参加铲除冰雪，方便市民的出行。自发参加捐款捐物支援受灾群众活动。

2008年，汶川大地震发生后，全体盟员行动起来，为抗震救灾出力献爱心。区人大常委会副主任、支部主委瞿畅带头捐款，盟员们慷慨解囊，在1周时间内捐款10000元，汇到盟中央办公厅救灾专用账户，盟中央向捐款的盟员和盟组织发放荣誉证书。

2010年，针对青海玉树地震、舟曲特大泥石流等频发的自然灾害，支部盟员共计捐款3000余元。

2011年，开展“爱心捐赠”活动，支部盟员共计捐款2000余元。

2013年，参与社会光彩事业，捐款捐物献爱心，盟员向雅安地震灾区捐款1000元；在2013—2014年浔阳区开展“爱满浔阳·慈善助学”募捐助学活动中支部捐款2000元；盟员响应区委区政府“慈善一日捐”号召，在各自单位捐献1天的工资。

扶贫济困　1999年以来，联合盟市委和其他支部多次组织盟内的教育、卫生、法律方面的专家开展送教送医送法下乡活动，举办教育专题讲座，与农村中学开展教学经验交流活动，为村民和社区居民开展义诊、法律咨询活动，受到社会各界的好评。2000年起，连续6年为2名贫困学生缴纳学费上门送学习用品。

2003年，联合盟市委机关支部，九江学院支部在湖滨小区开展医疗咨询义诊活动。

2007 年，与区科协联合举办科普进校园活动。

2008 年，为全面实施《全民科学素质行动计划纲要》，支部与盟市委、市科协联合在信华城市广场举办市“科普之春”暨“节能减排进社区”活动。

2009 年，为提高农村村民健康水平，针对冬季流感高发期以及“甲流”的肆虐，与民盟九江市委、民盟九江学院总支共同在金鸡坡街道姬公庵村举办“送医送药下乡”活动，宣传推广甲流的预防知识以及高血压等疾病的预防和治疗知识，免费为村民体检、看病、送药，获得当地村民好评。

2011 年，联合九江学院化工学院在庐峰社区开展“争做绿色时尚先锋共享健康温馨生活”主题宣传活动。

2015 年，组织盟员在春节前夕到区社会福利院慰问孤寡老人送温暖。

（四）支部会议

1999 年 12 月 22 日，民盟浔阳区支部成立大会召开，出席盟员 6 人，高秋深代表第一届民盟浔阳区支部筹备小组汇报筹备工作情况，选举产生民盟浔阳区第一届支部委员会，主任委员高秋深，组织委员瞿畅，宣传委员曹福群。民盟市委会副主委肖英轩、中共浔阳区委副书记刘爱琴、中共浔阳区委统战部部长梅冬乔到会致贺。

2003 年 1 月 15 日，民盟浔阳区支部第二次大会召开，出席盟员 7 人，听取和审议通过瞿畅代表第一届支部委员会作的工作报告，选举产生民盟浔阳区支部第二届委员会，主任委员瞿畅，组织委员王江浔，宣传委员曹福群。

2007 年 12 月 5 日，民盟浔阳区支部第三次大会召开，出席盟员 9 人，听取和审议通过瞿畅代表第二届支部委员会作的工作报告，选举产生民盟浔阳区支部第三届委员会，主任委员瞿畅，副主任委员帅斌，组织委员周华，宣传委员魏晓宏，委员王江浔。盟省委主委刘晓庄、盟市委主委陶春元、中共浔阳区委书记傅云生、浔阳区人大常委会主任刘爱琴、浔阳区政协主席张燕萍到会指导。

2012 年 11 月 13 日，民盟浔阳区支部第四次大会召开，出席盟员 13 人，听取和审议通过瞿畅代表第三届支部委员会作的工作报告，选举产生民盟浔阳区支部第四届委员会，主任委员魏晓宏，副主任委员帅斌，组织委员周华，宣传委员刘俊文，委员王毅。市公安局副局长、区委常委、公安局浔阳分局局长贾治曾，区委常委、统战部部长郑观兴，民盟市委会副主委张志超，区政协副主席张华桥，市委统战部骆忠初、束中阳等到会指导。

（五）盟务活动

学习活动 1999 年以来，紧跟不断发展的形势，配合盟市委、中共浔阳区委的重大部署，通过学习会、座谈会、支部组织生活会等形式，在全体盟员中开展学习讨论，重点学习中共十六大和中共十六届历次全会精神，中共十七大和中共十七届历次全会精神，中共十八大和中共十八届三中全会精神，“三个代表”重要思想、科学发展观、社会主义荣辱观，中发〔2005〕5 号和中发〔2006〕5 号两个文件，省、市、区党代会精神等内容，组织新入盟的盟员和骨干盟员参加省、市举办的学习培训，按照盟中央、盟省委、盟市委的统一部署，围绕“政治交接学习教育活动”“深化坚持走中国特色社会主义道路学习教育”“学习贯彻科学发展观”“社会主义核心价值体系教育”“党外人才队伍专题教育”“民族团结进步宣传教育”“深入开展基层组织建设年活动”等主题，主动地组织开展学习实践活动，激励盟员把民主党派成员普遍具有的政治归宿感，升华为参政党成员必须具备的政治责任感，提高盟员的政治敏锐性和政治鉴别力，坚定政治信念，使全体盟员的思想能够跟上新形势的要求。

纪念联谊活动 2001 年，开展中国民主同盟成立 60 周年纪念活动。

2003 年，与民盟九江师专支部、民盟综合支部、民盟科技支部一起到星子秀峰联谊郊游。

2005 年，组织盟员参加盟市委“三胞”座谈会。同年，开展世界反法西斯战争暨中国人民抗日战争胜利 60 周年纪念活动。同年 12 月，为密切其他党派之间的关系和加强合作，与浔阳区其他党派开展联谊会，交心座谈，增进了解和友谊。

2006 年，为分享市区建设成果，组织盟员参观滨江生态园、浔阳江畔、白水湖公园、抗洪广场、南湖公园、和中广场，让盟员切身体会九江大城建、城市大建设带来的变化，激励盟员在各自岗位上建功立业。同年，为丰富支部生活和密切盟员关系，联合民盟市委会机关支部，组织全体盟员联谊游景德镇瑶里。

2007年，与九江学院一支部到白鹿洞书院学习交流中共十七大精神和政治交接教育活动体会。同年，组织盟员到庐山区高垅联谊采风。

2008年，为加强横向联系，组织盟员到都昌支部学习取经。为丰富支部生活和密切盟员关系，组织盟员参与盟市委会组织开展的“迎奥运健步环湖行”活动，联合民盟市委会机关支部、十二中支部、文艺支部，开展“迎奥运羽毛球比赛”活动，激发盟员参与全民健身、奉献奥运的热情。同年，组织盟员到福建泰宁参观。

2010年，开展支部成立10周年纪念活动，市政协副主席、盟市委主委陶春元参加纪念活动。同年联合民盟市委会机关支部开展爬山活动。

2011年，为实地感受外地改革开放的巨大变化，激励盟员增强建功立业服务社会的理念，与盟市委机关支部联合组织盟员到安徽省三河古镇调研考察。

2012年，为缅怀老一辈革命家光辉业绩和崇高精神，坚定盟员政治信念，推进自身建设，在中共十八大即将召开之际组织盟员到安源开展红色教育活动。

2013年，组织盟员到永修县龙源峡、易家河开展湿地保护和新农村建设考察。

2014年，在支部成立15周年之际组织盟员开展纪念活动。

（六）荣誉成绩

1999年支部成立以来，探索新形势下基层组织建设新思路，支部凝聚力增强，参政议政成绩突出，组织生活形式活泼。2001年1名盟员被民盟省委评为1997～2000年度先进个人；2004年，被民盟省委评为2001～2004年度先进基层组织；2005年经盟市委推荐，民盟区支部被民盟中央授予“全国先进基层组织”称号。2005年，被区委统战部评为2005年度党派工作先进单位。2008年，被民盟省委评为2005～2008年度先进基层组织，1名盟员被评为先进个人；2010年，被民盟省委评为2009～2010年度先进基层组织，2盟员被评为先进个人。2012年，被民盟市委会评为2012年度组织工作先进集体；被区委统战部评为2012年度统战工作先进支部；2013年，被民盟市委会评为2013年度综合工作先进支部。2014年被民盟省委评为2011年度—2014年度全省先进基层组织，魏晓宏、刘俊文被评为先进盟员；被中共浔阳区委统战部评为统战工作先进单位。盟员充分发挥自身智力优势，为九江市经济建设、文化教育事业的发展作出努力，取得可喜的成绩。许多盟员、盟务工作者率先垂范，积极投身市、区各项建设和改革开放，为发展九江、振兴九江立下新功。曹福群，老有所为，有连锁照相馆3家，安排就业近20人，累计纳税近100万元，其作品在省兰花展和省花博会上均获三等奖。盟员帅斌通过自己的诚信经营，从一家小店面发展到拥有三家新太子系列餐饮有限公司，年上缴利税400多万元，同时，参与公益事业，把帮扶弱势群体当作自己的责任，参加浔阳区“爱心储蓄”、富帮穷、一帮一等活动，并先后捐助贫困大学生20人次，向区福利院、青少年基金、红十字会多次捐款，各类款项累计10万余元。盟员王毅先后创办成立多家公司，企业规模不断壮大。2011年11月，成立九江租乐信息技术有限公司，业务向高新技术领路拓展。瞿畅是市政协委员、区人大代表，积极反映群众关心的热点难点问题，撰写的提案引起市、区两级政府的重视和落实解决，切实为民办实事；还通过组织部分区人大代表开展法律的执法检查，促进各项事业的发展。

2006～2011年区民盟盟员当选政协委员情况一览

表2－2－1

姓名	性别	政协委员或人大代表	当选时间	届次
瞿　畅	女	九江市政协委员	2006	第十三届
		九江市政协委员、常委	2011	第十四届
		九江市浔阳区人大代表、常委、副主任	2003	第七届
			2007	第八届
			2011	第九届

姓名	性别	政协委员或人大代表	当选时间	届次
帅　斌	男	江西省政协委员	2008	第十届
		九江市政协委员	2006	第十三届
		浔阳区政协委员	2007	第六届
		浔阳区政协委员、常委	2011	第七届
高秋深	男	浔阳区政协委员、常委	1987	第一届
		浔阳区政协委员、常委	1993	第三届
		浔阳区政协委员、常委、副主席	1998	第四届
刘利民	女	浔阳区政协委员	1987	第一届
		浔阳区政协委员、常委	1990	第二届
		浔阳区政协委员	1993	第三届
吴礼英	男	浔阳区政协委员	1988	第一届
		浔阳区政协委员	1990	第二届
		浔阳区政协委员	1993	第三届
秦桂秋	男	浔阳区政协委员	1988	第一届
		浔阳区政协委员	1990	第二届
		浔阳区政协委员	1993	第三届
蒋忠德	男	浔阳区政协委员	1988	第一届
		浔阳区政协委员	1990	第二届
		浔阳区政协委员	1993	第三届
		浔阳区政协委员	1998	第四届
邓湘宁	男	浔阳区政协委员	1988	第一届
黄福森	男	浔阳区政协委员	1990	第二届
		浔阳区政协委员	1993	第三届
		浔阳区政协委员	1998	第四届
孙宗良	男	浔阳区政协委员	1990	第二届
刘纪生	男	浔阳区政协委员	1994	第三届
		浔阳区政协委员	1998	第四届
严　平	男	浔阳区政协委员	1998	第四届
		浔阳区政协委员、常委	2003	第五届
张　安	男	浔阳区政协委员	1998	第四届
秦纪中	男	浔阳区政协委员	2003	第五届
熊晓花	女	浔阳区政协委员	2003	第五届
余卫东	男	浔阳区政协委员	2003	第五届

姓名	性别	政协委员或人大代表	当选时间	届次
王江浔	男	浔阳区政协委员	2003	第五届
		浔阳区政协委员	2007	第六届
张海杰	男	浔阳区政协委员	2003	第五届
周　华	女	浔阳区政协委员	2004	第五届
		浔阳区政协委员	2007	第六届
		浔阳区政协委员	2011	第七届
陈先忠	男	浔阳区政协委员	2007	第六届
		浔阳区政协委员	2011	第七届
刘俊文	男	浔阳区政协委员	2007	第六届
		浔阳区政协委员	2011	第七届
贡　健	男	浔阳区政协委员	2007	第六届
		浔阳区政协委员	2011	第七届
牛敏芬	女	浔阳区政协委员	2007	第六届
卢　江	男	浔阳区政协委员	2007	第六届
		浔阳区政协委员	2011	第七届
王卫华	男	浔阳区政协委员	2007	第六届
魏晓宏	男	浔阳区政协委员	2009	第六届
		浔阳区人大代表	2011	第九届
陶增元	男	浔阳区政协委员	2011	第七届
蒋宗仁	男	浔阳区政协委员	2011	第七届

三、中国民主建国会浔阳区支部

（一）组织建设

支部成立前，在区行政部门工作亦有民建会员。2005 年，在中共九江市委统战部的重视与支持下，民建九江市委与和中共浔阳区委协商后同意，将在区各职能部门工作的 9 名会员组织起来，成立支部筹建工作组。

2005 年 9 月 30 日，民建浔阳区机关支部成立会议在区文化教育局会议室召开。会议选举产生民建浔阳区机关支部第一届委员会，李军当选为主任委员，徐爱林当选为副主任委员，段红梅当选为委员。支部成员来自教育、工商、国税、区机关等部门的中高层干部，被定位为机关支部。

2007 年 12 月 6 日，民建浔阳区机关支部第二次会员大会召开，选举产生第二届支委会。徐爱林当选为主任委员，徐美华、秦贵安当选为副主任委员，段红梅、龚向斌当选为委员。

2012 年 11 月 14 日，民建浔阳区机关支部第三次会员大会召开，选举产生第三届支委会。徐爱林当选为主任委员，徐美华、秦贵安当选为副主任委员，龚向斌、陶璐璐当选为委员。支部逐渐吸收民营企业家加入，2012 年更名为浔阳区支部，与浔阳区内其他党派支部名称相统一。

至 2015 年 8 月，支部有会员 21 人，会员结构渐年轻化、知识化，企业家会员占有一定比例。会员中担任市、区两级人大代表、政协委员 11 人，副处级领导干部 2 人，正科级干部 2 人，副科级干部 2 人。

（二）参政议政

提案工作 2006年，徐爱林撰写的调研报告《基层信访工作存在的问题及对策》，被民建省委用作省政协九届四次大会发言交流材料。

2007年，会员段红梅在区政协六届一次会议上，代表支部做题为《加快均衡发展步伐实现区域教育公平》大会发言，为支部向区政协提出的第一份集体提案。徐爱林撰写的调研材料《加快均衡发展步伐实现区域教育公平》获浔阳区2006年度完善思想、加快发展“金点子”奖，同年被市政协选作大会发言材料。

2008年，在区政协六届二次会议上，秦贵安代表支部做题为《拓展服务领域，创新服务载体，推进社区服务向纵深发展》大会发言。中共浔阳区委领导对发言材料专门做出批示，批示内容被刊登在政协会议工作简报上。

2010年，在区政协六届四次会议上，陶璐璐代表支部做题为《关于着力繁荣大中路商贸步行街的几点思考》大会发言，当年作为民建市委会集体提案提交市政协，获市政协优秀集体提案奖。2011年，支部对大中路建设进行跟踪调研，徐爱林撰写的《探索建管结合长效机制，促进大中路繁荣发展》，为区政府升级改造步行街及后续管理决策提供重要参考意见。

2012年，秦贵安代表支部在区政协七届二次会议上做题为《扬优乘势，多措并举，加快推进楼宇经济集聚发展》大会发言，得到区委书记戴晓慧现场批示，认为该集体提案对区楼宇经济超前谋划、规范管理、发挥效益等方面起到重要参考作用。

2013年，徐爱林撰写的《深挖掘、建载体、优项目，大力推进浔阳文化旅游产业大发展》获区政协2013年度优秀调研报告奖。张鹏宇等联名提出的《推进九江长江沿岸商贸物流业快速发展的若干建议》被区政协评为2013年度优秀提案。胡迪、徐爱林被市政协评为2013年度优秀委员，潘炳生被区政协评为2013年度优秀委员。徐爱林、潘炳生获得区政协年度优秀提案奖。

2014年，冷运岚代表支部在区政协七届四次会议上做题为《拓展税源，寻求突破，进一步提升楼宇经济对财政的贡献力》大会发言，区委书记戴晓慧做出批示，认为“此调研报告有分析、有思考、有建议，对我区发展总部楼宇经济有很好的启示借鉴作用。请有关部门做好跟踪对接，将好的建议变为可操作的政策举措”。区委副书记、区长左延充分肯定支部调研成果。

2015年，在浔阳区召开政协七届五次会议上，李虎代表民建浔阳区支部做了题为《探索服务外包推进市容环卫市场化运作》的大会发言，得到与会领导的点评肯定并在会中研究办理抓落实。支部所撰稿的《拓展税源　寻求突破　进一步提升楼宇经济对财政的贡献力》调研文章获2014年度优秀调研报告奖；潘炳生、徐爱林被评为2014年度优秀政协委员，受到会议表彰。

社情民意 2013年9月，支部邀请在市、区政协中有影响的参政议政典范曲永和座客交流撰写心得。

2009年，秦贵安、徐爱林分别提出《对城区鞭炮燃放实行管制》《规范七月半时期乱焚烧行为树文明祭祖新风》等社情民意，得到市领导和有关部门的重视和采纳，推动全市“两声三乱”集中整治活动和七月半禁烧工作的开展。

胡迪撰写的《关于边街小巷亮化工程的建议》、徐爱林撰写的《尽快将许俊谷景等九江籍英雄事迹编印成书》等社情民意被市政协评为优秀社情民意条目。秦贵安撰写的《公共交通站点应该设置遮雨遮阳棚》，徐爱林撰写的《建议19路公交车开进城西港区还房区》、陶璐璐撰写的《关于改善四码头李家巷居民生活环境的建议》、秦永红撰写的《关于尽快规划建设中小学校的建议》等会员信息被市政协《社情民意信息》选登。

专题调研与民主监督 2013年，徐爱林、秦贵安等被选派为区特邀监督员，分别对区民政局、区市容管理、区卫生局等部门工作开展民主监督，提出合理化建议，得到部门认可。

（三）社会服务

2006年，开展结对帮扶活动，帮助品学兼优的单亲家庭孩子走出单亲心理阴影，树立开朗、乐观向上的精神。组织会员开展“爱心联倡互助”活动，向贫困大学新生捐款2000元，帮助贫困新生家庭渡过入学难关。

2007年9月，捐资1000元，购买课外读物100册，赠送金鸡坡小学。

2008年3月16日，会员们自发募捐，向烈士许俊谷景家属赠送慰问金 1000 元。4 月，会员们参加“科普之春”暨“节能减排进社区”活动，向居民发放环保购物袋。在全区“抗冰雪、献爱心”活动中，会员捐出新棉被 2 床，各种棉衣棉裤 23 件。

2009 年，在汶川抗震救灾中，支部会员捐款 6000余元交由民建九江市委。2009 年重阳节，会员们带上食品，安排理发、按摩等服务项目，看望慰问浔阳区福利院老人。

2010 年，支部支援全区防汛抗洪工作，购买西瓜、矿泉水、防暑药品等物品慰问长江大堤守堤人员。民建市委会设立爱心帮扶奖金，支部会员共捐款 13400 元。玉树抗震救灾中，支部组织开展捐款活动，共捐赠爱心款 3400 元，全部交由市委会统一上交至市慈善总会进行帮扶。

2013 年，雅安抗震救灾中，支部募集 6500 元爱心款，交由民建九江市委汇至民建省委会。11 月，组织会员前往市儿童福利院，了解福利院发展建设情况及存在困难，购买需缺用品，看望慰问孤残儿童。

2014 年 5 月，支部启动“进社区、访民情、帮民困”帮扶活动，首站帮扶慰问带病工作的甘棠街道六角石社区主任张宝华。会员潘炳生，长期热爱慈善事业，为太阳村、都昌水灾、地震灾害等捐资捐物，至 2014 年累计捐款 60 万元，获民建中央社会服务先进个人、省十大公益人物荣誉、区最美企业家称号。

（四）支部活动

自身建设　文化建设：2007 年，支部建立“会员之家”，作为支部集中活动点，把民建会章、支部学习活动制度等上墙，营造组织活动氛围。每双月开展一次组织生活会，既有理论、重大时事、会章会史的学习，也有各行业知识的相互交流，还有参政议政、社情民意工作探讨，会员参与率达 85%以上。支部实现“五个一”（一块牌子、一处场所、一套制度、一本记录、一组档案）规范化建设，得到民建各级组织充分肯定。

2006 年，支部召开成立一周年纪念会，制作支部“创优争先”周年掠影纪念册，副省长、民建省委会主委胡振鹏为纪念册作序，市政协副主席、民建市委会主委曹岩波为纪念册题词寄语。

2007 年 6 月 13 ~ 14 日，支部被民建省委选派参加在江苏无锡举办的“创建学习型组织与推进政治交接”研讨会，做题为《以强化学习为抓手　推进支部各项工作迈上新台阶》的交流。

2010 年，支部把学习“社会主义核心价值体系教育”“党外人才队伍专题教育”“民族团结进步宣传教育”活动相结合，开展“十个一”活动即：开展一次学习“三项主题”学习教育动员会；支部中心组学习推进；组织观看电视连续剧《黄炎培》；举办一次社会主义核心价值体系专题讲座；组织学习民建创始人之一孙起孟先进事迹；开展一次纪念民建成立 65 周年征文活动；组织学习《廉政准则》，开展一次参观市廉政教育基地活动；举办一次“做一名合格政协委员”交流会；开展一次有影响有意义的社会服务活动。徐爱林撰写的理论文章《浅析民主党派基层组织践行社会主义核心价值体系的必要性及践行途径初探》被市委会汇编刊发；《拓展服务领域　创新服务载体　推进社区服务向纵深发展》被《光华时报》登载。

2013 年 7 月 4 ~ 6 日，支部参加在上饶召开的全省民建基层组织表彰暨经验交流会，受到会议表彰，在会上做题为《继往开来，创新求进》经验交流发言。9 月 4—5 日，支部被民建省委会选派参加民建全国基层组织建设研讨会，支部工作被选编到《民建基层组织材料汇编》，经验文章《继往开来创新求进　全力打造活力支部》分别刊登在民建中央杂志《民讯》、民建省委杂《诤友之声》上。

2014 年 5 月 16 日，支部与民建新建县支部在九江民建企业家协会会议室举行缔结友好支部签约仪式，就民建基层支部建设展开座谈交流。9 月 28 日，支部到新建县与民建新建县支部进一步深入交流，会员参观小平小道纪念馆，区委常委、组织部部长郑观兴应邀参加。12 月，徐爱林、高荃参与民建市委组织的到民建发祥地重庆“同心·浔根之旅”活动，参观民主党派陈列馆，与当地民建组织进行交流。

2015 年 4 月 17 日下午，由区支部牵头联合民建工商二支部、开发区支部，在九江 168 酒店会议室共同召开支部工作学习座谈交流会，创新支部活动形式，变单独活动为共同交流。

2015 年 5 月 7 日，支部组织会员对万众集团位于庐山区海会镇的庐山·稚和颐园养老项目进行调研，参观在建中的项目楼盘以及周边的配套设施建设。让支部会员了解会员企业的发展，见证会员企业的风采，增进会员与会员间的交流，活跃支部与支部间的联系。

支部充分发挥组织优势和广大会员的积极性，有序开展形式多样的社会服务活动。5月22日，浔阳区支部正式启动开展“进社区、访民情、帮民困”帮扶活动，支部主委带领支部的政协委员前往甘棠街道六角石社区，并向带病坚守岗位的社区主任张宝华送上慰问金以示关怀。在全区“爱满浔阳、慈善救助”活动中，会员踊跃捐助爱心款。此外，在市政协开展的“三进三服务”活动中，支部中的政协委员积极响应号召，献计出力，胡迪、徐爱林、潘炳生三位会员事迹收录在事迹汇编材料《在路上》一书中。

2015年8月22日，支部召开庆祝民建成立70周年暨支部成立10周年座谈会。省政协副主席、民建省委主委孙菊生出席会议并讲话。市政协副主席、市委统战部部长黄大明，市政协副主席、民建九江市委主委李军，中共浔阳区委书记戴晓慧等领导出席。支部编印《十年见证》工作文集，集中反映十年来支部在各级组织和领导重视与关怀下，在参政议政、建言献策、自身建设和社会服务等方面所取得的成绩。

会员活动：2009年起，支部实行支委“轮流主政日”活动，采取支委自定主题、自定时间形式自主安排活动。秦贵安、龚向斌等分别向会员讲解房地产、税务等领域知识。

2009年，支部5名会员随民建市委会出访民建天津市西青区委和民建山东省滨州市委。

2010年，支部开展“我为支部添光彩”主题讨论会，会员们讨论民建是什么，民建人该做什么。

2010年，支部开展“我来讲一课”活动，以举办知识竞赛活动形式开展中共党的理论、民建会章会史等知识学习。

从2006年起，每年组织开展走访、登山、踏青等形式多样的户外活动，搭建会员学习交流平台。

2011年9月16～18日，支部以纪念中共建党90周年为契机，组织会员到井冈山开展践行社会主义核心价值体系学习教育活动，引导会员履行民主党派职责。

（五）荣誉成绩

民建浔阳区机关支部成立后，不断加强自身建设，切实履行参政议政、民主监督职能，积极服务社会，各项工作快速发展，为服务浔阳区发展做出积极贡献。至2015年，支部形成11篇调研报告，共向区政协提交提案100余篇，反映社情民意90余篇，为社会公益事业捐资数万元。2010年、2013年被民建江西省委评为全省先进基层支部，2010年被民建中央评为全国先进基层组织。从2006年起，连年获得全市综合先进、反映社情民意先进、宣传工作先进支部等称号。

四、中国民主促进会浔阳区支部

（一）组织建设

1984年，民进江西省筹备委员会主任委员金立强等到九江，首批发展廖可珍、姚剑云、徐振华、张开元4名会员，多数是教育界人士。同年，民进省筹委又委派苏永平到九江，发展高朝曦入会。

1985年1月18日，民进省筹委会九江市筹备领导小组成立。5月11日，民进省筹委会九江市直属支部成立。12月8日，浔阳区支部小组成立，成员有周德珍、钟礼秋。

1989年6月，民进浔阳区支部召开第一届会员大会暨支部成立大会，应到会员9人，实到会员9人。会议选举产生第一届支部委员会，钟礼秋当选为支部主委，涂象珉、张珍花当选为支部副主委。

1992年6月，民进浔阳区支部召开第二届会员大会，选举庞利兵为支部主委，金桂芬、张珍花当选支部副主委。

1995年9月，民进浔阳区支部召开第三届会员大会，选举庞利兵为支部主委，陈海常、金桂芬当选支部副主委。

1998年7月20日，民进浔阳区支部召开第四届会员大会，选举毛巧凤为支部主委，陈海常和金桂芬当选支部副主委。

2001年10月20日，民进浔阳区支部召开第五届会员大会，选举高萍为支部主委，易小慧和陈海常当选支部副主委。

2005年12月，民进浔阳区支部召开第六届会员大会，选举高萍为支部主委，易小慧和朱少芬当选支部副主委。

2007年12月13日，民进浔阳区支部召开第七届会员大会，选举产生第七届支部委员会，大会通过决议，设主委1名，副主委2名，组织委员、宣传委员各1名。高萍当选主委，朱少芬、鲁岚为当选支部副主委。

2012年11月14日，民进浔阳区支部召开第八次会员大会，选举产生第八届委员会，鲁岚当选主委，朱棣、蔡沛当选副主委，游云凯、李静当选委员。

（二）参政议政

1988年3月，周德珍当选政协区第一届委员会委员。

1990年4月，周德珍、钟礼秋当选政协区第二届委员会委员。

1993年5月，庞利兵、涂嵘珉、刘利民当选政协区第三届委员会委员。

1998年2月，毛巧凤当选政协区第四届委员会常委，金桂芬、陈海常、高萍当选委员。

2003年1月，易小慧当选政协区第五届委员会副主席，毛巧凤当选常委，陈海常、高萍、朱少芬当选委员。

2005年9月，在“两新大讨论”活动期间，向民进市委提交学习心得3篇，书面建议1篇，社情民意5条。其中，朱少芬会员撰写的《处理好四个关系提高行政执行力——关于塑造强势政府的思考》一文被市人大办公厅编辑在“两新大讨论”成果集中，受到市委领导的肯定。11月，瑞昌市、九江县发生5.7级地震，支部捐款捐物共计3000余元，开展赈灾活动。

2006年2月，会员易小慧在省人大十届四次会议上提出的《关于调整高考志愿填报时间的建议》，得到省教育厅的重视，最终被采纳从2007年开始执行。4月，支部召开会议学习中共中央两个“5号文件”精神。9月，支部开展以“八荣八耻”为主要内容的社会主义荣辱观教育活动。10月，组织会员到民进南昌省委会学习考察，瞻仰八一广场英雄纪念碑，参观红谷滩新区建设。支部在“五个一”活动中，提交省级提案12件，市级提案15件，区级提案和建议20件。

2007年3月，易小慧、朱少芬当选政协区第六届委员会副主席，高萍、陈海常当选委员。3月，会员朱少芬撰写的《与时俱进 改革创新 进一步做大做强流动人口计生综合管理服务工作品牌》在政协区第六届委员会第一次会议上作为大会发言材料宣读。4月，支部组织与民盟浔阳支部、民建浔阳支部联合召开迎春茶话会。7月，支部全体会员捐款2000元，帮助解决长虹北路社区长虹家园一户低保户孩子无钱交学费、老人无钱看病的困难。10月，支部组织会员参加“人与自然和谐相融”活动，到庐山区高垅镇摘柿子秋游。

2008年年初，中国南方大部分地区遭遇雪灾，会员们捐款捐物共计3000余元。2月，支部集体提案《营造良好投资环境，提高对外开放水平》在区政协六届二次会议上作为大会书面发言材料。3月，会员们响应支部号召，抗击南方雪灾，慷慨解囊，捐款捐物，共计3000余元。4月，支部召开纪念中共中央发布“五一口号”60周年座谈会，派会员朱棣参加民进省委会举办的纪念“五一口号”发布60周年“同心杯”民进会史知识竞赛，获三等奖。5月，“5·12”汶川大地震发生后，全体会员在各自的岗位上为抗灾做着各种各样的工作，共计捐款1万多元。7月，支部召开“加强城区治安联防、提升公众安全指数”专题座谈会，共议安全大计。9月，组织会员到庐山东林寺、龙海山庄等地方参观游览。11月，支部召开会议学习中共十七届三中全会精神。

2009年2月，支部集体提案《兴文化产业 促浔城发展——关于加快浔阳文化产业发展的建议》在区政协六届三次会议上宣读。3月，会员鲁岚提出的《尽快整治十里河道，大力造福九江人民》被评为市人大十大优秀建议。4月，组织会员到共青城中心小学，开展“送教下乡”活动，得到师生好评。4月底，召开落实科学发展观转入第二阶段学习座谈会。10月，支部召开会议学习中共十七届四中全会精神。11月，召开会议学习中共中央总书记胡锦涛在人民政协成立60周年庆祝大会上的讲话。

2010年2月，支部提案《加大民营经济扶持力度 促进浔阳率先崛起》在区政协六届四次会议上被选为大会书面发言材料，引起区领导重视和政协委员们的共鸣。3月，会员们响应支部号召，抗击西南旱灾，捐款捐物，共计2000多元。4月，支部为青海玉树地震灾区捐款3000余元。6月，支部召开“两个创建”座谈会，对“两个创建”的意义、目的进行宣传、讲解。7月，组织学习霍懋征崇高精神和先进事迹座谈会。9月，组织部分年长会员，参观湖北省黄梅五祖寺。10月，支部组织会员参观八里湖新城区建设。

2011年4月，组织会员开展登庐山“好汉坡”活动。6月，支部召开纪念中国共产党成立90周年座谈会。8月，易小慧、朱少芬当选政协区第七届委员会副主席，高萍、鲁岚、朱棣当选委员。10月，支部召开纪念辛亥革命100周年座谈会。11月，支部召开会议学习中共十七届五中全会精神。

2012年1月，支部组织会员游云凯带领公司员工开展“尊敬老人·温暖人心”活动，为庐山区新港敬老院捐赠棉袄50套，价值人民币6000余元。2月，支部集体提案《发展公益文化事业　全面建设文化浔阳》在区政协七届三次会议上被选为发言材料。8月，组织精干会员参与民进市委会网站筹建工作。11月底，支部召开会议学习中共十八大精神。

2013年1月，支部集体提案《发展公益文化事业　全面打造文化浔阳》，在区政协七届二次会议上被选为大会发言材料。2月，支部召开会议学习中共十八大二中全会精神。5月，支部抽调文字功底好的会员成立民进浔阳区支委会编撰工作组，配合区政协进行《浔阳区政协志》编撰委员会工作。7月，支部会员朱棣参与区政协组织的社区文化调研活动，参与起草《打造社区群众文化阵地　活跃市民精神文化生活》的调研报告。10月，组织会员集思广益，在充分讨论的基础上起草《关于缓解庾亮北路及四码头十字路口交通拥挤问题的建议》的社情民意。11月底，支部召开会议学习中共十八大三中全会精神。12月，支部在广东狮子会橙光服务队开展的扶志助飞江西会昌行助学活动中资助了6名儿童的过冬棉衣；组织会员到安徽省太湖县文博园参观学习中国传统文化活动。

至2013年，民进区支部会员人数达24人，以教师为主；先后当选省政协委员、市政协常委1人，省人大代表1人，市人大代表1人，市政协委员1人，区政协委员12人。会员在历届人大、政协会议上提交省级提案9件、市级提案23件、区级提案和建议50多件、调研报告多份。慈善捐款捐物合计人民币20万元。

2014年2月，支部集体提案《推进文化浔阳建设　打造文化产业商圈》在区政协七届四次会议上被选为发言材料。4月，支部召开座谈会学习社会主义核心价值体系。9月，支部全体会员前往琵琶亭小学，与民进市委会联合开展“1%工程爱心图书送学校”捐赠活动，共计捐赠图书1200册。

2015年2月，支部集体提案《边街小巷改造及管理问题思考》在浔阳区政协七届五次会议上被选为大会发言材料。3月，支部召开会议认真学习中共十八大四中全会会议精神。4月，支部组织会员参加浔阳区政协有关“垃圾分类处理”相关提案研讨会。

（三）荣誉成绩

2007—2011年，支部连续5年被市委会授予“先进支部”称号。2011年，支部被民进省委会评为“全省先进基层组织”。

五、中国农工民主党浔阳区支部

（一）组织建设

中国农工民主党是在中国国内最早成立的民主党派。由革命先烈邓演达等于1930年8月9日在上海创建。农工民主党九江市委员会浔阳区支部委员会是中国农工民主党的地方基层组织，隶属于中国农工民主党九江市委员会。在浔阳区辖区内，农工党九江市委会发电厂支部和经贸支部分别于1986年和1995年成立。2007年，农工党九江市第十四届委员会决定，从经贸支部分流出6名党员，从发电厂支部分流出3名党员，组建浔阳区支部。2007年12月19日，农工党浔阳区支部成立大会在浔阳区政府综合楼十楼多媒体会议室召开，选举产生农工党浔阳区第一届支部委员会，唐平钧当选为主任委员，鲁芳当选为副主任委员，李泽洪当选为委员。农工党江西省委会主委郑小燕、组织部部长朱英姿、九江市委会主委卢志鹏、副主委胡荣君和九江市委统战部副部长胡小敏等到会指导。支部党员大部分是浔阳区行政事业单位的干部职工。2008年初，从二电厂支部又转入1人，加入该支部。2012年11月15日，农工党浔阳区支部第二次党员大会在区政协三楼会议室召开，换届选举产生农工党浔阳区支部第二届委员会。唐平钧当选为主任委员，鲁芳、卢育敏当选为副主任委员，李泽洪、汪雁当选为委员。通过加强自身建设，到2015年底，支部党员发展到20人。2015年6月初，组织推荐一名年轻党员参加在江西省社会主义学院举办的全省第353期农工党新党员学习班，提升了党员的政治素养和理论水平。

在农工党九江市委会的领导和区委统战部的指

导下，支部班子注重锻炼、培养干部，支部成立时只有1名副科级干部、1名区人大代表、1名区政协委员，到2015年年底已有1名正科级和1名副科级干部，有市政协委员1人、农工党九江市委员会委员1名、区人大代表1人、区政协委员3人（含政协常委1人）。

（二）参政议政

1987年7月政治协商会议浔阳区委员会（简称浔阳区政协）成立以来，农工党作为民主党派之一，和其他党派组织一起，共17个界别，共同参与到区政协组成中来。农工党党员参加区政协各项事务，对推动区政协履行职责、开展工作、步入正轨起到应有作用。区政协第一届委员会委员共有71名，其中农工党员2名，分别是杨爱梅、王定扬。王定扬当选为区政协第一届委员会常委。从1987年7月区政协成立到2007年12月农工党浔阳区支委会成立的20年，政协委员组成中，农工党员人数不断发生变化。第一届委员会中有委员2人，第二届、第三届和第四届委员会中有农工党委员5人，第五届委员会中有农工党委员4人。先后有王定扬、李良铁、黄俊民当选为区政协常委。第六届委员会中，黄俊民和唐平钧当选为区政协常委。20年间，区政协副主席、农工党员王柱勋和区政协委员、农工党员李良铁等人在政协工作中起到带头履责的作用。农工党浔阳区支部成立后继续发挥着参政议政的社会作用。

2008年农工党浔阳区支部党员在政协九江市十三届三次全会提交《制定条例为小学生减负》《在九江新桥头转盘处建抗洪凯旋门，树立城市精神的标志性建筑》等提案，在人大区八届二次全会上提交《区财政应为浔阳区儿童一类疫苗免费接种提供经费保障》《对南门口交通的几点建议》等议案，在政协区六届二次全会提交《关于浔阳区社会主义新农村建设的思考与对策》的调研报告和《成立浔阳区林业工作总站势在必行》《白水湖街道三里村战备路需要尽快加以改造建设》《在中小学加强消防意识教育》等提案。

2009年组织党员进行调查研究，唐平钧、李泽洪撰写《完善社区卫生服务体系，提升居民健康生活指数》调研报告，在政协市十三届四次全会、政协区六届三次全会上作书面交流。支部党员在政协市十三届四次全会提交《关于尽快组织专业机构，加强对校舍等重点公共设施进行防震检测的建议》《扩大浔阳区管辖面积，拓展中心城区发展空间》《关于改善九江城市公交形象的建议》等提案，在人大浔阳区八届三次全会上提交《关于进一步加强学校、托幼机构传染病防治工作的建议》等议案，在政协浔阳区六届三次全会上提交《旧城改造要把低洼小区放在优先位置》《白鹿宾馆锅炉烟尘和噪音危害急待解决》《增设服务窗口，提高服务质量，开设信用卡业务》等提案。

2010年年底，支部主委唐平钧撰写《加快城东片区开发的思考与建议》等调研报告，在政协区六届四次全会作第一个典型发言，得到区委、区政府领导的认同，推进相关工作的开展。支部党员在政协市十三届五次全会期间提交《关于在荷花垅高速公路口添置公共卫生设施的建议》《关于在李公堤两侧修建地下隧道，缓解中心城区交通压力的建议》等提案，在人大区八届四次全会上提交《请求配置学校专职卫生技术人员的建议》等议案，在政协区六届四次全会提交《加快城镇居民医疗保障工作，切实解决居民看病难问题》《关于在城区主要路段设置自行车、摩托车停放点的建议》等提案。

2011年组织党员开展调查研究，撰写《策应鄱阳湖生态经济区建设，打造绿色宜居浔阳》调研报告，在区政协六届五次全会上进行书面交流。支部党员中的人大代表、政协委员在1月召开的人大区八届五次全会上提交《关于加强城区基层公安派出所警力人员配置的建议》等议案，在9月召开的政协市十四届一次会议期间提交《关于提高九江市城区长江大堤防汛警戒水位的建议》等提案，在11月召开的人大区九届一次全会上提交《关于数字化电视的两点建议》等议案，在政协区七届一次全会上提交《关于邀请著名作曲家将〈琵琶行〉谱成乐曲广为传唱的建议》等提案。

2012年年底，支部和区政协文教卫生法制社团委员会组织人员联合开展调查研究，撰写《突出“惠民为民”，创建全覆盖的城镇居民基本医疗服务体系》调研报告，在区政协七届二次全会上作书面交流，并在会上提交《加强公民道德建设，提升城市文明形象》《如何打造浔阳区观赏石及其文化产业一条街的思考与建议》等提案。唐平钧在十四届市政协二次大会提交《关于在全市开展消防栓大检查的建议》《关于将连接各单元的消防通道楼梯纳入高层住宅建筑设计必备设施的建议》等提案，前者获得优秀提案荣誉。

2013年在十四届市政协三次大会，支部党员提交《加强对城区地面安全性进行检测的建议》等提案和《老汽车站处红绿灯应科学设置的建议》《九龙街和浔阳路交叉口等处斑马线不明，需要出新的建议》等社情民意。支部组织党员对保障性住房工作进行调查研究，形成《关于推进浔阳区保障性住房建设工作的思考》调研报告，在政协区七届三次全会上进行书面交流，同时提交《抵制塑料袋，保护环境，造福子孙后代》《关于改善城市公交整体服务质量的建议》《关于我区实行“朝九晚五”工作制的建议》等提案和《为广大职工构筑健康保护屏障》《整治和规范报刊征订工作》等社情民意。

2014年1月6日召开的政协九江市第十四届四次全会上，农工党浔阳区支部主委唐平钧提交的《关于解决中心城区停车难的几点建议》调研报告作为交流材料，印发给全体委员，并被农工党九江市委会作为集体提案提交给九江市政协。这份调研报告经补充修改后以《中心城区停车难的“深忧”与“浅虑”》为名在政协浔阳区七届四次全会上进行了书面交流，引发广大干群的深刻关注。

2015年1月18日，政协第十四届九江市委员会第五次会议在白水明珠召开，支部主委唐平钧参加会议。其提交的“推行‘启和’调解模式，化解社区矛盾纠纷”的调研报告代表农工党九江市委会作为大会材料进行书面交流，并作为集体提案提交全会，吸引广大干群、媒体的注意。九江新闻直播间节目对其本人进行现场采访和录播，扩大影响面，也向全市推介了浔阳区的这项亮点工作。1月份开始，支部主委唐平钧带领卢育敏等党员深入市场、企业和部门开展商务工作调研，形成《重视引进与提升，打造浔阳商务服务桥头堡》的调研报告，在2月3日召开的政协浔阳区委员会第五次会议上作书面发言，引起全区领导干部的重视和关注，区委书记戴晓慧和区政府区长左延都对该调研报告进行批示，要求相关部门认真抓以落实。从11月份开始，由唐平钧主委牵头，组织卢育敏等4位委员参加，在全区开展关于社区文化养老工作的调研。前后深入7个社区和村委会，召开居民座谈会，走访了民政局等5家单位，采集到详细的资料，最终形成《创新打造浔阳社区文化养老的‘四有’模式》的调研报告，提交到区政协七届六次全会。

（三）社会服务

2008年5月26日，支部组织党员中疾病预防专家为区19个社区40多名社区主任传授讲解“手足口病”预防知识。6月初，在区科技宣传周活动中开展预防“艾滋病、结核病”等传染病咨询服务，接受咨询300多人次，发放宣传资料500余份。6月，组织党员为四川汶川地震灾区捐款2050元，通过农工党市委会转交灾区人民。10月，在“科技活动日”开展送书下乡活动，为金鸡坡街道姬公庵村村民送科普书籍100多本。12月1日“艾滋病宣传日”，支部党员鲁芳、晏益中等走进社区，参与为群众提供服务。

2009年，支部组织卫生部门的党员开展“4·25”儿童计划免疫日、5月科技活动周和“12·1”世界艾滋病日的宣传与咨询活动，发放宣传资料3000多份，服务群众1000余人次。在4月开始的预防甲型H1N1流感防控工作中，鲁芳、李泽洪、晏益中等农工党员常驻一线，舍己工作。支部党员在艾滋病防治工作中一年自愿免费为800多名咨询检测人员进行心理疏导，减轻高危人群的心理负担。

2010年支部与区疾控中心联合开展“4·25”儿童计划免疫日的宣传及“12·1”世界艾滋病日的咨询服务，发放宣传资料1500余份，提供咨询服务群众3000余人次。10月，支部和区农村工作办公室组织为金鸡坡街道养殖户免费注射流感疫苗，防控禽流感。

2011年12月，用支部党费购买35个暖手煲送给市福利院的老人们，专门安排医疗健康专家，分别为区福利院和市福利院的老人们上一堂健康养生课。

2012年10月，在市文明城市创建中，组织党员利用休息日，到甘棠街道六角石社区清理卫生死角。

2013年4月，在白水湖街道庐峰花园社区开展季节性流行病的预防宣传活动。5月，协助农工党市委会机关支部在人民路街道湖滨社区开展地震防灾科普宣传活动。12月，支部党员晏益中应人民路街道大树下社区邀请，在社区开展居民老年保健知识讲座。

2014年5月24日，支部在白水湖街道沿江社区开展春夏季传染病预防知识宣传活动，为近百名社区干群提供咨询和初诊服务。6月5日，和农工党九江市委会机关一起在白水湖街道庐峰花园社区开展地震防灾等科技知识宣传咨询活动，发放宣传页600多份，受到群众的喜爱。10月18日，支部中唐平钧等3名政协委员在人民路街道德化社区开展“委员约访”活动，接待7名社区干部和群众，收集到社区公章要减负，邮政局宿舍小区要加强治理后的物业管理等意见，选取其中的4条撰写成社情民意，提交给区政协提案委，大部分意见、建议得到整改落实。

2015年2月13日，支部主委唐平钧组织新党员明启猛等人参加在甘棠街道浔安社区为居民“写春联、送祝福”活动，受到居民的喜爱和好评。5月19日，农工党浔阳区支部和人民路街道一起在幸福里社区举办一场关于老年人常见疾病的预防和保健知识讲座，邀请九江市卫生局退休专家王镇华主讲，受到参与听学的70多位社区群众的热烈欢迎。6月3日，支部和政协文卫委一起，利用白水湖街道政协“委员之家”的平台，组织举办了一场“当前流行性疾病的预防”知识讲座，由支部副主委、区疾病控制中心副主任鲁芳主讲，主要介绍在中国多地发生的H7N9禽流感和综合性呼吸道症等疾病的相关预防知识，发放宣传资料300多份，提高委员和社会群众防病意识和能力。11月6日，支部邀请区政协委员、市附院口腔科专家王坚在甘棠街道会议室举办一期“儿童牙齿保护知识”专题讲座，60多位家长儿童参加听学，深受到好评。

（四）支部活动

2007年，农工党区支部成立前，有些辖区内农工党支部党员分散，不够集中，不便于开展党派活动和组织生活。鉴于城区党派工作发展的需要，经农工党九江市第十四届委员会商讨决定，在浔阳区成立支部委员会。12月19日，经选举产生农工党浔阳区第一届支部委员会，区农村工作办公室主任唐平钧当选为主任委员，区卫生局疾病控制中心副主任鲁芳当选为副主任委员，区卫生局疾病控制中心主任助理李泽洪当选为委员。支部党员共9人，是从农工党九江市委会二电厂支部转出3人，经贸支部转出6人组成。支部成立大会在区政府综合楼十楼多媒体会议室召开，9名支部党员全部参加会议。全国政协常委、省政协副主席、农工党省委会主委郑小燕和省委会组织部部长朱英姿出席成立大会，郑小燕在会上作重要讲话。参加成立大会的还有农工党九江市委会主委卢志鹏，专职副主委胡荣君，市委统战部党派科科长陶士贵、副科长骆忠初和农工党市委会组织部部长支园平等。浔阳区委书记傅云生、副书记李亚东、统战部部长刘其祥参加会议。农工党庐山区支部和浔阳区民革、民盟、民建、民进、无知联等兄弟支部到会祝贺。

2009年6月，支部副主委、区疾控中心副主任鲁芳作为九江市队的一员，参加江西省疾控中心组织的全省疾控中心卫生应急处置能力比武大赛，获得比武大赛团体第一名。8月，和农工党庐山区支部一起组织党员到农工党修水县支部进行学习交流，参观新中国成立前修水县农工党创建时的办公遗址。

2010年，在全体党员中开展庆祝“中国农工民主党建党80周年，农工党九江市委会成立60周年”纪念活动。开展社会主义核心价值体系的政治理论学习，党员蔡灿明撰写《三十年，看身边的变化，谈国家的改革》理论实践文章，在农工党市委会创办的《九江农工》杂志上发表。5月，组织党员为青海玉树地震灾区捐款1200元。7月，组织农工党员购买1000余元食品和药品，慰问防洪一线的干部群众。

2011年，在全体党员中开展树立和践行社会主义核心价值体系学习教育活动。5月，按照农工党省委会和市委会统一部署，开展送药到基层活动，把价值5万元的非处方药送到区福利院和区白水湖街道社区卫生服务中心，免费发放给病人，受到基层群众的欢迎。

2012年3月，组织党员参与植树造林活动，美化金鸡坡街道曹家山新农村建设点。6月，在“世界环境保护日”，联合区政协人口环境委员会，组织全体党员在甘棠湖、南门湖捡拾白色垃圾，倡导市民爱护公共卫生。

2013年，围绕“同心、同向、同行”的主题教育活动，在支部委员会班子中开展“批评与自我批评”，在党员中开展“提意见，促提高”等活动。2月，临近春节，筹集3000多元钱购买米和油，凌晨看望、慰问近20名在工作一线上的环卫工人。发动党员向四川芦山地震灾区捐款2000元钱，被《江西政协网》等媒体登载。6月，组织副主委卢育敏参加全市党外中青年干部培训班。

2014年1月27日，在春节来临前夕，组织党员走访慰问钟文鸿等2名困难学生家庭，给他（她）们送去学习用品和慰问金。4月28日和5月20日，支部选派党员刘婷在“中国梦·农工情”九江市和江西省演讲选拔赛中，先后获得第一名和三等奖的佳绩，展示了浔阳农工党员的风采。7月11～12日，支部的13名党员在农工党九江市委会机关办公室支园平主任的带队下，到上饶市委会机关，和他们就支部建设工作进行经验学习和交流。党员们还参观上饶集中营，方志敏陈列馆旧址等红色教育基地，受到精神的洗礼。重阳节前，组织年轻党员陪同支部的老党员们一起到九江森林公园登高望远，感受支部生活的温暖。12月2日，从九江媒体上得知九江学院青海籍贫困家庭大学生马明青意外受伤，在九江市第一人民医院无钱治疗，马上组织党员进行探望，并捐赠2000元钱。

2015年春节前夕，农工党区支部鲁芳、王红霞等党员到人民路街道湖滨社区困难学生钟文鸿家里，进行走访慰问，带去一些学习用品和500元钱，继续帮助他们度过年关。6月16日端午节前，在甘棠街道政协联络处的配合下，农工党浔阳区支部班子的几名成员先后到八角石社区的常亚华家和柴桑社区的周怀星家，了解他（她）们的家庭状况和生活条件，并给每个家庭送去500元慰问金。为纪念抗日战争胜利“七十”周年，加强爱国主义思想教育，8月15日，支部和区委统战部一起，联合开展参观德安万家岭大捷纪念园等红色主题教育活动，让党员们亲身感受当年的抗战英雄事迹。同时，在党员中开展“颂抗战. 书体会”纪念活动，有8名党员书写了心得体会文章。8月25日，受修水县农工党员兄弟支部邀请，支部主委唐平钧、副主委卢育敏等2人参加农工党修水县总支的换届大会，并在会上宣读兄弟支部贺词，支持兄弟支部工作，交流了经验，增进了联络。12月9日，农工界政协委员唐平钧、李泽洪等人到人民路街道姚家洼社区，开展“委员约访”活动，分别听取8名社区干部和居民群众反映的意见和问题，认真做好记录，并相互留下联系电话。参加约访活动的党员们把记录下来的10多项问题归纳整理，大的问题通过提案和社情民意向市、区两级政协反映，小的问题由农工党浔阳区支部帮助解决。一时解决不了的，和社区干部协商，等待时机帮助联络解决，确保这次约访问题有落实，有回音，有效果。这项工作2015年12月25日的《人民政协报》进行专门报道。

（五）荣誉成绩

1995年4月，农工党员、区政协委员、市师范高级讲师李良铁在“庆祝中华全国总工会成立七十周年全国书画、摄影艺术大展”中，获毛笔书法和国画一等奖，其作品被编入《精品集》出版。1995年5月，李良铁参与由中国商业出版社出版的《生物学基础实验》等书籍编著工作，被北京海内外文化传播中心丛书编辑部确认为其大型文献史册《中国专家》入选者。1997年，在政协浔阳区三届五次会议上，农工党员、政协浔阳区第一、二、三届委员会副主席王柱勋撰写的《关于试行住户垃圾包干收集清运制度》建议案被区政协评选为1996年度优秀委员提案，获得表彰。农工党浔阳区支部第一、二届主委、政协浔阳区第六、七届常委唐平钧在2009年获得农工党九江市委会颁发的“2008年度农工党优秀党务工作者”、2010年获得九江市委、市政府颁发的“防汛抗洪先进个人”、2012年获得市政协颁发的“优秀提案先进个人”、2013年获得农工党九江市委会颁发的“2012年度参政议政、宣传报道先进个人”、2015年4月在区党务工作会上获得“全区统战宣传信息工作先进个人”等荣誉。农工党浔阳区支部副主委、人大浔阳区委员会第六、七届代表鲁芳，在2008年获得区人大颁发的“优秀人大代表”、2009年是参加省疾控中心组织的全省疾控中心卫生应急处置能力比武大赛中获得比武大赛团体第一名的九江市队的重要成员、2010年获得农工党九江市委会颁发的“2009年度农工党优秀党务工作者”等荣誉。支部党员蔡灿明在2008年获得省和市教育协会“优秀会员”称号。支部党员刘好在2013年获得浔阳区委、区政府颁发的2012年度人口和计划生育工作先进个人称号。在2015年4月29日召开的农工党九江市十五届五次全委扩大会议上，浔阳区支部在参政议政工作和宣传报道工作中成绩显著，被评选为“2012—2014年度先进基层组织”。另外，支部主委唐平钧等5人获得了宣传报道先进个人、优秀党务工作者、优秀党员等荣誉称号。特别是宣传报道工作，支部班子成员全部进入到获奖名单。唐平钧还被评为全区统战宣传工作先进个人。11月，农工党浔阳区支部又被农工党中央授予“中国农工民工党先进基层组织”称号。

六、九三学社浔阳区支社

（一）组织建设

1980 年，浔阳区建区时已有九三学社社员，分布在各个行业和部门，组织关系隶属九三学社九江市委会。1990 年，成立九三学社城西支社。

2011 年 8 月 18 日，九三学社城西支社召开社员大会。会议选举产生新一届委员会，何盛彬当选主委，傅晓文、陈和周当选副主委，王仲文、徐燕当选委员。2011 年，经前期的准备，九三学社九江市第六届委员会决定，组建九三学社浔阳区支社，人员由九三学社城西支社全部社员组成，共 30 人。12 月 18 日，九三学社浔阳区支社成立大会在区党政大楼 10 楼会议室举行，中共九江市委统战部部长黄大明、九三学社九江市委主委纪岗昌、中共浔阳区委书记戴晓慧等出席会议并讲话。市委统战部副部长欧阳存凤，区四套班子主要领导左延、曹应发、文建华、郑观兴、瞿畅等出席大会。

2013 年，新发展社员 6 名。到 2013 年年底，共有社员 36 名。

2014 年，新发展社员 3 名。4 月 17 日，九三学社九江市中医院支社成立。中医院的 6 位社员从支社迁出。至 2015 年 5 月，共有社员 33 人。

（二）参政议政

九三学社浔阳区支社由科技界中高级知识分子组成，有 2 名社员当选为市政协第十四届政协委员，有 7 名社员当选为区政协第七届政协委员。九三学社浔阳区支社以服务浔阳经济建设为中心，履行参政议政、民主监督职能，开展各种社会活动 50余次，发放科普等宣传资料2000余份，提供咨询服务 800 多人次，开展专题知识讲座 5 场。向市政协提交调研报告 2 件，提交提案 20 余件、社情民意 5 件；向区政协提交集体提案 3 件，个人提案 30 余件、社情民意 2 条。支社主委何盛彬撰写的《把九江构建环境友好城市》《提升百年老街大中路步行街的历史价值》提案分别获市政协第十四届二次、三次会议优秀个人提案奖；《大中路步行街管理的几点建议》获 2013 年区政协七届三次会议优秀提案。2011 年 10 月，社员李江论文《坚持党的群众路线加强社会管理创新》获《光明日报》与泰山论坛联合举办的“创新社会管理全国优秀论文和典型案例征集评选活动”中获三等奖；2011 年 6 月在市政协机关和各党派举办的庆祝中国共产党 90 华诞活动中，副主委傅晓文书画《春回大地》获书画类优秀作品奖，老社员陈筱川等人表演的诗朗诵获优秀节目奖。主委何盛彬获 2012 年度九三学社九江市委会颁发的优秀社员，2013 年度市政协及区政协颁发的优秀政协委员奖，2014 年九三学社省委颁发的优秀社员奖；副主委陈和周分别获九三学社九江市委会颁发的 2011 年度、2012 年度优秀社员；浔阳区支社获 2011 年、2012 年九三市委会颁发的先进支社，2013 年获省九三学社颁发的先进基层支社等称号。

（三）社会服务

2011 年 10 月 4 日，主委何盛彬邀请支社老社员在其家里欢度九九重阳过节，开展下棋、打牌、唱歌等自娱自乐活动。

2012 年 1 月 5 日，支社领导与市委会领导一起走访老社员，慰问卧病在床 16 年的蒋鑫华老人。12 日，陈和周等 2 名社员参加社市委组织的为大病社员捐款活动，传播爱心。10 月 23 日（农历九月初九），组织老社员参加市委会组织的重阳节陶渊明文化之旅活动。

2013 年 2 月春节前，支社领导与市委会领导及社员代表一起走访慰问老社员，参与区慈善助学活动，为贫困学子捐款 600 元，表达对贫困学子的关心。3 月 5 日，部分社员参加市委会组织的学雷锋活动，到九江博爱聋人学校义诊，同时送去专场电影和一批药品，关心残疾儿童的成长。7 月，社员陈筱川、周文怡夫妇参加市安全局组织的安全生产文艺宣传活动，演出 15 场，传播安全生产知识。7 月 10 日，开展群众路线活动，送科技下乡，组织医疗、农林方面专家到星子县温泉镇板桥村田间地头，为民送医、送科技活动，解决群众生产生活方面难题。此活动《江西日报》刊登。8 月 20 日，主委何盛彬代表区支社全体社员参加由区委、区政府等部门在烟水亭广场举办的“爱满浔阳　慈善助学”捐款仪式，现场为贫困学子捐款 600 元。10 月 12 日，组织老社员召开九九重阳节座谈会，新老社员分别就浔阳区重大活动、支社活动情况及工作经验等进行交流。晚上组织老社员观看黄梅戏《女驸马》。春节前，支社领导与市委会领导及社员代表一起走访慰问老社员。

2014 年 3 月 6 日，组织部分社员看望老八路，主委何盛彬为老八路袁梦江把脉，并与其家人讲解病人护理知识。此活动在九三学社中央网站省九三网站及九江日报报道。8 日，组织女性医疗专家到九江县的中华贤母园义诊。在市民与游客活动集中的“中华贤母园”广场，开展“母爱为文明引路，科技与健康同行”活动。发放健康手册与宣传材料近1000份，各医院专家给求诊的市民与游客提供科学快捷的健康诊断和科普咨询，前来问诊的人络绎不绝。此活动《江西日报》《江西工人报》等媒体予以报道。5 月 12 日，组织医学专家再次到中华贤母园义诊，此活动《中国政协报》予以报道。8 月 9 日，区支社及城东支社与市科协联合开展科技下乡活动。江西芦泉生态农业开发有限公司 1500 亩果树遭遇病虫害困扰，急迫寻求技术支持，支社派出以老专家文林为代表的专家组深入山区，指导剪枝、施肥与品种选择与搭配，切实为群众排忧解难。此次活动区支社主委何盛彬、城东支社主委石植贵等全程参与。9 月 27 日，社市委组织老社员在机关举办“庆国庆、贺重阳”座谈会，组织观看《邓稼先》和《王选》等影视专题片。30 日为庆祝国庆与重阳节，浔阳区支社部分社员参加九三学社九江市委组织的到仙客来义诊。仙客来坚持“科技创新，追求卓越”的宗旨，是中国菌业旗舰品牌。10 月 26—30 日，九三学社中央科普委员会副主任王永率领的博士团到九江，为九三学社创始人许德珩家乡送上科普大餐。支社主委何盛彬、社员邱益莲参加上述活动。

2015 年 2 月 13 日，支社副主委陈和周与市委会领导一起到翁武淦等 10 们老社员家慰问，送去新春祝福。5 月 31 日，支社在市委会领导下，赴江西太阳村与学子联欢庆“六一”，并赠送支价值 600 多元的学习用品及食品，为学生们提供了精神与物质大餐。此新闻在 6 月 1 日《九江日报》、九三学社中央、江西省委员会网站报道。

（四）支社活动

调查研究　2012 年 12 月 6 日，区支社与社市委到浔阳区工业园就环境保护情况进行调研，为促进工业园可持续发展建言献策。向区政协第七届第三次会议提交《关于做好浔阳区石化产业园环境保护工作的建议》集体提案，为工业园可持续发展提出很好的建议。

2013 年 6 月、8 月，支社分别就社会、市民关心的环境保护、人才交流等热点难点问题组织到九江有色金属冶炼公司、九江志高空调有限公司等单位开展调研。9 日，为配合区十大片区改造，保护文化古迹，支社组织社员到莲花池片区就历史文化保护进行调研，并向拆迁办提出保护莲花池片区历史建筑的建议。22 日，主委何盛彬组织 4 名委员就食品流通领域过期食品的处理分别到联盛超市浪井店、沃尔玛超市、民俗风超市进行调研，探讨过期食品安全及合理利用问题。

同年，支社按区政协的要求开展政协委员进社区“五个一”活动，深入基层单位、社区居民调查民情，收集分析相关信息，向区政协提交社情民意 2 条。

2014 年 6 月 14 日，部分社员到永修县开展农业产业化调研。7 月 16 日，参加区政协组织的公共卫生相关课题调研。8 月 5 日，到星子县开展文化创意相关课题调研。19—22 日，主委何盛彬和机关副调研员王菁菁参加由九三学社九江市委组织的到湖北、安徽进行“公立医院改革”和“长江沿江经济发展策略”2 个省级课题调研。在鄂州市，了解公立医院改革进展以及古城鄂州的历史文化和沿江产业发展与规划建设情况。在芜湖市，听取芜湖市卫生局医改负责人以及当地医院院长和基层社区卫生服务中心领导等相关方面人士对医改情况的介绍。在黄石市，了解黄石经济、文化、环境发展情况，并就“公立医院改革”进行深入细致的交流。在合肥市，参观中国科技大学、安徽省博物馆与科技成果展示馆，听取合肥沿江经济区发展举措及成果的介绍，并与九三学社中国科技大学负责人倪向贵教授等专家对科技推动经济发展与党派支持地方建设情况进行深入交流。

建议提案　2011 年，支社共向区政协第七届一次会议提交个人提案 6 件，分别是何盛彬的《建议中小学增设课余托管班》《实行医疗信息一卡通是解决看病难看病贵问题的一个重要举措》，傅晓文的《关于幼儿美术培训的几点建议》，陈和周的《关于完善大中路设施的建议》，徐燕的《关于在甘棠湖增添增氧机的建议》《关于居民社保证年检的几点建议》。

2012 年，支社共向区政协第七届二次会议提交个人提案 4 件，分别是何盛彬的《大中路步行街管理的几点建议》《尽快升级改造及规范管理大中路步行街部分支巷的建议》；傅晓文的《规范商家门口、门匾的使用》；陈和周的《明确食品生产加工作坊和食品摊监管职责，加强食品安全监管的建议》；胡丹的《政府倡议并从政策上支持民间资本投资养老机构的建议，以提高服务项目和水平》《加强零售药店从业人员的专业知识和职业素质的培训》；陈典锋的《浔阳区城镇居民基本医疗保险实施过程中有关问题及合理化建议》。

2013年，支社共向区政协第七届三次会议提交集体提案1件《关于做好浔阳区石化产业园环境保护工作的建议》；个人提案5件。分别是何盛彬的《关于缓解浔阳路四码头交通拥堵的建议》《综合治理大中路支巷，全面提升浔阳城区整体形象》《关于规范管理住宅生活区内道路的建议》；胡丹的《关于在公交车上安装让座请求板的建议》《政府倡议并从政策上支持建立空巢老人互助养老模式的制度，解决空巢老人关心的养老问题》《关于在各类学校中实施教练式教学法，以提升学生的学习动力，效果和综合素质》；陈典锋的《浔阳区社区建设中存在的问题与对策》《关于建立社区托老所的建议》；傅晓文的《关于在我市中小学生中恢复写毛笔字的建议》；陈和周的《减轻孩子的负担，解放孩子的天真》。

2014年支社共向区政协第七届四次会议提交集体提案1件《做大做强物流业，助力浔阳发展》；个人提案13件，分别是何盛彬《关于消除我区建筑火灾隐患的几点建议》《尽快整治中小学附近垃圾食品》《尽快升级改造女儿街，整体提升我区旅游城市形象》《关于规范旧城改造以及道路施工的几点建议》；胡丹的《每个社区至少要有一家药店能够真正做到24小时营业，解决居民夜间买药难的问题》；陈典锋《关于将基本公共卫生服务纳入政府年度目标考核的建议》《关于关注中小学教师心理健康的建议》《关于对街头小吃摊及其从业者加强卫生监管的建议》；傅晓文《关于提高我区中小学校园安全，净化周边环境，加强管理的建议》；何毅《建立智能交通系统，增加交通通行效率》《建议改造火车站广场，规范整治出租车市场》；陈和周《关于整顿和规范党报党刊发行工作的建议》。

2015年，支社共向区政协第七届五次会议提交个人提案5件，分别是陈和周撰写的《关于改善公益岗位人员工资待遇的建议》、陈典锋撰写的《关于规范代驾市场管理》、《关于加强老年人出行安全相关教育及管理》；傅晓文撰写的《关于加强和规范地名管理的建议》；徐燕撰写的《关于推广应用新能源汽车的建议》。

宣传讲座　2011年5月10日，何盛彬主委主讲《居民健康管理》。

2012年3月14日，联合医卫支社和区政协环资委，聘请原九三学社市委副主委饶凯教授为人民路街道干部和社区群众30余人进行春季流行病预防知识讲座，向居民发放春季防病宣传单200余份；6月5日，联合区政协环资委、甘棠街道办、环境保护局举办“环保知识讲座”，为支社社员和街道干部及社区群众送去环保知识，提高环保意识。7月20日，副主委陈和周在九三学社市委会会议室为九三社员主讲《中华人民共和国食品安全法》专题讲座，参加社员20余名。通过讲解讨论，增长社员食品安全相关法律及食品安全知识。

2013年5月31日，开展科普知识进企业活动。副主委陈和周在餐餐乐大酒店为40余名员工举办《餐饮食品安全》科普知识讲座，向餐餐乐大酒店理赠送《食品安全法》（实用版）等书籍15本，发放食品安全宣传册200份。

2014年2月23日，参加浔商经济大讲堂进绿冬丝科，为企业送科技。9月7—8日，参加由九三学社九江市委举办专题讲座与联欢赏月聚会，纪念一年一度的中秋节。部分社员在烟水亭赏月、拍月、颂月。11月5日，社员、法学专家汪志刚在社市委召开依法参政报告会上作“依法治国与依法参政”辅导报告。

2015年3月5日，支社社员邱益莲在党派大楼举行专题讲座——《从元宵诗看中国传统民俗》。对元宵节的来历与赏灯、猜谜、驱邪、约会等习俗进行了妙趣横生的讲解。社浔阳、城东、医卫与机关支社部分社员听讲并参与互动活动。

学习教育　2011年，开展学习和践行社会主义核心价值体系实践活动，制订《九三学社浔阳区支社关于开展树立和践行社会主义核心价值体系学习教育活动的实施方案》，开展以“爱国、敬业、和谐、奉献”为基本内涵的主题教育活动，使社员树立正确牢固的社会主义核心价值观念。

2012年3月7日，组织女社员参加“三八”妇女节活动。参观落成不久的九江城市规划展示馆，让社员一次次穿越时空，感受着诗画九江的美丽。11月29日，支社在市生殖保健中心组织召开“领会中共十八大精神，助力新浔阳发展”学习讨论会。会上，新老社员代表以及入社积极分子代表分别结合自身实际作关于学习中共十八大精神心得体会的发言。通过学习讨论，使全体社员快速、准确地了解中共十八大报告的精髓和内涵。

同年，组织社员参加市委会组织的开展学习杨佳事迹及征文活动，社员李江撰写的学习体会《强者自救，圣者渡人》发表在九三学社中央网和省《民主与科学》2012年4期杂志。

2013年3月8日，组织女社员参加九三学社九江市委组织到陶渊明纪念馆、中华贤母园和八里湖新区参观，感受生态九江的青春气息和中华文化的无穷魅力。4月3日，组织社员参加市委会组织2013·清明诗会，朗诵和分析陶渊明的《五柳先生传》等，社员汪志刚律师朗诵到重庆缅怀革命先烈的组诗。5月4日（五四运动与九三学社成立纪念日），组织全体社员参观庐山莲花洞法租界遗址，进行爱国主义教育。9月9日，组织部分社员到九三学社创始人许德珩诞生地庐山区虞家河沈家冲寻访，追思其为民主与科学的光辉人生。10月13日，组织部分社员参加市委会组织活动，到星子县秀峰景区、爱莲池等名胜地，开展“正身、正气、正能量”等诗文原创地采风活动。社员马长信朗诵《爱莲说》，感受周敦颐《爱莲说》“出淤泥而不染，濯清涟而不妖”洁身自好的可贵品质。此活动在《江西日报》刊登。

2014年2月22日，组织部分社员参加九三社市委举办的兰花诗会。作为社会主义核心价值教育系列讲座之一的——《中华兰文化与知识分子的操守》在民主与科学讲堂开讲。2月26日，参加区委开展的党的群众路线教育动员大会；3月5日，组织社员开展学雷锋读书会，结合《雷锋日记》和“两弹元勋”《邓稼先》电影、“当代毕昇”《王选传》谈体会。在民主与科学讲堂，市委专职副主委胡帆结合坚持和发展中国特色社会主义学习实践活动的开展，通过讲述雷锋故事与身边的好人好事，阐明雷锋精神的现实价值，让大家感受“爱国、敬业、诚信、友善”的社会主义核心价值观的强大感召力。4月25日，部分社员参加由九三学社九江市委举办首期参政议政培训班，市政协提案办主任胡明忠讲课题目是《如何提交高质量提案》。九三学社省委秘书长肖礼庆讲课题目是《加强参政党自身建设——着力提升参政议政水平》。8月21～22日，九三学社九江市委组织市委常委和部分社员到全国廉政教育基地——安徽省合肥市包公祠参观学习，接受一次生动、深刻的廉政教育。

2015年4月23日，纪念第20个世界读书日，浔阳支社邱益莲老师赋诗一首并与大家分享《读书使人优美》《读书的五种境界》《孤独常有，读书不倦》《“敢读书”方有新境界》等文章。5月23日，浔阳区支社召开工作座谈会。总结2014年的成绩，部署2015年的工作，传达区政协七届五次全会及市委会七届五次全委扩大会议精神，会议要求，全体社员要在中共浔阳区委和九三学社九江市委会的领导下，紧紧围绕全区“3785”总目标，坚定信念，务实创新，深入开展调研，积极建言献策，切实履行参政议政、民主监督职能，做好社会服务，为打造美丽、和谐、幸福首善之区做出积极贡献。市委会副主委胡帆到会做了重要讲话。会后，组织社员开展登好汉坡健身及八里湖新区采风活动。

纪念及社务活动 2011年5月4日，参加九三学社九江市委员会召开纪念五四运动92周年与九三学社正式成立65周年大会。会上举行《纪念许德珩文集》（胡荣彬编辑）赠书仪式，展出有关许德珩文史资料。

2012年10月17日，组织社员参加纪念九三学社创始人许德珩诞辰122周年活动。一是到城南南山公园览胜轩瞻仰《许德珩与九三学社》壁画；二是举办纪念许德珩座谈会，表达对革命先贤的敬仰之情。会上学者建议在许德珩家乡庐山区虞家河乡建许德珩公园，彰显其历史功绩、崇高精神和伟大风范，丰富地方文化与党派文化。

2013年11月10日，参加在石化大厦举行的九江第二十五届国际科学与和平周活动。参与进企业（沃尔玛九江店、中国工业龙头企业中石化旗下的九江分公司、中国最大快捷连锁酒店汉庭旗下的王朝、九江最大商业企业联盛集团和派拉蒙集团等单位），开展关于自动化、中西管理比较、商务策划、宾馆礼仪及法律等各种专题讲座。

2014年2月22日，组织部分社员参观市兰花展。通过赏兰、咏兰等活动对社会主义核心价值有了更深入的了解，进一步增强坚持和发展中国特色社会主义学习实践活动的主动性与自觉性。3月8日，组织女社员参观“中华贤母园”。通过参观，大家对中华民族深厚的贤母文化有了更加全面的了解，决心进一步发挥九三学社科技英才荟萃的优势，高举“爱国、民主、科学”旗帜，用高科技传承道德的力量，让贤母文化成为新时代最靓丽的风景线。4 月 5 日，部分老社员与社员家属参加九三学社九江市委举办的清明追思会，追悼市委会成立以来逝世的社员与为国捐躯的爱国乡贤，表达对逝者的怀念之情。7 月 7 日，部分社员参加由九三学社九江市委举办的“强国兴社论坛”，纪念以“七七事变”为标志的中华民族全面抗战爆发 77 周年。大家围绕“强国与兴社”主题展开讨论，为国家强盛和党派发展献计出力。

2015 年 4 月 5 日，清明节，为纪念九三学社成立 70 周年与省、市委会成立 30 周年，缅怀九三学社创始人许德珩等大德先贤，追溯历史，展望未来，九三学社九江市委石化、城东、浔阳等支社部分社员在党派大楼聚会，用高洁的菊花与高雅的砚台作祭品，对为九三学社做出杰出贡献的前辈表达崇高的敬意。会后大家还参观了许老父子学习生活过的同文中学与九三学社九江市委成立时的环城路旧址。

1990 ~ 2015 年九三学社区支社社员当选政协委员情况一览

表 2-2-2

姓名	性别	政协委员或人大代表	当选时间	届次
殷祥生	男	区政协委员	1990 ~ 1992	二届
			1993 ~ 1997	三届
黄安东	男	区政协委员	1990 ~ 1991	二届
何思俊	男	区政协委员	1993 ~ 1997	三届
姜大妹		区政协委员	1998 ~ 2002	四届
廖述坚	男	区政协委员	1998 ~ 2002	四届
			2003 ~ 2006	五届
程志强	男	区政协委员	2003 ~ 2006	五届
李明中	男	区政协委员	2003 ~ 2006	五届
余晓庭	男	区政协委员	2007 ~ 2011	六届
赵风翔	男	区政协委员	2007 ~ 2011	六届
何盛彬	男	区政协委员	2007 ~ 2011	六届
			2011 ~ 2015	七届
		区政协常委	2011 ~ 2015	七届
蔡　杰	男	区政协委员	2007 ~ 2011	六届
江　津	男	区政协委员	2007 ~ 2011	六届
杨　枫	男	区政协委员	2007 ~ 2011	六届
陈和周	男	区政协委员	2011 ~ 2015	七届
陈典锋	男	区政协委员	2011 ~ 2015	七届
傅晓文	女	区政协委员	2011 ~ 2015	七届
徐　燕	女	区政协委员	2011 ~ 2015	七届
胡　丹	女	区政协委员	2011 ~ 2015	七届
何　毅	男	区政协委员	2014 ~ 2015	七届

七、浔阳区工商业联合会

（一）组织建设

1984年至1985年4月，区工商联筹备会召开5次小组会议。1985年区工商业联合会成立，是区委直属正科级单位，属群团系列。设主任委员1名，副主任委员5名。1996年6月，区总商会成立，与工商联实行两块牌子一班人员。总商会设会长1人，副会长5人，常委、执委若干人。商会会长为义务职务。总商会之下，以行业为单位，分别成立各行业商会，如：甘棠商会、京九副食品批发市场商会、九江名优产品商会、九江摩托车行业商会、汽车美容装饰商会、太平洋电脑行业商会等。单位会员50个。2003年5月，区商会成立浔阳区工商联中共党组及党支部。10月，“非公”企业大明眼镜店、京九大市场商会建立党支部。2007年11月，工商联（总商会）会长、副会长改称为主席和副主席。至2014年，区工商联（总商会）有行业商会6个，单位会员100个。

（二）代表大会

第一届会员代表大会

1985年6月28日，在区人武部会议室召开，会员代表60人（包括地、市合并时分流到区工商联10名老会员）。会议选举李光清为主任委员，张仕雨、杨基树、黄纪英为副主任委员。

第二届会员代表大会

1989年8月15日，在区人武部会议室召开，会员代表58人。选举主任委员1人，副主任委员4人（4人为兼职），执委11人。会议学习社会主义初级阶段理论、为政清廉的论述以及浔阳区委三届三中全会文件，推荐市政协委员3名，区政协委员7名。

第三届会员代表大会

1992年10月1日，在区政府六楼会议室召开。参加会议代表54人。会议选举李光清为主任委员。

第四届会员代表大会

1999年10月22日，在区委十楼会议室召开，会员代表100人。会议讨论毛玉官所做的第三届执行委员会工作报告，学习中共中央总书记江泽民提出的讲学习、讲政治、讲正气的号召，选举产生区工商业联合会第四届执行委员会，执委27人，常委13人，副会长6人，毛玉官当选为区工商业联合会（总商会）会长。

第五届会员代表大会

2007年6月20日上午，在区委十楼会议室召开，会员代表100人。会议选举产生区工商业联合会（总商会）第五届执行委员37人，副会长16人，秘书长1人，易小慧当选为区工商业联合会（总商会）会长。会议学习《国务院关于鼓励支持和引导个体、私营等非公有制经济发展若干意见》等文件，号召广大会员大力弘扬“致富思源，富而思进，发展企业，回馈社会”的光彩精神，倡导非公有制经济人士投身于惠民事业。会议对22家优秀会员企业和1家先进基层商会予以通报表彰。

第六届会员代表大会

2012年6月12日上午，在区委十楼会议室召开，会员代表100人。会议听取审议区委统战部副部长、区工商联党组书记蓝师香所做的第五届执委会工作报告，市委统战部副部长蔡卫宁、中共浔阳区委书记戴晓慧到会讲话，选举产生区工商业联合会（总商会）第六届执行委员60人，副主席17人，副会长6人，秘书长1人，秦永红当选为区工商业联合会（总商会）第六届主席。

第七届会员代表大会

2015年9月16日上午在区委十楼会议室召开，会员代表105人。会议听取审议了区政协副主席、区工商联主席秦永红所做的工商联（总商会）执委会工作报告，区委副书记刘武爱出席会议并讲话，市委统战部副部长陈钢、市工商联副主席刘华到会指导。区领导范初芳、郑观兴、李献春、刘宗强出席会议。选举产生浔阳区工商业联合会（总商会）第七届执行委员68人，副主席13人，副会长7人，秘书长1人，秦永红当选为区工商业联合会（总商会）第七届主席。

1985～2012年区工商业联合会（总商会）主要负责人

表2-2-3

姓　名	籍　贯	职　务	任职时间
李光清	湖北广济	主任委员	1985.6—1995.7
毛玉官	湖北黄梅	主委、会长	1995.7—2001.10
高秋深	山东日照	会　长	2001.10—2002.8
易小慧	江西彭泽	区工商联主席	2002.8—2012.6
秦永红	江苏南通	区工商联主席	2012.6—

（三）执委会会议

2007年6月20日，区工商联（总商会）第五届会员代表大会召开。会议听取市政协副主席、市工商联会长王翔、中共浔阳区委书记傅云生的讲话，选举产生区工商联（总商会）新一届领导班子，并对22家优秀会员企业和1家先进基层商会予以通报表彰。

2008年4月24日，区工商联（总商会）第五届二次执委会召开。会议传达市工商联十四届二次执委会议精神，总结2007年工作，部署2008年的工作任务，邀请区律师事务所王晓军律师进行《物权法》等法律知识讲座和现场法律咨询，按照章程规定增补工商联副会长1名、执委2名。区委副书记李亚东参加会议。

2010年3月26日，区工商联（总商会）第五届二次执委会召开。会议听取区政协副主席、区工商联主席易小慧作的2009年区工商联工作报告，增补2名副主席，5名执委。区委曹应发副书记在会议上讲话。

2011年1月20日，区工商联（总商会）第五届四次执委会召开。会议学习中共中央、国务院《关于加强和改进新形势下工商联工作的意见》文件精神，总结2010年工作，表彰12名优秀会员，增补2名副会长。区委副书记曹应发参加会议。

2012年6月12日，区工商联（总商会）第六届会员代表大会召开。会议听取审议区委统战部副部长、区工商联党组书记蓝师香所作的第五届执委会工作报告，市委统战部副部长蔡卫宁、中共浔阳区委书记戴晓慧到会讲话，选举产生浔阳区工商联（总商会）领导班子。

2013年6月21日，区工商联（总商会）六届二次执委会召开。会议总结2012年工作，部署2013年工作，通报会费缴纳和使用情况，增补工商联副会长1名、执委3名。区委副书记曹应发参加会议。

2014年8月28日，区工商联（总商会）召开六届三次执委会议。会议总结2013年工作，部署2014年工作任务，通报会费缴纳和使用情况，并按照章程规定，免去1名副主席，4名执委，增补副会长6名、执委12名，并邀请虹能科技发展有限公司曹总工程师和邹主任，围绕光伏发电的推广应用及发展投资，为执委上了一堂生动的科普知识课。区委副书记曹应发，区委常委、区委统战部部长郑观兴，区政协副主席、区工商联主席秦永红及全体执委会成员共计50余人参加会议。

（四）主要活动

1988～1989年，3次选派5家企业会员单位参加在南京、上海、武汉等地由全国工商联组织的商品展销会。

1991年12月开始，向全国各地工商界发出1992年全国“双杯”龙舟赛邀请信100余封，与上海市杨浦区工商联达成经贸合作事宜，由浔阳区五交化公司承办上海14个厂、店几十种名优产品在浔阳区经销，如百货之类鞋、袜、针织品、内衣等。

1992年10月，区百货四店参加全国工商联在福建省福州市举行的第四届工商业会员交易会，成交额达15万余元。

1998年，九江市遭受百年不遇洪涝灾害，商会组织会员向灾地捐款捐物折合人民币500多万元。

1999年10月，工商联举办非公有制企业老板参加的税务、法律知识学习培训班。

2000年，区商会与浙江省温州鹿城区总商会、上海市杨浦区总商会、九江市总商会、福建商会、浙江商会建立友好商会。8月庐山旅游节期间，会员企业松柏茶叶有限公司举办的庐山云雾茶茶道表演，受到省委书记舒惠国的赞扬。11月，区工商业联合会推荐8家商户参加由市政府牵头举办的“中国·九江首届农副产品精品展”。12月，区工商业联合会推荐15户商家参加区文明办、市场管理局联合举办的“浔城消费者最喜爱的商品展”。

2001年，会员周先明为家乡湖北广济失学儿童捐款3000元。端午节，部分副会长、执委为区敬老院、孤儿院送去3000余元的节日礼物。

2002年，工商联常委、区政协委员胡克美、吕昌安撰写的《关于强化城市环境管理、美化城市建设的建议》《关于加强对城区摊点饮食卫生管理》等提案，获得区政协优秀提案奖。

2004年3月5日，区（总商会）组织“口腔门诊”在烟水亭广场举办义务咨询、义务诊治活动。5月份，成立“爱心储蓄”活动小组，在甘棠街道南司社区开展试点工作。10月，区总商会组织会员代表10余人到港、澳、东南亚等地学习考察，加强对外联络的职能。12月，京九天马建材家居城被区评为“讲诚信、树形象”先进单位；九江新太子饮食服务公司总经理帅斌、九江川王总经理胡勇、一博良子全国连锁百货有限公司总经理赵为，获市“优秀中国特色社会主义事业建设者”称号。

2005年，会员企业向希望工程、区福利院、残疾人事业、抗震救灾等社会公益事业捐款近60万元。

2006年，会员胡骏赣捐资2万元为庐山区新港村修建公路。会员赵为捐资100万元在都昌县开办富农超市。

2007年，副会长胡骏赣捐资10万元给星子县温泉镇修建公路；副会长潘炳生捐资2万元给都昌县大港村修路；副会长毛求捐资20万元为彭泽县杨梓镇双峰村修路和建设休闲广场。

2008年5月，区工商联（总商会）组织40人参加的“物权法”知识讲座。10月，区工商联（总商会）组织60人的非公有制经济合唱团，在全区“改革开放”30周年红歌大赛上获优秀组织奖。全年，会员在抗震救灾、捐资助学、扶贫济困等社会公益事业捐款、捐物达200万元。

2009年，九江金鑫有色金属有限公司总经理费亚克被××评为“优秀中国特色社会主义建设者”；九江川王餐饮公司为九江第二届（AA）“价格诚信单位”。副会长潘炳生出资7万余元帮助都昌县太阳村盐田中学购置办公用品；副会长胡骏赣一人帮扶6名贫困高中生，另外拿出2万元资金举办贫困大学生“圆梦行动”。

2010年，区工商联（总商会）与市第一人民医院携手开展“牵手百家骨干企业”健康对接活动，5月13日上午，专家医疗队到新太子餐饮有限公司为员工进行健康义诊，接待近200人次。

2011年5月10～11日，区总商会组织会员单位40余人参加工商联举办的“全省工商联干部培训班”、“全市非公有制经济代表人士培训班”。7月14日，区工商联召开非公有制经济人士座谈会，学习讨论中共浔阳区第九次代表大会工作报告（征求意见稿）。区委书记戴晓慧、区政府区长左延参加座谈。8月10日，会员企业江西广灵药业有限公司、九江昌荣贸易有限公司总经理吴彬分别被团市委评为“2010—2011年度市级文明号单位”和“2010—2011年度市级青年岗位能手”。9月，据不完全统计，会员企业在“关爱老人”、资助贫困学生、修路等社会公益事业捐款款物75万余元。10月20日，浔阳区开展“爱满浔阳、慈善助学”现场捐款活动，区工商联会员孙锦军、毛求、潘炳生、张恒颖、贾天新、万新华、章海香、帅斌、张长木、陈和平、李平球、赵为、胡骏赣、余升宏、孙火勇、秦玉林、江彦颖、张明宇及京九名优商会参与活动，现场捐款12万元。12月，区工商联（总商会）承办由区委、区政府主办的迎新春晚会，会员企业共捐集资金40万元。

2012年1月20日，区工商联筹备浔阳区2012年春节团拜会。戴晓慧、左延、曹应发、张显旺、文建华、刘爱琴、张燕萍、贾治曾、刘武爱、李露萍、张林、范初芳、徐用兵、郑观兴、梁少清、易小慧等区4套班子领导，与工商联会员代表240余人及浔阳区社会各界人士代表出席团拜会，共贺新春佳节。4月19日，省委督查室、省委统战部联合督查组到区督查指导工商联工作。9月20日，区工商联举办“强工兴城”座谈会暨迎中秋茶话会，组织30余名执委会代表参观金鼎名车馆、兴龙国际、齐鑫化工、中煜程塑业等多家区内企业，了解区企业经济发展状况。11月29日，区政协副主席、区工商联主席秦永红带领区工商联机关干部，企业家副主席、副会长等一行20余人，到吉安市工商联考察商会大厦建设情况。

2013年1月8日，区工商联举办迎新春座谈会，学习中共十八大会议精神，就“浔阳区的发展”“工商联工作的开展”“企业自身的发展”等内容进行讨论。区委副书记曹应发、区政府副区长胡迪、执委会代表、异地商会秘书长共计50余人参加会议。2月22日，区工商联（总商会）召开非公有制经济调研座谈会，围绕制约浔阳区非公有制经济发展的主要困难和问题，以及产生这些问题的主要原因，提出破除非公有制经济发展的障碍、实现非公有制经济跨越发展的具体对策建议。区委常委、区政府常务副区长刘武爱，区委常委、区委统战部长郑观兴，区政府副区长胡迪，副会长代表、异地商会秘书长共计20余人参加会议。3月21日，市工商联党组书记、非公党工委书记吴杨柳，市工商联党组成员、非公党工委专职副书记陈钢，市工商联办公室副主任戚风柏到区调研工商联及非公党建工作。区委副书记曹应发，区政协主席文建华，区政协副主席、工商联主席秦永红，区委统战部副部长、工商联党组书记、非公党工委书记蓝师香共计9人参加调研会。4月25日，区工商联（总商会）和庐山区工商联（总商会）在市图书馆联合举办“民企法律风险解析法律讲座”。邀请康润律师事务所杨西律师授课。庐山区委副书记严赤心、浔阳区工商联主席秦永红、庐山区工商联主席傅晶、九江县工商联主席郤正平、异地商会秘书长，及浔阳、庐山两区80余家执委代表参加讲座。5月30日，区工商联开展“真心服务，关爱健康”免费体检活动。组织全体执委60余人在市第一人民医院进行健康体检。7月23日，区工商联组织执委代表开展“慈善一日捐活动”；组织全体执委参加在区政协三楼会议室举办的“爱满浔阳·慈善助学”活动仪式。执委代表及区工商联机关干部共计10余人参加活动仪式，捐助现金2.7万元。8月24日，区工商联开展“理想信念，教育实践”活动。实地参观江西广通电缆有限公司和信华房地产有限公司2家会员企业，会员们进行调研和座谈。执委会代表、异地商会秘书长共计30余人参加。9月11日，区工商联组织执委参加“资本兵法”研讨会。执委会代表及友好企业代表共计50余人参加。11月1日，区工商联开展“商会互动，交流学习”活动。实地参观永修县三木控股集团有限公司，执委会代表30余人参加。13日，区工商联组织学习汪中求教授“细节决定成败”专题讲座。汪教授现场为企业家解答企业遇到的难题，为企业发展提出建议。执委会代表30余人参加。22日，区工商联召开主席（会长）会议。会议就区工商联2013年工作进行总结，围绕2014年工作的开展进行讨论。区政协副主席、区工商联主席秦永红，党组书记兰师香、副会长等20余人参加会议。12月24日，区工商联组织基层商会进行学习交流活动。区政协副主席、区工商联主席秦永红，区工商联党组书记兰师香、九江冷链物流商会、京九名优商会和大中路商会负责人参加学习。实地参观江西达星物流园、修水县工商联（总商会）物流商会及修水县工商业联合会（总商会）溪口镇商会。了解修水行业商会、基层商会及外埠商会发展现状、运作状况和基层党建工作。修水县政协副主席、修水县工商联主席丁喜春陪同参观。

2014年1月6日，区工商联看望挂点社区困难家庭。区政协副主席、区工商联主席秦永红带领单位干部，深入挂点的白水湖三里街社区，现场走访看望3户特困家庭，了解特困户情况，为他们送上粮、油等生活物资。1月14日，区工商联开展“迎新春企业家交流”活动。实地参观津晶城科技园和中华贤母园。执委会代表40余人参加。3月12日，区工商联召开党的群众路线教育实践活动动员会。区政协副主席、区工商联主席秦永红主持会议，区工商联党组书记兰师香作动员讲话。区委党的群众路线教育实践活动第四督导组、区工商联全体机关干部及9个非公党支部书记参加会议。21日，区工商联组织会员参观走访基层企业，开展党的群众路线教育实践活动，实地参观会员企业湖南中德电器有限公司，就企业党建工作、开展党的群众路线教育实践活动、理想信念教育活动、企业工会工作进行座谈。执委会代表、异地商会秘书长、党组织书记共计30余人参加。4月22日，区工商联召开党的群众路线教育实践活动征求意见座谈会。会议主要围绕如何开展好党的群众路线教育实践活动，征求工商联会员的意见和建议。市委统战部副部长、市工商联党组书记、市非公党工委书记吴杨柳，区政协副主席、区工商联主席秦永红，区工商联党组书记兰师香及会员企业部分负责人或支部书记共计22人参会。25日，区工商联组织执委到江中制药（集团）有限公司的江中药谷参观学习。执委会代表20余人参加。5月29日，区工商联（总商会）和庐山区工商联（总商会）在市图书馆联合举办“企业劳动人事争议仲裁典型案例解析专题讲座”。邀请江西省人社厅调解仲裁管理处邓三荣处长授课。浔阳区政府副区长胡迪、浔阳区工商联主席秦永红、庐山区工商联主席傅晶、浔阳区劳动人事等相关单位及浔、庐两区80余家执委代表参加讲座。8月25日，区工商联组织执委在烟水亭广场参加全区开展的“爱满浔阳，慈善助学”活动。执委会代表8人参加活动，共捐助9.6万元现金。8月29日，区工商联组织执委参观民生集团新项目“大千世界”。执委会代表30余人参加。9月29日，区工商联召开主席（会长）联谊会。区政协副主席、区工商联主席秦永红，党组书记蓝师香、副会长等20余人参加会议。10月10日，区工商联组织执委到景德镇会员企业参观学习。在景德镇参观求振实业有限公司及当地瓷器生产流水线，并召开非公企业经验交流会。执委会代表、异地商会秘书长共计30余人参加。25日，区工商联组织副主席（副会长）到南昌考察南昌市商会会员企业。区政协副主席、区工商联主席秦永红、副会长等20余人参加。

2015年1月29日，区工商联（总商会）举办迎新春座谈会。区委副书记刘武爱、区委常委、统战部长郑观兴、区政府常务副区长王风雷、区政府副区长胡迪、区政协副主席、区工商联主席秦永红、区相关部门以及执委会代表共计70余人参加会议。3月21日，区工商联开展联谊活动。组织会员前往江西婺源篁岭参观，执委会代表30余人参加。4月25日，区工商联组织会员前往九江莲花森林公园进行踏青、打泉水活动，并组织到九江松柏茶庄，观看茶艺、古乐表演，听取九江学院乔秋敏教授关于茶艺知识的讲座。区工商联机关干部和会员共计30余人参加。7月29日，区工商联组织二十名会员到浙江玉立厨电生产厂，进行实地参观学习。8月17日，浔阳区工商联（总商会）举办羽毛球比赛。本次羽毛球赛共有玉立厨电、雪芳珠宝、新东方投资有限公司等20余名会员报名，比赛现场气氛活跃，热情和踊跃的参与更是体现了会员们积极拼搏的精神。9月16日，区工商联（总商会）第七届会员代表大会在区综合楼十楼会议室隆重召开。会议听取审议区政协副主席、区工商联主席秦永红所做的工商联（总商会）执委会工作报告，选举产生浔阳区工商联（总商会）新一届领导班子。区委副书记刘武爱出席会议并讲话，市委统战部副部长陈钢、市工商联副主席刘华到会指导。区领导范初芳、郑观兴、李献春、刘宗强出席会议。区各民主党派、人民团体，兄弟县（市、区、山）工商联（总商会）、市总商会浙粤闽皖苏湘商会和有关部门的同志观摩了会议。10月30日，区工商联组织浔阳区新闻、中国浔阳网等多家媒体共同走进九江津晶城科技园，进行“百媒进千企”的采访活动。11月13日，区工商联组织我区非公济经人士开展“送温暖·献爱心”活动。全体机关干部及会员代表20余人，深入都昌县太阳村孤儿救助中心，为孤儿院的孩子们送去了11箱油和28袋大米。11月13日，区工商联组织二十多名会员到彭泽县江西群鹿实业有限公司，进行实地参观学习。12月25日，区工商联开展“真心服务·关爱健康”免费体检活动，组织全体执委70余人在九江市中鼎健康体检中心进行健康体检，为我区民营企业家的身体健康保驾护航。

（五）荣誉成绩

2010年，区工商联评为年度全市目标考评综合先进单位。

2011年，由团市委举办的“全市青年文明号”“全市青年岗位能手”评比活动，会员企业江西广灵药业和九江昌荣贸易有限公司总经理吴彬分别评为2010—2011年度市级文明号单位和2010—2011年度“市级青年岗位能手”。

2012年，区工商联被评为年度推进文化实业突出贡献奖、招商引资优质服务单位、浔阳区发展提升年活动单项工作先进单位。

2013年，区工商联被市工商联评为“综合工作先进单位”和“全市非公有制经济人士理想信念教育实践活动先进单位”。“九江市冷链物流商会”和“九江京九名优产品商会”被评为“红旗商会”。九江中瀚实业集团有限公司、江西广通电缆有限公司、九江开心人大药房连锁有限公司、九江虹能电力建设有限公司、江西德丰混凝土有限公司、江西广灵药业有限公司、九江深燃天然气有限公司、九江市钒宇新材料有限公司、九江赣兴格力电器销售有限公司、九江世纪昌荣贸易有限公司等多家会员企业被评为“争进位、添光彩、比贡献百家优秀会员企业”。

2014年区工商联被评为首批江西省“五好”县级工商联和2014年度全市工商联系统“综合工作先进单位”。

2015年，区工商联被市工商联评为目标管理考评先进单位。

八、党外知识分子联谊会

（一）组织机构

2005年，浔阳区党外知识分子联谊会成立，由潘炳生（九江虹能电力建设有限公司董事长）任会长，至2012年11月，分别选举胡迪（浔阳区政府副区长）、高荃（浔阳区商务局局长）为会长。2012年11月13日，区党外知识分子联谊会换届会议召开，出席会员18人，听取和审议通过高荃代表第二届委员会作的工作报告，选举产生区党外知识分子联谊会第三届委员会，会长钟玲，副会长田理心、肖莉，宣传委员黎璇如，组织委员董春霞，李玮。至2014年，有会员25人，其中，大专以上学历占99%；中级以上职称占86%；平均年龄36岁。有1人担任正科级领导职务，担任副科级以上领导职务的2人；区政协委员8人（区政协常委1人）。

（二）参政议政

参政会员　区党外知识分子联谊会成立以来，会员先后担任区政协常委2人次（高荃、黎璇如）、区政协委员10人次（高荃、安丽、李玮、肖莉、董春霞、田理心、徐凯、蔡璟旗、黎璇如、钟玲）。先后担任副科级以上职务6人次。担任副县级职务2人次，其中区政府副区长胡迪（2008年任至2010年），区政协副主席、区工商联主席秦永红。

民主协商与监督　2013年列席区政协常委会。2014年分别参加区委统战部、区政协的党的群众路线教育实践活动动员大会和座谈会。

建议提案　2005年知联会成立以来，在区政协全会上作大会口头发言5次，提交书面材料10余篇。

在区人大、政协“两会”期间，会员中的人大代表、政协委员共提出建议提案60余件。区政协六届五次会议发言材料《壮大楼宇经济，繁荣第三产业》中指出，浔阳区作为九江市的中心商务区，第三产业是区经济发展的主导力量，其中楼宇是重要支撑。《深化社区居家养老，构建幸福浔阳支撑》和《政府引导　社区搭台　中介运作——大力探索社区养老新模式》2份调研报告中指出，“社区养老”是以家庭养老为主，社区机构养老为辅，在为居家老人照料服务方面，又以上门服务为主，托老所服务为辅的整合社会各方力量的养老模式，引起区委、区政府领导重视。《社区矫正，高墙之外塑新生》《浅议基层人民调解工作存在的问题与对策》《抓住症结，治愈九江交通“肠梗阻”》《关于构建平安社区综合体制的建议》《关于打造“文化浔阳”的建议》《关于减轻中小学生书包重量的建议》《关于进一步加强我区义务教育均衡发展的提案》等意见建议被相关部门有效采纳。

（三）社会服务

2003年抗击非典工作中，按照盟市委关于“政府所急、群众所需、党派所能为”的要求，通过社情民意、建议等渠道，结合九江的地理特点、环境特点、人文特点，积极建有用之言，献可行之策。

2006年9月，会员安丽自主创建九江市唯一的民间义工组织，为社会弱势群体的帮扶工作提供平台，以爱心助学为主线，关爱城乡贫困学校与贫困失学儿童，对贫困学校基础教育设施、贫困学子生活、学习、心理等全方面利用社会一切资源给予帮助。

2011年5月1日起，副会长田理心设立新东方扶残、济贫助学基金会，每年对残疾人及特困家庭子女就学予以援助。为配合区树立活力九江的良好形象，独家赞助浔阳区成立“活力足球队”。为配合九江电视台开展“喜迎十八大”宣传活动，主动承担电视台到各县区巡回宣传的费用。

会员黎璇如组织义卖活动，通过区红十字会为四川汶川地震灾区捐款；通过市慈善总会向云南玉树地震灾区捐款；开展向市儿童福利院捐助冰柜和冰箱；捐助贫困大学生等社会公益活动。

会员李玮所在公司多年来义务承担着市特殊教育学校的校园网络、校园广播、校园安全监控等多系统的免费维护和维修工作。

至2014年，引导会员参与“爱满浔阳，慈善助学”“感恩九江行”活动，共捐款捐物26万元；救助贫困学生，捐助白血病患者，辅助福利院老人、支持社区建设、安装健身器材和改善办学条件；倡议和组织会员向雅安地震灾区捐献款物 8 万元；资助贵州贫困学生返乡 30 人次。

（四）荣誉成绩

2005 年知联会成立以来，引导为主线，以人才培养为主题，以服务发展外抓手，以机制创新为导向，大力实施“四大工程”，致力打造“四个提升”，逐步形成区党外知识分子联谊会“同心、同智、同力”的“三同”模式。

2014 年 4 月，全市无党派人士坚持和发展中国特色社会主义学些实践活动现场推进会在浔阳召开，区知联会的“双建”品牌（建功立业、建言献策）向各县区推广。

会员黎璇如所在的汇通电器，为国家国税、地税创收税费每年 70 万元，公司在职员工达 300 人，其中吸纳再就业人数 17 人，残疾人 2 人。

浔城十三香餐饮实业有限公司职工达 180 人，每年上缴利税达 80 万元。布兰奇洗衣店职工达 40 人，吸纳再就业人数 34 人。

会员李玮的九江宏宇贸易有限公司，注册资金 50 万元，年纳税 20 万元，现有员工 12 人，安置下岗人员 6 人。

副会长田理心的九江新东方广告有限公司每年的利润都是以 10%—15% 的幅度稳定增长，截至 2014 年 10 月底，已实现产值近1000万元。

（五）获奖情况

区知联会，连续两年被市委统战部评为无党派知识分子工作先进单位。

第三章　组织机构

浔阳区政协前身为县级九江市各级人民代表会议协商委员会，由于行政区划变更等原因，区政协经历了三个历史发展阶段，第一阶段是 1950 年 1 月至 1955 年 5 月的九江市（县级）各级人民代表会议协商委员会。第二阶段是 1955 年 5 月至 1980 年 5 月的政协九江市（县级）委员会，因文化大革命运动的影响，市政协受到严重冲击，自 1966 年初开始，政协工作停止活动。1980 年 5 月，九江市由地辖市升格为省辖市，原县级九江市改为浔阳区，此时浔阳区政协尚未成立，直至 1987 年 7 月成立浔阳区政协。第三阶段则是 1987 年 7 月成立政协九江市浔阳区委员会之后。

第一节　九江市各界人民代表会议协商委员会

一、第一届协商委员会

1950 年 1 月 16 日，九江市各界人民代表会议举行第一届第一次会议，历时 3 天。

会议根据上级指示和全体代表建议，讨论决定成立九江市各界人民代表会议协商委员会。经出席会议的 110 名代表协商、酝酿，于 18 日选举产生九江市第一届各界人民代表会议协商委员会主席、副主席、秘书长和协商委员。会议按照全国政协和省、市地方协商委员会的章程规定，市各界人民代表会议协商委员会的主要任务是：团结全市各民主党派、无党派民主人士和各社会团体，配合各个时期的中心工作，积极协助市人民政府实行各项政策、法令，发挥安定社会秩序、稳定市场、支援前线的作用。同时确定协商委员会下设4个委员会即建设委员会、卫生委员会、社会教育委员会、公益委员会。

协商委员会的办公地点设市人民政府大院内，郑丹为专职干部。

第一届协商会议主席、副主席、秘书长、协商委员会委员（正副主席、秘书长为当然委员，共17人）：

主　席：冯安国（九江市人民政府市长）

副主席：许杰夫　王泽民

秘书长：王泽民（兼）

协商委员：白耀卿（中共九江市委书记）

朱　冰　俞　平　许杰夫　陈钧生
郑　丹　李群化　蔡君岑　陆鸣藩
黄敬斌　吴高钧　徐光发

后补协商委员：张济川　代启祥

二、第二届协商委员会

1950年7月26日，第二届协商委员会第一次会议与二届一次各界人民代表会议同时召开，会期4天。会议选举了二届协商委员会主席、副主席、秘书长、协商委员。

三、第三届协商委员会

1951年9月27日，第三届协商委员会第一次会议与三届一次各界人民代表会议同时举行，历时3天，会议选举产生第三届协商委员会主席、副主席、秘书长、协商委员。

协商委员会成员（共21人）：

主　席：冯安国

副主席：王泽民　郑　丹　陈钧生

秘书长：王泽民（兼）

协商委员：

杨建新　李和荣　王明轩　于培华
万兆彩　费成信　曹绍琼　冯德述
杨光辉　董国城　曹明哲　王凤山
黄问官　李德箴　石树正　江孝伟
干贡斌

四、第四届协商委员会

1952年9月23日，第四届协商委员会与市四届一次各界人民代表会议同时举行，会期5天。协商委员会委员23人，由共产党、政府、民主党派、群众团体、工商企业、工人、农民、烈军属、宗教等16个方面的代表组成。

主　席：姚少诗（中共九江市委书记、市长）

副主席：杜克鲁　郑　丹　万兆彩

秘书长：郑　丹

协商委员：

杨建新　于培华　黄学海　曹绍琼
冯步亨　王明轩　吴运锷　许杰夫
徐仲华　董国城　王凤山　张尚铭
江孝伟　费成信　李嶙琦　杨光辉
陈昌隆　李德箴　江德明

第二节　政协九江市委员会及其常委会

一、第一届委员会及其常务委员会

1955年3月11日，政协九江市委员会召开第一届第一次会议，选举产生政协九江市委员会第一届委员会主席、副主席、秘书长和常务委员（共15人）：

主　席：王明轩

副主席：李文汉　郑　丹　李群化

秘书长：李文汉（兼）

副秘书长：冯步亨

常务委员：

王明轩　李文汉　郑　丹　崔玉云
孟起繁　钱素心　董国城　李殿君
江孝伟　钱信梅　周玉菁　陈鸿声
凌镜溪

附：委员名单（95人）

1．中国共产党（3人）

王明轩　刘毓明　李文汉

2．中国国民党革命委员会（2人）

郑　丹　曹绍琼

3．中国民主同盟（2人）

朱贯西　张鼎九

4．中国农工民主党（1人）

冯步亨

5．青年团（2人）

孟繁起　钱惠群

6．工会（1人）

崔玉云

7．工商（9人）

李群化　萧裕德　钱信梅　谭代权

陈锦秀（女）罗梦鹿　邓振卿　凌镜溪

凌振铎

8．文艺（2人）

王理庭　陈鸿声（女）

9．体育（1人）

翟　举

10．教育（3人）

周玉菁（女）蔡西欧　汪际虞

11．医卫（9人）

张济川　李凤桐　董国城　高云甫

高凌云　邓孟郡　郭寿群　柏　筠（女）

钮先兹

12．手工业（3人）

傅达璜　罗叶青　刘秉乾

13．居民（1人）

李火秀（女）

14．宗教（5人）

李殿君　王锡山　罗四维　江孝伟

释明慧

15．特邀（4人）

郭德威　钱素心　傅文仪　胡继昌

一、第二届委员会及其常务委员会

1957等6月8日，政协九江市第二届委员会第一次会议召开，选举产生政协九江市第二届委员会主席、副主席、秘书长、常委：

主　席：王明轩

副主席：郑　丹　廖学贤　许杰夫　万兆彩
　　　　徐上达

秘书长：廖学贤（兼）

常务委员：

王明轩　郑　丹　廖学贤　许杰夫

万兆彩　徐上达　于惠敏（女）王理庭

江孝伟　李中玉（女）李火秀（女）佟长志

周玉菁（女）果　悟　胡源旺　孙良臣

高道一　凌镜溪　崔玉云　曹绍琼

许德华　陈志恒　付耀寰　董国城

郑儒斋　邓重葆　钱信梅

政协九江市第二届委员会第二次会议，改选的副主席，秘书长、常委名单如下：

副主席：张志远　陈志恒　钱信梅　冯步亨

秘书长：张志远（兼）

常务委员：

王成林　方秀峰　石宝田　李经才

朱克文　余昭汉　吴健农　金翠艳

高云甫　张铁凡　张荷花　杨光辉

蒋耀汉　欧阳学京

附：委员名单（95人）

二届委员会在上届15个界别的基础上，增设民建、无党派、农民、合作社、妇联、科技、少数民族7个界别，青年团界别分为共青团、青联2个界别，改工商界为工商联界别，撤销体育、手工业、居民3个界别。本届委员会共有界别20个。

1．中国共产党（10人）

王明轩　廖学贤　李中玉（女）佟长志

刘　忠　屈志云　石宝田　翟　举

张龙翔　李永芳

2．中国国民党革命委员会（4人）

郑　丹　曹绍琼　陈　烈　谭以荣

3．中国民主同盟（7人）

许杰夫　傅超寰　朱永迪　李永芳（女）

钱信梅　谭代权　罗梦鹿

4．中国民主建国会（1人）

凌振铎

5．中国农工民主党（4人）

徐上达　董国城　许德华　张济川

6．无党派（2人）

凌镜溪　李德箴

7．共青团（3人）

胡源旺　曹德松　蒋华富

8．工会（6人）

崔玉云　黄问官　陈全通　王仲连

郑昌明　沈孝兴

9．妇联（3人）

于惠敏（女）李火秀（女）张水姣（女）

10．青联（3人）

刘九香（女）舒海林　杜和丰

11．合作社（3人）

孙良臣　傅达璜　李献策

12．农民（2人）

张和清　刘愈松

13．工商联（4人）

万兆彩　江长生　戴启祥　萧裕德

14．文艺（2人）

王连庭　金翠艳（女）

15．科技（2人）

陈志恒　高云甫

16．教育（4人）

周玉菁（女）杨光辉　蔡湘隆　汪际虞

17．医卫（7人）

高道一　柏　筠（女）蒋去病　李登云（女）

蒋庚华（女）胡福奎　刘孟郡

18．少数民族（3人）

郑儒斋　王锡三　李怀志

19．宗教（9人）

江孝伟　果　悟　邓重葆　僧明慧

王尔斌　何耀南（女）张明慧　罗四维

蒋耀汉

20．特邀（15人）

邓振卿　杨时勉　王泽永　王秋云（女）

詹乐章　徐镜明　马栎柏　闵孝同

李家澐　胡昌耀　童文毅　郭寿群

朱寿楠　刘天成　郭德威

三、第三届委员会及其常务委员会

1959年5月8日，市政协九江市第三届委员会第一次会议召开，选举产生政协九江市第三届委员会，主席、副主席、秘书长和常务委员：

主　席：王明轩

副主席：郑　丹　张志远　冯步亨　陈志恒

钱信梅

秘书长：张志远（兼）

常务委员：（33名）

王明轩　郑　丹　张志远　冯步亨

陈志恒　钱信梅　于惠敏（女）王湘廉（女）

李经才　杨光辉　董国城　吴健农

崔玉云　余昭汉　佟长志　徐世绍

刘为章　朱克文（女）黄家柳　陈全通

高云莆　高道一　谷庭芳　方秀峰

张铁凡　凌镜溪　戴启祥　江孝伟

金翠艳（女）欧阳学铮　蒋耀汉　张荷花

郑儒斋

附：委员名单

本届委员会在二届的基础上，增设新闻、出版一个界别，共有界别21个，委员由95人增至148人。

1．中国共产党（12人）

王明轩　张志远　王湘廉（女）佟长志

徐世绍　谷庭芳　戴忠祥　李主和

黎运伦　张龙翔　陈世勋　翟　举

2．中国国民党革命委员会（7人）

郑　丹　方秀峰　吴健农　曹绍琼

谭以荣　李家云　闵孝同

3．中国民主同盟（6人）

王秉辉　陈志恒　杨光辉　李永玺

许杰夫　吴樊松

4．中国民主建国会（5人）

钱信梅　欧阳学京　梅楚鹏　罗梦鹿

刘梦兰（女）

5．中国农工民主党（5人）

冯步亨　董国城　李经才　许德华

徐上达

6．无党派（8人）

凌镜溪　郭寿群　胡昌鹤　刘为章

张铁凡　马栎柏　徐镜湖　桂秋华

7．共青团（6人）

余昭汉　胡原旺　周运松　朱向玉（女）

朱冬香（女）杨镜球

8．工会（13人）

崔玉云　陈全通　王仲连　陈建中

雷存阳　石广铭　吴国楠　杨书寿

严金松　姜林芝（女）余定山　李春华（女）

曾昭洪

9．妇联（5人）

于惠敏（女）张荷花（女）张水姣（女）刘玉巧（女）

罗淑贤（女）

10．青联（5人）

舒海林　蒋华富　邹文印　马玉成

虞永达

11．合作社（6人）

吴济立　付达璜　马绍云（女）谢眉公

罗颖新　邓光贵

12．农民（12人）

黄家柳　梅智福　张忠选　任道池

刘友松　吴学淦　韩克许　文海金

孙泽奇　石凤梧　戚斌武　吴训梅（女）

13．工商联（9人）

张绪馀　童文毅（女）肖裕德　王东波

代启祥　邹嘉善　周良相　詹乐章
万茂坤

14．文艺（3人）

江长生　金翠艳（女）陈　璇（女）

15．新闻出版（1人）

李惠华

16．科技（5人）

高　云　张仲芝　李长温　朱寿楠
吴济仁

17．教育（9人）

蔡湘隆　朱克文（女）饶经训　汪际虞
张文明　黎恭寿　谭儒芳（女）蔡希欧（女）
刘家泽

18．医卫（9人）

高道一　蒋庚华　陈济民　董亦田
陈钟和　周志圣　柏　筠（女）李登云（女）
胡福奎

19．少数民族（3人）

王凤山　陶惠堂　李光耀

20．宗教（9人）

江孝伟　蒋耀汉　郑儒斋　何耀南（女）
罗四维　果　悟　青　华　张明慧
彭仁山　大成法师

21．特邀（10人）

舒文田　蔡金栋　郑干贞（女）熊穆英（女）
邢瑞月（女）胡昌雄　叶本端　张林涛
樊　萍　陈义淦

四、第四届委员会及其常务委员会

1961年2月5日，政协九江市第四届委员会第一次会议召开，选举产生政协九江市第四届委员会主席、副主席、秘书长和常务委员：

主　席：游　湘

副主席：冯步亨　张志远　陈志恒　钱信梅
　　　　吴懋松

秘书长：张志远（兼）

常务委员：（37人）

于惠敏（女）廖学贤　李经才　杨光辉
董国城　吴健农　万心田　蔡隆兴
李主和　代春华　刘为章　朱克文
黄家柳　陈全通　高云甫　高道一
王世勤　柯亚民　张铁凡　凌镜溪
曹运友　江孝伟　金翠艳（女）欧阳学京
蒋耀汉　张荷花（女）刘诗笙　付尔安
郑儒斋　果　悟　郭寿群

政协九江市第四届委员会第二次会议补选的主席、常委名单如下：

主　席：梁继海

常　委：徐飞云　曹绍琼　许杰夫

附：委员名单（153人）

四届委员会在三届的基础上，增设归侨界别，撤销合作社界别，共有界别21个。委员由三届的148人增至153人。

1．中国共产党（11人）

游　湘　张志远　李主和　柯亚明
廖学贤　戴春华　王世勤（女）吕崇钧
陈世勋　唐文魁　曹运友

2．中国国民党革命委员会（5人）

吴懋松　吴健农　曹绍琼　骆伯钰
饶贤隆

3．中国民主同盟（5人）

陈志恒　杨光辉　许杰夫　王秉辉
李永玺（女）

4．中国民主建国会（5人）

钱信梅　欧阳学京　王东坡　罗梦鹿
梅楚鹏

5．中国农工民主党（5人）

冯步亨　李经才　董国城　许德华
徐上达

6．无党派（4人）

凌镜溪　胡昌鹤　刘为章　郭寿群

7．共青团（5人）

蔡隆兴　文学荣（女）朱冬香（女）朱向玉（女）
郭培菊（女）

8．工会（17人）

熊振道　万心田　陈全通　丁纯贵
王述庭　刘念庐　李克定　李保和
胡昌柱　胡宗铨　马绍云（女）张水保
万昌金　徐龙普　彭胜贵　曹立善
李不波

9．农民（11人）

黄家柳　孙泽奇　梅智福　藏斌武
吴训梅（女）吴学淦　舒浩池　张忠选
刘友松　刘海金　韩克许

10．妇联（7人）

于惠敏（女）张荷花（女）吴木莲（女）李章英（女）

许仕英(女) 张水姣(女) 罗淑贤(女)
11. 青联(5人)
雷一鸣 邹文印 钟玉珍(女) 蒋华富
虞永达(女)
12. 工商联(9人)
江长生 肖裕德 宋信善 周良相
张绪余 童文毅(女) 邹嘉善 刘云轩(女)
戴启祥
13. 文艺(2人)
金翠艳(女) 陈 璇(女)
14. 新闻出版(1人)
胡文政
15. 科技(5人)
高云甫 朱寿楠 李长温 吴济人
张仲芝
16. 教育(11人)
朱克文(女) 王尔英(女) 汪际虞 刘家铎
陈受端(女) 梁九成 黎恭寿 郑旌常(女)
蔡希欧 蔡湘隆 饶经训
17. 医卫(10人)
桂庆元 高道一 李登云(女) 周志圣
柏 筠(女) 胡福奎 陈钟和 陈济民
董亦田 蒋庚华(女)
18. 少数民族(3人)
王凤山 李光耀 陶惠堂(女)
19. 宗教(9人)
江孝伟 蒋耀汉 果 悟 郑儒斋
何耀南(女) 青 华 张明慧 彭仁山
罗四维
20. 归侨(1人)
余秀梅(女)
21. 特邀(21人)
刘时笙 张铁凡 傅尔安 李步青
李家澐 胡昌耀 邢瑞月(女) 詹乐章
郑干贞(女) 谢眉公 蔡金栋 闵孝同
樊 萍(女) 万茂坤 熊穆英(女) 庐星拱
张林涛 徐明镜 桂秋华 马枨柏
舒文田

五、第五届委员会及其常务委员会

1963年9月16日，政协九江市第五届委员会召开第一次会议，会议选举产生政协九江市第五届委员会主席、副主席、秘书长、常委(共38人)：五届委员会，恢复合作社界别，共有界别22个。委员由上届的153人调整为150人。

主 席：梁继海
副主席：刘云厚 吴懋松 陈志恒
冯步亨 欧阳学京 钱信梅
秘书长：刘云厚(兼)
常务委员：
吕事舜 吴怀书 徐飞云 杨克先
吴健农 曹绍琼 朱克文(女) 许杰夫
杨光辉 王东波 李经才 董国城
刘为章 郭寿群 黄霖森 万心田
陈全通 于惠敏(女) 张荷花(女) 金翠艳(女)
高云甫 付尔安 韩家庆 江孝伟
释果悟 郑儒斋 蒋耀汉 刘诗笙
李凤桐 陈 烈 张轶凡

政协九江市第五届委员会第二次会议补选的主席和增选的副主席、常委名单如下(3人)：

主 席：李树国
副主席：陈瑞先
常务委员：胡其春

附：委员名单

1. 中国共产党(14人)
梁继海 刘云厚 吕事舜 吴怀书
徐飞云 杨克先 王述庭 刘树云
刘 忠 余昭汉 吴翘伟 代春华
李树田 陈瑞先
2. 中国国民党革命委员会(5人)
吴懋松 吴健农 曹绍琼 骆伯红
饶贤隆
3. 中国民主同盟(5人)
陈志恒 朱克文(女) 许杰夫 杨光辉
王秉辉
4. 中国民主建国会(5人)
欧阳学京 王东波 罗梦鹿 梅楚鹏
殷俊源
5. 中国农工民主党(5人)
冯步亨 李经才 董国城 涂惠存
许德华
6. 工会(15人)
陈全通 丁纯贵 万昌金 王耀庭
刘念庐 李克定 李保和 宋财富
胡昌柱 马绍云(女) 孙良臣 张水保
彭胜贵 曹立善 万心田

7．妇联（6 人）

于惠敏（女） 张荷花（女） 于水香（女） 李章英（女）
周玉华（女） 燕会英（女）

8．无党派（3 人）

刘为章　郭寿群　汪际虞

9．共青团（6 人）

黄霖森　朱冬香（女） 赵通凤　蔡次秀
谢德威　谭训炎

10．农民（3 人）

刘太福　朱朝炎　孔祥云

11．工商联（9 人）

钱信梅　刘梦兰（女） 刘云轩（女） 宋信善
周良柏　梅时芬　童文毅（女） 邹家善
代启祥

12．文艺（2 人）

金翠艳（女） 田祥鸿

13．新闻（1 人）

王　越

14．青联（5 人）

吴云堂　杨日清　虞永达（女） 蒋水琴（女）
邹文印

15．合作社（4 人）

屈志云　孙云江　汤为银　谢眉公

16．科技（7 人）

高云甫　李长温　吴济人　刘若商
董凤桐　张风藻　潘其适

17．教育（12 人）

傅尔安　韩家庆　王尔英（女） 王　寅
刘兆崧　刘家铎　郑旌常（女） 陈受端（女）
蔡湘隆　蔡君岑　黎恭寿　饮经训

18．医卫（9 人）

毛裕林　刘仲与　陈钟和　周志圣
柏　筠（女） 胡福奎　揭　锐　潘超群
董亦田

19．少数民族（3 人）

王凤山　李光耀　陶惠堂

20．宗教（11 人）

江孝伟　释果悟　郑儒斋　蒋耀汉
何耀南（女） 胡其春　郑宗康　闵孝同
张明慧　彭仁山　罗四维

21．归侨（1 人）

余秀梅（女）

22．特邀（21 人）

刘诗笙　李凤桐　陈　烈　张铁凡
万兆彩　王国权　李步清　李生禄
李　光　邢瑞月（女） 沈祖宽　杜文奎
郑　锋　徐镜湖　桂秋华　马枨柏
詹乐章　樊　萍　杨达聪　熊穆英（女）
谭代权

六、第六届委员会及其常务委员会

1965 年 11 月 22 日，政协九江市第六届委员会召开第一次会议，选举产生政协九江市第六届委员会主席、副主席、秘书长、常委委员：

主　席：李树田

副主席：郑志堂　冯步亭　陈瑞先　刘云厚
　　　　陈志恒　钱信梅　吴懋松　欧阳学京

秘书长：刘云厚（兼）

常务委员：

罗中人　徐飞云　陈世尧　吴建农
曹绍琼　杨光辉　朱克文（女） 许杰夫
王东波　董国城　李经才　刘为章
郭寿群　付尔安　刘俊波　张庆林
陈全通　余俊英（女） 张荷花（女） 石　星
韩家庆　高云甫　金翠艳（女） 李凤桐
王凤山　蒋耀汉　胡其春　果　悟
刘诗笙　陈　烈　张铁凡　郑儒斋

附：委员名单

六届委员会，撤销新闻、出版 1 个界别，共有界别 21 个，委员由上届的 150 人增至 163 人。本届委员会至 1966 年因“文化大革命”而中止活动。

1．中国共产党（12 人）

李树田　郑志堂　刘云厚　代春华
罗中人　陈世尧　余昭汉　吴翘伟
孙云虹　王述庭　徐日寅　裴世勋

2．中国国民党革命委员会（5 人）

吴懋松　吴健农　曹绍琼　饶贤隆
骆伯钰

3．中国民主同盟（5 人）

陈志恒　杨光辉　朱克文（女） 许杰夫
王秉辉

4．中国民主建国会（5 人）

王东波　殷俊源　梅楚鹏　罗梦鹿
欧阳学京

5．中国农工民主党（5 人）

冯步亭　李经才　董国城　涂惠存

许德华

6. 无党派（4人）

刘为章　傅尔安　郭寿群　汪际虞

7. 共青团（6人）

刘俊波　向腊玉（女）杨日清　谢德成
丁传吉　闵光华

8. 工会（15人）

张庆林　陈全通　丁纯贵　万昌金
刘念庐　李克定　李保和　宋财富
马绍云（女）胡昌柱　曹立善　熊石求
杨兴隆　罗先娣（女）方可观

9. 农民（4人）

石　星　郭维坤　孔翔云　汪贻铭

10. 妇联（6人）

余俊英（女）于水香（女）张荷花（女）周玉华（女）
孔水香（女）李章英（女）

11. 青联（5人）

方恒生　虞永达（女）吴云堂　蒋水琴（女）
邹文印

12. 合作社（4人）

黄自成　屈志云　汤为银（女）谢眉公

13. 工商联（11人）

钱信梅　杨克先　童文毅（女）宋信善
周良相　代启祥　熊绍歧　梅时芬
邹家善　刘云轩（女）刘梦兰（女）

14. 科技（8人）

高云甫　董凤桐　吴济人　潘其适
钟焕怡　李恒照　刘若商　李长温

15. 文艺（2人）

金翠艳（女）田祥洪

16. 新闻（1人）

苗国寅

17. 教育（13人）

李惠华　刘家铎　韩家庆　王尔英（女）
郑旌常（女）陈受端（女）蔡君岑　李步青
刘兆崧　王　寅　黎恭寿　饶经训
蔡湘隆

18. 医药（13人）

李凤桐　毛裕林　刘仲舆　陈钟和
周志圣　胡福奎　潘超群　董亦田
丁启范　李玉祥　聂锦堂　徐明端
柏　筠（女）陶惠堂

19. 少数民族（4人）

王凤山　杨立云　王子义　李光耀

20. 宗教（8人）

蒋耀汉　罗四维　果　悟　闵孝同
胡其春　汤　韶（女）张明慧　郑儒斋

21. 归侨（1人）

余秀梅（女）

22. 特邀（25人）

陈瑞先　徐飞云　陈　烈　李　光
谭代权　詹乐章　万兆彩　邢瑞月（女）
桂文奎　樊　萍　郑　风　郑宗濂
徐镜明　桂秋华　马栋柏　张铁凡
熊穆英（女）沈祖宽　刘诗笙　舒文田
张佳民　万复初　沈国朴　汪自克
徐上达

第三节　政协浔阳区委员会及其常委会

一、筹备小组

1987年4月18日，中共九江市委办公室，九办字〔1987〕14号文件批示，同意浔阳区成立政协。同年5月28日，中共浔阳区委浔字〔1987〕013号文件通知，决定成立中共九江市浔阳区政协党组，由岳广明同志任党组书记，牛增辉、毛应生二位同志任党组成员。6月8日成立筹备小组，负责实施具体工作，下设3个办事机构：

组织组：牛增辉　谢生梅　李德文

宣传秘书组：王柱勋　张行冶　梅冬乔

总务组：毛应生　漆建华

二、第一届委员会及其常委会

1987年7月14—16日，第一届委员会第一次会议召开，选举产生第一届委员会主席、副主席、秘书长和常务委员：

主　席：岳广明

副主席：牛增辉　毛应生　王柱勋

秘书长：张行冶

常务委员（17人）：

岳广明　牛增辉　毛应生　王柱勋
张行冶　万发林　马玉兰（女）王定扬
方恭继　李德文　罗清华（女）胡建华（女）

姜农瑞 高秋深 黄一帆 谢生梅
蔡报逵

1988年3月24日，一届二次会议增补常务委员10人：

王传国 刘启云 孙敬梅(女) 邹德庸
陈欣甫 张绪义 胡克美 殷祥生
梅冬乔 释云安

1987年7月，根据中央、省、市有关要求，在区委的统一领导下，经区委统战部、区委组织部、区政协筹备小组共同协商，在广泛听取党外人士和区直单位的意见，认真讨论，充分协商的基础上，确定本届政协委员会由71位委员组成，设中共和各民主党派、各人民团体、无党派等17个界别，共有委员71人。其中，中共党员28人，占委员总数38.7%，其他党派、无党派爱国人士共43人，占委员总数61.3%；委员中最大年龄75岁，最小年龄21岁，平均年龄46.1岁；妇女委员23人，占委员总数32%；高中以上文化程度的有40人，占委员总数56.3%，其中大专和有技术职称16人，占委员总数22.9%。

附：一次会议委员名单（71人）

1. 中国共产党（11人）
岳广明 牛增辉 毛应生 张行冶
谢生梅 李屏睦 黄一帆 王绍华(女)
梅冬乔 刘步云 李德文
2. 中国国民党革命委员会九江市委员会（4人）
姜农瑞 温爱萍(女) 罗焕文 陈小文(女)
3. 中国民主同盟九江市委员会（2人）
刘利民 高秋深
4. 中国农工民主党九江市委员会（2人）
杨爱梅(女) 王定扬
5. 浔阳区工商业联合会（5人）
李光清 张仕雨 张年宝 沈家培
胡克美
6. 无党派爱国人士（2人）
万发林 罗清华(女)
7. 浔阳区总工会（3人）
邓必武 潘一民 胡建华
8. 中国共产主义青年团浔阳区委员会（3人）
陆荣花(女) 张 景 阙国柱
9. 浔阳区妇女联合会（3人）
张月娥(女) 李幼兰(女) 吴天炼(女)
10. 农民（2人）
刘学章 孙全心
11. 科、教、文、体界（5人）
刘世荣 李代义 李建国 陈 明
李靖云(女)
12. 医药卫生界（5人）
赵连成 杨用宾 方恭继 徐世平
兰淑英(女)
13. 台胞台属（4人）
蔡振邦 蔡报逵 汤为然 朱 玲(女)
14. 归侨侨眷（4人）
王柱勋 涂维纳 于丽芳(女) 徐识明
15. 少数民族宗教界（4人）
胡祖培 释云安 傅继红(女) 马玉兰(女)
16. 社会福利团体（2人）
温法成 郑建华(女)
17. 特别邀请人士（10人）
周克林 陈林香(女) 包正芬(女) 晏继林
柳火秀(女) 余巧珍(女) 刘 建 胡骏鸾(女)
漆建华 叶在增

一届三次常委会和一届四次常委会共增补委员44人：

王传国 张绪义 叶于康 张宗冠
郑 颂 吴英礼 秦桂秋 蒋中德
邓湘宁 陈尚秋 曾志茂 郑鸣春
黄安东 殷祥生 丁水生 邹文印
周德珍(女) 吴明权 刘有忠 杨振斌
朱晋庆 孙敬梅(女) 王松柏 谷昭然
郑万芳 梅德生 余国振 丁德昭
熊裕国 邹德庸 俞龙生 何福赞
陈克祥 陈公良 林世火 胡宗谱
吴杏儒 刘启云 茆有成 聂运平
余祖文 王炳元 陈欣甫 赵 建

至此一届二次会议有委员115人。

三、第二届委员会及其常委会

1990年4月10—13日，第二届委员会第一次会议召开，选举产生第二届委员会主席、副主席、秘书长和常务委员：

主 席：屈章涌
副主席：牛增辉 王柱勋 谢生梅 张力才
曾孟嘉(女)
秘书长：梅冬乔
常务委员（27人）：

屈章湧　牛增辉　王柱勋　谢生梅
张力才　曾孟嘉(女)　梅冬乔　马玉兰(女)
方恭继　王定扬　王春福　邓湘宁
刘利民(女)　叶于康　孙敬梅(女)　李光清
李德文　余祖文　吴贻风　邹德庸
罗清华(女)　周月娥(女)　周德珍(女)　胡克美
徐有为　涂象珉(女)　殷祥生

1990年3月，根据省委有关文件精神及市委组织部、市委统战部关于县（区）人事安排的意见，在区委统一领导下，经区政协党组、区委组织部、区委统战部和各民主党派、区直各单位反复酝酿协商，在广泛听取党外人士和各方面意见的基础上，最后经区政协一届地十二次常委会协商决定第二届委员会由21个届别、136位委员组成，其中：中共党员54人，占委员总数40%；其他党派、无党派爱国人士82人，占委员总数60%。委员中最大年龄76岁，最小年龄24岁，平均年龄46.2岁。其中：40岁以下35人，占委员总数25.7%；41～60岁95人，占委员总数69.9%；60岁以上6人，占委员总数4.4%。文化程度：具有中专、高中文化56人，占委员总数41.2%；具有大专文化51人，占委员总数37.5%；初中以下文化的29人，占委员总数21.3%。具有中级职称的委员47人，占委员总数34.6%；具有高级职称的委员10人，占委员总数7.4%；女委员30人，占委员总数22%。此届委员中有上一届委员57人，占本届委员总数42.2%。委员来自市区几十个单位和各条战线，具有广泛性和代表性。

附：委员名单（130人）

1. 中国共产党（13人）
屈章湧　牛增辉　谢生梅　张力才
梅冬乔　李德文　张吉荣　周宜荣
张贵海　郭　幸　黄一帆　肖士敬
柳火秀(女)

2. 中国国民党革命委员会（6人）
叶于康　王际民　虞孝正　罗焕文
王斐娴(女)　王春福

3. 中国民主同盟（6人）
刘利民(女)　秦桂秋　蒋忠德　吴英礼
黄福森　孙宗良

4. 中国民主建国会（2人）
徐有为　姜丽芳(女)

5. 中国民主促进会（2人）
周德珍(女)　钟礼秋(女)

6. 中国农工民主党（5人）
杨爱梅(女)　郑鸣春　王定杨　万慕昭(女)
曾志茂

7. 九三学社（2人）
殷祥生　黄安东

8. 工商联合会（6人）
李光清　胡克美　张仕雨　张年宝
周金火　欧阳珍环(女)

9. 无党派爱国人士（3人）
吴贻风　刘建东　曾孟嘉(女)

10. 总工会（3人）
杨　军　周月娥(女)　潘一民

11. 中国共产主义青年团（3人）
周　华　饶建斌　金　雷

12. 妇女联合会（3人）
吴天炼(女)　夏伟芬(女)　胡石英(女)

13. 教育、文化、体育、新闻（13人）
张修炳　熊韵新　马玉兰(女)　罗清华(女)
燕守贤　刘春华　曹福群　熊裕国
梅德生　陈　明　孙敬梅(女)　王学堂
李仁礼

14. 科学技术（16人）
吴杏儒　陈　浩　邹德庸　王炳元
陈欣甫　朱国郎　潘乐山　余祖文
茆成有　杨振斌　何福赞　刘京云
邹昌如　邓湘宁　李建国　沈家贵

15. 医药卫生（6人）
方恭继　尹新生　徐世平　张晓林
洪玉琢(女)　杨用宾

16. 台胞台属（5人）
袁绍安　吕春华　涂象珉(女)　谢忠俊
郑　颂

17. 归侨侨眷（4人）
王柱勋　林明春　涂维纳　熊文翊

18. 少数民族、宗教（5人）
胡祖培　王学箭　释云安　杨筱萍(女)
覃秀贞(女)

19. 社会福利团体（2人）
邹华茂　蒋美蓉(女)

20. 街道（17人）
包正芬(女)　汪玉兰(女)　聂清荣　黄修虎
邬仁林　崔四娣(女)　翟雪姣(女)　蔡泽池

汪开学　　姜长青　　胡骏骞(女)　刘　建
吴为焱　　刘硕惠　　张惠森　　汪著美(女)
陈章文

21. 特别邀请人士（14 人）

朱定方　　赵　健　　柯桂香(女)　胥金牛
邓必武　　李瑞玉　　汪天炎　　刘有忠
张燕萍(女)　刘普生　　漆建华　　郭美丽(女)
刘世荣　　韩文华

四、第三届委员会及其常委会

1993 年 1 月 5—7 日，第三届委员会第一次会议召开，选举产生第三届委员会主席、副主席、秘书长和常务委员：

主　席：屈章湧

副主席：杨文卿　　王柱勋　　李玉昌
　　　　曾孟嘉

秘书长：梅冬乔

常务委员（27 人）：

屈章湧　　杨文卿　　王柱勋　　李玉昌
曾孟嘉(女)　马玉兰(女)　王　海　　王斐娴(女)
邓湘宁　　叶于康　　刘利民(女)　李光清
李德文　　余祖文　　邹德庸　　周月娥(女)
周金火　　郑鸣春　　姜丽芳(女)　胡克美
徐世平　　高秋生　　殷祥生　　涂象珉(女)
熊韵新　　潘华莉(女)

1994 年 2 月，三届二次会议增补：

副主席：龚爱先(女)

1996 年 1 月，三届四次会议增补：

副主席：王之军

1997 年 1 月，三届五次会议增补：

副主席：梅冬乔

1992 年 12 月，区委组织部、区委统战部与各民主党派市委会、市直有关单位、区直各单位、人民团体经过自下而上、自上而下，上下结合，民主推荐、反复协商，并征得区政协党组意见的基础上，本着“大稳定、小调整、统筹兼顾，全面安排”的精神，提出 130 人的委员名单，经政协区第二届委员会第十三次常委会议讨论通过。在 21 个界别的基础上，增设科协、企业 2 个界别，区政协第三届委员会共 23 个界别。委员中二届委员连任的有 84 人，占委员总数的 64.6%；中共党员 54 人，占委员总数 41.5%；非中共党员委员 76 人，占委员总数 58.4%；具有大专文化的 51 人，占委员总数 39.2%；中专高中文化 75 人，占委员总数 57.6%；初中以下文化程度 4 人，占委员总数的 3.2%；具有高级职称的 11 人，占委员总数 8.46%；中级职称的 37 人，占委员总数 37.1%；平均年龄 44.2 岁，40 岁以下 29 人，占委员总数 22.3%，41～60 岁 95 人，占委员总数 73.1%，61 岁以下 6 人，占委员总数 4.6%，最年轻的委员 20 岁；女委员 35 人，占委员总数 26.9%。

附：委员名单（130 人）

1. 中国共产党（9 人）

屈章湧　　杨文卿　　李玉昌　　梅冬乔
郭　幸　　王　海　　李德文　　张吉荣
周宜荣

2. 中国国民党革命委员会（6 人）

叶于康　　程佩珍(女)　虞孝正　　罗焕文
王斐娴(女)　沈淑文(女)

3. 中国民主同盟（6 人）

刘利民(女)　秦桂秋　　蒋忠德　　吴英礼
黄福森　　高秋深

4. 中国民主建国会（2 人）

姜丽芳(女)　李瑞华

5. 中国民主促进会（2 人）

庞利兵(女)　涂象珉(女)

6. 中国农工民主党（5 人）

万慕昭(女)　聂太桧　　李良铁　　曾志茂
郑鸣春

7. 九三学社（2 人）

殷祥生　　何思俊

8. 工商联（6 人）

李光清　　胡克美　　张年宝　　周金火
干崇铣　　胡冬青

9. 无党派（3 人）

曾孟嘉(女)　韩文华　　胡吉兰(女)

10. 工会（3 人）

杨　军　　周月娥(女)　潘一民

11. 共青团（3 人）

周衍军　　桑昌仁　　王健蓉(女)

12. 妇联（3 人）

张翠蕉(女)　吴天炼(女)　王奉远(女)

13. 科协（3 人）

夏海初　　邵丽珍(女)　张弟佑

14. 科技（8 人）

余祖文　　邹德庸　　王炳元　　朱国郎

茆有成　邹昌如　邓湘宁　刘建东

15. 企业（12 人）

汪天炎　欧阳珍环(女)　张远涛　吴为焱
曹　铭　潘华莉(女)　刘锦文(女)　姜长青
陈新华　马冬林　游功文(女)　陈世发

16. 文化、教育、体育、新闻（9 人）

张修炳　熊韵新　梅德生　陈　明
燕守贤　刘春华　曹福群　王学堂
李仁礼

17. 医药卫生（6 人）

尹新生　徐世平　张晓林　洪玉琢(女)
张　洪　赵国华

18. 台胞、台属（5 人）

袁绍安　陈远光　毛　洁　郑　倾
邹　华

19. 归侨、侨眷（3 人）

王柱勋　林明春　涂维纳

20. 民族、宗教（5 人）

马玉兰(女)　王学箭　释云安　朱恩慈(女)
覃秀贞(女)

21. 社会福利（2 人）

邹华茂　蔡报华(女)

22. 街道（13 人）

包正芬(女)　黄修虎　刘硕惠　周武生
吴　忠　易德秀(女)　崔四娣(女)　刘玉珍(女)
胡骏鸾(女)　张嗣细　饶菊英(女)　陈为英(女)
沈助仁

23. 特邀（14 人）

朱定方　赵　健　赵成金　邓必武
李瑞玉　柯桂香(女)　刘普生　郭美丽(女)
刘世荣　潘治富　刘步云　胡冬梅(女)
刘有忠　朱增辉

五、第四届委员会及其常委会

1998 年 2 月 6—8 日，第四届委员会第一次会议召开，选举产生第四届委员会主席、副主席和常务委员：

主席：胡勋杰

副主席：梅冬乔　王之军　潘亦生
任惠萍(女)　高秋深

常务委员：

马玉兰(女)　毛玉官　毛巧凤(女)　刘八斤
刘选付　刘蕴智　汤雅葵(女)　李良铁
吴耀华　邹德庸　宋　浔　周金火
胡克美　赵国华　钟玉霞(女)　姜丽芳(女)
夏毓昌　黄问疆　释辉悟　廖述坚
燕守贤

1999 年 1 月，四届二次会议选举主席：

主席：王原平

1997 年 12 月，区政协三届常委会第十八次会议决定，在三届 137 名委员的基础上，民主建国会界增加 1 名委员，民主促进会界增加 2 名委员，民族、宗教界增加 3 名委员，区政协第四届委员会共有委员 143 人。实际有 141 位委员中，三届委员连任的有 61 人，占委员总数 42.6%；中共党员 56 人，占委员总数 39.7%；非中共党员 85 人，占委员总数 60.3%；具有大专以上文化程度的 79 人，占委员总数 56.1%；中专、高中文化程度的 51 人，占委员总数 36.1%；初中以下文化程度的 11 人，占委员总数的 7.8%；具有高级职称的 20 人，占委员总数 14.2%；中级职称的 31 人，占委员总数 22%；初级职称的 12 人，占委员总数 8.5%；平均年龄 43.5 岁，40 岁以下的 46 人，占委员总数 32.6%；41～60 岁的 91 人，占委员总数 64.6%；61 岁以上的 4 人，占委员总数 2.8%；最年轻的委员 21 岁；女委员 34 人，占委员总数 24.1%。

附：委员名单

1. 中国共产党（9 人）

胡勋杰　梅冬乔　任惠萍　潘亦生
燕守贤　夏毓昌　贾力波　吴　忠
刘普生

2. 中国国民党革命委员会（7 人）

王之军　刘蕴智(女)　骆　毅　翟　志
丁晓光　沈淑文(女)　岳　琳(女)

3. 中国民主同盟（6 人）

高秋深　严　平　蒋忠德　张　安
黄福森　刘纪生

4. 中国民主建国会（3 人）

姜丽芳(女)　李瑞华　赵金山

5. 中国民主促进会（5 人）

毛巧凤(女)　金桂芬(女)　陈海常　高　平(女)
王晓琴(女)

6. 中国农工民主党（5 人）

万慕昭(女)　聂太桧　李良铁　黄俊民
陈玲珠(女)

7. 九三学社（2人）
姜大妹(女) 廖述坚
8. 工商联（6人）
毛玉官　胡克美　周金火　吕昌安
刘益斌　赵火生
9. 无党派（3人）
宋　浔　刘跃进　吴茂荣
10. 工会（4人）
杨　军　龙体明　汤雅葵(女) 赵凤翔
11. 共青团（3人）
曹雯雯(女) 钟玉霞(女) 唐亚林
12. 妇联（3人）
张翠蕉(女) 陈烈芳(女) 李红霞(女)
13. 科协（3人）
夏海初　张　洪　朱丽霞(女)
14. 科技（9人）
李德文　邹德庸　殷祥生　李献春
苏彦江　罗云金　汤树中　文淑萍(女)
雷春雨
15. 企业（13人）
刘八斤　汪德松　陈险生　罗慧松
吴为焱　陈新华　林建国　潘华莉(女)
朱华生　程中石　马冬林　熊蓉华
龚永祥
16. 文化、教育、新闻、体育（9人）
黄问疆　吴恒忠　刘春华　熊韵新
梅德生　张修炳　王学堂　曹福群
尹　强
17. 医药卫生（6人）
赵国华　邹　华　邓跃民　涂波勇
江　波　尹新生
18. 台胞、台属（4人）
李和平　袁绍安　谭国强　鄢鹤翔
19. 归侨、侨眷（3人）
涂维纳　林明春　胡　琼
20. 民族、宗教（7人）
马玉兰(女) 张亚明　王学箭　释辉悟
胡祖培　朱恩慈(女) 关荣芝(女)
21. 社会、福利（2人）
邹华茂　蔡报华(女)
22. 街道（12人）
郭美丽(女) 聂美桃(女) 殷金钗(女) 王清荣(女)
朱训凯　陈财贵　王小环　刘秀芹(女)
李瑞清　刘选付　吴新文　桑昌余
23. 特邀（17人）
朱定芳　邓必武　赵成金　张嗣林
胡冬梅(女) 潘治富　殷章炎　晏继林
钟国强　吴耀华　刘有忠　赵　健
秦纪中　刘良兴　耿玉华(女) 徐世平
王奉远(女)

六、第五届委员会及其常委会

2003年1月，第五届委员会第一次会议召开，选举产生第五届委员会主席、副主席、秘书长和常务委员：

主　席：杨朱记
副主席：潘亦生　任惠萍(女) 刘宗强　刘其祥
　　　　易小慧(女) 胡　迪
秘书长：严茂宜
常务委员：
马玉兰(女) 王　虹(女) 毛巧凤(女) 叶树浔(女)
刘八斤　刘蕴智(女) 孙锦军　严　平
李和平　李荣武　吴尊评　邱国斌
周金火　姜丽芳(女) 黄俊民　释辉悟
廖述坚

2004年2月，五届二次会议增补：

副主席：叶明林

2002年12月，区政协四届常委会第二十次会议决定，在145位委员的基础上，企业界（非公有制经济人士）增加10位委员，社会福利界增加5位委员，区政协第五届委员会共应有委员160人。实际安排的141位委员中，四届委员连任的有53人，占委员总数37.6%；中共党员48人，占委员总额34.1%；非中共党员93人，占委员总数65.9%；具有大专以上文化程度91人，占委员总数64.5%；中专、高中文化程度45人，占委员总数31%；初中以下文化程度5人，占委员总数3.5%；具有高级职称20人，占委员总数14.2%；中级职称32人，占委员总数22.6%；初级职称4人，占委员总数8.5%。平均年龄42.9岁，40岁以下56人，占委员总数39.2%；41～60岁81人，占委员总数58%；61岁以上4人，占委员总数2.8%。女委员36人，占委员总数25.5%。

附：一次会议委员名单（141人）

1. 中国共产党（11人）

杨朱记 潘亦生 任惠萍（女） 刘宗强
刘其祥 严茂宜 王 虹（女） 凌 海
柯 毅 韩万金 丰章良

2. 中国国民党革命委员会（5人）

刘蕴智（女） 郭 伍 李五一 丁礼文
钟 珊（女）

3. 中国民主同盟（6人）

严 平 秦纪中 熊晓花（女） 余卫东
王江浔 张海杰

4. 中国民主建国会（4人）

姜丽芳（女） 赵金山 钱 江 刘益斌

5. 中国民主促进会（5人）

毛巧凤（女） 陈海常 高 平（女） 胡启贵
朱少芬（女）

6. 中国农工民主党（4人）

黄俊民 周鑫根 唐 晓 朱朝霞（女）

7. 九三学社（3人）

廖述坚 程志强 李明中

8. 工商联（8人）

易小慧（女） 周金火 赵火生 赵 为
毛象林 包仁建 李伟群 廖元华

9. 无党派（4人）

胡 迪 刘跃进 凤宝珍（女） 秦永红（女）

10. 工会（3人）

夏伟芬（女） 龙体明 潘华莉（女）

11. 团委（3人）

居 莉（女） 唐亚林 冷如冰（女）

12. 妇联（2人）

吴佳佳（女） 徐红兵（女）

13. 科技（10人）

吴尊评 黄 冰 黄 萍（女） 李 强
雷春雨 毛凌峰 桑昌茂 江文玲
张从越 邹国根

14. 科协（3人）

李荣武 李水平 胡骏赣

15. 企业（14人）

刘八斤 孙锦军 汪德松 朱华生
胡 勇 帅 斌 蔡正平 熊 勋
徐家鹏 张松波 叶汉斌 严楚江
汤善军 李献坤

16. 文教、新闻、体育（11人）

叶树浔（女） 邱国斌 夏毓昌 刘发荣
尹 强 吴晓波 张 廷 姚 杰
戴琳琳（女） 吕昌安 廖贵英（女）

17. 医药、卫生（4人）

邓跃民 尹新生 赵凤翔 高崇华（女）

18. 台胞、台属（6人）

李和平 谭国强 翟 志 袁刘仙（女）
张荣国 单升立

19. 归侨、侨眷（3人）

钟 玲（女） 涂维纳 胡 琼（女）

20. 民族、宗教（7人）

马玉兰（女） 张亚明 王学箭 丁春源
朴英华（女） 释辉悟 朱恩慈（女）

21. 社会福利（7人）

龙吟东（女） 曹俊云 熊修全 关荣芝（女）
王清荣（女） 孔繁良 柯圣喜

22. 街道（2人）

易德秀（女） 吴新文

23. 特邀（16人）

梅冬乔 朱定方 龚安金 李冬生
王晓军 曹 繁 刘良兴 郭美丽（女）
耿玉华（女） 王中财 陈 智 熊庆国
李宗文 李 慧 赵 健 刘有忠

2003年12月24日，五届四次常委会议免去委员1人：

柯 毅

增补委员21人：

叶明林 余晓明 屈胜鹏 李小勇
贾 卫 邹青萍 殷方熙 余卫星
李秋帆 李 玲 周 华 章海香
汪 琦 彭汉森 陈远东 余启楼
姚华仟 兰师香 丁金才 沈水生
葛恒安

至此五届二次会议有委员161人。

七、第六届委员会及其常委会

2007年3月，第六届委员会第一次会议召开，选举产生第六届委员会主席、副主席、秘书长和常务委员：

主 席：张燕萍（女）

副主席：任惠萍（女） 刘宗强 刘其祥
易小慧（女） 胡 迪
曹茂荣（2007.03～2009.10） 朱少芬（女）

秘书长：严茂宜（2007.03～2008.03）

常务委员：

王中财　王东洲　帅　斌
刘　萍(女，2007.03~2008.02)　刘八斤　孙锦军
余卫星(女)　陈和平　吴尊评　张松波
张长木　胡骏水　赵凤翔
殷方熙(2007.07~2009.02)　唐平钧　秦贵安
黄俊民　释普禅　程侯峰　潘炳生

2009年2月，六届三次会议增补常务委员：

张小军(2009.02~2010.02)　毛　求(2009.02~2011.08)
李　军(2009.02~2010.02)　李伟群(2009.02~2011.08)
章海香(2009.02~2011.08)　赵　为(2009.02~2011.08)

2010年2月，六届四次会议增补副主席、秘书长、常务委员：

副主席：张华桥　周　华
秘书长：韩万金
常务委员：熊荣华　骆泽君

2006年12月，区委统战部研究制订区政协第六届委员换届推选协商工作方案指出，根据上级有关规定和区近年来经济社会事业发展迅速、人口总量、党派社团、民营经济、统一战线队伍不断壮大，人数快速增加的实际，参照市政协第十三届委员增长的比例，区政协第六届委员、常委人数适当增加。委员由上届162人增加至195人；常委由上届27人增加至本届29人。其中，非中共党员人数不低于60%，中共党员人数不超过40%，妇女委员不低于18%，少数民族委员不低于2%；考虑到届中人事变动和其他不确定因素，六届一次会议拟安排委员190人，余留15人待届中调整；常委安排27人，余留2名待届中调整。常委人数中，非中共党员人数不低于65%，中共党员人数不超过35%。

附：一次会议委员名单（190人）

1.中国共产党（11人）
张燕萍(女)　任惠萍(女)　刘宗强　刘其祥
曹茂荣　严茂宜　韩万金　贾　卫
邹青平(女)　兰师香　姚华仟

2.中国国民党革命委员会（8人）
程候锋　翟　志　吴健军　段　素
黄　媛(女)　刘蕴智(女)　徐金燕(女)　高崇华(女)

3.中国民主同盟（9人）
王江浔　周　华(女)　帅　斌　陈先忠
刘俊文　贡　健　牛敏芬(女)　卢　江
王卫华

4.中国民主建国会（7人）
姜丽芳(女)　李　慧　段红梅(女)　龚向斌
秦贵安　徐燕芳(女)　刘继军

5.中国民主促进会（7人）
朱少芬(女)　高　萍(女)　陈海常　胡启贵
王　坚　廖贵英(女)　高　平(女)

6.中国农工民主党（7人）
唐平钧　朴英华(女)　周鑫根　江　和
唐　晓　黄俊民　朱朝霞(女)

7.九三学社（6人）
余晓庭　赵凤翔　何盛彬(女)　蔡　杰
江　津　杨　枫

8.工商联（16人）
易小慧(女)　殷方熙　严楚江　廖元华
孙锦军　周金火　万晓玲(女)　李伟群
包仁建　章海香(女)　廖维平　余桃容(女)
余升宏　李平球　卢邦社　胡骏赣

9.无党派、知联人士（6人）
胡　迪　潘炳生　胡辉庆　严　勇
赖雅力(女)　钟建琼(女)

10.总工会、残联、安监（5人）
余贵萍(女)　丁金才　章承明　张晓华
周敏祥

11.共青团、农办（6人）
袁春燕(女)　张学华　熊支财　桂晨笑
王东洲　缪珊珊(女)

12.妇联、计生（6人）
詹　敏(女)　冷如冰(女)　熊　勋　李国良
邓跃民　吴旭芳(女)

13.科协、城建（6人）
李秋帆(女)　姚　杰　琚四清　王耀龙
陈　革(女)　邹国根

14.台联（5人）
余卫星(女)　单声立　袁刘仙(女)　张荣国
晏　飞

15.文教新闻信息体育（6人）
凌　海　张　廷　李献进　曹俊云
辜志强　汪　琦

16.科学技术、市容（5人）
李荣武　刘良兴　费亚克　黎哲程
彭汉森

17.经济（18人）
陈和平　丁　玲(女)　刘八斤　熊荣华
张松波　王中财　丁香玉　施法林
张立达　张长木　刘　萍(女)　吴尊评

罗爱晶(女) 朱益军 孔凡良 金 帆
戴建强 罗 勇

18. 社会稳定、医药卫生（6 人）
王晓军 张毅红 张力军 胡 谦
李小红(女) 沈水生

19. 财税福利（6 人）
涂利群(女) 赵风林 熊修全 刘跃进
蔡仔华 严淑重

20. 侨联（5 人）
钟 玲(女) 徐家鹏 江香珍(女) 凤宝珍(女)
段龙水

21. 民族、宗教（5 人）
李 军 张亚明 释普禅 王学箭
何连英(女)

22. 街道、社区、环卫（15 人）
金 雷 熊炎枝(女) 梅 芳(女) 潘俊俊
王清荣(女) 沙福兰(女) 陈建斌 于 健(女)
李建华(女) 胡迎春 许淑文(女) 孔祥华
徐艳婷(女) 谭胜利 柯圣喜

23. 特邀（19 人）
曹文文(女) 王纪明 任顺旦 潘华利(女)
王 虹(女) 周先明 曹作高 潘希勇
胡孔明 叶 琴(女) 卢选华 胡骏水
周 强 黄训友 张从越 叶 红(女)
应万来 张 杰 张灵芳(女)

2008 年 2 月 26 日，六届二次会议免去委员 5 人：
胡启贵 沙福兰 王纪明 张亚明
姜丽芳

增补委员 9 人：
徐 红 周万钧 高南华 黄友塘
毛 求 黎 静 刘淑娟 许照林
潘翼峰

至此六届二次会议有委员 194 人。

2009 年 2 月，六届三次会议免去委员 4 人：
高南华 刘淑娟 许照林 叶 琴

增补委员 4 人：
张小军 赵 为 陶璐璐 黄慧声

至此六届三次会议有委员 194 人。

2010 年 2 月，六届四次会议免去委员 14 人：
张小军 王东洲 李 军 曹文文
戴连强 胡辉庆 金 雷 李建华
潘俊俊 彭汉森 王江浔 余桃容
张毅红 张立达

增补委员 18 人：
陈中敏 左元清 李秦利 李 辉
余卫琴 马年青 薛东文 陶旺财
陈 珑 罗 韧 蔡璟旗 江彦颖
骆泽君 魏晓宏 秦玉林 田理心
张华桥 周 华

至此六届四次会议有委员 198 人。

八、第七届委员会及其常委会

2011 年 8 月 28—30 日，第七届委员会第一次会议召开，选举产生第七届委员会主席、副主席、秘书长和常务委员：

主 席：文建华
副主席：刘宗强 易小慧(女) 张华桥
朱少芬(女) 周 华 廖济煊
秦永红(女)
秘书长：韩万金
常务委员：
丁 玲(女) 王中财 王健蓉(女) 帅 斌
孙锦军 李伟群 何盛彬(女) 余卫星(女)
张 洪 张长沐 张恒颖 陈国强
陈和平 赵 为 胡骏赣 费亚克
骆泽君 聂小红 晏 飞 徐 红(女)
高 荃(女) 唐平钧 龚靖净 章海香(女)
程侯峰 释普钰 潘炳生

2013 年 12 月 27 日，七届第十一次常委会研究、2014 年 1 月 15 日七届四次会议补选常务委员 7 人：
徐艳婷 桂晨笑 苏逸智 余 辉
方国栋 李平球 黎璇如

免去常委 6 名：
骆泽君 张 洪 王健蓉 余卫星
徐 红 龚靖净

2011 年 8 月 18 日，六届十八次常委会决定区政协七届委员会委员由 200 人增至 210 人。在 210 名委员中，上届委员 93 人，占委员总人数的 44%；中共党员 86 人，占委员总人数的 41%；非中共人士 124 人，占委员总人数的 59%；少数民族委员 8 人，占委员总人数 4%；女委员 61 人，占委员总人数的 29%；具有大专及以上文化程度 192 人，占委员总人数的 92%；中专、高中以下 18 人，占委员总人数的 8%；35 岁及以下委员 40 人，占委员总人数的 19%；36 ~ 50 岁的 132 人，占委员总人数的63%；51岁及以上的38人，占委员总人数的18%。平均年龄42.7岁。

附：一次会议委员名单（210人）

1. 中国共产党（13人）

王小环　文建华　支燕萍（女）　刘宗强
张　洪　张华桥　李国良　邹青萍（女）
周　华　骆泽君　殷方熙　韩万金
廖济煊

2. 中国国民党革命委员会（8人）

王　煜（女）　刘炳华　吴建军　李洪琳（女）
余鸿斌　罗　列　罗万辉　程候锋

3. 中国民主同盟（9人）

卢　江　帅　斌　刘俊文　贡　键
陈先忠　陈前志　周　华（女）　陶增元
蒋宗仁

4. 中国民主建国会（7人）

李　虎　冷运岚（女）　张鹏宇　罗义超
秦永红（女）　秦贵安　徐爱林（女）

5. 中国民主促进会（7人）

王　坚　朱　棣　朱少芬（女）　张　帆
高　萍（女）　鲁　岚（女）　戴可可（女）

6. 中国农工民主党（7人）

朴英华（女）　刘继文　李泽洪　李辉秋
唐　晓　唐平钧　董耀发

7. 九三学社（6人）

傅晓文（女）　陈和周　陈典锋　何盛彬（女）
胡　丹（女）　徐　燕（女）

8. 工商联（17人）

万晓玲（女）　兰师香　孙火勇　江彦颖
孙锦军　张　勇　吴　晓（女）　余升宏
李平求　陈和平　张恒颖　张敏宇
易小慧（女）　赵　为　胡骏赣　秦玉林
章海香（女）

9. 无党派、知联人士（8人）

田理心　安　丽（女）　李　玮　肖　莉（女）
钟　玲（女）　柯　崎（女）　高　荃（女）　董春霞（女）

10. 总工会（3人）

丁金才　余贵萍（女）　周敏祥

11. 共青团（3人）

王　清（女）　田玮琅　袁春燕（女）

12. 妇联（3人）

刘晓燕（女）　钟志江　章兴宇（女）

13. 科协（3人）

杨明卿　严淑重　曾乘风

14. 台联（5人）

余卫星（女）　杨震云　单升立　袁刘仙（女）
晏　飞

15. 文教新闻体育（4人）

王健蓉（女）　张　廷　梅龙宝　魏海燕（女）

16. 科学技术、市容（2人）

李荣武　刘良兴

17. 经济（36人）

丁　琪（女）　马年青　马艺文　孔凡良
王中财　王飞炎　方国栋　石安平
许仁椿　刘少军　张长沐　李德华
李伟荣　吴义全　吴扬帆　陈　征
陈小平　李前锋　周光辉　周海元
姚华仟　聂小红（女）　高　雄　徐　凯
秦传武　黄慧声（女）　曹开喜　曹超成
梅纪华　蔡栋梁　熊　英（女）　廖莲朋（女）
潘希勇　潘炳生　薛东文　魏保良

18. 社会稳定、医药卫生（5人）

王晓军　李秋帆（女）　陆霄军　余建国
费　璠（女）

19. 财税福利（5人）

杨金甫　陈伟国　何麟懿　欧阳春生
黄跃进

20. 侨联（6人）

刘　继　刘茂海　陈　革（女）　凌　海
徐　红（女）　游　敏

21. 民族、宗教（6人）

丁　玲（女）　马书保　何连英（女）　赵贤辉
桂晨笑　释普钰

22. 街道社区环卫（12人）

王顺德　张莉萍（女）　余火连（女）　陈晓明
段龙水　胡　琼（女）　桑志峰　徐红剑（女）
舒钟坤　黄　蕾（女）　程焕新　黎茂菊（女）

23. 特邀（35人）

王　虹（女）　王七英（女）　王仕平　刘泰初
任顺旦　许灵杰　张文军　张　艳（女）
陈国强　陈　珑　余卫琴（女）　李　辉
李叶红（女）　李伟群　李　慧　李小红（女）
吴　彬　吴桂生　陈顺灼　杨伟民
杨瑞龙　周先明　胡孔明　姚　杰
柯星星（女）　费亚克　陶旺才　郭庆敏
龚向斌　龚靖净　游德升　蔡璟旗

谭兴铭　黎　静(女)　廖维平

2012年7月27日，七届四次常委会免去政协委员7人：

袁春燕　陈小明　刘良兴　黄　蕾
邹青平　潘希勇　严淑重

增补委员12人：

余　斌　黄　玮　王志宝　何　君
龚前旺　肖建木　胡　晶　何盛炎
李　萍　朱齐敏　应万来　兰　平

2012年12月28日，七届六次常委会免去政协委员2人：

徐　红　凌　海

增补委员10人：

常贤荣　罗　勇　李　军　吕松林
曹　鹰　陶　婷　王小春　余　辉
张国其　江　慧

至此七届三次会议有委员223人。

2013年9月29日，七届十次常委会免去政协委员15名：

熊　英　刘少军　廖莲朋　王小环
支燕萍　陈伟国　李荣武　王晓军
朴英华　孔凡良　殷方熙　桑志峰
章兴宇　余鸿斌　龚靖净

增补委员24人：

陈　婕　王　林　万义振　吴　敏
朱建春　万斌霞　唐　冰　谭　忠
曾祥民　刘永祥　王子达　徐从儒
张新润　聂桂梅　王俊龙　陈祖训
何圣泉　游云凯　陈　勇　何　毅
周春柏　李欠明　苏逸智　戴　宁

2013年12月27日，七届十一次常委会免去政协委员9人：

骆泽君　张　洪　王健蓉　高　萍
吴　彬　张　帆　梅龙宝　陈顺灼
董耀发

增补委员9人：

徐艳婷　贾涵清　龚雪华　冷　彧
蔡　沛　郑　锋　梁胜军　黎　凌
梅楚安

至此七届四次会议有委员232人。

2015年1月13日，七届十七次常委会免去政协委员9人：

何盛彬　孙火勇　黄跃进　何　毅
余卫星　欧阳春生　李小红　柯星星
王志宝

增补委员9人：

程　晓　杨　彬　胡　函　辜钦剑
程润保　邢　浔　刘德巍　曹慧昀
冯仁杰

至此七届五次会议有委员232人。

表3-1-1　**一至七届区政协领导人**

届　别	姓　名	职　务	任职时间
第一届	岳广明	主　席	1987.07～1990.04
	牛增辉	副主席	1987.07～1990.04
	毛应生		1987.07～1990.04
	王柱勋		1987.07～1990.04
	张行冶	秘书长	1987.07～1990.04
第二届	屈章湧	主　席	1990.04～1992.12
	牛增辉	副主席	1990.04～1992.12
	王柱勋		1990.04～1992.12
	谢生梅		1990.04～1992.12
	张力才		1990.04～1992.12
	曾孟嘉（女）		1990.04～1992.12
	梅冬乔	秘书长	1990.04～1992.12

届　别	姓　名	职　务	任职时间
第三届	屈章湧	主　席	1993.01～1998.02
	杨文卿	副主席	1993.01～1995.06
	王柱勋		1993.01～1998.02
	李玉昌		1993.01～1996.11
	曾孟嘉（女）		1993.01～1997.03
	龚爱先（女）		1994.01～1998.02
	王之军		1996.01～1998.02
	梅冬乔		1997.01～1998.02
	梅冬乔	秘书长	1993.01～1998.02
第四届	胡勋杰	主　席	1998.02～1999.01
	王原平		1999.01～2003.01
	梅冬乔	副主席	1998.02～2003.01
	王之军		1998.02～2003.01
	潘亦生		1998.02～2003.01
	任惠萍（女）		1998.02～2003.01
	高秋深		1998.02～2003.01
第五届	杨朱记	主　席	2003.01～2007.03
	潘亦生	副主席	2003.01～2007.03
	任惠萍（女）		2003.01～2007.03
	刘宗强		2003.01～2007.03
	刘其祥		2003.01～2007.03
	易小慧（女）		2003.01～2007.03
	胡　迪		2003.01～2007.03
	叶明林		2003.01～2005.08
	严茂宜	秘书长	2003.01～2007.08
第六届	张燕萍（女）	主　席	2007.03～2011.08
	任惠萍（女）	副主席	2007.03～2011.08
	刘宗强		2007.03～2011.08
	刘其祥		2007.03～2011.08
	易小慧（女）		2007.03～2011.08
	胡　迪		2007.03～2011.08
	张华桥		2010.02～2011.08
	曹茂荣		2007.03～2008.11

届　别	姓　名	职　务	任职时间
第六届	朱少芬（女）	副主席	2007.03～2011.08
	周　华		2010.02～2011.08
	严茂宜	秘书长	2007.03～2008.03
	韩万金		2010.02～2011.08
第七届	文建华	主　席	2011.08～
	刘宗强	副主席	2011.08～
	易小慧（女）		2011.08～
	张华桥		2011.08～
	朱少芬（女）		2011.08～
	周　华		2011.08～
	廖济煊		2011.08～
	秦永红（女）		2011.08～
	韩万金	秘书长	2011.08～

第四节　中共浔阳区政协组织

一、中共浔阳区政协党组

第一届委员会（1987.7—1990.4）

党组书记：岳广明

党组成员：牛增辉　毛应生　张行冶

第二届委员会（1990.4—1993.1）

党组书记：屈章湧

党组成员：牛增辉　谢生梅　张力才　梅冬乔

第三届委员会（1993.1—1998.2）

党组书记：屈章湧

党组成员：杨文卿（1993.1～1995.6去世）　李玉昌　龚爱先（女，1994.1～1998.2）　梅冬乔

第四届委员会（1998.2—2003.1）

党组书记：胡勋杰（1998.2～1998.12）　王原平（1999.01～2003.01）

党组成员：梅冬乔　潘亦生　任惠萍（女）

第五届委员会（2003.1—2007.3）

党组书记：杨朱记（2003.01～2005.08去世）　张燕萍（女，2006.4～2007.03）

党组副书记：潘亦生

党组成员：任惠萍（女）　刘宗强　刘其祥　严茂宜　王　虹　叶明林（2003.7～2005.08）

第六届委员会（2007.3—2011.8）

党组书记：张燕萍（女）

党组成员：任惠萍（女，2007.3～2009.11）　刘宗强　刘其祥　曹茂荣（2007.3～2009.10）　严茂宜（2007.3～2008.3）　张华桥（2010.2～2011.8）　周　华（2010.2～2011.8）

第七届委员会（2011.8—）

党组书记：文建华

党组副书记：郑观兴　刘宗强

党组成员：张华桥　周　华　廖济煊　韩万金

二、中共浔阳区政协机关党总支

2011年9月28日机关党总支成立，下设机关党支部和机关退休干部党支部。

总支书记：韩万金

委　员：周文飞　　胡济水　　张翠蕉
2013年8月8日改选
总支书记：韩万金
副书记：何　君
委　员：龚前旺　　鲁兴荣　　张翠蕉

三、中共浔阳区政协机关党支部

第一届委员会（1987.7—1990.4）
书　记：张行冶
委　员：谢生梅　　胡冬梅　　柯桂香
　　　　张金铟
第二届委员会（1990.4—1993.1）
书　记：梅冬乔
组织纪检委员：刘雪莹
宣传委员：邓必武
第三届委员会（1993.1—1998.2）
书　记：梅冬乔（1993.1—1996.3）
　　　　邓必武（1996.3—1998.1）
组织委员：胡冬梅
宣传委员：邓必武（1993.1—1996.3）
　　　　　胡济水（1996.3—1998.1）
第四届委员会（1998.2—2003.1）
书　记：邓必武（1998.2—1999.9）
　　　　韩万金（2000.6—2003.1）
委　员：胡冬梅（1998.2—2000.6）
　　　　胡济水（1998.2—1999.9）
　　　　雷彩娟（1999.9—2000.6）
　　　　邹青平（2000.6—2003.1）
　　　　殷方熙（2000.6—2003.1）
第五届委员会（2003.1—2007.3）
书　记：王　虹
委　员：邹青平　　殷方熙
第六届委员会（2007.3—2011.8）
书　记：韩万金
委　员：邹青平　　易水生
第七届委员会（2011.8—）
书　记：韩万金（2011.8—2013.8）
　　　　何　君（2013.8—）
委　员：周文飞（2011.8—2012.5）
　　　　胡济水（2011.8—2013.8）
　　　　龚前旺（2013.8—）　鲁兴荣（2013.8—）
中共浔阳区政协机关退休干部党支部
2011年9月28日成立
书　记：潘亦生
委　员：张翠蕉　　李冬生

第五节　工作机构

一、第一届工作委员会机构

学习委员会
负责人：胥金牛
提案委员会（与办公室合署办公）
文史资料委员会（与学习委员会合署办公）
经济工作组
兼职组长：黄一帆
兼职副组长：胡克美　　陈欣甫（1988.4－1990.3）
　　　　　　王炳元（1988.4－1990.3）
城管法制工作组
兼职组长：赵连成
兼职副组长：胡建华　　罗焕文（1987.7－1988.4）
　　　　　　梅冬乔（1988.4－1990.3）
科技咨询工作组
兼职组长：万发林（1987.7－1988.4）
　　　　　余祖文（1988.4－1990.3）
兼职副组长：刘世荣　　刘启云（1988.4－1990.3）
　　　　　　邹德庸（1988.4－1990.3）
　　　　　　曾志茂（1988.4－1990.3）
教文体工作组
兼职组长：罗清华
兼职副组长：李建国　　刘利民（1988.4－1990.3）
　　　　　　丁德昭（1988.4－1990.3）
医药卫生工作组
兼职组长：方恭继
兼职副组长：杨用宾
三胞（联谊）工作组
兼职组长：蔡报逵
兼职副组长：漆建华（1987.07－1988.04）
　　　　　　叶于康　　郑　颂
民族宗教工作组
兼职组长：胡祖培
兼职副组长：马玉兰　　释云安（1988.4－1990.3）
社团工作组
兼职组长：李德文（1988.4－1990.3）

兼职副组长：邓必武　陆荣花　张月娥

1990年3月13日一届12次常委会议决定：撤销政协学习委员会、提案委员会、文史资料委员会、工作组办公室，保留政协办公室，调整新设置：

政协办公室

主　任：肖仕敬

经济科技委员会

主　任：刘世荣

文教卫生法制社团委员会

主　任：邓必武　副主任：胡冬梅

祖国统一海外联宜委员会

副主任：柯桂香

学习提案文史委员会

副主任：胥金牛

二、第二届工作委员会机构

经济科技委员会

主　任：刘世荣

学习提案文史委员会

副主任：胥金牛

文教卫生法制社团委员会

主　任：邓必武（1990.3～1992.12）

副主任：胡冬梅（1990～1992.12）

主　任：胡冬梅（1992.12～1993.1）

祖国统一海外联谊委员会

副主任：柯桂香

三、第三届工作委员会机构

经济科技委员会

主　任：邓必武

学习提案文史委员会

副主任：赵成金（1993.2～1994.3）

主　任：赵成金（1994.4～1998.4）

文教卫生法制社团委员会

主　任：胡冬梅

祖国统一海外联谊委员会

主　任：柯桂香（1992.11～1996.4）

张嗣林（1996.4～1998.4）

四、第四届工作委员会机构

经济科技委员会

主　任：雷彩娟（女，1999.01～2000.08）

副主任：李幼兰（2000.08～2003.03）

学习提案文史委员会

主　任：张嗣林

文教卫生法制社团委员会

主　任：胡冬梅（女，1999.1～2000.8）

龚安金（2000.8～2003.1）

祖国统一海外联谊委员会

主　任：张翠蕉（女，1998.3～2000.8）

副主任：邹青平（女，2000.8～2004.3）

五、第五届工作委员会机构

经济科技委员会

主　任：贾　卫

学习提案文史委员会

主　任：韩万金（2003.03～2006.06）

姚华仟（2006.06～2007.03）

文教卫生法制社团委员会

主　任：龚安金（2003.01～2006.06）

兰师香（2006.06～2007.02）

港澳台侨委员会

副主任：邹青平（女，2003.04～2004.03）

主　任：邹青平（女，2004.03～2007.02）

六、第六届工作委员会机构

经济科技委员会

主　任：贾　卫（2007.03～2010.06）

学习提案文史委员会

主　任：姚华仟（2007.03～2010.06）

王小环（2010.06～2011.08）

文教卫生法制社团委员会

主　任：兰师香（2007.02～2007.04）

殷方熙（2007.04～2011.08）

港澳台侨委员会

主　任：邹青平

人口资源环境委员会

副主任：支燕萍（2009.07～2011.08）

七、第七届工作委员会机构

经济科技委员会

主　任：程侯锋（2012.04～2013.05）

高　雄（2013.05～　）

（以下为兼职副主任）：

高　雄（2012.4～2013.5）　姚华仟

曹超成　马艺文　曾乘风（2013.7～）

徐爱林（女，2012.7～2013.11）

王飞炎（2012.7～2013.11）

委　员：安　丽（女，2012.7～2013.11）

秦传武（2012.7～2013.11）　王飞炎

曹开喜　田理心　梅纪华

黎璇如（女）丁　琪（女）董春霞（女）

吴义全（2013.7～）　戴　宁（2013.7～）

学习提案文史委员会

主　任：王小环（2011.8～2013.5）

程侯锋（2013.5～至今）

（以下为兼职副主任）：

何麟懿　徐爱林（女）张　廷　费亚克

委　员：方国栋　郭庆敏　秦贵安

周　华（女）陈　珑　刘俊文

文教卫生法制社团委员会

主　任：殷方熙（2011.8～2012.4）

唐平钧（2012.04～　）

（以下为兼职副主任）：

唐平钧（2012.4～2012.12）王中财

潘炳生　李伟群　丁金才　李秋帆

委　员：周海元　李伟荣　蔡璟旗

薛东文　马年青　朱　棣

港澳台侨委员会

主　任：邹青平（2011.8～2012.6）

龚前旺（2013.5～　）

副主任：龚前旺（2012.6～2013.5）

（以下为兼职副主任）：

魏海燕（女）曾乘风（2012.07～2013.11）

桂晨笑　刘　继　丁　玲（女）

人口资源环境委员会

副主任：支燕萍（2011.08～2013.08）

主　任：陈　婕（2013.05～　）

（以下为兼职副主任）：

程焕新　杨明卿　余贵萍（女）

钟志江（2012.7～2013.11）　吴　晓（女，2013.11—）

委　员：余升宏　吴　晓（女）张敏宇

张　勇　江彦颖　钟志江

应万来（2013年11月—）

第六节　机关工作机构

一、区政协办公室

第一届委员会办公室

主　任：谢生梅（1987.11～1990.3）

第二届委员会办公室

主　任：肖仕敬（1990.3～1991.1）

梅冬乔（1992.1～1993.1兼）

副主任：李冬生（1989.3～1996.9）

第三届委员会办公室

主　任：梅冬乔（1993.1～1995.9兼）

李冬生（1996.9～1998.12）

副主任：韩万金（1996.9～1998.12）

第四届委员会办公室

主　任：李冬生（1998.12～2003.3）

副主任：韩万金（1998.12～2000.8）

殷方熙（2000.8～2003.3）

第五届委员会办公室

主　任：王　虹（女，2003.3～2006.6）

韩万金（2006.6～2007.3）

副主任：殷方熙（2003.3～2005.2）

易水生（2006.11～2007.3）

第六届委员会办公室

主　任：韩万金（2007.3～2011.8）

副主任：易水生（2007.3～2009.8）

何　君（女，2007.8～2011.8）

第七届委员会办公室

主　任：韩万金（2011.8～2012.4）

何　君（女，2012.4～　）

副主任：何　君（女，2011.8～2012.3）

干锦娜（女，2016.1～　）

二、区政协委员工作委员会

2013年6月增设

负责人：龚前旺

三、政协机关工会组织

政协机关工会在区总工会指导下开展工作，区政协工会负责人：

胡冬梅（女，1987.7～2000.8）　王　虹（女，2003.3～2006.6）

韩万金（2006.6～2012.3）　　何　君（女，2012.4～　）

四、区政协机关后勤服务中心

2013 年 3 月增设

主　任：鲁兴荣

第七节　街道联络处

2012 年，根据《中共浔阳区委关于加强和改进人民政协政治协商工作的意见》（浔发〔2011〕5 号）文件精神及区政协党组会议研究决定在 5 个街道成立政协联络处，5 月，各街道相继建立政协联络处。

湓浦街道政协联络处

主　任：陈晓明（2012.3～2012.5）
　　　　王志宝（2012.6～2014.12）
　　　　邢　浔（2015.1—）

联络员：田龙生（2012.5～2012.9）
　　　　郑　添（2012.10～2015.12）
　　　　邹志鹏（2016.1—）

甘棠街道政协联络处

主　任：舒钟坤（2012.5～2013.9）
　　　　万斌霞（女，2013.9—）

联络员：刘　翔（2012.3—）

白水湖街道政协联络处

主　任：黄　蕾（女，2012.3～2012.5）
　　　　黄　玮（2012.6～2015.8）
　　　　陶　韬（2015.9—）

联络员：杨珊珊（女，2012.3—）

人民路街道政协联络处

主　任：桑志峰（2012.5～2013.5）
　　　　朱建春（2013.5—）

联络员：梅　竹（女，2012.3～2015.6）
　　　　吴　磊（2015.7—）

金鸡坡街道政协联络处

副主任：余火莲（女，2012.3～2012.5）

主　任：余　斌（2012.5～2015.11）
　　　　张相林（2015.12—）

联络员：郭　智（2012.3～2012.12）
　　　　熊哲君（2013.1—）

第四章　会　议

第一节　全体委员会会议

一、第一届全体会议

第一次全体会议　1987 年 7 月 14～16 日在浔阳举行，会期 3 天。岳广明等 13 人组成大会主席团，张行冶兼任秘书长，会议由主席团主持。第一届委员会设中共和各民主党派、各人民团体、无党派等 17 个界别，共有委员 71 名，其中中共界别委员 11 名，其他界别委员 60 名，分别占委员总数 14.1%和 85.9%。

会议听取毛应生致的开幕词。听取和审议岳广明受区政协筹备小组委托，向大会作政协浔阳区第一届委员会筹备工作报告，会议认为，成立区政协，是发展新时期爱国统一战线的需要，是建设浔阳、振兴中华的需要，意义深远重大。学习讨论《中国人民政治协商会议章程》、区第三届人民代表大会第一次会议通过的《浔阳区人民政府工作报告》，会议认为，区委和区政府领导全区人民团结奋斗，区国民经济继续沿着协调稳定发展的轨道前进，工农业生产持续稳定增长、市场繁荣活跃，人民生活继续有所改善，城市管理和“创三优”活动取得显著成效，市区面貌有很大改观，社会治安情况稳定好转，社会秩序进一步稳定，教育、科技、文化、体育、卫生计划生育等事业有新的进展，社会主义精神文明建设继续加强。会议选举产生区政协第一届委员会主席（岳广明）、副主席（牛增辉、毛应生、王柱勋）、秘书长（张行冶）和 17 名常务委员会委员；听取和审议大会主席团执行主席王柱勋所作一届一次会议提案审查委员会关于提案审查情况报告。通过政协区第一届一次会议决议。中共九江市委书记江国镇在开幕时讲话，中共浔阳区委书记王文敬在闭幕会上讲话。新当选的区政协第一届委员会主席岳广明在闭幕会上作总结讲话。

会议期间，收到提案53件，其中有关经济方面13件，教育、科技、文化、卫生等方面16件。委员们行使自己的民主权利，对改革、开放、两个文明建设和发展爱国统一战线等方面积极献计献策，并针对时弊，坦诚地提出批评和意见。多数提案案由突出，办法具体。由于许多委员尚属初次接触提案工作，有部分提案不同程度地存在一些技术性的问题，特别是提案中具体可行的建设性意见和解决问题的办法比较欠缺。会议号召，全体委员回到自己岗位后高举爱国旗帜，发扬人民政协优良传统和作风，努力工作，振奋精神，团结各方面人士，贯彻大会精神，在区委的领导下，为开创政协工作的新局面，为推动区两个文明建设，促进祖国统一，维护世界和平做出新的贡献。

第二次全体会议 1988年3月23～24日在浔阳举行，会期2天。会议应到委员115名。

会议听取和审议区政协副主席牛增辉受第一届委员会常务委员会所作工作报告，会议认为，自区政协一届一次会议以来，认真履行政治协商、民主监督和职能，发挥政协委员和各界爱国人士的积极性，为巩固和发展爱国统一战线，推进全区两个文明建设和祖国统一大业，做了大量工作，取得显著成绩。会议听取和讨论岳广明关于省政协六届一次会议精神传达报告；听取审议区政协副主席王柱勋受提案工作委员会委托所作一届一次会议以来提案工作情况报告。增选区政协常委10名。与会委员列席区人大三届二次会议，听取和讨论区长陶自应所作政府工作报告，会议认为，区政府工作报告对所取得成绩和存在问题的总结，是实事求是的；报告提出1988年工作任务，符合区的实际，是可行的。大会开幕式上市政协主席王佐良代表政协市委员会致贺词；闭幕时听取区委副书记范序德讲话。

会议期间，收到委员提案29件，其中，有关经济建设方面12件，教育、科技、文化、卫生等方面9件，统战、政法、劳动人事等方面8件。会议号召，全区政协委员、各民主党派和人民团体及各界爱国人士，要在区委领导下，以中共十三大精神为指导思想，高举社会主义和爱国主义两面旗帜，继续贯彻“长期共存、互相监督，肝胆相照、荣辱与共”方针，强化政协基本职能，进一步疏通和拓宽协调、监督和渠道，逐步使协商、监督经常化、制度化；继续发挥政协综合人才聚集的优势，通过多种形式为区各项建设和改革事业献计出力继续做好“三胞”联谊工作，广泛开展对外友好活动，以实际行动促进“一国两制”方针实施；继续加强政协自身组织建设，认真学习党的方针、政策，注重调查研究，不断提高参政议政水平，以开拓创新、勇于改革的精神，把区政协工作推向新的高度。

第三次全体会议 1989年3月30日至4月1日在浔举行，会期3天。会议应到委员114名。

会议听取和审议区政协主席岳广明所作区政协常务委员会工作报告；听取和审议区政协副主席王柱勋受提案工作委员会委托所作一届二次会议以来提案工作报告。列席区人大三届四次会议，听取和讨论区长陶自应所作政府工作报告和其他各项报告。会议认为，过去一年两个文明建设取得成绩和存在问题的回顾和总结是实事求是的。会议希望，区政府要进一步总结经验教训，增强改革开放意见，制定出完成今年各项任务更加完整切实可行的措施，以保证浔阳区治理整顿、深化改革部署顺利实施；充分重视委员们对浔阳区两个文明建设所提出意见和建议，并予以切实解决。通过会议决议。闭幕时听取区委副书记范序德的讲话。区政协副主席毛应生致闭幕词。

会议期间，收到委员提案28件，5位委员作大会发言，区政协常委邹德庸作《开发浔阳区旅游业为经济发展拓宽道路》发言，区政协委员刘利民作《谈谈对党政清廉问题的几点看法》发言，区政协常委姜农瑞作《搞好税收，促进我区经济发展》发言，区政协常委陈欣甫作《紧缩银根、稳定金融，为治理整顿、深化改革服务》发言，区政协委员王炳元作《我对九江市浔阳区发展外向型经济的几点想法》发言。会议通过的决议指出，自区政协一届二次会议以来，区政协通过开展多种形式的活动，履行政治协商、民主监督的职能，对区经济工作和精神文明建设，治理整顿和深化改革方针的贯彻，做了不少工作，起了积极作用。会议号召，全体区政协委员和各界人士，在中共浔阳区委领导下，进一步发扬人民政协优良传统，振奋精神，增强信心，同心同德，群策群力，艰苦奋斗，为推进社会主义现代化建设事业，为促进祖国统一，为治理浔阳，建设浔阳做出新贡献。

二、第二届全体会议

第一次全体会议　1990年4月10～13日在浔举行，会期4天。界别21个，委员136名。其中中共党员54名，占委员总数40%，其他党派、无党派爱国人士82名，占委员总数60%。屈章湧等15名政协委员组成大会主席团，梅冬桥兼任秘书长。会议由大会主席团主持。

会议听取和审议大会主席团牛增辉受区政协第一届委员会常务委员会委托所作工作报告，会议认为在区委领导下，一届常务委员会团结全体委员和全区各界人士，贯彻中共十一届三中全会以来的路线和党在新时期统战工作的方针政策，围绕“一个中心，两个基本点”，在组织和推动委员学习，履行“政治协商，民主监督”基本职能，开展调查研究和咨询服务活动，接待台、港、澳同胞和海外侨胞，办理委员提案，加强自身建设等方面，都取得显著成果。会议听取和审议大会主席团王柱勋所作一届一次会议以来提案工作报告。通过会议决议，通过审议二届一次会议提案审查情况报告。选举区政协第二届委员会主席（屈章湧）、副主席（牛增辉、王柱勋、谢生梅、张力才、曾孟嘉）、秘书长（梅冬乔）、27名常务委员。会议列席区第四届人民代表大会第一次会议，听取和讨论陶自应所做的《政府工作报告》，会议认为政府工作报告对三年来工作分析总结是实事求是的，对今后三年发展设想和1990年奋斗目标具体安排，是积极的；同时，对区今年政府工作提出一些建设性意见和建议。会议选举政协浔阳区第二届委员会主席、副主席、秘书长和常务委员会委员；审议通过区第二届委员会第一次会议决议。听取市政协副主席王国珍和区委副书记范序德的讲话；新当选的区政协副主席谢生梅致闭幕词。

会议期间，收到委员提案61件，其中有关经济、财贸、物价方面13件，城建、环保方面15件，教育、科技、文化、卫生方面18件，统战、政法、劳动人事方面13件，其他方面2件。提案委员58人次。与会委员就全区两个文明建设、治理整顿和深化改革等方面事务，发表意见。会议号召，全体政协委员要在中共浔阳区委领导下，为了共同的目标，振奋精神，团结奋斗，把人民政协工作做好，在浔阳区两个文明建设中，在促进祖国统一、振兴中华征途上发挥更大的作用。

第二次全体会议　1991年3月27～29日在浔举行，会期3天。会议应到委员145人。

会议听取审议区政协主席屈章湧受区政协第二届委员会常务委员会委托所作工作报告；会议认为自二届一次会议以来，在中共浔阳区委领导下，在市政协的指导和区政府支持下，常务委员会团结全体委员和全区各界人士，在发挥“政治协商、民主监督”基本职能作用、办理委员提案、组织和推动委员学习、开展调查研究和咨询服务活动、接待“三胞”和促进祖国统一、“一国两制”方针的实施、加强机关建设等方面，都取得一定的成绩。会议听取审议区政协副主席张力才所作二届一次会议以来提案工作情况报告。审议通过二届二次会议提案审查情况报告。会议列席区第四届人民代表大会第二次会议，听取和讨论冷绪河所做的《政府工作报告》和其他工作报告，会议认为，政府工作报告对“七五”时期和1990年工作成绩估价是实事求是的，对“八五”时期主要目标及基本设想和1991年工作具体安排，是积极而又慎重的，同时，对区今年政府工作提出一些建设性意见和建议。会议通过区政协第二届委员会第二次会议提案审查情况报告。审议通过会议决议。听取区委副书记范序德在闭幕大会上的讲话。

会议期间，收到委员提案61件，有关经济建设、财贸、物价方面10件，城建、规划、环保、交通方面12件，文化、教育、思想道德、卫生方面22件，统战、政法、劳动人事、计划生育方面14件，其他方面3件，提案委员69人次。与会委员就区两个文明建设等方面事务，坦诚地发表意见。会议号召全体政协委员，在中共浔阳区委领导下，沿着中共十三届七中全会所指引方向，继续高举社会主义和爱国主义两面旗帜，履行“政治协商、民主监督”基本职能，团结全区各界人士，紧紧围绕稳定经济、深化改革，搞好两个文明建设，促进祖国统一、“一国两制”方针实施，献计献策，开拓前进，为完成1991年各项任务，使十年规划和“八五”计划实施取得良好开端做出新的贡献。

第三次全体会议　1992年2月25～27日在浔举行。会期3天。会议应到委员143人。

会议听取审议区政协主席屈章湧受区政协第二

届委员会常务委员会所作工作报告，会议认为，在过去一年里，在中共浔阳区委领导下，在市政协指导和区政府支持下，区政协二届常务委员会团结全体委员和全区各界人士，贯彻执行中共十三届七中、八中全会精神和统一战线方针政策，围绕“一个中心，两个基本点”，在发挥“政治协商、民主监督”基本职能作用，开展调查研究和咨询服务活动，接待“三胞”和促进祖国统一、“一国两制”方针实施，加强自身建设等方面，都取得一定成绩。报告中提出浔阳区政协各项任务是符合实际，积极可行的。会议听取和审议区政协副主席张力才作二届二次会议以来提案工作情况报告。会议列席区人大四届三次会议，听取和讨论区长冷绪河作《政府工作报告》，会议对区政府工作报告表示赞同，对1991年全区经济建设及其他各项社会事业取得进展表示满意，对区政府1992年工作安排表示同意，同时提出一些建设性意见和建议。会议通过区政协第二届委员会第三次会议提案审查情况报告。审议通过会议决议。听取区委副书记范序德讲话。

会议期间收到委员提案40件。其中有关经济建设方面9件，宣传、教育、文化方面12件；其他方面2件，提案委员52人次。会议号召全体委员，在中共浔阳区委的领导下，继续高举社会主义和爱国主义两面旗帜，团结全区各界人士，奋发图强，齐心协力，埋头实干，为振兴浔阳献计出力，为完成区1992年各项任务积极工作，以优异成绩，迎接中共十四大召开。

三、第三届全体会议

第一次全体会议 1993年1月5—7日在浔举行。会期3天。界别23个，应到委员130名。委员平均年龄由上届46.2岁下降至44.2岁。大专文化程度的由上届37.56%增加到39.2%。屈章湧等15名委员组成大会主席团，梅冬乔兼任秘书长，大会由主席团主持。

会议审议通过主席团屈章湧受区政协第二届委员会常务委员会的委托所作工作报告，会议认为，二届一次会议以来，区政协在区委领导下，高举社会主义和爱国主义旗帜，认真履行政治协商、民主监督基本职能，广泛团结各方面人士，围绕经济建设中心，搞好浔阳区改革开放，加快区街经济发展，加强社会主义精神文明建设和民主法制建设，加强城市管理和社会治安综合治理，促进祖国统一等方面做了大量工作，发挥了积极作用。会议审议通过主席团王柱勋受区政协第二届委员会提案工作委员会委托所作提案工作情况报告。经委员酝酿协商选举产生区政协第三届委员会主席（屈章湧）、副主席（杨文卿、王柱勋、李玉昌、曾孟嘉）、秘书长（梅冬乔）和27名常务委员，组成新的常务委员会。与会委员列席区第五届人民代表大会第一次会议，听取并讨论区长冷绪河所作《政府工作报告》。会议认为，《政府工作报告》关于浔阳区三年来经济建设和社会事业发展的总结，以及对当前存在问题和困难的分析，是符合实际的；对今后工作提出的总的要求和部署，也是切实可行的。会议对报告表示赞同，并希望区政府采取切实有力措施，加以落实。会议审议通过区政协第三届委员会提案工作委员会关于三届一次会议提案审查情况报告。听取区委副书记范序德讲话。新当选的区政协副主席杨文卿在闭幕大会上致辞。

会议期间，收到委员提案40件。其中有关经济方面11件，城建方面13件，统战、民政方面4件，文教卫生方面7件，社会综合治理方面3件，其他方面2件，提案政协委员38人次。会议号召，全体政协委员广泛联系各方面人士，紧紧团结在以江泽民为核心的党中央周围，在区委领导下，认清当前形势，振奋精神，群策群力，艰苦奋斗，为社会主义现代化建设事业和促进祖国统一做出新贡献，为完成浔阳区各项任务共同奋斗。

第二次全体会议 1994年1月10～12日，在区政府六楼会议室举行。会期3天。会议应到委员135名。

屈章湧等27名委员组成大会主席团，梅冬乔兼任秘书长，大会由主席团主持。

会议听取和审议区政协副主席李玉昌受区政协第三届委员会常务委员会所作工作报告，会议认为，区政协坚持邓小平建设有中国特色的社会主义理论和党的基本路线，履行“政治协商，民主监督”的基本职能，切实加强自身建设，注意发挥自身的特点和优势，致力于两个文明建设，协助区委、区政府为完成各项中心任务，为巩固和扩大爱国统一战线做出积极的努力。会议听取和审议区政协副主席王柱勋代表提案工作委员会就区政协三届一次会议以来提案工作情况报告。经委员酝酿协商增选龚爱先为区政协第三届委员会副主席。会议审议通过区政协三届二次会议提案审查情况报告，审议通过会议决议。与会委员列席区人大五届二次会议，听取并讨论区长冷绪河所作《政府工作报告》和其他各项报告。会议认为，区委、区政府带领全区人民艰苦创业，克服种种困难，做了大量富有成效工作，使经济建设和社会各项事业都有较大发展。会议对区政府工作表示满意，希望区委、区政府要进一步重视政协委员提出的各项合理意见和建议，认真改进工作，扎扎实实把浔阳区事情办得更好。会议听取中共浔阳区委副书记范序德讲话。

会议期间，共收到政协委员提案 33 件。其中，有关经济建设、财政税收方面 12 件，城市建设和管理方面 14 件，法制建设方面 2 件，文教卫生 2 件，其他方面 3 件。会议号召，全区政协委员要在中共浔阳区委领导下，同全区人民一道，同心同德，和衷共济，艰苦奋斗，为全面完成中共十四大和十四届三中全会提出各项任务，为加快浔阳区经济建设和改革开放步伐，做出新的贡献。

第三次全体会议　1995 年 1 月 10 ~ 12 日，在国家税务局浔阳区税务分局会议室举行。会期 3 天。屈章湧等 28 名委员组成会议执行主席，梅冬乔兼任秘书长。会议应到委员 136 名。

会议听取和审议区政协副主席杨文卿受三届委员会常务委员会的委托所作工作报告，会议认为区政协坚持邓小平建设有中国特色的社会主义理论和党的基本路线，认真履行“政治协商，民主监督，参政议政”基本职能，切实加强自身建设，注意发挥自身特点和优势，致力于两个文明建设，协助区委、区政府做好各项工作，取得一定成绩。会议听取和审议区政协副主席龚爱先代表提案工作委员会所做的三届二次会议以来提案工作情况报告；审议通过区政协三届三次会议提案审查情况报告。通过三届二次会议以来委员变动情况，减少委员 1 名，增补委员 2 名。会议审议通过会议决议。与会委员列席区人大五届三次会议，听取并讨论常务副区长朱来泉受区长冷绪河委托所作《政府工作报告》和其他各项报告。会议认为，区委、区政府带领全区人民艰苦创业，克服种种困难，做了大量富有成效的工作，使经济建设和社会各项事业都有了较大的发展。会议对区政府的工作表示满意。会议希望区委、区政府要进一步重视政协委员提出的各项合理意见和建议，认真改进工作，扎扎实实把浔阳区事情办得更好。会议听取中共浔阳区委副书记范序德讲话。

会议期间，收到委员提案 36 件，其中有关经济建设、财政物价方面 12 件，市容市貌、环境卫生方面 15 件，社会综合治理方面 3 件，民政方面 1 件，政协自身工作 1 件，其他方面 3 件。会议号召，全体政协委员要在区委领导下，同全区人民一道，同舟共济，艰苦创业，为全面贯彻中共十四大和十四届三中、四中全会精神，贯彻区委五届四次会议精神，完成区委、区政府提出各项任务做出新的贡献。

第四次全体会议　1996 年 1 月 15 ~ 17 日，在区政府礼堂举行。会期 3 天。

屈章湧等 27 名委员组成会议主席团，梅冬乔兼任秘书长。会议应到委员 136 名。

会议听取和审议区政协副主席曾孟嘉受三届委员会常务委员会所作工作报告，会议认为，区政协坚持邓小平建设有中国特色社会主义理论和党的基本路线，履行“政治协商，民主监督，参政议政”基本职能，切实加强自身建设，注意发挥自身特点和优势，致力于两个文明建设，协助区委、区政府做好各项工作，取得一定成绩。会议听取和审议区政协副主席龚爱先代表提案工作委员会就三届三次会议以来提案工作报告。酝酿协商增选王之军为区政协第三届委员会副主席。听取审议区政协第三届委员会第四次会议提案审查情况报告。表彰 1995 年度优秀委员提案 6 份。会议通过区政协三届三次会议以来委员变动情况，减少委员 1 名，增补委员 1 名。通过会议决议。

会议听取并讨论区政府代区长曹林淼所作《政府工作报告》、听取并讨论副区长余策恩所作《九江市浔阳区国民经济和社会事业发展“九五”计划纲要》报告；听取并讨论区物价局、市容局、公安分局负责人所作关于市场物价、城市管理和社会治安情况通报。会议认为，区委、区政府率领全区干部和群众，坚定不移地贯彻“抓住机遇，深化改革，扩大开放，促进发展，保持稳定”基本方针，齐心协力，艰苦奋斗，为全面完成“八五”规划各项目标任务，促进经济建设和社会各项事业的稳步发展做了大量富有成效的工作。全体与会委员对区政府及其各职能部门工作表示满意。会议充分肯定浔阳区国民经济和社会发展“九五”计划纲要中所阐明的浔阳区经济及社会发展奋斗目标、指导方针、基本任务和布局以及对策与措施，并诚恳期望区委、区政府进一步重视政协的协商监督和参政议政作用，重视政协委员提出合理建议，积极推进决策科学化和民主化，群策群力地为实现浔阳区“九五”计划目标而奋斗。会议听取中共浔阳区委副书记王原平讲话。

会议期间，收到委员提案44件，撰写提案委员41人。其中有关经济建设方面7件，市容、环卫方面11件，文化教育方面4件，社会治安综合治理方面2件，加强居委会建设方面3件，其他方面7件，政协自身1件，超越区辖范围9件。会议号召，全体政协委员要在区委领导下，同全区人民一道，同舟共济，艰苦创业，为全面贯彻中共十四届五中全会精神，贯彻区委五届六次会议精神，完成区委、区政府提出各项任务做出新的贡献。

第五次全体会议 1997年1月12～14日，在区政府礼堂举行，会期3天。屈章湧等27人组成大会主席团，梅冬乔兼任秘书长。会议由主席团主持。会议应到委员134名。

会议听取和审议区政协副主席王之军受三届委员会常务委员会委托所作工作报告，会议认为，区政协坚持邓小平建设有中国特色的社会主义理论和党的基本路线，认真履行“政治协商，民主监督，参政议政”基本职能，注意发挥自身特色和优势，致力于两个文明建设，协助区委、区政府做好各项工作，取得一定成绩。会议听取和审议区政协副主席龚爱先代表提案工作委员会就三届四次会议以来提案工作情况报告。酝酿协商增选梅冬乔为区第三届委员会副主席。审议通过区政协副主席龚爱先所作三届五次会议提案审查情况报告。审议通过会议决议。表彰1996年度优秀委员提案，通报表彰提案6份。

会议听取并讨论由区委常委、副区长余策恩代表区长曹林森所作《政府工作报告》。会议认为，区委、区政府带领全区人民艰苦奋斗，做了大量富有成效的工作，使经济建设和市容市貌建设及社会各项事业都有了较大的发展。会议听取区委副书记范序德代表区委所作讲话。

会议期间，收到委员提案54件，撰写提案委员63人。其中有关经济方面10件，精神文明建设方面21件，文教卫生方面7件，社会治安综合治理4件，群众关心的热点问题8件，其他方面4件。会上有9位常委和委员做了大会发言。会议号召，全体政协委员要在区委领导下，同全区人民一道，同舟共济，艰苦奋斗，全面贯彻中共十四届六中全会精神，贯彻区委五届七次会议精神，为完成区委、区政府提出各项任务做出新的贡献，以优异成绩，迎接香港回归祖国、迎接中共十五大召开。

四、第四届全体会议

第一次全体会议 1998年2月6～8日，在区政府礼堂举行，会期3天。委员会共设置23个界别。会议应到委员143名。

胡勋杰等27名委员组成大会主席团，梅冬乔兼任秘书长。大会由主席团主持。

会议酝酿协调选举区政协第四届委员会主席（胡勋杰）、副主席（梅冬乔、王之军、潘亦生、任惠萍、高秋深）和21名常务委员，组成新的常务委员会。听取和审议大会主市团常务主席梅冬乔受三届委员会常务委员会委托所作工作报告。一致认为，在过去五年里，区政协坚持邓小平建设有中国特色社会主义理论和党的基本路线，认真履行“政治协商，民主监督，参政议政”基本职能，注意发挥自身特点和优势，致力于两个文明建设，协助区委、区政府做好各项工作，取得一定成绩。会议听取和审议区政协副主席王之军代表提案工作委员会就区政协三届以来和三届五次会议期间提案工作情况报告。审议通过区政协四届一次会议提案审查情况报告。审议通过会议决议。

与会委员列席区第六届人民代表大会第一次会议，听取并讨论代区长余策恩所作《政府工作报告》。会议认为，过去的五年，区委、区政府带领全区人民艰苦奋斗，做了大量工作，经济建设、市容市貌建设及社会各项事业都取得可喜成绩。大会主席团执行主席潘亦生致大会开幕词。听取区委书记曹林森代表区委所作讲话。新当选的政协主席胡勋杰在闭幕会上作总结讲话。

会议期间，收到委员提案66件，撰写提案委员63人。其中有关经济建设方面9件，市容、环卫方面19件，文化教育方面11件，文明素质建设方面8件，群众关心的热点及其他方面9件。会议号召，全体政协委员要在中共浔阳区委和区政协第四届常务委员会领导下，在邓小平理论指导下，高举社会主义和爱国主义伟大旗帜，同全区人民一道，同舟共济，艰苦奋斗，全面贯彻中共十五大精神，贯彻区第六次党代会精神，为完成区委、区政府提出的各项战斗任务而努力奋斗。

第二次全体会议　1999年1月11～13日，在区新办公楼十楼会议室举行，会期3天。王原平等27名委员组成大会主席团，潘亦生兼任秘书长。大会由主席团主持。会议应到委员141名。

会议听取和审议区政协副主席潘亦生受四届委员会常务委员会的委托所做的工作报告，副主席梅冬乔代表第四届委员会提案工作委员会所做的提案工作情况报告，会议认为，区政协高举邓小平理论伟大旗帜，坚持党的基本路线，认真履行“政治协商，民主监督，参政议政”基本职能，注意发挥自身特点和优势，致力于两个文明建设，协助区委、区政府做好各项工作，取得一定成绩。听取审议区政协副主席梅冬乔代表提案工作委员会就四届一次会议以来提案办理工作情况报告。会议补选王原平同志为第四届委员会主席。会议审议通过会议决议。

与会委员列席区第六届人民代表大会第二次会议，听取并讨论区长余策恩所作《政府工作报告》。会议认为，区委、区政府带领全区人民艰苦奋斗，做了大量工作，并且取得防洪抢险战斗的胜利，经济建设、市容市貌建设及社会各项事业都取得可喜成绩。会议听取区委书记曹林森代表区委在开幕大会上讲话。新当选的区政协第四届委员会主席王原平在闭幕大会上作总结讲话。

会议期间，共收到委员提案54件，撰写提案的委员51人。其中，有关经济建设方面16件，精神文明建设方面21件，文教卫生方面6件，社会治安综合治理方面9件，群众关心的热点问题2件。会议号召，全体政协委员要在区委和区政协第四届常务委员会领导下，以邓小平理论为指导，高举社会主义和爱国主义的伟大旗帜，同全区人民一道，同舟共济，艰苦奋斗，全面贯彻中共十五大精神，为完成区委、区政府提出各项战斗任务而努力奋斗。

第三次全体会议　2000年1月11～13日，在区新办公楼十楼会议室举行，会期3天。王原平等26名委员组成大会主席团，潘亦生兼任秘书长。大会由主席团主持。会议应到委员145名。

会议听取和审议政协副主席潘亦生受区政协四届委员会常务委员会的委托所做的工作报告，会议认为，区政协高举邓小平理论伟大旗帜，坚持党的基本路线，认真履行“政治协商、民主监督、参政议政”基本职能，注意发挥自身的特点和优势，致力于两个文明建设，协助区委、区政府做好各项工作，取得一定成绩。会议听取和审议区政协副主席梅冬乔代表区政协第四届委员会提案工作委员会所做的提案工作情况报告。听取和审议区政协第四届委员会第三次会议提案审查报告。审议通过会议决议。

与会委员列席区第六届人民代表大会第三次会议，听取并讨论区长余策恩所作《政府工作报告》。会议认为，区委、区政府带领全区人民艰苦创业，排难而进，做了大量工作，经济建设、市场培育、个体私营经济发展、招商引资、市容环卫、社会治安等社会各项事业都取得可喜成绩。会议听取中共区委书记曹林森代表区委在闭幕大会上讲话。区政协主席王原平致闭幕词。

会议期间，收到委员提案67件，撰写提案委员83人次。19件超超越区政府行政管辖范围，不予立案，48件经审查全部立案。其中属经济财政方面6件，属精神文明方面9件，属卫生方面2件，属市容环卫方面24件，属社会治安综合治理方面4件，属群众关心的热点问题3件。会议号召，全体政协委员和各界人士在区委领导下，高举邓小平理论伟大旗帜，调动一切积极因素，团结一切可以团结的力量，同心同德，励精图治，扎实工作，开拓进取，为完成区委、区政府提出各项任务而努力奋斗。

第四次全体会议　2001年1月8～10日，在区委办公楼十楼会议室举行，会期3天。王原平等26名委员组成大会主席团，潘亦生兼任秘书长。大会由主席团主持。会议应到委员145名。

会议听取和审议区政协副主席潘亦生受区政协第四届委员会常务委员会所作工作报告，会议认为，区政协以邓小平理论和“三个代表”重要思想为指导，认真履行“政治协商、民主监督、参政议政”基本职能，注意发挥自身特点和优势，致力于两个文明建设，协助区委、区政府做好各项工作，取得一定成绩。会议听取和审议副主席梅冬乔代表区政协第四届委员会提案工作委员会所做的提案工作情况的报告。会议审议通过副主席梅冬乔受四届四次会议提案委员会委托所做的提案审查情况报告。审议通过会议决议。会议表彰2000年度优秀委员提案，有5份委员提案被通报表彰。

与会委员列席区第六届人民代表大会第四次会议，听取并讨论区长余策恩所作《政府工作报告》

和《浔阳区国民经济和社会发展第十个五年计划纲要（草案）》。会议认为，区委、区政府带领全区人民艰苦创业，排难而进，做了大量工作，经济建设、市场培育、整治经济发展环境、个体私营经济发展、招商引资、市容环卫、社会治安等社会各项事业都取得可喜成绩，为“九五”画上了一个圆满句号，同时也为“十五”的顺利开局创造良好条件。新的一年，区政府工作思路清晰、目标明确、任务具体、措施得力。会议听取区委书记曹林淼代表区委所作讲话。区政协主席王原平致闭幕词。

会议期间，收到委员提案 61 件，撰写提案委员 55 人。其中经济财经方面 7 件，城市建设和管理方面 33 件，文教卫生方面 9 件，社会治安综合治理方面 3 件，其他方面 9 件。有 22 件不符合提案工作条例有关规定，不予立案。会议号召，全体政协委员和各界人士面对新世纪、新形势、新任务、新考验，在区委领导下，按照认清形势，明确任务，抓住机遇，开拓进取，坚定信心，团结奋斗要求，努力开创浔阳区政协工作新局面，为完成区委、区政府提出的各项任务而努力奋斗。

第五次全体会议　2002 年 1 月 15 ~ 17 日，在区办公大楼十楼会议室举行，会期 3 天。王原平等 26 名委员组成大会主席团，潘亦生兼任大会秘书长。会议应到委员 145 名。

会议听取和审议区政协副主席潘亦生受区政协第四届委员会常务委员会所作工作报告，会议认为，区政协紧扣团结和民主两大主题，围绕区委、区政府的工作中心和工作重点，发挥政协自身优势，履行政治协商、民主监督、参政议政职能，各项工作都取得新的进展，为浔阳区经济发展和社会进步做出积极贡献。会议听取和审议副主席梅冬乔代表区政协第四届委员会提案工作委员会所作提案工作情况报告。会议表彰 2001 年度优秀委员，有 12 名优秀委员被通报表彰。会议表彰 2001 年度优秀委员提案，有 4 份委员提案被通报表彰。审议通过会议决议。

与会委员列席区第六届人民代表大会第五次会议，听取并讨论区长余策恩所作《政府工作报告》。会议认为，区政府坚持以邓小平理论为指导，深入贯彻中共十五大和十五届五中、六中全会精神，带领全区人民团结进取，艰苦拼搏，国民经济和社会发展取得新的成绩，为“十五”计划实施开了一个好头。新的一年区政府工作思路清晰、目标明确、任务具体、切合实际。会议听取区委书记曹林淼代表区委所作讲话。区政协主席王原平致闭幕词。

会议期间，收到委员提案 64 件，撰写提案委员 57 人。其中财政经济方面 11 件，城市建设管理方面 28 件，文教卫生方面 11 件，社会治安综合治理方面 5 件，其他方面 9 件。有 5 件不符合提案工作条例的有关规定，未予立案。会议号召全体政协委员和各界人士，高举邓小平理论伟大旗帜，更加紧密地团结在以江泽民为核心的党中央周围，在中共浔阳区委领导下，统一思想、坚定信心、扎实工作，努力开创浔阳区政协工作新局面，为完成区委、区政府提出的各项任务而努力奋斗。

五、第五届全体会议

第一次全体会议　2003 年 1 月 6 ~ 8 日，在区综合楼十楼会议室举行，会期 3 天。杨朱记等 25 名委员组成会议主席团，严茂宜任秘书长，会议由主席团主持。会议应到委员 141 名。

会议听取审议区政协副主席潘亦生受第四届委员会常务委员会的委托所作工作报告，听取和审议副主席任惠萍代表提案工作委员会所作第四届委员会五年来提案工作报告，会议认为，区政协四届委员会以邓小平理论为指导，贯彻“三个代表”重要思想，在中共浔阳区委领导下，团结和组织广大政协委员、各民主党派和各族各界人士，紧紧围绕经济建设这个中心，积极履行政协职能，为维护政治稳定，推动浔阳区改革开放和现代化建设，促进社会全面进步，做出积极贡献。会议酝酿协商选举第五届委员会主席（杨朱记）、副主席（潘亦生、任惠萍、刘宗强、刘其祥、易小慧、胡迪）、秘书长（严茂宜）和 27 名常委。审议通过第五届委员会第一次会议提案审查情况的报告。审议通过会议决议。

会议列席区人大七届一次会议，听取并讨论区《政府工作报告》及有关报告，会议认为，过去的五年，是浔阳区改革开放和社会主义现代化建设不断取得新成绩的五年。全区人民在区委、区政府领导下，克服困难，抓住机遇，与时俱进，开拓进取，全区经济发展，市场繁荣，社会稳定，人民生活水平进一步得到改善，社会各项事业取得较大进步。区政府工作报告对过去五年工作成绩总结实事求是，对困难和问题分析符合实际，未来五年工作指导思想明确，发展思路清晰，奋斗目标催人奋进，符合区情，体现民意，是一个开拓务实，鼓舞人心的报告。会议听取傅云生代表中共浔阳区委所做讲话。区政协副主席刘宗强致开幕词，新当选的区政协主席杨朱记大会上作总结讲话。

会议期间，收到委员提案86件，提出提案委员89人次。经过审查，共立案59件，其中经济建设方面11件，文教卫生方面10件，治安、消防方面6件，城管、环保方面10件，提高市民素质、社保、低保方面13件，加强干部队伍建设方面2件，其他方面7件。会议号召，全体政协委员，各民主党派、工商联、人民团体和各族各界人士，要常怀为民之心，常思为民之策，常兴为民之举，常议为民之事，在区委的领导下，为全面建设小康城区而努力奋斗。

第二次全体会议　2004年2月5～7日，在区综合楼十楼会议室举行，会期3天。杨朱记等27名委员组成会议主席团，严茂宜任秘书长，会议由主席团主持。会议应到委员161名。

会议听取审议区政协副主席潘亦生受第五届委员会常务委员会委托所作工作报告，听取审议区政协副主席任惠萍受五届委员会常务委员会委托所做的五届一次会议以来提案工作情况报告。会议认为，区政协五届委员会以邓小平理论为指导，认真贯彻“三个代表”重要思想，在中共浔阳区委领导下，团结和组织广大政协委员、各民主党派和各族各界人士，紧紧围绕经济建设这个中心，积极履行政协职能，为维护政治稳定、推动浔阳区改革开放和现代化建设，促进社会全面进步，做出积极的贡献。会议酝酿协商增选叶明林为政协浔阳区第五届委员会副主席，增选常委1名。会议审议通过区五届委员会二次会议提案审查情况的报告。审议通过会议决议。

会议列席区人大七届二次会议，听取并讨论区长尹雪秀所做的《政府工作报告》及其他工作报告，会议认为，过去的一年，是浔阳区改革开放和社会主义现代化建设不断取得新成绩的一年。全区人民在区委、区政府领导下，克服困难，抓住机遇，与时俱进，开拓进取，全区经济发展，市场繁荣，社会稳定，人民生活水平进一步得到改善，社会各项事业取得较大进步。会议听取区委书记傅云生讲话。区政协主席杨朱记在闭幕大会上作总结讲话。

会议期间，收到委员提案76份，提出提案委员70人次。其中立案62件，有关经济建设方面17件，文教卫生方面8件，社会治安方面9件，城建、环保方面9件，市容环卫方面7件，社区建设方面6件，干部队伍建设方面1件，其他方面5件，未立案15件。会议号召，全体政协委员，各民主党派、工商联、人民团体和各族各界人士，在区委的领导下，为全面建设小康城区而努力奋斗。

第三次全体会议　2005年1月10～12日，在区综合楼十楼会议室举行，会期3天。杨朱记等26名委员组成会议主席团，严茂宜任秘书长，会议应到委员160名。

会议听取审议区政协副主席潘亦生受第五届委员会常务委员会委托所做的工作报告，五届常务委员会工作报告，听取审议副主席刘宗强受第五届委员会常务委员会的委托所作五届二次会议以来提案工作情况报告，会议认为，区政协五届委员会二次会议以来，以科学发展观为指导，认真贯彻中共十六届三中、四中全会精神，在区委正确领导下，团结和组织广大政协委员、各民主党派和各族各界人士，紧紧围绕经济建设这个中心，积极履行政协职能，为维护政治稳定、推动浔阳区改革开放和现代化建设，促进社会全面进步，做出积极贡献。会议审议通过第五届委员会第三次会议提案审查情况的报告。审议通过会议决议。

会议列席区人大七届三次会议，听取并讨论区政府区长尹雪秀所作《政府工作报告》及其他报告。会议认为，过去的一年，是浔阳区改革开放和社会主义现代化建设不断取得新成就的一年。全区人民在区委、区政府领导下，克服困难，抓住机调，与时俱进，开拓进取，全区经济发展，市场繁荣，社会稳定，人民生活水平进一步得到改善，社会各项事业取得较大进步。区政府工作报告总结过去实事求是，对困难和问题分析符合实际，今后工作指导思想明确，发展思路清晰，奋斗目标催人奋进，符合区情，体现民意，是一个开拓务实、鼓舞人心的报告。会议听取区委副书记、区长尹雪秀代表区委所作讲话。

会议期间，收到委员提案66件，提案委员45人次。经过审查，共立案53件。其中经济建设方面14件，文教卫生方面6件，社会治安方面7件，城建、环保方面4件，市容环卫方面5件，社区建设方面9件，加强干部队伍建设3件，其他方面5件。会议号召，全体政协委员，各民主党派、工商联、人民团体和各族各界人士，在区委领导下，为全面建设小康浔阳、构建和谐社会而努力奋斗。

第四次全体会议 2006年1月10～12日，在区综合楼十楼会议室举行，会期3天。潘亦生等24名委员组成会议主席团，严茂宜任秘书长。会议应到委员161名。

会议听取审议区政协副主席刘其祥受第五届委员会常务委员会委托所做的工作报告，听取审议副主席易小慧受五届委员会常务委员会委托所作五届三次会议以来提案工和情况报告。会议认为，区政协五届委员会三次会议以来，以科学发展观为指导，认真贯彻中共十六届四中、五中全会精神，在中共浔阳区委的正确领导下，团结和组织广大政协委员、各民主党派和各族各界人士，紧紧围绕经济建设这个中心，积极履行政协职能，为创建美丽和谐新浔阳，全面建设小康城区，做出积极贡献。会议总结表彰2005年度区优秀政协委员。会议审议通过区政协五届四次会议提案审查报告，通报第五届委员会委员变动情况。审议通过会议决议。

会议列席区人大七届四次会议，听取并讨论区政府区长尹雪秀所作区《政府工作报告》及其他报告。会议认为，全区人民在区委、区政府的领导下，克服困难，抓住机遇，与时俱进，开拓进取，浔阳区经济发展，市场繁荣，城市靓丽，社会稳定，人民生活水平进一步得到改善，社会各项事业取得较大进步。会议听取区委副书记李亚东代表区委所做的讲话。与会委员视察区重点工程建设情况。

会议期间，收到委员提案67件，提案委员82人次。共立案62件，其中经济建设方面11件，文教卫生方面10件，社会治安方面9件，城建、环保方面11件，市容环卫方面5件，社区建设方面6件，加强干部队伍建设2件，其他方面8件。会议号召，全体政协委员，各民主党派、工商联、人民团体和各界人士，在中共浔阳区委的领导下，为全面建设小康浔阳、构建和谐社会而努力奋斗。

六、第六届全体会议

第一次全体会议 2007年2月27日至3月1日，在市少儿活动中心举行，会期3天。张燕萍等29名委员组成会议会议主席团，严茂宜任秘书长。会议应到委员190名。

会议听取审议主席团常务主席刘宗强受区政协第五届委员会常务委员会委托所作工作报告，听取审议主席团副主席易小慧受区政协第五届委员会常务委员会委托所作区政协五届一次会议以来提案工作情况报告，会议认为，区政协五届委员会一次会议以来，认真贯彻中共十六届五中、六中全会精神，在中共区委正确领导下，团结和组织广大政协委员、各民主党派和各界人士，围绕经济建设这个中心，履行政协职能，为创建美丽和谐新浔阳，全面建设小康城区，做出积极的贡献。会议酝酿协商选举产生区政协第六届委员会主席（张燕萍）、副主席（任惠萍、刘宗强、刘其祥、易小慧、胡迪、曹茂荣、朱少芬）、秘书长（严茂宜）、20名常务委员。审议通过区政协第六届委员会第一次会议提案审查情况的报告。审议通过会议决议。

会议列席区人大八届一次会议，听取并讨论区政府区长李广欣所作《区政府工作报告》及其他报告。会议认为，2006年是全区改革开放和社会主义现代化建设不断取得新成就的一年。全区人民在区委、区政府领导下，克服困难，抓住机遇，与时俱进，开拓进取，全区经济发展、市场繁荣、城市靓丽、社会稳定，人民生活水平进一步得到改善，社会各项事业取得较大进步。主席团常务主席刘其祥致开幕词。会上市容课题组作《浔阳区社区卫生费的现状与对策》发言，城建课题组作《建设“首善浔阳”呼唤旧城改造》发言，经济课题组作《整合市场资源 做大京九品牌》发言，文化课题组作《关于实施“文化兴区”战略目标的几点建议》发言，民建浔阳区机关支部作《加快均衡发展步伐 实现区域教育公平》发言。区委书记傅云生在闭幕式上讲话，新当选的区政协主席张燕萍在闭幕式上作总结讲话。

会议期间，收到委员提案156件，提案委员150人次。经过认真审查，共立案138件，其中经济建设方面26件，文教卫生方面37件，社会治安方面12件，社区建设方面11件，加强干部队伍建设方面25件，其他方面11件。会议号召，全体政协委员，各民主党派、工商联、人民团体和各界人士，要常怀为民之心，常思为民之策，常兴为民之举，常议为民之事，在中共浔阳区委的领导下，为全面建设小康浔阳、构建和谐社会而努力奋斗！

第二次全体会议 2008年2月26～28日，在九江市少儿活动中心举行，会期3天。由张燕萍等29名委员组成会议主席团，严茂宜任秘书长。会议由主席团主持。会议应到委员 194 名。

会议听取和审议区政协主席张燕萍受六届委员会常务委员会委托所作工作报告，听取和审议区政协副主席朱少芬受六届委员会常务委员会委托所作六届一次会议以来提案工作情况报告。会议认为，六届委员会一次会议以来，在区委正确领导下，区政协认真贯彻落实中共十七大精神，广泛团结广大政协委员和各界人士，紧紧围绕发展第一要务，以最广大人民群众根本利益作为政协工作出发点和落脚点，坚持“参政谋发展，履职为人民”的工作理念，积极履行政协职能，圆满完成区政协六届一次会议确定的工作任务，为全区科学发展、协调发展、和谐发展发挥积极作用。会议总结表彰 2007 年度优秀政协委员。审议通过区政协六届二次会议提案审查报告。审议通过会议决议。

会议列席区人大八届二次会议，听取和讨论区政府区长李广欣所作《区政府工作报告》及其他报告。会议认为，2007 年全区人民在区委、区政府的领导下，抢抓机遇，与时俱进，开拓进取，全面实施“四大战略”，着力打造魅力九江首善之区，构建和谐浔阳，顺利完成年初确定各项任务，经济稳健前行，社会和谐进步。《区政府工作报告》总结成绩令人振奋，分析困难和问题符合实际，充分体现惠泽于民的执政理念，体现时代要求，表达全区人民共同愿望。对今后工作的部署，指导思想明确，发展思路清晰，奋斗目标催人奋进，体现民意，积极可行，是一个求真务实、振奋人心的报告。

会议期间，收到委员提案 103 件，提案委员 133 人次。经过认真审查，共立案 85 件。其中经济建设方面 20 件，文教卫生方面 10 件，社会治安方面 7 件，城建、环保方面 10 件，市容环卫方面 8 件，社区建设方面 11 件，加强干部队伍建设 9 件，其他方面 11 件。会议号召，全体政协委员，各民主党派、工商联、人民团体和各界人士，要紧密团结在以胡锦涛为总书记党中央周围，在中共十七大精神指引下，按照全区的总体部署，围绕中心，服务大局，在中共浔阳区委的领导下，切实履行职能，为全面建设小康浔阳、构建和谐社会而努力奋斗。

第三次全体会议　2009 年 2 月 3～5 日，在区综合楼十楼会议室举行，会期 3 天。由张燕萍等 31 名委员组成会议主席团，会议由主席团主持。会议应到委员 194 名。

会议听取和审议区政协主席张燕萍受第六届委员会常务委员会的委托所做的工作报告，听取和审议区政协副主席朱少芬受第六届委员会常务委员会委托所作六届二次会议以来提案工作情况报告。会议酝酿协商补选第六届委员会常务委员 6 名。表彰 2008 年度优秀区政协委员。

会议列席区人大八届三次会议，听取和讨论区政府区长李广欣所作《区政府工作报告》及其他报告。会上区政协经济课题组作《中心城区发展楼宇经济的情况与思考》发言，区政协社会课题组作《关于对中心城区城市管理工作的几点思考与建议》发言，区无党派知识分子联谊会课题组作《大力探索社区养老新模式》发言，农工党浔阳区支部作《完善社区卫生服务体系　提升居民健康生活指数》发言，民进浔阳区支部课题组作《兴文化产业　促浔城发展》发言。

第四次全体会议　2010 年 2 月 1～3 日，在区综合楼十楼会议室举行，会期 3 天。由张燕萍等 34 人组成会议主席团，韩万金兼任秘书长，会议由主席团组成。会议应到委员 198 名。

会议听取和审议区政协主席张燕萍受六届委员会常务委员会委托所作工作报告，听取和审议区政协副主席朱少芬受六届委员会常务委员会委托所作六届三次会议以来提案工作情况报告。会议认为，六届委员会三次会议以来，在区委正确领导下，区政协认真贯彻落实中共十七大和十七届三中、四中全会精神，广泛团结广大政协委员和各界人士，紧紧围绕发展第一要务，以最广大人民群众的根本利益作为政协工作的出发点和落脚点，坚持“参政谋发展，履职为人民”工作理念，积极履行政协职能，圆满完成区政协六届三次会议确定的工作任务，为在九江争得应有地位的进程中率先发展做出积极贡献。会议酝酿协商补选区政协第六届委员会副主席、秘书长和常委，增补张华桥、周华为副主席，增补韩万金为秘书长，增补骆泽君、熊荣华为常务委员。会议审议通过区第六届委员会第四次会议提案审查情况报告。通过会议决议。

听取和讨论区长李广欣所做的《区政府工作报告》及其他报告。会议认为，2009 年全区人民在区委、区政府的领导下，抢抓机遇，与时俱进，开拓进取，顺利完成年初确定的各项任务，经济稳健前行，社会和谐进步。《区政府工作报告》总结成绩令人振奋，分析困难和问题符合实际，充分体现惠泽于民的执政理念，体现时代要求，表达全区人民的共同愿望。对今后工作的部署，指导思想明确，发展思路清晰，奋斗目标催人奋进，体现民意，积极可行。区委书记朱汉浩在会议闭幕式上讲话。会上，农工党浔阳区支部课题组作《加快城东片区开发的思考与建议》发言，民建、民盟浔阳区支部课题组作《关于着力繁荣大中路商贸步行街的几点思想》发言，民革浔阳区支部课题组作《加强经济责任审计　当好干部监督管理参谋》发言，民进浔阳区支部课题组作《加大民营经济扶持力度　促进浔阳率先崛起》发言。

会议期间，收到委员提案128件，提案委员151人次。经过认真审查，共立案128件，其中经济建设方面26件，文教卫生方面22件，社会治安方面18件，城建、环保方面24件，市容环卫方面12件，社区建设方面8件，加强干部队伍建设7件。会议号召，全体政协委员，各民主党派、工商联、人民团体和各界人士，要紧密团结在以胡锦涛为总书记的党中央周围，在中共十七大精神指引下，按照全区总体部署，围绕中心，服务大局，在中共浔阳区委领导下，切实履行职能，为全面建设小康浔阳、构建和谐社会而努力奋斗。

第五次全体会议　2011年2月17～19日，在市少儿活动中心举行，会期3天。由张燕萍等33名委员组成会议主席团，韩万金兼任秘书长，会议由主席团主持。会议应到委员198名。

会议听取和审议区政协主席张燕萍受第六届委员会常务委员会委托所作工作报告，听取和审议区政协副主席张华桥受第六届委员会常务委员会委托所作六届四次会议以来提案工作情况报告，会议认为，区政协六届委员会四次会议以来，在区委的正确领导下，认真贯彻落实中共十七大和十七届四中、五中全会精神，广泛团结广大政协委员和各界人士，紧紧围绕发展第一要务，以最广大人民群众的根本利益作为政协工作出发点和落脚点，坚持“参政谋发展，履职为人民”工作理念，积极履行政协职能，圆满完成区政协六届四次会议确定工作任务，为在九江争得应有地位进程中率先发展做出积极贡献。会议审议通过区政协六届五次会议提案审查情况报告。审议通过会议决议。

会议列席区人大八届五次会议，听取和讨论区政府区长李广欣所作《区政府工作报告》及其他报告。会议一致认为，2010年，全区人民在区委、区政府的领导下，抢抓机遇，与时俱进，开拓进取，顺利完成年初确定的各项任务，经济稳健前行，社会和谐进步。区政府工作报告总结成绩令人振奋，分析困难和问题符合实际，充分体现惠泽于民执政理念，体现时代要求，表达全区人民共同愿望。对今后工作部署，指导思想明确，发展思路清晰，奋斗目标催人奋进，体现民意，积极可行。区委书记朱汉浩在会议闭幕式上讲话。会上，教育课题组作《关于推进浔阳区基础教育均衡发展的调查与思考》发言，民进浔阳区支部作《适时调整行政区划　促进浔阳快速发展》发言，区无党派知识分子联谊会作《壮大楼宇经济　繁荣第三产业》发言，民建浔阳区机关支部作《探索建管结合长效机制　促进大中路繁荣发展》发言，民革浔阳区支部作《关于缓解城市交通拥堵的几点建议》发言。

会议期间，收到委员提案97件，提案委员109人次。经过认真审查，共立案95件。其中经济建设方面22件，文教卫生方面13件，社会治安方面10件，城建、环保方面18件，市容环卫方面19件，社区建设方面5件，加强干部队伍建设方面4件，其他方面4件。会议号召，全体政协委员、各民主党派、工商联、无党派和各界人士，要紧密团结在以胡锦涛为总书记的党中央周围，在中共十七大精神指引下，按照全区总体部署，围绕中心，服务大局，在区委领导下，切实履行职能，为全面建设小康浔阳、构建和谐社会而努力奋斗。

七、第七届全体会议

第一次全体会议　2011年8月28～30日，在市少儿活动中心举行，会期3天。区政协第七届委员会共设置23个届别，应到委员210人，实到205人。

文建华等36人组成大会主席团，韩万金任秘书长，大会由主席团主持。

会议听取和审议主席团常务副主席刘宗强受六届委员会常务委员会委托所作工作报告，听取和审议主席团常务副主席张华桥受六届委员会常务委员会委托所作关于五年来提案工作情况报告。会议认为，区政协六届委员会在区委正确领导下，认真贯彻落实中共十七大和十七届三中、四中、五中全会精神，坚持“参政谋发展，履职为人民”工作理念，广泛团结广大政协委员和各界人士，积极履行政协职能，圆满地完成区政协六届委员会各项任务，为全区在九江争得应有地位进程中率先发展做出积极贡献。会议酝酿协商选举产生七届区政协主席（文建华）、副主席（刘宗强、易小慧、张华桥、朱少芬、周华、廖济煊、秦永红）、秘书长（韩万金）和28名常务委员。审议通过七届委员会第一次会议提案审查情况报告。审议通过会议决议。

会议列席区人大九届一次会议，听取并讨论区长左延所作《政府工作报告》和其他报告。会议认为，过去五年全区人民在区委的正确领导下，抢抓机遇，与时俱进，锐意进取，开拓创新，是全区经济发展最快、城市变化最大、百姓实惠最多的五年。区政府工作报告总结成绩令人振奋，分析困难和问题符合实际，对今后工作部署，指导思想明确，发展思路清晰，奋斗目标催人奋进。主席团常务副主席易小慧致开幕词。区委书记戴晓慧在闭幕式上讲话。新当选的区政协主席文建华在闭幕式上作总结讲话。

会议期间，收到委员提案126件，提案委员达155人次。经过审查，共立案121件，其中经济建设方面28件，文教卫生方面16件，社会治安方面5件，城建、环保方面35件，市容环卫方面16件，社区建设方面5件，加强干部队伍建设方面3件，其他方面13件。会议号召，全体区政协委员、各民主党派、工商联、无党派和各界人士，要常怀为民之心，常思为民之策，常兴为民之举，常议为民之事，在区委正确领导下，为建设美丽、实力、文化、幸福的新浔阳而努力奋斗。

第二次全体会议　2012年2月7~9日，在市少儿活动中心举行，会期3天。

文建华等36名委员组成会议主席团，韩万金任秘书长。会议由主席团主持，会议应到委员210人，实到委员203人。

会议听取审议区政协主席文建华受七届委员会常务委员会委托所作常务委员会工作报告，听取审议政协副主席张华桥受七届委员会委托所作七届一次会议以来提案工作情况报告。会议认为，区政协七届委员会在区委正确领导下，认真贯彻中共十七届五中、六中全会精神，深入落实科学发展观，牢牢把握团结和民主两大主题，紧紧围绕区第九次党代会提出的奋斗目标和各项任务，按照区政协七届一次全委会的要求，把工作的延续性和创造性结合起来，依靠全体政协委员，团结社会各界人士，认真履行政治协商、民主监督、参政议政职能，为促进全区经济建设和各项事业的发展，做出积极的贡献，实现新一届政协工作的良好开局。会议表彰提案办理先进单位和优秀委员提案。审议通过区政协七届委员会二次会议提案审查情况的报告。审议通过会议决议。

会议列席区人大九届二次会议，听取并讨论区长左延所做的《政府工作报告》。会议认为，2011年全区人民在区委正确领导下，抢抓机遇，与时俱进，锐意进取，开拓创新，经济快速发展，社会和谐进步。区政府工作报告总结成绩令人振奋，分析困难和问题符合实际，对今后工作的部署，指导思想明确，发展思路清晰，奋斗目标催人奋进。区委书记戴晓慧在闭幕式上讲话。区政协文教卫生法制社团委员会作《“文化浔阳”发展的战略选择》发言，民建浔阳区机关支部作《扬优乘势　多措并举　加快推进楼宇经济集聚发展》发言，区无党派知识分子联谊会作《发展社区居家养老　构建幸福浔阳支撑》发言。

会议期间，收到委员提案89件，提案委员达106人。经过认真审查，共立案86件。其中经济建设方面18件，文教卫生方面15件，社会治安方面3件，城建、环保方面26件，市容环卫方面13件，社区建设方面3件，其他方面8件。会议号召，全体区政协委员、各民主党派、工商联、无党派和各界人士，在区委正确领导下，为建设美丽、实力、文化、幸福的新浔阳做出新的更大贡献，以优异的成绩迎接中共十八大召开。

第三次全体会议　2013年1月15~16日，在市青少年活动中心举行，会期2天。会议应到委员223名，应邀请出席人员48名，实到委员217名，实到列席人员45名。

会议听取审议区政协主席文建华受区政协第七届委员会常务委员会委托所作工作报告。会议认为，一年来区政协在区委正确领导下，在区政府大力支持与市政协有力指导下，紧紧围绕“城建美区、文化立区、工业兴区、三产富区”总体目标，积极履职，在服务大局中助推浔阳加快发展，在关注民生中促进社会和谐稳定，在创新思路中谋求政协更大作为，为全区经济和社会发展做出积极贡献。听取审议区政协副主席张华桥受区政协第七届委员会常务委员会的委托所作七届二次会议以来提案工作情况报告。会议认为，2012年提案工作在创新方法、强化督办、狠抓实效上做了大量工作，取得明显效果，提案工作质量和水平有新的提高，为加快浔阳发展做出应有贡献。会议审议通过区政协七届委员会第三次会议提案审查情况报告，审议通过会议决议。会议通报2012年度委员履职情况，会议表彰2012年度政协提案办理工作先进单位，表彰政协优秀提案和优秀调研报告，会议印发《政协第七届浔阳区委员会常务委员会2013年工作要点》，通报政协七届浔阳区委员会第三次会议会风督查情况。

会议列席区九届人大三次会议，听取和讨论区政府区长左延所作《政府工作报告》和其他工作报告，会议认为，2012年区政府坚持以科学发展观为指导，团结带领全区人民，强力推进“12345”发展战略，在优化产业结构、加快项目建设、加强城市建管、推进文化建设、做实民生工程、发展社会事业、维护社会稳定等方面取得显著成就。报告提出2013年总体要求、主要目标、工作任务，符合浔阳实际，体现中共十八大会议精神新要求，适应浔阳率先发展新形势，顺应全区人民新期盼。区委书记戴晓慧在闭幕式上讲话，区政协经济科技委员会作《以沿江开放为契机　加快推进浔阳区现代服务业发展》发言，民建浔阳区支部作《深挖掘　建载体　优项目　大力推进浔阳文化旅游产业大发展》发言，民进浔阳区支部作《发展公益文化事业　全面打造文化浔阳》发言，民盟浔阳区支部作《全面加强“流动校舍”管理　为孩子建立安全无忧绿色通道》发言。会议补选7名常委。

会议期间，收到委员提案205件，提案委员235人次，提案内容涉及服务浔阳率先发展、关注民生热点、创新城市管理和推进社会和谐等方面。会议号召，全体区政协委员、各民主党派、工商联、无党派和各界人士，要紧密团结在以习近平为总书记的党中央周围，在区委坚强领导下，牢记神圣职责，不负人民重托，进一步解放思想、振奋精神、锐意进取、扎实工作，为开创全区政协工作新局面，建设“美丽、实力、文化、幸福”新浔阳而努力奋斗。

第四次全体会议　2014年1月15～17日，在市青少年活动中心举行，会期3天。会议应到委员232名。

会议听取和审议区政协主席文建华受区政协第七届浔阳区委员会常务委员会委托所作工作报告。会议认为，七届三次会议以来，区政协常务会在区委领导下，按照建设“美丽、实力、文化、幸福”新浔阳总体要求，坚持团结民主，积极履行职能，在服务大局中助推浔阳发展，在关注民生中促进社会和谐，在传承创新中发展政协事业，为浔阳加快发展做出新的贡献。会议审议通过区政协副主席张华桥受区政协第七届委员会常务委员会的委托所做的七届三次会议以来提案工作情况报告。会议认为，2013年区政协提案工作在把握重点、健全机制、创新方法、狠抓落实上下功夫，提案协商办理程序得到进一步规范，提案质量和办理成效有进一步提升，为推动浔阳发展发挥积极作用。会议依据政协章程规定，经过充分酝酿和民主协商，选举增补7名区政协常委。表彰2013年度先进集体和优秀个人。审议通过区政协七届四次会议提案审查报告。审议通过会议决议。

会议列席区九届人大四次会议，听取和讨论区政府区长左延所作《政府工作报告》和其他报告。会议认为，2013年区政府在市委、市政府和区委的领导下，深入贯彻中共十八大和十八届三中全会精神，全面落实全市“两区互动、强工兴城”战略部署，紧紧抓住沿江开放开发重大机遇，策应“昌九一体化”发展战略，始终围绕“打好四张牌，打造四座城”的目标，攻坚克难，乘势而上，经济社会保持良好发展态势，完成年初确定各项目标任务。区党政领导参加委员联组讨论，听取委员意见建议，与委员共商全区发展大计。区委书记戴晓慧在联组讨论上，对区政协履行好政协“三大职能”，把握好“两大主题”，进一步发挥委员主体作用，不断加强自身建设等方面，给予充分肯定，并在闭幕大会上讲话。区政府区长左延在开幕大会上对区政协履职成果和大会发言给予高度评价，在联组讨论上，对委员们提出的意见建议表示一致认可。会上区党外知识分子联谊会作《社区矫正　高墙之外塑新生》发言，民盟浔阳区支部作《多措并举　和谐推进旧城改造》发言，民建浔阳区支部作《拓展税源　寻求突破　进一步提升楼宇经济对财政的贡献力》发言，民进浔阳区支部作《打造文化产业商圈　推进文化浔阳建设》发言，区政协经济科技委员会作《规范引导　扬优成势　扎实推进现代物流产业快速发展》发言。

会议期间，收到委员提案182件，社情民意32件。其中集体提案1件，委员联名提案22件，委员个人提案 157 件。共有 172 名委员、个人党派团体提交提案，26 名委员提交 2 份以上提案。有关经济建设方面 11 件，城市交通、市容管理方面 34 件，文化旅游方面 15 件，科技教育体育方面 16 件，医疗卫生食品安全方面 28 件，民生和社会保障方面 36 件，社会治安和安全责任方面 15 件，机关效能等综合方面 7 件。会议号召，全体区政协委员、各民主党派、工商联、无党派和各界人士，要在区委的坚强领导下，同心同德，群策群力，与时俱进、创新履职，不断开创全区政协工作新局面，为打造美丽、和谐、幸福首善之区而努力奋斗。

第五次全体会议　2015 年 2 月 3 日至 5 日在浔阳区举行，会场设在九江市青少年活动中心，会期三天。会议应到委员 232 名。

会议是在全区上下深入学习贯彻中共十八大及十八届三中、四中全会和中共中央总书记习近平系列讲话精神的新形势下召开的一次重要会议。中共浔阳区委高度重视这次会议，对大会的成功召开表示热烈的祝贺。区委、区人大、区政府、区人武部等领导出席了开、闭幕大会。会议听取和审议主席文建华所做的区政协常委会工作报告。会议认为，七届四次会议以来，区政协常委会在中共浔阳区委的正确领导下，以深入开展党的群众路线教育实践活动为契机，紧紧围绕全区“3785”总目标，坚定信念，务实创新，在服务大局中助推浔阳发展，在关注民生中促进社会和谐，在传承创新中发展政协事业，为打造美丽、和谐、幸福首善之区做出积极贡献。会议审议并同意副主席张华桥代表七届区政协常务委员会所做的提案工作报告。会议认为，2014 年，区政协提案工作在把握重点、健全机制、狠抓落实上下功夫，为推动浔阳发展发挥了积极作用。会议要求，2015 年区政协提案工作，要以提高提案质量为基础，以增强提案办理实效为目标，全面提高提案工作的科学化水平。会议表彰 2014 年度政协工作先进集体和优秀个人。会议审议通过区政协七届五次会议提案审查报告。会议审议通过本次会议决议。

会议列席了区九届人大五次会议，听取和讨论区政府区长左延所做的《政府工作报告》，会议一致认为，过去的一年，区政府在中共九江市委、市政府和中共浔阳区委的正确领导下，深入贯彻中共十八大和十八届三、四中全会精神，紧紧围绕“3785”工作目标，解放思想，真抓实干，锐意进取，全面完成区九届人大四次会议确定的各项目标任务，经济社会发展保持良好势头。区《政府工作报告》提出的 2015 年工作总体要求、奋斗目标和工作任务，体现中共十八大和十八届三中、四中全会及中共浔阳区委确定的“3785”目标要求，适应浔阳加快发展的新变化，顺应全区人民的新期盼，相信经过全区人民共同努力，必将推动全区经济社会发展跃上新台阶。委员们对区《政府工作报告》及其他报告表示赞同，对打造首善之区充满信心，同时提出一些建设性意见和建议。区党政领导参加委员联组讨论，听取委员意见建议，与委员共商全区发展大计。中共浔阳区委书记戴晓慧在联组讨论会上，对区政协履行好政协“三大职能”，把握好“两大主题”，进一步发挥委员主体作用，不断加强自身建设等方面，给予充分肯定，并将在闭幕大会上作重要讲话。区政府区长左延在开幕大会上对区政协履职成果和大会发言给予高度评价，在联组讨论会上，对委员们提出的意见建议表示一致认可。会上区总商会、浙江商会做了题为《关于积极扶持非公企业做大做强的建议》的发言，农工党浔阳区支部做了题为《重视引进与提升，打造浔阳商务服务桥头堡》的发言，民盟浔阳区支部做了题为《对农贸市场标准化改造与管理的几点思考》的发言，民进浔阳区支部做了题为《边街小巷改造及管理问题思考》的发言，民建浔阳区支部做了题为《探索服务外包，推进市容环卫市场化运作》的发言。

会议期间，共收到提案 138 件，社情民意 37 件。其中，集体提案 1 件，委员联名提案 25 件，委员个人提案 112 件。共有 136 名委员和 1 个党派团体提交提案，其中，24 名区政协委员提交了 2 件以上提案。有关经济建设方面的提案 21 件，占总数的 15.2%；有关城市建设方面的提案 22 件，占总数的 16%；有关城市交通、市容管理方面的提案 39 件，占总数的 28.3%；有关文化旅游方面的提案 10 件，占总数的 7.2%；有关科技教育体育方面的提案 10 件，占总数的 7.2%；有关医疗卫生、食品安全方面的提案 7 件，占总数的 5.1%；有关民生和社会保障方面的提案 16 件，占总数的 11.6%；有关社会治安、安全责任方面的提案 9 件，占总数的 6.5%；有关党群工作和机关效能等综合方面的提案 4 件，占总数的 2.9%。

会议号召，全体政协委员、各民主党派、工商联、无党派和各界人士，要在中共浔阳区委的坚强领导下，同心同德、群策群力，与时俱进、创新履职，不断开创全区政协工作新局面，为“助推浔阳发展、服务首善之区”而努力奋斗。

第六次全体会议 2016年1月19至20日在九江市青少年活动中心举行。会议应到委员232名，实到委员226名。会议是在全区上下全面深入学习贯彻中共十八大和十八届五中全会、省委十三届十一次全会以及省、市、区委政协工作会等有关会议精神，为实现区委确定的“3785”工作目标而努力奋斗的新形势下召开的一次重要会议。会议听取和审议主席文建华受区政协第七届浔阳区委员会常务委员会的委托所做的工作报告。七届五次会议以来，区政协常委会在中共浔阳区委的正确领导下，紧紧围绕“3785”战略部署，积极履职，主动作为，坚定信念，务实创新，在服务大局中助推浔阳发展，在关注民生中促进社会和谐，在传承创新中发展政协事业，为打造美丽、和谐、幸福首善之区作出积极贡献。会议审议并同意副主席张华桥代表七届区政协常务委员会所作的提案工作报告。会议认为，2015年，区政协提案工作在把握重点、健全机制、狠抓落实上下功夫，为推动浔阳发展发挥了积极作用。会议要求，2016年区政协提案工作，要以提高提案质量为基础，以增强提案办理实效为目标，全面提高提案工作的科学化水平。会议同意七届区政协常委会提出的2016年工作总体要求和主要任务，认为符合实际、重点突出、切实可行，要求常委会认真组织实施。

会议期间，委员们列席区九届人大六次会议，听取和讨论区政府区长左延所做的《政府工作报告》，协商讨论其他重要报告。会议一致认为，过去五年，区政府在中共九江市委、市政府和中共浔阳区委的正确领导下，深入贯彻落实科学发展观，攻坚克难，砥砺奋进，圆满完成“十二五”规划提出的各项目标任务。区《政府工作报告》提出的“十三五”时期经济社会发展总体思路、主要预期目标和2016年工作安排，体现中共十八大和十八届三中、四中、五中全会及中共浔阳区委确定的“3785”目标要求，适应浔阳加快发展的新常态，顺应全区人民的新期盼，相信经过全区人民共同努力，“财政收入进入全省县市区前10强之一，进入全省服务业最发达、最完善的中心城区之一，进入全省最宜居、宜业、宜游的中心城区之一”的目标必将实现。区委高度重视这次会议，对大会的成功召开表示热烈的祝贺。区党政领导参加委员联组讨论，听取委员意见建议，与委员共商浔阳区发展大计。中共浔阳区委书记戴晓慧在开幕式上作重要讲话，对区政协履行好“三大职能”，把握好“两大主题”，进一步发挥委员主体作用，不断加强自身建设等方面，给予充分肯定，对今年区政协工作和委员履职提出了新的更高要求。区委常委、常务副区长王风雷代表区长左延在开幕大会上对区政协履职成果给予高度评价，对大会发言给予精彩点评。会议表彰2015年度政协工作先进集体和优秀个人。

会议期间，共收到委员提案109件。其中：集体提案1件，委员联名提案17件，委员个人提案91件。有关经济建设方面的提案11件，有关城市建设、城市交通方面的提案23件，有关市容管理方面的提案14件，有关文化旅游方面的提案7件，有关科技教育体育方面的提案12件，有关医疗卫生、食品安全方面的提案17件，有关民生和社会保障方面的提案15件，有关社会治安、安全责任方面的提案5件，有关节能减排等综合方面的提案5件。会议强调，2016年是区政协七届委员会收官之年，也是实施“十三五”规划开局之年。区政协常委会要在中共浔阳区委的坚强领导下，深入贯彻落实省市以及区委政协工作会议精神，团结引领广大政协委员和社会各界人士，进一步解放思想，创新举措，为首善之区建设做出新的更大贡献。

附：大会发言

1987年7月一届一次会议与1988年3月一届二次会议，各项工作处于摸索之中，故均未安排大会发言。1989年3月，一届三次会议召开，学习外地经验，大会安排5位委员做大会发言。

自1990年4月区政协二届一次会议至1996年1月三届四次会议，均未安排委员发言。

1997年1月区政协三届五次会议，在围绕贯彻中共十四届五中全会精神，“抓住机遇，深化改革，扩大开放，促进发展，保持稳定”，努力把浔阳区经济工作和社会各项事业不断推向前进主题和“九五”计划纲要制定背景下召开，会前委员要求发言呼声高，会议安排陆肖军等10名委员作了发言。

1998 年 2 月四届一次会议到 2006 年 1 月五届四次会议，均未安排委员大会发言。

根据 2005 年 2 月 28 日政协第十届全国委员会常务委员会第八次会议通过的《全国政协全体会议工作规则》第十九条规定：全体会议安排大会发言。各党派、团体、界别、专门委员会、委员个人或联名均可提交书面发言材料，申请大会发言，大会发言人选由会议秘书处按照有关规定确定。

2007 年 2 月六届一次会议起，区政协委员大会发言步入正常化轨道，每次全体会议均安排 4～5 个委员口头发言；由于时间关系，有的还印发 4～9 篇书面交流发言材料。委员发言材料得到区党政主要领导重视，多篇发言材料被当场批示。

2014 年 1 月区政协七届四次全会，把大会发言推到更高地位。与以往不同的是此次全会安排区长点评环节，发言结束后，区政府区长左延即席点评，称委员们发言涉及面广、内容丰富、结合实际、分析透彻，具有较强的前瞻性、针对性和可操作性，集中展示了政协委员参政议政、建言献策的热情和水平。区委书记戴晓慧自始至终认真听取委员发言，并现场做出批示，指示有关部门会后认真研究、积极吸纳委员们的意见建议。

自 1987 年 7 月区政协成立至 2016 年 2 月底，已经召开七届共 31 次全会，共举行大会发言 32 人（次），另有书面交流发言 45 篇次。内容涉及政治、经济、文化、社会、生态文明建设等各个领域，其中围绕财政税收、学校教育、市容环卫、楼宇经济、文化浔阳等方面的发言居多。

大会发言材料一览

表 4－1－1

序号	届次	发言题目	发言人	界　别
1	一届三次	开发浔阳区旅游业为经济发展拓宽道路	邹德庸	科学技术课题组
2	一届三次	谈谈对党政清廉问题的几点看法	刘利民	民盟浔阳区支部课题组
3	一届三次	搞好税收，促进我区经济发展	姜农瑞	民革浔阳区支部课题组
4	一届三次	紧缩银根、稳定金融，为治理整顿、深化改革服务	陈欣甫	科学技术课题组
5	一届三次	我对九江市浔阳区发展外向型经济的几点看法	王炳元	科学技术课题组
6	三届五次	举全社会之力，遏制“白色毒流”——对当前市区吸毒人员情况的调查	陆肖军	特邀课题组
7	三届五次	关于进一步完善街道一级财政管理体制的意见	王奉远	妇联课题组
8	三届五次	大声疾呼：人民期盼及早治理人民路	朱定方	特邀课题组
9	三届五次	开发九江精神宝库，加强爱国主义教育	潘治富	特邀课题组
10	三届五次	以实施股份制改造为主要形式，积极推进我区经济体制改革——对我区街道企业发展的几点意见	高秋深	民盟浔阳区支部课题组
11	三届五次	关于创办“浔阳区实验小学”的建议	熊韵新	教育课题组
12	三届五次	深入调查调研，积极进言献策——参加政协茶话会的一点体会	殷祥生	九三学社浔阳区支社课题组
13	三届五次	实施可持续发展战略，推进我区环境与经济、社会协调发展	姜丽芳	民建浔阳区支部课题组
14	三届五次	市容建设与垃圾管理	邹德庸	科学技术课题组
15	三届五次	适应城区特点，立足综合治理，促进协调发展——加强我区流动人口计划生育管理的几点意见	张　洪	医药卫生课题组
16	六届一次	浔阳区社区卫生费的现状与对策	刘良兴	市容课题组

序号	届次	发言题目	发言人	界　别
17	六届一次	建设“首善浔阳”，呼唤旧城改造	陈　革	城建课题组
18	六届一次	整合市场资源，做大京九品牌	徐燕芳	经济课题组
19	六届一次	关于实施“文化兴区”战略目标的几点建议	张力军	文化课题组
20	六届一次	加快均衡发展步伐，实现区域教育公平	段红梅	民建浔阳区机关支部课题组
21	六届二次	加快我区第三产业发展的思考	陈和平	经济课题组
22	六届二次	拓展服务领域，创新服务载体，推进社区服务向纵深发展	秦贵安	民建浔阳区支部课题组
23	六届二次	实行市容和环境卫生责任区制度，提高城区市容管理水平	程侯锋	民革浔阳区支部课题组
24	六届二次	营造良好投资环境，提高浔阳对外开放水平	高　平	民进浔阳区支部课题组
25	六届二次	发挥城乡互动优势，丰富居民“菜篮子”	王卫华	民盟浔阳区支部课题组
26	六届三次	中心城区发展楼宇经济的情况与思考	丁　玲	区政协经济课题组
27	六届三次	关于对中心城区城市管理工作的几点思考与建议	李平求	区政协社会课题组
28	六届三次	政府引导、社区搭台、中介运作——大力探索社区养老新模式	钟　玲	区无党派知识分子联谊会课题组
29	六届三次	完善社区卫生服务体系，提升居民健康生活指数	唐平钧	农工党浔阳区支部课题组
30	六届三次	兴文化产业，促浔城发展——关于加快浔阳文化产业发展的建议	高　平	民进浔阳区支部课题组
31	六届四次	加快城东片区开发的思考与建议	唐平钧	农工党浔阳区支部课题组
32	六届四次	关于着力繁荣大中路商贸步行街的几点思考	陶璐璐	民建、民盟浔阳区支部课题组
33	六届四次	加强经济责任审计，当好干部监督管理参谋	程侯锋	民革浔阳区支部课题组
34	六届四次	加大民营经济扶持力度，促进浔阳率先崛起	高　平	民进浔阳区支部课题组
35	六届四次	完善征管机制，壮大区级财政	钟　玲	浔阳区无党派知识分子联谊会课题组
36	六届五次	关于推进浔阳区基础教育均衡发展的调查与思考	殷方熙	教育课题组
37	六届五次	适时调整行政区划，促进浔阳快速发展	高　平	民进浔阳区支部课题组
38	六届五次	壮大楼宇经济，繁荣第三产业	钟　玲	区无党派知识分子联谊会课题组
39	六届五次	探索建管结合长效机制，促进大中路繁荣发展	秦贵安	民建浔阳区支部课题组
40	六届五次	关于缓解城市交通拥堵的几点建议	吴健军	民革浔阳区支部课题组
41	七届二次	“文化浔阳”发展的战略选择	梅龙宝	区政协文教卫生法制社团委员会
42	七届二次	扬优乘势、多措并举、加快推进楼宇经济集聚发展	冷运岚	民建浔阳区机关支部
43	七届二次	发展社区居家养老、构建幸福浔阳支撑	田理心	区无党派知识分子联谊会课题组
44	七届三次	以沿江开放开发为契机、加快推进浔阳区现代服务业发展	王飞炎	区政协经济科技委员会

序号	届次	发言题目	发言人	界　别
45	七届三次	深挖掘、建体裁、优项目、大力推进浔阳文化旅游产业大发展	徐爱林	民建浔阳区机关支部
46	七届三次	发展公益文化事业、全面打造文化浔阳	鲁　岚	民进浔阳区支部
47	七届三次	全面加强“流动校舍”管理、为孩子建立安全无忧绿色通道	刘俊文	民盟浔阳区支部
48	七届四次	社区矫正、高墙之外塑新生	钟　玲	区无党派知识分子联谊会
49	七届四次	多措并举、和谐推进旧城改造	刘俊文	民盟浔阳区支部
50	七届四次	拓展税源、寻求突破、进一步提升楼宇经济对财政的贡献力	冷运岚	民建浔阳区支部
51	七届四次	打造文化产业商圈、推进文化浔阳建设	蔡　沛	民进浔阳区支部
52	七届四次	规范引导、扬优成势、扎实推进浔阳现代物流产业快速发展	高　雄	区政协经济科技委员会
53	七届五次	关于积极扶持非公企业做大做强的建议	王中财	浔阳区总商会　浙江商会
54	七届五次	重视引进与提升、打造浔阳商务服务桥头堡	唐平钧	农工党浔阳区支部
55	七届五次	对农贸市场标准化改造与管理的几点思考	刘俊文	民盟浔阳区支部
56	七届五次	边街小巷改造及管理问题思考	鲁　岚	民进浔阳区支部
57	七届五次	探索服务外包、推进市容环卫市场化运作	李　虎	民建浔阳区支部
58	七届六次	促进医养融合发展实现政府、社会、家庭共赢—大力推进医养结合型养老建设	徐　燕	九三学社浔阳区支社
59	七届六次	大中路商业老街适应新形势发展的建议	方国栋	浔阳区总商会　广东商会
60	七届六次	加快电子商务发展、形成新经济增长点	朱　棣	民进浔阳区支部
61	七届六次	关于构建平安社区综合体制的思考	董春霞	浔阳区党外知识分子联谊会
62	七届六次	加大力度、完善基层医疗卫生服务体系	罗义超	民建浔阳区支部

大会书面交流材料一览

表 4－1－2

序号	届次	发言题目	界　别
1	六届一次	依托现代文明，发掘传统文件，全力打造浔阳城市文化品牌	民盟浔阳区支部
2	六届一次	建设商贸物流中心　我们责无旁贷	民盟浔阳区支部
3	六届一次	分类回收　再生资源　推进垃圾处理产业化、市场化	民建浔阳区机关支部
4	六届一次	大力发展第三产业　实现区域经济新跨越	民盟浔阳区支部
5	六届一次	与时俱进　改进创新　进一步做大做强流动人口计生综合管理服务工作品牌	民进浔阳区支部
6	六届一次	关于加强浔阳区食品安全监管工作的思考和对策	卫生课题组
7	六届一次	我区低保工作现状分析及对策	民政课题组

序号	届次	发言题目	界　别
8	六届一次	强化就业保障　服务首善之区	就业课题组
9	六届五次	加快浔阳工业经济发展的建议	经济课题组
10	六届五次	关于加快浔阳现代服务业发展的思考与建议	民盟浔阳区支部
11	六届五次	策应鄱阳湖生态经济区建设打造绿色宜居浔阳	农工党浔阳区支部
12	六届五次	浅谈我区城投公司的发展思路	民革浔阳区支部
13	七届三次	关于推进我区保障性住房建设工作的思考	农工党浔阳区支部
14	七届三次	坚持和谐拆迁，加快我区棚户区改造建设步伐	民革浔阳区支部
15	七届三次	优结构、挖潜力、促增长　推进浔阳工业经济发展的调查与思考	区政协湓浦街道联络组
16	七届三次	关于做好浔阳区石化产业园环境保护工作的建议	九三学社浔阳区支社
17	七届三次	浅议基层人民调解工作存在的问题与对策	区无党派知联会
18	七届四次	夯实基础强基层　完善机制促保障　进一步提升基层医疗卫生服务能力	湓浦街道政协联络处
19	七届四次	中心城区停车难的深“忧”与浅“虑”	农工党浔阳区支部
20	七届四次	引导非公经济为建设文化浔阳做贡献	浔阳区工商联　浔阳区总商会
21	七届四次	城镇化进程中创新流动人口管理机制的思考	金鸡坡街道政协联络处
22	七届四次	打造社区群众文化阵地　活跃市民精神文化生活	区政协文教卫生法制社团委员会
23	七届四次	做大做强物流业，助力浔阳发展	九三学社浔阳区支社
24	七届四次	以科学发展观推进旧城改造的和谐进程	甘棠街道政协联络处
25	七届四次	关于我区社区蔬菜店建设的几点建议	白水湖街道政协联络处
26	七届四次	浔阳区棚户区改造安置小区建成交付后物业服务管理的措施和建议	民革浔阳区支部
27	七届五次	做大楼宇经济的几点思考	白水湖街道政协联络处
28	七届五次	积极推进志愿服务制度化建设	浔阳区党外知识分子联谊会
29	七届五次	关于扶持中小微企业做大做强的建议	浔阳区总商会　福建商会
30	七届五次	提高社区文化水平，丰富群众精神生活	金鸡坡街道政协联络处
31	七届五次	打造精品社区，创建和谐家园	甘棠街道政协联络处
32	七届五次	保障性住房小区物业服务管理的几点建议	民革浔阳区支部
33	七届五次	关于加快新能源产业健康发展的建议	浔阳区工商联　浔阳区总商会
34	七届五次	城市居家养老服务发展的思考	人民路街道政协联络处
35	七届五次	关爱老年康复事业，促进社会和谐发展	湓浦街道政协联络处
36	七届六次	创新打造浔阳社区文化养老的“四有”模式	农工党浔阳区支部
37	七届六次	提高政府效能从“证明”开始	湓浦街道政协联络处
38	七届六次	少儿校外教育培训市场需规范	白水湖街道政协联络处
39	七届六次	维护残疾人权益　促进社会和谐稳定	民革浔阳区支部

序号	届次	发言题目	界　别
40	七届六次	新常态下如何让临时救助普惠于民	甘棠街道政协联络处
41	七届六次	关于社区养老服务体系建设的思考	人民路街道政协联络处
42	七届六次	关于加强政协工商联界别建设的建议	浔阳区工商联　区总商会
43	七届六次	关于工业园区绿色环保发展思考	金鸡坡街道政协联络处
44	七届六次	关于加强居民健康教育的建议	浔阳区总商会　安徽商会
45	七届六次	劳动法规对基层经济发展影响的思考	民盟浔阳区支部

第二节　常务委员会会议

一、第一届常务委员会议

第一次会议　1987年7月30日在区政府三楼会议室召开，应到17人，实到16人，列席5人，由主席岳广明主持。会议传达全国地方政协工作组（委）会议精神；讨论区政协机构和工作组的设置、制度建立、干部任命和自身建设等问题；研究下半年的工作要点。会议同意区政协设立2办（办公室、工作组办公室），3委（学习委员会、提案工作委员会、文史资料委员会），7个工作组（经济、城管治安、科技咨询、教文体、医药卫生、三胞、民族宗教）。

第二次会议　1987年10月6日在区政协二楼会议室召开（扩大）会议，应到17人，实到15人，列席5人，由主席岳广明主持。会议传达中共浔阳区第三次代表大会精神；传达学习区委书记王文敬在第三次党代会上工作报告；传达学习省政协五届二十二次常委会文件精神；听取工作组办公室关于区政协工作组开展活动情况汇报；协商通过增补叶玉康、陈公良为区政协委员。

第三次会议　1987年12月29日在区政府三楼会议室召开。会议由副主席毛应生主持。主席岳广明传达区委常委会议精神，介绍发展区街经济考察情况。会议畅谈区政协半年来的工作成绩、经验和对1988年工作的意见。

第四次会议　1988年3月14日下午在区政府三楼会议室召开。会议听取和讨论区长陶自应《关于我区1988年两个文明建设工作和1988年工作意见的通报》报告；讨论主席岳广明向二次会议所做的常委会工作报告（讨论稿）；审议增补42名区政协委员；讨论决定召开第二次会议有关问题。

第五次会议　1988年4月22日在区政府三楼会议室召开，会期1天。会议学习全国政协七届一次会议文件；传达省政协六届一次常委会议精神；听取关于7省24城区（县）政协联谊会筹办情况汇报；审议区政协工作组调整的建议。会议提出，5~6月要继续围绕浔阳区中心工作，履行基本职能和服务于两个文明建设，有实效地开展工作组活动；学习中共十三大文件和全国“两会”精神；本着区委“发展友谊，搞活信息，介绍浔阳，虚心向兄弟区县政协学习”思想，集中全力筹办和开好7省25区县政协联谊会。要抓紧提案办复工作。

第六次会议　1988年6月28日在区政府三楼会议室召开。会议学习讨论生产力标准；讨论下半年的工作。会议就如何开展“生产力标准”的学习讨论提出如下措施：坚持政协中心组学习日制度和委员学习日制度；摘录马克思主义经典作家和中央领导有关论述，供委员学习；举办专题讨论会，各工作组在学习讨论基础上推选1~2名代表作中心发言；编辑专题讨论和学习心得专集；组织委员以生产力标准为指导就浔阳区两个文明建设进行调研，写出调查报告，供区委、区政府决策参考；发挥人才优势，成立科技咨询部。

第七次会议　1988年10月14日在能仁寺会议室召开，会期1天。由主席岳广明传达贯彻中央、省、市、区重要会议精神和区委区政府《关于党政机关保持廉洁的九项规定》等文件。会议要求各位常委结合自己工作深入学习，向周围群众宣传，深入群众，深入实际，反映群众意见和要求。

第八次会议　1989年1月10日在区政府三楼会议室召开。会议协商讨论并通过《区政协常务委员会、主席会议、秘书长会议议事规则（试行）》。

第九次会议 1989年3月23日在区政府三楼会议室召开。会议讨论并同意区政协主席会议建议提请常委会审议的任免事项，决定任命李冬生为区政协办公室副主任，柯桂香为区政协工作组办公室副主任。

第十次会议 1989年6月29日在区政协会议室召开，由主席岳广明主持，会议传达学习邓小平在接见首都戒严部队军以上干部大会上的重要讲话；研究提案相关工作。

第十一次会议 1989年10月13日在区政协会议室召开，由主席岳广明主持，会议学习江泽民在庆祝中华人民共和国成立40周年大会上的重要讲话；研究第四季度工作。

第十二次会议 1990年3月13日在区政府三楼会议室召开。会议协商决定区政协二届委员会委员；协商决定二届一次会议议程；协商决定政协机关办事机构；关于人事任免事项；讨论区政协一届委员会工作报告提纲。

二、第二届常务委员会议

第一次会议 1990年5月3日在海联会议室召开，应到27人，实到26人，会议由主席屈章湧主持。副主席毛应生传达全国政协提案工作座谈会精神；王柱勋传达市政协九届九次常委会精神和省政协六届三次会议精神；协商讨论“区政协1990年工作要点”“区政协工作机构设置及工作职责”“区政协常委会、主席会议议事规则”“各专门委员会组成人员”。

第二次会议 1990年7月28日在区委六楼会议室召开，由主席屈章湧主持。会议听取区计经委、公安分局、文明办关于上半年经济发展、社会治安和“严打”“创三优”总评情况的报告；学习中共中央总书记江泽民在全国统战工作会议上的讲话和区委〔1990〕14号文件精神；通报政协二季度工作情况和三季度打算。

第三次会议 1990年10月13日在海联会议室（军分区招待所）召开，区委副书记范序德应邀参会，会议由主席屈章湧主持。会议学习中共中央〔1990〕10文件和区领导关于统战工作的讲话；传达省政协文史资料二次工作会议和市政协九届十三次会议精神；听取学习提案文史委副主任胥金牛汇报到天津和平区等地考察社区服务工作及考察区属企业经济工作、海联经济统战工作情况；协商通过增补委员；范序德讲话。

第四次会议 1991年1月17日在区委六楼会议室召开，为扩大会议，区长陶自应、副区长朱来泉及市环科所、工商局等26个单位负责人应邀参会，会期1天。会议分别由屈章湧、王柱勋、牛增辉等主持。会议学习中共十三届七中全会公报；听取区人民政府关于1990年工作情况和1991年工作设想；座谈讨论。

第五次会议 1991年3月14日在区委六楼会议室召开。会议协商讨论区政协二届二次会议召开时间及其他事项，决定会议议程、日程、分组，执行主席，提审决议起草委员会名单，通过增补、免职；协商并原则通过区政协常委会工作报告和提案工作报告。

第六次会议 1991年7月19日在区委六楼会议室召开，会议由主席屈章湧主持。会议学习中共中央总书记江泽民“七一”讲话和《人民日报》“七一”社论；听取区政府领导关于区上半年经济社会发展情况通报；通报区政协考察组关于经济工作的调查情况；座谈、协商深化改革，搞活经济等问题；区委副书记范序德讲话。

第七次会议 1991年9月12日在海联会议室召开，由主席屈章湧主持。会议学习中共中央总书记江泽民“七一”讲话；区委副书记范序德作学习辅导讲话；收听国务院研究室教科文卫局局长白克明《学习江泽民总书记“七一”讲话》辅导报告。

第八次会议 1991年12月11日在海联会议室召开，应到27人，实到27人，会议由主席屈章湧主持。会议听取区委李邦彦通报1992年区国民经济计划初步安排的意见；听取讨论区编织袋厂合资协议书。

第九次会议 1992年1月24日在海联会议室召开。会议协商通过区政协二届三次会议决定、议程、日程、起草委员名单等有关事项；协商讨论区政协常委会工作报告和提案工作报告，原则上同意，并作进一步修改；宣布区政协秘书长梅冬乔兼任区政协办公室主任。

第十次会议 1992年4月9日在区政协二楼会议室召开，由主席屈章湧主持。会议学习中共中央有关文件及邓小平讲话；区委副书记范序德就学习内容进行辅导讲课；针对学习及辅导内容进行座谈。

第十一次会议　1992年7月25日在区政协二楼会议室召开，应到27人，实到19人，由主席屈章湧主持。会议听取区体改委通报区股份制企业的情况；听取区考察组对温州经济发展的情况汇报；常委们进行讨论；区委副书记范序德讲话。

第十二次会议　1992年10月30日在区委办公楼二楼政协会议室召开，由主席屈章湧主持。会议学习讨论中共十四大文件精神；听取区经贸委通报经济工作情况；学习市委关于换届工作的通知精神；听取区政协关于换届工作的意见。

第十三次会议　1992年12月8日在区政协二楼会议室召开，应到27人，实到15人，由主席屈章湧主持。会议协商讨论区政协二届会议以来常委会工作报告和提案工作报告；审议通过三届一次会议有关文件；通过区政协机关有关干部任免事宜。邓必武任经科委主任，免其文教委主任职务，胡冬梅任文教委主任，柯桂秀任祖统委主任，赵成金任提案委副主任，免胥金牛提案委副主任职务。

三、第三届常务委员会议

第一次会议　1993年3月10日在区政协二楼会议室召开，由主席屈章湧主持。会议听取区计生委通报计生工作情况；协商通过区政协1993年工作要点；座谈讨论。

第二次会议　1993年7月10日在区政协二楼会议室召开，由主席屈章湧主持。会议区政府领导通报区上半年经济工作情况；协商讨论。

第三次会议　1993年9月22日在区政协二楼会议室召开，由主席屈章湧主持。会议听取区公安分局通报治安工作情况；听取区政协文教卫生法制社团委员会深入滨兴街道对治安情况进行调查的汇报；协商讨论。

第四次会议　1993年12月16日在区政协二楼会议室召开，由主席屈章湧主持。会议通报、商讨区政协三届二次会议的筹备情况。

第五次会议　1994年3月11日在区政协二楼会议室召开，由主席屈章湧主持。会议学习中共中央总书记江泽民《在中央纪委第三次全体会议上的讲话》《全国宣传思想工作会议上的讲话》以及《人民日报》社论《为改革发展稳定献计献策——祝贺全国政协八届二次会议开幕》；调整区政协主席、副主席分工；协商通过1994年区政协工作安排。

第六次会议　1994年7月6日在区委四楼会议室召开，由副主席龚爱先主持。会议听取区政府副区长朱来泉通报上半年工作和下半年工作设想；协商讨论。

第七次会议　1994年10月25日在区政协二楼会议室召开，由副主席龚爱先主持。会议学习中共十四届四中全会精神；学习新政协章程；座谈讨论。

第八次会议　1994年12月13日在区政协二楼会议室召开，由副主席龚爱先主持。会议协商讨论区政协《常委会工作报告》和《提案工作报告》；协商讨论区政协三届三次会议有关事项。

第九次会议　1995年3月10日在区政协二楼会议室召开，由副主席龚爱先主持。会议学习中共中央总书记江泽民《为促进祖国统一大业的完成而继续奋斗》的“八点”主张；学习“政治协商”“民主监督”的规定；讨论工作安排意见；协商有关人事任免。

第十次会议　1995年8月18日在区政协二楼会议室召开，由副主席龚爱先主持。会议学习全国政协主席李瑞环讲话精神；学习市委书记熊承忠视察浔阳区讲话；学习《中共中央关于印发〈关于地方各级人大机构改革的意见〉和〈关于地方各级政协机构改革的意见〉的通知》。

第十一次会议　1995年12月28日在区政协二楼会议室召开，由主席屈章湧主持。会议通报区委、区政府主要领导调整情况；通报区政协年会筹备情况；协商讨论区政协《常委会工作报告》和《提案工作报告》；讨论区政府工作报告和九五计划。

第十二次会议　1996年3月26日在区政协二楼会议室召开，应到27人，实到21人，由副主席龚爱先主持。会议学习全国政协八届四次会议精神及全国政协主席李瑞环在闭幕式上的讲话；协商讨论1996年工作安排。

第十三次会议　1996年7月5日在区政协二楼会议室召开，由主席屈章湧主持。会议听取并讨论区政府副区长余策恩通报上半年经济工作情况。

第十四次会议　1996年9月24日在区政协二楼会议室召开。会议协商通过有关人事任免事项；学习《中华人民共和国居民组织法》；听取区民政局通报居民委员会工作情况。

第十五次会议　1996年12月27日在区政协

二楼会议室召开，应到28人，实到19人，由主席屈章湧主持。会议通报区政协年会筹备情况；协商讨论区政协《常委会工作报告》和《提案工作报告》。

第十六次会议 1997年3月25日在区政协二楼会议室召开，由副主席龚爱先主持。会议学习《邓小平选集》第三卷《一个国家两种制度》《我们对香港问题的基本立场》《我们非常关注香港的过渡时期》《保持香港的繁荣和稳定》《会见香港特别行政区基本法起草委员会时的讲话》等；学习九江市党史办公室等单位编制的《收回九江英租界70周年》宣传材料；布置迎香港回归、庆中共十五大召开、区政协成立10周年活动。

第十七次会议 1997年7月11日在区政协二楼会议室召开，由主席屈章湧主持。区政府区长余策恩通报上半年经济工作情况；协商讨论区政协5个规范化、制度化文件；通过人事任免事项。

第十八次会议 1997年12月12日在区政协二楼会议室召开，由主席屈章湧主持。会议协商讨论区政协《常委会工作报告》和《提案工作报告》；协商讨论会议其他文件；讨论审定政协四届委员会委员情况。

四、第四届常务委员会议

第一次会议 1998年4月8日在区政协二楼会议室召开，实到26人，由主席胡勋杰主持。区政协副主席梅冬乔宣读《政协章程》；区政协副主席王之军宣读《全国政协主席李瑞环在闭幕式上的讲话》；区政协副主席潘亦生传达市政协十届二十二次常委会精神；全国政协委员王翔传达全国政协会议精神；协商通过全市再就业工程调查报告；通报区政协主席分工情况；协商讨论区政协1998年工作要点；协商通过有关人事任免。

第二、三次会议 1998年10月29日在区政协会议室召开，由主席胡勋杰主持。会议由区政府副区长陈永江通报防汛抗洪情况；区政府副区长欧阳印良通报1—9月经济工作情况；协商讨论工作。

第四次会议 1998年12月24日在区政协会议室召开，应到27人，实到23人，列席8人，由主席胡勋杰主持。会议协商讨论区政协四届二次会议有关事宜；协商讨论区政协常委会工作报告和提案工作报告；审议通过《区政协六届二次会议议程和日程安排》。

第五次会议 1999年3月25日在区人大会议室召开，应到27人，实到20人，会议由主席王原平主持。会议学习全国政协主席李瑞环在全国政协九届二次会议闭幕式上的讲话及副主席叶选平作的常委会工作报告；协商讨论区政协1999年工作要点；学习区委书记曹林森、区长余泽恩在机关作风整顿会议上的讲话；区委书记曹林森讲话，要求委员对区委区政府多提意见建议，多反映社情民意，使区委区政府的决策，更加科学化、民主化；王原平讲话。

第六次会议 1999年6月30日在区人大四楼会议室召开，应到27人，实到24人，列席6人，由主席王原平主持。区政府副区长欧阳印良通报上半年经济工作情况；通报区政府视察部分街道实行一级财政情况及个体私营企业发展情况；通过人事任免事项；区政府区长余泽恩讲话；王原平讲话。

第七次会议 1999年10月19日在区政协会议室召开，应27人，实到22人，列席9人，会议由副主席潘亦生主持。会议学习中国共产党十五届四中全会公报和中共中央总书记江泽民在政协成立50周年大会上的讲话；听取区政府办通报委员提案办理情况；听取区公安、检察院、法院领导通报本部门工作情况；区政府副区长胡吉讲话。

第八次会议 1999年12月28日在区政协三楼会议室召开，应到27人，实到23人，列席7人，会议由副主席潘亦生主持。会议听取区市容局局长王传国《关于市容环境卫生管理工作情况的汇报》；听取区市容管理监察大队大队长吴耀华《关于市容监察工作情况的汇报》；协商讨论区政协常委会工作报告和提案工作报告；协商讨论增补及减退区政协委员的情况。

第九次会议 2000年3月30日在区政协会议室召开，由副主席高秋深主持。会议学习全国政协主席李瑞环在全国政协第九届三次会议闭幕式上的讲话；协商讨论区政协2000年工作要点；讨论发言。

第十次会议 2000年6月29日在区政协会议室召开，由副主席高秋深主持。会议听取区整治办主任何宗清关于区整治经济发展环境工作情况通报；听取区个私办主任朱训凯关于区个体私营经济发展情况通报；听取区政协经济科技委员会主任雷彩娟关于市区经济环境整治工作视察报告；通过人事任免事项。

第十一次会议　2000 年 9 月 20 日在区政协会议室召开，由主席王原平主持。会议听取区民政局副局长龙吟东汇报低保工作；区政协副主席任惠萍宣读低保工作情况视察报告；协商讨论区政协《关于进一步加强民主监督工作的意见（讨论稿）》；通过人事任免事项。

第十二次会议　2000 年 12 月 26 日在区政协会议室召开，应到 26 人，实到 24 人，列席 13 人，由主席王原平主持。会议听取并讨论区政府关于区市场建设与培育工作情况通报；听取并讨论区政协经济科技委员会关于视察区蔬菜批发大市场建设和培育工作情况调查报告；协商讨论区政协四届四次会议议程、有关人员名单和常委会工作报告、提案工作报告；区政协提案委员会通报评选优秀提案有关情况；协商讨论委员变动情况。会议建议：加大市场管理力度，扩大市场内涵，提高竞争力，使之成为名副其实的国家级大市场。

第十三次会议　2001 年 3 月 27 日在区政协会议室召开，应到 26 人，实到 19 人，列席 14 人，由主席王原平主持。会议学习全国政协九届四次会议精神；讨论通过区政协常委会 2001 年工作要点；传达区经济工作会议精神。

第十四次会议　2001 年 6 月 26 日在区政协会议室召开，由副主席梅冬乔主持。会议听取并讨论区公安分局副局长刘炬关于“严打”专项斗争的情况通报；听取并讨论区文教局局长燕守贤关于贯彻落实中共中央、国务院《关于深化教育改革全面推进素质教育的决定》的情况通报；协商通过人事任免事宜。

第十五次会议　2001 年 9 月 27 日在区政协会议室召开，应到 26 人，实到 25 人，列席 13 人，由副主席任惠萍主持。会议听取并讨论区政府副区长段传林关于市容环境整治工作情况的通报；听取并讨论区政协文教卫生法制社团委员会主任龚安金关于视察区卫生防疫工作情况报告。会议强调，市容环境综合整治工作取得喜人成绩，要不断保持，不断完善，号召全体政协委员为把九江市城区建成现代化的花园式港口城市献计献策，不懈努力。

第十六次会议　2001 年 12 月 28 日在区政协会议室召开，由副主席梅冬乔主持。会议学习区委书记曹林森在区委六届八次全体（扩大）会议上的讲话；听取并讨论区房产局局长周寅珠关于区房改工作和房改资金使用情况的通报；讨论并通过区政协常委会工作报告、提案工作报告及有关人员名单。

第十七次会议　2002 年 3 月 29 日在区政协会议室召开，由主席王原平主持。会议学习全国政协九届五次会议精神、全国政协主席李瑞环在全国政协九届五次会议闭幕式上的讲话；听取区人事劳动局局长刘宗强通报关于区人事制度改革、人事调配、劳动力市场管理及社保情况；听取区政协学习提案文史委员会张嗣林关于视察区人事劳动局的情况报告；讨论通过区政协 2002 年工作要点。

第十八次会议　2002 年 7 月 4 日在区政协会议室召开，由副主席高秋深主持。会议学习中共中央总书记江泽民“5·31”讲话；听取并讨论区外资办关于区信息化建设和招商引资工作的情况通报；听取并讨论区政协经济科技委员会视察外资办招商引资工作情况的汇报。

第十九次会议　2002 年 9 月 27 日在区政协会议室召开，由副主席潘亦生主持。会议听取并讨论区计生委副主任钟志江关于《中华人民共和国人口与计划生育法》执行前准备工作情况通报；听取并讨论区物价局局长曹茂荣关于贯彻执行《中华人民共和国价格法》工作情况；听取区文明办通报全国示范社区工作情况；听取并讨论区政协文教卫生法制社团委员会关于视察价格法执行情况的汇报。

第二十次会议　2002 年 12 月 26 日在区政协会议室召开，由副主席潘亦生主持。会议通报区政协班子调整情况；区政协主席王原平讲话；学习中共十六大会议精神；协商讨论区政协会议议程、日程、有关人员名单和常委会工作报告、提案工作报告。

五、第五届常务委员会议

第一次会议　2003 年 3 月 25 日在区政协会议室召开，应到 25 人，实到 25 人，由主席杨朱记主持并传达全国政协十届一次会议及省政协九届一次会议精神；通报区政协主席、副主席、秘书长分工情况；会议协商通过委员分组活动安排；讨论通过政协有关规章制度；研究决定有关人事任免事项。会议强调，各专委会年度要拿出一件有价值调研报告。

第二次会议　2003 年 6 月 24 日在区政协会议室召开，由副主席潘亦生主持。会议听取并讨论区政协经济科技委员会视察京九大市场的报告；听取并讨论区政府副区长陈永江通报区政府上半年工作情况；主席杨朱记通报政协上半年工作情况及部署下一步工作。

第三次会议 2003 年 10 月 16 日在区政协会议室召开，由副主席任惠萍主持。会议听取并讨论区公安局关于“打黑除恶”专项斗争的情况通报；听取并讨论区政协文教卫生法制社团委员会关于区公安局关于“打黑除恶”工作的视察报告；主席杨朱记通报前阶段政协工作，部署下一步工作。

第四次会议 2003 年 12 月 24 日在区政协会议室召开，由主席杨朱记主持。会议协商讨论区政协常委会工作报告和提案工作报告；协商讨论区政协五届二次会议增补委员、表彰、会议议程等事宜；通报政协全年工作，讨论明年工作安排；区委统战部长李青对 2003 年工作简要回顾。

第五次会议 2004 年 3 月 24 日在区政协会议室召开，由副主席潘亦生主持。会议学习贯彻全国政协十届二次会议精神和政协章程修正案；协商通过区政协 2004 年工作要点；研究决定有关人事任免事项；主席杨朱记传达区三级干部会议精神。会议强调加强学习，吃透新政协章程，要加大提案工作力度，确保完成招商引资任务，为早日实现小康浔阳而努力奋斗。

第六次会议 2004 年 7 月 2 日在区政协会议室召开，由副主席刘其祥主持。区政府常务副区长陈永江通报区 2004 年国民经济和社会发展情况；区政协经济科技委员会通报对区工业园视察的情况；区政协主席杨朱记传达市政协会议精神，通报区政协 2004 年上半年工作情况，部署下半年工作安排。会议指出，上半年存在调研课题不够完善，人员联系不够广泛，重点不突出，机关人员为委员服务不够等问题，下半年要进一步加强学习，加大提案督办工作力度，加强横向联系，选择重大课题进行重点调研，加大招商引资力度，加强政协机关自身建设，提高工作效率。

第七次会议 2004 年 9 月 21 日在区政协会议室召开，由副主席刘宗强主持。会议学习中共十六届四中全会精神；听取并讨论文教卫生法制社团委员会关于视察社会治安综合治理工作情况汇报；听取区法院关于“执行难”情况的汇报；听取区政府办公室主任廖济煊关于区政协五届二次会议委员提案办理情况的汇报。会议认为报告认真，考虑问题细致，下步要抓好视察活动，搞好人民政协成立五十五周年座谈会。

第八次会议 2004 年 12 月 24 日在区政协会议室召开。会议协商讨论五届委员会工作报告；协商讨论五届二次会议以来提案工作情况的报告；协商讨论关于“4050”下岗人员就业与再就业视察报告；区委常委、办公室主任、统战部部长李青讲话；区政协主席杨朱记总结 2004 年工作，畅谈 2005 年工作设想。会议提出要更广泛宣传政协章程，履行职责，围绕区委、区政府的工作多搞好的意见建议，委员要对老百姓关心的热点、难点问题写好高质量的提案。

第九次会议 2005 年 3 月 25 日在区政协会议室召开，由副主席潘亦生主持。会议传达全国、省、市政协会议精神和《中华人民共和国反国家分裂法》；协商通过 2005 年区政协工作要点和工作安排；研究决定有关人事任免事项；讨论出版《百年西园》一书。会议强调要开展好保持共产党员先进性教育活动，增强理想信念、宗旨意识，做好区政协工作的“深化年”，开展有成效的视察调研活动，努力完成2400万元的招商引资任务。

第十次会议 2005 年 6 月 29 日在区政协会议室召开，由副主席刘其祥主持。会议学习《中共中央关于进一步加强中国共产党领导的多党合作和政治协商制度的意见》文件精神；区政府常务副区长陈永江通报区上半年国民经济和社会发展运行情况；听取并讨论区市容环境卫生管理局关于市容环境卫生工作情况通报；听取并讨论区政协办公室关于视察区市容环境卫生工作的情况汇报；区政协副主席胡迪传达市政协、区委关于开展“新阶段、新发展”大讨论会议精神；区政协副主席潘亦生讲话。

第十一次会议 2005 年 9 月 28 日在区政协会议室召开，由副主席刘宗强主持。会议学习《中共浔阳区委关于进一步解放思想加快发展的决定》；听取区政府办公室主任廖济煊《关于办理区政协五届三次会议委员提案情况的汇报》；听取区文教局长张家明教育工作情况汇报；进行讨论发言。

第十二次会议 2005 年 12 月 21 日在区政协会议室召开，由副主席易小慧主持。会议协商讨论《常委会工作报告》《提案工作报告》；听取并讨论区城建局局长曹茂荣关于城建整治工作情况通报；听取区政协经济科技委员会主任贾卫关于城建整治视察报告；协商讨论区政协五届四次会议工作安排。

第十三次会议　2006年3月24日在区政协会议室召开，由副主席刘宗强主持。会议学习《中共中央关于加强人民政协工作的意见》；协商讨论2006年工作要点和工作安排；区政协副主席潘亦生讲话。区委副书记李亚东出席会议并讲话。会议指出，政协工作要体现在有所为，要围绕区委、区政府中心工作来参政议政；结合自身职能做好协商议政，发挥自身阶层、界别联系面广泛的作用，以求参政实效；加强政协工作领导和自身建设，为参政议政提供条件和保障。2006年要将“八荣八耻”和创文明城市结合起来，参与“彬彬有礼过马路”活动，加强机关建设，有针对性地组织调查视察活动。

第十四次会议　2006年7月12日在区政协会议室召开，由副主席刘其祥主持。会议传达区委八次党代会精神；区政府常务副区长严盛平通报上半年经济社会发展情况；区计生委主任张洪通报区人口与计生综合改革情况；进行讨论发言；李亚东宣布区委提名政协中层干部人事任免；主席张燕萍讲话。会议指出，要充分认识党代会召开的意义，结合党代会精神做好政协工作，党代会提出的五年奋斗目标，同时也是政协的奋斗目标。

第十五次会议　2006年9月27日在区政协会议室召开，由副主席胡迪主持。办公室主任韩万金宣读区政协《关于组织学习〈江泽民文选〉的实施方案》；区招商局局长秦永红通报2006年招商选资情况；区政协经济科技委员会主任贾卫汇报对民营经济视察的情况；区政府办公室主任廖济煊通报政府部门办理委员提案情况；副主席潘亦生讲话。

第十六次会议　2007年2月1日在区政协会议室召开，由副主席易小慧主持。会议协商讨论《常委会工作报告》《提案工作报告》；区委统战部副部长殷方熙对区政协六届委员情况进行说明；区委副书记李亚东宣读区政协第六届委员会主席、副主席候选人文件；主席张燕萍讲话。

六、第六届常务委员会议

第一次会议　2007年3月29日在区政协会议室召开，由副主席任惠萍主持。区政协副主席刘宗强传达全国“两会”精神；协商通过《区政协2007年工作要点》；学习《政协常委会工作规则》和《政协专门委员会工作条例》；区政协副主席胡迪宣读区政协领导分工；协商通过委员分组名单。会议指出，全体委员要按照区政协六届一次全委确定的目标任务，开拓创新，富有成效地履行职能，为把浔阳区打造成魅力九江的首善之区贡献力量。

第二次会议　2007年7月17日在区城建局会议室召开，由副主席刘宗强主持。区政府常务副区长严盛平通报区政府上半年经济社会发展目标实现情况；区政协文教卫生法制社团汇报区卫生局行风政风效能建设和区疾病预防控制工作视察情况；区政协副主席任惠萍宣读人事任免文件；区政协主席张燕萍传达市委召开的全市政协工作会议精神。会议要求认真领会全市政协工作会议精神，增强做好政协工作的使命感，不断提高履行职能的能力和水平。

第三次会议　2007年9月30日在区政协会议室召开。区委办公室主任王叙宇通报区政协六届一次会议发言材料办理情况；区政府办公室主任孙炜玮通报政府提案交办情况；就两个通报进行发言；区常务副区长严盛平和区政协主席张燕萍分别讲话。会议指出，要在提案质量上下功夫，塑造“精品”提案；要抓好提案办理落实，发挥好提案作用；要加大跟踪督办力度，促进问题解决。

第四次会议　2008年1月11日在区政协会议室召开。会议审议通过《常委会工作报告》和《提案工作报告》；审议通过《区政协六届二次会议议程和日程安排》；审议通过《区政协委员调整情况报告》；审议通过《2007年度优秀政协委员名单》。

第五次会议　2008年3月28日在区政协会议室召开。副主席任惠萍传达全国及省政协会议精神；副主席朱少芬传达十二届九江市政协常委会精神；副主席胡迪传达区三级干部会精神及“求科学发展之真、务项目建设之实”活动大会精神；协商讨论《2008年工作要点》。会议指出，全体委员特别是常委，要按照六届二次全委会确定的目标任务，开拓创新、富有成效地履行职能。常委会要发挥表率作用，提高履职素养；专委会要发挥基础作用，组织委员开展好各种活动；委员要发挥主体作用，多提提案，对不称职委员劝其辞退。

第六次会议　2008年7月25日在区政协会议室召开，实到21人，列席9人。副主席任惠萍传达市政协十三届十一次常委会议精神；听取区政府副区长文建华上半年经济社会运行情况通报；听取区政协文教卫生法制社团委员会视察物价工作情况汇报；讨论编辑《委员风采录》实施方案。会议认为，上半年区政协工作成绩显著，下一步将继续开展视察调研，加强民主监督，编辑《委员风采录》，开好各种会议，力争推进政协工作在服务全区工作大局中有更大作为。

第七次会议 2008年10月10日在区政协会议室召开。区委办公室主任王叙宇通报政协六届二次大会课题组发言材料办理情况；区政府办公室副主任王林通报政协六届二次会议委员提案办理情况；听取区政协文史提案委员会主任姚华仟通报区优化投资环境调研情况。会议提出，必须充分认识到做好提案工作的重要意义，自觉把提案工作与党委、政府的中心工作紧密结合起来，努力使提案工作在推进浔阳区经济、政治、文化和社会建设中发挥更大作用。

第八次会议 2008年12月30日在区政协会议室召开，由副主席朱少芬主持。区委书记朱汉浩讲话，指出区政协较好地履行了政治协商、民主监督、参政议政职能；讨论通过《常委会工作报告》和《提案工作报告》；区委统战部副部长李军作委员调整情况说明；审议通过《2008年度优秀政协委员名单》。

第九次会议 2009年3月31日在龙翔大厦会议室召开，由副主席胡迪主持。副主席朱少芬传达全国及省、市政协会议和全区经济工作会议精神；协商讨论《区政协开展深入学习科学发展观活动实施方案》；协商通过《区政协2009年工作要点》；区政协主席张燕萍讲话。会议指出，要用科学发展观统领政协工作，把促进改善民生作为参政议政的倾力点。

第十次会议 2009年7月10日在区政协会议室召开，由副主席刘宗强主持。区政府常务副区长严盛平通报上半年经济发展运行情况；协商通过人事任免名单；主席张燕萍讲话。会议建议，区直部门要进一步加大财税征管力度，做大做强第三产业，强力推进项目建设，切实改善民生工程，提升城市品位，全面完成年初确定的各项目标任务。公安部门要把公众安全感作为一项综合性工程来抓，加大大案要案侦破力度，综合整治，确保公众安全感再上新台阶。

第十一次会议 2009年9月24日在区政协会议室召开，由副主席朱少芬主持。区委办公室主任张小军通报政协六届三次大会课题组发言材料办理情况；区政府办公室副主任李文锋通报政协六届三次会议委员提案办理情况；听取区政协文史提案委员会主任姚华仟通报区返乡务工人员再就业调研情况。会议要求，各单位在提案办理工作中要有新认识、新举措、新突破、新提高。

第十二次会议 2010年1月7日在区政协会议室召开，由副主席刘其祥主持。会议协商讨论常委会工作报告和提案工作报告；对2009年工作进行总结回顾，对2010年工作提出要求。

第十三次会议 2010年3月30日在建国酒店会议室召开，会议应到32人，实到22人，由副主席胡迪主持。区政协副主席刘宗强传达全国“两会”精神；区政协副主席张华桥传达市区经济工作会议精神；区政协副主席周华宣读《区政协2010年工作要点》。

第十四次会议 2010年7月22日在区政协会议室召开，应到32人，实到20人，由副主席刘宗强主持。区委常委、副区长文建华宣读区政府2010年上半年工作总结和下半年工作安排；委员协商讨论。

第十五次会议 2010年9月30日在区政协会议室召开，应到32人，实到28人，由副主席张华桥主持，区委办公室主任张小军通报政协六届四次全委会委员建议督办情况；区政府办公室副主任李文锋通报政协六届四次会议委员提案办理情况；区政协文史提案委员会主任王小环通报《构建平安和谐校园、办人民满意的教育——浔阳区校园安全工作的情况调研》；区常委、副区长张林讲话；主席张燕萍讲话。

第十六次会议 2010年12月29日在区政协会议室召开，应到32人，实到23人，由副主席刘其祥主持。会议协商通过《区政协六届五次会议召开的决定》和《区政协六届五次会议日程、议程》；讨论《常委会工作报告》和《提案工作报告》。会议希望《常委会工作报告》把委员们捐资助学、服务社会、招商引资等方面工作写的更深入、细致一点；《提案工作情况报告》应该对提案办理的好与不好的单位进行“亮相”，以推动提案办理工作上一个新的水平。会议回顾委员们视察社会养老、调研楼宇经济以及执着建言出成效等方面的成果，称赞委员们对事物的发展有前瞻性，为政府为民办事提供很好科学依据。

第十七次会议 2011年3月31日在政协会议

室召开，应到33人，实到31人，由副主席朱少芬主持。区政协副主席张华桥传达全国“两会”精神；区政协副主席胡迪通报全区经济工作会议精神；协商通过区政协2011年工作要点和活动安排。会议回顾区政协五年来的工作，肯定广大委员尽职尽责，切实发挥自己的智慧，指出2011年政协工作要点。

第十八次会议　2011年8月18日在区政协会议室召开，由主席张燕萍主持。会议协商决定区第七届委员会委员；听取区委办公室关于六届五次全委会委员的建议和委员提案办理情况的报告；听取区政府办公室关于六届五次全委会委员提案办理情况的报告；协商讨论《常委会工作报告》和《提案工作报告》；协商通过《委员守则》。

七、第七届常务委员会议

第一次会议　2011年9月23日在区政协三楼会议室召开，应到36人，实到28人。由主席文建华主持。市政协理论研究会秘书长王龙宝就政协工作的相关知识授课；协商通过《浔阳区政协常委会工作规则》、区政协委员小组活动分组安排、区政协9～12月工作安排、区政协9～12月调研提纲，协商决定区政协七届委员会工作机构设置和相关人事任命。会议指出，七届政协常委会开始履行职能，各位常委要发扬团结合作、同舟共济的精神，贯彻民主协商、平等议事的原则，互相学习，互相支持，带领本届政协在任期的五年中，对促进浔阳区的各项事业有所作为，有所贡献。

第二次会议　2012年1月16日下午在区政协三楼会议室召开，应到36人，实到32人，由副主席刘宗强主持。会议学习《中共浔阳区委关于加强和改进人民政协政治协商工作的意见》；协商讨论2011年区政协七届常委会工作报告，区政协七届二次全委会日程、议程以及委员分组划分情况；协商确定表彰优秀提案委员和优秀提案承办单位；确定政协浔阳区委员会第七届二次会议于2月7～9日召开；政协主席文建华讲话。会议认为，换届5个月来，区委高度重视政协工作，下发《中共浔阳区委关于加强和改进人民政协政治协商工作的意见》，区委书记戴晓慧批复委员的建言献策，街道政协联络组即将挂牌成立；参政议政成效明显，政府及有关部门就大中路西段改造邀请委员建言献策，并积极采纳委员们的意见和建议，出版《百年大中路》一书；委员们提交138件提案，调研报告8份，献爱心近100次，捐款捐物达100万元。会议要求2012年加强提案办理力度，选择群众关心重大问题进行集中调研，督查办理实效。

第三次会议　2012年4月28日下午在区政协三楼会议室召开，应到36人，实到29人，区政府副区长朱超应邀参加会议，区政府相关部门负责人、区政协各委办主任、各街道联络组负责人、重点提案委员列席会议。会议由副主席易小慧主持。会议由区发改委、区文化新闻出版局负责人分别通报区重大项目建设情况和区文化产业发展情况；区卫生局、区大中路管理办公室和区人力资源保障局负责人分别就3项重点提案的办理情况进行汇报；秘书长韩万金通报七届委员履职情况；副主席朱少芬介绍赴外地考察“委员进社区”活动情况；协商通过《浔阳区政协委员街道联络组工作制度》及区政协部分委办人事任免事项；主席文建华讲话。会议充分肯定浔阳区推进重大项目和重点工程的做法，认为区项目构成均衡，新建超亿元大项目占主体地位，项目建设处于良性发展状态。会议对大中路管理工作提出加强管理并加大财力支持力度等多项意见和建议。会议强调，委员要在围绕中心，服务大局中真正履好职。政协委员不仅仅是一个头衔，更肩负一份责任。对从不履行职务的委员，将按有关规定进行处理。委员要认真思考在兴业创业、兴办公益事业、发展文化产业和扶贫助困等工作中发挥各自的作用。要积极发挥政协街道联络组的作用。

第四次会议　2012年7月27日上午在区政协三楼会议室召开。区委常委、统战部部长、区政协党组副书记郑观兴，副区长胡迪出席会议，会议由副主席朱少芬主持。会议听取区政府关于2012年上半年经济运行情况通报；听取区政协办公室开展政协委员进社区活动情况汇报；听取区政协文教卫生法制社团委员会关于《中华人民共和国公证法》贯彻落实情况调研汇报；听取区政协经济科技委员会关于浔阳区工业园发展现状调研情况汇报；协商讨论相关政协委员调整；主席文建华部署工作。会议要求：加快推进“四进四联”活动，加大政协宣传工作力度，强化政协委员履职意识，加强政协各委办工作。

第五次会议　2012年10月26日下午在区政协三楼会议室召开。区委副书记曹应发，区政府副区长胡迪应邀参加会议，区委办、区政府办、区安监局、区信访局、区医保局、区政协各委办及各街道政协联络组相关负责人列席会议。会议听取和讨论区委办公室、区政府办公室关于区政协七届二次会议以来提案办理情况通报；听取区安全生产监督管理局关于全区安全生产情况通报；听取区信访局关于迎接中共十八大做好信访稳定工作情况通报；听取区政协文教卫生法制社团委员会关于浔阳区城镇居民基本医疗保险调研情况通报；协商讨论区政协七届三次全委会会前调研课题提纲；曹应发讲话；主席文建华传达全市县（市、区）政协工作会议精神。会议认为，区政协年初确定各项工作安排顺利推进，取得一定的成绩。各委办要把剩下的两个月工作统筹安排好，尽快着手七届三次全会准备工作。各委办和各街道政协联络组要抓紧谋划明年的工作安排，重点做好民主监督、调查研究、“四进四联”、提案办理、委员管理等工作。

第六次会议 2012 年 12 月 28 日下午在区政协三楼会议室召开。会议审议通过关于召开区政协第七届三次全会的决定（草案）；协商讨论区政协第七届三次全会会议议程（草案）；审议通过区政协第七届三次会议日程（草案）；协商讨论区政协第七届委员会常务委员会工作报告（讨论稿）；审议通过区政协第七届委员会常务委员会 2013 年工作要点（草案）；审议通过第七届委员会常务委员会关于提案工作情况的报告；通报区政协委员履职情况；协商通过提案办理先进单位、优秀提案、优秀调研报告；相关人事任免；主席文建华讲话。

第七次会议 2013 年 1 月 15 日下午区政协三楼常委会议室召开，区政协常委和各组一名召集人参会，由副主席朱少芬主持。会议听取各组审议情况的汇报；讨论区政协七届三次全会提案审查报告（草案）；协商讨论区政协第七届三次全会会议决议（草案）。

第八次会议 2013 年 4 月 16 日下午在区政协三楼会议室召开。区政府副区长谢卫群应邀到会，区发改委、区监察局、区人保局、区城建局、区政协各委办、各街道政协联络组负责人以及部分重点提案提案人列席会议，会议由副主席廖济煊主持。会议传达学习全国、省市政协会议和市政协“三进三服务”工作会议精神；部分重点提案承办单位通报办理设想和做法；协商通过区政协委员进社区“五个一”活动实施方案、《区政协 2013 年工作计划》《关于在全区开展政协委员担任相关部门民主监督员的实施意见》；主席文建华讲话。会议指出，要认真开展好统一选派政协委员担任相关职能部门民主监督员活动，认真开展好委员进社区“五个一”活动。

第九次会议 2013 年 7 月 18 日下午在区政协三楼会议室召开。区发改委、区民政局、区文新局、区市容局、区卫生局、区环保局、区残联、市执法局一大队、区步管办等单位负责人，参与开放式物业小区调研的相关委员，区政协各委办及各街道政协联络组负责人列席会议，会议由副主席秦永红主持。会议通报重点提案督办情况；协商通过开放式物业小区调研报告、《浔阳区政协志》编纂工作方案；主席文建华讲话。会议认为，2013 年确定的 9 件领导督办重点提案调研有深度，建议有角度，效果明显。当前要大力开展委员“讲诚信、做贡献、促发展”活动、反映社情民意信息工作、委员进社区活动、民主监督员工作。

第十次会议 2013 年 9 月 29 日下午在区政协三楼会议室召开。应到 36 人，实到 31 人，区委副书记曹应发、区政府副区长胡迪及部分驻区市政协委员应邀参加会议，区政府相关部门负责人、区政协各委办主任、各街道联络组组长列席会议。会议由副主席刘宗强主持。会议听取区政府办“十件惠民实事”推进情况通报；听取和讨论区财政局局长凌海关于上半年财政预算执行情况通报；听取和讨论区政协经济科技委员会主任高雄关于区财税情况专题调研报告；听取区委办、区政府办七届三次全会提案办理情况汇报；协商通过部分委员调整；曹应发讲话；主席文建华讲话。会议认为，区委、区政府把发展成果转化为民生福祉，让广大群众共享改革开放果实，为打造美丽、实力、文化、幸福的新浔阳做了一件实实在在的事情。

第十一次会议 2013 年 12 月 27 日下午在区政协三楼常委会议室召开，由副主席易小慧主持。会议审议通过关于召开区政协第七届四次全会的决定（草案）；审议通过区政协第七届四次全会会议议程（草案）；审议通过区政协第七届四次会议日程（草案）；协商讨论区政协第七届委员会常务委员会工作报告（讨论稿）；审议通过区政协第七届委员会常务委员会关于提案工作情况的报告（讨论稿）；审议通过区政协第七届委员会秘书长、副秘书长名单（草案）；审议通过《浔阳区政协委员守则》（修改稿）；协商通过提案办理先进单位、先进街道政协联络处、政协委员进社区活动组织奖、优秀提案、优秀调研报告、优秀政协委员名单；协商通过相关人事任免；区政协领导讲话。

第十二次会议　2014年1月15日下午在区政协三楼会议室召开。区委常委、区委组织部部长范初芳，区委常委、区委统战部部长、区政协党组副书记郑观兴出席会议，区政协七届四次会议分组讨论相关召集人列席会议。会议由副主席秦永红主持。郑观兴宣读浔阳区委关于补选政协第七届浔阳区委员会常务委员候选人推荐书；范初芳就补选常务委员候选人基本情况和补选原则作简要说明。会议审议通过补选区政协常务委员候选人名单（草案）、选举办法（草案）、选举大会总监票人、监票人名单（草案）。

第十三次会议　2014年1月16日下午在区政协三楼会议室召开。由副主席刘宗强主持。会议听取各组讨论情况汇报；审议补选区政协常务委员候选人名单（草案）；审议选举办法（草案）；审议总监票人、监票人名单（草案）；审议政协浔阳区第七届委员会第四次会议决议（草案）；审议区政协提案委员会关于政协浔阳区第七届委员会第四次会议提案审查情况的报告。

第十四次会议　2014年3月27日下午在区政协三楼会议室召开，区政府副区长谢卫群应邀到会，区政府办、区经济服务中心、区政协各委办、各街道政协联络处负责人以及部分委员代表列席会议。会议由副主席秦永红主持。会议传达学习全区2013年度经济社会发展目标管理考评表彰大会及全区以及区政协党的群众路线教育实践活动会议精神；听取讨论浔阳区“十大片区”旧城改造和楼宇经济发展情况通报；主席文建华讲话。会议指出，当前要深入开展群众路线教育活动、委员进社区活动、委派民主监督员活动，做好提案工作，推进《浔阳区政协志》编纂工作。

第十五次会议　2014年7月17日下午在区政协三楼会议室召开，会议应到37人，实到34人，区委常委白尔迈提·托木西应邀出席会议，会议由副主席刘宗强主持。会议听取副主席刘宗强关于区政协党组班子专题民主生活会情况通报；听取和讨论区教体局局长曹俊云关于区促进义务教育均衡发展情况的汇报、区三产局局长姚华仟关于标准化农贸市场打造的情况汇报；审议通过关于撤销孙火勇政协第七届浔阳区委员会委员资格的决定。会议指出，下一步要把教育实践活动与本职工作充分结合，深化推进委员进社区活动、切实抓好专题调研活动、做好民主监督员工作、开展协商民主活动、加快推进区政协志编纂工作。

第十六次会议　2014年10月14日召开，会议应到37人，实到34人，区委常委白尔迈提·托木西应邀出席会议，会议上午组织常委和机关工作人员到九江国防教育基地进行实弹射击。下午听取区区政府2014年1—8月经济社会发展情况通报；听取区委办、政府办提案办理情况通报；协商讨论《关于加强市容管理工作专题调研报告》《关于“飞地工业”的调研报告》《三调联动，分类处置—打造启和调解浔阳模式》等。

第十七次会议　2015年1月13日区政协三楼会议室召开，应到37人，实到33人，由副主席易小慧主持。会议审议通过区政协七届十七次常委会议议程，协商讨论区政协七届常委会工作报告（草案）和关于区政协七届四次会议以来提案工作情况的报告（草案），审议通过《关于召开区政协七届五次全会的决定和会议议程及日程（草案）》《关于区政协委员2014年度履职情况的通报》（讨论稿）和《政协浔阳区委员会常务委员会工作规则》（讨论稿），协商通过部分委员调整。

第十八次会议　2015年2月4日下午在区政协三楼会议室召开，会议应到36人实到33人，会议由副主席朱少芬主持。会议主要内容是听取各组讨论情况汇报；讨论区政协七届五次会议决议（草案）；讨论区政协七届五次会议提案审查报告（草案）。

第十九次会议　2015年4月10日上午在区政协三楼会议室召开，会议应到36人，实到33人，区委常委、纪委书记梁少清，区委常委、副区长王安定应邀出席会议，会议由副主席张华桥主持。会议主要内容是传达学习全国政协会议精神；听取和讨论区党风廉政建设工作情况通报；听取和讨论相关承办单位关于重点提案办理工作安排；开展党风廉政建设专题讲座。

第二十次会议　2015年7月28日下午在区政协三楼会议室召开，会议应到36人，实到31人，区政府副区长胡迪应邀出席会议，会议由副主席周华主持。会议主要内容是听取和讨论区政府上半年全区经济社会发展情况通报、区发改委上半年全区重大项目进展情况通报、区财政局上半年全区财政预算执行情况通报和区人口资源环境委员会关于我区保障性住房后期管理情况专题调研报告。

第二十一次会议 2015年9月29日下午，在区政协三楼会议室召开，区政府副区长胡迪，区法院院长余传霞，区检察院检察长吴义祥应邀出席会议，会议由副主席朱少芬主持。会议主要内容是传达学习省委政协工作会议精神，听取和讨论区法院、区检察院关于刑事审判、反腐败贿赂以及区委政府"两办"关于提案办理工作情况通报，协商讨论了区政协法律援助和电子商务两个专题调研组关于全区法律援助工作和电子商务产业发展前景专题调研报告。

第二十二次会议 2015年12月30日，会议主要内容是传达学习市委、区委政协工作会议精神，讨论区政协七届六次会议相关工作：政协两个报告、会议程日程、大会表彰等。

第二十三次会议 2016年1月20日上午，在区政协三楼会议室召开，区政协常委会组织人员、各组召集人参加，会议由副主席朱少芬主持，会议主要内容是听取各组讨论情况汇报、讨论区政协七届六次会议决议（草案）、讨论区政协七届六次会议提案审查报告（草案）、任命干锦娜为区政协办公室副主任。

第三节 主席会议

一、第一届主席会议

第一次主席会议 1987年6月18日在区政协主席办公室召开，会议由区政协主席岳广明主持，副主席牛增辉、毛应生、王柱勋，秘书长张行冶参加，各委办（组）负责人列席会议。会议传达区委书记王文敬对政协筹备工作的讲话；研究筹备工作小组，小组成员设宣传秘书组（王柱勋、张行冶、梅冬乔）、组织组（牛增辉、谢生梅、李德文）、总务组（毛应生、漆建华）。

第二次主席会议 1987年7月23日在区政协会议室召开，由区政协主席岳广明主持，副主席牛增辉、毛应生、王柱勋，秘书长张行冶参加。会议研究第一次常委会的内容、主席分工问题；牛增辉传达全国地方政协工作组（委）会议精神；讨论并通过下半年工作要点进行讨论；研究机构设置和有关制度工作。

第三次主席会议 1987年9月29日在区政协会议室召开，由主席岳广明主持，副主席牛增辉、毛应生、王柱勋，秘书长张行冶和各委办负责人参加。会议传达中共浔阳区第三次代表大会精神，学习区委书记王文敬在第三次党代会上工作报告；毛应生传达省政协五届二十二次常委会精神；听取区政协工作组办公室关于各项工作开展活动情况汇报；研究第二次常委会内容。

第四次主席会议 1987年12月4日在区政协会议室召开，由主席岳广明主持，副主席牛增辉、毛应生、王柱勋，秘书长张行冶和各委办负责人参加。会议传达区委常委会议精神；介绍考察发展区街经济情况；小结半年工作情况，对1988年工作做初步计划；研究成立浔阳区政协劳动服务公司和科技咨询服务中心；研究通过政协宿舍基建工作。

第五次主席会议 1988年3月1日在区政协会议室召开，由主席岳广明主持，副主席牛增辉、毛应生、王柱勋，秘书长张行冶和各委办负责参加。会议讨论通过区政协一届二次全委会《常委会工作报告》（讨论稿）；审议增补区政协委员；讨论决定第四次常委会相关议程；研究通过区政协一届二次会议抽调工作人员。

第六次主席会议 1988年3月26日在区政协会议室召开，由主席岳广明主持，副主席牛增辉、毛应生、王柱勋，秘书长张行冶参加。会议学习全国政协七届一次会议文件；传达省政协六届一次常委会议精神；研究关于7省24县（区）政协联谊会筹办事宜；研究4—5月份工作。

第七次主席会议 1988年6月22日在区政协会议室召开，由主席岳广明主持，副主席牛增辉、毛应生、王柱勋，秘书长张行冶参加。会议学习讨论生产力标准，传达学习市委文件和省委书记毛致用、市委书记江国镇讲话精神；讨论安排下半年工作；研究常委会内容。

第八次主席会议 1988年10月8日在区政协会议室召开，由主席岳广明主持，副主席牛增辉、毛应生、王柱勋，秘书长张行冶参加。会议传达贯彻中央、省、市、区重要会议精神；研究常委会内容。

第九次主席会议 1988年12月8日在区政协

会议室召开，由主席岳广明主持，副主席牛增辉、毛应生、王柱勋，秘书长张行冶参加。会议传达省、市政协会议精神；研究春节座谈会、走访委员、整顿机关作风等工作。

第十次主席会议　1989 年 1 月 11 日在区政协会议室召开，由主席岳广明主持，副主席牛增辉、毛应生、王柱勋，秘书长张行冶参加。会议讨论修改 1988 年工作总结和 1989 年工作安排；传达省政协常委会精神；研究春节慰问老委员、开座谈会；审议区政协常委会、主席会议事规则。

第十一次主席会议　1989 年 2 月 15 日在区政协会议室召开，由主席岳广明主持，副主席牛增辉、毛应生、王柱勋，秘书长张行冶参加。会议研究第八次常委会的有关事项；安排 2—3 月工作；研究 1989 年的目标管理；研究区政协一届三次会议筹备工作。

第十二次主席会议　1989 年 5 月 10 日在区政协会议室召开，由主席岳广明主持，副主席牛增辉、毛应生、王柱勋，秘书长张行冶参加。会议传达学习中共中央总书记江泽民讲话精神；研究修改区政协机关廉洁制度。

第十三次主席会议　1989 年 6 月 27 日在区政协会议室召开，由主席岳广明主持，副主席牛增辉、毛应生、王柱勋，秘书长张行冶和提案委负责人参加。会议传达学习邓小平在接见首都戒严部队军以上干部大会上的讲话；研究提案相关工作；研究常委会相关工作。

第十四次主席会议　1989 年 7 月 6 日在区政协会议室召开，由主席岳广明主持，副主席牛增辉、毛应生、王柱勋，秘书长张行冶和各委办负责人参加。会议传达全国政协九届二次会议精神；总结上半年工作，安排下半年工作。

第十五次主席会议　1989 年 10 月 10 日在区政协会议室召开，由主席岳广明主持，副主席牛增辉、毛应生、王柱勋，秘书长张行冶参加。会议学习江泽民在庆祝中华人民共和国成立 40 周年大会上的讲话；研究常委会相关工作；研究第四季度工作。

第十六次主席会议　1989 年 12 月 12 日在区政协会议室召开，由主席岳广明主持，副主席牛增辉、毛应生、王柱勋，秘书长张行冶参加。会议学习中共中央总书记江泽民讲话；传达区委三届六次全委扩大会议精神；研究元旦走访委员问题；研究春节座谈会工作。

第十七次主席会议　1989 年 12 月 29 日在区政协会议室召开，由主席岳广明主持，副主席牛增辉、毛应生、王柱勋，秘书长张行冶参加。会议学习中共十三届五中全会精神；研究修改换届方案问题。

第十八次主席会议　1990 年 3 月 23 日在区政协会议室召开，由主席岳广明主持，副主席牛增辉、毛应生、王柱勋，秘书长张行冶参加。会议学习中共中央文件；研究区政协二届一次会议有关筹备工作。

二、第二届主席会议

第一次主席会议　1990 年 4 月 6 日在区政协会议室召开，由主席屈章湧主持，副主席牛增辉、王柱勋、张力才、谢生梅、曾孟嘉，秘书长梅冬乔参加。会议传达市政协提案工作会议精神；研究换届工作。

第二次主席会议　1990 年 4 月 20 日在区政协会议室召开，由主席屈章湧主持，副主席牛增辉、王柱勋、张力才、谢生梅、曾孟嘉，秘书长梅冬乔和各委办负责人参加。会议讨论区委贯彻中共中央文件的通知；学习中共中央文件；小结二季度工作和确定三季度的安排；讨论修改《区政协常委会、主席会议事规则》；推荐区智囊团成员名单；成立文史资料编委会并讨论组成人员名单。

第三次主席会议　1990 年 5 月 10 日在区政协会议室召开，由主席屈章湧主持，副主席牛增辉、王柱勋、张力才、谢生梅、曾孟嘉，秘书长梅冬乔参加。会议传达全国政协提案工作座谈会、省政协六届四次会议和市政协九届九次常委会精神；讨论修改《区政协工作机构设置及工作职责》、各专门委员会组成人员。

第四次主席会议　1990 年 5 月 20 日在区政协会议室召开，由主席屈章湧主持，副主席牛增辉、王柱勋、张力才、谢生梅、曾孟嘉，秘书长梅冬乔参加。会议传达市委书记孙瑞林在党员负责人会上讲话；传达市政协主席座谈会议精神；研究机关工作。

第五次主席会议　1990 年 6 月 18 日在区政协会议室召开，由主席屈章湧主持，副主席牛增辉、王柱勋、张力才、谢生梅、曾孟嘉，秘书长梅冬乔参加。会议研究常委会事宜；研究办学习班工作和编写简报工作。

第六次主席会议 1990年7月11日在区政协会议室召开，由主席屈章湧主持，副主席牛增辉、王柱勋、张力才、谢生梅、曾孟嘉，秘书长梅冬乔参加，会议学习江泽民在全国统战工作会议上的讲话精神和区委文件精神；研究政协机关人员补编工作。

第七次主席会议 1990年8月3日在区政协会议室召开，由主席屈章湧主持，副主席牛增辉、王柱勋、张力才、谢生梅、曾孟嘉，秘书长梅冬乔参加。会议传达全国统战会议精神；讨论省政协修改政协章程的问题；研究参加联谊会人员等相关事项。

第八次主席会议 1990年9月7日在区政协会议室召开，由主席屈章湧主持，副主席牛增辉、王柱勋、张力才、谢生梅、曾孟嘉，秘书长梅冬乔参加。会议传达市政协九届十三次常委会议精神；研究区政协二届三次常委会有关事项和三、四季度工作；传达省政协井冈山文史资料二次会议精神；研究增补委员事项。

第九次主席会议 1990年9月18日在区政协会议室召开，由主席屈章湧主持，副主席牛增辉、王柱勋、张力才、谢生梅、曾孟嘉，秘书长梅冬乔和各委办负责人参加。会议学习中央文件和区领导关于统战工作的讲话；安排中秋节活动；听取区政协考察组到天津和平区考察社区服务工作、区属企业经济工作、海联经济统战工作情况汇报；学习修改审议的政协章程。

第十次主席会议 1990年11月26日在区政协会议室召开，由主席屈章湧主持，副主席牛增辉、王柱勋、张力才、谢生梅、曾孟嘉，秘书长梅冬乔参加。会议研究机关党的基本路线教育工作；讨论政协有关工作；传达省委关于1990年冬季和1991年春季工作要求；传达区委、区政府关于冬季的几项工作要求。

第十一次主席会议 1991年1月3日在区政协会议室召开，由主席屈章湧主持，副主席牛增辉、王柱勋、张力才、谢生梅、曾孟嘉，秘书长梅冬乔参加。会议学习中共七届中央委员会第一次全会公报；研究区政协第四次常委会内容；研究第一季度政协工作。

第十二次主席会议 1991年2月1日在区政协会议室召开，由主席屈章湧主持，副主席牛增辉、王柱勋、张力才、谢生梅、曾孟嘉，秘书长梅冬乔参加。会议贯彻市政协会议精神，研究区政协全委会召开有关事项；研究文史资料征集工作；传达都昌、武宁两地政协工作和经济工作交流会议精神。

第十三次主席会议 1991年4月10日在区政协会议室召开，由主席屈章湧主持，副主席牛增辉、王柱勋、张力才、谢生梅、曾孟嘉，秘书长梅冬乔和各委办负责人参加。会议研究全年工作计划；第二季度工作安排。

第十四次主席会议 1991年6月10日在区政协会议室召开，由主席屈章湧主持，副主席牛增辉、王柱勋、张力才、谢生梅、曾孟嘉，秘书长梅冬乔参加。会议研究区政协二届五次常委会议程；研究修改商业、二轻、街道企业、海联企业专题调查报告。

第十五次主席会议 1991年8月22日在区政协会议室召开，由主席屈章湧主持，副主席牛增辉、王柱勋、张力才、谢生梅、曾孟嘉，秘书长梅冬乔和各委办负责人参加。会议学习中共中央总书记江泽民“七一”讲话；传达省政协六届十五次常委会议精神；汇报上半年工作，研究下半年工作。

第十六次主席会议 1991年12月2日在区政协会议室召开，由主席屈章湧主持，副主席牛增辉、王柱勋、张力才、谢生梅、曾孟嘉，秘书长梅冬乔参加，会议传达市政协第十九次常委会议精神；研究常委视察相关工作；讨论修改年终总结工作；研究区政协二届六次常委会相关内容。

第十七次主席会议 1992年1月18日在区政协会议室召开，由主席屈章湧主持，副主席牛增辉、王柱勋、张力才、谢生梅、曾孟嘉，秘书长梅冬乔和各委办负责人参加。会议讨论和审查常务委员会工作报告及其他报告；确定召开区政协二届七次常委会议议程、时间、地点；研究确定委员调整工作。

第十八次主席会议 1992年3月2日在区政协会议室召开，由主席屈章湧主持，副主席牛增辉、王柱勋、张力才、谢生梅、曾孟嘉，秘书长梅冬乔和各委办负责人参加。会议研究全年工作计划，部署当前工作；研究确定《名人与浔阳》文史资料编撰事宜。

第十九次主席会议 1992年4月2日在区政协会议室召开，由主席屈章湧主持，副主席牛增辉、王柱勋、张力才、谢生梅、曾孟嘉，秘书长梅冬乔参加。会议研究区政协二届八次常委会内容；研究文史资料编撰工作。

第二十次主席会议　1992年7月10日在区政协会议室召开，由主席屈章湧主持，副主席牛增辉、王柱勋、张力才、谢生梅、曾孟嘉，秘书长梅冬乔参加。会议学习中共中央、国务院关于加快发展第三产业的决定；研究常委视察相关事宜；研究区政协二届九次常委会相关事宜。

第二十一次主席会议　1992年9月9日在区政协会议室召开，由主席屈章湧主持，副主席牛增辉、王柱勋、张力才、谢生梅、曾孟嘉，秘书长梅冬乔参加。会议学习讨论中共十四大文件精神；学习市委关于换届工作的通知，研究换届有关工作；研究区政协二届十次常委会内容。

第二十二次主席会议　1992年12月4日在区政协会议室召开，由主席屈章湧主持，副主席牛增辉、王柱勋、张力才、谢生梅、曾孟嘉，秘书长梅冬乔参加。会议总结全年工作；审议通过区政协三届一次会议有关文件。

三、第三届主席会议

第一次主席会议　1993年2月25日在区政协会议室召开，由主席屈章湧主持，副主席杨文卿、王柱勋、曾孟嘉、李玉昌，秘书长梅冬乔参加。会议讨论通过1993年工作要点；确定召开区政协三届一次常委会有关事项；通过主席副主席分工事宜。

第二次主席会议　1993年3月18日在区政协会议室召开，由主席屈章湧主持，副主席杨文卿、王柱勋、曾孟嘉、李玉昌，秘书长梅冬乔和各委办负责人参加。会议讨论调查、考察工作和举办研讨班事宜；研究提案工作委员开会问题。

第三次主席会议　1993年6月16日在区政协会议室召开，由主席屈章湧主持，副主席杨文卿、王柱勋、曾孟嘉、李玉昌，秘书长梅冬乔和各委办负责人参加。会议传达市政协常委会精神；研究召开区政协三届二次常委会议程等相关事项；学习全国政协八届一次会议精神；讨论如何发挥常委会和专委会作用。

第四次主席会议　1993年9月7日在区政协会议室召开，由主席屈章湧主持，副主席杨文卿、王柱勋、曾孟嘉、李玉昌，秘书长梅冬乔和各委办负责人参加。会议决定召开区政协三届三次常委会议；讨论通过区政协《关于社会治安情况调查报告》；各委办汇报前段时期工作，并安排10—11月份工作。

第五次主席会议　1993年11月30日在区政协会议室召开，由主席屈章湧主持，副主席杨文卿、王柱勋、曾孟嘉、李玉昌，秘书长梅冬乔和各委办负责人参加。会议确定召开区政协三届四次常委会有关事项；研究年终走访、例会材料等问题。

第六次主席会议　1993年12月11日在区政协会议室召开，由主席屈章湧主持，副主席杨文卿、王柱勋、曾孟嘉、李玉昌，秘书长梅冬乔和各委办负责人参加。会议研究区政协三届二次全委会筹备情况；讨论通过1994年工作打算。

第七次主席会议　1994年3月4日在区政协会议室召开，由主席屈章湧主持，副主席杨文卿、王柱勋、曾孟嘉、李玉昌，秘书长梅冬乔和各委办负责人参加。会议对主席、副主席分工调整；决定召开区政协三届五次常委会议。

第八次主席会议　1994年4月22日在区政协会议室召开，由主席屈章湧主持，副主席杨文卿、王柱勋、曾孟嘉、李玉昌，秘书长梅冬乔和各委办负责人参加。会议学习全国统战工作会议精神；各委办汇报一季度工作执行情况、二季度打算。

第九次主席会议　1994年6月29日在区政协会议室召开，由主席屈章湧主持，副主席杨文卿、王柱勋、曾孟嘉、李玉昌，秘书长梅冬乔和各委办负责人参加。会议决定召开区政协三届六次常委会议；各专委会汇报工作。

第十次主席会议　1994年8月在区政协会议室召开，由主席屈章湧主持，副主席杨文卿、王柱勋、曾孟嘉、李玉昌，秘书长梅冬乔参加。会议传达市政协会议精神；研究参加纪念全国政协成立45周年活动电视抢答赛组成人员；研究教师节、中秋节座谈会工作。

第十一次主席会议　1994年10月8日在区政协会议室召开，由主席屈章湧主持，副主席杨文卿、王柱勋、曾孟嘉、李玉昌，秘书长梅冬乔参加。会议决定召开区政协三届七次常委会议；学习中共十四届四中全会精神。

第十二次主席会议　1995年3月2日在区政协会议室召开，由主席屈章湧主持，副主席杨文卿、王柱勋、曾孟嘉、李玉昌，秘书长梅冬乔和各委办负责人参加。会议学习江泽民《为促进祖国统一大业的完成而继续奋斗》的“八点主张”；研究通过1995年工作计划；研究确定区政协三届八次常委会内容等事项。

第十三次主席会议 1995年8月10日在区政协会议室召开，由主席屈章湧主持，副主席杨文卿、王柱勋、曾孟嘉、李玉昌，秘书长梅冬乔参加。会议学习全国政协主席李瑞环讲话；学习中央文件；学习市委书记熊承忠讲话；研究区政协三届九次常委会内容。

第十四次主席会议 1995年12月22日在区政协会议室召开，由主席屈章湧主持，副主席杨文卿、王柱勋、曾孟嘉、李玉昌，秘书长梅冬乔参加。会议通报区政协例会筹备情况；讨论区政府工作报告和国民经济第九个五年计划；研究区政协三届十一次常委会内容。

第十五次主席会议 1996年1月25日在区政协会议室召开，会议由主席屈章湧主持，副主席杨文卿、王柱勋、曾孟嘉、李玉昌，秘书长梅冬乔参加。会议研究包挂人民路街道市容工作；研究通过赣G2409车子官司问题。

第十六次主席会议 1996年3月8日在区政协会议室召开，由主席屈章湧主持，副主席杨文卿、王柱勋、曾孟嘉、李玉昌，秘书长梅冬乔和各委办负责人参加。会议学习全国政协八届四次会议精神及全国政协主席李瑞环在闭幕式上的讲话；讨论通过1996年工作安排；研究确定区政协三届十一次常委会内容。

第十七次主席会议 1996年7月1日在区政协会议室召开，会议由主席屈章湧主持，副主席杨文卿、王柱勋、曾孟嘉、李玉昌，秘书长梅冬乔参加。会议听取区政协关于委员培训有关事项汇报；研究区政协三届十二次常委会内容。

第十八次主席会议 1996年9月16日在区政协会议室召开，由主席屈章湧主持，副主席杨文卿、王柱勋、曾孟嘉、李玉昌，秘书长梅冬乔参加。会议学习《中华人民共和国居民组织法》；听取区民政局通报居民委员会工作情况；研究区政协三届十三次常委会相关事宜；研究中秋节茶话会事宜。

第十九次主席会议 1996年12月19日在区政协会议室召开，由主席屈章湧主持，副主席杨文卿、王柱勋、曾孟嘉、李玉昌，秘书长梅冬乔和各委办负责人参加。会议通报区政协例会筹备工作情况；讨论通过区政协两个报告；确定区政协三届十四次常委会相关事宜；讨论通过评选优秀委员提案奖励办法。

第二十次主席会议 1997年3月17日在区政协会议室召开，由主席屈章湧主持，副主席王柱勋、曾孟嘉、李玉昌、龚爱先、王之军，各委办负责人参加。会议讨论通过1997年政协工作要点；研究迎香港回归、庆中共十五大召开和区政协成立10周年纪念活动有关事项；研究区政协三届十五次常委会相关事宜。

第二十一次主席会议 1997年7月3日在区政协会议室召开，由主席屈章湧主持，副主席王柱勋、曾孟嘉、李玉昌、龚爱先、王之军参加。会议研究主席会、常委会议事规则；研究通过政协委办与党政对口部门加强联系办法；研究政协机构工作职责；研究通过政协提案工作条例；决定区政协三届十六次常委会会议内容和时间、地点。

第二十二次主席会议 1997年11月13日在区政协会议室召开，由主席屈章湧主持，副主席王柱勋、曾孟嘉、李玉昌、龚爱先、王之军，各委办负责人参加。会议研究换届工作；安排换届工作组负责人。

第二十三次主席会议 1997年12月5日在区政协会议室召开，由主席屈章湧主持，副主席王柱勋、曾孟嘉、李玉昌、龚爱先、王之军参加。会议讨论常务委员会工作报告及其他报告；研究通过区政协第四届一次会议有关具体事项；决定召开第十七次常委会的时间和议题。

四、第四届主席会议

第一次主席会议 1998年2月18日在区政协会议室召开，由主席胡勋杰主持，副主席梅冬乔、王之军、潘亦生、任惠萍、高秋深参加。会议明确主席分工；讨论通过年度工作。

第二次主席会议 1998年4月1日在区政协会议室召开，由主席胡勋杰主持，副主席梅冬乔、王之军、潘亦生、任惠萍、高秋深参加。会议学习政协章程及全国省市政协会议精神；讨论通过1998年工作要点；研究区政协四届一次常委会内容。

第三次主席会议 1998年7月17日在区政协会议室召开，由主席胡勋杰主持，副主席梅冬乔、王之军、潘亦生、任惠萍、高秋深参加。会议研究区政协四届二次常委会内容和时间；安排工作人员做学习提案文史委工作。

第四次主席会议　1998年10月22日在区政协会议室召开，由主席胡勋杰主持，副主席梅冬乔、王之军、潘亦生、任惠萍、高秋深参加。会议研究确定区政协四届三次常委会内容。

第五次主席会议　1998年12月15日在区政协会议室召开，由主席胡勋杰主持，副主席梅冬乔、王之军、潘亦生、任惠萍、高秋深参加。会议确定区政协四届四次常委会议召开时间、地点和议题；讨论通过区政协四届二次会议有关事宜；讨论通过区政协两个报告；研究办公室搬迁分配工作。

第六次主席会议　1999年2月8日在区政协会议室召开，由主席胡勋杰主持，副主席梅冬乔、王之军、潘亦生、任惠萍、高秋深，各委办负责人参加。会议由各专委会汇报1999年工作打算；研究收集编写社情民意工作。

第七次主席会议　1999年3月18日在区政协会议室召开，由主席王原平主持，副主席梅冬乔、王之军、潘亦生、任惠萍、高秋深，各委办负责人参加。会议确定第三次常委会议召开时间、地点和议题；讨论通过区政协1999年工作要点；学习区委书记曹林森、区长余泽恩在机关作风整顿会议上的讲话。

第八次主席会议　1999年6月28日在区政协会议室召开，由主席王原平主持，副主席梅冬乔、王之军、潘亦生、任惠萍、高秋深参加。会议决定对区政协经济界委员进行一次走访活动；研究援助滨兴街道新桥村事项；研究区政协四届五次常委会内容。

第九次主席会议　1999年8月20日在区政协会议室召开，由区政协主席王原平主持，副主席梅冬乔、王之军、潘亦生、任惠萍、高秋深参加。会议研究庆祝政协成立50周年召开茶话会事宜；研究参加市政协书画摄影展览活动事宜；研究冯德华停薪留职问题；安排人员到云南世博会参观。

第十次主席会议　1999年10月9日在区政协会议室召开，由主席王原平主持，副主席梅冬乔、王之军、潘亦生、任惠萍、高秋深参加。会议决定召开区政协四届六次常委（扩大）会议；学习中共中央总书记江泽民在政协成立50周年大会上讲话。

第十一次主席会议　1999年12月21日在区政协会议室召开，由主席王原平主持，副主席梅冬乔、王之军、潘亦生、任惠萍、高秋深和各委办负责人参加。会议决定召开区政协四届七次常委会议；讨论通过区政协两个报告；讨论通过增补政协委员情况。

第十二次主席会议　2000年3月14日在区政协会议室召开，由主席王原平主持，副主席梅冬乔、王之军、潘亦生、任惠萍、高秋深参加。会议决定召开区政协四届八次常委会议；讨论通过区政协各委办工作安排；研究“三讲”工作区政协领导小组成员。

第十三次主席会议　2000年6月19日在区政协会议室召开，由主席王原平主持，副主席梅冬乔、王之军、潘亦生、任惠萍、高秋深参加。会议决定召开区政协四届九次常委会议；研究小车接送领导和集中管理问题。

第十四次主席会议　2000年9月18日在区政协会议室召开，由主席王原平主持，副主席梅冬乔、王之军、潘亦生、任惠萍、高秋深参加。会议研究区政协关于进一步加强民主监督工作意见。

第十五次主席会议　2000年11月29日在区政协会议室召开，由主席王原平主持，副主席梅冬乔、王之军、潘亦生、任惠萍、高秋深和各委办负责人参加。会议研究召开区政协区政协四届十次常委会议有关具体事项；讨论通过优秀提案评选标准；研究区政协四届四次全委会相关事项；讨论通过区政协两个报告。

第十六次主席会议　2000年12月22日在区政协会议室召开，由主席王原平主持，副主席梅冬乔、王之军、潘亦生、任惠萍、高秋深和各委办负责人参加。会议研究例会工作安排；研究区政协四届十一次常委会工作；讨论通过委员变动情况。

第十七次主席会议　2001年3月9日在区政协会议室召开，由主席王原平主持，副主席梅冬乔、王之军、潘亦生、任惠萍、高秋深和各委办负责人参加。会议决定召开区政协四届十二次常委会议；传达区经济工作会议精神；讨论通过2001年工作要点。

第十八次主席会议　2001年6月15日在区政协会议室召开，由主席王原平主持，副主席梅冬乔、王之军、潘亦生、任惠萍、高秋深参加。会议研究区政协四届十三次常委会内容；讨论通过区政协关于素质教育调研报告；研究机关工作。

第十九次主席会议 2001年9月17日在区政协会议室召开，由主席王原平主持，副主席梅冬乔、王之军、潘亦生、任惠萍、高秋深和各委办负责人参加。会议由各委办汇报工作；确定区政协四届十四次常委会召开时间、议题；安排国庆、中秋两节活动。

第二十次主席会议 2001年12月7日在区政协会议室召开，由主席王原平主持，副主席梅冬乔、王之军、潘亦生、任惠萍和各委办负责人参加。会议研究全委会筹备工作；研究区政协提案工作，评选优秀提案和参政议政积极分子；研究民主监督工作情况；研究委员调整工作；布置统计1998年以来政府部门向常委会通报工作次数和相关情况。

第二十一次主席会议 2002年3月6日在区政协会议室召开，由主席王原平主持，副主席梅冬乔、王之军、潘亦生、任惠萍和各委办负责人参加。会议讨论2002年工作要点；研究各专委会调查内容；研究提案工作；研究机关作风问题；确定召开区政协四届十五次常委会相关事项；研究成立编纂《名人与浔阳》领导小组成员。

第二十二次主席会议 2002年6月27日在区政协会议室召开，由主席王原平主持，副主席梅冬乔、王之军、潘亦生、任惠萍参加。会议征求《关于进一步加强人民政协工作的意见》一文的修改意见；学习江泽民“5·31”讲话；研究区政协四届十六次常委会议日程和议程。

第二十三次主席会议 2002年8月12日在区政协会议室召开，由主席王原平主持，副主席梅冬乔、王之军、潘亦生、任惠萍参加。会议讨论通过区政协视察外资办招商引资工作报告；学习全国政协九届五次会议精神。

第二十四次主席会议 2002年9月6日在区政协会议室召开，由副主席潘亦生主持，副主席梅冬乔、王之军、任惠萍参加。会议传达区委常委会有关换届精神；研究区政协四届十七次常委会内容；研究召开中秋茶话会事宜；研究出版《名人与浔阳》第二辑相关事宜。

第二十五次主席会议 2002年11月30日在区政协会议室召开，由副主席潘亦生主持，副主席梅冬乔、王之军、任惠萍和各委办负责人参加。会议研究换届工作大会材料、人事变动等事宜。

第二十六次主席会议 2002年12月17日在区政协会议室召开，由副主席潘亦生主持，下届党组书记杨朱记，副主席梅冬乔、王之军、任惠萍，下届副主席提名人刘宗强、刘其祥、易小慧、胡迪，下届秘书长严茂宜和本届各委办负责人参加。会议通报区政协人事调整；确定区政协四届十八次常委会相关事宜。

第二十七次主席会议 2003年1月1日在区政协会议室召开，由党组书记杨朱记主持，副主席梅冬乔、王之军、潘亦生、任惠萍，下届副主席提名人刘宗强、刘其祥、易小慧、胡迪，下届秘书长严茂宜和本届各委办负责人参加。会议研究五届一次全委会筹备工作。

五、第五届主席会议

第一次主席会议 2003年3月11日在区政协会议室召开，由主席杨朱记主持，副主席潘亦生、任惠萍、刘宗强、刘其祥、易小慧、胡迪，秘书长严茂宜和各委办负责人参加。会议讨论有关制度事宜；研究主席分工；讨论通过委员分组活动安排；研究区政协五届一次常委会内容；讨论祖国统一委员会更名为港澳台侨委员会工作；讨论通过2003年工作要点；车辆安排。

第二次主席会议 2003年6月16日在区政协会议室召开，由主席杨朱记主持，副主席潘亦生、任惠萍、刘宗强、刘其祥、易小慧、胡迪，秘书长严茂宜和各委办负责人参加。会议通报区政协上半年工作情况和下半年工作打算；通报招商引资工作情况；确定区政协五届二次常委会召开日程、地点和议程。

第三次主席会议 2003年10月10日在区政协会议室召开，由主席杨朱记主持，副主席潘亦生、任惠萍、刘宗强、刘其祥、易小慧、胡迪，秘书长严茂宜和各委办负责人参加。会议各专委会年度小结；研究区政协五届三次常委会内容；传达市政协常委会会议精神；听取区政协视察公安分局“打黑除恶”报告。

第四次主席会议 2003年11月26日在区政协会议室召开，由主席杨朱记主持，副主席潘亦生、任惠萍、刘宗强、刘其祥、易小慧、胡迪，秘书长严茂宜和各委办负责人参加。会议传达市政协工作会议精神；讨论通过区政协第五届二次例会筹备工作和2个工作报告；研究新增政协委员事宜；确定12月3日召开全区政协工作会议相关事宜。

第五次主席会议 2003年12月19日在区政协会议室召开，由主席杨朱记主持，副主席潘亦生、任惠萍、刘宗强、刘其祥、易小慧、胡迪，秘书长严茂宜参加。会议讨论通过常委会工作报告；讨论通过提案工作报告；研究增补副主席、常委和委员事宜。

第六次主席会议 2004年2月2日在区政协会议室召开，由主席杨朱记主持，副主席潘亦生、任惠萍、刘宗强、刘其祥、易小慧、胡迪，秘书长严茂宜和各委办负责人参加。会议传达省政协例会精神；讨论通过政协两个工作；各个筹备组汇报工作。

第七次主席会议 2004年2月11日在区政协会议室召开，由主席杨朱记主持，副主席潘亦生、任惠萍、刘宗强、刘其祥、易小慧、胡迪、叶明林，秘书长严茂宜参加。会议学习党的纪律处分条例；讨论通过2004年工作要点；确定区政协五届四次常委会有关事宜。

第八次主席会议 2004年6月24日在区政协会议室召开，由主席杨朱记主持，副主席潘亦生、惠萍、刘宗强、刘其祥、易小慧、胡迪，秘书长严茂宜参加。会议讨论通过区政协五届五次常委会日程、议程；传达全市政协工作会议精神；研究委员培训班事宜；讨论通过区政协视察工业园报告。

第九次主席会议 2004年8月2日在区政协会议室召开，由主席杨朱记主持，副主席潘亦生、任惠萍、刘宗强、刘其祥、易小慧、胡迪，秘书长严茂宜参加。会议学习市政协文件；研究加强机关作风建设。

第十次主席会议 2004年9月13日在区政协会议室召开，由主席杨朱记主持，副主席潘亦生、任惠萍、刘宗强、刘其祥、易小慧、胡迪，秘书长严茂宜和各委办负责人参加。会议研究组织委员对区直职能部门行风评议活动事宜。

第十一次主席会议 2004年12月14日在区政协会议室召开，由主席杨朱记主持，副主席潘亦生、任惠萍、刘宗强、刘其祥、易小慧、胡迪，秘书长严茂宜和各委办负责人参加。会议讨论通过全委会筹备工作；讨论通过关于“4050”下岗人员就业与再就业视察报告；讨论通过政协常委会报告和提案报告；确定表彰优秀委员名单。

第十二次主席会议 2005年3月18日在区政协会议室召开，由副主席潘亦生主持，副主席任惠萍、刘宗强、刘其祥、易小慧、胡迪，秘书长严茂宜和各委办负责人参加。会议布置先进性教育活动下步工作；讨论通过2005年常委会工作要点和区政协五届六次常委会日程、议程；学习《中华人民共和国反国家分裂法》；确定出版《百年西园》一书。

第十三次主席会议 2005年4月30日在区政协会议室召开，由副主席潘亦生主持，副主席任惠萍、刘宗强、刘其祥、易小慧、胡迪，秘书长严茂宜和各委办负责人参加。会议学习《中共中央关于进一步加强中国共产党领导的多党合作和政治协商制度的意见》文件。

第十四次主席会议 2005年5月6日在区政协会议室召开，由副主席潘亦生主持，副主席任惠萍、刘宗强、刘其祥、易小慧、胡迪，秘书长严茂宜和各委办负责人参加。会议听取先进性教育活动第二阶段工作情况安排意见汇报及下步工作安排意见。

第十五次主席会议 2005年6月21日在区政协会议室召开，由副主席潘亦生主持，副主席任惠萍、刘宗强、刘其祥、易小慧、胡迪，秘书长严茂宜和各委办负责人参加。会议确定召开区政协五届二次常委会相关事宜；学习中共九江市委和中共浔阳区委关于开展“新阶段、新发展”大讨论会议精神。

第十六次主席会议 2005年12月10日在区政协会议室召开，由副主席潘亦生主持，副主席任惠萍、刘宗强、刘其祥、易小慧、胡迪，秘书长严茂宜和各委办负责人参加。会议讨论通过区政协两个报告；安排区政协五届四次全委会筹备工作。

第十七次主席会议 2006年3月15日在区政协会议室召开，由副主席潘亦生主持，副主席任惠萍、刘宗强、刘其祥、易小慧、胡迪，秘书长严茂宜和各委办负责人参加。会议学习《中共中央关于加强人民政协工作意见》；讨论通过2006年工作要点。

第十八次主席会议 2006年6月21日在区政协会议室召开，会议由党组书记张燕萍主持，副主席潘亦生、任惠萍、刘宗强、刘其祥、易小慧、胡迪，秘书长严茂宜和各委办负责人参加。会议传达中共浔阳区委员会第八次党代会精神。

第十九次主席会议 2006年9月20日在区政协会议室召开，由党组书记张燕萍主持，副主席潘亦生、任惠萍、刘宗强、刘其祥、易小慧、胡迪，秘书长严茂宜和各委办负责人参加。会议研究制订区政协《关于组织学习〈江泽民文选〉的实施方案》；讨论通过区经济科技委员会《关于民营经济视察报告》；安排国庆中秋茶话会工作。

第二十次主席会议 2007年1月29日在区政协会议室召开，由党组书记张燕萍主持，副主席潘亦生、任惠萍、刘宗强、刘其祥、易小慧、胡迪，下届提名副主席曹茂荣、朱少芬，秘书长严茂宜和各委办负责人参加。会议总结2006年工作；筹备区政协六届一次会议；讨论通过常委会报告和提案报告；确定优秀委员名单；确定区政协五届八次常委会有关事宜；传达区委常委会议精神。

六、第六届主席会议

第一次主席会议 2007年3月20日在区政协会议室召开，由主席张燕萍主持，副主席任惠萍、刘宗强、刘其祥、易小慧、胡迪、曹茂荣、朱少芬，秘书长严茂宜和各委办负责人参加。会议研究区政协领导分工；讨论通过政协各组委员；讨论通过区政协2007年工作要点和各专委会2007年工作计划；学习全国“两会”精神；研究区政协六届一次常委会相关事宜。

第二次主席会议 2007年4月9日在区政协会议室召开，由主席张燕萍主持，副主席任惠萍、刘宗强、刘其祥、易小慧、胡迪、曹茂荣、朱少芬，秘书长严茂宜和各委办负责人参加。会议研究《区政协专门委员会工作条例和工作职责》；研究走访委员《方案》；布置调研区机关效能和行风建设相关事宜。

第三次主席会议 2007年5月15日在区政协会议室召开，由主席张燕萍主持，副主席任惠萍、刘宗强、刘其祥、易小慧、胡迪、曹茂荣、朱少芬，秘书长严茂宜和各委办负责人参加。会议研究组织委员参加区科普活动计划；研究举办“三产强区”论坛会相关事宜；确定举办新委员培训班相关事宜。

第四次主席会议 2007年7月5日在区政协会议室召开，由主席张燕萍主持，副主席任惠萍、刘宗强、刘其祥、易小慧、胡迪、曹茂荣、朱少芬，秘书长严茂宜和各委办负责人参加。会议研究招商引资工作和走访经济界委员工作；研究视察市容环卫工作；研究召开区政协六届二次常委会相关事宜；传达全市政协工作会议精神。

第五次主席会议 2007年8月2日在区政协会议室召开，由主席张燕萍主持，副主席任惠萍、刘宗强、刘其祥、易小慧、胡迪、曹茂荣、朱少芬，秘书长严茂宜和各委办负责人参加。会议研究城中村调研工作；研究举办扶贫助学仪式相关事宜；确定国庆中秋节相关事宜。

第六次主席会议 2007年9月20日在区政协会议室召开，由主席张燕萍主持，副主席任惠萍、刘宗强、刘其祥、易小慧、胡迪、曹茂荣、朱少芬，秘书长严茂宜和各委办负责人参加。会议研究确定区政协六届三次常委会内容；研究确定与市港航管理所联合开展委员联谊活动相关事宜。

第七次主席会议 2007年10月10日在区政协会议室召开，由主席张燕萍主持，副主席任惠萍、刘宗强、刘其祥、易小慧、胡迪、曹茂荣、朱少芬，秘书长严茂宜和各委办负责人参加。会议研究区政协调研区劳动就业工作情况报告；确定安排委员外出参观学习方案。

第八次主席会议 2007年11月13日在区政协会议室召开，由主席张燕萍主持，副主席任惠萍、刘宗强、刘其祥、易小慧、胡迪、曹茂荣、朱少芬，秘书长严茂宜和各委办负责人参加。会议研究区政协视察区发改委工作方案；研究召开提案工作座谈会方案；研究视察区烟草局工作方案。

第九次主席会议 2007年12月6日在区政协会议室召开，由主席张燕萍主持，副主席任惠萍、刘宗强、刘其祥、易小慧、胡迪、曹茂荣、朱少芬，秘书长严茂宜和各委办负责人参加。会议讨论通过浔阳区经济社会发展视察报告和视察区烟草局工作报告；研究区政协六届四次常委会相关事宜；确定区政协六届二次全委会调研课题。

第十次主席会议 2008年1月4日在区政协会议室召开，由主席张燕萍主持，副主席任惠萍、刘宗强、刘其祥、易小慧、胡迪、曹茂荣、朱少芬，秘书长严茂宜和各委办负责人参加。会议讨论通过区政协六届二次会议日程、议程；讨论通过区政协常委会报告和提案工作报告；确定全委会大会发言材料；确定推荐优秀政协委员；讨论通过调整区政协委员。

第十一次主席会议 2008年3月17日在区政协会议室召开，由主席张燕萍主持，副主席任惠萍、刘宗强、刘其祥、易小慧、胡迪、曹茂荣、朱少芬和各委办负责人参加。会议讨论2008年工作要点；研究走访部分常委、委员方案；传达区三级干部会议精神；确定召开区政协六届五次常委会相关事宜。

第十二次主席会议　2008年4月18日在区政协会议室召开，由主席张燕萍主持，副主席任惠萍、刘宗强、刘其祥、易小慧、胡迪、曹茂荣、朱少芬和各委办负责人参加，会议研究组织委员视察区三产发展情况方案；确定成立区政协《委员风采录》编委会相关事宜。

第十三次主席会议　2008年5月8日在区政协会议室召开，由主席张燕萍主持，副主席任惠萍、刘宗强、刘其祥、易小慧、胡迪、曹茂荣、朱少芬和各委办负责人参加。会议研究组织委员调研区市容工作方案；研究组织委员视察区投资环境和物价工作方案；布置外出学习考察工作。

第十四次主席会议　2008年6月18日在区政协会议室召开，由主席张燕萍主持，副主席任惠萍、刘宗强、刘其祥、易小慧、胡迪、曹茂荣、朱少芬和提案委负责人参加。会议研究组织委员调研区机关效能和行风建设工作方案；确定提案督办工作。

第十五次主席会议　2008年7月17日在区政协会议室召开，由主席张燕萍主持，副主席任惠萍、刘宗强、刘其祥、易小慧、胡迪、曹茂荣、朱少芬和各委办负责人参加。会议研究组织委员视察京九市场建设工作方案；确定区政协六届六次常委会相关事宜。

第十六次主席会议　2008年8月5日在区政协会议室召开，由主席张燕萍主持，副主席任惠萍、刘宗强、刘其祥、易小慧、胡迪、朱少芬和各委办负责人参加。会议研究组织委员视察“菜篮子”市场工作方案；研究组织委员视察区城乡互动工作方案；研究区政协关于开展扶贫帮困工作方案。

第十七次主席会议　2008年9月19日在区政协会议室召开，由主席张燕萍主持，副主席任惠萍、刘宗强、刘其祥、易小慧、胡迪、朱少芬和提案委负责人参加。会议研究中秋节开展走访委员事宜；研究区政协六届七次常委会相关议题；研究提案工作。

第十八次主席会议　2008年10月16日在区政协会议室召开，由主席张燕萍主持，副主席任惠萍、刘宗强、刘其祥、易小慧、胡迪、朱少芬和提案委负责人参加。会议研究组织委员视察社区工作方案；确定编印《区政协六届二次会议优秀提案》一书；研究成立区政协人口资源环境委员会。

第十九次主席会议　2008年11月11日在区政协会议室召开，由主席张燕萍主持，副主席任惠萍、刘宗强、刘其祥、易小慧、胡迪、朱少芬和各委办负责人参加。会议研究组织委员视察残联工作方案；确定组织委员视察物业工作方案；研究区政协六届三次会议调研课题。

第二十次主席会议　2008年12月24日在区政协会议室召开，由主席张燕萍主持，副主席任惠萍、刘宗强、刘其祥、易小慧、胡迪、朱少芬和各委办负责人参加。会议讨论通过区政协常委会工作报告和提案工作报告；讨论通过区政协市场调研报告；确定区政协六届八次常委会相关事宜；研究区政协委员调整事项说明；确定优秀委员名单。

第二十一次主席会议　2009年1月8日在区政协会议室召开，由主席张燕萍主持，副主席任惠萍、刘宗强、刘其祥、易小慧、胡迪、朱少芬和各委办负责人参加。会议研究春节值班和机关福利等相关事宜；确定春节走访老干部。

第二十二次主席会议　2009年2月18日在区政协会议室召开，由主席张燕萍主持，副主席任惠萍、刘宗强、刘其祥、易小慧、胡迪、朱少芬和各委办负责人参加，会议研究区政协《关于开展“伸出我的手，温暖你的心”送文艺下乡到劳教所慰问》工作方案；研究区政协领导领办督办重点提案工作；研究区政协宿舍房产办证问题，成立领导小组为老干部办房产证。

第二十三次主席会议　2009年3月2日在区政协会议室召开，由主席张燕萍主持，副主席任惠萍、刘宗强、刘其祥、易小慧、胡迪、朱少芬和各委办负责人参加。会议研究组织委员参加福利院献爱心活动；传达省市政协会议精神；研究区政协六届九次常委会召开时间和地点、议程和主要内容；讨论通过2009年工作要点；部署2009年机关效能建设工作。

第二十四次主席会议　2009年4月8日在区政协会议室召开，由主席张燕萍主持，副主席任惠萍、刘宗强、刘其祥、易小慧、胡迪、朱少芬和各委办负责人参加。会议讨论通过《区政协开展深入学习科学发展观活动实施方案》；研究邀请部分委员参加编辑《委员风采》工作；研究与科协联合为返乡农民工举办适用培训班工作方案。

第二十五次主席会议 2009年5月15日在区政协会议室召开，由主席张燕萍主持，副主席任惠萍、刘宗强、刘其祥、易小慧、胡迪、朱少芬和各委办负责人参加。会议研究组织委员外出考察工作方案；研究组织委员视察公众安全感情况工作方案；研究组织委员视察免费婚前医学检查实施情况工作方案。

第二十六次主席会议 2009年6月18日在区政协会议室召开，由主席张燕萍主持，副主席任惠萍、刘宗强、刘其祥、易小慧、胡迪、朱少芬和各委办负责人参加。会议研究确定组织机关干部到武宁政协学习筹备全市政协工作会议工作经验；研究确定组织委员调研市区网吧市场管理情况工作方案；研究确定组织委员调研农民工培训就业情况工作方案。

第二十七次主席会议 2009年7月3日在区政协会议室召开，由主席张燕萍主持，副主席任惠萍、刘宗强、刘其祥、易小慧、胡迪、朱少芬和各委办负责人参加。会议研究组织委员考察战备路开发意义和准备工作情况；研究召开区政协六届十次常委相关事宜。

第二十八次主席会议 2009年8月12日在区政协会议室召开，由主席张燕萍主持，副主席任惠萍、刘宗强、刘其祥、易小慧、胡迪、朱少芬和各委办负责人参加。会议研究提案督办工作；研究组织委员视察低保工作准备情况；研究扶贫助学工作；研究区政协筹办全市政协工作会议工作方案。

第二十九次主席会议 2009年9月17日在区政协会议室召开，由主席张燕萍主持，副主席任惠萍、刘宗强、刘其祥、易小慧、胡迪、朱少芬和各委办负责人参加。会议研究中秋节开展有关活动方案；研究组织委员视察人防工作方案；审议通过区政协《关于区返乡务工人员再就业调研情况的报告》；研究召开区政协六届十一次常委会相关事宜。

第三十次主席会议 2009年11月18日在区政协会议室召开，由主席张燕萍主持，副主席任惠萍、刘宗强、刘其祥、易小慧、胡迪、朱少芬，秘书长韩万金和各委办负责人参加。会议研究组织委员视察残联工作方案；研究组织委员视察城东工业园区工作方案。

第三十一次主席会议 2009年12月30日在区政协会议室召开，由主席张燕萍主持，副主席任惠萍、刘宗强、刘其祥、易小慧、胡迪、朱少芬，秘书长韩万金和各委办负责人参加。会议研究召开区政协六届十二次常委会相关事宜；讨论通过区政协常委会工作报告和提案工作报告；研究区政协六届四次全委会调课题和各党派选题情况。

第三十二次主席会议 2010年2月10日在区政协会议室召开，由主席张燕萍主持，副主席任惠萍、刘宗强、刘其祥、易小慧、胡迪、朱少芬，秘书长韩万金和各委办负责人参加。会议确定走访慰问离退休老干部和部分政协委员；研究召开区政协六届十三次常委会相关事宜。

第三十三次主席会议 2010年4月9日在区政协会议室召开，由主席张燕萍主持，副主席任惠萍、刘宗强、刘其祥、易小慧、胡迪、朱少芬，秘书长韩万金和各委办负责人参加。会议研究组织委员调研个私经济工作方案；审核《委员风采录》；确定举办新委员培训班方案；研究与科协联合举办科普活动方案；研究组织机关干部分批参观上海世博会活动方案。

第三十四次主席会议 2010年7月12日在区政协会议室召开，由主席张燕萍主持，副主席任惠萍、刘宗强、刘其祥、易小慧、胡迪、朱少芬，秘书长韩万金和各委办负责人参加。会议确定召开区政协六届十四次常委会内容、时间和地点等相关事宜；确定捐资助学活动方案；确定组织委员调研物流经济工作方案；讨论通过区政协视察卫生工作情况的报告。

第三十五次主席会议 2010年9月16日在区政协会议室召开，由主席张燕萍主持，副主席任惠萍、刘宗强、刘其祥、易小慧、胡迪、朱少芬，秘书长韩万金和各委办负责人参加。会议确定迎中秋节活动方案；确定召开区政协六届十五次常委会相关事宜；讨论通过区政协视察“病毒性肝炎”传染病在区防控执行情况报告。

第三十六次主席会议 2010年11月26日在区政协会议室召开，由主席张燕萍主持，副主席任惠萍、刘宗强、刘其祥、易小慧、胡迪、朱少芬，秘书长韩万金和各委办负责人参加。会议研究确定组织委员调研决战工业60亿工作情况方案；讨论通过区政协视察《中华人民共和国审计法实施条例》落实情况的报告；研究确定组织委员视察检察院“强化法律监督、维护公平正义”工作情况的方案；确定召开区政协六届十六次常委会相关事宜。

第三十七次主席会议　2011年3月9日在区政协会议室召开，由主席张燕萍主持，副主席任惠萍、刘宗强、刘其祥、易小慧、胡迪、朱少芬，秘书长韩万金和各委办负责人参加。会议讨论通过2011年工作要点；确定召开区政协六届十七次常委会相关事宜；研究区政协视察浔阳楼棚户区改造工作方案。

第三十八次主席会议　2011年7月20日在区政协会议室召开，由主席张燕萍主持，党组书记文建华参加，副主席任惠萍、刘宗强、刘其祥、易小慧、胡迪、朱少芬，秘书长韩万金和各委办负责人参加。会议确定召开区政协六届十八次常委会时间日程、议程和主持人；讨论通过区政协七届一次全委会时间、日程及大会工作人员安排。

七、第七届主席会议

第一次主席会议　2011年9月2日在区政协三楼会议室召开，由主席文建华主持，副主席刘宗强、易小慧、张华桥、朱少芬、周华、廖济煊、秦永红，秘书长韩万金，各委办主任参加，会议小结区政协七届一次全委会工作；规划未来五年工作；安排送旧迎新相关事项。会议认为，区政协七届一次全委会开得成功，取得预期效果，体现如下几个特点：一是区委领导高度重视与关心。二是会议材料质量高，发送及时。三是大会组织井井有条。四是大会“到会率”“投票率”高，体现区政协干部办事办会能力。会议指出，剩下的4个月要做好如下工作。一是新委员培训班工作。二是围绕区委、区政府开展视察调研工作。三是筹备9月份常委会工作。未来五年，一要把《浔阳区政协志》编写好。二要与区委保持高度一致，全力支持区政府工作。三要主动开展各项工作，配合区委、区政府完成各项任务。四要对外树立政协形象，对内形成工作合力，和谐相处，和谐共事，不利于团结的话不说，不利于团结的事不做，领导要做出表率。

第二次主席会议　2011年9月14日在区政协三楼会议室召开，由主席文建华主持，副主席刘宗强、易小慧、张华桥、朱少芬、周华、廖济煊、秦永红，秘书长韩万金，各委办主任参加，会议听取副主席朱少芬通报政府常务会第一次会议内容；讨论通过《浔阳区政协主席会议工作规则》和《浔阳区政协常委会议工作规则》；讨论通过区政协人口资源环境委员会撰写的《政府主导、社会参与、全民关怀、推进养老服务社会化》专题调研报告；研究确定区政协草拟调研的题目（共分楼宇、公共安全、居家养老、文化产业、物流等五个方面）；讨论通过新一届政协委员分组；研究确定区政协七届一次常委会召开时间、内容等有关事项。

第三次主席会议　2011年11月10日在区政协三楼会议室召开，由主席文建华主持，副主席刘宗强、易小慧、张华桥、朱少芬、周华、廖济煊、秦永红，秘书长韩万金，各委办主任参加，会议讨论通过区政协代拟的《中共浔阳区委关于加强和改进人民政协政治协商工作的意见》（讨论稿）；商讨驻会主席带队外出考察事项；讨论通过编撰文史资料《百年大中路》事项；研究2012年例会准备工作；讨论通过制作带照片的委员通讯录有关事项。

第四次主席会议　2012年1月12日在区政协三楼会议室召开，由主席文建华主持，副主席刘宗强、易小慧、张华桥、朱少芬、周华、廖济煊、秦永红，秘书长韩万金，各委办主任参加，会议讨论通过区政协七届二次全委会日程、议程；讨论通过区政协七届二次全委会日程、议程；讨论通过区政协常委会、提案工作报告；确定优秀提案委员和优秀提案承办单位名单；确定大会委员分组划分情况。

第五次主席会议　2012年2月22日在区政协三楼会议室召开，由主席文建华主持，副主席刘宗强、易小慧、张华桥、朱少芬、周华、廖济煊、秦永红，秘书长韩万金，各委办主任参加，会议由各位副主席、各委办负责人谈新年工作打算、思路和建议；传达市政协十四届二次全委会精神。会议认为，大家开动脑筋，积极出主意，想办法，提出很多很好建议，为新的一年创新性开展工作作为铺垫。会议要求，区政协办公室将大家的意见和建议整理后，将2012年工作任务分解到个人，会议号召全体机关干部一要多学习、学习政协基本知识，为做好政协工作打下基础。二要勤思考，要结合区委、区政府中心工作，开展调研视察工作，区委想什么，政协谋什么；区政府做什么，政协帮什么；群众需要什么，政协呼吁什么。三要实干，要有创新精神，开展各项工作，要积极主动干好各项工作，一年中抓好几件实实在在工作，做出亮点，才能体现政协有为有位。

第六次主席会议　2012年3月23日在区政协

三楼会议室召开，由主席文建华主持，副主席刘宗强、易小慧、张华桥、朱少芬、周华、廖济煊、秦永红，秘书长韩万金，各委办主任参加，会议学习集中整治影响发展环境的干部突出问题活动有关会议精神；传达区政府常务会议精神；讨论区政协2012年工作要点；通报区政协《关于对区政协委员履职情况的通报》；讨论通过《街道联络处工作制度》；研究区政协七届三次常委会议程、日程等有关事项。

第七次主席会议　2012年4月12日在区政协三楼会议室召开，由主席文建华主持，副主席刘宗强、易小慧、张华桥、朱少芬、周华、廖济煊、秦永红，秘书长韩万金，各委办主任参加，会议通报区人事调整，经区委常委会研究，易小慧、周华、廖济煊三位副主席驻会，副主席秦永红兼任区工商联主席。

第八次主席会议　2012年5月14日在区政协三楼会议室召开，由主席文建华主持，副主席刘宗强、易小慧、张华桥、朱少芬、周华、廖济煊、秦永红，秘书长韩万金，各委办主任参加，会议主要内容：研究区政协“财务制度”“车辆管理制度”“接待制度”及“宣传报道奖励办法”。会议认为，搞好机关建设要建立相关制度，靠制度来管理，来约束是行之有效的办法，制度形成后，要认真执行，办公室人员要切实做好后勤服务工作，定期通报经费使用情况，确保各项工作高效运转。

第九次主席会议　2012年5月31日在区政协三楼会议室召开，由主席文建华主持，副主席刘宗强、易小慧、张华桥、朱少芬、周华、廖济煊、秦永红，秘书长韩万金，各委办主任参加，会议布置下阶段工作，会议认为，做好政协工作关键是搞好调研，各位副主席，特别是专委会主任要认真组织委员开展调研工作，调研前要选好题，要做工作方案，调研中要写好调研报告，为区委、区政府科学决策而建言献策。会议指出，当前要做好文史工作，6月2日拿出出版《浔阳史话》（暂定名）工作方案，并着手考虑《浔阳区政协志》相关工作，做好大事记等各种准备工作。

第十次主席会议　2012年9月28日在区政协三楼会议室召开，由主席文建华主持，副主席刘宗强、易小慧、张华桥、朱少芬、周华、廖济煊、秦永红，秘书长韩万金，各委办主任参加，会议传达区党政联系会上关于迅速传达全省维护社会稳定和信访工作会议精神。会议要求，要认真学习省市区委书记讲话精神，做好维护稳定和信访工作，巩固文明创建成果，会议指出，机关副处级领导外出要向区委主要领导请假，科级干部外出要向区政协主要领导请假，要遵守党风廉政纪律，领导干部不能公车私用，不能驾驶公务车，另外对司机吴琦长期不上班要采取必要措施，妥善处理。

第十一次主席会议　2012年11月15日在区政协三楼会议室召开，由主席文建华主持，副主席刘宗强、易小慧、张华桥、朱少芬、周华、廖济煊、秦永红，秘书长韩万金，各委办主任参加，会议学习传达中共十八大会议精神；布置当前几项工作。会议指出，要认真学习十八大会议精神，特别十八大报告中新亮点、新措施和新提法，大家在学习中要深刻领会，会议要求当前要抓好几项工作。一是各委办要做好总结全年工作，安排好2013年工作。二是要加快《浔阳拾遗》编辑出版工作。三是要做好全体会议准备工作，特别是文字材料准备工作和全委会发言材料。四是对2013年工作要在以下几方面着力开展。加大民主监督力度，社情民意工作，委员进社区及委员提案工作等。

第十二次主席会议　2012年12月21日在区政协三楼会议室召开，由主席文建华主持，副主席刘宗强、易小慧、张华桥、朱少芬、周华、廖济煊、秦永红，秘书长韩万金，各委办主任参加，会议讨论通过常委会工作报告和提案工作报告；确定优秀委员和优秀提案承办单位；研究新增委员名单；学习传达中央改进工作作风，密切联系群众的“八项规定”有关精神，会议认为，总书记习近平在中共中央政治局会议上指出的“八项规定”即改进调查研究，精简会议活动，精简文件简报，规范出访活动，改进警卫工作，改进新闻报道，严格文稿发表，厉行勤俭节约，这些内容为所有机关领导干部息息相关，是高层领导从我做起，以良好党风带动政风和社风，从而达到密切联系群众，不断提升服务水平的目的，会议要求，区政协领导及机关干部要认真学习，深刻领会，切实贯彻到位，模范遵守好。

第十三次主席会议　2013年3月6日在区政协三楼会议室召开，由主席文建华主持，副主席刘宗强、易小慧、张华桥、朱少芬、周华、廖济煊、秦永红，秘书长韩万金，各委办主任参加，会议传达全区经济工作，区纪委三次全会精神；布置年度考核工作；部署2013年工作。会议要求，一是全力跟踪区重点项目工作，制订工作方案。二是制定2013年区政协工作细化表。三是做好市政协“三进三服务”会议材料准备工作。四是深化区政协委员进社区活动，并制订“五个一”活动方案。五是加强推进《浔阳区政协志》《票证岁月》编辑工作。

第十四次主席会议　2013年3月22日在区政协三楼会议室召开，由主席文建华主持，副主席刘宗强、易小慧、张华桥、朱少芬、周华、廖济煊、秦永红，秘书长韩万金，各委办主任参加，会议传达区政府18次常务会议精神；讨论通过区政协2013年工作要点；研究《加强区政协机关司机管理办法》。

第十五次主席会议　2013年4月15日在区政协三楼会议室召开，由主席文建华主持，副主席刘宗强、易小慧、张华桥、朱少芬、周华、廖济煊、秦永红，秘书长韩万金，各委办主任参加，会议讨论通过区政协《委员进社区“五个一”活动实施方案》；讨论通过区政协2013年工作安排表；讨论通过区政协、区纪委《关于在全区开展区政协委员担任相关部门民主监督员的实施意见》；传达全国、省、市政协会议精神；传达市政协“三进三服务”活动会议精神；研究区政协七届八次常委会会议议程、日程和内容等相关事项。

第十六次主席会议　2013年4月24日在区政协三楼会议室召开，由主席文建华主持，副主席刘宗强、易小慧、张华桥、朱少芬、周华、廖济煊、秦永红，秘书长韩万金，各委办主任参加，会议讨论通过《浔阳区政协志》编撰提纲；传达区纪委“整治小鬼难缠，优化发展环境活动”有关文件精神。会议要求，要明确编志的一套规定和程序，做好分工负责工作，认真琢磨内容，提出相关建议。要加强机关干部队伍建设，为委员企业做好服务工作，要做好自查自纠工作，总结经验，防止出现“小鬼难缠”现象，要及时对三进三服务和“五个一”活动进行调度，掌握情况，发现问题，推动工作。

第十七次主席会议　2013年5月23日在区政协三楼会议室召开，由主席文建华主持，副主席刘宗强、易小慧、张华桥、朱少芬、周华、廖济煊、秦永红，秘书长韩万金，各委办主任参加，会议确定成立区政协委员工作办公室（正科级），设立主任一名，成立区政协后勤服务中心（正股级），设立2个事业编；研究确定统一选派委员担任部门民主监督员工作；讨论通过《浔阳区政协志》编委会成员组成名单；布置委员大走访活动；研究确定重点提案督办工作。

第十八次主席会议　2013年6月20日在区政协三楼会议室召开，由主席文建华主持，副主席刘宗强、易小慧、张华桥、朱少芬、周华、廖济煊、秦永红，秘书长韩万金，各委办主任参加，会议研究调整办公室人员工作（因工作需要调鲁兴荣进办公室做财务、事务方面工作，调干锦娜进办公室做秘书、政务方面工作，刘少宏专职做编志办公室工作）；各委办负责人汇报走访委员工作和督办重点提案工作；研究《浔阳区政协志》任务分配工作。

第十九次主席会议　2013年7月15日在区政协三楼会议室召开，由主席文建华主持，副主席刘宗强、易小慧、张华桥、朱少芬、周华、廖济煊、秦永红，秘书长韩万金参加，会议研究区政协七届九次常委会议程等有关事项；传达区政府20次常务会议精神；讨论通过区政协《关于在全区企业委员中开展“讲诚信、做贡献、促发展”活动的实施方案》；讨论通过区政协《关于进一步加强反映社情民意信息工作的通知》。

第二十次主席会议　2013年10月10日在区政协三楼会议室召开，由主席文建华主持，副主席刘宗强、易小慧、张华桥、朱少芬、周华、廖济煊、秦永红参加，会议传达区委常委会关于做好党风廉政建设社会评价工作会议精神；布置党组班子成员走访委员活动。

第二十一次主席会议　2013年12月6日在区政协三楼会议室召开，由主席文建华主持，副主席刘宗强、易小慧、张华桥、朱少芬、周华、廖济煊、秦永红，秘书长韩万金，各委办主任参加，会议确定区政协七届四次全会会议筹备工作分工安排；研究区政协七届四次全会会议日程、议程等相关事宜。

第二十二次主席会议　2013年12月9日在区政协三楼会议室召开，由主席文建华主持，副主席刘宗强、易小慧、张华桥、朱少芬、周华、廖济煊、秦永红，秘书长韩万金参加，会议传达区纪委关于严禁公车私用、规范公务接待等规定会议精神。

第二十三次主席会议　2014年2月20日在区政协三楼会议室召开，由主席文建华主持，副主席刘宗强、易小慧、张华桥、朱少芬、周华、廖济煊、秦永红，秘书长韩万金，各委办主任参加，会议传达区四套班子会会议精神；传达区委常委会会议精神；各委办主任谈新的一年工作安排；讨论通过区政协看望慰问家属制度。会议认为，对于2014年工作，区政协要找准课题、务求实效，调研视察要有新成果，提案办理要有新内容，日常活动要有新含义，民主监督要有新突破。会议指出，当前要认真开展好群众路线教育活动，要制订好方案、确保所有程序走到位，要开好民主生活会，整理好相关材料。同时要自觉遵守八项规定和相关文件规定，特别是八小时之外的活动要严格按照要求执行。

第二十四次主席会议　2014年4月24日在区政协三楼会议室召开，由主席文建华主持，副主席刘宗强、易小慧、张华桥、朱少芬、周华、廖济煊、秦永红参加，会议协商讨论2014年预算收支计划总体情况、预算支出安排原则和支出预算安排的具体情况。

第二十五次主席会议　2014年7月15日在区政协三楼会议室召开，由主席文建华主持，副主席刘宗强、易小慧、张华桥、朱少芬、周华、廖济煊、秦永红，秘书长韩万金参加，会议讨论通过区政协七届十五次常委会会议议程；商讨区慈善一日捐活动相关事宜；传达区纪委《关于严禁党员干部、国家公职人员违规操办和参加“升学宴”“谢师宴”的通知》文件精神；传达区政府常务会会议精神。

第二十六次主席会议　2014年8月6日在区政协三楼会议室召开，由主席文建华主持，副主席刘宗强、易小慧、张华桥、朱少芬、周华、廖济煊、秦永红，秘书长韩万金，各委办主任参加，会议由《浔阳区政协志》编委会成员汇报写作情况；部署下阶段《浔阳区政协志》编纂工作。会议指出，《浔阳区政协志》编纂工作要统一格式，记事要翔实，表述要恰当，同时各写作责任人思想上要高度重视，要增强责任感，切切实实做好编写工作。

第二十七次主席会议　2014年8月11日在区政协三楼会议室召开，由主席文建华主持，副主席刘宗强、易小慧、张华桥、朱少芬、周华、廖济煊、秦永红，秘书长韩万金参加，会议协商讨论《区政协党组关于进一步推进社会主义协商民主制度建设加强人民政协民主监督工作的意见》。

第二十八次主席会议　2014年9月24日在区政协三楼会议室召开，由主席文建华主持，副主席刘宗强、易小慧、张华桥、朱少芬、周华、廖济煊、秦永红，秘书长韩万金，各委办主任参加，会议学习传达中共中央总书记习近平在庆祝人民政协成立65周年大会上的讲话精神；协商通过区政协群众路线教育实践活动“两方案一计划”；布置“双百双千”活动安排；研究区政协七届十六次常委会会议议程、日程和内容等相关事项。会议要求当前要抓好几项工作。一是各委办要认真对照年初工作要点，完成全年工作计划。二是要提前筹划2015年出书方案。三是要做好全体会议准备工作，特别是全委会发言材料。四是认真抓好民主监督和社情民意收集工作。

第二十九次主席会议　2014年10月27日在区政协三楼会议室召开，由主席文建华主持，副主席刘宗强、易小慧、张华桥、朱少芬、周华、廖济煊、秦永红，秘书长韩万金，各委办主任参加，会议传达学习中共十八届四中全会会议精神；传达学习省委《关于落实党风廉政建设党委主体责任和纪委监督责任的意见》；传达市政协第四次主席会议精神和文史工作会议精神；各专委会汇报全年工作完成情况。会议要求，一是各委办要做好总结全年工作，提前思考明年工作。二是要周密组织调研活动，认真撰写报告，力争出成果。三是做好全体会议前期准备工作。四是要认真贯彻落实党风廉政建设党委主体责任要求。五是要加快《浔阳区政协志》编撰进度。

第三十次主席会议　2014年12月1日在区政协三楼会议室召开，由主席文建华主持，副主席刘宗强、易小慧、张华桥、朱少芬、周华、廖济煊、秦永红，秘书长韩万金，各委办主任参加，会议协商讨论区政协七届五次会议工作人员分工；协商讨论区政协七届五次会议优秀调研报告、优秀委员、先进提案办理单位等表彰奖项设置事宜；通报全区百日大会战工作安排。会议指出，2015年区政协工作要按照“4+2”的要求抓好落实，“4”就是：一次有成效的调研活动，要求形成的调研报告要得到区党政主要领导或分管领导批示、部门采纳；一次有内容的视察活动，要求视察结果要形成视察报告；一次有意义的对口协商，要求各专委会与对口的党政部门、党派团体就某个领域或某个具体问题进行协商，提出解决办法；一份有质量的监督建议书，要求委派到党政部门的民主监督小组切实开展相关活动，至少提出一份有质量的《监督建议书》，促进部门工作有效开展。“2”就是开展两次社情民意协商会或恳谈会，让政协委员与社区居干、普通群众面对面提出问题、解决问题。

第三十一次主席会议 2014年12月17日在区政协三楼会议室召开，由主席文建华主持，副主席刘宗强、易小慧、张华桥、朱少芬、周华、廖济煊、秦永红，秘书长韩万金，各委办主任参加，会议由各组汇报区政协七届五次会议筹备情况；协商讨论委员走访安排。

第三十二次主席会议 2015年1月7日在区政协三楼会议室召开，由主席文建华主持，副主席刘宗强、易小慧、张华桥、朱少芬、周华、廖济煊、秦永红，秘书长韩万金，各委办主任参加，会议协商讨论区政协七届五次会议常委会工作报告和提案工作报告；协商通过区政协七届五次会议议程、日程、大会发言、委员履职通报、表彰决定等；协商讨论常委会工作规则；协商讨论委员调整；传达区政府常务会议精神。

第三十三次主席会议 2015年2月9日在区政协三楼会议室召开，由主席文建华主持，副主席刘宗强、易小慧、张华桥、朱少芬、周华、廖济煊、秦永红，秘书长韩万金，各委办主任参加，会议总结区政协七届五次会议召开情况；布置春节走访活动安排；协商讨论迎新春、送春联活动安排；协商讨论聘请文史研究员事宜；研究编辑一本反映知青岁月的书籍，书名暂定为《九江知青》。

第三十四次主席会议 2015年3月6日在区政协三楼会议室召开，由主席文建华主持，副主席刘宗强、易小慧、张华桥、朱少芬、周华、廖济煊、秦永红，秘书长韩万金，各委办主任参加，会议学习全国两会讲话精神；各专委会汇报2015年工作安排。会议要求，办公室要尽快根据各专委会安排制定出全年的工作要点，并报相关领导和部门；认真按照文件要求，用心组织各项活动，全面落实全年目标任务。

第三十五次主席会议 2015年3月20日在区政协三楼会议室召开，由区政协主席文建华主持，副主席刘宗强、易小慧、张华桥、朱少芬、周华、廖济煊、秦永红，秘书长韩万金，各委办主任参加，会议学习中共中央总书记习近平两会时参加江西代表团审议时的重要讲话精神；传达学习区委常委会会议精神；听取提案审查情况汇报，研究确定2015年一号提案和重点提案；听取知青文稿征集工作情况汇报。

第三十六次主席会议 2015年4月13日在区政协三楼会议室召开，由区政协主席文建华主持，副主席刘宗强、易小慧、张华桥、朱少芬、周华、廖济煊、秦永红，秘书长韩万金，各委办主任参加，会议传达学习区委常委会会议精神。会议要求，一是要认真支持配合省委第二巡视组在浔期间的各项工作，全体机关干部在巡视期间要自觉接受监督，客观反映情况，严格遵守纪律。二是认真抓好《浔阳区政协志》和《九江知青》文史资料的编撰工作。

第三十七次主席会议 2015年5月12日在区政协三楼会议室召开，由区政协主席文建华主持，副主席刘宗强、易小慧、张华桥、朱少芬、周华、廖济煊、秦永红参加，会议协商讨论2015年预算收支计划总体情况、预算支出安排原则和支出预算安排的具体情况。

第三十八次主席会议 2015年6月17日在区政协三楼会议室召开，由区政协主席文建华主持，副主席刘宗强、易小慧、张华桥、朱少芬、周华、廖济煊、秦永红，秘书长韩万金，各委办主任参加，会议传达布置区政协党规党纪教育年活动和社会评价工作安排；研究布置班子成员“三严三实”专题教育安排；研究部署下半年工作安排。会议要求，一是全体机关干部要按照全区统一部署切实加强党纪党规教育，做到学习好、考试好、遵守好；二是班子成员要认真做好“三严三实”活动的规定动作，结合政协实际做好自选动作；三是各专委会、办公室要主动作为，按照年初制定的工作要点，把握时间节点，不折不扣完成全年调研视察、民主监督、对口协商、招商引资及《浔阳区政协志》《九江知青》的编撰等各项目标任务。

第三十九次主席会议 2015年8月24日在区政协三楼会议室召开，由区政协主席文建华主持，副主席刘宗强、易小慧、张华桥、朱少芬、周华、廖济煊、秦永红，秘书长韩万金，各委办主任参加，会议介绍《浔阳区政协志》编撰过程和图片收集原则；研究《浔阳区政协志》初稿评审、修改事宜。

第四十次主席会议 2015年9月28日在区政

协三楼会议室召开，由区政协主席文建华主持，副主席刘宗强、易小慧、张华桥、朱少芬、周华、廖济煊、秦永红，秘书长韩万金，各委办主任参加，会议传达学习省委政协工作会议精神；传达区委关于领导干部违规插手干预工程项目问题专项治理工作会议精神；协商通过区政协七届二十一次常委会时间、议程等。会议要求，一是做好全体会议大会发言前期准备工作；二是提前做好全会常委会工作报告和提案工作报告撰写工作；三是各专委会要加快调研报告报送，争取党政领导批示。

第四十一次主席会 2015年11月10日在区政协三楼会议室召开，由区政协主席文建华主持，副主席刘宗强、易小慧、张华桥、朱少芬、周华、廖济煊、秦永红，秘书长韩万金，各委办主任参加，会议学习传达中共十八届五中全会精神；学习传达市委政协工作会议精神；各委办汇报全年工作完成情况；传达布置新《准则》新《条例》网上考试和干部网络培训工作。会议要求，一是未完成工作要加快进度，特别是社情民意工作要按计划召开恳谈会，规范办理程序；二是要做好区委政协工作会议筹备工作；三是要加快《浔阳区政协志》和《那年那月》编印、出版进度，提高编印质量。四是要做好大会发言选题、撰写工作。

第四十二次主席会 2015年11月24日在区政协三楼会议室召开，由区政协主席文建华主持，副主席刘宗强、易小慧、张华桥、朱少芬、周华、廖济煊、秦永红，秘书长韩万金参加，会议协商讨论《中共浔阳区委关于切实保障人民政协充分履行职能加强人民政协协商民主建设的实施意见》（讨论稿）。

第四十三次主席会 2015年12月14日在区政协三楼会议室召开，由区政协主席文建华主持，副主席刘宗强、易小慧、张华桥、朱少芬、周华、廖济煊、秦永红，秘书长韩万金，各委办主任参加，会议学习传达区委常委会会议精神；协商讨论区委政协工作会议召开时间、会议议程及筹备工作相关事宜；协商讨论七届六次全会会前准备事宜。

第四十四次主席会 2015年12月22日在区政协三楼会议室召开，由区政协主席文建华主持，副主席刘宗强、易小慧、张华桥、朱少芬、周华、廖济煊、秦永红，秘书长韩万金，各委办主任参加，会议协商通过全会常委会工作报告和提案办理情况报告；布置委员走访相关事宜。

第四十五次主席会 2016年1月8日在区政协三楼会议室召开，由区政协主席文建华主持，副主席刘宗强、易小慧、张华桥、朱少芬、周华、廖济煊、秦永红，秘书长韩万金，各委办主任参加，会议协商通过全会表彰奖项设置和受表彰个人单位等；协商通过区政协党组“三严三实”专题民主生活会召开时间和议程等。

第四十六次主席会 2016年2月19日在区政协三楼会议室召开，由区政协主席文建华主持，副主席刘宗强、易小慧、张华桥、朱少芬、周华、廖济煊、秦永红，秘书长韩万金，各委办主任参加，会议传达学习全区党员干部参与赌博问题专项治理工作动员部署会会议精神；各专委会汇报2016年工作设想安排。会议要求，认真落实专项治理工作部署，严格按文件办事；对于2016年工作，区政协要务求实效，调研要有影响力和深度，常委会议题要重点突出，民主监督要创新形式，《浔阳区政协志》要把握进度，确保5月底出版。

第四节 其他会议

一、座谈会

1987年中秋茶话会 9月5日，区政协会同区委统战部、区委对台办共同在区政府礼堂组织召开，来自全区台胞台属、侨属侨眷、省市区政协委员和各界代表人士参加会议。区六套班子和市政协、市委统战部、市委对台办相关领导出席会议。区政协主席岳广明致辞，市政协副主席王国珍、市委统战部长张作孚、区委副书记范序德分别讲话。

1987年教师节座谈会 9月8日，区政协、区委统战部、区委对台办举行教师节座谈会。来自全区12所小学、幼儿园的30多名教师，欢聚一堂、共庆佳节。参加座谈会的有教师中省、市区政协委员、民主党派人士、少数民族、台属侨眷以及优秀教师、退休教师代表和各小学校长。座谈会由区政协副主席毛应生主持。区委、区政府领导王文敬、范序德、岳广明、龚爱先、胡勋杰出席。

1987年各民主党派负责人座谈会 12月26日，区政协邀请市各民主党派负责人座谈，民革市委会副主委王翔，民盟市委会副主委谭义华，民建市委会主委宋信善，市工商联秘书长孙家铎，农工市委会办公室主任鲁练华应邀参加座谈。区委副书记范序德、区委顾问马龙成参加座谈会并讲话。区政协秘书长张行冶，工作组办公室副主任张金钿，区工商联副主委李光清参加座谈会。

1988 年迎春茶话会　2 月 10 日，区政协在区政府礼堂举办迎春茶话会。区委、区政府、区委顾问、区委常委、人大、区政协、纪委、人武部、王文敬、陶自应、范序德、马龙成等领导同政协委员、各民主党派、各界爱国人士、回乡探亲的台胞、台属等 100 多人欢聚一堂，共迎新春。区政协副主席、统战部部长牛增辉主持会议，政协主席岳广明代表政协、统战部、对台办、工商联，致新春贺词。区委副书记范序德代表区委、政府领导讲话。

1988 年探亲台胞座谈会　4 月 21 日，区政协、区政府台湾事务办公室邀请回大陆探亲的 5 位台胞及其家属参加座谈。区政协主席岳广明、副主席牛增辉、民革市委会副主委王翔、区政协秘书长张行冶、台湾事务办公室主任漆建华、市民革办公室主任张阳春、区政协“三胞”联谊组组长蔡报逵、副组长叶如康出席座谈会。区政协主席岳广明代表区政协、区政府及全体人民欢迎台胞回大陆探亲旅游、观光，祝贺他们亲人团聚，并介绍区工农业生产及城区市政建设等情况。

1993 年春节茶话会　1 月 16 日，区政协、区委统战部、对台办、工商联区海联在区文化娱乐中心举办“浔阳区各界人士春节茶话会”。区委、区政府、人大、政协、纪委、人武部六套班子领导及各界人士 170 人出席。

2002 年中秋茶话会　9 月 19 日，区政协在区政府三楼会议室组织召开中秋茶话会，区政协主席王原平主持并致辞，区政府区长尹雪秀通报政府经济运行和社会各项事业发展情况，区委书记傅云生讲话。来自各界 90 余人参加会议。

2003 年中秋茶话会　9 月 9 日，区政协在区政府综合楼三楼会议室举行政协各界人士中秋节茶话会。区政协主席杨朱记致辞；区政府区长尹雪秀通报政府经济运行和社会各项事业发展情况；各界代表发言；区委书记傅云生讲话。

2006 年国庆中秋茶话会　9 月 29 日上午，区政协在区政协三楼会议室举行国庆中秋茶话会。区政协副主席潘亦生致辞；区统战部副部长李军发言及各党派代表发言；区委副书记李亚东讲话。

2012 年区政协挂点项目《春江花月夜》营运推进工作会　6 月 14 日，区《春江花月夜》重大文化项目传媒单位座谈会在区政府七楼会议室召开。区政协主席文建华，区政府副区长钱萍，九江浔阳信华文化旅游股份有限公司总经理谢开元出席会议。区文化新闻出版局、《九江日报》《浔阳晚报》《九江晨报》《九江新闻网》、九江广播电视台及相关广告宣传媒体参加会议。区文化新闻出版局就《春江花月夜》重大文化项目基本情况进行简要介绍，九江浔阳信华文化旅游股份有限公司就《春江花月夜》项目营运工作提出设想和要求。各新闻和广告宣传媒体就项目营运方案进行讨论，并提出很好的意见和建议。区政府副区长钱萍就《春江花月夜》项目作进一步的补充说明。区政协主席文建华讲话。

2013 年区情通报会　10 月 12 日，区政协主席文建华在区政府十楼会议室主持召开全区政协委员座谈会。区领导曹应发、张小军、刘宗强、易小慧、张华桥、朱少芬、周华、廖济煊、秦永红等出席会议。110 余名区政协委员应邀参加座谈会。来自不同岗位的政协委员从不同的角度，结合亲身感受，对区贯彻落实八项规定、改进工作作风、加强党风廉政建设等工作给予充分肯定。会上，相关部门通报区《选人用人工作情况》《“四风”调研及整改情况》《开展“整治小鬼难缠、优化发展环境”专项活动情况》《贯彻中央“八项规定”情况》《招商引资情况》《提升公众安全感工作情况》。

二、报告会

1987 年台湾形势报告会　11 月 5 日，区政协、区委统战部、区委对台办在政府六楼会议室举行台湾形势报告会。区政协委员和政协机关工作人员 60 余人参加报告会。区政协副主席、区委统战部长牛增辉，区政协秘书长张行冶、区委对台办主任漆建华出席会议。会议由区政协秘书长张行冶主持。区政协副主席、区委统战部长牛增辉就当前台湾形势做报告，区委对台办主任漆建华、张行冶先后在会上就作好接待台胞回乡探亲工作和学习中共十三大文件讲话。

抗日战争胜利 43 周年报告会　1988 年 8 月 13 日，区政协在区政府六楼会议室举行纪念抗日战争胜利 43 周年报告会。市政府参事、市政协常委、区政协委员叶在增向区政协委员、驻区的市政协委员、区直单位负责人做报告。区委书记王文敬、区委常委陈建国、区人大常委会主任熊汉川、区纪委书记邹德玉、区政协主席岳广明、副主席牛增辉、毛应生、秘书长张行冶出席报告会。省政协副秘书长、省民革副主委曹绍琼、市政协副主席沈振民、市委统战部副部长桂源泉、省民革常委、市民革主委姜尧天、副主委吴建农、市民盟副主委谭义华、市政府参事室副主任等应邀参加报告会，副秘书长曹绍琼并讲话。叶在增先生在报告会上，回顾了九江军民在庐山奋战日军、审判侵华日军谷寿夫罪行情况。

2005年台湾形势报告会 6月10日，区政协与区委统战部在区综合楼十楼会议室共同举办“浔阳区学习反分裂国家法暨台海形势报告会”。为使广大党员干部、民主党派人士和台胞台属能进一步了解《中华人民共和国反分裂国家法》，正确把握当前就“连战、宋楚瑜”访问大陆后的台海形势，共同推进祖国和平统一进程。会上邀请市对台办原主任黄河做报告。来自社会各界200余人参加会议。

区政协委员方国栋做客“浔阳讲坛” 2012年7月5日，区政协委员、九江市深燃天然气有限公司总经理、工商管理硕士研究生、白鹿洞书院国学院商道研究员方国栋做客“浔阳讲坛”，以《文化对比与思考》为题，讲解了中美文化的对比与思考。报告会在区综合楼十楼会议室召开，区领导曹应发、刘武爱、李露萍、范初芳、郑观兴、刘达生等与全区副科级以上干部200余人聆听讲座，区政协副主席廖济煊主持讲坛。方国栋从中美两国国情出发，认真分析，深入浅出的描述了美国近年来经济社会发展和我国目前与西方发达国家的差距，生动讲解了美国在城市建设、教育民生、文化产业、法制管理、现代服务业、金融行业等多领域的优秀案例，并结合中国国情加以对比，引人思考。同时就浔阳区实际，方国栋提出了很多建设性的意见和建议。台上讲的精彩，台下听得认真，方国栋委员的精彩演讲，语言精练，数据翔实，简单易懂，让人受益匪浅，有一种足不出户看世界的感觉。大家表示在今后的工作中一定要进一步加强学习，为实现建设美丽、实力、文化、幸福新浔阳的宏伟目标做出应有贡献。

三、庆祝会

迎香港回归暨区政协成立10周年庆祝会 1997年6月18日，区政协在区文化馆三楼会议室举行迎接“九七”香港回归暨庆祝区政协成立10周年大会。区政协主席屈章湧讲话，区政协委员潘治富、蔡报逵、叶于康发言。区委领导出席并讲话。

新中国成立暨政协成立50周年庆祝会 1999年9月20日，区政协在区文化馆三楼会议室举行庆祝中华人民共和国暨人民政协成立50周年大会。区政协主席王原平讲话。

2012年庆国庆·迎中秋文艺晚会 9月28日晚上8:00，“庆国庆·迎中秋”文艺晚会在市青少年活动中心剧场拉开帷幕，晚会由浔阳区委、区政府主办，区政协承办，区文体新闻出版局协办。本着隆重、热烈、喜庆、节俭的原则，共表演了由市浔阳房地产开发公司、九江海洋实业有限公司、江西德丰混凝土有限公司等政协委员企业选送的12个节目。市政协主席魏宏彬、秘书长洪华，区四套班子领导，区直单位正科以上干部，区政协常委、委员，驻区市政协委员，各居（村）委会主任及部分政协委员企业职工代表观看晚会。晚会结束后，区四套班子领导走上舞台与全体演职人员一一握手并合影留念。

四、工作会

2003年全区政协工作会 12月3日，中共浔阳区委在区综合楼三楼会议室召开全区政协工作会议，区四套班子领导，区委各部门、区直各单位负责人，区各街道党工委书记、办事处主任，党群副书记、政工科科长，区政协各委办正副主任参加会议。会议认真贯彻落实中共十六大关于“保证人民政协发挥政治协商，民主监督和参政议政的作用，支持政协围绕团结和民主两大主题履行职能”的要求和全市政协工作会议精神，总结区政协工作经验和体会，研究部署面向新世纪进一步加强和改善党对政协工作的领导，大力推进人民政协事业的发展。会上，区委书记傅云生、区政协主席杨朱记、常务副区长陈永江讲话。区委常委、办公室主任，统战部部长李青宣读《中共浔阳区委关于进一步加强人民政协工作的意见》。

区政协党组（扩大）会 2012年7月10日，区政协主席文建华在区政协三楼会议室主持召开区政协党组（扩大）会议，区委统战部部长、区政协党组副书记郑观兴，区政协副主席刘宗强、易小慧、朱少芬、廖济煊、秦永红，区政协秘书长韩万金出席会议，各委办负责人列席会议。会议就部分常委、委员调整及各专委会组成人员进行研究，通过区政协七届四次会议相关议程。区政协文建华主席就当前工作进行安排部署。

2012庆国庆迎中秋文艺晚会调度　8月28日，区政协主席文建华主持调度“庆国庆·迎中秋”文艺晚会。副主席廖济煊，秘书长韩万金出席会议，区文新局、区台办、区社会服务中心、区文化馆相关负责人参加会议。会议听取前段晚会准备工作情况汇报，对下一步工作进行具体安排和分工。

民主监督员工作会　2013年6月26日下午，区政协联合区纪委组织召开全区统一选派政协委员担任相关部门民主监督员工作会议，标志着区统一选派民主监督员工作正式启动。区政协主席文建华，区委常委、区纪委书记梁少清，区政府副区长胡迪，区政协副主席廖济煊等出席会议。会上宣读区委办转发的《关于统一选派政协委员担任相关部门民主监督员的实施意见》。区政协选派15名政协委员，按3人一组选派到区人力资源和社会保障局、区民政局、区教育体育局、区卫生局、区市容局5个政府职能部门担任民主监督员。民主监督员通过开展明察暗访、召开座谈会、民主评议等方式，对相关部门进行民主监督。会上，部门和委员代表作了表态发言。区政协和区纪委就开展民主监督工作进行业务培训。

2013年委员进社区工作会　9月12日，为深入推进市政协“三进三服务”和区政协“五个一”活动，区政协召开全区政协委员进社区工作现场会。区政协主席、副主席、秘书长出席会议，各街道联络处主任参加会议。参会人员首先对溢浦、白水湖和人民路街道政协“委员之家”打造情况进行实地观摩，随后在区政协三楼会议室召开座谈会。会上，各街道政协联络处就委员进社区活动开展情况进行汇报；区政协传达市政协“三进三服务”工作现场会议精神，并就下阶段委员进社区工作进行部署安排。区政协各副主席就“委员之家”打造及委员进社区活动给予充分肯定，并提出意见建议。最后，区政协主席文建华讲话。

区政协党的群众路线教育实践活动动员大会　2014年3月7日，区政协召开党的群众路线教育实践活动动员大会，全面启动区政协党组和机关党总支党的群众路线教育实践活动。市委第一督导组副组长黄郊，区委第三督导组组长汪先通出席会议并讲话。区政协党组书记、主席文建华作动员讲话。区政协党组副书记、副主席刘宗强主持会议。区政协班子成员以及调研员、副调研员出席会议。文建华提出，要通过此次教育实践活动，围绕“助推浔阳发展、服务首善之区”的工作要求，把区政协打造成“三型机关”，即学习型、创新型、服务型机关；提升机关领导干部“四种意识”，即坚持学习的意识、服务大局的意识、争先创优的意识、履职为民的意识，为实现全区“3785”工作目标和打造美丽、和谐、幸福首善之区做出更大贡献。会议传达学习全区开展党的群众路线教育实践活动的有关会议和领导讲话精神。与会人员对区政协党组、机关党总支和政协班子成员中党员领导干部及其他在职科级党员领导干部进行民主评议。区政协各委办负责人及机关其他党员干部职工；各街道政协联络处、各民主党派、区政协各参加单位等负责同志；部分政协常委、委员和群众代表参加会议。

区政协党的群众路线教育查摆问题专题会　2014年6月10日，区政协党组召开党的群众路线教育实践活动查摆问题专题会议，对区政协党组执行中央八项规定精神、加强作风建设、反对“四风”问题和群众反映强烈的问题进行查摆。区政协主席文建华主持，区政协班子成员、副调研员参加会议，并发言。就开展好下一步教育实践活动，文建华提出四点要求，一是环节转换要“顺”。要对第一环节再次开展“回头看”，对学习教育、听取意见环节的各项活动进行一次全面梳理，细致安排好第二环节各项活动，确保环节转换平稳、过渡有序。二是查摆问题要“准”。要认真对照中央及省委列举和提出的问题，对照“三严三实”要求，从严从实把自己摆进去，把问题摆出来，把根源分析透，把措施改到位。三是交心谈话要“诚”。要以诚相待，以帮助他人完善自我、改造自我、提升自我为目的，诚心诚意地谈、平心静气地谈，把重点谈准谈实，把结症谈通谈透，最后达到问题高度集中、思想高度统一。四是对照检查要“深”。要严格按照要求把对照检查材料写实写深，把规定内容、存在问题、原因分析、努力方向和改进措施写到位。区委第三督导组、区政协各委办、各街道政协联络处负责人，机关党员干部和党员老领导干部列席会议。

区政协党的群众路线教育实践活动专题民主生活会　2014年6月27日和6月30日，区政协党组根据市委和区委党的群众路线教育实践活动统一安排，利用一天半时间召开专题民主生活会。区政协党组书记、主席文建华主持会议，市委第一督导组组长余修德及其他成员到会指导。非党员的其他3名政协班子成员和6名党员群众代表列席会议。6月27日，区政协党组书记、主席文建华就开好专题民主生活会提出具体要求。一是严格标准。要进一步学习好、领会好、贯彻好中共中央总书记习近平及省、市委书记讲话精神，按照“照镜子、正衣冠、洗洗澡、治治病”的总体要求，以为民务实清廉为主题，以焦裕禄精神为镜子，以“三严三实”为标尺，聚集“四风”问题，主动把自己摆进去，把问题找出来。二是开诚布公。要抱着开门纳谏、从善如流、闻过则喜的态度，放下架子、放低身段，主动敞开思想、揭开伤疤、触及灵魂，真心诚意地听取大家的意见和建议；要按照互相帮助、互相尊重、平等对待、推心置腹、坦诚相见的要求，有什么说什么、是什么就提什么；要本着言者无罪、闻者足戒的原则，对大家提出的意见，即使是尖锐的问题，只要是善意的，都要虚心接受，有则改之、无则加勉。三是揭短亮丑。要紧密联系自己的思想、工作和生活实际，多讲自己的问题，多说自己的不足，多揭自己的伤疤；要紧扣“四风”，破除习以为常的思想认识，着重从理想信念、宗旨意识、党纪修养和政治纪律方面查找根源；要抛开面子、敢于碰硬，开展自我批评不怕丢丑、相互批评不畏伤感，让大家在互相批评中红红脸、出出汗。四是坚持原则。要突出问题导向，开门见山、直奔主题，深入细致地地进行批评和自我批评；要突出“四风”重点，实事求是、言之有据地进行发言，客观公正地评价每一个同志；要维护团结大局，以帮助同志、增进团结、推动工作为目标，把大家心里想提的意见、谈心交心时提的意见、会上相互批评的意见统一起来，真正通过民主生活会达到“团结—批评—团结”的目的。6月30日，主席文建华代表区政协党组班子进行对照检查，各位区政协党组成员分别从思想和工作实际进行自我剖析和自我检查，认真查摆“四风”方面存在问题及根源，以整风精神进行批评与自我批评。

2015年全区人大政协工作会 12月17日，浔阳区人大政协工作会在区综合楼十楼大会议室召开。区四套班子领导戴晓慧、左延、刘武爱、张显旺、文建华等出席会议，区人武部政委，区法、检两长，区委各部门、区直各单位主要负责人，区政协常委，区政协各委办负责人，区各民主党派、无党派、工商联负责人，各街道书记主任、政协联络处主任参加会议。区委副书记刘武爱主持会议。会上，区委书记戴晓慧作重要讲话，指出近年来，全区各级人大、人大代表紧跟时代步伐和发展实际，在服务大局、依法监督、重大事项决定等方面做了大量工作；各级政协组织、政协委员牢牢把握团结和民主两大主题，富有成效地履行政治协商、民主监督、参政议政职能，区人大政协工作为推进浔阳经济社会发展作出了重要贡献。就进一步加强全区人大政协工作，戴晓慧强调，要坚持统一思想，充分认识加强人大政协工作的重要意义，人大政协工作是党的工作的重要组成部分，人大政协工作与党委政府工作高度一致，人大政协工作是浔阳率先发展的重要领导力量；要坚持履职担当，不断开创人大政协工作的崭新局面，要在同心同向中助推发展，在共识共为中凝聚合力，在亲民利民中促进和谐，在尽职尽责中抓好监督；要坚持党的领导，着力夯实人大政协工作的组织保障，始终保持人大政协工作的重要位置，切实抓好人大政协工作的统筹协调，全力支持人大政协工作的健康运行，着力谱写人大、政协工作新篇章，为建设美丽、实力、文化、幸福新浔阳作出新的更大贡献。区委副书记、区长左延在讲话中指出，区政府工作成绩的取得离不开人大、政协的大力支持，区人大、政协发展意识坚决主动，履职成果切实有效，代表、委员作用发挥充分，紧紧围绕浔阳改革发展稳定大局，创新工作、高效履职，积极建言献策、主动协调各方，在有效行使监督权力的同时，对政府工作给予了大力支持，为全区经济社会发展作出了重要贡献。区政府工作效率的提高更需要人大、政协的监督帮助，区政府主动向人大及其常委会报告工作，加强与政协的政治协商，坚决执行人大的各项决议和决定，自觉接受政协民主监督，认真办理人大代表和政协委员的提案和建议。区政府工作的重要职责就是全力优化人大、政协的履职环境，在经费上加大保障力度，在工作上加大支持力度，在宣传上加大引导力度，切实解决人大、政协工作中的实际困难，为人大、政协更好地发挥职能作用创优环境。区政协主席文建华在讲话中指出，区政协七届常委会以来，在区委的正确领导和区政府的大力支持下，区政协始终坚持围绕中心、服务大局，认真履职、主动作为，政协工作迈上新台阶。一是主动作为，履职成果更具实效；二是凝心聚力，发展氛围更为浓厚；三是务实进取，自身建设更加扎实。就做好下一步政协工作，他强调，一是把握新常态下政协工作的内涵，充分发挥政协在发展协商民主中的重要作用，努力做到服务大局有高度、建言献策有深度、民主监督有力度、团结合作有广度、自身建设有强度。二是加快推进协商民主建设的步伐，进一步完善协商民主制度，确保协商民主有制可依、有规可守、有章可循、有序可遵。三是更好地发挥政协委员的重要作用，要继续坚持和完善委员联系群众制度，发挥好桥梁纽带作用。四是提升政协机关工作的科学化水平，认真研究人民政协工作的新情况新问题，探索履行职能的新特点新规律，实现人民政协自身的科学发展。

第五章 工作活动

第一节 专题调研

调查研究是政协委员从事参政议政活动的一项重要内容，区政协的专题调研活动主要是就全区的中心工作、社会关注的热点和难点问题进行深入细致的调查研究。历届政协围绕全区的经济社会发展，精心选题、广泛调研、深入分析，所提出的意见和建议做到言之有据、议之有理、议政议在点子上、参政参出水平来、帮忙帮到关键处。

1987年9月8～23日，区政协工作组分别对区属商业局、滨兴建筑辅助材料公司、区税务分局以及西园片区、姚家洼居委会进行调查、访问，就企业改革、双增双节、优质服务、环境卫生、小区建设等问题进行参观视察。撰写《改革增强了企业活力，改革促进了双增双节的开展》的调查报告。

1988年9月，区政协组织部分委员对市场物价及农贸市场的状况进行调查，并撰写调查报告，区委、区政府对调查报告所反映的情况进行广泛地征求意见和深入研究，决定在全区开展打击“三霰”突击活动。

1990年，区政协组织部分经济界委员视察调研区童装厂、滨兴光华时装厂、十里模压厂，对区办企业走股份制发展路子进行调研，提出建议12条。

1991年12月，区政协组织部分委员先后对区商业、二轻企业、街道企业、统战口企业、个私经济、少数民族情况进行专题调查和视察，有针对性地提出建议和意见。

1993年，区政协组织部分委员对滨兴街道办事处社会治安进行调查研究，撰写调研报告。

1995 年 5 月底至 6 月中旬，区政协组织部分委员，会同区科协、区科委调研全区科学技术普及、推广和应用情况，并到湖北省黄梅、武穴等地考察科技项目工作。

1996 年，区政协组织部分委员调研全区市容整治、社会治安、基层建设等方面工作情况，就市容环卫体制改革、大中路等 12 条城区主干道的整治、加强基层组织建设等方面提出建议，并撰写《关于市容卫生情况的几点建议》《关于社会治安问题的几点建议》和《关于加强居民委员会建设的建议》。调研工作引起区政府的重视，在全区范围内开展市容卫生、社会治安、居民委员会建设的专项整治活动，取得良好的社会效益。

1999 年，区政协副主席高秋深带队，组织部分常委委员深入滨兴、湓浦、金鸡坡街道，视察调研全区个体私营经济发展情况，撰写《关于我区个体私营企业发展的调查报告》。

2001 年 8 月，区政协副主席王之军带队，组织外资、台胞台属企业负责人调研和征询全区投资环境改善情况的意见和建议。

2001 年 9 月，区政协副主席任惠萍带队，组织部分委员视察全区卫生防疫工作，调研九江食品卫生情况，走访市民了解意见和建议，听取区卫生局关于全区卫生防疫工作的情况通报。通报会上，充分肯定区卫生防疫站在加强食品卫生监督管理、引导市场健康发展、保障人民身体健康方面做的大量的工作。同时指出存在的问题：一是街头食品摊点无门点、无工商执照、无卫生许可证，卫生状况差；二是瓜果、蔬菜、鱼类市场卫生监管尚有盲区；三是粮油市场进货渠道较混乱。通报会认为，要整顿市场经济秩序，禁止有毒有害有食品流入市场，就必须强化执法、综合治理，形成执法的合力，同时还要加大宣传教育和道德建设的力度，使食品卫生法家喻户晓。当年，区政协组织部分委员就全区社区整合工作进行专题调研。

2004 年 11 月，区政协副主席潘亦生带队，组织部分委员针对全区下岗职工“4050”人员再就业问题进行调研，并撰写调研报告。当年，区政协组织部分委员分两组分别对全区“开发人才资源”和“发展民营经济”两大问题进行调研，并撰写调研报告，其报告作为区委七届四次会议议题进行审议和讨论。区政协组织委员，会同区有关部门开展侨办工作进社区的调研。

2006 年，区政协组织部分委员针对如何加快区域经济发展的课题，经过深入调查和专家论证，撰写工业园建设的调研报告，并作为加快区域经济建设的意见和建议提交区委、区政府。

2007 年 5 月，市政协副主席徐少伟、陶春元率市信访局、九三学社、市妇幼保健院等单位相关负责人到浔阳区，对社区卫生医疗服务情况开展专题调研。区政协主席张燕萍、区政府副区长李军、区政协副主席刘宗强等全程陪同。市卫生局、区卫生局分别就市、区两级社区卫生服务工作开展情况作详细汇报。调研组对社区卫生服务工作及成功争创“全省社区卫生服务示范区”给予充分肯定。接着，调研组与区医疗点工作人员、医保单位及居民代表进行座谈，双方就政府对社区卫生服务机构补偿，社区医疗人员素质提高和队伍稳定，如何建立双向转诊机制等问题进行深入探讨。调研组亦到甘棠社区卫生服务中心、新公园社区卫生服务站及湖滨社区卫生服务站进行实地察看。6 月 5 日，区政协组织部分委员对浔阳区社区建设情况进行调研，区政协主席张燕萍、副主席朱少芬参加调研活动。调研中，委员们首先实地考察湓浦街道濂溪社区和丁官路社区，听取两社区对各自社区建设情况的汇报，对全区社区建设情况有了初步了解。随后，在市新华书店会议室进行座谈，委员们结合自身的工作生活实际，畅所欲言，一致认为，近年来，全区紧紧把握形势发展变化，确立正确的发展思路，社区建设获得一系列荣誉，取得显著成绩。针对存在的问题，大家积极献计献策，提出社区建设在党委和政府领导下的同时，要依靠社会力量，实现共驻共建，资源共享等建议。会上，区政协主席张燕萍认为这次调研切合形势发展，非常必要，充分肯定调研所取得的成效，要求各位委员要紧跟时代发展步伐，继续关心、支持社区工作，参政议政，关注民生、民情，关注社会，认真思考，探索出社区建设新路子。9 月 6 日，区政协主席张燕萍带队，组织部分委员学习文史提案委员深入农村一线调研区新农村建设，为新农村建设建言献策。区政协主席张燕萍、副主席朱少芬参加调研。委员们实地视察长虹村、游岭村、金鸡坡村、姬公庵村、大王庙村 5 个示范点，对全区新农村建设有了初步了解。随后，集中听取区农办对区新农村建设工作情况汇报，有关街道和村的负责人作了情况介绍。委员们一致认为，近年来，全区坚持“发展为先，富民为本，文明同步，整体和谐”的基本思路，强化思想认识，加强组织领导，规范制度建设，整合各方力量，坚持统筹安排，扎实推进新农村建设，取得一定成效。针对新农村建设中还存在资金投入不足、工作进展不平衡、土地资源条件少、产业发展难等问题，委员们提出要加强思想道德建设，提升农民素质，根据全区产业布局有针对性地抓好农民培训，提供社会保障，增强农民抵抗市场风险能力，大力发展第三产业等许多好建议。并撰写《新农村建设情况调研报告》。

2008年7月，区政协组织部分委员对全区物价工作进行调研，到街道社区和各类市场，了解价格情况，召开街道干部、社区主任、居民代表民主评议会，分析物价上涨过快、指数过高、物价居高不下的情况，撰写《关于我区物价工作的思考》的调研报告。12月6日至8日，区政协招商引资专题调研会在浙江省温州乐清市举行，来自浙江30多名知名人士企业家及部分客商代表参加。区政协党组书记、主席张燕萍；副主席胡迪、招商小分队以及区物价、财政等有关负责人应邀出席洽谈会。洽谈会由区政协常委、浙江（九江）商会副会长王中财主持。区政协副主席胡迪全面介绍浔阳区招商引资项目、工业园建设、地理环境以及优越条件等情况；区物价、财政负责人就物价、财政有关招商引资优惠政策进行说明。实地参观中国民营企业500强——华仪电器有限公司，深入车间，详细了解生产经营情况，并观看公司录制的生产经营流水线幻灯片。调研国药华利医疗器械有限公司，到浙江省义乌市，实地考察义乌市场建设经营情况。12月13日，市政协副主席徐少伟率市政协专题调研组到区就城乡医疗救助工作进行调研。区委书记朱汉浩、区政协主席张燕萍，区领导严盛平、文建华、刘宗强等陪同调研。调研组听取医疗救助工作情况的汇报，并与低保户、患者家属及城镇居民亲切交谈，了解他们对城乡贫困群众医疗救助的反映。

2009年5月21日，区政协文教卫生法制社团委员会组织部分政协委员，到浔阳公安分局对公众安全感工作进行调研。区政协副主席任惠萍、刘宗强参加调研。听取浔阳公安分局关于提升公众安全感工作的情况汇报，实地察看浔阳公安分局刑事科学技术室、庐山南路派出所和孤溪埂社区警务室等基层队所和一线干警的工作情况，与广大干警、社区干部和居民代表进行座谈交流。委员们一致认为，近年来浔阳公安分局克服警力、经费不足等困难，做到思想到位、打击到位、联防到位、宣传到位，通过狠抓破案、强化巡逻、提升服务等多种举措，实现公众安全感的有效提升；并建议在巩固前期工作成果的基础上，公安部门要进一步加强技防监控和群防群治，加大社会治安整治特别是侵财性案件的打击力度，努力打造平安和谐浔阳，为保障和促进浔阳经济社会又好又快发展做出积极贡献。6月，区政协组织12名委员到区房产局，监察提案办理情况。听取房产局关于政协浔阳区六届三次会议提案办理情况汇报。区房产局对政协委员反映的具体问题认真调研，通过汇报会、上门走访约见、召开座谈会等形式，分别与12位政协委员进行面对面的交流和沟通，认真听取政协委员的意见和建议。对提出来的意见和建议进行认真梳理后，逐一办理。对能答复的当场答复，对一时难以答复的给予说明情况，对受职能限制的提案，局领导亲自上门向上一级部门反映，得到上一级部门答复后，一并写入答复件进行答复，从而确保委员的答复率和满意率达到100%，受到委员的一致好评。7月3日，区政协学习提案文史委员会组织部分企业界委员就区返乡务工人员就业培训安置情况进行专项调研和视察。区政协主席张燕萍，副主席刘宗强、朱少芬参加调研和视察。调研组一行先后实地察看九江新耐立达建材有限公司、九江太平洋购物广场和甘棠街道劳动保障平台以及区就业局劳动保障平台等，并听取各单位的返乡务工人员就业安置情况汇报。调研组一致认为，区就业部门通过劳动保障这一平台做了大量的卓有成效的返乡务工人员就业安置工作，成绩有目共睹。调研组成员建议，企业发展离不开政府的大力支持，就业部门要向更多的企业提供更稳定、更强大的就业平台，对企业需求的岗位可聘请国家专业教师讲座，邀请有责任心、高素质的企业家讲谈，针对就业心态、专业技术讲课，通过一系列有力措施，为企业送岗位、送技术、送人才，使企业不与岗位脱节、不与专业性强的员工脱节、不与高素质的人才脱节，确保企业稳步协调发展。

2010年12月9日，市政协副主席陈晖带领部分市政协委员，到区街道社区，就九江市城区社会化养老工作进行专题调研。区领导朱汉浩、李广欣、张燕萍、郑观兴等陪同调研。调研组一行实地参观了湓浦社区老年人日间照料中心。

2011年5月10日，区政协组织部分界别委员先后到湓浦社区日间照料中心、区福利院，就社会化养老服务工作进行调研。区政府副区长郑观兴，区政协副主席易小慧参加。委员们认为，随着城镇化进程不断加快，人口老龄化日趋加剧，传统的家庭养老功能面临严峻挑战，养老问题备受社会关注，区民政局在区委、区政府的领导下，把居家养老工作纳入重要议事日程，全区的社会化养老已初具规模，构建了以社会福利院机构为龙头，以居家养老为基础，以社区福利院服务为依托的三级养老服务体系，形成“机构养老、专业服务、社区照料、邻里互助、协会维权”“五位一体”的养老新模式，走出一条老年人“老有所养、老有所依、老有所乐、老有所为”的社会化养老服务新路子。委员们希望，能够继续延伸养老服务社会化工作范围，在养老服务方式、培养专业养老服务队伍、壮大养老民营企业方面做好工作，推动此项工作再上台阶。10月，区政协经科委组织委员开展楼宇经济专题调研，一个多月时间，召开三次座谈会，听取9个部门情况介绍，形成《扬优成势，多措并举，加快推进楼宇经济集聚发展》的调查报告，为发展区楼宇经济提出许多有益建议。

2012年3月14日，区政协环资委、九三学社浔阳区医卫支社请来市第一人民医院教授饶凯，在人民路街道进行卫生预防工作调研，并举办“春季流行病预防知识讲座”。部分政协委员、九三社员、街道干部及社区群众40多人参加。3月20日，区政协副主席刘宗强带队，到白水湖街道就委员进社区活动进行调研，区政协秘书长、白水湖街道书记、各街道联络处负责人、部分社区主任参加。提出学习借鉴外地成熟做法、充分调动委员积极性、形成配套工作机制、增强委员与社区之间的互动等等很多很好的意见和建议。4月，区政协针对区社会化养老服务工作进行专题调研，先后组织委员到社区日间照料中心、区福利院进行现场查看，与相关单位、街道、社区工作人员及不同状况老年人进行座谈，并形成调研报告。报告建议区委、区政府继续延伸养老服务社会化工作范围，拓展养老服务方式、培养专业养老服务队伍、壮大养老民营企业。报告在区政协七届二次主席会上进行专题讨论，进行多项修改后，报送区委、区政府，得到区委、区政府的重视。区政府制定出台《关于加强发展养老服务事业的实施意见》，该意见的制定，充分吸纳调研报告内容，进一步完善区以社会福利院机构为龙头，以居家养老为基础，以社区福利院服务为依托的三级养老服务体系。同时，区出台《关于加快发展养老服务事业的实施意见》。5月15日，副主席刘宗强、周华带领人口环境资源委员会部分委员来到区旅游局调研旅游工作。区旅游局长陪同调研。旅游局负责人作《关于浔阳区旅游工作情况的汇报》，从旅游业发展的现状、旅游工作的新亮点、存在的问题、旅游工作的新思路、旅游工作的建议5个方面进行详细的阐述。委员们对大中路西段改造完成后，引来旅行社带游客观光表现出极大的兴趣。建议对路上的雕塑、门前的牌匾、巷口的名字整理出故事，让游客进一步了解大中路的历史。同时，也要调整大中路经营业态，将九江的名优土特产、古玩字画等作为旅游产品，让游客有看、有听、有吃、有玩。调研组一行还考察了改造后的大中路，及市假日国际旅行社有限公司，了解发展情况。6月4日，区政协副主席刘宗强、文教卫生法制社团专委会到九江九鼎建设集团、江西利红实业有限公司、九江恒通自动控制器有限公司、九江浩远科技工贸有限公司、市博艺堂等企业对经济社会发展环境展开调查。7月4日，副主席易小慧、秘书长韩万金带领经济科技委员会部分委员到区工业园调研企业现状及发展情况。委员们参观园区的齐鑫化工公司、钒宇有限公司、鑫鹰人防设备公司。了解园区建设及规模、园区企业的基本情况、园区企业经济运行情况、园区企业发展中存在的一些困难。7月19日开始，区政协文教卫生法制社团专委会组织部分委员到白水湖等街道办事处调研指导城镇居民医疗保险工作。辖区内部分政协委员、社区干部和部分居民代表参加。调研共收集意见建议30多条，调查问卷33份，并形成调研报告对推进城区城镇居民基本医疗保险工作起到积极作用。同日，市政协办公厅副主任余德意，政协委员工作委员会主任张铁虎一行到浔阳区，对开展政协委员进社区工作进行调研。区政协副主席刘宗强、朱少芬，秘书长及各街道政协联络处主任陪同调研座谈。调研组一行先后到金鸡坡街道办事处大塘村和人民路街道办事处向阳闸社区，实地检查“委员之家”打造情况。区政协秘书长就全区开展政协委员进社区活动情况进行汇报，各街道政协联络处主任分别作简要发言。市政协调研组认为，浔阳区政协委员进社区工作领导重视、特色明显、行动迅速、富有成效。要不断加大推进力度，充分结合浔阳实际，深挖典型、打造品牌；要精心打造好试点“委员之家”，通过以点带面，达到全面铺开；要不断拓宽委员履职渠道，把日常工作与委员进社区工作有机结合，提高工作实效。8月23日，区政协主席文建华带领政协机关干部一行到挂点甘棠街道延支山社区进行调研。区政协秘书长、甘棠街道党工委书记等陪同。听取社区主任的汇报，了解社区基本情况和发展现状。调研组指出要继续抓好社区公共服务。推进社区公共服务体系建设，把政府公共服务的职责落实到社区。特别要切实推进社区就业、社区保障和救助、社区卫生、社区文化、社区安全等公共服务。要积极组织开展社区自助和互助服务。要把推进社区居民自治和社区服务有机结合，广泛开展形式多样的互帮互助活动。要开展社区志愿服务。社区志愿服务是为满足社区需要，促进社区进步，自愿贡献时间和才智，而且不图报酬的服务活动，对构建和谐社会、建设和谐社区具有重要意义。10月15日，市政协副主席李军一行到三里小学调研教育教学工作，区政协主席文建华、区政府副区长钱萍、区政协副主席朱少芬等陪同。调研组一行详细查看校园文化环境，询问学校教育教学工作情况。调研组指出学校必须与时俱进，开拓进取，精心组织实施新时期的素质教育，培养学生的个性特长。充分利用自身的灵活性和自主性，扬长避短，敢于从教育新理念、教学新方法中创造出一套适合农民工子女的个性化的教育教学模式，形成自己的特色，打造属于自己的品牌学校。10月30日，区政协文卫委组织委员开展浔阳区保障性住房建设情况的调研，得到区建设局、区房产管理局、区国土局等部门的支持与配合，通过召开区街各个层面的座谈会收集情况，形成“浔阳区保障性住房建设情况”调研报告，提出扩充社会融资范围，缓解资金压力等9条建议，并在区政协七届二次全会上进行书面交流。10月31日，区政协副主席周华带领调研组对大中路步行街管理工作进行实地调研。为了了解大中路管理办公室对大中路的管理情况及居民的认知度，调研组采取走访、听汇报、座谈、发放问卷调查等形式，委员们对如何提高市民的环境意识、加强执法力度、加大硬件设施等问题提出了建议和意见。调研后形成《关于进一步加强大中路步行街管理》的调研报告。11月23日上午，区政协副主席周华带领部分政协委员调研视察全区市容环卫工作。区市容局局长、书记及其班子成员陪同调研。区市容局负责人就全区市容环卫工作做简要汇报，各位委员做了发言。委员们充分肯定近年来浔阳区在市容环卫工作上所做的努力和取得的成绩，并就如何提高一线环卫工人待遇，增加主干道果壳箱投放，发挥环卫协会作用等方面提出很好的建议和意见。调研组还现场视察湓浦街道龙开河社区和甘棠街道庐峰路34号开放式物业小区市容环卫保洁情况，参观区二级垃圾中转站运行情况。11月，区政协副主席刘宗强带队，组织各民主党派采取问卷调查、听取汇报、收集资料的形式分别就文化旅游、公益文化事业、青少年犯罪、基础组织调解、食品卫生、校舍安全、社会保障房、拆迁安置等社会关注的问题进行调研。12月6日，区政协副主席周华带队，组织部分委员到区工业园，就工业园的环境保护情况进行调研。调研组先后到德丰混凝土有限公司、新雪域物流、齐鑫化工有限公司、鑫鹰人防设备有限公司、钒宇新材料有限公司，对以上企业的粉尘、噪音、废水、有毒气体的排放污染情况进行现场察看、听取汇报、当场提问。12月7日，市政协副主席、市总工会主席朱忠玲到区调研工会工作。市总工会常务副主席方志红、副主席余小兰、徐用兵等随同调研。区委书记戴晓慧，副书记、区长左延，副书记曹应发，区人大常委会副主任、区总工会主席李献春陪同调研。调研组到湓浦街道职工服务中心、人民路街道职工服务中心、区职工服务中心及白水湖街道沿江社区服务中心，观看“三全两化”系统工会模块功能演示，并听取区人大常委会副主任、工会主席李献春的汇报。调研组指出要加强第三产业和“两新”组织工会建设，不断夯实工会组织基础，争取上级资金，以中心建设平台表率作用来带动相关帮扶工作。

2013年3月6日上午，区政协副主席朱少芬一行到玉兰花酒店调研了解“庐源国际精品酒店”在设计、装修等方面的情况。“庐源国际精品酒店”，总投资8000万元，经营面积13000平方米。区政协还特意安排了人民路街道全程服务其辖区内的这个项目。4月12日，市政协副主席陶春元带领部分委员、教授、博士到浔阳区，就“九江沿江开放开发对策研究”进行专题调研。区领导文建华、胡迪、钱萍、易小慧及有关部门领导及企业负责人陪同调研。调研组一行首先到浔阳区工业园，对工业园的石化关联产业、大型物流项目、高新产业项目三大产业进行现场走访，并在园区举行企业负责人座谈会，听取企业发展的基本情况、遇到的困难和问题，以及对沿江开放开发的思考和建议。下午调研组又在区政府召开由发改委、工信委、城建局、环保局等有关部门领导参加的座谈会，就工业园建成面积、可利用面积、环保投入、企业数量、技术产品研发、融资现状、产值、税收等情况认真听取了大家的汇报。调研组认为浔阳区在推进沿江开放开发工作中领导重视，高位推进、目标明确，措施得力、项目建设，成效显著，有很多很好的经验值得学习，并希望浔阳区继续以市委市政府“两区互动，强工兴城”战略为引领，乘势而上，再掀沿江开放开发新浪潮。5 月 3 日，区政协副主席刘宗强带领文卫委调研组一行到区市容局，对“开放式”小区物业管理工作进行调研。浔阳区有上百个开放式小区，各街道按照“机构上健全，方式上多元”的方针，积极探索开放式小区管理方式。2012 年以来，以湓浦街道梅绽坡社区为代表的庭院式管理模式、以人民路街道桃园社区为代表的互助式管理模式、以湓浦街道龙开河社区为代表的综合管理模式的出现，为全面推进“开放式”小区物业管理工作积累了经验。7 月 23 日，区政协副主席周华带领调研组一行到区计生委，对国家免费孕前优生健康项目工作进行调研。计生委主任对国家免费孕前优生健康项目工作情况向调研组介绍，浔阳区 2013 年被列为国家试点，自工作开展以来，积极行动，精心组织，按照“政府主导、部门合作、专家支撑、群众参与”的工作模式，建立了各项保障机制，稳步推进了项目的进行。试点工作开展以来，共为 432 对计划怀孕的夫妇免费提供了项目检查。7 月 26 日，由市政协党组副书记、副主席徐少伟带队，市物价、商管办、农业局、工商局、规划局、水文局等相关部门负责人组成的市政协专题调研组一行就“我市城区‘社区菜店’建设”情况到区进行调研，区委常委、区政府副区长周庆吾及相关单位负责人陪同调研。调研组一行实地视察区甘棠街道城市花园社区便民蔬菜直销店，并听取了相关部门的情况汇报。通过实地察看，调研组一致认为，浔阳区 10 个社区便民蔬菜直销店，布局合理、价格便宜，深受老百姓称赞。浔阳区要进一步繁荣市场，保证市场供应；要进一步平稳市场价格，确保市场食品质量安全；城区菜市场建设一定要完善规划，合理布局，把“社区菜店”建设好、管理好，让市民不出社区就可以吃上放心、舒心、健康的新鲜蔬菜和食品。8 月份，浔阳区政协党组书记、主席文建华带领有关人员深入部分机关、街道、社区与基层党员、干部、群众面对面交流，就集中解决形式主义、官僚主义、享乐主义、奢靡之风等“四风”问题进行专项调研，重点查找工作作风不实、制约科学发展、损害群众利益、基层组织建设等方面存在的突出问题。这次调研个别访谈了 4 人次、集体座谈 70 人次、问卷调查 120 人次，走访老居干 1 人、低保家庭 1 户，共收集意见建议 100 余条。调研结束后，调研组还对收集到的意见建议进行分类汇总、进行问题剖析、提出解决对策，为下一步全区开展党的群众路线教育实践活动提供参考。调研采取召开座谈会的形式进行。来自甘棠街道（社区）干部代表、居民代表、辖区单位代表、“两代表一委员”等共 17 人参加座谈。调研组一行认真与参会人员进行交谈，听取他们就机关干部作风建设、征迁安置、民生保障等多方面的意见。8 月份，区政协副主席易小慧带领部分政协委员深入区财政、税务等部门和街道、楼宇等场所集中开展一次财税情况调研活动。调研组一行认真听取情况介绍，仔细分析区财政收入现状、存在的困难和问题。政协委员就积极培育税源、加强协税护税、壮大区财政收入等提出了意见建议。形成《创新挖潜　协力攻坚　竭力推进我区财政收入再上新台阶》的调研报告，报告得到区长左延的批示。9 月 26 日，在区政协副主席朱少芬的带领下，区政协港澳台侨委员会组织部分政协委员到金鸡坡学校、希望学校、浔阳小学等学校，开展促进城区义务教育均衡发展专题调研活动，并先后两次召开专题座谈会。在广泛听取和充分吸纳各方意见的基础上，形成了《科学规划 整合资源 加快推进城区义务教育均衡发展》专题调研报告。报告提出牢固树立义务教育均衡发展工作理念、逐步完善义务教育均衡发展网点布局、不断改善义务教育均衡发展办学条件、努力提升义务教育均衡发展教育质量等相关建议，得到区委、区政府相关领导的充分肯定和高度重视。9 月 27 日，区政协副主席刘宗强率领文卫委调研组对区开展“打造社区群众文化阵地，活跃市民精神文化生活”工作进行专题调研。调研组一行先后来到游岭村文化活动中心、南司社区文化活动中心实地查看，并与区文新局、各街道社区文化干部进行座谈。调研组指出，区文化部门、各街道、社区要进一步加强文化建设的力度，增强居民开展文化活动的意识，了解群众对文化生活的需求，使老百姓切实感受到文化发展成果，让群众在享受“文化福利”中追求健康文明的生活方式。10月28日，区政协副主席周华带领政协委员陈和平、费亚克、王飞炎、应万来对十大片区旧城（棚户区）改造进行了视察。视察组采取听取汇报、座谈研讨、实地考察的方式，对区旧城改造工作进行客观了解，对棚户区改造现状进行及时掌握。通过视察，委员们感觉到，通过“十大片区”旧城改造，将会使城区面貌逐渐焕然一新，城市功能配套进一步完善，城市人居环境进一步优化，城市品位进一步提升，委员们还对旧城改造工作中出现重拆迁、轻安置；工作中要进一步理顺机制、提高项目管理负责人的操作能力、解决还房小区配套设施等问题给予了建议和意见，副区长朱超充分肯定了委员们提出的建议，次日，就召集房产、城建、卫生等相关单位召开会议，将委员们提出的意见和建议一一解决并落实。11月7日下午，区政协副主席易小慧带领部分政协委员就区现代物流业发展状况进行调研，区发改委、商务局、三产局等相关部门主要负责人陪同调研。调研组一行首先到九江新雪域物流园及九江长东仓储物流园实地参观，对现代物流业发展现状、运营状况、发展规划以及在发展中遇到的困难和问题进行详细了解，随后委员们与相关部门和物流企业代表进行座谈。委员们对如何推进区现代物流业发展积极谏言献策，并着重从体制机制、政策支持、环境优化等方面对加快我区现代物流业发展进行了有益的探讨。希望企业在发展物流产业的同时要找准定位，发挥自身优势和特色，扬长避短。推进昌九商贸物流服务一体化建设，功能呼应、优势互补。合力打造高效便捷的江西物流北通道。抓机遇、开拓进取、争创一流，进一步提升现代物流业发展水平。形成了《规范引导 扬优成势 扎实推进浔阳现代物流产业快速发展》的调研报告，报告转为次年政协全会的大会发言，得到区委书记戴晓慧的批示。

2014年4月1日，区政协副主席张华桥、秦永红一行到人民路街道政协委员之家，开展社情民意恳谈会，倾听基层党员干部和居民群众的意见和建议。委员、社区居干和居民群众先后就政协工作、慈善捐助、楼宇经济、旧城改造以及基层社区和党支部建设等问题进行了踊跃发言。张华桥、秦永红认真听取并记录委员、社区居干和居民群众的发言，并分析他们提出的意见和建议，就目前存在的问题对街道社区干部提出明确要求和具体解决方法。5月9日下午，区政协副主席周华与区物价局班子成员一行到人民路街道二亩地社区调研，针对旧房改造、危房鉴定、边街小巷路面改造、下水道管网改造等问题，与社区干部和街道挂点干部座谈。通过看现场、理问题、定方案，确定了危房鉴定、下水道管网改造等问题解决的方法及责任人，实实在在地为社区排忧解难。5月13日，市政协理论研究会副会长周光灿等一行就加强政协机关建设开展专题调研。区政协主席文建华、副主席廖济煊等领导陪同调研。区政协从组织建设、平台建设、制度建设、队伍建设、作风建设等方面，就区政协机关建设情况作了介绍。市调研组对浔阳区政协机关建设给予充分肯定，认为浔阳区政协机关建设有基础、有优势、有成效。同时，希望浔阳区政协在机关建设上，要善于创新、勇于担当、敢于突破，不断加强组织建设、规范制度建设、强化队伍建设、增强作风建设，进一步提升政协机关参与政务、管理事务、做好会务、搞好服务的能力与水平。5月16日，区政协副主席朱少芬带领部分政协委员，对进一步加强城区市容管理工作进行专题调研。区政府副区长张小军陪同调研。调研组首先视察湓浦街道环卫职工宿舍和南湖公厕，随后在区市容管理局召开专题座谈会，专门听取区市容管理部门对进一步加强城区市容管理工作情况汇报。委员们认为，近年来，在区委、区政府的高度重视下，通过全体市容工作人员共同努力，城区市容亮点纷呈、城区面貌日新月异。同时，委员们从理顺市容管理体制、完善市区联动机制、探索市场运行模式、加强精神文明建设、提升市容队伍能力等方面提出意见建议。7月16日上午，区政协组织部分政协委员开展艾滋病防治工作专题调研。区政协主席文建华、区政府副区长钱萍、区政协副主席周华参加调研座谈。区卫生局就全区艾滋病防治工作基本情况进行汇报。与会人员从建立和培养防艾专业队伍、解决防艾工作人员待遇和基本工作条件、大力宣传国家对艾滋病防治政策提出意见建议。7月，区政协副主席刘宗强带领文卫委调研组一行到甘棠街道六角石社区对“启和调解室”工作进行调研。区公安分局负责人在会上介绍了调解室的相关情况。“启和调解室”的工作是浔阳区首创，通过用口头调解的方式减少了因民事纠纷引起的刑事案件，为基层的和谐稳定贡献了正能量。同时，也极大减轻基层派出所非警务工作量，缓和基层派出所警力不足情况。从调解室成立以来，启和调解室共受理甘棠派出所接处警中涉及的各类民事纠纷（如劳务纠纷、债务纠纷、家庭纠纷、物业纠纷、消费纠纷、邻里纠纷等）共292起，成功调解并签订调解协议共236起。9月17～19日，由副主席刘宗强带队，文卫委主任唐平钧、区司法局局长徐惠忠等就“启和调解室”调研工作到辽宁省凌源市参观学习，最后形成“三调联动，分类处置，打造‘启和’调解的浔阳模式”的调研报告，总结出五点成效、五大制约，提出五项建议。《报告》得到区政法委书记、公安分局局长贾治曾的认可和批示。9月10—12日，区政协主席文建华、副主席易小慧带队，区政协经科委组织9名委员到安徽省安庆市大观区、宣城市宣州区、广德县等地调研“飞地经济”发展情况。所到之处，大家深入工业园区、企业车间考察学习、听取情况介绍，并与当地政府相关部门负责人、政协机关工作人员座谈交流。此次调研是在浔阳区与湖北省黄梅县小池镇跨区域合作框架协议下，该区政协的一次超前调研行动，形成《飞地经济　跨区发展的新探索——关于“飞地工业”的调研报告》，供党政决策参考。10月20日，区长左延对报告进行批示：“《调研报告》情况明确、数据翔实、分析透彻、见解深刻，很有参考价值，请风雷区长召发改委、工信委等区直部门就我区与黄梅跨江合作的具体情况结合《调研报告》的意见建议，提出一个全面的合作建议。”10月21日，区委书记戴晓慧批示：“该报告对区委区政府推进下一步‘飞地园区’工作具有很好的参考作用，请发改委、工信委阅研跟进。”10月17日，市政协人口资源环境委员会主任周光灿带队到区调研中心城区禁燃烟花爆竹工作。参加座谈的单位有文明办、公安分局、执法大队、街道、社区工作人员，区政协副主席朱少芬陪同调研。委员们从本身的工作经验出发，提出了一些好的建议，例如建立长效机制、加大宣传力度、明确主要牵头单位、加大处罚力度等。10月28日，市政协副主席、民建主委李军一行到浔调研标准化农贸市场升级改造情况。市商管办主任陈世超，副主任肖仁鹏，区政协主席文建华，区委常委、市委提名常务副区长人选王风雷陪同调研或参加座谈。调研组一行首先听取相关部门关于标准化农贸市场升级改造情况汇报，随后实地考察姚家洼标准化农贸市场升级改造情况。在座谈中，大家围绕如何破解标准化农贸市场升级改造建设中的管理、资金及服务等发展难题进行讨论。

2015年4月24日，区政协副主席周华带领部分政协委员到市容局开展对口协商工作，就委员提出的垃圾分类提案进行座谈。市容局局长程焕新就区现在垃圾清理的模式情况向委员作汇报，环保局的工作人员也从专业的角度给委员们进行讲解。座谈会上，委员们对浔阳区的垃圾处理现状以及建议都发表自己的看法，提出很好的可行性的建议，市容局表示，将采纳委员们提出的建议，加以改进和推广。最后周华副主席表示，希望能通过政协这个平台，让委员们的好的提议能得到区委、区政府的重视，通过几年的时间，循序渐进，能够推动此项工作开展。4月30日，市政协副主席陶春元带队一行，就“足球进校园”课题到区专题调研，调研组实地察看湖滨小学的足球建设情况，并召开座谈会，听取各方面意见建议。5月7日，区政协经科委组织部分委员就“金融工作创新”与区金融办、工业园办、城投公司、中小企业局等部门开展对口协商活动，区政协副主席易小慧参加。协商座谈会上，主持人首先从“国务院总理李克强在国家开发银行和中国工商银行考察时强调推进金融改革开放，加强服务小微企业创新创业”“江西省民间金融创新论坛在南昌举行”“九江市金融业加大决战工业力度”三条新闻信息着手，抛砖引玉，拉开对口协商的序幕。接着区工业园办等部门负责人先后介绍各自的工作职能及在金融工作中服务企业、服务区重点项目方面的情况。大家围绕“打造经济增长新动力、拓展融资新平台、加强金融工作创新”主题互相探讨，畅所欲言。委员们建议，充分发挥“财园信贷通”作用，打通中小微企业免抵押快捷融资通道，着力破解“融资难，融资贵，融资慢”难题；政府投资项目要量力而行，有效防范和化解地方政府债务风险；鼓励发展“互联网＋金融”新业态，丰富金融市场主体，规范发展小贷公司、金融超市等；积极引导中小微企业做强实体经济，走新三版、创业版等上市融资之路。5月25～30日，区政协副主席周华带领人口资源环境委员会部分委员前往江苏徐州鼓楼区、江苏淮安清河区，对安置房管理工作进行专题考察调研。6月2日，市政协副主席古小平带领部分市政协委员就“抢抓国家建设长江经济带的战略机遇，全力打造赣鄂皖沿江先行先试示范区”来浔阳区进行专题调研，区委书记戴晓慧，区政协主席文建华，区委常委、常务副区长王风雷，区政协副主席易小慧陪同调研。区发改委、财政局、工信委、建设局等单位负责人参加座谈。7月16日，区政协副主席刘宗强带队开展关于“我区电子商务产业发展前景调查”的专题调研，先后召开相关部门、服务对象（企业）座谈会和政协企业委员座谈会，两次座谈会共有24家单位参加，专门电话咨询了陈先忠、李辉秋等10多位专家学者和电商经营人士，收集到较厚实的数据材料，在8月底形成书面调研报告，递交区政协七届二十一次常委会进行讨论完善，并行文报送到区委办和区政府办，抄报给区主要领导及分管领导，得到区政府区长左延的批示认可，其批示责成相关部门吸取建议，改进工作，推动电商产业加快发展。8月26日，区政协港澳台侨召开法律援助专题调研座谈会。区政协主席文建华出席会议并讲话。区政协副主席朱少芬主持会议。通过外地学习交流、走访相关部门、召开专题座谈等方式，针对律师少案件多，援助标准难以界定、部门配合力度不够等问题，委员们提出充分发挥社会律师作用、不断简化援助审批程序、努力完善部门协作机制、切实增强援助保障能力等建议。9月8日上午，市政协副主席、统战部部长黄大明带队到浔阳区，调研归侨侨眷权益保护条例在区执行情况。区政协主席文建华，区领导胡迪，朱少芬陪同调研。调研组一行先后到人民路街道向阳闸社区，白水湖街道沿江社区，详细了解社区侨务工作与归侨侨眷权益保护条例执行情况，听取区政府关于全区外事侨务工作情况的汇报。

附：调研报告选录

浔阳区学校德育工作调查报告

学校的德育教育是精神文明建设的基础性工程，而小学德育教育尤为重要，为此，我们党支部于1996年11月下旬组织部分党员对全区小学进行了调查，现将调查情况报告如下：

一、医学校德育教育情况概要

浔阳区人有32所小学，其中区直11所，厂办21所，各校均建立了一支以党、政、工、团、队、班主任，思品教师为主体的比较稳定的德育工作队伍。形成了以党、政抓管理育人，教师抓教书育人，后勤抓服务育人的基本模式；形成了以党、政、工、团为主，抓教师思想政治和职业道德教育，以教导处，少先队为龙头抓学校学生德育工作的两个层面的基本格局，通过党、政、团、工、队各方齐心协力，把德育工作落到实处。有效克服了学校德育教育讲起来重要，做起来次要，忙起来不要等现象。

自中共中央印发《爱国主义教育实施纲要》及《中共中央关于进一步加强中小学德育工作的若干意见》颁发以来，区教育研室编印了一套《浔阳区小学碰国主义教育实施方案》，方案对各年级语文、数学、思品、历史、地理、音乐、美术、体育各科的爱国主义内容及要求都做了具体的说明和渗透，同时还对班队活动课外活动，社会实践如何开展爱国主义教育做了统一安排．从而在实际操作中收到了良好的效果。

充分利用有利时机广泛开展各项有利于德育教育的活动，如在庆祝建国45周年之时，开展了《走向辉煌》读书系列活动，在纪念抗日战争胜利50周年之机，又开展了《筑起我们新的长城》读书活动，请市政协文史办同志作“抗日战争时期的赣北战场”报告会，让学校了解抗战时期家乡人民奋勇抗战的英雄事迹，今年又组织了《香港回归祖国》和《寻找红军足迹，树立革命理想》二个读书系列活力。

此外认真组织团队活动和通过语文教学，加强爱国主义教育。

二、主要困难与问题

1．德育工作所需的图书，影视音带及其设备手段和相应的经费严重不足；无专项列收列支，影响了活动的正常开展。

2．社会对学校德育工作配合不够，致使本区无力开发利用德育文史资源，缺少校外教育，劳动和社会实践基地。

3．学校、社会，家庭三结合教育衔接不够，共建网络和组织尚未完全形成，声色不大。

4．面临社会主义市场经济的新形势，学校德育工作的方式、方法有些不适应，力度还不够强。

三、几点建议

1．加强德育教育的投资、建议筹建区教育奖励基金会。

2．争取社会各方支持，建议建立校外德育教育基地和学工、学农、学军社会实践基地。

3．巩固和发展家长学校．形成学校、社会、家庭三位一体的教育局面。

执笔：韩万金

1996 年 11 月 19 日

关于全区个体私营企业经济发展情况的调查报告

改革开放以来，我区个体私营经济蓬勃兴起，日趋活跃。经过十几年来的实践证明，个体私营经济是切合我区的一种重要经济组织形式，它以其特有的属性和旺盛的生命力，为市区经济发展展示出良好的前景。但是，这种充满活力。发展态势看好的个体企业，目前还存在哪些实际困难和不足之处！今后如何运行才能适应于市场经济的发展！围绕这些问题，我们进行一次全面调查和认真探讨。

一、基本概况

我区个体私营经济从无到有，从小到大，由 1981 年的 1 户（庐峰照相馆）发展到现有4002户，从业人员7112人（其中大专 21 人。高中 680 人，初中以上1640人，党员 8 名，团员 9 名，人大代表 2 名，政协委员 5 名党员，先进个体劳动者 23 名）。主要经营项目有工业、商业、交通运输、饮食、修理、文化娱乐、旅游和私营企业等。分布在浔阳区的街道农村，其市场繁荣，经济活跃。仅今年 4 月，注册资金达 11.898 万元，营业额达 16.437 万元，商品零售额达 12.479 万元，总产值 1078万，截至 1993 年底，上缴税收1000多万元。

二、组织机构和行政管理

1．组织机构。浔阳区工商局于 1981 年成立，1983年成立浔阳区个体协会（下设 6 个个协分会），行政管理人员 8 人，设二部一室（即生产经营部、宣传部和办公室），建立党支部 1 个，团支部 1 个，妇委会 1 个，会员之家 5 个，医疗站 1 个。

2．行政管理。浔阳区委、区政府把发展个体私营经营作为振兴全区经济的一项战略任务来抓，列入重要议事日程。一是专门成立了由政府办公室、区委政研室、区委宣传部、工商、个协、税务、公安、文教、卫生（防疫）等部门领导组成的“发展个体私营经济领导小组”，由区委书记陶自应同志担任领导小组组长、副组长由区政府副区长余策恩和区政府办公室主任王传国、工商局局长张锡中同志担任，并在工商部门设立办公室，负责领导，管理和协调个体私营经济的发展工作。二是积极扶持、完善政策。我们在执行党和国家关于发展个体私营经济的方针、政策的基础上，结合本区实际在扶持个体私营发展中实行“四不限、五放开、六优先”政策。即除国家法律、法规明确规定外，个体私营经济发展不限行业、不限速度、不限发展比例，不限发展规模；放开经营主体、经营范围、经营方式、注册资金和登记空间；对六个方面的个体经营企业人员，即外地来浔经商办企业者，机构改革中被分流人员，从事工业、加工业者，从事私立文化、教育、信息和技术咨询等服务业者，从事技术含量高的商品生产者，从事商业批发、零销以外的第三产业者，在户口登记、注册审批、场地安排、税费收缴等方面予以优先照顾。三是注重基础配套设施，加快市场建设。80 年代我区发展了一批批发市场，如庐峰水果批发市场、堤外农贸市场、龙开河成衣市场等等。1991 年市区工商系统分家后，我区又发展一座落在浔阳东路 8 号的专业性水果批发市场，有经营者 86 家，其品种齐全、经济活跃。平均每天销售量达 1 火车皮（几十吨）。1993 年，我区又开发了 8 个市场，如长江大桥综合批发市场、老鹳塘市场、“金鸡坡个体私营经济示范区”等等，都将为个体私营经济的发展提供广泛的用武之地。四是区工商局和区个体协会充分发展职能部门的积极作用，认真履行职责，加强管理和监督，为个体私营者当好参谋，搞好服务，并采取多种形式经常组织广大个体户开展爱国主义、职业道德、法制教育和技术培训、到外地市参观考察，举办演唱会等培训教育活动，使广大个体户的政治、业务素质大有提高，踊现出许许多多的守法经营．讲求信誉、热心待客及致富不忘本的先进典型人和事。如个体饮食业主胡冬青。自 1985 年经营“冬青”餐馆以来。坚持顾客至上、优质服务、守法经营、按章交纳税费、带领广大个体户参与社会有益活动，受到了社会各界的赞誉。当选为区政协委员，市、区人大代表，并多次荣获省、市、区先进会员“信得过工商户”“三星级”“文明户”和“十佳”优秀服务明星等光荣称号。

三、存在的问题

建区十几年来，全区个体私营经济有了稳步发展。但是，同发达城区相比，同市委、市政府的要求相比仍有较大差距。在我们这次调查摸底过程中。反映较为突出的问题有以下几点：

一是市区的水果、副食品批发市场及夜市饮食摊点，因卫生设施不全。责任划分不明确，造成市场内外瓜皮果壳，纸屑杂物乱倒乱堆现象，加上清运不及时，致使蚊蝇乱飞。臭气横溢。严重影响了市场容貌和人们身心健康。

二是一马路副食品市场，因头尾两端都不能停放汽车，顾客运货不方便. 迫使顾客只好另找地方购货。浔阳东路 8 号水果批发市场实乃安徽、湖北、江西三省和全市十二个县（区）的水果批发重要市场，其人流量大，市场繁荣。但整个市场只有一道大门进出，交通很不便利，一到旺季，常常是交通堵塞，人车难行。既造成了市场混乱又影响了市场的正常运转。

三是市区无证经营，零担叫卖和临时地摊越来越多，大街小巷，巷头巷尾到处可见。其弊端不少。1. 市场上出现了更多的短斤少两、欺行霸市、制售假冒伪劣商品、偷逃抗漏税收等非法经营行为，2. 无证经营者不要纪律、不求质量和信誉，打架斗殴、偷盗扒窃经常发生在无证地摊上。3. 对市容卫生、交通秩序有影响。

四是交警、城管监察、公安、工商税务等职能部门有的各行其是。不按其职责范围照章办事、依法管理。极少数执法人员在执行公务时，对个体私营企业人员态度恶劣、行为不轨、敲诈勒索。严重损害了个体私营者的合法权益。

四、我们的建议

1. 近几年，国家和省、市在鼓励个体私营经济全面发展方面制定了一系列的扶持、优惠政策，我们要结合本地区实际，认真贯彻落实。同时，建议市、区政府要大胆实践，放开手脚，用足、用活政策，进一步放开搞活。一要对经营主体放宽从业条件，二要放开经营范围，除国家明令禁止个体私营经营的以外，其他的一律放开经营，三要全面放宽经营方式，鼓励支持个体私营经济跨地区、跨行业、跨所有制经营。大力扶持个体私营经济走股份制发展的路子，还要发展中外合资等外向型经济；四要放开注册资金和办证等条件；五要在产业上搞活，充分发挥经济地理优势，依托城区便利的交通和通信条件，因地制宜大力发展商业、运输、交通服务、旅游等优势行业和一些同群众生产、生活服务密切相关的行业，形成具有浔阳地方特色的个体私营经济。

2. 要强化教育、管理、服务、监督工作，引导个体私营经济全面健康发展。如何引导个体私营经济全面健康发展，我们必须把教育管理和服务摆在第一位。同时要加强各方面的监督。一是广建市场，下大力气在市区发展一批专业批发市场，完善基础配套设施，扩大批发专营范围。二是发挥综合协调作用，为个体经营户排忧解难，多开绿灯。如一马路副食品市场不能停放汽车，顾客运货不方便的矛盾，我们建议在“冬青餐馆”旁的一块三角形空地上，设立一个停车场。三是要积极维护个体私营经济的合法权益，任何部门和执法人员不得强行管、卡、摊、压。并要扎实有效地解决“三乱”现象。四是加强教育和监督，严格查处短斤少两、欺行霸市、制售假冒伪劣产品、偷逃抗漏税收等非法经营行为，从而维护好市场经济秩序和国家利益。五是对个体私营企业主要在政治上一视同仁。凡符合条件的可以入党、入团、参军、升学、招工、招干、评模，可以作为人大代表、政协委员和其他群团组织代表人选。对外来经商办企业者，要在给予办理临时户口、子女入托、入党入学、升学等方面同等对待。

3. 对于个体私营企业人员贷款难、资金周转紧缺的问题。建议市、区政府和各街道办事处要积极创造条件，尽快创办一些城市、街道信用社或大型专业性市场信用社，从而解决个体户的实际困难，为他们扩大经营、发展经济提供方便。

4. 涉及卫生、交通秩序等方面的问题，建议环卫、城管监察、公安、交警、工商等职能部门要通力协作搞好协调。加强管理. 按各自的职责范围和管辖地段去抓好落实，决不能互相推诿和“踢皮球”。同时，对于群众反映的“某一部门只收卫生费，不管垃圾堆”的不良做法要加以克服，立即改正。

5. 对市区无证经营，乱摆摊点的现象。建议市、区职能部门采取措施，加强管理。尤其是对那些零担水果叫卖者的短斤少两、坑害顾客的非法行为要严加制止和处罚。同时，要正面教育和正确疏导。使他们能做到亮证经营，合法经营，逐步走向正规化的轨道，为发展个体私营经济多做贡献。

执笔人：王奉远

1999 年

社区工作亟待“减负”

近年来，各地社区建设发生了很大的变化、社区基础设施得到了极大改善。但随着工作的深入进展，社区工作存在的一些问题和弊端逐渐显现出来，主要表现在社区负担太重，且大多为行政事务性工作，缺少服务功能，造成社区工作与服务群众这个主要目标有所偏差。究其原因，据笔者调查，有以下几点：

一、社区居委会行政化倾向严重。随着城市管理的重心偏移，政府和企事业越来越多的社会职能被剥离到社区。但到目前为止，还没有规范完善社区工作的法规制度。众所周知，社区建设的资金投入以政府为主，各项工作也是以政府部门和街道办事处主导，这就使社区居委会承担大量的行政事务成为“理所当然”。各职能部门的工作一级一级往下“批发”，一些本不该由社区居委会办的事情也压到了社区，社区居委会大部分时间花在应付上级交办的任务上，以致没有足够的时间深入社区了解社情民意，去进行社区管理和服务群众。

二、部分工作流于形式。社区居委会仅有工作人员 4～5 人左右，但上面每布置一项工作，下面就要成立一个机构对应，仅工作小组和委员会之类的就有数十个之多，各种临时机构更是不计其数。还有些部门布置工作时，好搞“战役性”“运动式”活动，事前口号震天，开展轰轰烈烈，之后就再无下文，缺少长期性和规范性。

三、一些单位盲目跟风，当前流行“工作进社区”，一些部门单位把社区当作筐，什么工作都往里放。有些把工作进社区当作工作创新、搞政绩的突破口，对社区居委会自身的随能力估计过高，使社区居委会超标准超负荷工作。

四、工作方法不够科学。现在社区居委会简单重复的工作多、手工操作多、社区干部大部分时间忙于填写报表、汇总资料等简单事务性工作，工作量虽大，效率却很低。

综上所述，我们认为无论是从社区居委会日常工作还是从社区的未来发展考虑，必须为社区居委会“减负”。要解决这些问题，我们建议各级政府和有关部门应从以下几个方面着手：

一是完善社区组织管理制度。明确社区居委会职责是“减负”的基础。根据“居民组织法”。社区居委会是群众性的自治组织，其主要职责是“发动和组织群众开展自主自治活动，协助政府管理本区域内的有关社会事务，享有自治权。”但在社区居委会的经费、人事等诸多方面均依赖于政府的现状下，单纯讲社区自治还不现实，这就要在社区工作“行政化”和“社会化”之间取得平衡点，把属于行政职能的工作归政府及所属部门管理，社区事务的工作由社区进行管理，也就是所谓的行政事务政府部门化，社会事务社区化。只有政府出台相关政策和制度，准确界定社区的工作职责，明确那些工作是社区居委会必须做的，那些工作是社区居委会协县有关部门完成的，真正赋予居委会自治权、协管权和拒绝权。

二是调整社区组织机构。目前，城市管理的实际情况是大部分社区必须要有一定的载体承担政府和企事业的一些职能工作，以弥补市场运行机制的不成熟；一方面又必须为社区居委会减负，把社区居委会不该承担的工作减下来。因此建议把社区党组织与社区居委会成员分设。目前，社区党建工作任务越来越重，社区党建工作日趋规范，工作量日益增加，而社区中没有专职党务干部和经费来源，社区党组织书记在居委会兼职，交叉工作量大，工作质量也受到影响，建议在社区配备专职党务干部，在人员经费上给予保证，这样既能保证社区党组织在社区建设中领导核心作用的发挥，也减轻了社区居委会的工作量。

三是规范各部门单位的工作行为。各部门在实行“工作进社区”时，应当以服务群众为出发点，多为社区居委会工作提供方便，要树立工作在上完成、服务向下延伸的工作意识和服务意识。如果单纯把机构延伸到社区，而工作服务跟不上，势必给社区居委会造成负担。建议政府在这个问题上为社区把好关，对形式重于内容的进社区工作应及时喊停，对有利于社区工作的也应建立完善“责随权走、费随事转”的社区准入制度，以切实减轻社区工作压力。

四是促进社区工作规范化和程序化建设。在现代公共服务过程中，注重服务的制度化和程序化。短期活动过多即意味着工作的不稳定性和缺少程序以及不规范。所以各部门在布置工作的时候应尽量少搞“战役性”“运动式”的活动，尽可能细化办事、服务程序，多摸索长效管理的方式方法。同时少点检查评比，多点实地察看，少要求上报文字材料，多下来进行民意调查。

五是提高社区工作人员素质。我们认为应广开社会化公开招聘的大门，大量吸引有一定素质的人员加入社区工作者队伍；并适时推行社区民主自治，选择有条件的社区进行普选试点，让有责任感和服务意识的居民自觉参与到社区管理中来。同时加强对社区工作人员的教育培训，实行任期前和任期中不间断培训制，以职业道德教育为重点，以业务培训为主要内容，有针对性地进行教育培训，快速提升社区工作人员的素质和服务能力。

执笔人：韩万金

2003 年 7 月

加快均衡发展步伐 实现区域教育公平

教育公平是社会公平的重要体现，推进教育均衡发展是实现教育公平的根本手段。近年来，城区在特色办学等方面取得了显著成绩，但也存在着教育网点布局与城市规划布局的不协调，各校间发展不平衡，优质教育资源与人民群众的

需求差距正在拉大等问题。教育失衡最终造成“择校热”逐年升温，同时，也诱发其他社会问题，如交通安全、学校日常管理等，极大地制约了教育事业的发展。解决教育失衡，实现教育均衡发展，对于化解教育供求矛盾，全面提升教学水平，促进和谐社会建设具有十分重要的现实意义。

一、城区教育事业均衡发展存在的主要问题

1. 教育网点分布不均衡。近年来，九江城市建设迅速发展，城区人口骤增，再加上历史原因，造成城东、城中、城西教育网点分布不均衡。城中城西人口密集，现有柴桑、东风、双峰、附小、湖滨、新村等 13 所小学，生均占地面积约 4.2 平方米左右；（国家规定的标准是：生均占地面积 10 平方米）。城东人口相对较少且分布广散，却有金鸡坡、大桥船管处、希望，发电厂、大桥五处、琵琶亭、实华等 7 所学校，生均占地面积高达 35.76 平方米，同时，在城市建设新区出现了教育网点空白区，如：滨江大道中段锁江楼、浔阳楼、钢厂一带 2.4 平方公里，九江日报社周边 2.8 平方公里，十里大道（浔阳区界内）南端 1.5 平方公里，以及市卫生局区域 1.82 平方公里四大区域范围内无一所义务教育阶段学校。

2. 校际发展不平衡。双峰、附小、柴桑、东风、湖滨等中心城区小学周边人口密集，覆盖面广，影响力大，政府在无形中加大了资金和人才支持力度，这些学校的图书室、电脑室、语音室、多媒体室等一应俱全，逐步发展成为城区的品牌学校。相反，地处城郊，覆盖面和影响力较小的学校和收编的企业自办学校，由于投入和扶持力度相对度较小，学校教育设施简陋，与品牌学校之间的差距比较大，各校间发展明显不平衡。

3. 教师流向令人忧。学校基础设施、硬件设备的不同。

直接影响着学校师资等软件建设，“人往高处走”，校际差距使教师在工作环境、福利待遇、教育氛围、事业成就感等方面有着很大不同，造成师资队伍非理性流动，一些薄弱学校优秀教师逐渐流入品牌学校，形成师资力量强弱悬殊，使学校之间不均衡问题进一步加剧。

4. 学生择校越来越严重。为追求优质教育，有的家庭在小孩出生时，就想方设法把户口落在品牌学校附近，以便长大时就学。而户籍管理部门对空挂户、搭户的管理措施不到位，给学校新生报名工作带来不小压力。有的家庭则采取高价租房的式，在品牌学校就近入学。还有的家庭为了改变户籍和居住地的束缚，则通过交借读费择校入学，使品牌学校出现“人满为患”现象，有的班额高达 60 ~ 70 人，而一般学校僧多粥少，成班率低。

5. 农民工子女就学无法就近妥善安排。农民工子女就学与城市居民子女就学享有同等权利，各级政府也想尽办法妥善解决农民工子女就近入学问题。但在落实过程中，很多具体客观困难使得农民工子女难以实现就近入学。主要是城区教育资源本来就紧张，品牌学校只能确保本区域群众子女就近入学，因而只能将农民工子女安排到生源不足的学校就读。而居住在品牌学校周边的农民工子女到定点学校就读，距离学校又较远，农民工子女无法真

正享受就近入学的权利。

二、若干建议

中共十七大提出“促进义务教育均衡发展”，而教育均衡发展则成为科学发展观指导下的一种新的教育发展观，是一种新的境界，一种科学合理的政策导向。从城区的实际出发，特提出如下建议：

1．整合东区教育网点。建议把希望小学、琵琶亭学校、啤酒厂小学合并到发电厂学校，建成一个九年制的义务教育学校，把这几所学校的物力财力人力一并考虑合理统筹安排。

2．新增中南区教学网点。建议市政府将新增教育网点布局工作列入城市发展整体规划。当前急需在九江日报社区域、滨江大道中段、十里大道南端、市卫生局区域新建4所小学。应尽快在这些区域落实教育规划用地，加速新增教学网点建设，以填补义务教育学校网点的空白，缓解三里、浔东、庐峰、湖滨等学校就学压力，解决学生上学远、上学难的问题。

3．加大对薄弱学校的扶持力度。学校基础建设的均衡是教育均衡发展的前提和必要条件。缩小校际差距，让每一个孩子都能享受优质教育，是广大群众的愿望和社会文明进步的标志。在现阶段优质教育资源有限的情况下，为确保九年义务教育均衡健康发展，体现教育的公平公正性。必须加大对薄弱学校的扶持力度。一是实施政策倾斜。对薄弱学校要制定一些扶持政策，最大限度地调动学校的积极性，比如在教师的职称评定比例、补贴上可适当倾斜，充实学校的管理层面等等；二是加大资金投入，今后教育的投入重点应向薄弱学校倾斜，改造薄弱学校的基础设施，完善学校应备的基本功能。同时也可动员全社会、企事业单位和民营经济实体帮扶薄弱学校，为其捐资捐物。三是开展结对帮扶。各校之间采取“传帮带”的形式，互相交流以点带面；校长采取竞聘方式上岗或异校交流；教师进修学校加大对教师的培训力度等。

4．建立完善各项机制。一是均衡各校教师福利。统筹安排各校收入，缩小学校之间教师待遇差别，保证薄弱学校教师队伍的相对稳定，遏制校际差距的进一步拉大。二是建立合理有序的教师流动机制。制定教师进修制度，选派优秀教师支教，学校领导后备人选必须具备到非示范学校工作经历，鼓励优秀教师充实非示范学校教学一线。三是实行学校管理层交流制。加跟学校中层干部的交流，促进教学管理水平均衡发展。四是建立动态学区划分机制。根据各校现有教育资源承载能力和居民就近入学原则，动态划分学区，充分发挥现有教育资源作用。

5．加强户籍管理。公安部门要采取有力措施对品牌学校的空挂户、搭户现象进行清理，同时要制定相应措施，严格控制新的空挂户和搭户情况的发生，为学校新生报名入学创造良好的外部环境。

执笔人：徐爱林

2007年1月

中心城区发展楼宇经济的情况与思考

楼宇经济是一种“隐藏”在商用楼宇中高级经济形态，它以商务楼为载体，通过开发，出租楼宇引进各类企业，从而增加税源带动区域经济发展，在推进中心城市进程中，它是“向蓝天要空间，向空间要效益”经济模式，它能有效化解经济资源竞争相聚集与土地资源日渐稀缺的矛盾，发展楼宇经济对于集约利用资源，开拓发展空间，聚集经济要素，提高业态档次，提升发展内涵，扩大经济总量等方面，有着不可替代的重要作用，是提高城市区域竞争力，实现城市经济跨越式发展的有效之路。作为地级市的中心城区，必须结合实际，按照经济规律办事，循序渐进地发展楼宇经济，规划与开发并重，招商与服务同行，从而实现政府与企业双赢的格局，不断开辟新的经济增长极。

一、我区楼宇经济发展的现状

据初步调查，我区楼宇主要构成情况是：一部分是私营企业为适应社会发展需求建造的自有产权大厦，如龙翔国贸大厦商务写字楼；一部分是先售再返租管理的大楼，如信华商务中心、远洲国际商务港；一部分是国家机构或企业自有产权的办公楼，如经贸大厦、顺达商务楼；一部分是某些高层或繁华地段的住宅小区和居民楼，如锦湖豪庭、滨江花园。目前主要分布在溢浦、甘棠街道，拥有各类商务楼宇13多栋，入驻企业有218多家，入驻率达到95%以上，注册资金超6亿元，年纳税额超3000万元，建筑面积达到10万余平方米，其中房地产装饰保险等机构49家，科研机构，计算机行业15家，中介、代理服务机构21家，商务入驻企业在浔阳区纳税的有 98 户，占登记纳税总户数的 81%，而龙翔国际、经贸大厦、滨江花园、远洲国际，这些商务楼宇充分显示了浔阳区楼宇经济的效能，吸引了省内外知名企业（包括上市公司）入驻办公，如南昌长力钢铁股份有限公司、中国财产保险、中国平安人寿保险股份有限公司、北京中外运速递有限公司、浙江横店集团、江西仁和药业股份有限公司等。

但存在一些商务楼宇档次不高，楼宇的硬件设施不够完善，连基本的停车场都不完备；一些楼宇内的企业规模偏小，注册资金达 1000 万元以上的不多，注册资金 100 万元以内的相对较多，大多是广告装饰旅游服务业，IT 行业；还有一些楼宇管理相对混乱，楼宇有办公与居住、商务与居住混杂等问题。最主要是缺少产业支撑，造成大规模的营销服务企业，中介公司，研发中心难以落户，生产服务业对楼宇的需求不旺，楼宇经济发展内在动力不足。

总之，我区楼宇经济尚处于发展的初级阶段，楼宇资源自发配置的特征比较明显，与先进地区楼宇经济相比，在规划定位、发展模式、发展速度等方面均有较大的差距。

二、推进中心城区楼宇经济发展的建议

1. *政府主导，规划先行，层层推进。*要成立统筹城区楼宇经济发展的领导机构，筹建由区政府主要领导、规划局、财政局、招商局、国税局、地税局、工商局、各街道等为成员单位的发展楼宇经济领导小组。实行规划先行，引导各类公司开发楼宇，树立长远发展理念，经济增长才有持续性，发展后劲才足。对现有楼宇要跟踪服务协调解决楼宇企业遇到的困难。推行四套班子领导与楼宇挂钩制度，实行高位协调；经常与楼宇业主进行联系和协调，实施与业主配套减免策略，吸引落户企业（总部）招得来、落得下、留得住、长得大。在落实机关部门责任制的基础上，将部门与其“结对共建”社区内的相关楼宇挂钩，并创新部门考核模式；在街道、社区层面，按照“看好自家门、守好自家楼、护好自家税”的原则，各街道对楼宇经济实行守土有责、护税奖惩、比例分成的属地管理责任制。

2. *盘活老楼宇，努力打造特色板块楼宇。*在对全区范围内楼宇经济的现状进行调查摸底基础上，盘活老楼宇，实行楼宇资源微机管理，建立浔阳区楼宇经济档案，制定楼宇经济中短期发展规划。政府部门要制订优惠政策，鼓励企业兴建商务楼宇，树立企业品牌。要打造特色板块楼宇，如金融商贸楼宇、文化和创意产业楼宇、中介服务楼宇、绿色生态楼宇等。力争每年市区要增一些高档楼宇。并注重招商工作，在区政府政务网和招商网设立楼宇经济供求信息发布平台，千方百计挖掘和整合现有楼宇资源，大力推介包装优质楼宇资源项目，有效推进楼宇业主与政府的联动，使业主招商与政府招商有机结合起来。

3. *积极跟进，主动服务楼宇企业。*对于入驻楼宇的企业，各级行政部门应积极协调，配合工作，对入驻企业的各项手续，实现“一门受理，内部运作，限期办结”，避免企业在经营以外的方面浪费太大精力。要创造楼宇经济政策洼地，让它们在一个宽松、有序的环境中不断壮大自身实力。要充分利用政府信息资源优势，建立“楼宇经济数字管理系统”，为企业提供及时准确的讯息，方便、快捷的服务。构建多层面信息体系，为商务楼宇企业、商务楼宇午夜经营企业提供全面的资讯服务。建立税务部门与楼宇物业管理部门的信息沟通平台，做好跟踪服务工作，实现政府、企业的双赢局面。

4. *出台奖励政策，成立楼宇协会。*尽快出台促进楼宇经济发展实施细则，对待来浔投资和入驻商务楼宇的企业商家给以奖励，把优惠措施落在实处。对商务楼盘的增加、企业的入驻等方面在政策制定上给予倾斜、在利益导向上进行驱动，鼓励、培育和催生一批具有一定影响和同业聚集效应的商务楼宇。要大力构建考核奖惩机制，建立入驻企业税收奖励制度，以税务部门提供的年度实际纳税额为依据，对企业实施奖励。对年纳税超百万元的大税源项目，区政府给予与引进单位和引进人予以重奖；对楼宇经济发展做出突出贡献的街道、单位给予重奖，对单位主要负责人给予重奖。尽快成立楼宇协会。楼宇的快速发展是政府的推动和企业的经营结果。如果成立行业协会，就建立了政府和企业的桥梁和通道，一方面向政府反映企业的利益与要求，影响政府的决策；另一方面将政府的决策能及时传给企业，使企业稳步发展。同时，行业协会可以维护行业公平竞争环境，保护企业合法权益，对行业内的企业进行协调。还可为企业提供信息、技术、对外合作、职业培训等方面的服务。有利于

“楼宇经济”的进一步发展，有利于我区经济建设。

5. *要规范管理，维护公平竞争环境。*如果是正规的商务楼宇出租物业，那么从申报立项到投入，税率与住宅用地差别很大。商务楼宇立项时是商业用途，建成后，办理租赁许可证，每年向市房产局交纳租赁费，提供17.5%的租赁业发票，用水、用电均是商业用价，设施设备档次高，运营成本全部高于非商业和住宅用地。

目前，有些公司为了减少费用，宁愿选择某些进非正规的商务楼宇办公，这些地方因不用缴纳租赁费和不提供发票，租价较低，用水、用电、用气、停车又是民用价格，所以可以少交、漏交各种费用。

因为这些因素的影响，对正规的商务楼宇有很大的冲击，导致经营成本悬殊太大，限制了楼宇经济的健康发展和深层投资。在写字楼发展较早的地区，因不平等竞争导致的后果已渐渐显现，引起了当地政府的高度重视，北京、广州、深圳、南京、湖南等地相继推出了“住宅禁商”政策。北京市工商局发布“民宅禁商”的指令：“登记注册时凡提交的《房屋所有权证》写明房屋用途为‘住宅’的，购置的商品房购房合同中房屋用途的表述无法辨别为住宅或商用的（如商住、综合等），均不予登记注册。”即公司企业办理营业执照年检时，对于在居民楼等住宅小区办公的公司不予以年检。一来，可还住宅小区原本的安全与宁静；二来，刺激甲、乙级写字楼需求，增加租赁面积，提高营业额；三来，公司相对集中，政府政策宣传及相关职能部门工作也更加方便，事半功倍。建议政府借鉴其他城市做法、考虑出台一系列政策、维护商务楼宇的利益，创造有序的竞争环境，实现行业的良性循环。

执笔人：韩万金

2008年8月

浔阳区返乡务工人员再就业的调查与思考

区政协学习提案文史委员会

浔阳区地处九江市政治、经济、文化中心，辖区内现有人口28万余人，每天流动人口将近10万余人。去年受金融危机等因素的影响，外出务工人员纷纷返乡，如何做好返乡务工人员就业创业和稳定工作，引起了浔阳区委、区政府高度关注。7月3日，浔阳区政协学习提案文史委员会组织部分政协常委和委员深入到区劳动就业局、部分企业、街道、社区劳动保障平台，就返乡务工人员就业情况进行了专题调研和视察。区政协主席张燕萍、副主席刘宗强、朱少芬参加了视察和座谈。

一、返乡务工人员的基本情况

去年以来，浔阳区陆续出现了务工人员返乡的现象，特别是去年年尾，提前返乡人数逐月增多。我区返乡务工人员提前返乡主要有以下几个方面的原因：

一是因世界金融风暴返乡。受全球经济危机的影响，我国沿海地区出口及劳动密集型企业产品出口受到限制，经济不景气，导致企业停产、转产、降薪、裁员，造成一些返乡务工人员提前返乡。

二是春节临近，提前回家与家人团聚返乡。

三是准备回家办喜事返乡。

四是接受培训返乡。主要接受驾驶、电脑、电工等技能培训，准备重新就业。

五是闲置待业返乡。调查发现，返乡务工人员返乡后目前的主要动向大致有以下几种：一是春节后继续外出打工。这批人约占返乡务工人员人数的83%；二是返乡创业。其中不少人凭借资金、信息等优势，发展规模经营，从事农产品流通等，如返乡务工人员何强与外地老板联系，通过公司加农户形式，通过订单发展养猪业，目前形势良好，这类人约占返乡务工人员人数的10%；三是回乡就业。这类人员约占7%。

二、返乡务工人员再就业的基本做法

为切实做好城镇失业人员、下岗人员、外出务工人员以及未就业的大学毕业生的就业、创业工作。浔阳区委、区政府审时度势，积极调整就业工作思路，部署工作方向，认真落实“一帮扶、二免征、三补贴”政策，职能部门全力跟进、制定工作方案、完善各项服务机制，有效推进了返乡务工人员再就业工作。

一是加大政策宣传力度，营造就业氛围。一方面，我区充分发挥各街道劳动保障事务所平台作用，组织工作人员深入社区对城镇失业人员、下岗失业人员、外出务工返乡人员进行家访，宣传就业政策，解答他们关心的再就业和社会保障相关问题，共计发放宣传材料5000余份。另一方面，对各类产业进行摸底分析，根据各类行业的特点进行扶持和引导，以增加就业岗位。同时，我区还特别重视与商贸型、服务型和加工型企业的联系，通过“请进来、走出去”的方式，召开企业管理人员座谈会、走访企业等，使企业了解当前的就业局势，自愿分担就业压力，为构建和谐、稳定、繁荣的浔阳出一份力。如：太平洋购物广场一次性接纳员工140人，既为社会提供了就业岗位，又为企业注入了新的活力。

二是搭建技能培训平台，提高就业能力。组织开展“技能帮我找工作”活动，针对用工市场需要，开展有针对性的培训。如根据农村劳动力转移市场的需要，在建筑行业、旅游服务、制衣行业组织技能培训，受到了外来返乡务工人员的普遍欢迎。例如：太平洋百货公司的员工张青青、邢彪，是农村劳动力转移中的一员，她们都是初中毕业，没有技能和文化，通过对她们进行技能培训，使她们很快适应了工作的需求，顺利走上工作岗位，成为一名合格的营业员；龙泰制衣厂为了扩大营业规模，短期内急求吸纳熟练制衣女工，为了帮助其解决困难，就业局及时召开技能培训班，培训了50名熟练制衣女工，既解决了龙泰制衣厂扩大经营规模的需求，又帮助更多没有一技之长的返乡务工人员找到了工作。

三是搭建招聘活动平台，扩大就业渠道。针对我区企业用工需求和返乡务工人员、大中专毕业生的特点，积极组织街道社区劳动保障平台举办分行业、分专业、分层次的专场招聘会。如：“浔阳区返乡务工人员创业就业招聘会”“城乡社区互动共建浔阳‘双送’下乡现场招聘会”“浔阳区‘送政策、送岗位、送培训’三送下乡招聘会”“大学毕业生专场招聘会”“‘三八’妇女节专场招聘会”“就业援助百日帮扶活动”等等。自去年9月份以来共举办9场招聘会，为返乡务工人员提供就业岗位4120个，截至目前，我区帮助560多名返乡务工人员解决工作，让他们在家门口就能很好地就业。

四是提供政策支持，引导自主创业。我区针对有创业愿望的人员，组织他们开展创业培训、推荐创业项目、提供政策支持、完善创业服务。如：对申请小额贷款，符合条件的返乡创业人员，设立专人负责，及时与银行沟通，优先发放贷款。引导返乡务工人员丢弃传统观念，树立“走出家门闯天下，自主创业谋发展”的新型就业观念，自主创业，实现创业带动就业的倍增效益。

三、返乡务工人员再就业存在的主要问题

一是返乡务工人员素质参差不齐，就业难度较大。当前返乡务工人员大部分是“4050”人员，年龄偏大，文化程度偏低，且大都没有接受过各种专业技术培训，与目前劳动力市场由单纯体力型向专业技能型转变不相适应，再就业难度相对较大。加之受金融危机、国有企业改制等多种因素的影响，能提供的岗位也在减少，就业形势将更加严峻。

二是返乡务工人员创业难度较大。尽管返乡务工人员经过大城市工作与生活的洗礼，学到了先进的理念、经验、技术，带回了多年积攒的资金，是家乡社会经济发展的一支生力军，但仍存在一些不利影响。如返乡创办企业，面临融资难、人才缺、土地紧张等困境，急需政府出台相关政策给予扶持。

三是和谐稳定隐患增加。少数返乡务工人员因找不到合适的工作岗位，赚钱无门路，又要养家糊口，便不知不觉地走上了打、砸、抢的犯罪道路，影响了社会治安稳定。

四、返乡务工人员再就业对策建议

针对返乡务工人员出现的新情况、新问题，我们必须积极主动应对，采取新的对策和措施，寻求新的发展空间，努力把各种不利影响降至最低程度。为此，提出以下建议：

（一）树立“保增长促就业”的思想，大力推动区域经济发展。发展是就业之源。要继续深入宣传贯彻市、区经济工作会议精神，扎实有效落实各项措施，确保我区经济持续稳定增长。要努力营造促进发展和稳定就业的税赋环境，规范部门行政执法行为，减轻企业负担，加大对企业金融支持力度，保证现有企业特别是重点骨干企业生产经营正常运行，促进存量经济增长。

（二）引导扶持民众创业，以创业带动就业。外出返乡务工人员大量返乡，带回了大量的打工积蓄，其中一部分人掌握了一定的技术或生产经营经验，为他们回乡后自行创业打下了人力和资金基础。因此，我们要因势利导，引导和扶持群众创业，以待业青年和返乡务工人员为重点，支持其创办中小企业和项目，在全区范围内掀起一轮创业高潮，引导“打工经济”向“创业经济”转变，以创业带动就业。要引导创业方向，拓展创业空间。建议结合当前的城市化和新农村建设，积极开发社会管理、公共服务、小区物管、家政服务等新型服务项目，把创业就业与社会文明进步有机结合起来。扶持创业不能仅仅停留在一般号召上，而要落实到具体的政策措施上，要降低创业门槛，优化创业环境，加大政策扶持力度。如通过调整财政支出结构，适当增加劳保局再就业小额贷款担保基金，将其改造为创业扶持基金，加强管理，完善运作机制，扩大受惠面，为创业者提供切实的帮助。

（三）加快发展职业培训教育事业，提高劳动者素质和就业竞争力。要在保持现有培训体系相对稳定的基础上，进一步合理整合和配置职工教育和劳动力培训资源，提高资源利用效率，要从完善培训机制和资金使用制度入手，突出劳动力岗前培训，把培训与企业招工结合起来，探索培训机构与企业合作办学的路子，安排一定比例的培训资金补贴给企业，调动企业参与劳动力培训的积极性。

（四）改进政府就业管理服务，营造良好的就业环境。要在全区营造关心就业工作、促进劳动力就业的良好社会氛围，加大政策宣传力度，广泛宣传国家促进劳动力就业的各项方针政策，提高有关就业扶持政策的透明度，把政策落到实处。宣传部门要正确引领社会舆论导向，通过各种载体教育引导群众理性看待当前的就业形势，转变就业观念。政府职能部门要加强对劳动力供需情况的动态监测，及时准确地掌握劳动力总量、结构和供需信息，健全、完善全区三级劳动力就业信息服务平台，在此基础上，加强对劳动力就业的分类指导和服务，要仔细梳理归纳返乡务工人员返乡原因，并全面掌握返乡务工人员在生产、生活上的现状，了解他们的思想动态；要对有不良行为和不良嗜好的人员进行彻底摸排，并积极依托基层群防组织加强情报信息收集掌握，对重点人员要盯死看牢，防止他们趁火打劫，危害社会；要加强对外出务工返乡人员的法制宣传工作，切实提高他们知法、懂法、守法、用法、护法意识，帮助他们牢固树立“失业不失志”的理念；要针对我区劳动力输出工作中存在的外出务工人员缺少技能培训、外出找工盲目性大、从业层次低的问题，提高劳动力输出的组织化程度，加大培训服务力度，更多地通过正规劳务公司实行订单式输出，并加强对外出务工人员合法权益的保护，以促进劳动力有序流动，改善外出人员从业环境。

执笔人：姚华仟
2009 年 9 月 24 日

关于贯彻执行《流动人口计划生育工作条例》情况的调研报告

浔阳区政协人口资源环境委员会

按照区政协的总体工作安排，区政协环资委组织部分委员对我区贯彻《流动人口计划生育工作条例》的情况开展了一次专题调研，通过召开座谈会，面对面与计生干部和流动人口代表交流，实地视察街道流动人口计划生育服务管理情况，对我区流动人口计划生育工作有了比较全面、客观的了解，现就有关调研情况报告如下：

一、基本情况

随着浔阳社会经济的快速发展和城市化建设步伐的加快，全区流动人口数量与日俱增。目前全区总人口已经接近 30 万人，流动人口26102人，其中流入21352人，流出4750人。已婚育龄妇女9345人，其中流入8070人、流出1275人，流入已婚育龄妇女持证7424人，持证率 92%，流出已婚育龄妇女1275人、办证率 100%，流动人口建档率 95%。多年来，我区流动人口计划生育工作坚持“以人为本的工作理念，以夯实基层基础为重点，以加强流动人口服务管理为突破口”，不断探索完善属地管理、制度管理、构建“网络武”管理、“一站式”管理等各项工作举措，由过去“围、堵、管”的方法向“疏、访、奖”寓管理于服务的方式转变，逐步形成了“党政领导、综治牵头、各方参与、齐抓共管”的流动人口计划生育服务管理工作机制，促进了全区人口计生工作的全面发展。2005 年、2007 年全市、全省流动人口计划生育服务管理工作现场会在我区召开，2009 年获得了全国流动人口计划工作先进集体称号。特别是自去年 10 月国务院《流动人口计划生育工作条例》实施以来，全区上下狠抓宣传教育，突出依法行政，推进优质服务，实施综合治理，《条例》的贯彻实施取得了明显成效。

二、主要工作及成效

1．完善规范管理。我区多年来高度重视流动人口计划生育服务管理工作，积极探索，高位推动，确立了“党政领导、综治牵头、各方参与，齐抓共管”的工作机制，组建了区、街、社区三级流动人口管理服务网络。按照人口和计划生育法律法规的要求，通过公安、工商、劳动就业、文教、民政等部门密切配合，共同把好计划生育管理五个关口即把好建档建卡关、查证验证关、查环查孕关、双向管理关、合同管理关。今年五个街道根据工作实际情况，分别打造了一个流动人口计划生育管理服务示范点，积极实践，创新方法，“以房管人”，综合管理，流动人口服务管理的措施得到了进一步落实和加强。

2．组织学习培训。为认真贯彻、学习、宣传、落实好《流动人口计划生育工作条例》和省新《人口与计划生育条例》，及时组织全区人口计生系统全员学习，层层培训，举办各种形式的学习班、培训班六次，组织开展了一次《流动人口计划生育作条例》的知识竞赛。按照国家、省人口计生委的《流动人口计划生育服务规范》的工作要求，重点对各街道进行了业务培训指导，按照工作规范和工作职责，进一步明确了任务和工作责任，完善、规范了全区统一的流动人口计划生育工作流程，制定了《流动人口计划生育协议书》和《流动人口计划生育合同》。认真落实流动人口计划生育便民维权十项措施，把各项措施落实到实际工作之中，免费为流动人口办理“婚育证明”、免费提供查环查孕服务、免费发放避孕药具等，实现了流动人口“零”收费计生服务。

3．加大宣传力度。在去年的计划生育“推进月”和“攻坚月”以及今年“创国优”的活动中，通过九江电视台播放计生公益广告、在市区六处广场等大型数字电子多媒体显示屏滚动播出宣传片、在报纸上宣传报道《流动人口计划生育条例》，动用宣传车进行了为期一个月的计划生育法律法规的宣传。各街道、各社区充分利用各种宣传载体、悬挂横幅、张贴标语、每周的简报等营造了一个浓厚的计生氛围，同时在“五栏一室”宣传阵地制作了新《条例》，广泛为流动人口宣传国家、省流动人口计划生育法律法规。印制、发放了《流动人口计划生育工作条例》和省新《条例》6000册。

4．全力做好流动人口“一盘棋”工作。为加快我区流动人口计划生育“一盘棋”工作机制建设，促进全省流动人口计划生育“一盘棋”工作格局的形成，我区高度重视，精心谋划，制订了《流动人口计划生育服务管理工作“一盘棋”实施方案》，结合区情，确定了基本原则、目标任务、分步实施和主要措施，逐步建立“统筹管理、服务均等、信息共享、区域协作、双向考核”的流动人口计划生育工作新机制，形成党政领导统筹协调、各部门密切配合、流入地和流出地互动互补的省内流动人口“一盘棋”格局。

5．积极开展人文关怀服务。结合工作实际，我区在流动人口子女就学、就医、就住等方面纳入全区优生系列工程的服务范围，为他们提供市民化服务。进一步整合劳动保障、卫生、工商、公安等部门的资源，为流动人口就业培训、医疗保健、子女入学、入住等提供人性化服务。做好送宣传、送知识、送服务、送药具上门工作，满足群众需求，今年区人口计生委三次组织技术服务小分队进街道、入社区上门为流动人口开展计生技术服务，主动上门为外出返回的育龄妇女免费办理“流动人口婚育证”，免费发放避孕药具，免费为她们开展“双查”服务。对自觉实行计划生育的流动人口困难户，组织人员上门慰问，力所能及地协助解决计生户的困难，让流动人口安心在我区工作、务工。全区76个社区设有了方便快捷的免费避孕药具发放点，在市区人口密集的农贸市场、工地、广场等地共安装了30台自动避孕药具免费发放箱。

6．全面掌握流动人口信息。作为中心城区，面对流动人口数量多、范围广、流动大的特点，我们认真做好流动人口计划生育信息工作，各街道、各社区认真进行摸到调查，上门人户，及时掌握、梳理流动人口信息，按照要求录入 wis 和 padis 系统。区公安部门积极协作，发挥公安外来流动人口管理服务大队作用，进一步拓展信息来源，增强工作力量，与各社区计生工作人员逐户上门，认真做好流动人口信息核实登记工作，切实做到婚姻情况、生育情况、避孕节育情况、孕情、流向“五个掌握清楚”。同时，对外出务工人员的流出动向、生育意愿、联系方式等做到提前掌握，做到心中有数、情况熟悉，信息准确。

7．实施典型带动。人民路街道在长虹村打造街道流动人口管理服务中心，突出管理、服务于一体综合管理；甘棠街道在滨江社区依托流动人口联合协会，打造流动人口连心室、早教室、服务室、技能培训室“四室管理服务”，突出计生关爱；湓浦街道在梅绽坡社区打造流动人口 flash 360 度全景管理模式，通过研发管理系统软件，突出“以图模房、以房管人”；白水湖街道在三里村打造流动人口“一户一档一号码”的管理，突出户动人动卡动的跟踪管理；针对工业园区日益增加的流动人口，金鸡坡街道准备联合区工业园管理办公室，加强对园区企业的流动人口计划生育服务管理，掌握实情，制定规范，相互联动，共同管理。

三、存在的主要问题

1．流动人口信息难掌握。全区流动人口2万余人，其中已婚育龄妇女2000余人。数量较大、变动频繁，流出人口流出后随时变更务工和居住地点，联系电话和联系方式也经常变换，无法掌控其婚育情况。流入人口管理难度大，上门服务不开门、不出示身份证件、报假名字、假地址。即使服务率、验证率达到90%以上，一个月以后情况就可能大变一次，已经接受服务的人口有70%的流动人口变成新来人员，服务率、验证率又不能达到要求，人户分离人员不断增多，也造成管理衔接不到位和断档。房屋出租甚多，单位出租、改制企业闲房出租和居民出租都只管收钱，不管租房者是什么情况，也不配合计生部门的工作，有的甚至干预社区工作人员抓计生工作。

2．区域协作机制未形成。在实际工作中，由于流动人口的特殊性，其计划生育管理与服务需要各地方及多部门的有机配合与互动，目前流入地、流出地双向管理、双向考核与信息交流、社会抚养费征收协商等方面还比较薄弱，在履行管理职责和支付管理和服务费用等方面常常存在“两地”之间、部门之间互相扯皮、推诿的现象，难以形成合力，很难形成综合治理的局面，真正意义上的“一盘棋”还没有形成。

3．相关部门配合协调不完善。流动人口构成复杂，随意性大，做好此项工作单靠计划生育部门的力量是远远不够的，需要诸多政府职能部门的支持和配合。《流动人口计划生育工作条例》明确规定了要加强与相关部门的沟通协调，建立信息通报制度，促进政策衔接，推动信息共享。

四、几点建议

1．进一步提高认识。各级政府要加强领导，为流动人口计生工作提供有力保障，正确认识、加强和改进流动人口计生工作，为流动人口计生工作提供必要的政策环境和经济保障条件，要把流动人口计生工作放在突出位置，狠抓协调和保障，强化对流动人口计划生育齐抓共管的责任意识。人口计生部门要坚持以人为本，转变工作思路和工作方式，从满足流动人口服务需求出发，采取多种方式，以服务促管理，寓管理于服务之中。

2．进一步明确责任。区流管办要发挥牵头作用，积极协调各职能部门，加强对流动人口的综合管理，明确人口计生部门、各相关职能部门、企事业单位在流动人口计划生育管理中的法律责任。强化现居住地职能部门的职责，对现居住地和户籍所在地的管理职责应具体而明确，突出以现居住地为主，建立健全计划外孕情通报制度。

3．进一步加强服务。加强对流动人口的政策宣传，提高他们的政策意识。免费为流动人口提供计生咨询和避孕药具服务、定期开展孕环情监测服务，积极为外来流动人员落实有关政策（也可尝试将流动人口纳入本地计划生育利益导向机制），切实保障流动人口的合法权益。加大流动人口计划生育经费投入，并将所需经费纳入区财政预算。

4．建立流动登记IC卡居住证制度。建议凡16周岁以上的非九江市户籍人员，在本市就业需暂住30日以上的，须向暂住地街道、乡镇暂住人员管理服务中心申领IC卡居住证，任何单位或个人不得雇用或招聘无流动人口临时登记证或IC卡居住证的流动人员，可大大提高流动人口计划生育管理的工作效率。

我们深深感到流动人口计划生育管理和服务工作任重道远，今后应继续加大力度，建立健全适应市场经济新形势的工作机制，为建设和谐社会创造一个良好的人口环境。

执笔人：支燕萍

2010年9月9日

关于区政府主导、社会参与、全民关怀推进养老服务社会化专题调研报告

按照浔阳区政协的总体工作安排，区政协环资委组织部分委员开展了一次“政府主导、社会参与、全民关怀推进养老服务社会化”专题调研。通过召开座谈会，面对面与民政局干部交流，实地视察区养老院及社区养老亮点情况等方式，对我区养老工作有了比较全面、客观的了解，我们将有关调研情况形成报告。

一、基本情况

浔阳区现有人口27.8万人，其中60岁以上的老人40035人，占全区总人口的14.4%，人口老龄化日趋加剧，传统的家庭养老功能面临着严峻的

挑战。近几年来，区委、区政府高度重视养老工作，把居家养老工作纳入党委政府的重要议事日程，特别是2005年我区被民政部确定为“全国养老服务社会化示范区活动”的试点区以后，政府的投入逐年增加，除每年拿出10万元作为四类对象的老人提供送小时服务外，还拿出一定数量的专项资金支持养老服务事业，仅2010年就列支30万元用于发展、补贴社区养老。2009年把我区的示范性养老机构–新建老年公寓作为为民办实事之一，2010年区民政局争取项目资金100多万元重点打造湓浦社区日间照料中心。经过几年的努力，我区的社会化养老已初具规模，已经构建了以社会福利机构为龙头，以居家养老为基础，以社区福利服务为依托的三级养老服务网络，形成了“机构养老、专业服务、社区照料、邻里互助、协会维权”“五位一体”的养老新模式，走出了一条老年人“老有所养、老有所医、老有所乐、老有所为”的社会化养老服务新路子。

二、主要工作及成效

1．构建网络，完善功能，发展养老服务机构。

作为“全国养老服务社会化示范区活动”的试点区，做好养老服务工作关系着我区形象的提升，关系着我区老年人福利服务事业发展规划的落实，为此，区委区政府领导高度重视，将发展养老服务事业作为落实民生工程工作之一。

（1）健全组织，完善网络。为了保证养老服务社会化工作全面发展，我区建立了三级服务网络。一是成立了由区政府分管领导任组长，区直有关部门主要负责人为成员的养老服务社会化工作领导小组，全面负责我区养老服务社会化的指导、督促和协调工作；细化责任，明确分工，先后制定了《关于创建全国养老服务社会化示范区活动的实施方案》《老年福利服务事业发展三年规划》《关于开展居家养老服务工作的意见》《关于加强和改进居家养老服务工作的通知》《浔阳区社区养老服务工作实施方案》等文件，各成员单位也相应制定了《老年人福利服务事业发展计划》，有效整合了社会资源，充分调动了区、街、社区三级机构的能动作用。另一方面积极举办社会化养老服务推介会，向社会成功人士介绍我区对民间力量兴办养老机构的政策保障，并组织相关人员到外地参观交流，汲取经验。二是街道成立了居家养老服务中心。三是社区成立了居家养老服务站。具体指导居家养老工作，从而在全区形成横向衔接、纵向联动，部门配合综合协调的工作格局。

（2）加大投入，建设龙头。社会福利院作为养老服务社会化的示范工程，理应成为人文城区的标志、和谐城区的明珠。自2003年开始，区政府多方筹集资金1000万元，新征土地30亩，对福利院进行扩建改造；到2010年3月，福利院的三期工程建设全面完工，新建面积8000平方米，新增床位244张，新增收“三无”对象23名，代养社会老人137名。区福利院已被打造成一个设施设备完善，高、中、低档搭配合理，满足不同经济收入老年人入住的福利经营型、开发型、供养康复型的花园式养老机构。

（3）政策扶持，鼓励民办。对社会力量兴办的社会养老机构，积极落实优惠政策，同时给予每张床位600元的资金补助；完善“民办公助”办法，进一步推动民办养老机构发展，鼓励社会力量积极参与，做到指导、服务、管理三到位。

（4）以点带面，整体推进。我区先后在余家垅、六角石、孤溪埂、湖滨、濂溪、南司等社区进行了居家养老工作试点，在省、市有关部门支持下今年重点打造了湓浦社区日间照料中心。为符合条件的100名老人发放“送小时服务卡”，以政府买单的形式为每户每月提供15小时的送时服务。

2．强化义工队伍建设和服务网络建设

（1）义务工作者的无形化建设

成立浔阳区义务工作者协会，制定《浔阳区义务工作者协会章程》。发布招募信息，制作和张贴招募宣传单，在中国浔阳网发布招募信息，动员和社区单位、服务组织、社区居民、党员干部积极参加。招募有一技之长、有社会知名度、热心社区公益事业的爱心人士为义工，做好义工的登记、注册等工作，发放《社区义务工作者服务卡》，组织他们为居家养老提供服务，为社会大型活动和社区公益事业提供服务，不但扮演着资源整合者、情感补充者、沟通协调者、心灵抚慰者，还是社会功能支撑者。

（2）服务网络的有形化建设

工作网络的有形化建设。建立区、街道、社区三级养老组织和义工组织为主要架构，单位、行业、企业和驻区部队义工服务队伍为有益补充的“竖到底、横到边、联网覆盖、统一协调”的养老网络体系。组建区、街道、社区三级义工服务队，开展个别化和就近便捷服务。鼓励区属单位、驻区部队、有条件的行业和企业成立义工专业服务队，跨街道提供居家养老专业性和长期性服务。

工作载体的有形化建设。按全区统一标准，做到“五有”：有工作阵地、有工作项目、有工作制度、有工作人员、有工作经费。依托社区医疗服务站，开展医疗保健服务，建立老年人健康档案。建设一批社区老年人活动场所和健身路径，配备必要的健身器材、书报杂志、棋牌等设施，开通社区养老服务热线，广泛开展各种有益老年人身心健康的文体活动。设立“敬老日”，倡导年轻人为父母提供照料、供养、慰藉和医护。组织“邻里一家亲”主题活动，号召居民守望相助，疾病相扶，贫困相帮。

3．规范服务，提升效应

（1）服务队伍的专业化和多元化。建立健全了一支专业化的居家养老服务队伍，对8228890服务热线加盟企业和服务组织进行筛选，与服务质量好、诚信度高的企业和服务组织签订协议，通过购买他们的服务为困难老人提供养老服务。建立健全一支社区义务养老服务队伍，从社区义工队伍中挑选合适人员，以结对子、上门服务等形式为老年人提供义务服务。通过义工组织和队伍的建设，形成以专业化的居家养老服务队伍为主体，由义工队伍为支撑的居家养老服务队伍。

（2）服务内容的标准化和多样化。以政府买单送服务为基础，制作浔阳区居家养老“送服务小时卡”，明确服务对象：由政府出资、免费为在册“三无”孤寡老人、低保老人、空巢独居老人、特殊贡献老人等四类对象提供居家养老送小时服务。对低收入老人实行低偿服务，对高收入老人实行有偿服务；明确服务项目，根据需求设立生活料理、康复护理、精神慰藉等三大服务项目，18个具体小项；明确服务方式：明确提出“五定”和“3+X”，即：定服务时间、定服务对象、定服务内容、定服务方式、定服务人员；每天登门问候老人一次，每天为老人清扫卫生一次、每天陪老人聊天一次、每天为老人服务一次。以“党政关心、群众关注、义工有为”的标准，引导和动员义工立足“法律维权、文化艺术、医疗健康、精神慰藉”，提供义工养老服务的多样化服务，树立我区义工“爱心敬老、爱心济困、爱心帮扶”的新形象，不断丰富我区的养老服务内容，提升我区养老服务水平。

（3）服务载体的统一化和标识化。对专业从事居家养老服务的队伍，区养老服务（指导）中心统一设计上岗证，服务人员应亮证上岗；对义务从事居家养老服务的人员，区养老服务（指导）中心统一制作和发放浔阳区义工服务卡，义工持卡提供服务。区、街、社区三级居家养老机构，要在其办公场所悬挂醒目标识，公开其服务内容、流程和承诺。被确定为居家养老服务示范点的养老机构，由区养老服务（指导）中心统一制作“浔阳区居家养老服务示范点”牌匾，悬挂于醒目处。

4．完善六个机制

（1）经费投入机制。把社区养老经费列入财政预算，区政府每年拨款100万元直接支持社区养老工作，其中30万元社区日间照料中心专项经费，鼓励动员社会各界参与，定向募集建设资金，用于扶持区、街老年公寓、老年活动室硬件建设。

（2）宣传动员机制。有关单位向全区印发社区养老倡议和老年福利事业的有关资料，定期在社区“五栏一室”进行刊登。在浔阳网站开设“爱老、为老、助老”专栏，提高全社区参与养老服务的责任感，营造敬老爱老的社会氛围。

（3）供需对接机制。整合利用好区福利院、社会捐赠站、8228890服务热线、爱心超市、驻区单位服务设施等养老资源的同时，建立健全老年人信息库，及时掌握老年人的动态需求，为供需双方搭建对接平台。

（4）应急救援机制。根据“三无”老人、低保特困老人、空巢独居老人和特殊贡献老人的不同情况，拟订应急救援方案。把节假日、双休日作为应急救援重中之重，采取电话问候、巡查探视、定人陪护等方式，及时应对和处理突发情况。

（5）表彰激励机制。把社区养老服务工作作为和谐社区、文明家庭创建活动的重要内容进行考核，每年对社区养老服务成绩突出的“养老服务先进单位”“养老服务明星”“十大孝星”给予表彰和奖励。制定优惠政策，兑现“民办公助”补贴承诺，激发社会力量兴办养老服务机构。

（6）管理监督机制。规范服务反馈、回访、考评、财务管理等四项制度，严格申请、评估、审核、审批程序，实行市场化运作，接受区、街、社区、服务对象的共同监督，保证服务对象及家属的满意率在90%以上。

5．开展五项服务

（1）政府送小时服务。实行“走进去”服务，即对四类重点困难老人，由专门的服务人员上门提供生活照料服务。服务项目因人制定，服务对象三级审定，服务人员社区派遣，费用政府买单。

（2）社区文体娱乐服务。实行“走出来”服务，让身体健康、行动方便的老年人，走出家庭，在社区里获得各种服务。社区要通过建立合唱团、功夫扇队、秧歌队、鼓号队、舞蹈队、模特队等老年文体队伍，提供市民文明学校、老年活动室、健身广场等场所，经常组织开展老人乐于参与、便于参与的图书阅览、棋牌娱乐、健身运动及聊天谈心、老年课堂、知识讲座、精神慰藉等服务，满足老人“老有所乐”需求；组织安排老人参加社区听证会、议事会等，满足老人“老有所为”需求。

（3）个人购买服务。对有一定经济能力且自愿提出服务需求的老人，可通过社区、爱心服务社、“8228890”热线平台联系社会服务组织或加盟企业，签订协议服务关系，服务费用由老人自理。

（4）义工援助服务。对独居空巢生活基本不能自理且子女在外地的低收入老人或70周岁以上仅与残疾子女共同生活的低收入老人，由社区组织义工上门服务。在老人需要时帮助其做家务、洗衣物、洗被褥、打扫卫生、陪老人看病、购物等。

（5）爱心储蓄志愿服务。对孤老、独居空巢老人、生活困难老人，安排有热心的居民结成“一加一”、“几加一”帮扶对子，定期探望，邻里互助，疾病相扶，贫困相帮，推动“三声”服务，即爱心敲门声、节假日慰问声、特殊日子关怀声；服务时间和服务质量由社区在爱心储蓄卡上逐一记录，统一入档，不拿报酬，自愿奉献。若干年后，当本人需要服务时，为其提供养老服务。

三、存在的问题和困难

1．资金问题。开展社区养老服务本该是公益产品，原则上应该由国家来提供，但从现实情况看，由于社区托老所需要投入大量的资金完善服务设施，而且老年公寓开办以后，也还有个维持良性运转的问题，即如何保持其自身发展。盈亏的主要因素是入住率和服务成本，这里的服务成本是指为老人服务所必需的，有房租、防暑降温取暖费、水电煤气费、工资、办公费用、维修费、大型资产折旧费等，都要考虑在内。

绝大部分地区开展服务所需经费都来源于区级政府的拨款及街道的补助及社区办公经费的占用，但基层财力毕竟有限。单靠区政府的力量还不可能办好这件事。

2．人员素质问题。目前活跃在社区养老服务中的大部分人员是一些爱心人士以及外来务工人员，只有少部分人接受过相关的专业教育或有关老年服务知识的培训。这不仅影响了养老服务的质量，而且也制约了养老事业的发展。

3．公共空间问题。从现实情况看，无论是旧生活社区还是新兴生活社区都没有什么公共活动空间可言。养老服务的场所提供因此也甚为缺乏。

四、几点建议

1．拓宽资金来源渠道

依靠政府出资，一味扩大财政拨款还是有很大局限性，应该拓宽资金来源的渠道。可以发展慈善事业，鼓励企事业单位，经济富裕的个人捐款。贯彻落实“星光计划”，利用福利彩票“取之于民，用之于民”的宗旨。另外，政府可以制定优惠政策，多渠道筹措资金，引进民营资本。因社会福利事业属于微利行业，投资大而回报周期长，需要得到一定的政策扶持。以保障民办福利机构的正常运行，同时还要加强监管。投资办托老所的个人或企业最好选择社区里绿化较好的小区，在小区里租房来办托老所，比如说租三室一厅或四室一厅的房子，卧室、厨房、卫生间等都是现成的，下棋、打牌等可设在客厅里，看书、读报等可设在其他房间里，这些娱乐所需家具易收易摆。托老所还可联系固定卫生院或医院，上门为老人看病、打针。

2．建立连锁托老所，优化专业养老服务队伍

我区可多以街道或社区为单位建立连锁托老所，设总部和各社区分部。每个托老所有一点活动场地，备一些简单家具，购一些文娱体育用品即可，投资不多。工作人员也不需具备什么特别的专业知识，有一、二人略懂医务常识即可应急，时下不少身体健康、热心为老人服务的“4050”下岗人员即可胜任。托老总部统一聘用、培训并调配专业护士、护工和物理治疗师，社区养老服务的人员（包括社会工作者、集体活动主任、厨师、营养师、清洁工、洗衣房工人和设备维修人员）等，一方面可节约人力物力，又可保证相关人员的素质及工作质量。

3．营造良好社区居住环境

大量的新兴社区拔地而起，应该将城市化和老龄化结合起来看待。旧住宅改造和新住宅设计，都

要充分考虑到老年人的需求。为满足广大老年人较高档次的养老服务需求，政府与集团合作开发新型养老社区，突出社区养老功能，根据老年人的不同需要，设置不同的住宅户型。

五、结论

从调研的情况看，政府的养老服务工作是有力度的，区民政局等相关的管理部门的工作也是卓有成效的，但因为养老事业的起步晚、起点低、历史上的欠账较多等现实原因，造成我们现在在资金、人员、场地等诸多方面还存在一些不尽人意的地方。要想把我区的养老服务事业做得更好，还需要政府进一步加大力度在资金、政策、人员配置方面给予更多的关注和倾斜；还需要以区民政为龙头的主管部门在管理上更加细致一些、在方法上力争更加创新一些、在政策争取方面更加主动一些；同时社区街道等处于等养老服务事业一线的单位和工作人员在具体的养老工作中应该更加细致务实。养老事业是一项几乎涉及我们每一个人的社会公共事业，我们应通过各种方式加大宣传力度，让社会各界都来关注这项事业、参与这项事业。我们有理由相信在全民的关注和参与下，这项事业的前景将会越来越好。

执笔人：支燕萍

2011 年 6 月

关于进一步加强大中路步行街管理的调研报告

10 月 31 日，在区政协副主席周华的带领下，区政协调研组采取走访、听汇报、座谈、发放问卷调查等形式，对大中路步行街管理工作进行了实地调研。现将调研情况报告如下：

一、基本现状

浔阳区大中路管理办公室成立于 2011 年 11 月，主要负责大中路步行街的城市管理行政执法工作。现有人员 19 人，其中主任 1 人，副主任 2 人，内设机构有：办公室、市容市政科、管理一中队、管理二中队。大中路管理办公室组建一年来，积极开展工作。一是摸清了街区情况。对沿街每个商业店铺产权人、店主、营业面积、经营项目等进行了摸底并登记造册建档。大中路共有商家 582 家，其中 385 家从事服装，8 家家电卖场，10 家眼镜店，10 家珠宝店，年税收 2300 多万，提供直接就业岗位 4700 个，间接 2 万个。党员 87 名，已建立党支部 5 个，有意向成立党支部的 7 个。二是规范了执法程序。将大中路步行街划分为东、西两段责任区，任务落实到人，实行责任区域内保洁清洗、执法管理捆绑包干，建立“巡查日志”和“监控日志”，实施早、中、晚三个时间段错时制管理。针对流动商贩、出店经营、噪音污染等突出环境问题，建立了劝阻、警告、致函、约谈、处罚“五步工作法”规范的工作流程。三是加强了市政维护。对地面、护栏、窨井盖严格设施养护，做到一日一巡查，发现问题，及时处理维修。每季度对大中路 200 多个窨井进行清掏疏通，确保排污等各项功能正常。四是加大了宣传力度。印发了《致大中路步行街各商家的一封信》给步行街每一个商户，宣传了大中路步行街管理中促销、商业广告、装修和噪音管理等方面的具体要求。利用媒体对大中路改造后新面貌和加强管理的新成效进行了报道，主动争取群众支持。

二、存在问题

大中路是一条历史悠久、繁华热闹的商业街。2010 年、2011 年市、区二级政府对大中路进行全面升级改造后，这条古老的商业街焕发了生机。前期，大中路管理办公室虽然做了大量的工作，也取得了一些成绩，但在对其管理过程中还存在着许多困难和问题，主要表现在如下几点：

1. 硬件条件的局限性。大中路虽然进行了全面改造，但改造后的街铺，多半是楼下是店铺，楼上是居民住家。大中路两旁小巷又多是老城区的居民住宅，大中路本身又有市区庾亮北路、交通路、环城路、庐山路、甘棠北路等主要干道从中穿过，路口多，小巷多，这样的商住一体区，给城市管理带来很大难度。一是大中路作为商业步行街后，它的打造是在原有商业街的基础上进行改造，没有设置可供停车的场地。交通主干道的车流、住户、经营户、客户的机动车、非机动车交织在街头巷口，再加上一些卖衣服的、卖小玩意的地摊和游动于街头巷尾的流动摊贩，造成了步行街及其进出口通道拥堵凌乱现象。二是步行街两侧许多商铺为招揽顾客或节假日商家促销活动播放震天响的音乐产生的噪音和楼上住户的生活居住环境产生的冲突。

2. 市民环境意识还很淡薄。大中路步行街人流量大，乱丢果皮纸屑，不爱护环境卫生的情况随处可见。特别是在节假日，市民及其周边县区来步行街购物及休闲的增多，有的边吃边丢弃果皮，有的在街旁摊点吃完东西后，不将垃圾扔进垃圾桶内，而是随意丢弃在垃圾桶旁，导致地面油渍渍、黏糊糊的。再加上步行街两侧商户垃圾、脏水随意倾倒时有发生。一些商家为促销商品雪片式的广告发放，给清扫保洁工作难度加大。

3．执法保障措施不够。一是执法力量薄弱。就目前大中路现状，城市管理执法相对人流动性强，违法行为存在即时性、突发性、多样性，而大中路管理办公室现有人员不足，且大多是复员军人，其成分的单一性，也导致对违法行为处理的专业局限性。再加上实施早、中、晚错时制管理，一些正常的经费都难以保障，因此也影响了执法效率。二是执法面临的尴尬境地。常见的地摊、流动摊贩多数依靠违法经营维持基本生计，依法查处往往导致冲突，又往往容易陷入反复犯、反复查的局面。社会就业矛盾在城市管理中诱发，使城市管理执法无所适从。一些媒体不客观的负面报道，导致群众对城市管理执法队伍的误解加深，影响了城市管理执法工作的开展。

三、几点建议

大中路是赣北最繁华的商业步行街，不仅是人们旅游观光、消费购物、公共休闲等多种活动的场所，更是城市精神文明和物质文明的集中反应面。如何使大中路成为管理规范、市容整洁的城市景观路。应从以下几个方面予以加强。

1．实行大中路综合管理。一是建立健全管理机构。这种管理机构可以两种模式：一种是将市、区有关职能部门的管理职权委托大中路管理办公室管理，大中路管理办公室接受有关职能部门的业务指导；一种是市、区各职能部门委派专业人员参加大中路管理办公室执法，并组成一支执法管理队伍。二是科学配置人员。按照城市管理相关规定，合理配置管理和执法人员，以确保大中路的管理力量。同时，大中路正常管理经费要纳入同级财政预算。

2．建立店铺自律组织。一是由大中路管理办公室牵头指导，把一些自身管理好、信誉好以及知名品牌的商铺组织起来成立大中路商铺自律协会，统一规范节日促销，带头承诺遵守门前三包责任制，参与城市管理公益活动，以此影响其他的商铺。大中路管理办公室每年要在所有商铺中开展评选活动，对评选出来的遵守城市管理规定的优秀商铺，由政府给予表彰或授牌，并通过主流媒体大力宣传表扬。二是发挥志愿者队伍的作用。在节假日，把一些大、中、小学生志愿者及热心公益事业的市民志愿者组织起来，参与城市管理，宣传教育群众。同时，大中路管理办公室要主动宣传人性化管理的执法规程，不定期召开新闻发布会等形式，主动向媒体通报工作，通过业务和感情交流，取得媒体记者对城市管理工作的支持。三是开展创先争优活动。打造大中路党员活动中心，组建大中路步行街党委。组织街铺党员公开承诺、挂牌上岗，开展创先争优活动。命名一批“党员文明商户”“优质服务岗”“突出贡献岗”等。让党员的示范作用在城市管理中得到充分体现。

3．加大硬件设施的建设一是设置停车场。在一些小巷的居民住宅区稍小的空地，划分出若干非机动车车位；对外开放一些商铺、单位的停车场；条件允许情况下，在步行街周边建立空中停车场等。二是购置一些便于投放的垃圾桶或是尽量减少手的使用，而是利用脚踏的开合方式的垃圾桶，以提高垃圾桶的使用率。三是建立管理数字化平台。依托街区数字监控平台，制定合理的运行程序，对街区管理进行日常监控。在重大活动期间，将全部摄像头调至街区各重点路段和公共场所，通过终端显示屏幕，实现 24 小时全方位动态监控。引入 LED 屏显系统，对违规占道经营等进行劝导。

执笔人：支燕萍

2012 年

关于浔阳区旅游发展的调研报告

近年来，市区党委、政府不断加大对旅游业发展力度，今年 4 月份，市委、市政府下发了《关于推出旅游大发展建设旅游强市的意见》明确指出：力争“十二五”期末，接待旅游总人数达 4500 万人次，年均递增 15%，实现旅游总收入 340 亿元，年均递增 16% 的目标。区委、区政府更是把发展文化旅游业作为全区战略重点，列入《政府工作报告》。为了加快发展我区旅游业，根据区政协年初工作安排，5 月 16 日，区政协人口资源环境委员会组织部分政协委员对我区旅游业进行了深入的调查。调研组一行来到九江假日旅行社，详细了解经营管理情况，听取了区旅游主管部门负责人的情况汇报，并进行了座谈讨论。现将调研情况报告如下：

一、发展现状

浔阳区是九江中心城区，北靠长江，南望庐山，东接京九大动脉，是一个山水相映、交通便利、历史悠久、宜居宜业的魅力都市。辖区面积26平方千米。总人口30万人。境内有能仁寺、大胜塔、烟水亭、思贤桥、锁江楼塔、浪井、浔阳楼、琵琶亭、美孚洋行、国民革命军第24师叶挺指挥部旧址等多处名胜古迹。近年来，浔阳区不断加大文化旅游业的发展力度，全区旅游业得到了较快发展。

1．强化政府主导，健全管理机制。为进一步加快旅游产业发展，早在1996年3月我区就成立了浔阳区旅游局，为财政全额拨款事业单位。区旅游局根据全区旅游现状，始终遵循“高位呼吁，高位协调，高位推进，高位督办”的方针，积极引导和规范旅游市场秩序，营造良好的旅游环境。同时，加大对旅游行业安全秩序的检查力度，规范从业人员经营行为，整顿旅游市场秩序，有力保证了辖区旅游市场平稳有序运行。

2．发挥区位优势，突出旅游特色。坚持开拓创新，以项目为抓手，积极打造一批旅游亮点。按照“文化浔阳”发展战略的要求，认真开展调研，成功打造了庐山南路特色饮食一条街，丰富餐饮休闲特色；有序打造了茶文化休闲市场；连续两年成功举办了金秋饮食文化节和浔阳鱼宴；聚集优势，突出特色，不断探索发展两湖旅游、夜间旅游、购物旅游新思路；成功开通了上海——九江旅游专列，来浔的游客不断增加。

3．加大宣传力度，提升浔城形象。积极组织人员参加各类形式的旅游宣传推介活动，加大对我区旅游的宣传力度，提出了“庐山天下恋，九江诗画游”的旅游品牌，展示九江城市形象，提升九江旅游知名度，吸引国内外游客来我市观光旅游发挥了作用。多次在农工商广场、烟水亭广场等城区举办“天下游”全国百城宣传，以及“全国百城世一旅游，九江宣传周”活动，有效地激活了省内外旅游市场，为促进经济发展做出了贡献。

4．突出品牌效应，延伸产业链条。旅游商品的生产、销售是旅游业的重要组成部分，是发达程度和旅游效益的重要标志。近年来，我区积极包装推介麦秆画、圣丝家坊、浔阳八珍等旅游产品，得到市场认可。圣丝家坊荣获第六届中国竹文化节（国家级）金奖。

5．强化内引外联，突出协调作用。我区始终把自身旅游融入全市大旅游之中，加强协调，共同发展。先后与庐山、星子、西海沟通协调，结成鄱阳湖生态旅游龙头联盟，形成登庐山、游西海、泡温泉、逛浔阳的九江大旅游格局，有力地促进了全市旅游大发展。

二、存在问题

1．体制性制约。浔阳区自1985年地市合并以来，加之庐山区、开发区的形成，辖区行政区划相对缩小，体制性矛盾突出，职责与权限不清晰，总体规划缺乏力度，始终是个“配角”，主观能动性受到较大制约。部门职能仅限于宣传、统计、旅行社备案、一、二级酒店评定等，资源大区与旅游小区不相称。

2．资源性制约。辖区内共有十六处历史景观和自然景观，均隶属于上级旅游部门管理。辖区内200余家宾馆、饭店仅有四家二星级下放浔阳区，城区56家旅行社无任何管理权限，可开发的旅游项目又受土地政策的制约。特别是庐山品牌与文化浔阳不配套，景点功能与景点功效不同步。

三、对策建议

一是在创新旅游观念上下功夫。牢固树立四个旅游新观念，即：旅游产业与文化浔阳融合的观念、旅游项目与经济发展同步的观念、市区旅游与山上旅游对接的观念、社会效益与经济效益双赢的观念。通过观念创新，努力改变旅游工作的被动局面，引导和推动我区旅游事业争先进位，超常发展。

二是在整合旅游资源上做文章。今年，为贯彻落实市委钟书记在第一季度市委中心组学习中提出打造市区精品旅游线路的指示精神，并通过与市局协调，开发“滨江历史文化长廊”，形成浔阳自己的精品文化旅游线路：烟水亭—步行街—浔阳楼—锁江楼—琵琶亭—美孚洋行—夜赏《春江花月夜》大型音舞诗画剧晚会。按照打造沿湖一条路，沿路一片景的要求，整合和聚集沿江沿路旅游资源，通过与市区有关部门沟通协作，逐步把城区打造成浔阳江头的AAAA级景区。

三是在加大宣传推介上聚人气。充分发挥鄱阳湖生态旅游龙头联盟，并通过旅游协会、导游协会，建立促销激励机制，创新方法和措施，花大力气，下狠功夫全力将《春江花月夜》大型音舞诗画剧推出去，将上庐山旅游的客人引下山，把全国各地朋友的目光聚集到浔阳。

四是在开发旅游产品上增效益。在继续打造麦秆画、圣丝家纺、浔阳八珍等基础旅游产品生产基地，采取强硬措施，研发和销售适合浔城特色的品牌旅游产品，并建设九字号传统特色旅游产品一条街，在联盛超市开设修水哨子、武宁猕猴桃、湖品酒糟鱼、彭泽糯米粑等旅游产品专柜。

五是在加强职能建设上提水平。通过与市旅游局协调，积极争取属地管理权，要求落实辖区内景点、旅行社、导游的属地管理，充分发挥市、区两级旅游部门的积极性，共同维护市、区旅游市场秩序；同时加强文化和旅游工作的相融合，使我区文化旅游工作真正走向兴旺。

六是在强化服务意识上提水平。由于目前旅游市场空前繁荣，区委、区政府对文化旅游工作高度重视，因此应配备一些年轻化、知识化、专业化的人员进入旅游工作部门，提升旅游局的工作水平、专业水平。同时牢固树立全区一盘棋的思想，各部门、各单位通力合作，心往一处想，劲往一处使，力往一处发，才能形成宣传部门管“人头”，工商行政管“摊头”，文化旅游管“街头”，街道社区管“地头”，公安执法管“刺头”的浔阳旅游共建的整体合力。

执笔人：支燕萍

2012 年 6 月 28 日

突出“便民惠民”，着力构建“低水平、多层次、广覆盖”的城镇居民基本医疗保险服务体系

城镇居民基本医疗保险是我国建立城镇医疗保障体系的重要部分，也是提高居民生活待遇的重要举措，还是构建和谐社会的重要内容。这项惠及千家万户的民生工程旨在从根本上改善居民的生活医疗状况，切实缓解广大城镇居民“看病难”“看病贵”和“因病致贫”“因病返贫”问题，实现“病有所医”的愿望。为真实了解这项民生工程在我区的实施情况，深入推动这项工作，探索和建立健康发展的运行体系，按照区政协工作安排，区文卫法社委在分管副主席的带领下，组织部分政协委员开展了这次调研活动。现将调研情况报告如下：

一、我区城镇居民基本医疗保险工作的基本情况

自 2007 年 6 月启动城镇居民基本医疗保险工作以来，我区将这项工作纳入区医保局的职责范畴，和城镇职工基本医疗保险一起进行管理。医保部门按照“全覆盖、低水平、收支平衡、略有结余”的目标要求，认真落实相关政策规定，使这项工作平稳、顺利开展。表现出以下几个方面的特点：

一是医保政策逐步放宽。五年来，政府对这项工作重视程度和扶持力度不断加大，参保居民享有的医保待遇从最初时 30% 的报销比例增加到现在最高 90%（社区医院首诊）的报销比例，基本医疗最高支付限额也由原来的 2.5 万元提高到现在的 5 万元，大病统筹最高支付限额由 5 万元提高到 7 万元（最低不少于 50% 的报销比例）。2011 年对 2171 位符合条件的参保居民进行了二次补偿，确保政策范围内 2010 年度的住院医疗费用报销比例达到 60%。同时对慢性病患者门诊购药提供了补贴，慢性病种类由原来的 9 种增加到 15 种。实施了城镇居民大病医疗救助，对在校学生提供意外伤害补贴等。

二是医保基金节余逐年增加。国家医保政策的放宽使居民的医保待遇不断提高，居民有了连续参保的积极性。截至 2012 年 6 月 30 日，我区城镇居民基本医疗保险参保人数达到 9.01 万人，其中在校学生有 5.5 万余人，非单位职工城镇居民有 3.5 万余人（含低保对象 0.5 万人）。启动以来，至 2012 年 6 月 30 日止，全区城镇居民基本医疗保险基金收入共计 6529.65 万元，其中非单位职工城镇居民个人缴费 1539.60 万元，学生个人缴费 135 万元，低保对象民政代缴 73 万余元，区级财政补助 240 万元，上级财政补助 4541.45 万元；支出共计 3401.36 万元，主要是参保居民的住院医疗费；节余共计 3128.29 万元。每年的基金节余率在 50% 左右，2009 年更是达到 76%。

三是制度化建设逐步加强。为加强对医保工作的管理，医保部门先后出台了十三项监督管理制度，主要包括绩效考核制度、医保审核和结算管理制度、医保审批管理制度等。以协议管理方式来实现对“两定”（定点医疗服务机构，定点零售药店）机构的监督和约束。采取“一跟踪、二核对、三审批、四抽查、五相符”的规定和办法，对参保居民

住院报销情况进行监管。

四是医保服务网络逐步拓宽。经过近三年的建设，我区医疗保险计算机网络覆盖面越来越广，已与城区 18 家定点医疗机构（包括 6 家市级公立医院、8 家社区卫生服务机构、3 家民营医院、1 家厂矿医院）和 12 家定点药店（共有 22 个零售连锁门店）实行了网络连接，实时结算医保费用，方便了大家就诊和购药。居民基本医疗保险将充分利用这一资源，目前正按照“金保工程”的要求，已和市农行达成合作协议，统一使用其开发的城镇医保信息系统，将在四码头农行九龙支行设立对外窗口，为我区参保居民提供办证、缴费、报销、续保、建档等一站式服务。

二、存在的问题和困难

我区相关部门虽然做了大量工作，但通过调研，我们也发现城镇居民医保政策在实施过程中还存在一些问题和困难，有些问题居民反映较为强烈，需要进一步改进和完善。

1. 医保部门对城镇居民基本医疗保险政策的宣传力度不够持续，部分居民的认识还不到位。调研组在座谈时发现，我区最初的医保政策宣传平台为各个社区居委会，而近几年最新的医保政策调整情况社区干部并不清楚，无法对前来咨询的居民做出详细准确的解答。居民普遍反映，有关医保新政大都是通过人传人的口头方式得知的，因此政策了解不及时，理解不透彻。例如，大多数居民不能理解为什么要他们在今年的 6 月 30 日前把这几年的门诊补偿金全部用完；有的居民全家几人参保却只给一本病历；由于办证地点更换频繁，很多人不知道准确的办证地点，也不清楚该在什么时候办。正是因为宣传不到位，少数居民到现在还认为参加的是社区医疗保险。另外，一些城镇居民参保意识淡薄，认为自己年纪轻、身体好，参保后个人还要承担一部分医疗费用，而且统筹基金支付医疗费用的范围又有严格限制，因而不愿参保。由于城镇居民的结构比较复杂，人户分离现象比较突出，有很多人外出打工，经常出现难找到参保对象的现象。是否参保完全取决于居民本人意愿，很多人存在一种侥幸的心理，处于“有病就拖，小病就扛”的心态，不到大病临头时，不舍得拿出钱来参加医保。

2. 城镇居民基本医疗保险政策的市场竞争力没有显现出来，非学生居民参保率不高。与其他险种相比，城镇居民基本医疗保险的市场竞争力存在明显缺陷：运作方式单一，缺乏灵活的激励机制和专业推销队伍。我区在校学生参保率达到 99%，但是非学生居民参保人数只有 3.5 万余人，参保率明显不高，远没有达到赣府厅〔2007〕31 号文所要求的到 2008 年实现城镇居民基本医疗保险全覆盖的目标。部分居民游离于医疗保险之外，原因是多方面的，一是认为新参保人员缴费标准过高。以 2012 年参保为例，缴费标准为 120 元/年·人，新参保人员须补交 2007 年至 2011 年的 5 年参保费用，共需缴费 720 元，但不报销前 5 年内发生过的医疗费用。居民普遍对这项新参保缴费政策不满。尤其是低保边缘户，如果一家有几人参保，则缴费不低，确有困难；二是城镇居民基本医疗保险只对参保居民的住院和大病医疗有报销支出，而一些慢性病患者需长期服药治疗，因经济条件等原因，一般不住院，除少量的补贴外很多费用无法报销；三是问卷调查显示，不少居民认为参加城镇居民基本医疗保险实惠不大，门诊家庭补偿金太少，住院起付标准太高，报销范围太窄，实际上达不到政策规定的报销比例，看病还是贵；四是居民反映在我区不能随时参保，而在其他地方却可以做到。有些户口不在本地但长期居住在浔阳的居民想参保却不能办。五是不同医疗险种之间难以转换和续保。主要是城镇职工医疗保险和城镇居民医疗保险政策不一，各种医保基金分散管理，分开列支，缺乏相关衔接，这可能造成一部分人员享受双重待遇，一部分人员却面临断保退保的危险。

3. 区级医保政策调整滞后，医保基金结余较多，参保患者的负担仍然偏重。尽管区医保部门陆续出台实施了十三项监督管理制度，但是至今未制定《浔阳区城镇居民基本医疗保险实施办法或实施细则》《定点医疗机构和定点药店准入办法》《参保居民就诊须知》《门诊特殊慢性病管理办法》以及《医保基金风险管理和收支调节》等文件、制度，致使工作中存在很大的不规范性。调研中发现不少居民虽然参加了城镇居民医疗保险，却不知道能享受到哪些权利，该报销的费用没有给予报销，医保基金节余自然多，居民的看病负担自然重。从我区近三年居民医保基金的运行情况来看，2009 年基金收入 1217 万元，支出 289.18 万元；2010 年基金收入 1530 万元，支出 649.04 万元；2011 年基金收入 2474.54 万元，支出 1309.57 万元，可见每年的医保基金都节余过多。相关部门没能把握“以收定支、收支平衡、略有节余”的原则，没有及时出台相应措施在政策内进行调整，基金没有起到应有的调节作用。

4．参保居民与定点医疗机构磨合尚需时日，社区卫生服务平台作用没有充分发挥出来。《国务院关于发展城市社区卫生服务的指导意见》提出要积极引导参保居民利用社区卫生服务，充分发挥社区卫生服务在医疗保障中的作用。城镇居民基本医疗保险实行社区首诊制和双向转诊制，本着就近就医、方便就医和减少就医成本的原则合理确定定点医疗机构，但实际上并没有做到。一是我区定点医疗机构或少或远，参保居民到定点医疗机构就诊不便。目前我区是按街道来划分首诊的定点医疗机构，但白水湖街道和金鸡坡街道的定点医疗机构都是在九江美佛医院。该医院离这两个街道路途相对较远，居民特别是老年居民就诊不便。二是社区定点医疗机构只有 8 家，全区 78 个社区参保居民不可能都到这 8 家去首诊，就近就医和双向转诊成为难题。同时居民不到社区卫生服务机构就医，政府通过社区卫生服务机构购买基本公共卫生服务和实施国家基本药物制度就没有办法加以落实，社区居民家庭医疗档案就无从建立。三是少数定点医疗机构和医务人员对医保患者随意增加无谓的检查项目，开大处方，卖高价药，增加了患者治疗成本。这些现象的出现，使参保患者觉得虽然享受了医疗补助，但实质上多花了冤枉钱，不如直接掏钱看病划算。

5．医保管理部门专业技术力量薄弱，监督手段欠刚性。一是随着我区城镇居民基本医疗保险工作的全面展开，医保管理部门工作量在成倍增加，人员编制显得不足，有些工作处在忙于应付状态，需要大量人力参与的稽核工作开展起来难度大。二是在医保制度中，对定点医疗机构的监管主要依赖于两者之间的合作协议以及医保部门的考核办法，但其作用十分有限。因为医疗行为是一项专业技术行为，医疗方案的可塑性较大。医保部门在专业技术力量和水平上都较欠缺，考核难以深入，稽核难以奏效，因而对医疗机构提高医疗费用的一些做法显得束手无策。三是由于只有住院才有报销，因此在一些定点医疗机构存在患者长期挂床住院甚至冒名住院，出现“小病大治”“小病长疗”的做法，也有一些定点药店有故意引导医保对象消费生活、保健用品的违规行为。

6．医保硬件设备亟待强化更新，医保基金运行缺少预测和分析。我区城镇职工医保网络系统已构建运行，城镇居民医保网络系统的构建受到资金、场所等客观因素的影响建设滞后。目前我区医保网络系统还属于单机运行，网络的运行、数据备份都在同一台服务器上，数据丢失的风险很大，无法确保居民医保网络系统安全。居民医疗档案的建立只能通过人跑、手动、暂放等形式，大部分都无法建立和完善起来，也无处可存，影响到我区的工作排位。医保基金虽然现在的结余资金多，但一旦参保居民都要求享受该有的报销权利，或者一旦出现大病漫延，都有可能收不抵支，没有做好应急风险防范和预测预警分析，对风险基金的管理还没有好的办法。

三、完善我区城镇居民基本医疗保险工作的几点意见和建议

城镇居民基本医疗保险是国家为解决群众最关心的若干问题而实施的一项保障性政策，凡未纳入城镇职工基本医疗保险制度覆盖范围的城镇居民和学生、未成年人都可以自愿参加这项保险，因此落实好这一政策显得十分重要。针对上面问题和困难，我们提出如下意见和建议：

1．持续加大宣传力度，提高医保政策的知晓率，全力拓展参保覆盖面。城镇居民基本医疗保险规章制度多、具体规定细、政策调整快，与广大居民生活息息相关。要赢得广大居民对基本医疗保险工作的理解和支持，必须持续加强对医保政策的宣传教育。相关部门要通过多层次、多形式的宣传手段，在群众中掀起学习、了解和参与的热潮。要深入宣传居民医保不同于商业保险的公益性，着力宣传居民医保是“大家”帮“小家”的本质内涵，重点宣传居民医保个人的权利、义务、参保办法、待遇补偿、诊疗报销程序等一系列政策规定。要以人和事为例，提高宣传的针对性和有效性。既要利用大众媒体进行宣传，同时还要结合我区实际，利用好“两定”机构的专业平台和街道社区的公共平台，适时印发一些书面宣传小册子，更直接地向居民普及医疗保险相关知识，使医保政策深入人心、妇孺皆知，并能运用自如，从而增强这项政策的吸引力，提高居民参保的积极性，真正做到应保尽保。

2．适当提高参保居民的待遇标准，实现低水平准入，开放医保门诊报销。城镇居民基本医疗保险参保人数越多，基金盘子越大，运行的风险就越小，发展的路子就越宽。为吸纳更多居民加入城镇居民医保队伍，一要降低新参保居民的缴费标准，如统一规定新参保居民一律只需补交前3年的医保费用，这样才会避免现行政策下，年限越后新参保人员补交费用越多的高门槛现象；二要建立连续参保和扩面征缴激励机制，如对连续缴费满3年以上的参保对象给予适当提高医保最高报销额度或降低起付线标准或免费大病体检的待遇，对超额完成基金收入征缴任务的部门和单位财政要给予业务经费奖励等；三要开放医保门诊看病报销，可以先在公立社区医疗机构试点放开，进而全面铺开。尽可能向职工医保政策靠拢，真正让居民享受到这项政策的实惠，杜绝现行“小病大治、无病挂床”的医疗资源浪费现象。

3．合理配置定点医疗机构，突出社区医疗服务机构作用，建立多层次医疗服务体系。多年来，政府花大力气帮助社区卫生服务机构搞好设备、设施、人才、医德医风建设，社区卫生服务机构“六位一体”（即治疗、预防、保健、康复、健康教育、计划生育技术指导）的服务功能得到了较好的完善。医保部门要充分利用这些有利条件，在全区扩大定点医疗服务机构范围，让居民自主选择定点社区医疗服务机构，并与之签订合同。主要是让参保居民享受到政府投入的基本药物制度和“六位一体”等服务。通过社区卫生服务这一平台，实现居民医保与社区卫生服务有机结合，使社区卫生服务不仅能够建立居民健康档案，方便居民就近就医，而且凸现为参保居民提供健康咨询、卫生保健、慢性病服务等基本功能。同时，进一步加强街道社区劳动保障工作平台建设，完善医疗保险服务的相关职能。医保和卫生部门要共同督促各级定点医疗卫生服务机构规范履行职责，落实“小病在社区、大病进医院、康复在社区”的城镇居民医保基本构想，推进多层次医疗服务体系建设，有效构筑15分钟的社区卫生服务圈。

4．充分发挥医保基金的调节作用，最大限度地惠及参保居民。要按照“收支平衡、略有结余”的原则，科学测定和掌控居民基本医疗保险基金的结余比例。在目前我区居民医保基金结余过多的情况下，可以适度降低医保患者住院的起付标准，扩大参保居民医疗报销年限，提高医保患者住院治疗费用报销额度，使医保患者能够得到及时有效的医治；要在职责权限内适当调整大病医疗保险收费标准，加大对慢性病患者的医疗用药补贴。要收集医、患双方意见，积极向上反映，争取调整和充实“三大目录”，让医生有更多的用药选择，患者得到更好的救治。要加强可行性和创新性研究，诸如是否可以将家庭门诊补偿金转为个人账户，用于门诊看病报销等，最大限度地减轻医保患者的医疗负担。

5．引进医保专业人才，提升监管能力，开展医保基金风险管理和预警监测。一要充分履行医保管理部门职责，切实做好组织、协调、管理和指导等工作。加强机构建设，改善办公条件，全面实行信息化管理，严格保障系统运行安全，尽快提高我区居民基本医疗保险的建档率。二要加强培训与学习，提高医保管理部门人员专业水平，引进技术型人才，不断提升业务监管和稽核的能力。三要引入竞争机制，实行定岗医师资格准入制度和奖励投诉制度。对群众反映服务不好或医疗、收费不规范的甚至骗保的医疗机构，要及时淘汰，严格处罚，必要时移送司法机关处置。四要完善基金监管机制，形成定期稽核制度和审计监督制度。坚持开展事前、事中、事后稽核，委派专业技术人员，不定期地到协议定点医疗机构抽调病例，检查是否合理治疗、合理用药。对发现的违规行为即时予以纠正，减少基金的不合理支付。加大对基金征缴、使用以及居民参保受益情况的审计公示，确保基金专款专用，促进基金规范、透明、公平、高效运作。五要成立专门的工作队伍，负责城镇居民基本医疗保险基金征收和支付的分析调查，定期进行统计分析，加强基金安全性的风险评估。实行基金预警制度，设置警报线。必要时进行干预和调节，保障基金安全、可持续运行。

6．完善医保管理工作机制，搭建“多位一体”的服务平台。城镇居民基本医疗保险要从政策层面上构筑“政府主导，医保局牵头，卫生、教育等部门配合参与”的工作新格局。医保局要联合其他部门组成一个由医疗专家、专业保险人员、财务人员为主的工作团队，根据国家政策精神，参照外地经验，在短期内制定一套符合我区城镇居民特点的整体运行办法和实施细则，出台我区城镇居民基本医疗保险服务管理专业技术标准和业务规范。对城镇居民医疗保险过程中出现的问题进行研究论证，及时调整应对措施。要明确政府责任，建立医保、教育、民政、卫生、街道办等部门协调联动机制。由医保部门牵头，具体负责这项工作的政策宣传和业务指导；教育部门负责做好在校学生的宣传教育工作，协助做好参保登记、缴费工作；民政部门协助做好城镇低保户参保；卫生部门要合理规划布局社区卫生服务机构，抓好定点医疗服务机构的监管，为参保居民提供优质高效的医疗服务；街道办要指导各个社区做好居民宣传发动和参保摸底工作。各个部门各司其职，相互配合，才能确保我区“低水平、多层次、广覆盖”的居民基本医疗保险服务体系真正落到实处。

执笔人：唐平钧

2012 年 8 月 16 日

强化管理　齐心协力建设美丽浔阳

根据政协年度工作安排，11 月 23 日上午，区政协周华副主席带领政协机关专委会干部和部分委员对我区二级垃圾中转站、龙开河社区及庐峰社区开放式物业管理等三个市容环卫创新工作亮点进行了视察，并在区市容局会议室听取了浔阳区市容工作情况汇报，大家进行了热烈讨论。与会政协委员认为，过去的一年，区市容环卫工作紧紧围绕“美丽浔阳”发展目标，努力实现城市市容科学、规范管理，把传统的突击整治、分散管理、随机检查等简单的管理模式，逐步转变为系统、全面、规范、责权统一的管理，使一些长期困扰城市管理的顽症得到有效遏制，促进城市管理水平明显提升、城市面貌明显改观、长效管理明显进步、社会评价明显提高。最后周华副主席作了总结讲话，充分肯定了我区市容所取得的成就，并希望全体政协委员围绕我区中心工作积极建言献策，对市容工作多关心、大力支持。现将有关视察情况报告如下：

一、工作情况

（一）建章立制，精细管理，城市市容市貌显著改善

1. 全力做好市容环卫工作。一是加强督查考评。由市容局、街道、所组成督查组对全区城市管理工作进行督查考评，发现问题，现说现改。二是认真抓好整改。针对检查和复审以及上级部门提出的一些问题，积极协调各街道、执法、市容所积极整改，建筑垃圾、牛皮癣等现象逐步减少，主次干道卫生保洁呈稳步态势。三是增加人员力量。对浔阳路、滨江路、庐山路及和中广场、烟水亭等重点地段增加人员，对路段保洁人员到位情况采取明察暗访形式进行督查。四是注重边街小巷。加强对社区的督查，同时积极协调驻区单位，共同做好环境卫生工作。

2. 做好道路洒水冲洗工作。坚持城区主要道路洒水降尘工作，采取错时制对道路及人行道污泥及灰尘进行冲洗，做到“定人、定时、定路段、定要求”，提高城区主要道路冲洗率。特别对滨江路、长虹北路等重点路段每天坚持冲洗，达到路见本色的标准。

3. 公厕日常管理达到“五无”“五净”。全区 50 座水冲式公厕采取定人、定岗、定责任的工作制度，坚持每天打扫 3 次以上。

（二）集中整治，突出重点，城区环境秩序日新月异

1. 开展“六城同创”工作。积极配合，全力以赴做好文明庭院评比、文明经营户评选、整治背街小巷、“门前三包”签订等方面工作。

2. 开展“奋战三十天，五一大变化”“迎中秋、庆国庆”市容综合整治。以“环境卫生、三占三乱”为整治内容，群策群力，集中攻坚，在主次干道、边街小巷有看得见变化，重点部位有明显变化，掀起了新的一轮城市管理工作高潮，实现了城管工作长效、常态管理新局面。

3. 创建第四届省级文明城。配合相关部门，围绕“干干净净每一天”活动要求，采取高标准、高强度、高频次对全区 17 条主次干道进行清洗，全面达到“路净无尘土、清洗现本色”。对公共场所进行集中整治，对全区大街小巷、楼前屋后、场内院外进行全面彻底的大清扫。加大对道路果皮箱补缺、修缮力度，对区二级中转站和市内各垃圾中转台进行保养和保洁。加大对公厕设施的维修管理，加强对现有环卫车辆的管理等。

（三）标本兼治，创新亮点，城区环卫质量全面提升

1. 成立市容环卫督查中队。“门前三包”、道路泼洒、执法力量不足，一直是困扰我区市容管理工作的瓶颈，及时成立了 20 人左右的市容管理队伍，重点是加强对市容环境卫生的督查执法，将质检、环卫督查、大中路管理与执法大队执法实行联动，在联动中彰显合力、产生动力、发挥效力。同时配合执法队员执法，各街道也将原老城管队员充实进来，使城管执法队伍多头并举，合力攻坚。

2．创新成立浔阳区环卫协会。11月9日，在烟水亭广场召开浔阳区环卫协会暨捐赠仪式活动，并建立了环卫基金，用于救助困难环卫职工，当日就募得善款10万元，同时对全区11名困难环卫职工发放了首批救助基金。为了不断提高环卫工人待遇，把帮扶贫困环卫工人作为一项重要的工作来抓，同时在办理意外伤害保险的基础上，还为环卫临时工争取办理了工伤保险。

3．文明小区创建工作。配合街道，开展文明小区创建工作，精心打造了一批“环境卫生好、组织管理好、综合治安好、便民服务好、社会风气好”的示范小区。在此次创建中，极大地改善了小区的卫生环境，提高了百姓生活的幸福指数，真正让小区群众享受到了文明创建带来的幸福和实惠。

4．推进中心城区开放式小区物业管理。配合各街道采取多种形式大力宣传开放式小区物业管理工作，大力推进业主大会、业委会制度，充分利用社区内闲置房配建和完善物业服务必备设施，围绕“道路平、管道畅、楼道亮、环境美”的整治目标，出现了以甘棠街道庐峰社区为代表的自治式管理模式，以湓浦街道梅绽坡社区为代表的庭院式管理模式，以人民路街道桃园社区为代表的互助式管理模式，以金鸡坡街道大王庙村袁家湖小区为代表的综合管理模式。

（四）加大投入，提升档次，不断提高环卫设施水平

1．重点工程准时交付使用。坐落于金鸡坡琴湖大道9号（浔阳区一号工业园内）的浔阳区生活垃圾二级中转站于今年元月份开工，投入1500万元，占地面积6亩，建筑面积1741m^2，今年7月份建成后交付使用，每次可压缩垃圾15吨，日处理垃圾可达300吨，通过压缩后的生活垃圾运送至九江市沙河垃圾处理场。配有防尘除臭设施，全电脑控制和人工控制二套系统，目前尚属我省先进设备之一。该项目建成每年为政府节约资金300多万元，这是适应城市发展需要，促进环卫事业长足发展的重要举措，也是提升城市品位，实现城市创建目标的重点项目。

2．环卫设施改造稳中求进。针对城区环卫基础设施不足和建设缓慢的矛盾，争取市、区两级政府资金的支持，对裕华、沃尔玛二处已经严重老化、陈旧，且存在安全隐患的垃圾中转台进行改造，只用了短短2个月的时间就交付使用。

3．及时添置一些环卫设施。对一些破旧的环卫工具、电瓶车、垃圾运输车进行维修更新，对破损严重的果壳箱、垃圾桶和环卫服装及时更新添置，城区环卫基础设施状况得到了很大程度的改善。

二、存在问题

1．市民社会大卫生观念不强。有些市民社会公德感不强，不珍惜环卫工人辛勤劳动的成果，随意倒垃圾、随手扔垃圾、烟头、随地吐痰、高空抛物等现象时有发生，未能形成多扫不如少扔的观念，有时一段刚刚打扫干净的路面，没过多久又被破坏，给环卫工人的工作增加了很大的压力。

2．由于城区经济迅猛发展，各种工地日益增多，造成城区道路泥土、渣土泼洒严重，导致道路及人行道灰尘较多，特别是滨江路、长虹北路屡禁不止。

3．环卫临时工工资福利待遇低，与周边县市区存在一定距离，各市容所都面临招工难问题。特别是市容所的环卫临时工与社区保洁员同工不同酬，也极大影响了小区的环境卫生质量。

4．目前市容环卫方面的法律法规还不够健全，难以有效的处罚措施，特别是物业公司（单位院落）的管理有待进一步加强。

三、几点建议

1．加强宣传教育机制，发动全民参与。在电视、报纸等媒体上加强对环境卫生工作的宣传力度，树立环卫行业的正面典型进行大力宣传和推广，不断提高人民群众的环境意识，促进广大市民从自我做起，从点滴做起，积极参与到爱护环境卫生的行列中来。

2．建立封闭管理机制，整顿施工场地。所有临街的建筑工地都应加强施工现场的管理，实行封闭作业，所有的建筑材料不准堆放在临街面，更不准在马路上堆放物料和搅拌作业。各施工单位在办理建设手续前，必须签订建筑垃圾卫生的清运管理合同，并缴纳保证金。

3．建立齐抓共管机制，整顿环境卫生。狠抓文明创建活动，搞好各单位机关卫生、家庭卫生的管理工作；倡导每周五下午组织浔阳区机关干部职工开展“爱国卫生义务劳动日”活动，进一步发动群众，调动积极因素，形成全员上阵、全民动手、人人参与、人人尽责的强大社会声势。

执笔人：支燕萍

2012年11月25日

关于我区开放式小区物业服务工作的调研报告

2013年5月初，政协文卫法社委在刘宗强副主席的带领下，组织部分政协委员对我区开放式小区物业服务工作开展了调研。调研组成员到区城市管理领导小组办公室（市容局）听取了汇报，查看了资料，咨询了问题，并实地走访了一些社区和居民小区，和相关人员进行了面对面的询问和交流，了解和掌握到关于这项工作的一些情况和问题。现形成报告如下：

一、现状与问题

开放式小区主要是指已建成交付使用，在较长时间内未实施物业管理的居民住宅区及各单位职工居住的楼院，表现为配套设施不齐全、环境质量较差的旧住宅区。开放式小区物业服务工作是城市发展进程中困惑许多城市管理者的头痛问题，也是值得城市管理者不断探索的改善居民生活质量的重要工作。我区作为九江市的老城区，房屋建筑密度大，房屋产权单位和住户情况复杂，很多小区基础设施基本上是破、烂、旧，人居环境脏、乱、差。每年居民反映的基础设施老化、小区卫生和治安秩序无人管等问题达上千件，消耗了城市管理者大量的时间和精力，引发的社会矛盾也不断增多，影响了美丽幸福浔阳的建设。据管理部门统计，全区5个街道共有开放式小区226个，住户65179户，涉及楼道3210个，小巷、院落清扫面积近100万平方米。

当前，全国很多地方都在积极探索开放式小区物业服务工作的成功模式。实际上，我区个别小区早就形成了比较好的治理模式，如湓浦街道梅绽坡A栋82户居民在社区的指导帮助下，2006年成立了A栋业主委员会，进行自治管理，6年来小区从案件多发地和楼院卫生脏乱无人管变成年年零发案，楼院卫生天天整洁干净；人民路街道白鹿山庄小区35户居民在2004年小区建成后，就共同约定每年2户轮流管理，年终定期召开一次居民会议，公开经费开支，做好年度移交，并拟定下一年度小区建设计划等。为了把这些小区的好经验推广到更多的开放式小区中去，2012年6月，我区城市管理领导小组办公室在5个街道的28个小区初步探索开放式小区物业服务工作。通过总结，形成了以人民路街道桃园社区为代表的互助式管理模式，以湓浦街道梅绽坡社区为代表的庭院式管理模式，以湓浦街道龙开河社区为代表的综合式管理模式。今年正式开展试点工作，4月份区委办、区政府办印发了《浔阳区开放式小区物业服务工作实施方案》，要求每个街道在去年已创建示范小区基础上，再创建2个开放式物业服务示范小区，今年10月将以点带面，全区铺开。

无疑，我区在开放式小区物业服务工作中总结了较好的经验，确定了较为成功的模式，取得了看得见的成效。但通过这次调研活动，我们看到一年来的探索试点工作也显露出一些推进难题，反映出一些实际问题，需要引起相关部门的足够重视，才能在下步的推进铺开中杜绝盲点，规避误区，主要表现在：

一是部分业主委员会成立后不到房管部门登记注册，自行撤销后也无人去管。有的小区只有形式上的业主委员会，有些业主委员会主要成员的服务热情和义务干劲已呈现出疲态，这样无法建立起长效实用的服务机制；

二是物业费、垃圾袋装费收取率低，成为制约小区物业服务好坏的关键因素，空房户、出租户和低收入群体是收费的难点所在；基础设施维护需要资金较多，缺口大，物业维修基金等申请周期长，不能够及时解决居民生活难题；

三是一些物业公司经常经营几年新小区后就不打招呼卷钱撤走，留下了诸多后遗症，影响到小区后续的物业管理；

四是各个开放式小区的条件不一样，居民的愿望不统一，甚至有些社区干部对开放式小区物业服务工作认识也不同，打造出来的标准参差不齐；

五是基层普遍感到后期全面铺开开放式小区物业服务工作的经费、人力都会有不足。

二、原因分析

调研组认为，我区开放式小区物业服务工作，特别是探索试点工作显现出来的难题和问题的原因主要在以下几个方面：

1. 管理服务机制还未完全理顺。开放式小区物业服务工作实际涉及建设、执法、民政、综治、房管、市容、市政、园林、物业以及街道办等部门，而现在的试点推进工作主要是城市管理领导小组办公室和街道办两个部门在抓，大部分任务都落在社区工作者身上。开放式小区物业服务的工作任务在区级，而市区房改房（除产权隶属于本区外）、福利房、商品房的维修基金还是由市房产局统管，导致资金难以使用或使用不及时。行政主管部门对物业公司的管理也不到位，没有有效的监管惩治手段。

2．部分居民群众的认识还未完全统一。开放式小区的居民对物业服务的需求是迫切的，但由于每个小区条件和居住群体不一样，导致有些居民对物业管理的认识、要求和经济承受能力差异较大，有的居民甚至根本就没有“物业是有偿服务”的消费观念，不自觉履行合同所约定的义务，把物业管理看作是“政府免费行为”，相互攀比，坐享其成，故意拖欠。业主的要求不统一，长效管理就非常难。

3．财力和人力还未完全跟进。开放式小区物业管理和服务工作的资金缺口非常明显。物业费很多收不上来，2012 年全区社区居委会代收的垃圾袋装费只有 97.6 万元，收取率 41.6%，财政每年拨付的小区路面环卫补贴是 1 元/平方米，共安排了 70 余万元，两项收入共计 167 万余元；我区现有环卫工人 228 人，2012 年发放的工资总额是 180 多万元，收支差额近 20 万元，只能从物业费和其他途径来弥补。由于投入不足，我区聘请的一线环卫工人普遍年龄偏大，而且数量不够，部分工人先是清扫主干道，后再去清扫边街小巷，有的还负责打扫一些居民小区的环境卫生，从事的工作任务太多太重，清扫保洁的质量和效率得不到有效保证。

4．考核指导标准还未完全遵照执行。由于重视程度不一样，不同的小区有不同的情况，不同的基层干部有不同的理解，导致开放式小区物业服务工作打造得不平衡，有的特色很鲜明，有的制度却一点都不规范；有的硬件样样到位，有的任务却完全走形式。同时一些困难很难在短期内解决，试点阶段又不能强力推进，考核指导标准在少数小区得不到落实。一些小区打着“特色”和“难办”的牌子，走过场。少数社区干部不按《实施方案》中的任务和要求来执行，避重就轻，只做表面文章，打造的效果不明显，没有持久性。

三、意见和建议

一是理顺服务机制，形成共建美好家园的工作合力。主管单位要主动和市直部门进行协调，申请将区辖内的房改房、福利房、商品房等房屋维修基金划拨到本区进行直管统用。对老城区的小区物业管理，市直相关部门要简政放权，如物业、市政等，让区直部门能更好、更快地帮助解决小区物业的实际问题。通过直接对物业公司的资金使用、服务质量、管理水平等进行及时、有效的指导和监督，必要时（可以利用质押金等制度）进行惩处，才能不让更多的物业小区变为开放式小区。同时区城市管理领导小组要进一步明确工作责任，让区直相关部门投入更多的人力、物力和财力到这项工作中来，确保权随事走，守土尽责。如区房管局和街道办要加强对小区成立业主委员会的政策指导，让开放式小区的业主委员会能长久发挥效力；区建设局要加大对小区路面的维修改造，美化亮化等。

二是强化宣传培训，形成共建美好家园的统一认识。要加强对基层干部，主要是社区主任和城管干部的能力培训，正确理解我区打造开放式小区物业服务工作的目的意义和《实施方案》的操作要领，必须是在统一标准和要求的基础上，再结合小区实际创造特色，做出亮点。通过街道和社区来加大对居民的宣传教育，特别是要通过小区热心群众来做“钉子户”“困难户”的思想工作。要讲究方法，激发和引导居民自觉参与到物业服务工作中来，推选网格长要公正，成立业主委员会要公示，办事服务要公心，经费收支要公开透明，才能凝聚大家的意志，形成共建共享的统一认识。

三是加大改革力度，形成共建美好家园的社会动力。目前我区正在湓浦街道的两个社区进行环卫清扫体制的改革试点，让街道环卫所投入更多的人力，承包所属主干街道、边街小巷和所辖社区的公共卫生。这样做，可以提高开放式小区的环卫质量，有利于实行统一管理，推行市容环境的标准化建设，也有利于把市容环卫推向市场化，因此早日铺开这项试点非常必要。除少数小区外，大部分的开放式小区都有条件、居民也有愿望聘请物业人员来加强对小区治安、绿化、秩序、公共卫生和硬件设施的维护和管理。为规避开放式小区由于住户少请不起、也请不到物业公司的短板，可以采取以社区或街道为主体，把有此愿望和条件的小区捆绑在一起，打包给诚信度好、服务能力强的物业公司，如现在承包浔虹小区的海洋物业公司，这样可以在绿化、维修等多方面节省人力和开支，降低费用，满足居民的意愿。

四是注重监督指导，形成共建美好家园的正确导向。要指导社区制订好治理方案，选择好治理模式，明确好治理标准，一步步抓落实。切实帮助开放式小区尽早成立有能力、有活力、有聚力的业主委员会，让大家共同商定本小区的治理方法和内容，在争得大部分居民同意后，及时组织实施。业主委员会等主体可以聘请低保户、困难户或者失业人员加入到物业管理服务工作中来，既为他们提供了就业，增加收入，又让他们交上了物业费；可以加强和义工联合会等社会组织的联系，在困难较大的开放式小区开展一些清理楼道、打扫卫生等方面的工作；也可以在小区经常组织一些纪念树包养、盆栽花共赏、卫生户互比、文明楼栋争先等集体活动，让大家共同把小区公共秩序保持得井然有序，把公共卫生维持得整洁干净，把公共绿化维护得常绿常新，把公共设施爱护得如同家珍，把公共治安管控得夜不闭户。

五是采取循序推进，形成共建美好家园的浔阳模式。要切实结合区情，象省委推进新农村建设那样，渐进式推动开放式小区物业服务工作的深入开展。没有条件和准备征迁的小区暂不打造，条件和时机成熟一批，就打造一批，这样才能持久有效。对开放式小区建议采取政府扶持、社区（小区）自治和政府奖励、公司运作两种物业服务方式。但无论哪种方式，都要严格按照居民自治的原则，根据小区实际和居民意愿来开展治理工作，达到（且必须达到）小区物业管理的基本要求即可，让基层干部和小区居民自由发挥，做出自己满意的管理特色。政府要不断加大对边街小巷，包括社区环境整治的投入，以区或街道为单位，统筹房屋维修基金、市政建设资金、小区单位补贴资金和社会公益资金，统一管理使用，用于解决物业管理中大的、难的、迫切的问题，让开放式小区没有物业公司的管理胜过有物业公司的服务，真正让我区老百姓居有所乐、居如其愿。

执笔人：唐平钧
2013 年 5 月 19 日

关于浔阳区工业园发展现状调研情况汇报

区政协经济科技委员会

7 月 4 日，区政协经济科技调研组一行 10 人深入园区，就园区企业生产经营状况、存在问题、主要困难等内容进行深入调研，调研组先后走访了齐鑫化工、钒氮合金和鑫鹰人防设备等企业，通过深入生产车间实地察看、召开座谈会、听取园区办工作汇报等方式进行调研，现形成调研报告如下。

一、园区基本概况

浔阳区工业园（又称浔阳区城东工业基地）位于浔阳区东部金鸡坡街道，规划占地总面积4322亩，由于园区是在原金鸡坡街道村民居住、生产用地征迁而建，周边居住着大量居民，园区无法连接成片，因此工业园早期规划共分为三个园区。其中一号园规划占地1547亩，二号园规划占地1175亩，三号园规划占地1600亩。随着中石化九江分公司800 万吨扩能改造发展项目的启动，二号园1175亩用地又被作为石化总厂扩能改造发展用地。因此，浔阳区工业园实际占地面积为3147亩。其中工业用地1760亩，商住配套用地 871 亩，码头用地 59.7 亩，仓储用地 52 亩，其余为道路及绿化配套设施用地，整个工业园属九江沿江四大板块中的城东板块。

2007 年 8 月 27 日经九江市委、市政府批准，正式成立浔阳区工业园。园区地理位置优越，东依九江石化总厂，可为配套企业提供丰富的聚雨烯、笨类等 35 个品种 60 多个型号的下游产品；北临长江，具有良好的水运交通和港口码头等资源优势；西靠华中电网最大的火力发电企业九江发电厂，可为落户企业供电、供热、供气，从而能为企业节省大量建设成本；园区内有滨江东路，琴湖大道等城市主干道穿境而过，为企业发展提供了便捷的交通。综合上述特点和有利条件，根据规划，园区将重点发展石化关联产业、高新技术产业等企业，项目单体投资不低于 150 万元/亩。

2008 年 3 月园区正式启动征地拆迁工作，截至 2010 年年底，累计投入资金约 3 亿元，完成了园区 1＃地、3＃地共计3147亩土地的基础设施建设，全部达到企业落户时“三通一平”的要求。

二、园区企业及生产状况

1. 园区企业总体情况。自 2008 年 5 月中煜程塑业入园落户起，到目前现有入园项目 24 个，其中竣工投产项目 13 个，开工项目 10 个，签约项目 1 个。所有项目全部竣工投产后，按照合同协议，总投资将达 52 亿元人民币，预计年利税可达 3 亿元。

根据分类，目前落户园区的企业主要以三大产业为主导：一是石化关联产业，如齐鑫化工、金旺达石化、中煜程塑业、名扬管业、新立基沥青化工、津晶城科技园等项目；二是科技含量较高产业。如鸿利达复合材料、钒氮合金、波德新材料、杰尼新材料、中铁九桥等项目；三是大型物流企业，如新雪域物流园、琵琶湖农副产品物流批发市场、长东物流园等项目。

2．建成企业生产情况。2010年园区建成投产企业共计7家，完成工业生产总值约8.88亿元；其中规上工业增加值3.09亿元，当年实现税收858.8万元。2011建成投产企共计13家，完成工业生产总值约16.68亿元，同比增长87.8%；其中规上工业增加值7.30亿元，同比增长136.2%；实现税收6500万元，同比增长656.8%。

截至2012年5月，园区共有投产企业13家（附：13家企业投资情况及2012年1—5月纳税表），其中工业产值上亿元的项目3个，分别是九江齐鑫化工、中铁九桥、金鑫有色金属；规模以上工业项目4个，分别是九江齐鑫化工、德丰混凝土、九江鸿利达、中煜程塑业（有部分企业还处于申请规模以上工业阶段，因此没有列入规上工业）；除广灵药业和鑫国立医疗器械2家企业主要从事药品物流外，其余11家企业都是工业企业。

但是2012年园区企业生产形势出现较大逆转，从园区五月份的工业统计数据来看，2012年12月园区企业共完成工业生产总值5.70亿元，同比减少19.3%，其中规上工业增加值2.84亿元，同比增长19.3%；实现税收1362.3万元，同比减少27.6%。园区工业与去年同期比，处于整体下滑态势，预计到6月底，园区工业将难以实现“时间过半、任务过半”的目标任务，对实现全年的目标任务将带来巨大的压力和困难。

附：13家投产企业累计完成投资及2012年1－5月份纳税情况

企业名称	投资额（亿元）		纳税额
	合同约定	已投资	万元
九江齐鑫化工公司	6.6	3.7	733.4
德丰混凝土有限公司	1.2	1.1	196
华新混凝土有限公司	1.5	0.36	93
中煜程塑业有限公司	1.68	0.55	27.7
九江鸿利达复合材料	1	0.35	4.8
金鑫有色金属公司	1.2	1.5	93
名扬管业有限公司	1.25	0.30	-
中铁九桥公司	1.2	1.48	25
鑫鹰人防设备公司	1.2	0.4	2.6
波德新材料公司	1	0.25	3.3
九星运动用品公司	1	0.31	31.5
广灵药业有限公司	1.1	0.63	153.8
鑫国立医药公司	1	0.12	0.8

3．在建企业情况。目前，园区在建企业共有10个，分别是新雪域物流园、琵琶湖农副产品物流批发市场、长东物流园、金旺达石化、杰尼新材料、钒氮合金、旭升电子科技、新立基沥青化工、津晶城科技园、恒达精密仪器等项目。其中琵琶湖农副产品物流批发市场一期水产市场4月份已经建成营业、钒氮合金项目一期6月份竣工点火、杰尼新材料项目6月份已经建成拟生产，新雪域物流园一期市场物流项目预计8月份开始试运行，金旺达石化项目预计8月竣工试产。新立基沥青化工项目和津晶城科技园项目已经分别在五六月份举行开工仪式。

4．园区企业未来展望。在已经入园的24家企业中，部分企业发展前景比较看好，对浔阳未来经济发展将发挥较大的支撑作用。一是齐鑫化工项目，该企业销售收入虽然受国际金融危机及国际原油价格影响波动较大，但企业管理层素质较高，企业管理规范，生产稳定，抗风险能力较强，只要全球经济趋稳，企业就有快速发展的空间。二是新雪域物流园，项目投资方具有较强的超前意识，发展思路明确、定位准确，项目建设标准高，如其总库客10万吨的冷库是江西省目前单体最大的冷库。随着项目建成投产，将极有可能成长为长江沿岸最重要的农副产品物流交易中心，成为我区带动周边发展的物流龙头企业，该项目已经列入全省重点项目库，进行调度。三是钒氮合金项目，该项目产品作为钢铁添加剂，有“钢铁味精”之称，是国家发改委、科技部、环保总局重点推广项目，具有高技术、低能耗、节约资源等特点，随着国家产业政策的强制执行，该项目产品市场前景广阔，发展潜力巨大。四是金鑫有色金属、杰尼新材料、鸿利达新材料、波德新材料项目，这四个项目产品科技含量高，产品利润大、在国内外都有较大市场，按理说发展前景较好，但鸿利达和波德新材料项目在管理上都存在一定问题，前景如何难以判断。五是鑫鹰人防设备项目，作为特种行业，全国仅有4家，江西唯一一家，产品销路不愁，发展前景较好。六是津晶城科技园6月份刚启动开工仪式，重点是建设集研发、孵化、销售一体化高新技术企业孵化基地，能够填补园区该项空白，发展前景比较看好。

三、存在问题

浔阳工业园自2007年成立以来，区委区政府始终高度重视，高位推进、高起点建设、高规格管理，前后投入大量的人力、物力、财力和精力，并对园区未来发展寄予厚望。但通过实地调研，从数据分析看，园区目前发展并不十分理想，没有达到预期成效。

1．项目实际投资到位率偏低。据对13个建成项目统计，与区政府签订的投资协议规定计划总投资为20.93亿元，而项目实际投资仅为11.05亿元，仅占协议投资的52.8%，有些项目实际投资低于计划投资的30‰后续没有做继续投资安排，造成大片土地长期闲置浪费，土地实际利用率低。如鑫国立药业项目实际投资仅为协议投资的12%，名扬管业项目和华鑫混凝土项目实际投资只占协议投资的24%，波德新材料项目实际投资仅为协议投资的25%。九星运动用品、鸿利达新材料、鑫鹰人防设备项目实际投资仅为计划投资的30%左右。由于投资强度较低，生产规模较小，使得多数企业生产状况不佳。目前生产处于比较正常的企业有齐鑫化工项目、德丰混凝土项目、广灵药业项目、鑫鹰人防设备项目。

2．企业生产经营普遍出现困难。与去年同期相比，园区企业生产经济普遍面临较大困难。经认真梳理，主要有以下几个方面，一是复杂的国际经济形势给企业生产带来的影响。自2012年4月起至现在，国际原油价格一路下跌2000多元，液化气价格同样下跌2000多元，跌幅达30%，齐鑫化工二期项目恰好在4月份竣工投产。受其影响，产品产量明显增加，但产值不升反降，利税降幅同样较大，对企业发展有较大影响。如金鑫有色金属项目产品主要出口，2012年企业目标产值7亿元、税收5000万。但截至到5月，企业上报产值仅5815.1万，同比减少77.1%。二是资金不足给企业生产建设带来的影响。受国家金融政策影响，园区企业融资面临较大困难，资金压力增大。如鸿利达复合材料项目，产品全部出口，市场供不应求，如果满负荷生产，月产值预计可实现400万~500万元。但由于资金不足，原材料不足，造成大量订单不能接，无法实现满负荷生产，现月实现产值仅200万元。九星运动用品项目因缺乏建设资金，二期厂房迟迟不能动工建设。钒氮合金项目已经点火试产，即将面临流动资金周转困难。三是销售市场对产品不认同给企业生产带来的影响。如中煜程塑业生产的管材产品，由于产品开发不到位，与市场客户需求有较大差距，故一直打不开市场，企业虽有生产，却基本在库存积压，生产越多，积压越多。名扬管业项目同样如此，企业试投产后，迟迟打不开市场，企业无法正常生产。四是企业管理不到位给企业生产经营带来的影响。如波德新材料项目属于高科技项目，市场前景好，发展潜力大，但企业负责人作为科技型人才，缺乏现代企业经营理念和管理水平。该企业原计划投资1亿元，实际投资远远不够。自2011年8月试投产后，既没扩大投资规模，也没有正式投入生产，基本上停留于小作坊生产模式甚至停滞状态。鸿利达项目负责人在企业经营管理方面也存在类似问题。五是市场激烈竞争给企业生产经营带来的影响。如混凝土行业，整个市场需求有限，同行业竞争激烈，加上房地产行业不景气的影响，造成生产大幅下滑。如德丰混凝土项目，截至5月实现产值885万元，与去年同比下降59.9%。

3．企业纳税贡献明显下降。截至5月，13家企业实现税收1362.3万元，同比减少27.6%，园区企业税收贡献明显下降。如下降幅度最大的金鑫有色金属，1—5月上报税收仅为93万，同比减少

82%，鸿利达新材料。鑫鹰人防设备，波德新材料、鑫国立药业等4家企业实现税收仅为象征性的数万元，甚至不到1万元，既与企业实际状况不匹配，也与政府的期望不匹配。据了解，园区企业税收大幅下降。主要有三个方面原因：一是企业生产经营下滑影响税收下降。二是税源在悄无声息中流失。据企业负责人介绍，周边县区为争取税源，采取上交税额的50%返还优惠政策，这种远高于浔阳区抢挖税源政策，吸引了不少到周边县区纳税得利。甚至通过在其他县区再注册新公司，将本应在浔阳区缴纳的税，通过新注册公司转移出去的办法，造成我区税收的减少。三是由于企业对口责任单位服务不到位，按照我区的纳税优惠政策应该给予企业返还的部分税收，没有及时兑现，造成企业有怨言。

4．少数职能部门服务项目不到位。据多个企业负责人反映，区政府个别职能部门以本部门没有相关专业技术人员为由，对理应为企业提供的相关专业技术服务不履行部门职责，项目在建设过程中不按规定进行全程跟踪指导，不肯出具开工许可证，导致项目后续部分手续无法办理，严重影响企业的施工建设甚至生产经营，企业负责人对此意见较大，反映强烈。

四、几点建议

随着九江沿江大开发的深入推进，浔阳区工业园作为全区工业的主战场，饱含着市区两级领导的殷切期望，凝聚着园区广大建设者的辛勤汗水，播撒着项目投资者的未来希望，倍受着全区乃至全市人民的关注。因此，在寸土寸金的浔阳区，我们没有理由不建设好园区、管理好固区、发展好园区，为此提出以下六点建议

1．整合园区资源，盘活闲置土地。以石化关联产业、高新技术产业和物流业为主导，加大对园区现有项目的整合力度。由区政府牵头组织实施，以引进客商进行项目合作、长期空置土地限期收回、督促企业转产等方式，对投资强度不够，产业无关联，无市场前景或者长期不投产、不纳税的企业实行优胜劣汰、腾笼换鸟，重新盘活土地，让园区的土地发挥最大经济效益。

2．拓宽融资渠道，破解资金瓶颈。针对企业在投资项目建设和生产经营中遇到的临时性资金瓶颈问题，充分发挥区城投公司和中小企业融资平台作用，利用股权融资、债券融资、融资租赁、联合协作贷款等多种形式，通过厂房、设备、应收账款、订单合同等多种抵押方式、加强政企、银企、政银、企业及与中介机构的对接，创新融资手段，拓宽融资渠道，破解资金瓶颈。同时着力改善投资环境，有效吸引境外、省外资金进入我区，支持全区重大项目建设。

3．加强税收监管，兑现奖惩政策。由区政府牵头，组织财政、工商、税务、发改、工信等部门一起，加强调查研究，广泛征求意见，对现有的纳税奖惩优惠政策进行修改完善，加强税收监管，及时掌握企业生产、经营及资金运行等信息。坚决限制厂房建了、设备有了，却不见投产；生产有了、产值有了，却不见税收的偷逃或规避缴税行为。对恶意偷逃避税的企业，建议采取考核企业实际用电量计定产出计税的方式进行征收，从而以更加科学合理的奖惩优惠政策，充分调动企业生产经营及纳税的积极性。

4．提升服务水平，优化发展环境。项目从入驻落户、报建手续办理到开工建设、生产经营等各个环节，都离不开全区各相关职能部门的大力支持与服务。建议进一步畅通项目建设“绿色通道”制度，对项目从签约到竣工，所有需要办理手续、所对应职能部门、办事时效、收费情况，进行认真梳理，以文字图表等形式进行公示。纪检监察部部门要加大职能部门对项目服务的跟踪问效，对于本应为企业提供的便利服务，少数部门个别同志却以各种理由拒办、缓办、不办、要坚决查处。

5．完善配套设施，推进园区建设。目前三号园有入园企业13家，如果所有企业全都达产达标后，污水排放处理是个大问题，将会给周围居民生产生活带来不利影响，建议由区政府出资或者采取与企业合作的形式，共同出资，同时积极争取上级资金支持，在3#园新建一座污水处理泵站。

6．出台留才措施，解除人才之忧。对园区企业提出的专业人才的职称评定、社保、医保及子女入学等事项，应该给予高度重视。建议由区政府层面牵头，组织相关部门，在充分调研基础上，结合我区实际，出台既具有指导性，又具有操作性的实施意见或暂行办法，切实为企业排忧解难，解除企业用人后顾之忧。

执笔人：曹超成　高雄

2013年8月

浔阳区开展免费孕前优生健康检查的调研情况

根据年初工作安排，7月中旬，区政协人口资源环境委员会组织部分政协委员对我区免费孕前优生健康检查进行了深入的调查。现将调研情况报告如下：

一、基本情况

2012年浔阳区被列入省级免费孕前优生健康检查项目试点县区，2013年被列为国家试点。为切实把这项好事办好，浔阳区积极行动，精心组织，按照“政府主导、部门合作、专家支撑、群众参与”的工作模式，建立健全保障机构和工作机制，稳步推进项目工作顺利进行。

1. 积极做好免费孕前优生健康检查项目开展，全面落实服务内容。国家规定的19项免费孕前优生健康检查项目，在浔阳区得到了全部落实和切实开展。

2. 积极做好服务对象排查，圆满完成上级任务要求。2012年、2013年，省免费孕前优生健康检查服务任务数分别为320人和520人。自2012年5月份开展至当年12月份，实际共为376人进行了免费孕前优生健康检查服务；2013年至8月底，共为486人进行了免费孕前优生健康检查服务。截至到今年8月底，近两年的工作开展，共为862人、431对新婚待孕夫妇进行了检查，共检出高风险人群59对，占总人数的13.66%：其中属高龄风险的26对，占风险人群的44%；不良妊娠史者19对，占32.2%；母婴血型不合第二胎及以上者10对，占16.95%。针对高风险人群，均安排了专家面对面咨询，给予科学、合理、可行性建议及安排。

二、工作措施

（一）保障到位，确保项目如期启动。一是组织保障。成立了以区分管领导任组长，计生、民政、卫生、财政等相关部门负责人为成员的免费孕前优生健康检查工作领导小组，明确部门职责，为项目的实施提供有力的组织保障；二是政策保障。区人口计生委制订下发了《浔阳区关于开展国家免费孕前优生健康检查工作的实施方案》，明确健康检查的基本内容、目标人群、服务机构以及保障措施等，力求工作取得实效。三是设备保障。试点工作开展以来，区财政先后拨款185万元，购买仪器设备，对实验室按国家免费孕前优生健康检查的标准改造，并对业务用房进行了区域划分，从最初的咨询、登记到各检查室科学合理地进行了安排。确保了各项检查有序开展，大大地提高了服务效率和服务质量，也为群众提供了便利。四是人才保障。组建了一支由5名多学科专家组成的孕前优生健康检查项目专家指导小组，和9名技术人员组成的孕前优生健康检查技术小组，及4名各学科专家组成的评估小组。为切实做好孕前优生健康检查工作，2011年服务中心面向社会公开招聘1名检验师；今年正在公开招考B超医师、男科医师，为项目试点工作的开展提供技术支撑和人才保障。同时，加大对各级计生工作人员的培训，聘请市级医院知名专家，对服务中心的专业技术人员进行培训，并先后5人参加了省人口计生委举办的业务培训。邀请省、市技术骨干对区服务中心、街道、社区计生工作人员，进行相关业务知识培训，有效提高专业技术人员的服务能力和服务水平，从软硬件建设上最大限度地确保检验检查结果的准确性。

（二）紧扣宣传，不断提高群众知晓率。一是以宣传单为主要宣传方式。制作印刷了“优生优育”宣传折页，内容涵盖孕前优生健康检查和孕妇增补叶酸的相关知识，以及服务的时间、地点等，方便育龄妇女随时前往检查，发放《致全区新婚夫妇一封信》3万余份，出动宣传车10余台次；利用电视、报纸、网站、电子屏幕、短信等宣传孕前优生健康检查的重要性；二是以窗口服务为主要宣传阵地。在区婚姻登记处和各街道计生办有针对性地发放优生宣传材料，确保全区有生育愿望的育龄夫妇都能领取到宣传材料和免费服务单，了解免费孕前优生健康检查的相关情况。三是以基层部门为主要宣传平台。利用街道、社区五栏一室定期宣传；抓住元旦、春节及等重大计生宣传日和流动人口返乡时机，开展了集中性大规模的咨询服务活动，组织区、街道、社区工作人员走街入户，对计划怀孕的夫妇开展面对面的集中宣传和一对一有针对性宣传，重点进行咨询指导，进一步提高群众知晓率。

（三）加强服务，切实提高目标人群参检率。一是建立了考核机制。每年年初区政府将此项工作纳入到全区人口和计划生育目标考核中，要求各街道锁定目标人群，摸清人数，有效动员，完成下达的任务数，对人物没有落实到位的，进行通报批评。二是优化了窗口服务。民政的婚姻登记处、计生服务窗口、各街道、社区都设立了孕前优生健康检查咨询和免费检查表发放给群众。

（四）规范程序，确保检查结果的准确性。一是加强制度建设。制定完善《检查服务流程规范》《信息反馈制度》《督查制度》《风险评估制度》等工作制度，做到服务质量、实验室质量、实验室安全、信息咨询“四个统一”，使项目的实施更加规范。二是规范风险评估和高风险人群的随访工作。严格按照要求对受检人员进行风险评估，对一般人群给予常规的建议和意见，对高风险人群给予相应的建议，并做到定期随访，最大限度地降低不良妊娠结局的发生。

三、存在问题

一是目标人群认识不到位。从这两年的应检人数和实际检查人数看，目标人群认识不到位情况较普遍。如2012年，我区排查出应检人数1300人，实际只有376人进行了免费孕前优生健康检查服务，占目标人数的29%；2013年，排查出应检人数1500人，截止到8月实际只有486人进行了免费孕前优生健康检查服务，占目标人数的32%。而免费孕前优生健康检查工作成功与否，广大适宜检查人群的配合是关键，而在这其中起决定性的因素又是他们能否认识到位。从调研的情况看，原因有两种：一种是，现在有很大一部分群众不认同，认为免费的检查不一定能查出问题，就跟认为便宜没好货一个道理；另一种是，目标人群以年轻人为主，平时工作比较忙，抽不出时间参加或不积极想办法参加免费孕前优生健康检查。

二是远期技术能力支持不到位。免费孕前优生健康检查工作开展的时间不长，如何在短时间内迅速提升人气指数，一靠免费，二靠服务能力确保服务质量，三靠远期技术支撑，有针对地解决查出的问题，真正地帮助有需求的群众，才能打造好口碑，得到群众的认同。免费做到了，现在必须要做足的功课是强化服务能力的支持。在服务能力方面，除了有先进的仪器设备外，还要配备精干的工作人员，保证技术上不出纰漏。目前，服务中心没有专业的B超医生和男科医生，以现有的服务能力来看，后续的检查及治疗很难跟上，对项目的可持续发展具有一定的影响。

三是排查“瓶颈”破解不到位。免费孕前优生健康检查工作的最大难点在于它的时效性，即最好在怀孕前进行健康检查。这里面适宜对象的排查显得至关重要。一方面，结婚怀孕属于人们的隐私，工作人员一般情况下掌握不到这类信息。另一方面，现在人员流动性很大，还有一些人有怀孕以后再办相关手续的心理，因此排查起来有困难。

四、对策建议

（一）要打造“大宣传”。免费孕前优生健康检查工作是一个新鲜事物。群众对这项工作的认知度还不深，这就要求我们充分做好宣传发动工作，把这项工作的意义和好处向群众讲透彻。但对实际工作者而言，对这项工作同样是陌生的，在如何做好宣传发动工作方面也没有现成的经验和做法可以借鉴。一方面，在宣传的范围上，要突出一个“广”，实现广覆盖，要充分利用各种宣传媒体、宣传阵地、宣传形式进行宣传外，要在宣传细节上加大力度，要结合工作实际，打造图文并茂、体现特色的宣传格局。另一方面，在宣传的内容上，要突出一个“实”，要多摆事实，多用数字说话，如通过免费孕前优生健康检查可以筛查出哪些致畸因素，从而能避免哪些新生儿先天性疾病的发生；假如应查对象不参加检查，自身的致畸因素不能及时被发现而生育先天性畸形儿后会给本人和家庭带来沉重的经济负担和心理负担等，通过摆事实，用数字说话，给广大群众留下深刻的印象。

（二）要成为“硬任务”。免费孕前优生健康检查工作作为一项政府主导，群众参与的惠民工程，对提高出生人口素质，有着深远的影响。要把好事做好，离不开必要的行政推动，和强有力的组织保障。街道、社区也应建立组织领导机构，专门负责工作的推动。社区由支部书记挂帅，计生主任具体负责；街道由分管领导负责，计生办（中心）具体负责相关业务，如有关数据的统计、下属单位成绩的排名、上下联系等。组织领导到位了，就能增加工作的原动力。另一方面，要强化督查、考核、评估。实践表明，凡事想要做好，离不开督查和考核、评估。要签订指标量化、操作性强的责任制，明确各单位和个人在这项工作中的责任，坚持平时督查和年终考核、评估相结合，不断督促责任人努力做好工作。

（三）要注重“打基础”。排查和服务，是免费孕前优生健康检查工作成效不断提升的基础和关键。要不辞辛苦重排查，排查最好的方式是大海捞针，就是对所有的适宜对象都梳一遍，然后逐户登门了解信息，再宣传免费孕前优生健康检查的相关知识，动员其参加检查。要强化服务聚人气，聚精会神做好做足服务态度和服务质量两篇文章。区计生服务站，要建立星级服务办法，处处多为参查对象考虑，让他们有一种宾至如归的感觉，让他们检查的开心、舒心。在服务质量方面，除了有先进的仪器设备外，还要配备精干的工作人员，保证技术上不出纰漏。联系定点医院，开展直通车服务，为需要进一步检查、治疗的群众提供更多更好地服务平台，能切实有针对地解决问题，而不仅仅只局限于一次检查。这样才能让参查者反过来为我们宣传，从而得到群众的信任，积聚更高的人气。

执笔人：陈婕

2013 年 8 月

科学规划　整合资源
加快推进城区义务教育均衡发展

为了全面了解我区义务教育均衡发展工作现状，准确分析我区义务教育均衡发展存在问题，加快推进我区义务教育均衡发展进程，9 月下旬，区政协港澳台侨委员会在区政协朱少芬副主席的带领下，组织部分委员深入到金鸡坡学校、希望学校和浔阳小学，开展推进全区义务教育均衡发展专题调研活动。现报告如下：

一、我区义务教育均衡发展总体情况

（一）基本情况。目前，我区现有区属学校 13 所（含 1 所九年一贯制学校），在校学生 13701 名，在职教师 780 名，校舍面积 77469 平方米，辖区内小学适龄儿童入学率为 100%。

（二）主要举措。一是建立了促进义务教育均衡发展的“三种模式”。建立了“兼并整合”模式，把湖滨小学与原新村小学进行了有效整合，实现了两校教学水平融合发展；建立了“联合办学”模式，组建了“柴桑小学—三里小学—原庐峰学校—金鸡坡学校”“东风小学—新星小学—琵琶亭小学—希望学校”两个教育共同体，促进了区域学校校际之间交流合作；建立了“特色发展”模式，开辟了国学、艺术、英语等特色精品办学之路。二是完善了促进义务教育均衡发展的“四项机制”。完善了顺畅有序的流动机制，加强了校际之间优质资源流动；完善了定期多样的培训机制，五年来，共培训教师 3167 人次，派出教师外出学习 29 批次 1860 人次；完善了素质教育创新机制，不断推进教育评价、校本课程、教研制度等创新，共有 230 人次获得省市级教学竞赛一、二等奖，1400 余篇教学论文获得省、市级奖；完善了公平关爱的共享机制，实现了义务教育阶段学生课本费、杂费全免，保证了流动人口子女和残疾儿童少年在我区接受同等优质义务教育权利。三是强化了促进义务教育均衡发展的“五个保障”。强化了组织保障，成立了以区长为组长的推进义务均衡发展工作领导小组；强化了经费保障，经费投入确保了“三个增长”，教育费附加足额征收并全部用于教育，教师工资福利及时足额到位；强化了基础保障，新建了浔阳小学，扩建了三里小学，改造了金鸡坡、希望等小学；强化了信息化保障，为各校配备了现代化教育技术装备，实现了“校校通”“班班通”；强化了人才保障，出台了名师工程评选办法，培养了一批具有影响力的“名师”，全区共有省特级教师 2 名、市级教育明星 6 名、市级学科带头人 24 名、市级骨干教师 93 名。

（三）工作成绩。近年来，在区委、区政府的高度重视下，在全区教育系统工作者共同努力下，我区义务教育均衡发展得到了上级的充分肯定和社会的广泛认可，先后荣获“全国社区教育实验区”“全省素质教育实验区”“江西省首批课程改革实验区”“全省教育工作先进县区”“全省教育工作督导评估‘优秀县区’”等国家、省市级荣誉称号。

二、我区义务教育均衡发展存在问题

一是网点分布不合理。总体来看，优质学校大部分集中在城中和城西区域，而城东区域学校基本是原企业剥离出来的子弟学校，办学条件较弱，形成“西强东弱”不均衡现象。特别是一些区域，如市政府、九江日报社等周边没有近距离学校，这些区域适龄儿童难以实现“就近入学”。由于教育网点分布不均，导致部分学校“吃不饱”或部分学校“吃不了”的现象，有的学校一个班只有 20 余名学生，有的学校则高达 60 余人，反差非常明显，群众意见较大。

二是教育投入不充足。近年来，区委、区政府不断加大对教育投入力度，保障了教育教学良性发展，但因前几年教育欠账较多，有限的财力难以支撑中心城区迅速增长的教育需求，财政投入相对不足，学校建设投入主要来源于教育费附加，与上级要求教育投入占 GDP 的 4%、占财政收入的 16% 差距较大。另外，上级转移支付主要倾向于农村学校，城区学校受益甚微，导致我区学校办学条件整体提升速度较慢。

三是生均面积不达标。由于我区人口密集，适龄儿童增长较快，而全区教育资源稀缺，导致我区学校生均校园用地面积和校舍建筑面积与国家标准相差甚远。目前我区学校生均校园用地面积和校舍建筑面积分别为 3.1 平方米/人和 3.7 平方米/人，为国家标准的 15.5% 和 68.5%。一些学校没有学生的活动场所，课间早操都得分批进行。大部分学校教师办公条件很有限，基本上都是十几个甚至几十个教师共一间办公室。

四是教学条件不平衡。大部分学校教学条件得到了改善，信息化教育水平达到现代教学的要求。但仍有部分学校教室有墙面渗水、墙皮脱落等现象，存在安全隐患。有些学校现代教育技术设备陈旧，不能满足实际需要，一些功能教室的设备老化，无法使用或不适应现代教学需要。

五是教辅用房不完备。由于适龄儿童增加，校舍面积有限，一些学校缺乏多媒体、美术、音乐、阅览等功能教室。为了全力确保学区内学生“就近入学”，有些学校不得不想方设法“腾笼换鸟”，将原来的一些功能室或教学辅助用房经改造后，投入教学用房，导致教辅用房不完备，影响了学校均衡教育和学生的全面发展。

六是师资力量不匹配。教师缺口较大。近年来，由于教师自然减员、适龄儿童逐步增加等原因，导致我区教师缺口较大，据测算，目前全区教师缺口 56 名。教师队伍不稳定。为了维持学校正常教学，全区 13 所学校有 11 所学校聘请了代课老师 84 名，由于代课老师流动性较强，影响了教师整体的稳定性。教师结构不合理。很多学校缺乏音、体、美等术课教师，导致义务教育阶段学生不能均衡发展。教师队伍老化。由于我区教师队伍补充更新较慢，造成学校教师年龄偏大，一些薄弱学校多年没有调入一名年轻教师。教师流向单一。一些教学能力强的教师逐步流向优质学校，进一步拉大了校际之间师资力量的差距。

三、我区义务教育均衡发展相关建议

（一）共识共为，牢固树立义务教育均衡发展工作理念。十八大报告指出，着力推进义务教育均衡发展，进一步促进教育公平，为国家发展提供强大的人力资源支撑。义务教育的公益性和基础性，决定了其必须均衡发展。为此，各级政府要把推进义务教育均衡发展作为落实科学发展观、提升群众幸福指数的重要举措，在决策中，义务教育要先行一步，在预算时，教育投入要略胜一筹，在规划上，教育用地要优先安排。教育行政部门要牢固树立教育均衡发展思想，严格按照教育均衡发展新要求，摸清家底，掌握动态，科学规划，把握好方向和思路。组织和人事部门要为全区师资配置和流动提供组织保障。发改委、财政、城建、规划和国土等部门要各司其职、通力配合，确保义务教育均衡发展各项政策落实到位。

（二）科学规划，逐步完善义务教育均衡发展网点布局。随着中心城区城市建设不断推进，新建小区不断建成，城区人口不断增加，不断增长的适龄儿童对我区义务教育均衡发展承受能力和教学质量有了新的更高要求。为了确保我区教育网点布局合理，充分考虑城区建设发展和人口增长趋势，结合义务教育实际要求，建议按照“规划先行、扩建增容、新建提质”的思路，推进我区义务教育基础建设均衡化发展。一是规划先行。要充分结合当前城区教育网点布局和人口增长趋势，根据全市中心城区中小学布局规划要求，争取市政府重视，借助旧城改造、新楼盘开发、新市场建设等，规划好未来我区义务教育学校建设，及时对城区教育网点规划布局进行调整修缮，使城区教育网点布局主动适应现实需要。二是扩建增容。扩建龙山小学，将原规划新建的“北司小学”规划用地调整到市粮油机械厂，与现在的龙山小学合并扩建，解决将来考棚、封缸酒厂、火柴厂等片区新增小区适龄儿童就学问题。扩建湖滨小学，以孔家洼旧城改造为契机，在湖滨小学以南，划拨部分用地新建教学大楼，同时对位于学校以西的三层教学楼进行扩建，解决目前或将来阳光国际、丽景湾、时代豪邸、都市桃园、湖滨翡翠城等小区适龄儿童就学问题。三是新建提质。按照义务教育学生“就近入学”要求，高标准建设一批小学。针对新星小学校园面积过小（仅 3 亩）、新规划的“天马小学”与新星小学距离较近及九江日报社周边没有小学的实际情况，将原规划新建“天马小学”的九江粮食学校用地划拨给浔阳区，整合新星小学高标准新建一所小学，解决世豪名置、梅园小区、香榭丽舍、浔虹小

区等区域内适龄儿童就学问题。以整流器厂片区改造为契机，划拨30～40亩教学用地，高标准新建一所小学，缓解湖滨小学压力。充分整合土地资源，在人民路以西、桃园路以南交界处规划新建一所小学，解决幸福里、华宝花园等小区以及靠近十里转盘西边区域内适龄儿童就近入学。争取市政府支持，在长虹东路以北、曹家山复建址以南规划新建一所九年一贯制义务学校，解决长虹东路、曹家山复建址以及新京九市场等片区适龄儿童就学问题。

（三）加大投入，不断改善义务教育均衡发展办学条件。

经费投入不足，是制约义务教育均衡发展的主要因素。义务教育法规定，义务教育经费投入由各级政府承担。为此，区政府要以利长远为根本目标，把不断增加和保证义务教育经费投入作为履行义务教育均衡发展职责的硬性要求。特别是针对薄弱学校，在政策和投入上要给予倾斜。要保障法定教育投入，确保城市教育费附加足额征收到位、全额用于教育，落实国家关于从土地出让收益中提取10%用于教育的规定，不断提高教育投入占GDP和财政收入的比例。区教育行政管理部门要加大向上争取教育资金的支持力度，争取市政府确定一个基数、每年按一定的增长比例返还部分教育费附加给浔阳区，不断拓宽义务教育均衡发展资金渠道；要摸清每个学校的具体情况，按照轻重缓急，做好预算，整合好有限的教育资金，突出重点，合理分配；要制定标准化建设目标，对学校建制、场地与校舍、设备与设施、校长与教师、课程与管理等方面做出明确的量化要求和具体的发展标准，使全区学校分期分批达标，缩小城区教育资源配置不均的差距。创新教育投入模式，通过教育用地按成本划拨、返还基建附加费等形式，建立“政府主导、市场参与、产权明晰”的义务学校建设模式。积极争取社会各界理解与支持，鼓励社会各界开展形式多样的捐资办学、助学活动。

（四）优化资源，努力提升义务教育均衡发展教育质量。

强化学习培训。完善教师培训机制，设立教师培训专项基金，努力为教师培训创造条件，重点资助和扶持薄弱学校教师进修培训。充分利用远程教育、“名师示范课”、外出学习等方式，加强对教师的学习培训力度。开展“双师”活动，由区教育行政部门以聘任书的形式确定一名名师，对新任教师或薄弱学校教师实行“一对一”跟踪帮扶指导。畅通交流渠道。强化“联合办学”模式作用，完善长效的结对帮教机制，发挥柴桑、湖滨、东风、浔阳等小学优质办学条件和先进办学理念的辐射带动作用，实现优质教育资源顺畅流动和充分利用。探索建立校长流动机制，鼓励名校校长和有潜质的年轻后备力量到薄弱学校交流任职，为薄弱学校注入优良的管理教学理念、方法。探索建立名师流动和帮扶机制，鼓励优秀教师到薄弱学校交流支教，在评优评先或职称评聘上，对在薄弱学校工作或对口帮教经历的教师优先考虑。稳定教师队伍。科学预测适龄儿童增长人数，合理制定教师补充长效机制，满足义务教育师资需求。充分发挥中心城区优势，广泛选聘优秀教师充实全区教学队伍。继续保持和不断提高教师待遇，确保教师队伍持续稳定。重视工作在教育一线不在编教师作用，对于那些责任意识强、教学水平高、工作时间长的不在编教师，通过财政适当补助、政府购买岗位或按一定指标择优招录等形式，提高其待遇，稳定其思想。完善招生机制。在坚持义务教育阶段“免试入学、就近入学”的前提下，实行“微机派位”制度，完善招生程序，增加招生透明度。坚决取消“重点班”“择优班”，均衡分配生源，缩小校际之间、班级之间、班级内部生源差距。鼓励学校，特别是薄弱学校探索开展“小班化”教育模式，充分挖掘教师特长和学生喜好，不断拓宽特色办学之路。

执笔人：龚前旺

2013年11月

规范引导　扬优成势
扎实推进浔阳现代物流产业快速发展

九江自古就以其通江达海的优势，成就了“三大茶市”“四大米市”的辉煌历史。而今，九江交通空前发达，水、陆、空纵横交错。浔阳作为九江的中心城区，发展现代物流业更具得天独厚的条件。

一、发展意义

现代物流业是以现代运输业为重点，以信息技术为支撑，以现代制造业和商业为基础，集系统化、信息化、仓储现代化为一体的综合性产业。

1．加快发展现代物流业是优化区域产业结构，振兴第三产业的必然选择。根据产业结构发展演进规律，产业结构的发展方向是一次产业向二、三次产业演进升级的过程。现代物流业的本质是第三产业，属于技术密集型和高附加值的高科技产业。三产是我区的优势和支柱产业，发展现代物流业将进一步助推我区第三产业升级。

2．加快发展现代物流业是企业降低成本，提高经济运行质量和效益的有效途径。现代物流是流通方式的一场革命，是企业降低物资消耗，提高劳动生产率以外的“第三利润源泉”。计划经济时代是以生产为中心，生产企业、流通企业库存大，占用资金多，而运输和仓储企业有效货源不足，设施利用率低，导致企业资金周转不灵，经济运行质量不高。通过运用现代物流业，可以提高工作效率、降低生产成本，从而使企业获得更多的利润。

3．加快发展现代物流业是我区优势所在，必将成为新的经济增长点。我国物流业起步较晚，进入21世纪现代物流业发展受到前所未有的关注，国内物流热持续升温，发展势头迅猛。以电子商务物流业态为主的天猫双“11”购物狂欢节支付宝成交额达350.19亿元，其增长速度为爆炸式。而我区有商贸物流的传统优势，必将迎来现代物流业发展的春天，为我区经济增长注入新的活力。

4．加快发展现代物流业是改善投资环境，扩大对外开放的迫切需要。发展现代物流业是增强企业国际竞争力的手段、是经济运行机制和管理理念与世界接轨的重要手段。可以说，现代物流业的发展壮大过程，实质上也是经济运行和经济发展理念的现代化、国际化过程。浔阳区作为中心城区，理应走在前列。

二、发展现状

近年来，我区开始重视物流业的发展，已出或将出台的《浔阳区沿江发展规划》《浔阳区现代服务业发展规划》《浔阳区沿江物流集聚区发展规划》等文件中，对现代物流业的发展提出了新的部署和要求，我区现代物流产业发展也步入了新的黄金期。

1．物流优势不断凸显。浔阳区有交通便捷、信息发达、资源丰富、金融集中等方面的优势，这些优势为我区发展现代物流业提供了有力支撑，而且其作用正在不断凸显。在城区，以大卖场为核心，形成了包括联盛、派拉蒙、沃尔玛等大型超市为龙头的商品零售业营销网络，加上日益兴起的直销网络、配送速递等，极大提升了商贸流通的服务水平。在城郊，以副食、蔬菜、水产、家具等专业大市场为核心，以农贸市场为补充，全区的商业布局和设施日益齐全，大商贸、大流通格局初步形成。

2．发展速度突飞猛进。随着工业化水平和经济外向度的不断提高，物流业呈爆炸式增长态势，在浔阳工商登记注册的物流企业、个体工商户为34家；加上在市工商登记和存在于城区没有登记的物流运输、仓储企业、货运信息部等物流业主体不完全统计超过300户，较大的有风顺物流、长运物流、三鑫物流、长东物流、烟草物流、和平物流等。其中城区运管局调度的15家物流企业，运力为1933.3吨位。我区今年1—10月三产税收80238万元，其中，交通运输仓储及邮政业完成税收2318万元，同比增长11.1%，批零贸易税收36504万元，租赁和商业服务业税收3964万元；16家物流企业纳税2837万元，如果从大市场、大商品、大物流概念出发，我区物流业税收超过3亿，约占全区财政收入的20%左右。

3．物流园区初具规模。近几年，我区全力打造沿江现代物流业集聚区，现已集聚了30多家各类物流企业和机构，其中，包括新雪域、长东、琵琶湖、新京九等十多家大物流项目。项目总占地1400多亩，总投资近60亿元。预计项目全部建成运营年交易额超过200亿元，新增税收超亿元。

三、发展困难

近些年来，我区的物流业虽取得有了较大发展，但整体上还处在传统物流业态，绝大多数产业与物流业衔接不畅、效率较低，区位优势尚未有效转化为物流中转优势。主要困难和问题有：

1．物流产业水平不高。我区物流业仍采用传统运作方式，社会和企业对现代物流业的认识不深，物流领域无序竞争，突出表现在小、散、乱，形不成规范化经营和规模化发展，这种粗放式的经营模式不仅恶化了物流行业的发展环境，同时也造成了资源的浪费，急待用统一的标准进行规范整合。随着开发区现代综合大市场、庐山区宏大五金商贸城、禧徕乐大市场等的建成运营，必然给我区现代物流业的发展带来商户流失、客源减少、交易降低等巨大冲击。

2．物流信息平台不足。目前我区第三方物流比较落后，物流技术标准不规范，各种运输方式之间不能有效衔接，物流信息的发布和获取还停留在电话联系和口头通告的层面，尚未达到共享共用，造成物流企业间以及物流企业与制造企业间的信息不对称，导致车找货、货找车、货找库、库找货的现象，极大地影响了企业运作效率和行业整体竞争力的提高。

3．现代物流人才匮乏。人才是物流产业发展的关键要素。随着我区物流业的快速发展，企业普遍存在物流专业人才匮乏、管理水平低等突出问题。我区物流业从业人员主要以仓储和运输服务人员为主，普遍缺乏现代物流经营、管理和运作的相关理论知识和业务技能，特别是缺乏物流方案设计运作、信息处理方面的人才，员工的服务意识，经营意识与市场要求还有一定的差距，这些制约了我区物流业的发展。

四、发展建议

站在新起点，江西正在掀起新一轮大发展，作为“昌九一体”北端的浔阳区，要依托“双核战略”，紧紧抓住国家支持物流业发展的政策性机遇及省委省政府加快推进全省服务业发展和加快沿江开放开发的难得机遇，充分发挥区位优势，大力发展沿江现代物流业。特建议：

1．立足于“高”，用战略的眼光定位现代物流业。一是转变旧有观念，充分认识物流。利用各种媒体、各种形式大力宣传现代物流业，普及物流知识，加深各界对发展现代物流业的认识，切实转变“运输”就是“物流”“商品城”就是“物流园”的观点，树立长远发展、整体发展的政绩观，把现代物流提到与总部楼宇同样重视、同步发展的高度，通过政府推动和舆论宣传，努力形成发展现代物流业的良好机制和氛围。二是借鉴先进经验，定位发展模式。美日是世界物流业的领头羊，美国以市场为主体，日本以政府为主导，长期以来形成了自己行之有效的模式。随着互联网的发展，世界上以电子商务为主的第三方、第四方物流正迅猛发展。在目前情况下，我区可考虑以政府为主导模式，规范引导物流业发展，然后过渡到以市场为主，依托现代信息科技，大力发展电子商务物流模式。三是明确责任部门，加强组织引导。物流行业的经营管理涉及工商、公安交警、运输管理、税务、商务等部门，在我区有似乎又没有一个物流主管部门，大家对物流业基本情况都不明。政府要建立物流业一体化管理机制，明确一个责任部门（如三产局）主抓物流，各职能部门加强协作，共同作战，形成合力。责任部门对全区物流业态进行一次深入调查，摸清底数。同时积极支持我区物流行业协会的建立和发展，充分发挥行业协会在普及行业管理规范、推广技术标准、交流行业发展信息、沟通和联系行业内企业等方面的作用，推动地方物流统计工作，促进行业自律。

2．服从于“好”，用科学的理念谋划现代物流业。一是突出发展重点，做好三方物流。第三方物流是指生产经营企业把原来属于自己处理的物流活动，以合同方式转给专业物流服务企业，同时通过信息系统与物流服务企业保持密切联系，以达到对物流全程管理和控制的一种物流动作与管理方式。目前，我区第三方物流企业少、基础差，智能化、自动化仓库少，不能满足物流市场的需求。我区在加快新雪域等物流园区、京九等商品市场建设的同时，要制定促进和推动第三方物流发展的相关政策，从资金和政策等方面给予支持，帮助企业排优解难、完善服务功能；积极拓展第三方物流规模，鼓励工商企业物流外包；积极引进具有国际竞争力和集合物流能力的第三方物流企业；不断加强同周边地区的经济合作，拓展第三方物流合作领域的广度和深度。二是依托岸线码头，做好沿江物流。水运自古以来就以其运量大、运费低而著称于世，世界许多城市都是因水而生、因港而大，九江要建成特大城市同样不例外。我区有基础、有条件，但11公里长江沿岸30多个权属码头、50余个泊位，利用率不足五成，我们应充分发挥这些港口码头的作用，优化综合、件杂码头，推进水公铁多式联运，打造沿江物流精品区。三是搭建便捷平台，做好电商物流。2013年9月，省政府批复将电子商务列为我省继光伏、航空制造、绿色食品等之后的第十一大战略性新兴产业，表明电子商务在我省经济发展、转型升级中的新地位，也为其发展迎来了新的艳阳天。我区可不断完善通信、网络等软硬件设施，对在建或者拟建的商务楼宇规划建设一部分以电子商务为主营的商务大楼。特别是加快京九国际商贸城实体与虚拟工程建设步伐，打造线上线下相融交易的样板。

3．着眼于“大”，用跨越的勇气助推现代物流业。一是出台优惠政策，加大发展力度。对落户我区新办独立核算的物流企业，在市场准入、工商登记、财税政策等方面予以适当倾斜。对符合条件的物流企业，优先向国家、省申报A级物流企业。对列入重点扶持发展的大型连锁经营、物流配送、物流快件企业，其配送车辆争取由市交通管理部门颁发统一标识，适当放宽白天进入市区的限制，在城区的行驶路线、停靠地点等实行“绿色通道”政策。实施优惠的用地、用电、用水政策，对土地出让金奖励部分给企业发展再生产，水、电价格在报经省、市有关部门批准后，按工业用水、用电标准收取。实行税收优惠，对“营改增”后税负增加的企业适当补贴，参照企业物流运量、油价、物价及税率等多方面因素制定出适合我区物流业发展的补贴政策。二是整合物流资源，做大物流龙头。坚持以市场为主导，以资本为纽带，对分散在市区中的裕华、中百站、原化工厂周边等的物流资源通过联合、兼并、拍卖、撤销等多种形式进行整合，按照专业化、信息化、自动化的要求，积极引导多种所有制经济形式进入现代物流服务领域，形成一批功能齐全、设施完善、服务规范的现代物流龙头企业。在城区实行“一对多”的统一配送、集中配送、共同配送的社会化服务模式，集约资源，提高效率，从而解决“最后一公里”配送难问题。建设培育以物流园区为核心、以物流中心为骨干、以配送中心为基础、以社区物流站点为补充的物流网络体系。三是依托信息科技，打造公共平台。物流信息公共平台建设属于物流行业的高端，对物流业的实地运行具有强大的支撑和促进作用。上海市政府联合商务部共同支持建设的“56135物流服务平台”是目前国内最大的物流电子商务平台和物流资源交易平台。江西在物流信息平台建设方面还处于起步阶段，我区可考虑抢占这个先机，充分利用省级专项资金，运用现代信息技术，建设我区商贸物流信息平台和行业性的物流信息电子网络为骨架的信息体系，尽快吸纳物流企业、物流中介、运输经营户以及工商企业用户入网发展。加强物流信息建设，建立地区之间、企业之间、各专业市场之间信息沟通和交流的机制，实现物流资源共享、信息互通。支持企业运用现代信息技术、现代物流管理理念和方法，采用先进物流技术和自动化、智能化的物流设施设备，开发应用企业内部的网络信息系统，提高企业技术管理及其运作水平，提高物流的运作效率，降低企业物流成本，全面提升我区物流信息化综合能力。四是加强人才培养，提供智力保障。组织机关、企业相关人员到发达地区学习考察，开阔视野。大力引进现代物流产业人才，对物流企业引进的高管人才，优先提供公租房、安排子女入学等。依托本土高等院校和有关企业联合办学等多种方式，尽快造就一批具有丰富的专业知识，熟悉国内外物流管理和技术的专门人员。要坚持实际、实用、实教的原则，通过短期教育、在职培训等方式，尽快实现现有物流业人员的知识更新，逐步实行物流从业人员的职业资格制度。

执笔人：高雄

2013年11月

关于加强市容管理工作专题调研报告

按照年初工作安排，经请示主席同意，在区政协朱少芬副主席的带领下，区政协港澳台侨委员会组织部分委员，视察了丁官路莲花池环卫职工宿舍和新建南门口公厕，并就加强城区市容管理工作召开了座谈会，专题听取了区市容管理部门对进一步加强城区市容管理工作情况汇报。现将调研情况汇报如下。

一、工作现状

浔阳区作为中心城区，担负着城区主次干道和居民小区路面清扫保洁、垃圾收集处理、公厕运行管理以及路面洒水冲洗等重任。截至目前，全区共有环卫干部职工1218人（其中正式工162人，临时工824人，社区保洁员232人）；道路清扫面积约275余万平方米（其中主次干道约200万平方米，小区路面75万平方米），日产垃圾150余吨；拥有二级生活垃圾中转站1座，垃圾中转台14座，环卫专用车辆108台，水冲式公厕50座。近年来，在区委区政府的高度重视下，通过全区市容系统工作者共同努力，我区市容管理工作取得了明显成绩，主要表现在：

一是基础设施建设不断加强。近年来，区财政平均每年约以10%的增长速度，加大对市容管理工作的投入力度，2013年，全区市容管理投入达到6000余万元。尤其是在基础设施建设方面加大了投入力度。近年来，区财政先后投入2亿元打造了大中路步行街；投入1500万元新建了生活垃圾二级中转站，每年投入300余万元，购置了环卫车、垃圾容器、集装箱、果壳箱等基础设施。2014年市区两级政府共同投资，由市执法局牵头，在我区新建和改造公厕30余座，特别是2013年区政府投资40万元，高标准打造了南门口公厕，进一步改善了两湖周边环境。环卫设施的改善为加强市容管理工作奠定了坚实基础。

二是环卫工人待遇不断提高。为提高环卫工人福利待遇，区政府多次对环卫临时工人工资进行提标，临时工工资由2008年的每月480元提高到现在的每月1265元。特别是今年区政府为每位临时工购买了工伤保险、养老保险和医疗保险，解决环卫工人的后顾之忧。区市容管理部门完善了环卫工人关爱机制，坚持环卫职工生病住院上门探望、寒暑作业现场慰问、困难家庭结对帮扶、人身权益法律维护等制度。设立了环卫工人慈善基金，对环卫工进行临时帮困。

三是市容工作理念不断创新。近年来，区市容管理部门不断创新市容管理思路，在改善城区市容环境上出亮点、树品牌。积极推行开放式小区物业管理。自2012年开始，市容部门选择18个开放式小区进行全面综合整治，通过修路面、刷墙体、清垃圾、添设施、建民约、定新规，成功打造出互助式、庭院式、新村式等具有时代特征和浔阳特色的开放式小区。积极打造样板工程。选择10条道路打造样板路，设置路牌路标，完善设施建设，明确责任主体，公示量化标准，加强监督巡查，坚持净化、亮化、绿化、序化、美化等“五化”标准，使样板路真正成为畅通路、惠民路、和谐路。积极推行“一把笤帚”试点工作。为解决社区市容环境卫生存在的管理部门多、相互扯皮多、卫生死角多、验收标准多等“四多”现状，将过去社区负责管理的环境卫生改为由环卫所统一接管，实行一把扫帚扫浔阳，提升小区的整体保洁质量。截至目前，全区共对大华、景馨、杨家村等9个开放式小区（村）进行了综合整治，完成滨江路、青年路、环城路等8个环卫样板路段全新打造，在濂溪和丁官路2个社区开展了“一把笤帚扫浔阳”试点工作。

二、存在的主要问题

1．运行体制有待完善。市区之间，市容管理涉及交警、市政、园林、河道、城管执法等多个部门，各部门职责错综复杂、相互交叉，城区市容多头管理，导致职责缺位。如城市车辆乱停乱放罚没收入、渣土、广告管理费由执法部门收取，这些收入每年过千万元，但下拨到三区用于市容管理的很少。部门之间，各街道办事处负责城区主次干道、社区的清扫保洁及垃圾清运工作，各市容所、社区的人、财、物归各街道办事处管理，市容局与市容所之间只限制在业务上的指导、督促层面，不能从深层次对其进行管理制约，而市容所与社区之间虽同属街道办事处管辖，但因经费、人员等因素的影响，也经常存在相互推诿，互相扯皮的现象。

2．市容投入有待增加。一直以来，区政府不断加大对市容管理工作的财政投入力度，每年在城市管理工作上投入6000余万元，但仅靠区财政有限的财力根本满足不了城区市容管理工作的实际需要。一是环卫设施设备得不到及时更新。例如，全区大多数垃圾中转台都处在超负荷、超年限运作状态，虽然对中转台进行过维修、保养，但因设备过于陈旧老化，存在安全隐患；大部分作业车辆由于垃圾的腐蚀性，车辆损耗严重，每年用于车辆维修、保养等费用大约在15万元；全区电瓶车每年更换电瓶和维修保养需经费18万元等。二是清扫保洁经费严重不足。2005年，区财政核定小区路面保洁经费为每年每平方米1元，此标准一直保持到现在，这给小区路面保洁造成很大的压力。三是环卫工人保障经费压力较大。近年来，环卫工人工资几经上调，但相比之下，环卫工人工资水平依然偏低；而且环卫工作是个高危工作，工伤事故时有发生，对财政压力不小。

3．队伍力量有待加强。在执法力量上，按照住建部关于《城镇市容环境卫生劳动定额》规定，市容环境卫生监察、执法人员的定员数按城市人口的万分之三至万分之五配备。根据这个标准，我区应配备执法人员200余人，而实际只有83人，执法力量严重不足。在环卫力量上，由于环卫工作属高危行业，突发疾病和交通事故频率较高，而且环卫工人的社会地位和福利待遇普通偏低，导致了环卫队伍长期出现“招人难、留人难”现象，环卫工人队伍不稳定。大部分环卫工人年龄偏大，多为农民工及城区老弱病残等困难群体，且文化素质不高。

4．社会认识有待提升。在领导和职能部门层面上，由于部门利益驱动，往往导致管理向利益倾斜，规划向开发让路，环境向建设让步，使城市的公益设施、基础设施的规划设计和建设滞后，一些新建小区、居民集中点、商业繁华处、公共活动区、农贸集中地和城市主干道环境服务设施严重不足，服务功能较差。在城区居民层面上，由于市民文明素质参差不齐，有些市民平时没有养成良好的卫生习惯，垃圾乱丢乱倒，街头随意散发传单，宠物在公共场所随地便溺等现象较为突出，对这些不文明行为没有有效的管理处罚措施。

三、几点建议

1．争取支持，逐步理顺市容管理工作机制。积极争取市政府及相关职能部门重视，在执法力度、管理经费上给予政策支持。一是建立城区市容管理综合执法联席会议制度（或派驻制度），将宣传部门、城建规划、市政建设、园林绿化、城管执法、物业管理等市直部门列为联席会议成员单位，区政府作为牵头单位，市直各部门抽调相关负责人，联席会议办公室设在区市容局，负责日常具体工作。在城区市容管理过程中遇到问题和困难，各部门全力以赴，各负其责。二是加大对城区市容管理的投入力度，实行城市管理市区两级共同承担，按照“属地管理、费随权转”原则，市财政通过以奖代拨的方式，从城维费、广告费、渣土运输费、停车管理费等费用中，按一定比例返还给我区，作为城区加强环卫设施建设、提高环卫工人待遇的经费。三是要科学规划，将环卫设施建设纳入具有一定规模的新建小区建设规划，要求开发商自行建设小区垃圾中转台交付辖区政府，经市容管理部门验收合格后，城建规划部门方可签发相关许可证件。每年小区物业管理部门要从物业管理费中，适度安排相应经费确保小区垃圾中转台的正常运转和管理。将工地管理处罚权移交给辖区政府，使辖区政府掌握执法主动权。

2．拓宽渠道，不断探索市容管理市场化运作。按照政府投入为主导、社会参与为补充的投融资机制，积极争取市政府对城区市容管理工作的投入力度，建立健全区政府对市容管理工作的财政投入长效增长机制。一方面按照“积极稳妥、量力而行、分步实施、全面推广”的原则，不断探索市容管理工作市场化运作机制。借鉴东湖区先进做法，结合浔阳区实际情况，可先期在条件比较成熟主干道、步行街、小区路面清扫，或针对“牛皮癣”清理、垃圾桶更换、保洁等具体工作划分为若干个标的，对外公开招标，通过规范、公开的开标程序和评委会公正、专业的综合评定等，选择有一定资质的专业公司，核定经费基数及增长机制，明确责任、考核和奖惩机制，面向市场购买服务。另一方面积极探索环卫投融资改革，鼓励社会资金投资环卫事业，提倡社会各界以捐赠、资助等形式支持环卫事业的发展。有效整合市容设施设备资源，设置广告宣传栏以及利用垃圾箱分布广、数量多的优势，对外出租广告位，弥补市容管理工作经费不足。

3．加大投入，不断提升环卫工人待遇水平。进一步提高一线环卫工人工资待遇和社会地位，稳定环卫工人队伍，提高环卫工人服务能力与水平。通过申请公租房等政策性住房优先照顾外来环卫工人等方式，不断改善环卫工人住宿条件；逐步为所有环卫工人解决工伤保险等社会保险，帮助解决环卫工人子女就近就学问题，消除他们的后顾之忧；充分发挥好环卫工人慈善基金作用，帮助环卫工人克服暂时困难；积极开展各种形式的评比宣传活动，提高社会对环卫工人和环卫事业的认知和支持。进一步提高小区路面保洁经费标准。据了解，目前哈尔滨、杭州、重庆等地小区路面保洁经费标准为每年每平方3.2元、5.38元，5.8元不等。根据实际情况，建议我区小区路面保洁经费调整到每年每平方3元。与此同时，进一步争取市供电公司和自来水公司的支持，力争实现居民生活垃圾袋装费与水费或者电费捆绑，解决生活垃圾袋装费收费难题，逐步平衡市容环卫工人与社区保洁员之间的工资待遇差距。

4．创新思路，不断提高市容管理工作水平。一方面积极探索市容工作网格化管理。珠海市在2013年8月份出台了《珠海市城市管理执法网格化工作实施方案》，借鉴他们先进做法，我们可以根据执法管理难易程度、任务轻重、区域大小及人员配置等因素，以社区为基本单位划分若干管理网格。网格划分做到全面覆盖，横到边、竖到底，不留空白区域，不交叉重叠。网格管理按照“定点、定员、定职责”的“三定”要求，明确各网格区域的管理范围、责任人和管理职责。每个网格单元明确一定的面积、经费和人员数量，并细化网格督查考核评比机制，真正做到无缝对接、精细管理。街道办事处主要负责人为网格总责任人，街道环卫所和执法中队为分管责任人。市容管理部门负责对5个街道网格内的卫生的巡查、考核、通报、奖励以及相关问题的协调处理。另一方面积极探索市容工作数字化监控。2005年，建设部向全国推广“数字城管”新模式，截至目前，已有51个城市被建设部确定为试点城市。建议充分利用和依托市执法局“数字化城市管理”、人防地面指挥中心、大中路步管办和区信息中心的网络信息资源，建立市容管理数字化平台，实行市容管理工作日常指挥、上下协调、投诉处理、舆情收集、巡查考核、突发处置等智能化管理，实现覆盖全区、科学定位、城乡一体的数字化管理。市容管理数字化由区市容局为实施主体，具体负责“数字城管”课题调研，制定相关标准、规划、方案，编制近、中、远期规划，负责城管信息指挥中心和协同处置中心的立项和建设任务。区信息办、人防办、大中路管理办、各街道办事处协调配合。

5. 加强引导，不断浓厚市容管理工作氛围。一是加强市容管理工作宣传力度。通过创建文明街道、卫生模范社区、示范小区、卫生模范户等活动，增强市民文明意识。广西岑溪市、重庆市黔江区等地在电视台、报纸等平台开设了专栏，对市民不文明行为进行曝光，对屡教不改的违法违规者，按照规定予以处罚。借鉴他们的做法，建议争取支持，在九江电视台设置《城市之窗》专栏，或利用《中国浔阳网》，宣传城区文明行为，对不文明现象进行曝光。在重点地段设置专题公益广告等方式，引导市民规范文明行为。通过在九广交通频道设置专题节目，增强司乘人员的文明意识。通过学校专题板报、专题教育课以及利用学校“家讯通”等方式，由学校教育学生，达到带动家庭文明意识提升的目的。二是发挥社区群众参与市容管理积极性。主动搭建与市民群众沟通互动的新平台，设立群众快速反应或投诉电话、信箱或微博等；充分发挥社区居民自治作用，以“社区主导、居民参与、和谐劝导、共同受益”为原则，在条件较好的社区组建相对固定的市容文明劝导队，使各试点区域市容文明劝导工作常态化、制度化、科学化、规范化，搭建社区居民自觉参与地区城管事务的平台。三是制定市容管理工作惩罚措施。建立举报有奖制度，发挥网络、手机随拍、微信、微博等现代信息技术作用，对举报市容环卫方面不文明现象给予一定的奖励充分调动群众参与的积极性和主动性。对多次违规的不文明行为给予相应惩罚，如对多次违规的渣土清运车辆或公司实行“黑名单”制度，凡被列入“黑名单”的，除给予一定数额的罚款外，规定其在一定时期内禁止从事清运和参与运输方面的招投标活动。

执笔人：龚前旺

2014 年 6 月

“三调联动” 分类处置
打造“启和”调解的浔阳模式

调解是化解矛盾纠纷，维护社会和谐稳定的重要手段。当前我国正处在社会转型阶段，也是社会矛盾的凸显期。矛盾纠纷的形式由原来相对单一性向复杂性、群体性、跨地区、跨行业转变，仅仅依靠人民调解等单一手段，已不能适应新形势发展的需要。近几年，我区通过推行社会矛盾纠纷的“大排查、大调处”，着力减少初信访源头，清除社会不稳定因素，起到一定的效果，但民事纠纷大量集中在基层派出所的现象仍然没有改观。2013 年 4 月，区综治办、区司法局、区公安分局协商研究，决定在甘棠街道六角石社区设立“启和调解室”，运用“3 + X + 2”的工作模式，力图整合调解工作中的各方力量，形成行政调解、司法调解、人民调解的“三调合一”，来提高调解的针对性、专业性和成功率。“启和”调解实施一年来，取得了较好的效果，特别是在提高调解成功率和减轻基层民警工作压力、释放警力上有明显的成效。今年 2 月和 5 月，这项工作模式已在我区湓浦派出所和人民路派出所施行。通过对此亮点工作的深入调研和到辽宁凌源等地的参观学习，我们也看到“启和”调解只是处在摸索完善的初始阶段，诸多因素还制约着这项工作的创新性开展。主要表现在：

一、运转机制已经建立，但部门协作联动不够，影响到调解整体效果

区综治委在 2014 年 6 月下发的《关于在全区建立“启和调解室”的实施方案》已经明确了区调解工作领导小组的组成及其相关部门的工作职责。甘棠街道六角石社区和湓浦派出所、人民路派出所的三个“启和调解室”按照区调解工作领导小组确定的“3 + X + 2”的模式（其中“3”是指区综治办、区司法局和区公安分局，“X”是指成员中的其他相关部门，“2”是指司法调解员和民警）进行运作，街道司法所的同志参与其中，进行工作指导和法律讲解。但在实际操作中，除公安、司法部门外，其他部门很少介入其中，甚至不知道还要开展此项工作。只有极少的纠纷问题征询到工商局、消协、电力公司、卫生局等部门的意见。对大多数涉及行政部门职能的矛盾纠纷，“启和”调解工作人员只能跟往常一样，请纠纷双方到相关部门去投诉解决。“X”部门协作意识不强，参与调解联动不够，调解人员对一些行政职能认识不清，都影响到调解效力，甚至有投诉人员把矛头指向接警民警和调解人员，认为不履责、不尽力，存在一定的负面效应。

二、“启和”调解工作硬件基本具备，但保障条件还没完全到位，阻碍了其深入开展

甘棠“启和调解室”设在六角石社区内，毗邻甘棠派出所，聘请有1名退休民警和1名实习律师；湓浦和人民路“启和调解室”分别设在各自的派出所内，前者聘请有1名退休副所长和1名社会人员，后者安排1名在职干警并聘用1名社会人员。三个“启和调解室”都有一间办公室，人民路还多了一间小会议室。可见，硬件设施基本到位。但从中也可以看出，各调解室的人员配备并不一致，而且聘请人员的工资待遇只有1500元/月，“三险一金”没有着落，导致有些工作人员的思想不稳定。目前的运转经费靠区司法局、区公安分局来共同维持，且支出名目不符合财经纪律规定，持续运作缺乏经费支撑。虽然“启和调解室”有统一的打造样板和徽标，但在办公条件、品牌形象等方面还没有正规格式，主要原因还是工作经费没有正常来源。

三、调解室工作开展步入常态，但规范性有待提高

在区公安、司法等部门的协作下，全区三个“启和调解室”都已步入正常运行，据初步统计，自成立以来到今年7月底共受理各类民事纠纷480多起，成功调解并签订调解协议420多起。特别是人民路派出所“启和调解室”从今年5月份启动后，在2个多个月的时间里，该所共受理各类纠纷案件348起，出警民警现场调解136起，告之报警人找相关部门处理82起，交由“启和调解室”调解130起，该室使用简易程序70起，使用调解程序60起，完成调解工作达到100%。三个“启和调解室”开展工作都是按照区公安部门统一制定的范本进行操作，流程上比较完善，但在规范性建设上，还有些许不足。如甘棠“启和调解室”设在六角石社区，更多地体现了人民调解；其他两个都设在派出所内，更多地体现了行政调解。聘用的调解人员，有的用在职的，有的用退休的，有的用律师，有的用社会人员，没有统一性和固定性。其能力、品行如何，没有评判的标准和规范的要求。甘棠六角石社区“启和调解室”聘用的实习律师辞职后留下虚位，不能找到合适人员及时补充。另外，司法调解是诉讼内调解，而行政调解和人民调解都是诉讼外调解，它们所达成的协议和制作的调解书具有不同的法律效力，不能使用同一个程序样本，否则程序不合法。只有规范性操作才更有利于“启和”调解模式的打造和全面的推广。

四、调解室工作初显效力，但所起作用有局限性，监督、培训、管理机制没有跟上

从“启和调解室”的运行情况来看，既起到了缓解民警调处压力、释放更多警力到预防控和打击犯罪、维护社会秩序等重点工作中来的作用，又起到了运用各方力量、防止矛盾激化、承办难处理的民事纠纷的作用。虽然从全国调查统计数据上证实，人民调解不能减少民事诉讼案件数量，但大部分的社会矛盾都需要“启和”这样的调解机构作为“中间人”来从中化解，防止矛盾的升级、问题的扩大。我区目前三个“启和调解室”都是放在派出所，或邻近派出所，担任主调的是退休干警或在职民警，一定程度上借助于公安部门的威慑作用，有利于在调解过程中掌控事态的发展，避免矛盾的恶化。但是民警调解只能是行政调解中的重要一环，律师的介入也只是法律服务的一个方面，还有许多民事纠纷的双方不愿或羞于到公安部门去解决，也还有一些干群和部门不知道有事找“启和”。另外，“启和调解”工作的监督管理、人员业务能力的学习培训还没有很好的操作制度，阻碍了调解作用的发挥。

五、“启和”品牌已经唱响，但大调解格局尚未形成，专职化、社会化程度较低

“启和”是区公安分局和区司法局领导根据九江地区解决民间纠纷时常用的口头禅来命名的，是重归于好、和解的意思，非常适合作为调解工作的品牌名称来打造。通过借鉴浙江“枫桥经验”，我区在摸索的过程中，结合实际工作，走出了自己的特色模式。如人民路派出所“启和调解室”与市司法局下属的擎天律师事务所挂钩，律师每星期定时来提供法律服务，起到了很好的调解效果。这项工作，在全省公安系统和司法系统广受好评。然而毕竟只有一年多的时间，“3+X+2”的工作模式方向是对的，但运作起来确有一定的难度，诸如如何发挥出“X”部门的作用、联动工作如何操作，“2”的力度如何把握、范围如何拓展、效力如何评价等。特别是较之《中华人民共和国人民调解法》中强调的人民调解工作的社会化、专职化，以及人民调解委员会的自治性、群众代表性，我们的工作还有差距，需要依托区情来做进一步的完善和提高。

加强“启和”调解，发挥“第一道防线”作用，有利于及时化解矛盾纠纷，维护我区社会稳定。当前，要紧密结合形势要求，大力开展“启和”联合调解工作，建设全方位的调解网络机构，及时分类处置、消化矛盾纠纷，达到息访和息诉的最终效果。

一要树立品牌意识，落实“三调联动”的“启和”大调解工作格局

“启和调解室”的成立，凝聚了区政法部门、公安部门、司法部门的心血和努力。我区要在前面工作的基础上，让“启和”的模式更完善，让“启和”的品牌更响亮。在“三调联动”中，党委、政府要统一领导，具体负责是区综治委、工作指导是区司法局、业务指导是区法院，配合部门是公安、工商、执法等有行政调解职能的部门和工、青、妇、残联等社会组织机构，主要落实单位是基层派出所、街道、社区和各服务窗口。因此，综治委办公室要做好协调、监督和考核；司法局要委派律师事务所、司法所、法律援助中心等人员，主动参与调解工作的指导和宣传；法院要在基层法庭设立“启和”调解窗口，委派人员对全区“启和”工作中的司法调解给予业务指导和帮助；公安、工商、执法等配合部门要安排分管领导和专职人员参与此项工作，哪里需要，都能随叫随到，为之提供相应的职能、政策宣传、解释和服务，并在各自部门设立“启和”调解服务窗口；街道要成立“启和”调解中心，在街道人民调解委员会的领导下运作，建议和司法所合署办公；全区每个派出所和每个社区都要成立“启和”调解室，也可联创共建。

二要规范化运作，打造“启和”调解工作机构

“启和”调解工作机构要进行规范化打造，一是在办公条件上要规范，调解室应统一按照甘棠六角石“启和调解室”的模式来建设，最好能有和当事人双方分开密谈的基本条件；二是在人员选配上要规范。调解室（或中心）要有返聘的退休民警、法官、检察官或法律服务人员作为主调，有选聘的年轻工作人员专门从事记录等日常工作，有公选的社会热心人士参加旁听和陪调，主要工作人员可以通过政府买岗、社会竞聘的形式来招录；三是在品牌形象上要规范。不仅要有“启和”的统一标识，工作人员还要有统一的着装，有岗位牌，有上岗合格证，旁听陪调人员也要衣着得体，态度端正严肃；四是在处理纠纷程序上要规范。现在各个“启和”调解室的调解谈话笔录是按照《治安管理处罚条例》的办案程序操作，但“三调合一”只能是工作合一，办事程序要相应有所区别，是哪种问题就选用哪条程序，特别是司法调解的程序一定要到位。在司法部门工作人员的指导下，可以对行政调解和人民调解的文书进行司法确认，来提高二者调解协议书在法律上的强制力。

三要分类受理，限期处置，形成“启和”调解有效运行模式

通过在基层法庭、派出所、社区、主要行政、企事业单位以及街道办事处等服务窗口设立“启和”调解室（或中心），构建“三调联动”工作网络。同时，根据矛盾纠纷的性质和特点，来分类受理。街道办和社区要安排工作人员每天走访街巷民居，排查、收集矛盾纠纷信息和隐患。能及时处置的，当即进行调解；不能立即解决的纠纷，请矛盾双方到派出所、法庭、街道、社区等“启和”调解室（或中心）去处理。行政、企事业单位的“启和”调解服务窗口主要受理前来投诉的服务对象的矛盾纠纷，由窗口工作人员安排接待处置。派出所“启和”调解室主要受理接警后一时无法处置的矛盾纠纷案件，同时对街道、社区、行政企事业单位等服务窗口未能处置的纠纷案件进行承接。法庭“启和”调解窗口主要受理以上调解服务机构不能受理和无法调解的纠纷案件。要鼓励“启和”调解室和辖区内的律师事务所等机构连手创建，既能起到司法调解联手帮助人民调解、尽快化解矛盾纠纷的作用，又能让律师事务所等部门履行社会法律服务的职责，并从中掌握、跟踪司法案件信息和线索，拓展业务渠道。另外，无论是司法调解、行政调解，还是人民调解，都要把握公正、合理、自愿、尽快原则。特别是在工作时限上，司法调解和行政调解都有较为严格的规定，人民调解也不能为求成功率任其拖延，而应该在相应阶段及时转入司法调解程序，确保公民、法人的诉讼权力得到保证。

四要统一性评价管理，为“启和”调解提供坚实保障

要建立“启和”大调解工作格局，加强统一性

评价和管理是其中的重要一环。区综治委牵头负责，定期召开部署、协调“启和”调解工作的碰头会，每半年或每季度进行一次工作考核评价。司法部门要制定出一套行之有效的管理评价办法。一是把“启和”调解室（中心）的建设水平纳入评价内容。不仅要有活动场所，更要有良好的工作氛围和标准的人员配备；二是把“启和”调解室（中心）的工作方法纳入评价内容，看收集线索是否广泛，接待处理是否主动，处置纠纷是否合理，回避制度是否遵循，谈话记录是否规范，调解程序是否合法等；三是把“启和”调解室（中心）的特色亮点纳入评价内容。每个调解室（中心）都可打造自己的特点和形式。如：行政调解可以在行政服务中心设立“启和”联合调解服务窗口（辽宁凌源司法局就把人民调解服务窗口设在法院办事大厅，一起办公），司法调解可以介入到行政调解和人民调解的后期服务，人民调解可以走向社会、贴近群众；四是把“X”部门的参与力度纳入评价内容。看配合调解时人员能否及时到位，部门的“启和”调解窗口是否起到作用。作为当前及以后的一项重要工作，财政部门应加大支持力度。按照相关法律规定，人民调解工作所需经费应给予必要的保障，对有突出贡献的人民调解员要给予表彰奖励。除日常工作经费外，奖励资金应和调解工作量、调解成效挂钩。相关部门要相互鼎力配合，形成有效运转机制，切实为“启和”调解提供坚实有力的保障。

五要专职化发展，探索“启和”调解的社会化趋势

调解工作是大而繁、小而难的社会性工作。我区“三调联动”的“启和”大调解工作不可能一蹴而就。在当前区综治办、区司法局和区公安分局打造的三个“启和”调解室的基础上，应按照循序渐进的方法，先在各个派出所和条件好的社区铺开（两者可以结合起来打造，甚至一个派出所可以和几个社区共同打造）。等条件成熟，有了较为完善的工作经验之后，再在街道、法院和重点部门推行，继而在全区各个部门、各个行业铺开。“三调联动”中，最重要的还是人民调解工作的创新与落实。在当今创导“小政府，大社会”的工作格局中，“启和”调解必然要走向社会化和专职化。首先，通过实行陪调员制度，让更多的社会热心人士参与到“启和”调解工作中来，培养他（她）们的能力、素养和意志，适当的时候让其中的优秀人员主持调解工作，积累经验。其次，通过放宽政策，引导更多有专业化素质的人才自办社会调解机构，成立像上海“人民调解李琴工作室”那样的品牌，帮助化解社会矛盾，甚至于化解行政纠纷和司法纠纷，减轻行政、司法压力。最后，通过政府购买服务的方式，让人民调解走向自治化，真正做到人民矛盾人民解决，群众纠纷群众调解，从而让行政、司法部门腾出更多的时间和精力来做好分内的事情，而政府只需要加强指导，加强监管，加大扶持，加大奖励。那样，“启和”调解的社会化格局才真正形成，一个春风化雨的浔城将会绽放得更加和谐、美丽。

执笔人：唐平钧

2014 年 8 月 10 日

飞地经济　跨区发展的新探索
——关于“飞地工业”的调研报告

2014 年 9 月 10—12 日，浔阳区政协主要领导带领区政协经科委、区经济服务中心、工信委、工业园办等部门主要负责人和工业企业政协委员到安徽省安庆市大观区、宣城市宣州区、广德县等地调研“飞地工业”发展情况。所到之处，大家深入工业园区、企业车间等考察学习、听取情况介绍，并与当地政府相关部门负责人、政协机关工作人员座谈交流，总体感觉飞地经济模式还需要不断摸索和总结。现根据考察学习情况和我区与湖北省黄梅县小池镇跨区域合作框架协议，结合我区实际，报告如下：

一、飞地经济模式的分类与条件

“飞地经济”是指两个互相独立、经济发展存在落差的行政地区打破原有行政区划限制，通过跨空间的行政管理和经济开发，实现两地资源互补、经济协调发展的一种区域经济合作模式。它的良好运行可为产业转移提供一个新的平台，从而有力推动区域经济协调发展。“飞地经济”是在推进工业化和招商引资过程中，甲乙双方通过打破行政管辖关系，把甲地招入的资金和项目放到行政上隶属乙地的工业园区，利用税收分配、政绩考核等一系列科学的利益机制，扩大两地合作广度，加深两地合作深度，从而实现互利共赢。

（一）飞地经济模式的分类

按照不同的分类标准，“飞地经济”模式有着不同的分类：

1. 按飞地基础建设的投入方式：（1）飞出地投资型，即由飞出地负责全部基础建设投入；（2）飞入地投资型，即由飞入地负责全部基础建设投入；（3）两地共投型，即由两地按照协议共同分担基础建设投入。

2. 按飞地工业基地的管理方式：（1）飞入地管理型，对工业基地进行属地化管理。（2）飞出地管理型，由飞出地派遣管理团队对基地进行管理，对企业进行服务。（3）两地共管型，设立双方长期友好合作的机制，基地管理委员会由双方共同派驻人员。这样既能保证基地服务管理的延续性，又能充分利用飞入地的资源，但前提是双方真诚的合作，高效的沟通。

（二）飞地经济发展的条件

1. 地理相近。地理相近，一方面有利于飞入的企业继续维持原有的业务关系，不会因为企业的搬迁而丢失区域市场；另一方面，地理相近也意味着文化的相通，减少两地企业、政府沟通的障碍。再者，相近或相连的地理位置便于飞出地与飞入地保持天然的联系。

2. 优势互补。要实现双赢，必定要通过合作解决双方的困境所在。或者是人力、自然资源上的优势，或者是市场上的优势。根据调查统计，两地成本的优劣落差要达到1/3以上通常才会产生吸引效应。只有对双方都能产生吸引力，才能实现飞地经济模式的重要特性——“双赢”。在资源分布上，飞出地和飞入地应呈互补态势。一般地，飞出地具有资金、管理和技术优势，地区的经济发展水平较高，同时，飞出地内部的产业结构已经具有相对高度，但却因为过度发展，资源比较匮乏；而飞入地多为自然资源丰富且相对比较落后的地区，经济发展水平低下，产业发育程度不高，技术水平落后进而资源利用率低，同时土地的使用成本也比飞出地低许多。从劳动力资源来看，飞出地属于人才资源密集度高，飞入地则多以普通劳动力为主，这样两者可各取所长。

3. 发展所需。飞入地急需外力带动发展；飞出地有大量的工业企业需要退二进三或退城进园，或者本身已经拥有了一批项目急需要大量工业用地；或是飞出地为培育经济增长后劲，又无土地可用，政府财政实力雄厚，有充足的资金向外投入。具体从“飞出地”来说，飞出地在高速发展中形成的许多夕阳产业阻碍了经济的进一步发展，所以将夕阳产业向落后的地区进行转移可以优化本区域内部的产业结构。通过培育发展一些具有巨大潜力的战略产业，培植壮大主导产业，扶植幼小产业，巩固基础产业，进而调整三大产业的比重，使区域内部的产业结构得到优化升级。区域内的经济增长方式也因此得以转变，产业投入产出效率提高，区域经济总量增加，从而使当地的税收增加。

二、安徽“飞地工业”发展情况

安徽省《皖江城市带承接产业转移示范区规划》公布后，各地加快承接步伐，宣城市委、市政府专门出台了《关于加快“飞地经济”发展的意见》，积极鼓励各地开展合作共建工业园区，2010年前后，发展“飞地工业”在当地几成共识。在调研中，我们了解到当地形成了一些“飞地工业”合作模式，但实际运作中还存在很多不足。

安庆市大观区经济开发区原建成面积9平方公里，后被安庆市经济开发区划走5平方公里，在划出的部分中，不管是市级引进的项目还是区里引进的项目，都实行市、区两级二、八分税制，区得20%。另外，安庆市怀宁县积极引导县内乡镇所属企业入园区，对各乡镇进入“飞地工业”的企业，其工业产值、增加值、税收、出口外汇等由原乡镇（飞出方）统计。

广德开发区汽摩配产业园。主要共建单位为台州市、玉环县汽摩配行业协会等。合作方式是：开发区负责提供土地，完善基础与配套设施，行业协会负责引进项目。该园成立于2010年，规划占地面积3000余亩，已签约落户企业70家，协议投资75亿元。其中投产企业52家，2013年实现产值22亿元。

广德开发区PCB产业园。前期主要共建单位为温州市印制线路板行业协会，后与中国印制电路行业协会（CPCA）也达成战略合作协议，去年又进一步与苏州市相城区开辟新的合作。该园成立于2010年，占地面积1605亩，已签约落户企业40家，协议投资规模41亿元。其中投产企业18家，2013年实现产值18亿元。目前运行良好。

广德开发区还与当地一国有农场合作，农场给出3000亩土地，由广德开发区负责基础设施建设、招商、运行管理等。政府按3.8万/亩价格拿地，分三次结算，第一年支付农场1万/亩，以后分项目引进、投产时支付。在利益分配方面广德政府得税收、土地出让金等利益80%，农场得20%。

我们通过座谈了解到，安徽省委、省政府为进一步加快皖北地区发展，不断探索南北结对合作的新形式，实行相对发达地区支援建设落后地区。如合肥、阜阳两市结对发展，2011年，合肥在皖北的阜阳市建立阜阳合肥现代产业园区，按照“责任共担，合肥为主；市场运作、集约开发；优势互补、合作发展”的原则，立足阜阳良好基础，发挥合肥独特优势，强强联手，由合肥出钱、出项目，阜阳则划出25.1平方公里的土地给合肥，让合肥用五年时间全力打造产业园区。经济统计、税收利益等全部归阜阳（飞入方），合肥（飞出方）不享受一分利润，完全是一种援建方式。

安徽的“飞地经济”更多的是强调共建，还不能完全算是“飞地”，跟真正意义上的“飞地”还是有所区别的。他们的模式只能提供启发性参考。

三、我区与小池“飞地”探析

九江市与黄梅县在行政区划上历史渊源极深，秦时全国36郡，黄梅县即属九江郡；从汉至晋，黄梅县一直沿用寻阳县名；唐宋以来，临长江北岸的小池口镇分属湖北黄梅县和江西德化县管辖；明清时期，九江德化县跨江而治，管辖现今的黄梅县部分乡镇；仅至1936年分江而治，才将九江德化县的江北辖地划归黄梅县管辖。由于历史渊源，九江——黄梅历来人缘相亲、文化相融、商贸相通。从历史和现实出发，提出一江两岸“飞地”战略构想，顺应了时势，能否合作成功，还受诸多因素影响。

（一）有利的方面

1．扩大了九江沿江开发的思路。伴随着推进长江经济带建设这一国家战略的层层深入，随着省委省政府对九江沿江开放开发的大力推动，以及九江打造中部特大城市的战略构想。我区依托长江，探索江南、江北相向发展，在小池开辟“飞地”园区，打造“一江两岸”新浔阳，无疑扩大了九江沿江开发的新思路，为浔阳发展增添了新活力。

2．缓解了我区发展空间的不足。我区为九江市的中心城区，面积较小，仅25.7平方公里，发展空间严重不足，特别是工业用地十分有限且全部用完。如在小池发展浔阳“飞地工业”，自然能拓宽我区工业项目布局空间，破解土地对我区工业经济发展的制约难题，解决发展空间不足的问题。

3．增强了我区工业发展的后劲。工业是国民经济的先导，然而工业又是我区经济发展最薄弱的环节，目前，我区工业经济总量仅约为全市的0.8%，工业税收约为全区财政收入的5%。发展飞地经济、提供项目支撑，将增强我区工业发展后劲。

（二）存在的困难

1．制度性障碍比较多。目前“飞地经济”在项目用地、规划、审批、环评、安评、税收分成、运行统计等等方面缺乏跨省政策支持。如在土地制度上，用地指标的申请、审批以及土地的招拍挂跨省操作存在困难。还有管理制度的问题，对“飞地”内的企业如何管理，是我管、他管还是共管？这需要确定科学规范的管理模式。利益分配制度方面，如何处理飞出地与飞入地的经济利益关系，是发展“飞地经济”的一大难题，这也是最核心、最需破解的问题。

2．协调管理难度较大。“飞地”操作上，两地政府间的政策性问题需要国家和省级政府的支持与长周期的协调。小池开发得到湖北省、市、县全力支持，我区向外省发展“飞地”经济还未得到省级认可，两地行政级别的不同，在实际运作中的协调管理也必然增加难度，无法做到无缝对接。另外在用地指标、规划、环评、安评以及项目建设中和企业运营后的统计、安监等方面的管理问题和税收等利益分配问题都存在协调难。根据“框架协议”：项目审批方面，规划设计我方为主体，小池方参与会审，但在产业政策、投资强度、环评三方面又实行并联审批，实践中能否做到“见章行章、见文行文”又是一个问号？

3．后续不确定因素多。各方的利益是否能得到平衡和有效保护，还有监督与约束机制的缺失会提高飞地工业合作成本，导致并强化地方政府的不合作博弈。因为是跨省合作，地方政府的后续管理、人事变动、政策导向等等因素都是不确定的，这些都将给持续合作带来困难。

四、发展飞地工业建议

通过赴安徽调研，结合我区拟与湖北黄梅小池的战略合作，特对我区发展“飞地工业”提出几点建议。

（一）用战略的眼光定位“飞地”方向，建立健全合作机制

1．充分认识飞地经济对我区的意义。随着经济竞争日益激烈和国家产业结构调整步伐加快，充

分发挥优势，深化区域合作，促进优势互补，实现共同发展已成为一个地方快速发展、赶超发展的现实选择。我区由于空间受限，要获得持续快速发展，必须向外扩张，而发展飞地经济是我们一个不错的选择。

2．争取高层推动建立健全合作机制。飞地经济的发展需要高层高位推动，建议在土地使用、规划、项目审批、环评、安评、税收分成、运行统计、节能减排等等方面要制定切实可行的跨省政策制度、措施，至少要得到两地省级政府的认可。特别是在利益分配方面要坚持互利互惠、合作共赢的原则，制定合理的税收分成机制，根据“框架协议”：“我区落户企业建成投产后15年内，所得各项税费收益由我区收取、进入我区国库，15年后税收分成再行协商”，这些条款需要得到两地省政府的共同认可，否则很可能成为一句空话。同时，我们要与全省沿江开发契合，得到省政策、资金等全方位支持。

3．实行路桥绿卡通信同城减轻成本。为保障双方建设者出入九江长江大桥畅通无阻、减少出行成本，建议对两地政府工作人员和进入“飞地”园区建设发展的企业员工实行“通行绿卡”制度，免出一切费用。同时对两地移动通讯取消漫游费，实现网络同城化（以九江为基），减轻建设者通讯成本。

（二）用前瞻的思维定位“飞地”规划，打造高品位园区

1．坚持高起点规划。科学编制飞地园区“控规”“详规”及产业规划等，坚持做到高起点规划、高品位发展。特别是要进一步解放思想，创新招商模式，通过战略策划、政策引导，争取一批大项目、好项目落户园区。

2．坚持高标准建设。如果我区真正启动小池“飞地”园区建设，对园内的道路等各项基础设施建设，若由入园企业各自承担，可能会导致各修门前路、各扫门前雪的“混乱”局面。当然，如果能引进一到两个大项目需要全部用地，基础设施全部由企业建设也是一种好的选择。建议基建由园区管理部门统一组织实施，资金可由入园企业和政府共同承担。要高标准、严要求建设各类路、管、网等，打造标准化示范园区。

3．依托市场化运作。积极引进战略投资者，如有一定实力的房地产开发企业请他们来开发“飞地”，建设工业地产，统一建设、统一运营，租、售均可。或者政府部分投资，建设标准化厂房，筑巢引凤，做好招商工作。

（三）用科学的态度定位“飞地”模式，合理促动飞地经济

1．考量“飞出”动力，合理促动“飞地”发展。我区发展空间不足、工业用地已无，在县域经济千帆竞发、你追我赶的态势下，发展“飞地工业”就成为一种方向。沿海发达地区就是以此来转移自己的落后产业，从而腾出更多的土地来发展战略性新兴产业或者第三产业。而我区作为“飞出方”，也属于欠发达地区，目前，我们没有退二进三或退城进园的企业亟须迁移、需要用地；我们完全靠招商引资在“飞入地”上发展，这样我们的动力不足，理想是否会打折？特别是当前招商引资难度较大的情况下，要引入一批好的工业项目也不是轻而易举之事。如果九江石化产业下游产品项目由我区全权代理，可以考虑将石化下游产业链项目延长到“飞地”园区发展，将会提供巨大动力。另外，可以将浔阳工业园投资强度不够或者一直未达产达标的企业转移到“飞地”园区，从而腾出土地以便引进更好的项目。

2．分析经济效益，实现“飞地”预期目标。土地成本、人力成本以及其他收费成本的因素无疑是飞出、飞入双方政府合作的重要经济条件。我区在小池发展“飞地工业”，要考虑土地成本，根据“协议”我区以3万元/亩的实际价格一次性付清1000亩园区用地的土地出让价，并取得园区土地使用权；但“协议”又指出项目供地由小池统一收储，我方要通过招拍挂方式取得用地。根据国家土地政策，国家要求的地类价与企业实际用地价之间的落差谁来补足？土地出让金如何分配？还有我们给投资客商的地价多少？以及招商、运行、管理等方面的开支等都必须算清。再测算预期税收等，我们实际有多大收益？且工业不同于房地产等行业收益期相对较长，加上成本抵扣、政府奖励等，有的企业数年不能给政府真正带来收益也是常有的，如果我们实施“飞地工业”，建议争取一定的商业配套用地，以弥补工业用地成本。

3．成立共管部门，开展全面协调服务。我们要建立政府主导、市场化运作的区域产业协调发展新模式，建议建立“飞出地”政府与“飞入地”政府共同参加的协商制度，比如联席会议制度，负责

制定区域有关合作的规则，制定区域合作发展规划，研究区域合作的重大问题、重要项目，签订具有约束力的行政协议。建议双方出人力、物力、财力，以我方为主共同建立“飞地园区”管理机构(副县级)，发挥各自比较优势，加强资源、产业、人才等优势互补、全面合作。特别是对入园企业的管理要认真做好规划、招商、审批、建设、协调、运行、服务等方面的工作。

执笔人：高雄

2014 年 9 月

关于浔阳区艾滋病防治工作的调研报告

为贯彻落实中央、省、市委关于开展防治艾滋病工作的重大部署，区政协组成调研组对我区艾滋病防控工作开展了专题调研。7 月 18 日，调研组审阅了区防艾办《关于浔阳区艾滋病防治工作情况报告》的书面报告，听取了区卫生局有关工作情况的汇报。调研组召开了座谈会，区政府分管领导专门参加了座谈会，与政协委员、相关单位代表、一线医护人员等进行了座谈，深入了解情况，广泛听取基层干部、群众的意见和建议。10 月 31 日调研组还组织了区有关单位前往全国艾滋病防治示范区吉林省吉林市船营区调研学习艾滋病防治先进经验。

一、我区艾滋病防控工作的基本情况

我区自 2001 年确诊首例艾滋病病毒感染者以来，到目前管理的艾滋病病毒感染者/病人共 54 人(其中 50 名艾滋病病人全部接受抗病毒治疗，其他 4 名艾滋病病毒感染者接受日常管理)。已发现的艾滋病病毒感染者/病人中以青壮年为主（约占 85%以上)，50 岁以上群体、学生群体艾滋病病毒感染者/病人人数有所上升（50 岁以上的艾滋病病毒感染者/病人由 2010 年的 1 例上升到 2013 的 8 例、学生的艾滋病病毒感染者/病人由 2010 年的 1 例上升到 2013 的 4 例)。

1．领导重视，责任落实，认真做好防治艾滋病的组织实施工作。目前，我区艾滋病防治工作在全区防治艾滋病工作委员会领导下进行，区防治艾滋病工作委员会主任由区政府分管区长担任，成员单位涵盖卫生、宣传、财政、街道等 20 多个单位。区防艾办每年按上级工作要求，适时牵头召开委员会成员单位会议，通报相关工作情况，统筹兼顾全区艾滋病防治工作，根据上年度工作开展的情况和面对的问题进行研究，提出下阶段艾滋病防治规划及有关政策、措施，较好地推动了全区艾滋病防治工作的开展。

2．广泛开展宣传，不断提高社会参与程度

浔阳区目前处于艾滋病的低流行态势，感染率较低，但蔓延速度较快。截至 2014 年 5 月底，全区累计报告艾滋病病毒感染者/病人 167 例（包括非浔阳区户籍人员)，其中死亡 40 例；目前随访管理的感染者/病人累计 51 人。为进一步提高广大群众对防治艾滋病重要性的认识，区防艾办积极采取多种措施加强对艾滋病防治知识的宣传与教育。据不完全统计，2013 年共发放各种宣传资料 5000 余份，悬挂宣传横幅 9 条，接受群众现场咨询约 1000 余人次。同时与公安、计生、妇联、共青团、教育、民政等部门签订合作协议，开展吸毒人群、失足妇女和 MSM 干预、抗病毒治疗、安全套推广、学校健康教育等一系列工作，并支持全区公安、卫生人员开展艾滋病职业暴露与防护知识全员培训，从而加强了各部门之间的合作。几年来，经过辖区单位申请，专家评审，区疾控中心先后与 12 个政府组织、3 个非政府组织、2 个民间团体、1 个学术机构、5 个社区签订合作协议 43 个，使社会参与程度不断提高，全区艾滋病防治工作网络建设初见成效。

3．加大疫情监测，注重重点人群干预，实现有效防控。

区疾病预防控制中心建立了实验室监测网络，2007 年被定为国家级艾滋病性病监测哨点单位，承担国家级吸毒人群、暗娼人群、男性性病门诊就诊者、孕产妇、男男同性恋共四个半艾滋病监测哨点共 1800 人的监测任务，2013 年经检测，共发现艾滋病病毒阳性 5 人（其中既往阳性 5 人)，梅毒阳性 11 人，丙肝阳性 79 人，较好地完成了哨点监测工作。同时，为进一步控制艾滋病的传播途径，我区大力创新工作机制，对高危人群进行分类管理，对家庭生活困难的艾滋病感染者/病人加强关怀支持，2013 年由区疾控中心牵头，先后协助 3 名区艾滋病病毒办理了低保，对 4 名生活困难的艾滋病病人进行关怀，共发放慰问品、慰问金

2000元。

二、外出调研学习体会

1. 船营区基本情况

我们调研学习的船营区是吉林市老城区，总人口46.3万，辖区面积710.8平方公里，辖11个街道、3镇1乡。由于1985—1995年期间，曾设立采单浆站，周边部分农民参与有偿供血，历史原因造成部分农民感染艾滋病病毒。现已发现艾滋病病人及感染者189人，存活135人，其中血液传播65人，性传播67人（同性传播40人，异性传播27人），吸毒2人，母婴传播1人。

2. 船营区的主要做法

一是高度重视，常抓不懈。区委、区政府把艾滋病防治工作列入长期规划，纳入议事日程，先后成立艾滋病综合防治工作领导小组和治疗专家组，治疗专家组纳入内外科、皮肤科等15个专业的专家，为感染者及病人提供及时准确合理的抗病毒治疗方案，为艾滋病综合防控工作奠定坚实基础。

二是突出重点，全面落实防控措施。每年召开不同层面的示范区综合防治工作会议，全面落实各项防控措施。制发《船营区艾滋病综合防治五年工作规划》《年度工作计划》《工作要点》等相关文件，完善防治工作网络，制定工作流程，规范程序及步骤，建立目标管理机制，签订工作目标责任书，层层细化任务，落实属地、部门、单位主体及个人责任，确保各项防控措施落到实处。

三是加大投入，提供保障。区政府投资100万元建成520平方米全省唯一一所艾滋病治疗专科医院船营区关爱医院，并将关爱医院定为全额拨款单位及新农合定点医院，现有正式编制工作人员9人。12年又投入专项资金60.9万元对关爱医院房舍进行改扩建，使就医环境明显改善，为感染者接受治疗提供有力保障。

四是实施救助，体现关爱。自2009年区政府将全区艾滋病病毒感染者及其家属共计290人全部纳入低保范围，并列为农村低保户中的重点保障户，5年来累计发放最低生活保障金277.24万元；此外对有偿供血感染者发放生活补助费每人每年1.2万元，5年累计发放近400万元；鼓励感染者生产自救，扶持致富项目，对有计划致富项目47人进行无偿资助42.7万元，使救助对象100%得到了救助，使感染者生活在同一片蓝天下。

五是成立性病艾滋病防治协会。协会采取人文关怀、社会救助等措施，帮助感染者解决生产生活中的困难。协会向驻区大型企业或商家募集救助资金累计约6.2万元，生活物资价值6000余元，用于资助生活贫困的感染者。为城区生活困难病人寻找救助单位，使其获得救助；为被医院拒绝治疗的病人协调医院，使其得到及时救治。

三、存在的主要困难和问题

调研组认为，近年来，我区的艾滋病防治工作虽然取得了明显成效，但也存在以下一些困难和问题：

1. 艾滋病、性病流行的危险因素仍将长期存在。艾滋病性病防治形势不容乐观。

从调研的数据看，我区的艾滋病疫情应引起高度关注：全区艾滋病病毒感染者/病人发现2011年18例，2012年32例，2013年35例，2014年1－5月新发现23例，艾滋病疫情呈逐年上升趋势。在累计报告167例艾滋病病毒感染者/病人中，感染途径以性传播为主，共计158例，其中异性性传播为123例，同性性传播自2008年发现首例后，已累计35例，上升迅速。从调研的情况看，艾滋病患者人数的逐渐增多、对社会危害增大，我区艾滋病疫情呈现出发病势头迅猛且快速上升趋势，出现从高危人群向普通人群扩散的苗头。存在传播方式更加隐蔽，性传播已成为主要传播途径，男男性行为传播上升明显，易感染艾滋病病毒危险行为人群和流动人群防控工作难度加大等诸多新情况，艾滋病防治工作的形势严峻，不容乐观，务必引起高度重视。

2. 专业人才的匮乏、待遇偏低，成为制约艾滋病防治工作发展的瓶颈。承担全区防治工作任务的疾控中心艾滋病性病防治科，有艾防工作人员5人，但实际只有预防医学专业防治人才1名，且年龄老化，专业的人才匮乏，面对艾滋病疫情的紧迫性和严峻性，无法保质保量地完成繁重的艾滋病防治任务。对服务于艾滋病特殊岗位的医疗人员，要承担着来自病人与社会上的双重压力，而对服务于艾滋病的医疗人员，目前国家还没有建立对其发放津贴补助的相关政策。作为国家艾滋病政策的直接实施人，艾滋病医护人员心态稳定在一定程度上影响了国家政策的实施力度。所以，医护人员卫生津贴的亟待提高很有必要。

3. 防治艾滋病的工作机制不健全。虽然成立了区防治艾滋病工作的领导机构，层层签订了责任状，但抓落实还不够，成员单位和职能部门齐抓共管、协调配合的格局还未完全形成。部门联合行动少，有时只有卫生部门唱独角戏；在治本措施中，传媒机构对艾滋病、性病的公益性宣传开展的甚少；系统、全面的宣传教育在基层单位还有空白地带。

四、几点建议

艾滋病已成为人类杀手，艾滋病的流行成为严重的公共卫生问题和社会问题。当前，我区艾滋病呈现患者人数逐渐增多，患者对象从高危人群扩展到一般人群，上升迅速的严峻局面，必须清醒认识，高度重视，加强艾滋病的防控。

1．积极探索建立、完善与经济社会发展相适应的浔阳区“艾滋病防治”保障和投入机制。保障上，发挥政府主体作用，应稳定增加政府投入，在确保艾滋病防治专项经费列入本级财政预算的基础上，面对我区日益严峻的疫情和繁重的工作量，建立艾滋病防治专项资金，积极完善政府层面的与区经济社会发展相适应的“艾滋病防治”持续经费投入机制，加强艾滋病防治专业机构建设，加快艾滋病防治网络建设，不断提高实验室检测能力，切实保障宣传教育、预防控制、检测、监测、监督、关怀和救助所需的必要的防治资金。投入上，发挥政府主导作用，通过多种形式，动员社会力量，以捐赠、捐助等各种形式，引导社会各界加大对我区艾滋病防治资金筹集工作的支持，积极拓宽经费筹集渠道。

进一步完善以政府投入为主的多渠道经费投入机制，在确保艾滋病防治专项经费列入本级财政预算的基础上，面对我区日益严峻的疫情和繁重的工作量，积极完善政府层面的与区经济社会发展相适应的“艾滋病防治”持续经费投入机制，逐步加大投入力度，加强艾滋病防治专业机构建设，加快艾滋病防治网络建设，切实保障健康教育、人员培训、疫情监测、患者救治、免费匿名检测、免费实行母婴阻断、防治能力建设以及必要的药品采购等经费，重点保障监测和防治机构的基础设施和专业人员培训经费以及常年监测经费。在发挥政府主导作用的同时，通过多种形式，动员和引导企业、基金会、有关组织和个人为艾滋病防治工作捐赠，积极拓宽经费筹集渠道。

2．多措并举，努力破解艾滋病防治工作中的人才“瓶颈”问题。当务之急，要有计划地选调、招考预防医学、临床医学专业人才，列入政府人才招聘计划，要制定艾滋病防治、临床治疗人才培养计划，有针对性地选派优秀医务工作者到大专院校、定点三甲医院进修艾滋病防治技术，参加上级部门组织有专业培训。一方面解决我区防治专业队伍目前“只有一名预防医学专业人员，且年龄老化面临退休”迫在眉睫的难题，组建由不同年龄层次组成的艾滋病防治专业人才梯队，扩大艾滋病防治医师队伍规模；另一方面，从根本上加强防治队伍建设，充实和加强防治力量，建立一支与防治任务相适应的专业队伍，全面提高防治队伍的整体素质。同时，要落实国家对艾滋病防治工作人员的工资倾斜政策，完善收入分配激励制度，稳定防治队伍，调动防治人员工作积极性。关心防治人员的身体健康，积极避免职业暴露感染。根据我区实际情况，对从事艾滋病防治工作人员发放适当的津贴补助的具体标准予以明确。

3．加强感染者和病人的管理，落实“四免一关怀”政策。加强医疗救治网络建设？构建区、街道、社区三位一体的防治体系，提高抗病毒治疗的可及性和规范性，让符合条件的病人尽早、尽快纳入治疗。区人力资源和社会保障局、区财政局、区卫生局、区民政局等部门要认真落实“四免一关怀”政策，对艾滋病病毒感染者和患者提供救治关怀，将经济困难的艾滋病患者及其家属，纳入政府补助范围，按有关社会救济政策的规定给予生活补助，扶助有生产能力的艾滋病病毒感染者和患者从事力所能及的生产活动，增加其收入，使他们感受到政府和社会对他们的关爱。要加强艾滋病防治定点综合医院（区人民医院）能力建设，提高综合诊疗能力，保障感染者和病人的诊疗权益。

执笔人：陈婕

2014 年 11 月

关于我区保障性住房后期管理情况的调研报告

区政协人口资源环境委员会

旧城改造是区委、区政府为改造危旧住房、改善困难家庭住房条件的一项民心工程，也是广大人民群众的迫切要求。近两年来，我区十大片区改造工作取得了显著成效，随着几个安置还房小区全面开工建设、部分房屋已陆续交付使用，为了更好的为小区居民提供生活、管理服务，理顺安置房的管理体系，根据年初政协工作安排，区政协组成专题调研组，由周华副主席带队，区国有资产管理局、房产局、城投公司、政协委员、相关街道参加，采取实地视察、听取情况介绍、组织外出考察、调研座谈等形式，对我区保障性住房后期管理工作开展了专题调研。现将主要情况报告如下：

一、我区保障性住房基本情况

从2013年开始，我区遵循“分片改造、全面提升”的总体思路，坚持“政策倾斜、依法公开、方法务实”的原则，运用了“两优先、三公开、四结合、五同步”的工作方法，全面启动了战备路、封缸酒厂、孔家洼、莲花池、面粉厂、考棚等地的征迁工作，完成征迁面积63.8万平方米，有效的改善了困难群体的居住条件、提升了城市品位、完善了城市功能。为安置这些征迁居民，区委、区政府按照就近安置和异地安置的原则，共建设还房点11个，占地总面积137万平方米，拟建设安置房13000套，已有3676户居民进行了选房签约，已经入住居民2816户。目前，浔安小区、花果园小区已经交付给区国有资产管理局统一管理，大塘村安置小区由街道自行管理。

二、我区保障性住房小区管理中存在的主要问题

通过调研座谈、外出考察，我们感到，一方面，人民群众对我区保障性住房拆迁建设工作非常满意，上级党政组织也给予了充分肯定。特别是调研组实地考察了在全国推广的“徐州模式”的江苏徐州鼓楼区和淮安市清河区，更体会到我区的保障性住房建设无论是覆盖率还是群众满意率方面均步入先进地区的行列，但在另一方面，我们也看到，我区保障性住房工作取得的成绩更多的还是来自于征迁和建设，而保障性住房的后期管理包括基础设施的完善配套、保障性住房小区的规范管理包括物业和单位的职能划分与职责履行等等，仍是一项急需重视和解决的问题，还有相当的难题有待破解。

1．区政府及有关部门尚未出台推进保障性住房建设与管理工作的规范性文件。目前的这种考虑前期“拆”、“建”的规划多、对后期“管”的关注少的思想理念，随着近年来我区保障性住房建设的快速发展，已经有一定的局限性了，不能适应新时期的工作需求，已建成投入使用的不少保障性住房小区亟待由政府出台相关的规范性文件，引导、规范各安置点尽快加强后期基础设施的配套建设与管理。

2．机构职能不健全，我区保障性住房由区国资局进行管理，负责住房的维修、招聘物业公司等等，但就目前的情况来看，国资局在管理中仅仅只能发挥沟通作用，直接影响到保障性住房的后续管理工作。目前，在我区保障性住房小区的建设与管理上，存在着物业难招，招来难管的尴尬局面。现在保障性住房小区居民原来基本都没有缴纳过物业管理费，有部分安置居民对市场化的有偿物业服务方式不理解，不支持，不愿按标准交纳物业服务费用，致使保障性住房小区缺乏规范的物业管理服务。目前，保障性住房小区的物业服务受经费制约，在人员配置、技术设备、管理质量上未能到位，缺乏物业管理专业培训，职业道德、专业技能、应急能力、法律水平等都无法适应工作要求，因此，难以提供社区秩序维持、设施维修养护等规范化、专业化、全面化的物业服务管理。

3．配套基础设施不完善，有的离住户的最低基本生活需求尚存在一定差距，社会服务管理缺位。有的保障性住房小区偏离中心城区，在水、电、气、路、管网、垃圾处理等市政基础设施和公共服务体系不完善。如有的小区缺乏全民健身点、社区服务和社会保障服务站、警务室、老年活动室、幼儿园、超市、农贸市场、社区卫生服务站、银行网点等设施，给居民生活带来了不便利，进而造成小区入住率不够高。

4．保障性住房移交管理遗留问题较多。由于大多数保障性住房项目存在前期建设手续不全，项目投付使用后留下一系列后遗症，给后期使用和管理带来了极大的困难。如有的小区迟迟没有验收、二次供水用电问题、电梯的维修等实际而具体的问题在使用过程中不断暴露，直接影响着住户的生活质量，给现在的管理部门也增大了压力。

三、几点建议

1．建议区政府出台一个综合指导性文件，进一步规范全区保障性住房建设和管理工作。例如我们此次学习的清河区就根据淮安市2013年出台的《关于加强市区住宅小区综合管理工作的意见》制定了实施意见，对保障性住房的管理进行了详细的职责分工、对物业公司的扶持、考核作出了明确规定。以前我区保障性住房工作的重点是“拆建”是“分配”，现在和今后是面临着如何加快完善、规范管理的问题。因此要及时将工作重点转到完善配套设施建设、加强后期管理上来，要通过出台“浔阳区保障性住房小区后期管理工作意见”或“实施办法”，推动我区尽快将保障性住房的建设和管理工作全面纳入规范化运行轨道，实现建管并举、边建边管，使我区保障性住房建设管理工作更上一个台阶。

2. 进一步强化主体责任。强化区行政主管部门监管、街道属地管理、社区居委会协助落实、相关职能部门密切配合的责任体制，按照“因地制宜”和尊重居民意愿的原则，完善和强化社区居委会和物业公司共同参与的“三位一体”管理模式和“上下联动、齐抓共管”的工作机制。

3. 政府要进一步加大扶持力度，加快物业服务市场化运行。要加强保障性住房小区物业管理服务工作，选择专业的物业公司，提供和商品房同等的物业服务，以防形成新的“脏、乱、差”和“三不管”地带。要加强对物业从业人员职业道德、服务技能培训工作，不断提升从业人员素质和物业服务水平，提高广大居民对物业服务的满意度。实行物业管理考核机制，根据考核结果，政府可采用“以奖代补”的形式给予物业企业补贴，调动物业服务单位的积极性。大力宣传物业管理和服务的内涵、特点、作用以及业主的责权利等相关政策法规，引导居民正确了解物业服务双方的权利和义务，自觉遵守小区物业服务有关规定，逐步在广大业主中形成“花钱买服务”的共识，在按照物业服务标准核发物业服务收费许可证的基础上，适时推行安置户渐进交费方式，合理设置安置户物业服务过渡期，逐步实现小区物业管理走向市场化运作的方式。建议政府制订对我区特困户、低保户等低收入群体免收或适当收取小区物业费的规范性文件。江苏鼓楼区对购置安置房资金不足的贫困居民就提供了由慈善基金会先垫付不足资金的做法。

4. 着力构建和完善保障性小区公共服务体系。在规划新的保障性住房项目时，国土、房管、建设规划等各有关部门要联合进入规划环节，共同把关，完善配套设计，提高住建标准，坚持服务内容与居民需求的同步。要坚持对所有开工项目，实行道路、水电、管网、垃圾污水处理、集贸市场，连同教育、卫生、文化等公共服务设施“同步规划、同步配套、同步建设、同步竣工”，每个开发项目根据自身的特点要体现自己的优势（比如养老、托幼等等），切实提高保障性住房的吸引力、入住率。对已建成的小区配套设施滞后或不健全的，由主建单位负责完善和建设。

5. 对保障性住房的建设和后期管理上要有详实的规划，开工建设时政府要提前筹划、各部门要分工明确，各项工作要衔接有序。对在建和建成的保障性住房，要尽快完善相关手续，比如房屋验收、报建手续等等，也便于管理部门、物业公司更好的开展工作。

6. 可以借鉴外地的经验做法。比如徐州鼓楼区对保障性住房采取的是定销商品房建设的做法。鼓楼区作为徐州市的老城区，棚户区相对集中，几年来，先后完成了 39 处棚户区（点）改造项目，涉及改造面积 346 万平方米，今年计划实施项目 37 个，征迁面积 386.73 万平方米。鼓楼区的安置房建设全部采取定销商品房建设的方式，即：政府负责拆迁，安置房建设由开发商来投资，按照商品房模式进行建设，需要还房的居民按照商品房房价可以优先购买，小区的后期管理也都是按照商品房的模式来进行管理，政府不参与任何管理。武汉的做法是：政府在已开发的商品房楼盘选房，用于安置拆迁群众。

执笔人：陈婕

2015 年 8 月

我区电子商务产业发展的前景调查

区政协文卫法社委调研组

李克强总理在 2015 年政府工作报告里首次提出“互联网 + ”行动计划，标志着“互联网 + ”正式上升到国家发展战略层面，这为电商产业发展拓展了新的空间。近年来，随着互联网的普及，电商产业打破传统利益格局和改写传统商业规则，在消费、金融、农业、跨境贸易等各个领域强势崛起，一跃成为发展潜力最快的产业。这给以现代服务业发展为核心的浔阳经济培育了新的经济增长点，也为进一步优化我区经济产业结构提供了有利条件。正是基于这项工作的重要性和紧迫性，区政协文卫法社委在政协领导的带领下，就我区电商产业发展的前景进行了深入的调查，现形成报告如下。

一、电商产业的发展现状

1. 电商产业的内涵。电子商务是指通过互联网签署订单后所实现的商品或服务的交易活动，由于有别以往的市场行为，突破了国界和疆域，而被人们形象地喻为地球上的第七洲——虚拟洲。企业或商家可以在这个“虚拟洲”上构筑覆盖全球的商业营销网，获得全球性的、无限的商务空间，参与全球化的竞争。按照参与主体与客户的不同，电商分为多种形式，B2B、B2C、C2C是其主要形式，而B2B（企业对企业）又是最主要的应用形式。电子商务对社会经济的影响远远超过商务的本身，正在给人类带来一场史无前例的信息革命。

2. 我国电商产业的发展概况。国家统计局发布的调查结果显示，2014年我国电子商务快速发展，全社会电子商务交易额达16.39万亿元，同比增长59.4%。其中，在纯自营平台上实现的交易额为8.72万亿元；在纯第三方平台上实现的交易额为7.01万亿元；在混营平台上实现的交易额为0.66万亿元。到2014年底，我国网民规模达到6.49亿，全年新增网民3117万人，互联网普及率为47.9%。以上数据充分说明，电子商务的迅猛发展，已深刻影响到传统IT市场和传统产业，中国经济发展已经进入“电商时代”。正是基于以上形势，很多地方政府已把发展电商产业列为刻不容缓的工作任务。2013年11月，我省发布了《关于加快电子商务产业发展的若干意见》，提出到2020年电商规模突破1万亿。我市也于2014年出台了《关于加快电子商务发展的实施意见》，推动成立了九江电商行业协会，初步形成共青城市和恒盛科技园两个电商示范基地。

3. 我区电商产业的现状。据工商部门掌握的信息，2014年底我区共有260余家电商企业（含个体），年交易额在10多亿元，电商税收主要为增殖税（国税），营业税（地税）很少。由于上级税务部门还没有对电商税收进行分类统计，目前无法掌握真正纳税情况，区地税局记录的电商企业为11家，只有4家纳税，2014年总税额为20多万元。我区电商中，经营较好的有九江市萨克斯服饰有服公司和江西小红帽网络有限公司等混营平台企业，也有百度江西营销服务中心等第三方平台企业。即将建成的京九国际电子商贸城对我区电商产业发展将形成有力的推动。

二、我区大力发展电商产业的重要意义

一是由电商产业发展特点决定的。和传统商业模式相比，电商产业的最大特点就是高效、快捷、覆盖领域广、成长迅速。据统计，自2006年至2014年，网上零售交易额7年时间内增长了105倍，淘宝网和天猫商城仅在2014年“双11”日交易额就达到571亿元。根据专家测算，今年上半年电子商务领域新增的就业接近2000万，流通行业就业人数已达1.3亿人左右，占全国就业人数近20%，占第三产业就业人数比重超过40%。电商产业的巨大发展潜力，在颠覆传统的商业营销模式的同时，成为推动经济发展的新的经济增长点，同时还带动了金融网络支付、物流快递等相关产业的发展，特别是促进了物流、仓储、配送服务水平的提高，深入到国民生产生活的方方面面，创造了新需求，引发了投资热，为大众创业、万众创新提供了新空间、新机遇。

二是我区产业结构优化的客观要求。我区的传统优势、经济特色和发展路径都在商业服务业。这就要求我们始终把发展现代商业服务业作为推动经济发展的核心和支柱。而电商产业作为现代服务业中成长最快、发展潜力最大的新兴产业，能从根本上拓展和提升我区的发展空间，加速产业间和实体经济间的融合，推动产业结构调整，带动经济转型升级，催生新业态，创造新税源，成为提供公共产品、公共服务的新力量，极大地巩固我区现代服务业的优势地位。

三是企业发展升级的自身要求。电商产业的巨大发展潜力让广大企业经营者意识到，商品和服务离不开电子信息的平台，有了这个电商平台，就如同给企业发展插上了翅膀。国务院今年6月发布的《关于大力推进大众创业万众创新若干政策措施的意见》为我区中小微企业的进一步发展创造了非常有利的环境。据调查，无论业务是面向区外、市外的企业，还是主要做市区两级业务的企业，都希望通过合适的电商平台来拓展业务，宣传展示企业形象和产品。园区企业中，九星运动已组建了电商部门，专做网上业务。楼宇企业中从事电商业务的企业已达22家，目前只占4.5%，还有许多入驻企业正在寻找、搭建电商平台，这对商务楼宇和总部经济的开发提出了新标准和新要求。

三、我区发展电商产业的优劣势比较

（一）优势

1. 区域优势。我区作为九江的中心城区，地理位置独特，文化底蕴深厚，基础配套设施齐全，一直是九江乃至赣北地区的经济、文化、教育和交通中心。得天独厚的区位优势，与昌九一体、沿江开放开发和长江经济带等战略实施的政策因素叠加，能最大限度地吸纳人流、物流、资金流、信息流、技术流等各种要素，使之快速集聚，为我区电商产业发展奠定坚实的基础。

2．产业优势。围绕实施“12345”战略，在巩固传统商贸、饮食服务业、娱乐休闲等产业基础上，大力发展总部楼宇、物流仓储、文旅教育、金融服务等现代服务业。辖区入驻总部楼宇企业已达378家，各类物流仓储企业200多家，各类金融保险机构等20多家，逐步实现由消费型服务业向生产型服务业转型，以总部楼宇、沿江物流、文旅产业等三大主导为特征的现代服务业初具规模，发展电商产业配套优势明显。

3．平台优势。2012年我区作为全市唯一一家被列为省级服务业综合改革试点单位，2014年新雪域物流园被批准为省级现代服务业集聚区，使我区在现代服务业发展上既可以先行先试，在政策资金方面又可得到上级优先支持。另外，由江西万升投资发展有限公司投资建设的京九电子商务产业园与阿里巴巴签署战略合作协议，借助阿里巴巴在线资源，共同打造“阿里巴巴·九江产业带”。这些为浔阳电商产业的发展搭建了较好的服务平台。

4．资源优势。九江作为赣、鄂、皖三省交汇的中心城市，又是全国著名的旅游城市，农业发展基础较好，粮、棉、油、水果等农产品资源丰富。近年来，随着沿江开放开发和决战工业一万亿发展战略的实施，工业产品种类显著增多。据不完全统计，辖区内有各类大小专业市场30多个，服务业基础雄厚，电子信息等业态完备，资源优势快速提升，为我区电商产业发展提供了丰富的产品资源支撑。

（二）劣势

1．电商发展年龄结构认知度不同。借助现代网络技术进行的线上交易的电商产业，已经在很大程度上改变着人们的生活习惯和生活方式，虽然受到80后、90后等年轻群体追捧，但对广大50、60、乃至70年龄段的群体来说，确实是个新鲜陌生的事物，例如看到B2B、B2C、O2O等字母符号，许多人可能不知道是啥概念。由于不熟悉、不了解，自然会导致关注程度不高，导致重视程度不够，发展氛围不浓。仅仅依靠年轻群体的数量和范围，是远远不能为电商企业创造足够的消费需求，尚不足以支撑电商产业的发展。

2．现有电商规模实力较弱。从调查情况看，我区不少企业都纷纷加入电商行业，但绝大多数企业都是在利用淘宝、天猫等第三方服务平台在网上简单地开展营销业务。电商企业中，5人以下的居多，一间办公室、两台电脑就能组成一家小型电商企业。电商企业普遍规模较小，实力较弱，大多还处于起步阶段。事实上，电商企业不仅是只开展网络商业活动，还需要强大的信息技术支撑，特别是后期的开发、培训与维护，都需要巨大的投入，对于刚从事电商活动的小型企业来说，是难于长期支撑的。而作为传统企业，虽然可能具备这样的经济实力，但受贯性思维影响，很多企业还没有开展网上营销，甚至有部分年纪大的经营者对开展网上业务反映冷淡，没有成为电商的主力军。

3．发展电商缺乏政策支持。由于电商产业作为一个新兴事物，又是个复杂的系统工程，其成长速度之快超出人们的反应，各级政府表现有先有后。我区虽有个别政策出台，但对该产业的发展，在政策的制定与支持方面表现相对滞后，如产业的规划、具体的实施意见、扶持办法、监管措施等都没有制定出来。实践证明，任何产业的发展，如果缺乏政府相关政策的支持都会遇到各种困难，只有在政府积极参与、宏观指导、政策支持下，电商产业才能得到更好更健康发展。

4．电商专业人才不足。调研中，众多电商企业反映比较集中的问题，除了政策支持不够外，最大的问题就是电商相关人才的缺乏，电商产业除了需要开拓市场的营销能手，还离不开大量网络信息人才和管理人才的支撑。九江作为全国的三线城市，个人发展环境、发展空间和发展机会无法和全国一二线城市相比，高端人才尤其是服务业高端人才的稀缺是不争的事实，都直接制约电商产业的快速发展。

四、加快我区电商产业发展的建议

1．建立电商产业发展的有效机制。建议成立由政府主要领导牵头、相关部门参与的区电商产业发展工作领导小组，办公室设在类似“区经济服务中心”一样的常设办事机构（也可两者结合起来），负责辖区电商企业的调查统计，编制发展规划，制定实施意见和政策措施，协调、引导电商企业集聚发展，开展电商人才培训，推动电商企业与本地高校合作等各项服务，同时也为电商企业的税收征管提供内部支持。可在省、市《实施意见》基础上，结合实际，广泛征求辖区电商企业意见，尽快出台我区《关于加快电子商务产业发展的指导意见和实施办法》，明确各相关部门的职责和任务，联手编制《浔阳区电商产业发展专项规划》，纳入“十三五”发展规划范畴，作为我区现代服务业发展的重要内容，重点布局，重点发展。

2. 出台电商产业发展的扶持政策。我区可借鉴新余市等地的经验做法，针对零售电商、服务电商、产业电商、金融电商等出台相应的优惠政策和奖励措施，招引各类电商企业在我区建立电商产业园、电商总部基地、电商专业楼宇、第三方电商等服务平台，或者在我区落户创办电商企业，每年安排专项资金给予重点奖励。引导和鼓励电商平台机构共同服务本地实体企业开展电商业务，支持实体企业做大做强，品牌化、差异化、集成化、核心化发展。这样，有利于统计、管控、服务于电商企业（特别是中小微企业），也有利于为税源增收提供有效保障。学习武汉市增网速降资费的作法，在财力允许下，建议和市级分担在辖区内重点公共场所提供免费 waifai 服务的投入，创造条件让更多的人通过移动电子商务加入到电子信息应用技术中来，把浔阳打造成为电商服务的样板区。

3. 搭建电商产业发展的孵化平台。电商平台是电商产业发展的孵化器，为企业嫁接资源、资金和提供服务，见证和帮助企业的成长。我区要根据自身区域特点，打造各具特色的孵化器发展格局。建议以京九电子产业园为平台，吸引九江区域的网商、电商及各类信息化技术服务类企业入驻，努力把全区甚至全市分散的中小电商集中到园区，形成创业孵化基地的“集聚效应”。以“阿里巴巴·九江产业带”、“百度九江营销中心”为平台，积极引入创业型、科技研发型、软件外包企业，通过提供信贷担保、风险投资、网络通信、科技中介等创业服务，将两中心打造成长江经济带上总部型经济特色电商产业楼，强力带动周边物流、仓储、码头货运等产业的配套发展，形成“蝴蝶效应”。以石化为龙头，围绕产业链上下游和相关环节需求，有针对性地孵化、创办一些电商企业，可形成“裂变效应”；依托津晶城创业园为载体的大型综合孵化器，加入科技因素，从孵化到加速为一体，形成了独具特色的“孵化器 + ”模式，来带动我区传统产业转型升级。要大力发展我区在市场化、专业化、集成化、网络化的“众创空间”优势，推动孵化器与民间资本的融合。政府可设立一定数额的孵化基金。

4. 优化电商产业发展的配套服务。我区要在政府资源开放、网络安全保障、投融资支持、基础设施和诚信体系建设等方面加大服务力度，一是在发展中逐步规范市场秩序，拓宽电子商务创新发展领域，降低准入门槛，合理降税减负，将该下放给市场的权力与资源放开，如有些公开招标可面向全国电商。二是鼓励电子商务领域就业创业，加强人才培养培训，把政府信用贷款与电商创业结合起来。三是扶持转型升级，创新服务方式，推动传统商贸流通企业发展电子商务。四是加快京九物流基础设施建设和游岭区域物流园的开发，支持物流配送终端及智慧物流平台建设，合理布局物流仓储设施。五是加强电子商务网络安全监管，确保电子商务交易安全，创造良好的区域电商经营环境和氛围。六是加大对风投业和快递业的重视力度，力争让其发展成为税收在浔阳的九江区域的总部经济。七是搭建跨境电子商务平台，让更多的企业和年轻人去创新、创业，在政策、制度、税收、审批等多层面提供方便，培育万众创新的土壤。

5. 强化电商产业发展人才保障。一方面，依托辖区企业，大力引进熟悉电商产业的各类高级人才，包括高级管理人才、高端运营人才、核心技术人才，努力抢占电商产业发展的制高点；另一方面，加强与九江学院、九江职大等高校合作，充分利用我市的大学生创新创业教育培训基地，大力培养促进电商产业发展的创业人才和技术人才。要避免“模糊不清”及“广泛适应性带来的不适用”等不足，将学生的职业发展目标、专业知识积累、应用技能向我区电商行业看齐，让人才供给和市场需求尽可能对接、匹配。探索校企合作培训，如从九江电商企业聘请实战经验丰富的电子商务人才作为学生的社会导师，培养出真正‘为企业所需，为社会服务’的人才等等；再一方面，与“阳光工程”、“雨露计划”等人才培养工作结合起业，让更多的农民工、待业青年走进教室和基地，成为电商产业发展的后备力量；最后，依托电商产业平台和载体，强化对我区企业电商人才的培训，切实帮助中小企业解决电商人才不足和转型升级的问题。

执笔人：唐平钧

2015 年 10 月

关于我区法律援助工作情况的调研报告

区政协法律援助专题调研组

为全面了解我区法律援助工作现状，不断促进我区法律援助工作健康有序发展，8月中旬至9月上旬，区政协组织部分委员，通过外地学习、专题座谈等形式，对全区法律援助工作进行深入调研。现将调研情况综合如下：

一、外地经验做法

为借鉴外地经验做法，调研组分赴安徽省阜阳市颍泉区、山东省威海市环翠区以及本地的彭泽县、星子县等地学习考察。总体来说，这些地方法律援助工作党政领导重视、基层基础健全、队伍力量充实、宣传氛围浓厚。例如：颍泉区在城区中心的阜阳生态园，利用2000余平方米的显要位置，由区政府投资20万元打造了以法治为主题的颍泉区"法治文化广场"，其法律援助中心经区政府编制委员会批准成立，人员为政法公务员专项编制，并建立了专职人员与社会律师"两结合"的值班制度；环翠区基层法律援助机构非常扎实，该区羊亭镇政府出资建设单栋近2000平方米的羊亭镇司法所，充分把法律援助工作站与社区矮正、社区调解等结合起来，实现了法律援助信息网络化管理，做到了资源共享；彭泽县充分利用新办公大楼，在一楼大厅全新打造了400平方米的县法律援助中心，设立了服务大厅、接待室、办公室、调解室、私密室、档案室等功能室，每天安排律师在中心接待大厅轮流值班，并加强与异地法律援助中心协作配合，降低受援人维权成本。

二、我区法律援助工作现状

近年来，我区法律援助工作，在区委、区政府的高度重视下，在相关部门的大力支持下，法援网络不断健全、法援质量不断提升，有效维护了受援人合法权益，促进了社会公平正义。2011年以来，全区累计办理法律援助案件近300件，代写法律文书500余份，接待咨询8000余人次，开展法律讲座和义务咨询50余场次。2011年，区法律援助中心被评为"全市实施法律援助民生工程先进单位"。

一是服务网络初具规模。纵向上，建立了区、街道、社区（村）三级法律援助工作网络，做到了区级有法律援助中心，街道有法律援助工作站，社区（村）有法律援助联络点，站点有负责受理法律援助申请的联络人。横向上，在区人武部、妇联、共青团、残联、劳动监察等部门设立了法律援助工作站，部门联动机制初步形成。

二是经费保障机制基本形成。区政府将法律援助专项经费列入财政预算，并按照相关文件要求，逐年拨付到位。加之上级专项补贴，全区法律援助经费保障水平逐年提高，为法律援助工作的正常开展提供了保障。近年来，区政府每年安排法律援助专项经费2万元，上级每年专项补贴16万元，彩票公益金补贴1.8万元。

三是规范化建设积极推进。全区法律援助机构以2014年1月起施行的《江西省法律援助条例》为依据，结合工作实际建立健全了业务规范、经费管理、队伍建设等一系列规章制度，制定了"首问负责制"、"一次性告知制"、重大案件全程跟踪制度等工作机制，为落实法律援助监管职责提供制度保障。

四是援助措施灵活有效。区司法部门和法律援助机构秉承"关注民生、扶贫助弱、公平正义、化解矛盾、维护稳定"的宗旨，加大对未成年人、残疾人、老年人、妇女、农民工、下岗职工、低保户等社会特殊群体的维权工作力度，为他们发放"特困户法律援助爱心卡"，对行动不便的残疾人和老年人实行"预约服务"和"上门服务"，为农民工维权开辟了维权服务绿色通道。

五是社会影响力逐步提升。区司法部门以专题普法和"法律六进"为契机，通过法律讲座、义务咨询、业务培训、专题节目等形式，不断加大法律援助宣传力度，提高法律援助工作群众知晓率和社会影响力，困难群众依法维权意识普遍增强，主动寻求法律援助的困难群众日益增加。

三、我区法律援助工作中存在的困难和问题

一是基层建设不强。按照省司法厅要求，县（市、区）法律援助中心接待大厅须临街门面，面积不少于100平方米。我区法律援助中心无独立办公场所，暂借甘棠街道司法所办公，位置难找，面积太小，功能不全。目前，仅有3个街道成立了法律援助站，只有少数社区（村）开展了法律援助联系业务。现有专职法律援助人员仅1名，兼职2名，与《江西省法律援助机构规范化建设标准》要求县级法律援助人员要配备专职人员5名相差较大。

二是管理机制不优。区法律援助中心没有实现管理和服务分开，中心既承担着管理功能又担负着服务功能，出现部分法律援助机构及人员重个人办案，轻发挥社会律师主体作用；重完成法律援助办案任务，轻谋划法律援助长远发展；重独立开展业务，轻社会化协作等倾向。另外，我区尚未建立法律援助质量评估体系，在履行监督职能时随意性较大，不利于法律援助的规范化管理。

三是经费保障不力。全区法律援助中心经费有一定保障，但随着群众法律意识增强，援助案件不断增多，基层机构法律援助经费不足，法律援助经费还没有建立动态增长机制。受经费和人力制约，区法律援助中心只能量力而行，难以实现“应援尽援、应援优援”。

四是协调配合不畅。新修订的《刑事诉讼法》规定，将刑事法律援助适用阶段由以往的审判阶段提前至侦查和审查起诉阶段，但是从调查了解的情况发现，法律援助在侦查阶段介入的很少，刑事法律援助没有贯穿刑事诉讼全过程。另外，法律援助机构与工、青、妇、老、残等社团组织的协作机制还有待进一步完善。

五是服务质量不高。首先，法律援助案件由执业时间短的律师承办比例较大，有影响力的律师参与法律援助案件办理较少；其次，法律援助义务量完成情况不乐观，部分律师一年未办理过一件法律援助案件；最后，个别律师责任心不强，对指派的法律援助案件敷衍了事，直接影响受援人合法权益。

六是宣传效果不佳。由于受援群体较大，宣传形式单一，法律援助还没有达到人人知晓的程度，还有部分社会群体、困难群众不知道法律援助的存在，导致这些困难群众在维权时走了弯路，增加了维权成本；有的群众错过了法律援助最佳介入时机，维权困难加大，甚至难以维权。

四、进一步加强和改进我区法律援助工作建议

一是提高认识，不断提升法律援助保障水平。一要强化领导力度。政府要落实好法律援助责任主体，成立由政府分管领导为统领，人武部、法院、共青团、妇联、残联、财政、人力资源与保障、司法、民政等为成员单位的法律援助工作委员会。要切实把法律援助纳入为民办实事项目。要根据全区法律援助需求和工作实际，配置相适应的经费和人员编制。二要加强基础建设。政府要按照《江西省法律援助机构规范化建设标准》和《江西省法律援助示范服务窗口建设标准》，进一步整合资源，落实区法律援助中心在临街一楼且面积不小于60平方米的接待窗口基本要求。可考虑在即将搬迁的新办公大楼一楼、区法院一楼或其他临街一楼办公场所，标准打造区法律援助中心。要完善街道法律援助工作站建设，在所有街道建立工作站，在街道便民服务平台设立法律援助服务窗口。要进一步健全社区（村）法律援助服务点，在每个街道选取1—2个社区打造以法律援助为主题的精品社区。三要加大投入力度。政府要全面掌握法律援助需求，建立法律援助专项经费与经济发展水平和法律援助需求相适应的动态增长机制，进一步增强法律援助保障能力。

二是理顺体制，不断夯实法律援助工作基础。一要将法律援助管理职能从区法律援助中心分离出来，在区司法局成立法律援助管理办公室，负责对全区法律援助工作的监督、管理和指导。区法律援助中心，作为专门承办法律援助案件的业务机构。二要充分发挥法律援助机构的作用，调动法律援助工作人员的积极性，将区法律援助机构升格为副科级单位。要在区级行政事业单位改革时充分考虑法律援助的公益保障职能，积极争取党委政府及编制部门的重视支持，做好机构、人员定编工作，提高工作人员的职级待遇。三要充实法律援助专职人员队伍，争取市法律援助中心支持，充分利用纳入市法律援助中心管理的浔阳区范围内的律师事务所及社会律师力量，领办区法律援助中心收集的法律援助案件，并轮流坐班区法律援助中心；从高校法律专业中，招募部分有资格或有基本法律知识的大学生，充实到法律援助队伍中。四是完善法律援助激励机制，明确规定将律师事务所执业律师、基层法律服务工作者是否完成法律援助年义务量与年度考核挂钩，并作为社会执业律师、公证员、基层法律服务工作者年终考评的一项标准。

三是加大宣传，不断浓厚法律援助社会氛围。司法行政部门要把法律援助作为司法行政宣传工作的重点，围绕工作大局，结合法律援助工作发展的新特点新任务，增强法律援助宣传工作的针对性、实效性。要整合媒体资源，加大宣传力度，充分利用浔阳网、浔阳民声通道、社区“五栏一室”等重要平台，加强法律援助宣传工作。要在市区人口流动性大的公共场所，设立电子显示屏，公安派出所、交警事故处理中心、公交车站点、图书馆、大型医院门诊大厅设立法律援助宣传栏，公布“12348”法律援助热线，宣传法律援助有关政策。要加快法治文化建设力度，可考虑在两湖周边、和中广场、大中路步行街等人口密集的地方打造法治文化广场。要切实办好法律援助案件，狠抓法律援助案件质量，把每个案件办成精品案件，让受援人口碑相传，收到良好的社会效果，通过典型案件的宣传报道，达到以案示法，以案促宣的效应。

执笔人：龚前旺

2015 年 10 月

关于推进企业上市工作的调研报告

7 月 29 日，在全市领导干部大会上，市委书记殷美根指出：在上市融资方面，芜湖、岳阳都有 10 多家上市公司，每年可为工业注入资金几百亿甚至上千亿。九江目前还没有一家上市公司，股市直接融资还是空白。我们务必要认真研究金融政策，研究资本运作，今年要力争有 3～5 家企业在“新三板”挂牌上市，确保实现企业上市和债务融资工具“两个零”的突破。

8 月下旬以来，区政协经济科技委员会根据常委会工作安排，通过走访政府相关部门、部分企业，以座谈讨论、外出学习考察等方式组织开展了“政府引导企业上市”专题调研，现报告如下。

一、上市的重要意义

上市是指股份有限公司经过国务院或者国务院授权的证券管理部门批准公开向社会发行股票并在证券交易所挂牌交易的完整过程。上市可形成企业在资本市场融资、做大做强、增加税利、提升企业和地方城市形象的多赢格局，对我市决战工业 1 万亿、做大九江也有着深远的意义。

1．能提供企业发展的资金流。在“资金为王”的时代，在“融资难、融资贵”的当下，上市无疑是解决企业资金不足的最好手段之一。随着创业板的推出，中小板的扩容，国际板的谋划，新三板的建设，企业上市渠道越来越多，企业既可在境内也可在境外上市，既可在主板也可在中小板、创业板发行，既可在场内上市也可在场外进行股权交易。可以说，不同成长阶段、不同产业类型的企业，都能在资本市场找到适合自己的融资渠道。企业上市不仅可以催生裂变式发展，还可以借助直接融资平台，根据企业发展需要随时通过增发、配股、可转债等方式实现再融资，确保企业发展的资金需求。

2．能促进企业经营管理更规范。企业上市成功后，上市公司这一头衔，本身就是企业的一块“金字招牌”，是企业内外兼修、综合实力的重要象征。企业通过上市，接受更规范的市场监督，可以使企业的决策、运行、管理等机制更加科学合理，有利于明确产权关系，完善法人治理结构，明晰发展战略，从而提高决策水平、管理水平，有效规避经营风险。同时，可以进一步完善企业激励机制，增强企业凝聚力，使经营才更有动力、更富活力和生命力。

3．能有力提升地方城市形象。上市公司多不多是衡量一个地方发展水平和竞争力的重要标志之一，一个地区如果拥有众多优良的上市公司，无疑是这个地方的一张“闪亮名片”，更能充分展示这个城市的品味形象。企业上市后经营活动将十分规范，能为政府带来更多税收，如落户我区的沃尔玛属上市公司的一个经营点，其笔笔经营活动都有税收；华新混凝土公司在上市公司兼并后，税收翻了几倍，且与同类企业比是业务量小而税收多。企业上市不仅增加纳税额度，还可以提高就业率，更具稳定性、不易外迁，为其他企业提供示范效应，有力提升地方城市形象。

二、外地企业上市的启示

10 月中旬，区政协主要领导带领部分委员赴浙江上虞、江苏昆山、江阴等地考察企业上市工作，令人耳目一新，启示多多。

1．企业上市氛围浓厚。谈起上市，已成共识，机关干部头头是道、企业人员信心十足，三地企业上市也都走在全国前列，上虞有 15 家上市公司，目前在各个层次的资本市场上都有上虞企业，2015 年 9 月底区域经济证券化率水平达到 198%（1347 亿元/GDP680 亿元）。昆山有 42 家企业上市（今年 1—9 月就新增 20 家新三板），募集资金 66.8 亿元人民币，全市初步形成了境内外共同上市、梯度推进的良好格局。江阴目前累计拥有 54 家上市企业，上市募集资金总量在全国县级市中保持前列。

2．党政高度重视是前提。三地党委政府都非常重视企业上市工作，都成立了由政府主要领导为组长，分管领导为副组长，各有关部门为成员单位的企业上市工作领导小组。昆山形成“政府引导、部门联动、企业主动、协调推进”的工作机制，每月督查企业上市进程，每季度安排奖励资金拨付，定期召开专题协调推进会，切实推进企业上市步伐。上虞重视宣传，利用各类媒体宣传资本市场快速发展的形势、上市企业的成功案例，组织企业开展互动交流，加强与沪深证券交易所、股转系统、省股交中心、省内外知名院校等的合作，经常性开展多层次资本市场工作会议，举办私募与上市融资论坛，开展专题培训，多方面增强企业上市挂牌意愿。江阴始终坚持并贯彻了“抓上市就是抓发展、就是抓投入、就是抓转型”的工作理念，通过政府的超前引导、大力扶持，江阴的资本经营造就了国人瞩目的“江阴板块”、“江阴现象”。

3．优惠政策扶持是关键。三地政府对扶持企业上市都制定了相应的优惠政策。上虞通过财政奖励、贴息补助、规费减免和优先安排项目审批等政策措施，鼓励企业股权架构化，让渡企业原始积累，剥离非主业资产，规范股份公司的独立性、规范性，并实行重大问题“一企一策”，一揽子解决企业历史遗留问题，切实解决企业上市成本。核心政策主要是对企业引进私募股权投资机构、股改、上市挂牌等给予贴息补助和奖励。昆山市2007年起先后三次制定出台了关于鼓励扶持企业上市的若干意见、政策，最初最高予以上市企业800万元的重奖。江阴把上市作为市委市政府的主动作为和企业的自发追求，先后制定实施了《企业上市工作暂行意见》等一系列优惠政策和鼓励措施，在企业股改重组、辅导报批、挂牌上市等不同阶段，分别给予规费减免、改制咨询、现金奖励等多重利好，使江阴企业有效缓解了上市风险、降低了上市成本、激发了上市活力，在全市上下营造了浓厚的上市氛围。

4．高效优质服务是保障。三地政府都有服务企业上市的专门机构，上虞2008年单设金融办（正科级），专门负责推动企业上市挂牌工作，如今该办有工作人员18名，其中正式编制14人；实施企业股改上市“定员挂钩、定期调研、定向辅导”制度，构建起部门、乡镇、企业“三级联动、信息互通”的工作网络；建立上市和挂牌工作联席会议制度，建立分工协作、部门联动工作机制，加强联合执法和协调解难，及时研究解决企业上市和挂牌重大问题。昆山上市办、金融办均设在发改委，一套人马、多块牌子，力量雄厚，对拟上市企业主动靠前服务，及时协调解决困难。同时在11个区镇均设置了企业上市主管部门，配备工作力量，建立联络服务机制，不断挖掘和补充本区域上市后备力量，因地制宜，制定上市总体规划，明确目标，排出工作日程表，不定期举办上市工作培训班，拓宽企业高管思路，提高企业资本运作水平。江阴早在2003年就成立了企业上市办，选调精干力量，专职为企业提供产业政策、评估审计、转让处置、审核认定等方面的高效服务，形成了“一条龙”贴身服务特色，并把上市工作列入政府年度工作目标任务，制定实施考核办法，每年对街、镇、园区分层次、分阶段下达任务、年终考核，系统推进全市企业上市工作。

三、我区企业上市工作现状与问题

1．企业上市落后。我市仅有盛祥电子一家企业于9月底挂牌新三板，我区上市企业尚为空白，但有一二家企业正在积极开展上市工作。中煜程塑业有限公司正进行股改等相关工作，有关材料已报至上海有关券商审核把关。多数企业对上市融资的重要性、发展资本市场认识不足，重“实体经济”轻“虚拟经济”，重“投资建厂”轻“并购重组”；有的认为上市高不可攀，对上市条件、上市程序不了解而无从着手；有的“过于求稳、小富即安”，认为自己能保持企业小有利润就可以了，缺乏做大做强的动力；有的不愿意进行股改及相关材料的准备，有的怕上市规范后反而“束缚”企业，存在着“不想上市、不敢上市”的心态，等等。

2．政府服务滞后。区里没有明确指导企业上市的组织结构、专业人才、优惠政策，区金融办成立时间短且仅有一名工作人员，根本无法承担引导企业上市的工作。对企业上市的前期准备、上市后的税收增加奖励扶持等方面没有一个让企业动心的政策举措。特别是对上市前期成本补贴，改制过程中需要补交的税费，还有对企业生产经营用地、房产等有关手续的完善等都需要政府的服务政策跟进。

3．政策宣传靠后。对于加快资本市场发展、推进企业上市，国家有明确的政策支持，我们市领导也有明确的目标要求，一些企业也有强烈的上市欲望。但是我们的新闻媒体宣传、社会舆论导向等却明显靠后，与发达地区浓厚的上市氛围比，我们的差距明显增大。

四、引导企业上市的对策建议

我区是九江市的中心城区，以小博大，有上市企业可更有力提升城区形象，受到市党政领导的重视、全社会的瞩目，我们可以考虑按照“优选一批、培育一批、辅导一批、上市一批”的工作思路，坚持“政府引导、企业自主、市场运作、政策扶持”的工作机制，选择一批符合国家产业政策、有一定规模、成长性良好、且有上市意愿的企业作为重点培育对象，大力培植上市资源，多渠道、多形式推进企业上市，进一步提升我区经济实力和竞争能力。

（一）加大宣传力度，营造浓厚上市氛围

1. 在企业层面。企业上市是决战工业 1 万亿的有力保障，要利用传统和互联网等新媒体开展形式多样的宣传活动，介绍企业上市的政策法规、上市的重要意义，及时报道区内外企业上市工作成效和经验。工信委、园区办等企业主管部门要多上门宣传，组织企业人员赴外地上市公司参观学习，加强成功上市的企业示范引领作用，最大限度地调动企业积极性，积极营造企业想上市、争上市、能上市的良好氛围。

2. 在政府层面。企业上市是做大九江的现实选择，要利用“浔阳讲坛”等平台在机关领导干部和工作人员中开展专题讲座，普及企业上市知识；组织外出学习考察，体会上市氛围；开展学习交流，提升大家推进企业上市的意识和服务水平。

（二）完善服务机构，高位推动企业上市

1. 成立高规格上市工作领导小组。建立由区政府主要领导任组长，分管区长任副组长，发改委、工信委（中小企业局）、金融办、园区办、财政局、人保局、市场局、税务局、建设局、房管局、环保局等部门负责人为成员的上市工作领导小组。

2. 组成强有力的上市工作办公室。在领导小组下设立上市办（可与金融办合署办公或者放在发改委），不断加强上市办的力量，明确职能作用，调整充实专业人才，提升上市办的综合协调功能，使之在企业培训、分类指导、专题辅导等方面充分地发挥作用。至于专业人员可采取引进、借用、聘用等方式解决。

3. 建立上市工作顾问团。区政府聘请行业权威专家、中介服务专家、相关部门领导组成“浔阳区企业上市顾问团”，邀请他们参与推进我区企业上市工作。对重点培育上市后备企业进行辅导和培训，及时通报资本市场的新制度、新情况、新变化，普及知识、交流经验、排查问题、沟通信息，为企业上市等直接融资创造良好的外部环境。

4. 建立领导挂点联系服务企业制度。对每个企业明确一名区领导挂点帮扶，特别是要帮助重点后备上市企业解决实际困难和问题，建立上市公司培育工作责任制，在公司改制、项目论证、资产评估、股权设置、手续审核、权证办理等重点环节上明确有关部门和单位的责任，形成各司其职、各负其责的工作格局，为企业上市开辟绿色通道。

（三）联系中介机构，有效服务企业上市

1. 引进上市中介机构。采取“走出去、请进来”的办法，积极与证券交易所、证券监管部门以及中介机构进行沟通联系，引进专门为企业上市服务的证券公司（主办券商）、律师事务所、会计师事务所、评估机构及投资咨询公司等，委托其操作企业上市的股改、规范、申请材料的资作与内核、挂牌申请及后续督导等事宜。

2. 加强上市培训工作。通过组织企业参加境内外企业上市推介会、专题研讨会、参观考察，以及邀请证券交易所、中介机构，在全市开展公益性的培训，帮助上市后备企业了解现代企业制度基本知识、资本市场法律法规和监管要求，了解证券市场规则、动态走势和操作要领。特别是针对企业改制上市的不同需要，邀请有关专家、学者及知名企业家，进行相关的专题培训和个案辅导，有针对性地为上市企业提供服务。

（四）出台优惠政策，大力扶持企业上市

1. 明确申报经费奖励。按照江西省《促进经济平稳健康发展的若干措施》：省财政安排资金对在“新三板”成功挂牌的省内企业每户一次性补助 50 万元，对在上海、深圳及境外证券交易所上市的省内企业每户一次性补助 500 万元，上市企业所在地政府也要给予适当补助。建议我区明确奖励标准，企业除享受省、市规定的奖励外，另对给予一定的配套奖励，特别是对最先挂牌的企业予以重奖，如在“新三板”挂牌的奖励 200 万元（可参照外地分段奖励）。

2. 实行税费优惠支持。上市后备企业在规范重组过程中，涉及办理房产证、土地证、产权登记、产权交易、土地测绘等各项地方性规费，按收费标准下限收取；涉及资产变更、过户产生的营业税、契税等税收，涉及将未分配利润转增为股本、以及股权转让应交纳的税收，对上市后备企业经会计师事务所审计或调整会计记录产生的增值而补交的企业所得税等等，由区财政以企业技改资金的形式给予适当支持。

3．强化政府行政服务。相关部门要牢固树立“企业抓具体、政府抓帮扶”的意识，积极主动为企业改制上市排忧解难，对重点培育上市的企业在改制审核等过程中涉及的各项审批内容，要特事特办、急事急办，做到简化程序、提高效率，形成快速办理的“绿色通道”。

执笔人：高雄

2015 年 11 月

第二节　视察考察和民主监督

一、视察考察

视察、考察是政协履行职能的重要途径和工作方法。视察、考察的目的在于了解情况和发现问题，视察侧重于针对性检查，考察的目的在于深刻细致地观察分析。视察原则上限于政协委员参加，考察则可以政协委员为主，邀请社会有关人士和有关方面的负责人参加。视察只能在本辖区内活动，而考察则不受地域限制。历届政协围绕经济社会发展的重点领域开展针对性的视察、考察，为全区经济社会的发展提出不少有价值的意见和建议。

1987 年 8 月 6 日，区政协主席岳广明、副主席毛应生、办公室主任谢生梅一行 5 人前往湖口县政协参观考察。考察认为，湖口县政协经验值得借鉴学习。1．主动协商，行使好职能作用，做到民主协商在县委、县政府决策之前；2．量力而行，拾遗补阙，围绕群众关心的事开展活动，为群众排忧解难；3．县政协结合本县的实际情况，活动开展有声有色，经济咨询服务搞得好，为湖口经济振兴发挥积极的作用。10 月 15 ~ 18 日，市政协副主席李国忠、王国珍、欧阳学京，秘书长张作孚率领部分常委、委员 30 人，对市场整顿、物价管理情况；在四化建设中如何进一步发挥科研机构作用问题；初、高中应届毕业生升学就业情况 3 个问题，进行为期 4 天的考察。先后听取有关单位领导介绍情况，召开各方面代表的座谈会，进行实地察看和走访，与工商业者、科技工作者、营业员、服务员和街道居民进行广泛接触，倾听他们的意见和建议。10 月 15 ~ 29 日，区政协组织部分常委、委员一行 8 人，就如何发展区街经济和开发金鸡坡等课题，到江苏省南京鼓楼区、浦口区、镇江京口区、常州钟楼区、无锡北塘区学习政协工作经验，并重点考察了区街企业发展情况。撰写《解放思想、充分利用本区自然优势大胆开拓，积极促进区街企业的发展》的调查报告。

1994 年，区政协组织政协委员视察三里村商业市场、海联机电物资供应站、浔阳联谊商行、闽江食品厂。

1995 年 10 月上旬，区政协组织部分委员分 8 个组，分别针对 6 个街道的经济指标完成情况、在发展街道经济过程中经验及存在的问题；针对工商、物价局目前的物价涨幅情况，采取抑制物价上涨的措施、存在的问题；针对区公安分局目前社会治安情况以及青少年犯罪情况采取的帮教措施；针对 10 多个街办企业的发展状况 4 个问题进行视察调研。考察中听取视察单位的领导介绍情况，参观好、中差企业或单位，并邀请视察单位负责人及政协委员参加座谈会，听取意见、建议。提出发展区街经济应努力提高企业产品科技含量；进一步做好人才的引进和培训工作，充实公安警力，确保社会进一步稳定；为发展市场经济和引进外资创造良好环境等建议。当年，区政协组织委员视察长江大桥工业小区和金鸡坡工业小区。

1996 年 5 月 17 日，区政协组织部分常委和委员到九江大化肥厂、金鸡坡游岭泉井村红子养猪厂、区工业小区、湖贝有限公司、九江蔬菜批发大市场视察调研。5 月 20 ~ 27 日，区政协组织部分常委和委员到景德镇市珠山区、鹰潭市月湖区和上饶市政协进行学习和考察。6 月 26 ~ 28 日，区政协组织政协常委到区商业局、二轻局、滨兴街道办事处进行视察，调研年度上半年生产任务完成情况、效益增减情况、新上项目进资情况。查看企业经济报表，召开厂长、经理及职工代表座谈会。12 月 10 ~ 11 日，区政协组织 16 名委员分两组对区卫生、教育系统进行视察。视察内容主要是卫生系统医德医风和教育系统小学德育教育方面存在的问题和解决的办法。当年，区政协组织部分委员会同区防疫站对全区食品卫生工作进行视察调研，贯彻落实《中华人民共和国食品卫生法》的实施情况。

1998 年 5 月中旬，区政协组织部分委员到浙江省奉化市等地学习考察。6 月 30 日至 7 月 3 日，区政协组织 10 名委员共分两组对全区上半年经济工作情况进行视察。视察内容主要有：上半年经济工作情况，存在的问题；市场建设和培育情况；招商引资情况；发展非公有制、股份制企业情况；特困企业和下岗人员安置情况；农业生产发展情况。组织召开区政协四届委员会第二次常委会议，听取区政府领导通报全区经济工作情况。9月，区政协组织政协常委视察区社会治安情况，召开区政协四届委员会第三次常委会议，听取区公安分局通报社会治安情况。12月，区政协组织政协常委视察区市容卫生情况，召开区政协四届委员会第四次常委会议，听取区市容局通报全区市容情况。

1999年6月，区政协副主席高秋深带队，组织经济科技委员会部分委员视察区村级经济工作，召开区政协四届委会第六次常委会议，听取区政府领导通报全区上半年经济工作情况。7月，区政协副主席任惠萍带队，组织文教、卫生、法制、社团委员会部分委员视察《中华人民共和国母婴保健法》落实情况。9月，区政协副主席高秋深组织经济界厂长、经理委员到其他县区学习考察。10月，区政协副主席任惠萍带队，组织部分委员视察市容卫生情况，召开区政协四届委员会第七次常委会议，听取区市容局和市容监察大队通报市容建设情况。

2000年9月中旬，区政协组织部分政协常委、委员分成4组，到甘棠、湓浦、滨兴和人民路4个街道就全区城市低保工作进行为期2天的视察调研，撰写《关于我区城市居民最低生活保障工作情况的调查报告》。9月27日，区政协祖国统一委员会组织20余名委员就九江城区水路运输管理和港口建设情况进行专题视察，并针对长江九江段采砂重航运问题，组织委员视察港航处、所。实地察看九江外贸码头、油化厂码头及炼油厂等码头。区政协主席王原平，副主席王之军参加活动。12月15日，副主席高秋深带队，组织部分委员视察蔬菜批发大市场建设和培育工作。组织部分委员视察城区经济环境整治工作和京九大市场总体建设情况。

2001年10月17日，区政协副主席潘亦生带队，组织经济科技委员会和祖国统一委员会部分委员到南昌市东湖区考察调研市容环境综合整治工作情况。11月，区政协副主席任惠萍带队，组织部分委员视察城市管理工作。区政协副主席王之军带队，组织部分委员对东盟城中城、安美达房地产开发公司等外资、台胞台属企业进行视察调研。12月，副主席高秋深带队，组织部分委员视察区相关单位的引资上项目情况，分别考察调研闵浔建材开发有限公司、九江信华集团有限公司、煤灰砖厂的建设情况，详细了解生产、销售、质量、效益、职工收入等情况，召开通报会，听取区政府关于全区引资上项目工作情况的通报。

2003年5月，区政协副主席任惠萍带队，组织文教、卫生、法制、社团委员会部分委员了解全区计生工作情况。区政协副主席刘其祥带队，组织港澳台侨委员会部分委员视察调研基督教协会工作情况。6月，区政协副主席任惠萍带队，组织文教、卫生、法制、社团委员会部分委员了解区人民医院工作情况。9月，区政协副主席任惠萍带队，组织文教、卫生、法制、社团委员会部分委员到浔西刑警队、庐南派出所、湖滨社区、延支山社区视察调研，了解全区“严打整治”斗争情况。召开区政协五届三次常委会，听取区公安分局关于“打黑除恶”专项斗争情况通报；听取区政协文教卫生法制社团委员会关于对公安局“打黑除恶”工作的视察调研报告。10月，区政协副主席胡迪带队，组织经济科技委员会部分委员视察调研全区个体、私营、合资企业发展情况。区政协副主席刘宗强带队，组织文教、卫生、法制、社团委员会委员视察区教育工作情况。11月，副主席易小慧带队，组织港澳台侨委员会委员视察全区港澳台侨委员企业发展情况。

2004年6月，区政协副主席任惠萍带队，组织部分政协委员视察社会治安综合整理工作，调研基层派出所、戒毒所、文明楼院建设情况。召开通报会，听取区政协文教卫生法制社团委员会关于视察全区社会治安综合治理工作的情况报告。区政协副主席胡迪带队，组织经济界委员视察区工业园建设情况和招商引资工作情况。召开通报会，听取区政府关于经济工作和工业园建设以及招商引资工作的情况通报，听取区政协经济科技委员会关于视察区工业园建设和招商引资工作的情况报告。8月，区政协副主席任惠萍带队，组织部分委员视察区法院执行难工作情况。召开通报会，听取法院关于执行难工作情况的通报。10月，区政协副主席胡迪带队，组织部分委员视察蔬菜大市场建设工作情况。区政协副主席潘亦生带队，组织部分委员视察全区市容市貌工作情况。

2005年，区政协组织委员视察民营经济工作。组织部分委员视察区城建工作。

2007 年 3 月 21 日，区政协主席张燕萍带队，组织政协委员 20 余人，在区委统战部部长、政协副主席刘其祥的陪同下，到能仁寺、万寿宫和滨江东路基督教堂 3 个宗教活动场所进行视察，走访活动场所的教职人员，宣传《宗教事务条例》及相关政策、法规。4 月 27 日，区政协副主席任惠萍带队，组织部分委员视察全区卫生工作及其效能建设情况，听取区卫生局的工作汇报，实地察看区疾病预防控制中心，并撰写《浔阳区卫生工作视察报告》。报告提出卫生系统要进一步加强管理，进行微笑服务；扬长避短，进行差异化发展；聘请行风监督员进行明察暗访；针对不同季节流行病进行预测评估；不断加强自身建设，树立良好形象，为保障全区人民群众身体健康发挥应有的作用。5 月 25 日，区政协主席张燕萍、副主席刘其祥、胡迪带领部分政协委员对鄱阳湖生态环境进行考察。针对鄱阳湖近年来围堰堵河、在湿地栽树、乱排放污水等非法行为，鄱阳湖的生态环境正遭受着严重破坏的现象。委员们认真思考，积极建言献策，提出许多有价值的意见和建议，如：严格控制入湖河流污染物的排放；加强沿湖及湖内污染防治；增强环保意识，共同行动起来，关心鄱阳湖生态环境，支持鄱阳湖生态环境综合整治，使鄱阳湖早日恢复本来容貌，永远保持“一湖清水”。6 月 22 日，市政协浔阳区活动小组召集人、区政协主席张燕萍组织本组委员视察区劳动就业和流动人口管理工作。市政协副主席陶春元、区政府区长李广欣、副区长文建华、区政协副主席刘宗强等领导参加视察活动。委员们首先现场察看区人才交流中心服务大厅和流动人口管理站，分别听取区劳动就业局和流动人口管理站负责人的工作汇报。随后，委员们就有关工作从多个角度进行座谈讨论，积极建言献策。大家一致认为，区创新就业再就业工作机制，通过培训提高下岗失业人员技能水平、创建街道劳动保障事务所等就业平台、发放小额贷款、建立创业协会，大力推进就业再就业工作，工作成绩显著，在全市名列前茅。流动人口管理服务工作方面，大力推进和谐平安建设，积极创新实践模式，走出一条具有时代特征和浔阳特色的新路子，有效地维护和推进城区和谐平安、繁荣发展。针对工作中的问题，委员们提出要进一步加大宣传力度，转变群众思想观念等建议。同时委员们现场提出有关职工失业保险、就业收费等问题，区就业局负责人都一一作了解答。市政协副主席陶春元充分肯定区“民生工程”所取得的成效，同时要求委员们多关注民生问题，关注社会热点，多为社会做贡献。最后，活动小组召集人、区政协主席张燕萍提出委员要多关注浔阳、关心社会热点，集思广益，共同为促进社会和谐献智出力。10 月，区政协组织部分委员视察区检察院工作，区政协主席张燕萍、副主席刘宗强参加视察。视察中，委员们听取检察工作汇报，观看区检察院创建“和谐检察院”的专题片，实地参观办案点。随后，政协委员与检察院干警进行座谈，大家一致认为近年来，区检察院努力克服工作量大、专业技术人员不足、经费短缺等困难，始终围绕和谐主题，创新工作思路，转变执法理念，加强综合素质建设，不断提高执法和服务水平，积极构建和谐检察院，取得显著的成绩，委员们还提出许多建设性的意见和建议。12 月，区政协副主席胡迪带队，组织部分委员视察区烟草专卖管理局，区烟草专卖管理局局长就全年的工作情况做了汇报。针对工作中存在的问题和困难，委员们献计献策，提出许多有价值的建议，希望烟草局变压力为动力，进一步改进工作作风，提高工作效率，彻底甩掉留评单位帽子，努力树立新形象，做出新成绩，为全面建设小康浔阳再建新功。

2008 年 2 月 8 日，区政协组织部分委员对全区投资环境进行视察调研，听取企业家对优化投资环境的建议和意见，召开民主监督会，了解投资客商对投资服务的需求，对如何优化区域投资环境，转变服务方式、加大服务力度等方面进行协商和讨论。2 月，区政协组织部分委员视察调研市容市貌工作情况，针对如何保持环境卫生、市容整洁、美化亮化等工作提出建议和意见。4 月，区政协党组书记、主席张燕萍，副主席朱少芬率各委办负责人到人民路街道就“加强城区治安联防，提升公众安全感指数”工作与街道班子成员、驻街单位、社区干部进行视察。区政协党组书记、主席张燕萍，副主席任惠萍、胡迪、朱少芬等驻会领导和各专门委员会成员一道深入各地，实地走访委员，了解委员的履职情况，广泛征求委员对政协工作的意见和建议，及时帮助委员解决一些力所能及的实际困难，极大地调动委员们的履职积极性。6 月 13 日，区政协主席张燕萍、副主席朱少芬带队，组织部分委员对区优化投资环境进行专题视察，先后走访九江石化波涛科技发展有限公司、九江招商局道达尔石化有限公司和江西民生集团有限公司，分别听取他们对企业的介绍和优化该区投资环境的意见建议，并一一给予解答和反馈。政协委员们与区纪委、监察局和部分投资客商进行座谈。座谈会上，区委常委、纪委书记曹应发对区优化经济发展环境情况进行通报。委员们对区在优化投资环境方面所采取的措施进行梳理分析，并就如何加大招商引资力度、优化投资环境进行深刻探讨，一致认为要加大宣传力度，营造良好的投资软环境舆论氛围；要优化服务，创新效能建设方法，提高办事效率；要发挥委员优势，立足本职，开展民主监督，为建设“经济繁荣、社会和谐”的新浔阳贡献力量。6月，区政协党组书记、主席张燕萍带队，组织部分委员到沃尔玛购物中心、宏图三胞总部、花园大酒店有限公司3家由政协引进的民营企业，就企业的发展、生产、经营状况进行实地察看和了解。8月21日，在区政协主席张燕萍、副主席胡迪的带领下，区政协经济科技委员会组织部分委员视察区楼宇经济工作。区委常委、常务副区长严盛平应邀参加视察。委员们实地视察龙翔国贸大厦，参观泰康人寿保险股份有限公司九江中心支公司和南昌长力钢铁股份有限公司赣北分公司2家全国500强企业，听取区发展改革委员会主任关于区楼宇经济发展情况的通报，并进行座谈。委员们充分肯定发展楼宇经济所取得的成果，认为区委、区政府及相关部门在盘活闲置楼宇、改善发展环境、积极招商引资等方面做了大量卓有成效的工作，楼宇经济发展势头良好，并建议政府要学习外地先进发展理念，做好城市发展规划，注重市场导向，以优惠政策吸引客商来浔投资，做好职能部门的协调保障工作，为楼宇经济发展服务好，提升现有楼宇经济档次，促进楼宇经济更大发展。

2009年5月，区政协提案委员会组织部分医疗界委员对开展甲型HINI流感防控工作情况进行视察。区政协副主席胡迪、朱少芬参加视察活动。委员们实地视察区疾控中心，查看发热门诊、疾病宣传中心、卫生应急指挥中心、物质储备中心等地，详细了解开展甲型HINI流感防控工作的进展情况。听取区卫生局、疾控中心负责人的有关甲型HINI流感防控工作情况汇报。通过视察，委员们献言：要求卫生部门要充分认识甲型HINI流感的严峻性、重要性和紧迫感，突出重点，依法科学开展甲型HINI流感的防控工作；重点要加强卫生机构的自身建设和卫生队伍的思想建设，克服厌战情况与侥幸心理；要通过电视、广播、网络等载体及张贴宣传标语、发放宣传手册等形式，广泛宣传甲型HINI流感的预防知识，向群众说明该流感可防、可治，与吃猪肉无关，以稳定群众情绪和生猪市场。同时，进一步完善应对突发公共卫生事件的机制和方案，增强群众的责任意识和应对能力。5月14日，区政协主席张燕萍带队，组织部分委员到市建设工程质量监督检验站考察，走访在招商引资工作中成绩突出，被评为“2008年浔阳区优秀政协委员”的市建设工程质量监督检验站书记蔡仔华。6月，区政协主席张燕萍带队，组织部分常委和委员到沃尔玛购物中心、广灵药业进行视察活动，了解企业经营现状和存在的问题。7月8日，区政协港澳台侨委员会组织部分文艺界委员到区文教局对文化市场情况进行专项视察，区政协主席张燕萍、副主席刘其祥参加视察活动。视察组到纵横天下网吧、九江新华书店和区新闻出版局，听取局领导关于文化市场管理工作的情况汇报。视察组一致认为，新闻出版局在打击非法出版物、查处违规接纳未成年人、维护文化市场安全、查处文化市场大案要案等方面做了大量的工作。为进一步净化文化市场，委员们建议，要进一步优化经济发展环境，保持整治工作的高压态势，巩固扩大集中整治的成果，建立文化市场的长效机制，把经常性与同期性工作相结合，把查与教相结合，加大宣传力度，让全社会共同参与，形成齐抓共管，人人重视文化市场的良好氛围。8月19日，区政协主席张燕萍带队，组织全区20名民营企业家、政协常委进园区视察，访企业，看车间，全方位、多角度地实地了解城东工业园建设中存在的困难和问题，更好地为区委、区政府提出的“一个目标，二大战略，五个基地”的发展战略，实际财政收入达到5.8个亿的目标建言献策。区委书记朱汉浩，区委常委、常务副区长严盛平，副区长胡斌应邀参加项目建设座谈会，政协副主席胡迪参加视察和座谈。9月10～18日，区政协副主席胡迪带领课题调研组分别到5个街道、财政、地税、国税等相关部门就区协税护税工作进行专题调研，于18日上午在区财政局会议室专门召开协税护税调研座谈会。区委副书记、区长李广欣，区政协党组书记、主席张燕萍，区委常委、区政府常务副区长严盛平应邀出席座谈会，区政协副主席胡迪主持座谈会。在座谈中，各位领导分别听取区财政局就区协税护税工作的情况汇报以及来自各条战线的委员们的发言，并讲话。10月，区政协主席张燕萍带队，副主席刘宗强、胡迪、朱少芬，秘书长韩万金和部分委员，分别视察福建商会、广东商会、浙江商会，走访民盟、民进、民建、民革、农工党、无党派知联会的政协常委和委员，感谢他们为区经济社会发展所作出的贡献。11月，区政协提案委组织18名政协常委和委员到区人防办，就执行《中华人民共和国人民防空法》情况进行专题视察。区政协主席张燕萍，副主席刘宗强、朱少芬参加视察和调研。政协常委和委员们参观区人防基础设施建设和人防指挥中心，观看区人防指挥中心与市人防指挥中心对接演习，以及“9·18”演习实况，听取区人防办就人防法执行情况汇报。政协常委和委员们一致认为，区人防办在区委、区政府的领导下，在上级人防部门的关心指导下，积极努力工作，创新工作思路，办公场所从无到有、从小到大，基础设施建设走在全市乃至全省前列；投资300多万元的指挥中心已建设落成，成为全省一流的指挥中心；并建议要加大人防法的宣传力度；要加强人防队伍建设；要进一步完善人防基础设施建设，促使人防建设走在全省前列。

2010年4月21日，区政协副主席胡迪带领经济界委员和对口单位的工商、市场等职能部门负责人就发展区民营经济情况进行专项视察。听取区民营局就区发展民营经济的情况汇报，并深入工业园区，实地察看部分民营经济企业的生产、经营情况。委员们通过看变化、听介绍，一致认为：近年来，区充分利用沿江岸线的地缘优势，坚持“服务与发展并举，创新与务实共为”，以效能建设为先导，以招商引资为抓手，以服务企业为追求，进一步优化发展环境，民营经济始终保持着强劲的发展态势。连续多年在全市排名中名列前茅。全区实际引进区外资金25.19亿元，境外资金2951万美元；个体工商户累计9692户，民营企业861户，民营经济税收3.9亿元，占地方财政收入66%；年纳税过百万民营企业28家。委员们建议，在大力营造重商、兴商、亲商、富商的浓厚氛围的同时，要在政策上、制度上、措施上落到实处，及时帮助民营企业解决资金、发展环境、体制机制等影响经济发展的实际问题；要围绕开展“创业服务年”活动，进一步搭建创业平台，建设投资载体，为个体、民营企业提供更广阔的发展空间；要整合辖区资源，广泛进行项目嫁接和合作，精心包装一批受客商青睐的招商引资项目，对重大项目实行重点攻关；要提高项目履约率，狠抓项目跟踪落实，帮助在建项目和投产企业解决实际问题，促进新上项目早日开工，在建项目早日投产；要用优秀的人才引商，抓好招商队伍建设，营造“领导干部带头抓，部门一把手主动抓，产业招商组专门抓，全区人员共同参与”的招商氛围；要支持民营企业资产扩张，鼓励集团化发展，不断扩大规模；要引导民营企业调整产业结构，向科技含量高、附加值高的领域拓展，不断提升民营经济发展水平；要大力倡导“硬件不足软件补，政策不足服务补”的理念，公安、司法等执法部门要主动给予民营经济帮助和支持，为他们分忧解难，保驾护航，培育亲商、富商、安商的良好氛围。促使全区民营保持连年健康快速发展。11月26日，区政协副主席张华桥带领委员一行12人到区检察院视察检察工作。视察检务接待及办案工作区，亲身感受检察人员的办公环境、了解办案程序。委员对检察工作取得的成绩给予充分肯定。认为检察机关在围绕全市经济社会发展大局，严厉打击严重刑事犯罪，维护中心城区治安稳定；积极查办和预防职务犯罪，营造清廉的政务环境；加大诉讼监督力度，确保法律统一正确实施；积极参与社会综合治理，营造和谐的社会环境等方面做出积极的探索，并取得可喜的成绩。特别是区检察院作为全市唯一的网上办案试点单位，对转变办案人员的办案观念和提升自动化办公水平都有着积极的意义。12月2日，区政协主席张燕萍带领委员到区疾病预控中心视察防治乙肝型病毒性肝炎重大国家项目工作情况。区委常委、区政府副区长文建华陪同视察。政协副主席、统战部部长刘其祥参加视察。区政协主席张燕萍一行视察外国语实验小学采血现场以及区疾病预控中心儿童预防接种门诊、项目信息采集录入、实验室血清分析检测等场所，实地了解情况。听取卫生局及疾病预控中心领导关于防治乙肝型病毒性肝炎重大国家项目工作情况汇报。

2011年1月，区政协主席张燕萍带队的5个视察工作小组。分别到九江虹能电力公司、市石油运输船舶管理站、李氏贸易商行、九江杏林药业视察走访。9月8日，区政协主席文建华带队，部分委员视察走访天翔商务大厦、河北衡水老白干集团九江总经销处、九江君立豪友贸易有限公司。9月22日上午，区政协港澳台侨委组织委员一行10人，在区政协副主席、区商务局长秦永红带领下到城投公司，听取区城投公司关于公司暨重大项目工作情况的汇报，观看浔阳楼片区棚户区改造项目规划说明的视频资料。10月12日，区政协副主席秦永红带队，组织部分委员视察园区重点企业市金鑫有色金属公司，就企业生产、经营、扩容等情况进行调研，共商企业发展大计。区政府副区长钱萍参加视察活动。10月，区政协学习文史提案委员会组织部分政协委员，在区政协主席文建华带领下，就《中华人民共和国残疾人保障法》执行情况进行视察。区政协副主席张华桥、秘书长韩万金参加。视察组一行实地查看国电九江发电厂九源物业公司、九江儿童康复训练中心。听取区残联理事长丁金才关于全区残疾人保障法执行情况的汇报。委员们对区残疾人工作取得的成效感到欣慰，认为九源物业公司安排精神和智力等12名残疾人从事简单的绿化工作，不但解决残疾人的就业问题，改善残疾人的生活状况，更体现了残疾人的价值，为社会做出了贡献；认为通过九江儿童康复训练中心的康复训练，大部分受训的脑瘫、智障儿童康复效果明显，为他们今后回归社会生活、平等参与社会打下基础，中心为残疾儿童的康复教育训练做出应有的贡献。委员们同时指出，今后要加大残疾人保障法的宣传力度、树立科学的残疾人事业发展观、加大康复经费的投入力度、扩宽残疾人的就业渠道、逐步扩大安置残疾人的执法范围、进一步发挥残联的职能作用。10月18日，区政协人口环境资源委员会组织政协委员视察区旧城改造（棚户区）规划工作。在区政协副主席易小慧、周华的带领下，委员们听取规划局总工程师罗文介绍区旧城改造（棚户区）规划指引方案，罗总工程师从城区现状、改造原则、规划目标、区域划分等方面，对今后10年的城市建设规划工作进行详细讲解。委员们建议，一是要注意规划的延续性、一致性和商务性，将规划与浔阳最新的发展定位相结合；二是要注意规划的文化元素，体现浔阳文化底蕴；三是要注意拆迁的政策宣传力度。11月6日，区政协港澳台侨委员会组织部分委员对区农贸市场升级改造项目进行专题视察。实地察看二电厂、石化总厂、老马渡等老、旧农贸市场。区政协副主席朱少芬参加视察。11月10日，区政协主席文建华带队，副主席、秘书长和部分专家、学者委员到大中路（西段）升级改造项目工地进行实地视察，进行座谈。在听取项目指挥部负责人汇报的工程进展情况后，委员们建议，大中路（西段）的改造一定要贯彻“修旧如旧”的原则，达到提高品位的目的，突出老商号、老建筑的原有特点和风格，尽量恢复原貌。在改造的过程中聘用专家顾问进行指导和有古建筑修复技术的专业人员具体操作；在改造用材上要精心选择，使用一些仿古石木和雕塑，使之符合古色古香的特点；绿化用树要尽量使用造型树，增加艺术感；地面修复图样要富有变化。12月1日，区政协主席文建华，组织部分委员到江西广通电缆有限公司进行视察。在广通公司生产车间，查看企业的生产情况，并进行座谈。区政协常委、市广东商会常务副会长、广通公司董事长李伟群介绍广通公司的发展情况。

2012年1月4～6日，区政协主席文建华带队，组织部分政协委员分成5组，视察浔阳经济界各企业生产经营状况，分别到九江虹能电力建设有限公司、大桥五处、天海宾馆，与经济界委员进行交流座谈。3月2日，区政协主席文建华到白水湖街道，就水产市场开发建设楼宇项目进行视察。区政府副区长周庆吾，三产、房产、城建、国土、工商联、白水湖街道、三里村等部门负责人参加。听取各责任单位项目推进情况汇报，对各责任单位项目推进进行明确分工。4月27日，区政协主席文建华带队，农林、三产等部门负责人到区政协常委、浙江商会副会长王中财所在基地——彭泽县东升梅花鹿生产基地进行视察。了解基地的生产、经营、发展规模等情况，帮助解决生产、经营中的各种困难。6月15日，区政协主席文建华召集广东商会、检察院、城建、房产、三产、城投公司、白水湖街道等相关部门负责人，就加快推进广东商务楼宇项目有关事宜进行视察。区政府副区长周庆吾参加。6月21日，区政协主席文建华、副主席刘宗强、秘书长韩万金带领文卫委委员视察《中华人民共和国公证法》贯彻落实情况。区司法局局长徐惠忠、书记张勇、副局长兼公证处主任张文军等陪同视察。在区公证处，听取副局长兼公证处主任张文军对公证情况的介绍，察看办公设备及公证档案。在座谈会上，区司法局局长徐惠忠、副局长兼公证处主任张文军汇报公证法的贯彻执行情况以及公证业务开展情况。公证处从1988年成立至今办理数万件经济、民事公证事务及其他非诉讼法律服务，赢得社会的广泛信赖。视察指出，要继续加大公证法宣传力度，创新宣传方式方法，扩大宣传效果，进一步提高公证的社会认知度；要围绕经济社会发展大局，强化职能作用发挥，创新服务方式，不断拓展公证服务领域；要加强公证机构和队伍建设，提高公证办理质量，优化便民服务，不断提高公证公信力；政府各部门要着眼于发挥公证法律作用，加强协调配合，着力解决办证核实难的问题，共同推进公证法的实施，努力为公证工作创造良好的发展环境。陈和平、陆霄军等11名委员开展对《中华人民共和国公证法》在浔阳区的贯彻落实情况进行视察，分析讨论其工作中的经验和问题，提出加强公证员队伍建设要刻不容缓、防范公证责任风险要警钟长鸣、健全工作举措要创新求变、提升服务意识要常抓不懈等4条建议，视察报告在七届次常委会上进行通报。7月6日，区政协副主席张华桥、朱少芬率20余名政协委员，就创建全国卫生城市工作，对区龙开河农贸市场、滨江路、甘棠北路、悠然快捷酒店进行实地视察调研，随后召开湓浦街道政协联络组工作会暨“创卫”工作视察调研座谈会。学习区委办下发的《关于开展政协委员进社区活动方案》《浔阳区政协委员街道联络处工作制度》等文件精神，听取区卫生部门关于创卫工作情况汇报，各委员就如何做好委员进社区和“创卫”工作进行讨论。7月11日，区政协副主席廖济煊、秘书长韩万金到九江宏达汽车贸易有限公司、蓝天家具厂视察。7月，区政协副主席廖济煊、秘书长韩万金到九江虹能电力建设有限公司、九江海洋实业有限公司、九江市“浔阳鱼味”大酒店等企业，视察企业文化建设情况。8月22日，省政协副主席刘晓庄一行在省地震局局长王建荣、市政协副主席朱汉浩、市防震减灾局局长万辉、区政协副主席周华的陪同下，到龙山小学视察指导“防震减灾科普示范校”工作。视察组在学校行政领导班子的陪同下，对校舍、防震减灾设施、应急避险场地，地震科普设施，防震减灾科普教育宣传栏进行实地察看，刘晓庄等听取学校校长的创建科普示范校工作汇报，从如何开展防震减灾知识科普教育、成立“防震减灾”科普兴趣小组、编写防震减灾校本教材、聘请专家作讲座、组织学生观看防震减灾录像、开展紧急避震、疏散演练、组织参观学习、开展每年一届的防震减灾科普周活动等方面作详细汇报。视察组对学校创建工作给予充分肯定，认为龙山小学自2009年命名为省级“防震减灾科普示范学校”以来，高度重视此项工作，档案资料翔实，学科渗透极富特色；活动开展丰富多彩、不仅形式多样，而且注重细节；防震减灾主题教育活动能做到理论联系实际，具有很强的针对性。创建工作真正做到卓有成效，提高师生、家长的防震减灾意识，具有示范效应和推广价值。9月，市政协主席魏宏彬带领市政协工作组到区视察指导工作。在区工业园内的金旺达石化项目施工现场和新雪域物流园，听取负责人汇报后，调研组指出，浔阳区作为全市最重要的沿江区域，在沿江开放开发、决战大工业的进程中，要始终认真贯彻落实全市“两区互动、强工兴城”战略，扎实推进各项工作。针对浔阳区土地资源有限，园区空间不足的实际，浔阳区克服重重困难，变压力为动力，化危机为机遇，借势而为，乘势而上，准确定位，错位发展，在重点发展石化产业和下游产业链，为九江市在沿江开放开发大潮中做出贡献。市政协副主席徐少伟、纪岗昌、陶春元、朱忠玲、黄大明、朱汉浩、李军，秘书长洪华参加视察活动。区委书记戴晓慧，区委副书记、区长左延，区政协主席文建华，区委常委，常务副区长张林，区人大常委会副主任周晓明，区政协副主席秦永红，副县级干部张小军陪同。10月31日，区政协副主席周华带领部分政协委员到大中路步行街开展调研视察活动。区政府副调研员周衍军，区大中路步行街管理办公室负责人等陪同调研。调研组首先对大中路步行街管理情况进行现场视察，区大中路步行街管理办公室负责人就大中路步行街管理情况作简要汇报。各政协委员和经营户代表就如何做好大中路步行街管理积极发言，提出很好的建议和意见。11月8日，区政协主席文建华、副主席刘宗强带队，文教卫生法制社团委员会组织9名委员参加，对区检察院干部队伍建设情况进行视察，提出着力培养年青干警，争创更多成绩等建议。12月5日，区政协副主席刘宗强、朱少芬，秘书长韩万金带领“委员进社区”文学艺术活动小组部分委员到湖口县考察学习。湖口县政协副主席黄秋霞、秘书长李宏川介绍文学、戏剧、书法、摄影4个文艺创作小组开展活动的情况。

2013年5月28日，区政协主席文建华带领机关全体工作人员，在九江长江航道处负责人的陪同下，视察沿江开放开发的巨大变化。向九江长江航道处领导介绍了浔阳区近年来在市委、市政府“两区互动、强工兴城”战略指引下，围绕“在九江争得应有地位的进程中率先发展”这个目标，充分利用沿江岸线资源和交通区位优势，力争石化产业、物流产业比翼齐飞，总部楼宇、街区商贸蓬勃发展，金融保险、文旅产业异军突起的构想和成就。5月3日，在区政协副主席刘宗强的带领下，文教卫生法制社团委员会组织委员开展全区开放式小区物业服务工作的调研，先后在区市容局、人民路街道、白水湖街道召开座谈会，实地走访九龙、龙开河、庐南等6个社区，收集群众意见和问题，形成《关于浔阳区开放式小区物业服务工作的调研报告》，提出理顺服务机制，形成共建美好家园的工作合力等5项意见。9月26日，区政协副主席朱少芬率部分政协委员到区教体局调研。调研以实地考察和座谈会相结合的方式展开，实地考察走访金鸡坡小学、希望小学和新建的浔阳小学，认真分析各校现状和存在的问题。区教体局就全区推进义务教育均衡发展情况作了全面汇报。区政协委员充分肯定了全区在推进义务教育均衡发展工作所做的努力和成就，提出很多意见和建议，并呼吁政府加强教育投入和宏观调控，进一步重视和推动全区义务教育均衡发展。10月10日，市政协副主席徐少伟带领部分市政协委员深入浔阳工业园，就园区基础设施建设情况开展专题视察。委员们实地察看了园区道路、供水、供电、供气及其他生产性、生活性、服务性配套设施建设情况，重点视察了新雪域物流园和琴湖大道项目。委员们对区坚持高标准规划、高标准建设、不断完善园区基础设施建设等工作给予充分肯定并提出相关建议。区长左延、政协主席文建华、副区长胡迪、政协副主席易小慧陪同视察。10月28日，区政协副主席周华带领部分政协委员视察全区旧城改造工作。视察组一行先后来到封缸酒厂旧城改造项目、花果园安置小区项目、德化东路综合安置小区项目进行实地查看。在随后召开的座谈会上，委员们详细听取区房产局、区城建局、城投公司等部门负责同志关于全区旧城改造工作相关情况的汇报，并进行热烈的讨论分析。大家为全区旧城改造工作力度大、政策好，成效显著，并就如何进一步加强拆迁安置、理顺项目管理机制、完善安置房配套设施等方面工作提出了意见建议。区政府副区长朱超在座谈会上分析了区旧城改造工作进展情况和现实存在的问题，同时希望政协委员们继续关注、支持浔阳区的旧城改造工作，多提宝贵意见，促进浔阳区经济社会取得更大发展。10月30日，区政协主席文建华，副主席易小慧、廖济煊带领部分政协委员视察区公共租赁住房建设情况。委员们深入曹家山公租房项目建设工地，仔细查看项目进展、房型结构、小区环境等。委员们对区公租房建设超前规划、抢抓进度、严保质量等工作表示肯定。同时建议进一步加大人力、物力、财力投入，特别是要千方百计解决建设资金缺口，努力克服人少事多的困难，按照时间节点要求，扎实推进项目建设；要严把公租房建筑质量安全关，把公租房建设成为精品工程，老百姓安居乐业的放心工程；要提早做好公租房承租分配以及配套设施、物业管理等工作，确保公平、公正、公开，切实将这一民生工程办好、办实。11月15日，在区政协副主席刘宗强的带领下，文教卫法制社团委员会组织蔡璟旗、兰平、刘俊龙等8位委员对区民政部门开展的社会养老工作进行视察，形成视察报告，提出“要培训专业养老服务队伍”等5项建议。12月17日，区政协主席文建华带队，文教卫法制社团委员会组织汪慧、方国栋、万义振等7名委员对区检察院争创全国基层先进单位工作进行视察评议。

2014年5月28日，区政协经科委组织部分委员开展全区物价工作视察，区政协副主席易小慧参加视察活动。委员们先实地察看联盛浪井购物广场等明码标价执行情况。接着召开座谈会，听取区物价局局长关于区物价局总体情况介绍、各分管领导对各自分管领域的情况汇报。政协委员们围绕加强物价工作积极建言献策，委员们建议，一要充分发挥政府物价部门的职能作用，为宏观调控、加快经济结构调整、优化产业升级搞好服务；二要加强市场价格监测，特别是对与群众生活密切相关的粮、油、肉、蛋、奶、气等商品价格进行有效监测，关注可能引发市场价格异动的倾向性、苗头性问题并及时采取有效措施妥善处理；三要加强价格认证工作，特别是对涉案物品的价格认证要做到科学、客观、公正；四要加大价格执法力度，把群众关心的教育、医疗等作为巡查的重点，坚决打击乱收费、乱涨价、价格欺诈、价格串通等价格违法行为，多与工商、食监、公安等部门联合开展执法活动。6月6日，由区政协副主席刘宗强带领文卫委委员，对区新建学校教育管理工作进行专项视察，实地察看浔阳小学和区第一幼儿园两所学校硬件建设情况，座谈会上，委员们分析了面临的困难和问题，提出政府要在教育管理工作的持续关注度上、在保障性工作上、在品牌创建上给予大力支持的意见和建议。8月27日上午，市政协主席魏宏彬率领与会人员到区白水湖街道“委员之家”开展专项视察活动。各县市区政协主席等参加视察。区领导戴晓慧、左延、曹应发、文建华等陪同。白水湖街道政协联络处于2013年1月斥资30万元打造街道政协“委员之家”。“委员之家”占地面积260平方米，内设“三室一厅一院”，共有市级政协委员19名、区级政协委员43名，接待群众约访86人次，解决居民反映问题70余件，“委员之家”的成立激发了委员履职尽责的热情，提高了委员服务群众、服务发展的能力，增强了委员的“家”的归属感，更为市政协“三进三服务”及区政协“五个一”活动搭建了平台，让群众办事知去处，委员履职晓方向，文化活动有场所，社区风采得展示。视察组指出，浔阳区街道委员之家是真正地做到了有活动阵地、有人员安排，能够使政协委员充分发挥政治协商、民主监督、参政议政的职能。他希望各县区政协能借鉴浔阳区的成功经验把“委员进社区”活动进一步落到实处。10月11日，区政协主席文建华带队，文卫委组织江慧、黎凌等7名委员对区法院诉讼服务中心等亮点工作进行视察，政协委员们对这些工作给予高度的评价。11月5日，区政协经科委、白水湖街道政协联络处组织部分政协委员对琵琶湖农产品市场建设运营情况进行专题视察，区政协主席文建华，副主席易小慧、廖济煊等参加。视察组首先视察市场水产、蔬菜、家禽等交易区的软硬件建设和运营情况，接着听取市场负责人情况介绍。委员们围绕视察主题进行了协商座谈，大家认为一个好的鲜活农产品市场对引导农业产业结构调整和优化、保障城市食品供应、确保食品安全与质量、平抑和稳定食品价格、繁荣城乡经济、增加农民收入等方面都有重要作用。视察中委员们了解到该市场还存在经营业态不够完整，除了整体搬迁过来的蔬菜，水产、家禽交易区，还有部分场地店铺资源没有被利用，需要通过招商引进新的农产品交易品种；投资成本运行费用高、享受国家专项扶持资金少；临近企业改变经营项目影响琵琶湖市场正常经营秩序等问题。11月6日，区政协副主席朱少芬带领部分区政协委员，就全区日间照料中心打造和运行情况进行专题视察。视察组先后参观人民路街道日间照料中心和白水湖街道日间照料中心，并听取区民政部门相关情况汇报。委员们对全区日间照料中心建设给予充分肯定，并就如何加强日间照料中心建设，提出科学定位服务功能，积极引进民间资本，不断加大扶持力度等建议。11月27日，市政协组织委员来浔，就浔阳区“十大片区”旧城改造工作进展情况开展专题视察。市政协主席魏宏彬带队，市政协副主席徐少伟、纪岗昌、陶春元、黄大明、朱汉浩，秘书长洪华参加视察。区领导戴晓慧、左延、刘武爱、文建华、朱超、刘宗强、易小慧、朱少芬、周华、廖济煊等领导陪同视察座谈。视察组先后视察了战备路东侧片区旧城改造项目及战备路保障性住房项目、花果园保障性住房项目、锁江楼片区旧城（棚户区）改造项目以及考棚片区旧城（棚户区）改造项目，并召开专题座谈会。区政府区长左延代表区委、区政府就全区“十大片区”旧城改造推进情况进行了专题汇报。视察组成员、相关部门负责同志、片区责任人、社区及拆迁户代表等作了座谈发言，协商讨论加快推进旧城改造工作的进展、成效、存在的问题以及解决问题的对策和建议。12月4日，政协主席文建华，副主席刘宗强带队，文卫委组织潘炳生、李伟群、蔡璟旗等委员对区检察院的重点工作开展了视察评议活动。委员们对区检察院2014年的重点环节的法律监督等几项重点工作给予了认可，并对加强行政司法部门之间的沟通和协调等工作提出建议。12月5日，区政协副主席朱少芬、周华带领部分委员视察边街小巷改造项目的推进情况，委员们实地查看六角石片区、延支山片区改造项目，在座谈会上，委员们就发现的问题提出了很好的见解和建议，对下步积极探索促进项目推进提供新思路、新途径、新举措。

2015年4月28日，区政协副主席刘宗强带队，组织陈典锋、李伟荣、马年青等8名委员，开展全区“基层中医药创建工作”专题视察，参观白水湖街道花果园、李家垅以及柘电等三个社区卫生服务站的中医药工作建设情况，召开座谈会听取相关人员的意见，提出学习外地经验，营造更加浓厚的“创建中医药先进县”工作氛围等建议。5月14日，在区政协副主席朱少芬带领下，区政协港澳台侨委员会组织7名委员，就全区学前教育工作情况进行专题视察。区政府副区长胡迪陪同视察。视察组参观区域内小金星国际幼儿园和晓晓幼儿园，听取区教体局近年来全区学前教育工作情况介绍，并就如何促进全区学前教育发展进行座谈。在肯定近年来全区学前教育所取得的成绩同时，针对区域内幼儿园发展不平衡、队伍不稳定、管理不科学等问题，委员们提出加强公办、民办幼儿园老师交流，实现优质资源互补共享；成立幼教工作协会，加强区域内幼儿园之间合作交流；强化规范管理，确保学前教育安全等建议。6月5日，区政协文卫法制社团委在副主席刘宗强的带领下，组织薛东文、董春霞等6名委员，开展社会救助对口协商工作。在区民政局的安排下，委员们先参观对外救助服务窗口和服务超市，而后在民政局会议室听取工作汇报和《社会救助管理办法》等相关政策法规的解读，委员们提出“隐私权须让位于监督权和执行权”“精神病的救助要纳入重点范围”等意见建议。9月1日，区政协组织陈珑、黎璇如等7名委员对区社会组织服务暨志愿者之家建设情况进行专项视察，让委员们了解区志愿者队伍建设活动的成效，接受一次人道主义思想教育。委员们提出“在队伍建设上要更广，宣传力度上要更大，活动方式上要更深，引领作用上要更强”的建议。9月2日，区政协港澳台侨在朱少芬副主席的带领下，就大中路步行街环卫市场化运作运行情况进行了专题视察，在听取区市容局、步管办和物业公司负责人情况后，委员们进一步提出实现现有环卫工人平稳过渡，加大试点工作推广力度等建议。9月8日，区政协副主席刘宗强带领黎璇如、兰平等7名委员来到庐峰东路的摩玛综合楼，对区社会组织服务中心暨区“志愿者之家”建设情况进行视察。通过参观和座谈，委员们对其在全省开创先河的建设理念表示赞赏，对其管理、服务社会组织团体的工作形式表示肯定，对其影响、发挥广大志愿者的社会作用表示认可，同时也对其一年来所取得的成效表示由衷的赞叹。同时大家建议，区“志愿者之家”要持续得到政府和社会的高度关注，一是在宣传力度上要进一步加大，以吸纳更多的热心人士加入社会组织和“志愿者”队伍；二是在平台引领上要进一步增强，更好地发挥社会组织和团体的带动作用；三是在人才推荐上要进一步优选，积极推选优秀的“志愿者”服务组织负责人进人大、政协等部门参政议政，更好地参与社会公共管理；四是在政府购买社会岗位和社会服务上要进一步扩大，扶持社会组织团体的壮大发展。10月27日，区政协组织委员前往区疾病预防控制中心，开展疾病预防控制工作专题视察活动。通过实地了解区级疾病预防控制机构基础建设，座谈听取近年来区疾病预防控制工作情况汇报，视察组建议加大专业人才队伍引进力度，提升专业技术岗位在单位岗位总量中的比重；强化疾病预防控制能力建设，完善检验检测设备及卫生应急储备物资；发挥社区卫生公共服务机构作用，健全疾病预防控制工作网络。11月27日，区政协组织部分委员，对城区公交工作开展专题视察。区政协主席文建华、副主席朱少芬出席活动。市公交公司党委书记、总经理黄慧声陪同座谈视察。通过座谈听取近年来城区公交发展情况介绍，实地了解城区公交场站建设情况，委员们建议进一步强化公交优先发展战略意识，不断提高公交出行分担率，尽快确立公共交通在城市交通系统中的主体地位；进一步加强公交配套工程建设，加强对公交站点、场站和枢纽等基础设施建设，实现首末场站建设配套到位；进一步盘活国有资产，充分发挥公交流动广告的最大效益，有效解决或减少当前城区公交运行亏损现状。12月4日，区政协经科委组织部分委员深入浔鑫新能源科技有限公司长东物流园1Mw光伏电站及香榭利舍小区居民屋顶光伏发电等项目现场视察，区政协副主席易小慧参加。委员们建议，要认真落实国家能源局有关政策举措和省发改委实施万家居民屋顶光伏发电示范工程方案，发挥财政补贴的杠杆作用；要充分运用分布式就近发电、就近并网、就近转换、就近使用的原则，在有条件的机关、学校、医院、车站、企业、居民小区等进行推广；要切实解决电站建设、项目投资、技术支持、并网发电等方面存在的问题，实现光伏发电这一节能环保清洁新能源的可持续发展。12月17日，周华副主席带队，组织部分委员对区开放式物业小区工作进行专项视察，视察组实地参观了赵家花园、整流器厂等小区，座谈会上，委员们就开放式物业小区存在的问题纷纷提出了自己的见解，为下步工作提出了很好的建议。

附：视察考察报告选录

关于个体私营企业发展及实行街道一级财政的情况视察报告

为协助区委、区政府加快发展个体私营经济和实行街道一级财政的工作，更好地履行政治协商、民主监督、参政议政的职能，经济科技委员会于6月21日至22日组织部分党委委员视察了金鸡坡、滨兴、溢浦三个街道，听取了街道党政负责人关于个体私营企业与实行街道一级财政的情况汇报，现将视察情况报告如下：

一、1—5月完成任务情况

关于个体私营企业发展完成情况：金鸡坡个体工商户430户，私营企业25家；滨兴个体工商户483户，私营企业2家；溢浦个体工商户1600户，私营企业27家，预计6月底基本上能完成任务过半。

关于街道一级财政完成任务情况：金难坡街道个体私营经济税收为244.835元，街道企业税收为191.534元；滨兴街道个体私营经济税收为320,665.01元，街道企业税收为11,662.41元，溢浦街道个体私营经济税收为1,302,345.03元，街道企业税收为108,765.90元，预计6月底能完成任务过半。

二、主要好的做法

从视察情况来看，各街道均能认真贯彻区委、区政府关于进一步加快发展个体私营经济的文件精神，并根据自身实际情况制定发展计划和措施，如金难坡街道因地制宜，确定以产品加工业和种养殖业为发展重点；滨兴街道拟在老火车站广场开拓市场，搞旧货市场交易或建材市场批拔，鼓励居委会开办便民服务点。或修理服务一条街；溢浦街道准备对在新光商城后一排乱搭乱建的门面进行拓建规范。同时各街道都设立了个体私营企业保护中心，成立领导小组等等这些都有力的保护和促进个体私营企业的发展。

在街道实行一级财政后，街道办事处当家理财的积极性得到提高，他们及时成立领导小组并加强和调整财政的人员的力量，积极协调与税务所、派出所等有关单位的关系，进一步加强了税收征管工作力度，同时建立健全财政所各项制度，如财务管理制度，财税干部制度等，在征收的过程中村委会、居委会发挥人熟地熟的作用，通过他们的摸底，各街道的房产税明显地增多了，未办证的个体户税收也增多了。如溢浦、滨兴从4月1日起到现在征收房产税分别为7万和1万元。跑冒滴漏现象也得到了控制，例如金鸡坡街道40多户往年没有征税的个体企业今年街道财税所对其进行了征收，这些说明实行街道一级财政后，税源增多了，有利于壮大区、街两级财政增收，有利于全区经济和各项事业的发展。

三、存在问题和几点建议

（一）由于宏观市场疲软，老百姓主观思想上投资意识不强，小富即安思想较为严重。因为基础差，底子薄，承担风际的能力弱，许多群众不愿投资搞企业，他们愿投资建门面，靠房租过小日子，一些投资养鱼专业户单位产量与外来养鱼户相比有很大差距，养殖技术明显落后于人。金鸡坡街道蔬菜种植业尚有较大发展空间，如何依托京九蔬菜批发市场这一有利条件，引进高新种养殖技术，发展适销对路种养品种，是大有文章可做的。发展创办个体私营企业要与巩固一起抓，要进一步树立为企业服务的思想，加强为企业服务的力度，充分发挥保护个体私营企业中心的作用。

（二）实行街道一级财政后，各街道积极性得到了提高，但也普遍存在着顾虑，认为每年15%的递增速度过高，给次年完成15%的递增任务带来很大压力，因此在做法上普遍留有余地，不敢多超，积极性受到了一些影响。

（三）街道与街道之间在分成比例上不平衡，例如在房产税这一税种上有的街道提出可否根据各街道实际情况确定不同基数，超额完成部分按统一比例分成。

（四）加强与税务所的协调工作，在征收范围上，溢浦街道辖区内无证工商户的税收，税务所没有收，但是税务所也没有将这一块征税权交给街道财政所，导致税源白白流失。同时也容易滋生腐败现象，在与税务所的利益分配上，全区要有整体意识尽量避免各街道多头许愿造成工作上的被动，建议由区政府或者有关部门牵头统一协调。

执笔人：韩万金

1999年6月28日

区政协委员视察母婴保健法执行情况

8月25日，浔阳区政协组织部分常委和委员视察了滨兴，炼油厂、大桥五处等医院的《中华人民共和国母婴保健法》执行情况，并听取区卫生局、区妇幼保健站领导就我区实施《中华人民共和国母婴保健法》，依法开展母婴保健工作的情况进行了汇报。委员们针对母婴保健法的执行情况，进行了讨论并提出了意见和建议。

母婴保健法自1995年6月1日实施至今已4年了，区卫生局在对该法的宣传、贯彻、落实方面做了大量的工作，在区政府的领导下和有关部门的支持、配合下，开展了婚前保健、孕期保健及婴幼儿保健等工作，对提高我区的妇女、儿童健康水平做了大量的工作，取得了一定的成绩。但是，由于我区的妇幼保健工作起步晚，受客观条件的限制及诸多因素的影响，母婴保健工作从整体上看开展不够协调，发展平衡，特别是一些适宜技术的推广，有效措施的推行还存在阻力，比如“孕产期保健保偿服务”“儿童保健保偿服务”由于得不到有关部门的理解和支持至今尚不能全面实施，致使我区的母婴保健工作与本市兄弟县（区）相比明显滞后。

为了加快我区的妇幼保健工作步伐，更好地行使母婴保健法所赋予职责，落实我国政府向国际社会做出的对妇女、儿童生存、保护和发展的承诺，实现“到2000年，人人享保健”的目标。为此，特提出如下意见：

一、要完善、强化妇幼保健机构的功能，提高业务水平和管理能力，使其能够真正地承担全区的妇幼保健技术服务和业务指导，浔阳区妇幼保健站于1992年6月挂牌开展工作，但在体质制上与滨兴医院实行“二块牌子，一套人马”，这种合二为一的体制，已不能适应当前妇幼保健工作发展的新特点、新要求，不利于妇幼保健站独立使其职能。建议区政府及有关部门改变目前这种现状，将区妇幼保健站单列，作为一个独立的职能机构，加大投入，使其在人员编制、经费、设备、场所、技术上配套，达到县（区）级妇幼保健站的标准。

二、要依法行政，依法保障妇女儿童的合法权益，政府各有关部门要积极主动地配合卫生部门，特别是民政部门要积极支持区保健站开展“孕产期保健保偿服务”工作，使我区的妇幼保健工作上一个新的台阶。

执笔人：胡冬梅

1999年8月25日

区政协关于市区经济环境整治工作的视察报告

为了认真履行政治协商、民主监督、参政议政的职能，积极配合区委、区政府工作的中心，为推进我区经济环境整治工作，促进我区经济持续、快速、健康发展做贡献。6月24日，区政协经济科技委员会组织部分常委、委员在副主席高秋深带领下视察了九江市民生集团、新光集团和老马渡综合批发市场等企业，认真地听取了他们的汇报，深入地了解和掌握经济环境整治的作用和效果，对整治后存在的问题进行了分析，并掉出了一些意见建议。

一、基本情况和取得的成效

我区经济环境整治始于3月1日，至今已近3个月的时间，虽然时间不长，但由于区委、区政府高度重视和大力支持，区整治小组领导有方，措施得力，部署周密，工作具体，各部门齐抓共管，形成有效的合力，使我区经济发展环境有了较好的改善，具体表现如下几方面：1. 各职能部门在思想上增强服务观念，提高了服务水平和服务质量，“门难进、脸难看、事难办”等不良现象有所好转。2. 部门的职责、职工的职业道德得到加强，作风得到转变，“三乱”现象有所遏制，基本克服了“不给好处不办事，给了好处乱办事”和“索、拿、卡、要”等不正之风。3. 增强了“中心”意识，把发展经济工作看作是政治大事和全局大事，克服了小范围利益的思想和个人主义的思想。正是由于在市区形成了良好氛围，我区市场培育和建设有了明显的成效，如：老马渡综合批发市场去年个体客商走了只剩下十二户，今年年初该市场借整治环境的东风，通过省、市电视宣传，上门走访和写信给老客户等方式，赢得了老客户的信赖，使他们到该市场重新开业，到现在为止，400多间门面已全部重新开业，新开办的旧货市场也正在启动。也由于经济环境的改善，个体私营经济发展较快，招商引资项目明显增加，经济运行质量有较大的提高，据统讨个体私营企业户数比去年同期增长10%，引进内6100万元，外资40万美元，分别比去年同期增长5倍和4倍。总之，经济环境的整治有看得见、摸得着的效果，起到积极的作用，受到企业的普遍欢迎和称赞，也有效地推进我区经济工作的发展，为我区经济的腾飞奠定了牢固的基础。我们相信只要坚持不懈的努力，浔阳的振兴指日可待。

二、不足之处和存在的问题的特点

我区经济环境治理虽然取得不可小视的成效，但整治工作任重道远，工作仍十分艰巨，前进的道路上必将铺满了荆棘，综合整治也是一个需要解决的重要课题，一些深层的问题，仍需要一定精力和时间才能解决，不良现象仍会沉渣泛起，影响整个经济环境的治理，在此，就不足之处和不良现象分析如下：1. 新闻媒体宣传不够，特别是电视曝光少，不能足以震慑不良现象。2. 党委政府决心，"一头热"，企业配合不够，针对一些不轨行为不敢说，害怕制造麻烦，遭到报复，很多问题不能及时暴露出来，直接影响问题的处理和纠正，例如有的企业讲"今天揭露痛快，日后将会遭到更大的灾难。"思想上处在比较消极的状态。有些企业虽然领取"两卡"，但不能用来很好地保护企业自己的合法权益，对党和政府有关的经济环境整治的决心和力度缺乏足够的信心。3. "三乱"不良行为隐蔽性越来越深，在收费标准上就高不就低的现象还时有发生，存在"擦边球"现象。小集团利益在一些部门仍然存在，行业销售点是亟须解决的老问题，市直一些部门都有自己的销售商品，一些商品不买过不了关。例如某部门在汽车配置尾气净化器了防雾灯上的做法，反映多有不满，尾气净化器和防雾灯市场上的价格分别是一百几十元和二十几元，在他们指定的购买点却需费四百多元和二百多元。如果从保证产品质量角度上讲，有关权威部门可指定购买质量信得过，合格产品，但指定购买点、价格上又无商量余地的做法，在今天市场经济的条件下，其合理性、合法性是否站得住脚，实在是值得怀疑，令人深思。4. 一些部门的工作人员，仍然增加企业负担，违反政策法规的现象时有发生。例如：今年5月份，市直某单位的一位中层领导到驻区某外资企业报销旅差费，并大大方方地签上自己的大名。5. 经济整治也应是综合整治，要把它和社会治安、市容市貌结合起来做工作，没有良好的治安环境，人家不敢投资，没有良好的市容环境，别人不愿意来经商，因此可以说他们是做好经济整治工作的前提和基础，以上不足之处和不良现象将影响我们的经济环境的整治工作，制约经济向前发展，必须采取有力措施，坚决克服和有效制止。

三、几点意见和建议

通过一天来视察组的视察，并且进行认真的总结、分析，初步提出如下几点意见和建议：1. 加大宣传力度，要大力发动企业及整个社会成员积极参与经济环境治理的宣传，形成整个社会抵制不良行为的氛围；2. 企业要敢于政策办事，克服只要自己小环境，不要整个大环境的现象；3. 在专业市场的培育问题上，要进一步给予更宽松的政策环境，给予一定时间的招商期和培育期，待市场经济达到一定的经营规模，产生一定经济效益了，税务等部门达到一定的经营规模，产生一定经济效益了，税务等部门再进驻征税，真正达到"放水养鱼"的效果；4. 缩短办证时间，提高办事质量，增强服务意识，最大限度满足商户的要求；5. 加大整治领导小组的权威生，使企敢说、能说，避免企业说了也白说的心理状态；6. 整治领导小组要乘整治东风敢动真格，通过行风评议及时处理那些有碍于经济建设和发展的人和事；7. 各职能部门应加强自身建设，通过制定和执行各项纪律和制度，增强职工忠于职守，遵纪守法的自觉性，职工也要增强自身的政治素质和业务素质，加强自身形象修养，提高力办事能力和办事效果，切实把整治工作做好做实。

执笔人：韩万金

2000年6月29日

关于视察劳动人事局情况报告

2002年3月20日，我们一行9人视察了区劳动人事局。在视察中，刘宗强局长通报了人事劳动工作情况。我区人事劳动工作，在区委、区政府的正确领导下，区劳动人事紧紧围绕"一个核心"（建设高素质专业化的国家公务员和专业技术人员队伍为核心），抓住"两个重点"（把落实"两个确保"、推进社会保险扩面征缴工作为重点），充分发挥"三大功能"（服务、调控、保障功能），顺利完成了上级下达的工作目标任各，

一、人事制度改革工作顺利进行

1. 调查研究，摸清情况，打好基础。

为做好行政、事业单位机构改革的准备工作，摸清全区干部队伍情况，他们同有关部门一道，对全区行政事业单位人员的职能结构、年龄结构、男女比例、事业单位内部机构调设置，专业知识结构等情况，进行了调查摸底，为干部科学化的管理及机构改革提供了翔实的资料，为全面实施机构改革与人员分流打下了基础。

2. 严格控制编制，把好“入口”关。

把好“入口”关，严格控制行政、事业单位进人问题，是精减编制，促进机关“消肿”的重要环节。2001 年全区直单位共调进 52 人，其中接收大中专毕业生 48 人（由区计委、教委直接安排），另外 4 人，2 人是带有政治任务性的安置（一个是随军家属，一个是军转干部家属），2 人是区双职工子女安排（工资由接收单位自收自支）。近年来，去年是把关比较严的一年，也是进人比较少的一年。目前还有 150 多人在等待接收安排。

新接收的 48 名大中专毕业生，全部按照区政府的要求，下到各居委会进行为期一年的锻炼，通过一年的锻炼，大多数同志了解了我区的基本情况，积累了工作经验，为今后开展工作打下了基础。

3. 加强公务员队伍建设，搞好干部管理。

为全面深化人事制度改革，劳动人事局同有关部门，对公安浔阳分局 43 个正股级职位，59 个副股级职位，全部实行竞争上岗。通过公开报名、资格审查、组织考试、演讲答辩、民主测评、组织考察，一批优秀、懂业务、年青同志走上了领导岗位。他们还配合组织部，搞好区直机关中层领导职务竞争上岗。在选拔干部工作中做到坚持标准，不徇私情，公正、公平、公开，较好地完成了竞争上岗工作。通过实践证明，竞争上岗增强了活力，提高了工作效率，深受用人单位的好评。

同时，他们还全面推进公务员培训，努力提高公务员素质。全年共举办了一期专业技术人员继续教育培训班，一期干部培训班，四期公务员更新知识培训班，通过一系列的培训，更新了公务员和专业技术人员的知识，提高了工作效率。

二、大力培养和发展劳动力市场，稳步推进社保工作

为了适应劳动人事制度改革，强化服务意识，他们积极拓宽就业渠道、缓解就业压力、稳妥地做好社会保障工作“两局”（就业局、社保局）工作跨进全市先进行列，受到上级部门表彰。

1. 立足就业市场，打造就业工程。

随着社会待业人员日益增多，安置工作相当繁重，他们把企业下岗职工再就业和失业人员的就业，作为工作主攻方向，因此，着重抓了四个方面的工作：一是加强劳动力市场建设。他们在财政困难只投资 10 万元的情况下，多方筹措资金 350 万元，建成总面积4500平方米的浔阳劳动力市场。2001 年 5 月 16 日正式营业。二是加强职介机构的管理。三是加大再就业力度。就业局以劳动制度改革为主线，大胆采取新举措，率先在六个街道创办社区服务业，共安置下岗职工和失业人员4000余人，起到了稳定社会的作用。四是抓好职业技能培训，增强了下岗职工和失业人员和竞争意识。

2. “两个确保”落实到位，社保工作发展良好。

加大社会保障工作的力度，他们主要抓了三个方面的工作：一是加强基金收缴，确保离退休职工养老金和下岗职工基本生活费的发放。全区养老保险基金收缴率达到 97%，为社会稳定奠定了坚实的基础。二是进一步完善企业职工医疗保险制度，2001 年我区医疗保险，参保单位 39 户，单位参保率 100%；参保职工 868 人，参保率 100%；基金到账率 100%，支付率 100%。三是进一步加大失业保险工作力度，把失业保障扩大到全区事业单位。

3. 建立劳动安全监察制度，加强劳动安全监察。

为切实贯彻落实国务院《关于特大安全事故行政责任追究的规定》，他们坚持“安全第一，预防为主”的方针，建立和完善了劳动安全监察制度，加强对城区锅炉使用的安全管理和现场监察。通过安全生产监督检查，增强了锅炉操作者的安全意识，保障了人民群众的生命财产的安全。

三、我们的建议

1. 加强同计委、教委的协调，掌握政策，严把进人关。2001 年大中专毕业生分配还是比较多的，要坚持按政策安排，按需要安排，杜绝人为安排。

2. 有计划、有针对性的引进一些高学历的人才。

3. 加大宣传力度，争取上级业务部门的资金支持。

浔阳劳动力市场建设规模已形成，由于资金原因许多方面还不够完善，还有一部分债务没有还清，这方面要加大宣传，多方联系，争取上级业务部门资金支持。

4. 劳动力市场是个服务性机构，建议区政府适当加大投入。

5. 这次视察大家对招聘、竞争上岗一致给予充分的肯定，认为机制产生活力，机制产生效率，这项工作希望能够坚持下去。

执笔人：龚安金

2002 年 3 月 20 日

关于“4050”下岗人员就业与再就业视察报告

主席、副主席、各位常委：

11 月上旬，我委按照区政协工作紧贴中心，服务大局要求，就委员提案中关心的热点问题，组织 8 名委员对区“4050”下岗人员就业与再就业工作进行了视察。视察听取了区劳动就业局局长邓海平关于《浔阳区就业与再就业工作情况汇报》，实地察看了白水湖街道劳动保障事务所、余家垅社区劳动保障事务站，走访了下岗职工肖雯开办的洁丽清洗公司和下岗职工方虹开办的天地副食品超市，现将视察情况汇报如下：

一、“4050”下岗人员就业与再就业工作总体情况

我区的就业和再就业工作在区委和区政府的领导下，区劳动就业局认真履行自身职责，坚持以人为本，以落实再就业政策为主线，以强化服务为手段，以增加就业岗位为目标，认真落实优惠政策，建立服务网站，完善服务体系，开辟就业渠道，就业与再就业取得较好成绩。

（一）领导重视，建立健全再就业服务网络

区委、区政府高度重视就业与再就业工作，及时调整了浔阳区就业工作联系会议领导小组，由区政府主要领导任组长。在建设街道劳动保障事务所在过程中，区委、区政府领导亲自考场地，解决建设所需经费，安排专项资金 100 余万元，5 个街道劳动保障事务所相继在各街道成立，全区下设 53 个纯居民社区劳动保障服务站，形成再就服务网络。各劳动事务保障事务所通报用工信息、联络用工单位，各劳动保障站，掌握本社区下岗人员情况，提供用工人员。

（二）发挥平台作用，促进“4050”人员再就业

一是发挥浔阳区劳动市场作用，推进“4050”人员再就业，今年重新装修一新的浔阳劳动市场人才交流服务大厅，实行劳动保障一站式服务，按照科学化、现代化、规范化的要求，设置了不同窗口，实行免费服务。6 月份开业以来，共解决“4050”求职人员 26 人。

二是利用社区就业平台，促进“4050”人员再就业，社区平台在开发社区就业岗位和安排下岗失业人员再就业的工作中发挥着重要作用，有效解决一批“4050”人员就业，创办了饮食、修理、家政、托幼、托老中心、卫生保健、社区保安 56 家，安排失业人员 83 人。

三是为了“4050”下岗职工提供经营场所，落实优惠政策，鼓励他们再就业。我区为解决下岗失业人员和“4050”人员就业难的问题积极想办法、落实政策，在落实再就业优惠政策上及时给他们发放“再就业优惠证”，全区各有关部门为他们减免税费 180 余万元。积极推进小额担保贷款工作，加大发放力度，解决他们自谋职业、自主创业资金的困难。由区财政出资 50 万元，就业局出资 20 万元作担保资金，目前共计发小额贷款 65 余万元。同时创办了浔阳再就业一条街，为下岗再就业提供经营场所，第一期已有 489 人通过自谋职业，通过自主创业实现了再就业（其中“4050”人员 210 人），并带动了2174人就业（其中“4050”人员 872 人）。

四是实放府购买培训成果，抓好职业技能培训，落实他们再就业。为提高劳动者的素质，强化下岗失业人员择业能力和竞争意识，帮助下岗失业人员提高就业技能，鼓励下岗失业人员自谋职业、自主创业，提高培训合格率和就业率，改变下岗失业人员和“4050”人员技能中的现状，建立健全再就业与创业培训工作长效机制，将再就业培训与创业培训工作逐步制度化，规范化，聘用了一支较为稳定的教师队伍。几年来，我区不断根据劳动力市场供求的变化和下岗失业人员的意愿，开设见效快、简学易学的电脑，缝纫、家政、营销员、厨

师、电器维修等八个专业，共计培训下岗失业人员560人（其中“4050”人员148人），实现再就业358人（其中“4050”人员89人）。

二、存在的问题：

1. 失业保险金征缴工作难度大，部分应参保对象和少数领导对失业保险工作思想上认识不足，甚至出现抵触情绪。由于这项工作是通过国家立法强制性征缴，在实际工作中得不到部分应参保人员和单位、部门的支持与配合。

2. 社区劳动保障工作站发展很不平衡。主要原因：一是部分社区反映人力不足，没有专职人员开展工作；二是经费缺乏，必要的配套设施不能到位，如微机等；三是有些社区领导对劳动保障工作不重视，认为就业和再就业工作是职能部门的事。

3. 再就业小额贷款工作。浔阳区是继市启动小额贷款工作后，全市第一个启动小额贷款工作的（县）区，起步早，推进较慢，主要原因是数额小，笔数多，工作量大，合作银行不能很好地给予配合，需要进一步协调。

4. 再就业培训工作由于部分下岗失业人员求职愿望不高，就业观念还没有得到根本上的改变而显利比较薄弱。有岗无人，有人无岗的就业结构形成了劳动力资源的合理配置矛盾突出。

三、做好“4050”下岗人员再就业工作的几点建议

1. 发展区域经济拉动再就业。这主要包括两个方面，一是利用招商引资拉动就业。外资企业的快速发展不仅为地方经济带来丰厚的税收，同时为地方的劳动力市场带来大量的就业机会。二是发展地方民营企业，尤其是能吸纳大批劳动力就业的密集型企业。要通过优化投资软硬环境，吸引更多的外商前来投资兴业，同时制定一些优惠措施，促进民营企业快速发展，鼓励民营企业多安置、优行安置下岗失业职工，以此拉动和扩大再就业。

2. 增加公益岗位拓宽再就业渠道。政府部门要结合本地区实际，统筹安排，创造性地开辟一些就业岗位，特别在社区服务，城市卫生、治安保卫、城市交通等方面挖掘公益岗位，并优先录用“4050”人员实现再就业。

3. 落实优惠政策扶持再就业。优惠政策是下岗失业人员重新就业的“助跑器”。党政部门要协调配合，建立下岗失业人员再就业优惠政策的监督机制，确保各项政策贯彻落实。特别是在落实下岗失业人员小额担保贷款中，要在精心选择项目，做好还贷能力的评估的同时，积极宣传政策，疏通贷款渠道，为自主创业的下岗失业人员打开就业门路。

4. 扩大社会保障覆盖面，促进再就业。要进一步扩社会保障覆盖面，推进私营、个体等非公有制企业参加养老、医疗、工伤、生育等社会保险业务，消除非公有制企业与国有企业在社会保障方面的差距，为下岗职工再就业创造一个平等的竞争的社会环境。

执笔人：韩万金

2004年11月12日

弘扬群众文化　创建和谐家园

2011年9月28日至29日，我区政协参加了在安庆市大观区举行的七省（市）部分（区）县政协工作研讨会，在参会的间隙我们对大观区群众性文化活动的开展情况进行了一点粗浅了解，现简要小结如下：

大观区位于安庆市区西部，全区土地面积235.5平方公里，常住人口27.5万人。近年来，该区在大观区委、区政府的正确领导下，在市文体局的精心指导下，以稳定队伍为抓手，以开展活动为载体，经常开展健康向上、内容丰富、形式多样的群众文化活动，不断满足社区居民的文化需求，先后获得“全国先进文化社区”“全国群众体育先进单位”“安徽省社区建设先进单位”等荣誉。他们的做法是：

一、加强领导，明确群众文化工作职责

该区始终把群众性文化工作摆在重要位置，提出了“围绕中心、服务居民、培育品牌”的发展社区文化新理念。为加强领导，区、街都成立了文化工作领导小组，街道文化工作领导小组主要是以党工委书记为组长，街道各部门、各社区主任及辖区相关单位负责人为成员，并明确各自的目标任务和岗位职责，确保层层有人抓、事事有人做。每年，区、街道都要召开文化工作会议。经常邀请文化工作专家对社区文化进行指导。要求街道做到“五个到位”“四个纳入”和“三个结合”。即：对社区文化的领导意识到位、工作计划到位、措施落实到位、人员分工到位、活动经费到位；社区文化建设纳入街道发展总体规划、纳入和谐社区建设重要内容、纳入目标管理考核范畴、文化事业经费纳入财政预算；将社区文化与改善社区环境相结合、与社区治安相结合、与和谐社区建设相结合。制订群众文化工作量化考核实施细则，把全年文化活动逐项量化分解，使社区文化逐步走向制度化、规范化良性发展的轨道。

二、夯实基础，搭建群众文化活动平台

1．加强群众文化设施建设。2008年，利用国债资金对街道社区服务中心进行改、扩建，该区抓住这一有利时机，大力实施文化阵地建设，确保了社区文化设施提档升级。多数社区都根据自身特点，因地制宜建立了活动室、图书室，部分社区还开辟了健身广场、证券交易所文化广场等场所，为社区居民自娱自乐、强身健体提供了便利。今年6月，区政府投资8万元对杨家塘广场进行改造，搭建了龙山大舞台。街道为社区配备了数码相机，为开展活动打下了物质基础。本着共驻共建的原则，社区与驻区单位合作，开辟了宣传阵地，还与市群艺馆结成共建对子，实现社区文化“共建联办”，形成了社区文化建设的强大合力。

2．加强群众文化队伍建设。文化队伍是活跃群众文化的骨干力量，该区要求社区文教干事专职专用，定期培训，不断提高组织、策划文化活动的能力。各街道通过上门走访，深入挖掘社区内的文化人才，根据各自的兴趣爱好，建立了各类人才库，把他们中的骨干聘为社区文化指导员，指导成立群众性文艺团体，几年来，先后成立了老年大学舞蹈队、黄梅戏票友协会、龙山女子合唱队、荣升舞龙队、杨家塘腰鼓队等，这些团体带着自己编创的节目，在全区开展灵活多样、健康有益的文化活动，既满足了居民的需求，又提高了居民自我教育、自我服务、自我完善的水平；他们不仅活跃在大观，还经常应邀参加各级各类演出和比赛，并取得优异成绩。其中老年大学舞蹈队表演的舞蹈《天下黄河九十九道弯》获安庆市首届老年文艺会演一等奖；黄梅戏票友协会参加了安庆市“黄梅歌手大奖赛”，夺得了1名一等奖、2名二等奖、1名三等奖；舞龙队连续参加了五届黄梅戏艺术节开幕式及相关文艺演出，获得好评。

三、突出特色，打造群众文化精品亮点

该区十分注重社区文化的品牌建设，以构建和谐大观为主线，把群众文化渗透到和谐家园建设的各个环节。

1．培育楼栋文化。社区以楼栋为单位成立了互助会，在开展文化活动的同时，将互助友爱的意识植根于居民心中，通过“楼栋拔河比赛”“巧厨娘厨艺大赛”等，营造了新型的邻里关系。荣升社区连续8年开展“十佳好居民”评选活动，把培育文明道德风尚与构建友爱诚信的人际关系结合起来，充分体现了社区文化的规范导向和陶冶教育功能。

2．倡导健身文化。龙山路街道建有木兰扇、太极拳、健身操、健身秧歌等群众体育单项组织，已成为了社区的文化品牌，通过“爱奥运、树新风”体育舞蹈表演、演武大赛、趣味运动会、体育路径比赛等活动，将全民健身与社区文化有机地结合在一起，成为居民交流的有效途径。清晨或节假日，居民们扭秧歌、打腰鼓、练拳、跳操等健身活动也是一种文化交流。

3．开展广场文化。为提升群众文化的影响力，扩大知名度，该区以“龙山大舞台”为品牌，结合重要节日、重大活动等，举办各类大型文体活动，如“唱响黄梅戏·迎接艺术节”“金秋十月·六十华诞”“颂歌献给党红歌会”“文化下基层进社区”等，充分展示了文化的无穷魅力，展示了大观居民朝气蓬勃、昂扬向上的精神风貌。

4．开辟文化讲坛。2009年3月13日，“龙山文化大讲坛”正式开课，文化讲坛的开办，旨在培育爱国守法、明礼诚信、团结友爱、勤俭自强、敬业奉献的公民道德规范和团结奋进、繁荣和谐的龙山精神，拓展了群众文化的新路子。到目前，讲坛已经讲授了近40课时，内容涉及党史廉政知识、中华文化经典、党的惠民政策、健康防病知识、未成年人的关爱教育等，深受大众欢迎。

执笔人：殷方熙

2011年10月8日

关于全区旧城改造工作的视察报告

为了摸清我区旧城（棚户区）改造工作现状，总结成功做法和经验，查找工作中存在的问题和困难，进一步推动棚户区改造工作再上一个新台阶，根据年初工作安排，10月28日，周华副主席带领部分政协委员对十大片区旧城（棚户区）改造进行了视察。视察组采取听取汇报、座谈研讨、实地考察的方式，对我区旧城改造工作进行客观了解，对棚户区改造现状进行及时掌握。现将这次视察情况报告如下：

一、基本情况

2011年，新一届浔阳区领导班子履职后，将旧城改造工作作为贯彻落实科学发展观、构建和谐社会、推进城市转型的战略任务，和实现“中国梦”的民生工程，制定了棚户区改造“5123”战略，组织实施了旧城改造“2111”工程，计划旧城改造10个地块面积，总占地面积990.2亩（其中，用于安置地块面积217亩），改造拆迁量9213户、95.72万平方米，规划建设住宅53幢54.706万平方米。截至目前，战备路片区自2013年5月1日正式启动以来，已完成了战备路沿线668套的征收工作，征收面积达6.86万平方米；封缸酒厂片区9月7日正式启动签约，目前已签约208户，签约率85%，孔家洼片区已于10月19日公布、张贴《孔家洼片区旧城改造房屋征收补偿方案》，现城房已签约148户，农房已签约18栋36户。莲花池片区于10月20正式启动征迁签约工作，春节前可全面完成征迁工作。

通过视察，委员们感觉到，通过“十大片区”旧城改造，将会使城区面貌逐渐焕然一新，城市功能配套进一步完善，城市人居环境进一步优化，城市品位进一步提升。通过视察，委员们感受到，广大群众对旧城改造工作高效推进给予了充分肯定，对城市面貌发生的变化给予了高度评价。经过视察与思考，委员们一致认为，在区委、区政府的正确领导下，旧城改造工作之所以能取得较大成效，有从上到下、从内到外各个层面的因素。具体地讲，可以归纳为“三高一彰显”：

（一）高点定位。安居才能乐业，乐业才能筑梦。区委、区政府坚持把旧城改造工作作为打造和谐、美丽、幸福首善之区的重要内容，作为改善城市形象、提升城市品位、优化人居环境的重要任务，作为建设“美丽、实力、文化、幸福”新浔阳的浔阳梦的重要抓手，以人为本，统筹兼顾，做到“四个相结合”，即把棚户区改造与推进城市发展、繁荣城市经济相结合，与完善城市基础设施、增强城市功能相结合，与提升城市品味、提高城市核心竞争力相结合，与提升居民幸福指数、促进社会和谐相结合。同时，坚持“统筹规划，民生优先，科学谋划，高质高效，完善功能，提升品位”的基本原则，有力地促进了棚户区改造工作建设进程。

（二）高位推动。市委、市政府成立了以市长为组长的浔阳区旧城改造工作领导小组，26个市直单位分别组建成本核算组、政策宣传组、征收安置组、信访维稳组等4个工作组，同时明确10位市四套班子领导分别挂点十大片区。浔阳区也在第一时间成立区“十大片区”旧城改造领导小组，下设办公室以及综合协调、政策宣传、融资核算、征收征迁、安置建设、招商推介、维稳督查等七个工作组和“十大片区”指挥部，全部由区四套班子领导挂点负责，同时抽调全区科级后备干部、年轻干部200余人充实到各工作组和片区指挥部，明确职责分工，加强协调配合，促进全区旧城改造工作有序推进。

（三）高度协同。不论是26个市直单位分别组建的成本核算组、政策宣传组、征收安置组、信访维稳组等4个工作组，还是区“十大片区”旧城改造领导小组成员单位以及各责任单位、相关参与单位一道，按照统一调度，认清责任，密切协作，合力攻坚，各部门普遍调配充足人力、物力、财力，扎实落实责任承包措施，许多部门的主要负责人还亲自靠上做工作。4个工作组和区“十大片区”旧城改造领导小组更是立足全局、服务大局，加强协调，密切配合，步调一致，形成了拆迁工作的强大合力，谱写了旧城改造的“大合唱”。

（四）彰显人文关怀。为保护被拆迁人合法权益，一方面，区旧城改造领导小组针对旧城改造可能对群众的工作生活造成一些冲击，使一部分人的利益暂时受到影响的实际情况，积极、周全地考虑应对措施，超前主动地做好思想政治工作，突出“人文”服务，从而赢得了拆迁户的积极配合和支持；另一方面，为使补偿安置更加合理，在政策制定中，区政府始终将“和谐征迁、让利于民”的理念融入其中，科学调整征收补偿安置政策，适时推出“四项惠民政策”；最大限度让征迁户充分地享受到惠民政策，有效保障了住户的合法权益，使“人文”拆迁暖民心。

二、困难与问题

从视察和听取汇报的情况来看，全区旧城（棚户区）改造工作整体上进展较好，但也存在一些不容忽视的问题和困难，主要是：

一是拆迁难度不断加大，影响了整体工作进度。拆迁是关系旧城改造成败的关键。由于土地出让价、商品房和二手房价格在不断上升，加之部分被拆迁户对物权法的理解有误区，存在着等靠、攀比、索要等心理，少数拆迁户对拆迁补偿标准要求过高，甚至高出正常市场价格的数倍，至今达不成拆迁协议，致使改造项目难以及时腾出建设用地，严重影响改造工作的进度。封缸酒厂片区、浔阳楼片区等片区就存在个别人却想借拆迁之机，提过高要求，甚至漫天要价，拒不拆迁。这些问题如不能及时妥善解决，一方面，造成“拆迁难”，使拆迁受阻延误时间；另一方面，由于致使有些项目不能按计划开工，回迁房无法如期建设，拆迁户不能按时回迁，未来势必成为“回迁难”。

二是异地安置地设施建设的滞后，形成安置瓶颈。被征迁住户在工程建设期间大都是租房居住，住房的心情较为迫切，由于新建安置小区公共交通不便利，燃气等市政设施不完善，菜市场、超市等生活设施不齐全，必将造成安置群众生活极为不便，势必引起住户情绪波动，给我区旧城改造工作带来负面影响，并将形成旧城改造安置瓶颈。如何提高异地安置地百姓的幸福指数，成为我区旧城改造顺利推进的“重要考量”之一。

三是项目服务能力建设，成为我区旧城改造提质提速提效的新压力。项目报建是一项专业性较强的工作，专业性强、衔接性要求高，从规划方案的编制、申报、评审，到用地审批、拆迁审批，要经过几十个步骤，跑多个部门才能完成，对于没有接触过此类工作的人员来说难以做到。旧城改造工作中，虽然抽调了全区科级后备干部、年轻干部200余人充实到各工作组和片区指挥部，由于没有进行必要的、专门的、专业的培训，项目报建等相关手续办理滞后，影响了旧城改造的推进速度。

三、对策与建议

针对我区旧城改造中存在的问题，视察组认为，加快我区旧城改造步伐，统一思想、增进共识是前提，政府主导、市场运作是保证，科学规划、统筹实施是先导，以人为本、保持稳定是原则。建议从以下几个方面入手推进我区旧城改造工作。

（一）制定有力工作措施，加大拆迁力度。拆迁工作作为棚户区改造的一个关键环节，也是关系到社会稳定的一件大事。一是规范拆迁程序，严格执行政策。坚持依法拆迁、规范操作，做到公开、公平、公正，在执行政策标准上，对所有拆迁户一视同仁，确保政府政策的透明度、权威性和严肃性。二是探索建立符合市场经济规律的拆迁补偿奖励政策。对按时或提前搬迁者给予更具吸引力的奖励政策，对确实困难的弱势群体要给予特殊的适当优惠政策。在条件成熟时，是否还可学习借鉴其他地方的先进做法，除此之外，还应提高对搬家补偿费、临时安置补助费、停产、停业补助费等拆迁安置的补助标准。三是坚持依法行政，敢于动真碰硬，保障拆迁工作顺利进行。对提出无理要求、漫天要价、拆迁单位多次做工作无效的拆迁户，该强制拆迁的，必须依法强制拆迁，以打开目前拆迁工作的被动局面。对新增违章建筑一律实行“零补偿”，坚决打击拆迁范围内的违法抢建行为，同时最大限度地维护群众的利益，做到疏堵结合，及时将各类违法建设控制在萌芽状态。

（二）积极创新思路，为拆迁安置破解难题。要积极推行“人文安置”理念，花力气解决旧城改造工作要存在的“重拆迁、轻安置”的现象，按照拆建并举、有拆有建的要求，宜人宜居的标准，超前规划，高标准建设好回迁安置房，努力做到既加快城区建设，又能使群众得到回迁实惠。在建设安置点时，要先行考虑和规划安置房的公共设施，例如：天然气、交通、便民服务设施等等，真正改善和提高人们的居住质量和生活水平。

（三）着力提升服务水平，为旧城改造工作开创新局面。要加强对改造项目报建的统筹，区旧城改造领导小组在加强协调、督办，加快报建等各项手续的办理的基础上，要积极协调、探索、组织建立旧城改造市、区两级层面的项目审批“绿色通道”，使相关部门按照各自职责，依据法定程序，提高工作效率，缩短审批时限，做到特事特办，急事速办；要建立、完善、创新项目报建考核奖惩机制，并列入区里对部门单位和街道年度考核的重要内容，同时作为锻炼干部、培养干部、选拔干部的重要平台；要对抽调人员进行专门的培训，提升服务水平，提高工作人员的实际操作能力，并建立起规范的工作流程程序，便于大家按照规范流程来执行操作，进而推进项目报建提质提效提速，不断开创旧城改造工作新局面。

执笔人：陈婕
2013年10月

关于琵琶湖农产品市场视察报告

11月5日，九江市浔阳区政协经科委组织部分政协委员对琵琶湖农产品市场建设运营情况进行了专题视察，现将有关情况报告如下：

一、视察基本情况

本次视察组织了10名委员，区政协主席文建华、副主席易小慧、廖济煊等参加。视察组首先视察了市场水产、蔬菜、家禽等交易区的软硬件建设和运营情况，接着听取了市场董事长王顺德、总经理孔德彪等对市场情况介绍。委员们围绕视察主题进行了协商座谈，大家认为一个好的鲜活农产品市场对引导农业产业结构调整和优化、保障城市食品供应、确保食品安全与质量、平抑和稳定食品价格、繁荣城乡经济、增加农民收入等方面都有重要作用。区政协主席文建华以个人亲身经历，从老市场的搬迁到新市场的建设及成功运营谈了自己的感受并对市场建设管理者提出了殷切希望；副主席易小慧、廖济煊，常委陈和平、潘炳生等都踊跃发言、畅谈自己的观点。

二、市场基本情况

九江市琵琶湖农产品市场是该区引进战略投资者——深圳市农产品股份有限公司，与本区三里村合作共建的一家综合性鲜活农产品一级批发市场。市场规划项目是集水果、蔬菜、粮油、肉类、水产品、冷冻品、土特产、干货调味品等农产品批发交易、加工、包装、仓储、直销、物流配送、拍卖、电子商务、食品安全检验检测、中央结算等为一体的多功能、现代化、综合性、大型农产品物流中心。市场分两期建设，一期水产区用地面积为18847平方米，建筑面积约12040平方米，投资额约0.22亿元；二期蔬菜、水果、粮油区用地面积为82008平方米，建筑面积为68021平方米，投资额约2.03亿元。新项目自2010年开工建设以来，在区委、区政府及相关部门的大力支持和帮助下，项目各项工作进展顺利，工程建设已基本竣工。新市场水产交易区于2012年3月由原三里村下属九江市鲜活水产品批发市场整体搬迁而来，据统计，搬迁后较之老水产市场，整个水产品的交易量放大接近30%，相应的水产品价格也有了5%～15%的下降。2014年8月，原浔阳蔬菜批发大市场也于顺利搬迁至新市场蔬菜（家禽）交易区。目前新市场蔬菜交易区日成交量1500吨，日交易额160万元，较之搬迁前增长约25%。至此，琵琶湖新市场的两大主营业态已经全部启动。

三、存在的困难问题

视察中，委员们了解到该市场还存在一些困难和问题

1. 经营业态不够完整。除了水产、蔬菜、家禽外，其他业态几乎没有，而且水产、蔬菜品种也不够齐全。

2. 部分场地店铺闲置。除了整体搬迁过来的蔬菜，水产、家禽交易区，还有部分场地店铺资源没有被利用，需要通过招商引进新的农产品交易品种。

3. 投资成本运行费用高。据企业反映整个市场建设已投入2亿多元，每年银行利息需要700多万元。同时企业享受国家专项扶持资金少。

4. 无序竞争对市场影响大。市场负责人反映临近企业改变经营项目影响琵琶湖市场正常经营秩序，可能造成“劣币驱逐良币”现象。另外，九江各类市场多且分散，一方面增加了客户采购成本，另一方面也不利于市场做大做强。

四、几点建议

为早日将市场打造成以九江市为核心，辐射赣北、鄂东、皖南等区域消费人群，成为年交易量超150万吨、交易额超30亿元的区域性综合大市场。针对视察情况，特建议：

1. 要内强管理。市场主体充分调动经营户积极性，完善经营业态，保障商品供应充足，同时加强商品检验监测，确保食品安全。

2. 要外树形象。市场主体要借助深圳农产品股份有限公司这个上市公司品牌和长江、鄱阳湖水产品优势，广泛宣传，着力提升市场的影响力

3. 要加强沟通。市场主体要加强与政府职能部门的联系，掌握信息，主动争取国家在农业产业化、农产品物流、信息化等方面资金和政策扶持。

4. 要多方扶持。政府有关部门要加大市场经济秩序整治力度，打击违法经营行为，运用各类优惠政策，积极帮扶市场做大做强，政协委员要以提案、社情民意等形式将一些需要上级解决的问题提交政府部门办理。

5. 要整合资源。建议政府将同类市场整合在一起，形成合力，扩大影响力、辐射力，实现一站

式经销，既可降低零售商采购成本，又有利于提升市场竞争力。

执笔人：高雄

2014 年 11 月

关于开展浔阳区边街小巷改造工作视察报告

边街小巷改造是城市建设的重要组成部分，是一项排民忧、解民难、顺民心的民生工程，也是群众关心关注的热点问题。按照年初工作安排，2014 年 12 月 5 日，由周华副主席带队，组织部分委员参加了浔阳区边街小巷改造工作的视察活动。

一、我区边街小巷改造工作的基本情况

边街小巷是指与城市主干道、次干道相连的支路、小巷，由于其存在“背”“支”“小”等特点，所以极易在市政基础设施建设与管理中被忽视。但是，这些地方又通常是城市居民的聚集区，故而常常由于环境卫生状况差、路面破损严重、坑洼积水、交通不畅而成为居民群众反映的热点问题。为了提高居民的居住、出行品质，2014 年浔阳区将边街小巷改造工作列为十二件惠民实事之一，按照今年政府工作安排，将改造 10 万平方米的边街小巷和院落小区，要求做到路平、水通、灯亮、线齐、墙美。经过前期的调查摸底，确定对延支山片区、滨江一支路片区、孤溪埂片区、九龙片区等 20 个片区进行立面、路面和管线改造。改造工作从 2014 年 2 月份正式开始进入，经过设计、招标、施工等程序，目前除姚家洼片区、袁家湖片区、姬公庵片区立面施工还在收尾阶段，其余片区改造工程已经完工，预计 12 月底所有项目将全面完工。改造后的边街小巷旧貌换新颜，道路状况得到较大改观，群众居住环境有所改善，商户经营状况日益变好，居民安全感、幸福感明显提高，边街小巷改造工作赢得了广大群众的好评。

二、存在问题

在视察中发现的问题有：1. 改造水平不高。改造基本上都是只简单硬化路面，整修简易的下水道，墙面简单粉刷，没有同时达到硬化、亮化、美化、绿化要求，不能满足群众提高生活质量的需要；2. 结合不紧密。目前，边街小巷建设主要停留在改善市民居住环境上，未与延伸历史文脉有机结合，老城区历史人文资源未充分挖掘。3. 工期不保证。工期多有延长，给居民生活带来诸多不便；4. 管理跟不上。有些街道社区对边街小巷道路改造后管理跟不上，又有新的乱搭乱建、乱停乱放、行车难、停车难等现象依然严重；

三、对策建议

边街小巷建设既是改善市民居住环境的惠民工程，又是提升城市形象的系统工程，通过这次视察活动，有以下几点建议：

（一）强化统筹。边街小巷建设主要是对现有设施进行建设和提高，同时又有新的特色要求。主体工程由各街道实施，但供水、供电、弱电等工程又由市专业部门实施，涉及面广，协调事项多，需做好统筹。建议设立边街小巷建设工程指挥部及办公室，负责综合协调工程实施过程中的问题，建立例会、检查制度，加强部门协调。

（二）注重实效。一是加强规划引领。在调查摸底、广泛征求民意的基础上，按照高起点规划，高标准设计，出精品、出形象的要求，做好每一条边街小巷的规划设计。注重保持规划的整体性，做到与电力、燃气、通信、绿化等各类专项规划的有效衔接。二是规划设计要全面。在规划设计时，要周全细致，尽可能减少因设计不全面而导致的拖延工期，给居民生活造成不便。三是施工质量要精细。在施工过程中要严格按照设计要求进行施工，达到质量标准；四是加强配套设施建设。在做好边街小巷道路提质改造的同时，大力推进边街小巷配套基础设施建设，健全完善边街小巷功能，避免以后的重复建设和浪费。五是彰显背街小巷特色。结合背街小巷的实际，做好分类规划，力争“一巷一景”，打造一些精品街巷。

（三）建管并重。一是加强管理体制。组建边街小巷管理领导机构，建立边街小巷管理联席会议制度，提高边街小巷管理的综合协调性。理顺市、区之间、部门之间职责关系，建立责任明确、权责相符、高效有序的边街小巷管理运行机制。二是坚持政民互动。充分发挥居民群众在边街小巷管理中主人翁作用，通过社区公示栏、热线电话，召开座谈会、入户问卷等多种形式，广泛发动居民参与贯穿边街小巷管理全过程。三是实行管理责任区制度。建议将改造后的边街小巷划分责任区，明确政府机关、企事业单位、各类社会团体、小区业主委员会等在边街小巷管理中的责任和义务，发动全社会共同参与背街小巷管理。四是建立长效管理机制。建议出台背街小巷长效管理方面的政策措施，建立日常管理、内部监督、督查督办等长效机制，巩固边街小巷改造成果，使这项民心工程长期惠及广大群众。

执笔人：陈婕

2014 年 12 月

二、民主监督

民主监督是人民政协的一项重要职能，也是行政部门接受社会监督的一个重要组成部分。其主要形式有：政协的有关会议，建议案、提案、调研、视察督察、民主评议、特约监督、社情民意、大会发言、重要专报、委员举报或以其他形式提出的批评和建议。可以说政治协商本身实际上已经包含着民主监督内容，本志其他有关章节已分别作了记述，在这节就民主评议、特约监督、重要专报、委员举报和其他会议等提出的建议部分作专题记载。

1991 年，区政协组织部分委员到区政法委、检察院进行督查和评议，针对全区社会治安工作提出建议和意见。

1993 年，区政协组织部分委员召开经济科技恳谈会，就科技兴区主题广泛征求意见建议、建言献策。同年，区政协组织部分委员视察全区食品卫生情况、小学教育收费情况、书店书籍画册文化市场规范管理情况，并提出意见和建议，促进全区文化教育、医疗卫生事业不断完善。

1994 年，区政协组织部分委员对全区个体私营经济发展情况进行督查，针对市区水果市场、副食品批发市场及夜市饮食卫生、无证经营及职能部门服务滞后等问题提出了建议，促使区委、区政府对个体私营经济进行了整顿，引导个体私营经济向良性轨道发展。当年，组织部分委员深入到全区工商、消协、文教、环保、卫生、防疫、土管、物价部门进行督查，开展市场“打假”活动，宣传维护消费者权益知识，宣传“世界环保日和土地日”。

1995 年，区政协组织部分委员督查区消协维护消费者权益、药品管理法执行、土管局土地管理执行情况。

1996 年 6 月 14 日，区政协围绕群众普遍关心的社会治安问题，组织区政协委员召开浔阳区“严打”情况通报会，邀请区公安分局通报“严打”情况。组织部分委员会同区物价局在春节前夕开展市场物价督查工作，规范全区各类市场的物价管理工作。组织部分委员会同区土管局开展“六二五”全国土地宣传日活动。

1997 年 8 月，会同文化、卫生部门对市区国营、个体书店的黄色、淫秽书籍，国营、个体粮店的价格，以及乳品冷饮厂的卫生等开展检查活动，对食品卫生法、药品管理法、计划生育法、土地管理法等法律的执行情况进行视察。在教师节为教师委员寄送节日贺卡。

1998 年 6 月，区政协组织部分委员参加区土管局“土地宣传日”咨询活动。

1999 年，区政协组织部分委员督查全区文化音像市场管理况。8 月，组织部分常委和委员召开通报会议，听取区财政局通报区财政税收情况并对区财税工作进行民主评议。10 月，区政协主席王原平主持召开通报会议，听取区政法委通报社会治安情况，并对社会治安综合治理工作进行民主评议。

2000 年 11 月 16 日至 20 日，区政协组织部分常委和委员分五个组，采取集中走访和个别走访相结合的形式走访新桥村，征询新桥村对区政协工作的意见和建议，并为新桥村解决一些实际困难。当年，组织部分委员分别到区公安局、检察院、法院的行风评议、竞争上岗和执工作进行督查。

2001 年，区政协组织部分委员督查全区房改工作和房改资金使用情况。

2003 年“非典”期间，区政协组织部分医药卫生界委员对区卫生局预防“非典”工作进行督查。组织部分委员督查全区安居工程建设情况。

2004 年 4 月，区政协副主席胡迪带队，组织经济界政协委员评议全区经济建设发展情况。组织部分委员督查全区食品卫生安全工作。

2006 年 12 月，区政协组织部分委员在市党代会、人代会、政协会召开之后，召开民主讨论会，学习和贯彻“三会”精神。在学习讨论中，委员们一致认为“三会”的顺利召开，标志着九江朝着一个更高层次的新起点迈进。区政协要下大力气以抓学习为动力，抓服务为宗旨，抓创新为关键，抓队伍为保障，创学习型、服务型、创新型机关。同月，区政协主席张燕萍带队，组织各民主党派的政协委员针对城市居民“看病难、看病贵”的问题，深入医院、社区调查访问，组织全区医疗界专家召开专题协商会，向区委、区政府报送有关社区卫生服务等6个方面的意见和建议。

2007年1月，区政协组织部分委员召开繁荣文化建设民主协商会，提出“文化兴区”的意见和建议，并报送区委、区政府，在区献智献策简报中予以转发。同月，区政协主席张燕萍同政协常委和委员召开民主监督会，区委副书记李亚东参加，会议广泛征求各界人士的意见和建议。4月，区政协主席张燕萍组织在浔民营企业家、部分委员召开专题协商会，为发展浔阳经济献计献策、贡献力量。会议认为，发展浔阳经济要突出以商招商，重点在安商扶商上下功夫；要突出政策学习，重点在选商上下功夫；要突出合理规划，重点在招商上下功夫；要突出优惠政策，重点在改进“不作为”上下功夫。5月18日，区政协主席张燕萍、副主席胡迪、区政府副区长吴正发组织部分委员参加区三产强区议政会，政协常委陈平作题为《挖掘旧城开发潜力，提升浔阳中心城区核心竞争力》发言，委员陈革作《发展浔阳区旅游业的几点思考与建议》的发言。委员们为浔阳的发展认真思考，积极献计献策，见解独到、有深度，充分发挥政协参政议政、民主监督的职能。6月，区政协主席张燕萍带队，将全区190名政协委员分成4个专委会活动小组，用1个多月时间以参观、视察、座谈等形式，开展走访委员系列活动。在专访中，区政协广泛征求委员们的意见和建议，详细了解委员的工作、生活真实情况，尤其是委员在经济社会发展中遇到的新情况、新问题，及时帮助他们出面协调解决。针对委员多、分散面广、难以集中等实际情况，为确保实效，区政协把“专访活动”列入年初工作计划，做到有安排、有部署、有落实；专访委员活动沟通了政协和委员之间的感情，增进委员们之间的友谊，同时又为部分委员解决实际困难。7月，区政协主席张燕萍负责，在区城建局会议室召开专题协商会，区委常委、区政府常务副区长严盛平，区卫生局负责人参加会议。会议由区政协副主席刘宗强主持。会上，区委常委、常务副区长严盛平通报全区上半年国民经济和社会发展运行情况；区政协文教卫生法制社团委员会负责人通报区卫生工作视察情况。委员们围绕这两个议题进行讨论，一致认为，半年来全区上下紧跟市委、市政府“四个打造”战略决策，强力推进“三产强区、文化兴区、环境惠区、民本建区”发展战略，突出重点，抢抓机遇，狠抓落实，区域经济运行平衡，文化产业、城市环境、民生工程、社会事业等方面取得明显成效，顺利完成经济社会发展的目标任务，确保“时间过半、任务过半”。全区卫生系统不断加大行风政风效能建设力度，在加强城区疾病预防控制、公共卫生监督管理、保障群众健康安全方面做了大量的工作，取得一定的成绩。针对工作中存在的问题，委员们提出进一步转变思想观念、合理规划产业发展比例、认真办理好提案，切实加强效能建设等一系列建议。9月，区政协召集部分经济界政协委员，就区招商引资工作进行座谈、调研。大家集思广益、畅所欲言、各抒己见，就招商引资工作提出了合理化建议。一是从招商引资的质量入手，努力提高产业化层次，由“引资”向“选资”转变。在引进项目时，要规定引进的项目必须是科技含量高、投资规模大、产业关联度强、经济效益好、污染程度低的项目，特别是要注意严把环保关，不能接受发达地区转来的高能耗、高污染的淘汰企业。二是进一步优化软硬环境，着力打造外资企业发展的新平台。三是进一步发挥好涉侨、涉外工作部门在招商引资工作的桥梁作用。做到“两个一并”，即对外经济活动过程中，所需经费一并考虑；重大招商项目、招商活动、安商活动一并安排。四是加大对外宣传力度，增强外商在浔投资兴业的信心。五是努力争取城市的开放度，在规定的范围内，不断扩大开放领域，吸引更多的客商到浔投资，进一步壮大浔阳经济。11月，区政协副主席朱少芬带队，组织部分委员到人民路街道向阳闸社区，向社区赠送《中共十七大报告》《中共十七大报告辅导读本》、新《党章》等读本，并与社区支部党员、基层群众党员代表共30余人围绕中共十七大精神展开征询意见会。同月，区政协部分委员到所在湓浦、余家垅、小南门、能仁寺等社区，开展社区干部民主监督活动。在湓浦街道湓浦社区，与社区干部面对面地座谈、交流；在甘棠街道能仁寺社区，与社区干部一道参加义务劳动，清理卫生死角，铲除牛皮癣，并主动要求每月到社区参加一次有意义的活动；在白水湖街道余家垅社区，争当社区义务监督员；在甘棠街道小南门社区，与社区干部一道共商社区建设大计，建言献策，为社区工作做出贡献。11月，区政协主席张燕萍带领委员到包街单位人民路街道和挂点社区向阳闸社区，就宣讲中共十七大精神和创建省级文明卫生城以及市容市貌、招商引资、计划生育、综合治理、民生工程等多项工作进行专题协商。街道、机关干部职工和社区干部认为，要把认真学习中共十七大精神作为当前各项工作的主线，贯穿始终，落实到具体行动上来，要抢抓时间，确保全面完成各项工作目标任务。

2008年1月，区政协组织全体委员、社会各界人士代表召开意见征询会，征集社会经济发展中具有综合性、全局性、前瞻性的重大问题，关注民生、贴近现实、反映民意、坦诚直言的意见和建议。3月，区政协区政协主席张燕萍带领副主席、专委会人员，分别走访浙江商会、福建商会、广东商会、工商界人士以及部分民营企业家，就招商引资工作召开驻会主席、副主席、专委会专题会议，共商招商引资发展大计。3月18日，区政协主席张燕萍与区委常委、区政府副区长周衍军，区政协副主席朱少芬以及各委办负责人一行到包点街道社区——人民路街道向阳闸社区，围绕全国“两会”精神，全区三级干部会议精神以及区机关效能建设年会议精神进行督查，征询社区群众的意见建议。人民路街道班子成员和社区干部等参加会议。4月2日，区政协主席张燕萍同民营企业家、各民主党派、工商联、各界人士委员召开意见征询会，就如何提升公众安全感听取意见、建议和批评。委员们发言热烈，畅所欲言，积极参政议政、建言献策。5月28日至29日，区政协会同区政府办对全区部分重点办理政协委员提案办理情况进行督办。督查组先后到区卫生局、区公安分局、区城建局、区房产局、区民政局、区市容局6个重点办理单位，分别听取各单位负责人对政协委员提案的办理情况汇报，实地察看各单位的办理情况。督查组认为：被查单位能把提案办理工作放在重要位置，加强对办理工作的组织领导，主要领导亲自抓，分管领导具体抓，落实专人负责办，实行目标明确，责任到人，扎实有效。对提案做到能办的立即办；一时难以解决的，想尽办法予以解决；确实因职能范围或其它原因难以解决的，做好委员的解释工作，给一个满意的答复，达到交办单位、办理单位和委员“三满意”的效果。同时也指出，个别单位在办理过程中，时间抓得不紧，与代表和委员见面率不高，规范程序有待于进一步提升。被查单位表示，要把委员提案作为特事特办，尽最大努力交代表和委员一个满意的答卷。5月30日，区政协主席张燕萍、副主席任惠萍、刘宗强同部分委员，就如何提升城区安全指数、支援汶川地震灾区、抓好项目建设以及在新形势下怎样当好委员，更好地发挥作用等问题进行座谈探讨。座谈会由法制社团委主持。7月，区政协主席张燕萍同各位副主席、常委召开座谈会，区政府副区长文建华，区物价局局长参加会议，部分不是常委的区政协委员，区政协委办主任列席会议。会议由朱少芬副主席主持。区政府副区长文建华通报区上半年国民经济和社会发展运行情况；区政协文教卫生法制社团委员会通报区物价工作视察情况。围绕以上议题，各位委员进行协商讨论。一致认为，半年来，在区委领导下，全区上下紧紧围绕全市“一个中心”“四个打造”和“五个战略”，深入开展“求科学发展之真，务项目建设之实”活动，强力推进“三产强区、文化兴区、环境惠区、民本建区”发展战略，突出重点，抢抓机遇，狠抓落实，区域经济运行平稳，第三产业、项目建设、民生工程、社会环境等方面取得明显成效，各项主要经济社会发展目标全面实现“时间过半、任务过半”。区物价部门以促进社会和谐为主线，以解决价格热点问题为重点，以提高服务水平为着力点，充分发挥物价工调控、管理、监督和服务职能作用，做了大量工作，取得一定成绩。针对面临的问题和不足，委员们提出进一步转变思想观念、加强项目建设，既要做好招商，更要做好安商等建议。8月，区政协近100名政协委员担任义务监督员，义务监督员参与到政风行风民主评议工作，为部门工作献计献策，确保工作落到实处。8月6日，区政协主席张燕萍，副主席胡迪、朱少芬，同部分委员对区房产局民主评议政风行风情况进行专项督查。实地察看九华门安居小区和浔虹安居小区，听取区房产局对区房产工作的情况汇报，进一步了解区房产工作的基本情况和工作业绩。大家一致认为，近年来，区房产局围绕深化住房制度改革，严把公房维修审核关，大力推进经济适用住房建设和完善廉租住房分配制度，有效运作房改资金，以及在城区房屋拆迁，监管完善物业管理等方面做了大量工作。针对工作中存在制度建设有待加强，服务意识不高等问题，委员们提出要加大工作宣传力度，加强队伍建设，着力治本，从源头上预防和纠正行风政风等许多好建议。11月6日，区检察院邀请区政协委员列席检察委员会会议，自觉接受政协的监督。此次检委会讨论3件不同类型的案件。会上，检察长吴义祥向政协委员们介绍区检察院的基本情况和检察委员会的性质、职能和运行程序，使政协委员对检察工作有了全面的了解和认识。列席检察委员会的政协委员充分肯定区检察院深化检务公开、扩大外部监督所做的全新尝试。大家一致认为，检察委员会作为检察院讨论决定重大疑难案件和检察工作重大事项的最高决策机构，首次邀请人大代表、政协委员列席检察委员会，这是一次力度很大的创新；通过这一形式，进一步加大检务公开的力度，扩大接受外界监督的深度；人大代表、政协委员列席检察委员会，可以使代表和委员们直观感受到检察机关依法公正办案的具体过程，直观感受到检察机关如何切实履行检察职能，服务党委、政府工作大局的具体实践，从而对检察工作更加了解、理解和支持。12月，区政协召集各民主党派、工商联和专门委员会委员征询意见建议。围绕当前的经济工作、社会保障、旅游发展、科技文化、生态保护、城市建设与管理、公共食品安全等人民群众普遍关心的重点、热点、难点问题提出建议。

2009年7月10日，区政协召开情况通报会。区政协主席张燕萍，副主席任惠萍、刘宗强、刘其祥、易小慧、胡迪、朱少芬及常委出席会议，区委常委、区政府常务副区长严盛平，部分区政协委员和区政协各委办主任列席会议。会议由区政协副主席刘宗强主持。区委常委、区政府常务副区长严盛平通报区上半年国民经济和社会发展运行情况，区政协文教卫生法制社团委员会通报区公安分局提升公众安全感视察工作情况。围绕以上议题，各位委员进行协商讨论。大家一致认为，上半年，全区上下紧紧围绕市委、市政府“两区互动，强工兴城”战略部署，强力推进全区“一个目标，两大战略，五个基地”发展战略，沉着应对全球金融危机的挑战，抢抓机遇，乘势而上，区域经济运行平稳，第三产业、项目建设、民生工程、社会环境等方面取得明显成效，各项主要经济社会发展目标全面实现“时间过半、任务过半”。针对存在的薄弱环节，常委们建议：区直部门要进一步加大财税征管力度，做大做强第三产业，强力推进项目建设，切实改善民生工程，提升城市品位，以更加坚定的信心、更加顽强的作风、更加扎实的举措，全面完成年初确定的各项目标任务。区公安分局作为区公众安全感工作的主力军，按照区委、区政府的工作部署，全警动员，全力以赴，组织开展“打盗抢、创满意、促和谐，强力提升公众安全感”专项行动，通过狠抓破案、强化技防、加大宣传、提升服务等多种举措，努力实现公众安全感的有效提升，甩掉了2007年度区安全感综合测评全省倒数第一的落后帽子，2008年安全感综合指数为94.2599%，在全市排名第11位；综合好转率为95.6750%，在全市排名第一位，在全省排名第二位；分局在全市各县市区公安系统的综合满意率为90.6537%，在全市排名第四位。针对面临的问题和不足，常委们建议：公安部门必须要把公众安全感作为一项综合性工程来抓，高度重视，警力下沉，加大大案要案的侦破力度，综合整治，高压严打，确保公众安全感再上台阶，再上水平，再立新功，再创佳绩。9月，区政协召开通报会。区政协主席张燕萍，副主席刘宗强、刘其祥、易小慧、胡迪、朱少芬，秘书长韩万金出席会议，区政府副区长郑观兴，区委办、区政府办负责人参加会议，区政协副主席朱少芬主持会议。区委办、区政府办就区政协六届三次会议以来的大会发言材料以及委员提案办理情况进行通报。区学习提案文史委员会就全区返乡务工人员就业调研情况进行说明。委员们一致认为，2009年以来，区委、区政府高度重视提案办理工作，并作为一项严肃的政治任务来抓，列入重要议事日程，做到主要领导负总责，分管区长具体抓，部门领导负责制；召开专门会议，将委员提案列入全区年终目标考核和绩能考核的范畴，使提案工作有人抓、有人管、有人问、有人办；制定《浔阳区委员提案办理办法》，做到办前有调研，办中有沟通，办后有答复，确保提案办理落到实处，办复率和满意率均达100%。与此同时，常委们也提出提案在办理过程中还存在一些不容忽视的问题，如有些单位与委员沟通不够，答复、行文不够规范，问题解决不够彻底。为此，区委、区政府两办负责人表示将在今后的办理工作中，认真总结，积极跟进，不断提高办理质量和办理水平，把提案办理工作完成的更规范、更圆满。10月20日，区政协召集6个党派负责人就人民群众普遍关心关注的热点难点问题进行专题征询。区政协主席张燕萍，副主席刘宗强、朱少芬，区人大常委会副主任瞿畅参加座谈和讨论。

2010年12月13日，区政协主席张燕萍带队，组织部分委员到向阳闸社区听民情、解民意、做实事。委员们在社区服务大厅，与前来办事的群众进行交流，征询群众的意见和建议。

2011 年 3 月，区政协通过“社情民意直通车”为群众解决实际问题。在黄土坡社区有群众反映环卫所只收生活垃圾，对建筑垃圾视而不管，以致被人偷偷扔下的建筑垃圾成了卫生死角，影响居民正常的生活。区政协委员当即与街道联系，得知区市容局与市执法局还未协商好建筑垃圾的去向，并撰写《“百院千巷”整治遇阻、建筑垃圾乱扔挡路》，通过市政协社情民意直通车直接送到市领导案头，使得问题很快得到解决，受到群众的好评。11 月，区政协主席文建华、副主席刘宗强同部分政协委员督查并旁听区人民法院庭审工作。委员们对法院在庭审工作中规范程序、确保被告人权益等方面所做的一切表示满意。同时，为能够到法庭旁听审判，加强司法外部监督，了解社情民意、了解法院工作，增强民主监督实效，促进司法公正深感欣慰和责任重大。12 月 14 日，区政协主席文建华同区政协部分委员，到区检察院督查工作。在区检察院检察长吴义祥等检察院班子成员的陪同下，先后参观区检察院讯问室、询问室、电子监控室等办案场所以及法警休息室等配套设施。在听取区检察院《关于执法规范化建设的情况汇报》后，委员们表示，在一线办案人员不足，办公环境相对滞后的情况下，区检察院克服困难，加强规范化建设，连续几年获省市区各种先进，这是区检察院通过长期的、扎实的工作才取得的成绩。同时建议，一是要注重进一步增强检察官队伍的综合素质，不光有“能”，还要有“德”；二是加强政协委员与区检察院之间的互动，检察院要自觉接受政协委员的监督，政协以及政协委员也要加强对检察工作的宣传工作。12 月 17 日，区政协组织委员与行政执法、公安、消防、街道社区干部等相关单位人员，对金鸡坡街道曹家山二组、白水湖街道花果园社区、人民路街道琥珀山社区的违章建筑进行督查。

2012 年 2 月 7 日，区政协会同团区委开展“共青团与政协委员面对面”活动。部分政协委员，以及各街道、社区、学校和新生代农民工代表等 10 余人参加。分别对非公团组织建设、社区文化建设、如何更好的服务青年、如何在社区宣传团的工作等话题提出建议和想法。5 月，区政协副主席朱少芬带领部分委员，针对委员进社区活动深入全区 5 个街道和部分社区进行调研和督导。结合到外地学习委员进社区工作经验和省、市政协有关委员进社区文件精神，进一步明确委员进社区的目的和意义，工作步骤和方法。6 月 5 日，区政协就“提高我区婚前医学检查率，提升浔城人口出生质量”重点提案召开办理工作督查会。区政协副主席刘宗强、张华桥出席会议。区政协提案委，区政府办，区卫生局，区计生委，区民政局等单位相关负责人参加会议。区政协提案委就政协七届二次会议委员所提提案情况进行说明，区卫生局作为主办单位就此件重点提案办理情况进行汇报，相关协办单位对提案办理工作进行发言。7 月 16 日，区政协主席文建华主持召开第三次广东商会楼宇项目督查会，广东商会及区直相关部门负责人参加，区政府副区长周庆吾出席。各责任单位负责人汇报各单位对该项目的工作进展情况。7 月 18 日，区政协副主席朱少芬同部分委员就“创卫”工作进行监督。在龙开河农贸市场，针对委员提出的建议和意见，认真疏理 7 条整改意见，并以整改建议书的形式发送到市场管理部门，责令其限期整改。督查指出，委员要充分发挥好民主监督作用，把民主监督延伸到百姓关注的每个地方、每件事情上，为百姓办点小事、办点实事。要抓住委员提出“问题”不放，继续跟踪关注，力争每件合理的建议和意见都能得到切实解决。7 月 27 日，区政协召开经济运行情况通报会。区政协主席文建华，区委常委、统战部部长、区政协党组副书记郑观兴，区政府副区长胡迪，区政协副主席刘宗强、易小慧、张华桥、周华、廖济煊、秦永红，区政协秘书长韩万金及区政协常委出席会议。会议由区政协副主席朱少芬主持。会议听取区政府关于今年上半年经济运行情况通报。10 月 26 日，区政协召开通报会，主席文建华，副主席刘宗强、易小慧、张华桥、朱少芬、周华、廖济煊、秦永红，秘书长及政协常委出席会议。区委副书记曹应发，区政府副区长胡迪参加会议。会议听取和讨论区委办公室、区政府办公室关于区政协七届二次会议以来提案办理情况通报、区安全生产监督管理局关于全区安全生产情况通报、区信访局关于迎接中共十八大做好信访稳定工作情况通报。11 月 8 日，区政协副主席刘宗强、秘书长韩万金、文教卫法制社团部分委员到区检察院视察工作，听取检察长吴义祥就《优化结构、科学管理、努力打造新时期人民满意的检察队伍》的汇报。会上，委员们上交检察院发放的《征求意见表》，对检察院在预防官员腐败、加强信息化建设、提高检察官的政治待遇等方面发表自己的看法。11月，区政协主席文建华召集区发改委、城建、三产、国土、商务、白水湖街道、广东商会等相关部门的主要负责人就广东商务楼宇项目进展情况进行督查。区政府副区长周庆吾出席。各责任单位负责人就前期工作进展情况进行汇报。督查中指出，广东商务楼宇作为全区商务楼宇重大项目开工仪式之一，时间紧，任务重，各责任单位务必引起高度重视，统一思想认识，加快项目的推进力度，力争在12月初之前，全面完成项目的立项、规划、土地平整、土地收储、成本测算、土地评估、出让、挂牌等各项工作任务。11月17日，区政协组织甘棠街道政协联络处联合区义工联合会，到六角石社区，在区医院的小广场上开展“政协委员进社区”为民服务活动。区政协副主席朱少芬、区政协秘书长到场指导活动开展。委员们为社区居民提供法律、政策咨询、免费体检等服务，认真倾听基层群众的意见、建议。对于群众反映比较强烈的热点问题，委员们表示将积极帮助协调解决。区义工联合会还为广大居民提供免费理发、权益咨询、爱心帮扶等服务。活动向居民发放各类宣传折页500余份，服务、提供咨询100余人次，受到社区群众的好评。

2013年4月16日，区政协七届八次常委会在区政协三楼会议室召开。会议指出要认真开展好统一选派政协委员担任相关职能部门民主监督员活动。当前，各级政协把民主监督工作列入政协工作重要日程来抓，早在几年前，许多地方政协对委派民主监督员工作做了大量探索和实践，尤其是2013年市政协把民主监督作为2013年重要课题进行调研，并将出台相关文件。为此，在浔阳区大力开展统一选派政协委员担任相关部门的民主监督员势在必行。要认真筛选委员，选出素质较好、责任心强、积极性高的委员担任民主监督员；要明确分工，加强对民主监督员的指导、督查和考核；要规范运作，既要保证民主监督员正常行使监督权力，又要防止民主监督员越权行事现象发生。5月8日上午，由市政协委员、市委宣传部副部长、市文明办主任陈则仁带队的市政协调研组一行，到浔阳区开展“民主监督”专题调研活动。区委副书记曹应发，区政协主席文建华，区政协副主席刘宗强，区政协秘书长陪同调研座谈。一年来，区委高度重视政协工作，区委常委会每年至少两次专门听取区政协工作汇报。区政协重要会议和重大活动，区委主要领导亲自参加。区里中心工作和重大项目，区委召开四套班子会议，集中调度、集体研究。他指出，过去的一年，区政协主动作为、创新理念，在民主监督工作上取得了可喜成绩，为推进全区民主建设、加快浔阳发展发挥了积极作用。6月8日，区政协副主席易小慧带领政协经科委主任和提案人等，就政协委员李虎提出的《加强城区环境治理，改善浔城空气质量》的提案深入区环保局就该提案的答复落实情况进行督办。督办会上，环保局负责人就该提案的办理情况进行了汇报；提案人针对提案的答复情况发表了自己的意见建议。督查组认为区环保部门高度重视该提案，认真加以落实，做了大量富有成效的工作，希望环保部门要进一步加大力度，加强城区环境治理，要从源头抓起，严格项目审批、开展专项行动、做好日常监管，特别是要加强建筑工地施工、房屋拆除作业、道路保洁作业等方面产生的灰尘和积极探索、治理汽车尾气对城区大气环境的影响。12月31日，区政协主席文建华、副主席刘宗强带领区政协文教卫生法制社团委员会的6名委员到区检察院，开展专题督查。委员们先是听取检察部门关于这两项工作的详细汇报，然后进行座谈评议。大家一致认为，区检察工作每年都有许多的新亮点、新成效，取得的进步和发展有目共睹。特别是2013年获得“全国先进基层检察院”和被省直8家单位联合授予“全省优秀青少年维权岗”称号，充分展现了区检察工作的风貌和成果，体现了检察院班子的能力和干警们的努力，这种精神很值得学习和发扬。同时，委员们还结合自己所熟悉的情况对改进检察工作提出了几点意见和建议：一是近年来民事诉讼法等新的法规不断出台和实施，增加了检察工作量，需要培养一批素质更高、能力更强的检察队伍才能应对形势发展要求；二是作为强势部门、弱势群体的检察机关，要坚持法律准绳，维护公平正义，惩治社会丑恶，当好人民群众和区域经济社会发展的忠诚卫士；三是鉴于区检察院管辖范围还包括开发区和八里湖新区，工作范围大，人手不足，建议在信息平台建设上加大投入，利用内部网络力量，减少人员付出，提高办案效率；四是加强与新闻媒体的沟通和联系，通过召开媒体座谈会等形式，广泛、深入宣传工作中的亮点和难点，让广大群众了解检察工作。

2014年3月28日，区政协主席文建华深入溢浦街道濂溪社区，开展征求意见座谈会。会上，来自各界别的政协委员和机关、社区及群众代表，就如何改进政协机关作风、提升政协工作水平、助推浔阳加快发展等方面，积极建言献策。6月6日，区政协文教卫生法制社团界别的部分委员在区政协副主席刘宗强的带领下，先后到区第一幼儿园和浔阳小学，视察这两所新建学校的硬件设施和教育管理成果，并和区教育工作者们进行了深入的座谈交流。7月17日，区政协七届十五次常委会在区政协三楼会议室召开。会议指出要切实抓好专题调研活动。各专委会要坚持“少而精”的要求，认真组织开展好专题调研，撰写出有质量的调研报告，提出一批可行性意见建议，尽可能多地把调研成果转化为实际运用。要认真做好民主监督员工作。各民主监督小组既要宣传好部门经验做法，又要帮助部门发现问题、分析问题、解决问题，切实起到民主监督作用。10月11日，区政协8名政协委员在政协主席文建华的带领下，到区法院进行工作视察督查，政协委员一行首先视察区法院大楼一楼新建设的诉讼服务中心，对8个服务窗口的工作内容和所起作用进行了解；接着又到二楼的刑事审判庭，观看其远程视频等功能；再到三楼文化展览室，参观法院的文化建设和工作成果。视察指出：区法院在很多方面发生了可喜的变化，如在为民办事上有创新，通过建立诉讼服务中心，实现了诉讼引导、立案审查、诉讼费预收结算、判后答疑、信访接待等“一站式”服务，做到纠纷的诉前分流与化解。通过推进远程视频庭审建设，提高了审判效率，获得全省“优秀庭审奖”。机关文化建设成果丰硕，活跃了法官生活，浓厚了文化气息等。在推进平安、和谐浔阳上做了大量工作。法院干警在保持受理率、结案率、执结率 的“三高”上下苦功；在精心打造少年法庭上树品牌，创立自己的审判教育模式；在处理劳动就业、住房、“三农”等民生领域案件上突破新高；在社区设立“妇女儿童维权法律工作站”推出新举措。在破解“执行难”等工作难题上有新成效。上半年集中开展的涉民生案件专项集中执行活动，很好地维护了人民群众的合法权益和社会的公平正义。同时，主席文建华对区法院今后工作提出自己的意见和建议。11月11日，区政协民主监督小组成员陈婕、何盛彬、吴桂生到区残联，区残联理事长丁金才将残联2014年的工作情况向监督小组作汇报，监督小组对残联的工作进行充分了解，并提出民主监督建议。

2015年3月31日，区政协副主席廖济煊主持召开全区统一委派民主监督员工作部署会。区政协秘书长出席会议，各被派驻单位负责人和民主监督小组组长参加会议。要求进一步强化委派民主监督员工作，在组织领导上，实行区政协班子成员挂点指导民主监督小组工作机制。在监督重点上，将围绕法治建设要求，对环境保护法、计划生育管理条例、残疾人保障法等法律法规执行情况开展民主监督；围绕惠民政策落实情况，开展公租房建设、食品安全、边街小巷改造等民主监督。4月14日，按照全区统一选派政协委员担任相关部门民主监督员的有关要求，区政协民主监督员一行3人走进区安全生产监督管理局开展民主监督工作。大家认真听取该局负责人对本单位机构设置、工作职能等方面的情况介绍，并与局机关工作人员进行座谈。座谈会后实地视察了该局重点监管企业齐鑫化工公司和新雪域物流园，主要察看企业安全生产设施、设备和有关规章制度，了解企业落实安全生产主体责任及安监局履行监管责任情况。4月15日，区政协民主监督小组到区残联就民主监督工作进行商讨，确定工作方案和下步工作安排，设立民主监督意见箱。下午，民主监督小组成员随同区残联工作人员前往人民路街道供电局社区居民郑军家，为他办理残疾证，郑军因为尿毒症卧床多年，双目失明，与年迈的父母居住，由于本人无法办理证件，区残联的工作人员开辟绿色通道，上门为其办理。4月24日，在区政协副主席朱少芬的带领下，区政协港澳台侨委员会组织8名委员，就全区贯彻执行《江西省人口与计划生育条例》情况，开展民主监督活动。在听取区计生委负责人关于全区贯彻执行《江西省人口与计划生育条例》情况介绍后，区政协委员提出完善单独“二胎”配套政策，延长妇女产假时间，加强社会抚养费征收工作，加大对无工作独生子女家庭关爱等建议，并表示积极支持、大力宣传区计生工作，严格贯彻执行计生条例。6月12日，区政协民主监督小组何麟懿、刘炳华和陈典锋等委员到区属企业对区企业项目工程质量及安全施工进行民主监督。区政协委员提出定期组织召开工程质量现场观摩会，进一步做好工程质量投诉处理工作等建议。10月9日，区政协民主监督小组何麟懿、刘炳华和陈典锋等委员到新东方社区对社区党建共建工作进行民主监督。委员们提出要高度关注弱势群体，积极开展关爱空巢老人志愿服务活动，加大共建单位与社区联系联络等建议。

第三节 提案工作

提案工作是人民政协一项具有特殊重要意义的全面性的工作，是政协委员和参加政协的各党派、各人民团体以及政协各专门委员会，向政协全体会议或者常务委员会提出的，经提案审查委员会或者提案委员会审查立案后，交承办单位办理的书面意见和建议。

提案是履行人民政协职能的一个重要方式，是坚持和完善中国共产党领导的多党合作和政治协商制度的一种重要载体，是协助中国共产党和国家机关实现决策民主化、科学化的一条重要渠道。

一、提案收集审查立案

提案可以在全体会议期间提出，也可以在闭会期间随时提出。提案的书写应符合规范要求，使用区政协统一印制的提案纸，做到一事一案。提案的内容应简明扼要，实事求是，做到“有情况、有分析、有具体的建议”。提案可以划分为四种类型。第一种是建议型提案，就是对党和政府的工作提出建议；第二种是监督型提案，就是政协委员运用民主监督的武器对党和政府有关部门实施监督；第三种是批评型提案，就是对社会生活中所存在的某些不合理、不正常现象提出批评，以推进有关部门予以改进。第四种是研究型提案，这种提案不是一事一议的小型提案，是一种大型的就重大问题提出提案。

区政协自第一届委员会第一次会议起即成立提案审查委员会，负责会议期间的提案收集、审查和立案工作。1987 年 7 月，区政协一届二次主席会议和一届一次常委会议，批准成立区政协提案工作委员会，为提案工作的常设机构。到 1990 年 4 月 13 日二届一次会议时，提案委员会正式成立，配备主任和副主任，并在二届一次会议上作了提案审查情况报告，自此提案审查工作开始走向制度化和规范化的进程。

区政协提案委员会在区政协常务委员会和主席会议领导下，负责提案工作，由主任、副主任和委员若干人组成，人选从本届政协委员中产生，任期内调整由政协常委会决定。其主要任务是：提出各次大会的提案方案；组织、征集、审查委员提案、提出处理意见，检查和督促有关方面办理委员提案；对委员提案中的重大问题或群众普遍关心的问题，进行调查研究，向有关方面提出意见或建议，提名优秀提案和优秀提案承办单位，向全体会议和常务委员会议报告提案情况和提案办理情况。

区政协三届会议期间，提案工作坚持在开拓办理思路上下功夫花力气，在深化提案内涵上做文章，并采取 5 条措施：一是采取给委员写公开信的办法，将全区当年的工作重点，需要征集提案的内容，及时和委员们通气，使委员们能紧紧围绕全区中心工作来撰写提案。二是对超越区情的提案采取分别落实区属市政协委员向市政协转提的办法，使提案得到有效办理。三是制定提案流向表，下发给各位委员，使提案人知道自己提案的去向，心中有数，加大办理工作的透明度。四是健全提案建档工作，将每份提案内容办复结果分别存档，有利于跟踪问效。五是加大委员活动力度，有的放矢组织委员开展视察、学习、走访活动，使委员们更加了解区情民情，为委员们撰写提案创造有利条件。这些措施的实施使提案总数比上年上升 25%，撰写提案的委员人员明显增多。

区政协四届会议期间，区政协按照提案工作会议提出的要求，围绕“开创提案工作新局面，加强承办，注重实效”的宗旨，开展工作，使提案工作出现新的局面，其表现在：一是增强了意识，广泛的参与，提案委员采取致信函、发资料，并结合调研、视察、督促等活动，增强广大委员对提案工作的意识，自觉性和积极性有了进一步提高，使提案数量较上届有了明显增长（达 312 件），撰写提案的人数达 309 人。二是积极承办，注重实效。提案委员与政府部门之间就提案有关问题进一步加强联系、沟通，对承办情况加强督促通报。及时发现问题，解决问题，使提案中涉及的事项能够尽快落实达到预期的效果。三是尽心尽责，搞好服务，在四届会议期间，提案委的人员一度有所调整，为了不贻误提案工作，办公室的人员不分份内份外，积极主动参与到提案工作中来，尽心尽责分类、登记建档，交办督促从而保证提案办复工作的顺利进行，使办复率达到 100%的效果。

区政协五届会议期间，区政协提案委着重抓

"促进提案办理工作"，且总结出一套行之有效的办法，具体表现为：一是建立及时交办制，提案委对收集到的所有提案及时进行整理，登记、审查、立案、编号，交区政府办公室转办，使提案得到迅速及时办理；二是形成办理网络，各承办单位实行一把手负责制，分管领导具体负责，承办人员抓调研落实，将进展情况及时和政府办和提案委通气联系，并和提案委员沟通，使提案委员明了办案的全过程，加快提案的办理落实；三是健全反馈机制，制定《政协委员提案办理情况征询意见表》，加强委员和承办单位的联系，提高办理效果。四是加强督查，采取"走出去"的办法进行提案督办；五是加强重点提案政协领导领衔督办工作。将所有提案进行认真审阅，精心筛选，理出10份重点提案，分别报送政协领导，由领导经常过问，并督促承办单位尽快保质保量完成提案要求；六是结合提案督办，做好提案调研视察工作。五届四次会议以来，委员们普遍反映食品卫生问题，提案委根据这些情况，拟定调研视察课题，有针对性地对有关部门进行视察调研，并和承办单位一道，对症下药的解决问题；七是搞好优秀提案评选工作。区政协对五届会议以来对所有提案，进行认真评定，确定优秀提案的人选，极大地调动委员们的工作热情。使提案质量、数量明显的提高和增加。

区政协六届会议期间，区政协常委会贯彻落实"围绕中心、服务大局、提高质量、讲求实效"的提案工作方针，按照"继承发扬、创新发展"的工作思路着重抓了如下工作：一是多措并举，切实提高提案质量。提案质量的好坏是做好提案工作的基础，为此，紧扣"写、征、立"三个重要环节，切实加大工作力度。并采取开展知情知政活动提高委员们参政议政的能力。充分利用会议，视察、委员活动等形式，组织委员学习调研，开阔委员们的视野，为撰写好提案创造有利条件。此外，有针对性的多渠道征集提案，走访区直综合部门，听取对提案工作的意见，征询需要委员们反映的问题，走访各民主党派、区工商联，了解需向大会提交提案的侧重点，把日常工作及调研中征集的线索提炼成提案参考选题发送到委员们手中，以便有目的有计划的征集所需的提案内容，提高提案质量。二是强化督办，努力提高办理实效。提高提案办理质量是做好提案工作的关键。为了实现提案工作由"答复型"向"落实型"这一根本转变，区委、区政府、区政协，把加强对提案工作的督察和上门督办，作为一项重要措施。对提案承办数量较多的单位有所侧重的重点走访，多次上门联系、沟通、协调，以使承办单位能够尽快、及时、高质量地办理好提案工作，三是改进工作，不断提高服务质量，工作质量的好坏，是做好提案工作的重要保证。区政协常委对此高度重视，要求提案委强化服务意识，努力提高服务质量，不断加强和改进工作方法，加强提案人和承办单位之间的沟通、协调，并对优秀提案和先进承办单位进行表彰，这种荣誉激励机制，极大地调动和增强了提案者和承办单位的积极性，在电台、电视、报纸、刊物上宣传提案工作的重要性，让社会各界群众了解提案，并重视参与支持提案工作。

区政协七届会议期间，区政协进一步规范提案办理程序，强化督查考核，创新工作机制，提案工作质量得到提升。一是严格立案审查。为从源头上提高提案工作质量，会前，区政协下发了做好提案征集工作通知，从选准主题、注重调研、规范格式等方面提出了具体要求，并围绕全区中心工作，精选了部分参考选题。对收集上来的提案，区政协提案审查委员会逐件进行协商讨论，对不切合区情、不符合格式以及建议空泛肤浅的提案，坚决不予立案。二是规范办理程序。为确保提案规范办理，区委办、区政府办转发《区政协办公室关于提案办理工作的规程》，进一步细化提案立案、交办、办理、督办、考核以及成果运用等工作程序。区政协严格按照规程要求，切实把好审核关、责任关、督办关和成果转化关，促进提案办理工作落到实处。三是加强督办考核。区委办、区政府办出台《关于印发〈实行区党政领导领办督办政协重点提案的意见〉的通知》，区政协印发《关于区政协领导督办重点提案分工的通知》《关于开展重点提案督办活动的通知》，制定部门提案工作考核标准，并争取区委重视，将提案办理工作纳入全区年终对部门综合考核范围。同时，探索推行"一号"提案政协常委会重点督办，部分提案办理结果网上公示等工作机制，对已经落实、承诺解决或计划解决的提案开展"回头看"。四是创新工作机制。2012年以来，区政协提出提案工作"三会"工作机制，即：提案交办会明确责任。交办会前，重点提案由区委、区政府主要领导亲自批示，其他提案由区政府各分管领导对每件提案都做出批示，要求相关部门全力做好办理工作。常委汇报会促进落实。会上，提案承办单位就如何做好提案工作在大会上作情况汇报，由政协常委对承办单位办理方式、办理重点、工作目标进行面对面协商讨论，实现了政协、承办单位、提案人三方互动，提高了提案办理工作的针对性和实效性。民主评议会跟踪问效。由被评单位就提案办理工作情况进行简要汇报，各委员对承办单位提案办理情况进行点评，在充分肯定各承办单位提案办理工作成绩的同时，提出进一步加强提案办理工作的意见和建议。“三会”机制得到上级政协认可，《人民政协报》《光华时报》对这一做法予以报道。

区政协成立以来，提案委员会共收到各类提案2466件，参与提案的委员2517人（次），其中涉及经济建设财贸类的403件，城市建设环保类的567件，科技文教卫生类的402件，统战、人事、社会治安类的345件，其他类的169件，未立案164件，这些提案中除涉及管理体制所限及部分财力制约外，其他已全部办复。

二、提案办理

（一）历届提案办理

第一届委员会提案情况 一届一次会议以来，收到提案130件，其中第一次会议期间收到61件，第二次会议收到36件，第三次会议期间收到33件；其中经济建设、财贸物价方面48件，占36.9%；城建环保方面17件，占13%；文教卫生科技方面29件，占22.3%；统战、政法、劳动人事方面27件，占20.7%；其他方面9件，占6.9%。至1989年10月，已办复提案110件，占整个提案的84.6%。

第二届委员会提案情况 二届一次会议以来，收到提案169件，提出提案委员198人，占全体委员49.2%，其中关于经济建设、科技、物价、财贸方面35件，城建环保、交通方面41件，文化教育、卫生、城市管理方面46件，统战、劳动人事、政法、计划生育方面38件，其他方面9件。至1992年10月31日已办复148件，占送交提案总数74.7%；有21件正在办复（其中涉及市有关部门20件提案）。

第三届委员会提案情况 三届委员会期间，收到提案212件，参与提案委员232人次，总提案中，有关经济建设方面57件，占总数26.89%；城市建设和管理方面81件，占总数38.2%；社会治安综合治理方面19件，占总数4.96%；文教卫生方面20件，占总数9.43%；民政建设方面15件，占总数7.07%；社会热点及其他方面20件，占总数9.43%。5年来共办复提案171件，其中A类提案90件，占总数52.63%；B类提案58件，占总数33.92%；C类提案18件，占总数10.53%；转市办理的D类提案41件，占总数19.34%。

第四届委员会提案情况 四届委员会期间，收到提案312件，撰写提案委员309人，提案中有关经济建设方面49件，市容环卫方面43件，文化教育方面39件，精神文明方面38件，社会综合治理方面22件，城市管理方面61件，社会热点方面14件，其他29件。已办复297件。

第五届委员会提案情况 五届委员会期间，收到提案236件，参与提案委员248人，提案中有关经济建设方面53件，文教卫生方面34件，社会治安综合治理消防方面31件，城市管理环保方面51件，社保低保方面13件，加强社建方面21件，未立案60件，提案办复率100%。

第六届委员会提案情况 六届委员会期间，收到提案565件，参与提案人员546人次，在提案中有关经济社会方面117件，科教文卫方面77件，社会治安综合治理方面50件，城建环保交通方面112件，市容环卫方面37件，政策法律劳动人事方面27件，社区建设方面42件，干部队伍建设方面32件，其他60件，未立案60件。提案中所提问题已解决或基本解决385件；占总数73%，正在逐步解决127件，占总数24%；因条件限制暂时无法解决的16件，占总数3%。

第七届委员会提案情况 七届委员会期间共收到委员提案844件，参与提案人员854人次，在提案中，有关经济建设方面136件，科教文卫方面126件，社会治安综合治理方面48件，城建环保方面152件，市容环卫方面87件，民生事业、社区建设方面145件，干部队伍建设7件，其他63件，立案767件，未立案77件。提案办复率100%。

（二）历届提案办理案例选登

《教师住房难》提案 此提案为一届会议提出，转办后，区教育局在区委、区政府的关怀支持下，1987年经多方努力，新建住宅22套、解决28位教师住房困难。

《要求召开个体经营者与区领导的对话会》提案 此提案二届一次会议提出，转办后，区政府召开20多名个体户代表与区政府领导参加的座谈会，个体户代表就工商管理、税收政策等问题提出意见，会后由各职能部门进行书面答复。

《关于加强市场管理，振兴九江经济》提案 此提案二届一次会议提出，转办后，区工商局十分重视，召开有关会议，依法整顿各类市场，加强和坚持对食品市场，成衣市场、水果市场和各类营业摊点的检查和监督。

《关于组织有关专业部门开展食品卫生整顿的提案》 此提案二届二次会议提出，转办后，区政府把食品卫生整顿作为政府常务会议的一次重要议事日程进行专门讨论，并先后3次组织全区性的整顿检查，收到较好效果。

《关于街道企业可走股份制发展路子》提案 转交区委、区政府后予以落实。当年共发展股份合作企业62家，股金总额达647万元，为增强区街实力，发展生产起到推进作用。

《关于加强对外开放意识，吸引国内外资金开发浔阳》提案 此提案三届二次会议提出，转办后，区计委进一步加深对吸引外资工作的认识，成立外商投资工作委员会、吸引外资办公室、招商局等机构，充分联络社会各界、多渠道地吸引国内外资金来开发，引进外资7594万元，项目5个。

《关于新建立的住宅区应成立居委会或居民小组》提案 此提案三届三次会议提出，转办后，根据提案建议，区民政局已发文，批准成立8个新居委会。

《关于建议区属小学进行热爱浔阳的教育》提案 此提案三届三次会议提出，转办后，区文教局组织区教研室，在缺乏文史资料的情况下，自编区乡土教材，通过在学生中开展宣传教育，取得效果，并表示将继续在区属小学生中，更加广泛地开展热爱浔阳、振兴浔阳为内容的德育教育工作。

《坚决取缔在闹市中心地段算命、看相等封建迷信活动》提案 此提案三届四次会议提出，转办后，浔阳公安分局多次组织力量，环湖进行清理整顿，查处7名“算命先生”，使这类活动势头有所收敛。

《关于试行住户垃圾包干收集清运制度》提案 此提案三届五次全会提出，转办后，区委、区政府在全区试点后，逐步全面推广，收到较好的社会效益。

《关于建立“收回英租界纪念碑”的建议》提案 此提案四届一次会议提出，转办后，中共中央办公厅以中秘文发〔1997〕180号复文形式做出明确答复。复文内容为“经研究，并报领导同志，同意在九江建立收回英租界纪念碑”。市委、市政府及时研究建立纪念碑有关事宜。

《在大中路增设果壳箱》提案 此提案六届一次会议提出，区政府连续多年加大对市容环卫基础设施的投入，仅2006年就投入资金200余万元、购置垃圾清运车，果壳箱等环卫基础设施，全区各街道新配100个垃圾屋以及440个垃圾果壳箱，在大中路等城区主要干道添置近300个设计新颖的果皮垃圾箱。

《加大扶持力度，做强三产企业，促进商贸旅游兴区》提案 此提案六届三次会议提出，区政府紧紧围绕“三产强区”战略，拓展工作思路，强化工作举措，使得第三产业得到迅猛发展。一方面着力做大传统商贸，2008年，一批国内知名企业落户浔阳。中国百强上市企业苏宁电器，已顺利开业；世界500强沃尔玛正式营业；此外积极引进新型业态，精心培育现代服务业。招商银行、浦东发展银行等金融机构成功注册；以龙翔国贸大厦为龙头的总部楼宇经济稳步提升。

《加强治安管理，提升公众安全感》提案 此提案六届三次会议提出，针对提案建议，区委区政府为进一步改善城区治安环境，在全区范围内开展“提升公众安全感”系列活动。区四套班子领导亲自上阵，走街串巷督查指导，全区2000余名干部职工进驻街道、社区，深入家庭、单位、企业、学校开展工作。区公安部门坚持一手抓防范，一手抓打击，加大对出租屋、废旧物品收购点、校园周边环境的排查和整治，适时开展路面巡逻、堵卡、夜间巡查蹲守，有力遏制犯罪分子的嚣张气焰，确保城区治安形势总体平稳。全区公众安全指数在全省排名前列。

《关于进一步加强我区社区卫生服务工作的建议》提案 此提案六届三次会议提出，区政府为继续保持区卫生工作走在全省前列，在全市率先推行“政府购买城市社区公共卫生服务”在建立29家社区卫生服务机构，服务网络覆盖城市街道，并获“全省社区卫生服务工作先进区”称号；累计发放卫生服务卷4.5万张，金额95.5万元，为1847名社区居民提供社区公共卫生服务，减免各科医疗费用6

万余元。计划支持19家社区卫生服务机构达标。

《大力探索社区养老新模式》提案 此提案六届三次会议提出，被省政协评为优秀提案，由区无党派知联会提出，提出四点建议，一是明确服务主体，构筑社区养老新模式；二是拓宽资金来源，实行多层投入机制；三是引入专业队伍，实行中介运作良性循环；四是开展试点先行，创新养老服务方式。在区政协六届三次全委会期间，得到区委、区政府主要领导的重视，区委书记就此文做出专门批示，指示分管领导，督促相关责任单位落实此事的办理。区政府在人民路街道湖滨社区试点的基础上，制定《浔阳区社区养老服务工作实施意见》，围绕送小时、文艺、个人购买、义工援助、爱心储蓄等服务举措，使得孤老、独居空巢老人、生活困难老人、子女不在身边的老人老有所养、老有所乐、老有所必。该区因此获“全国和谐社区示范区”。

《优化中小企业环境，扩大就业，提升城市经济实力》提案 此提案六届四次会议提出，针对提案意见，区委、区政府对中小企业做大做强做了大量工作，积极扶持中小企业实现政企互促共进，实行区领导挂点帮扶民营企业，开展业务知识培训和参与中小企业信用担保公司运作监管。区政府制订《浔阳区行政审批事项情况规范工作方案》，全面清理规范行政许可项目，努力营造民营企业健康发展的优良环境，区连续5年获“江西省发展个私经济先进县（区）”称号。到2009年年底累计发展个体工商户9692户，民营企业861户，实现税收3.94亿元。

《把免费婚前医学检查当作一项民生工程认真加以落实》提案 此提案六届四次会议提出，区政府认为婚前医学检查是提高人口素质，降低新生儿出生缺陷率和传染病发生率的有效途径。为此把这项工作作为年初政府承诺的29件实事之一，并在第16次政府常委会进行专题研究，通过《浔阳区免费婚前医学检查实施方案》，成立以分管领导为组长的领导小组，并安排15万元专项经费，由区妇幼保健站组织实施，使全区免费婚检覆盖率明显提高。

《完善民营经济发展扶持政策，健全民营企业信用担保机制》提案 此提案六届五次会议提出，区委从4个方面对进一步壮大民营经济提出相应措施。一是加大政策扶持，进一步完善支持民营经济发展实施意见，鼓励支持民间资本进入教育、文化、卫生、体育等社会事业，不断提高民营经济税收比重，巩固民营经济的主体地位。二是培植创业主体，支持下岗失业人员自主创业，吸引外出务工经商人员返乡创业，引进区外人才来浔创业，鼓励高校毕业生自主创业，推动广大农民致富创业。三是提升服务水平，深入“开展服务年”活动，出台具体实施意见，重点实施领导帮扶等制度。四是完善信用担保体系，大力发展担保融资机构，帮助中小企业解决融资难题。至2009年年底累计发展个体工商户13.521户，民营企业1426户，实现税利6.3亿元，占税收收入70.3%，占财政总收入63%。

《加大打击扒手力度，进一步提升公众安全感》提案 此提案六届五次会议提出，转办后，区政府加大对扒窃的打击力度，有效维护城区稳定。一是加强治安巡查力度，继续执行“一卡五线六点”巡查机制。确保区内24小时治安巡查全覆盖。二是组织警力重点打击入室盗窃，街面“两轮”、盗窃电动车及空调室外机等侵财型违法犯罪行为。2009年6月先后摧毁广西、重庆等地流窜来浔进行盗抢活动的犯罪团伙，抓获犯罪嫌疑人10余名。三是推进“平安创建”活动。在大中路商业网点全面推进“红袖章安全员”活动，设立辖区自行车、电动车停放点，实施“平安社区（楼院）”创建活动，不断扩大安全小（社）区范围。

《开发文化旅游项目，打造文化旅游精品》及《加大对群众文化活动引导、指导》提案 此提案七届二次会议提出，区委、区政府认识到发展文化旅游是繁荣文化的有力抓手，也是浔阳值得全力推进一项重要工作。在积极整合资源的前提下，推出以“春江花月夜”大型音舞诗画剧为核心，全力开发“春江花月夜”及其衍生文化产品。大力建设东方神韵文化产业园项目，努力打造文化产业示范基地，在发展文化产业的同时，全面实施“八个一”文化工程，继续举办“浔阳讲坛”，出版发行“文化浔阳”系列丛书。区委、区政府还以社区文化建设为重点，到2013年年底，全区已建成社区（农家）书屋64家，覆盖全区5个街道，受益人口达22万人。打造5个街道社区文化活动中心和15个社区文化活动室，开展浔阳文化社区文艺展演活动，不断丰富浔城百姓精神文化生活。

《加强城区环境治理，改善浔城空气质量》 此提案七届三次会议提出，引起区政协常委会重视，被列为当年主席重点督办提案之一。2013年6月8日，区政协副主席易小慧带领政协经科委主任和提案人等，深入区环保局就该提案的答复落实情况进行督办。环保局负责人就该提案的办理情况进行汇报；提案人针对提案的答复情况发表自己的意见建议；副主席易小慧进行点评。区环保部门接到提案后，高度重视，认真研究，专人负责，层层落实。不断加大力度，加强城区环境治理，首先从源头抓起，严格项目审批，严格执行环评和"三同时"制度，把好"环评准入关"，从源头上控制新污染源产生。加强日常宣传，积极开展环保专项行动，有效规范企业的排污行为，切实维护群众的环境权益。协助上级开展机动车"黄绿标"发放工作，进一步减轻汽车尾气污染对城区大气环境的影响。积极探索、治理建筑工地施工、房屋拆除作业、道路保洁作业等方面产生的灰尘污染。据悉，"十二五"以来，全区切实做好污染减排工作，加强城区环境治理，净化城区空气，效果十分明显。至2013年年底，工业源方面共削减化学需氧量64.79吨、氨氮5.99吨、二氧化硫208.63吨、氮氧化物32.59吨，有效改善城区空气质量。

《推进我区高新科技企业孵化器建设的思考》 此提案七届四次会议提出，被列为当年主席重点督办提案之一。区政协经审理、立案并转交政府办理后，区政府分管副区长指示区发改委牵头办理。区发改委立即梳理，进一步完善规划，明确津晶城科技园发展定位；通过新闻媒体等外引内联，加大宣传力度，扩大企业影响；在2013年获得省发改委150万元资金扶持的基础上，2014年又着手争取国家发改委资金支持。8月13日，区政协副主席易小慧带领部分委员到区发改委、科技局等单位督办。

《深化浔阳金融改革，促进我区成立民间企业"融资互助"促进会》《关于中小微企业走出困境与发展的思考》等提案 七届四次会议由委员赵为提出的《深化浔阳金融改革，促进我区成立民间企业"融资互助"促进会》、徐凯委员提出的《关于中小微企业走出困境与发展的思考》等提案，对我区中小微企业发展的"融资难"问题，提出了自己的可行性建议。区政府高度重视，并把委员赵为的提案作为常务副区长领衔督办的提案，区金融办联系区财政局、工信委和城投公司共同调研办理，在巩固我区和国有商业银行"政银合作"的基础上，积极构建银企合作平台，推进区中小微企业融资担保体系建设，到2014年年底，全区各类担保机构共为中小微企业担保借款2.3亿元。建立区中小微企业贷款风险代偿保证金制度，2014年，区财政安排1400万元专项保证金，积极推进"财园信贷通"和"财企惠贷通"业务，引导金融机构对114家中小微企业融资贷款4.5亿元，成为全省第二批"财园信贷通"放款规模最大的试点县区。区城投公司注资350万元，与浦发银行合作推进"银元宝"业务，为园区企业融资担保贷款3500万元。发挥政府财政资金的导向作用，解决了部分中小微企业发展的融资需求。

《关于充分抓住本次旧城改造的大好机会，全面提升浔阳区形象的建议》《做好十大片区改造，打造商业中心片区》等提案 七届四次会议由委员朱建春、舒钟坤提出的《关于充分抓住本次旧城改造的大好机会，全面提升浔阳区形象的建议》、王飞炎委员提出的《做好十大片区改造，打造商业中心片区》等提案紧紧抓住浔阳旧城改造工作中心，提出了自己的见解。区建设局、房产局认真办理落实。邀请知名专家学者来浔阳区实地调研，对浔阳区旧城改造规划设计提出意见建议，区建设局结合专家意见，提出"安置小区要在质量上好于、品质上优于周边商业楼盘"的工作目标，完善商业配套，交通组织等基础功能，打造浔阳商业中心街区。

《在"十大片区"改造过程中重视停车位的规划和设计》提案 该提案七届四次会议由委员薛东文提出。区建设局非常重视并予以采纳。正在组织编制区停车场建设规划，特别是区"十大片区"旧城改造项目，在对保障性安置小区建设和改造地块设置规划条件时，全面提高了停车位设置标准和规划指标，以此改变区停车位偏少的现状。同时增加财政资金投入，拓展城区支路建设，进一步改善和优化城市主次干道行车环境；另外，区建设局将进一步联合市直相关部门，清理被挪用、占用的停车设施，恢复、重启部分公益性停车场，努力缓解老城区停车难问题。

《采用"双规"治理小摊贩乱摆卖的建议》《加强城区边街小巷卫生环境整治的建议》等提案 此提案七届四次会议由委员曾祥民和李国良提出。区委区政府高度重视，去年以来，区结合全市城市环境综合整治"百日大会战"活动，大力开展"十大街区"整治。滨湖路、庾亮南路、庐山路、环城路、浔阳东路等整治项目正在加快推进，有效改善了街区经营环境和整体品位。区市容局和各街道市容环卫所建立市容整治长效管控机制，加大老居民区、学校周边、边街小巷、农贸市场等路段巡查力度，占道经营、流动摊贩得到有效管控。区建设局按照“路平、水通、灯亮、线齐、墙美”的要求，全力实施边街小巷改造和院落小区整治项目，市容市貌、城区环境得到全面提升。

《城区噪音问题》提案 此提案七届四次会议由委员任顺旦提出。区环保局非常重视，专门就城区噪音监管问题上报区政府，并从2014年5月14日起，联合区委宣传部、区公安分局、市执法局浔阳区大队、大中路步行街管理办公室，对生活噪音、交通运输噪音、建筑噪音、商业娱乐噪音等噪音污染源头开展为期一个月的专项整治活动，效果明显。

《政府加强支持引导，构建和谐银企关系》《关于解决中小企业融资难问题的提案》等提案 围绕扶持培育中小企业，破解中小企业融资难题；发展电子商务，推动产业结构转型升级等问题，薛东文、张新润等委员提出的提案中许多建设性意见在区财政局、区金融办等职能部门工作部署中得到借鉴。区财政局继续为城东工业园区和中小企业开展财源信贷通和财企惠贷通业务，区金融办和城投公司通过与建设银行对接，为园区企业开展助宝贷业务，积极为企业融资贷款7.7亿元，有效缓解了企业资金瓶颈，促进了企业健康发展。周光辉委员提出的《关于浔阳区打造九江地区电子商务中心，助推产业升级的几点思考》提案，区发改委和区商务局积极采纳。为进一步促进电子商务发展，初步完成浔阳区电子商务发展“十三五规划”编制工作，出台《关于进一步加快服务业发展的实施意见》，开工建设京九电子商务大厦项目，并通过与阿里巴巴合作，成功打造“阿里巴巴·九江产业带”平台；签约电商200余家。

《进一步加强浔阳区市容环境卫生管理工作的建议》《关于建设美丽浔阳，强化“门前三包”的建议》等提案 区市容局和街道环卫部门积极落实市容环卫方面的提案建议，按照区委、区政府“机构不撤、力量不减、标准不降”的要求，巩固城市环境综合整治“百日大会战”成果，打响“垃圾死角、道路清洗、工地管理、占道经营、占道亭棚、市政园林、交通秩序、公共秩序”八个方面攻坚整治活动，实现城区环境卫生根本性转变的目标；完善城区环卫基础设施，启动25个片区342条边街小巷和院落小区改造，实施甘棠南路、滨江路、庐山北路、庐山南路、庐峰东路5条道路整体立面改造，全面改造12座垃圾中转台以及18座城市公厕；健全城市管理长效化机制，对大中路进行市场化运作清扫保洁，并按照每年5个的进度要求推广开放式小区物业管理试点，使城市管理走向规范化、精细化、常态化。

《关于加强食品安全监管的几点建议》《关于切实加强学校周边食品安全的建议》《关于整治老年人保健品销售市场的提案》等提案 区食品药品等监管部门非常重视食品安全问题，把办理提案与破解难题相结合，在全区广泛开展了食品安全法律、法规和食品安全标准和知识的宣传普及工作；对食品安全开展每月一检查制度，节假日（元旦、春节）对学校及周边、城区旅游景区餐饮食品进行专项检查，确保食品安全。在开展食品安全检查的同时，深入开展保健品专项整治，重点整治减肥、辅助降血糖、降血压、缓解疲劳类保健品，通过市场整治，震慑了违法行为，规范食品药品市场秩序。

《规范浔城交通秩序，确保居民安全出行》《关于解决城区交通拥堵停车难，完善停车场建设与管理的建议》《加强浔阳立体停车场建设和停车场收费改革的建议》等提案 王坚、田理心、赵为等委员的提案就优化老城区交通拥堵和旧城改造停车场规划设计问题，提出独特的建议。对此区建设局、房产局高度重视，积极协调市级城市交通、规划、市政、执法等相关部门，制定以下一些措施：一是着眼长远，合理规划，组织编制停车场建设和地下空间开发利用规划，在新建地块开发建设时，高标准设置停车位，在有条件的地带设置大型停车场；二是因地制宜，对现有停车场进行改造，构建立体停车场；三是组织相关部门清理被挪用、占用的原有停车场；四是对城区主次干道现有的临时占道停车实行合理规划，有序管理，实行计时收费，提高临时停车位使用率和周转率；五是结合“十大片区”旧城改造项目，要求改造地块必须建设地下停车场，努力缓解老城区停车难问题。

《关于规范和发展学校心理健康教育的建议》《关于加强少年儿童心理素质教育的建议》等提案 区教体局非常重视委员提案，将提案办理融入到实际工作中，首先是在学校地方课中开设健康教育课，结合思想品德课、主题队会等活动对学生进行心理训练和指导；二是逐步建立学生心理健康档案，开展心理健康教育和心理干预活动，帮助青少年化解成长过程中的心理问题；三是加大培养和培训学校心理辅导教师工作力度，建立教师心理健康教育进修制度。区教体局还高度重视教师的心理健康问题，建立教师访谈制度，定期对教师开展心理辅导活动。

附表：领导督办提案列表

2014年—2015年区领导领办督办重点提案情况列表

表5-3-1

序号	年份	领办督办领导	案　　由	提案人
1	2014	刘武爱	深化浔阳金融改革，促进我区成立民间企业“融资互助”促进会	赵　为
2	2014	周庆吾	关于推进我区电子商务发展的建议	罗万辉
3	2014	钱　萍	关于加强学校周边食品安全监管的建议	肖　莉
4	2014	张小军	关于完善开放式小区物业管理服务机制的建议	蔡璟旗
5	2014	文建华	《关于选聘专职人民调解员进驻派出所调解矛盾纠纷的提案》	万义振
6	2014	刘宗强	《应加强浔阳区社区矫正工作》	赵　为
7	2014	易小慧	《推进我区高新科技企业孵化器建设的思考》	王　林
8	2014	张华桥	《关于拍摄微电影〈浔阳古韵〉的建议》	梅楚安
9	2014	朱少芬	《关于中小学生就近读书的建议》	徐　燕
10	2014	周　华	《关于进一步加强对京九大市场内机动（电动）三轮车管理的相关建议》	王顺德
11	2014	廖济煊	《关于提升基层医疗卫生服务能力的几点建议》	陈　勇
12	2014	秦永红	《利用城市家庭的闲置资源帮助农村困难家庭》	李平求
13	2015	王风雷	打造专业特色楼宇，提高楼宇经济集聚度　浔阳区楼宇经济品牌特色亟待提升	江　慧
14	2015	周庆吾	推进浔阳菜市场的改造，提高浔阳人民幸福指数	赵　为
15	2015	胡　迪	关于引进民营资本推动社区居家养老服务的建议	李洪琳
16	2015	朱　超	棚户区改造应循序渐进	王飞炎
17	2015	张小军	城市物业管理一直处在比较尴尬的无序状况，建议成立城区物业公司，进行统一管埋	陈　珑
18	2015	区政协常委会（刘宗强）	九江湖滨青年路（湖滨路和青年路红绿灯—九江一中大门—老中医院红绿灯）建议中间双黄线设置护栏隔离带	胡　函
19	2015	文建华	关于改善城市环境和卫生的建议	费亚克
20	2015	易小慧	关于浔阳区打造九江地区电子商务中心助推产业升级的几点建议和思考	周光辉 刘德巍
21	2015	张华桥	关于做好浔阳青年创业基地的建议	杨　彬 陈祖训
22	2015	朱少芬	关于要求对边街小巷进行硬化和垃圾清运的提案	冷　彧
23	2015	周　华	适当调整十大片区旧城改造步伐，顺应常态化城市建设需求	陈和平
24	2015	廖济煊	在旧城改造中加入更多文化元素的建议	唐平钧
25	2015	秦永红	培育、引进、提升、打造现代服务业示范区	李泽洪

三、优秀提案

三届三次会议（1995 年）审定批准

茆有成《成立浔阳生活用品厂》提案。

姜长青《在深圳特区建立经济信息情报站》提案。

胡吉兰《加强居委会建设》提案。

潘治富《整顿粮油市场，控制粮油物价涨幅过高现象》提案。

桑昌仁《加强街道财政建设》提案。

包正芬《加强社会综合治理、保障在校学生身心健康发展》提案。

三届四次会议（1996 年）审定批准

王柱勋《试行住户垃圾包干收集清运制度》提案。

黄修虎《寻找科技含量高的项目，加快我区经济发展》提案。

郑颂《加快金鸡坡街道企业工作》提案。

陈为英《桃园居委会修路》提案。

李仁礼《发展浔阳区经济的两点建议》提案。

干崇铣《大中路秩序混乱，必须加强治理》提案。

四届四次会议（2001 年）审定批准

潘治富《关于机关干部学习电脑的建议》。

耿玉华、江波、梅德生《关于加强对环湖公园的管理的建议》。

朱丽霞《关于加强区卫生技术力量的建议》。

朱定方《关于我区各街道办事处（居委会）建立社区综合服务机构的建议》。

邹德庸《关于引进竞争机制，加强城管队伍建设的建议》。

四届五次会议（2002 年）审定批准

叶树浔《浔阳区私营经济发展及产业结构导向的一点建议》。

涂波湧《在小学普及外语及电脑知识》。

刘蕴智《城市垃圾处理之我见》。

邹德庸《赵家花园、孔家巷等支干道亟待整治》。

七届三次会议（2013 年）审定批准

李虎《挖掘浔阳区文化底蕴，发展浔阳区旅游》提案。

赵为《搭建中小企业融资平台的建议》提案。

陈和平《以创新文化建设为内涵，拓展浔阳文化新发展》提案。

戴可可《如何完善以家居养老为重点的社会养老服务体系》提案。

章兴宇《提高我区婚前医学检查率，提升浔城人口出生质量》提案。

陈典锋《浔阳区城镇居民基本医疗保险实施过程中有关问题及建议》提案。

肖莉《进一步促进我区义务教育均衡发展的建议》提案。

何盛彬《大中路步行街管理的几点建议》提案。

冷运岚《有效治理浔阳区“两违”建筑的建议》提案。

胡丹《加强零售药店从业人员专业知识和职业素质培训》提案。

七届四次会议（2014 年）审定批准

王坚《加快旧城改造步伐，建设美丽浔阳》提案。

李前峰《关于“背街小巷”管理的建议》提案。

罗万辉《关于浔阳区楼宇经济发展的建议》提案。

李伟荣《关于中小微企业走出困境与发展的意见》提案。

李辉秋、谭兴铭、张鹏宇《推进九江长江沿岸商贸物流业快速发展的若干建议》提案。

赵为《开发文化旅游项目，打造文化旅游精品》提案。

陈珑《以文化与文明为主线，构建城市精神文明与物质文明双丰收》提案。

钟志江《关于进一步加强社区卫生服务管理的建议》提案。

罗列《关于完善浔阳区社区居家养老服务的思考》提案。

陶增元《加强学校周边“三无”食品管理》提案。

七届五次会议（2015 年）审定批准

万义振《关于选聘专职人民调解员进驻派出所调解矛盾纠纷的提案》提案。

赵为《深化浔阳金融改革，促进我区成立民间企业“融资互助”促进会》提案。

罗万辉《关于推进我区电子商务发展的建议》提案。

王林《推进我区高新科技企业孵化器建设的思考》提案。

蔡璟旗《关于完善开放式小区物业管理服务机制的建议》提案。

王飞炎《做好十大片区改造，打造商业中心片区》提案。

李国良《关于加强城区街边小巷卫生环境整治的建议》提案。

李平求《利用城市家庭的闲置资源帮助农村贫困家庭》提案。

陈和平《关于建立长效机制，做好社区环卫大文章的建议》提案。

任顺旦《城区噪音问题》提案。

七届六次会议（2016年1月）审定批准

江慧《打造专业特色楼宇，提高楼宇经济集聚度，浔阳区楼宇经济品牌特色亟待提升》提案。

赵为《推进浔阳菜市场的改造，提高浔阳人民幸福指数》提案。

李洪琳《关于引进民营资本推进社区居家养老的建议》提案。

王飞炎《棚户区改造应循序渐进》提案。

陈珑《城市物业管理一直处在比较尴尬的无序状态，建议成立城区物业公司进行统一管理》提案。

费亚克《关于改善市容管理的建议》提案。

周光辉、刘德巍《关于浔阳区打造九江地区电子商务中心助推产业升级的几点建议和思考》提案。

杨彬、陈祖训《关于做好浔阳青年创业基地的建议》提案。

冷彧《关于要求对边街小巷进行硬化和垃圾清运的提案》提案。

唐平钧《在旧城改造中加入更多文化元素的建议》提案。

四、优秀提案承办单位

2012年，区委办公室、区政府办公室、区政协办公室根据《浔阳区政协办公室关于提案办理工作规程》对如下单位给予表彰：区建设局、区市容局、区民政局、区文新局、区卫生局。

2013年，区委办公室、区政府办公室、区政协办公室根据《提案办理工作规程》对如下单位给予表彰：区委宣传部、区发改委、区工信局、区建设局、区市容局、区民政局、区文新局、区大中路管理办公室。

2014年区委办公室、区政府办公室、区政协办公室根据《提案办理工作规程》对如下单位给予表彰，分别是区委宣传部、区建设局、区民政局、区市容局、区教体局、区文新局、区卫生局、区环保局。

2015年区委办公室、区政府办公室、区政协办公室根据《提案办理工作规程》对如下单位给予表彰，分别是区委宣传部、区教体局、区市容局、区民政局、区建设局、区文新局、区房产局。

第四节 文史资料工作

一、机构职责

1987年7月，区政协成立伊始就设立学习提案文史资料研究委员会。

1990年，区政协第二届委员会开始启动文史资料工作，按照文史资料研究工作职责（1. 制订近、现代史资料的征集计划，组织和推动政协委员和各界人士撰写近、现代史资料；2. 对浔阳区近、现代史资料，有重点地开展研究活动；3. 编辑出版发行浔阳区文史资料系列专辑；4. 贯彻执行关于人民政协文史资料工作的方针原则，研究解决文史资料工作中的重要问题，发挥文史资料在建设社会主义精神文明和促进祖国和平统一方面作用；5. 加强同省市政协、市县区政协文史资料研究委员会及社会科学团体的联系，搞好文史资料工作的协作；6. 开展对文史资料工作的调查研究，总结和交流经验），着手对浔阳区近、现代史的征集，站在存史与资政结合的高度，不断组织文史研究队伍考证残存文献谱牒，深入市井民间，收集口碑史实，并挖掘整理相关史实资料。从第七届委员会开始，区政协加强文史工作力度，一是领导重视，本届主要领导到任后，就对文史工作指出：要按照政协章程要求，认真做好文史工作，发挥其为“存史、资政、团结、育人”良好的积极作用，为建设文化浔阳做出积极贡献。提出每年出一本文史资料书的目标，并确保每本书质量高、品位高；二是加强文史队伍建设，聘请区政协文史资料研究员。首次从社会上聘请首批离退休老干部、专家、学者、文史爱好者（10名）作为区政协文史资料研究员，他们分别是：陈尚秋、陈耀坤、郜绍周、陈新代、崔若林、钱政、任祥治、沈家保、孔令炉、冯传银，打造了一支相对稳定、精干、高效的文史资料研究队伍，从各方面获取珍贵的“三亲”史料，三是抓住文史工作重点。区政协文史委要按照上级政协要求和区委区政府工作中心，确定文史工作重点，抓好文史征集和整理工作。如针对浔阳区“十大片区”旧城改造新的实际情况，区政协开展文史抢救工作，先后对大中路、莲花池等地文史进行征集和整理。

二、资料编辑

区政协自1992年开始先后编辑出版文史资料书籍8辑。分别是：

第一辑《名人与浔阳》编辑工作 区政协二届一次会议后，成立第一辑《名人与浔阳》编辑委员会，由区政协文史委副主任胥金牛任主编，市委党史办副主任潘治富任副主编和责任编辑，主要是搜集、整理浔阳籍名人和外籍名人在浔阳的活动，于1990年10月发出征稿函，并召开重要约稿人座谈会，至1991年12月底收到55篇稿件，经过审阅确定45篇为编书稿件，1992年9月印刷发行，该书文字稿45篇，字数20万字，图片15幅。

第二辑《名人与浔阳》编辑工作 2001年春季启动第二辑《名人与浔阳》编辑工作，成立《名人与浔阳》编委会，第四届委员会主席王原平任主编，各位副主席任副主编，区政协委员张廷为执行副主编，首次运用以单位定向征稿和个人直接约稿方式，先后向九江市志办公室、九江学院、九江市文联、九江市党史办公室等发放征稿函100份，其他个人函件50份。截至年底共征集文稿67篇，图片186幅。自2002年3月开始全面编审工作，期间3—5月间为一审，6月份为第二审，7—9月间为第三审，大约10月份进入印刷排版，12月份印刷发行，该书录用文稿37篇，图片121幅。出版后，向市图书馆、档案馆及九江学院图书馆、九江市博物馆、九江市志办、党史办等单位赠书200册。

第三辑《百年西园》编辑工作 自2003年开始，文史资料的编辑出版紧跟市、区二级政府“旧城改造项目”，对城区内拆迁区域的文史资料实行抢救性挖掘、整理。2004年5月，区政协成立《百年西园》编委会，第五届委员会主席杨朱记任主编，分管副主席潘亦生任副主编，区政协委员张廷任执行副主编，2004年6月发出征稿函，2005年2月完成第一稿，全书35万字（文稿53篇），图片387幅。2005年7月，印刷发行第三辑《百年西园》(20万字)，文稿42篇，图片196幅。该书在编辑过程中，数易其稿，最终在广泛听取社会各界的建议后，选定一种版本付印，保留一种内部参考版本。由于大量保存了西园片区旧时图片资料，加之文稿的文史可读性。此书颇受社会各界赞许，同时对如何编辑文史参考资料摸索出一条新的途径。

第四辑《百年大中路》编辑工作 《百年大中路》一书编辑初衷是配合九江市委、市政府、浔阳区委、区政府对大中路进行分段升级改造工程，同时也想借此机会系统的挖掘整理百年大中路历史变迁。2011年9月，区政协成立《百年大中路》编委会，第七届委员会主席文建华任编委会主任，各位副主席及秘书长任副主任，区政协委员张廷任执行主编。2011年10月发出书稿征集启事，2011年11月区政协正式起草《关于编纂百年大中路（暂名）一书的报告》。

2011年12月，《百年大中路》一书印刷发行，全书采用文稿52篇，各类图片、表格110幅，首次刊用区委书记、区长题词各一幅。

第五辑《浔阳拾遗》编辑工作 鉴于多年编辑浔阳文史参考资料的积累，许多人文故事资料足以编辑成书，于是经研究商讨，区政协决定编辑一册《浔阳史话》，2012年开春成立编委会，第七届委员会主席文建华任编委会主任，各位副主席及秘书长任副主任，区政协委员张廷任执行主编。因文稿多数在近几年内已收录，所以全部工作重点就放在史料核对、档案查询上，当年6月份就已完成35万字初稿。由于参与编辑者中对史话体例没得到统一意见，于是用1个月时间进行了全书的修正和重新编目，最终定名称为《浔阳拾遗》，其间用1个月时间进行的三审验收，对该书首开8篇栏目，内容涉及政治、军事、经济、文化、教育等各方面。2013年1月，《浔阳拾遗》印刷发行，总字数30万。期间征集稿件约50万字，实际录用41件。

该书为浔阳区历史文化展示馆策划设计方——中国美院作为第一手地方性素材编入设计方案（文字部分），并分别实施和编辑出版面嵌挂。

第六辑《票证岁月》编辑工作 2013年年初，区政协决定征集编纂《票证岁月》一书，经与市史志办协商，共同合作编纂该书，由两个责任单位主要领导戴和君、文建华担任，副主编由两个单位分管领导担任。该书于2014年1月由武汉出版社出版发行。

该书选取1258张（件）票证和97份文件，分设粮油票证、副食品票证、布匹票证、絮棉、针棉织品票证、日用品票证、生产资料票证、特殊供给票证 7 部分，该书把计划经济时期九江地区在特定时期、特殊背景、特别形式下使用的票证实物给予首次披露。

第七辑《百年莲花池》编辑工作　2013 年 5 月，浔阳区启动“十大片区”旧城改造工程，拆除改造 100 万平方米主城区棚户区。首先启动莲花池和考棚片区的旧城改造征迁工作。区政协为配合浔阳区“十大棚户区”改造，启动《百年莲花池》编辑工作，成立编委会，第七届委员会主席文建华任主任，各位副主席、秘书长任副主任，区政协委员张廷任执行主编。《百年莲花池》一书从征稿之初到成书终止，共接收文稿 71 份，图片 213 幅，最终选定文稿 51 份，图片 115 幅，并于 2015 年 1 月印刷发行。

在编辑过程中，区政协高度重视，文史委组织委员及时调研，针对莲花池片区有 20 多处历史文化遗存的事实，建言在棚户区改造中对历史文化遗存的旧建筑物建筑构件和影像资料进行抢救、收集、挖掘整理；建议在棚改建设时，将在原址整理收集的史实资料以景观和碑廊等形式合理艺术地复原或点缀布局在该区域公共场所，以传承独特浔阳历史文化底蕴，也让浔阳居民记得住乡愁。

该书在选题之初就曾受到区委、区政府关注，成书付梓之时，区委书记戴晓慧、区长左延分别题写序言，充分肯定政协文史委“一年一精品”的编辑工作。

第八辑《那年那月——九江知青谈忆录》编辑工作　知识青年上山下乡运动作为特定历史时期的产物，是一段不能忽略的历史经历，为了记录好、保护好、传承好这段历史，实现区政协七届委员会“一年一本书”的文史工作目标，2015 年 2 月 9 日，经区政协七届三十三次主席会议研究决定，编辑出版一本反映知青岁月的书籍，书名暂定为《九江知青》。3 月 10 日，区政协邀请以吴锦萍（九江市原副市长）、吴清汀（九江市原作协主席）、梅建平（九江市原人事局副局长，因事未参加）等为代表的老知青，与张国宏（市文联原主席、现任庐山管理局副局长）、柳秋荣（市史志办副主任）、高平（市文化馆副馆长）、江慧（《长江周刊》主编）、柯科（市档案局科长）、张廷（区政协文史委副主任、市文史研究者）等部分相关文史专家共同召开座谈会，征求对启动编辑《九江知青》一书的意见建议，初步拟定成立编审委员会，由文建华、张华桥、程候锋、江慧、张廷、张国宏、柳秋荣和高平等担任编委会委员，并聘请吴锦萍为顾问，同时决定向社会发布征稿启事。3 月 17 日，编委会召开专题会议，研究书籍篇目设置和征稿方案，决定全书分“知青概述”“知青故事”“知青风采”和“知青文苑”等篇章，并在《浔阳晚报》《长江周刊》等报纸刊发征稿启事，利用微博、微信、政协新闻网等媒体形式广泛征稿。5 月 12 日，编委会在区政协三楼会议室召开文稿征集座谈会，根据征稿对象有针对性地邀请李莉等老知青、鲁先泰等曾直接管理知青工作的干部参加座谈，发挥他们作为老知青和有关知情人的作用，并通过他们向广大老知青发送约稿函，扩大征集面。6 月至 9 月，区政协程候锋、张廷和刘少宏等先后在市区及瑞昌、都昌、九江县等地采访，部分知青典型人物口述经历，由刘少宏记录整理成文。截至 10 月底，共收集日记、信件等实物 67 件，反映知青劳动生活的照片 420 张，文稿 179 篇，经编委会筛选、整理，形成《九江知青》（校审稿），全书采用实物 30 件，照片 87 张，文稿 80 篇。11 月 25 日，编委会召开会议，对校审稿进行校核审定，将篇目设置调整为上下篇，上篇“经历·故事·风采”，主要是再现作者当年知青劳动生活、思想情感、成长历程的点滴故事；下篇“艺苑·文摘·附录”，主要是收录当年知青创作的小说、散文、报告文学等文艺作品以及当年报刊、书籍、宣传材料上刊登的文稿、史证资料，书名最终经主编文建华确定为《那年那月——九江知青谈忆录》，并增加陈珑为编审委员。12 月，全书校审稿经编委会委员逐篇循环审阅，定稿成书，付梓印刷。2016 年 1 月，《那年那月——九江知青谈忆录》正式出版，总字数 40 万，该书真实再现了韶华渐逝的九江知青的亲身经历，得到了省原文联主席、国家一级作家、老知青陈世旭为其题词，江西日报社九江分社社长、高级记者、著名散文作家练炼为其作序。《那年那月——九江知青谈忆录》的面世不仅为浔阳区政协文史工作涂上了浓墨重彩的一笔，而且对九江知青方面的史志工作做了重要补充。1 月 21 日，区政协举行赠书仪式，文建华、张华桥等编审人员向部分知青作者和委员代表赠书。

表 5－4－1　　区文史资料目录一览

书名	篇名	文　题	作　者
《名人与浔阳》（二）		德高望重的许德珩先生	应梅珍
		两次拜会许德珩老人	曾民牛
		许德珩赤心回报桑梓	何绍元
		孙中山与九江革命	张仕云　胡　朱
		孙中山与九江商会会长舒先庚	刘堂鑫
		方志敏在九江南伟烈大学校	陈　忠
		与方志敏同窗琐忆	傅　森
		郭沫若浔城酝酿写檄文	潘治富
		叶剑英甘棠小船报密信	龚　晋
		王震视察茅山头垦殖场	黄振根
		李烈钧在浔阳二三事	郑光中
		辛亥革命时林森在九江的活动	陈季成　齐建平
		光复九江的风云人物吴铁城	汪　城
		罗大佺与辛亥九江革命	朱庆明
		忠义之士徐秀钧	王　圭　朱庆明
		“外交史上第一人”蔡公时	王宪章
		贺耀祖率师接管九江英租界	龚　晋
		不甘附敌的郑呈镜	郑　旌
		他为迎接九江解放做了好事——记原国民党九江自卫总队副队长陈文彬	朱定方　肖诗龙
		九江人民的好儿子朱勇	张燕萍
		近代书法家刘廷琛与我国第一所分科大学	吴圣林
		书法家刘氏父子二三事	张　廷
		薄命才女范淑	刘晓祥
		徐宝璜与《新闻学》	张　廷
		海外爱国学者蒋彝	梁　晴
		著名画家蔡若虹	李　剑　程　鹏
		著名人物画家孙墨千	张　廷
		著名教育家陈礼江	程　鹏　王品科
		墨人先生故里行	罗龙炎
		去前不识春风面　病后方知济世心——世医蒋去病及其家庭简史	徐世平　胥金牛
		江西纺织的最早设计者朱仙舫	徐文俊
		名厨廖济标为中央领导服务二三事	魏朝卿

书名	篇名	文　　题	作　者
《名人与浔阳》(一)		百岁药工曾道卿	熊汉川
		田园诗人陶渊明	潘治富
		为民除害的太守宋均	何苏仲
		唐僧祖师道尼	叶　平
		李白五到浔阳	梅俊道
		白居易在江州	许　健
		庐烟岂异终南色　汾草能殊渭北春——白居易江州诗略述	汤　亮
		白居易、苏轼与九江封缸酒	魏朝卿
		洛阳士子　江州贤史——李渤在九江的游踪和政绩	吴　田
		岳飞与江州	周慈忠
		五贤高阁说五贤	罗长安
		赵家花园的主人	刘晓祥
		林启容血战九江城	齐建军　陈季成
《名人与浔阳》(二)		白居易浔阳谱名篇	凌凤章
		岳飞之孙认“吾乡”	刘晓祥　骆训生
		明初文坛上的张羽	梅俊道
		袁继成与《浔阳记事》	罗龙炎
		文行远与《浔阳蔗醢》	吴　怿
		唐英榷关在浔阳	吴圣林
		蔡瀛与《庐山小志》	刘晓祥
		浔阳蔡寿祺扳倒恭亲王	刘晓祥
		孤溪埂路口忆伟人	陈耀坤
		恽代英在浔革命活动片断	李　剑
		冯任策划炸沉“江永”轮	殷育文　杨融春
		林伯渠北伐时期在浔活动叙录	潘治富
		中共九江地委第一任书记——曾延生	俞伟心
		周恩来为南昌起义运筹帷幄	殷育文
		陈毅九江脱险	殷育文
		毛泽东四次亲临浔阳城	陈耀坤
		江泽民首次视察浔阳城	郭国胜
		共和国总理关注浔阳城	凌凤章　丁丽锦
		许德珩先生为家乡题词简记	胡荣彬
		古樟树下忆许老	秦仕铁　沈家保

书名	篇名	文　题	作　者
《名人与浔阳》（二）		卢永江市长在浔阳	熊汉川
		吴保泰先生二三事	黎建楚
		横戈小卒　百花公仆——记著名画家蔡若虹	吴圣林
		杜宣与江州诗社	唐厚纯
		墨人和《张本红楼梦》	罗龙炎
		昨夜星辰——记著名表演艺术家来浔公演二三事	吕事舜
		浔阳乡贤佚事文墨拾遗	张一品
		浔阳才女　蜚声中外——记最早留学美国的康爱德、石美玉	吴　怿
		呕心沥血　光我中华——记陆德、方应尧创建光华中学始末	方日威
		为中华民族伸张正义的人——记原南京军事法庭审判官叶在增先生	岳广明
		谭旦冏先生记忆中的裕康钱庄	胡荣彬
		传教士昊格矩在浔办学记述	易　群
		我的父亲朱寿楠	朱　平
		杏林妙手高道一	高荫楠　高春华
		全国劳模瞿兰香	凌凤章　丁丽锦
		长江丰碑——兴建九江长江大桥实录	吴清汀
		众志成城锁洪魔——九江长江大堤堵口壮举纪实	李廷楷
《百年西园》		西园纪事系年	张　廷
		话说西园	黄振根　章　浔
		西园·难民区	潘治富
		西园居民基层组织的变迁	吕事舜　邹彩庭
		附录：西园辖区居委会简介	方亚明/辑录
		附录：西园片区居委会概况	龚翠琴/辑录
		西园居民建筑的演变过程	刘浔豫
		柳太和与柳氏祠堂	柳秉春/口述　郑光中/整理
		饶柳门烈士二三事	郭国强
		钮氏人物杂记	胡荣彬
		任劳任怨无私奉献——记首任浪井居委会主任李水英	邹彩庭　吕事舜
		嬉笑怒骂　传奇一生——记西园民间说书艺术夏宝林	冯传银　孔令炉
		追记刘裕南先生	钱　慧
		武术宗师曾昭庆及其子女	郑光中
		西园有个小女孩	方日威
		庾亮楼考叙	刘晓祥

书名	篇名	文　　题	作　者
《百年西园》		去讹消疑说庾楼	陈建国
		再说崔公楼和庾公楼	陈建国
		庾楼题联拾遗　浪井题诗勘误	薛立汉
		浅谈清末民初西园居民建筑特点	郑光中
		西园地名纵横谈	张　廷
		凝视并疑思西园	钱　政
		西园地域居民岁时饮食谱录	郑绶笙/遗著
		西园居民生活禁忌举隅	蓝天保
		西园居民婚嫁禁忌习俗	蓝天保
		吴保泰遗诗选录	吴勇/整理
		刘裕南遗诗选录	刘筱岚/整理
		谭德和纱布庄	更　生
		我所经营的“万铭记”百货店	万兆彩
		衡茂茶庄	谭代权
		矶湾巷里的“驼篮子”	欧阳学琼
		我所知道的“同福记”及其他	虞功煌
		浪井边的“集成”商号	罗匡龙
		周英义笔庄	刘　勇
		附录：1946 年西园小商铺纳税名册	姚贤沛/辑录
		附录：1955 年西园地段摊贩名录	李建宝/辑录
		九江清真寺志略	梅荣生/辑录
		西园里的寺庙	郜绍周
		化善堂与翘志小学	郜绍周
		徐秀钧烈士故事拾零	崔若林
		西园轶事	陈义兰/辑录
		走街串巷的挑水人	吴传梓/口述　黄汉生/整理
		趣谈西园	冯传银　孔令炉
		西园印象记	陈耀坤
		续西园印象记	陈耀坤
《百年大中路》		百年“大中”话风流	何　侃
		岁月流淌的传奇街道	高明磊
		我们的老街我们的记忆	周慧超
		历史上的九江茶市	江国华/原著　唐　亮/整理

书名	篇名	文　　题	作　者
《百年大中路》		历史上的九江米市	王宪章/原著　唐　亮/整理
		清末民初九江钱业概况	舒鹤群/原著　钱　慧/辑录
		长街挥泪送伟人	龚　晋
		大中路见证了“三一七”惨案	潘治富
		解读大中路沦陷老照片故事	张　廷
		大中路建筑风格的变迁	乔伟武
		大中路老门牌起自东门口	孔令炉
		大中西段门段的变更	冯传银
		大中路沿线片区地名概述	钱　慧
		大街小巷掌故纵横谈	张　廷　马　莹
		龙开河上的大铁桥	张鼎九/原著　徐克沛/供图
		大中路上的上海银行	陈新代　何　林
		西门口钟亭轶事	陈新代　何　林
		塔公祠的前世今生	陈新代　何　林
		《型报》释疑	尹隆俊
		映庐水电公司的回顾	许杰夫/口述　李廷楷/整理
		国营九江市贸易公司的成立	刘堂鑫/原著　龚强华/供图
		裕康钱庄的启歇	谭旦　/原著　钱　慧/辑录
		长和钱庄的经营模式	舒鹤群/口述　刘堂鑫/整理
		奉新帮老店“四阳春”	方日威
		振兴菜馆名盖浔城	方日威　冯传银
		百年药店“王万和”	王　晶
		经营有方的周大生药店	周绍洪
		回民企业之泰斗“华康号”	金之昌
		五金染料行业佼佼者“华盛昌”	方日威
		九江百货业忆旧	万兆彩/原著　李冬生/整理
		我所经营的“惠大百货”	周风台
		黄利源酱园忆旧	黄鹏云/口述　唐　兴/整理
		裕泰恒茶庄与振泰祥南货店	张敦楠　郑光中
		清真“梁义隆”及其传人	蓝天保
		“恒茂余记”粑儿铺	蓝天保　严楚江
		本帮绸布店“庆益祥”	梅俊道
		大中路上的“公和绸布店”	吕乐群

书名	篇名	文　　题	作　者
《百年大中路》		我所知道的九江钟表业	刘保平/口述　高　敏/整理
		回忆“吴盛昌”米店	吴嗣民　吴大广
		附件一　1946 年大中路门牌、行业、商号一览表	李建宝/辑录
		附件二　1955 年大中路固定摊畈登记名录	李建宝/辑录
		附件三　1952 – 1960 年大中路商铺名录	李建宝/辑录
		曾经的地标“铁桥头”	李　军　何　林
		教堂钟声飘逝九重天	周慧超
		追忆志和钱庄的倒闭	张　廷
		大中路上的所见所闻	钱　政
		“文革”前期大中路风云录	冯传银
		曾经设在大中路上的学校	冯水东
		大中路上的大众剧场	冯传银
		八角石的黎明菜市	蓝天保
		大中路轶事广记	孔令炉
		大中路上的红薯餐厅	冯传银　方日威
		大中路崇商文化现象	崔若林
		大中路印象记	陈耀坤
《浔阳拾遗》	城池遗踪篇	柴桑城的故址考述	佚　名
		汉晋半洲城遗址初探	刘晓祥
		湓城故址探究	刘晓祥
		明清九江府城的修筑	史　慧
	交通邮传篇	古往今来的九江港	陈　仲
		南浔铁路的沿革史	方　达
		九莲公路的创建与经营	万　里
		九江邮政述略	俞伟心
		清末民初的九江电信业	吴艳萍
	重镇硝烟篇	古代九江战事概述	史　慧
		辛亥革命九江光复与独立	陈季成
		运筹帷幄的八一起义将帅	殷育文
		九江沦陷前的城区防守战	高鹤峰
		九江城区解放前后二三事	许杰夫

书名	篇名	文题	作者
《浔阳拾遗》	宗教际会篇	以简寂观、太平宫为代表的道教文化	高平　张小谷
		以东林寺、能仁寺为代表的佛教文化	高平　张小谷
		天主教及其在浔的传播和发展	佚　名
		基督教及其在浔的传播和发展	佚　名
		伊斯兰教及其在浔的传播和发展	佚　名
	开埠商都篇	清代的九江关	姚梅琳
		半殖民地性质的九江海关	姚梅琳
		在浔外商洋行概况	佚　名
		九江商会述略	佚　名
		九江茶市的盛衰	佚　名
		九江米市的盛衰	佚　名
	学府文昌篇	历代书院综述	佚　名
		府学与县学	佚　名
		社学与私塾	张化掌
		明清科举制度简介	刘晓祥
		教会兴办中、小学校	王　辉
		辛亥革命后的私立小学	佚　名
	艺文综览篇	宋代九江的刻书	吴　怿
		明清九江地方专书考略	熊学明
		清代乾隆朝九江禁书记述	佚　名
		清代九江闺阁著作拾遗	佚　名
		九江近现代报刊叙录	佚　名
	民俗风情篇	古今城乡四时节庆	佚　名
		古浔阳地域饮食文化	崔若林　蓝天保
		婚丧生诞及日常礼俗	史　慧
		浔阳城乡禁忌习俗	佚　名
		民间游戏娱乐举隅	史　慧
《票证岁月》	粮油票证	全国通用粮票	
		军用粮油票证	
		江西省地方粮票	
		九江市、县粮油票券	
		各种粮油关系供应证明	
		九江市、县粮油供应证	

书名	篇名	文　　题	作　者
《票证岁月》	副食品票证	肉食品票证	
		豆制品票证	
		食糖、食盐票证	
		其他副食、蔬菜、水产品票证	
	布匹票证	商业部军用棉布购买证	
		江西省棉布购买证	
		江西省民用定量布票	
		江西省综合类布票	
	絮棉针棉织品票证	城乡定量絮棉票证	
		其他针棉织品票证	
	日用品票证	综合商品购货券	
		日常需用品票证	
		耐用消费品票证	
	生产资料票证	汽车生产供应证	
		机动车船油料票证	
		物资材料供应票证	
		饲料与肥料供应票证	
	特殊供给票证	专供不同对象的票证	
		优待结婚生育的票证	
		特定岁时年节的票证	
		奖售、换购、回供票证	
《百年莲花池》	人事风云	晚清德化县刘氏父子二三事	张一品
		辛亥革命元老蒋群将军	冯传银
		英雄血和杜鹃开——记“济南惨案”中牺牲的蔡公时烈士	史　崙
		许德珩在莲花池的激情岁月	胡荣彬
		岭南会馆创办人——叶恭绰先生	钱　慧
		启蒙孝子坊	殷有为
		誉满梨园　艺海无涯——访我市著名京剧表演艺家朱正琴	陈再兴
		名厨心目中的周总理	沈家保　吴大广
		武术世家董财喜及其传人	蓝天保
		德高望重的好教师——记蔡君岑老师二三事	郑光中

书名	篇名	文　　题	作　者
《百年莲花池》	人事风云	书生、学者、老师——回忆我的父亲吴翼鉴	吴小鉴
		人到无求品自高——记我的父亲吴有恒	吴小京
		九江山歌《站在庐山望北京》	徐嘉琪
	寻遗探古	周敦颐·莲花池·濂溪书院	吴　怿
		《重建仰忠祠》碑再重见——发现《重建仰忠祠》碑及相关问题	王少华
		南宋岳王庙遗址窖藏古钱简介	钱　慧
		漫话九江孔庙	陈新代
		兴衰八百年的道宫——南门观	郃绍周
		侵华日军所建的“护国神社”	钱　政
		被人遗忘的女师大礼堂	何笑天
		伪善“仁慈堂”凄惨血泪史	潘治富
		成立“合作社”先行莲花池	冯传银　陈德虎
		旧时丁官路见闻录	郑光中
	学海文苑	废除科举后的九江中学堂	万金陵
		文庙踪迹何处找寻	黄其美
		颠沛流离　见度兴废——从九江女师到九江师范变迁史	何仁烯
		创业维艰　师范先驱——省立第六师范学校创办始末	成　厦
		“益智”“培德”济世几何？——记由帝国主义分子操纵的济世中学	集　梅
		广东会馆　岭南小学——广东客商在浔办学纪事	郃绍周
		九江小学诞生与发展	郑光中
		素质为本　培育新人——九江市浔阳区育新小学发展概况	文　成
		严谨善导　托起朝阳——九江市浔阳区朝阳小学发展概况	文　成
		艰苦创业　时代特色——九江市湓浦公社小学创办史略	郭家凤
		二度春风　两个校区——九江市第五中学超常规发展纪实	郭家凤
		传播知识　典藏文化——九江市图书馆从传统走向现代	崔若林
		群众文化　深情眷恋——从群众艺术馆到九江文化馆发展纪略	诺　宁
		大路朝阳　声震鄱湖——九江京剧团的陈年往事	诺　宁
		春江花月　盛世歌舞——九江地区歌舞团记述	庐灿灿
		扬帆万里　等待芬芳——九江市话剧团的星路历程	付诗俚
		影视艺术　方兴未艾——九江市影视艺术中心浏览	林佑仙
	岁月留痕	莲花池区域居民基层组织的变迁	沈家保　张惠光
		莲花池畔乡风民俗	蓝天保
		省立女子师范往事点滴	钱　政

书名	篇名	文　　题	作　者
《百年莲花池》	岁月留痕	九师附小遇恩师——我的启蒙老师谭训部	郑光中
		追记莲花池旧事	陈耀坤
		连城大戏院往事回忆	沈家保　何　剑
		慎德里扫盲记	郑光中
		我住莲花池十年	孔令炉
		我在“九师”工作经历与回顾	吴翼鉴
		博学　博爱　博艺　建立师生真情——我在湓浦民办小学任教的往事	代永红
		暂别“莲花池”	湓浦渔夫
《那年那月——九江知青谈忆录》	序		练　炼
	概述		柳秋荣
	上篇　经历·故事·风采	回望江心	肖金美
		冯胥宋的日子	周吉潭
		追忆下放大德山	刘水保
		赛湖农场洒青春	叶青元
		新洲六年知青情	廖美云
		我与蔡河的情缘	陆汉金
		下放马回岭	黄赓爵
		从马回岭到茅山头	俞小屏
		茅山头的青葱岁月	熊炳根
		黄坳公社苦与乐	袁仁贵
		插队落户到高丰	张惠光
		难忘东至知青点	洪云钢
		彭泽浪溪挣工分	彭长森
		在兵团的日子里	吴若琪
		我的知青生活片断	吴清汀
		蔡河：我的人生起点	杨志农
		月夜捉蛙	史　金
		不能忘却的记忆	吴锦萍
		八年为一生积累财富	彭群林
		我的两次“下放”经历	邵同湘
		和团留给我的记忆	张毛女
		随父母一起下放的日子	陈　珑
		久别重逢忆当年	王敬宪

<table>
<tr><th>书名</th><th>篇名</th><th colspan="2">文题</th><th>作者</th></tr>
<tr><td rowspan="33">《那年那月——九江知青谈忆录》</td><td rowspan="27">上篇 经历·故事·风采</td><td colspan="2">下乡三年 一生财富</td><td>汪建策</td></tr>
<tr><td colspan="2">我的“赤脚医生”经历</td><td>陈丽华</td></tr>
<tr><td colspan="2">难忘那三年</td><td>黄建明</td></tr>
<tr><td colspan="2">记忆中的“下放”</td><td>李君华</td></tr>
<tr><td colspan="2">在庐山做茶工的那些日子</td><td>赵 健</td></tr>
<tr><td colspan="2">寄情隘口茶林场</td><td>李 莉</td></tr>
<tr><td colspan="2">东牯山林场情难忘</td><td>任祥兴</td></tr>
<tr><td colspan="2">从懵懂学生到下放知青</td><td>陈春明</td></tr>
<tr><td colspan="2">青春留痕付垄乡</td><td>陈德虎</td></tr>
<tr><td colspan="2">早岭深处</td><td>李洵生</td></tr>
<tr><td colspan="2">我的人生平凡而多彩</td><td>于晓东</td></tr>
<tr><td colspan="2">冯家村里好年华</td><td>刘智真</td></tr>
<tr><td colspan="2">人生无悔 棉湖情深</td><td>石国华</td></tr>
<tr><td colspan="2">城山，我的第二故乡</td><td>何惠康</td></tr>
<tr><td colspan="2">适彼乐土 爰得我所</td><td>王力勇</td></tr>
<tr><td colspan="2">广阔天地我成才</td><td>杨争红</td></tr>
<tr><td colspan="2">到祖国最需要的地方去</td><td>黄建平</td></tr>
<tr><td colspan="2">建设兵团的苦与乐</td><td>王青惠</td></tr>
<tr><td colspan="2">芙蓉农场七年纪事</td><td>梁建荣</td></tr>
<tr><td colspan="2">动身时刻</td><td>吴洪森</td></tr>
<tr><td colspan="2">我心永恒</td><td>徐明华</td></tr>
<tr><td colspan="2">二次下乡到永修</td><td>黄建东</td></tr>
<tr><td colspan="2">我的九江情缘</td><td>梁秋玲</td></tr>
<tr><td colspan="2">我们的“九山洼”</td><td>朱淳兵</td></tr>
<tr><td colspan="2">我和知青在一起</td><td>鲁先泰</td></tr>
<tr><td colspan="2">两地知青两段情</td><td>段兴缘</td></tr>
<tr><td colspan="2">回忆采访谭冬幼的经过</td><td>袁怀烈</td></tr>
<tr><td rowspan="6">下篇 艺苑·文摘·附录</td><td>小说</td><td>洪枫</td><td>柴建柱</td></tr>
<tr><td rowspan="2">诗歌</td><td>誓为革命播春色</td><td>李文健</td></tr>
<tr><td>飞瀑旁</td><td>陈一明</td></tr>
<tr><td>散文</td><td>根深叶茂</td><td>黄华英</td></tr>
<tr><td>报告文学</td><td>徐家湾的一家人</td><td>陈世旭</td></tr>
<tr><td>日记</td><td>1971 年野营拉练日记</td><td>万 卫</td></tr>
</table>

书名	篇名	文题		作者
《那年那月——九江知青谈忆录》	下篇　艺苑·文摘·附录	歌曲	我为革命种棉花	谭冬幼
			广大干部下放劳动	佚　名
			知识青年到农村去	佚　名
			歌唱谭冬幼	集体创作
		连环画	《她变好了》	佚　名
			《意气风发的小闯将》	佚　名
		文摘	巩固无产阶级专政　支持孩子坚持乡村干一辈子革命	张　华
			坚决与旧的传统观念彻底决裂　支持女儿在农村结婚安家干革命	戚务生
			为了下一代	祝湖北　陈何英　陈谦
			走一辈子同工农相结合的道路	《人民日报》通讯员
			赞“万匹马力拉我不回头！”	《江西日报》评论员
			破传统观念　立一代新风	刘婉兰
			坚持乡村　继续革命	石珍红
			把青春和智慧献给社会主义新农村	张界民
			在斗争中扎根　在斗争中前进	高康良
			全心全意为贫下中农服务　当一辈子“赤脚医生”	项来楠
			战胜疾病　坚持乡村	王龙生
			中华儿女多奇志	井忠东
		附录	1955 ~ 1979 年九江地区安置知青人数表	
			1964 ~ 1981 年九江地区知青安置经费表	
			1972 年 6 月各县（市）五·七大军办公室知青组工作人员名录	
			1973 年 12 月九江知青上山下乡领导小组、办公室成员名录	
			1975 年九江地区上山下乡知识青年先进代表大会光荣榜	
			九江知识青年上山下乡纪事系年	张　廷　　胡　斌
	后记			

说明：《票证岁月》分栏目陈设的均为藏品，故无具体作者

第五节　反映社情民意

一、社情民意概述

社情就是社会生活的基本情况，包括社会情况、社会动态和社会事件。民意就是人民群众的意见、愿望和要求，以及议论和情绪。社情民意信息，是以政协委员的独特视角，在观察、调查、研究、思考的基础上，围绕中国社会主义事业发展过程中党和国家重视、人民群众关注的重要问题，通过政协内刊的形式向党委、政府反映的重要情况和提出的意见建议。

了解和反映社情民意，是人民政协的优势，也是新形势下人民政协履行职能的有效方式。信息工

作是反映社情民意的主要渠道。政协委员通过各种渠道，向党委、政府和上级政协提供民情、民意、民智和社会各界人士的诤言、建议，为党政领导及时了解和掌握群众的心声，对化解矛盾，促进社会和谐，实现决策科学化、民主化发挥积极作用。

区政协成立以来，对社情民意工作越来越重视，逐步走向规范化、制度化的轨道。

1999 年 3 月 26 日，区政协下发《关于下发〈社情民意〉表的通知》，指出《社情民意》表是参政议政的另一种形式，和提案的性质相同。它不同提案的是：一是比提案容易操作，形式比较简单，不需要提出解决问题的措施和办法，只需反映委员身边发生的社会动态及群众呼声；二是不受时间限制。而提案是一种受时间限制的参政议政形式，是例会时间产生，规定办复时间。而《社情民意》随时可以提出，按季整理，利用简报，向区党政领导汇报；三是《社情民意》反映问题非常广泛，既可反映人，又可反映事，只要是群众关心的热点问题，对本级党政机关及其工作人员提出批评和建议，实行民主监督，都随时可反映上来。要求委员发扬人民政协“政治协商，民主监督，参政议政”三大职能而积极书写《社情民意》。确保每个委员每年不能少两条《社情民意》，以作为年终评选参政议政先进个人的依据。

1999 年 5 月 28 日，区政协印发第一期《社情民意》，涉及熊韵新、耿玉华、胡祖培、刘蕴智、聂美桃 5 名委员提出的尽快解决育新小学门前交通安全、力戒工商手段生硬、野蛮执法、严肃处理牛肉打水单位及个人、加强夜间市容、治安管理、建议区委、区政府安置好下岗落脚之处及再就业等建议。

2013 年，区政协加强社情民意工作，出台进一步加强反映社情民意工作制度，设立社情民意收集点 5 个，聘请社情民意信息员 20 名，社情民意信息的收集、整理、报送、办理得到进一步加强，被市政协评为“2013 年度反映社情民意信息工作先进集体”。

2014 年，区政协把社情民意工作作为重点来抓，全年共编报社情民意 44 条，其中《建议将普通群众定期体检列为惠民实事》等 2 条社情民意信息由省政协专报全国政协和省政府，填补区政协社情民意信息被省政协采编的空白。

2015 年，区政协进一步加大社情民意工作力度，采取“委员约访”“社情民意恳谈会”等有效形式，广泛听取、积极反映群众意见建议，先后在人民路街道大树下社区、甘棠街道柴桑社区等地开展“委员约访”“社情民意恳谈会”等活动，及时把群众心声反映到上级党委政府。全年累计上报社情民意 52 条，其中 4 条由省政协专报到全国政协或省委、省政府。区政协被市政协评为“2015 年度反映社情民意信息工作先进集体”称号。

二、社情民意举例

1988 年 3 月 18 日，政协主席岳广明提出：发展浔阳区经济，要有能吸引外资到区办企业的优惠措施；要利用市在浔阳区域里投资进行重点工程建设这一有利条件，把区经济搞上去，大力发展第三产业；区政府应尽快制订一个（包括引进人才、资金）的优惠办法；大力发展横向联系，政协要积极牵线搭桥；具体做法是向上要政策、要自主权。

政协副主席牛增辉提出：个体工商业现在他们有些资金，希望区工商联协助区政府的工作，政府将其纳入计划，尽快明确个体工商业有谁来管理；同时发展一些“短、平、快”的企业，这样见效快。

政协副主席毛应生提出：街道有的企业年年搞不上去，政府应该抓一抓，该上的就上，该下的就下，该转产的就转产；要搞好新产品的开发，引人什么样的人才，希望政府通报一下，以便我们做好牵线搭桥的工作。

政协秘书长张行冶提出：希望区成立一个智囊团的组织，为区出谋划策，对引进项目进行论证，决策前提出有根有据的建议；对一些好的信息要抓住时机，不要放过。

政协常委黄一帆提出：街道企业要遍地开花，重点培养。铺一个摊子就需要支持是不可能的，因为财力有限，而且看不到效果，这种工作方式要引起重视；街道企业和居委会需要扶持，但只给他们引路、引原材料，不直接给予资金，财政局的资金只付出，没有收入；一些街道企业虽有经济效益，但大部分私分了，希望政府对街道企业重点扶持，不仅要注意产值，而且重视经济效益。今后贷款应向银行贷。哪个批哪个收，确保财政资金的回收。

区政协常委、市工商银行信托公司经理陈欣甫提出：区里应组织一个班子，为发展浔阳经济做出一个总体规划，把驻区的专家们组织起来，成立一个智囊团。从实际出发，发挥区的优势，加强与金融界的联系，参加一些横向的有关会议，浔阳区过去在这方面较薄弱，他们是不请不到，不给不要。我现在负责信托投资工作，作为一个政协委员，愿意为发展浔阳做点贡献，只要你们引进技术、物资，我们都可以合作，希望多多取得联系。跟大厂挂挂钩，利用大厂的边角废料发展街道企业。

区政协委员、纺织工业公司工程师曾志茂提出：区里可以在变废为宝上动动脑筋，如旧棉絮纺纱，用卫生纸搞卫生带，沿江几个省市还没有搞过，江西鹰潭搞了一个，纸张还是比较紧，区里是否办个纸厂，特别是包装纸，九江有电、烧碱、油都有，浔阳区搞些工业还是有条件的。

区政协委员、市工业贸易中心副科长、民建成员邹文印：建议浔阳区上个毛巾厂，只要生产出来，不着急销路，办一个毛巾厂，年产 100 万条，他可以帮助推销。

区政协委员、炼油厂情报档案室组长、民革成员郑颂提出：现在处于 80 年代后期，进入 90 年代，这是一个改革的年代、竞争的年代，建议区里出面把一些大厂退休的老技工组织起来，开展竞争。炼油厂马上要生产 30 万吨合成铵，区里可先走一步，办个包装厂。金鸡坡农村是否可以养些长毛兔、羊，再办加工厂，把这些就地消化。炼油厂征用金鸡坡的土地，拿了 380 多万元给金鸡坡办事处，并派几名 20 世纪 60 年代的高级工程师协助他们办厂，整整 5 年没有起到很大的作用，因为办事处的人小农经济思想比较严重，把钱存入银行，光想拿利息，不办事业，没有价值观念。建议区政府调整一下金鸡坡的人员，要派一些有开拓思想的、有管理水平的人去。光收利息，坐吃山空。

邓湘宁（区政协委员、二电厂工程师、民盟成员）、蒋忠德（区政协委员、财校讲师）等提出：不应该砍光、烧光、挖光，应该有发展的眼光，为子孙后代保护九江市的山石。可以变废为宝，如二电厂的煤渣都倒在人工湖，几年后，整个人工湖将被填满，如果把这些煤渣利用起来，加工成建筑用的大型砖，不仅解决造黄泥砖的水土流失问题和煤渣的堆放问题，而且变废为宝。这种大型砖块，稳定性好、隔热、隔音，而且投资少、成本低、见效快。这项工程，可以纳入发展东部地区的规划，同时可以使农转非就地消化。

刘启云（区政协委员、九江面粉厂工程师）、孙敬梅（区政协常委、市广播电视台台长）、熊裕国（区政协委员、市歌舞团导演）、黄安东（区政协委员、市气象台台长、九三学社成员）、丁水生（区政协委员、民生实业公司家电部经理、民建成员）等提出：需要解决肥水外流问题，无论你办什么工厂，首先就是要出产品，但任何一个产品想一个厂包下来，是不可能的，需要其他厂配套生产，如何利用人家的台子唱戏、利用人家的财神爷发财，可以办些小加工厂，为大厂加工零部件，把肥水引进浔阳区这块田里。要建设文明城、恢复卫生城，首先要有物质基础，否则，就处于被动地位。在抓工业的同时，应把商业市场搞活跃，以商业积极的资金来填补工业实验的亏损，另外，我们是旅游区，可以利用边角废料加工小的旅游纪念品。要振兴浔阳经济，就要引进和留住人才，合理使用人才，要在待遇上比市里条件略优惠一些。工作关系要理顺，“婆婆”要少些。

1999 年 5 月 28 日，委员熊韵新反映：区育新小学师生千余人，学校门前是江洲市场，中间路面虽已拓宽，门面停放的车辆不少，不但停一排，有时二三排，使马路空间由宽变窄。因此，育新小学门前路面行走不易，特别是放学，交通混乱，堵塞严重，险象环生。希望政府及有关部门，根据 4 月 15 日省综治委、省教委、省公安厅联合召开部署 4～6 月对全省各类学校及周边地区治安环境开展集中整治电话会议的要求，尽快解决育新小学门前交通安全问题。

委员耿玉华反映：中共中央总书记江泽民日前在欢迎中国驻南使馆工作人员大会上发表的重要讲话，使工商干部受到极大鼓舞，他们决心在政治上、行动上自觉与党中央保持一致，在履行工商行政管理职责中坚持做到严格执行、文明执法。力戒手段生硬，野蛮执法，坚决反对老爷衙门作风，切实防止因粗暴管理或工作失误激化矛盾，影响社会稳定。

委员胡祖培反映：1. 三里街小学所盖的校舍侵占回民公墓花果园坟山部分土地，应折价向伊协购买，其他私人也有侵占现象，也同样折价向市伊协购买。2. 马宿岭回民坟山墓地已基本用完，九江市 4000 余回民中，今后要办理丧事无坟地安葬，特急待要求政府帮助解决坟山的墓地问题。3. 最近市场上出现一些牛肉打水出售现象，严重侵害顾客权益，因此，我们要求工商部门出面，对牛肉打水单位及个人做出严肃处理。

委员刘蕴智反映：浔阳城白天交警、巡警、城管、工商等部门的执法人员各行其责，城市的市容、治安管理较好。可是当夜幕来临，情况就不一样了，出租车、中巴车、三轮车等不再遵循交通规则，闯红灯、乱停乱靠、不按路线行驶；文化宫一带更是热闹非凡，小商小贩占道为市，阻塞交通；歌舞厅、美发厅的小姐们拥在路边拉客，纠缠不放……，夜间的治安问题更是令人担忧。因此必须加强夜间市容、治安管理。

委员聂美桃反映：为了 1999 年创建优美的文明卫生城市，提出以下事项供参考：1. 下岗工人为了搞生活，能否在居民小区主干道摆摊设点。2. 在小区内摆摊占道会影响过路行人的车辆安全。3. 浔阳东路 10 ~ 16 号路段卖菜及摆摊做生意人经常被管理人员赶至考棚路、龙山路内来，这种情况只解决主干道市容问题，而解决不了小区的市容和卫生问题。建议区委、区政府安置好下岗落脚之处及再就业。

2007 年 6 月，区政协委员、民建徐爱林提出《别让火车站地下通道成了卫生“死角”》：火车站广场下面地下通道卫生状况极差，通道设施简陋不堪，阶梯尘土厚积，如遇雨天则污泥遍地、污水横流。此通道为步行至火车站必经路径之一，既给行人带来不便，也严重影响旅游城市印象。建议：相关部门加强对火车站地下通道的管理，使该地下通道不再成为卫生死角，树立九江良好的旅游城市形象。此被市政协《社情民意》选登。

2009 年 2 月 18 日，区政协委员、民建徐爱林提出《19 路公交应早日开进城西港区还房点》：随着城西港区拆迁还房户陆续入住新房，此处居民将较过去更为密集。居民进入市区以乘坐 19 路公交为主，而终点站阎家渡离还房区有近 2 公里路程，居民乘坐公交极不方便。建议：有关部门尽快协调，延伸公交线路，在还房区设立站牌，为此处居民出行提供方便。此被市政协《社情民意》选登。

2009 年 3 月 2 日，区政协委员、民建徐爱林提出《尽快将许俊谷景等九江籍英雄先进事迹编制成书》：许俊谷景勇斗歹徒的英雄事迹令人感动，值得学习。九江市一些新闻媒体正在开展感动九江人物的评选活动，这对净化社会风气、构建平安九江大有好处，也是教育广大中小学生学会做人、培养人格气节的好教材。建议：将许俊谷景等九江籍英雄人物的先进事迹编印成本，作为中小学校的阅读教材。在全社会营造学英雄、做英雄的良好氛围，促进青少年思想健康发展。此获市政协优秀社情民意条目奖。

2009 年 3 月 2 日，区政协委员、民建秦贵安提出《九龙街与南海路交汇处尽快设立红绿灯》：市区九龙街与南海路交汇处目前因连接十里大道的缘故已经形成一个标准的十字路口，最近一年多时间，由于开发区的居民增加的缘故，来往这个路口的车辆越来越多，该路口经常出现交通事故，尤其是天气不好的时候，根据附近居民的反应，该路口基本上日事故一起，甚至一天多起的也经常发生。现在九龙街和已经交付的长虹西路延长线已经连接，今后的车辆通行可能进一步增加，这样会加剧该路口交通危险。建议交通路政管理部门早日将该路口的交通设施和管理进行完善，保障人民生命财产的安全。此被市政协《社情民意》选登。

2010 年 10 月 20 日，区政协委员、民建徐爱林提出《打造高标准的哥服务队伍展城市形象》：近日《江西日报》上报道了一则关于的哥李勇的先进事迹，令人感触颇多，讲述在南昌的哥李勇自发每月支出百元置办车内便民服务“装备”，常年以身着洁白的衬衣，黑领带、黑裤子、白手套整洁、庄重的仪表形象面对乘客，博得群众信任和社会赞誉，并提升了个人经济效益。为此南昌汽车出租公司还着手打造一支以李为标准的高服务水准车队，树立公司司机形象。此事看似小事，但折射出的意义和精神却不小。出租车，是一座城市的流动名片与风景，出租车司机的形象，就是外地旅客了解城市的窗口。九江是魅力城市、文明城市，出租车更是文明城市的体现和载体，当前市出租车行业发展迅速，队伍日益壮大，的哥的素质教育和队伍管理，特别是规范化建设显得尤为重要。宣传和引导的哥学习借鉴“的哥李勇”树行业服务精神对市争创全国文明城市将起到促动作用。为此建议：一是在九广交通音乐台大力宣传的哥李勇事迹，鼓励九江的哥以实际行动向同行先进学习。二是由交通行业主管部门牵头在九江市出租车运输队伍中打造一批李勇式的的哥服务车，高水准服务群众，展九江城市形象。此被市政协《社情民意（参考）》选登。

2012 年 8 月 6 日，区政协委员、民建秦贵安提出《住宅小区违章建筑需制止》：当前，九江市很多的住宅小区都存在私搭乱建的现象，而且这种现象还有愈演愈烈趋势，以前只在一些棚户住宅区域出现的私搭乱建，现在公然出现在一些高档小区之中。按照相关法律，任何人不得利用属于公共权益的楼顶，或者开发商赠送的所谓露台以及花园

（此类地面花园的赠送由于侵占了小区业主的公共权益，本身于法无据）进行建筑物或者构筑物的建设和搭建。建议：有关部门加大对此类违章建筑的查处力度。

2012年9月10日，区政协副主席、民建秦永红提出《关于尽快规划建设中小学校的建议》：今年9月份开学前丽景湾、名湖广场、时代豪邸等几个小区的学生家长很是着急了一下。周边学校十一中、湖滨小学由于生源爆满，无法吸收这三个小区中小学生。结果三个小区小升初学生被分到三中，小学至开学时仍无法全部进入湖滨小学，现有的学校已经无法满足几个小区学生就近入学的需求。这个现象还只是初步显现，因为几个小区业主并未全部入住，尤其丽景湾小区新建时间不长，入住率不高，随着入住率增加，加之正在建设的将近1500户阳光国际小区，今后学生就近入学更是困难重重。希望此事能引起政府和教育部门的充分重视，尽早在附近规划建设中小学校，做到早准备、早安排。此被市政协《社情民意》选登。

2012年10月15日，区政协委员、民进高萍提出《有关创建节约型机关的几点建议》：铺张浪费的现象也十分普遍，主要表现在迎来送往的开支甚大，会议多，公款吃喝的比例大，浪费现象十分惊人；日常办公费用高，纸张的消耗多；机关人员节约水电的意识比较淡漠，长明灯随处可见；文件书刊报纸甚多。政府机关应该为节约型社会的建立，为全社会节约风气的倡导做出表率，因此，资源的节约综合利用应当从政府做起。1．大力加强宣传教育，重温两个务必，在机关内开展资源与环境的教育，培养节约意识，崇尚节约光荣，浪费可耻，倡导节约惜物的风气，形成节约人人有为，人人有责的共识。2．制定引导节约的各种措施。建议政府将创建节约型机关与创建学习型机关、服务型机关、创新型机关的活动结合起来，将创建节约型机关的有关内容纳入年度绩效考评当中，引导广大干部厉行节约。纪委也要加强这方面的监督。同时，财政部门在进行部门预算时，是否可以探讨联合审计部门对办公经费、招待费用使用进行管理，倡导节约，节约部分资金适当提成作为奖励，鼓励各部门勤俭节约的积极性、创造性。3．精简会议，提倡经济实惠的会议餐，以简便实在为原则，减少招待开支，特别是酒宴开支。领导干部要率先带头，在下基层指导工作时，精简接待，减轻基层负担。

2013年，区政协委员、民盟刘俊文提出《关于加强三中大门前交通管理的建议》三中是市重点中学，在校学生多，每天上学和放学时，许多学生家长纷纷开车、骑车接送学生上学和放学，由于该校大门位于市南北交通大动脉的十里大道旁，该路段路面不宽，两边均有公交站台，因此，每到学生上学和放学时，该路段就拥挤不堪，特别是到下午五时半至六时半放学时，拥挤程度更是难以言表，究其原因：一是学生家长将私家车停靠在马路两边，挤占公交站台，造成公交车不能停靠站台，堵塞道路；二是一些学生家长道路已经拥堵的情况下，仍然违章掉头，扰乱交通秩序；三是在学生上放学时，该路段仅有一名协警在执勤，根本就无法管理和维持交通秩序。以上三方面原因就造成三中大门前路段在学生上学放学时出现长时间拥堵，影响到南北交通大动脉的顺畅。建议：在每天早上6时40分至7时10分和下午5时30分至6时30分期间，交通管理部门在该路段至少安排3～5名执勤交警和协警，现场指挥、疏导交通，制止乱停乱放和违章掉头行为，以保南北交通大动脉的顺畅。

2013年区政协常委、民盟帅斌提出《加强食品安全监管的思考和建议》：近年来，在市委、市政府、区委、区政府的正确领导下，各部门通力合作，严把食品安全质量关，做了大量卓有成效的工作，有效地保证了中心城区没有发生重大食品安全事件。“民以食为天，食以安为先”，当前，食品安全问题高发、突发，公众对食品安全问题空前关注。食品安全问题始终是广大人民群众十分关心的头等大事，绝对不允许出现任何差错。国家食品安全监管体制处于深化改革的关键时期，探索治本之策、完善长效机制，是全党全国和全社会的共同愿望。食品安全监管存在食品产业企业数量巨大，产业层次低，监管难度极大的问题。加强食品安全监管的建议：1、改革完善监管体制。2、要提升产业素质。3、要全面提高监管能力。4、要深入开展食品安全知识宣传。5、要加强食品安全监测和预警工作。6、要加大食品市场整治力度。7、要推进食品市场诚信体系建设。

2013年4月，刘少宏呼吁政府部门主动关注网络“社情民意”，理由：连日来，点击《九江新闻网——九江论坛》，看到5月11日发的《九江市星子县四位城管猛打一位大学生，时间将近40分钟》和5月14日发的《武宁县国际大酒店娱乐城黑恶势力猖狂，消费者维权惨遭毒打》，这些帖5天点击率约5000次，跟帖约50次。让我的心情和许多网友的跟帖一样："暗无天日""坐等结果"。大家被这种没有天理的暴力和恐怖事件搞得心神不宁、惶惶不安，很希望政府有关部门看到此帖后能够迅速解答或澄清事实，哪怕表态说知道此事，正在调查，以后公布调查结果都行，让大家对政府有希望和盼头。然而这些天没有任何部门搭理此事，任大家去猜、去骂、去恨，这就让人很是担心了，担心真的"暗无天日"了。建议：政府有关部门要高度重视网络信息，要主动与一些网站保持联系，遇到重大问题或事关群众切身利益的敏感问题，要在第一时间掌握情况并上报主要领导，及时与网民沟通并调查事情的真相，给群众一个满意的结果，让网民明了真相。

2013年6月24日，刘少宏提出"请九江水上公安制止养狗人在长江取水处给狗洗澡"。近来，由于天气炎热，每到傍晚，有些养狗人就到长江给狗洗澡。特别是在百岁坊一带，这里靠近水厂的取水处，让人非常担忧水质受到影响。其次游泳的人多，狗在游泳的人中穿梭，也给游泳的人带来一定的心理压抑和安全隐患。尽管有人对养狗的人进行指责，但对方不以为然。希望水上公安能出面制止养狗人在长江取水处给狗洗澡，确保九江市区用水安全卫生。同时呼吁《九江市养犬管理暂行办法》尽快出台：养狗本是一件个人的事情，无可厚非。但由于一些养狗人素质极差，任狗在大街小巷乱窜，造成狗屎遍地、大狗吓人、恶狗伤人、狗叫惊人，严重扰乱居民的生活，这就不得不引起政府的高度重视了。前不久去"人人乐"超市逛逛，发现超市里还有两条狗在里面乱窜，主人跟着后面若无其事，而顾客唯恐躲避不及。特别是超市里的食品更是吸引狗追寻而去，想想太让人担心了。而户外几乎成了狗的天堂，曾看到一条大狗追逐一群女孩，当场就把几个女孩吓哭了。可狗主人若无其事，还说狗不咬人。据防疫站的人说，九江几乎每天都有人被狗咬伤，加强狗的管理迫在眉睫。特别是网上报道恶狗伤人致死的事情之后，看到九江养狗的现状，一些家长送孩子上学，不得不手持打狗棍。建议政府尽快出台《九江市养犬管理暂行办法》，明确养狗人的职责，确定狗套、狗罩的使用以及狗的活动范围。结束大街小巷狗乱窜的局面，从而展现九江大城市、文明城市的面貌。

2013年7月，刘少宏提出开展游泳活动，减少学生溺亡事件。理由：一到夏天，各地学生溺水身亡的消息就频频传来，让人痛心不已。主要原因是江河湖水对孩子们的诱惑太大了，既可以凉爽身体，又能愉悦身心。于是不少孩子，经不起同学、朋友之间的鼓动，背着学校、瞒着家长偷偷去游泳，甚至不会游泳的也去水边戏水。对于江河湖边的提示牌、学校的提醒、家长的教育视而不见、听而不闻，最终由于腿抽筋、体力不支、不慎落水等多种原因导致溺亡事件的发生。建议：教育部门要将学生的安全放在第一位，指定学校联系游泳池（馆）开设游泳课，并发动广大家长主动带孩子到游泳池（馆）学习游泳。对于农村的山塘、水库，乡镇政府应建立简易的游泳场所，鼓励个人开发利用，做到平整土地、标明水位、专人负责、安全到位，有组织地开展游泳活动。

2013年9月，刘少宏提出九江运管部门应管管"搭客"现象。近期，市出租车"搭客"情况非常严重，几乎所有的出租车一边载着客，一边还以空车的形式在街上跑，遇见有人招手便停下"搭客"，如果坐满了就扬长而去。以致马路上非常混乱，乘车人遇见出租车就得招手，也不知这车是不是还可以搭乘自己。同时，乘车人也叫苦连天，急着去办事，可还得配合出租车司机多载几个人。耽误时间不说，还得接受一份拥挤。这场面把一个要"做大的城市"，变得像个"小县城"一样。建议运管部门加强管理，杜绝这种现象；交管部门适当增加出租车，扩充运量。

2013年9月，刘少宏提出九江大中路当街放狗应制止。每到夜幕降临，在繁华的大中路经常可以看到有个别人带着大型犬，不加任何束缚，任其乱窜，狗屎乱拉。不仅影响市容，破坏卫生，惊吓路人，而且存在巨大的安全隐患。大中路是九江最繁华的一条街，并且成立了专门的管理队伍。街上长期放狗竟然视而不见，让人感到不可思议。希望有关部门立即采取行动，还大中路一个干净卫生、舒适安全的环境。

2013年9月28日，区政协委员、民进朱棣提出《关于缓解庾亮北路及四码头十字路口交通拥挤问题的建议》：四码头十字路口及庾亮北路是九江中心城区的中心地段和要道，车流量和人流量巨大，随着四码头十字路口实行临时移动式红绿灯以来，交通秩序有了很大改善，但是笔者观察，红绿灯的“提前下班”和庚亮北路上汽车和电动车乱停乱放导致的交通堵塞问题，仍然很严重。所以提出几项建议：1. 据笔者观察，现行的四码头十字路口临时移动式红绿灯是晚上6时至6时15分“下班”，但是这时四码头的晚高峰还没有结束，红绿灯“下班”后，四码头十字路口马上陷于无序状态，所以建议此移动红绿灯，夏季在晚7时30分下班，冬季在晚7时下班；2. 目前，庚亮北路与步行街交叉口上，交警划有一处约20余米的电动车临时停放点，但是远远没有满足现有电动车的停车量，建议在现有停车点的另侧或旁边，增加停放点；3. 庚亮北路上汽车乱停的现象非常严重，而且影响特别严重，同时乱停2至3辆车，往往就造成必堵的后果，所以建议加大庾亮北路车辆的管理力度，参照滨江路的做法，在四码头十字路口至庾亮北路与步行街的交叉口，这段路线上在高峰期安排一位交警指挥交通，管理来往车辆。

2013年12月2日，区政协委员、九三陈和周提出《关于整治和规范报刊征订工作的建议》：每年11份开始，各种报刊征订工作全面展开。各报刊通过提高质量、增加促销手段、加大宣传等方式增大发行量，党报党刊也不例外。目前党报党刊发行很大一部分是通过行政和组织手段下达任务来完成，因此产生了很大负面影响。一是影响政府及行政部门形象。党报党刊征订一般是宣传部门、行政部门把任务下达下级行政部门，各行政部门自身消化一部分外，把任务下到被管理单位，要求必须完成。二是增加征订单位经济负担。如某事业单位共30余人，被要求征订17种报刊50份，只有1份专业报刊，费用1.4万余元。三是造成浪费。一般一个科室有一份党报就可以了，而且从网上了解学习新闻很方便，有的报纸没拆封就当废纸处理了，造成浪费。建议：1. 宣传部及各级行政部门对党报党刊的征订只能引导，不得摊派。2. 党报党刊的发行也要适应市场，保持宣传党的政策前题下，实行改革，增加可读性，降低成本；3. 各级政府要加大投入，保证党报党刊正常运转。4. 各单位要加强思想建设，按需征订一定数量的党报党刊。

2014年，通过市政协社情民意信息平台，区政协委员陶增元提出《关于加强大中专院校毕业生急救初级技能培训的建议》：当今中国具备急救技能的人员不到1.5%，与欧美发达国家的30%相比，远远不能相提并论。建议：大中专院校加强急救技能的培训。市政协指出市教育局为参阅单位。高雄委员提出《关于加强庾亮北路与大中路交汇路段管理的建议》：市庾亮北路是市区南北的一条重要通道，人来车往，十分繁忙，每当下午下班后，庾亮北路与大中路交汇的十几米路段，摆摊设点卖百货、水果、油炸的就挤成一排，加上路边还停了车辆，本来就不宽的马路就十分难以通行，经常堵塞，有时人车、车车、人摊、车摊相碰，造成矛盾纠纷，影响交通，也影响城市形象。建议：有关部门加强管理，坚决刹住占道经营、乱停乱放之风。市政协指出市执法局为参阅单位。

2014年1月，区政协常委、民革程候锋提出《关于缓解城区小学教育资源不均衡的一些建议》：近年来，在九江市特别是浔阳区，适龄小学生入学比较麻烦，都是独生子女，家长们都想把孩子送进市内的几所好学校。每到开学的日子，家长们就为孩子的入学问题犯愁，所谓的好学校是人满为患，可谓是一校难求，根本不愁生源。而一般的学校甚至连正常的生源都招不满。因为好学校实际上是历史原因形成的，可能在学校地理位置、教学条件、学校环境都要比别的学校要更好些。所以不仅是学生，好的老师也会想办法到好的学校教书。造成各学校师资力量不均衡，教育的公平得不到体现。只有财政部门在经费安排上一视同仁，教育主管部门对所有学校采用标准化的教学条件和设施，各学校师资力量均衡。这样学生老师才不会往好的学校挤着进，差的学校不愿去，教育资源的公平化才能够体现。从而真正实现学生按区域就近读书，同时也能部分缓解城区交通高峰拥堵的现象。建议市区所有小学（比如浔阳区区属小学）实行教师轮岗制度，期满3年到市区其他小学轮岗一次，这样师资流动有利于全面提高市区所有小学的整体教学水平，对自愿申请去偏远学校的老师可以进行在职称评定和教学津贴上适当倾斜，鼓励师资流动，促进教育公平。

2014年1月，区政协常委、民革张恒颖提出《加强我区市烧烤等摊点管理净化空气环境》：目前，我区街头巷尾的烧烤摊点很多，且大都是烧炭块的，大量没有完全燃烧的碳屑散发到空气中，对周围环境污染特别严重，很远就能闻到让人窒息的烟熏味，更严重的是，长期食用烧烤类食品，极易导致癌症、寄生虫、消化不良等疾病的发生，对人体危害很大。为提升城市形象，建议：一是对全区范围内已有的烧烤门面进行整顿，严格管控使用木炭从事烧烤经营，并对其造成的空气污染进行处理。二是应逐步取缔明火木炭烧烤摊点，逐步引导固定烧烤店面改换电烤炉或其他无污染烤炉，加装排烟排油装置，减少对空气的污染。

2014 年 5 月 10 日，区政协委员、九三陈和周与市政协委员李志斌、唐亮提出《深入挖掘潜在停车资源，缓解中心城区停车困难》近年来，随着经济的快速发展，九江市区道路建设与改造速度也在不断加快，车辆通行能力有了一定的提升，道路路网结构及交通管理有了一定程度的优化和进步，对促进城市道路通行有序、停车有序起到了积极的作用。但是，随着居民收入增加，购车能力不断提高，九江城区居民机动车保有量的快速增加与停车场建设相对滞后形成很大反差，人、车、路矛盾日益突出。深入挖掘潜在停车资源，进一步缓解中心城区机动车停车困难是政府当前重要工作之一。一、中心城区停车困难问题现状。截至 2012 年 2 月，九江各类机动车保有量近 50 万辆，每日仍以 150 辆的速度持续增加。随着市区居民购车数量的增加，居民驾车出行的总量将大幅度提升，市区主要道路两侧多商业店面，人们驾车进行商业活动给临时停泊提出了相当高的要求。中心城区多为老旧居民区和机关事业单位，交通停车设施建设滞后，老住宅区基本没有建设相配套的停车场所，停车场所十分缺乏。中心城区停车困难已成为严重影响居民生产生活的重要问题。二、中心市区停车困难原因分析：一是停车场地建设不足。中心城区住宅区多为老旧居民聚居地，大多没有建造配套的停车场所，造成住宅区内的车辆只能挤占道路停放。而中心城区路面停车泊位远远不能满足车辆日益增多的需求。二是居民区停车资源开发不够。中心城区由于人口密度较高，居民私搭乱建现象还一定程度存在，居民的私搭乱建和随意占据造成了公共空间被严重挤压，大大减少了停车泊位资源。三是商业经营挤占临时停车场所。中心城区主要街道沿街商家对路面临时停车泊位的作用理解不够，担心临时停车泊位停车后影响自己的商业经营活动。不少商家出于个人利益考虑，私自在店前临时停车泊位处放置障碍物品，阻碍机动车的停放。四是现有的停车场所挪作他用。中心城区不少单位和部门存在着以机动车停放场所进行报批建设，停车场所建成后却改为其他用途，有的将一些地下停车场改为超市、仓库。使中心城区本来就严重不足的停车泊位问题雪上加霜。五是部分单位和部门停车位配建不足。中心城区部分大型建筑物、宾馆、饭店配建停车位不足，造成车辆占道停车或乱停乱放。此外一些小区在经济效益的驱使下将停车场作为对外停放收费，将停车责任推向公共场地和行车道路，致使群众停车困难。六是缺少统一的协调管理机构。对一些圈占停车场地的现象由谁管责任不清而无法进行有效的管理。目前，公安交警部门警力缺乏，日常管理任务较重，管理还达不到规范长效的要求。另外，交警与其他职能部门没有形成管理合力，联合执法力度不够，震慑力不大，再加上停车场的交通安全设施与指示系统不够完善，较多资源没有得到充分利用等等，导致停车问题日益严峻。三、影响九江中心城区停车困难的因素有很多，下面我就如何深入挖掘城区潜在停车资源，缓解市区停车困难提出几点建议：（一）组织一次全面的普查工作。建议政府有关部门牵头，对九 江市中心城区的机动车潜在停车资源进行一次全面充分的调查，摸清我市中心城区机动车潜在停车资源现状，为科学充分利用有关停车资源打下坚实的基础。（二）对停车场所挪作他用进行及时纠正和处罚。建议对以停车场所进行报建，而在实际使用过程中却挪为其他用途的停车场地及时进行纠正和恢复，以增加中心城区机动车停车资源。（三）挖掘和释放老居民区停车资源。建议对中心城区的老居民区进行一次全面彻底地整治，消除影响机动车停放的各种障碍物，对老居民区空闲场地进行硬化和平整，尽可能挖掘和释放机动车停车资源。（四）加大机关事业单位停车资源开放力度。中心城区寸土寸金，修建停车场的合适地点和有限的土地资源之间肯定会有矛盾的，充分开发、利用现有的停车资源无疑是明智之举。九江中心城区分布着大量机关事业单位，这些单位有着较多的机动车停车资源，在节假日及夜晚下班期间，这些停车资源很多处于闲置状态，建议进一步加大机关事业单位停车资源对社会的开放力度，以提高机动车停车资源的利用效率。

2014 年 5 月 21 日，区政协常委、农工党唐平钧提出《浔阳区人民路社区绿豆湾行道树危及路人安全急需处置》：道路绿化本是好事，但好事也可能会变成坏事。据群众反映和实地了解，浔阳区人民路社区绿豆湾就存在这样的事例。在该社区二支巷等处，有两棵行道树严重危及行人安全和居民生活。1 棵 2 米多高的梧桐内部已被蛀空，1 棵直径三四十厘米的樟树生长在园墙之上，根颈部已断损了近一半，随时有断塌下来的危险。路人经过都得小心翼翼。社区群众反映此事，却无部门愿管，至今成为老百姓的一块心病。建议市园林处应响应群众要求，尽快果断处置这些危害群众安全的行道树，让群众走路、生活都没有后顾之忧。

2014 年 5 月 21 日，区政协常委、农工党唐平钧提出《浔阳区人民路塑料厂门前巷道急需安装路灯的建议》：浔阳区作为老城区，很多巷子因为道路不宽等原因没有得到有关部门的重视。人民路塑料厂门前巷道就是其中之一。该巷子虽然只有 2、3 米宽，但有一、二百米长，连通着姚家洼到人民路，是附近居民生活的一条重要便道。据了解，巷道上人民路塑料厂门前本有 1 盏路灯，但年久失修，现无人无部门去管。群众反映，没有路灯晚上行路极不方便，特别是下雨天上坡路段经常有人摔倒受伤，而且还有不少年轻人在阴暗处吸毒等，危及居民的生命安全。市市政局要根据地段情况，尽快设置安装路灯，方便群众生产生活。要提高基础设施建设水平和服务能力，把城市建设得更美更亮，让老百姓更满意。

2014 年 6 月 4 日，区政协委员、民建徐爱林提出《德化路慧龙新城路段亟待解决几个突出问题》：德化路慧龙新城路段，两侧居住该小区 1、2、3 期居民反映：1. 该路段通行的大货车很多，路面承受压力大，几乎一年一修，路上经常尘土飞扬，给居民生活带来极大不便；2. 经过车辆大多为长途货车，不分昼夜，严重影响周围居民夜间休息；3. 由于无交警指挥，十字路口（十里河桥段）在下班时间点交通堵塞厉害；4. 21 世纪电影院斜对面（火车铁轨下）路段较低，一遇下雨下雪，寸步难行。建议：1. 减少或分流部分路过货车；2. 提升修路能力，改进路面质量，避免一年一修；3. 增加协警指挥路口交通，提升畅通能力；4. 对路段低洼处适时填平增高，以防积水。此被市政协《社情民意（参考）》选登。

2014 年 10 月 13 日，区政协委员、民建张鹏宇提出《关于整改长虹大道与陆家垄路交界处道路的建议》：在长虹大道信华商务中心（九江市供电局对面）通往陆家垄路段的路口存在着很大的安全隐患，在交界处发生过多起交通事故。建议：1. 整改花坛。将两路交界处花坛改短，减少事故发生。2. 设置红绿灯。（被市政协《社情民意》选登）

2014 年 11 月，委员高雄提出《建议将普通群众定期体检列为惠民实事》：眼下，各地政府每年都会计划做一批惠民实事，这对解决群众难题、密切党群干群关系、促进社会和谐无疑具有深远意义。然而，在这些惠民实事中，政府组织对普通群众进行定期体检却基本是一个缺项。体检是早发现、早治疗疾病的有效手段，也是缓解看病难、看病贵的有力举措。当前，省各级机关、事业单位和部分企业做得较好，但是对普通群众，特别是广大农民，体检几乎是一个“神话”，致使一些群众在疾病一旦暴发就被诊断为晚期。当前普通群众缺乏体检，原因较多：一是认识上的差距，一些群众认为体检作用不大，“白花钱”，有的甚至认为“生不生病是命中注定”，一些相对闭塞的乡村老农有的甚至不知道体检是怎么回事。二是体检费用较高，据了解，到县级医院做一次普通的胃镜检查，需要费用 200 多元，肝功检查需要 100 多元，做一次常规的 B 超检查需要 50 多元，深度的肠胃、脑、胸等部位的检查则要1000多元。同时，一些医生受利益驱使，引导患者做不必要的全面检查，致使一次体检费高达数百元，“高昂”的费用让群众望检止步。三是体检资源不足，一些地方，特别是广大农村地区县级医院、乡镇卫生院用于身体检查的 X 光、B 超、验血等设备不能满足需求，还有就是从事体检的人员大多是“半路出家”或只通过短期培训，造成业务不精、检查效果不好、群众不信任等问题。为此，建议：1. 加大宣传力度，增强群众体检意识。政府有关部门要利用电视、报纸、画册、宣传栏、文艺演出、现场咨询等群众喜闻乐见的方式广泛宣传体检的作用，让群众明白身体健康检查与预防疾病的重要性，切实增强普通群众自觉保健身体、自主预防疾病的保健意识。2. 制定相关举措，开展群众体检活动。政府要把群众体检活动纳入年度工作计划，做惠民实事之一，有步骤有计划地对普通群众全面开展定期体检；对统一组织的群众性体检活动，实行政府专项资金补贴，保证公共医疗资源向普通群众倾斜；对群众自行体检，其经费可以采取政府补一点、医院贴一点、自己交一点来解决；降低医院体检收费标准，适当增加城镇居民医保和农民参加新农合的缴费和补助标准，把城镇居民和农民定期身体健康检查费用列入合作医疗报销范畴。3. 加强基础建设，满足群众体检需求。从人力、物力、财力等方面向公益性医疗机构投入，特别是要向贫困县城和边远乡镇卫生院倾斜，大力提升基层医疗卫生水平和服务能力，方便群众就近体检。（此建议被省政协《建言献策》转刊，报全国政协和省政府分管领导）

2014年11月3日，陈典锋委员提出《建议尽快开通市区到九江市第五人民医院公交车》：九江市第五人民医院是九江市唯一一家三级甲等医院。承担全市480万余人口。精神卫生心理健康科研教学服务任务，原有23路，5路公交汽车经过九江市第五人民医院，为市民出行提供方便。近年来，已经无公交汽车经过，市民反映强烈，建议尽快开通公交车。

2014年11月8日，区政协委员、民进鲁岚提出《有关解决规范停车问题的几点建议》：机动车的迅猛发展，在使越来越多的市民感受到出行万便舒适的同时，也给道路交通带来空前的压力，在路上，机动车随意停放、占压人行道、停车不入位，自行车乱停乱放、不停入停车架、占据盲道等违法停车现象却屡见不鲜。这些违法行为既扰乱秩序、影响通行，易导致由乱致堵，又侵犯了非机动车、行人的交通权益。解决规范停车问题的几点建议 1．成立停车秩序专项整顿小组，综合利用粘贴《违法停车处理告知单》、拍照，清障车拖移，锁车器固定车轮等执法措施，加大对管界内违法停车行为的处罚力度，同时，设立电子眼对重点整治道路和停车秩序重点整治点段的违法停车行为进行监控。2．交通大队与治安、城管等部门积极配合，形成齐抓共管的管理态势。对非法私划、私占停车位等扰乱道路停车秩序的，一经发现，相关管理部门将严肃查处、坚决予以取缔。3．逐步完善停车设施措施，解决规范停车问题。逐步削减现有占路停车位，规范相邻支次道路停车设施，取消占用人行便道、影响行人通行的停车位。对占用人行便道违法停放严重的路段，增设便道禁停桩。在重点整治道路逐步安装停车诱导指示标志，积极引导车辆到相邻支次道路的停车场地或停车位停放；同时，加快区域性电子停车诱导系统建设，提高现有停车资源利用率。在重点整治道路有条件的人行便道上，增设非机动车停放区和停放架，解决乱停放问题。

2014年12月21日，区政协委员、民建徐爱林提出《建议在庐峰北路满庭春十字路口增设交通信号灯》：随着信华城市花园、满庭春楼盘的建成及入住率增加，庐峰北路车流人流量不断提升，特别是七中与俏西海酒店、满庭春楼盘十字交汇路口，每到上下班高峰期拥堵得厉害，该处因无交通信号灯，经常交通混乱，甚至多次发生交通事故。建议该十字路口安装交通信号指挥灯，以提升通行能力，保障交通安全。此被市政协《社情民意（参考）》选登。

2015年1月，区政协常委、农工党唐平钧提出《关于对九江火车站东、西两面过街通道指示牌进行改进的建议》：九江火车站是赣北的重要交通枢纽，每天的人流量在万人次以上。很多的外地人到了九江火车站出口都不知道如何穿行长虹大道到对面去。火车站东面地下通道还有一个大的出口，能引起大家的注意，但是火车站长虹大道西面的过街通道指示牌却过于单薄，只有在其旁边或在其正反面才能看得清楚。而人们最需要的，是从南北两面都能看到这块指示牌。所以这些指示牌需要加以改进。建议：把东西两面的过街通道指示牌，特别是西面的指示牌，要做成四面都有一定宽度的立体型，如果是霓虹灯型就更好了。这样便于需要过街的人能很方便、及时地看到，而不用四处找人打听。如此改进，既提高了交通安全性，又方便了广大老百姓，也是一项民生之举。

2015年1月，区政协委员、民革刘炳华提出《严格城区车辆运输，减少城区空气污染》：空气中不可见的微尘、细菌、挥发性气体及金属颗粒，是导致人类许多疾病的根源。从九江著名的琵琶亭景区到九江发电厂，大约两公里的路上，每天都是装满了煤炭和粉煤灰和建筑施工的重型卡车来来同回，车辆不进行密闭遮挡，施工车辆不冲洗，加上道路上垃圾、灰尘等被来往的车流反复碾压后粒径减小，这部分颗粒物反复扬起，反复沉降，造成重复污染。环境破坏极其严重！严重影响到百姓的身心健康和生活质量。建议：发挥媒体宣传作用，使大家都认识到蓝天对大家的重要性，形成人人都自觉维护空气质量的氛围。施工和运输车辆禁止超载，同时进行密闭遮挡，冲洗或用扫帚把车身简单快速清扫。加强部门协作控制城市扬尘污染。执法部门对违规企业及个人加大处罚力度。

2015年1月，区政协委员、无党派董春霞提出《建立一站式品牌家庭服务》：浔阳区是九江市人口相对集中的一个老城区，所需的家庭服务业务量大，所需的服务范围广，除了家政服务还有社区服务、养老服务和病患陪护，家庭用品配送、家庭教育等，区现有一些家庭服务机构，功利性强、结构欠完善，服务的范围窄，从业人员素质不一，很大一部分服务结果达不到服务对象的要求。建议：家庭服务，是指以家庭为主要服务对象，以家庭保洁、衣物洗涤、烹饪、家庭护理、婴幼儿看护、家庭教育等家庭日常生活事务为主的服务内容，由家庭服务经营者提供的营利性服务活动，包括居家服务（保姆）、钟点工、小孩课后教育、计件工等。1. 建立由政府引导的一站式家庭服务品牌，进一步出台相应的政策、完善其机制。资金方面政府给予补偿，从业人员政府应有相应的考核机构，执行严格的挂牌上岗。2. 对于现有的一些家庭服务机构进行合理的整合，形成综合性的家庭服务机构，在人员、资金、政策等方面政府给予政府的引导和扶持是关键。3. 加强家庭服务从业机培训机构的管理，做到宽进严出，宽进就是能为区现存的大量劳动力提供就业机会，严出就是让从此培训机构出去的人能得到大众的认可，无论是业务能力、人际交往及沟通技巧、还是慎独精神都能让人放心。4. 规范家庭服务市场的管理，形成产业链，从业人员有规范化的管理、对人员的流动有相应的协调能力，不能因人员的流动影响服务质量，同时对承接业务不能因人员的流动而中断，要有调度能力，且要保质保量。5. 在保障家庭服务的同时也应保障从业人员的利益，这样才能稳定并扩大从业人员的队伍。只有在做强、做好、做大的家庭服务品牌，才能全方位的解决家庭客户的多种需求，实现便民、惠民、让家庭无后顾之忧，从而达到提高服务质量、拉动内需、解决再就业、带动服务业经济发展的作用。

2015 年 1 月，区政协委员、无党派肖莉提出《关于推进社会弱势群体帮扶工作的建议》：弱势群体帮扶是一项长期、系统的工程，必须加大弱势群体帮扶与服务工作的力度，以解决弱势群体生活实际问题为重点，进一步完善弱势群体人员的长效管理制度，积极发展社会福利、社会救助、社会互助等事业，努力实现“老有所养、病有所医、贫有所帮、难有所救”。现就推进社会弱势群体帮扶工作提出如下建议：一、加大社会弱势群体的帮扶力度。1. 就业帮扶。创新就业服务体制，为弱势群体人员提供就业援助。劳动和社会保障部门所属的就业服务机构转变为公益性服务机构，并设立劳动服务站，形成就业服务网络。按照分级负责的原则，每年开发一定数额的就业岗位，确保每一户弱势群体家庭有就业能力的人有一人就业。弱势群体人员自谋职业的，各相关部门要提供减免税费等优惠政策，金融部门要设立信贷专户，在小额资金贷款上给予优先安排。2. 医疗帮扶。鼓励社会及单位扶助、捐赠，对弱势群体就医者给予适当补助。各医疗单位要根据条件，在有关费用上给予适当减免；要提供优质服务，创造条件，设立“爱心”病房。3. 教育帮扶。认真落实国家普及九年义务教育政策，保证弱势群体子女享有受教育的权利，对其子女减免杂费，不得变相收取其他费用。加强残疾、弱智等特殊儿童教育，要加大投入，不断改善特殊教育学校的设施条件；鼓励社会兴办特殊儿童学校。4. 心理、法律、信息方面的帮扶。通过这些方面的帮助和支持，为弱势群体获取有效信息提供条件，帮助其解决心理问题，保持健康心态，鼓励其通过正常渠道表达自身的利益诉求，合理有效维护自身权益。二、加强社会弱势群体保障工作的措施。1. 成立帮扶机构。成立帮扶弱势群体领导小组，并下设领导小组办公室，主要负责协调处理帮扶弱势群体的日常工作。切实加强对此项工作的指导和检查，认真组织落实帮扶工作的各项政策措施，及时协调解决实际困难和问题，确保帮扶工作的顺利开展。2. 规范帮扶管理工作体系。要加强帮扶工作服务管理体系建设，建立健全协调一致的社会救助、劳动就业等方面的工作机制。建立公开、公平、公正的弱势群体人员认定标准、申请批准、享受保障、退出保障和其他救助的监测管理程序。实行帮扶优待证制度，由帮扶弱势群体办公室统一发放帮扶优待证，帮扶工作实行首问责任制、限时办结制，保证帮扶救助的统一性和时效性。充分利用现代电子技术，尽快建立劳动和社会保障、公安、民政、医疗、房管等部门的信息交换网络。建立弱势群体人员档案，及时掌握城镇弱势群体的动态。3. 筹措帮扶资金。要建立帮扶弱势群体专项基金。财政所要积极调整支出结构，尽可能增加救助资金的比例，保证社保资金和救助资金的及时到位和足额发放。建立健全接受社会捐助机构，设立社会慈善基金，接受社会团体和个人的捐赠。工会组织要积极组织职工建立自救互助基金，开展互助活动。金融部门要增加小额贷款，支持弱势群体创办经济实体。4. 开展结对帮扶。建议采取“一对一”或“一对多”的方式，动员鼓励全区党政机关干部职工和有一定经济实力、富有爱心的企业家及社会有识之士与低保户、特困职工、重残人员、孤儿、孤老、贫困大学生、大病患者、单亲贫困母亲等弱势群体结成帮扶对子，通过送资金、送物资、送技术、送项目等措施，解决弱势群体的基本生活难题，为最终脱贫解困创造有利条件。5. 加大帮扶宣传力度。借助各类媒体，面向公众，面向基层，针对不同弱势群体开展内容丰富、形式多样的宣传活动，扩大群众对救助工作的知晓率，了解救助机制，掌握救助途径，努力形成全社会共同关心、共同参与的弱势群体救助局面。

2015 年 3 月 17 日，高雄委员报送《建议加大政府购买公益性岗位力度》：区政协委员、区政协经科委主任高雄反映，近年来，各级政府积极购买公益性岗位，解决困难群体就业再就业，体现了党和政府对就业困难群体的关怀，但也存在面小量少、岗位不足、待遇偏低等问题，出现人员经常流失、服务跟不上的局面。为此，建议：1. 科学界定公益性岗位范围。把弱势就业群体情况与公共服务需求结合好，对社区治安巡逻、环卫保洁、托幼养老、家政服务、城市交通协管等公益性岗位纳入购买范围，并不断开发新的公益性岗位。2. 合理确定岗位安置对象。要更好地解决“4050”人员、零就业家庭人员、被征地农民、复员退伍军人、毕业未找到工作的大学生等群体就业再就业。3、提高岗位人员劳动报酬。依据经济社会发展及物价水平，建立与市场新适应的工资调节制度，定期调整岗位人员劳动报酬，建议不低于各地最低工资标准。此被省政协《建言献策》〔2015〕第 73 期·总第 519 期采编并报送至全国政协。

2015 年 3 月，龚前旺委员报送《建议加大对重度残疾人进行帮扶力度》：区政协委员、区政协港澳台侨委员会主任龚前旺：对于大部分家庭来说，若家有重度残疾人，无疑是这个家庭一个灾难，加重了对整个家庭的精神和经济负担。因政策规定，有些家庭虽有重度残疾人，但由于家庭其他成员有固定工作和经济来源，导致其家庭难以享受到低保政策，使全家人生活日益窘迫。为减轻重度残疾人家庭困难，避免“因残致贫”，建议将重度残疾人享受低保政策列入政府为民办实事的重要内容。由残联和民政部门共同界定各类残疾人重度残疾的标准，对本人符合重度残疾标准但其家庭不符合低保政策的重度残疾人，按当地最低生活保障标准金额享受低保待遇，不符合低保政策的重度残疾人家庭其他成员一律不得享受低保政策。另外，对符合重度残疾标准的残疾人在社会保险、医疗救助、物价补贴、保障性住房等方面，给予其当地低保对象同等待遇。此被省政协《建言献策》〔2015〕第 93 期·总第 539 期采编并报送至全国政协和省政府。

2015 年 4 月，区政协常委、农工党唐平钧提出《关于加强对长虹大道西侧雅格泰至丽景湾段逆行车辆管理的建议》：虽然长虹大道西侧雅格泰至丽景湾段道路不长，只有 1000 多米，但是车辆很多，交通繁忙。在这条路上，经常可以看到有骑电动车或自行车的人从丽景湾往雅格泰方向逆行。究其原因，一是部分群众认为在丽景湾处需要穿过火车站过街隧道，在东方家园等处又需要穿过长虹大道回到西边来，比较费时费力；二是很多骑自行车逆行的是九江一中回家的学生，从西边回去十分方便，他们的安全意识比较淡薄。主要是以上两点造成该路段交通混乱，而且容易出现事故。建议：一是结合市区“百日整治”活动，加强对逆行车辆人员的教育和管制，特别是针对一中的学生，要提醒学校加强宣传，教育学生养成遵规守纪的良好习惯，强化交通安全保护意识；二是在丽景湾东侧上坡处设置几个警示牌，提醒逆行车辆不要违反交通法规，注意交通安全；三是在南湖公园改造便道，让骑自行车的人从此路穿行到南湖路，既解决了群众需求，又热闹了南湖景致。

2015 年 6 月 2 日，高雄委员报送《建议明确我省长江沿江各地功能划分》：区政协委员、区政协经科委主任高雄反映，当前，国家正加大长江“黄金水道”开发建设力度，提出建设长江经济带的战略部署，沿江各省（市）也把这作为新的发展机遇竞相发力。九江作为长江中游的关键节点和重要支点，也是江西唯一的沿江城市，是江西融入长江经济带的主阵地、主平台和主抓手。但是省在规划修订、基础建设、产业发展、工作对接等方面还显滞后。为此，建议：1. 尽快修订沿江总体发展规划。由省发改委牵头，实现长江沿江一盘棋规划，发挥我省比较优势，制定沿江发展总体规划及土地利用、产业布局等各分项规划。2. 明确沿江各地功能划分。推进沿江开发，落脚点在沿江各县（市、区），但在具体工作中，各县（市、区）侧重工业，而且同质化发展现象较为突出，往往因为重复建设，导致港口产业小而散，资源浪费，对外缺乏竞争力。建议结合沿江各县（市、区）产业基础和潜在优势，进行功能定位，产业互补，差别化协同发展。如瑞昌以大进大出大用水的重化工产业为主，九江县以绿色食品等轻工业为主，开发区以新能源、新材料等战略性新型产业为主，浔阳区以现代服务业为主，庐山区以化纤纺织、玻纤建材为主，湖口县以钢铁、造船产业为主，彭泽县以棉纺、精细化工产业为主。3．不断加强沿江基础设施建设。争取国家政策支持，加大省财政投入，加快沿江各县（市、区）快速通道建设，构建一体化物流体系；完善港口码头基础设施，实现与铁路、高速公路快速对界；争取国家支持，布局沿江新电网；扩充优化沿江腹地，科学利用港口岸线资源；实现以产业为主协同招商引资，坚决制止恶性竞争、同质化发展。4．融入经济带建设。在人才引进、使用等方面向沿江倾斜，制定更多优惠政策，吸引人才在长江经济带建设中创新创业。省、市政府发行的国债资金优先用于沿江，成立长江经济带建设专项基金，鼓励沿江各县创新投融资模式，确保建设资金需求。此被省政协《建言献策》〔2015〕第150期·总第596期采编专报至常务副省长莫建成阅示。

2015年8月3日，区政协委员、民建李辉提出《柴桑春天住区违章乱（搭）建问题》：柴桑春天小区的私搭乱建现象非常严重。有的甚至在所谓的“平台上”建设了相当于本体建筑的建筑物，有的就是简单的玻璃钢构形式，这些私搭乱建侵害了邻里权益和全体业主的权益。建议：有关部门开展相关检查，制定整改措施，进行严厉的打击。此被市政协《社情民意》选登。

第六节 “三胞”联谊

“三胞”联谊工作是浔阳区政协港澳台侨委员会一项专职工作，其主要工作内容是协助区委、区政府宣传“一国两制”的科学构想和实现祖国统一的方针、政策，特别是针对少数“台独”分子的分裂行径进行揭露与抨击；了解、掌握浔阳籍“三胞”及本区范围内的外地“三胞”的情况，加强同“三胞”及其亲属的联系，及时反映他们的合理意见和要求，协助解决他们工作和生活的困难；协助做好“三胞”回浔探亲的接待工作和引进资金、技术、人才、信息等工作；组织多种形式的“三胞”联谊活动；有计划地开展对“三胞”工作的调查研究，解决“三胞”联络工作中的重要问题，总结和交流“三胞”工作经验。截至目前，在台浔阳籍台胞（包括二、三代）约200人。在浔阳的台属（包括二、三代）约2000人；在浔阳的台籍同胞（包括二、三代）约50人；定居台胞约50人，常住台商、台胞约100人；台资企业3家。

一、学习与宣传

1987年11月6日，区政协“三胞”工作组举行研讨会，区委对台办主任、“三胞”工作组副组长漆建华主持会议。会议组织学习国务院关于做好台胞回大陆探亲的有关规定，介绍了近期台情。

1987年11月7日，区政协“三胞”工作组在区政协会议室举行台属对话会，来自全区80余名台属参加会议。区委对台办主任、“三胞”工作组副组长漆建华主持会议。会上，台属们就台胞回大陆探亲方面提出问题，漆建华按照政策规定一一作答。区政协副主席、区委统战部部长牛增辉，区政协秘书长张行冶出席会议并讲话。

1995年，区政协祖国统一委员会联合区对台办先后两次召开学习座谈会，先后学习座谈中共中央总书记江泽民关于台湾的重要讲话精神和《人民日报》四评李登辉在康奈尔大学演讲文章。

1996年，区政协祖国统一委员会会同区对台办召开台情通报会，剖析李登辉的隐性台独，阐述大陆对台的基本方针、政策。

1998年，区政协祖国统一委员会组织委员结合视察佛教工作，召开座谈会，深刻揭批邪教“法轮功”。

2000年4月，区政协祖国统一委员会会同区台办召开了《一个中国原则和台湾问题》白皮书座谈会，市、区政协委员以及部分台胞、台属代表共计40余人参加会议。与会代表强烈批驳李登辉所谓的“二国论”和吕秀莲的“远亲近邻”谬论，深刻揭露以陈水扁为首的台湾民进党的台独本质，痛斥美国等少数国家企图阻挠两岸统一的反华阴谋。

2002年5月21日，区政协祖国统一委员会结合深入揭批邪教“法轮功”非法活动，组织常委及部分委员视察佛教工作，并参观天花宫、能仁寺等。

2003年7月10日，区政协港澳台侨委员会组织30余名委员学习座谈《政协章程》，学习“三个代表”重要思想纲要选篇和有关政协委员理论方面的业务知识。区政协副主席刘其祥主持会议。

2007年4月13日，区政协港澳台侨委员会召开学习座谈会，学习《政协章程》和《中华人民共和国反分裂国家法》等，提案委就本专委会提案撰写情况进行通报。

二、联谊与交流

1988年2月10日，区政协召开各界爱国人士、台湾同胞春节茶话会，包括部分回乡探亲的台胞在内的100余人参加。3月至6月，区政协三胞联谊会会同市委统战部、市对台办，对政协委员在港、澳、台和海外亲友关系及其联系情况进行一次全面调查摸底。4月21日，区政协“三胞”工作组联合区台办共同举行台胞座谈会，5位台胞及其家属参加座谈。区政协主席岳广明出席并介绍了浔阳区工农业生产及城区市政建设等情况。区政协副主席牛增辉、民革市委主委王翔、区政协秘书长张行冶等参加座谈。4月26日，台湾同胞刘先生邀请区政协、区委统战部、区台办、民革市委、九航公司等单位领导座谈，并向区政协、区台办、民革市委、民生实业公司赠送匾额。6月，区政协三胞联谊工作组与南京鼓楼区政协联合举办统一祖国画展。

1989年，区政协共接待“三胞”及其亲属7批30多人次。

1991年，区政协祖国统一委员会联合区海外联谊委员会，组织委员及“三胞”亲属游览翠竹院，参观浔阳楼画展，参加区海外联谊会举办的各种联谊活动。

1993年2月，区政协祖国统一委员会组织开展了各界人士春节茶话会。5月，区政协祖国统一委员会联合海外联谊委员会，共同组织委员开展游园活动。9月29日，区政协祖国统一委员会组织开展了中秋国庆茶话会。

1999年2月，区政协祖国统一委员会召开“三胞”迎春联谊会。9月，区政协祖国统一委员会组织委员在市航运交通局会议室召开城区水运市场运行情况座谈会。11月，区政协祖国统一委员会举办迎澳门回归“三胞”台属联谊座谈会。

2001年8月17日，区政协祖国统一委员会组织部分外资、台胞台属企业，对区投资环境改善情况召开座谈会。

2002年8月19日，区政协祖国统一委员会组织部分委员走访市伊斯兰教协会和基督教协会。

2003年10月23日，区政协港澳台侨委员会邀请16名探亲的台湾同胞组织开展秋游联谊活动，游览鞋山、石钟山等景点。区政协副主席易小慧参加活动。11月，区政协港澳台侨委员会组织委员沿长江九江段视察港口建设和湖口大桥建设，并参观石钟山。

2004年4月9日，区政协港澳台侨委员会与有关部门组织开展港澳台侨联谊工作进社区活动。

2007年5月25日，区政协港澳台侨委员会组织17名委员考察鄱阳湖生态环境。由于出现围堰堵河、在湿地栽树、乱排放污水等非法行为，鄱阳湖的生态环境正遭受着严重破坏。针对这一现象，委员们认真思考，积极建言献策，提出许多有价值的意见和建议。区政协主席张燕萍、副主席刘其祥等领导参加考察。

2010年8月，中秋前夕，区政协港澳台侨委员会联合区台办开展“促统一、话团圆”活动。区政协副主席刘其祥参加活动。

2012年1月10日，区政协港澳台侨委员会召开“迎新年座谈会”，区政协副主席秦永红主持会议，专委会10余名委员参加座谈。座谈会上，各位委员互相交流各自的工作、生活情况，并就2012年专委会的工作提出很多好的建议。区政协主席文建华出席会议，并代表区政协向委员们致以亲切的问候和新年的祝福。4月28日，区政协港澳台侨委员会组织部分委员开展绿色环保捡拾白色垃圾公益活动。9月，区政协港澳台侨委员会联合区台办共同举办中秋“话团圆”联谊活动。区政协副主席朱少芬参加活动。

2014年9月3日，区政协港澳台侨委员会联合区台办共同开展“绿色环保　健康向上”为主题的步行上庐山捡拾白色垃圾活动。区政协港澳台侨委员及区属台胞台属共计10人参加活动。9月15日，区政协副主席朱少芬会见国际妇女青年企业协会会长、台商戴淑玲，并与戴女士就内地形势进行友好交流。11月7日，区政协副主席朱少芬带领区政协港澳台侨委员会走访区政协常委晏飞，并就区委区政府党风廉政建设工作征求晏飞常委的意见建议。

三、服务与贡献

1987年下半年，区政协“三胞”工作组对全区政协委员与“三胞”的联系情况进行了调查摸底。

1988年3月，区政协成立海外联谊会筹备小组，牛增辉任组长，王柱勋、漆建华、柯桂香任副组长。先后为四批9人有意到浔阳投资开办企业的台胞、台属进行了政策咨询服务。

1989年，区辖区范围“三胞”亲属企业创造社会总产值170多万元，创利税近15万多元。

1990年，区海外联谊会组织“三胞”亲友自筹资金，兴办经济实体8个，安排待业人员110名。

1991年，区政协祖国统一委员会引进“三胞”亲友投资7万余元举办的中日合资加工企业，当年安待业业青年就业97名，企业总产值305万元，实现利税17万余元。

1993年，区政协祖国统一委员会联合区海外联谊委员会，共同组织委员对部分三胞亲属企业进行考察。

1994年，区政协祖国统一委员会组织委员对三里村商业商场进行考察，对海联机电物资供应站、浔阳联谊商行、闽江食品厂等三胞企业进行调查，并为他们提供相关咨询服务。

1995年，区政协祖国统一委员会视察长江大桥工业小区和金鸡坡工业小区，积极为小区开发做好“三引进”工作。

1997年，区政协祖国统一委员会组织委员考察浔阳联谊商行、三里村商业市场、海联机电物资供应站等10多个企业。

2000年11月22日，区政协祖国统一委员会会同区台办走访慰问中外合资企业九江天喜改良油有限公司和九江市兰宝窗帘家具城、九江市华康实业有限公司等台胞台属企业。区委副书记刘爱琴，区政协副主席梅冬乔、王之军参加走访。

2001年2月，区政协祖国统一委员会积极配合做好全市侨情普查工作，对全区侨情进行全面摸查，对推动区侨务工作起到一定作用。11月22日，区政协祖国统一委员会会同区工商联、区台办走访慰问东盟城中城、安美达房地产开发公司等台胞台属企业。区政协主席王原平参加走访。

2003年3月12日，区政协港澳台侨委员组织走访视察九江市蓝宝布艺、九江市AB内衣专卖店、浔阳区海联美容中心、九江市宏发食品批发部、闽浔建材公司、九江市豪友贸易公司6家“三胞”企业。对企业所提出的“企业发展办理货款难、经济管理部门检查多、企业周边社会治安乱”等问题，向有关职能部门进行反馈。区政协副主席刘其祥、易小慧参加走访。

2006年3月14日，市政协三胞委员会组织部分市政协委员，在市政协副主席安珍清的带领下，视察走访区台属企业“蓝宝布艺”。走访中委员们就九江经济社会发展、海峡两岸当前局势、祖国统一大业等话题进行讨论与交流并开展联谊活动。区政协副主席刘其祥陪同视察座谈。

2007年9月24日，区政协主席张燕萍带领区政协港澳台侨委员会走访天安保险有限公司和AB内衣专卖店等港澳台侨企业，了解企业的生产生活情况。

2011年9月，在中秋佳节之际，区政协港澳台侨委员会走访慰问部分委员及其企业。区政协主席文建华主席参加走访慰问活动。

2012年5月20日，区政协副主席秦永红带领区政协港澳台侨委员会，对部分港澳台侨委员会委员进行走访。8月6日，区政协港澳台侨委员会联合区台办组成调研组对九江市蓝宝布艺、九江市君立豪友贸易有限公司等部分台企和台属进行走访慰问，详细了解企业生产经营情况，特别是发展中遇到的实际问题，并关切询问台商在浔阳的生活情况，认真征求台企台属对区政协港澳台侨委和区台办工作建议和意见。

2012年10月，区政协港澳台侨委员会协助区侨办做好台属台胞困难家庭补助申报工作，共有40余户困难台胞台属家庭获得补助，每户家庭每年将获得补助金1200元。

2013年6月8～9日，区政协副主席朱少芬带领区港澳台侨委员会和溢浦街道政协联络组负责人，对部分港澳台侨委员会委员进行重点走访，并召开了委员座谈会。在走访座谈中，各位委员就企业发展、工作情况及今年以来委员履职情况积极发言。委员建议邀请专家委员参与全区一些重大项目建设，为项目建设出点子，把好项目质量关；建议完善招商引资追责制度，对一些占用土地资源而没有实际效益的项目及时予以清除，并追究招商引资单位责任；建议加强政协活动平台建设，多开展委员活动，为委员履职提供更多更好的平台；建议加强对进入城区的外来车辆进行管理，以社区为单位，严格对外来车辆进行登记；建议加大对青年人的计划生育的社会调查和科普宣传，做到优生优育等。10月，区政协港澳台侨委员会配合市政协港澳台侨和外事工作委员会，开展全市港澳台侨企业基本情况调查统计工作，共向市政协上报14家驻区港澳台侨企业基本情况。

2014年5月15日，在第24次“全国助残日”来临之际，区政协港澳台侨委员会组织部分政协委员和残疾人代表召开座谈会。会上，区残联就该区残疾人事业发展情况向委员和残疾人代表进行简要通报，并就各级党委政府对残疾人出台的一系列优惠政策进行了学习宣传。区政协副主席朱少芬指出，扶弱助残是中华民族的传统美德，也是人民政协的优良传统。关爱残疾人，尊重残疾人，给他们以平等的地位和均等的机会，让他们共享社会物质文化发展的成果，是社会文明进步的重要标志，是每一名政协委员的应尽职责。会议最后，应委员的主动要求，对现场特困残疾人代表进行“一对一”帮扶。6月12日，在区政协副主席朱少芬的带领下，区政协港澳台侨委员会、区台办对辖区内台胞台属企业——九江市安美达房地产开发有限公司进行了走访，简要介绍近年来浔阳区经济社会发展基本情况，重点介绍全区“十大片区”旧城改造进展情况，并希望企业为浔阳区引进资金、技术、人才牵线搭桥。公司总经理陈思表示，无论是在思想上还是在公司发展上，坚决与地方党委政府战略决策保持一致，积极服务地方经济，全力支持公益事业，大力宣传内地政策，让台湾同胞们深入了解、深刻领会祖国“依法治国”的理念。8月6日，区政协副主席朱少芬带领区政协港澳台侨委员会、区台办负责人和区政协委员单升立，来到庐峰花园社区困难台胞卢闯家中，对其进行走访慰问，送去油、米和500元慰问金。10月17日，市政协副秘书长、市外事和港澳台侨委员会主任陈宋尧一行来到浔阳区政协，就开展全市侨资企业调查摸底工作进行部署。区政协港澳台侨委员会积极与区商务局、台办、外侨办和工商部门沟通，统计上报侨资企业20余家。

四、工作会议

1988年4月14日，区政协“三胞”工作组召开工作组会议，10名组员全部参加，会议重点是对1988年工作的安排进行协商讨论。会议决定，工作组每个季度召开一次全体组员会议；各组员按照各自界别联系2—5名台属；积极组织邀请回大陆探亲台胞座谈会；组织组员赴浙江奉化溪口考察学习；向常委会呈报将“三胞”工作组更名为“三胞”联谊工作组。

1997年3月18日至19日，为贯彻省政协“三胞”联谊工作座谈会精神，总结交流各县市区政协“三胞”联谊工作情况，市政协祖国统一联谊委员会在九江县委招待所组织召开全市“三胞”联谊工作会议，会期两天，与会人员到德安县和武宁县进行参观学习。区政协副主席王之军参加会议。

2000年12月11日，区政协祖国统一委员会举办“三胞”工作座谈会，会议通报区政协祖国统一委员会全年工作情况，并就做好2001年工作广泛征求各位委员的意见建议。区政协副主席王之军出席会议。

2003年11月17日至20日，全市政协第二次“三胞”联谊工作座谈会在修水县召开，区政协副主席刘其祥代表浔阳区政协做了题为《结合中心城区特点，做好“三包”联谊工作》的交流发言。区港澳台侨委员会副主任邹青萍参与座谈会议。

2012年11月29日至30日，全省港澳台侨和外事工作学习座谈会在九江宾馆召开，浔阳区政协作为部分县（市、区）代表参加座谈会，区政协副主席朱少芬参加会议并在大会上作了经验介绍，得到省、市政协的充分肯定。

2012年12月7日，区政协港澳台侨委员会在九江天翔商务大酒店组织召开2012年度浔阳区港澳台侨工作会议。区政协主席文建华，区政协副主席朱少芬，区政协秘书长韩万金出席会议。区政协办公室主任何君、区台办主任魏海燕，区侨办主任刘继以及在浔的港澳台侨专委会委员共计40人参加会议。会议学习传达中共十八大会议及全省港澳台侨和外事工作会议精神，听取和审议2012年度区港澳台侨、区台办、区侨办工作报告。区政协常委、江西民生集团副总经理丁玲代表区政协港澳台侨委员会做工作报告，区政协副主席朱少芬作了总结讲话。

2013年12月13日，区政协港澳台侨委员会在区政协三楼会议室召开2013年度全区港澳台侨工作会议。区政协主席文建华，区政协副主席朱少芬，区政协秘书长韩万金出席会议。区台办，区侨办，区民宗局主要负责人，区港澳台侨委员会全体委员参加会议。会议学习传达中共十八届三中全会会议精神；区政协委员、九江市阿英美容美发有限公司董事长王七英代表区政协港澳台侨委员会作区港澳台侨委员会2013年工作总结和2014年工作安排。会议还参观王七英委员的慧远茶社。

2014年12月8日，区政协港澳台侨委员会在能仁寺召开2014年度全区港澳台侨工作会议。区政协副主席朱少芬，区政协秘书长韩万金出席会议。区台办，区侨办，区民宗局主要负责人，区港澳台侨委员会在浔委员参加会议。会议传达学习中共十八届四中全会精神；听取和审议区政协2014年港澳台侨工作报告，委员们就报告进行座谈；区政协常委、能仁寺方丈释普钰就佛学的历史作了专题讲座。

2015年11月27日，区政协组织召开2015年度港澳台侨工作会议。区政协主席文建华、副主席朱少芬、秘书长韩万金出席会议。会议听取和审议区政协2015年度港澳台侨工作报告；听取市公交公司关于城区公交工作情况介绍。会议认为，近年来，九江公交事业得到长足发展，顺利加入全国城市公交一卡通行列，成功申报安全管理二级达标企业，有效解决企业社保历史欠债问题，硬件设施得到明显改善，服务能力得到有力提升。区政协港澳台侨委员会紧紧围绕发展主题，围绕民生工作，围绕社会事业，集聚各方资源优势，牢牢把握民主、团结的主题，不断创新发展，充分发挥协调关系、建言献策、凝聚人心、汇聚力量的重要作用，在协商议政、“三胞”联谊、公益活动、自身建设等方面做出了特色，做出了活力，做出了成效。在浔的区政协港澳台侨委员会36名委员参加会议和视察活动。

第七节　其他工作

一、走访慰问

1990年6月1日，文教卫生法制社团委员会走访慰问甘棠街道延支山幼儿园，赠送1台脚踏风琴。

1994年，重阳节前夕，组织卫生界委员到区老人院、福利院看望孤寡老人，为他（她）们体检。12月，区政协经科委组织经济、科技口部分委员走访企业界委员。

1998年8月，在区政协主席胡勋杰的带领下，区政协祖国统一委员会组织部分区政协常委到九江县江洲镇，开展慰问“抗洪部队官兵”活动，送去防暑降温用品。

1999年春节前夕，区政协主席、副主席带队走访慰问区政协离退休老领导、老同志、遗属和部分委员，为他们送去春联，带去全体委员的问候和祝福。4月29日，文教卫生法制社团委员会组织部分医药卫生界委员为区福利院孤寡老人免费看病治病，消毒灭虫，赠送1000余元的药品。

2004年6月18日，端午节来临之际，在区政协副主席刘其祥、易小慧的带领下，区政协港澳台侨委员会组织部分台胞台属委员走访慰问区社会福利院，为老人们进行免费体检，区政协常委吴尊平送去2000元慰问金以及粽子、粮油、衣被等慰问品。

2006年9月13日，区政协港澳台侨委员会走访慰问市闽浔建材开发有限公司，区海联美容中心和九江严江物业有限公司等委员的民私营企业。

2007年3月20日，区政协港澳台侨委员会组织委员对能仁寺、万寿宫和滨江东路基督教堂3个宗教活动场所进行视察，并与活动场所的教职人员进行座谈。区政协主席张燕萍参加视察座谈并作讲话。张燕萍指出，宗教教职人员要学习、宣传、贯彻国家宗教事务条例及相关的政策、法规，要带领广大信教群众在国家法律法规的范围内开展宗教活动；要爱国爱教，坚持“独立自主自办”教会的原则；要加强学习，不断提高素质，建设一支爱国爱教的宗教教职人员队伍；要凝聚信教群众的智慧和力量，为推动全区经济快速发展、构建和谐社会而努力奋斗。区政协副主席、区委统战部部长刘其祥参加视察。6月19日，区政协党组书记、主席张燕萍带领经科委、办公室人员，先后到沃尔玛购物中心、宏图三胞总部、花园大酒店有限公司3家由政协引进来的民营企业，就企业的发展、生产、经营状况进行实地察看和了解。

2008年3月5日，区政协港澳台侨委员会组织部分政协委员和20名专业理发师，到区社会福利院，开展“学雷锋奉献日”活动，为50名老人理发、洗脚、按摩，并进行文艺演出。区政协副主席刘其祥、朱少芬参加活动。

2009年1月，针对国际金融危机造成的不利影响，给企业的生产经营带来极大的不便。区政协主要领导以及统战、工商联等部门负责人到驻区企业走访慰问，开展送思路、送政策、送科技、送温暖活动，把党和政府的关怀送到企业家的心坎上。2月，组织文艺界委员分别到市劳教所、市抗癌协会开展“伸出我的手，温暖你的心”和“生命之光爱心公益”演出活动，受到社会好评。

2010年3月5日，区政协港澳台侨委员会组织委员参加福利院献爱心活动，结合学雷锋活动，组织少年儿童为老人们演奏精彩的节目，委员们为老人们送去食品。7月13日，在九江长江大堤防汛期间，区政协港澳台侨委员会组织委员为20、21号长江闸口值班人员送去方便面、矿泉水、八宝粥和遮雨棚等防暑降温用品。

2011年1月，区政协成立5个走访慰问小组，对在2010年政协工作中表现突出的优秀委员进行走访慰问。其中有奋战在抗洪抢险第一线的九江市石油运输船舶管理站站长翟志，为家乡捐资助学40万元的李氏贸易商行总经理李平球，为抗洪部队送医送药的九江杏林药业总经理应万来，历年捐助的善款累计达到50多万元九江虹能电力公司总经理潘炳生。9月8日，在中秋节即将来临之际，区政协主席文建华带队，分为4个慰问组，对全区民主党派、工商联、台属和经济界部分政协委员进行走访慰问。带队领导详细了解企业经营状况，给委员们送上节日祝福，并对他们为浔阳区经济社会发展做出的贡献表示感谢，委员们纷纷表示，作为新一届政协委员，将认真履行职责，为浔阳经济社会发展做出自己应有的贡献。12月1日下午，区政协主席文建华的带领区政协机关领导干部一行到江西广通电缆有限公司进行走访常委李伟群

2012年2月25日，区政协港澳台侨委员会组织委员到社区开展学雷锋做好事活动。委员陈小平带领公司人员多次为向阳闸社区77岁高龄，双目失明的黄菊荣老人家打扫卫生，为其电路进行重新改造，并送上慰问金。4月27日，区政协主席文建华带着农林、三产等部门负责人，到区政协常委、浙江商会副会长王中财所在基地——彭泽县东升梅花鹿生产基地考察。文建华提出要加大扶持力度，引导企业做大做强，为地方经济发展做贡献，为政协组织添砖加瓦。6月4日，分管副主席刘宗强带领文教卫生法制社团委员会副主任唐平钧一行，开展走访委员活动，了解委员王中财所在的九鼎建设集团、委员李伟群所在的江西广通电缆有限公司等十几家委员企业，熟悉情况，联系委员，传达宣传区委、区政协会议精神，让委员们知情明政。

2013年1月25～28日，在副主席刘宗强和秦永红的带领下，文教卫生法制社团委员会主任唐平钧一行看望、慰问任顺旦、薛东文、马年青等政协委员，加强政协机关与委员之间的联络和交流。6月上旬，人口资源环境委员会在周华副主席的带领下，通过重点走访、集中座谈的形式走访部分委员，委员们就企业存在的困难，自己的履职情况以及建议要求等分别提出想法。1月28～29日，新春到来之际，区政协领导班子带队，组成5个走访慰问组，对50余名委员企业进行走访。认真听取企业经营情况、存在的困难及需要帮助解决的问题，积极征求委员们对新的一年政协工作的意见建议。并希望委员们认真学习贯彻中共十八大会议及省政协十一届一次会议精神，立足浔阳发展，用足用好各类扶持政策，做到吃透精神，坚定信心，务实发展。同时，要认真履行好社会责任，积极参政议政，建言献策。6月6～11日，端午前夕，浔阳区政协组成6个走访组，由副主席带队，专委会主任和街道联络处负责人参与，对70余名委员进行走访，通过深入委员企业、单位和召开座谈会的形式，详细了解委员企业的经营情况、存在的困难及需要帮助解决的问题；听取政协委员履行政协职责情况；听取政协委员对加强政协工作及加快浔阳经济发展的意见和建议；充分发挥委员广泛的社会联络关系，为全区招商引资提供信息。委员们纷纷表示要认真履行好社会责任，积极参政议政，建言献策，为建设“美丽、实力、文化、幸福”新浔阳贡献力量、当好示范。

2014年4月3日，为践行为民务求的群众路线活动，区政协主席文建华带领机关干部，到区社会福利院，走访慰问福利院老人们，了解他们的生活、饮食和健康状况，倾听他的诉求和心声，并送去慰问金2万元。6月28日，在建党93周年来临之际，区政协主席、副主席分别带队到8个社区，走访24名老党员和困难党员。详细询问党员们的思想动态、生活情况、身体状况和实际困难，并认真听取他们对全区经济社会发展以及区政协工作的意见建议，鼓励他们发挥余热支持全区工作。12

月22～26日，区政协组成6个走访组，分别由主席、副主席带队，各委办负责人和各街道政协联络处负责人参与，通过重点走访与集中座谈相结合的方式，对70余名委员开展走访活动，重点了解委员一年来履职情况，委员所在企业的生产经营情况，特别是企业存在的困难和问题，协商解决办法；听取委员对全区经济社会发展以及政协机关工作的意见建议；并要求委员及早准备2015年年初召开的全会提案等工作。

2015年1月21日，区政协委员薛东文、梅纪华、兰平和李玮在一次座谈中了解到一位初中生因为家庭困难辍学在家，带着慰问金和米油等物品来到她家，帮忙解决学费问题，希望她早日回归校园，不要有后顾之忧。2月12日，区政协副主席周华带领人口资源环境委员会对政协退休老干部进行慰问走访。5月9日上午，区政协委员、皇庭连锁酒店总经理余卫琴，在人民路街道向阳闸社区书记、主任带领下，带着粮油及慰问金看望辖区81岁高龄的“瞎子婆婆”黄菊荣。余卫琴听社区书记主任介绍，得知黄婆婆这一生非常不容易。在自身眼睛不便的情况下带大几个儿女，现在又身患重病，需要帮助。正好酒店成立了“爱心帮扶基金”，余卫琴委员决定来看看她，希望她能在社会的帮助下，仍然像以往一样坚强、乐观的生活。5月30日，在“六一”儿童节即将到来之际，区政协委员田玮琅、石安平在桃园社区组织下，来到都昌太阳村，看望慰问太阳村的孩子们，为特殊儿童群体送去节日的祝福和慰问品。6月7日，在中国传统佳节即将到来之际，区政协委员李泽洪、晏飞、兰平在德化社区“派拉蒙”超市门口开展“情浓端午，共创和谐社区”端午节包粽子比赛活动，并走访辖区空巢老人，为他们送去节日的问候和祝福。6月17日，区政协委员曾乘风到人民路街道琥珀山社区参加“三严三实”专题教育活动，并为社区老党员和困难党员送上端午节礼包。6月19日上午，端午前夕，区政协委员梅楚安在甘棠街道政协联络处主任万斌霞的带领下来到南湖社区，走访慰问5家贫困户，其中尿毒症患者2人，特困户1人，精神抑郁症2人，为他们送去粽子和咸蛋等节日礼品。每到一家，委员都与他们亲切交谈，问寒问暖，临走时，还与患者拉拉手，大家深受感动，感谢党和政府的关心。慰问结束时，梅楚安写了2幅书法作品赠送给社区，一幅四尺毛泽东《为人民服务》，一幅习近平对社区建设的要求《与邻为善，以邻为伴》，鼓励社区落实中共中央总书记习近平指示精神，建立和谐友善的繁荣新社区。8月29日，为迎接抗战胜利70周年大阅兵到来，区政协委员梅楚安、李前锋驱车百里，与各界人士一起来到星子县泽泉乡长塘村慰问91岁高龄的抗日老战士余德文。在余德文家里，大家看到老人精神状态很好，非常高兴。刚刚参加汪东兴追悼会回来的梅楚安，把自己连夜写的毛体书法《抗战英雄》赠送给余老，感谢余老为中国抗战做出的贡献。李前锋给老人献上鲜花，送上喜庆的大蛋糕，衷心祝愿余老幸福快乐，健康长寿。12月22～30日，区政协组成8个走访组，分别由主席、副主席带队，各委办负责人参加，通过分散走访与集中座谈相结合的方式，对全区232名委员开展走访活动，重点了解委员一年来履职情况，委员工作或企业基本情况及存在的困难；听取委员对2016年全区经济社会发展及政协工作的意见建议。

2016年1月，区政协委员张国其到武警九江支队一大队一中队，给武警官兵送上新年祝福及苹果、橙子等慰问品，并一起观看“元旦警民联欢会”。1月20～23日，区政协组成8个走访组，分别由主席、副主席带队，各委办负责人参加，对政协机关离退休老干部进行走访慰问，走访组深切地询问老干部的身体状况与生活情况，并送上新春的良好祝福。

二、社会捐赠

1995年2月，祖国统一委员会开展募捐活动，募集资金2万余元，所有资金全部捐献给区社会福利院孤寡老人和残疾人。

2004年9月5日，区政协港澳台侨委员组织部分委员开展爱心捐助活动，筹集爱心资金1万余元，资助3名贫困大学生。

2005年12月5日，区政协组织委员到九江县“11·26”地震灾区捐款捐物总计20万元。12月20日，瑞昌地震发生后，区政协副主席潘亦生、易小慧带队，区政协港澳台侨委员会组织工商界委员到瑞昌市地震灾区送矿泉水、方便面、棉衣等爱心物资。

2007年8月，经济界委员发出倡议向优秀大学生和贫困家庭捐资助学，共捐资助学5万元，30人次。

2008 年 4 月，香港小金星教育集团董事长、区属港澳台侨胞谢燕川向区大桥七公司子弟学校捐资 24 万元，用于改善办学条件。

2008 年，“5·12”汶川特大地震发生后，区政协号召全体委员发扬“一方有难，八方支援”的精神，5 月 15 日，组织近 200 名政协委员和政协机关干部开展爱心捐赠活动，仅 1 个小时就收到 10 万元捐款。据统计，当年区政协委员向地震灾区累计捐款 120 余万元。5 月 20 日，在四川汶川大地震期间，区政协港澳台侨委员会发动部分委员向地震灾区捐款共募集 3 万余元，由区政协办公室集中上交到区民政部门统一汇往灾区。

2009 年 8 月，区政协组织委员参加区委、区政府举办的“爱满人间·慈善助学”活动，共捐 40 万元，资助 20 多个学生。

2010 年 7 月，区政协组织委员捐款建设区老年公寓，共捐 18 万元。

2011 年 8 月，区政协组织委员参加区委、区政府举办的“爱满人间·慈善助学”活动，共捐 40 万元，资助 20 多个学生。

2012 年 1 月 5 日，在区政协副主席朱少芬、秦永红带领下，区政协港澳台侨委组织部分委员，走访区社会福利院慰问孤寡老人。区政协常委、九江和汇集团总经理张恒颖为老人们购买价值5000元的暖手器、羊毛袜、食品和水果以表心意，区政协委员、市美容美发有限公司董事长王七英派出多名理发师为老人们梳头理发，区政协委员、区卫生局长李秋帆带领医护人员给老人们送医送药。5 月 6 日，区政协港澳台侨委员会联合民革浔阳支部到市特殊学校开展送爱心活动，为学校捐赠各种生活用品及资金共计24000余元。区政协副主席朱少芬参加活动。7 月 12 日，港澳台侨委员会王七英委员在其慧远茶社开业之际，邀请中国书法家路丁、吴门画派嫡传人吴彪、陶瓷艺术大师邱玉林等知名艺术家进行现场创作，并通过现场拍卖艺术家们创作的艺术品，共筹集 5.2 万元善款，全部捐给区慈善会，用于资助贫困学生。8 月，区政协组织委员参加区委、区政府举办的“爱满人间·慈善助学”活动，共捐 100000 元，资助 10 多个学生。9 月 11 日，区政协金鸡坡街道政协联络处在“委员之家”开展“阳光助学”活动，针对街道部分学生因家庭困难而面临失学、辍学的情况，街道联络处发出“捐资助学”倡议。委员们积极响应，慷慨解囊，奉献爱心，共筹集善款 3 万元，为 12 名学子解决上学难题。

2013 年 2 月 5 日，区政协委员石安平走访慰问向阳闸社区保洁员范春仔，送去衣服、大米、食用油等过年物品。3 月 11 日，区政协委员石安平到向阳闸社区，参加为白血病儿童胡红募捐的倡议活动，共计筹得捐款10259元。4 月 26 日，区政协港澳台侨委员会联合区台办、区红十字会，组织委员在浔阳江畔广场开展向四川省雅安芦山地震灾区人民献爱心活动，当场共募集爱心资金6800元。5 月 17 日，在第 23 次“全国助残日”之际，区港澳台侨委员会联合区残联、湓浦街道政协联络组，在湓浦街道办事处会议室共同开展政协委员帮扶贫困残疾人活动。在了解他们生活、工作所存在的困难后，6 名委员“一对一”为 6 户困难残疾人家庭送上1000元慰问金。区政协秘书长韩万金，区残联、区政协港澳台侨委员、湓浦街道相关负责人参加活动。7 月，区政协港澳台侨委员会组织港澳台侨委员参与全区“爱满浔阳·慈善助学”活动，共有 5 名委员参与，捐助慈善助学资金近 2 万元。8 月 13 日，区政协副主席秦永红、市政协委员汪登保、区政协委员杨瑞龙、徐凯到白水湖街道长虹北路社区，与社区干部、居民代表、辖区单位代表、老党员及困难群众座谈，了解社情民意。会上，大家就如何做好委员进社区工作提出许多建设性意见。委员们就社区居民代表提出的问题当场作答复。贫困户史翠莲的女儿是在校大学生，儿子患有脑瘫需长期服药，自己身体不好，丧失劳动力；马自璇患有癫痫需长期服药，有一个在读高中的儿子，家庭生活十分困难；王登峰与聋哑孙女王连心一起居住，祖孙俩仅靠爷爷收破烂维持生活。在了解这些贫困户的情况后，企业家委员汪登保、杨瑞龙、徐凯各拿出1000元现金分送到 3 户贫困户手中，并表示要对这 3 户贫困户进行长期帮扶。17 日，市政协委员、市司法局局长杨小华、副局长杨家义到对接的白水湖街道三里街社区，实地走访三里街社区的 2 户低保边缘户，向他们每人资助现金1000元。8 月，区政协组织委员参加区委、区政府举办的“爱满人间·慈善助学”活动，共捐 168000 元，资助 20 多个学生。8 月 20 日，区政协委员李洪琳帮助湓浦社区困难户购买电风扇 1 台，并给予资金捐助。22 日，市政协委员王芳、陈慧、朱海峰对九龙社区 4 名贫困大学生，每人捐助4000元。22 日，市政协委员、市环保局调研员周照华到余家垅社区拿出600元资助一名贫困大学生。23日，市政协委员郑观兴对湓浦社区2名贫困大学生进行捐助，每人2000元。26日，区政协委员晏飞到人民路街道德化社区，为应届毕业生钟典送上1000元助学金，圆其大学梦。27日，区政协委员潘炳生对孤溪埂社区一名贫困大学生进行捐助。区政协委员、区计生委书记钟志江到徐红平家中，白水湖街道的徐红平是九针集团下岗职工，身患尿毒症多年，于2005年进行肾移植手术，手术后每年都需要花费巨额的医药费，因为治病卖掉房子，丈夫也与其离婚，仅靠低保维持生活，为她送去1000元慰问金，并鼓励她要树立对生活的信心，要积极面对生活，战胜病魔。28日，市政协委员谢志春定点资助濂溪社区贫困学生彭晓峰，资助其第一学年学费3000元。29日，区政协委员、区商务局局长高荃到对接的白水湖街道余家垅社区，与社区干部座谈。在了解到社区困难户施国秀的情况后，捐赠款1000元和牛奶1箱。

2014年1月23日，市建筑设计院副院长杨鸿是对接白水湖街道花果园社区的市政协委员，当了解到该社区前身是厂矿社区，大多数居民为改制企业职工，现在又面临旧城改造时，他利用自身工作特长在还房时为居民提供免费专业咨询。在2014年春节前夕，他还拿出2000元资助两名患病儿童肖彦怡、陈曦，拿出1000元用于社区建设。5月15日下午，区政协在白水湖街道委员之家举办浔阳区“全国助残日”委员捐赠活动，区政协副主席朱少芬、区残联、白水湖街道相关领导出席捐赠仪式。区政协委员赵贤辉、石安平、李前锋、周春柏、袁刘仙与白水湖街道的5位残疾人结对，向他们分别捐赠1000元现金，为他们送去节日的问候。朱少芬在捐赠仪式上，向残疾人和残疾事业工作者，表示节日的慰问和美好的祝愿。并指出，扶弱助残是中华民族的传统美德，也是人民政协的优良传统。关爱残疾人，尊重残疾人，给他们以平等的地位和均等的机会，让他们共享社会物质文化发展的成果，是社会文明进步的重要标志，是每一名政协委员的应尽职责。8月，区政协组织委员参加区委、区政府举办的“爱满人间·慈善助学”活动，共捐150000元，资助10多个学生。8月26日，区政协委员石安平和李平球在向阳闸社区听到辖区内困难准大学生王子杰和徐涵为高额的学费发愁的消息后，2人表示作为政协委员，应该察民情解民忧，决定结对进行帮扶，并分别拿出3000元作为助学金捐赠给这2名寒门学子。8月27日，区政协委员秦贵安、张长沐为沙子墩社区准大学生朱开零送去助学金2000元，帮助她顺利上大学。9月26日上午，区政协组织政协委员，到甘棠街道延支山社区开展委员“进社区、庆重阳、送健康”活动。区政协委员梁胜军、应万来将50份老年人保健品、食用油等生活必需品送到居民手中，同时，对居民开展义诊活动。9月27日，区政协文教卫生法制社团专委会主任唐平钧、区卫生局局长李秋帆、江西进达光电信息公司总经理许灵杰、市九星农资经销中心总经理胡孔明一行人走进沿江社区，看望在社区生活的高龄空巢老人。区政协委员一行人带着慰问金、米和油对社区的空巢老人一一进行慰问，大家与老人促膝谈心、嘘寒问暖，切实了解他们的生活情况，叮嘱老人们注意保护身体，注意饮食卫生。

2015年7月29日，盛夏之时，区政协组织开展政协委员“访基层 送清凉”活动，筹集善款10万元，购买防暑降温用品向环卫工人送清凉献爱心。区政协主席文建华，区政府副区长胡迪、区政协副主席刘宗强、廖济煊及部分区政协委员，带着拳拳关爱之心慰问一线环卫工人，送去防暑降温品和慰问金，用实际行动表示了区广大政协委员向烈日下的“城市美容师”的衷心感谢和崇高敬意。8月，金秋之际，区政协委员积极响应全区“爱满浔阳·慈善助学”和“见义勇为”基金募捐活动，筹集爱心款近6万元。8月28日，人民路街道政协联络处在政协委员之家开展捐资助学活动，积极组织政协委员参与社会公益、承担社会责任，向辖区4个困难学生捐赠助学金共8000元。11月2日，为了让社区工作人员有个温暖的办公环境，区政协委员余辉为人民路街道德化社区购置了1台空调，并于当日安装完毕。

三、会同党政部门工作

1987年9月8日，区政协和区委统战部、区委对台办举办教师节座谈会，来自区12所小学、幼儿园的30多名优秀教师、退休教师代表和各小学校长和省、市、区政协委员、民主党派人士、少数民族、台属侨眷等欢聚一堂，参加座谈，共商政事。

1991 年 5 月，协同区委统战部对区少数民族情况开展专题调查，形成调查报告。8 月，会同公安、老龄委等部门举办“反盗窃专项斗争咨询”和“老年人健康知识讲座”等活动。

1995 年 5 月，组织委员会同区消协开展维护消费者权益保护法、会同团区委宣传“五四”青少年艺术节、会同区计生委开展计划生育服务、会同区防疫站开展食品卫生视察、会同区卫生局组织对药品管理法的执行情况进行检查、会同区土地管理局对土地管理法执行情况开展检查活动。区政协经科委组织委员同区科协、区科委开展全区科学技术普及、推广和应用的调查。参加区委区政府组织的经济工作视察和区计经委、区科委组织的到湖北省黄梅、武穴等地进行上项目考察等活动。

1996 年 1 月，文教卫生法制社团委员会组织部分委员会同区物价局开展春节前夕市场物价检查，3 月和 6 月会同区消协、区土管局开展维护消费者权益保护法、“六二五”全国土地宣传日活动；7 月会同区防疫站开展贯彻落实食品卫生法视察活动，先后到九炼冷饮厂、九江乳品冷饮厂等 4 个厂家进行现场视察，形成视察报告，促进这些焦点工作的好转。

1999 年 4 月 22 日，区政协经科委会同区科协在金鸡坡街道大王庙村举办“香菇种植技术”讲座。

2000 年 5 月，区政协经科委组织部分开展“送科技下乡”活动，宣传科技知识，深受当地农民欢迎。

2003 年 3 月，区政协经科委组织部分委员开展送科技下乡活动。5 月 12 日，区政协港澳台侨委员会会同区科协组织开展送科技到部分社区、村，为村民们讲解“非典”防治基本知识，送去大型宣传挂图和宣传手册。

2007 年 5 月 18 日，区政协港澳台侨委员会与区科协在区柴桑小学共同举办“浔阳区科普活动进校园”启动仪式。区政协副主席朱少芬参加活动。

2009 年 4 月 12 日，区政协港澳台侨委员会联合区科协，在金鸡坡街道大王庙村共同开展为返乡农民工举办适用技术培训班，送去 1000 余册种植和养殖业书籍。

2010 年 4 月 16 日，区政协港澳台侨委员会与区科协在湖滨社区广场，共同举办以“杜绝两声三乱　倡导低碳生活”为主题的科普活动，观看“科普之春”活动演出，参观科普图片展，开展科普义诊和咨询服务以及低碳生活科普知识展览和讲座。区政协副主席刘其祥，秘书长韩万金出席活动。湖滨社区近 100 名居民参与活动。

2010 年 6 月 5 日，为了让广大居民更加科学的了解环保常识，区政协环资委和区环保局、区科协共同在烟水亭广场举行“低碳减排　绿色生活”环保日宣传活动，现场向居民发放环保宣传单，制作环保知识展示板。

2011 年 6 月 5 日，区政协环资委、区环保局，九江学院艺术学院在烟水亭广场开展庆祝第四十个世界环境日活动，此次环保主题为：“共建生态文明　共享绿色未来。”

2012 年 6 月 5 日世界环境日，区政协人口资源环境专委会与农工民主党浔阳区支部开展“爱护环境，从我做起”活动。下午，请市环境保护局副总工程师为大家举办环保知识讲座，政协委员、九三学社、街道干部及社区群众 50 多人参加了讲座。

2013 年 5 月 19 日，区政协经科委与区科技局合作组织部分政协委员在庐峰花园社区广场开展“科技活动周”启动仪式。24 日，联合农工党浔阳区支部在白水湖街道庐峰花园社区开展季节性传染病咨询服务活动。6 月 4 日，区政协、区环保局共同在柴桑小学、工业园举办“生态文明、绿色有我、美丽浔阳我先行”环保知识讲座。授课专家用形象、生动、专业的语言为小学生、园区企业讲述了环保知识以及企业入园必须进行的环保申报手续，让学生们知晓如何从身边做起，如何从点滴出发，养成健康合理的生活方式。7 月 4 日，在分管副主席刘宗强的牵头指导下，文卫法社委组织黎璇如、丁琪、李伟荣等 13 名委员，在政协三楼会议室，参加区人力资源和社会保障局举办的政策职能咨询服务座谈会，给企业界委员讲解企业用工、社会保障等方面的政策和常见问题，和企业之间搭建互通的平台，更好地为之服务。9 月份，区政协经科委与区科协合作组织部分政协委员在信华城市广场开展“科普日”活动，向市民送医疗、送科技、送文化。

2014 年 5 月 27 日，区政协、区文教局、区环保局共同举办“共建绿色家园　争当环保卫士”绘画、手工评比活动，来自区 8 所学校的学生参加此次活动，活动共评比出一等奖 15 名，二等奖 35 名，三等奖 42 名。6 月 17 日，区政协文卫委副主任丁金才牵头，组织朱棣、王煜等 5 名委员参加区法院办理的一起贩毒案件的庭审旁听活动。6月23日文卫委和区司法局分管领导参加溢浦“启和”调解工作，参与对一起雇主与雇员之间的财产赔偿事件的现场调解进行旁听、协调和监督。9月3日，区政协港澳台侨委员会联合区台办以“绿色环保·健康向上”为主题，组织10名委员和区属台胞台属步行上庐山，沿路开展绿色环保捡拾白色垃圾公益活动。委员们表示，将通过进一步引进环保技术、减少自驾车运行、加强环保宣传等措施，为助力城区环境改善做出积极努力。

2015年5月15日在京津城科技产业园举行的2015年全国科技活动周启动仪式上，区政协经科委会同区科协积极组织部分经济、科技等界别的政协委员开展科技咨询、医疗服务、文化宣传等方面的活动。5月17日，应区残联邀请，区政协民主监督小组参加区残联的助残日活动，为残疾人发放了护理床、轮椅、坐便器、听书机等200余件辅助器具，给身患残疾的居民生活带来极大的便利。9月，区政协经科委与区科协合作组织部分政协委员在石化公司文化广场开展“科普日”活动，向市民送医疗、送科技、送文化。11月20日，应区残联邀请，区政协民主监督小组同区残联工作人员一同前往区属残疾儿童按摩康复中心考察，参观康复中心各功能科室，听取中心负责人关于主要工作以及存在困难的介绍。

四、为民办实事

2012年10月14日，金鸡坡街道政协联络处启动开展委员约谈活动，当天九江深燃气公司副总、区政协委员方国栋在得知姬公庵复建址农民公寓居民有装天然气的需求后，其公司启动绿色通道，在最短时间内为村民装好天然气。庐峰学校教师朱棣得知石化扩能改造项目征迁后拆迁户多在外租房过渡，子女就学不便，要求就近到石化小学读书的情况后及时向区教育局报告，因石化小学属市教育局直管，区教育局向市教育局报告，经多方协调，市教育局同意涉及石化扩能征迁户待入学子女在石化小学就读。金鸡坡村民反映滨江东路上搅拌车、拉土车泥土泼洒严重，影响村民正常生活，政协委员程焕新立即要求区市容局联合街道执法中队对泼洒现象进行整治，效果明显；游岭村民反映复建址排水系统设计不合理，遇暴雨天气内涝现象严重，区政协委员马艺文向区农林水务局反映，从新农村建设工作中拿出经费对群众反映的排水问题进行处理。同年11月17日，区政协甘棠街道政协联络处联合区义工联合会深入六角石社区，在区人民医院小广场开展“政协委员进社区”为民服务活动。区政协副主席朱少芬、秘书长韩万金到场指导。活动现场，委员们为社区居民提供法律、政策咨询、免费体检等服务，认真倾听基层群众的意见、建议。对于群众反映比较强烈的热点问题，委员们表示，将积极帮助协调解决。区义工联合会还为居民提供免费理发、权益咨询、爱心帮扶等服务。此次活动发放各类宣传折页500余份，服务、提供咨询100余人次，受到社区群众好评。

2013年8月1日，区政协委员陈小平和向阳闸社区干部带着节目和慰问品到开发区73867部队驻地，为官兵们送上精彩的节目。同月7日，市政协委员吴俊、区政协委员钟志江到九针社区，以面对面的形式与居民代表进行座谈约访。座谈会上，有反映公厕管理问题，给居民的生活造成不便。有反映社区卫生服务站设备老旧、人才缺失。有反映三里街农贸市场道路拥堵、人行道老化。对于群众反映的这些问题，政协委员们认真记录，表示将整理形成书面材料，通过提案和社情民意这个平台，转交给相关部门处理。8日，市政协委员曹光东、区政协委员李秋帆、唐平钧在白水湖街道沿江社区，与居民座谈了解社情民意。会上，有反映小区物业管理混乱、消防设施形同虚设严重影响小区居民安全，有反映改制企业困难群众生活问题。委员们仔细记录。当了解到辖区有一名困难孤儿就近入学难问题后，委员们表示要与教育部门联系解决困难孤儿就学问题，尽力解决其生活、学习中遇到的实际困难。10日，市政协委员张和金在与东门口社区对接后，了解到社区有一户孤老田重庆因身体不好需要入住养老院后，及时与市民政局联系，最终解决田老入住养老院的问题。8月19日，政协委员蒋立人在社区得知卫生费难收，原先媒体报道过卫生费从水费中代收又未落实的社情民意后，随即到相关职能部门调研，多次为社区呼吁；在党的群众路线教育实践活动开展后，还专门向有关部门提出解决该问题的意见和建议。政协委员肖建木与居民面对面交流时，得知右河巷部分墙面破损严重有安全隐患，随即出资10000元对辖区右河巷进行了粉刷、制作宣传文化长廊，让右河巷焕然一新。汪语嫣是个孤儿，几年来一直被寄养在环城路附近的堂大伯家。由于户口几年前被空挂在离住处较远的沿江社区，无法就近入学。8月30日，在白水湖街道沿江社区召开委员进社区座谈会时，区政协委员、区卫生局局长李秋帆、区政协文教卫生法制社团专委会主任唐平钧了解到小语嫣的情况后，积极与教育部门联系，经过多方协调，小语嫣最终在离家较近的浔阳区外国语小学就读。9月2日，区政协委员李玮和胡吉先后到龙开河社区大华小区走访，获知居民希望配备健身器材，但改制企业无能力承担的情况后，出资12000元为小区配置健身器材。10日，三里街社区主任向辖区政协委员、区建设局局长杨明卿反映辖区面积大，建筑垃圾多情况，杨明卿立即拨给社区2000元用于清理辖区建筑垃圾。李家垅社区智障儿童李戬，智残三级，属自闭症孩子。李戬父母是下岗职工，为了孩子母亲放弃了再生一胎的想法，放弃工作一心照顾孩子。9月22日，区政协委员肖莉老师了解李戬的情况后，为孩子购买书包、笔盒和许多少儿读物。在李戬家中，肖老师安慰孩子的母亲，并鼓励她乐观坚强面对生活。26日，市政协体育界别在和中广场开展“三进三服务”活动——为市民提供“国民体质测试”服务，让老百姓在了解自身体质状况之余，能够更科学地参与日常锻炼。活动现场，工作人员为健身爱好者免费测试。体质检测主要包括身高、体重、肺活量、握力和坐位体前屈、闭眼单脚站立和台阶实验等。市体育局领导在现场为居民排疑解答，来自社区内的100余名居民接受测试。10月9日，区政协委员、区人力资源和社会保障局局长李军一行走进李家垅社区，亲切与社区居民交谈，当听到戴刘婷雪的奶奶介绍家庭情况时，特别指示让坐在身边的医保局局长做好记录，戴刘婷雪，女，8岁，患有恶性苯丙酮尿症，属先天性遗传疾病，终生靠药物来维持，而且吃的又是一些昂贵的国外进口药，其父母又无固定工作，全家人的生活非常困难。针对这一家的特殊情况，李军当即提出，这是个特例，我们也来个特办，但前提条件是小孩必须参加浔阳区的医保，不须转诊，外地医院的发票拿到本地来办。在场的戴刘婷雪的奶奶听到后特别感激，立刻把这个好消息打电话告诉远在外地打工的儿子和儿媳。随后李军又听取其他几位困难家庭的介绍，对他们的问题有的给出建议，有的指明解决方向，同时介绍一些就业方面的知识，使在场居民很受感动。最后，李军拿出慰问金，对以上几个特殊困难的家庭进行慰问，他说：“我这只是暂时的，关键你们要懂得政策，现在政府在扶贫助困这一块做得很多也很好，特别是出台社保、医保和就业政策，我在这里也要检讨，通过这次座谈会，发现我们的工作没有宣传到位，回去以后我会拟出方案，改进工作。”11日上午，重阳节到来之际，区政协委员黄慧声出资，与白水湖街道三里街社区一起邀请戏团的艺术家们走进区养老院，让生活在这里的老人们也能够过过黄梅戏戏瘾，在看戏中度过一个别样的重阳节。区政协委员黄慧声送来水果、牛奶、饼干等食品。通过这样一个小小的活动，表达委员们对老人的一份关爱。同日市政协委员易晓剑、屈胜鹏、汪建策共同出资邀请湓浦街道辖区内53名空巢老人参观市博物馆、八里湖新区和星子东林大佛，欢度重阳节。12日，中秋、九九重阳节前夕，由驻本辖区的中国银行政协委员牵头，与李家垅社区干部一起开展“老年人金秋游”活动。辖区内有65位老年人，平均年龄68岁以上，他们当中有的老人因儿女不在身边，几乎是足不出户；有的因家里经济条件限制或自身条件的约束等等，活动范围也只是在三里街附近。因此活动得到了广大老年朋友们的积极参与和支持。当踏上开往八里湖新区的旅游大巴时，老人们显得十分兴奋。在参观城市展示馆时，老人们一边静听讲解员讲解近几年来九江城市的变化，一边随工作人员参观，他们眼睛里流露出的激动无以言表。当来到3D影院，看到九江未来十年、二十年的发展规划，老人们久久不愿离去。随后老人们游览了海韵沙滩广场和南山公园。15日，重阳节之际，区政协委员、九江杏林药业有限公司总经理应万到李家垅社区和老年人座谈并送上血压计。李家垅社区组织15位老人到社区，老年人非常高兴，应总说：“尊老、敬老是中华民族传统的美德，老人更需要爱，需要健康和快乐。九江杏林药业不仅仅是送上血压计而是送上健康，祝老年朋友们节日快乐。创建一个爱老敬老的氛围需要社会的参与。人间百善孝为先，九九重阳享健康。希望整个社会都要弘扬尊老、敬老的美德。”社区的老年朋友们听后都非常感慨。社区老人赵腊珍说：“我和老头子每月的退休工资不多，儿子还在一块儿吃，我们从来没想到自己的健康问题，这次政协委员能在重阳节送血压计并关心我们的健康，子女没想到的，政协委员想到了，我很感动，真是雪中送炭啊！”老年朋友们都纷纷说出自己心中的感激之情。随后，应万来耐心地向老人们讲解电子血压计的使用方法。17 日，市政协委员潘宝山、民营企业四冶金建设有限公司詹训春到湖滨社区，倾听民意，了解民声，帮助社区解决实际困难和问题。詹训春与社区干部共同制定加强小区车辆管理的实施方案，提出充分利用现有空间，同时引进外部管理解决资金和管理问题等解决措施，从而达到规范小区车辆停放的目标。19 日一大早，龙山社区的社区干部们就在怡馨苑里忙开了，原来，市第一人民医院和精益眼镜店的政协委员们今天将走进社区开展大型免费义诊活动，市政协副秘书长潘浔参加。辖区内居民高兴地说，希望这些专家们能多来社区开展活动，平时在医院排队都不一定能挂上个专家号，今天在家门口就能找专家看病、咨询，还有精益眼镜店的工作人员在家门口帮大家清洗、维修眼镜，真是太方便了！11 月 7 日，区政协委员李平球、石安平带领市船舶技术学院的学生和党员志愿者到向阳闸社区，帮忙清扫小区的卫生，同学们手拿着工具埋头苦干，大家不怕脏、不怕累，把小区内的“牛皮癣”、垃圾广告、垃圾死角清扫得干干净净。12 月 7 日，正值农历大雪节气，人民路街道庐南社区邀请市政协委员、著名的中医专家丁德姊教授到庐南社区文化活动中心，为居民讲解关于中医养生和食品安全知识。

2014 年 1 月 23 日，区政协文卫委和九江市书法家协会在甘棠街道德化小区（一期）开展为新迁居民送春联活动。副主席刘宗强、秘书长韩万金以及姚杰、蔡璟旗等 6 名书画界委员参加，送出春联 200 余幅。1 月 26 日，在春节即将来临之际，区政协委员蓝平带着爱心捐助物品到人民路街道湖滨社区慰问孤寡老人，了解社情民意，为社区 5 名孤寡老人送去冬日里的温暖和新春的真挚祝福。春节到来之际，区政协委员傅晓文与市书法家伍新强一道在滨浦街道濂溪社区政协“委员之家”开展红红火火过新年、政协委员送春联活动，现场为辖区居民书写春联，送上新春祝福。3 月 6 日，区政协委员、区妇联副主席吴敏邀请专家为滨浦街道辖区妇女开展妇女维权讲座，为女性朋友送去三八节祝福。4 月 9 日，区政协副主席刘宗强带队到白水湖街道化工厂小区对赣北化工厂路建设中征迁的 30 户居民安置工作进行协调、布置和督办，推动该项工作顺利进行。4 月 12 日，区政协副主席刘宗强带队，和区卫生局疾控中心一起在人民路街道人民路社区召开“民意直通车”座谈会，收集到居民反映的路灯不亮、行道枯树危及路人安全等 8 件难事。通过到市园林局、市市政局和区安监局等部门进行反映，并和这些部门负责进行沟通、协调，在不到一个月的时间里，反映的问题全部得到妥善解决，得到人民路社区干部和居民的赞许。4 月 12 日，协助副主席刘宗强，和区卫生局疾控中心一起在人民路街道人民路社区召开“民意直通车”座谈会，收集到居民反映的路灯不亮、行道枯树危及路人安全等 8 件难事。通过到市园林局、市市政局和区安监局等部门进行反映，并和这些部门负责进行沟通、协调，在不到一个月的时间里，反映的问题全部得到妥善解决，得到人民路社区干部和居民的赞许。4 月 18 日，区安监局大队长、区政协委员周敏祥帮助解决庐南社区九江整流器厂内关于居民群众集中反映的修剪小区树枝的问题。经过 3 个小时的施工，共处理 5 车影响居民生产生活树枝和有安全隐患的枯枝。6 月 28 日上午 9 时，区政协主席文建华到社区民意直通车联系点甘棠街道延支山社区，召开老党员和困难党员座谈会，面对面听取他们对全区和所在社区开展党的群众路线教育实践活动的看法、评价以及意见建议。文建华话音刚落，老党员们就停车位问题、环境卫生问题、建立托老中心以及个人在平时生活所遇到的问题进行交谈，现场气氛很热烈。文建华边听边记，并对一些老党员提出的意见建议进行答复。他说，很高兴听到大家的诚恳意见和建议，也很感谢大家老党员们对政府工作的支持。老党员为人民的事业做出巨大的贡献，是党的宝贵财富，关心关爱老党员是党组织义不容辞的职责。马上就是党的生日了，在这里代表区委提前向他们致以节日的问候和良好的祝愿。随后，文建华还到困难党员的家中进行走访慰问，并送去慰问金以及诚挚的节日祝福。9 月 13 日，区政协委员王志宝组织家电维修队、美容理发队、医疗服务队等志愿者队伍进梅绽坡社区为百姓进行义务服务。9 月 19 日，白水湖街道三里街社区在和中广场开展政协委员进社区、九九重阳老人健步行活动。70 余名社区老人参加此次活动，设一等奖 1 名，二等奖 2 名，三等奖 3 名。9 月 26 日，长虹北路社区组织辖区内的政协委员开展健步行活动，区政协副主席秦永红出席并主持，市区两级政协委员杨瑞龙、徐凯、游云凯、汪登保及社区居民、社区志愿者等 120 余人参与此次活动。区政协委员游云凯出资2000元用于购买纪念品。活动向市民推广健康生活、环保生活、低碳生活的理念，倡导居民拒绝非法运营车辆，坚持绿色出行的上下班方式，促进社区的和谐稳定。10 月 18 日上午，区政协常委、文教卫生法制委员会主任唐平钧一行 2 人走进人民路街道德化社区开展政协委员进社区约访活动。居民代表魏卫东现场提出邮政宿舍小区改造后的环境卫生及后期管理问题，市电缆厂书记张水英提出关于单位转型重新装修成餐饮服务业需开挖下水道排水的问题，委员们对居民群众所关心关注的热点、难点问题发表自己的看法，并提出多项建设性的建议和意见，有的形成提案和社情民意监督解决，真正做到关注民生，反映民意，为民办实事。

2015 年 1 月 27 日上午，湓浦政协联络处在湓浦环卫所举办“政协委员献爱心，向环卫职工致敬”活动，区委常委、统战部部长、政协党组副书记郑观兴，区政府副区长张小军，区市容局、湓浦街道办事处领导及 4 名政协委员出席活动。易晓剑、肖建木、李欠明、吴杨帆 4 名政协委员自发筹资 1.2 万元，为湓浦环卫所添置取暖器、微波炉以及 200 个保温壶，解决冬季环卫职工烘衣服、热饭菜以及户外喝热水的问题。1 月 31 日区政协委员李欠明得知农民歌手徐嘉琪想拥有 1 台可以放碟子、插 U 盘的手提电脑，准备春节期间组织爱心人士下乡为农民演唱时，李欠明当即表示要圆他这个梦。后来，李欠明到太平洋电脑城按照徐嘉琪的要求挑选 1 台手提电脑。2 月 13 日，市政协书画联谊会和区政协联合组织市、区两级政协委员，开展“迎新春·书春联·送祝福”书法春联赠送活动。市委常委、市纪委书记、市政协主席杨小华，市政协副主席朱汉浩、李军，区领导戴晓慧、左延、刘武爱、文建华等参加此次活动。活动在花果园社区文化广场和德化安置小区两地同时举行，活动现场，崔廷瑶等 20 余名市、区两级委员书法家现场书写近千副春联，给居民送去新春祝福。很多市民慕名而来，一时间活动现场排成长龙，活动受到大家一致好评。4 月 26 日区政协委员安丽开展爱心义卖活动。活动倡议广大好心人能发扬“一方有难，八方支援”的人道主义精神，伸出爱的双手，让希望之光照亮这个不幸的家庭。4 岁的徐雅婷家住庐山区威家镇星德村，2014 年 8 月，小雅婷被诊断出罕见的遗传病——异染性脑白质营养不良（MLD），临床上尚无有效的治疗手段。不幸中的幸运降临在雅婷的身上，由于她处于 MLD 病情早期，被香港大学医学院 MLD 研究课题组选中，可以为她做骨髓移植手术及基因治疗。尽管课题组将为小雅婷提供 50 万元的资助，但离总数接近 150 万元的治疗费用还差了很多，经《浔阳晚报》和《都市频道》等多家媒体报道后带来社会各界捐款，资金仍有缺口。孩子的父亲徐建华由于带孩子四处求医无心经营一家人赖以生存的小店，店里库存了大量的玩具娃娃占用了资金，于是由区政协委员安丽领导的浔阳义工联便决定帮助徐建华卖掉玩具娃娃，为筹措雅婷的医疗费用尽一分力量。6 月 3 日，白水湖街道政协联络处联合农工党浔阳区支部在白水湖街道政协委员之家举办禽流感 H7N9 防治讲座，由疾控中心专家为居民讲解有关禽流感的预防等知识。菜场销售禽类摊主及居民代表共计 30 余人参加讲座。6 月 4 日，高考前夕，湓浦街道联络处成立“委员爱心送考小分队”，近 30 余名委员报名参与。委员们除了免费接送考生外，每台车上还为考生们准备了矿泉水、风油精、防中暑药、饼干、湿巾等。6 月 10 日，端午节前夕，湓浦街道政协联络处组织 300 余名空巢老人、困难户及老党员齐聚红旗电影院，一起参加了主题为“粽叶飘香为公益 政协委员送电影”的免费观影活动。此次活动由区政协委员梁胜军、刘德巍和徐凯共同出资，为老人们送上一份端午节贺礼。8 月 8 日，区政协委员李欠明在黄金公司将 2000 元现金，交给重病聋哑老人吴启发的弟弟手中，并叮嘱他给哥哥买点防温降暑物品。聋哑老人吴启发 78 岁，一生未婚，无儿无女，以前靠挑担剃头为生。前不久突发脑梗，送医院抢救，虽然保住了性命，但却瘫痪在床，成了半植物人。现住在弟弟家，吃饭洗澡、端屎拉尿全靠弟弟服侍。作为政协委员的李欠明得知情况后，主动捐款帮助。7 月 21 日，区政协委员、中山口腔医院院长刘炳华在甘棠街道景星社区举办青少年口腔保健知识讲座，免费帮小朋友检查牙齿。并现场知识问答，小朋友都积极踊跃举手回答问题，回答问题还有奖品赠送，取得一定社会成效。10 月 21 日，农历重阳节，区政协委员、市精益眼镜公司经理任顺旦在南湖社区举办关爱老人、免费赠送老花镜活动。10 月 15 日，唐平钧、李泽洪、陈勇等 3 名委员来到人民路街道姚家洼社区开展委员约访活动，将收集到的 10 多项问题归纳整理为 8 个方面的主要问题。对大的问题，如加强姚家洼菜市场的改造，为姚家洼 3000 多户居民解决天燃气供应问题等，专门写成提案和社情民意向市、区两级政协进行提交、反映；对一些小问题，由约访委员想法设法帮助解决，让老百姓反映的所有问题都有落实、有回音、有效果。2016 年 1 月 30 日，区政协组织有毛笔书写特长的委员及机关干部到辖区人民路街道幸福里社区内开展“贺新春·送春联”活动，为广大居民群众书写心中最美的祝福。区政协副主席刘宗强参加活动。现场 10 余名委员泼墨书写春联近 1000 幅。

第六章　机关工作

第一节　办公条件

1987年区政协成立以来，不断加强软硬件建设，改善办公条件，为服务委员，促进机关工作提供良好的前提基础。7月，区财政投入8000余元，将区政府大礼堂隔出6间作为办公室，总面积约80平方米，主席1间，副主席、秘书长共1间，各专委会（工作组）共1间，其余为办公室、财务室、打字室、杂物室。夏天用吊扇驱暑，冬天用煤炉取暖。政府安排1台旧丰田小面包车给政协；经省政协协调，区政府出资4万元，区政协通过省政府拨给菲亚特小轿车1台。办公室有电话1台，刻字油印，四通打字。

1990年5月换届后，区政协迁至大院原市革委会办公楼二楼东边办公，共8间办公室，1间会议室，总面积约180平方米。1991年底，菲亚特车卖掉、丰田车淘汰，购昌河面包车和小轿车各1台。

1998年5月，区政协增加1台桑塔纳小轿车。10月，区政协迁至政府大院另一办公楼的二楼、三楼办公。1999年政府新大楼建成后，政协办公室增加原二楼的大部分，含1间会议室，总面积300平方米。主席与各副主席都有一台公务用车，小车均为政府拨来的旧车。办公室基本配有空调机、电脑微机、电话机。

2003年后，复印机、打印机、照相机等一应俱全，办公自动化步步推进，办公经费增加。

2005年，区政府在政协办公楼西端靠墙连体扩建6层楼，将扩建的三楼全部约300平方米、二楼一半约150平方米给政协，政协将扩建的三楼改造为常委会会议室。至此，各主席、各委办都有独立的办公室，共同的会议室。

第二节 机关制度

1987年区政协成立以来，不断健全各项规章制度，为推进机关建设，促进委员履职，提供制度保障，相继建立会议、学习、考勤、文印、财务、综治、慰问等制度。

1988年，坚持常委每月一次到会阅读文件制度，使常委及时了解中共党的方针政策和区大政方针、重大活动。

1990年，制定《区政协机构设置和工作职责》以及学习、财务、用车、接待和请假制度，进一步强化思想政治工作和服务意识，在全体机关工作人员中形成遵纪守法、团结、进取的良好精神风貌。

1998年2月，主席会议审定《政协浔阳区第四届委员会各委办工作职责》，包括政协办公室、学习文史提案委员会、经济科技委员会、文教卫法制社团委员会、祖国统一委员会工作职责以及机关学习制度、考勤制度。

2000年，先后召开党组会、常委会、全体机关干部和离退休老干部会，对各项规章制度逐一进行修订和完善，先后建立健全《浔阳区政协机关考勤制度》《浔阳区政协学习制度》《政协浔阳区委员会常务委员会、主席会议议事规则》《政协浔阳区第四届委员会各委办工作职责》《浔阳区政协离退休老干部及党外人士活动安排意见》等，进一步明确岗位职责，通过加强思想作风建设和制度建设，充分调动各委办干部的积极性和创造性。

2004年，建立或完善党组、常委会、主席会议议事规则，政协委员及委员单位走访回访制度，机关学习、活动、管理、接待制度，主席提案督办和提案办理目标考核制度。

2006年2月，为加强机关经费管理，勤俭节约，健全手续，合理开支，确保经费使用正常，制定完善《财务管理制度》《车辆管理制度》《接待工作制度》。

2011年，七届一次常委会协商通过《浔阳区政协常务委员会工作规则》，七届二次主席会议协商通过《浔阳区政协主席会议工作规则》等工作制度，完善政协领导联系党委、政府和人大及各民主党派制度。

2014年9月，对照群众路线教育实践活动中征集到的意见建议，结合区委督导组的有关反馈意见，在逐一对照、分析研究的基础上，区政协重点建立健全4个方面12项制度。在促进工作方面制定《关于进一步推进社会主义协商民主制度建设，加强人民政协民主监督工作意见》《进一步加强提案“三会”工作制度》《进一步加强专题调研工作制度》《浔阳区政协“委员约访”工作制度》。在联系委员、群众方面完善制定《浔阳区政协委员守则》《关于进一步加强区政协与委员和群众联络服务工作的办法》。在考核评价方面修订完善《街道联络处政协工作考核办法》《部门提案办理工作考核办法》。在机关建设方面修订完善《区政协机关集中学习制度》《区政协公务接待管理办法》《区政协会议室管理制度》《区政协宣传工作奖励制度》。

附：机关工作制度选录

财务管理制度

一、区政协机关的财务管理工作由办公室负责。

二、办公室要严格执行机关财务预决算制度，保证各项经费的正确运用和政协工作的正常运行。年初要认真做好政协机关的财政预算，每个月初要将上月的收支情况以报表形式报主席和分管副主席。

三、经费使用遵循总额包干与使用申报相结合的制度。主席、副主席和各委办工作经费按财政预算额予以安排。

领导工作经费用于公车使用费、办公经费（日常办公经费除外）、对口接待费用等，其使用由领导列出预算，交办公室统一安排，按月定额拨付（报销），当月结余经费可转入下月滚动使用，超支部分不予报销。

专委会工作经费用于通信费、报刊费、对口接待费、交通费等。由各委办列出预算，经分管领导同意后，由办公室统一安排。专委会经费按月定额拨付（报销），节约部分可转入下月滚动使用，超支部分不予报销。

申报经费经主席同意，按一定程序予以开支。

四、加强经费开支的计划性。重大开支项目必须在预算安排或专项经费内列支，不得突破指标。

召开全委会等大型活动经费支出由办公室做出预算，经主席办公会议审议后，报请区财政局审批拨款。

各种专项经费由专项经费使用者提出申请，办公室拟出专项报告，经主席审定后，报送区政府审批。

经领导批准，争取上级资金和协调解决的工作经费原则上可拿出60%部分补贴其经费不足开支。

五、严格实行财务审批制度。凡属报销的票据，必须由经办人、证明人签字，财务人员审核，送分管财务领导审批。

六、慰问政协委员或者机关工作人员，经主席同意后，由办公室协调购置慰问品，由主席或副主席代表区政协进行慰问与看望。

七、报纸杂志的征订，由办公室协调提出意见，经主席办公会议讨论审定后由办公室统一办理。特殊情况需零星订阅的报刊经主席同意后，由办公室办理。

车辆管理制度

为加强政协机关的车辆管理，节约开支，提高服务质量，确保车辆正常运行，特制定如下制度：

一、车辆使用与停放

1. 区政协驻会主席、副主席每人相对固定一辆工作用车。办公室车辆由办公室工作使用。上班后不需用车时，驾驶员须将车辆停放在办公楼待命。驾驶员必须在本会洗车点清洗车辆，本市区洗车费和出差在外地的洗车费经坐车领导批准后，在包干经费中报销。

2. 严格控制公车私用，严禁用公车参与婚、丧活动，对违反者的一切后果，由驾驶员自己承担，并按区纪委有关规定，给予严肃处理；严禁用公车参与营业性运输，对违反者第一次收缴全部违规所得，并扣除当月全部考勤奖，第二次收缴钥匙，该驾驶员待岗。

3. 公务用车实行车辆入库管理，在非工作日必须停放在区政府大院内。

二、车辆用油

车辆用油实行公里耗油定量包干，超量审批。主席工作用车每月不超过230升油，副主席工作用车每月不超过180升油，接待工作用车经车队安排核发用油。因公外出车辆需在外地加油，加油数一并计入月用油量。领导外出未使用车辆期间（含停开车），经坐车领导本人同意，按定量核减用油量。因工作需要超过用油定量标准的，经办公室核实后，由主席审批。

三、车辆维修、保险、报废、变卖

车辆维修严格实行凭单申报审批、定点维修。由办公室核定填写“车辆维修申报单”，再由修理厂列出预算经费清单，经坐车领导同意，方可进厂维修，车辆维修费凭申报单和预算经费清单结算，车辆维修、装潢等所需报销的票据，必须由司机、坐车领导签字，财务人员审核，送分管财务领导审批，否则不予结账。车辆全年维修经费在包干经费中支出。

每年车辆保险及新车保险，由办公室提出初步意见，报分管领导同意，经主席批准后，由办公室统一办理。

车辆的报废、变卖由主席会议研究决定。

四、奖惩措施

1. 驾驶员要做到“四个严禁”：严禁私自用车，严禁酒后开车，严禁带故障出车，严禁疲劳驾驶；“三个要求”：不开英雄车、不开赌气车、不开情绪车；确保安全、准时、卫生、保密。

2. 驾驶员必须自觉遵守道路交通法规，对违反交通法规所受到的处罚由驾驶员本人承担。驾驶员未经批准将车辆转给他人驾驶造成事故的，由驾驶员本人承担一切后果。

公务卡使用及报销管理规定

一、公务卡刷卡支付范围：公务卡的公务支出，主要是指区政协财政授权支付业务中原使用现金结算的公用经费支出，包括差旅费、会议费、招待费、交通费和零星购买支出等。

二、公务卡的使用和管理

1. 公务卡实行“一人一卡”实名管理。对新增工作人员，应及时办理公务卡的申领手续；对调离本单位的人员，办公室及时通知持卡人办理相关变更或注销手续，还清卡内债务。

2. 公务卡只限本人使用，公务消费实行公务卡刷卡支付；

3. 公务卡用于公务支出的结算，持卡人在规定的信用额度和免息期内先消费、后还款，持卡人在未按规定办理报销手续之前，无论是公务消费还是个人消费均属个人行为，个人承担由此导致的全部责任。

三、公务卡支付与报销管理

1. 公务卡刷卡结算的公务消费支出报销审批程序：使用公务卡公务消费前，持卡人应先向办公室提出申请并填写《公务卡结算审批报告》，经分管领导审查并报主要领导审批同意，否则不予报销。持卡人在公务消费后，应于15个工作日内将《公务卡结算审批报告》、公务消费的正规原始发票及经本人签名的公务卡消费交易凭条（pos机小票）、购物明细或消费清单等凭证，按财务报销审批程序办理财务报销手续。（招待费报销时需将接待清单和接待公函一并作为财务报销凭证）

2. 若遗失公务卡消费交易凭条（pos机小票）的，持卡人可通过发卡行网点、电话银行、网上银行等途径查询，并将获取的"交易时间"、"交易金额"、"交易地点"等信息在财务报销凭证背面证明。

3. 因出差在外或其他特殊原因，确实无法在规定的免息还款期内返回单位办理报销手续的，可通过传真等方式委托区政协其他人员填制借款单，并提供持卡人姓名、卡号、消费时间和每笔消费金额的明细信息，经财务人员审核后先办理借款手续，于免息还款期前先将资金转入公务卡，待持卡人回单位后及时补办报销手续并冲销其借款。

4. 超过还款日还款的责任：因持卡人报销不及时引起的，由持卡人承担相应的利息、滞纳金等；因单位归还款项不及时引起的，由单位承担利息等费用。

5. 有下列情形之一所产生费用不予报销：

——使用公务卡消费按有关财务管理程序应事先报批而未报批的；

——报销费用与提供的报销凭证、公务卡消费交易凭条（pos机小票）的内容不符的；

——持卡人通过公务卡提取现金的手续费；

——因持卡人个人保管不慎或遗失等原因，导致公务卡被盗所形成的支出和损失；

——其他不符合区政协财务管理规定要求或超出标准的消费。

6. 未尽事宜，在执行中逐步完善。

关于进一步加强调查研究工作制度

开展调查研究工作是政协履行职能的重要方式，搞好调研工作，对于了解实情、掌握社情民意，助力区委、区政府科学决策和民主决策有着重要作用。同时也有利于密切党群干群关系、改进工作作风和提高政协委员素质。为加强调查研究工作，提升建言质量，特制定如下工作制度。

一、认真确定调研课题

1. 调研课题确定的原则。调研课题的选择要坚持围绕中心、服务大局，突出综合性、战略性、前瞻性，在"求真、求实、求精"上下功夫。要从以下方面择优选题：区委、区政府关注的具有战略性、宏观性、前瞻性的问题；群众普遍关心的热点、难点问题；尚未引起区委、区政府重视的潜在性问题。

2. 调研课题确定的方式。各委办于上年底与区政府相关部门共同协商，确定1～2个课题作为次年的重点调研课题，经请示分管领导同意，报主席会研究通过后，纳入区政协年初工作要点。除重点课题外，各委办根据实际需要和主席、副主席要求，积极开展其他课题调研活动。各党派和街道政协联络处每年在区政协的指导下领题开展调研，或自行确定调研课题开展调研活动。

二、充分做好调研准备

1. 拟订方案。重点调研课题前，各委办必须认真分析研究，详细制订调研方案，明确调研指导思想、目的任务、调研提纲、日程安排、方法步骤、组织领导及注意事项等。调研方案需经分管副主席同意，并呈主席审批。其他专题调研也要精心安排、精细组织。

2. 组成人员。调研一般由分管副主席带队、专委会牵头组织、熟悉业务的委员参与，也可根据实际需要，邀请区政府有关部门负责人以及相关专家参与。调研人员确定后，要组织调研组成人员认真学习与调研有关的方针政策和法律法规，全面掌握熟悉与调研任务有关的文件精神，详细了解调研对象的基本情况，确保调研工作不偏离目标和方向。

三、精心组织调研活动

1. 争取支持配合。调研工作开始前，对调研需要给予支持配合和协作的单位，应及时联系沟通，主动做好协调配合工作，提前通知，做好准备。

2. 务实开展调研。调研活动要深入实际、求真务实，要认真听取相关部门单位的情况介绍，积极开展座谈讨论，深入到现场，深入到群众，切实了解和掌握实际情况。

3. 全面了解情况。根据需要，采取听取被调研单位工作介绍、召开座谈会、个别听取汇报、查看现场、发放问卷等形式，认真做好记录，尽可能收集用于参考的文字资料、图片、实物等资料；有必要时，也可组织委员和相关部门外出考察学习与调研课题相关的经验、典型；对收集到的调研资料，要按调研提纲要求加以核实、归纳、整理，并进行分析论证，确保调研活动有效、有序推进。

四、用心撰写调研报告

1. 起草专题报告。调查阶段结束时，专题调研视察组要及时召开小结会，确定报告起草组成员，研究报告初步提纲。参加人员要充分发表调研视察中的意见建议。调研报告要做到“高、新、深、准、实”，实事求是，建言中肯，不折中、不含糊，既要有一般情况，又要有典型事例；特别是对存在的问题要客观全面分析，找出规律，抓住要害，提炼观点，有所取舍，有针对性地提出有新见解、新对策的意见和建议。

2. 综合提炼报告。要在广泛搜集材料的基础上，充分吸取本地做法、外地经验和现代先进成果，对材料进行郑重而不敷衍、深刻而不肤浅、系统而不零碎的分析、综合、提炼，力求提出一些带战略性的思路和建议。要及时通过召集座谈会或单独送阅形式，征求相关部门和调研视察组全体成员对专题报告的意见，及时修改完善，形成高质量的专题报告。

3. 协商专题报告。重点调研课题形成调研报告后，必须再次征求参加调研人员和相关部门意见建议，经分管副主席和主席审核后，根据需要，分别提交主席会议或常委会议协商通过。其他调研报告根据实际情况进行必要的专题协商。

五、及时报送调研报告

重点调研报告原则上经常委会协商通过后，以区政协名义向区委、区政府主要领导或分管领导报送。其他专题调研报告根据实际情况，经主席会协商通过后，以区政协办的名义向区委办、区政协办以及相关部门抄送，同时向相关分管领导抄报，确需要向区委、区政府主要领导报送的，需经常委会协商通过后再行报送。

对领题或自行确定开展调研活动的调研报告，经主席会研究，并由区政协常委会审议通过，列为政协全会大会发言或交流材料，或形成重点提案转送有关部门办理。

区委、区政府领导批示后，要做好信息反馈和跟踪落实，以促进调研成果的转化。要运用大会发言、提案、信息等多种形式反映调研成果，通过报刊、电视、广播、互联网等媒体加强宣传报道，增强成果转化的实效性。

六、切实抓好评选工作

区政协成立调研报告评审小组，对所有调研报告进行评选；参加评选的调研报告由各撰写单位择优选送。调研报告每年评选一次，年底进行，评选出的优秀报告在次年进行表扬奖励。

接待工作制度

为进一步规范机关接待工作，体现热情、周到、节俭的原则，特制定如下制度：

一、办公室负责区政协的具体接待工作。凡有接待任务，凭传真、信函及电话记录，由办公室填写接待安排单，内容应包括游览、用餐、用车、座谈等事项，先报办公室主任负责安排接待事宜，再将接待事宜报分管副主席审定。政协主要领导有特别安排的，按主要领导的意见办理。

二、各专委会接到有关来访的传真、信函及电话记录等，统一交办公室，由办公室提出接待安排意见：有关专委会和办公室应做好对口接待。如遇节假日和其他特殊情况，需要及时电话沟通后方能接待。

三、主席、副主席和各委办在包干经费内的接待，经分管副主席批准后，原则上由办公室统一安排，特殊情况经与办公室沟通后，可以自行安排。

四、主席、副主席和各委办包干经费以外的接待，原则上由本人提出申请，分管领导审核，报主要领导审批，填写《接待申请单》，由办公室统一安排。

五、对来宾原则上只安排一次正式宴请，其余用工作餐。宴请标准按人均 50～100 元掌握。

六、所有接待原则上实行“定点用餐、公务卡结账”，不能自行签单，否则视为个人行为，办公室不予报账。

七、来宾参观市区景点、到庐山及市区外各景点参观的门票费用原则上由对方自理（除领导有交代的外）。特殊情况需办公室支付的，须经主席或分管副主席同意。

八、区政协机关工作人员因工作需要加班的，经分管副主席同意后，原则上吃快餐，标准每人每餐15元。

办公室工作职责

区政协办公室是区政协的办事机构和工作运转枢纽，主要任务是参与政务、管理事务、综合服务，主要职能是：

（一）负责起草修改区政协综合报告、领导重要讲话以及以区政协名义上报下发的文稿；

（二）负责区政协的信息调研工作，为区政协履行职责提供依据；

（三）负责区政协和区政协办公室的公文处理与文件起草、审核、印发、归档工作；

（四）负责区政协各类会议的组织和准备工作，以及会议有关决议事项的催办落实；

（五）负责区政协大型活动和区政协领导重要活动的组织安排协调工作；

（六）负责督促检查区委、区政府、区政协重大决策、工作部署、领导交办事项的办理及回复工作；

（七）负责区政协值班工作，协助区政协领导组织处理突发事件、重大事件；

（九）负责与各专委会、街道政协联络组协调工作；

（十）完成区政协领导交办的其他事项。

办公室信访工作制度

信访是党与政府联系人民群众的重要纽带，是关注民情、了解民意、为民解困的重要渠道。为进一步规范信访工作程序，明确信访工作职责和任务，提高信访工作效率和质量，根据《中华人民共和国信访条例》以及我区信访工作有关规定，特制定本制度。

一、责任

成立以办公室主任为组长的信访工作领导小组，建立和完善主要领导负总责、分管领导具体抓，办公室全面负责的信访工作领导责任制。办公室主要负责人要切实履行好第一责任人的职责，各专委会负责人要认真履行好直接责任人的职责，按照“一岗双责”的要求，落实包案领导、责任人和回复时限，认真做好组织、指导、协调、检查和督促工作，切实做到件件有落实，事事有交代，实现“小事不出单位、大事不出辖区、矛盾不上交”。接访内容为来人、来信、来电等。接访要求：能当场解决的，当场受理解决；不能当场受理解决的，登记备案，列入受理转办事项，尽快移交相关部门办理。

二、登记

信访事项按照以下程序和要求进行登记：

1．来访人送来信件直接送交主任阅批，属于受理范围的，直接登记按程序处理。不属于受理范围的，说明理由，完善否定报备制，予以退回。

2．来访人员及来访电话反映情况的，由值班人员直接处理，重要事项需要登记转办处理的，按要求进行登记后按程序办理。

3．上级部门转交、转办的来访来信件，由办公室统一收文登记。

三、呈批

主任审批后，按负责口转送至各专委会处理。对来信来访反映的一般性问题，已有明确法律、法规、政策依据的，由各专委会经咨询相关部门后直接予以答复；对政策不明、有普遍性、有代表性、反复多次上访的问题，上报分管领导批阅后处理。

四、转办交办

各专委会受理后难以解决或处理的信访事项，按照业务相关、归口负责的原则处理。

1．个人或企业来访由办公室接访处理，必要时请相关街道部门领导出面解决；

2．集体上访的，办公室要迅速通知相关街道和部门负责人即时赶到现场处理（在本大楼内的5分钟内到达现场，区内30分钟赶到现场），并及时上报区领导；

3．来信等信访材料，根据信访内容，需要由相关街道和部门办理或协助办理的信访件，交分管领导领导审阅并批示后交相关街道和部门办理，在办理时限内办结。

五、督办、查办

信访材料由办公室转交相关街道和部门之后，承办街道和部门应在规定时限内，按要求办理落实，向来访人员反馈并征求处理意见后，并将办理落实书面情况连同转办资料原件交回办公室。因特殊原因无法在规定时限内办结的，要提前向办公室说明，视情况予以延期。由办公室负责督办、查办、记录。

六、限时办结

一般来电调查、来信批转件调查，原则上为1个工作日；对政策不明、有普遍性、有代表性、反复多次上访的问题，由分管领导批阅后，按领导批示时限办理。

七、回告

按照“有来访、有办理、有结果、有反馈”的原则要求和程序执行回告制度。信访事项的承办人按领导批示要求办理，书面来访事项，反馈必须书面形式；电话来访或来人口头来访的，重要事项或较复杂事项以书面形式反馈，简单事项可以口头和电话反馈。

八、回访

按照领导批示，要求进行回访的，在问题妥善处理后，办公室要向信访人或企业（单位）说明情况，表示感谢。

九、审查结案和归档

办公室负责信访事项的审查结案和归档整理。已经办结的信访事项，要及时进行归档整理，将信访原件材料、拟办意见、领导批示、调查材料、处理结果等经过整理后立卷归档。

办会制度

一、区政协全体会会议程序

按照规定程序另行细化制定

二、区政协常委会办会程序

（一）会前工作

1．确定会议建议议程。

2．印发会议预备通知。

3．收集会议相关材料。

4．提前一个星期向与会人员送达会议预备通知，并以短讯形式予以二次通知。

5．会议前一天材料收集装袋，并再一次以电话形式通知出席、参加、列席以及宣传人员。打扫会议室，按照与会人员名单摆好座位牌，做好会标、音响制作及调试工作。

（二）会中工作

1．与会人员签到及统计报数。

2．会议记录。

3．会议拍照。

4．茶水准备，主席台倒茶水人员安排。

（三）会后工作

1．打扫会议室。

2．对会议精神进行宣传报道。

3．对会议资料进行整理归档。

三、区政协主席会、党组会、机关干部会办会程序

（一）会前工作

1．确定会议建议议程。

2．收集会议相关材料。

3．会议前一天材料收集装袋，电话通知与会人员。打扫会议室，按照与会人员名单摆好座位牌。

（二）会中工作

1．做好会议记录。

2．茶水准备及倒茶水人员安排。

（三）会后工作

1．打扫会议室。

2．对会议精神进行宣传报道。

3．对会议资料进行整理归档。

会议室管理制度

一、区政协常委会议室和小会议室由机关后勤服务中心统一管理。

二、机关后勤服务中心负责做好会议室各种公用设施的维护和保养，做好常委大会议室音响设备的正常维护和保养，做好会前、会后的卫生打扫，确保会议室的正常使用。

三、各专委会使用小会议室要提前一天通知机关服务中心，由服务中心统一安排。

四、大会议室原则上不对外借用，遇特殊情况需经分管副主席同意并报主席批准后方可借用。外单位借用小会议室应该请示办公室主任，并由办公室主任报请分管副主席同意后，由机关服务中心安排借用。借用前需填写会议室借用单，借用后，必须按照要求恢复会议室使用前状态，并保持会场卫生整洁。

五、会议室工作人员要做好防火、防盗工作，会议结束后，要及时清理会场、关闭电源，锁好门窗。

机关集中学习制度

为了进一步提高区政协机关干部的政治理论水平和业务素质，以适应新时期政协工作的需要，特制定以下制度：

一、学习内容

学习内容主要包理论知识、业务知识和技能知识。理论知识主要包括政治理论、政协和统战理论，党和国家的方针政策，以及各级党委有关重要会议、文件精神等；业务知识主要学习与工作相关的业务知识和科技、经济、金融、法律知识和公文写作等方面知识；技能知识主要学习计算机等办公自动化等方面知识。对各级党风廉政建设、财务管理、机关作风建设等新规定、新要求及时组织学习。

二、学习安排

学习计划每年年初由办公室制订，专题讲座每年不少于1次，集中学习每月不少于1次，领导干部每周自学不少于1次。可邀请有关领导、学者作专题报告、讲座、辅导，举办培训班，收看录像和交流讨论。集中学习要有主题发言、重点发言，参加者要积极参与讨论发言，并做好笔记。办公室每年组织2次参观学习活动和组织1次学习交流会。

三、学习考核

机关干部在学习中，要结合自己的思想、工作实际，每人每年至少撰写1篇调研文章和2篇学习心得体会。学习实行考勤制度，办公室对机关干部学习出勤率、撰写学习心得体会的情况，每半年进行一次检查和统计。机关工作人员完成学习任务的情况要作为年度考核评优的重要依据之一。

四、组织领导

机关成立机关学习领导小组，机关党组书记为组长，机关党组副书记为副组长，机关党组成员及副县级以上领导干部为成员，领导小组负责组织领导机关的学习活动，日常工作由办公室负责。

联系服务委员和群众工作制度

为进一步密切区政协机关与委员和群众的联系，不断提升机关服务能力，特制定本制度。

一、密切与委员的联系服务

1．区政协机关应把走访联系委员，作为机关日常工作之一，不定期地走访本会委员，交流思想，听取意见，同他们交朋友。

2．办公室、各专委会联络员要主动联系委员，保持与委员有畅通的沟通渠道。

3．对一些带有共性的问题，可邀请委员或有关部门以集中约谈的方式，交流情况，听取意见，共同研究解决办法。

4．要经常举办丰富多彩的联谊活动，加强与委员的沟通。

5．应根据委员要求，及时将有关资料、信息送达委员，为委员知情问政、履行职能创造条件。

6．办公室每年安排主席走访常委或委员不少于10名，各专委会每年在分管副主席的带领下走访委员不少于10名。

二、密切与群众的服务联系

1．深化开展委员进社区活动，积极组织和引导机关领导干部和政协委员深入基层、走进群众，广泛听取群众呼声，切实为基层和群众解决实际问题。

2．切实做好区政协机关领导干部挂点社区工作，每位领导干部每年必须为挂点社区或该社区居民办1件实事。

3．切实做好区政协机关“关爱女孩．阳光助学”活动，每年至少帮扶1名困难家庭女孩实现就学。

4．切实做好信访工作，认真对待群众来访、来信，尽力将矛盾化解在基层，密切党群、干群关系。

机关新闻宣传工作奖励办法

为进一步加大对政协工作的宣传力度，充分调动干部职工参与宣传报道工作的积极性，特制定本制度：

一、奖励对象

宣传浔阳区政协工作的各级组织或个人。

二、奖励原则

1．坚持以宣传区政协经验做法和工作亮点为主。

2．坚持以文字宣传材料为主。

3．坚持以报刊头版或头条为主。

4．坚持以党报党刊和区政协系统内部报刊为主。

三、奖励范围

1．发表于市级和市级以上新闻媒体的宣传区政协工作的署名稿件，媒体包括报纸、刊物、电视台、电台、网站以及政协系统的刊物，体裁包括消息、简讯、言论、调研报告、理论文章、新闻图片、评论等。

2．在区级和区级以上组织的宣传报道工作评比中的获奖作品和获奖人员。

四、奖励办法

1．为简化操作程序，实施奖励以文件、报刊、网络上经采用的稿件为准。

2．刊播稿件以署名为准，署名为两人或两人以上者奖金分摊，不重复计算，不署名的稿件向第一执笔人发放奖金。

3．同一稿件以最高标准奖励，不重复计算。

4．奖励每季兑现一次。

五、其他事项

1．简讯指200字以内短消息、新闻，通稿是指贯彻落实会议精神和上级工作要求的消息、新闻。

2．以约稿形式上的所有稿件按每篇奖励200元。

3．追加奖励系稿件以500字为基准，每增加500字给予一个等级的奖励。

4．获得省、市级宣传报道工作先进个人分别奖励500元、300元。

5．本办法由区政协办公室负责解释。

6．本办法自2014年1月1日开始实行。

附：浔阳区政协新闻宣传奖励具体标准

附：

区政协新闻宣传奖励具体标准

单位：元

新闻媒体名称		稿件类别	奖励基数	追加奖励	头版奖励	头条奖励
国家级新闻媒体	人民日报	一般稿件	2000	2000	5000	20000
		简讯、图片	1000		3000	
	人民政协报	一般稿件	1000	1000	2000	5000
		简讯、图片	500		500	
	求是杂志	一般稿件	1000	1000		
		简讯、图片	500			
	中国政协	一般稿件	1000	1000		
		简讯、图片	500			
	新华网 全国政协网		200	200		
	其他新闻媒体		200	200	500	1000
省级新闻媒体	江西日报	一般稿件	500	500	1000	3000
		简讯、图片	300		300	
	光华时报	一般稿件	200	200	300	1000
		简讯、图片	100		200	
		通稿	100	100	200	
	今日信息		80	80		
	江西政协网		30	30		
	其他新闻媒体		30	30	50	100

新闻媒体名称		稿件类别	奖励基数	追加奖励	头版奖励	头条奖励
市级新闻媒体	九江日报	一般稿件	200	200	300	1000
		简讯、图片	100		200	
	浔阳晚报	一般稿件	100	100	200	300
		简讯、图片	50		100	
	九江政协		50	50		
	九江政协信息		30	30		
	中国九江网		20	20		
	九江政协网		10	10		
	其他新闻媒体		10	10	20	100

办公室公文收发制度

一、收文制度

（一）办公室收文由专人负责签收，做好相关登记，填写公文处理单，呈报秘书长提出拟办意见。一般公文做到及时签收，有工作时间要求的公文要严格按照时间要求签收，急件即收即传阅，领导批示件应在1个工作日内办理，急件急办。

（二）全局性工作公文由秘书长签审办理意见后，送主席审阅，副主席以及各委办负责人传阅。对口性工作公文由秘书长签审办理意见后，送主席审阅，分管副主席和具体经办委办传阅，办公室负责将相关文件复印给具体经办委办，并督促文件精神落实。

（三）区政协主席、副主席明确批示有关部门和街道政协联络组办理的，由办公室专人复印并加盖区政协办公室公章后转出办理，原件由办公室留存。未经主席或副主席同意，不得将区政协领导签批的意见对外提供。

二、发文制度

（一）公文起草及审签

综合性公文由办公负责起草，以政协及党组名义发文的公文，送秘书长复核并签署办理意见，由分管办公室的副主席审阅后，报主席审签；以政协办名义发文的公文，送秘书长签审办理意见，由分管办公室的副主席直接审签。对口性公文由相关专委会负责起草，送秘书长复核并签署办理意见，由分管副主席直接审签。

（二）公文字号及文种

1．浔协发：文种用决定、通知、意见。

（1）适用于表彰通报工作或人员的公文，文种用决定。

（2）适用于转发上级政协的重要公文，文种用通知。

（3）适用于涉及政协重大决策、措施以及发布指导全局工作的重要公文，文种用决定、通知或意见。

2．浔协文：文种用请示、报告、议案、意见、函。

（1）适用于向市政协请求指示、批准、解决有关事项等内容的公文，文种用请示。

（2）适用于向市政协汇报工作、反映情况等内容的公文，文种用报告。

（3）适用于向上级对重要问题提出见解和处理办法的公文，文种用意见。

（4）适用于不相隶属机关之间商洽工作，询问和答复问题，请求批准和答复审批事项的公文，文种用函。

3．浔协字：文种用通知、通报、批复、决定。

（1）适用于成立机构和有关人事任免、区政协领导分工、表彰先进以及区政协名义授予荣誉称号、传达重大情况的公文，文种用通知、通报或决定。

（2）适用于答复下级机关的请示事项，文种用批复。

4．浔协党字：文种用请示、报告。适用于区政协党组报请区委常委会议审定事项的公文和向区委请示、报告的公文。

5．浔协办发：文种用通知。适用于经区政协批准，以区政协办公室名义布置工作，转发市政协办公厅以及市政协相关专委会重要文件，转发区政府相关部门的工作意见、建议、工作报告等公文。

6. 浔协办文：文种用请示、报告、意见、函。

(1) 适用于以区政协办公室名义向市政协办公厅及有关方面报告情况或请求批准事项等方面的公文，文种用报告或请示。

(2) 适用于对重要问题提出见解和处理办法的公文，文种用意见。

(3) 适用于以区政协办公室名义与不相隶属机关之间商洽和函复有关问题等方面的公文，文种用函。

7. 浔协办字：文种用通知、通报、函。

(1) 适用于以区政协办公室名义传达区政协及领导同志的指示和意见，印发重要的会议纪要，以及通报情况等方面的公文，文种用通知或通报。

(2) 适用于区政协办公室向各街道政协联络组、区政协相关专委会布置机关工作的公文，文种用通知。

(3) 适用于以区政协办公室名义答复各街道政协联络组、相关部门的请示事项等方面的公文，文种用函。

(三) 公文办文要求

1. 办公室人员在办理公文时，要认真履行职责，切实提高办文质量，充分发挥参谋助手的作用。

2. 公文办理实行谁承办、谁负责，谁分管、谁把关，一级对一级负责的责任制。

3. 公文办理实行分工合作制，杜绝人走文停的现象发生。要科学合理安排，不得因为经办人员外出耽误公文办理。秘书长外出，报分管副主席审批；分管副主席外出，报主席审批。

4. 公文办理应做到紧急公文跟踪催办，重要公文重点催办，一般公文定期催办。

5. 审核修改公文必须用毛笔、钢笔或专用签字笔，不得用铅笔、圆珠笔。

6. 因工作需要写入区政协公文的单位和人员，一般应是正科级以上；需写入区政协办公室公文的单位和人员，一般应是副科级以上。

提案工作“三会”制度

为不断提高区政协提案工作针对性和实效性，结合区政协提案工作实际情况，特制定如下工作制度。

一、提案交办会明确责任。区政协学习提案文史委员会要认真整理委员提案，及时将提案送交至区委办、区政府办，明确交办、办结时间和办理要求，配合指导区政府办开好交办会。要召开学习提案文史委员会组织人员会议，并与区政府办负责人共同协商，确定区委、区政府和区政协领导重点领衔督办提案。要督促区委办、区政府办在规定的时限内，组织召开政协提案交办会，将办理任务归口落实到各承办单位。要积极配合两办督查室对每件提案，尤其是重点督办提案进行及时跟踪，确保每件提案按要求在规定的时间内顺利推进。

二、常委汇报会促进落实。区政协学习提案文史委员会要紧扣经济发展、紧系民生热题，每年在提案交办会后1个月内，选择部分问题提得准、建议操作性强的提案，及时与这些提案承办单位协调，要求承办单位及早就提案办理打算和相关措施与提案人进行深入沟通，并就相关情况在区政协常委会上作汇报，由政协常委和提案人对承办单位办理方式、办理重点、工作目标进行面对面协商讨论。如若政协常委或提案人对承办单位提案办理打算不满意或有新的要求，承办单位必须重新调整办理方法和工作思路。通过政协、承办单位、提案人三方互动，不断提高提案办理工作的针对性和实效性。

三、民主评议会跟踪问效。提案办理工作结束后，区政协学习提案文史委员会召集专委会组织人员，协商确定部分提案办理大户或重点提案承办单位为被评单位，由分管提案工作的副主席主持召开提案办理工作民主评议会。被评单位就提案办理工作情况进行汇报，提案人对承办单位提案办理情况进行逐一点评，就提案办理工作进一步提出意见建议。专委会组成人员和提案人对被评单位进行现场测评，测评结果将作为提案办理先进单位评比重要依据之一。

办公室考勤制度

1. 政协机关人员必须自觉遵守考勤制度，严格执行有关考勤规定，工作期间不得擅离职守，因故离岗应向分管领导或办公室讲明去向和所需时间，不能到岗必须请假。

2. 按时上下班，不迟到，不早退。

3. 准假权限：政协机关人员请假，1天以内向办公室申请，2天以内由分管领导审批，3天以上（含三天）由主席审批，并报组织或人事部门备案。

4. 请假2天以上（含2天）要写出书面假条

报批；认真履行销假手续，假期满后第2天应向批准领导销假。

5．因故需延长假期者，须由本人写出书面申请，说明延假原因及时间，送分管领导或主席审批同意；未经领导同意延假而未到岗者，视为擅自离岗。

6．按规定实行工龄假，由本人提出，按上述程序办理，批准后方能离岗。

7．因病住院治疗或在家病休，须凭有关证明向领导请假；若发生急病或无法亲自请假，可委托他人代为请假或病后补办手续。病假超过2个月应报人事劳动局备案。

8．凡区内组织外出学习、活动等，由组织单位负责统一办理请销假，区外组织的由本人按规定办理请销假。

9．凡属擅自离岗者，离岗15五天以内，以旷工论处，扣除本月工资及奖金，向单位写出书面检查，取消本年度评先进资格，并视情节轻重给予处分；15天以上或全年累计超过30天，按有关规定予以辞退。

办公室日常工作纪律

1．工作时间内不准从事玩游戏、网上聊天等与工作无关事情；

2．工作时间内不准随意串岗或聊天；

3．上班期间不得外出用餐或在办公室用餐；

4．下班后或节假日期间不准在办公室上网玩游戏或从事与工作无关的事情；

5．严禁无关人员在办公室逗留，无关人员不得随意使用办公室电脑设备。

办公室印章管理

1．区政协、区政协党组、区政协办公室印章由专人负责管理；

2．使用区政协或区政协党组印章，须经主席或分管副主席同意并登记用章事由；遇急事需先盖章的，须经主任同意后并口头向主席或分管副主席报告后方可使用；

3．使用区政协办公室印章须经主任同意并登记用章事由；

4．必须由办公室专门人员负责盖印，不得由其他单位人员代替，文件的印章必须规范清晰。

关于印发《浔阳区政协机关“党规党纪教育年”实施方案》的通知

浔协办字〔2015〕号

各委办：

《浔阳区政协机关“党规党纪教育年”实施方案》已经区政协主席会议研究同意，现印发给你们，请结合实际认真贯彻执行。

浔阳区政协办公室

2015年4月15日

浔阳区政协机关“党规党纪教育年”活动实施方案

为切实加强对党员干部的党规党纪教育，促进广大党员干部更好地守纪律、讲规矩，根据区委关于印发《浔阳区“党规党纪教育年”活动实施方案》（浔办字〔2015〕7号）文件要求，结合区政协机关实际，就区政协机关“党规党纪教育年”活动制订如下方案：

一、工作目标

通过开展教育活动，使全体广大党员干部更加了解党规党纪知识，更好树立遵规守纪意识，把守纪律、讲规矩作为一种思想和行动上的自觉，促进党风政风持续好转。

二、教育对象

全体机关党员干部。

三、主要内容

（一）强化日常学习

活动期间重点学习《中国共产党章程》《中国共产党纪律处分条例》《中国共产党党员领导干部廉洁从政若干准则》《中国共产党党内监督条例（试行）》《关于实行党政领导干部问责的暂行规定》《党政领导干部选拔任用工作条例》《行政机关公务员处分条例》《党政机关厉行节约反对浪费条例》、

中央八项规定、《习近平关于党风廉政建设和反腐败斗争论述摘编》和省、市、区相关规定等党规党纪。以区纪委组织编印的《党规党纪教育学习手册》和《党规党纪每周一测》作为主要学习资料，做到学前有计划，学中有笔记，学后有测试。

（二）开展学习活动

活动期间，将重点组织开展五项学习活动：

1．讲授专题党课。以“守党规，严党纪，讲廉洁，做表率”为主题，开展机关“一把手”讲党课活动，为党员干部讲解一堂党规党纪专题廉政党课。

2．组织警示教育。组织党员干部参加警示教育活动，并观看警示教育片，撰写心得体会。

3．组织廉政讲坛。组织党员干部参加浔阳讲坛等党规党纪报告会，专题学习重要党规党纪。

4．办好学习平台。利用中国浔阳网、浔阳清风网等媒体开办的党规党纪学习教育栏目等网站平台，及时下载党规党纪内容，认真组织学习。及时更新政协新闻网中关于中央、省、市、区反腐倡廉工作动态，形成学习党规党纪的浓厚氛围。

5．进行知识测试。重点测试党员领导干部对《中国共产党章程》《中国共产党党员领导干部廉洁从政若干准则》《中国共产党纪律处分条例》以及中央八项规定等基础条规知识的把握程度，对测试成绩进行通报。

四、活动要求

1．加强组织领导。各委办负责人要高度重视，亲自参与，对照实施方案，全力做好“党规党纪教育年”活动的各项工作。

2．加大宣传力度。充分利用网站、短信、宣传专栏等形式对“党规党纪教育年”活动进行宣传，及时上报活动信息，为活动开展营造良好舆论氛围。

第三节　学习培训

1987年以来，区政协始终把学习放在重要地位，每年都采取不同形式开展学习活动，重点学习各个时期党的重要方针政策、上级会议精神、法律法规、时事政治等。为提高委员履职能力，经常举办委员培训班，培训班一般由主席或者副主席和秘书长主持，邀请老师授课，培训内容主要有政协、统战知识、时事政治等。当年7月，一届一次会议后，组织委员和机关工作人员学习政协章程和统战工作的方针、政策。组织人员到湖口、德安、九江等县政协参观学习其开展工作的经验。抓业务知识学习的同时，抓政治学习，重点学习中共十一届三中全会以来的路线、方针、政策；学习邓小平《建设有中国特色的社会主义》和《坚持四项基本原则，反对资产阶级自由化》；学习中共十三大报告。为大家提供学习资料、举行各种报告会，同时，为每位常委增订一份《人民政协报》。

1988年，建立和坚持政协常委、机关干部学习日制度，摘编翻印《生产力标准二十八问题解答》发给委员和机关干部学习参考。联系实际开展“中共十三大对统战工作意味着什么”的讨论。

1989年春夏之交发生在北京的政治风波中，及时组织区政协委员、各民主党派、各界爱国人士，传达市、区委有关会议精神，学习《人民日报》4月26日评论。多次召开驻区政协委员、各民主党派、工商联、人民团体和无党派人士及少数民族和宗教代表座谈会，传达学习邓小平在接见首都戒严部队军以上干部大会上的重要讲话，学习中共中央总书记江泽民在庆祝中华人民共和国成立40周年大会上的重要讲话和中共十三届四中、五中全会精神。

1990年，学习安排有计划，坚持定期学习制度，学习方法灵活。在学习组织形式上主要是以常委（扩大）会为核心，带动全体委员。四五月份东欧局势发生变化，举办全体委员参加的东欧形势报告会。当年为常委和委员分别增订《人民政协报》《江西政协报》《江西统一战线》和《政协委员手册》等报刊。

1991年，通过发通知、订送报刊和辅导材料，经常在岗自学和参加常委会学习等方法、形式。8月份，组织常委和部分委员专门学习、座谈江泽民“七一”讲话，9月份分三批组织全体委员收听“讲话”的辅导录音；10月初，举办一场有全体委员参加的“纪念辛亥革命八十周年报告会”。当年，政协机关人员根据区委统一部署和区政协的具体安排，通过学理论、考知识、忆传统、谈思想等形式，开展党建理论、科学社会主义理论、党的统战理论等方面的学习讨论。

1992年，全体常委在学习中共中央〔1992〕2

号文件《关于传达学习邓小平同志重要讲话的通知》的基础上，听取区委副书记范序德作学习辅导报告。

1993年，组织新常委、新委员学习政协章程和李瑞环在全国政协八届二次常委会议上的讲话；为纪念毛泽东100周年诞辰，区政协给每位委员摘编翻印下发《毛泽东统战理论学习资料》；召开部分委员学习座谈会。组织委员学习江泽民在学习《邓小平文选》第三卷报告会上的讲话。

1994年，继续采取委员自学，主席会、常委会重点学，各专委会分口学。学习《邓小平文选》、国家领导人在全国统战工作会上的讲话。在第五、七次常委会上先后学习江泽民《在中央纪委第三次全体会议上的讲话》《在全国宣传思想工作会议上的讲话》及人民日报社论《为改革发展稳定献计献策》、政协新章程和中共十四届四中全会精神。提案文史委组织委员到井冈山参观学习，经科委组织委员学习《全国政协经济科技委员会座谈纪要》、到彭泽县贵希金属冶炼厂、芙蓉乡涂料厂、物质局轧钢厂等先进企业参观学习，文教法委组织委员到共青垦殖场和湖口玻璃厂参观学习。

1995年，坚持各种形式的学习活动，为配合委员学习，继续为常委、委员分别订送《心桥》《文史大观》《人民政协报》《光华时报》等报刊。为巩固学习成效，组织委员参加全国政协《政协章程和关于政治协商、民主监督、参政议政的规定》的考试，参加省政协《政协基本知识测验》。在全国上下纪念抗战胜利50周年及反法西斯战争50周年的日子里举行系列学习活动，委员潘治富在活动中撰写的《“把我们的血肉筑成新的长城”—试论抗战历史、爱国主义、社会主义教育的结合》论文，被省中共党史学会评选为优秀论文，并推荐入选华东七省市纪念抗日胜利50周年学术研讨会专辑刊载。

1996年，坚持周二学习制度，系统学习邓小平建设有中国特色社会主义理论及江泽民《领导干部一定要讲政治》《努力建设高素质干部队伍》等讲话，学习孔繁森、徐虎、王廷江等先进人物事迹。

1997年7月，在迎香港回归、纪念收回九江英租界70周年活动中，邀请区政协委员、市党史办副主任潘治富讲述香港回归的重大意义，阐述九江人民反帝反封建的战斗历程，进行爱国主义教育。

1998年，按照“三讲”的要求，坚持各种形式的学习活动，要求委员在岗位上自觉学习，利用常委会重点学习，先后学习李瑞环《在全国政协九届一次会议上的讲话》及《政协章程》等，并对《政协章程》的条例重点讲解。当年还学习江泽民《在全国抗洪抢险总结表彰大会上的讲话》；学习吴成生、梅美华等先进人物事迹。

1999年，结合“三讲”教育，加强政治理论学习；结合培训班，加强业务知识学习；结合重大时事，加强爱国主义学习。5月，组织全体委员参加在星子县举办的为期3天的政协委员培训班，全面系统地学习毛泽东、邓小平等关于统战工作的重要论述和江泽民、李瑞环关于做好新形势下政协工作的一系列重要讲话精神。9月，区政协党组决定，在政协全体中共党员中开展以胡长清等重大典型案件为反面教材的警示教育。

2000年3月14日至5月15日，开展以“讲学习、讲政治、讲正气”为主要内容的党性党风教育。区政协领导班子和领导干部参加，活动经历思想发动、学习提高，自我剖析、听取意见，交流思想、开展批评，认真整改、巩固提高四个阶段。通过“三讲”进一步坚定政治信念，增强“讲学习、讲政治、讲正气”的自觉性；进一步加强对建设中国特色社会主义的理解，增强贯彻党的基本路线的自觉性；进一步提高对贯彻民主集中制重要性和必要性的认识，增强维护领导班子团结统一的自觉性；进一步明确坚定党的群众路线和群众观点的根本要求，增强实践全心全意为人民服务宗旨的自觉性；进一步明确整改的重点，制定具体的整改方案。当年，重点结合“三讲”教育，加强政治学习，提高领导班子的领导素质；结合“三个代表”教育，加强理论学习，提高机关干部的整体素质；结合政协例会，加强业务学习，提高政协委员的参政素质。

2001年，重点学习“三个代表”重要思想、“七一”重要讲话、中共十五届六中全会精神、政协章程和统战理论。10月份，召开党组会专题研究部署、要求全体委员和机关干部学习《中共中央关于改进和加强党的作风建设的建议》，按照“八个坚持、八个反对”逐一对照检查，写出学习心得，查找问题，限期整改，并利用常委会和专委会将厦门远华走私大案作为反面典型对机关干部和政协委员进行警示教育。

2003 年，先后学习中共十六大和十六届二中、三中全会精神；中共中央总书记胡锦涛在中央党校省部级领导干部“三个代表”研讨班开学典礼上的讲话和“七一”讲话精神；《“三个代表”重要思想学习纲要》以及省委十一届四次全会、市委八届二次全会和区委七届二次全会精神等。在学习的同时，要求机关干部撰写心得体会和理论文章，政协主席杨朱记的调研文章《抓基础、重创新、求特色—开创新时期政协工作新局面》，先后被省政协《光华时报》和市政协《九江政协》刊登。

2004 年，结合胡锦涛“七一”讲话精神，树立科学发展观，学习时事政治，提高领导干部的政治素质；结合庆祝人民政协成立 55 周年，学习《中华人民共和国宪法》和《政协章程》，提高机关干部业务素质。9 月 8 ~ 10 日，区政协在庐山翠竹山庄举办全区政协委员培训班，培训内容主要是科学发展观、《政协章程》（修正案）、新时期如何当好政协委员、如何写好政协提案。

2005 年 2 月开始，历时半年，区政协开展以实践“三个代表”重要思想为主要内容的保持共产党员先进性教育活动，这次活动是加强党的执政能力建设和先进性建设的一次成功实践。6 ~ 8 月，在全区政协委员中开展“新阶段、新发展”大讨论活动，旨在进一步解放思想，实事求是，充分发挥政协优势，切实履行政协职能，将各界人士的思想和智慧集中到市、区委的重大部署上来，围绕发展议思路，集思广益献良策，推进党政决策的科学化、民主化，为建设美丽、富裕、和谐、强盛的新浔阳献计出力。活动主要是：围绕经济“发展”，开展“今年财政收入过三亿，明年怎么办?”大讨论；围绕社会“和谐”，开展“怎样巩固和深化社区党建‘三三四’模式成果?”大讨论；围绕城区“美丽”，开展“如何为魅力九江添光彩?”大讨论；围绕社会“稳定”，开展“怎样为平安浔阳做贡献?”大讨论；围绕党建“核心”，开展“新阶段新发展党员干部怎么办?”大讨论。10 月，结合在全区开展党务行为和政务行为“两个规范”教育中，区政协机关人员学习“公务员法”“行政许可法”等法律法规，人人都作学习笔记，写心得体会。当年，组织委员重点学习《中共中央关于进一步加强中国共产党领导的多党合作和政治协商制度建设的意见》，举办“反分裂国家法”学习座谈会，参加台海形势报告会。10 ~ 12 月，区政协根据区委统一部署，在机关全体工作人员中开展行为规范教育活动。活动分为“搞好学习、提高认识；对照检查、民主评议；总结提高、表彰先进”3 个阶段。

2007 年 10 月 29 ~ 31 日，区政协组织机关干部和六届区政协全体委员集中培训。区政协副主席朱少芬主持培训班工作。培训期间，区政协邀请省政协常委、省社会科学界联合会副主席汪玉奇就学习贯彻中共十七大报告精神作专题讲座，结合政协工作实践，围绕《政协章程》、提案撰写等有关政协理论知识作讲解。当年，区政协按照专门委员会的组成，将委员划分成 4 个委员活动小组，开展“四个一联系”活动，政协主席、副主席联系常委，政协常委联系委员，政协委员联系群众，政协专门委员会联系委员学习活动小组。共组织委员开展各项视察、学习、培训、调研、理论研讨等活动共 29 场次，紧扣区委、区政府提出的“三产强区、文化兴区、环境惠区、民本建区”思路，撰写 13 篇有参考价值的建议和意见，被区委、区政府采纳落实。同年，把对中共十七大精神的学习宣传作为一项重要的政治任务来抓，通过主席会、常委会、机关干部会、专题报告会等多种形式，采取集中学习与自学相结合的办法，就如何贯彻落实科学发展观，全面建设小康浔阳进行深入探讨。11 月 13 日，在前期新农村建设调研的基础上，开展送书进村活动，将一批中共十七大知识读本和有关科技、法律、卫生等书籍 1500 册送到金鸡坡街道姬公庵村，增强农民学习意识。

2008 年，结合主席会议、常委会议和全委会等会议，结合各项活动、听报告会等形式，组织委员和机关干部学习政治理论、市场经济知识和法律法规，切实增强自身素质；采取走出去、请进来的方法，到外地学习政协工作经验和做法。学习《中共中央关于加强人民政协工作意见》等。

2009 年 3 月初到 8 月底，开展深入学习实践科学发展观活动。区政协制订活动实施方案，活动分学习调研、分析检查、整改落实 3 个阶段进行，坚持学习实践科学发展观与机关效能建设相结合，抓各项制度落实，紧扣全区“三产活区、城建兴区”发展思路，充分发挥政协优势，切实履行职能。

2011 年 10 月 26 ~ 28 日，区政协在星子龙湾温泉举办新委员培训班，市政协理论研究会秘书长王龙宝主讲“政协理论知识”，区政协副主席刘宗强传授提案写作知识，区政协秘书长韩万金主持培训班工作，参加培训120人。

2012年，坚持学习引领方向，树立“一线政协”工作理念，通过召开主席会、民主生活会、专委会会议、联络组座谈会等形式，组织政协委员和机关干部学习人民政协理论知识，重点学习中共十八大会议精神，深入解读中共十八大报告中的新提法、新亮点、新举措，深化对中共十八大报告的了解力和执行力。7月5日，由区委、区政府主办，区政协承办的“浔阳讲坛”开讲，政协委员、市深燃天然气有限公司副总经理、工商管理硕士研究生、白鹿洞书院国学院商道研究员、燃气行业培训导师方国栋以《文化对比与思考》为题，讲解中美文化的对比与思考。8月9日，区政协在政协三楼会议室对新增补七届政协委员进行业务培训。区政协副主席廖济煊主持会议，秘书长韩万金出席会议并为新委员讲课。会议宣读新增补委员人员情况说明，学习《浔阳区政协委员守则》和政协相关业务知识。部分新增补委员作表态发言。

2013年1月13日，区政协在政协三楼会议室对新增补政协委员进行理论学习和业务培训。区政协副主席刘宗强，秘书长韩万金出席会议并为新委员讲课。会议宣读新增补委员人员情况说明，学习《浔阳区政协委员守则》《浔阳区政协办公室关于政协提案办理工作的规程》和政协相关业务知识，增强新委员们的履职意识，提高履职能力。4月26日下午，区政协副主席朱少芬主持召开委员进社区“五个一”活动动员会。秘书长韩万金出席会议，各街道政协联络处主任及联络员参加会议。会议学习《浔阳区政协委员进社区“五个一”活动的实施方案》，各街道联络组负责人就下步工作发言。“五个一”即：每位委员一年要服务一个驻地社区、帮扶一户困难家庭、参加一次委员约访、反映一条社情民意、实施一件为民实事。10月12日，在政协三楼会议室对新增补政协委员进行理论学习和业务培训。区政协主席文建华，副主席廖济煊出席会议，秘书长韩万金为新委员讲课。会议学习《浔阳区政协委员守则》《浔阳区政协办公室关于政协提案办理工作的规程》和政协相关业务知识，增强新增委员们的履职意识，提高履职能力。

2014年2月底至9月底，按照中共中央统一部署，区政协机关开展党的群众路线教育实践活动，按照“照镜子、正衣冠、洗洗澡、治治病”的总要求，以“为民务实清廉”为主题，以“反对‘四风’、服务群众”为重点，以深入推进政协委员密切联系群众“三进三服务”为载体，以建设“学习型、服务型、创新型”政协机关为目标。活动坚持问题导向，分学习教育、听取意见，查找问题、开展批评，整改落实、建章立制3个环节。活动共召开社区座谈会、老干部座谈会、委员座谈会9次，发放书面征求意见函500余份，发送征求意见信息300余条，网上群发集体征求信息2次。共征求意见建议100余条，经整理为26条，其中“四风”方面的问题15条。重点在促进工作、联系委员群众、考核评价、机关建设4个方面建立健全委员约访、提案“三会”等12项制度。活动中坚持学习引领作用，把学习放在突出重要位置，制订学习计划，明确学习重点。坚持做到规定的学习篇目全部到位，组织学习《厉行节约　反对浪费——重要论述摘编》《党的群众路线教育实践活动学习资料选编》《论群众路线——重要论述摘编》等专题重点学习材料；坚持集体组织学习和分散学习结合，要求领导干部每天都要抽出时间专门学习，区政协确定每周五下午为集中学习时间；坚持做到学习形式多样化，邀请专家进行专题讲座、观看《红色故事汇》等专题电教、召开专题学习座谈讨论会等，有力地提升机关党员干部对教育活动重要性的认识。

2015年2月9日，区政协召开机关全体工作人员会议，学习传达刚刚闭幕的省两会精神，区政协主席文建华首先介绍了省两会盛况、省领导讲话和委员发言情况，接着与会人员围绕讲话精神进行认真讨论。最后文建华主席结合本区政协实际要求机关工作人员带头真学、真懂、真用，把会议精神落到实处。特别是要提前谋划好今年的调研视察、民主监督、对口协商、建言献策、文史资料等各项具体工作。3月20日，区政协召开主席（扩大）会议，学习传达全国“两会”精神，特别是中共中央总书记习近平在参加江西代表团审议时的讲话精神。会议强调学习贯彻“两会”精神，关键在落实，要切实把思想和行动统一到中央的决策部署上来，把握经济发展新常态，在深入推进“四个全面”战略任务中贡献政协的智慧与力量。要结合本区实际，按照常委会工作安排，认真做好今年的各项工作。4月10日，区政协举办党风廉政建设专题讲座，邀请区委常委、纪委书记梁少清主讲，区政协常委会组成人员、机关全体工作人员及部分政协委员参听。讲座从全面从严治党、严肃责任追究、守纪律讲规矩、继续坚持高压反腐态势、更加重视巡视巡察制度、横下一条心纠正“四风”等六个部分展开。主讲人通过大量鲜活事例、典型案例，以案说纪、以案说法，旁征博引、深入浅出，既分析当今反腐斗争形势，又明确今后廉洁从政要求。参听人员都感到受益匪浅，纷纷表示要进一步提高廉洁自律意识，主动学习、敬畏法纪，努力营造风清气正的政治生态。5月29日，区政协召开“三严三实”专题教育党课报告会，这标志着区政协机关“三严三实”专题教育正式启动。会上，区政协党组书记、主席文建华以“以‘三严三实’为准绳、不断提升政协工作水平”为题，为全体机关工作人员、各街道政协联络处负责人讲授了一堂生动深刻的专题党课，随后的一个多月各党员主席分别赴挂点社区、企业或者“委员之家”上党课。6月17日，召开全体机关工作人员会议，传达学习党规党纪教育年活动精神。9月28日，召开主席（扩大）会议，传达学习省委政协工作会议精神。11月10日，召开机关工作人员会议，传达学习中共十八届五中全会精神，进一步深化发展规律的认识，深刻理解创新、协调、绿色、开放、共享五大发展理念。12月30日，召开会议传达学习市委、区委政协工作会议精神。

第四节　宣传工作

1987年以来，区政协大力宣传党和国家时事政治、大政方针；宣传区委区政府中心工作，宣传区政协工作经验和业绩，宣传政协委员建言献策成果和各自岗位建功立业事迹等。充分利用各级党报党刊，特别是《人民政协报》《光华时报》等媒体，通过新闻信息、调研视察报告、理论文章等广泛宣传，一年一个新台阶，不断扩大政协工作的影响力、知名度和美誉度。当年7月，编发会刊《浔阳政协》，及时向全体委员通报全区的大事和政协活动情况，加强区政协与委员的联系，交流感情，指导各工作组开展工作。

1994年初，委员李仁礼提出《加强政协宣传工作》提案，受到重视，1994年3月4日，主席会研究决定成立区政协报道组，及时报道政协组织活动情况，由学习提案文史资料委员会推荐成员并负责日常工作。当年向各新闻单位和有关部门发稿12篇，被采用9篇，用稿率75%，报道员王奉远的关于对个体私营经济的调查报告2次在会议上宣读，受到市、区政协的赞扬。8～9月，区政协开展纪念人民政协成立45周年活动，包括电视大奖赛和试卷笔试竞赛等。

1996年，组写提案工作经验材料和区政协为经济建设服务的经验材料，向《光华时报》《九江日报》和九江电视台等新闻单位投稿，用稿率50%。

1997年5月6日，区政协在区人武部会议室举行“迎接香港回归，纪念收回九江英租界70周年”报告会。6月18日，区政协在区文化馆会议室召开“迎接‘九七’香港回归暨庆祝区政协成立10周年大会”。

2003年，区政协主席杨朱记调研文章《抓基础、重创新、求特色—开创新时期政协工作新局面》，相继被省政协《光华时报》和市政协《九江政协》刊登。

2004年，通过简报、文史资料，加强横向联系，宣传浔阳、推荐浔阳。区政协主席杨朱记的调研文章《抓好五个环节　搞好视察调研》，先后被省政协《光华时报》和市政协《九江政协》刊登。

2005年，结合“新阶段，新发展”大讨论，就全市大开放、大工业、大旅游、大物流和城市大建设及全区党建、市容、经济发展、社区建设为内容开展调研，积极建言献策，撰写论文、调研报告26篇，收集建议100多条。委员严平《重视高层次专业技术人才，为实现新发展提供智力支持》被市政协评为优秀论文。

2007年，邀请新闻单位参加区政协有关活动报道，通过九江电视台、《江西日报》《光华时报》《九江日报》等新闻媒体宣传政协的作用和影响。全年在《光华时报》用稿5篇、《九江日报》用稿28篇，九江新闻网、中国浔阳网用稿108篇。

2008年，在充分挖掘机关工作人员写稿潜力的同时，聘请热心新闻报道工作、写作能力较强的政协委员为特约通讯员，充实政协机关宣传报道队伍，调动和发挥他们在宣传政协工作的作用，对被采用的稿件给予奖励。当年在《光华时报》《江西日报》《九江日报》及有关网站上发稿182篇。11

月 7 日，省政协宣传发行工作会议表彰 2008 年度宣传发行工作先进单位，区政协被评为全省宣传发行工作先进单位。同年，姚华仟获市政协系统优秀通讯员。

2009 年 11 月 17 日，区政协报送的《一条短信办了五件实事》在市第十三届宣传中国共产党领导的多党合作和政治协商制度好新闻评选活动中获二等奖。11 月 27 日，区政协在市政协宣传工作暨表彰会上被评为 2009 年度全市政协宣传工作先进集体，姚华仟被评为宣传工作先进个人。全年，区政协收到各党派大会发言材料 21 篇。其中作为大会发言材料 15 篇，得到区委主要领导逐一批示；被省政协《光华时报》理论版刊登 6 篇。当年在《光华时报》《江西日报》《九江日报》及有关网站上发稿 250 篇。

2010 年起，区政协制定《浔阳区政协机关新闻宣传工作奖励办法》。当年，区政协一次性为全区 195 名政协委员每人赠订 1 份《光华时报》，为区四套班子主要领导以及相关部门负责人、政协机关干部、离退休干部赠送 1 份《光华时报》。区政协常委、市昌荣贸易有限公司总经理章海香向到浔阳抗洪部队赠送 100 本反映九八抗洪的《聚焦九江》，让战士们了解伟大的抗洪精神，感受军民之间血浓于水的深情。政协常委、九江虹能电力公司总经理潘炳生组织庆八一文艺演出，给驻浔部队官兵们带来节日的欢乐。政协常委、九江浔庐电工器材有限公司总经理李伟群组织“伸出我的手、温暖你的心”文艺演出，与劳教人员共度新年。

2010 年，区政协在《江西日报》《光华时报》《九江日报》及有关网站上发稿 200 余篇，被省政协评为宣传发行工作先进单位。为宣传区政协委员，展现委员风采，当年，区政协从 198 名委员中挑选有代表性的 50 名委员进行采写，编辑出版《品味人生——政协委员风采录》一书。

2011 年 2 月区“两会”期间，区政协委员黄友塘、秦玉林为社区低保户赠送《九江晨报》，让他们通过报纸感受省、市政协会议的热烈氛围和美好愿景。3 月 31 日，由区政协机关干部刘少宏创作的电视短剧《抢盐》在花园大酒店开拍，4 月 10 日 19 点 22 分在庐山旅游频道与观众见面。6 月 10 日，区政协召开机关干部全体会议，全票通过参照“九江市政协新闻报道奖励办法”制定的奖励办法，对写稿人发表的稿件，予以全国 100 ~ 1000元、省级 50 ~ 500 元、市级 30 ~ 500 元、区级 15 元的奖励。自从奖励办法实行以来，机关工作人员积极行动起来，对政协会议、视察、走访以及委员的参政议政、社会服务、民主监督等活动进行跟踪报道，大大提升政协的影响力。政协常委潘炳生因为帮扶“太阳村”等爱心活动，经过中国网、中国慈善网、《光华时报》、江西政协网等媒体报道，被江西慈善总会、江西新闻网评为“2010 年十大公益慈善人物”。7 月 1 日，由九江民主促进会选送，区政协机关干部表演的男女声对唱《咱老百姓》在“九江市统一战线庆祝建党 90 周年‘同心·和谐之声’文艺演出”中获一等奖。7 月，区政协机关干部刘少宏创作的歌词《把安全记心上》在市安全生产委员会举办的“十佳安全——歌词、标语、警示语、演讲活动”中获全市“十佳安全歌词”，排名第一。11 月 18 日，区政协在市政协召开的“全市政协宣传暨 2012 年度政协报刊征订工作会议”上获全市政协宣传工作先进集体，刘少宏获宣传工作先进个人。当年，区政协对政协网进行升级改造，派出专门人员参加信息员培训班。政协网对政协换届大会进行全面报道，把优秀提案放到网上供委员们学习交流，使得政协学习氛围更浓，委员与委员之间的联系更紧密。当年，区政协在《中国网》《光华时报》《江西政协新闻网》《九江日报》《九江网》等市级以上媒体上发稿 218 篇，在全市排名第一，并在全市政协工作会议上作典型发言。

2011 年，根据区委书记指示，区政协从存史与资政角度，组织专家学者考证残存文献谱牒，深入市井民间收集口碑史实，挖掘整理编撰图片 170 张、25 万字的《百年大中路》一书，作为全市县域经济巡回看变化大中路项目的配套书发送，受到领导和社会的高度评价。

2012 年 3 月 15 ~ 16 日，区政协在“全市政协宣传信息工作座谈会”上交流《品味人生——政协委员风采录》采写情况，机关干部刘少宏作大会发言。7 月，区政协主席会议决定编辑出版《浔阳政协信息》，设置领导讲话、工作要闻、部门动态、委员活动、提案选登、短讯传递 6 个栏目，原则上每月编辑出版一期，在全委会或其他重要时期按需刊发；在区政府门户网站开设《中国浔阳政协新闻网》子网，设置“新闻动态”“政协会议”“委员活动”“委员提案”等 8 个栏目，指定专人负责网站更新；出台《浔阳区政协宣传工作奖励办法》，对在国家、省级用稿实施奖励。9月，区政协委员、九江行政服务文化研究院院长刘泰初与九江网、九江名仕林茶轩、九江作家协会浔阳文化论坛在名仕林茶轩开办“名仕讲坛”。讲坛以汇聚各界朋友、传播九江文化、弘扬道德正义、促进社会和谐为宗旨，每周举办一次，副主席朱少芬出席讲坛。江西财经学院教授蔡厚淳、九江学院教授罗龙炎先后主讲《弟子规与人生修养》《古代庐山与现代庐山》。11月20日，区政协在“全市政协宣传暨2013年度政协报刊征订工作会议”上被评为市政协新闻报道先进集体，刘少宏被评为优秀个人。据统计，区政协全年在各级各类媒体发稿180余篇，其中国家级1篇，省级84篇。

2012年，按照“文化浔阳”发展战略要求，深入挖掘古浔阳历史文化，集聚一批本土历史和人文专家学者，通过广泛收集，多方论证，以古浔阳历史文化为主题的《浔阳拾遗》编辑出版，全书收集整理70张图片近20万字。高起点、高标准承办区“喜迎十八大，庆祝双佳节”文艺晚会，扩大政协影响力。

2013年，区政协在各级各类报纸刊物上稿112篇次，比2012年增长20%，在各类网站上稿100余篇次。其中在《人民日报（海外版）》和《人民政协报》等国家级报刊上稿4篇；在省政协机关报《光华时报》上稿50篇（其中由副主席廖济煊、港澳台侨委主任龚前旺撰写的《践行群众路线，发挥委员作用》上头版头条）。10名政协委员共同组织开展“圆贵州孩子回家梦”活动，帮助正在九江求学的20名贵州贫困山区孩子回家看望父母，在社会上反响很大，机关干部刘少宏撰文、图片发到《人民日报（海外版）》《光华时报》《九江日报》等国家、省市级媒体予以报道。区经科委主任高雄撰写的《九江市浔阳区开展非公人士“理想信念”教育》《擦亮百年大中路“名片”——九江市浔阳区政协建言步行街改造升级》《九江市浔阳区政协调研现代物流产业》3篇稿件在人民政协报上刊登，实现在《人民政协报》几年难上一稿的新突破。

2014年11月14日，在全市政协宣传暨2015年度政协报刊征订工作会议，区政协以第一名的成绩作为“全市政协系统宣传工作先进集体”代表作工作介绍。同年，高雄获市政协系统优秀通讯员。龚前旺获全省政协系统优秀通讯员、全市政协系统优秀信息员。自2013年10月份至2014年9月份，区政协在国家和省、市、区各级各类新闻媒体、报纸杂志上稿300余篇，其中《人民政协报》上稿10篇，《光华时报》上稿51篇（其中头版18篇，头条1篇），《今日信息》上稿41篇，《九江日报》上稿9篇。当年区政协机关高雄撰写的《政协专委会重在“专、特、新”》论文获全市政协理论研究三等奖，同时与主席文建华的理论文章《浅议政协协商民主的规范化建设》一同入选省庆祝人民政协成立65周年理论研讨会《人民政协与协商民主文选》一书。

2015年，区政协在国家和省、市、区各级各类新闻媒体上稿300余篇，其中《人民政协报》上稿18篇，《光华时报》上稿68篇（其中头版头条3篇），《九江日报》上稿14篇。连续4年荣获《光华时报》“宣传发行工作先进单位”，连续5年荣获“全市政协系统宣传工作先进集体”。政协机关高雄同志撰写的新闻作品《党政全力支持 部门紧密配合——九江市浔阳区政协民主监督更有效》被评为2015年度《光华时报》好新闻三等奖，这也是区政协近几年来新闻稿件首次在省政协报获奖，政协机关龚前旺分别被省、市政协评为2015年度优秀通讯员和优秀信息员。

表6-4-1　　2003年~2015年部分新闻稿件、理论文章目录

日期	标　　题	媒体	作　者
2003	《抓基础、重创新、求特色——开创新时期政协工作新局面》	光华时报	杨朱记
2004	《抓好五个环节搞好视察调研》	光华时报	杨朱记
2007-9-3	浔阳区政协向贫困家庭及贫困大学生捐赠助学金	九江日报	蔡　杰
2007-11-17	浔阳区政协送十七大读本及科普知识进村	九江日报	姚华仟　林国光
2008-3-7	浔阳区政协慰问社会福利院老人	光华时报	韩万金　姚华仟
2008-3-7	浔阳区政协慰问社会福利院老人	九江日报	姚华仟　孙仁贵

日期	标　　题	媒体	作　者
2008 - 4 - 28	冒充政协领导高价推销书籍	浔阳晚报	姚华仟　葛先虎
2008 - 6 - 28	浔阳区政协委员深入企业调研	九江日报	姚华仟　孙仁贵
2008 - 8 - 26	浔阳区政协邀请市区两级委员视察经济适用房运作情况	光华时报	易水生　姚华仟
2008 - 8 - 31	浔阳区政协邀请市区两级委员视察经济适用房运作情况	九江日报	姚华仟　孙仁贵
2008 - 10 - 17	加强领导，完善制度，强化督查——浔阳区提案办理让委员用三个“如此”来感叹	光华时报	姚华仟
2008 - 11 - 11	提供有力保障，打造有为环境——浔阳区为政协履职“费心思”	光华时报	张燕萍　姚华仟
2008 - 12 - 9	展现政协形象，扩大自身影响——浔阳区政协宣传发行常抓常新	光华时报	易水生　姚华仟
2008 - 12 - 16	做好政协新闻工作的几点体会	光华时报	姚华仟
2008 - 12 - 26	委员也不能挂名不出力——浔阳区政协委员管理动真格	光华时报	姚华仟
2008 - 12 - 30	浔阳区政协委员积极参与社会实践活动为民带实惠	光华时报	姚华仟
2009 - 1 - 13	浔阳区将表彰一批优秀政协委员	光华时报	姚华仟
2009 - 1 - 16	浔阳区政协专委会活动有声有色	光华时报	姚华仟
2009 - 1 - 20	浔阳区政协——一条短信办 5 件实事	光华时报	姚华仟
2009 - 1 - 23	提案工作上水平要增强三种意识	光华时报	姚华仟　易水生
2009 - 2 - 8	心灵的呼唤——浔阳区政协与市劳教所举办“伸出我的手、温暖你的心”新春联欢会	九江日报	林国光
2009 - 3 - 6	浔阳区政协组织志愿者走进敬老院	九江日报	袁春燕　孙仁贵
2009 - 3 - 27	加强中心城区城市管理工作	光华时报	姚华仟
2009 - 4 - 10	下基层看，坐下来谈，浔阳区政协把常委会搬到“田间地头”	光华时报	姚华仟
2009 - 4 - 15	浔阳区返乡农民工在家学技能	浔阳晚报	姚华仟　谈思宏
2009 - 4 - 21	浔阳区政协举办返乡农民工技能培训讲座	光华时报	姚华仟　刘少宏
2009 - 4 - 24	深入基层，调查研究——浔阳区政协围绕“三保”献良策	光华时报	姚华仟
2009 - 5 - 5	加快浔阳区文化产业发展	光华时报	区政协课题组
2009 - 5 - 8	浔阳区政协走访民营企业界政协常委	光华时报	姚华仟
2009 - 5 - 22	大力探索社区养老新模式	光华时报	浔阳区政协课题组
2009 - 5 - 26	浔阳区政协大力宣传政协委员	光华时报	姚华仟
2009 - 5 - 26	浔阳区政协委员到疾控中心视察	九江日报	赖雅力　林国光
2009 - 6 - 5	浔阳区政协委员到疾控中心视察	光华时报	姚华仟
2009 - 6 - 12	加快均衡发展步伐，实现区域教育公平	光华时报	张燕平
2009 - 7 - 7	完善制度抓落实，浔阳区深入办案单位全面督查	光华时报	姚华仟
2009 - 7 - 14	浔阳区政协助贫困考生圆大学梦	光华时报	姚华仟

日期	标　　题	媒体	作　者
2009-7-24	围绕提案做文章，做好文章促落实——浔阳区政协大兴调研之风	光华时报	姚华仟
2009-8-11	浔阳区政协急企业之所急，偏僻的沃尔玛超市有了公交停靠站	光华时报	姚华仟
2009-8-14	把握重点，凸显亮点，浔阳区政协尽心履职促发展	光华时报	韩万金
2009-8-28	浔阳区政协委员到城东工业园视察	光华时报	姚华仟
2009-10-9	我一生最大的荣耀	光华时报	刘少宏
2009-10-28	浔阳区庆祝人民政协成立60周年好汉坡放歌	九江日报	孙仁贵
2009-11-13	浔阳区政协专题视察人防建设	光华时报	姚华仟
2009-11-13	浔阳区195名政协委员人手一份《光华时报》	光华时报	姚华仟
2009-11-17	浔阳区政协委员呼吁——为免费婚检呐喊造势	光华时报	姚华仟
2010-1-1	着眼大局，立足发展——浔阳区政协服务全区中心工作有特色	光华时报	韩万金
2010-1-5	拓宽渠道，注重实效——浔阳区政协民主监督效果好	光华时报	韩万金
2010-1-8	精选课题、深入调研——浔阳区政协为中心工作建言献策	光华时报	韩万金
2010-1-22	制度化、规范化、常态化——浔阳区政协提案办理达“双百”	光华时报	姚华仟
2010-1-26	长期不参加政协组织的各项活动——浔阳区3名政协委员“下课”	浔阳晚报	姚华仟　谈思宏
2010-3-6	雷锋来了——浔阳区政协福利院送温暖	浔阳晚报	李涛渊
2010-3-8	浔阳区政协福利院送温暖	九江日报	洪显志
2010-3-12	7家委员单位获纳税大户奖	光华时报	姚华仟
2010-3-26	围绕中心，献智出力——浔阳区政协政治协商热情高	光华时报	韩万金
2010-3-26	浔阳区政协为码头建设出力	光华时报	姚华仟
2010-3-30	完善机制，提高质量——浔阳区出台提案办理考核评比办法	光华时报	姚华仟
2010-3-30	浔阳区政协开展规范地名调研	光华时报	姚华仟
2010-4-2	政协是个好地方	光华时报	姚华仟
2010-4-2	浔阳区政协发挥主体作用	光华时报	姚华仟
2010-4-27	努力加大民营经济扶持力度	光华时报	民进浔阳区支部
2010-4-30	浔阳区委书记朱汉浩寄语政协——在“三个作为”上下功夫	光华时报	姚华仟
2010-6-16	浔阳区政协常委潘炳生常年捐助太阳村	九江日报	刘少宏
2010-6-22	浔阳区政协做细民营企业委员工作	光华时报	姚华仟
2010-6-25	浔阳区政协加大委员管理力度	光华时报	姚华仟
2010-7-25	浔阳区政协委员慰问抗洪部队	九江日报	刘少宏

日期	标　　题	媒体	作　者
2010－8－24	浔阳区政协常委潘炳生义拍油画助白血病患儿	九江日报	刘少宏
2010－9－21	委员与网友互动“呵护十里河”	光华时报	刘少宏
2010－9－21	浔阳区政协主席看望离任常委	光华时报	刘少宏
2010－9－28	从读到写的接力	光华时报 征文三等奖	刘少宏
2010－10－26	驻区市政协委员余玲玲“尊老敬老、九载情深”	光华时报	韩万金　刘少宏
2010－11－3	“尊老敬老、九载情深”	九江日报	韩万金　刘少宏
2010－11－5	最高的境界是奉献——记浔阳区政协常委潘炳生	光华时报	刘少宏
2010－11－30	浔阳区政协开展视察	光华时报	韩万金　刘少宏
2010－12－7	履职促发展　服务奏和谐——浔阳区政协为推动经济社会发展出力	光华时报	张燕平　韩万金
2010－12－17	浔阳区政协委员立足岗位建功业	光华时报	韩万金　刘少宏
2010－12－31	浔阳区政协履职为民做实事	光华时报	张燕平　韩万金
2011－1－18	浔阳区政协走访优秀委员	光华时报	刘少宏
2011－1－5	干部进社区　垃圾一日清	九江日报	刘少宏
2011－1－7	浔阳区政协常委献爱心迎新年	光华时报	刘少宏
2011－1－18	浔阳区政协走访优秀委员	光华时报	韩万金　刘少宏
2011－2－13	浔阳区《品味人生—政协委员风采录》出版	九江日报	韩万金　刘少宏
2011－2－20	浔阳区政协委员给社会提供精神食粮	九江日报	刘少宏
2011－3－1	浔阳区政协履职为民做实事	光华时报	张燕平　韩万金
2011－3－22	浔阳区政协政治协商凸显成效	光华时报	韩万金
2011－4－1	浔阳区政协学习“两会”精神	光华时报	韩万金　周文飞
2011－4－12	潘炳荣获江西省“十大公益慈善人物”	光华时报	刘少宏
2011－4－8	慈善为心、善举济世——访浔阳区政协常委潘炳生	长江周刊	刘少宏　喻勋
2011－4－8	浔阳区政协精选调研课题	九江日报	韩万金
2011－4－8	浔阳区政协创作电视短剧《抢盐》开拍	光华时报	刘少宏
2011－5－10	浔阳区政协常委获慈善大奖	光华时报	刘少宏　王虹
2011－5－24	浔阳区政协视察“十二五”规划工作	光华时报	韩万金
2011－6－3	浔阳区政协实行新闻报道奖励	光华时报	刘少宏
2011－6－10	浔阳区政协常委潘炳生用行动让爱心开花结果	光华时报	刘少宏
2011－6－14	浔阳区举行纪念世界环境日活动	光华时报	周文飞
2011－6－28	浔阳区政协积极参与歌咏赛	光华时报	刘少宏
2011－7－5	浔阳区政协大力开展市容整治	光华时报	韩万金

日期	标　　题	媒体	作　者
2011-7-8	浔阳区政协“七一”走访老党员	光华时报	韩万金
2011-7-15	浔阳区政协收看建党90周年大会电视实况	光华时报	韩万金
2011-7-15	浔阳区政协委员高平出版《千年微笑》	光华时报	刘少宏
2011-7-29	浔阳区政协创作的歌词《把安全记心上》获奖	光华时报	刘少宏
2011-7-31	为“少儿活动中心”输送清凉	九江日报	刘少宏
2011-8-20	浔阳区政协对非公有制企业提名委员进行考察	九江日报	刘少宏
2011-8-23	浔阳区政协对提名委员进行考察	光华时报	刘少宏
2011-9-2	浔阳区政协常委潘炳生捐资助学献爱心	光华时报	刘少宏
2011-9-20	浔阳区政协常委潘炳生看望困难党员	光华时报	刘少宏
2011-9-23	浔阳区政协委员傅晓文作品集出版	光华时报	刘少宏
2011-9-9	浔阳区政协召开七届一次会议	光华时报	韩万金　周文飞
2011-10-7	浔阳区政协常委费亚克被义工社推选为“名誉理事长”	光华时报	韩万金　刘少宏
2011-10-11	浔阳区政协视察城投公司暨重大项目建设情况	光华时报	刘少宏
2011-10-25	浔阳区政协开展视察活动	光华时报	韩万金
2011-10-28	浔阳区政协确保委员提案提交	光华时报	刘少宏
2011-11-8	浔阳区举办新委员培训班	光华时报	刘少宏
2011-11-11	浔阳区政协举办学习党的十七届六中全会精神座谈会	光华时报	韩万金
2011-11-18	浔阳区政协主席视察大中路（西段）升级改造项目	光华时报	韩万金
2011-11-30	浔阳区政协开展视察	光华时报	韩万金
2011-12-9	浔阳区政协主席文建华深入企业调研	光华时报	韩万金
2011-12-23	浔阳区政协主席文建华视察区检察院工作	光华时报	韩万金
2011-12-23	浔阳区采纳委员建言恢复老字号原貌	光华时报	韩万金
2012-1-6	浔阳区政协文史委整理出版《百年大中路》	光华时报	韩万金
2012-1-13	浔阳区政协开展走访活动	光华时报	刘少宏
2012-1-17	浔阳区政协开展集中大走访活动	光华时报	韩万金
2012-1-20	浔阳区政协走访福利院慰问孤寡老人	光华时报	刘少宏
2012-3-2	浔阳区政协表彰先进	光华时报	刘少宏
2012-3-23	浔阳区政协与全市政协机关交流“委员风采”	光华时报	刘少宏
2012-3-23	浔阳区政协认真学习贯彻全国“两会”精神	光华时报	韩万金
2012-3-27	浔阳区政协开展委员进社区活动	光华时报	韩万金
2012-3-30	浔阳区政协80后委员进社区帮扶困难群众	光华时报	刘少宏
2012-4-13	浔阳区政协获“党务”先进单位	光华时报	刘少宏

日期	标　　题	媒体	作　者
2012 - 4 - 20	浔阳区政协常委潘炳生亮相《人民政协报》	光华时报	刘少宏
2012 - 5 - 8	浔阳区政协委员进社区	九江日报	刘少宏
2012 - 5 - 18	浔阳区政协领导调研督导政协委员进社区工作	光华时报	韩万金
2012 - 5 - 29	浔阳区政协出台发展养老服务实施意见	光华时报	周文飞
2012 - 6 - 1	浔阳区政协调研旅游工作	光华时报	刘少宏
2012 - 6 - 19	浔阳区政协委员杨震云为企业家委员搭建融资平台	光华时报	刘少宏
2012 - 6 - 26	浔阳区政协为委员学习搭建平台	光华时报	刘少宏
2012 - 6 - 29	浔阳区政协主席文建华视察《公证法》贯彻落实情况	光华时报	刘少宏
2012 - 7 - 3	浔阳区政协不断提高委员履职水平	光华时报	韩万金　周文飞
2012 - 7 - 3	学习省政协十届六次会议	光华时报	龚前旺
2012 - 7 - 6	浔阳区狠抓制度建设	光华时报	龚前旺
2012 - 7 - 10	浔阳区政协建立提案考核激励机制	光华时报	刘少宏
2012 - 7 - 24	浔阳区政协力促提案办复满意率达到100%	光华时报	刘少宏
2012 - 8 - 3	浔阳区政协制定《委员守则》	光华时报	刘少宏
2012 - 8 - 7	浔阳区政协按照《委员守则》劝退一名委员	光华时报	刘少宏
2012 - 8 - 14	学习胡锦涛总书记讲话	光华时报	龚前旺
2012 - 9 - 7	浔阳区政协努力提高提案质量	光华时报	刘少宏
2012 - 9 - 16	浔阳区政协开展“百名委员进社区　带动群众促创建”活动	九江日报	余斌　郭智
2012 - 9 - 18	浔阳区首个“委员之家”在金鸡坡街道揭牌	光华时报	刘少宏
2012 - 9 - 21	浔阳区政协向委员发放“为民示范岗”	光华时报	刘少宏
2012 - 10 - 12	浔阳区参加七省（市）部分县（市、区）政协工作研讨会	光华时报	龚前旺
2012 - 11 - 13	浔阳区政协积极组织收看中共十八大会议开幕式	光华时报	龚前旺
2012 - 11 - 23	浔阳区政协领导班子召开假浮蛮自查整改会议	光华时报	刘少宏
2012 - 12 - 04	浔阳区政协委员姚杰书画首发式在浔举行	光华时报	刘少宏
2012 - 12 - 07	浔阳区政协为环卫协会成立捐款	光华时报	刘少宏
2012 - 12 - 24	浔阳区政协提案工作有成效	光华时报	龚前旺
2012 - 12 - 24	浔阳区政协“三会”促进提案工作	人民政协报	龚前旺
2013 - 01 - 08	紧扣发展主题　积极参政议政——浔阳区政协全力履行政协工作取能点睛	九江日报	姚星宇
2013 - 01 - 08	浔阳区政协热烈讨论两个报告	光华时报	刘少宏
2013 - 01 - 08	创新务实　突出成效——浔阳区政协“三会”促进提案工作	光华时报	龚前旺
2013 - 02 - 05	浔阳区政协建立提案表彰长效奖励机制	光华时报	刘少宏

日期	标　　题	媒体	作　者
2013－02－08	浔阳区政协表彰先进通报后进	光华时报	刘少宏
2013－02－08	推动政协工作再上新台阶	光华时报	文建华
2013－02－19	浔阳区政协积极学习领会省政协十一届一次会议精神	光华时报	龚前旺
2013－02－22	浔阳区政协制定提案办理工作规程	光华时报	刘少宏
2013－03－05	浔阳区政协召开主席会专题审议委员提案	光华时报	刘少宏
2013－03－15	浔阳区政协招商引资为九江打造新亮点	光华时报	刘少宏
2013－03－19	紧扣主题　积极参政议政——浔阳区政协全力履行政协工作职能	光华时报	龚前旺
2013－04－05	七年呼吁成正果	光华时报	刘少宏
2013－04－09	政协委员之歌	光华时报	刘少宏
2013－4－12	浔阳区政协“委员约访”活动成效多	光华时报	龚前旺
2013－04－30	浔阳区台胞台属为芦山地震灾区人民献爱心	光华时报	龚前旺
2013－05－07	女人是朵花——记九江市浔阳区政协委员余卫琴	光华时报	刘少宏
2013－05－14	浔阳区政协常委潘炳生力促北京九江文化经济交流	光华时报	刘少宏
2013－05－17	浔阳区政协民主监督动真格讲实效	光华时报	龚前旺
2013－05－17	浔阳区政协视察开放式物业管理工作	光华时报	刘少宏
2013－05－31	浔阳区政协常委潘炳生为太阳村孩子圆梦	光华时报	刘少宏
2013－06－04	浔阳区政协视察沿江开放开发的巨大变化	光华时报	刘少宏
2013－06－11	浔阳区政协到民政局督办提案	光华时报	刘少宏
2013－06－13	浔阳区政协开展集中大走访	九江日报	刘少宏
2013－06－14	做好政协民主监督工作	光华时报	文建华
2013－07－02	正在江洲求学的20名贵州贫困山区孩子想回家看看——9位浔阳区政协委员助其圆梦	浔阳晚报	陈姝含
2013－07－03	孩子们昨天过得真开心	浔阳晚报	陈姝含　李涛渊
2013－07－04	江洲，我们很快回来	浔阳晚报 头版头条	李涛渊
2013－07－04	20个贵州娃昨踏上返乡路	浔阳晚报	陈姝含　李涛渊
2013－07－04	回家了、圆梦了——9名政协委员爱心串联助20名贵州娃踏上返乡路	九江日报	江慧　刘少宏
2013－07－05	浔阳区政协与星子县政协交流委员之家打造工作	光华时报	龚前旺
2013－7－6	圆贵州孩子梦	人民日报 海外版	刘少宏
2013－07－09	增强协商民主工作实效	光华时报	文建华
2013－07－11	浔阳区政协切实履职发挥效应	九江日报	江　慧
2013－07－12	有梦想，就行动	光华时报	刘少宏

日期	标　　题	媒体	作　者
2013－07－16	浔阳区政协主席到面粉厂片区调研旧城改造工作	光华时报	刘少宏
2013－07－19	浔阳区政协服务企业	光华时报	高　雄
2013－07－22	爱心企业家潘炳生再到湖口帮扶贫困学子	九江晨报	刘少宏
2013－07－26	践行群众路线　发挥委员作用——浔阳区政协开展委员进社区活动	光华时报头版头条	廖济煊　龚前旺
2013－07－26	9位政协委员爱心后续——周老师已返回江洲，孩子们明日启程返赣	浔阳晚报	陈姝含
2013－07－29	浔阳区政协委员进社区成效显著	九江日报	江慧　廖济煊　龚前旺
2013－07－30	她与受助贫困生7年通信108封，2.1公斤信笺承载着浓浓爱心	浔阳晚报	胡敏　胡浪　陈姝含
2013－07－31	四位一体保洁　打造样板街区——浔阳区全力打造整洁优美城市环境	九江日报	高雄　江慧
2013－08－1	爱的信笺成了孩子们的心灵鸡汤	浔阳晚报	谢钶　陈姝含　谢文
2013－08－2	“作秀”点燃爱之旅	光华时报	黎璇如
2013－08－06	浔阳区消防、公安为委员企业服务	光华时报	刘少宏
2013－08－09	浔阳区传达学习省委十三届七次全委会精神	光华时报	龚前旺
2013－08－09	九江市、浔阳区两级政协专题调研中心城区“社区便民蔬菜直销店”	光华时报	高　雄
2013－08－22	整治百姓门前路　点亮百姓门前灯	九江日报	高　雄
2013－08－21	政协委员联合执法人员进社区解难事——残留近一年的家装垃圾被运走	浔阳晚报	张新红　杨丽　童颖冰　欧阳海员
2013－08－23	浔阳区政协做好社情民意工作有新动作	光华时报	龚前旺
2013－08－23	浔阳区政协委员陈小平发起成立九江市南昌商会	光华时报	刘少宏
2013－08－26	政协委员帮助联系学校　社区干部买来书包——孤儿汪语嫣可就近上学啦！	浔阳晚报	胡敏　虞娜　陈姝含
2013－08－30	浔阳区政协常委潘炳生献爱心	光华时报	刘少宏
2013－08－30	集中解决党员干部“四风”问题	光华时报	文建华
2013－09－6	浔阳区政协委员李玮捐资一万元购置健身器材	浔阳晚报	吕　敏
2013－09－17	浔阳区政协用区位优势做大九江物流	光华时报	高　雄
2013－09－24	彰显地方文化特色　浔阳区全力打造高端文化品牌	光华时报	高　雄
2013－09－27	浔阳区政协委员声音：助金融业发展	光华时报	高　雄
2013－09－30	九江市浔阳区开展非公人士“理想信念”教育	人民政协报	高　雄
2013－10－11	浔阳区政协老委员举办“匡庐吾师”中国画展	光华时报	刘少宏
2013－10－22	浔阳区政协委员送健康进社区	光华时报	龚前旺

日期	标　　题	媒体	作　者
2013－10－25	擦亮百年大中路“名片”——九江市浔阳区政协建言步行街改造升级	人民政协报	高　雄
2013－10－29	浔阳区政协三到位、四确保做好报刊宣传发行	光华时报	龚前旺
2013－10－15	市政协副主席带队来浔视察	光华时报	高　雄
2013－10－18	委员持续建言：浔阳区百年老街焕发新生	光华时报	高　雄
2013－10－29	浔阳区政协参加政银企对接会	光华时报	高　雄
2013－11－08	浔阳区政协组织委员视察旧城改造工作	光华时报	龚前旺
2013－11－12	浔阳区政协组织医药界别专家委员进社区开展义诊活动	光华时报	龚前旺
2013－11－19	浔阳区政协调研现代物流业	光华时报	高　雄
2013－11－26	浔阳区政协组织学习中共十八届三中全会精神	光华时报	龚前旺
2013－12－17	浔阳区规范公厕统一标示	光华时报	龚前旺
2013－12－06	浔阳区政协视察公租房建设	光华时报	高　雄
2013－12－30	九江市浔阳区政协调研现代物流产业	人民政协报	高　雄
2013－12－31	党政重视支持、政协工作有活力	光华时报	龚前旺
2014－1－03	浔阳区政协对5名履职不积极委员进行了劝退	光华时报	龚前旺
2014－1－17	浔阳区政协共商共议谋共进	九江日报	龚前旺
2014－1－23	家长关心的，也是委员关心的——九江市浔阳区政协全会聚焦教育热点	人民政协报	高　雄
2014－2－14	做实政协工作　发展政协事业	光华时报	文建华
2014－2－18	浔阳区政协学习全省两会精神	光华时报	龚前旺
2014－2－24	打造“15分钟社区卫生服务圈”——九江市浔阳区政协全会热议基层医疗服务	人民政协报	高　雄
2014－2－25	杰出青年的拼搏之路——记九江市政协委员李平球	光华时报	张燕萍
2014－2－25	九江市浔阳区政协支招“拆迁难”	光华时报	高　雄
2014－2－28	浔阳区政协邀请非常委委员列席常委会	光华时报	刘少宏
2014－3－04	浔阳区政协倾情履职奏响建设新浔阳乐章	光华时报	龚前旺
2014－3－14	浔阳区政协召开政协志编纂工作推进会	光华时报	刘少宏
2014－3－21	浔阳区政协组织学习全国两会精神	光华时报	龚前旺
2014－3－28	浔阳区政协教育活动集中学习、听取意见建议途径多	光华时报	高　雄
2014－3－29	“向空中要效益”——九江市浔阳区政协专题协商楼宇经济发展	人民政协报	高　雄
2014－4－01	浔阳区政协实行委员列席常委会制度	光华时报	龚前旺
2014－4－04	全市政协经科委工作座谈会举行	九江日报	高　雄
2014－4－08	教育活动分组听意见	光华时报	高　雄

日期	标　　题	媒体	作　者
2014－4－15	浔阳区政协组织启动《百年莲花池》编纂工作	光华时报	龚前旺
2014－4－22	留住城市记忆　传承文化根脉——浔阳区政协倾力保护历史遗存	光华时报	高　雄
2014－4－29	“民意直通车”进社区活动	光华时报	高　雄
2014－4－29	九江市浔阳区政协首个界别“委员之家”成立	人民政协报	高　雄
2014－5－06	浔阳区政协成立首个界别“委员之家”	光华时报	高　雄
2014－5－8	时代呼唤焦裕禄	九江日报	刘少宏
2014－5－16	树叶遮光了，群众盼修剪	光华时报	龚前旺
2014－5－17	留住城市记忆　传承文化根脉——浔阳区致力文史工作倾力保护历史遗存	九江日报	高　雄
2014－5－20	《票证岁月》勾起了我对票证生活的记忆	光华时报	黎璇如
2014－5－27	一篇新闻报道了却一个心愿	光华时报	高　雄
2014－5－27	小鸟告诉我的母爱	光华时报	黎璇如
2014－5－27	九江市浔阳区政协专题调研市容管理工作	光华时报	龚前旺
2014－5－27	浔阳区政协开展社区民意直通车活动	九江日报	龚前旺
2014－6－1	浔阳区政协社区民意直通车活动获群众点赞	光华时报	龚前旺
2014－6－10	都昌老乡——为九江市都昌经济文化发展促进会成立而作	光华时报	潘炳生
2014－6－10	焦裕禄精神传千古——评歌曲《时代呼唤焦裕禄》	九江日报	刘少宏
2014－6－11	九江市浔阳区政协视察物价工作	人民政协报	高　雄
2014－6－13	九江市浔阳区　推进协商民主　政协大有可为	光华时报 头版头条	高　雄
2014－6－19	江西九江浔阳区政协提案聚焦城区噪音污染	人民政协报	龚前旺
2014－6－24	浔阳区政协视察新建学校管理工作	光华时报	龚前旺
2014－7－01	江西九江市浔阳区政协“七一”大走访	人民政协报	高　雄
2014－7－01	浔阳区、泰和县政协“七一”走访	光华时报	高　雄
2014－7－03	九江市浔阳区政协委员全程监督公务员面试	人民政协报	龚前旺
2014－7－11	让史料文物绽放新的光彩——九江市浔阳区政协致力文史工作纪事	光华时报	高　雄
2014－7－15	九江市浔阳区　增强意识　创新方法　力求实效	光华时报	高　雄
2014－7－23	发挥务实作风　真心服务群众	九江日报	余斌　熊哲君
2014－7－25	九江市浔阳区政协认真学习贯彻省委十三届九次全会精神	光华时报	龚前旺
2014－8－05	一份调研报告催生三大举措	光华时报	龚前旺
2014－8－05	以四式模式提升市容工作水平	光华时报	文建华
2014－8－08	九江市浔阳区政协专题调研“启和”调解室运行情况	光华时报	龚前旺

日期	标　　题	媒体	作　者
2014-8-26	浔阳区出台进一步加强民主监督工作意见	光华时报	龚前旺
2014-8-26	政协委员是我一生最大的荣耀	光华时报	刘少宏
2014-9-05	浔阳区政协“全方位”履职助发展惠民生	光华时报	高　雄
2014-9-06	76次约访解决48件实事	人民政协报	龚前旺
2014-9-16	浔阳区政协文卫委“委员之家”挂牌成立	光华时报	龚前旺
2014-9-25	浔阳区政协赴外调研“飞地经济”	九江日报	高　雄
2014-10-1	把思想和行动统一到习总书记重要讲话精神上来	光华时报	龚前旺
2014-10-14	浔阳区政协调研视察：选题求精、建言求准、转化求效	光华时报	龚前旺
2014-10-24	浔阳区政协建言“飞地工业”发展	光华时报	高　雄
2014-10-28	浔阳区政协调研视察成履职主战“王牌”	光华时报	龚前旺
2014-11-4	加强民主监督工作——浔阳区委转发政协党组文件要求贯彻而执行	光华时报	高　雄
2014-11-4	九江市政协视察姚家洼农贸市场	光华时报	龚前旺
2014-11-11	浔阳区政协认真学习贯彻中共十八届四中全会精神	光华时报	龚前旺
2014-11-28	打造区域性最大“菜篮子”——浔阳区政协视察建言农产品市场建设	光华时报	高　雄
2014-12-2	浔阳区政协探索跨区合作发展新模式——优势互补共建“飞地园区”	人民政协报	高　雄
2014-12-5	提高四种能力　增强履职实效	九江日报	文建华
2014-12-10	江西九江浔阳区政协民主评议提案工作会直面问题不搞“你好我也好”	人民政协报	龚前旺
2014-12-12	九江市政协就浔阳区“十大片区”旧城改造推进情况组织开展专题视察	光华时报	龚前旺
2014-12-15	政协委员关注民情捐书献社区	九江日报	熊哲君
2014-12-16	找问题不留情面　听意见态度诚恳	光华时报	龚前旺
2014-12-23	浔阳区政协积极推进机关建设	光华时报	高　雄
2014-12-30	浔阳区党政为政协工作“点赞”	光华时报	龚前旺
2015-1-2	把准发展要点　把脉民生难点	光华时报	龚前旺
2015-1-05	谈谈增强履职实效的能力建设	光华时报	高　雄
2015-1-9	走访浔阳区政协委员	光华时报	刘少宏
2015-1-13	浔阳区政协严把大会发言质量关	光华时报	龚前旺
2015-1-16	江西省九江市浔阳区政协加强提案征集工作——选题变“包罗万象”为“有的放矢”	人民政协报	高　雄
2015-1-19	成绩一笔带过　建议切实可行	人民政协报	龚前旺
2015-2-03	浔阳区政协顺应新常态履职谱新篇	九江日报	高　雄

日期	标　　题	媒体	作　者
2015－2－06	浔阳区政协：委员会中参观历史文化展示馆	光华时报	高　雄
2015－2－09	不断提高政协依法依章履职水平	光华时报	龚前旺
2015－2－14	江西九江市浔阳区政协全会聚焦旧城改造——把惠民实事做好做实	人民政协报	高　雄
2015－2－17	凝聚发展力量　服务首善之区	光华时报	龚前旺
2015－3－09	浔阳区政协委员唐平钧建言打造商务服务桥头堡	光华时报	高　雄
2015－4－04	江西省九江市浔阳区政协部署委派民主监督员	人民政协报	龚前旺
2015－4－14	浔阳区政协邀请纪委书记讲党风廉政课	光华时报	龚前旺
2015－5－01	浔阳区民主监督计生工作	光华时报	龚前旺
2015－5－01	党政全力支持　部门紧密配合　九江市浔阳区政协民主监督更有效	光华时报	高　雄
2015－5－12	进一步把握对口协商的关键环节	光华时报	文建华
2015－5－16	江西九江市浔阳区政协助推“浔阳之眼”向市民免费开放	人民政协报	高　雄
2015－5－19	九江市浔阳区政协委员余卫琴看望瞎子婆婆	光华时报	刘少宏
2015－5－20	江西九江市浔阳区政协建言金融创新	人民政协报	高　雄
2015－6－05	市容管理须领导重视、部门配合、全民参考与	光华时报	龚前旺
2015－6－05	“严”字当头，“实”字为本——我省各级政协积极开展“三严三实”专题教育	光华时报	高　雄
2015－6－06	江西省九江市浔阳区政协成立“委员爱心送考小分队”	人民政协报	龚前旺、郑添
2015－6－09	九江市浔阳区政协成立“委员爱心送考小分队”	光华时报	龚前旺、郑添
2015－6－13	江西九江市浔阳区全力做好台胞台属服务工作	人民政协报	高　雄
2015－6－16	让老年朋友搭上幸福的《顺风车》	九江日报	龚前旺、郑添
2015－6－19	作风真转变　群众得实惠	光华时报	龚前旺
2015－6－24	为280位社区老人送上端午贺礼	人民政协报	龚前旺
2015－6－28	梅楚安端午前夕为社区书写《为人民服务》、《与邻为善，以邻为伴》	九江日报	刘少宏
2015－6－30	各地政协开展庆“七一”活动	光华时报	高　雄
2015－7－01	浔阳区政协走访社区老党员	九江政协网	龚前旺
2015－7－01	把《实施意见》落到实处	光华时报	高　雄
2015－7－02	浔阳区开展重点提案督办	光华时报	高　雄
2015－7－02	浔阳区政协建言电子商务发展	九江政协网	高　雄
2015－7－03	全省各级政协开展庆祝建党94周年系列活动	今日信息	高　雄
2015－7－07	浔阳区政协服务中心城区环境改善	光华时报	高　雄
2015－7－09	九江市浔阳区政协开展重点提案督办活动	今日信息	高　雄

日期	标　　题	媒体	作　者
2015－7－12	关爱留守儿童　委员在行动	九江日报	龚前旺　郑添
2015－7－13	关爱留守儿童	九江政协网	龚前旺
2015－7－14	九江市浔阳区政协督办“电子商务”提案	今日信息	高　雄
2015－7－15	江西浔阳政协助推城区环境改善　打造美丽城市家园	中国网	高　雄
2015－7－15	江西九江市浔阳区政协建言电子商务发展	中国网	高　雄　干锦娜
2015－7－17	九江市浔阳区政协组织开展爱心守护希望同行活动	今日信息	龚前旺
2015－7－22	安徽省广德县政协来浔交流基层政协工作	九江政协网	龚前旺
2015－7－23	大力建设医养结合的养老医院	光华时报	高　雄
2015－7－30	浔阳区政协委员为1200名环卫工人送清凉	九江政协网	龚前旺
2015－7－31	一次恳谈会吹来一阵清凉风	光华时报	龚前旺
2015－8－02	政协委员送清凉	九江日报	龚前旺
2015－8－04	江西九江市浔阳区政协给环卫工人“送清凉”	人民政协报	龚前旺
2015－8－04	江西浔阳政协专题协商保障房后期管理　让居无后忧	中国网	高　雄
2015－8－04	九江市浔阳区政协开展“访基层·送清凉”活动	今日信息	龚前旺
2015－8－06	九江市浔阳区政协建言保障房后期管理工作	今日信息	高　雄
2015－8－10	浔阳区政协委员李欠明为重病聋哑老人捐款	九江网	刘少宏
2015－8－18	让百姓居无后忧——浔阳区政协专题协商保障房后期管理	光华时报	高　雄
2015－8－19	江苏宝应县政协来我区调研“全民创业”	九江政协网	高　雄
2015－8－21	江西浔阳区政协协同宝应县政协调研“创业创新”	中国网	高雄　干锦娜
2015－8－22	江西九江市浔阳区政协建言保障房后期管理　管理物业做政府来监督	人民政协报	高　雄
2015－8－25	浔阳区政协协助江苏宝应县政协调研	光华时报	高　雄
2015－8－27	九江市浔阳区政协开展司法援助专题调研	今日信息	龚前旺
2015－8－28	浔阳区委员提案关注流浪乞讨儿童受重视	光华时报	高　雄
2015－8－28	弘扬抗战精神，增强民族自信心	光华时报	高　雄
2015－8－28	浔阳区政协专题调研司法援助工作	九江政协网	龚前旺
2015－8－31	浔阳区政协积极开展贫困助学活动	九江政协网	龚前旺
2015－9－02	浔阳区政协委员看望慰问抗日老兵	九江日报	刘少宏
2015－9－04	浔阳区政协带领委员及各界群众代表来到星子县泽泉乡长塘村慰问91岁高龄的抗日老战士	光华时报	刘少宏
2015－9－06	九江市浔阳区政协开展贫困助学活动	今日信息	高雄　龚前旺
2015－9－07	浔阳区政协助推市容市场化运作获采纳	九江政协网	龚前旺
2015－9－08	爱心助学忙	光华时报	龚前旺

日期	标　　题	媒体	作　者
2015-9-11	严以律己当须慎	九江日报	文建华
2015-9-15	浔阳区政协奏响协商民主新乐章	光华时报	龚前旺
2015-9-20	因毛体相识　因投缘相知——毛体书法家梅楚安深情回忆汪东兴	九江日报	刘少宏
2015-9-22	各地政协认真学习贯彻省委《意见》精神　结合实际加强协商民主机制创新	光华时报	高　雄
2015-9-29	注重“两化”融合　助推工业转型升级	光华时报	高　雄
2015-10-2	以司法公正促社会公平正义　浔阳区政协专题协商法检“两院”工作	光华时报	高　雄
2015-10-2	浔阳区政协调研企业上市工作	九江日报	高　雄
2015-10-3	浔阳区政协调研企业上市工作	九江政协网	高　雄
2015-10-08	九江市浔阳区政协召开主席（扩大）会议学习传达省委政协工作会议精神	今日信息	高　雄
2015-10-14	浔阳区政协法律援助调研报告获区长批示	九江政协网	龚前旺
2015-10-15	九江市浔阳区政协建言市容市场化运作初见实效	今日信息	龚前旺
2015-10-21	九江市浔阳区区长批示政协调研报告	今日信息	龚前旺
2015-10-21	浔阳区政协组织机关离退休老干部开展重阳节活动	九江政协网	龚前旺
2015-10-26	江西浔阳政协协商法检“两院”工作　促社会公平正义	中国网	高　雄
2015-10-26	江西九江市浔阳区政协调研企业上市工作	中国网	高　雄
2015-10-27	浔阳区政协专题视察疾病预防控制工作	九江政协网	龚前旺
2015-10-27	浔阳区开展环卫服务外包试点	光华时报	龚前旺
2015-10-31	江西九江市浔阳区政协专题视察疾病预防控制工作	人民政协报	龚前旺
2015-11-2	赣州市章贡区政协来浔交流加强政协委员联络机构建设	九江政协网	龚前旺
2015-11-3	浔阳区政协专题视察城区公交工作	九江政协网	龚前旺
2015-11-03	浔阳区政协切实做好征订工作	光华时报	龚前旺
2015-11-03	浔阳区政协专题视察疾病预防控制工作	光华时报	龚前旺
2015-11-11	江西浔阳政协民主监督安全生产　抓小抓细常抓不懈	中国网 政协频道	高　雄
2015-11-13	浔阳区政协集中学习贯彻党的十八届五中全会精神	光华时报	龚前旺
2015-11-13	群众“微心愿”，委员来“圆愿”——九江市浔阳区政协开展“圆愿”活动受好评	光华时报	高　雄
2015-11-13	九江市浔阳区区长批示政协调研报告	今日信息	高　雄
2015-11-14	“你的微心愿，我来帮你圆”	人民政协报	龚前旺　郑添
2015-11-17	加强政府引导　依托市场运作　浔阳区政协建言推动企业上市	光华时报	高　雄

日期	标　　题	媒体	作　者
2015 - 11 - 18	浔阳区政协专题视察疾病预防控制工作	今日信息	龚前旺
2015 - 11 - 19	浔阳区党政主要领导批示政协调研报告	九江政协网	高　雄
2015 - 11 - 20	江西九江市浔阳区政协建言企业上市工作——以政策引导打通中小企业上市通道	人民政协报	高　雄
2015 - 11 - 21	江西九江浔阳区政协探索提案办理三方协商机制——让提案涉及方有更多发言权	人民政协报	高　雄
2015 - 12 - 02	九江市浔阳区政协视察城区公交工作	今日信息	龚前旺
2015 - 12 - 03	浔阳区政府区长批示政协调研报告	九江政协网	唐平钧　龚前旺
2015 - 12 - 04	九江市浔阳区政协专题视察城区公交工作	人民政协网	龚前旺
2015 - 12 - 04	九江市浔阳区长批示政协调研报告	今日信息	唐平钧　龚前旺
2015 - 12 - 04	九江市浔阳区政协视察城区公交工作	光华时报	龚前旺
2015 - 12 - 07	浔阳区政协视察光伏发电项目	九江政协网	高　雄
2015 - 12 - 08	江西九江市浔阳区政协视察光伏发电项目	中国网	高　雄
2015 - 12 - 09	九江市浔阳区政协视察光伏发电项目	今日信息	高　雄
2015 - 12 - 11	浔阳区政协召开民主评议提案工作座谈会	九江政协网	龚前旺
2015 - 12 - 11	不断提升基层法律援助工作水平	光华时报	龚前旺
2015 - 12 - 11	浔阳区视察光伏发电项目	光华时报	高　雄
2015 - 12 - 15	江西九江市浔阳区政协视察光伏发电项目	人民政协报	高　雄
2015 - 12 - 15	浔阳区政协信息宣传工作再创新绩	九江政协网	龚前旺
2015 - 12 - 15	直面交锋辣味足	光华时报	龚前旺
2015 - 12 - 18	浔阳区召开区委政协工作会议	光华时报	龚前旺
2015 - 12 - 18	浔阳区委召开政协工作会议 凝聚发展共识 推进协商民主	光华时报	高雄　龚前旺
2015 - 12 - 18	向“垃圾围村”宣战刻不容缓	光华时报	高　雄
2015 - 12 - 21	江西九江市浔阳区政协建言城区公交工作	人民政协报	龚前旺
2015 - 12 - 22	浔阳区政协农工党界别委员心系社区群众	光华时报	唐平钧
2015 - 12 - 25	让文艺爱好者有了‘家’——浔阳区政协助推文联成立	光华时报	高　雄
2015 - 12 - 25	江西九江市浔阳区政协开展界别委员约访活动	人民政协报	唐平钧
2015 - 12 - 25	九江市浔阳区委政协工作会议 17 日召开	今日信息	高　雄
2015 - 12 - 25	浔阳区政协走访慰问全体政协委员	九江政协网	龚前旺
2016 - 1 - 5	浔阳区政协聚智“十三五”规划编制	光华时报	高　雄
2016 - 1 - 13	江西九江浔阳区政协多措并举为大会发言提质“确保大会发言更精彩”	人民政协报	龚前旺
2016 - 2 - 5	“把麦递给我”——浔阳区政协七届六次会议联组讨论热烈	光华时报	龚前旺

第五节　中心工作

1987年以来，区政协机关始终按照区委、区政府的统一部署，积极参与全区中心工作，对每项工作都有主席或者副主席牵头抓，各委办具体抓落实的工作机制，各个时期各项工作均圆满完成。

1988年2月24日，区政协党组研究同意并向区委报告，成立区政协劳动服务公司，目的是贯彻中共十三大基本路线，搞活和促进区经济发展，给政协委员办实事，解决委员和政协机关工作人员的待业子弟就业困难。

1990年，为两个文明建设服务，成功引进外资4.3万美元，为区创办第一家中外合资企业—中日合资江西湖贝工艺有限公司充当“红娘”。自5月中旬始，抽调4名机关工作人员下基层协助居委会抓“创三优”和“严打”工作，派出一名干部参加二电厂专用铁路土地征迁工作和区清房结房工作。

1993年年初，按区委、区政府统一部署，驻会正、副主席到街道联系点，包片负责促经济工作；8月份为保障“炎黄杯龙舟赛”在九江市顺利举行，委员和机关人员全力以赴，下基层、上路段，配合有关部门检查市容市貌，维护治安秩序。为配合区政府开展经济工作百日大会战，抽调机关干部下街道协助工作。

1995年7、8月，九江发生洪涝灾害，根据区委统一部署，区政协机关派出4名干部协助滨兴街道河西指挥所防洪抢险工作。

1996年1月，区政协党组决定，按照区委要求，用3个月时间，分宣传发动、学习讨论、总结3个阶段，在政协机关开展“思想大解放、观念大转变、经济大发展”大讨论活动。当年上半年，参与区委、区政府部署的市容整治三大战役，包片负责人民路街道；主席、副主席轮流在街道蹲点，督促、检查、协调工作。同时，指派机关干部先后参加浔阳小区开发、计划生育检查、大中路人行道改造筹资等工作。

1998年夏，九江遭遇百年不遇的洪水袭击，区政协抽调5名机关干部上堤，在城区防洪堤27号到31号闸口间，进行24小时巡逻，连续2个多月。8月7日，在城区防洪堤4～5号闸口之间溃决后，又投入到龙开河二道防线的垒堤战斗，号召委员踊跃参加拥军爱民活动，据不完全统计，参加防洪的委员130多人，捐款3万余元，捐物千余件。派员参加“生产自救、重建家园、发展生产”活动，在滨兴街道新桥村工作100余天。

2003年3～12月，区政协贯彻落实区委开展领导挂点、区直单位党组包社区（村）工作，重点包人民路街道湖滨社区。当年春夏之交，防治“非典”，机关工作人员放弃节假日到湖滨等社区向居民发放宣传资料，并送去1000元帮扶资金。组织医药卫生界别委员对卫生局预防“非典”工作进行视察，听取情况汇报，提出工作建议。

2004年，围绕区委、区政府大开放、大开发、大引进工作思路，完成招商引资2400万元。区政协副主席带队，相关部门和部分委员组成调研组，分别对全区“四大开发课题”中的“开发人才资源”和“发展民营经济”两大课题进行调研，撰写调研报告并作为区委七届四次（扩大）会议的发言材料。

2005年6～12月，区政协根据区委统一部署，成立市容环境综合整治领导小组，重点整治城区主次干道车辆乱停放、冲洗；户外小广告、不规范落地灯箱、牌匾广告等；协助人民路街道搞好其他整治工作。

2006年3月起，区政协根据区委统一安排，开展以“彬彬有礼过马路”为主要内容的城区道路交通秩序整治。区政协城市道路交通秩序整治领导小组负责人民路街道辖区的整治工作，重点整治行人攀爬、翻越护栏，不走人行横道或随意横穿马路、违反交通信号；非机动车遇停止信号超越停车线，行车道逆向行驶，违法掉头，违法载人载物，人行横道上骑行；机动车、非机动车在道路和人行道上乱停乱放及机动车泊位停放不缴费和其他严重交通违法行为。

2007年，区政协开展“建设经济中心城市，我们准备好了吗?”大讨论活动。委员围绕浔阳发展实际找准切入点，深入实地调研，建言献策，撰写文章20多篇，其中较优秀的有《浔阳区社区卫生费的现状与对策》《建设“首善浔阳”呼唤旧城改造》《整合市场资源　做大京九品牌》《关于实施“文化兴区”战略目标的几点建议》《加快均衡发展步伐　实现区域教育公平》等。同年，区政协党组落实市委、市政府提出的“四个打造”和区委、区政府提出的“四个战略”以及“包街挂点”工作，机关干部40余次下街道、社区，与街道、社区干部一道同劳动、整市容、搞创卫、抓计生、关民生、创平安。共铲除社区卫生垃圾死角40余处，达11吨；清理垃圾广告1185处；为行人发放计生宣传手册1500余份；资助贫困家庭和优秀大学生30人；参加整治“大会战”和夜间巡逻活动1856人次。当年，在招商引资中，发挥经济界委员优势，组织召开座谈会，走访驻区各商会及私营企业，宣传推介浔阳，引进注册资金500万元、总投资6100万元的中国500强企业宏图三胞，完成招商引资任务。

2008年4～5月，组织招商队伍到江苏南京、上海、广东深圳等地招商，12月份主席带队并请政协常委王中财牵线搭桥，到其家乡浙江招商，邀请26位企业家参加座谈会。区政协全年共引进资金4.5亿元，引进花园大酒店、广盛花园、杏林药业总部、武汉钢铁公司区域销售总部4个项目，为沃尔玛购物广场、花园大酒店落户浔阳解决大小问题20多个。

2009年，区政协全年共引进投资1.2亿元的天翼置业和投资5000万元的工业园综合码头项目，解决广灵药业项目安评、环评、消评等问题。

2010年3月，区政协领导带队到江苏南京、上海等地招商，引进1亿元的综合码头项目，5月20日，南京航道局与区政府签约，6月份起，政协跟踪服务，做好项目安评、环评等工作。同时做好杏林药业、苏宁电器等项目的服务工作。

2011年3月起，参与“百院千巷”整治，区政协坚持每星期由主席带队，机关干部参与，重点在黄土坡社区义务劳动，清理生活垃圾、建筑垃圾、卫生死角。在劳动中收集群众意见、建议，撰写《“百院千巷”整治遇阻、建筑垃圾乱扔挡路》《黄土坡社区呼吁政府督促解决“下水道堵塞”问题》等社情民意，通过市政协“社情民意直通车”送到市领导案头。3月16日，市政府“民声直通车”试运行，编发《民声直通车工作简报》，对区政协反映的问题进行归类，责成有关部门进行调查，认真解决。通过整治，挡路的建筑垃圾不见了，下水道堵塞的问题解决了，小巷的路面翻新了，一个“天更蓝、地更绿、街更净、路更畅、水更清、城更美”的文明城区形成。7～9月，区政协按照区委要求，开展“凝心聚力促赶超，浔阳怎么干”主题教育活动。引导广大政协干部职工心往一处想、劲往一处使，凝心聚力实现“十二五”开局之年的各项目标任务，建立行为规范、公正透明、高效廉政的区政协机关。当年狠抓以商招商，在区政协的积极协调和服务下，总投资超过2亿元的浔阳新天地项目投入使用，金旺达化工、万户投资、景隆投资等项目落户。

2012年，按照市、区“抓项目、扩投资”的工作要求，不断加大项目协调、跟踪、服务力度，区政协班子挂点的16个项目均按进度要求顺利推进，4个重点项目列入全市巡回看变化范围。引进投资近亿元的浔昌隆商贸旅游项目正式营业。

2013年，坚持把政协工作融入区委区政府中心工作，主动跟进、调度、服务挂点项目，主席文建华挂点广东商会大厦建设项目；副主席刘宗强挂点园区综合码头建设项目；副主席易小慧挂点中瀚商务中心楼宇项目；副主席张华桥挂点工业园钒宇新材料三期项目；副主席廖济煊挂点曹家山公租房建设项目；副主席秦永红挂点工业园金旺达石化项目。积极开展招商引资工作，充分发挥政协联系广泛、资源丰富的优势，动员委员和机关干部积极开展招商引资活动，引进投资5000万元的浔城十三香日用百货、文化用品、工艺品销售及饮食项目，投资3500万元的海蓝之家大酒店项目。在年度经济社会发展目标管理考评表彰中，区政协机关获2013年度服务重点项目建设工作先进单位、精细管理年活动先进单位、招商引资工作三等奖。

2014年，区政协机关紧扣全区“3785”工作目标，区政协主席、各副主席带着相关委办负责人按照全区统一部署，包挂服务区重大项目，主席文建华挂点广东商会大厦建设和白水湖街道花果园社区创业就业型社区建设项目；副主席刘宗强挂点赣北化工厂路建设项目；副主席易小慧挂点中瀚商务中心楼宇项目；副主席张华桥挂点工业园钒宇新材料三期项目；副主席朱少芬挂点建设局小区和延支山小区开放式物业小区打造项目；副主席周华挂点面粉厂（东风楼）片区旧城改造项目；副主席廖济煊挂点曹家山公租房建设项目；副主席秦永红挂点工业园新立基沥青化工项目和整流器厂（图书馆）片区旧城改造项目。在招商引资中引进投资8500万元的锦诚实业有限公司房地产开发、建筑材料销售和投资1000万元的航空宾馆项目。11月致春节前机关干部每日分批上街开展文明劝导、环境保洁等“百日大会战”活动。在年度经济社会发展目标管理考评表彰中，区政协机关获“2014年度落实党风廉政建设责任制工作先进单位”、“招商引资工作三等奖”。

2015年，区政协机关紧扣全区“3785”工作目标，区政协主席、各副主席带着相关委办负责人按照全区统一部署，包挂服务区重大项目，主席文建华挂点广东商会大厦建设项目；副主席刘宗强挂点金鸡坡街道边街小巷改造项目；副主席易小慧挂点德化安置小区综合市场建设项目；副主席张华桥挂点人民路街道大树下社区精品社区打造项目；副主席朱少芬挂点甘棠街道南湖社区精品社区打造项目；副主席周华挂点白水湖街道战备路安置社区精品社区打造项目；副主席廖济煊挂点曹家山公租房建设和甘棠街道边街小巷改造项目；副主席秦永红挂点工业园新立基沥青化工项目和整流器厂（图书馆）片区旧城改造项目。在招商引资中引进投资亿元的汉庭酒店（南湖支路）项目。

第六节　委员管理

政协委员是人民政协工作的主体，委员积极参加政协的各项活动，是政协组织有效履行职能的前提和基础。1987年以来，区政协十分重视委员的管理与服务，不断提高政协机关的服务质量和水平，通过学习培训不断加强委员思想政治素质和履职能力建设，切实提高委员的使命感和责任感。长期坚持有计划地开展对口协商、专题调研、视察评议、民主监督等活动，使委员们既及时掌握领会党和国家的方针政策，又了解基层的社情民意，为委员参政议政、知情出力提供良好服务，帮助委员就地就岗参政议政。探索“主席接待日制”“委员约访”、开展经常性地走访活动，解决委员工作或创业中遇到的困难和问题，发挥专委会作用，建立“委员之家”等。制定《浔阳区政协委员管理办法》《委员守则》《委员履职手册》等，建立健全考察、考核、评比、奖惩管理等各项规章制度，不断规范委员参加政协活动的行为，使委员的主体作用有效持续发挥。每年对一年来委员在政治协商、参政议政、民主监督等履职方面能够积极参加政协组织的视察、调研、会议活动；撰写优质提案、调查报告；发表理论文章；参加重大项目建设、招商引资；献爱心等有突出贡献的，区政协在每年的全委会上进行表彰。同时，对一年来委员未参加一次活动（包括视察、调研、会议），未撰写过一篇提案或因工作岗位变动以及受到其他处分的委员，根据政协章程，经区政协主席会议研究，报请区委和区政协常委会研究决定，予以撤销委员资格。

1988年1月，区政协开展委员一封信活动，鼓励委员深入实际，调查研究，反映群众的呼声和要求，提出合理化建议。3月18日，在石油办事处会议室举行新增补的42名委员座谈会，区委书记王文敬代表区委、区政府向委员介绍区概况和两个文明建设情况。委员们以主人翁的姿态谈建议、设想。当年，建立和坚持政协常委、机关干部学习日制度。

2007年3月，出台《浔阳区政协委员管理办法》，建立健全考察、考核、评比、奖惩管理等18项规章制度。对委员在政治协商、参政议政、民主监督等履职方面，参加政协组织的视察、调研、会议活动，撰写提案、调查报告，发表理论文章，参加重大项目建设、招商引资，献爱心等方面进行动态管理，在全委会上对有突出贡献的委员进行表彰。对未参加一次活动，未撰写过一篇提案，或因工作岗位变动以及受到其他处分的委员，根据政协章程，报请区委和区政协常委会研究决定，予以撤销委员资格。2007年3月至2009年1月已有16名政协委员被撤销资格。

2009年2月5日，区政协六届三次大会上表彰15名政协委员，主要是为四川大地震捐款万元以上的大户、为政协建言献策的提案人户、参加政协各项活动次数最多的大户、为弱势群体献爱心大户、为区招商引资纳税大户，由区四套班子领导为优秀委员颁发荣誉证书和奖金。会议同意对9名不履职的政协委员撤销委员资格。

2009年1～5月，区政协在全区范围内大力宣传委员，尤其是在私营企业中大力宣传优秀政协委员，得到区委、区政府高度重视。《浔阳区新闻》和《中国浔阳网》开设“两会期间委员访谈录”，分别推出10名和20名委员访谈报道，在电视上、媒体上“亮相”。10月，区政协组织政协委员到庐山好汉坡，开展“金秋大家唱”及登山活动，庆祝新中国诞辰60周年。

2011年9月，区政协制定试行《浔阳区政协委员守则》。

2012年6月，区政协建立健全委员汇报制度、活动记录册制度、考评激励制度，规范“委员之家”建设标准。9月11日，在金鸡坡街道大塘村举行“百名委员进社区、带动群众促创建”活动暨金鸡坡街道“委员之家”揭牌仪式。副主席朱少芬作动员讲话，委员代表费亚克发言，委员方国栋授课，全体委员签订《委员承诺书》并进行阳光助学活动。区政协领导、区政协金鸡坡街道联络组政协委员、金鸡坡街道班子成员、机关干部、群众代表、其他街道联络组组长及联络员100多人参加活动。

2013年9月，区政协参与市创建全省文明城市活动，向主要街道从事店面经营的委员发放30块“为民示范岗”，要求委员从自己做起，从今天做起，从本职做起，从言行举止的细微之处做起，在创建活动中亮出自己，为民示范，起到一名政协委员的模范带头作用。

2014年5月，区政协制定《委员履行职责纪实手册》，手册对委员出席或参加政协会议及活动进行科学设计，既方便委员填写，又便于委员携带。手册每年年初发放到委员手中，由委员本人根据全年参加会议或活动情况进行填写，每年12月底由委员本人交送到街道政协联络处。街道政协联络处根据实际情况，对委员参加会议或活动情况进行必要补充、初审，签署考核意见后，统一交送到区政协委员工作办公室。该手册将作为区政协常委会对委员全年履职情况进行年终考核、评先评优和下届委员进行推荐的重要依据。

2015年，区政协进一步完善委员管理办法，严格委员履职登记。年底区政协班子成员分成8个组，分别带队对全体232名政协委员进行走访座谈，详细了解委员一年来履职情况。加大年终考核力度，通过自下而上与自上而下相结合，评选出60名优秀委员并在次年全会上进行表彰。

附：浔阳区政协委员守则

（2011年9月22日政协九江市浔阳区第七届委员会第一次常委会议通过，2013年12月27日政协九江市浔阳区第七届委员会第十一次常委会议通过第一次修订）

为了进一步规范区政协委员参加政协会议和活动的行为，更好地发挥委员主体作用，不断提高人民政协政治协商、民主监督、参政议政的水平，推进政协工作的制度化、规范化、程序化建设，根据《中国人民政治协商会议章程》（以下简称《政协章程》）、市委办公厅《关于转发〈政协九江市委员会关于进一步发挥委员主体作用的意见〉的通知》和区委《关于加强和改进人民政治协商工作的意见》等有关规定，结合工作实际，制定我区政协委员守则。

一、不断提高政治素养。政协委员要热爱祖国，拥护中国共产党的领导和社会主义事业，维护民族团结和祖国统一，遵守国家宪法和法律，自觉地学习邓小平理论、“三个代表”重要思想和科学发展观，贯彻落实中共十八大和十八届三中全会精神，学习时事政治和政协知识，努力提升自身的思想政治素质，增强履行职能的自觉性和主动性。

二、自觉遵守《政协章程》。政协委员要自觉遵守《政协章程》，遵守和履行区政协全体会议、常委会议和主席会议的决议。若违反《政协章程》或全体会议、常委会议决议，以及因违法违纪被追究刑事责任或给予纪律处分，区政协将按照规定程序，对其进行警告处分或撤销其委员资格。对被执法执纪机关采取强制措施的委员，经区政协主席会议研究，暂停其参加政协会议和活动，确定无违法违纪事实的，恢复其履职资格。

三、认真履行权利义务。政协委员有权通过区政协组织充分发表意见，参与讨论全区大政方针；有权对区党政机关、司法机关及其工作人员提出批评和建议；通过参加政协组织的各类活动，建言献策、奉献社会、服务人民。区政协委员因履行职责受到打击迫害或其他损害的，区政协要协助有关部门依法予以保护。

四、积极参加各种会议。区政协常委、委员要准时参加区政协的全体会议、常委会议，深入调查研究，积极建言献策。因病或其他特殊情况，委员不能参加全体会议、常委不能参加常委会议的，须在会前以书面形式向区政协秘书长提出申请，并由秘书长报请区政协主席同意后方能请假。区政协召开全体会应提前10天通知委员；召开常委会应提前5天通知常委及相关委员。

五、主动参与各类活动。区政协委员应积极参加区政协和各专委会、街道联络处及党派组织的调研、视察、考察等专题活动，并提出意见和建议。

委员因特殊情况不能参加活动的，须向区政协办、街道联络处或党派请假。区政协组织的各种活动应提前5天通知委员；各专委会、街道政协联络处或党派组织的活动应提前3天通知委员。

六、实行提醒谈话制度。对履职不积极的委员，进行提醒谈话。提醒谈话由区政协委员工作委员会报分管副主席确定谈话对象，经区政协主席会议同意，由区政协委员工作委员会对其进行提醒谈话。区政协委员具有以下情形之一的，将给予提醒谈话：一是委员一次未请假或请假未经批准不参加全体会议的；或全体会议期间有2次未请假或请假未经批准不参加其中的分次会议和分组讨论会议的；二是常委一届任期内累计2次未请假或请假未经批准不参加常委会议的；三是委员一届任期内累计2次未请假或请假未经批准不参加政协组织的各类活动的；四是委员累计2年内没有提交有质量的提案或反映有价值的社情民意的；五是委员个人言行有损政协形象的。

七、实行辞职劝退制度。区政协委员因工作调动、岗位调整后失去其代表性，或因身体健康、在外地发展等原因不能履职的，由本人提出书面申请，经区政协党组会议协商决定准予辞职。区政协委员如若经提醒谈话后，第二年仍没有改正的，或者经街道政协联络处和各专门委员会反映履职非常不积极的，由区政协党组会议研究提出劝退人员名单，经区政协主席会议和常委会议审议通过，并通知本人及其所在单位。区政协常委的辞职劝退，由区政协常委会审议通过后，报请区委批准，并通知本人及其所在单位。

八、实行撤销委员制度。区政协委员具有以下情形之一的，由区政协委员工作委员会报请区政协党组会议协商确定，经区政协主席会议和常委会议审议通过后，撤销其委员资格，并通知本人及其所在单位。若为区政协常委，经区政协常委会议审议通过后，报请区委同意，撤销其政协常委和委员资格，并通知本人及其所在单位：一是受撤职及以上的党纪、政纪处分的；二是违反党和国家政策，造成恶劣影响的；三是严重违反《政协章程》或区政协全体会议和常委会议决议、决定，造成恶劣影响的；四是因违法犯罪受到刑事处罚的。

九、努力争创先锋典型。要立足本职岗位，积极参与文明创建活动，坚持诚信立身，加强品格修养，争做建言献策的实践者，诚信道德的倡导者，守法经营的示范者，公益事业的先行者，和谐社会的推动者。

十、激发委员履职热情。区政协对履行职责表现突出、成绩显著的委员给予表彰和奖励。每年开展评选优秀委员活动，评选出的优秀政协委员在区政协全体会议上进行表彰；同时开展区政协委员优秀提案和优秀调研文章评比表彰活动。对多次获得区政协表彰奖励、成绩突出，同时符合干部选拔任用条件的政协委员，区政协党组按程序向相关部门、单位提出提拔或重用建议。

本守则根据《政协章程》和实际需要由区政协常委会适时进行修改。

第七章　联系指导

第一节　上级政协在浔活动

1987年，全国政协副主席钱伟长到浔阳参观指导工作。

1988年3月23日，市政协主席王佐良到区指导政协工作，在政协浔阳区一届二次会议开幕式上讲话指出，要充分发挥人民政协职能作用，进一步完善中国共产党领导下的多党合作制度，按照中共第十三届一中全会指出的方向进一步解放思想，大胆创新，积极进取，勤奋努力，把政协工作不断推向前进，肩负起中共十三大赋予人民政协的光荣使命。

1989年1月上旬，市政协组织部分常委，由副主席沈振铭、姜尧天带队，考察区社会治安工作。7月底至8月初，市政协领导按照市委会议“三下”（下农村、下工厂、下基层）要求，到区指导工作。

1990年4月10日，市政协副主席王国珍到区政协指导换届工作，在政协浔阳区二届一次会议开幕式上讲话。3月下旬，市政协组织委员视察区工业、流通业。

1991年1月上旬，市政协组织委员视察区商业流通、城市建设及社会治安综合治理工作。

1992年9月12日，全国政协副主席钱伟长在副省长舒圣佑、省政协副主席吴永乐、市政协副主席许杰夫陪同下，先后视察外贸码头、九江长江大桥、九江石化总厂。

1993年5月25日，全国政协副主席杨汝岱到九江视察。6月上旬，市政协主席王佐良，副主席张作孚、王国珍带领调查组到区进行义务教育法实施情况的调查。9月15日，中共中央政治局常委、全国政协主席李瑞环到浔视察。

1994年5月29日，全国政协副主席、中共中央统战部部长王兆国先后考察九江长江大桥、九江港客运站、外贸码头、九江建陶工业总公司。4月13日，省政协常委、提案委员会主任刘峰一行4人到区考察提案工作情况。7月26日，市政协招商引资发展三资企业调查组在市政协领导的带领下，到浔调研。

1996年5月29日，市政协调查组到浔就社会治安整治、市容卫生环境整治、投资环境整治进行专题调查。10月8日，政协香港地区委员视察团一行20人到浔，视察参观长江大桥、外贸码头、大化肥厂。

1997年4月24日，全国政协副主席孙孚凌一行5人到浔阳考察。

1998年8月22日，中共中央政治局常委、全国政协主席李瑞环，副主席毛致用视察长江大堤堵口大坝。11月25日，市政协副主席向腊玉带领市政协视察组到浔阳，视察灾后生产自救、灾后防病防疫情况。

1999年3月25日，全国政协副主席胡启立、毛致用一行到浔阳，了解1998年抗洪抢险及灾后重建恢复发展生产和保障人民生计等方面的情况。4月14日，全国政协原副主席吕正操，在中共中央统战部原副部长胡德平陪同下，到浔阳考察市容市貌工作。4月22日，全国政协副主席陈锦华、毛致用在全国政协常委、安徽省政协主席卢景荣，江西省政协主席朱治宏陪同下到区，参观视察烟水亭博物馆、浔阳楼、滨江路防洪工程。5月初，市政协主席史之汉，副主席程来安、黄章干，带领市规划和建设专题调查组到区调查。9月8日，市政协副主席高朝曦、林耀兴、姚果原分别带领视察组到区开展商品市场的视察。

2000年3月10日，市政协副主席林耀兴率检查团一行3人，到区检查关于贯彻落实市委有关政协工作文件精神的工作情况。

2002年5月27日，市政协副主席赵登荣、黄章干一行到区视察民营经济发展情况。10月15日，省政协副主席黄懋衡到区视察社区建设工作。

2003年6月5～6日，省政协副主席黄定元一行3人到区调研。6月24～25日，省政协副主席雍忠诚及部分省政协常委、委员到浔视察，指导长江大堤防洪设施建设情况，到滨江大道、九威大道、长虹大道、滨湖路、李公堤等处参观绿化、美化、亮化工程。8月15日，市政协副主席林耀兴带领视察组视察区民政、社会、低保工作。9月17日，全国政协副主席、中国社会科学院院长陈奎元在省政协副主席黄定元、省社会科学院院长傅伯言的陪同下到九江视察，参观长江大堤4～5号闸口，烟水亭、浔阳楼等景点。

2004年6月初，市政协主席胡春如、副主席卢志鹏、秘书长胡元斌一行6人到区政协检查调研工作。8月24日，市政协主席胡春如、副主席艾宏盛一行7人到区调研“加快沿江工业带开发”。

2005年1月23日，市政协副主席徐少伟到区走访驻区市政协委员。

2006年3月14日，市政协三胞委员会组织部分市政协委员，在市政协副主席安珍清的带领下，视察走访区台属企业“蓝宝布艺”，就九江经济社会发展、海峡两岸当前局势、祖国统一大业等话题进行讨论交流，开展联谊活动。

2007年3月12日，以市政协巡视员胡春如、副主席魏改生为组长的市政协课题调研组到区，就打造特色饮食一条街情况进行调研。8月23日，市政协主席程来安、市政府副市长吴锦萍一行，通过实地察看和召开座谈会的形式，了解庐山南路饮食文化第一街的进展情况。吴锦萍指出，浔阳区是中心城区，与其他县、市、区比，就是比服务功能，比居住环境，比社区建设，要注重特色的打造，实现一店一品、一店一景。程来安强调，作为九江第一条饮食文化街，文化氛围要上档次，要彰显特色，宣传部门和旅游部门要加大宣传力度，将饮食文化一条街的品牌打造出来。

2008年3月7日，市政协副主席陈晖一行到区，就贯彻落实全市政协工作会议精神情况进行督查。督查组肯定区贯彻落实全市政协工作会议所做出的成绩，同时希望区委进一步加强对政协工作的领导，帮助政协充分履行政治协商、民主监督、参政议政职能，为推进浔阳又好又快发展做出新的贡献。5月21日，市政协副主席陶春元带领政协委员一行10人到区，视察公共文化服务体系工作情况。视察组认为，全区大力推进“文化兴区”战略，打造公共文化服务品牌，保证城区居民共享文化发展成果，不断完善着社会公共文化服务体系。6月18日，市政协副主席陈晖带领政协委员一行12人到区，视察城乡低保工作。视察组高度评价区社区服务中心建设，认为区城乡低保工作管理规范有序，保障了困难群众的基本生活，其工作经验在全市可以推广。

2009年1月8日上午，区政府区长李广欣在区政府十楼会议室主持召开征询人大代表、政协委员意见建议座谈会。区政协主席张燕萍、副主席胡迪、朱少芬及部分区政协委员参加会议。5月19日，市政协委员曲永和、杜鸿明，市民政局副局长王小军及庐山区、开发区民政局负责人等，到区就社区养老服务工作进行调研。调研组在湓浦街道孤溪埂社区听取情况介绍，对区打造社会化养老模式给予充分肯定，提出创新工作方式方法、建立健全义工志愿组织、办好政府购买服务、启动爱心储蓄活动、兴办民办养老组织等要求。6月16日，市政协视察组一行到区视察规范文化市场工作。市政协副主席徐少伟、陶春元参加视察活动。视察组听取区文化市场的基本情况和网吧专项整顿工作的相关汇报，到纵横天下网吧、小蜜蜂网吧实地察看，认为浔阳区优化了经济发展环境，同时希望浔阳区探索研究文化市场管理工作的长效机制。9月15日，以全国政协常委、教科文卫体委员会副主任张文康为组长的全国政协教科文卫体委员会“慢性非传染性疾病防治”专题调研组到区调研，省政协教文卫体委员会副主任张华东，市政协副主席徐少伟陪同。专题调研组到区疾控中心调研考察，对区“慢性非传染性疾病防治”工作给予肯定。10月9~10日，全市县（区、市）政协工作委员会第三次会议在区政协召开，市政协各委办、各县（区、市）政协主席、秘书长或办公室主任共120余人及市政协主席程来安，副主席陈晖、赵登荣、魏改生、卢志鹏、徐少伟、纪岗昌、陶春元、王翔、朱忠玲，秘书长洪华，区委书记朱汉浩，区长李广欣，区政协主席张燕萍，副主席刘宗强、刘其祥、易小慧、胡迪、朱少芬，秘书长韩万金出席会议。会议由市政协副主席赵登荣主持。区政协主席张燕萍典型发言《一切围绕项目干，履职为民促发展》。28日，市政协开展市中心城区环境质量情况专题视察活动。市政协副主席魏改生带队的视察组视察赛得利（江西）化纤有限公司、九江石化公司、国电九江电厂、河东水厂等企业，认为提高城市环保服务水平，既是环保部门的重要职责，也是全社会的共同责任。市政协要为推动全市环境保护的发展积极献计出力。

2010年8月3日，市政协主席程来安带领部分市政协委员到区督办大中路步行街升级改造提案。副市长卢天锡出席督办汇报会。程来安要求，注意商业氛围和文化品位同时并存，业态分布要科学合理，按时间节点施工竣工，名称可以通过媒体让市民参与讨论。卢天锡就大中路步行街升级改造项目的有关问题向相关单位、部门作了部署。

2011年5月31日，市政协副主席魏改生率市政协调研组到区就城市园林绿化管护和市政设施管养工作进行专题调研。调研组指出，各级各有关部门要加大养护管理经费投入，引进和培养一批专业管理技术人才，探索建管并重的长效机制。7月20日，由省政协人资环委副主任倪忠民率省政协民主监督专题调研组到区，就贯彻落实计划生育政策情况开展调研。调研组到区人口计生服务中心、甘棠街道办事处、滨江社区、湓浦街道梅绽坡社区开展调研。市政协副主席魏改生等陪同。调研组肯定区计生工作取得的成绩，指出要坚持基本国策不动摇，创造良好的人口环境，不断开创计生工作新局面。8月3日，市政协主席程来安，副主席魏改生、徐少伟一行到桃园路、大中路项目施工现场实地察看区重点城建项目建设情况，到九江新新百货党支部调研民营企业开展学习实践活动及生产经营情况，听取区经济社会发展情况汇报。程来安指出，浔阳区要把提升城市居民幸福指数放在工作首位，让百姓共享改革开放所取得的丰硕成果。对区委、区政府提出的打造“美丽、实力、文化、幸福新浔阳”的奋斗目标给予高度评价，对区科学发展、率先发展取得的成绩，给予充分肯定。要求市、区政协委员把维护城区社会和谐稳定作为履职第一责任，做好通报社情民意、沟通思想、理顺情绪、协调关系、化解矛盾等工作。

2012年3月28日，市政协副主席朱忠玲到区，就贯彻落实市委《关于加强和改进人民政协政治协商工作的意见》情况进行调研。朱忠玲指出：浔阳区委、区政府支持政协工作有力，区政协充分发挥政协以及政协委员在赶超发展中的积极作用，希望浔阳区市、区政协委员继续围绕党委政府中心工作，搞好政治协商，为浔阳快速发展、九江争得应有地位做出更大贡献。4月11日，省政协副主席郑小燕一行到区调研流动人口社会管理服务工作。市政协主席魏宏彬出席调研座谈会，省政协社会和法制委员会主任张莉，副市长、市公安局局长陈光明，市政协副主席朱汉浩等参加或陪同调研。郑小燕一行到区庐南派出所流动人口管理中心系统，参观梅绽坡社区电子阅览室和新市民服务管理站，观看“三全两化”城市综合管理系统，到联盛集团、甘棠街道、区民政局参观区新市民服务中心、区慈善超市，了解流动人口服务管理工作新思路、新举措，新成效。座谈会上，郑小燕对市社会管理创新和流动人口管理工作所取得的成效给予充分肯定。她指出，街道社区工作应加强服务社会化、网络化建设，相关部门要不断给流动人口创造良好的发展条件，努力开创流动人口管理服务工作的新局面。5 月 15 日，市政协副主席徐少伟在市政协理论研究会副会长、市政协委员、市委党校常务副校长董和清的陪同下到区，就发挥政协委员主体作用工作开展情况进行调研。在听取区政协工作情况汇报和委员发言后，徐少伟指出，浔阳区政协有不少好的做法，调研组会将大家的建议梳理成册，递交市政协研究讨论。希望浔阳区市、区政协委员发挥主体作用，为浔阳快速发展、九江争得应有地位做出更大贡献。10 月 6 日，市政协“委员进社区”活动座谈会在区金鸡坡大塘村召开，市政协副主席朱汉浩等领导在听取政协委员及社区群众代表发言后分别讲话。

2013 年 3 月 12 日，市政协副主席徐少伟一行，到区督查贯彻市委加强政协工作有关文件精神的落实情况。徐少伟指出，浔阳区委对贯彻落实市委加强政协工作有关文件精神是坚决的，区政协更是主动作为，各项工作成绩明显。他要求，要进一步强化贯彻落实市委加强政协工作有关文件精神的意识，把政协工作纳入全局工作统筹发展，开展专题调研，做好提案工作。3 月 29 日，市政协主席魏宏彬，副主席徐少伟、朱汉浩带领各县（区）政协主席及秘书长一行参观视察区政协金鸡坡街道联络处“委员之家”，参观区政协金鸡坡街“委员之家”民生驿站、委员论坛、谈心室、品书吧 4 大功能区。魏宏彬肯定区政协“委员之家”工作。4 月 22 日上午，省政协副主席汤建人率调研组到区考察公共文化服务体系建设。市政协副主席李军陪同。调研组到区少儿图书馆、城市花园社区详细了解基层文化设施建设、管理、使用情况。汤建人指出，公共文化服务体系建设工作要坚持面向基层、服务群众，要加快推进重点文化惠民工程，完善公共文化服务体系，丰富广大人民群众的精神文化生活。10 月 10 日，市政协副主席徐少伟带领部分市政协委员至浔阳工业园，就园区基础设施建设情况开展专题视察。委员们实地察看园区道路、供水、供电、供气及其他生产性、生活性、服务性配套设施建设情况，对园区基础设施建设等工作给予充分肯定，提出相关建议。

2014 年 3 月 26 日，市政协副主席徐少伟一行 3 人到区调研群众路线教育工作，在金鸡坡大塘村会议室和区政协会议室召开座谈会，围绕贯彻落实中央八项规定，践行群众路线、“四风”等方面，对区政协党组织和政协机关提出意见和建议。6 月 9 日，市政协副主席李军一行 10 人到区考察白水湖街道李家垅卫生服务站、湓浦街道社区卫生服务中心，了解中医诊疗的运行机制和服务模式。区领导文建华、钱萍、刘宗强陪同考察。7 月 22 日，市政协副主席徐少伟一行 12 人到区视察琵琶亭公园码头整治拆迁情况，区领导朱超、刘宗强、易小慧陪同考察。8 月 27 日，市政协主席魏宏彬率市政协副主席、秘书长、各位办主任及全市各县市区主席、秘书长、委员工作委员会办公室负责人一行 60 余人到区白水湖街道“委员之家”视察，区领导戴晓慧、左延、曹应发、文建华、刘宗强、廖济煊等陪同。魏宏彬在实地考察之后充分肯定区政协“三进三服务”和“万个一”活动工作成绩，并指出，浔阳区街道“委员之家”的打造真正按照市政协要求做到“四有五簿七上墙”，有阵地，有内容，有人员安排，让委员与群众零距离接触，更激发了委员履职尽责的热情，提高了委员服务群众、服务发展的能力，增强了委员“家”的归属感。10 月 28 日，市政协副主席、民建主委李军一行到区调研标准化农贸市场升级改造情况。市商管办主任陈世超，副主任肖仁鹏，区领导文建华、王风雷陪同调研。调研组一行听取相关部门关于标准化农贸市场升级改造情况汇报，考察姚家洼标准化农贸市场升级改造情况。11 月 27 日，市政协组织委员到浔，就区“十大片区”旧城改造工作进展情况开展专题视察。市政协主席魏宏彬带队，市政协副主席徐少伟、纪岗昌、陶春元、黄大明、朱汉浩，秘书长洪华参加视察。区领导戴晓慧、左延、刘武爱、文建华、朱超、刘宗强、易小慧、朱少芬、周华、廖济煊等陪同视察座谈。视察组先后视察战备路东侧片区旧城改造项目及战备路保障性住房项目、花果园保障性住房项目、锁江楼片区旧城（棚户区）改造项目以及考棚片区旧城（棚户区）改造项目，并召开专题座谈会。区政府区长左延代表区委、区政府就全区“十大片区”旧城改造推进情况进行专题汇报。视察组成员、相关部门负责同志、片区责任人、社区及拆迁户代表等作了座谈发言，协商讨论加快推进旧城改造工作的进展、成效、存在的问题以及解决问题的对策和建议。视察中，市政协主席魏宏彬对区在推进“十大片区”旧城改造工作中所取得的阶段性成果给予充分肯定，并指出，要充分认识“十大片区”旧城改造工作的重大意义，进一步增强工作的责任感、紧迫感和使命感，要把推动市中心城区加快发展的好事办实。要充分把握“十大片区”旧城改造的目标要求，全区上下做到共识共为，加强服务保障力度，形成强大合力，快速推动工作，把与群众利益密切相关的实事办好。要充分发挥各级政协组织和委员的作用，发挥他们联系广泛、人才智力的优势和民主监督的作用，为旧城改造营造良好氛围，出谋划策，提出真知灼见，加快推进旧城改造步伐。区委书记戴晓慧就全区“十大片区”旧城改造工作进行表态，表示在中心城区旧城改造工作中，浔阳区始终坚持当主体，责无旁贷当好具体操盘手，必须在困难中推进，在艰难中取得成效，维护党和政府在人民群众中的形象。同时，希望市委、市政府、市政协进一步加大对浔阳区“十大片区”旧城改造工作的支持力度，建立绿色快速通道，为旧城改造工作保驾护航。

2015 年 2 月 13 日，市政协书画联谊会和区政协在花果园社区联合举办“迎新春·书春联·送祝福”书法春联赠送活动。市政协主席杨小华，市政协副主席朱汉浩、李军，区领导戴晓慧、左延、刘武爱、文建华等参加此次活动。市政协委员、市政协书画联谊会的崔廷瑶等 10 余位书画家手写近千副春联，给居民送去了新春的祝福。4 月 30 日，市政协副主席陶春元带队一行到区就“足球进校园”工作开展专题调研，调研组实地察看了湖滨小学的足球建设情况。区政协副主席刘宗强等陪同调研。6 月 2 日，市政协副主席古小平带领部分市政协委员就“抢抓国家建设长江经济带的战略机遇，全力打造赣鄂皖沿江先行先试示范区”到区进行专题调研，区委书记戴晓慧，区政协主席文建华，区委常委、常务副区长王风雷，区政协副主席易小慧陪同调研。区发改委、财政局、工信委、建设局等单位负责人参加座谈。市政协副主席古小平在调研座谈中一边认真听取大家的汇报、发言，一边不时插话、深入探讨，对浔阳区的干部作风、工作成就给予了充分肯定，认为浔阳区在长江经济带中位置举足轻重，希望全区上下进一步挖掘浔阳历史文化，推进文化旅游产业融合发展；服务九江石化，推进石化产业做大做强；创新体制机制，争取上级更多支持，不断增强民生福祉，加快自身发展。区委书记戴晓慧根据国家以及省、市的重要战略部署，结合浔阳的区情实际，对推进长江经济带建设提出了相关建议，并就进一步开展好下步工作，进行了阐述。区委常委、常务副区长王风雷就区围绕长江经济带和昌九一体化发展战略，全力实施“3785”工作目标等情况进行专题汇报，与会者围绕调研课题进行广泛交流。6 月 16 日，由市政协副主席朱忠玲带队一行到区开展“加快城区菜市场改建”的专题视察。区委副书记、区长左延，区政协主席文建华，区政府副区长张小军，区政协副主席易小慧及区直相关职能部门参加座谈或陪同视察。视察组一行首先召开座谈会，听取了区政府对菜市场升级改造情况介绍。随后实地视察主城区姚家洼、江洲、新一、花果园等 4 个菜市场。通过实地走访、调查，视察组建议：一是要加强领导，明确责任。加大辖区内菜市场升级改造建设速度，统筹协调农贸市场改造升级的规划、招商、融资、考评和督办工作。二是要加大对农贸市场改造升级的投入力度。三是要做好服务，搭建市场投资主体与政府相关部门、社会各方面之间的互动平台。四是要大力整治，维护交通和市场秩序，保障农贸市场投资主体和经营者的权益。五是要强化督查，认真负责地考核验收，确保建设速度和工程质量。六是要建立长效管理机制，把对菜市场的管理纳入规范轨道。6 月 19 日，市政协理论研究会副会长陈则仁一行到区就加强对口协商工作开展专题调研，区政协主席文建华、副主席廖济煊等参加调研座谈。9 月 8 日上午，市政协副主席、统战部部长黄大明带队到区调研归侨侨眷权益保护条例在区执行情况。区政协主席文建华，区领导胡迪，朱少芬陪同调研。调研组一行先后来到人民路街道向阳闸社区，白水湖街道沿江社区，详细了解了社区侨务工作与归侨侨眷权益保护条例执行情况，听取了区政府关于全区外事侨务工作情况的汇报。黄大明对我区侨务工作给予了充分肯定，他指出，浔阳区认真贯彻归侨侨眷权益保护法等法律法规，重视加强归侨侨眷权益保护工作，全区侨务工作呈现出勃勃生机和活力。各归侨侨眷积极参政议政，为我市经济社会发展作出了积极贡献。

2016年2月14日（正月初七），猴年春节假期后首个工作日，市政协主席杨小华一行来到区工业园齐鑫化工有限公司走访调研企业工作，向企业负责人和企业员工致以诚挚的新春祝福和问候，现场把脉企业发展过程中遇到的困难和问题，给企业以信心和鼓舞。在齐鑫化工，受市委书记杨伟东委托，杨小华代表市四套班子向企业送上新春祝福，并与企业负责人进行详细交谈，了解企业的发展现状及存在的实际困难和问题。认为企业在国际国内经济下行的压力下，克服困难、砥砺前行，在科技创新方面取得多项专利技术，保持企业发展良好势头。希望企业要利用自身优势，建设并拥有较为完善的公共配套设施，为企业后续发展提供潜力，要认真分析研判，做好石化产业链延伸这篇大文章，进一步探索发展新思路，增强企业长久发展、可持续发展的能力。同时，市区两级政府及相关单位、要采取有效措施切实帮助解决企业实际困难，助力企业发展，要做好服务工作，为企业发展和项目建设创造良好的环境，共同为建设五大九江贡献力量。市人大常委会副主任柳国发，市政协副主席、市统战部部长黄大明，市政协秘书长洪华，区领导戴晓慧、左延、文建华、王安定陪同走访。

第二节　横向联系

1987年8月6—8日，区政协主席岳广明、副主席毛应生、办公室主任谢生梅一行5人，到湖口县、九江县、德安县政协参观学习。8月13日，湖南省衡阳市城南区政协一行8人，到区进行友好访问。10月15—29日，区政协组织8名常委和委员，到江苏南京鼓楼区、浦口区，镇江京口区，常州钟楼区，无锡北塘区，苏州金阊区，学习政协工作经验，重点考察区街企业发展情况。11月5日，景德镇市朱山区政协经济考察组一行6人，考察区街经济，参观考察浔阳巧克力厂、滨兴建筑辅助材料公司。

1988年1月10日，区政协向兄弟城区政协发出“召开联谊会倡议书”，发起组建沿江7省25县（区）联谊会。4月1～2日，首次城区政协联谊会预备会在区政协会议室召开，各成员单位秘书长或办公室主任参加。会上交流“如何适应新形势开拓政协工作新路子，为振兴本区经济服务；如何加强自身建设，适应新形势要求的经验和做法；如何为发展本区经济，技术协作，促进本地区改革和经济振兴”等。4月28日至5月3日，区政协在九江石油办招待所举行首次7省25县（区）联谊会，共100多人参会。会议交流397条经济信息，18个县（区）达成59个协作项目和意向协议。浔阳区与8个县（区）的15个单位签订经济联系意向书，达成协办项目2个，引进技术设备项目1个，协助引进、协助出口物资12种。9月14～15日，区政协委员一行4人到南昌市东湖区考视属地化管理有关情况，考察组撰写的《加强党的领导，推进街道建设》报告，得到区委、区政府重视，为区委科学决策提供重要参考依据。

1989年上半年，区政协协同政府经济部门参加广东湛江7省27区（县）政协联谊会第二次会议。下半年，组织委员和机关人员到湖北、云南、成都、贵州等地参观学习。全年接待外地政协来访23批129人次。

1990年8月，部分区政协委员到天津和平区等8城区考察学习政协工作和社区服务工作经验。9月10日教师节，组织区教师中的政协委员及所在校的领导到德安县“共青城”参观学习。10月，区政协主席屈章湧与区政府有关领导及经济部门人员，参加安徽省黄山市屯溪区召开的7省25城区政协第三次联谊会。全年接待政协客人42批195人次；接待海内外客人47批219人次，其中，台湾、香港、澳门、美国、日本、新加坡“三胞”亲友及外籍华人31批137人次。

1991年，区政协先后派员到内蒙古自治区赤峰市克什克腾旗政协、上海市有关县区政协参观学习，到广州深圳等地学习海外联谊和兴办企业经验。全年共接待48批276人次。

1993年11月，区主席屈章湧等到四川省纂江县参加7省25区（县）政协联谊会第五次会议。区政协先后派员出访武宁、修水，景德镇珠山区、南昌市东湖区政协。全年接待政协来访27批176

人次。

1994 年 4 月，文教卫生法制社团委员会组织委员先后到德安县共青垦殖场、湖口县玻璃厂参观学习。区政协经科委组织经济、科技口部分委员到彭泽县贵希金属冶炼厂、芙蓉乡涂料厂、物质局轧钢厂等先进企业参观学习参观先进乡镇企业。10 月，副主席李玉昌、学习提案文史委员会副主任赵成金，赴武汉参加第六次 26 区（县）政协联谊会。区政协先后派员出访德安、湖口、彭泽、安福、井冈山等县（区）政协，全年共接待兄弟政协来访 38 批 267 人。

1995 年 10 月，副主席龚爱先参加合肥市西市区等 4 个区（县）政协联合举办的 6 省 26 区县市政协第七次联谊会。文教卫生法制社团委员会、经济科技委员会、祖国统一委员会组织委员先后到陕西西安碑林，四川成都青羊，湖北武汉江汉，云南昆明五华、盘龙，广西桂林秀峰，上海浦东等区政协学习取经。全年接待政协来访 47 批 371 人次。

1996 年 10 月，主席屈章湧一行 4 人参加景德镇珠山区、安福县政协联合举办的第八次 6 省 27 城区（县）政协联谊会。各专委会先后组织委员到德安、永修、九江等县及外地区政协学习参观。1996 年共接待外地政协领导及工作人员共 78 批 291 人次。

1997 年 5 月，区政协组织部分委员到井冈山参观学习井冈山斗争史实。10 月，访陕西省西安碑林、上海市浦东、广西壮族自治区桂林秀峰、广东省深圳等地政协。全年共接待政协来访 25 批 230 人次。

1998 年 5 月，区政协组织部分委员到浙江省奉化市，浙江省杭州市下城区，安徽省黄山市屯溪区，江西省九江县、景德镇珠山区等地政协参加学习。全年共接待政协来访 20 批 200 人次。

1999 年 5 月 25 日，安徽省合肥市西市区政协副主席宋道轫一行 5 人到区考察学习。6 月，区政协组织部分委员到湖北省武汉市江汉区、云南省昆明市盘龙区、辽宁省大连市中山区、山东省威海市环翠区等地政协参观学习。10 月，区政协领导出席在湖北省黄石市召开的全国 6 省（市）27 区（县、市）政协工作理论研讨会第十次会议，交流工作经验，促进友谊。8 月 15 日，江西省安福县政协副主席刘长明一行 11 人到区考察学习。11 月 3 日，浙江四会市政协副主席黄群英一行 10 人到区考察学习。11 月，区政协副主席王之军带领区政协祖国统一委员会 16 名委员到云南西双版纳参观学习。全年共接待外地政协考察团 20 多批 200 多人次。

2000 年 3 月 15 日，赣州市章贡区政协副主席何侠宝一行 5 人到区考察学习公费医疗改革工作。6 月 19 日，福建三明市梅列区政协副主席童水远一行 10 人到区考察学习。6 月和 12 月，区政协 4 个专委会组织委员分别到修水、武宁、湖口、彭泽等县政协参观学习。8 月，副主席梅冬桥等 3 人，参加在重庆市南川市政协召开的全国 6 省（市）27 区（县、市）政协工作第十一次理论研讨会。全年共接外地政协考察团 20 多批 200 多人次。

2001 年 4 月 29 日，江苏南通政协副主席张德友一行 12 人到区考察学习。5 月 3 日，浙江省宁波市鄞县政协副主席吴庆荣一行 9 人到区考察学习。5 月 29 日，区政协祖国统一委员会组织 10 余名委员，由王原平主席带队到彭泽县佛应寺就佛教工作进行专题视察。6 月，区政协领导率机关人员出席在江苏省镇江市召开的全国 6 省（市）27 县（区）政协工作理论研讨会第十二次会议。全年共接待政协客人 20 多批 200 多人次。10 月 17 日，区政协副主席潘亦生带领区政协祖国统一委员会组织 12 名委员到南昌东湖区参观学习城市建设、环境卫生、市容美化等方面工作经验。东湖区市容管理部门就该区的城建市容工作情况进行了介绍。

2002 年，区政协组织部分委员到北京、湖北省黄石、武汉、重庆市、省内吉安等地参观学习政协工作经验。5 月 28 日，新干县政协部分政协委员到区考察学习。6 月 4 日，崇仁县政协副主席方如珍一行 8 人到区考察学习。9 月 26 日，福建省漳州市芗城区政协副主席冯天佑一行 6 人到区考察学习。10 月 23 日，区政协副主席王之军等 3 人参加湖北省鄂城区政协召开的全国 6 省（市）27 区（县市）政协工作理论研讨会第十三次会议。11 月 21—27 日，区政协祖国统一委员会组织 9 名委员专题视察区政府驻北京办事处工作情况。全年共接待政协来访 20 多批 200 多人次。

2003 年 5 月 21 日，奉新县政协副主席徐招南一行 14 人到区考察学习。9 月，主席杨朱记率机关干部 5 人，参加广西凭祥市政协举办的新时期政协工作理论研讨会。区政协组织部分委员到湖口、修水、武宁等县政协参观学习。全年接待政协来访者 20 多批 200 多人次。

2004 年 4 月 23～29 日，区政协港澳台侨委员会组织 14 名委员到广西桂林秀峰区和云南昆明五华区参观学习。在秀峰区，委员们学习该区政协在调查研究、建言献策等方面的工作经验和做法，收集部分文史资料；在五华区，委员们听取该区围绕经济建设、加强科技园区专题调研工作情况介绍。区政协副主席刘其祥、胡迪参加学习考察。6 月 22 日，江苏省启东市政协主席周嘉生一行 16 人到区考察学习。9 月 13 日，景德镇珠山区政协主席余玉龙一行 8 人到区考察学习。9 月，先后到湖北武汉市武昌区，安徽安庆市大观区等地政协学习。全年共接待政协来访 30 多批 300 多人次。

2005 年 7 月，副主席潘亦生率机关 4 名干部，到安徽省芜湖市新芜区，参加全国政协 7 省（市）部分区（县、市）政协工作理论研讨会第十四次会议。区政协组织部分委员先后到深圳、海南，安徽合肥、芜湖等地参观学习。全年共接待政协来访 20 余次。

2006 年 6 月，党组书记张燕萍带领机关干部到修水、武宁政协学习提案工作。8 月，区政协委员分 2 批到四川省峨眉山、九寨沟学习考察。9 月，到贵州遵义市红农岗区政协学习。10 月，副主席潘亦生率机关干部 4 名到福建省漳州市芗城区政协，参加全国 7 省部分区（县、市）政协工作理论研讨会第十五次会议。

2007 年 4 月，主席张燕萍率机关干部到浙江杭州市江干区、景德镇市珠山区政协参观学习。9 月，副主席胡迪率机关 4 名干部到武隆县政协参加全国 7 省部分区（县、市）政协工作理论研讨会第十六次会议。4 月 17 日，安徽省安庆市大观区政协主席刘宜彪一行 9 人到浔，就政协工作、民营经济发展情况等进行考察。6 月中旬，区政协港澳台侨委员会组织 10 余名委员到山西太原、陕西西安新城区等地学习考察区域经济发展，到延安接受革命传统教育。

2008 年 3 月 20～23 日，主席张燕萍率机关干部到安徽省安庆市大观区、迎江区、池州市贵池区等地政协学习。8 月，组织部分委员到山东青岛、辽宁大连、新疆等地考察学习。9 月，副主席朱少芬参加在德安县举行的第十七次全国 7 省（市）27 城区政协工作研讨会。

2009 年 3 月，主席张燕萍率机关干部到周边县、区政协参观学习。9 月，主席张燕萍带领机关 4 名干部参加在福建省龙岩市新罗区政协举办的全国 7 省（市）27 城区政协工作研讨会第十八次会议。

2010 年 2 月，主席张燕萍带队到都昌、武宁、永修、德安县政协参观学习。5 月和 6 月，区政协机关干部和部分政协委员分两批到上海参观世博会，9 月，副主席张华桥、朱少芬带队，参加在江苏省南京市六合区政协举办的全国 7 省（市）27 城区政协工作研讨会第十九次会议。

2011 年 9 月，副主席刘宗强带领 3 名机关干部，参加在安徽省安庆市大观区政协举办的全国 7 省（市）区政协理论研讨会第二十次会议，并参观考察大观区文化产业建设情况。9 月，主席文建华、副主席刘宗强率机关干部，到庐山区政协学习政协委员分组划分等有关工作。11 月 18 日，主席文建华率机关干部和部分政协委员，到云南省昆明市盘龙区、丽江市古城区政协，学习发挥专委会、界别、党派、委员主体作用，学习做好提案工作。

2012 年 2 月，主席文建华、副主席刘宗强率机关干部，到庐山区政协参加市政协组织的外出学习委员进社区工作。4 月，副主席朱少芬、秘书长韩万金和部分街道联络处主任随市政协一起到河南省郑州、天津、江苏省无锡等地政协学习政协委员进社区工作。5 月，吉安市新干县政协主席张梅生带领机关干部和政协委员到区学习提案工作，并考察城区建设。5 月，党组织副书记、副主席刘宗强，副主席朱少芬率机关部门人员及政协委员，前往黑龙江省绥芬河市政协学习考察政协党建工作。9 月 25 日，副主席廖济煊率机关干部一行 3 人参加在福建省泉州市鲤城区政协举办的全国 7 省（市）部分区（县、市）政协工作研讨会第二十一次会议。7 月初，区政协组织余晓庭、彭孟之等书画家到湖口石钟山，与湖口县政协进行文化交流。9 月，南丰县政协主席李履才一行 4 人到区政协参观学习。10 月，接待修水县政协 7 人到区政协学习提案工作。

2013 年 1～9 月，区政协接待河北省石家庄市桥东区政协，辽宁省沈阳市沈河区政协及彭泽、九江、共青城、德安、武宁、星子、都昌等县（市）政协领导和机关干部，参观学习金鸡坡大塘村政协委员之家打造工作。4 月 19 日，武汉市新洲区政协副主席陈金旺一行到区就提案工作进行交流座谈。区政协主席文建华，副主席刘宗强、张华桥等陪同座谈。5月，新疆巴音郭楞蒙古自治州和静县政协副主席郝根生一行7人到区政协学习参观。7月，党组副书记刘宗强、副主席廖济煊率机关干部到景德镇市珠山区政协参观学习，就7省（市）部分区（市）政协工作研讨会工作进行商议。

2014年3月，主席文建华率区政协领导班子成员，到九江县政协学习群众路线教育工作。7月30日，星子县区政府主席宋从文一行8人到区调研“保障性住房物业管理”，区政协副主席周华、秘书长韩万金及有关委办和区政府有关部门陪同调研。8月21日，区政协主席文建华、副主席刘宗强、廖济煊率机关干部到景德镇市珠山区主席参观学习，就七省（市）部分区（市）政协工作研讨会和两地政协文化界委员交流等事项进行商议，并达成一致意见。9月10～12日，区政协主席文建华、副主席易小慧带队，区政协经科委组织9名委员到安徽省安庆市大观区、宣城市宣州区、广德县等地调研“飞地经济”发展情况。委员们在工业园区、企业车间考察学习、听取情况介绍，并与当地政府相关部门负责人、政协机关工作人员座谈交流。9月15日，景德镇市珠山区政协主席施向阳、罗丽玲率机关干部到区政协参观交流党的群众路线教育实践活动整改工作经验，尤其是对整改过程中的制度建设内容进行交流，并就两地文化进行交流座谈，明确组织两地文化界委员交流方式方法。10月31日～11月6日区政协副主席周华带领部分委员和区卫生局工作人员前往吉林省船营区学习考察艾滋病防治工作。

2015年5月13日，瑞昌市政协秘书长黄润一行到浔阳区学习交流“双争四创”和“三进三服务”活动经验做法，区政协秘书长韩万金陪同座谈。5月25～30日，区政协副主席周华带领部分委员赴江苏徐州鼓楼区、江苏淮安清河区，就保障性住房管理工作进行专题调研。7月20日，安徽省宣城市广德县政协副主席傅朝一行到浔阳交流学习。区政协副主席廖济煊陪同考察。考察组参观了金鸡坡街道大塘村政协委员之家和白水湖街道政协委员之家，并就基层政协工作及“委员之家”建设等进行了座谈交流。8月18日，江苏省宝应县政协副主席、工商联主席金陵一行到浔阳就“全民创业环境建设工作”情况进行调研，区政协副主席、工商联主席秦永红陪同。调研组先后实地参观考察了津晶城科技孵化园、区创业大学、京九国际商贸城、浔阳之眼历史文化展示馆、中瀚商务楼宇等项目，双方进行了深入交流。双方认为政府要采取系列举措推进“大众创业，万众创新”，激发“双创”激情；通过政府引导扶持、小额贷款担保等金融工具的创新解决创业主体资金不足的矛盾。8月19日，区政协副主席朱少芬组织部分委员到彭泽县、星子县调研法律援助工作。9月9日～12日，区政协副主席朱少芬带队一行到安徽省阜阳市颍泉区和山东省威海市环翠区调研法律援助工作。10月12日～14日，区政协组织部分委员到浙江省绍兴市上虞区、江苏省江阴市和昆山市就政府引导中小企业上市工作进行专题调研。区政协主席文建华、区政协副主席易小慧参加调研。11月17日，赣州市章贡区政协秘书长黄翃晖一行到浔阳交流学习委员联络服务工作。考察组实地参观白水湖街道“委员之家”打造情况，并就委员进社区和委员管理工作进行座谈。

第三节　街道联络指导

2010年12月始，贯彻落实市委下发《关于加强和改进人民政协政治协商工作的意见》精神。2011年12月30日，区委下发《关于加强和改进人民政协政治协商工作的意见》。依据两个意见要求，区政协党组会议决定在5个街道成立街道联络处。2012年2月16日，区政协党组向区委报告《关于明确各街道联络处负责人的报告》，3月24日，得到区委批复。4月28日，区政协办公室下发《浔阳区政协委员街道联络处工作制度》，启动街道联络处工作。

2012年5月14日，市政协下发《关于“政协委员进社区”活动试点工作指导意见》。5月22日，区委办公室下发《关于转发区政协办公室〈关于开展政协委员进社区活动方案〉的通知》，明确工作指导思想、组织形式、主要任务和工作主题。以“四进”“四联”，即关注民生进社区，联户知民情；资源优势进社区，联民解民困；民主监督进社区，联片促和谐；建言献策进社区，联区议发展为工作主题启动委员进社区工作。6月8日，区政协在三楼会议室召开街道联络处第一次会议。会议由秘书长韩万金主持，主席文建华、副主席朱少芬出席会议，甘棠街道联络处主任舒钟坤、人民路街道联络处主任桑志峰、湓浦街道联络处主任王志宝、白水湖街道联络处主任黄玮、金鸡坡街道联络处副主任余火莲参加会议。会议认为，政协街道联络处是一个新事物，是一项全新的工作，要争取街道党工委、办事处对联络处工作的重视和支持，要制定委员活动方案，要对照委员“四进四联”要求找出各自的优势和侧重点工作，要提高政协组织在群众中的影响力，要积极开展调研视察活动。6月13日，区政协在三楼会议室召开街道联络处主任会议，会议由秘书长韩万金主持。会议决定，建立委员汇报制度、活动记录册制度、激励制度，规范“委员之家”建设标准。6月15日，区政协在湖滨社区举办政协委员进社区活动启动仪式，现场开展“一对一”结对助学、文艺演出、法律咨询、医疗咨询、科普宣传等活动。9月11日，区政协在金鸡坡街道大塘村举行“百名委员进社区、带动群众促创建”活动暨金鸡坡街道“委员之家”揭牌仪式。政协主席文建华、副主席刘宗强、张华桥、朱少芬、周华、秦永红、秘书长韩万金参加活动。这次活动是为全面贯彻落实市、区关于创建第四届省级文明城市的工作部署，充分发挥政协在创建省级文明城市工作中的积极作用，以“百名委员进社区，带动群众促创建”为主题，充分结合政协委员“四进四联”活动，广泛动员区政协机关、街道政协联络处、政协委员积极参与和开展创建省级文明城市活动，为全市成功创建省级文明城市做出积极贡献。整个活动丰富多彩。副主席朱少芬作动员讲话、委员代表费亚克发言、委员方国栋授课、全体委员签订《委员承诺书》并进行阳光助学、政协主席文建华给“委员之家”揭牌。区政协领导、区政协金鸡坡街道联络组政协委员、金鸡坡街道班子成员、机关干部、群众代表、其他街道联络处主任及联络员100多人参加活动。

2013年4月23日，区政协下发《关于开展政协委员进社区“五个一”活动的实施方案》。“五个一”即联系一个驻地社区，帮助一户困难家庭，参加一次委员约访，反映一条社区民意，实施一件惠民实事。4月26日，副主席朱少芬主持召开委员进社区“三进三服务”“五个一”活动动员大会。会议认为，各街道联络处要把“三进三服务”和“五个一”活动作为街道政协工作重中之重，与街道中心工作结合起来，进一步夯实“委员之家”基础，深化内涵，引导委员进社区、进家庭，开展形式多样的公益活动。7月11日，区政协在三楼会议室召开全区委员进社区活动调度会。会议认为，各街道上半年做了一些工作，但开展工作不平衡，成效不够明显。会议指出，要进一步建立健全各项活动制度，通过开展“委员约访”、委员视察等活动，畅通社情民意渠道，激发委员参与活动的积极性。8月2日，主席文建华召集各街道联络处主任，对街道政协联络处开展委员进社区活动情况进行调度。会议要求，在全区掀起新一轮活动高潮，在有意愿有条件的委员企业中打造“委员之家”，要积极组织开展活动，以群众路线教育活动为契机，为社区和群众办实事、解难事。把8月作为“三进三服务”“五个一”活动集中推进月。8月15日，主席文建华到湓浦街道濂溪社区，视察湓浦街道政协“委员之家”打造情况。9月12日，主席文建华带领班子成员及各街道联络处主任现场观摩部分街道“委员之家”打造情况，随后在区政协三楼会议室召开座谈会。会议认为，要增强开展活动的自觉性，总结经验，有序推进活动深入开展，确保活动取得更大实效。

2014年8月5日，区政协副主席廖济煊、秘书长韩万金带领指导委员会负责人和经济科技委主任到白水湖街道委员之家和江西隆泰建设工程有限公司委员之家现场视察和指导委员之家建设工作。且要求，一是建立委员档案；二是积极开展各项活动；三是广泛收集整理各项资料。

2015年6月17日，区政协副主席廖济煊在区政协三楼会议室主持召开委员进社区活动调度会，听取各街道政协联络处委员进社区活动上半年进展情况和下半年活动安排。廖济煊要求，各街道联络处要创新思路，充分利用好“委员之家”的平台作用，将活动做实做好做出成效。

第八章 人 物

第一节 人物传

谢生梅 （1934—1995） 1934年4月出生，汉族，广东平远人，大学文化，中共党员。

1949年至1952年，江西会昌县委、瑞金县委、抚州专署警卫员；1952年至1962年，江西工农干校、工农速中、江西大学学生；1963年至1968年，德安县委宣传部理论教员；1968年至1969年，德安县毛泽东思想宣传站党支部书记、革委会副主任；1969年至1984年，中共九江地委统战部干事；1984年至1987年，中共浔阳区委统战部副部长；1987年至1990年，浔阳区政协办公室主任；1990年2月至1993年3月，政协浔阳区第二届委员会副主席。1995年病逝。

杨文卿 （1944—1995） 1944年1月出生，汉族，江西鄱阳县人，大学本科，中共党员。

1965年8月，考进江西省委党校工作；1970年8月，大学本科毕业；1968年12月至1970年8月；下放在江西生产建设兵团31团劳动锻炼20个月（光华塑料厂）；1970年8月至1986年5月，九江市委市政府办公室分别担任秘书、市长秘书和秘书科科长；1986年6月至1992年，浔阳区副区长；1992年至1995年6月政协浔阳区第二届委员会副主席，统战部部长。1995年病逝。

李玉昌　（1936—2004）汉族，1936年10月出生，江西省九江县人，中共党员，大学文化。

1954年至1956年，江西农业大学学习；1956年至1958年，居岭供销社任经理；1958年至1962年，九江棉麻公司股长；1962年至1964年，九江县委审案办公室干事；1964年至1967年，九江县农业银行干部；1967年至1969年，九江县委组织部组织干事；1969年至1971年，九江县狮子公社武装部长；1971年至1972年，九江县城门公社武装部部长；1972年至1974年，九江市大桥公社武装部部长；1974年至1982年，九江市东方红公社（现甘棠街道办事处）副主任、武装部部长；1982年至1991年，滨兴街道办事处党委书记；1991年至1993年，浔阳区政法委副书记；1993年，政协浔阳区第三届委员会副主席；2004年病逝。

杨朱记　（1949—2005）1949年5月出生，汉族，江西九江县人，大专文化，中共党员。

1965年至1968年，共大九江县分校学生；1968年至1976年，福州军区守备一师二团三营通信排报务员；1976年至1978年，福州军区守备一师一团三营五连副指导员；1978年至1983年，福州军区守备一师一团通信连指导员；1983年至1984年，福州军区守备一师三团政治处干事、宣传股副股长；1984年至1987年，浔阳区纪委纪审科副科长；1987年至1992年，浔阳区湓浦街道办事处副主任、副书记、主任、党委书记；1992年至1993年，浔阳区委常委、湓浦街道党委书记、办事处主任；1990年至1993年，中共党校函授学院党政专业大专毕业；1993年至1996年，浔阳区委常委、区委办公室主任；1996年至1997年，浔阳区人民政府副区长、党组成员；1997年至2002年，浔阳区委常委、纪委书记；2002年至2005年，政协浔阳区第五届委员会主席、党组书记。2005年病逝。

第二节　人物录

一、一至七届政协主席、党组书记

岳广明　1932年5月出生，蒙古族，内蒙古人，高中文化，中共党员。

1945年10月至1950年7月，部队机要员；1950年8月至1954年7月，江西省人民银行秘书；1954年8月至1958年8月，赣州市人民银行书记；1958年9月至1963年7月，赣州市地区中级人民法院主任；1963年8月至1968年9月，江西省高级人民法院审判员；1968年至1971年，下放农村；1971年至1987年，九江内衣厂保卫科长、面粉厂厂长、书记。1987年6月至1990年2月，政协浔阳区第一届委员会主席、党组书记。

屈章湧　1938年2月出生，汉族，江西九江人，大学文化，中共党员。

1959年9月至1963年7月，江西大学生物系毕业；1963年8月至1970年2月，武宁县礼洒中学教师、副校长；1970年3月至1981年8月，九江柴桑小学校长；1981年8月至1984年7月，浔阳区文教局副局长；1984年7月至1990年3月，浔阳区委常委、组织部部长；1990年3月至1998年2月，政协浔阳区第二届、三届委员会主席、党组书记。

胡勋杰　1947年2月出生，汉族，湖北武穴市人，大学文化，中共党员。

1968年7月，空军气象学院毕业；1968年9月至1970年9月，空军樟树气象台预报员；1970年10月至1973年9月，空军九江气象台预报员、负责人；

1973年10月至1979年9月，空军九江场站汽车场务连指导员；1979年10月至1981年1月，九江市航运公司纪检干事、经理办公室主任；1981年2月至1986年7月，浔阳区委办公室秘书、区政府办公室副主任、区委办公室副主任、区科委负责人；1986年8月至1987年5月，浔阳区委党校校长；1987年6月至1992年9月，浔阳区政府副区长；1992年10月至1993年2月，湖口县委副书记；1993年3月至1996年1月，九江县委副书记；1996年2月至1997年10月，九江县人大常委会主任；1997年11月至1998年2月，浔阳区政协党组书记；1998年2月至1999年2月，政协浔阳区第四届委员会主席、党组书记。

王原平 1956年5月出生，汉族，安徽宿松县人，研究生学历，中共党员。

1982年至1987年，安庆宿松中学团委书记，化学教研室组长；1987年至1993年，九江市第一中学团委书记，教务处副主任；1993年至1995年，九江市团委书记；1995年至2002年，九江市浔阳区委副书记；1998年至2002年，政协浔阳区第四届委员会主席、党组书记；（1998年至2001年，中国人民大学科学技术哲学硕士研究生班学习）；2002年至2008年，九江市人大党组成员、秘书长；2008年至今，九江职业大学党委书记。

张燕平 女，1954年3月出生，汉族，江西彭泽县人，大学文化，中共党员。

1973年8月，彭泽县教育局工作；1976年，江西大学进修；1977年，彭泽县委宣传部干事、秘书；1984年11月，浔阳区委宣传部干事；1986年，浔阳区党史办副主任，1991年，浔阳区委党校校长；1996年浔阳区委宣传部部长；1999年10月至2002年12月，浔阳区委常委、宣传部部长；2002年12月至2006年3月，浔阳区委副书记、纪委书记；2006年3月至2007年3月，浔阳区政协党组书记；2007年3月至2011年7月，政协浔阳区第六届委员会主席、党组书记。

文建华 1959年2月出生，汉族，江西九江县人，研究生文化，中共党员。

1978年1月至1980年1月，九江师范化学专业毕业；1980年1月至1984年7月，九江县二中教师；（其间，1982年9月至1984年7月，江西电大化学专业脱产学习大专毕业）；1984年7月至1988年12月，中共九江县委宣传部干部；1988年12月至1990年3月，九江县涌泉乡党委副书记；1990年3月至1992年5月，九江县涌泉乡党委副书记、乡长；1992年5月至1994年4月，九江县涌泉乡党委书记；1994年4月至2000年11月，上饶市万年县政府党组成员、副县长；（其间：1999年11月至2001年11月，河海大学国际商学院管理与工程专业在职研究生结业）；2000年11月至2002年12月，九江市农业局党组成员、助理调研员（其间：2001年11月至2002年12月，兼任九江市农村税费改革办公室副主任）；2002年12月至2009年7月，浔阳区政府党组成员、副区长；2009年7月至2011年7月，浔阳区委常委、政府党组成员、副区长；2011年7月至2011年8月，政协浔阳区第七届委员会党组书记、主席候选人；2011年8月至今，政协浔阳区第七届委员会主席、党组书记。

二、一至七届政协副主席、党组副书记

牛增辉 1943年10月出生，汉族，北京市人，大学文化，中共党员。

1963年9月至1967年7月，中央财经学院财政专业毕业；1967年8月至1975年8月，九江市生资公司会计、政工；1975年9月至1982年8月，九江市委组织部干部；1976年5月至1978年11月，中国北也门使馆援外专家组工作；1982年9月至1984年6月，浔阳区委组织部副部长；1984年7月至1990年10月，浔阳区委统战部副部长、部长、区委委员、政协浔阳区第一、二届委员会副主席。1990年10月至2004年3月，交通银行九江分行副行长。

毛应生　1932年1月出生，汉族，江西九江人，高中文化，中共党员。

1950年2月至1957年11月，九江市公安局民警、副科长、科长；1957年12月至1961年3月，武山垦殖场保卫科长、分场场长；1961年4月至1962年4月，九江结核病防治所所长；1962年5月至1968年11月，九江市法院秘书；1968年12月至1971年，下放德安县劳动；1972年至1980年，九江市公安局治安科科长，浔阳区公安分局副局长；1980年至1987年；浔阳区检察院检察长；1987年至1990年，政协浔阳区第一届委员会副主席。

王柱勋　1937年7月出生，汉族，广东东莞人，大学文化，中国农工民主党党员。

1955年9月至1960年8月，武汉医学院毕业；1960年9月至1970年5月，九江市卫生防疫站医师；1970年6月至1973年11月，下放武宁罗平公社；1973年12月至1997年，九江市防疫站医师、副主任医师、副科长，浔阳区防疫站副站长；1987年至1997年，政协浔阳区第一届、二届、三届委员会副主席；政协九江市第七届、八届、九届、十届委员会委员。

张力才　1933年7月出生，汉族，江西武宁人，初中文化，中共党员。

1949年11月至1955年4月，武宁县税务局、财政局、统计局、人事局工作人员；1955年5月至1958年，县政府办公室副主任，县委统战部秘书，县政协常委；1960年至1962年，九江社会主义学院理论教员；1962年至1965年，九江市委统战部干事；1965年至1968年，九江市工商联秘书长；1968年10月，下放修水县农村，历任共沙公社下放干部、知识青年200多人的带队干部（指导员），公社党委委员、秘书，县政府精简办公室副主任，县文艺站站长；1972年10月，九江地区公安处、政治处工作人员、秘书科副科长、预审科副科长、治安科科长；1984年4月，九江市公安局浔阳分局政委；1990年至1993年，政协浔阳区第二届委员会副主席。

曾孟嘉　女，1946年5月出生，汉族，江西九江人，高中文化，无党派。

1963年9月至1984年9月，九江市育新小学教师、教导主任；1984年9月至2006年6月，九江市浔阳区柴桑小学副校长；1990年至1998年，政协浔阳区第二届、三届委员会副主席；1998年至2007年，浔阳区第五届、六届人大常委会副主任。

龚爱先　女，1940年7月出生，汉族，湖北省襄阳人，大学文化，中共党员。

1965年7月，中共九江地区组织部干部；1968年10月，九江钢厂化验室负责人；1970年9月，九江火柴厂党委办公室组织干部；1978年5月，九江市委组织部丁部；1981年9月，九江市直属机关党委宣传科长；1982年9月，九江市委党校组教科科长，教研室主任；1987年5月，中共浔阳区委常委、宣传部部长；1993年3月，政协浔阳区第三届委员会党组成员；1994年至1997年，政协浔阳区第三届委员会副主席。

王之军　1938年12月生，汉族，江西安福县人，大学文化，民革党员。

1960年，江西冶金学院毕业；1960年至1962年九江东风钢铁厂技术员；1962年至1964年，九江市供销社业务员；1964年至1984年，江西锻压机床厂技术员、科长、副厂长；1984年至

1990年，九江电影机械厂副厂长、厂长；1990年至1993年，浔阳区政府副区长；1993年至1996年，九江火柴厂厂长；1996年至2003年，政协浔阳区第三届、四届委员会副主席。政协江西省第六届、七届、八届委员，九江市人大常委，九江市民革副主委。

梅冬乔 1943年1月出生，汉族，湖北黄梅人，高中文化，中共党员。

1963年9月，九江市第一中学毕业；1964年9月至1985年2月，中国人民解放军历任军事记者、宣传干事、政工科长、党史办副主任等职；1985年3月至1989年1月，浔阳区委宣传部干事、副部长；1989年2月至1990年2月，浔阳区商业局局长；1990年3月至1995年11月，浔阳区政协秘书长兼办公室主任；1995年12月至1996年12月，浔阳区委统战部部长兼区政协秘书长；1997年1月至2003年2月，浔阳区委统战部部长、政协浔阳区第四届委员会副主席，政协九江市第十届、十一届委员会委员。

潘亦生 1950年12月出生，汉族，湖北省黄陂人，大专文化，中共党员。

1968年8月至1970年6月，九江市向阳垦殖场下放知青；1970年6月至1974年4月，九江市龙山小学教师、副校长；1974年4月至1982年7月，九江市庐峰小学、朝阳小学副校长、龙山小学校长；1982年7月至1984年6月，浔阳区文教局副局长兼区文化馆馆长；1984年6月至1987年9月，中共浔阳区委组织部组织员；1987年9月至1988年6月，浔阳区劳动人事局副局长；1988年6月至1996年9月，浔阳区监察局局长、浔阳区纪委副书记；1990年9月至1993年7月，中共党校函授学院江西分院行政管理专业大专毕业；1996年9月至1997年10月，浔阳区政府办公室主任、党组成员；1997年10月至1998年2月，浔阳区政府办公室主任、政府党组成员、政协党组成员；1998年2月至2003年11月，浔阳区政协副主席、党组成员；2003年10月至2007年1月，浔阳区政协副主席、党组副书记。

任惠萍 女，汉族，1953年8月出生，江苏扬州人，大学文化，中共党员。

1970年3月至1977年3月，临川县嵩湖公社知青；1977年3月至1979年9月，江西大学中文系毕业；1979年9月至1980年9月，中共抚州地委宣传部干部；1980年9月至1987年3月，中共浔阳区委宣传部干部；1987年3月至1992年12月，浔阳区白水湖街道党委副书记、书记；1992年12月至1997年8月，中共浔阳区纪委副书记；1997年8月至1998年2月，浔阳区计生委主任、区政协党组成员；1998年2月至2011年2月；政协浔阳区第四届、五届、六届委员会副主席。

高秋深 1959年10月出生，汉族，山东人，大学文化，民盟会员。

1980年12月，九江师专毕业；1981年1月至10月，九江市教育局干部；1981年10月至1989年，浔阳区文化馆干部；1989年至1996年8月，滨兴街道生产科副科长、科长、街道副主任；1996年9月至2002年，浔阳区经贸委副主任，政协浔阳区第四届委员会副主席。

刘宗强 1958年2月出生，汉族，江苏江都人，大专文化，中共党员。

1978年9月至1981年9月，九江师专美术系毕业；1981年9月至1988年2月，浔阳区委宣传部干部；1988年2月至1990年10月，浔阳区委组织部副科级组织员；1990年10月至1995年3月，浔阳区委组织部副部长；1995年3月至1996年9月，浔阳区委组织部副部长兼组织员办公室主任；1996年9月至2001年8月，浔阳区委组织部副部长、区直机关工委书记；（其间：1999年3月至1999年7月，参加九江市青年干部政治理论培训班学习）；2001年8月年至2002年12月，浔阳区人事劳动局局长；2002年12月至2003年1月，浔阳区人事劳动局局长、政协浔阳区第五届委员会党组成员；2003年1月至2005年1月，政协浔阳区第五届委员会副主席、人事劳动局局长；2005年1月至2009年6月，政协浔阳区第六届委员会副主席、区委组织部副部长、人事劳动局局长；2009年6月至今；政协浔阳区第六届、七届委员会副主席、党组副书记。

刘其祥　1955年2月出生，汉族，湖南安化人，大学文化，中共党员。

1976年2月，解放军海军后勤部武办战士、干部；1988年9月，浔阳区纪委办公室副科纪检员、廉政室主任、常委；1995年3月，白水湖街道副书记、主任；1997年12月，人民路街道党工委书记；2000年7月，浔阳区政府党组成员、办公室主任；2003年1月，浔阳区政协副主席、区政府党组成员、办公室主任；2003年6月，浔阳区政协副主席、区委统战部副部长（主持工作）、部长；2011年7月，浔阳区政协副调研员。

易小慧　女，1963年10月出生，汉族，江西彭泽人，大学文化，中国民主促进会会员。

1981年9月至1984年8月，九江地区卫生学校读书；1984年9月至1997年1月，九江妇幼保健医院工作；1997年2月至1999年9月，浔阳区工商联干部；1999年10月，浔阳区工商联副主委；2003年1月，浔阳区政协副主席；2003年3月至2012年4月，浔阳区政协副主席兼区工商联主席；2003年1月至2013年1月，江西省第十届、十一届人大代表；2003年1月至今，政协浔阳区第五届、六届、七届委员会副主席。

胡迪　汉族，1969年9月出生，江西新余人，大学本科，工学学士，经济师、会计师，注册会计师，民建会员。

1986年9月至1990年6月，武汉工学院（现武汉理工大学）工业管理工程系毕业；1990年8月至1999年12月，九江市金属材料总公司团总支书记，经济师、会计师；1999年12月至2003年3月，浔阳区企业管理局副局长；2003年1月至2004年2月，浔阳区政协副主席；2004年2月至2006年6月，浔阳区政协副主席、工业园办公室副主任（主持工作）；2006年6月至2011年7月，浔阳区政协副主席；2011年8月至今，浔阳区政府副区长、九江民建副主委。

叶明林　汉族，1961年9月出生，江西九江县人，大学文化，中共党员。

1981年9月至1987年10月，市气象局所属单位工作；1987年10月至1995年9月，浔阳区体改委合作办工作；1995年9月至1998年3月，浔阳区驻京办副主任、主任科员；1998年3月至2003年3月，浔阳区驻京办主任；2003年3月至2003年5月，浔阳区人民政府党组成员、区长助理、驻京办主任；2003年5月至2005年8月，浔阳区政协副主席、浔阳区人民政府党组成员、区长助理、驻京办主任。

曹茂荣　汉族，1956年1月出生，江西省九江人，大学文化，中共党员。

1975年1月至1976年12月，德安县林泉乡大溪板村知青；1976年12月至1991年1月，九江市物资局生产资料服务公司业务员、副科长、科长；1991年1月至1992年2月，浔阳区文明办干部；1992年2月至1993年4月，浔阳区白水湖街道办事处主任助理；1993年4月至1993年12月，浔阳区文明办副主任；1993年12月至1997年12月，浔阳区人民路街道办事处副主任、副书记、书记；1997年12月至2000年8月，浔阳区湓浦街道党工委书记；2000年8月至2005年3月，浔阳区物价局局长；2005年3月至2006年1月，浔阳区建设环境保护局局长；2006年1月至2008年11

月，浔阳区政协副主席、浔阳区建设环境保护局（交通局）局长。

朱少芬 女，汉族，1963年12月出生，江西瑞昌人，大学文化，民进会员。

1983年9月至1986年7月，九江师专中文系毕业；1986年7月至1992年8月，九江市五中教师；1992年8月至1996年4月，浔阳区政府办公室干部；1996年4月至2000年8月，浔阳区计划生育委员会干部；2000年8月至2003年3月，浔阳区计划生育委员会副主任；2003年3月至2007年2月，浔阳区计划生育委员会副主任（正科），（其间：2005年8月至2007年12月，中央党校函授学院本科班法律专业学习）；2007年2月至2007年3月，浔阳区政协副主席、浔阳区计划生育委员会副主任；2007年3月至今，政协浔阳区第六届、七届委员会副主席。

张华桥 汉族，1959年10月出生，湖北黄梅人，大专文化，中共党员。

1976年10月至1979年9月，九江市赤湖水产场职工；1979年9月至1981年7月，九江师范毕业；1981年10月至1986年9月，浔阳区委办公室干部，（其间，1984年9月至1986年7月，江西电大党政干部专修班学习）；1986年9月至1991年3月，浔阳区委党校干部；1991年3月至1994年11月，九江市委政研室正科级政研员；1994年11月至1999年8月，九江市委村建办组织科负责人；1999年8月至2003年7月，九江市委村建办科长；2003年7月至2004年11月，九江市委村建办副主任；2004年11月至2010年2月，九江市人大农工委副主任委员；2010年2月至2011年7月，政协浔阳区第六届委员会党组成员、副主席；2011年7月至今，政协浔阳区第七届委员会党组成员、副主席。

周华 汉族，1961年11月出生，江西九江人，大专文化，中共党员。

1978年9月至1981年7月，江西省体育运动学校排球专业毕业；1981年9月至1990年3月，共青团浔阳区委干部；1990年3月至1992年12月，共青团浔阳区委副书记（其间，1984年9月至1986年7月，江西广播电视大学大专班党政管理专业学习）；1992年12月至1993年11月，浔阳区计经委副主任；1993年11月至1996年9月，浔阳区计经委副主任（主任科员）；1996年9月至1998年3月，浔阳区经贸委副主任（主任科员）；1998年3月至2003年3月，浔阳区外资办主任；2003年3月至2006年12月，浔阳区政府党组成员、区长助理；2006年12月至2007年4月，浔阳区政府党组成员、区长助理、招商局党支部书记；2007年4月至2009年2月，浔阳区政府党组成员、区长助理；2009年2月至2009年6月，浔阳区政府党组成员、区长助理，工业基地党工委委员、管委会副主任、管委会办公室主任；2009年6月至2010年2月，浔阳区政府党组成员、区长助理、建设环保局（交通局）局长；2010年2月至2010年6月，浔阳区政协副主席、区政府党组成员、区长助理、建设环保局（交通局）局长；2010年6月至2010年8月，浔阳区政协副主席、党组成员、区长助理、建设环保局局长；2010年8月至今，政协浔阳区第六届、七届委员会党组成员、副主席。

郑观兴 1964年2月出生，汉族，大学学历，中共党员。

1981年9月至1984年7月，江西省建筑工程学校工业与民用建筑专业读书；1984年8月至1991年2月，九江县计委干部（其间，1986年9月至1989年12月，武汉工业大学电教函授学院学习）；1991年3月至1996年11月，九江县政府办公室干部、秘书；1996年12月至1998年3月，九江县委政研室副主任；1998年4

月至2001年3月，九江县委办公室副主任、政研室主任（其间2000年9月至2002年12月，中央党校函授学院经济管理专业本科班学习）；2001年4月至2003年3月，九江县委办公室主任、机关总支书记；2002年12月，中共九江县十二次党代会代表、县委十二届委员；2003年1月，九江县第十三届人大代表；2003年4月至2006年5月，九江县委组织部副部长、老干局局长；2006年6月至2011年6月，九江市浔阳区政府党组成员、副区长；2009年5月至2009年7月，市委党校县处级干部进修班学习；2010年8月至2010年9月，国家宗教事务局宗教工作培训班学习；2011年7月至今，浔阳区委常委、区政协党组副书记、统战部部长；2011年9月，九江市第十四届政协委员；2014年5月至2014年6月，市委党校县处级干部进修班学习。

廖济煊　汉族，1962年6月出生，江西九江人，大专文化，中共党员。

1979年11月至1993年9月，分别在福州军区电缆工程办公室、南昌陆军学院机要大队、九江军分区政治部服现役；1993年9月至1996年9月，浔阳区白水湖街道干部（1994年1月至1995年12月，辽宁刊授党校大专班经济管理专业学习）；1996年9月至1998年4月，浔阳区白水湖街道党委委员、政工科长；1998年4月至2001年6月，浔阳区白水湖街道党委委员、政工科科长、人武部部长；2001年6月至2003年3月，浔阳区白水湖街道党工委副书记、纪工委书记；2003年3月至2007年3月，浔阳区人民政府党组成员、办公室主任（其间，2003年8月至2005年1月，中央党校函授学院大专班经济管理专业学习）；2007年3月至2010年6月，浔阳区财政局局长；2010年6月至2011年7月，浔阳区人民政府党组成员、财政局局长；2011年7月至2012年4月，政协浔阳区第七届委员会党组成员、副主席、区财政局局长；2012年4月至今，政协浔阳区第七届委员会党组成员、副主席。

秦永红　女，1968年12月出生，汉族，江苏南通人，大学文化，民建会员。

1988年9月至1990年7月，九江师范专科学校英语专业学生；1990年9月至1992年7月，庐山区莲花中学教师；1992年7月至1999年12月，九江市计算机公司职员；1999年12月至2003年6月，浔阳区旅游局副局长（其间，1999年5月至2001年4月，在职获得江西师范大学政法学院法学专业学士学位）；2003年6月至2006年8月，浔阳区民营局副局长；2006年8月至2009年2月，浔阳区民营局局长（其间，2005年12月至2008年1月，湖北经济管理干部学院本科班财务管理专业学习）；2009年2月至2011年7月，浔阳区商务局局长；2011年7月至2011年8月，市委提名浔阳区政协副主席，商务局局长；2011年8月至2012年4月，浔阳区政协副主席、商务局局长；2012年4月至今，浔阳区政协副主席、浔阳区工商联主席。

三、一至七届政协党组成员、秘书长

张行冶　1937年9月出生，汉族，湖北省黄梅人，高中文化，中共党员。

1952年9月至1955年6月，九江师范毕业；1955年7月至1960年8月，都昌县苏山中心小学教师、教导主任；1960年9月至1962年8月，都昌县文教局教研室干部；1962年9月至1963年8月，都昌县北山中心小学教导主任；1963年9月至1968年6月，九江市文教局人事干部；1968年7月至1980年9月，九江市军管会、公安局二组、政保、治安、预审科副组长、副科长、科长；1980年9月至1982年10月，浔阳区人事局副局长、局长；1982年11月至1987年6月，浔阳区委办公室副主任、区委委员；1987年7月至1990年3月，浔阳区政协秘书长；1990年4月至1998年9月，浔阳区人大常委会副主任。

严茂宜 1955年12月出生，汉族，江西瑞昌人，大学文化，中共党员。

1971年12月至1974年12月，瑞昌市流庄乡长流学校教师；1974年12月至1985年12月，陆军93师防化连战士、副班长、文书干部，（其间：1980年9月至1983年7月，北京防化学院政治专业学习）；1986年1月至1989年12月，瑞昌市政府办公室秘书（副科级）；1990年2月至1991年9月，瑞昌市洪岭乡乡长、党委副书记；1991年9月至1993年2月，瑞昌市南义镇党委副书记（正科）；1993年2月至1995年3月，浔阳区白水湖街道党委副书记、纪委书记（正科）；1995年3月至1996年9月，浔阳区市容环境卫生管理局副局长（正科）；1996年9月至1998年3月，浔阳区湓浦街道党委副书记、办事处主任；1998年3月至2002年12月，浔阳区企业管理局局长；2002年12月至2008年12月，浔阳区政协党组成员、秘书长。

韩万金 1963年3月出生，汉族，江西九江县人，大学文化，中共党员。

1981年9月至1983年9月，九江师范学校毕业；1983年9月至1984年9月，九江县新合乡中心小学教师；1984年9月至1990年7月，九江县新合乡中学教师；（其间，1985年9月至1988年7月，江西广播电视大学汉语言文学专科班学习）；1990年7月至1992年3月，九江县沙河中学教师；1992年3月至1996年9月，浔阳区政协办公室秘书；1996年9月至2000年8月，浔阳区政协办公室副主任；2000年8月至2003年3月，浔阳区委办公室副主任、督查室主任；2003年3月至2006年7月，浔阳区政协学习提案文史委员会主任；2006年7月至2010年2月，浔阳区政协办公室主任；（其间：2006年8月至2008年12月，中央党校函授学院经济管理本科班学习）；2010年2月至2012年2月，浔阳区政协秘书长兼办公室主任；2012年2月，浔阳区政协党组成员、秘书长。

第三节 政协优秀委员

第四届五次 12人 （2002年）

朱定方	潘治富	邹德庸	赵金山
刘蕴智	谭国强	吕昌安	吴耀华
龙体明	胡克美	刘选付	罗慧松

第五届二次 10人 （2004年）

孙锦军	王中财	翟　志	李宗文
黄　冰	毛巧凤	严楚江	章海香
胡启贵	李　玲		

第六届二次 10人 （2007年）

王中财	王东洲	王晓军	凤宝珍
孙锦军	张长木	陈和平	何连英
黄训友	翟　志		

第七届三次 40人 （2013年）

丁　玲	马年青	王中财	王顺德
王七英	王飞炎	方国栋	帅　斌
石安平	田理心	安　丽	孙锦军
张长木	张　勇	张　廷	陈和平
陈国强	陈小平	陈　征	陈　珑
李伟群	李平球	李伟荣	李　玮
吴　晓	吴　彬	吴建军	单升立
罗义超	赵　为	胡骏赣	费亚克
聂小红	晏　飞	章海香	梅龙宝
潘炳生	黎璇如	薛东文	魏保良

第七届四次 30人 （2014年）

李伟群	陈和平	赵　为	费亚克
聂小红	晏　飞	张长沐	潘炳生
章海香	何盛彬	李秋帆	刘晓燕
方国栋	黎璇如	李平球	田理心
吴义全	何盛炎	曹开喜	应万来
王七英	安　丽	李　玮	石安平
李前锋	王飞炎	董春霞	李国良
江　慧	戴可可		

第七届五次 40人 （2015年）

丁　玲	潘炳生	李伟群	胡骏赣
陈和平	陈国强	晏　飞	孙锦军
黎璇如	张长沐	方国栋	释普钰

章海香	聂小红	费亚克	李平球
苏逸智	何圣泉	张新润	王飞炎
陈祖训	曹开喜	李前锋	石安平
张 廷	李 玮	李欠明	吴义全
郭庆敏	周春柏	陈典锋	单升立
江 慧	姚 杰	刘俊文	郑 锋
曹 鹰	高 雄	何麟懿	徐爱林

第七届六次 60人 （2016年）

丁 琪	万晓玲	方国栋	王 煜
王飞炎	付晓文	兰 平	田理心
石安平	安 丽	江 慧	何圣泉
何盛炎	余升宏	吴义全	吴扬帆
应万来	张 廷	张 勇	张 艳
张长沐	张国其	张新润	李 玮
李欠明	李平求	李伟群	杨 彬
苏逸智	陈 珑	陈小平	陈和平
单升立	周光辉	周春柏	郑 锋
费亚克	赵 为	徐 凯	晏 飞
钱奕衡	聂小红	袁刘仙	郭庆敏
曹开喜	梅纪华	梅楚安	章海香
黄慧声	游云凯	程 晓	董春霞
蔡璟旗	谭 忠	谭兴铭	潘炳生
黎 凌	黎茂菊	黎璇如	薛东文

第四节 政协集体获奖名录

一、省级奖

省政协《光华时报》——2010宣传发行工作先进集体

省政协《光华时报》——2011宣传发行工作先进集体

省政协《光华时报》——2012宣传发行工作先进集体

省政协《光华时报》——2013宣传发行工作先进集体

省政协《光华时报》——2014宣传发行工作先进集体

省政协《光华时报》——2015宣传发行工作先进集体

二、市级奖

市政协、市委统战部，市委宣传部和市广播电视局联合举办的纪念人民政协成立45周年电视大奖赛——1995年优秀组织奖。

市政协——2008全市政协系统宣传工作先进集体

市政协——2009全市政协系统宣传工作先进集体

市政协——2011全市政协系统宣传工作先进集体

市政协——2012全市政协系统宣传工作先进集体

市政协——2013全市政协系统宣传工作先进集体

市政协——2013年度全市政协“三进三服务”活动先进组

市政协——2013年度反映社情民意信息工作先进集体

市政协——2013年度先进区域活动组

市政协——2014全市政协系统宣传工作先进集体

市政协——2014年度全市政协文史工作先进单位

市政协——驻浔阳区市政协委员活动组2014年度先进区域活动组

市委、市政府——全市2012—2014年度文明单位

市政协——2015年度全市政协系统宣传工作先进集体

市政协——2015年度全市反映社情民意信息工作先进集体

三、区级奖

2007年，区政协机关获区委授予的招商引资二等奖

2008年，区政协机关获区委授予的招商引资一等奖

2009年，区政协机关获区委授予的招商引资楼宇经济奖

2010年，区政协机关获区委授予的招商引资优质服务单位

2010年，区政协机关获区委授予的全区社会

治安综合治理先进单位

2011年，区政协机关获区委区政府授予的招商引资工作优质服务单位

2011年，区政协机关获区委授予的先进基层党组织

2012年，区政协机关获区委区政府授予的招商引资工作文化旅游项目奖

2012年，区政协机关获区委区政府授予的集中整治干部作风活动先进单位

2013年，区政协机关获区委区政府授予的服务重点项目建设工作先进单位

2013年，区政协机关获区委区政府授予的精细管理年活动先进单位

2013年，区政协机关获区委区政府授予的招商引资工作三等奖

2014年，区政协机关获区委授予的人口和计划生育工作先进单位

2014年，区政协机关获全区综治工作先进单位

2014年，区政协机关获全区公共机构节能工作先进单位

2014年，区政协机关获区委区政府授予的招商引资工作三等奖

2014年，区政协机关获区委区政府授予的落实党风廉政建设责任制工作先进单位

2015年，区政协机关获区委授予的党风廉政建设工作先进单位

2015年，区政协机关获区委区政府授予的招商引资工作三等奖

2015年，区政协机关获区委授予的人口和计划生育工作先进单位

附 录

一、九江市政协(县级)工作活动

一 全体委员会议

（一）九江市各界人民代表会议协商委员会全体委员会议

1、第一届协商委员会

本届协商委员会召开了7次全体委员会议。

第一次全体会议，于1950年1月20日召开，会议讨论决定了推销公债和市公债管理委员会下设五个分会等问题。

第二次全体委员会议，于1950年2月24日召丌。会议议程是：讨论制定各委员会的工作计划和分头组织实施问题。

第三次全体委员会议，于1950年3月29日召开。主要协商讨论召开二届各界人民代表会议等事项。

第四次全体委员会议，于1950年4月14日与市首届三次人民代表会议联合召开，会上听取孔子仁局长作的税收工作报告和其他报告。讨论并一致通过了会议的决议。

第七次全体委员会议，于1950年7月21日召开，讨论协商召开市第二届各界人民代表会议有关事项和第二届协商委员会成员安排等事宜。

2、第二届协商委员会

本届协商委员会召开了3次全体委员会议。

第一次全体委员会议，于1950年7月26日，与二届一次各界人民代表会议同时召开，会期4天。会议听取冯安国市长所作的一年来市政府工作和今后任务报告及其他报告。会议选举了二届协商委员会主席、副主席、秘书长、协商委员。市人代会的代表们选举了正、副市长和政府委员。

第二次全体委员会议，于1950年12月25日，与市二届二次人代会同时举行。会议听取了冯安国市长作的一年来工作总结和今后任务的报告和其他报告，讨论通过了“以实际行动抗美援朝保家卫国”的决议。

第三次全体委员会议，于1951年3月15日，与市二届三次人民代表会议同时举行。主要是总结开展抗美援朝工作，贯彻执行《惩治反革命条例》、《工会法及劳保条例》等事项，会期2天。经过认真讨论，一致同意并通过了关于上述报告的决议。

3、第三届协商委员会

本届协商委员会召开了3次全体委员会议。

第一次全体委员会议，于1951年9月27日，与三届一次各界人民代表会议同时举行，历时3天，会议审查批准了市政府一年来工作报告；听取了财政预决算和协商委员会工作报告和其他专题报告；选举了正、副市长、委员；选举了协商委员会主席、副主席、秘书长、协商委员。

第二次全体委员会议，于1951年12月18日，与市三届二次各界人民代表会议同时举行，到会代表181人，历时3天。会议听取了冯安国市长所作的增产节约运动和思想改造等问题的报告；市抗美援朝分会秘书长王朝俊所作的抗美援朝、捐献运动总结报告，通过了在市甘棠湖公园建立革命烈士纪念塔的决议。

第三次全体委员会议，于1952年5月21日，与市三届三次各界人民代表会议同时举行，历时2天。到会代表181人，会议听取和讨论关于“五反”问题的报告以及其他报告，就禁止鸦片烟毒问题和成立禁烟禁毒委员会作出了决定。会议结束后，设立了协商委员会秘书室，确定了办公地点，在市政府院内，确定郑丹为专职副主席。孟繁起为专职秘书（后由王敏、管仕国接任）。并且决定对外收发文件，由市政府秘书兼办；对内呈办各项公文，编造报表及缮写等项事务，概归协商委员会秘书室承担，普通公文，由专职副主席核阅批示，重要公文送协商委员会主席核示后办理。

4、第四届协商委员会

本届协商委员会共召开了3次全体委员会议。

第一次全体委员会议，于1952年9月23日，与市四届一次各界人民代表会议同时举行，会期5天。中共九江市委书记姚少诗致开幕词。会议听取了冯安国市长作的《一年来九江市施政工作报告和今后任务的报告》；听取了副市长王明轩同志作的《关于增产节约和活跃市场的工作报告》和《1951年9月一1952年8月的失业工人就业与救济工作报告》，郑丹同志作的《一年来协商委员会工作报告》，《市四届各界人民代表会议筹备工作经过的报告》，有关部门负责同志作的一年来财政工作报告，开展爱国卫生运动、开展速成识字法工作等专题报告。选举产生了四届市人民政府委员会正、副市长、委员；选举产生了市各界人民代表会议协委主席、副主席、秘书长、委员，会议闭幕时王明轩副市长作了总结讲话。

第二次全体委员会议，于1953年3月16日，与市四届二次人民代表会议同时召开，会期5天。会议听取四个月来市政府工作报告；郑丹秘书长所作的关于协商会议四个月以来的工作总结及今后工作任务的报告。中共九江市委书记、协商委员会主席、市长姚少诗同志在闭幕会上作了总结报告。

第三次全体委员会议，于1953年8月5日，与市四届三次人民代表会议同时召开，历时4天。会议听取了郑丹副主席作的协商委员会三个月来的工作报告，听取有关部门作的专题报告和普选实施计划。经过到会代表、委员认真讨论，对上述报告一一通过了决议。会议闭幕时，大会执行主席宣布：这次会议将是迎接普选人民代表，为召开市人民代表大会作好准备的重要会议。希望代表、委员们加强小组活动，认真做好传达和宣传工作，团结一切力量，以实际行动迎接具有历史意义的市人民代表大会一届一次会议和市政协一届一次会议的召开。

（二）政协九江市委员会全体委员会议

1、政协九江市第一届委员会第一次会议

1955年3月11召开。预备会议通过了会议议程、日程，主席团、秘书长名单；提案审查委员会名单；决议起草委员会名单。主席团主持会议。

经九江市各界人民代表会议协商委员会协商，决定48名委员组成本届委员会。

出席这次会议的委员48人。会议听取了郑丹副主席代表市协商委员会作的五年来工作总结报告；传达学习了反对美帝国主义使用原子武器、支持解放台湾；拥护《兵役法》（草案）；拥护发行1955年国家经济建设公债等重要文件，并进行了协商讨论，作出了相应的决议；选举了市政协第一届委员会主席、副主席、秘书长、常务委员。

2、政协九江市第二届委员会第一次会议

1957年6月8日，在市工人文化宫开幕。会期5天。主席团由23人组成，主席团主持会议。

经市政协第一届委员会常务委员会协商决定，第二届委员会由95名委员组成。

出席这次会议的委员93人，列席30人共123人。与会委员和列席同志学习了毛泽东主席在最高国务会上关于《正确处理人民内部矛盾》的报告；听取了全国政协二届二次会议和省政协一届三次会议精神的传达；听取了市政协副主席郑丹代表市政协一届常委会作的工作报告；选举了本届委员会主席、副主席、秘书长、常委委员。

会议贯彻了"百花齐放，百家争鸣"和"长期共存，互相监督"的方针，有65名委员按照会议要求结合实际作了大会发言。提出提案57件。

会议通过了本次会议政治决议，关于常委会工作报告的决议，关于声援台湾同胞反美斗争的决议。

政协九江市第二届委员会第二次会议

1958年7月15日召开。会期2天。

会议听取和讨论了王明轩主席作的政治报告；郑丹副主席作的常务委员会一年多来的工作报告；讨论通过了有关反"右"斗争的处理决定，改选了副主席和常务委员。

3、政协九江市第三届委员会第一次会议

1959年5月8日召开。会期4天。

会议是在九江市与九江县合并后，与市三届人大一次会议同时召开的。经上届常委会协商决定，本届委员会由148名委员组成。

预备会推选王明轩等23人组成主席团，张志远兼秘书长。决定方秀峰等5人为大会副秘书长。通过了提案审查委员会，决定起草委员会名单。主席团主持会议。

出席会议的委员148人，列席12人共160人。会议听取并审议了郑丹副主席作的常委会工作的报告。列席市三届人大二次会议，听取和讨论了卢永江市长作的市、县人民委员会工作报告和张闻达县长关于九江市县1959年国民经济计划的报告，张斌杰副市长关于九江市、县1958年财政决算和1959年财政预算的报告。选举了政协九江市第三届委员会主席、副主席、秘书长、常务委员。会议印发了23份发言材料，23位委员作了大会发言，收到委员提案95件。通过了本次会议政治决议，常委会工作报告的决议和提案审查报告的决议。

4、政协九江市第四届委员会第一次会议

1961年2月5日在市海员俱乐部开幕。与市四届人大一次会议同时举行。会期5天，经上届常务委员会协商决定，本届委员会由153名委员组成。预备会推选游湘等23人组成主席团，张志远兼秘书长，决定柯亚明等5人为副秘书长，通过了执行主席名单，提案审查委员会、决议起草委员会名单。主席团主持会议。

出席会议的委员126人，因公因病请假27人，列席9人共135人。

会议听取并审议了冯步亭副主席受上届常委会的委托作常委会工作报告，列席市四届人大一次会议，听取和讨论了卢永江市长作的《认清形势、鼓足干劲、高举三面红旗，为实现农业大丰收和社会主义建设各项新任务而奋斗》的报告和其他报告；选举了政协九江市第四届委员会主席、副主席、秘书长、常务委员。大会印发22份发言材料，有22位委员作了大会发言。通过了本次会议决议。会议期间收到提案68件，通过了提案审查的报告。

政协九江市第四届委员会第二次会议

1962年11月19日在市工人文化宫开幕，与市四届人大二次会议同步举行。会期6天。会议应到委员153人，因公因病请假4人，实到委员149人，列席15人，共164人。

会议由常委会主持，决定了提案审查委员会、决议起草委员会组成名单。

与会委员和列席同志听取和审议了冯步亭副主席作的常委会工作报告；传达了省政协二届三次会议精神；列席市四届人大二次会议，听取和讨论了中共九江市委第一书记梁继海作的形势报告、市长卢永江作的市人民委员会工作报告和其他报告；补选梁继海为政协九江市第四届委员会主席，增选了常务委员。

会议印发了50份发言材料，有52名委员作了大会发言。收到委员提案85件，通过了提案审查报告和本次会议决议。

5、政协九江市第五届委员会第一次会议

1963年9月16日在市工人文化宫开幕，与市五届人大一次会议同时举行。会期6天半。

经上届常委会协商决定，本届委员会由150名委员组成。预备会通过了主席团、秘书长名单，决定了大会副秘书长和提案审查委员会、决议起草委员会名单。

出席会议的委员除22人因公因病请假外，实到128人，列席14人，共142人。

会议由主席团主持，张志远致开幕词。与会委员和列席同志听取和讨论了冯步亨副主席。作的常委会工作报告；列席市五届人大一次会议，听取和讨论了中共九江市委书记李树田作的政治报告，市长卢永江作的市人民委员会工作报告和其他报告。选举了政协九江市第五届委员会主席、副主席、秘书长、常务委员。通过了提案审查报告和本次会议决议。刘云厚致闭幕词。

政协九江市第五届委员会第二次会议

1965年5月9日，在市工人文化宫开幕。与市五届人大三次会议同时举行，会期6天。

大会选举了主席团，刘云厚兼秘书长，决定了5名副秘书长和提案审查委员会、决议起草委员会名单。

出席会议的委员，除2人请假外，实到148人，列席16人，共164人。

会议由主席团主持，与会委员和列席同志听取和审议了副主席冯步亨作的常委会工作报告、副主席钱信梅作的本届一次会议以来提案办理情形的报告；列席市五届人大三次会议，听取和讨论了中共九江市人民委员会工作报告和其他报告，补选政协九江市第五届委员会主席，增选了、副主席和常务委员。

大会印发了37份发言材料，有37位委员在大会上发了言。收到委员提案158件，通过了提案审查报告和本次会议决议。

会议期间，我国继1964年10月爆炸第一颗原子弹之后又成功地进行了第二次核试验，委员们热烈欢呼我们伟大的祖国在加强国防、保卫祖国安全和世界和平方面又一个重大成就。

6、政协九江市第六届委员会第一次会议

1965年11月22日在九江市工人文化宫开幕，与市六届人大一次会议同时举行。会期7天。

大会主席团由李树田等29人组成，秘书长刘云厚，决定了5名副秘书长和提案审查委员会、决议起草委员会名单。

经上届常委会协商决定，本届委员会由163名委员组成。

会议应到委员163人，请假39人，实到124人，列席9人，共133人。

会议由主席团主持，与会委员和列席同志听取和讨论了副主席冯步亨作的常委会工作报告，副主席钱信梅作的市政协五届二次会议以来提案办理情形的报告，列席市六届人大一次会议，听取和讨论了副市长钟鼎作了市人民委员会工作报告和其他报告；听取和讨论了中共九江市委副书记刘雨松作的政治报告；选举了政协九江市第六届委员主席、副主席、秘书长、常务委员。

会议印发了40份发言材料，并有40位委员在大会作了发言。收到委员提案101件，通过了提案审查报告和本次会议决议。

二　常务委员会议

市政协历届常务委员会，由主席、副主席、秘书长和常务委员组成。在全体委员会闭会后主持会务。常委会组织实现政协章程规定的任务和上级政协的决议；讨论决定市政协机构设置和变动，并任命负责工作人员；审议通过提交市委、市政府的重要建议案；组织学习贯彻中共中央和地方党委有关方针政策，对市委、市政府的重大决策进行协商讨论，提出意见和建议。随着形势、任务的变化，常委会议事规则和制度的完善，协商讨论的内容得以不断发展。

（一）第一届常务委员会议

1956年8月29日，在九江市委楼上会议室召开常委会议，会议由郑丹副主席主持。会议内容：（一）听取郑丹副主席向常委会作的政协半年来工作情况的报告；（二）协商增补廖学贤、芦洪魁、胡源旺、于惠敏、李中裔、李昌鼎、杨光辉7名同志为本届委员会委员。推荐廖学贤担任副主席兼秘书长，提请下次全体委员会选举；（三）在原有政协学委会的基础上，重新成立政协学委会，廖学贤兼主任，郑丹、李中裔、万兆彩为副主任，曹绍琼等，14位为委员；（四）讨论通过“九江工商界政治讲习班”的计划，预算及班委会的组成人员。讲习班主任王明轩、副主任郑丹，廖学贤、万兆彩、张绍呈、欧阳学京，陈世尧等10位同志为委员；（五）建立由市政协召集的有各民主党派、各人民团体负责人参加的双周座谈会制度，协商讨论有关党派团体之间的关系问题和其他问题。原则上每月召开一次，也可以临时召开，不必机械地双周座谈一次。

1956年11月2日在中共九江市委楼上会议室召开市政协常委（扩大）会议，研究讨论孙中山先生诞辰90周年纪念问题。

1956年12月22日在市人委会议室召开了市政协常委（扩大）会议。会议的重要议题是迎接省人民代表和省政协委员视察小组来会视察工作，为广泛征询意见作准备。

1957年1月4日在政协会议室召开常委会议，讨论1957年第一季度工作安排和工商业政治讲习班工作报告及经费预决算问题。

1957年3月7日在政协办公室（大中路464号二楼）召开常委会议，研究和讨论对海外家属的访问和工商业者政治讲习班的经费预算问题。

1957年3月9日召开第1届13次常委会议，决定在最近期间对我市逃亡海外国民党军政人员的家属进行一次调查、访问。

1957年4月26日在政协办公室召开第15次常委会议，研究和讨论政协第二季度工作安排和有关出席省政协第一届三次全会问题。

1957年5月31日在市人委楼上会议室召开市政协第十七次常委（扩大）会议，研究市政协第二届第一次会议议程、日期和委员名额分配等事宜。

1957年6月4日在市人委楼上会议室召开第18次常委（扩大）会议，协商第二届委员会名单和召开市政协第二届第一次会议议程、日程、审查常委会工作报告（草案），通过大会主席团、秘书长、提案审查委员会、决议起草委员会名单。

会议通过决定于1957年6月8日在市工人文化宫召开市政协第二届委员会第一次会议，会期五天。

（二）第二届常务委员会议

1958年4月2日上午在市政协会议室召开市政协第2届1次常委（扩大）会议，主席王明轩、副主席郑丹、廖学贤、许杰夫、万兆彩、徐上达出席会议，会议内容：（一）传达和座谈右派分子处理问题，成立十人小组；（二）座谈党派大跃进的问题，通过自我改造公约。会议听取了市委统战部廖学贤部长传达中共中央、国务院关于处理国家机关薪给人员中右派分子和高等学校学生中的右派分子的原则规定和各民主党派中央关于处理党派内部右派分子的若干原则规定。与会委员一致拥护中共中央提出的严肃与宽大相结合的方针，并对具体人的处理上发表了意见。

1958年5月26日下午在市工人文化宫召开市人民委员会委员、市政协常委联席会议，会议内容：协商九江市第三届人民代表大会的市人委名单，人民法院院长名单和出席江西省人民代表大会代表名单等问题。

1958年6月19日下午在市政协会议室召开了第2届4次常委（扩大）会议，王明轩主席主持会议，主要内容是：（一）座谈对总路线的认识及贯彻意见；（二）讨论对市政协委员中的右派分子处理意见；（三）协商决定增补18名同志为市政协本届委员会委员；（四）讨论召开市政协第二届第二次会议问题。任命方秀峰为市政协副秘书长。

1958年7月10日晚7时，在市政协会议室召开市政协第2届5次常委（扩大）会议，会议内容：（一）研究增补政协委员，协商增选副主席、常委候选人名单；（二）讨论确定市政协第二届二次全委会议召开日期和议程；（三）讨论市政协第二届常委会工作报告。会议决定，1958年7月15日在九江市海员俱乐部（湓浦路、天主教堂隔壁）召开市政协第二届二次全委会议，会期二天。会议内容：（一）讨论批准政协常委会工作报告；（二）听取中共九江市委书记王明轩的政治报告；（三）讨论决定对政协常委中的右派分子的处理；（四）补选市政协第二届委员会副主席、常务委员、秘书长等事宜。

1958年7月18日在市政协会议室召开第2届6次常委会，座谈支持伊拉克革命政府和抗议美国武装干涉黎巴嫩。

1958年9月8日在市政协会议室召开第2届7次常委（扩大）会议，张志远副主席主持，座谈周总理声明支持解放台湾、支持亚、非、拉丁美洲各国民族解放运动的斗争有关时事问题。副市长、副主席冯步亨讲了话。

1958年9月23日在市政协会议室召开第2届8次常委（扩大）会议，郑丹副主席主持，座谈陈毅外长驳斥杜勒斯在联合国大会上散布的谰言。与会委员坚决拥护陈外长的严正声明：解放台湾是中国人民的神圣职责，不容美国进一步，美帝国主义从台湾撤出去。

1958年12月23日在市人委礼堂，由张志远副市长、副主席主持召开了人民委员会委员、市政协常委联席会议，到会常委21人，会议听取和审议了：（一）全民大办钢铁工业情况报告；（二）市人委第一季度工作安排；（三）关于粮食工作有关问题的报告；（四）关于商业工作的报告；（五）关于成立九江市冶金煤电局的决定。

1958年12月26日下午，由郑丹副主席主持召开市政协第2届9次常委（扩大）会议。会议讨论了大炼钢铁、建立人民公社、消灭三大差别和实行年工资制和半供给制、加快向共产主义过渡问题。

1959年元月21日在市政协会议室，由市政协主席王明轩主持召开九江市政协第2届10次常委（扩大）会议。会议通报了九江县市合并问题。王明轩主席在阐述了历史和市县分开的矛盾以及市县合并的重要性后指出，市县合并后加强班子的团结，互相交流经验，防止坏人造谣生事。

1959年元月28日在市政协会议室，召开了市政协第2届11次常委（扩大）会议，座谈支持古巴、刚果人民反对帝国主义的斗争。与会委员一致愤怒谴责美帝国主义干涉古巴、侵略刚果的罪行。表示用实际行动努力生产，以实际行动支持古巴、刚果人民的正义斗争。

1959年4月28日在市政协会议室，由张志远副主席主持，召开了市政协第2届12次常委（扩大）会议。会议内容：（一）座谈关于反对帝国主义国际反动派和印度扩张主义分子借我平息西藏叛乱进行诬蔑；（二）协商关于改组市政协第二届委员会和召开市政协第三届一次会议等有关事项。

1959年5月3日在政协会议室召开市政协第2届13次常委（扩大）会议，会议内容：（一）协商各界提出政协第三届委员名单；（二）讨论政协第二届常委会工作报告（草案）；（三）协商市政协第三届一次会议主席团、提案审查委员会、决定起草委员会名单。

（三）第三届常务委员会议

1959年6月22日在市政协会议室，由郑丹副主席主持召开市政协第3届1次常委（扩大）会议。会议讨论通过了关于组织和动员各界人士立即投入增产节约的全民运动，积极为社会主义建设服务的意见；增补柯亚明为本届委员会委员，并提任为市政协副秘书长。

1959年7月23日在市政协会议室，由王明轩主席主持召开市政协第3届2次常委（扩大）会议口会议传达了省政协第二届一次会议精神．讨沦决定筹办九江市社会主义学校；增补大成法师为本届委员会委员。

1959年11月29日在市政协会议室，由王明轩主席主持召开市政协第3届3次常委（扩大）会议。传达了省政协工作经验交流会议精神；讨论研究进一步开展反右倾、鼓干劲，进一步掀起增产节约运动学习的意见。

1960年3月7日在市政协会议室，由钱信梅副主席主持召开市政协第3届4次常委会议。会议内容：讨论通过了关于社会主义政治学校第二期教学工作和经费预算。

1960年3月25日在市政协会议室，由冯步亨副主席主持召开市政协第3届5次常委（扩大）会议。会议座谈我市建立人民公社问题。

（四）第四届常委委员会议

1961年3月3日在市政协会议室召开市政协第4届1次常委会议。会议听取了中共九江市委第一书记、市政协主席游湘对开好四届一次会议的讲话，并进行座谈讨论；审议通过了市政协第四届委员会工作组成名单。

1962年5月5日在市政协会议室，召开市政协第4届2次常委会议。会议增补徐飞云为政协委员并任命为市政协副秘书长；学习座谈《人民日报》《把民主党派的工作提高一步》的社论。

1962年5月19日在市政协会议室，召开市政协第4届3次常委会议，传达学习周恩来总理作的政府工作报告。

1962年5月22日在市政协会议室，召开市政协第4届4次常委会议，讨论周恩来总理的政府工作报告。

1962年6月4日在政协会议室，召开了市政协第4届5次常委（扩大）会议。协商列席省政协会议的委员名单；座谈当前经济形势的意见与看法。

1962年7月20日在市政协会议室，召开市政协第4届6次常委（扩大）会议。听取了市委统战部张志远部长传达市委第二届十三次（扩大）会议精神。

1962年8月29日在市政协会议室，召开市政协第4届7次常委（扩大）会议。座谈当前形势问题。

1962年9月11日在市政协会议室，召开市政协第4届8次常委（扩大）会议。传达学习市委工作会议精神。

1962年11月6日在市政协会议室，召开市政协第4届9次常委会议，研究与协商召开市政协第四届二次会议的有关问题。

1962年11月6日在市政协会议室，召开市政协第四届十次常委（扩大）会议，传达省人大、省政协两个会议精神。

1962年11月14日在市政协会议室，召开市政协第4届11次常委会议。讨论与协商召开市政协第四届二次全会具体问题。

1963年3月4日在市政协会议室，召开市政协第4届12次常委会议。讨论关于组织各界人士进行爱国主义国际主义和社会主义思想教育的学习计划。

1963年4月6日在市政协会议室，召开了市政协第4届13次常委会议，研究动员和组织各界人士投入增产节约运动。

1963年5月17日在市政协会议室，召开了市政协第4届14次常委（扩大）会议，具体协商第五届委员会政协委员的总名额和各界人士名额的确定问题：

1963年6月7日在市政协会议室，召开政协第4届15次常委（扩大）会议，协商第五届委员会委员名单。

1963年9月10日在市政协会议室，召开市政协第4届16次常委（扩大）会议。讨论市政协第四届常委会工作报告，研究召开市政协第五届一次会议等有关事宜。

（五）第五届常委委员会议

1963年10月8日，由冯步亨副主席主持召开市政协第5届1次常委会议，研究成立市政协学习委员会和成员名单及成立政协学委会专门机构及其组成人选问题；研究各工作组成员名单；研究第四季度安排。

1963年12月6日，由冯步亨副主席主持召开市政协第5届2次常委（扩大）会议，学习座谈全国人大第二届四次会议公报和全国政协第三届四次会议决议和《人民日报》社论。

1964年12月30日，刘云厚副主席主持，召开市政协常委座谈会。内容是：迎接1965年社会主义革命和社会主义建设新高潮。座谈会主题：庆祝1964年我国社会主义革命和社会主义建设所取得的伟大胜利。与会常委以极其兴奋的心情畅述了国内一片大好形势，表示努力学习毛主席著作，积极投入到社会主义教育运动中去，加强自身政治立场和世界观的根本改造，为四化贡献自己的力量。

1965年元月5日，由冯步亨、钱信梅、欧阳学京副主席主持召开市政协第5届3次常委（扩大）会议。学习座谈周总理在全国人大三届一次会议上作的《政府工作报告》、郭沫若副主席在全国政协四届一次会议上作的常委会工作报告和《1965年新年献辞》。

1965年元月15日召开市政协第5届4次常委座谈会。座谈我国政府1965年元月1日关于坚决支持印度尼西亚正义声明和1965年元月13日强烈谴责美帝国主义扩大印度支那战火的声明，以及座谈当前有关时事问题。

1965年元月29日，召开市政协第5届5次常委会，学习中共中央关于农村工作的23条文件和讨论如何过好革命化春节。

1965年2月13日，召开市政协第5届6次常委（扩大）会议，座谈2月9日我国政府关于支持越南反对美国侵略的声明。

1965年3月12日，召开市政协第5届11次常委会议，听取和座谈了徐飞云副秘书长汇报1964年工作和市政协关于1965年工作安排意见的初步方案。

与会常委认为，今年工作总的提法：必须继续以阶级斗争为纲，以兴无灭资为政治方向，以社会主义教育运动为中心，以毛主席指示六项政治标准为准则，加强对社会各界人士的团结教育改造工作，提高他们为社会主义事业服务的积极性，为实现一九六五年工农业生产新高潮努力作出贡献。

1965年3月25日，召开市政协第5届12次常委（扩大）会议，听取徐飞云副秘书长传达“关于城镇粮食统销价格调整问题的决定”。

1965年4月15日召开了市政协常委会与市人委委员的联席会议。主要议题是：（一）关于召开市第五届人大二次会议日程问题；（二）补选六名人民代表；（三）通过召开人代会的决定；（四）通过召开市政协第五届二次会议的决议；（五）通过召开市政协第五届二次会议日程；（六）听取第一季度工交生产情况和郊区农业备耕工作情况以及当前文化工作情况和今后意见的汇报。

1965年4月30日，冯步亨副主席主持召开市政协第5届13次常委会议。会议座谈讨论全国人大关于支持越南民主共和国国会呼吁书的决议和我市关于开展社会主义新道德、新风尚的教育问题。

1965年5月5日，刘云厚副主席主持召开市政协第5届14次常委会议。会议主要讨论通过市政协第五届委员会常务委员会工作报告（草）及有关问题。听取第五届一次会议以来关于提案办理情况的报告（草）。会议就召开市政协第五届二次会议的日期作出了决定。

1965年5月15日，李树田主席主持召开了市政协第5届15次常委会议。会议主要内容：（一）座谈参加市人大、市政协两会的感想；（二）座谈毛主席支持多米尼加人民反对美帝国主义武装侵略的声明；（三）推选冯步亨为市政协常务副主席；（四）研究市政协当前几项主要工作。

1965年7月13日，冯步亨副主席主持召开市政协第5届17次常委会议。会议主要内容是：（一）讨论突出毛泽东思想挂帅，积极开展形势教育的问题；（二）听取常务副主席冯步亨关于上半年工作情况和下半年工作的意见报告。

会议认为市政协工作必须在中共九江市委领导下，继续贯彻以阶段斗争为纲，以兴无灭资为政治方向，以社会主义教育为中心，以毛主席提出的六条政治标准为准则，继续深入地宣传贯彻“二十三条”，把大学毛主席著作放在首要地位，狠抓形势教育，学习解放军政治思想工作的“四个第一”，做好岗位工作，为工农业生产高潮，支援抗美援越贡献自己的力量。

1965年11月10日，刘云厚副主席主持召开市政协第5届18次常委（扩大）会议。会议内容：（一）讨论关于召开第六届一次会议的决定，一致同意主席办公会的意见。（二）对拟草第五届常委会工作报告的意见与建议进行讨论和研究。

1965年11月10日，中共九江市委副书记郑志堂委托刘云厚副主席主持召开中共九江市委邀集的政治协商会议。主要协商市政协第六届委员会委员名额分配。经协商，建议由中共12名，民革5名、民盟5名、民建5名、农工5名、无党派4名、共青团4名、工会15名、农民4名、妇联6名、青联5名、工商界11名、合作社4名、文艺2名、新闻1名、科技8名、归侨1名、教育13名、医卫13名、少数民族5名、宗教8名、特邀23名、共22个界别，161名委员（比上届增加10名）组成市政协第六届委员会。

1965年11月15日，中共九江市委副书记郑志堂主持召开了中共九江市委邀集的政治协商会议，内容是：继上次市委邀集的政治协商会议的政协委员分配名额，协商具体名单。经协商决定由中共12名、民革5名、民盟5名、农工5名、无党派4名、共青团6名、青联5名、工人15名、农民4名、妇女6名、工商界11名、合作社4名、科技8名、文艺2名、新闻1名、教育13名、医卫13名、少数民族5名、佛教2名、伊斯兰教1名、天主教2名、基督教2名、道教1名、特邀25名。通过协商一致同意，上述名单共163名（比上届增加12名）组成市政协第六届委员会。

1965年11月7日，由市政协刘云厚副主席主持召开市政协第5届19次常委会议。讨论第五届常委会工作报告（草），第六届一次会议议程，主席团和各委员会人员名单（草）。会议决定：（一）确定1965年11月22日至11月28日召开第六届一次全委会议；（二）主席团和秘书长名单（按上届名单适当增加），本届主席团29人，秘书长刘云厚，副秘书长5人；（三）通过会议议程，提案审查委员会名单，决议起草委员会名单；（四）通过邀请列席本届会议人员9人（略）；（五）会议决定抓好向王杰同志学习的同时，学好最近发表的反对修正主义的文章。

（六）第六届常务委员会议

1965年12月10日，李树田主席委托刘云厚副主席主持召开了市政协第6届1次常委会议。会议议题：（一）推选常务副主席、确定副秘书长；（二）研究确定政协各工作组的设置，确定市政协学委会设置，推选学委会组成人员名单和推选各工作组成员名单；（三）研究市人代会、政协会精神的传达贯彻问题。

1966年2月4日，冯步亨副主席主持召开市政协第6届2次常委会议。主要研究贯彻中共九江市委关于加强学习毛主席著作的决定，并讨论本会贯彻意见。会议要求委员要重点学习好“老三篇”，有条件的要求通读“毛选”一到四卷，开会必读。

1966年——1982年因受文化大革命冲击，政协工作中断。

三　主席会议

市政协历届主席会议，由主席、副主席、秘书长组成，必要时吸收机关委、办负责人列席。主要任务是处理市政协常委会重要的日常工作。市政协第六届委员会前（1955.3—1966.7），主席、副主席、秘书长大多数是兼职的，很少召开主席会议。一般性活动和日常工作均由驻会副主席、副秘书长或专职干部处理，重大事务和重要活动则召开常委会议协商决定。主席会议原则上每月召集一次，必要时临时召开，并向经常化、制度化发展。

1963年10月7日在市政协会议室召开，会议由副主席冯步亨主持，会议内容：研究学习委员会和科学技术组工作开展问题以及加强对台工作组的工作；讨论关于“五反”运动要不要提，现在叫社会主义阶级教育；研究开展增产节约学习等。

1965年1月8日在市政协会议室，会议由副主席冯步亨主持，会议内容：讨论审议1964年工作总结，原则通过总结。但需增加如下内容：1、支持越南人民反美斗争的示威；2、动员知识青年上山下乡；3、组织右派分子学习；4、工作作风不够深入等。

1965年3月11日在市政协会议室召开，会议由副主席冯步亨主持，会议内容：讨论研究1965年工作安排意见。关于组织常委参观学习；协助各民主党派和工商联开展整顿基层组织和加强组织改造工作；关于右派分子的教育工作；关于协助宗教界搞好学习等问题。

1965年11月9日在市政协会议室，会议由副主席冯步亨主持，会议内容：研究六届一次会议召开时间和会议议程。会议决定：1、11月下旬召开；2、向大会作五届常委会工作报告；3、列席六届一次人代会，选举六届政协主席、副主席、秘书长和常务委员。

1966年7月11日在市政协会议室，会议由副主席冯步亨主持，会议内容：研究市政协机关如何行动起来参加文化大革命和对政协委员中被群众揭露出来的问题进行斗争。

四　履行职能

政治协商、民主监督是人民政协的基本职能，是在中国共产党领导下发扬社会主义民主的重要形式。市政协围绕贯彻党和国家的大政方针、政策、地方重大事务以及人民群众关心的重大问题履行政治协商、民主监督职能。政治协商、民主监督的主要形式有：全体委员会议、常务委员会议、常委座谈会、主席会议、各工作组和专门委员会会议、列席市委常委会议、参加市委召开的六套班子领导成员会议和市政府常务会议、市长办公室会议，以及委员提案，委员视察，参加市委、市政府组织的调查、检查等，多层次、多形式、多渠道，就有关问题，提出意见、建议和批评。

（一）会议履职

从1955年第1届委员会到1966年第6届委员会后的“文化大革命”，共召开全体委员会议8次，常务委员（或扩大）会议63次，主席会议7次，协商讨论了我市的有关重大问题，如关于全市资本主义工商业社会主义改造和农业合作化；关于团结教育改造知识分子；关于组织工商业者进行政治理论学习和举办政治讲习班；关于贯彻国家兵役法，实行义务兵役制；关于文字改革；关于贯彻农业发展纲要草案；关于掀起我市工业生产和农业生产新高潮；关于开展爱国主义、国际主义和社会主义教育；关于城市建设；关于统一战线内部问题等多反映各界人士的呼声和要求，提出有价值的意见和建议。

（二）视察调研

视察考察、专题调查是政协开展协商监督的一种有效形式。政协委员通过这一形式扩大眼界了解情况，就本地方各项事业和群众关心的重要大问题进行研究，向党和政府及有关部门提出意见、建议和批评，并协助党和政府宣传贯彻各个时期的方针、政策，帮助和指导基层各项工作的开展，直接为地方两个文明建设服务。

1957年4月，市政协一届委员会委员与市人大一届代表联合就市各选区和工业、商业、手工业、财政、金融、油粮、农渔畜牧城建、政法（包括民族宗教）、交通运输、文教、医卫、劳动等部门行业分组进行视察。参加这次联合视察的代表和委员达100余人，视察中，共收集群众的意见要求和反映的问题达241件，这些意见要求和问题，大多数通过提案加以办理，个别一时办不了的也作了说明或解释。

（三）提案工作

提案工作是人民政协履行政治协商、民主监督职能一个重要方面，是政协委员行使民主权益，参政议政，为社会主义两个文明建设服务的一种重要形式，是协助党和政府联系各方面代表人士，听取意见，改进工作，实现决策民主化科学化的一条重要渠道，在政协工作中具有十分重要的地位。

政协委员提案，是政协委员在全委会议期间和闭会后，就国家大政方针、地方重要事务、政策法令的贯彻、群众生活和统一战线的重大问题提出的，经提案委员会审查立案的书面意见和建议、批评。经审理，登记后分送党和政府有关部门办理。它起着不可忽视的协商监督作用。

1955年3月——1957年6月，市政协第一届委员会期间，仅开过一次全委会议，尽管当时组成了提案审查委员会，但没有收到提案。

1957年6月——1958年5月，市政协第二届委员会期间，开始收集受理提案，当时共收到提案106件。其中第一次会议57件，第二次会议49件。提案内容涉及统战工作、政法宗教、财粮贸易、对私营工商业的社会主义改造、公共事业等各个方面。这些提案，都是委员根据国家当时的任务和人民的长远利益提出来的，反映了委员和社会各界对社会主义建设事业的高度热情和关心，充分显示了人民民主统一战线的作用。

1958年5月——1961年2月，市政协第三届委员会期间，收到委员提案95件，其中有关农业的14件，城市建设交通19件，财粮贸28件，文教卫生17件，宗教和政法工作17件。这些提案都是关于进一步加强社会主义建设的积极性建议，反映了参加人民民主统一战线的各方面人士在整风和反右派斗争取得伟大胜利的基础上，在中共九江市委领导下加强团结，力争上游的政治风貌。为实现全市经济建设和文化建设更大、更好、更全面地跃进起着推动作用。

1961年2月——1963年9月，市政协第四届委员会期间，共收到提案153件，其中第一次会议68件，第二次会议85件，提案涉及工业、农业、城建、交通的31件，财粮贸易46件，文教科技卫生47件，政法8件，政协工作1件，生活福利6件，宗教8件，学习毛主席著作6件。通过提案提出的意见建议，对于积极响应中共八届十中全会和省市委全委扩大会议的号召，以及中共江西省委和九江市委认真贯彻以农业为基础，以工业为主导的发展国民经济总方针，进一步进行“调整、充实、提高”工作，从各方面支援农业，争取国民经济的新发展，都具有积极的推动作用。

1963年9月——1965年11月，市政协第五届委员会期间，共收到提案342件，其中第一次会议184件，第二次会议158件，提案涉及工交城建的135件，农业4件，财政、粮食、商业68件，文教、卫生、体育、科技99件，政法26件，政协工作2件，其他8件。这些提案反映了政协委员和各界人士在总路线、大跃进、人民公社三面红旗的光辉照耀下，发扬自力更生、奋发图强、艰苦奋斗、勤俭建国的革命精神和社会主义革命、社会主义建设的积极性。对于继续贯彻以农业为基础，以工业为主导的发展国民经济总方针，继续搞好国民经济的“调整、巩固、充实、提高”工作和广泛深入地开展社会主义教育运动，发展巩固人民民主统一战线，都将产生积极作用。

1965年11月，市政协第六届委员会第一次会议，收到委员提案101件。涉及工业、手工业10件，农业2件，财政、商业、粮食14件，城市建设、房产管理30件，文化教育、医药卫生22件，政法17件，政协工作及其他6件。这些提案，对于协助党和政府进一步做好工作，继续开展城乡社会主义教育运动，推动各界人士参加国家政治生活，加强党和政府与各界人士联系，都起到了促进作用。

“文化大革命”前，市政协第一届至第六届委员会的提案办理工作，市委、市人民政府及有关部门都很重视，办理情况大致分为：（1）属于应当办理而且有条件办理的，有关部门均积极认真地予以办理；（2）属于应该办理，但由于条件限制暂时办不到的，则列入计划，创造条件办理；（3）根据实际情况无力办理的，都向委员说明、解释或向上级请示。基本上做到事事有着落，件件有答复。

（录自1993年12月版《江西省九江市政协志》）

二、常委会工作报告选辑

第一届委员会筹备工作报告（草）

（1987 年 7 月 14 日在政协浔阳区
第一届委员会第一次会议上）

岳广明

各位委员、各位同志：

我受区政协筹备小组的委托，向大会作政协九江市浔阳区第一届委员筹备工作报告，请予审议。

浔阳区政协筹备工作，是从今年 5 月初中共九江市委的批复下来之后于 5 月 25 日开始的。到今天为止，共经历了 1 个月另 20 天时间。在筹备工作时间短，任务重，工作多，经验少的情况下，我们自始至终地得到了市、区各级领导的亲切关怀，和各有关方面的大力支持，经过全体工作人员的紧张努力，终于胜利地完成了区政协的筹备工作任务。在此，我代表区政协筹备小组，向给予我们帮助、支持的各级领导和同志们，表示衷心的感谢。

现将我们在筹备过程中的主要学习认识，工作情况和对区政协今后工作的意见报告如下：

一、成立区政协是新时期爱国统一战线发展的需要

自 1978 年 12 月中国共产党十一届三中全会以后，我们国家就步入了一个新的历史时期。党的十二大通过的中央委员会的报告指出，党在新时期的总任务是，团结全国各族人民，自力更生，艰苦奋斗，逐步实现工业、农业、国防和科学技术的现代化。把我国建设成为高度文明、高度民主的社会主义国家。到本世纪末，我国经济建设的战略目标是，力争使工农业总产值翻两番。在八十年代我们要大力推进社会主义现代化建设，争取实现包括台湾在内的祖国统一，反对霸权主义、维护世界和平。为了实现这一宏伟而艰巨的任务，就必须依靠工人，农民和知识分子，巩固和发展由中国共产党领导的，有各民主党派和各人民团体参加的，包括全体社会主义劳动者，拥护社会主义的爱国者和拥护祖国统一的爱国者的广泛的爱国统一战线，充分发挥人民政协这一统一战线组织的作用。邓小平同志在全国政协五届二次会议上的开幕词中指出：“新时期统一战线和人民政协的任务，就是要调动一切积极因素，努力化消极因素为积极因素，团结一切可以团结的力量，同心同德，群策群力，维护和发展安定团结的政治局面，为把我国建设成为现代化的社会主义强国而奋斗”“中国的社会主义现代化建设事业，继续需要政协就有关国家的大政方针，政治生活和四个现代化建设中的各项社会经济问题，进行协商、讨论，实行互相监督，发挥对宪法和法律实施的监督作用”。中共中央关于转发《全国统战工作会议纪要》的通知中说：“在执行八十年代的三大任务中，在整个建设现代化的社会主义强国的新的历史时期中，统一战线仍然是我党的一大法宝。”全国人大五届五次会议通过的新宪法在序言也叶明确指出：“中国人民政治协商会议是有广泛代表性的统一战线组织。过去发挥了重要的历史作用，今后在国家政治生活、社会生活和对外友好活动中、在进行社会主义现代化建设、维护国家的统一和团结的斗争中，将进一步发挥它的重要作用。”党和国家对统一战线和人民政协工作的高度重视和关怀，充分说明了人民政协在新时期的重要地位和作用。八九年来的实践证明：自党的十一届三中全会以来，人民政协以更加蓬勃的生机和活力活跃在中国政治舞台上，为建设有中国特色的社会主义，为促进祖国统一、维护世界和平，发挥了重大作用。无论是在社会主义经济建设中，还是在社会主义精神文明建设中，无论是在实行改革、开放、搞活的方针，还是在坚持四项基本原则，维护安定团结的政治局面，各民主党派成员和无党派民主人士与我们党同心同德，亲密合作，做了许许多多有益的工作。

随着新时期统一战线和人民政协的巩固、发展，统一战线的工作正在逐步深入到基层和各个方面，加强同统战工作对象的团结和合作，把他们中间有适当条件的、有代表性的人士，吸收到政协中来，有利于打开统战工作的新局面。实践证明，在统战对象较多的县区设立政协，并加强党对它的领导，可以适当安排党外人士（他们占大多数）和适当数量的党内老干部；可以宣传党和国家的方针、政策；推动各方面的力量积极参加社会主义建设；可以密切联系各方面人士，反映他们和他们所联系群众的意见；可以开展工作研究，专题调查，接受政府和有关方面的咨询，可以加强同港澳同胞、海外侨胞的联系和团结，积极开展同台湾各界人士的联系，促进祖国统一大业的实现；可以进行文史资料的征集和研究；可以组织他们在自愿的基础上学习马列主义、毛泽东思想和时事政治。进行参观访问等活动，可以同他们就国家和地方的大政方针进行民主协商，并通过批评和建议发挥民主监督的作用。为此，全国政协五届五次会议通过的《中国人民政治协商会议章程》第三十九条规定："凡有条件的地方，均可设立中国人民政治协商会议各该地方的地方委员会。"这比1978年的章程只限省、市设地方委员会的规定，在指导思想上，有了很大的发展，符合新时期爱国统一战线不断发展的需要。

全区的统战工作的对象数量比较大，有四千余人，而且分布较广，这是成立区政协组织的条件，此外，从浔阳区所处的特殊地理位置及其在历史上的地位和作用来看，浔阳区是安徽、湖北、江西三省交会之点，号称"七省咽喉，江西门户"，是赣北地区政治、经济、文化中心，历来兵家必争之地。同时，又以其独特的山光水色之胜，文物古迹之丰，吸引着诸多的中外游客纷纭沓至，为其方兴未艾的旅游事业增添了无比的风采与价值。鉴此，区政协组织将会充分发挥其作用，不仅可以起到宣传党的统一战线方针政策的"窗口"作用。而且将为促进浔阳区的改革、开放、搞活和两个文明建设，为促进浔阳区经济、文化等各项事业的发展，为振兴浔阳，做出应有的贡献。

综上所述，充分说明，区政协的成立，是新时期爱国统一战线不断发展的需要，是浔阳区深入贯彻改革、开放、搞活的方针，搞好两个文明建设，建设浔阳、振兴浔阳的需要，具有现实意义和深远的历史意义。

二、区政协的筹备经过和主要工作

中共九江市委批准浔阳区成立政协的批复下达后，区委非常重视，区委主要领导同志亲自过问这项工作，对做好区政协的筹备工作，提出了具体的要求。5月28日，区委决定成立区政协筹备小组，并及时开展工作，6月8日区委常委讨论批准筹备工作方案，抽调工作人员，组成区政协筹备小组办公室，下设宣传秘书组、组织组、总务组。在筹备小组的领导下，积极而紧张地开展学习宣传、协商产生以及业务筹备等方面的工作。

在学习宣传方面，首先组织筹备办公室全体工作人员学习政协章程，提高认识，统一思想，激发了全体人员的工作热情；二是编写印发组建区政协的《宣传提纲》；三是通过与有关部门配合，运用文化橱窗和五栏进行墙报宣传；四是出动宣传车，进行广播宣传；五是通过区委召开区直各单位党组织负责人会和各方面人士参加的民主协商会进行宣传。通过宣传人民政协的性质、任务和作用，讲明成立区政协的重要意义，使全区广大干部群众充分认识到人民政协工作的重要性，认识到中国人民政协有着光荣的历史。认识到新中国历史的篇章就是以中国人民政治协商会议第一届全体会议的召开掀开第一页的，认识到在新的历史时期，人民政协又肩负着光荣的历史使命。许多同志反映说，现在认识到，政协工作不是没有前途，无所作为，而是前程远大，大有可为。通过学习与宣传，使区政协的筹备工作引起了全区各级党组织和单位的高度重视，得到了社会各方面的广泛支持。

在协商产生委员方面，根据《中国人民政治协商会议章程》中的总纲和组织总则的有关规定以及中央和省、市有关文件的精神和浔阳区的实际情况，提出了政协九江市浔阳区第一届委员会委员的组成界别、委员人数、委员条件、委员产生方法以及中共党员委员与其他委员的比例等具体方案。

委员的组成界别：区政协第一届委员会全体委员由十七个界别组成。即：中共、民革、民盟、工商联、农工党、无党派人士、工会、共青团、妇联、农民、科教文体、医药卫生、社会福利、台属胎胞、归侨侨眷、民族宗教、特别邀请人士。

委员条件：遵守和履行中国人民政治协商会议章程，拥护中国共产党的领导，坚持四项基本原则，拥护社会主义制度，热爱祖国，热爱政协并积极为政协工作，具有参政议政能力。除个别资深望重，对台湾、港澳和海外影响较大的人士外，中共党员年满六十岁，党外人士年满六十五岁的，一般不予安排。区政协委员和区人大代表、市政协委员原则上不交叉，工作需要的例外。

委员产生的方法：中共党员的委员由区委组织部提名，党外委员由区委统战部提名和单位推荐，在区委的统一领导下，由区委组织部、区委统战部、区政协筹备小组共同协商，在广泛听取各界人士和区直单位的意见，自上而下，自下而上，上下结合，反复协商，多方征求意见后，筹备小组会议审定。

委员名额及比例：区政协第一届委员会委员共有71名，其中中共党员28名，占委员总数

38.7%；其他党派、无党派爱国人士共43名，占委员总数61.3%；委员中最大年龄为75岁，最小年龄21岁，平均年龄46.1岁；妇女委员23名，占委员总数32%；文化程度方面，高中以上文化程度的有40名，占委员总数56.3%；其中大专和有技术职称的16名，占委员总数的22.9%。

区政协第一届委员会汇集了各方面的人才，委员们有比较丰富的文化知识和政治阅历，有广泛的社会联系和影响，有为四化建设和祖国统一出力报效的强烈愿望。是社会主义两个文明建设和祖国统一不可缺少的一支重要力量。区政协第一届委员会的成立，生动地体现了浔阳区社会主义建设事业的发展和各族人民、各党派人士、各界人士的大团结。

在会务筹备方面：遵照中共中央关于“双增双节”的精神，精打细算，合理安排，注重实效，如文字材料，由铅印改用打印，既节约了开支，又保证了时间和质量。在筹备期间，许多工作人员不辞辛苦，加班加点，为这次大会的胜利召开，付出了辛勤的劳动。我借此机会，向参加筹备这次大会的全体工作人员表示衷心的感谢。

三、围绕党和国家的中心任务，努力开创浔阳区政协工作的新局面

各位委员、各位同志，今年是实施“七五”计划的第二年。中共中央和国务院提出，今年要集中力量抓好两件大事：一是在政治思想领域，深入进行坚持四项基本原则的宣传教育，坚持反对资产阶级自由化，加强社会主义精神文明建设，进一步巩固和发展安定团结的政治局面。一是在经济领域，坚持正确的建设方针，广泛开展增产节约、增收节支运动，深入体制改革和扩大对外开放，努力保证整个国民经济的持续稳定发展。对中共中央和国务院的这一重大决策，我们必须认真贯彻执行。为此，根据政协工作的特点和职能，结合浔阳区实际情况，现就区政协今后的主要工作提出下列意见。

（一）按照党中央和国务院部署积极开展工作，为办好两件大事献计出力。

办好两件大事，是根据党的十一届三中全会路线的两个基本点，认真总结过去几年的经验，并结合我国当前的政治、经济生活的实际提出来的英明之举。合乎国情，顺乎民意。抓好这两件大事，对于实现我国社会主义现代化目标，具有重要的现实意义和深远的历史意义。

在深入开展“双增双节”运动中，区政协首先应该发挥委员和各方面人士阅历丰富，在社会各界影响大的优势，紧密配合区委、区政府在社会各阶层的群众中进行“双增双节”的深入宣传教育，搞好思想发动，激发全区人民的高昂政治热情，使大家自觉地投入运动，扎扎实实地完成任务，其次要运用“智力库”和“信息库”的优势，在经济、技术决策中发挥其咨询作用，并组织委员和各方面人士为改革、开放和？经济献计献策，就“增产节约，增收节支”，深化改革等问题进行调查研究，提出意见和建议；帮助企业进行技术改造和技术进步，加强经营管理，开源节流，提高经济效益。再就是要发挥委员和各方面人士同国内外各方面联系广泛的优势，鼓励和支持他们为浔阳区的建设引进技术，引进人才，引进设备，引进资金，促进横向联合，搞好对外开放。我们要通过上述活动，广泛地动员各方面力量，为完成和超额完成浔阳区今年工农业生产，各项经济指标及财税收入计划做出贡献。

在深入进行坚持四项基本原则，反对资产阶级自由化斗争方面，区政协要按照中共浔阳区委的统一布置，发扬委员自我教育的传统，组织和推动委员及各方面人士在自愿的基础上学习马列主义、毛泽东思想，学习中共中央的有关文件，从而增强维护安定团结政治局面，坚持四项基本原则的自觉性。二要鼓励和支持委员和各方面人士在社会各阶层的群众中进行“四有”教育，让他们结合自己对资本主义制度腐朽性和社会主义制度优越性的亲身感受，给青少年讲中国近代史，运用各种形式旗帜鲜明地宣传四项基本原则。理直气壮地批评资产阶级自由化的错误言行。三要按照中共中央有关文件精神，严格掌握政策界限，防止和克服可能出现的“左”的或右的错误，对于那些具有不同政治信仰但拥护祖国统一的人士，要本着大团结大统一，存异求同的精神，进行爱国主义的宣传教育。从浔阳区的情况看，各民主党派、无党派人士和各人民团体，是积极拥护四项基本原则的，我们相信，在坚持四项基本原则正面教育，深入进行反对资产阶级自由化斗争中。在区委的领导下和区政协积极指导下，他们的积极作用将会发挥得更加充分。

（二）搞好政治协商民主监督，行使人民政协职能作用。

政治协商、民主监督是人民政协的主要职能，是发扬统一战线优良传统和作风的重要表现。通过协商、监督，将有助于党和政府在工作中坚持真理，修正错误；有助于调整好统一战线各方面的关系，充分调动各方面的积极性，同心同德，把国家的事办好；有助于使国家的政策、法律为群众所掌握，从而转化为社会主义现代化建设的物质力量；有助于国家机关改进工作，提高工作效率，克服官僚主义。

区政协要认真贯彻党中央确定的“长期共存，互相监督”“肝胆相照，荣辱与共”的统一战线的方针，围绕国家的大政方针和浔阳区的重要事务及群众生活、统一战线内部关系等重要问题，进行政治协商、实行民主监督，要广开言路，广开才路，坚持不抓辫子、不扣帽子、不打棍子的“三不主义”，让各方面的意见、要求，批评和建议充分反映出来，以利于政府集中正确的意见，及时发现和纠正工作中的缺点、错误，把各项事业推向前进。要组织委员和各方面人士利用专题调查、专题座谈，参观视察等多种形式，深入实际、掌握协商、监督的第一手材料。

（三）发挥政协人才优势，促进两个文明建设。

区政协是人才聚集的地方，委员中有各方面的行家、骨干和具有广泛社会影响的人士，是进行改革和建设的一支重要力量。我们必须重视运用他们的优势，充分发挥他们的积极作用。

一是要发挥他们的智力优势，为浔阳区的物质文明建设搞好咨询服务。要组织他们对各单位的经济工作决策、精神文明建设规划、部署，认真进行考察研究，做出可行性论证，并提出意见和建议，同时，要鼓励和支持他们努力做好本职工作，并根据各自的条件，面向社会，开展讲学、办学、专业技术培训等活动，为工农业生产提供技术服务，为普及科学技术知识，努力提高人民群众的科学文化素质，贡献聪明才智。二是要发挥他们有广泛社会影响的优势，支持和组织他们参加社会主义精神文明建设的各项社会活动，特别是为基层的创“三优”活动和创文明单位活动多做实事。还要充分运用浔阳区素有革命传统，文史资源丰富的有利条件，积极开展文史资料的搜集、整理和研究工作，向群众，特别是青少年一代提供历史知识，使他们从中得到启发教育，增养爱国主义思想。

（四）做好“三胞”统战工作，实现祖国统一大业。

积极做好对港澳同胞、台湾同胞和海外侨胞的统一战线工作，推动“一国两制”方针的实施，完成祖国统一大业，是新时期人民政协工作的重要任务，也是本世纪我国人民三大任务之一。区政协要充分利用部分委员及有关人士有在台湾、港澳、海外的亲朋故友的有利条件，开展“三胞”联谊活动，通过通信、探亲、旅游、考察、学术交流、经济合作等一切可以利用的机会，广交朋友，寓统战于联谊之中，不但要重视老朋友，还要结交新朋友，尤其是年轻的朋友，不断扩大联谊面。

还要积极开展对外宣传工作，宣传“一国两制”，宣传大好形势，使广大“三胞”逐步加深对“一国两制”方针的认识，团结吸引越来越多的海外人士和我们一起，为早日实现祖国统一共同奋斗。

（五）善始善终地做好落实政策工作，进一步调动一切积极因素。

认真做好落实政策的工作，是关系到党、政府的声望和信誉，关系到国内外的政治影响；关系到调动和发挥千千万万人参加四化建设积极性，关系到党风和社会风气根本好转的重要政治问题。

浔阳区落实统战政策的工作，在区委、区政府的高度重视下，通过有关部门的努力，解决了许多问题，取得了较大的成绩。目前遗留问题虽然数量少，但难度较大，而且还会继续冒出一些新的问题。区政协要在区委的领导下，协同有关部门，采取果断措施，坚持“四定一包”，加强督促检查，开展联合办案，现场办案，逐人逐件抓紧落实，善始善终地搞好落实统战政策的工作，还要积极配合有关部门做好落实知识分子的政策，改善他们的工作和生活条件，充分发挥他们在浔阳区两个文明建设中的积极作用；协同有关部门贯彻执行党的民族宗教政策，按照政策规定，对应当“捆死”的要坚决“捆死”，对应当“放开”的要继续“放开”，做好争取、团结和教育宗教人士的工作，积极引导和推动他们为社会主义建设做出贡献。

（六）组织好委员的学习，提高参政议政水平。

组织和推动政协委员搞好学习，是政协一项重要任务，是提高政协委员参政议政水平的保证。

当前，区政协除了组织全体委员特别是常委继续深入学习中共中央关于坚持四项基本原则，反对资产阶级自由化的文件精神和中央级领导同志重要讲话外，还要组织委员们认真学习马列主义、毛泽东思想，学习全国人大、全国政协六届五次会议的文件，学习时事政策，并适当组织辅导报告和讨论，以推动学习的深入发展，中共十三大召开以后，还要组织委员学习十三大的各项重要文件。

区政协第一届委员会的绝大多数委员都是首次接触政协工作，许多人对政协的性质、地位、作用和任务了解得不多。因此，组织全体委员认真学习政协章程和政协业务知识就显得更为重要了。

（七）做好政协委员提案工作，加强党和人民联系的渠道。

提案工作是政协行使政治协商和民主监督职能的一个重要方面；是委员行使民主权利，对政府提出建议和意见，参与管理国家事务的一条重要渠道。它在政协工作中具有重要地位和作用。在新的历史时期，充分发挥政协委员提案的作用，更加具有重要意义。

为了做好这项工作，首先要提高对提案工作重要性的认识，切实加强领导，把提案工作摆到政协工作的重要议事日程上来，认真做好，要创造条件，帮助委员了解党和国家方针政策和本区四化建设的规划方案，建设情况，使委员能更多地知情，更好地出力，为经济工作服务，鼓励和支持委员提出更多更好的提案，要通过简报等方式大力宣传委员提案在四化建设中和祖国统一事业中所起的作用，引起社会上和各部门的重视，对于被有关单位采纳。发挥重大作用的提案，利用适当方式对提案人进行表彰。要加强与承办单位的联系，密切与他们的协作，要走出去，不能关起门来坐等提案的办理结果。对承办提案的单位要有要求、有检查、要催办，要帮助他们总结交流经验。要注意信息交流，研究新情况，探索和总结新经验。提案工作干部要努力学习统一战线方针、政策，要学习经济。要开阔视野，使之适应形势的发展和提案工作的要求。

（八）适应新形势、新任务的要求，加强政协机关的自身建设。

新时期爱国统一战线的新形势、新任务，对人民政协提出了新的、更高的要求，加强政协机关的自身建设，提高干部的政治和业务素质，使之同形势的发展相适应，是完成各项政协工作任务的组织保证，特别是像我们这样刚成立的新机构、新队伍，抓早、抓好这方面的工作，是争取各项工作主动权，开创政协工作新局面的关键，如何加强区政协机关的自身建设，我们初步意见是：

首先，认真学习，深刻领会中共中央关于政协工作的指示精神，认清政协工作的新形势、新任务，树立和增强新的观念。要组织区政协机关干部认真学习党的十一届三中全会以来，尤其是近几年来中央关于政协工作的一系列文件和指示精神，学习中央关于社会主义精神文明建设指导方针的决议和中央关于坚持四项基本原则，反对资产阶级自由化斗争，坚持改革、开放、搞活的一系列文件精神，学习全国人大和全国政协六届五次会议的文件，学习《中国人民政治协商会议章程》，认清政协工作的新形势，明确今后的工作任务，把政协工作干部特别是领导同志的思想统一到中央文件的精神上来。在今后工作中，按照中央有“左”反“左”，有右反右的指示，当前在政协工作中，有必要继续克服“左”的倾向；同时，对某些右的东西也不能掉以轻心，应当从实际出发，注意防止和克服，要全面、正确地理解和贯彻三中全会以来的路线、方针、政策，努力改变一切与新时期政协工作不相适应的陈旧的思想观念，领导方法和工作作风，一切着眼于爱国团结，四化建设和祖国统一，振奋精神，勇于创新。在区委的领导下，主动同各方面加强协作，既要加强政协组织内部的合作，又要加强同区委、区政府各部门和各人民团体、企事业单位以及民间组织的联系。互通信息，互相支持，共同努力，把浔阳区政协工作不断推向前进，还要加强同市、县政协的联系；争取市政协指导，学习各县政协工作经验，不断提高和改进我们的工作。

其次，要加强调查研究，改进工作作风，探索和创造新的工作方法，区政协的机关干部首先是领导干部，要坚持理论联系实际，一切从实际出发，实事求是的原则，结合业务实践，培养新作风，研究新方法。要加强纵向的和横向的联系，及时准确地了解和掌握浔阳区两个文明建设的重大事情，了解和掌握原籍在浔阳区或与浔阳区有密切关系的人士的重要情况，特别是其中在台湾、港澳和国外的人士的现状。区政协要成为浔阳区统战信息中心，政协干部要经常深入到基层，调查各项统战工作的具体情况，在调查的基础上，做到每年抓住二三个重点问题，进行剖析，提出比较有分量的意见、建议。要研究浔阳区统一战线的发展战略，根据浔阳区的实际情况，制定具有浔阳区特别的统战工作四年（即第七个五年计划时期内）发展规划。全体政协干部都要遵照十二届六中全会决议中关于加强职业道德建设对党和国家机关干部的要求，“公正廉洁、忠诚积极，全心全意为人民服务，反对官僚主义，弄虚作假，利用职权谋取私利”。并结合区政协工作的实际，进一步发扬政协工作的优良传统和作风，共产党员干部要善于同党外人士团结合作，广交深交朋友，平等待人，推诚相见，民主协商。要有宽广的胸怀，远大眼光，敢于和善于跨越社会制度，意识形态和生活方式不同的障碍，大胆地开展海外统战工作，要更好地学会用疏导、谈心、对话等工作方法，顺乎自然地开展工作，在开展工作中，要注意了解和理解对象的心理状态，了解和熟悉他们的习俗，使工作有较强的针对性，从而取得好的效果。

最后，要遵照党对机构改革的一系列指示，按照民主集中制的原则，建立各种会议制度和工作制度；明确各部门的业务范围、工作职责和请示报告制度，不断提高工作效率。

各位委员、各位同志，当前全国各条战线形势很好，形势发展对政协工作的要求越来越高，历史赋予我们区政协的任务光荣而艰巨。让我们团结起来，在市政协的指导下，在中共浔阳区委的领导下，发扬政协工作的优良传统和作风，积极开创政协工作的新局面，团结一切可以团结的力量，调动一切可以调动的积极因素，不断克服前进道路上的障碍，为实现四化建设、完成祖国统一大业、反对霸权主义和维护世界和平做出应有的贡献。

一届二次会议常委会工作报告

（一九八八年三月二十三日在区政协九江市浔阳区第一届委员会第二次会议上）

牛增辉

各位委员：

我受区政协第一届委员会常务委员会的委托，向大会做工作报告，请予审议。

区政协自一届一次会议以来，在市政协指导下和中共浔阳区委的领导下，在区政府及各部门的支持下，经过全体委员的共同努力，常务委员会的工作，很快地走上了人民政协的轨道，在认真探索，积极进取，开拓前进的里程中，迈出了坚实的步伐。八个多月来，我们坚决贯彻了“长期共存，互相监督，肝胆相照，荣辱与共”的方针，积极履行“政治协商、民主监督”的职能，为完善社会主义民主政治，推进浔阳区“两个文明”建设，促进浔阳区经济工作的发展。为发展爱国统一战线，推进“一国两制”方针的实施，促进祖国统一大业，进行了不懈的努力，开展了形式多样的活动，取得了一些成绩。现将主要工作报告如下：

一、认真组织了学习，为政协工作顺利开展，打下良好的思想基础。

一届一次会议之后，我们立即组织委员和机关工作人员学习政协章程和统战工作的方针、政策，在提高思想认识的基础上，又组织部分人员前往湖口、德安、九江等县政协参观，请他们介绍开展工作的经验。通过学习和参观，使大家对人民政协的性质、地位、作用和任务有了明确的认识，增强了做好政协工作的光荣感和责任感。在抓好政协业务知识学习的同时，我们抓紧了政治学习。一是学习了党的十一届三中全会以来的路线、方针、政策；二是学习了邓小平同志《建设有中国特色的社会主义》和《坚持四项基本原则反对资产阶级自由化》的两本书；三是学习了十三大报告。为了帮助委员们学习，除为大家提供学习资料，为每位常委增订了一份《人民政协报》外，并开展了形式多样的学习辅导活动，如举办了形势报告会、专题报告会、录音报告会、学习辅导报告等帮助大学加深对社会主义初级阶段理论和基本路线的理解。通过上述的学习，有效地提高了大家的思想认识和业务水平，为政协工作的顺利开展，打下了良好的思想基础。

二、发挥了政协职能作用，促使“政治协商、民主监督”向经常化、制度化发展。

区政协成立后，就紧紧地围绕本区的“两个文明”建设和各项改革以及人民群众关心的生活中的重大问题，采用各种形式，向委员通报，进行广泛协商。

一是开好各种全会，通过会议及时通报、商讨一些重大问题。区党代会后，政协召开了常委扩大会议，传达了区党代会议精神，通报了全区党的建设情况。1988 年 1 月，区委扩大会议期间，我们又召开了部分委员和各民主党派、各界爱国人士代表民主协商会，请区委领导到会通报了区委、区政府关于《一九八八年深化改革，振兴浔阳的工作意见》，与会同志进行了商讨，提出了意见和建议。此外，还创办了会刊《浔阳政协》，及时向委员通报全区的大事和政协工作的动态，为委员们创造了知情献计出力的条件。

二是围绕本区两个文明建设和经济体制改革中急需解决的问题，组织委员深入实际进行调查研究，考察咨询。去年9月初，我们组织委员对区商业体制改革情况以及改革与双增双节的关系等，进行了调查研究，写出了《改革增强了企业活力，改革促进了双增双节开展》的调查报告，就如何深化改革的问题提出了积极的建议，并在市政协召开的双增双节研讨会上作了书面发言。10月份，我们以发展区街经济和开发金鸡坡为主题，组织了有经济工作专长的八人考察组，赴江苏、浙江省的6个区县进行了经济考察，对金鸡坡等街道和区企业局的企业进行了广泛调查，写出了《解放思想，充分利用本区自然优势大胆开拓，积极促进区街企业发展》的调查报告。我们把调查的情况和建议及时向区委常委做了汇报，区委、区政府在部署1988年的深化改革和经济工作时，采纳了我们的有关建议。此外，政协7个工作组还广泛开展了城区精神文明建设，小学教育、普法教育、医药卫生、“三胞”和民族宗教工作等内容的调查和咨询活动，将发现的问题，提请有关部门及时解决。如区政协领导亲自向市政协、市委领导反映回民生活中的重大问题。

三是抓紧了委员提案的办复工作。一届一次会议以来，我们收到了委员们对浔阳区政治、经济、精神文明建设及群众生活中的重大问题的书面提案意见38份计52条，加上口头提案9条，共计61条。政协分工了一名副主席分管，有专人具体办理。到这次会议之前为止，已经办理的有17条，止在办理中的有22条，困权限问题向上申报的有廿二条，基本上做到了能办的不拖，不能办的早报，件件有落实，条条有交代。

为使政治协商，民主监督逐步形成经常化、制度化，我们已向区委和政府建议，每年至少安排两次向政协委员通报全区“两个文明”建设的情况。

三、发挥了政协的人才优势，为浔阳区两个文明建设献计出力。

人民政协荟萃了各方面的专门人才，具有“综合人才库”的优势，我们注意发军这种优势，围绕振兴浔阳这个目标，广泛地开展了献计出力、咨询服务、外引内联等活动，为促进区街企业发展，开发东部地区，振兴浔阳经济，牵线搭桥，提供信息，引进技术、人才和项目。如，为区建辅公司和湓浦街办企业提供了地板木和化工的信息；为区引进艺术蜡烛牵线搭桥；就企业银行进行预期贷款和税务部门如何扶持企业等问题进行了咨询服务，对教师健康状况和看病难问题进行了考察，并深入了区部分小学，为教师进行了体格检查等等。

四、积极开展了“三胞”联谊工作，为促进祖国和平统一大业服务。

为了促进“一国两制”方针的实施和祖国和平统一事业，去年7月经区政协一届一次常委会决定，成立了“三胞”工作组，并由一名副主席分管这项工作。八个多月来，“三胞”工作组配合统战部、对台办重点开展了摸底情况，打基础，建立联系的工作。一是集中时间和精力，对全区政协委员与“三胞”的联系情况进行调查摸底；二是有计划、有重点、分层次地开展联络情谊，广交朋友的活动，据统计，共接待了几批13人回乡探亲的台胞；三是采取家访座谈会、报告会、对话会等多种形式，放大与有关人士、“三胞”家属和“三胞”二三代青年的接触，向他们宣传党的统战工作政策，鼓励他们与海外亲人联系，上述各种形式和活动都收到了一定的效果。特别是去年11月份举行的有60多人参加的台湾形势报告会、台属对话会和今年2月举办的包括回乡探亲台胞在内的，百余人参加的区政协迎春茶话会，气氛热烈，情感真挚，效果很好，深受各界人士和台胞、台属的好评。

五、开展了横向联系，拓宽了政协工作面。

为了适应改革、开放的新形势，我们主动地和区、县兄弟政协开展了联谊。除去年八、十月份，派员赴本市三个兄弟县政协和浙江六县区政协参观学习外，还先后接待了湖南、江苏及省内县区政协来浔阳区访问的四批三十余人。1988年1月9日还邀请了市内十县区政协主席、统战部部长座谈会。今年1月，我们又先后向20多个城区政协发出了浔阳区举办城区政协横向联系“联谊会”的倡议得到了他们的响应，目前我们正在积极组织力量抓紧筹备工作。

在加强同兄弟县、区横向联系的同时，我们还加强了同市、区政协委员、各民主党派成员和各界人士的联系。在中秋节、国庆节、教师节和春节等重大节日期间，邀请部分政协委员、各界爱国人士代表参加座谈会、茶话会。区政协的领导和机关人员，对政协常委和部分年高体弱的委员、部分教师走访慰问。今年1月，我们邀请市各民主党派负责人参加的征求意见座谈会。通过这样上下左右的互相联系，增进了友谊，交流了经验，沟通了信息，促进了浔阳区政协工作的开展。

六、按照精干、效能的原则，充实了政协的委员队伍。

为了适应改革开放的新形势，通过多层次的民主协商，广泛征求意见，在驻区中央、省、市大中型企业、大中专院校、医院、科研单位及民主党派中，增补了42名委员，在增补委员的工作中，既按照精干、效能的原则，又注重了政治、智力、年龄的三个构成，进一步强化了民主党派、无党派人士和知识分子在人民政协中的地位，委员的辐射面较为广泛，单位分布更趋合理，反映了浔阳区民主生活的新发展，体现了大团结、大统一的精神。

一届一次会议以来，我们的工作虽然取得了一定成绩，但仅仅是起步，与党的十三大赋予人民政协的要求相比，还有一定的差距，如，行使主要职能还没有做到经常化、制度化；工作的路子还不够宽，不够活；同委员的联系还不够普遍经常。这些都有待于在今后的工作中不断改进。

经过八个多月的探索与实践，我们深深体会到，要开创政协工作的新局面，就必须把依靠党的领导和主动搞好政协工作紧密地结合起来。人民政协是共产党领导下实行多党合作的重要组织形式，依靠党的领导是做好政协工作的根本保证。自政协成立以来，我们经常主动向区委请示汇报工作，争取区委重视。中共浔阳区委对政协的工作非常重视、关心、支持。在重大问题上及时给予指示，对我们遇到的某些实际问题，尽力帮助解决，为我们开展政协工作创造了有利的条件，树立了信心。与此同时，我们也紧紧围绕党的中心任务，积极主动地开展各项活动，向党委和政府及有关部门献计献策。较好地发挥了政治协商、民主监督的作用。实践证明，这样两方面结合起来，就能有效地促进政协工作的顺利开展。

要开创政协工作的新局面，就必须加强上下左右的联系，取得各部门的支持配合。人民政协的工作，涉及的范围比较广，既需要内部的密切联系、协作，也需要有关方面的配合和支持。再加之我们是新组建的单位，在这方面尤其重要，最主要的是加强同区政府各部门的联系，彼此沟通信息，使委员能够更好地知情和出力，也使有关部门能够更好地倾听群众呼声。同时，也要加强与驻区各民主党派的联系，因为政协与民主党派的活动内容在许多方面是一致的，加强协作，广泛地调动积极因素，可以发挥统一战线的优势，动员各方面的力量为振兴浔阳服务。

各位委员：

当前我们的国家正处在一个重要的历史发展时期，摆在我们面前的任务是十分繁重而又非常艰巨的。面对新的形势、新的任务，我们必须以改革的精神来加强政协工作，不断研究新情况，解决新问题，探索新路子，这样才能顺应时代的要求，肩负起十三大赋予人民政协的光荣使命。为此，对本会今后的主要工作提出下列意见：

一、进一步组织委员深入学习贯彻中共十三大文件。

认真学习十三大报告，吃透十三大精神，是全党全国当前和今后一个时期的重要任务。区政协要根据中共浔阳区委的统一部署，把十三大文件的学习引向深入，通过多种形式的活动，组织推动委员和各界人士学习。学习要在去年的基础上，联系浔阳区工作的实际，联系政协工作的实际和自己的思想、工作实际，不断加深领会十三大精神，特别是要深刻理解关于社会主义初级阶段理论和党的基本路线重要意义，提高思想认识，增强贯彻执行十三大精神的自觉性。同时，还要充分发挥政协优势，面向社会，开展宣传工作，为实现党的十三大提出的新时期的任务献计出力。

二、进一步发挥政协“政治协商、民主监督”的职能作用。

完善共产党领导下的多党合作和协商制度，是十三大向政协提出的一项重大任务。我们要继续贯彻“长期共存、互相监督、肝胆相照、荣辱与共”的方针，发扬统一战线的优良传统，进一步加强与各民主党派和无党派人士的联系和合作。要继续认真学习政协章程，学习、宣传、贯彻省政协六届一次会议精神，进一步深化对政协基本职能的认识，逐步建立各个层次的政治协商、民主监督制度，不定期邀请党政及有关部门向委员通报浔阳区的经济建设和精神文明建设的情况，组织委员及各界爱国人士对浔阳区的重大问题决策进行协商，做到协商于决策之前，监督于决策执行之中，使协商、监督经常化、制度化。工作组的工作要在提高实效上下功夫，要围绕本区的中心工作和人民群众关心的生活中重大问题，开展调查研究，考察咨询，了解区情、民情，为协商、参政议政提出可靠依据。要充分利用政协这条具有中国特色的民主渠道，有计划地开展社会协商对话活动，使各界爱国人士有话征途谈利弊、进雅言、献良策的机会和场所。进一步抓好委员提案的办理工作，实事求是地反映各界人士的意见，建议和呼声，及时把领导机关的意图传达给群众。常委和委员中的中共党员，要发扬广交朋友的优良传统，同党外人士多接触、多谈心，听取各种意见，做到以诚相待，肝胆相照，虚怀若谷，从善如流，同志们都要关心国家大事，敢于讲真话、进忠言，造成生动活泼的政治局面，为建设社会主义政治和发展社会生产力而努力。继续贯彻全国政协工作组（委）会议精神，活跃工作组的工作，使政协工作逐步形成以组（委）活动为主的新格局。

三、增强改革意识，树立为改革服务的观念，促进浔阳区经济发展和创文明城区的深化。

加快和深化改革是十三大的主题，我们要增强改革意识，树立为改革服务的观念，为贯彻落实区委（88）1号文件，充分发挥政协人才荟萃的优势和工作组（委）的作用，围绕改革这个主题，广泛深入地进行调查研究，总结成功的经验，探索深化的途径，从各个方面献计献策。要尽快地成立业经区委批准的区政协经济技术信息咨询服务中心，并争取在今年内为区提供六至八条有价值的信息，促进一至两个引进项目的成功。

四、加强“三胞”联谊工作，推进祖国和平统一事业。

要继续按照“放宽视野，广交朋友，宣传政策，争取人心”的海外统战工作方针，立足大陆，面向台湾、面向港澳、面向海外，多渠道地开展“三胞”联谊工作。要充分运用各种有效形式，大力宣传“一国两制”和平统一祖国的科学构想，宣传党的方针政策。要充分运用政协委员联系面广的优势，大力发展与台湾、港澳同胞和海外侨胞的友好交往，团结老朋友，广交新朋友，通过联络友谊，建立感情，寓工作于友谊之中。在进行这一工作中，首先要立足大陆，做好“三胞”亲属的工作。要在去年以来摸底调查的基础上，协助有关部门进一步落实“三胞”及其亲属的政策。要与有关部门紧密配合，继续做好回大陆探亲、观光的“三胞”接待工作。在可能的情况下，有重点地邀请一些“三胞”来浔旅游。配合区委统战部抓紧能仁寺的整顿和修复，为来浔的“三胞”提供观光和朝佛的名胜处所。

五、进一步加强政协的自身建设，适应新形势的需要。

加强政协的自身建设，是十三大提出的要求，也是新形势下政协工作发展的需要。我们一是要认真学习十三大报告和政协章程，进一步提高思想认识，树立自尊、自重、自奋的观念和高度的责任感和事业心，以出色的成绩来扩大政协的影响，提高政协的声誉。二是要进一步加强常委会的工作。坚持民主集中制的原则。充分发挥常委会在履行政治协商、民主监督职能中的重要作用。三是要进一步加强对政协各工作部门的领导，各工作委员会、工作组都要建立健全各项制度，充分发挥职能作用，要通过多种形式，加强与委员的联系，开展“一封信”活动，举办“委员活动日”等。委员要密切联系群众，深入实际，调查研究，了解区情、民情，不断提高参政议政的能力。四是要进一步健全、完善机关的岗位责任制和各项规章制度，加紧落实一九八八年的目标管理达标项目；虚心听取批评和意见，不断改进机关的工作，热情周到地为委员服务。进一步解放思想，不断创新，积极地、稳健地进行新的探索，使机关真正成为认真执行党的基本路线和统战政策，讲团结、懂政策，扎扎实实，开拓进取，勤俭节约，能够胜任工作的办事机构。

各位领导：

展望未来，任重道远，前程似锦。让我们高举建设有中国特色的社会主义旗帜，高举祖国统一和振兴中华的爱国主义旗帜，继续发扬统一战线的优良传统和作风，进一步发挥人民政协的职能作用，完善共产党领导下的多党合作制度，坚持四项基本原则，坚持改革开放，为浔阳的振兴、社会的繁荣、祖国的统一，同心同德，艰苦奋斗，认真探索，积极进取，开拓前进。

二届一次会议委员会工作报告

（1990年4月10日在政协浔阳区
第二届委员会第一次会议上）

牛增辉

各位委员、各位同志：

我受政协浔阳区第一届委员会常务委员会的委

托，向二届一次会议作关于一届委员会常务委员会工作报告，请予审议。

区政协第一届委员会自1987年7月第一次会议以来，已三年了。三年来，我区政协工作在市政协的指导下，在中共浔阳区委的领导下，在驻区各民主党派和各界人士的密切合作下，经过委员们的共同努力，发扬了人民政协“政治协商、民主监督、合作共事、广交朋友、自我教育”的优良传统，为发展和巩固爱国统一战线，为推进我区的两个文明建设，做了大量工作，取得了积极的成效。现将主要工作报告如下：

一、组织委员学习，统一思想，增进共同政治基础上的团结合作

根据政协章程的规定，三年来，在坚持自愿的基础上，我们着重抓了马列主义、毛泽东思想、时事政治和党的路线方针政策的学习以及国防教育。对党的全国和省、市代表大会，历次全会精神以及全国和省、市人大、政协的决议、工作报告、领导讲话等，都曾以召开常委会或常委扩大会的形式组织了传达和学习讨论。1987年，重点学习了邓小平同志《建设有中国特色的社会主义》和《坚持四项基本原则，反对资产阶级自由化》两本书。1988年，组织委员认真学习了中共十三大报告、全国政协七届一次会议文件、十三届三中全会提出的治理经济环境，整顿经济秩序，全面深化改革的指导方针和政策措施，帮助委员深刻理解社会主义初级阶段理论和党的基本路线，联系实际开展了“十三大对统战工作意味着什么”的讨论。在1989年春夏之交发生在北京的政治风波中，及时组织区政协委员、各党派、各界爱国人士传达了市、区委关于反对动乱的有关会议精神，认真地学习了《人民日报》4月26日社论，多次召开驻区政协委员、各民主党派、工商联、人民团体和无党派人士及少数民族和宗教代表座谈会，传达学习了邓小平同志在接见首都戒严部队军以上干部大会上的重要讲话，学习了江泽民总书记在庆祝中华人民共和国成立40周年大会上的重要讲话和中共十三届四中、五中全会精神。

为适应新时期政协工作的新情况、新形势，除及时召开全委会、常委会及常委扩大会组织学习讨论外，还围绕党和国家的重大问题，采取了以下几种学习形式和做法。一是建立和坚持政协常委、机关干部学习日制度和常委每月来会阅读文件的制度。二是组织各种报告会，如形势报告会、专题报告会、录音报告会和学习辅导报告会等。三是增订《人民政协》报，编发学习资料，为委员和各界人士学习提供参考材料。四是把学习与调查研究、参观访问结合起来，与“知情、出力”、反映情况、献计献策结合起来，与落实政策、解决实际问题结合起来。

总之，三年来，我们在组织和推动委员及所联系的各界人士在自觉自愿基础上学习，借以达到提高认识统一思想，增进共同政治基础上的团结合作方面，做了许多工作，起到了较好的作用。特别值得提出的是，在去年春夏之交发生在北京的政治风波中，浔阳区全体政协委员，旗帜鲜明，坚决拥护中共中央和国务院所采取的一系列正确措施。大家又围绕稳定政治局势，搞好治理整顿和深化改革做出了多方面的努力。这就充分说明了在重大的政治原则问题上，我们的委员与党中央在政治上始终是保持一致的，在严峻的考验面前，与党中央是风雨同舟，患难与共的。而这种高度政治觉悟的形成，又是与大家不断加强自我学习和自我教育分不开的。

二、履行基本职能，参政议政，促进社会主义民主政治建设

三年来，我们紧紧围绕本区政治，经济和群众生活中的重大问题进行了广泛的协商讨论。协商的形式和方法主要有如下几种。

1. 通过多种形式进行协商监督。

一是开好各种会议，进行通报协商。一届一次会议以来，我们除召开了3次全体会议、十二次常委会议和十八次主席会议外，还组织了座谈、对话、协商、献计献策等大中小型会议28次，分别就深入学习贯彻十一届三中全会以来的路线方针政策和中共十三大精神，以及本区的两个文明建设、治理整顿、深化改革和群众生活中的重大问题进行了通报协商，提出了积极的意见和建议。二是由政协专门委员会与党政有关部门进行对口协商。如去年10、11月份，先后三次请区文教局、计生委、计经委、精神文明办等负责人分别向文教卫生、科技、经济、法制社团、“三胞”联络等工作组的委员通报了各自单位的工作情况。每次通报，委员们都进行了认真热烈的讨论。三是及时整理汇总委员的意见和建议，转送市、区党政领导参阅，进行交议协商。去年4月，我们将委员在讨论中提出的意见和建议，进行归纳整理，分为经济建设、廉政建设、教育工作、体制和城市管理、群众生活等六个方面共21条意见和28条建议打印，分别送市、区党政领导参阅。市委书记孙瑞林同志阅后十分重视，专门写信给钟市长，提出了处理这些意见和建议的意见。

2．通过专题调查、考察咨询进行协商监督。

三年来，共组织了16个工作组下基层调查研究、考察咨询，写出论文2篇，调查报告15篇。1987年10月，我们以发展区街经济和开发金鸡坡为主题，组织了有经济工作专长的八人考察组，赴江苏、浙江的六个区县进行了经济考察，对金鸡坡等街道和区企业局的企业进行了广泛调查，写出了《解放思想，充分利用本区自然优势大胆开拓，积极促进区街企业的发展》的调查报告，区委、区政府在部署1989年工作时，采纳了我们的有关建议。1988年9月，我们组织部分委员对市场物价及农贸市场的状况进行了调查，调查报告中反映的问题，引起了区委、区政府的高度重视，为区委、区政府及时决定在全区开展打击“三霸”突击行动提供了重要的参考依据。八九年七月，人民路居委会百余名居民联名反映九江电线电缆厂的污染问题，区政协主席会议及时决定由副主席、秘书长等领导同志协同防疫和环保部门，深入该厂进行调查，并督促他们治理污染，现在已基本得到了治理。此外，政协的领导同志还经常亲自率领机关人员和部分委员参加区委和政府组织的各项重大活动及中心工作，以便直接听取反映，掌握情况。

3．通过认真处理提案进行协商监督。

一届一次会议以来，共收到委员提案130件。对这些提案，我们十分重视，由主席会议指定一名副主席和一名机关干部专门负责，召开专题会议进行审阅、整理和建档，向有关部门和单位发出协商办理联系函，提出具体要求，反复催办落实。至1989年10月止，已办复提案110件，办复率达84.6%。这些提案对推动我区的两个文明建设、改革开放及治理整顿起到了积极的作用。

三、发挥人才优势，献计献策，推动改革和各项建设事业的发展

我们围绕振兴浔阳这个目标，广泛地开展了献计出力、咨询服务、内引外联等活动，为促进区街企业发展，开发东部地区，积极牵线搭桥、提供信息、引进技术、人才和项目。三年来，先后共提供经济信息425条；组织委员中的工程师、经济师等专门人才对有关科研项目和利用外资的可行性进行了论证；为滨兴建辅公司与广东湛江牵线搭桥，促成了华泰工贸公司汽车修理业务的开展；与有关单位配合，为白水湖塑料编织厂筹集了4万元资金，解决了该厂的燃眉之急；今年2月，又积极为本区第一家民间中外合资企业——浔阳湖贝工艺有限公司的筹建牵了线，搭了桥。

四、开展“三胞”联谊，广交朋友为促进祖国和平统一大业服务

一届一次会议以来，我们协同区委统战部、对台办、海外联谊会、工商联，通过多种形式，积极开展“三胞”联谊活动。先后举行茶话会、座谈会、报告会、游园等活动14次，慰问走访5次，接待“三胞”及其亲属21批70多人次。我们较好地把海外统战工作与经济统战工作有机地结合起来，在接待和联谊活动中适时宣传了“一国两制”方针和党的其他方针政策。特别是在八九年春夏之交发生在北京的政治风波中，我们多次召集“三胞”亲属会议，号召他们向海外亲友写信，说明真相及中央采取戒严措施的必要性，宣传“一国两制”方针和对港、澳政策的不变，帮助他们消除疑虑，鼓励他们回来探亲、访友、投资办企业。与此同时，我们尽力做好为“三胞”及其在区亲属的服务工作。对愿在九江投资的“三胞”，热情地陪同他们考察，向他们赠送《九江画册》，给他们介绍九江四十年来的变化情况。对他们在区无工作的子女、家属，我们积极想办法，多方疏通关系、筹集资金，兴办了工业和商业网点，使他们得到了妥善安置，解除了后顾之忧。我们的海外经济统战工作，受到了省、市有关部门的好评和表彰。

五、加强自身建设，搞好协作，拓宽政协工作领域

一届一次会议之后，随着工作的不断实践，我们深感委员的结构和规模不适应新形势的要求。于是在1988年，首先按照精干、效能的原则，通过多层次的民主协商，从驻区的中央、省、市大中型企业，大中专院校，医院，科研单位和各民主党派中，增补了42名委员，从而使委员队伍的政治、知识和年龄结构有了较大的改观。其次，对收看、传播黄色录像的个别委员进行了组织处理，较好地维护了政协的声誉，纯洁了委员队伍。第三，着重抓了机关的思想、组织、制度的建设和作风养成。根据工作需要，增设、调整了职能机构，配齐了干部，健全了工作岗位责任制。按照市、区委的统一部署，完成了机关整党和民主评议党员的任务，开展廉政教育。同时，积极组织机关干部、职工学政治、学业务，参加创三优活动和各项义务劳动，从而有效地增强了机关工作人员对政协工作的责任感，转变了工作作风，提高了工作效率。

一届一次会议以来，我们共接待省内外兄弟政协及统一战线的朋友计97批600多人次，与80多个区（县）兄弟政协保持了经常性的联系和交流工作资料；在区委、区政府的重视、支持下，我们倡议举办了7省、市25区（县）政协联谊会。期间，除互相学习交流了政协工作经验之外，还交流了397条经济信息；有18个区（县）达成了59个协作项目和意向协议。其中，我区与8个区（县）的15个单位签订了经济横向联系意向书。同时，还牵线搭桥，促成了我区与黄石市的黄石港区、合肥市的西市区和我省的安福县结为友好区（县），我们区政协也与南京市的鼓楼区、南昌市的东湖区、湛江市的赤坎区等政协结为友好区政协。去年五月，我们协同政府经济部门参加了在广东湛江召开的第二次这样的政协联谊会。

回顾三年来的工作，我们感到最重要的一条经验，就是必须全面地、坚定不移地贯彻党在社会主义初级阶段的基本路线，不断增强坚持四项基本原则，反对资产阶级自由化的自觉性，在实际工作中要根据党的的基本路线和政协的特点来研究安排我们的工作，切实做到政协工作为党的基本路线服务；其次，政协工作必须紧紧围绕党和政府的中心任务进行，争取党委加强领导和政府各部门的大力支持；第三，必须充分发挥政协的主动性，调动全体委员的积极性。

各位委员，各位同志，区政协一届委员会三年来所取得的成绩和经验，是全体委员和机关工作人员共同努力的结果，也是同各民主党派，各人民团体以及社会各个方面的大力支持分不开的。特别是广大区政协委员，既在各自的岗位上兢兢业业地工作，又热情地关心政协工作，关心我区的两个文明建设，积极参政议政，献计献策，为祖国的统一，中华的振兴，浔阳的繁荣，付出了辛勤的劳动。在此，我代表区政协一届常务委员会，向你们表示衷心的感谢并致以崇高的敬意！

在充分肯定过去三年取得成绩的同时，我们也应当看到存在着的一些不足之处和薄弱环节。如，履行政治协商、民主监督的基本职能尚未完全做到经常化、制度化；综合人才库的整体功能作用发挥得不够充分；同委员的联系、搞好服务工作还不够普遍、经常。这些都有待于我们在今后的工作中不断改进。

各位委员、各位同志，政协浔阳区第一届委员会已较好地完成了它的任务，第二届一次会议的召开，标志着我区政协工作又进入了一个新的历程。我们深信，新的一届委员会，在党的十三届四中全会、五中全会、六中全会和《中共中央关于坚持和完善中国共产党领导的多党合作和政治协商制度的意见》的精神指引下，在中共浔阳区委的正确领导下，一定能为实现我们的共同目标，振奋精神，团结奋斗，把人民政协工作做得更好；一定能在维护我区安定团结的政治局面，促进我区两个文明建设，推动“一国两制”方针的实施，实现祖国统一大业的征途上做出更大的贡献。

谢谢大家！

三届一次会议常委会工作报告

（1993年1月5日在政协浔阳区
三届一次会议上）

屈章湧

各位委员、各位同志：

我受政协浔阳区第二届委员会常务委员会的委托，向大会做工作报告，请予审议。

区政协第二届委员会第一次会议于1990年4月召开，至今已经三年届满。

三年来，在中共浔阳区委的领导和市政协的指导下，在区人大常委会和区政府的支持下，我们认真贯彻中共十三届七中全会、八中全会精神，贯彻中共中央《关于坚持和完善中国共产党领导的多党合作和政治协商制度的意见》，结合浔阳区实际，坚持以经济建设为中心，坚持四项基本原则，坚持改革开放，团结全体政协委员和各界爱国人士，努力发挥人民政协的基本职能和智力优势，在维护安定团结的政治局面，促进浔阳区改革开放和两个文明建设，促进社会主义民主与法制建设，促进祖国统一等方面，做了一定的工作，取得了一些新进展。

一、组织委员学习，提高思想认识，适应新形势的需要

面对当今复杂的国际形势和艰巨的改革、建设任务，为了坚定政协工作的正确方向，使委员增进在重大问题上的共识，在思想上、政治上同党中央保持一致，更好地适应新形势下政协各项工作的需要，二年来，我们从实际出发，结合工作特点，发扬人民政协自我教育的优良传统，采取多种形式，组织委员学习社会主义理论，学习时事政治和党的方针政策。

第一，把政治学习列为主席会议，常委会和全委会的重要内容，及时传达学习党中央的指示精神，提高常委和全体委员的思想认识。先后着重学习了中共中央〔1989〕14号文件、〔1990〕10号文件和全国统战工作会议精神；《政协章程》和《政协全国委员会关于政治协商，民主监督的暂行规定》；党的十三届七中、八中全会精神和江泽民同志在纪念中国共产党成立七十周年大会上的讲话；邓小平同志视察南方讲话精神，中共中央〔1992〕1号文件和中央十四大精神。

第二，坚持“三为主”和学习辅导相结合的方法组织委员学习。我们在坚持委员参加本单位学习、各专委会学习和自学为主的同时，还运用座谈会、辅导报告、观看录像等形式，帮助委员加深理解。如：针对急剧变化的国际政治形势，为使委员对动荡和剧变的情况有比较清晰的了解，我们举办了有关东欧、苏联情况形势报告会；为使委员了解辛亥革命的伟大历史功绩和重大现实意义，激励爱国热情，举办了纪念辛亥革命八十周年报告会；为使委员全面领会和深刻理解江泽民同志在纪念中国共产党成立70周年大会上的讲话的精神实质，除组织常委听取了区委副书记范序德同志的辅导报告外，还组织全体委员分三批收听了国务院研究室教科文卫局局长白克明同志的《学习江泽民同志“七一”讲话辅导报告》录音；全体常委在学习中共中央〔1992〕2号文件《关于传达学习邓小平同志重要讲话的通知》的基础上，认真听取了区委副书记范序德同志作的学习辅导报告。

第三，寓教于乐，采取在文体活动中安排相应学习内容的方法组织委员学习。先后在组织委员赴东林寺、小孤山、共青城等地参观游览的过程中，学习了有关宗教知识和外商投资的知识。

第四，积极提供学习参考资料，方便委员学习。专门为委员和常委分别订购了《人民政协报》《江西政协报》《江西统一战线》和《政协委员手册》，结合视察活动，发给了《浔阳区关于发展区街经济的文件汇编》《浔阳区关于扶持股份合作企业发展的措施》《浔阳区关于发展股份合作企业大战一百天工作实施方案》等资料。

通过学习，使委员在以下几个方面加深了认识：一是加强了对国际形势的认识，坚定了社会主义在中国一定会取得胜利的信念，增强了抵御“和平演变”的能力；二是加深了对建设有中国特色的社会主义的认识，决心要在以江泽民总书记为核心的党中央领导下，努力工作，为浔阳区的两个文明建设献计出力；三是加深了对党的路线、方针、政策的认识，表示自觉维护我国政治、经济、社会的稳定，努力把国家建设好；四是加深了对党的统一战线工作的认识，进一步明确了人民政协的性质、地位和作用，提高了做好政协工作的自觉性；五是加深了政协工作要努力为经济建设服务的认识，决心发挥政协人才集聚，联系面广的优势，促进浔阳区经济的发展。

二、围绕经济和社会各项事业，认真履行协商、监督职能

三年来，我们按照全国政协《关于政治协商、民主监督的暂行规定》，紧紧围绕浔阳区国民经济、社会各项事业发展目标和社会生活中的一些重要问题，认真开展协商监督活动，使政协的职能作用得到了进一步发挥。

一是加强情况通报，为委员协商监督创造知情条件。在二届一次会议以来的三次全委会、十三次常委会、十八次主席会议上，我们除了讨论商定政协工作外，主要是就浔阳区大政方针和群众普遍关心的问题进行协商讨论，提出意见和建议。1990年7月底，在二届二次常委（扩大）会议上，邀请区委、区政府的领导和区计经委、文明委、公安局的负责同志通报了浔阳区上半年经济发展、社会治安和“严打”“创三优”迎总评等情况并征询了政协常委、委员和委（办）负责人的意见；1991年1月中旬，在二届四次常委（扩大）会议上，区政府领导通报了1990年工作情况和1991年工作设想，全体与会人员进行了热烈的协商讨论，对某些目标内容以及落实的问题，提出了建设性的意见；1991年7月中旬，在二届六次常委会议上，区政府主要领导通报了上半年经济和社会发展情况；在二届二次全委会上，委员们对区政府工作报告中“八五”时期的主要目标和基本设想以及1991年工作的具体安排等重大问题，进行了协商讨论并提出了17条建议；在二届八次常委（扩大）会议上，常委和部分委员对区计经委草拟的1992年国民经济计划初步安排意见和区政府与九江石化总厂签订的编织袋厂合资建设协议书进行了协商讨论，提出了修改补充意见和建议；在二届十一次和十二次常委会上，邀请区政府体改委和计经委的领导分别通报了区股份合作企业和重点工作建设，外向型经济发展及小区建设等情况并进行了协商讨论。此外，区委、区政府曾两次召开以政协委员为主的各界人士座谈会，分别就浔阳区清理党政干部违纪建私房的工作情况和人大代表、政协委员建议提案的办理情况进行协商；区检察院、政法委也分别邀请了部分政协委员召开座谈会，征询对区检察工作和社会治安综合治理的意见和建议。

二是通过专题调查和委员视察活动，对有关重要工作开展协商监督。1990年，区政协机关四个专委会，会同有关部门对区部分单位的两个文明建设情况作了深入调查。如：对金鸡坡街办的农业科技工作的考察，对近区三个街道社区服务工作的摸底等。1991年，组织部分委员对区属小学学生近视眼的状况作了抽样调查；会同区委统战部对全区少数民族的情况作了专题调查；对区商业、二轻企业、街道企业、统战口企业和个体经济等进行了考察。三年来，先后组织委员视察了区童装厂、滨兴光华时装厂、十里模压厂和甘棠、金鸡坡街办的部分股份合作企业，共组写了五份调查和考察报告，提出了一些合理的意见和建议，为区委、区政府的科学决策提供了较实在的依据。

三是认真办理委员提案，发挥提案在协商监督中的重要作用。三年来，共收到委员提案169件，经提案委员会审查、立案、分类和有关部门及承办单位的努力，现已全部作了处理和答复，办复率达74.7%，这些提案对推动市区的两个文明建设和改革开放起到了积极的作用。

三、积极开展牵线搭桥、咨询服务活动，为促进浔阳区经济发展献计出力

我们围绕振兴浔阳这个目标，广泛开展了献计出力、咨询服务，内引外联活动，为促进区街企业发展，积极牵线搭桥，提供信息，引进技术和项目。三年来，我们会同区海联开展各类牵线搭桥，咨询服务共147余次，成功地引进外资55.3万美元，为创办浔阳区第一家中外合资企业——中日合资江西湖贝工艺有限公司充当了“红娘”。我们还协助区海联组织“三胞”亲友自筹资金，巩固、发展、兴办经济实体11个，安排待业人员290多名。据统计，三年来，这些企业共创产值1000多万元，创利税50多万元，较好地完成了区计经委下达的生产任务。

四、广开联谊渠道，增强人民政协的团结功能

为了增进委员之间的联系和团结，三年来，我们坚持并改进了委员活动日制度，既组织有全体委员参加的大型活动，又根据需要，由各专门委员会组织委员开展一些小型活动，为委员知情出力，加强相互间的联系，增进友谊创造较好的条件。另外，我们还通过召开退会的老委员座谈会，邀请驻市民主党派及工商联负责人举行恳谈会，中秋节、春节、教师节召开茶话会，寄送慰问卡，走访委员和社会知名人士，以及以组织名义向一些有实际困难的委员所在单位发函或电话联系为他们解决困难等形式，交流了思想，融洽了感情，密切了关系，增强了政协的凝聚力。

三年来，我们通过互寄工作资料，接待来访和派员外出学习，保持了与原有的全国一百多个区（县）政协的联系，同时结识了新的区（县）政协。三年共接待省内外兄弟政协及统一战线的朋友计130批685人次；先后派员回访了内蒙古赤峰市克什克腾旗政协，参观访问了上海市区政协，学习了天津和平区等八城区政协工作和社区服务工作的经验，考察了广州、深圳等地政协开展海外联谊和兴办企业的情况，参加了七省二十五城区（县）政协联谊会第三、四次会议。通过政协间的横向联系，不仅交流了政协工作方面的经验，同时还交流了为经济建设和文明建设服务的经验。

遵照放宽视野，广交朋友，宣传政策，争取人心的海外统战工作方针，我们继续坚持一手抓对来浔的国内各界人士和“三胞”的接待，一手抓与居住浔阳区的“三胞”亲友的联络。三年来，共接待来浔参观学习、旅游观光、探亲访友、洽谈业务、探讨经济合作的国内外宾客119批558人次。在与“三胞”亲友的联络中，我们继续倡导他们主动向海外亲人写信介绍祖国稳定的政治局势、改革开放取得的成就及家乡建设的新貌；以开座谈会、办知识讲座等方式，向部分委员和“三胞”亲友介绍我国对外开放政策和浔阳区的投资环境及优惠政策，鼓励他们积极做好为“三引进”牵线搭桥的工作。

五、文史资料征集工作取得可喜成效

三年来，在区政协文史资料委员会的领导下，经过区政协学习、提案、文史资料委员会和全体撰稿人员的不懈努力和辛勤劳动，浔阳区政协组建五年来的第一辑文史资料，一册纳文字稿45篇、字数16万余和图片15幅的《名人与浔阳》今天终于和大家见面了。

六、加强机关建设，强化服务意识，提高干部整体素质

三年来，我们按照区委“团结、廉洁、勤政、务实”的总要求，以政协章程为依据先后制定并坚持了《常务委员会、主席会议议事规则》和《区政协机构设置和工作职责》以及学习、财务、用车、接待和请假等制度，进一步强化了思想政治工作和服务意识，在全体机关工作人员中形成了遵纪守法、团结、进取等良好的精神风貌。同时，不断改进工作方法，逐步做到了务实、不搞文山会海，深入到实际中调查研究。机关“四委一办”齐心协力积极为统战工作服务，为经济建设服务，为全体政协委员服务，较好地发挥了各自的参谋助手作用。机关办公室的同志把本室作为反映政协机关工作质量、办事效率、精神面貌和形象的重要窗口，以苦干实干的工作作风，搞好机关日常事务和文字工作，搞好为专委会活动服务工作和对外接待工作，受到了机关干部、政协委员和兄弟区（县）来访同志的一致好评。三年来，区委、区政府部署的每项中心工作和集体活动，政协机关的人员都积极参加，努力完成。如：领导下基层蹲联系点，抽调干部协助街道抓“创三优”“严打”和股份合作企业及龙舟赛安全保卫工作，搞计划生育宣传和社会主义思想教育，月末周末卫生大扫除和突击义务劳动等，都完成较好。积极参加区委、区政府部署的中心工作和集体活动，有效地密切了机关干部与群众的联系，促进了机关的廉政建设和作风转变。

回顾三年来的工作，我们深深体会到，坚持全面贯彻“一个中心，两个基本点”的基本路线，是一切工作的指导方针；坚持贯彻“长期共存，互相监督，肝胆相照，荣辱共与”的统一战线基本方针，坚持和完善中国共产党领导的多党合作的政治协商制度，是政协工作的主题；坚持加强党对政协工作的领导，是做好政协工作的根本保证；坚持实事求是的思想路线，是开拓进取，做好政协工作的思想基础；加强同政协委员、各民主党派、各人民团体和各族各界人士的联系，是人民政协做好工作的群众基础；努力抓好政协的自身建设，是政协工作锐意创新的基本保证。

各位委员，各位同志，区政协二届委员会三年来所取得的成绩和经验，是中共浔阳区委正确领导、区政府大力支持和市政协直接指导的结果，是全体政协委员和机关工作人员团结一致，共同努力的结果，也是各有关部门、单位及社会各界人士密切配合、积极协助的结果。在此，我谨代表区政协二届常务委员会向关心、支持区政协工作的各级党政领导和有关部门及社会各界人士，表示衷心的感谢和崇高的敬意！

在肯定成绩的同时，还必须看到存在的一些差距。如，政协的整体功能和委员参政议政作用发挥得不充分；协商、监督的质量还不高，对可行性意见的落实、跟踪、反馈工作做得不够；专委会的活动还不够平衡，不够经常。这些，都有待于我们在今后的工作中加以改进和克服。

各位委员、各位同志，我们坚信，即将产生的区政协第三届委员会常务委员会，在中共浔阳区委的领导下，依靠全体政协委员的共同努力，必将做出更大的成绩。

让我们在十四大精神的鼓舞下，坚持党的基本路线，不断巩固和发展爱国统一战线，为夺取建设有中国特色社会主义事业的更大胜利和实现和平统一大业而努力奋斗。

四届一次会议常委会工作报告

（1998年2月6日在政协四届一次会议上）

梅冬乔

各位委员、各位同志：

刚刚送走喜事连台的1997年，又迎来了充满希望和辉煌的1998年。今天，我受政协浔阳区第三届委员会常务委员会的委托，向大会做工作报告，请予审议。

（一）五年来的工作回顾

区政协第三届委员会第一次会议召开以来，至今已经五年届满。五年来，本届常委会在中共浔阳区委的正确领导下，在区政府的大力支持下，在区各部、委、办、局和街道的积极配合下，坚持党的基本理论和基本路线，坚持“长期共存、互相监督、肝胆相照、荣辱共与”的方针，坚持共产党领导的多党合作和政治协商制度，根据李瑞环同志对政协工作“尽职而不越位，帮忙而不添乱，切实而不表面”的要求，紧紧围绕区委区政府提出的各项任务和奋斗目标，认真履行人民政协“政治协商、民主监督、参政议政”的职能，为推动浔阳区改革开放，经济建设，加强社会主义精神文明，民主政治建设，巩固和发展爱国统一战线，促进祖国和平统一大业做出了一定贡献。

一、推进协商，加强监督，真正体现人民政协三大职能

五年来，我们认真贯彻《政协全国委员会关于政治协商、民主监督、参政议政的规定》，贯彻省市政协《关于政治协商、民主监督、参政议政的实施办法》，根据本区实际制定了《中国人民政治协商会议九江市浔阳区委员会关于政治协商、民主监督、参政议政的实施办法》《中国人民政治协商会议九江市浔阳区委员会提案工作条例》《浔阳区政协委办与区党政职能部门加强对口联系的办法》《中国人民政治协商会议九江市浔阳区委员会常务委员会、主席会会议议事规则》等文件，进一步发挥了政协的职能作用，推进了协商监督规范化、制度化的建设。

五年来，我们利用各种协商监督形式，充分发挥人民政协人才荟萃的优势，注重拓宽委员和党政部门之间联系的渠道，力求尽职到位，切实做好参政议政工作。本届政协期间，我们召开了 21 次主席会议和 18 次常委会议，研究安排政协日常工作，听取专委会工作汇报和区政府半年经济工作及有关部门工作情况通报。按照“协商在前，决策在后”的原则，对区委、区政府将要出台的重大决策进行了协商和讨论，先后讨论了区委《关于鼓励党政机关事业单位兴办经济实体的试行规定（草案）》和《九江市浔阳区国民经济和社会事业发展“九五”计划纲要》（征求意见稿），讨论五年来的《区政府工作报告》（征求意见稿），在广泛征求委员意见的基础上，提出了我们的意见和建议，得到了党政部门的采纳。在一些常委会议上，我们还有目的地组织了区计生委、公安分局、民政局、市容局等部门领导作了专题工作情况通报，组织常委进行了认真的讨论，及时就常委提出的意见和建议组写了《浔阳区政协关于市容卫生情况的几点建议》、《浔阳区政协关于社会治安问题的几点建议》等专题材料，报区委、区政府主管领导和有关部门，为区委、区政府正确决策提供了参考的依据。同时，我们积极组织常委、委员开展视察、参观、调查活动，先后视察了区 6 个街道和公安分局、物价局、商业局、二轻局等单位以及 20 多个企业；参观了九江大化肥厂、浔阳工业小区、江西湖贝工艺品有限公司、金鸡坡红子养殖场、九江蔬菜批发市场等区属新上项目，调查了滨兴街道办事处社会治安情况，并撰写调查报告，提出了四点建议报区委、区政府。上述举措，为委员们熟悉区情，了解浔阳，知情出力创造了条件，在每年一次的全委会议上，委员们在听取《区政府工作报告》的基础上，就发展浔阳经济、加强精神文明建设、社会治安及群众关心的热点，提出了一些适合区情的思想和对策。特别是去年全委会上部分委员的发言，提出了许多可行性意见和建议，得到区委、区政府领导的认可和好评。

二、因地制宜，经常活动，充分发挥专委会的积极作用

发挥专委会在参政议政中职能作用是政协工作的基础。为充分发挥这一基础的作用，早在区政协三届委员会换届之初，我们将 137 名委员分为 4 组，分别由四个专委会负责对口联系，组织活动，将专委会联系委员的名单以及各委办与党政对口联系部门的安排表以区政协的名义发文分送各有关单位。去年由于机构改革一些部门作了调整，我们又一次拟写《浔阳区政协委办与区党政职能部门加强对口联系的办法》，报区委以浔字〔1997〕42 号文转发全区各部门。在过去的几年中，各专委会根据自身的特点开展了形式多样的活动，使政协的凝聚力得到增强，委员参政议政的自觉性也有了进一步提高。文教、卫生、法制、社团委员会先后组织委员会同有关部门对浔阳区区属小学收费情况进行调查，撰写了调查报告；对市区国营、个体书店的黄毒，国营、个体粮店的价格，乳品冷饮厂的卫生等情况进行了检查，提出了意见和建议；对《食品卫生法》《药品管理法》《计划生育法》《土地管理法》等法律在浔阳区的执行情况进行了视察。同时，坚持了教师节为教师委员寄发节日贺卡或召开教师委员座谈会等活动。祖国统一委员会组织委员考察了浔阳联谊商行、三里村商业市场、海联机电物资供应站等十多个企业。1995 年，他们积极募集资金 2 万元，开展了向区福利院、孤寡老人、残疾人献爱心、送温暖活动。经济科技委员会组织委员多次召开科技兴区恳谈会，多次参加区委、区政府组织的对全区经济工作考察活动；调查了全区科学技术推广应用情况；调查了全区个体私营经济发展状况，并针对市区水果市场、副食品批发市场及夜市饮食摊点的卫生情况，无证经营以及职能部门服务措施滞后等问题提出了建议，向区委、区政府撰写了专题调查报告。此外，还经常走访区属企业界担任厂长、经理的委员，了解生产情况，鼓舞了他们的工作热情。学习、提案、文史资料委员会除经常组织委员学习、视察外，还在做好提案工作上下功夫，区政协三届一次会议以来，他们认真审查、交办各次会议提案，并加强提案的查办、督办工作，先后多次对区市容局、物价局等部门及各街道进行提案查办、督办活动，提案得到了较好的落实，并产生了积极的社会效果。他们还制定了委员提案双向交流表和优秀提案评比条件，极大地提高了委员撰写提案的积极性，提案数量逐年增加，质量不断提高，曾先后有潘治富、包正芬、桑昌仁、茆有成、姜长青、胡吉兰、黄修虎等十多位委员的提案被评为区政协优秀提案。三届一次会议以来共收提案212件，其中超越区职权范围的有41件，区属提案办复率为96.61%。

三、坚持学习，增进共识，全面提高委员参政议政水平

五年来，我们发扬人民政协自我教育的优良传统，从实际出发，结合自身工作特点，采取多种形式组织了委员学习。

第一、把委员学习和会议内容有机地结合起来。把学习内容穿插于会议内容之中，通过主席会议、常委会议和全委会议的形式，及时传达学习党中央的指示精神，统一常委和全体委员的思想认识。先后着重学习了江泽民同志在学习《邓小平文选》第三卷报告会上、在中纪委会议上、在全国宣传思想工作会议上的讲话精神及《领导干部一定要讲政治》、《努力建设高素质干部队伍》和《为促进祖国统一大业的完成而继续奋斗》等文章；学习了中共十四大和十四届三、四、五、六中全会精神以及去年召开的十五大精神。并结合形势，组织委员和常委们认真学习了李瑞环同志在全国政协全委会议、常委会议上的一些重要讲话及中央统战工作会议精神；学习了《政协章程》、《政协全国委员会关于政治协商、民主监督、参政议政的规定》等，以提高委员对政协工作和统战工作重要性的认识。

第二、结合各种活动，安排学习内容，寓教于乐之中。五年来，我们不失时机地利用参观、访问、考察、督办、召开纪念会等活动，安排了许多相应的学习内容。如在组织部分委员赴革命老根据地井冈山参观学习的过程中，我们特地邀请了当地政协委员，为大家讲解井冈山的斗争史实，以加深参观学习的感受。在迎香港回归、纪念收回九江英租界七十周年的活动中，邀请了我会委员、市委党史办副主任潘治富讲述了香港回归的重大意义，阐述了九江人民反帝反封建的战斗历程，使大家受到了深刻的爱国主义教育。

第三、采取不定期举办座谈会、报告会等形式来扩大委员学习的参与面。我们在以委员参加本单位学习、各专委会组织学习和自学为主的同时，举办了多期专题座谈会、形势报告会，先后学习座谈了毛泽东、周恩来、邓小平统战理论；在纪念抗日战争胜利50周年的座谈会上，区政协委员朱定方、袁绍安同志声泪俱下地控诉了日军侵华屠杀自己骨肉同胞的桩桩罪行。在台情形势报告会上，重温了江泽民总书记关于台湾问题的重要讲话，对李登辉访美的康奈尔大学讲话进行了有力的抨击。

我们还专门为委员和常委分别订购了《人民政协报》《光华时报》《文史大观》《心桥》《政协委员手册》等报纸杂志，摘编翻印分送了《毛泽东统战理论学习资料》《政协全国委员会关于政治协商、民主监督、参政议政的规定》《浔阳政协》简报等学习资料，做到使委员学有资料，议有场所，为委员学习创造了较好的条件。

通过学习，使委员们在以下几个方面加深了共识，在参政议政和履行委员义务方面得到了具体体现。一是加深了对党的统一战线工作的认识，进一步明确了人民政协的性质、地位和作用，提高了做好政协工作的自觉性和责任感，积极参加政协组织的各项活动，变以往要我参加为我要参加。二是加深了对党在社会主义初级阶段方针、路线的理解，表示一定要紧密地团结在以江泽民同志为核心的党中央周围，为振兴浔阳经济，加强两个文明建设献计出力。如茆有成委员在身患绝症的情况下，坚持撰写提案，为区街经济发展提供思路和对策；曾志茂委员拖着手术后的病残身体，为街道经济上项目东奔西跑，牵线搭桥。三是加深了对政协工作重要性的共识，增强了委员内部之间的团结，为发挥人民政协人才集聚、联系面广的优势开创了新路。

四、拓展联谊，广交朋友，认真学习交流政协工作经验

五年来，我们一方面利用传统节日和有关会议，加强与委员和各界人士之间的感情联谊，如坚持春节、中秋节召开茶话会并走访病、老委员；年例会时邀请党政各部门的主要领导及各界人士出席会议，在接待外地来浔的政协客人时，我们做到了热情、礼貌，注重经验交流，注重广交朋友。另一方面，加强对外联系，注重拓展联谊，通过互相寄赠《政协简报》、文史资料和会刊，搞好信息传播交流；通过相互走访和参加联谊会等形式增进相互之间友谊。几年来，我们先后出访了西安碑林、成都青羊、武汉江汉、昆明五华盘龙、桂林秀峰、上海浦东等地政协和本省一些县区政协，参加了6省27城市区县五、六、七、八、九次联谊会议，广泛地接触了各省区县政协领导，交流了政协工作经验。五年来，共接待来我会的兄弟政协客人201批1149人次。

五、严格制度，注重教育，不断加强政协机关自身建设

五年来，我们较好地坚持了各项规章制度，认真履行了各自的工作职责。对各专委会职责作了进一步明确，对履行政协三大职能制定了实施办法，对提案工作制定了具体条例，对加强和党政部门的联系作了进一步强调。同时注重干部职工的思想教育，加强了政治学习和思想道德建设，广泛开展学习徐虎、李素丽、王廷江、孔繁森、丘娥国、梅美华等先进人物事迹活动，提倡无私奉献精神。从而在机关中形成了思想稳定，作风正派，工作踏实的良好氛围，在为社会做贡献，服务委员，开展各项活动及机关后勤服务工作中，都体现出了积极主动的奉献精神和艰苦朴素、公正廉洁的优良作风。五年来，我会机关干部遵纪守法，从未出现过任何违法乱纪的现象。全体干部在政协党组的领导下，心往一处想，劲往一处使。团结一致，较好地完成了各项工作任务。如九四年成功地举办了庆祝全国政协成立45周年电视大奖赛预赛，获得了市政协、市委统战部、市委宣传部和市广播电视局授予的优秀组织奖。除做好本职工作外，我们还积极参与区委区政府的中心工作和重点工程建设。主席、副主席先后下到街道蹲联系点，为促进街道的党建、市容经济等工作做了大量的工作。部分机关干部也按照区委的要求，到居委会挂点，为加强居委会建设默默地奉献。面对洪水的侵袭，我会机关干部和全区人民一道，更是夜以继日地奔忙在防汛抢险第一线。去年四月，我们又积极响应区委关于送科技、文化下乡的号召，捐出各类书籍和科技知识录像带给人民路长虹村，为丰富农民科技知识，活跃农村文化生活做出了一点贡献。

总之，区政协在三届一次会议以来，取得了一定成绩，做了一定的工作。但是，还存在着不足之处，如参政议政的内容不够充分，监督形式不够多样，委员提案数量和质量还不令人满意，少数委员参与政协活动不够主动等，都有待于今后努力改进和克服。

（二）五年来的工作体会

回顾区政协五年来的工作，总结五年来的经验，我们有以下几点体会：

第一，依靠党委领导和政府支持，是做好政协工作的根本保证。坚持和依靠中国共产党的领导，是完善中国共产党领导的多党合作和政治协商制度的客观要求，也是做好新时期人民政协工作的根本保证。政协工作只有在共产党领导下，才能保持正确的方向和蓬勃的生机。区委、区政府十分关心和支持政协工作，区政协也始终不渝地依靠党委领导。对政协工作中的重大问题及时向区委汇报；对党委决定的事情，通过积极宣传，认真贯彻，努力变为政协委员和各界人士的自觉行动，把履行政协职能寓于维护党的领导。支持政府工作之中。不论是建言献策还是批评监督，坚持有助于加强和改善共产党的领导，有助于党政决策的民主化、科学化。自觉与区委、区政府保持思想同心、目标同向、工作同步，政协工作就能出现生机勃勃的新局面。

第二，围绕党的中心任务履行职能，是开展政协工作的重要内容。人民政协是最广泛的爱国统一战线组织，是实现党的路线、方针、政策的重要力量。把服从和服务于党的中心任务作为履行职能的出发点和立足点，是新形势下人民政协工作的重要内容。五年来的政协工作实践使我们深深认识到，只有紧紧围绕党的中心任务，积极组织政协委员参政议政，才能赋予政协工作以强大的活力，才能使政协工作得到党政部门的高度重视。在日常工作中，我们十分注重把树立全局观念和提高委员参政议政水平作为一项重要工作，常抓不懈。坚持把发挥职能作用同服务于党的中心任务有机地结合起来，真正做到宏观决策搞好协商，重大行动搞好协助，奋斗目标搞好协同，具体工作搞好协作，才能较好地发挥政协职能作用，使协商监督质量得到提高。

第三，发挥专委会作用和委员参政的积极性，是政协工作到位的坚实基础。专委会工作是政协工作的基础，委员是政协工作的主体。为了充分发挥这一基础和主体的作用，我们一方面加强对专委会工作的领导，实行主席分工负责制，建立专委会主任定期汇报制度，有力地指导、推动、检查专委会的工作；另一方面，充分调动委员参与活动的积极性，坚持“各展所能，尽力而为，因人而异，量力而行”的原则，积极为委员创造条件，发挥他们的优势和专长，鼓励委员在各自的岗位上争做贡献，争创一流成绩。此外，我们还采取充实、调整、提高的措施，不断优化委员结构，提高委员素质，同时为委员参政议政创造“知情”和“出力”的条件。经常组织委员学习有关文件，参加有关会议，邀请政府有关领导和部门负责人为委员通报情况，有目的有针对性地组织有关委员开展各种视察、考察和调查活动。只有使委员们既知“上情”也察“下情”，真正做到参政参到关键处，议政议到点子上，才能很好地发挥主体作用。

（三）下一步工作的建议

区政协三届委员会常务委员会已经圆满地完成了各项工作任务，四届委员会常务委员会即将选举产生。未来的五年，将是我们承前启后，继往开来，努力开创政协工作新局面的五年。在新的历史时期，浔阳区政协工作总的思路是在中共浔阳区委领导下，高举邓小平理论的伟大旗帜，坚定自觉地全面贯彻党的基本路线和社会主义初级阶段的基本纲领，认真学习、宣传、落实党的十五大精神，围绕区委、区政府的中心工作进一步加强两个文明建设，切实履行政治协商、民主监督、参政议政的职能，把政协工作继续深入地推向前进。

一、继续组织委员学习，为参政议政夯实基础

组织委员深入学习十五大精神。党的十五大是我们党和国家发展史上一座重要的里程碑，大会高举邓小平理论伟大旗帜，系统地、完整地提出了中国共产党在社会主义初级阶段的基本纲领，对我国改革开放和社会主义现代化建设跨世纪的发展作了全面部署，是我们党带领全国各族人民迈向新世纪的政治宣言和行动纲领，这次大会对于动员全党全国各族人民解放思想，实事求是，抓住有利时机，继续开拓前进，把建设有中国特色社会主义伟大事业全面推向21世纪具有极其重大意义和深远的历史意义。要继续组织委员学习统战理论和政协知识。要通过学习，增强工作的原则性、系统性、预见性和创造性，不断提高自身的理论水平和参政议政能力。

二、切实履行基本职能，为浔阳区两个文明建设做出新的贡献

要继续执行区委〔1997〕42号文转批的区政协几个文件精神，切实履行基本职能，推进政治协商、民主监督、参政议政的规范化、制度化。要紧紧围绕区委、区政府的中心工作，以“小型、专题、节约、实效”为原则，经常性地组织常委、委员视察、调查、考察，为区委、区政府科学决策而多提意见、建议和提供社情民意，为浔阳区两个文明建设协调发展做出新贡献。

要充分发挥政协的自身优势，切实加强同各界人士的联系，使之真正成为党团结各族各界的重要渠道。要协助区委、区政府多做相互沟通，密切关系，化解矛盾，凝聚人心和维护社会稳定的工作，团结一切可以团结的力量，调动一切积极的因素，把各方面的力量凝聚到完成十五大确定的各项任务上来，凝聚到完成区委六届一次会议确定的各项战斗任务上来。

三、进一步抓好自身建设，推动政协工作全面开展

新形势、新任务向人民政协工作提出了更高的要求。因此，要使政协工作提高到一个新的水平，就必须进一步加强自身建设。要把加强思想建设放在首位，积极组织机关干部学习，不断提高思想觉悟。要建立健全和完善各项规章制度，对已有的规章制度要在落实上狠下功夫，真正做到思想到位，责任到位，措施到位，增强服务观念，提高工作效率。要发扬务实求是的优良传统，切实为委员履行职能搞好服务，把委员参政议政的积极性引导好、保护好、发挥好，要自觉抵制各种不良风气，维护和树立人民政协的良好形象，努力创造讲团结、讲民主、讲廉洁、讲奉献的良好气氛，促进政协工作全面开展。

各位委员、各位同志，摆在我们面前的任务是光荣而艰巨的。让我们在中共浔阳区委正确领导下，在邓小平理论指引下，高举社会主义、爱国主义两面旗帜，坚定不移地执行党在社会主义初级阶段的基本路线和纲领，全面落实十五大提出的各项任务，进一步调动各界人士的积极性，把握大局，再接再厉，同心同德，开拓前进，为开创浔阳区政协工作新局面，为加快浔阳区改革开放和现代化建设步伐而共同奋斗！

谢谢大家

五届一次会议常委会工作报告

（2003年1月6日在政协浔阳区
五届一次会议上）

潘亦生

各位委员、各位同志：

我受政协浔阳区第四届委员会常务委员会的委托，向大会做工作报告，请予审议。

五年来的工作回顾

区政协第四届委员会第一次会议召开以来，至今已经五年届满。五年来，本届常委会高举邓小平理论伟大旗帜，以“三个代表”重要思想为指导，在中共浔阳区委的正确领导下，在区政府的大力支持下，在区各部、委、办、局和街道的积极配合下，坚持党的基本理论和基本路线，坚持“长期共存、互相监督、肝胆相照、荣辱与共”的方针，坚持共产党领导的多党合作和政治协商制度，根据李瑞环同志对政协工作“尽职而不越位，帮忙而不添乱，切实而不表面”的要求，广泛团结区政协委员、各民主党派、人民团体、无党派和各族各界人士，紧紧围绕区委、区政府提出的各项任务和奋斗目标，认真履行人民政协“政治协商、民主监督、参政议政”的职能，为推动浔阳区改革开放、经济建设，加强社会主义精神文明、民主政治建设，巩固和发展爱国统一战线，促进浔阳区社会全面进步做出了一定贡献。

一、推进协商，加强监督，真正体现人民政协三大职能

五年来，我们认真贯彻政协全国委员会《关于政治协商、民主监督、参政议政的规定》，贯彻省市政协《关于政治协商、民主监督、参政议政的实施办法》，根据本区实际先后制定和完善了政协浔阳区委员会《关于政治协商、民主监督、参政议政的实施办法》《浔阳区政协委办与区党政职能部门加强对口联系的办法》《中国人民政治协商会议九江市浔阳区委员会常务委员会、主席会议事规则》《政协浔阳区委员会关于进一步加强民主监督工作的意见》等文件，进一步发挥政协的职能作用，推进了协商监督规范化、制度化的建设。

五年来，我们利用各种协商监督形式，充分发挥人民政协人才荟萃的优势，注重拓宽委员和党政部门之间联系的渠道，力求尽职到位，切实做好参政议政工作。本届期间，我们召开了28次主席会议和20次常委会议，研究安排政协日常工作，听取办公室、专委会工作汇报和区政府半年经济工作及有关部门工作情况通报。按照“协商在前，决策在后”的原则，对区委、区政府将要出台的重大决策进行了协商，先后讨论了《九江市浔阳区国民经济和社会发展第十个五年计划纲要》，讨论五年来的《区政府工作报告》，在广泛征求委员意见的基础上，提出了我们的建议，得到了党政部门的采纳。在常委会上，我们先后围绕公安的“打黑除恶”，检察院的“反贪工作”，法院的“执行难”，计生委的“流动人口的管理和人口与计划生育法宣传”，市容局的“美化市容环境”，卫生局的“卫生防疫工作”，文教局实施的“素质教育”，房产局的“房改工作和区房改资金的使用情况”，人事劳动局的“再就业工作”，全区的整治投资环境等群众关心的热点、难点问题，组织相关部门作专题情况通报，在肯定成绩的同时，提出了一系列切实可行的建议和措施，并拟写了《浔阳区政协关于市容卫生情况的几点建议》《关于浔阳区卫生防疫工作的几点建议》《关于浔阳区个私经济发展的几点建议》《浔阳区政协关于浔阳区社会治安问题的几点建议》等专题材料，报区委、区政府主管领导和有关部门，为区委、区政府正确决策提供了参考的依据。同时，我们积极组织常委、委员开展视察、参观、调查活动，先后视察了京九大市场和区6个街道、城建局、物价局、旅游局、商业局、二轻局等单位以及二十多个企业；参观了中法合资道达尔公司、东盟城中城、安美达房地产开发公司、九江市华康实业有限公司等外资、合资企业，调查了全区六个街道的城市居民最低生活保障工作的实施情况，撰写了《浔阳区政协关于浔阳区城市居民最低生活保障工作的调查报告》，提出了加大宣传力度，扩大保障面，建立实施细则，设立“低保周转金”，组织公益性劳动等合理性建议供区委、区政府参考。上述举措，为委员们熟悉区情，了解浔阳，知情出力创造了条件，在每年一次的全委会议上，委员们在听取《区政府工作报告》的基础上，就促进个私经济的发展、加快旅游城市建设，优化投资环境等问题提出了一些适合区情的思路和对策。特别是去年全委会上部分委员的发言，提出了许多可行性意见和建议，得到区委、区政府领导的认可和好评。

二、因地制宜，经常活动，充分发挥专委会的积极作用

发挥专委会在参政议政中的职能作用是政协工作的基础，为充分发挥这一基础的作用，早在区政协四届委员会成立之初，我们将 145 名委员分为 4 组，分别由四个专委会负责对口联系，组织活动，将专委会联系委员的名单以及各委办与党政对口联系部门的安排表以区政协的名义发文分送各有关单位。在过去的几年中，各专委会根据自身的特点开展了形式多样的活动，使政协的凝聚力得到增强，委员参政议政的自觉性有了进一步提高。文教卫生、法制社团委员会先后组织委员会同有关部门就浔阳区的社区整合工作进行调研，分别对公、检、法的行风评议，竞争上岗，执法工作情况进行了视察，调查了浔阳区文化音像市场，《母婴保健法》《食品卫生法》《价格法》等法律法规在浔阳区的执行情况，并组织部分医药卫生界委员为区福利院孤寡老人免费看病送药；经济科技委员会每年组织送科技下乡活动，请农业专家多次为农民举办特种养殖技术和香菇种植技术讲座，调查了全区科学技术推广应用情况，并针对区蔬菜批发大市场的建设与培育、企业无证经营、占道为市、职能部门服务滞后等问题提出了建议。此外，还经常走访区属企业界担任厂长、经理的委员，了解生产情况，调查了全区个体私营经济发展状况，鼓舞工作热情；祖国统一委员会组织委员经常走访慰问台胞台属企业，宣传党的政策，尽可能为他们做好服务工作，并结合视察佛教工作，召开座谈会，深入揭批邪教“法轮功”。学习、提案、文史资料委员会除经常组织委员学习、视察外，还在做好文史和提案工作上下功夫，组织有关人员，建立搜集史料网络，就文稿征集，编辑和出版等工作进行专题研究。今年整理出版的《名人与浔阳》第二辑，收集文字资料 36 篇，近 13 万字，珍贵图片 140 份。区政协四届一次会议以来，他们认真审查、交办各次会议提案，并加强提案的查办、督办工作，先后多次对区文教局、城建局、物价局等部门及各街道进行提案查办、督办活动，提案得到了较好的落实，并产生了积极的社会效果。他们还成立了提案审查委员会，制定了委员提案双向交流表和优秀提案评比条件，极大地提高了委员撰写提案的积极性，提案数量逐年增加，质量不断提高，曾先后有朱定方、潘治富等十多位委员的提案被评为区政协优秀提案。四届一次会议以来共收到提案 298 件，社情民意 169 件，收到了很好的效果。

三、坚持学习，增进共识，全面提高委员参政议政水平

五年来，我们发扬人民政协自我教育的优良传统，从实际出发，结合自身工作特点，采取多种形式组织学习。

第一、结合例会，加强学习

把委员学习和会议内容有机地结合起来，将学习内容穿插于会议内容之中，通过主席会议、常委会议和全委会议的形式，及时传达学习党中央的方针政策，统一常委和全体委员的思想认识。先后着重学习了邓小平理论，学习中共十五大和十五届四中、五中、六中全会精神，学习了“三个代表”重要思想和“七一”重要讲话精神，特别是对学习党的十六大进行了全面的部署。在学习理论的同时，还结合形势，组织常委和委员认真学习了江泽民同志在庆祝人民政协成立 50 周年大会上的讲话精神和李瑞环同志在全国政协全委会议、常委会议上的一些重要讲话及中央统战工作会议精神，学习了《政协章程》《政协全国委员会关于政治协商、民主监督、参政议政的规定》，以提高委员对政协工作和统战工作重要性的认识。

第二、结合活动，加强学习

通过开展各种活动，安排学习内容，寓教于乐。五年来，我们不失时机地利用参观、访问、考察、督办、召开纪念会等活动，安排了许多相应的学习内容。如在组织部分委员赴韶山参观学习的过程中，我们特地邀请了当地政协委员，为大家讲解毛泽东同志当年在家乡进行革命斗争的历史，以加深参观学习的感受。在庆祝中国共产党成立 80 周年活动中，邀请了我会委员、九江学院教授潘治富给大家讲授了中国近代史，阐述了中国共产党波澜壮阔、光辉灿烂的八十年奋斗历程。

第三、结合报告会，加强学习

采取不定期举办座谈会、报告会等形式来扩大委员学习的参与面。我们在以委员参加本单位学习、各专委会组织学习和自学为主的同时，举办了多期专题座谈会、形势报告会，先后学习座谈了毛泽东、邓小平、江泽民等三代领导人关于人民政协工作的一系列论述，在庆祝中华人民共和国暨人民政协成立50周年茶话会上，委员们满怀豪情颂往昔，雄心壮志绘未来；在声讨北约轰炸我驻南使馆的座谈会上，委员们人人愤慨，强烈谴责美国的霸权行径；在两岸形势报告会上，重温了江泽民同志关于台湾问题的八项主张，深刻批驳了李登辉的“两国论”和陈水扁的“一边一国”论，彻底揭露了其台独图谋，使大家受到了深刻的爱国主义教育。

通过学习，使委员们在以下几个方面加深了共识，在参政议政和履行职能方面得到了具体体现。一是加深了对党的统一战线工作的认识，进一步明确了人民政协的性质、地位和作用，提高了做好政协工作的自觉性和责任感，积极参加政协组织的各项活动，变以往要我参加为我要参加。二是加深了对浔阳区区情和管理权限的了解，将参政议政与区情紧密结合起来，使委员履行职能不“偏题”“跑题”，能切中要害。三是加深了对政协工作重要性的共识，增强了委员内部之间的团结，为发挥人民政协人才集聚、联系面广的优势开创了新路。

四、拓展联谊，广交朋友，认真学习交流政协工作经验

五年来，我们一方面利用传统节日和有关会议，加强与委员和各界人士之间的感情联络，如召开迎春座谈会、中秋茶话会和三胞联谊会走访慰问病、老委员和离、退休老同志。每年全委会邀请党政各部门的主要领导及各界人士出席会议。加强对外联系，注重拓展联谊，通过互相寄赠《政协简报》、文史资料和会刊，搞好信息传播交流。通过相互走访和参加联谊会等形式增进相互之间友谊。几年来，我们先后走访了威海环翠区、成都青年区、武汉江汉区、昆明盘龙区、大连中山区等地政协和本省一些县区政协，参加了7省（市）28区县政协理论工作研讨会议，广泛地接触了各省区县政协领导，交流了政协工作经验。

五、严格制度，注重教育，不断加强政协机关自身建设

五年来，我们较好地坚持了各项规章制度，认真履行了各自的工作职责。对各专委会职责作了进一步明确，对履行政协三大职能制定了实施办法，对提案工作制定了具体条例，对加强与党政部门的联系作了进一步强调，对离、退休老同志及党外人士活动作了进一步规定。同时注重干部职工的思想教育，加强了政治学习和思想道德建设，提倡无私奉献精神，如在九八特大洪水面前，政协机关干部冒着酷暑坚持在长江大堤31～34号闸口日夜巡堤，多方筹集资金46000余元支援受灾居民，同时，区政协组织部分委员慰问抗洪部队，体现了军民的鱼水深情。几年来，在政协机关中形成了思想稳定，作风正派，工作踏实的良好氛围，在为社会做贡献，服务委员，开展各项活动及机关后勤服务工作中，都体现出了积极主动的奉献精神和艰苦朴素、公正廉洁的优良作风，全体干部在政协党组织的领导下，心往一处想，劲往一处使，团结一致，较好地完成了各项工作任务。

总之，区政协在四届一次会议以来，取得了一定成绩，做了一定的工作。但是，也还存在着许多不足之处，如参政议政的内容不够充分，监督形式不够多样，委员提案数量和质量还不令人满意，少数委员参与政协活动不够主动等，都有待于今后努力改进和克服。

五年来的工作体会

回顾区政协五年来的工作，总结五年来的经验，我们有以下几点体会：

第一，依靠党委领导和政府支持，是做好政协工作的根本保证。坚持和依靠中国共产党的领导，是完善中国共产党领导的多党合作和政治协商制度的客观要求，也是做好新时期人民政协工作的根本保证。政协工作只有在共产党领导下，才能保持正确的方向和蓬勃的生机。区委、区政府十分关心和支持政协工作，区政协也始终不渝地依靠党委领导。对政协工作中的重大问题及时向区委汇报，对党委决定的事情，通过积极宣传，认真贯彻，努力变为政协委员和各界人士的自觉行动，把履行政协职能寓于维护党的领导、支持政府工作之中。不论是建言献策还是批评监督，坚持有助于加强和改善共产党的领导，有助于党政决策的民主化、科学化。自觉与区委、区政府保持思想同心、目标同向、工作同步，政协工作就能出现生机勃勃的新局面。

第二，围绕党的中心任务履行职能，是开展政协工作的重要内容。人民政协是最广泛的爱国统一战线组织，是实现党的路线、方针、政策的重要力量。把服从和服务于党的中心任务作为履行职能的出发点和立足点，五年来的政协工作实践使我们深深认识到，只有紧紧围绕党的中心任务，积极组织政协委员参政议政，才能赋予政协工作以强大的活力，才能使政协工作得到党政部门的高度重视。在日常工作中，我们十分注重把树立全局观念和提高委员参政议政水平作为一项重要工作，常抓不懈。坚持把发挥职能作用同服务于党的中心任务有机地结合起来，真正做到宏观决策搞好协商，重大行动搞好协助，奋斗目标搞好协同，具体工作搞好协作，才能较好地发挥政协职能作用，使协商监督质量得到提高。

第三，发挥办委作用和委员参政的积极性，是政协工作到位的坚实基础。政协办公室和专委会工作是政协工作的基础，委员是政协工作的主体。为了充分发挥这一基础和主体的作用，我们一方面加强对办公室、专委会工作的领导，实行主席分工负责制，建立办委主任定期汇报制度，有力地指导、推动、检查办委的工作。另一方面，充分调动委员参与活动的积极性，坚持“各展所长，尽力而为，因人而异，量力而行”的原则，积极为委员创造条件，发挥他们的优势和专长，鼓励委员在各自的岗位上争做贡献、争创一流成绩。此外，我们还采取充实、调整、提高的措施，不断优化委员结构、提高委员素质，同时为委员参政议政创造“知情”和“出力”的条件。经常组织委员学习有关文件，参加有关会议，邀请政府有关领导和部门负责人为委员通报情况，有目的有针对性地组织有关委员开展各种视察、考察和调查活动。只有使委员们既知“上情”，也察“下情”，真正做到参政参到关键处，议政议到点子上，才能很好地发挥主体作用。

下一步工作的建议

区政协四届委员会常务委员会已经圆满地完成了各项工作任务。五届委员会常务委员会即将选举产生，今后五年，将是我国进入全面建设小康社会、我市实现在江西率先崛起、浔阳区全面建设小康城区的关键时期，在新的历史条件下，浔阳区政协工作总的指导思想是：高举邓小平理论伟大旗帜，全面贯彻“三个代表”重要思想，以十六大精神为指针，围绕区第七次党代会提出的“主攻工业，兴旺商贸，繁荣社区，美化市容，积极推进旧城改造和城市布局调整，全面建设小康城区”的奋斗目标，广泛团结各界人士、以创新为理念，以学习为先导，加大监督力度，丰富协商内容，拓宽参政渠道，开创政协工作新局面。

一、树立创新理念，政协工作要有新突破

用创新精神推进政协工作，是时代的要求，也是政协工作有所作为的前提。政协要与时俱进，既要靠经验的积累，更要靠创新的推进。推进政协工作必须突出重点，攻克难点，打造亮点。

“突出重点”就是要根据区委、区政府的中心工作，结合政协自身的特点和优势，扬长避短，凝聚力量议大事，尽力而为干实事。今年，我们要把以下三方面作为工作重点：一是在选准调研课题、提高调研质量、推进调研成果转化上下功夫；二是在提高提案见面率、落实率和委员满意率上下功夫；三是在发动委员、调动基层，使社情民意能够进入党政领导的视野，并对决策有所帮助上下功夫，使政协工作在创新中突破，在突破中前进。

“攻克难点”就是要坚持解放思想、实事求是、与时俱进的思想路线，深入研究人民政协面临的新形势，积极探索履行职能中遇到的新问题，对政协工作进行改进和调整，使政协工作适应社会发展的要求，与两个文明建设俱进。要规范政协专委会与政府职能部门对口协商的程序。按照《浔阳区政协委办与区党政职能部门加强对口联系的办法》的要求，制定协商计划，明确协商内容，规范协商程序。各专委会要主动邀请党政部门参加视察调研，积极参与党政部门的重要活动，每年至少举行12次对口协商，今年各专委会必须把这项工作卓有成效地开展起来。要紧扣党委、政府中心工作，围绕重大决策和重点项目，组织委员开展视察调研，召开专题协商会议，与区委、区政府领导进行面对面的协商交流，增强建言献策的针对性。要切实发挥委员的主体作用，进一步加强与委员及委员所在单位的联系，为委员履行职能、发挥专长提供广阔舞台，切实保障委员的各项民主权利。

“打造亮点”就是要结合当前党委、政府中心工作，充分发挥政协“位置超脱、联系广泛、智力密集”这三大优势，加强民主监督工作，形成政协

工作亮点。一、特约监督要全面推进。今年，要进一步充实特约监督队伍，加大聘请特约监督员、特约督导员的数量，提高质量，扩大特约监督的范围。二、评议监督要大力跟进。要有计划地安排政府行政执法部门在常委会议、主席会议上通报工作情况，加大行风评议的力度，对依法治区、党风廉政建设、反腐败斗争等情况进行评议监督。

二、强化学习意识，自身素质要有新提高

21世纪是知识经济的时代，崇尚学习，追求知识已成为时代的潮流。政协组织和广大政协委员要发扬自觉学习、自我教育的优良传统，抓好理论知识和科技知识的学习。当前要把深入学习中共十六大精神作为首要政治任务。“十六大”是中国共产党在新世纪召开的第一次全国代表大会，大会全面分析了新世纪党面临的新形势、新任务，科学地总结了十三届四中全会以来的基本经验，全面阐述了“三个代表”重要思想的历史地位和贯彻“三个代表”重要思想的根本要求，明确提出了全面建设小康社会的奋斗目标和推进各方面工作的方针政策，深刻回答了关系党和国家未来发展的一系列重大理论和实际问题，对建设中国特色社会主义经济、政治、文化和加强党的建设等各项工作做出了全面部署，对于全面推进我国改革开放和现代化建设，实现中华民族的伟大复兴，具有重大的现实意义和深远的历史意义。要通过学习，不断提高工作的原则性、系统性、预见性和创造性。

三、拓展工作思路，履行职能要有新举措

在新的形势和任务面前，我们要坚持“精而活”的原则，以精求质，以活求实。一是突出例会协商。要提高例会协商质量，会前精心选择议题，开展视察调研，邀请有专长的委员列席会议；会中留足议的时间，加大议的力度；会后要跟踪落实。通过多议、多论，达到促进沟通、增进了解、集思广益、建言立论的目的。二是突出专题调研。要把握好选题、调查、研究三个要素，切实提高调研质量。围绕我国入世后面临的新情况、浔阳区招商引资的推进、社区建设的完善、民营经济的发展等课题，每个专委会至少完成12篇高质量的调研报告。三是突出协商监督。积极探索履行协商监督职能的新机制，党政重大决策的执行通过协商进行监督，重大法律法规的实施通过视察进行监督，群众反映强烈的问题通过社情民意进行监督，地方重要事务的办理通过提案进行监督，党风廉政建设通过评议进行监督。四是突出规范办理。在提案办理中，力求做到“四讲”“三访”。一讲效率，要在规定的时间内办结；二讲配合，承办和协办单位要主动协调、密切配合；三讲规范，办理提案环环相扣，严格程序；四讲效果，要跟踪督查，力求实效。办前要“走访”，与委员见面，摸清提案的有关情况；办中要“随访”，与委员共商解决办法；办后要“回访”，通报办理结果，进一步征求委员意见。

四、把握两大主题，联系群众反映民意要有新作为

我们要坚持团结民主两大主题，发挥爱国统一战线的独特优势，增进与各团体、各界人士的团结合作。各委办要切实做好社情民意的收集了解工作。委员要把反映社情民意作为自己应尽的职责，常怀为民之心，常思为民之策，常兴为民之举，常议为民之事，自觉保持同民众的联系，悉心体察民众的呼声和疾苦。要紧扣党政中心工作，多提建设型提案；配合党政决策，多提建议型提案；针对民众关注的热点、难点，多提监督型提案。每位委员全年至少写一份提案，提一条建议，办一件实事，反映一条社情民意，通过我们的努力，使各方面的意见建议通过畅通渠道充分表达，使各方面的要求愿望有合适的场所充分反映，使党委、政府感到政协确实是一个能够提供真实情况的组织，是决策中不可缺少的信息来源，充分体现政协的地位和作用。

各位委员，各位同志，时代呼唤创新，发展需要创新，我们要以实事求是、探索求知、崇尚真理、勇于实践的精神，跟上时代的步伐。让我们在中共浔阳区委的正确领导下，紧密团结各界人士，把握大局，坚定信心，求真务实，扎实工作，不断开创政协工作新局面，为建设繁荣昌盛的小康城区而努力奋斗！

六届一次会议常委会工作报告

（2007年2月27日在政协浔阳区六届一次会议上）

刘宗强

各位委员、各位同志：

我受政协浔阳区第五届委员会常务委员会的委托，向大会做工作报告，请予审议。

四年来工作的回顾

五届区政协任期的四年，是政协依靠广大委员，团结各界人士，积极推进工作全面上台阶的四年。几年来，在中共浔阳区委的正确领导和区政府的大力支持下，区政协坚持以邓小平理论和“三个代表”重要思想为指导，以科学发展观为统领，深入学习贯彻党的十六大精神，学习贯彻《中共中央关于进一步加强中国共产党领导的多党合作和政治协商制度建设的意见》和《中共中央关于加强人民政协工作的意见》文件精神，牢牢把握团结、民主两大主题，围绕全区中心工作，切实履行政治协商、民主监督、参政议政职能，为推进我区的改革开放和现代化建设，巩固爱国统一战线，维护团结稳定的政治局面，建设美而富、和而强的小康浔阳做出了积极贡献。

一、把握大局，突出重点，认真履行政协职能

四年来，我们坚持围绕区委、区政府的中心工作，不断探索和丰富履行职能的方式和手段，充分深化职能内涵，拓展职能途径，突出职能作用，积极开展政治协商、民主监督和参政议政活动，履行职能取得新成效。

1．坚持政治协商。政治协商是政协的首要职能。四年来，区政协遵循“紧贴中心、协商大事”的原则，围绕区委、区政府的中心工作和群众关心的一些热点、焦点问题开展协商讨论，建言献策，在科学决策、推动工作等方面发挥积极作用，政治协商质量不断提高。几年来，我们以全委会总体协商，常委会重点协商，各专委会对口协商为形式，以社区建设、城市管理、市场培育和民营经济发展等为专题，与区委、区政府及有关部门一起协商讨论，出谋献策。每年安排2～3次常委会重点协商经济建设和城市管理等方面工作，每年一次全委会都要就《政府工作报告》《国民经济和社会发展计划》等其他报告主动开展协商讨论，各专委会也不断拓展协商途径，丰富协商内容，或对口登门协商，或召开协商座谈会，每年至少两次。近年来，我们先后围绕京九大市场运行情况、严打整治情况、法检两院的办案和案件执行情况、市容市貌状况、文化教育情况、人口与计划生育综合改革情况、“三保”（医保、社保、低保）工作情况、预算外资金管理使用情况、旅游资源情况、招商引资情况等进行广泛协商。委员们坦诚进言、献智献策，提出了许多很好的意见和建议，得到了区委、区政府的重视和采纳。

2．坚持民主监督。民主监督是政协履行职能的重要内容。我们始终坚持“三个结合”即：勇于监督和善于监督相结合，创新监督形式和拓展监督内容相结合，民主监督与社会、舆论、行政、法律等多种监督形式相结合。一是在视察中发挥监督作用。四年来，我们多次开展视察活动，涉及社会治安综合治理、工业园建设、教育现状、人口计生等多方面内容。每年全委会期间还组织全体委员对政府本年度的实事项目完成情况进行视察，并及时反馈视察意见，确保监督实效。二是在行风评议中发挥监督作用。我们多次组织委员参与行风检查活动，对全区的窗口单位存在的问题提出批评意见和整改建议，引起了有关部门的重视。尤其是一些执法部门主动邀请政协对其进行民主监督、虚心听取政协委员意见，进一步严格依法办事。同时，区政协积极推荐委员担任市区有关部门行风监督员，被聘用委员认真履行职责和义务，采取不同的方式，对各相关单位提出合理化建议，发挥民主监督的作用，促进了行风的好转。三是在委员提案中发挥监督作用。我们严格按照提案工作条例要求，组织引导政协委员围绕经济建设、城市管理、社会事业等方面提出提案，并对五届一次会议以来收到的297件提案进行认真审查、整理归类，做好交办工作，在各项提案交办会上明确办理要求，会后组织委员到具体承办单位进行查办、督办，要求承办单位严格按照规定程序办理，做到提案委员、承办单位和办复结果“三见面”，并且件件有落实、事事有回音。

3．坚持参政议政。参政议政是政治协商和民主监督的集中体现。区政协把深入调查研究，围绕中心建言献策，组织委员参政议政摆在各项工作的首位。为了组织好参政议政活动，我们创新机制，根据委员的专长特点和界别划分，将161名委员调整为4个组，分别与各专委会归口对接，统一协调，积极开展活动。几年来，各活动组组织委员分别视察了区计生委、劳动就业局、旅游局、教育局、医院、审判工作、检察工作、宗教协会；视察了我区一些重点建设项目、部分民营企业、安居工程及工业园区。并撰写出有一定价值的视察调研报告，如《关于居住在我区的“4050”人员下岗再就业的几点建议》《关于京九大市场视察情况报告》

《关于工业园区调研报告》《关于社区卫生发展情况调研报告》《打造文化特色品牌展示浔阳无穷魅力》等。特别是2004年，在围绕全区“四大开发课题”调研活动中，区政协组织相关部门和部分委员成立调研组，分别对我区“开发人才资源”和“发展民营经济”两大课题进行调研，对我区人才资源和民营经济发展现状、存在的问题及原因作深入分析，并对其发展提出了很好的建议和对策，撰写了高质量的调研报告作为区委七届四次（扩大）会议的发言材料，与会人员给予高度评价。

二、加强学习，增进共识，努力提高自身素质。

四年来，我们始终把学习放在突出位置，把创建学习型政协组织作为一项重要任务。首先，通过主席会、常委会、全委会、专委会的形式组织学习。先后着重学习了《政协章程》、邓小平理论、《江泽民文选》及胡锦涛总书记关于科学发展观和社会主义荣辱观的论述，学习中共十六大和十六届三中、四中、五中、六中全会精神，学习胡锦涛总书记、贾庆林主席在庆祝人民政协成立55周年大会上的讲话精神，学习中共中央“两个5号文件”精神及全国、省、市政协会议精神，还结合形势学习《宪法》《反分裂国家法》《行政复议法》等法律法规。其次，通过培训班形式学习。五届一次会议之后，我们及时举办了政协委员培训班，组织委员系统学习了新修订的《政协章程》和统战理论，听取由专家主讲的台海形势报告会等专题讲座，并结合我区经济建设和社会发展形势，对如何树立和落实科学发展观，认真履行政协委员职责，如何提高提案质量，积极参政议政，如何开创政协工作新局面等一系列问题进行了深入的学习研讨。再次，结合“两新大讨论”组织学习。在“新阶段、新发展”大讨论中，我们组织委员深入学习贯彻落实市委第八十三次常委会议和区委七届五次党代会精神，结合我区实际情况，分析形势理思路，集思广益献良策，全体委员以我区党建、市容、经济发展、社区建设等专题为内容开展调研，积极建言献策，撰写论文、调研报告26篇，收集建议100多条。区政协委员严平撰写的《重视高层次专业技术人才，为实现新发展提供智力支持》论文被市政协评为优秀论文。2003年，我区西园进行全面拆迁改造，为了抢救西园的历史，区政协文史资料委员会及时召开编委会议，组织有关文史界人士认真研究，准确选题，广征文稿，精心编纂，共征集文稿200多篇，总字数42.6万，黑白照片127张，彩色照片267张，采用文稿41篇，约14万字，采用照片101张，经过艰苦细致的工作，2005年7月，《百年西园》一书正式出版。从此，百年西园作为浔阳厚重文化的一个缩影，永载史册。

三、加强联谊，弘扬主题，不断促进各界人士大团结、大联合

团结和民主是政协工作的两大主题。四年来，我们认真贯彻党的“长期共存，互相监督，肝胆相照，荣辱与共”的方针，高举爱国主义和社会主义两面旗帜，团结一切可以团结的力量，把促进大团结、大联合摆在政协工作的突出位置，努力营造社会各界合作共事，民主协商的氛围，积极做好团结人心，凝聚力量的工作，为我区三个文明建设及社会和谐安定创造了良好的环境。

1. 调动各界人士、各位委员积极性。一是十分重视加强与各民主党派、工商联的沟通与联系。政协是民主党派发挥职能作用的重要舞台，区政协经常听取各民主党派、人民团体和各界人士意见，切实为他们履行职能创造更好的条件。二是发挥委员作用。通过专题报告会，专题座谈会等形式，及时组织委员围绕区委重要决策、重要会议精神加强学习，增进共识、增强团结、促进协作。鼓励委员通过社情民意、提案等方式密切党和群众的关系，帮助党和政府协调关系、化解矛盾、理顺情绪，增进了社会各阶层和不同利益群体的和谐。

2. 加强同兄弟县（区）政协的联系。为推介浔阳，促进浔阳发展，我们广泛联谊，加强对外联系，学习外地政协好的工作方法和经验。四年来，我们分期分批派人参加7省（市）28县（区）政协理论工作研讨会，广泛接触各省、市、县（区）政协领导，利用各种场合宣传浔阳。同时也组织部分委员赴兄弟县（区）政协学习考察，并通过与外地友好政协互寄《政协简报》、文史资料和会刊等，搞好信息交流，互相沟通，取长补短，进一步改进了工作。

四、围绕中心，服务大局，全力打造靓丽新浔阳

四年来，我们围绕全区各个时期中心工作，主动参与，积极配合，脚踏实地，真抓实干，在构建美丽和谐新浔阳工作中，发挥应有作用。

在我区开展以清除违章建筑、乱搭乱建、占道为市为重点的市容专项整治活动中，区政协挂点指导的人民路街道市容环境复杂，辖区小摊小贩多、占道为市、违章建筑、乱搭乱建现象严重，我们督促街道坚持上门做好宣传、动员工作，取得了人民群众的理解和支持，通过艰苦努力，辖区违章建筑得以拆除，并进行了美化和亮化，很好完成了全街的市容整治工作任务。同时，指导街道建立“门前三包”责任制、考评检查制度等长效管理机制，使街道辖区内的市容面貌得到根本改观。

在“干干净净、漂漂亮亮、彬彬有礼”活动中，区政协领导以身作则，积极参加城市管理工作，并在广大委员中进行宣传教育，向他们发出了《致委员们的一封信》，要求大家共同遵守规则，争当表率，起模范作用。几年来，我们先后在白水湖和人民路两个街道参加市容整治工作，和街道领导一起分析形势，理清市容工作思路，制订工作方案，并积极投身市容建设大潮中，为促进我区市容工作再上台阶出一分力量。

几年来，区政协坚持以人为本，把维护人民群众的根本利益作为政协工作的出发点和落脚点，关心社会弱势群体，维护他们的利益，要求广大委员在做好自身本职工作的同时，积极参加政协组织的扶贫帮困，捐资助学，抗震救灾等活动。在2004年的扶贫济困中，区政协领导深入基层，关心群众，体察群众困难，倾听群众呼声，反映群众意愿，组织了部分民营企业委员和台胞台属委员到区福利院看望孤寡老人，为老人们送去了二千多元的现金和粮油、衣被等慰问品，并请医务人员为老人们进行了体检。发动民营企业委员资助贫困学生就学，据统计，全年为贫困家庭募捐3.5万元，衣物200多件，资助贫困学生上大学15名，计5.5万元。在2005年“11·26”地震灾害发生后，区政协立即在机关和全体委员中发起捐款捐物活动，共向灾区捐款捐物折合人民币37.7万余元。

五、夯实基础，加强建设，切实提高队伍服务水平

搞好政协工作，需要有一支高素质的委员队伍，需要有完善的规章制度，需要有良好的工作作风和工作环境，需要政协机关提供优质服务。四年来，我们在加强思想、制度和作风建设等方面做了一定工作。

1．加强思想建设。四年来，区政协根据自身的特点和实际情况，把思想政治建设融入各种教育活动之中，融入各种学习活动之中，并在机关党员和干部中开展了争创“学习型干部”“求真务实，勤政为民”“党务、政务两个规范”“保持共产党员先进性”等教育活动。通过学习和强有力的思想教育，提高了机关干部的思想水平，激发了机关干部为统战工作服务、为政协委员服务、参与全区中心工作的积极性。

2．加强制度建设。五届一次会议以来，区政协先后建立和完善了《中共浔阳区政协党组议事决策规则》《中国人民政治协商会议九江市浔阳区委员会常务委员会主席会议事规则》，政协委员及委员单位走访回访制度、机关的学习、活动、管理、接待制度，主席提案督办和办理目标考核制度，建立了工作人员的岗位职责，推进了协商监督的规范化、制度化建设。

3．加强作风建设。几年来，在政协机关大力倡导“爱岗敬业、实事求是、严谨细致、勇于创新”的工作作风，深入开展争创“一流的机关形象，一流的思想作风，一流的业务水平，一流的服务质量”活动，始终保持高效率、高质量的工作状态。全体机关干部团结协作，认真履行承上启下、沟通左右、联系内外、文字综合等职能，保证了各项工作任务顺利完成。

各位委员，政协浔阳区五届委员会之所以能取得新的成绩，有了新的发展，是区委正确领导和上级政协正确指导的结果，是全体政协委员和各民主党派、工商联、无党派以及社会各界人士共同努力的结果，也是区人大、区政府及有关部门大力支持和密切配合的结果。在此，我代表五届区政协常委会向全体委员、向支持和关心政协工作的各级领导、有关部门和单位，以及在政协工作过的老同志、老领导表示衷心感谢。

在肯定成绩的同时，应当看到，我们的工作中还存在一些问题和不足，如对政协的性质、地位、任务等宣传还不够，履行职能水平和提案的质量还要进一步提高，界别联系、调研作用和专委会基础作用有待进一步发挥等。这些都需要我们在今后的工作中认真研究，采取措施，切实加以解决。

主要工作体会

回顾五届一次全委会以来的实践，认真总结这几年工作经验，我们主要有以下几点体会：

一、党委重视，政府支持是做好政协工作的重要保证

四年来，区政协始终依靠区委的领导和区政府的支持，政协工作保持着正确的方向和蓬勃的生机。区委对政协工作非常重视，区委主要负责同志经常过问政协工作，参加政协有关会议和活动，提出工作意见和要求，对政协干部运用，人事安排统筹考虑。区政府和有关部门对区政协的各项工作给予了大力支持和配合，主动接受政协民主监督，落实政协经费，改善办公设施，帮助解决工作困难和问题，为区政协开展各种活动，积极履行职能，创造了良好环境。区政协按区委部署，及时向区委反映委员和各界人士的意见和要求，主动为改善和加强党对政协工作的领导出主意，想办法，当好参谋，做到了尽职不越位，帮忙不添乱，切实不表面。自觉坚持党委领导，维护政府权威，认真履行职能，以工作实绩赢得党委、政府的重视和支持。

二、注重实际，贴近群众是做好政协工作的坚实基础

围绕党委、政府的中心任务履行政协职能，服从服务于改革、发展和稳定大局，维护人民群众的根本利益是政协工作的基本出发点和归宿。政协工作要把求真务实贯穿于工作始终，重在讲求实效。要实现参政为民、议政为公的宗旨，服务社会、服务民生，就必须在注重实际上下功夫，真正想群众所想、谋群众所意、为群众所需。政协履行职能就是要建言献策，反映社情民意，促进经济社会全面发展，为人民群众带来切实好处。如果脱离了实际，远离了群众，政协工作就会迷失方向，无的放矢，走入死胡同。从某种意义上来讲，注重实际，贴近群众就是最大的政治协商、最有力的民主监督和最主要的参政议政。四年来，区政协领导坚持每年走访委员，深入基层，直接贴近群众，受到了群众普遍欢迎。通过接触实际，接触群众，搜集了大量意见建议，求得满意答复和逐步落实，沟通了党群桥梁，营造了干群鱼水关系，为构建和谐浔阳发挥了积极作用。

三、与时俱进，开拓创新是做好政协工作的不竭动力

解放思想、实事求是、与时俱进、开拓创新是马克思主义活的灵魂，也是政协事业兴旺发达的不竭动力。主动顺应时代发展潮流，坚持与时俱进，开拓创新，不断创新方法，解决新问题，创造性地开展工作，就会开创政协工作新局面。几年来，我们坚持把“三个代表”重要思想作为履行职能的行为准则，立足需要谋创新，立足创新求发展，把协商参政的重点放在促进社会生产力发展和维护人民群众的切身利益上。在拓展工作渠道、丰富工作内容、完善工作机制、优化工作方法等方面进行了许多有益的探索和尝试，切实起到了凝聚人心、形成共识、产生合力的作用。在调动委员积极性、发挥专委会的基础作用和委员主体作用方面我们开展了“争当优秀”活动，在提案工作中实行领导督办、重点催办、专人承办等制度，并评出优秀提案，对优秀提案人进行表彰，调动了委员撰写提案的积极性，也促进了提案的办理。这些都是保证政协工作常做常新，充满活力的成功做法和有益经验。

四、善用资源，发挥优势是做好政协工作的有效依托

政协人才济济，联系广泛，具有其他组织无法替代的优势。善于利用和发挥政协委员来自社会各界，具有各自领域代表性的资源优势，将优势化为工作强势，转化为政协履行职能的拓展和延伸，是做好政协工作的有效依托。四年来，我们积极开展多种形式的联谊活动，在为我区招商选资做好宣传、服务和推动工作的同时，每年都超额完成招商选资任务。此外，我们坚持每年召开“新春茶话会”“中秋茶话会”和“民营企业家座谈会”，邀请各界人士、工商联、民营业主和区委、区政府领导共聚一堂，论统一、谋发展、献良策，收到了很好的效果。几年来，我们以专委会为依托，以课题为纽带，联合、组织社会各界围绕中心建立言论，为区委、区政府科学决策提供参考，扩大了政协影响、树立了政协新形象。

下一步工作的建议

各位委员，今后五年，将是我区实施“十一五”规划，实现区委第八次党代会提出的建设美而富、和而强的社会主义小康浔阳奋斗目标的重要时期。新形势、新任务，为政协事业的发展提供了新机遇，也提出了更高的要求。新一届政协指导思想：以邓小平理论和“三个代表”重要思想为指导，全面落实科学发展观，在中共浔阳区委的领导下，认真贯彻落实党的十六届六中全会和省、市、区党代会会议精神，按“三产强区、文化兴区、环境惠区、民本建区”的发展思路，紧紧围绕全区中心工作，把握团结、民主两大主题，切实履行职能，更好地担负起承前启后，继往开来的历史使命，为把浔阳建设成为魅力九江的首善之区做出新的贡献。下面，我就新一届区政协工作提出如下建议：

一、深入学习，与时俱进，适应形势需要

区委第八次党代会对今后五年全区工作进行了总结部署，提出了具体的奋斗目标，我们必须主动适应新形势、新要求，不断提高理论水平。广大委员和政协工作者要认真学习，吃透会议精神，统一思想，把智慧和力量凝聚到实现区委提出的目标和任务上来。要继续深入学习邓小平理论和“三个代表”重要思想，贯彻落实中共中央“两个5号文件”精神，牢固树立尊重实践，尊重群众的科学态度，发扬求真务实，勇于创新的优良作风，坚持学习理论与指导实践相结合，密切联系浔阳工作实际、干部群众的思想实际和政协工作实际，增强做好履行职能的责任感和使命感，提高做好政协工作的自觉性和主动性，不断开创政协工作新局面。

二、履行职能，奋发有为，加快浔阳发展

紧紧围绕区委、区政府的中心工作开展政治协商、民主监督和参政议政是政协的重要职责，我们要把加快发展作为政协履行职能的第一要务，把想发展、谈发展、谋发展作为政协工作的主题，充分发挥政协联系面广，智力雄厚的优势，为浔阳的跨越发展献计出力。

区委第八次党代会明确了今后五年全区发展的总体目标任务，我们要主动适应新形势、新要求，在参政兴区、议政兴区、督政兴区上不断努力，精心搞专题调研，深入分析，对当前浔阳发展进程中的主要问题多侧面、多角度、系统地提出意见和建议，供区委、区政府决策参考。在实际工作中，紧跟市委、市政府更高层次上的“3+1”发展战略，围绕建设九江市首善之区工作目标，我们要发挥优势，在服务招商选资，培植地方财源，推动民营经济发展，开辟经济新的增长点等方面多做工作，做好工作。要进一步投身于以“干干净净、漂漂亮亮、彬彬有礼”为主要内容的城市管理工作，并取得工作实际成效。

三、扬优成势，发挥作用，促进社会和谐

政协作为中国共产党领导的多党合作和政治协商的重要机构，作为发扬社会主义民主的重要形式和渠道，在构建和谐社会进程中有得天独厚的优势，其地位和作用不可替代。

一要进一步扬优成势，开展工作。要充分发挥“四大优势”：一是在广泛扎实的群众基础上体现出凝聚人心和力量优势；二是在平衡各方利益，团结各方力量，实现良性互动的行动中体现出求同存异，体谅包容的优势；三是通过组织政协委员，调动他们的积极性和创造性，带动号召更多力量形成强大合力，体现出协调关系，化解矛盾的优势；四是在深入调查研究基础上，积极建言献策，引进外地先进技术和理念，促进浔阳发展的进程中体现出人才荟萃，联系广泛的优势。

二要进一步发挥作用，开展工作。一是在服务经济方面发挥作用。要心系大局，不断增强发展服务的中心意识，责任意识，抓住重点，选择具有宏观性、前瞻性问题，开展调查研究、参政议政、建言献策。二是在合作共事方面发挥作用。要加强与各民主党派、各团体和各界人士的联系，协调好统一战线内部各方面的利益关系，认真听取他们的意见，进行充分协商和沟通，形成合力。三是在反映社情民意方面发挥作用。要建立健全区政协反映社情民意机制，将其列为各专委会和委员的年终评比的重要内容，激发委员撰写社情民意热情。四是为群众排忧解难发挥作用。要鼓励和引导民营企业界的政协委员积极回报社会，在吸纳下岗工人，实现富余劳动力再就业，捐资助学，扶贫帮困方面有所作为，区政协将积极筹集资金每年资助贫困学生20人左右，帮助他们完成学业。

四、创新方法，完善自我，提高政协队伍素质

加强自身建设，提高整体素质，是做好政协工作的保证。我们要按照建设学习型、研究型、创新型、服务型政协组织的要求，切实加强组织建设，不断提高政协队伍素质。要抓好委员队伍建设，充分发挥委员主体作用，全体委员要站在历史和时代的高度，自觉把政治荣誉和社会责任统一起来，认真履职，积极参加政协组织的会议和活动，尽职尽责地完成各项任务。要抓好制度建设，认真贯彻落实全国、省、市政协工作会议和有关文件精神，进一步建立健全各项规章制度，使政协工作进一步制度化、规范化和程序化，不断完善自我功能。要抓好专委会建设，积极探索专委会工作的新形式和新方法，丰富专委会各自联络的委员小组活动形式，认真做好视察调研工作，每个专委会完成1～2份有质量、有影响视察调研报告。要抓好机关建设，建立健全激励机制，调动职工的积极性和创造性，切实转变工作作风，增强服务意识，注意工作效率，不断提高办会、办文、办事的质量，提高服务管理水平。

各位委员，政协浔阳区第五届委员会经过全体委员的努力，取得了辉煌成就，圆满完成了历史使命，美好的明天将等待我们新一届委员去创造。让我们高举邓小平理论和“三个代表”重要思想伟大旗帜，紧密团结在以胡锦涛同志为总书记的党中央周围，在中共浔阳区委的领导下，万众一心、群策群力、与时俱进、开拓创新，为全面建设小康浔阳而努力奋斗！

七届一次会议常委会工作报告

（2011 年 8 月 28 日在政协浔阳区七届一次会议上）

刘宗强

各位委员，各位同志：

我受政协浔阳区第六届委员会常务委员会的委托，向大会做工作报告，请予审议，并请列席会议的同志提出意见。

五年来工作的回顾

政协浔阳区第六届委员会的五年，是常委会依靠广大委员，团结各界人士，积极推进工作全面上台阶的五年。五年来，在市政协指导下，在中共浔阳区委正确领导和区政府大力支持下，区政协坚持以邓小平理论和“三个代表”重要思想为指导，认真学习党的十七大和十七届三中、四中、五中全会和胡锦涛“七一”讲话精神，深入贯彻落实科学发展观，牢牢把握团结和民主两大主题，紧紧围绕区委提出的战略目标，坚持“参政谋发展，履职为人民”理念，充分发挥自身整体作用，服务全区中心，促进社会和谐，积极履行政治协商、民主监督、参政议政三大职能，为我区在九江争得应有地位的进程中率先发展做出了积极贡献。

一、围绕中心，献智出力，政治协商见成效

五年来，常委会认真落实“把政治协商纳入决策程序”原则，发挥政协组织知识层次高、专门人才多、议政能力强的优势，坚持全委会整体协商、常委会重点协商、座谈会专题协商。一是坚持全委会整体协商。每年一度的全委会上，委员们认真审议政府工作报告，审议国民经济和社会发展情况报告，审议财政报告及其他重要报告，并提出相关的意见和建议。同时，在大会期间，一方面，我们邀请党政领导和部门负责人参加政协小组讨论和联组讨论，直接听取委员发言，让他们与委员面对面进行交流沟通，增进了政治协商效果。另一方面采取大会发言的方式，每年安排五位委员大会发言，五年来共有 25 篇大会发言，获得了区委、区政府领导高度重视，区委主要领导对《中心城区发展楼宇经济的情况与思考》《关于对中心城区城市管理工作的几点思考与建议》和《完善社区卫生服务体系，提升居民健康生活指数》等大会发言和调研文章一一作了批示，并得到落实。二是坚持常委会重点协商。区政协定期召开常委会，邀请区党政领导和与议题有关部门负责人到会，分别就我区经济社会发展情况进行通报。我们每年选择重点协商课题，与区委、区政府及有关部门一起协商讨论，出谋划策。在六届十次常委会上，对常委们所提的“规划市场、搞好市场开发；规划商业网点、搞好商业开发；规划楼盘建设、搞好楼宇开发”等建议，区委、区政府领导认真听取，并就常委们所提的意见和建议召开专题会议进行研究，出台了《关于加快发展楼宇经济的实施意见》，规范了楼宇经济的政策环境，促进区域楼宇经济全面发展。三是坚持座谈会专题协商。围绕全区中心工作，就商贸物流、工业园区、公众安全感等重大决策和群众利益密切相关的问题，向区委、区政府提出建设性意见，推进了党政决策的科学化、民主化。2008 年我们组织民营企业界委员在信华集团会议室进行座谈，与会委员就坚持“三产活市”不动摇，壮大三产规模，优化三产结构，提升三产质量，强化三产特色，构建现代服务业核心区等方面进行广泛而深刻的探讨，特别是常委陈和平关于《挖掘旧城开发潜力，提升浔阳中心城区核心竞争力》，委员陈革关于《发展浔阳旅游业的几点思考与建议》的发言，得到区委、区政府领导的高度评价。2009 年组织部分驻区商会、民营企业家政协委员视察城东工业基地建设情况，并召开座谈会，委员积极建言提出，工业基地要设立入园标准，形成产业布局，寻求政策支持，突出区域优势，坚持科学规划，引入市场操作等建议，在场的区主要领导给予充分肯定，并作为党政决策的重要参考。真正做到了决策前让政协了解情况，决策中有政协参与意见，决策后让政协监督落实，区政协在民主决策中的参谋作用、在推进经济发展中的促进作用得到了充分发挥。

二、拓宽渠道，注重实效，民主监督显力度

五年来，常委会积极探索民主监督的新形式，拓展民主监督的新领域，针对群众普遍关心的社会热点问题，充分运用提案、视察、民主评议等多种形式，讲真话、谏诤言、献良策，促进了各项工作的顺利开展。

1. 发挥提案的载体监督作用。提案具有方便灵活、监督性强、易见成效等突出特点。政协六届委员会共召开五次全会，先后收到提案528件，提案质量高，主题明确，内容丰富，涉及我区优化发展经济软环境、招商选资、城市管理体制、小区建设、旅游文化、医疗卫生、社会保障、社会稳定、效能建设等。提案审查委员会按照《提案工作条例》的有关规定，对收到的提案进行了认真的审查，区政协按照分级负责、归口管理的原则，分别送交区委、区政府及有关部门办理，并要求提案人、承办单位和提案委“三见面”。委员们提出的提案在各提案承办单位的努力下已经全部办复完毕，并按要求函复委员。为了加大对提案督办的力度，区政协专门召开主席会议研究提案督办工作，并对确定的重点提案由主席和分管副主席带队督办，协调解决办理中存在的困难。在各有关方面努力下，这些重点提案办理都取得良好效果，有力地推动了各项工作的开展。如秦贵安委员提出《对城区鞭炮实行管制的建议》的提案得到市、区领导高度重视，从2010年开始市区进行了大张旗鼓“两声三乱”集中整治工作，有效地解决长期以来乱放烟花爆竹扰民现象。如在大中路升级改造调研中，委员提出了许多意见和建议，政协常委赵为就“大中路公共设施配套应齐全，商业氛围与文化品位并存，业态分布科学合理”等方面曾连续4次以提案形式向市委、市政府提出，连续3次以提案形式向区委、区政府提出，委员的执着是代表人民的心愿，也得到了市区两级领导重视，2010年年初，区政府在征求意见的基础上，起草了《大中路步行街升级改造实施方案》，成立领导小组，选调精兵强将，加班加点工作，大中路东段改造从2010年8月初开工，已于2010年年底改造完毕。2011年7月大中路西段改造也已经启动。

2. 发挥委员的主体监督作用。政协的民主监督的主体是全体委员。为充分做好委员的民主监督工作，我们一方面认真开展专题视察工作，把专题视察成果作为民主监督的有效载体。另一方面注重重大事项的视察，在知情问政中开展监督。我们主动融入浔阳发展的进程，开展重点突出，主题鲜明的视察活动。协税护税工作、现代服务业、残疾人事业等涉及经济社会发展的重大事项及社会关注的热点、难点问题，都精心组织、统筹安排委员视察，在视察活动中让委员们充分行使民主监督权。

3. 发挥特邀监督员的专项监督作用。民主评议是人民政协开展民主监督工作的有效形式。对此，我们强化民主评议监督。一是重视政协委员担任监督员的推荐和管理工作，选派政治素质好、工作热情高、责任心和工作能力强，有一定专业知识的委员担任纪委、司法、执法、城建、卫生等部门行风监督员，加强了相关部门的行风评议和监督工作。二是积极开展专项评议、专题评议、行风监督员评议等民主评议工作，组织政协委员对经济社会发展中的一些突出问题或党委、政府决策实施过程中出现的问题进行评议，提出批评意见。如2010年，我们组织了30名委员参加了区纪委监察部门的政风行风建设的评议，通过对区直34个单位的民主评议，进一步改进了机关作风，提高了机关工作效率。

三、深入实际，调查研究，参政议政结硕果

专题调研是政协参政议政的重要方式。区政协围绕全区的中心任务和工作部署，精选课题，精心策划，深入开展调研视察，积极建言献策，推动了有关工作的开展。

一是整合优势资源开展调研。几年来，我们整合界别专家、学者资源，组成调研组，分别围绕经济、民生等工作进行专题调研，形成的二十余篇调研报告得到区委、区政府的高度重视，并作为党政决策重要依据。1. 围绕经济工作调研。“三产活市、城建兴区”是我区的战略性工作，几年来，我们先后围绕“京九大市场升级改造”“优化投资环境”“楼宇经济”“旧城改造”“发展旅游业”“饮食文化一条街”“城市管理”等议题认真调研，写出的调研报告有内容、有见地、有质量，先后得到区委、区政府的采纳。如，我区京九大市场升级改造的问题，区政协主席亲自带领专家学者到市场进行调研，分析了市场改造的必要性和紧迫性，提出了市场改造的方案和措施，形成了数据清晰、事实清楚、说理透彻的调研文章。区委书记对政协及时跟进区委、区政府的中心工作进行调研，给予了充分的肯定。区政府多次召开听证会、座谈会，博采众言、广纳民意，为进一步做大做强市场，拟搬迁蔬菜市场和鲜活水产品市场到城东工业基地三号园，滚动打造、全面提升新的京九市场。2008 年我们委员撰写的一篇《重塑九江文化形象，打造文化产业》的调研报告，促成了上海至九江旅游专列开通，带动了九江旅游经济的发展。2．围绕民生工作调研。关注民生、改善民生、保障民生是贯彻落实科学发展观的具体要求，也是人民政协义不容辞的神圣使命，我们必须围绕人民群众特别是困难群众所需、所急、所盼真情建言、真心办事，着力解决群众最关心、最直接、最现实的问题。2006 年为解决中心城区群众看病难、看病贵的实际问题，区政协在大量调查研究的基础上，提出了《关于发展新型社区卫生服务思考与对策》的调研报告，区政府及时采纳落实。全区设立了 7 个社区卫生服务中心，22 个社区卫生服务站，初步构建 15 分钟卫生服务网络，较好地解决了群众看病难、看病贵的问题。2007 年针对城区学校布局不均发展不平衡的实际情况，提出了《关于加快均衡发展步伐，实现区域教育公平的建议》，以事实和数据来说明问题，提出了方法，被推荐在九江市政协十三届三次会议上作典型发言，引起市政府、市教育局的高度重视，对区域教育布局进行了重新规划，使城区的学校分布更加规范合理。2009 年我们撰写《大力探索社区养老新模式》的调研报告，区委、区政府非常重视并结合浔阳实际，制定了《浔阳区社区养老服务工作实施意见》，采取具体措施开展工作，深得孤寡老人、独居空巢老人、生活困难老人、子女不在身边的老人的一致好评。

二是各专委会开展专题调研。五年来我们充分发挥各专委会积极作用，紧紧围绕“保增长、保民生、保稳定”精选课题，进行了广泛深入的专题调研。为了组织好视察调研活动，我们创新机制，根据委员的专长特点和界别划分，将 198 名委员调整为 5 个组，分别于各专委会归口对接，统一协调，积极开展活动。几年来，各活动组组织委员们视察了校园安全、审计、公安、检察院、法院、残联、人防、婚检、就业等工作，视察了我区一些重点建设项目、部分民营企业、安居工程及工业园区，每个专委会每年完成了 3 至 4 份有质量、有影响的视察调研报告，分别报送区委、区政府或相关部门参考。五年来，各专委会活动开展得有声有色，作用得到了较好的发挥。

四、积极跟进，主动出击，全面完成招商任务

近几年，区政协积极响应区委、区政府号召，认真开展招商、安商和服务客商等活动。我们先后到浙江、南京、上海等地开展招商活动，积极宣传浔阳，推介浔阳，同时充分利用委员资源，采取召开招商引资座谈会，定期和不定期走访经济界委员及驻区各商会，联络感情，及时了解招商信息，真正做到招商与安商并举，跟踪与服务同进。2007 年成功引进中国 500 强企业宏图三胞 IT 连锁店，2008 年引进世界 500 强沃尔玛超市，2009 年引进花园大酒店、广盛花园、杏林药业总部、武汉钢铁公司区域销售总部等四个项目，2010 年引进九江天翼置业投资有限公司项目。目前工业园综合码头项目，已与区政府签订合同，并向区政府交了保证金，我们积极跟踪服务，协助做好安评、洪评、环评等工作，促进项目早开工、早投产、早营运。几年来，区政协引进资金 10 余亿元，先后荣获区委区政府授予的招商引资一等奖、二等奖和服务奖。

五、德行善举，扶贫济困，开展公益活动积极有为

五年来，区政协开展形式多样的活动：1．每年在学雷锋纪念日我们组织委员到福利院为老人理发、洗脚、按摩、演出。2．组织文艺界委员分别到市劳教所、市抗癌协会开展了“伸出我的手，温暖你的心”和“生命之光爱心公益”演出活动；到金鸡坡街道大王庙村送书，开展适用技术培训活动。3．在向汶川地震灾区献爱心时，来自企业界、各民主党派、工商联、无党派人士等各条战线的近 200 名政协委员以及政协机关干部和离退休干部共捐赠 10 余万元。4．每年开展扶贫济困、捐资助学活动。在 2007 年 8 月开展该项活动时由于政协经济界委员的倡导和带头，其他各界委员纷纷解囊，积极主动参加，共捐 10 万元，分别送到 10 户贫困家庭和 10 位贫困大学生手中，帮助他们渡过难关；此外还参加区委、区政府举办的“爱满人间，慈善助学”资助活动，广大委员踊跃参与，积极捐资，年年捐资达 5 万元以上。据初步统计，几年来区政协委员先后捐款达 200 余万元，共资助了 100 多个贫困学生。

六、内强素质，外树形象，自身建设再提高

五年来，区政协按照建设学习型政协的要求，注重学习，更新观念，共识共为，创新工作，树立了良好形象，增强了政治思想素质，同时，紧扣实际，突出主题，彰显活力，创造了宽松和谐、充满生机的环境氛围，全面活跃了政协工作。

1．结合实际，广泛开展形式多样的学习活动。学习是我们增长才干、做好一切工作的前提和基础，是实现思想创新和工作创新的源泉和动力。区政协从实际出发，采取多种形式加强学习，提高履职水平。一是结合主席会、常委会和全委会等各种会议开展学习。我们认真学习邓小平理论、“三个代表”重要思想和科学发展观。认真学习党的十七大和十七届三中、四中、五中全会精神，特别是胡锦涛同志在庆祝人民政协成立60周年大会及今年庆祝中国共产党成立90周年大会上的重要讲话精神，我们组织了常委们和机关全体同志认真学习，把大家的思想和行动统一到讲话精神上来，增强政治敏锐性和政治鉴别力，确保政协履行职能坚持正确的政治方向。二是结合外出视察推动学习。为密切与兄弟县（区）政协的联系，拓宽政协工作思路，学习外地好的经验和做法，我们积极开展友好交往。几年来，由主要领导带队，区政协先后到本市有关县（区）政协和外省县（区）政协参观，了解当地经济社会发展情况，加强了沟通，增进了友谊。五年来分期分批参加了全国七省（市）二十七城区政协工作研讨会，认真学习了兄弟县（区）政协工作经验，开阔了眼界，推介了浔阳，宣传了浔阳，有效地促进了政协工作的开展。三是结合节庆活动促进学习。如在建国60周年，我们本着既精简节约又活跃气氛的原则，组织委员来到好汉坡开展“金秋大家唱”活动，庆祝伟大祖国诞辰60周年和人民政协成立60周年，抒发了对伟大祖国的热爱之情，激发了广大委员和机关干部对政协工作的热情和干劲。四是通过培训班专题学习。2007年换届结束后，区政协集中全体委员，举办了为期三天的委员培训班。培训班邀请了省政协常委、社科联副主席汪玉奇就学习贯彻十七大报告精神做了专题讲座，并结合工作实践就如何当好政协委员，如何撰写委员提案等有关政协理论知识做了生动的讲解。通过培训，委员们进一步掌握了政协理论知识，激发了参政热情，为履行职能打下了坚实的基础。

2．注重宣传，政协风貌和委员风采同展共示。政协宣传工作是促进政协履行职能、广泛凝聚力量和推动社会主义政治文明建设的需要。区政协始终坚持以服务经济发展、促进工作为目标，突出工作特色，贴近实际、贴近生活、贴近群众，大力宣传政协工作。五年来，区政协在《江西日报》《光华时报》《九江日报》《浔阳晚报》《省政协网》《九江网》《浔阳网》等各类媒体上发稿673篇，有效地宣传了我区经济社会发展状况和政协履行职能的情况。区政协多次被评为省、市政协系统“宣传发行工作先进单位”。本届出版了《品味人生—委员风采录》，这本书的出版，赢得了市区领导高度评价，赢得社会广泛赞誉，市政协在出版类似书时，专程派办公厅人员考察我们的做法，并将其中一些文章作为范文在全市政协机关和委员传阅。该书凝结了机关干部和广大委员智慧和汗水，抒写了委员人生光彩的一页。

3．固本强基，进一步加强自身建设。不断加强自身建设是固本强基的需要，更是政协事业与时俱进健康发展的需要。我们坚持强化理论武装，不断学习新知识，在思想和观念上超前，在素质和能力上提升，在创新服务上提高，努力开创工作新局面。

（1）切实加强领导班子建设。我们把提高领导水平作为区政协党组会议、主席会议、常委会议建设的核心内容。进一步改进领导班子的思想作风，提高依照《政协章程》履行职能的本领。建立健全政协领导联系民主党派、界别制度。形成“讲党性、重品行、作表率”的良好风气，把领导班子建设成为坚定实践科学发展观的坚强领导集体。

（2）切实加强政协机关建设。我们以“提高工作效率和服务质量”为重点，抓好政协机关的思想建设、作风建设、制度建设、业务建设，在机关中倡导工作的竞争性，比工作干劲，比奉献精神，比工作成果，比服务态度，坚持工作上的高标准，做到开口能讲，遇事能办，提笔能写，努力塑造求真务实，勤政高效，文明服务，和谐融合的整体形象，把政协机关建成学习型、服务型、创新型、廉洁型、高效型的“五型机关”。

（3）切实加强委员队伍建设。委员是政协履行职能的主体，其作用发挥如何，直接关系政协履行职能的成效和政协的社会形象。为此，一方面走访委员，增强政协凝聚力。每年中秋等重要节日，主席、副主席和专委会主任，到民盟、民建等党派以及浙江商会、东盟集团等多家企业和单位，走访慰问部分民主党派人士、民营企业家和港澳台侨胞，了解他们的生产、生活情况，并致以节日祝福，受到了热烈欢迎；另一方面建设优质委员队伍，激发委员活力。按照“政治坚定、作风优良、学识丰富、业务熟练”要求，建设一支既要“会说事”，又会“干实事”的委员队伍，勤建有用之言，善谋发展之策，既务虚，又务实，不断提高履行职能水平。

五年来，政协浔阳区六届常委会做了许多工作，取得了一定成绩，较好地完成了政协的各项工作任务，是区委正确领导和上级政协正确指导的结果，是全体政协委员和各民主党派、工商联、无党派以及社会各界人士共同努力的结果，也是区人大、区政府及有关部门大力支持和密切配合的结果。在此，我代表六届区政协常委会向全体委员、向支持和关心政协工作的各级领导、有关部门和单位，以及在政协工作过的老同志、老领导表示衷心感谢!

在肯定成绩的同时，应当看到，我们的工作中还存在一些问题和不足，如对政协的性质、地位、任务等宣传还不够，履行职能水平和提案的质量还要进一步提高，界别联系、调研作用和专委会基础作用有待进一步发挥等。这些都需要我们在今后的工作中认真研究，采取措施，切实加以解决。

未来五年工作的建议

今后五年，是全面实施“十二五”规划的重要时期。面对浔阳发展的新形势、新机遇、新挑战，新一届政协要坚持以邓小平理论和“三个代表”重要思想为指导，深入贯彻落实科学发展观，认真贯彻党的十七届五中全会和省市党代会精神以及区第九次党代会精神，主动融入服务全省鄱阳湖生态经济区建设和全市“两区互动、强工兴城”战略，始终坚持“市区一体、工贸并举、港城联动、建管结合”的总体要求，按照“繁荣两湖、决战城东”的发展思路，大力实施“12345”战略，即“一城”(改造完善浔阳城，打造魅力新九江)；“两园”(做实浔阳工业园，做强石化产业园)；“三大产业”(石化产业、现代服务业、文化产业)；“四大目标”(打造美丽浔阳、实力浔阳、文化浔阳、幸福浔阳)；“五大板块”(以文化休闲为主的湓浦板块、以现代商务为主的甘棠板块、以综合配套为主的人民路板块、以市场物流为主的白水湖板块、以石化产业为主的金鸡坡板块)，紧紧围绕浔阳率先发展的目标，把握团结、民主两大主题，切实履行职能，为建设美丽、实力、文化、幸福的新浔阳做出新的贡献。下面，我就七届区政协工作提出如下建议：

一、加强政治理论学习，增进为发展服务的共识

要把学习作为政协的首要任务，这是更好地发挥人民政协政治优势的需要，是人民政协与时俱进、提高履行职能水平的需要。要继续深入学习邓小平理论和“三个代表”重要思想，学习中共十七大和十七届历次中央全会精神，学习党的各项方针、政策和相关法律、法规、科技知识、市场经济理论，深刻领会科学发展观统领经济社会发展的重要意义，学习区第九次党代会精神，认清当前的形势和任务，把握浔阳经济社会发展的有利时机，把广大政协委员的思想统一到区委的重要决策和重大部署上来，把智慧和力量凝聚到贯彻落实浔阳“十二五”规划目标任务上来，团结一致，同心同德，为浔阳区经济社会发展做出新的贡献。要认真学习统一战线和人民政协理论，学习中央、省、市和区委关于加强政协工作的文件，提高对新时期政协工作的认识，增强政协围绕中心，服务大局的能力和水平。通过学习，不断提高思想政治水平，增进参加人民政协各党派、各团体和各族各界人士的共识，进一步巩固合作共事的政治基础，不断提高参政议政能力，不断开创政协工作新局面。

二、突出团结民主主题，巩固和发展爱国统一战线

把团结和民主贯穿于政协的各项工作之中，高举爱国主义和社会主义两面旗帜，把团结各界、凝聚人心的工作摆在突出位置，为促进社会和谐做贡献。坚持“长期共存、互相监督、肝胆相照、荣辱与共”的方针，加强同各民主党派的团结合作，加强同各团体和各界人士的联系；坚持求同存异、体谅包容的原则，认真听取他们的意见，进行充分协商和沟通，营造民主和谐的氛围，形成合力。要协助党政抓好社会管理工作，密切联系群众，广泛反映社情民意，做好协调关系、理顺情绪、化解矛盾、增进共识的工作，努力维护和谐稳定的社会政治局面。

三、围绕浔阳发展大局，认真履行政协三大职能

要按照区第九次党代会确定的奋斗目标，紧扣科学发展与和谐共进两大主题，围绕全市“两区互动、强工兴城”战略，始终坚持“市区一体、工贸并举、港城联动、建管结合”的总体要求，按照

“繁荣两湖、决战城东”的发展思路，大力实施“12345”战略，充分发挥政协人才荟萃、联系广泛、智力密集等优势，深入开展调查研究，进行广泛的视察、考察，充分听取各界的意见，集思广益，形成高质量、高水平的协商讨论意见；充分利用全委会、常委会、主席会等例会形式，切实履行政治协商、民主监督、参政议政职能，为区委、区政府科学决策服务，为全区经济发展和社会进步出力。要准确把握柔性监督的特点，把专题调研视察作为民主监督的重要途径和形式，切实发挥民主监督在社会主义民主政治建设中的重要作用。做好政协提案、反映社情民意等工作，积极提出意见和建议。加强对重点提案的跟踪，努力增强办理实效。紧扣发展这个第一要务，加强调查研究，积极参政议政、建言献策，力求参政参到点子上，议政议到关键处，努力提高参政议政的能力和水平。要主动服务经济工作，充分发挥委员作用，积极招商引资，推动项目建设工作。要鼓励和引导企业界委员积极回报社会，积极吸纳大学生、下岗工人就业和再就业，积极参加社会公益事业、慈善事业和捐资助学等活动，为建设社会主义新浔阳做出贡献。

四、切实加强自身建设，努力开创政协工作新局面

政协工作要适应全面建设小康社会的需要，必须强化自身建设。政协领导班子应奋发有为、搞好合作共事，起好表率作用。常委会应进一步规范议事程序，不断提高决策水平和组织实施能力。专委会应发挥好组织委员和各界人士开展工作的基础性作用，丰富专委会联络委员小组活动形式，认真做好视察调研工作，每个专委会完成3至4份有质量、有影响视察调研报告。政协委员应加强学习，不断提高参政议政能力和水平，切实履行好职责，每年最少提出一份提案，参与一次调研或视察，奉献一次爱心。政协机关应不断加强思想、作风、组织、制度建设，增强服务意识，注意工作效率，不断提高办会、办文、办事的质量，提高服务管理水平，把政协机关建设成学习型、服务型、高效型、创新型、廉洁型机关。要不断推进政协工作的制度化、规范化、程序化建设，在前进中开拓，在开拓中创新，为发展社会主义民主政治，建设社会主义政治文明服好务，努力开创我区政协工作的新局面。

各位委员，政协浔阳区第六届委员会在全体委员的共同努力下，各项工作取得了辉煌成就，圆满完成了历史使命。美好的未来等待我们去创造，幸福的浔阳等待我们去建设。让我们高举邓小平理论和“三个代表”重要思想伟大旗帜，全面落实科学发展观，紧密团结在以胡锦涛同志为总书记的党中央周围，在中共浔阳区委的领导下，紧紧围绕浔阳率先发展的目标，充分发挥政协的优势，团结一切可以团结的力量，调动一切积极因素，为建设美丽、实力、文化、幸福的新浔阳而努力奋斗！

七届二次会议常委会工作报告

（2012年2月8日在政协浔阳区
第七届委员会第二次会议上）

文建华

各位委员、各位同志：

我受政协浔阳区第七届委员会常务委员会的委托，向大会做工作报告，请予审议，并请列席会议的同志提出意见。

换届以来的主要工作

2011年，是我区经济社会全面进步之年，也是新一届区政协工作良好开局之年。区政协七届一次大会于去年8月胜利召开，产生了新一届区政协领导班子和新的常委会。换届以来，在中共浔阳区委的正确领导和区政府的大力支持下，政协常委会坚持以邓小平理论和“三个代表”重要思想为指导，深入学习、全面贯彻党的十七届五中、六中全会和胡锦涛总书记在纪念中国共产党成立90周年大会上的讲话以及省、市、区党代会精神，深入落实科学发展观，牢牢把握团结和民主两大主题，紧紧围绕区第九次党代会提出的奋斗目标和各项任务，按照区政协2011年工作安排和区政协七届一次全委会的要求，把工作的延续性和创造性结合起来，依靠全体政协委员，团结社会各界人士，认真履行政治协商、民主监督、参政议政职能，为促进我区经济建设和各项事业发展，做出了积极的贡献，实现了新一届政协工作的良好开局。

一、广泛协商议政，建言献策谋发展

七届一次会议以来，我们发挥政协组织知识层次高、专业人才多、议政能力强的优势，始终围绕区委提出的奋斗目标，开展多层次协商议政，进一步提高协商参政的质量和效果，为党政决策的民主化和科学化做了积极的工作。

（一）坚持全委会整体协商。在七届一次全会期间，委员们围绕经济发展、文化建设、国计民生等，就深入贯彻落实科学发展观，建设美丽、实力、文化、幸福的新浔阳开展协商讨论，出谋划策，共商我区发展大计。同时，我们邀请党政领导和部门负责人参加政协小组讨论和联组讨论，直接听取委员发言，与委员面对面进行交流沟通，既增进了友谊，又提高了效果。委员们提出的“新建群众文化演艺中心，整治湖滨公园扰民演出”、“深挖浔阳千年历史文化底蕴，创作优秀文艺作品”等建议，受到市、区领导的高度重视，先后得到了很好的采纳。去年，根据区委书记指示，区政协从存史与资政角度，组织专家学者考证残存文献谱牒，深入市井民间搜集口碑史实，挖掘整理编纂了图片170张、约25万字的《百年大中路》一书，该书集历史性、艺术性和可读性于一身，已作为全市县域经济巡回看变化大中路项目的配套书发送给各位领导，受到领导和社会的高度评价。

（二）坚持主席会、常委会重点协商。在七届一次常委会议上，协商通过了《浔阳区政协常委会工作规则》、区政协委员活动分组、下半年工作部署等，协商确定了“文化产业、楼宇经济、居家养老”等八个方面的调研提纲。各专委会与党派积极领取课题，认真组织调研，形成了一批有质量的调研报告。在七届二次主席会议上，通报了区政府常务会第一次会议内容，协商通过了《浔阳区政协主席会议工作规则》等工作制度，对“养老服务社会化”专题调研报告进行了深入讨论，提出多项修改意见后，报送区政府相关部门。

（三）坚持座谈会专题协商。近年来，融资难是困扰中小企业发展的一大难题，如何破解委员们一直比较关注。去年我们组织企业家委员参加区政府召开的区石化工业园银企对接会，企业家们与各银行相关负责人进行了面对面交流，架起了银企沟通的桥梁，增进了银企双方的了解，推动了园区企业的发展。大中路（西段）改造后，大中路的业态提升摆上了政府的日程，在大中路业态调整座谈会上，委员们畅所欲言，提出业态升级应采取规划引导和政策扶持相结合，重点培育茶艺、酒吧、字画、老字号等建议得到区委、区政府的高度重视。

二、开展民主监督，力促工作抓落实

民主监督是政协工作三大任务之一。我们充分发挥委员主体作用，以提案、委员来信等形式加强民主监督工作，促进党委政府的决策得到更好的落实。

（一）认真做好委员提案工作。七届一次会议以来，政协委员在深入调查研究的基础上，积极撰写提案，共提交提案138件，经提案审查委员会审查，共立案112件。提案质量高，主题明确，内容丰富，涉及发展环境、招商选资、工业园建设、现代服务业等多个方面，都得到了很好的落实。如《大力推进园区企业信用评级，提高企业融资能力》的提案，进一步促进了我区工业园建立融资机构与企业信贷绿色通道等服务活动。同时，对委员提案反映的问题，需要市级部门解决的，我们通过区里的市政协委员以提案形式向市政协提交提案。在市政协十四届一次会议上共有8名区属市政协委员提交了21份提案，既畅通了委员们反映社情民意的通道，又提高了委员撰写提案的积极性。截至去年年底，委员们的112件提案全部办复，满意及基本满意率100%，收到了良好的效果。

（二）认真做好民主监督工作。1．加强司法监督。区政协先后组织委员旁听了法院案件的庭审过程，视察了解检察院规范化建设工作情况，与广大干警座谈交流。2．加强行风监督。我们选聘了一些思想素质好、工作能力强、工作热情高、有一定专业知识的政协委员担任纪委、司法、执法、城建、卫生等部门行风监督员，并组织他们积极参加行风评议活动。3．加强视察监督。注重视察与监督的结合，寓监督于视察之中。如城市建设、城市管理、残疾人事业发展等，在视察活动中委员们充分行使民主监督权。城市管理是中心城区的难点，随着旧城改造工作的推进，违章抢建、乱建、滥建的行为不断发生，为了配合政府拆除违章建筑，我们组织政协委员到拆除一线做好宣传稳定工作。

三、深入调研视察，参政议政有作为

视察调研是政协参政议政的重要方式。区政协围绕全区的中心任务和工作部署，精选课题，精心安排，深入开展调研视察，积极建言献策，有效推动了有关工作的开展。

（一）围绕党委政府工作重点开展调研。围绕党委、政府工作中心，选择事关大局的重要问题，作为政协工作的首要任务。在大中路（西段）改造过程中，区政协主动融入，多次组织文史、建筑方面的专家学者委员视察升级改造工作，提出了大中路（西段）改造要修旧如旧，突出老商号，明确老商号的准确位置，老建筑的原有风格，尽量恢复原貌。在改造用材上要精心选择，使用一些仿古石木和雕塑，使之符合古色古香的特点等建设性意见，区委、区政府十分重视，在决策和具体实施中得到了采纳，后续的改造过程中，对“天宝银楼”“王麻子刀剪店”“涌兴裕”等6个老字号与“湖亭巷”“华通巷”等8个里巷的准确位置进行了确定，并对照老照片和历史资料，尽可能恢复了老商号、老建筑的原貌，达到了修旧如旧的要求。去年，九届一次党代会上，区委提出大力发展楼宇总部经济的目标，区政府及时出台了《浔阳区鼓励发展总部楼宇经济的实施意见》，为了更好地贯彻落实，区政协按照政府主要领导意见，组织专题调研组，用一个多月的时间，深入基层了解情况，召开三次座谈会，先后听取9个部门单位的情况介绍，听取街道、楼宇企业方面的意见和建议，在广泛调查的基础上，形成了《扬优乘势，多措并举，加快推进楼宇经济集聚发展》的调查报告，为发展我区楼宇经济提出了许多有益建议。

（二）围绕社会关注热点开展调研。关注民生热点、促进社会和谐，是区政协一直以来的一项工作重心。随着人口老龄化日趋加深，传统的家庭养老面临严峻挑战。因而社会养老问题也成为我们关注的重点和委员视察的主要工作。去年，我们组织委员到街道和社区实地视察、走访不同生活状态的老人。在视察和调研的基础上，提出一些积极可行的建议，为我区老年人“老有所养、老有所依、老有所乐、老有所为”的社会化养老模式提供参考。

（三）围绕专委会工作目标开展调研。我们充分发挥各专委会专项人才集中的优势，紧紧围绕各自工作目标和要求精选课题，进行了广泛深入的专题调研。各专委会先后组织委员视察了残疾人保障法在我区的落实情况，区城投公司暨重大项目建设情况，浔阳区棚户区改造规划工作情况等，并提出了建设性的意见和建议。

四、积极协调服务，发挥优势见成效

政协既是智囊团，又是人才库，我们在积极组织委员视察调研、建言献策的同时，也充分发挥他们信息广泛、人才集中的优势，积极参加全区的中心工作和慈善事业。

（一）坚持以商招商，开展招商选资。党委、政府有部署，政协就有行动。区政协始终把协助区委、区政府做好招商选资工作作为重点，班子重视、全员参与。组织经济界委员提供招商信息，通过他们人脉资源，以商招商。去年，在政协积极协调和服务下，总投资预计超过2亿元的浔阳新天地项目第一期君悦国际娱乐会所已投入使用。此外，金旺达化工、万户投资、景隆投资等项目也已顺利落户。

（二）参与社会服务，踊跃奉献爱心。换届以来，委员们认真落实七届一次全委会精神，积极参与社会服务、踊跃奉献爱心。不少委员在新学期开学之际给贫困学生送去学费，为社区低收入家庭订阅报纸，元旦期间给社会福利院的老人们送去慰问品，春节前给所在辖区的贫困老党员、特困居民送去慰问品及慰问金。常委潘炳生去年捐款捐物达30多万元，被江西省和九江市分别评为“十大公益慈善人物”，民建中央还授予他“全国社会服务先进个人”称号。据不完全统计，换届以来，委员们共计捐款捐物近百万元，赢得了社会的肯定和百姓的赞誉。

五、强化自身建设，工作水平上台阶

推进人民政协履行职能的制度化、规范化和程序化建设，是建设社会主义政治文明的重要内容。针对政协换届后，新委员比例较大的特点，我们着力抓好组织和思想建设，内强素质，外树形象，调动委员履行职能的积极性，为新一届政协开好局、起好步奠定坚实的基础。

（一）抓好组织建设，健全工作制度。换届后，区政协加强制度建设，健全了主席会议、常委会议制度，完善了政协领导联系各民主党派制度。同时，为加强区政协工作，区委出台了《关于加强和改进人民政协政治协商工作的意见》，对政治协商的具体内容、形式、措施等提出了明确要求，使政协履行职能更具操作性。根据该文件要求，我们又对区政协委员分组重新划分，并下发了《关于划分区政协委员小组的通知》，为今后开展履职活动打下良好的基础。

（二）抓好理论学习，提高委员素质。政协委员是政协工作的主体，政协活动的开展源于委员主体作用的发挥。我们通过开展多种形式的学习培训，加强委员的管理，提高委员履职能力。一是注重政协理论知识的培训。举办了第七届政协委员培训班，邀请专家讲授人民政协的基础理论和基本知识，提高委员们对新时期人民政协性质、地位和作用的认识，进一步增强做好政协工作的责任感和使命感。二是注重学习各级党代会精神。充分利用主席会议、常委会议和机关干部会议，认真学习省、市党代会精神，并根据区委第九次党代会要求，结合政协工作实际，谋划工作思路，抓住工作重点，打造工作亮点，通过创新工作方式，努力实现工作的新突破。三是订送学习辅导资料。为委员们订阅了《光华时报》等报刊资料，对委员扩大知情面、了解政协工作动态提供了有效的帮助。四是加强了委员管理。七届一次全会期间下发了《政协委员守则》，对委员履行职能提出了明确的要求，委员履行职能的积极性和主动性有了明显提高。

（三）抓好机关作风，提高服务水平。我们加强机关干部的理论和业务知识的学习，强化大局意识和服务意识，增强责任感和使命感，政协机关内部形成了勤奋好学、努力工作、敬业爱岗、团结协作的良好风尚。机关干部积极为政协委员和政协工作服务，认真做好政协各种会议和活动的筹备、组织和联络工作，及时报道政协组织和政协委员履行职能的情况。

（四）抓好宣传工作，扩大政协影响。为了做好宣传工作，我们聘请了热心新闻报道工作、写作能力较强的政协委员为特约通讯员，及时更新浔阳政协网，把一些优秀的提案、委员的学习心得、各个专委会的视察调研情况编辑上网供委员们学习交流，为委员们了解区情、履行职责提供了信息平台。去年，我们在《中国网》《光华时报》《江西政协新闻网》《九江日报》《九江网》等市级以上媒体发稿218篇，在全市排名第一，荣获2011年度全市政协宣传工作先进单位称号，并在全市政协工作会议上作典型发言。

换届以来，我区政协工作有了新的进展，是区委正确领导和区政府及有关部门大力支持的结果，是各民主党派、工商联、人民团体通力合作的结果，是区政协全体委员共同努力的结果。这些成果的取得，与历届政协打下的坚实基础是分不开的。在此，我代表区政协向关心和支持政协工作的各级领导、各界朋友致以崇高的敬意和衷心的感谢！

在肯定成绩的同时，也存在着差距。如政协工作的规范化、制度化、程序化建设有待进一步完善，履行政协职能的水平有待进一步提高，政协人才库、智囊团作用有待进一步发挥，政协机关建设有待进一步加强等，这些都需要在今后的工作中加以研究和改进。

2012年工作建议

2012年，区政协常委会工作的指导思想是：全面贯彻中共十七届五中、六中全会精神，以邓小平理论和“三个代表”重要思想为指导，深入贯彻落实科学发展观，按照“12345”发展战略和“城建美区、文化立区、工业兴区、三产富区”的总体目标，围绕中心、服务大局、发挥优势、凝聚人心，为推动建设美丽、实力、文化、幸福的新浔阳做出积极贡献。

一、坚持正确的政治方向，不断提高履职的责任感和使命感

区政协要将理论学习放在重要位置来抓，坚持以邓小平理论、“三个代表”重要思想和科学发展观为指导，组织委员深入学习贯彻中共十七届五中、六中全会和省、市重要会议精神，特别是学习贯彻好区第九次党代会精神，以此来安排部署政协工作，用区委《关于加强和改进人民政协政治协商工作的意见》指导全区政协工作。把广大政协委员的思想统一到区委的重要决策和重大部署上来，把智慧和力量凝聚到贯彻落实浔阳“十二五”规划任务上来，不断提高政协委员、机关干部的综合素质和参政水平，增强履职的责任感和使命感。

二、坚持团结和民主两大主题，不断巩固和发展爱国统一战线

要把握团结和民主两大主题，发挥自身优势，加强同各民主党派、工商联、人民团体和各界代表人士的联系和合作，支持他们开展视察调研和各种参政议政活动，为其履行职责提供服务、创造条件、搭建平台。要主动协助区委、区政府多做理顺关系、化解矛盾、凝聚人心、维护稳定的工作。充分利用人民政协民主监督的有效形式，推动社会热点问题的解决、民生政策的落实和部门工作的改进。要发挥政协自身优势，利用各种形式，通过不同途径宣传区委、区政府的重要决策，激发广大人民群众支持发展、参与发展的热情，把各界人士的智慧和力量凝聚到发展建设上来。政协委员要积极帮扶社会弱势群体，为党和政府分忧，以实际行动为社会奉献一片爱心。

三、坚持政协三大职能，不断提高参政议政水平

政治协商、民主监督、参政议政是人民政协三大职能。区政协常委会要坚持把促进发展作为履行职能的第一要务，本着突出重点、多出精品的原则，立足于多关注一些重大方针政策性问题，多选择一些具有综合性、前瞻性的重点问题，多了解一些人们普遍关注的热点问题，深入开展调查研究，充分听取各界意见，结合区情，集思广益，形成高质量、高水平、利于操作的协商讨论意见，为区委、区政府的科学决策提供参考。要积极探索民主监督的新形式、新途径、新方法，加大监督力度，拓宽监督范围，努力开展好民主评议、专项视察工作。创新提案办理形式，提升提案办理力度，加强对重点提案的跟踪督办。要主动服务经济，积极招商选资，推动项目建设，进一步促进我区经济社会更好更快发展。

四、坚持四项制度建设，不断发挥“五位一体”作用

积极探索各民主党派、工商联和无党派人士在政协履行职能、发挥作用的新途径、新平台。要按照《浔阳区政协委员守则》的规定，加强委员队伍建设，对不参加政协活动，不履行职责的委员要进行适当调整；发挥委员的主体作用，为他们履行职能搭建更多的知情参政平台，政协委员要坚持“三个一”活动制度，即每位委员每年至少提交一件有价值的提案，至少参加一次视察或调研，至少参加一次社会公益活动；要坚持把界别工作纳入政协总体工作布局，切实加强专委会制度建设，丰富委员活动形式，有计划地组织委员学习座谈、调研视察，每个专委会每年要确定1～2个重点课题进行深入调研，并形成有质量、有影响的视察调研报告；加强对街道政协联络组工作的指导，各街道联络组要认真履行工作职责，积极组织辖区委员开展各种活动；要切实履行《常委会工作规则》《主席会工作规则》等各项规章制度，推进政协工作的规范化、制度化和程序化建设，增强服务意识，创新方式方法，不断提高政协机关服务质量和水平，为政协履行职能提供有力保障和支撑。

各位委员，我区各项事业正处在一个新的发展时期，人民政协责任重大，大有可为。让我们在党的十七届六中全会精神的指引下，高举中国特色社会主义伟大旗帜，全面贯彻落实科学发展观，在中共浔阳区委的正确领导下，开拓进取，扎实工作，为全面建设美丽、实力、文化、幸福的新浔阳做出新的更大的贡献，以优异成绩迎接党的十八大召开！

七届三次会议常委会工作报告

（2013年1月15日在政协第七届浔阳区委员会第三次会议上）

区政协主席　**文建华**

各位委员，同志们：

我受政协第七届浔阳区委员会常务委员会的委托，向大会做工作报告，请予审议，并请列席会议的同志提出意见。

2012年工作回顾

2012年是党的十八大胜利召开的喜庆之年，也是全面推进我区“12345”发展战略的关键之年。一年来，区政协常委会在区委的坚强领导下，在区政府的大力支持和市政协的有力指导下，坚持以科学发展观统领工作全局，紧紧围绕“城建美区、文化立区、工业兴区、三产富区”的总体目标，团结和带领广大政协委员高举中国特色社会主义伟大旗帜，坚持团结民主主题，切实履行政协职能，进一步解放思想、创新理念、扎实工作，顺利实现了年初既定的各项目标任务，为全区经济和社会发展做出了积极贡献。

一、紧跟形势要求，着力提升政协工作理念

始终坚持学习引领方向，树立“一线政协”工作理念，通过加强学习，达到统一思想、凝聚共识、促进工作，政协委员和机关干部的履职意识得到进一步提高。

一是理论学习拓展新思路。坚持学习制度。通过召开主席会、民主生活会、专委会会议、联络组座谈会等形式，组织政协委员和机关干部学习人民政协理论知识，重点学习十八大会议精神，深入解读十八大报告中的新提法、新亮点、新举措，深化了对十八大报告的理解力和执行力。强化业务培训。举办了专题培训班，对新当选和新增补委员进行了理论学习与业务培训。拓宽学习渠道。采取“走出去、请进来”的方式，与鲤城区、绥芬河市、南丰县、修水县、湖口县等县（市、区）进行了学习交流；邀请市政协理论研究会专家为区政协常委作政协理论知识讲座。为委员订阅了《光华时报》，帮助委员及时了解政协时政，熟悉政协工作。

二是思想建设获得新动力。坚持把加强人民政协思想理论建设摆上重要议程，把思想统一到区委、区政府的要求上来，在思想上、政治上和行动上切实做到了“协商不决策、监督不指挥、参政不行政、尽职不越位”的广泛共识。大力开展“解放思想、创新发展”“百名委员进社区，文明新风进万家”等主题教育活动，进一步活跃了思维，强化了“服务科学发展，坚定履职为民”的工作理念。

三是重点工作实现新作为。积极推进项目建设。按照市、区“抓项目、扩投资”的工作要求，不断加大项目协调、跟踪、服务力度，区政协班子挂点的16个项目均按进度要求顺利推进，并有4个重点项目列入了全市巡回看变化范围。主动开展招商引资。积极调动政协机关干部的积极性，充分发挥政协委员联系广泛的资源优势，主动招商，招商引资工作取得实效。投资近亿元的浔昌隆商贸旅游项目正式营业。努力推进文化事业。按照“文化浔阳”发展战略要求，深入挖掘古浔阳历史文化，集聚一批本土历史和人文专家学者，通过广泛搜集，多方论证，以古浔阳历史文化为主题的《浔阳拾遗》编辑出版，全书共收集整理70张图片近30万字。高起点、高标准承办了浔阳区“喜迎十八大，庆祝双佳节”文艺晚会，扩大了政协影响力。

二、紧扣发展主题，全力履行政协工作职能

始终坚持发展第一要务，把议发展、谋发展、促发展贯穿于履职活动全过程，明责知职、科学履职、尽责尽职，积极为全区经济社会发展建言献策。

一是政治协商取得新进展。一年来，区政协紧紧围绕发展第三产业、做实园区工业、加强城市管理、强化社会保障等工作，进行广泛、深入地协商讨论，提出了许多建设性的意见和建议，为区委、区政府决策发挥了积极作用。围绕“三产富区”的发展目标，为提高楼宇经济对我区财政收入的贡献率，区政协组织委员开展了加快我区楼宇经济发展专题调研，并形成了“加快推进楼宇经济集聚发展”调研文章，提出了“明确楼宇经济发展的思路与重点，构建楼宇经济发展的基础与平台，落实扶持楼宇发展的政策与保障”等建议，并在区政协七届二次会议上做了大会发言。区委戴晓慧书记对此高度重视，并做出批示，要求分管领导认真审阅，相关部门深入调研，完善加快我区楼宇经济发展的实施方案，委员提出的有关建议得到落实或采纳。围绕“工业兴区”的发展目标，为推进园区工业发展，区政协组织委员开展了加快园区工业发展专题调研，通过走访企业、召开座谈会，委员们提出了“整合园区资源，拓宽融资渠道，加强税收监管”等建议，经区政协常委会认真讨论后呈报区委、区政府，得到了区主要领导充分肯定，并要求相关部门抓好落实。

二是民主监督收获新成果。一年来，区政协围绕《中华人民共和国公证法》落实情况、法院“开放日”、创建全国文明卫生城市等工作，组织委员开展视察监督10余次，参与视察的委员100余名。重视视察作用。以委员视察为主要渠道，重点对事关经济发展和社会稳定等工作进行民主监督。组织委员对龙开河农贸市场食品卫生和梅绽坡小区卫生进行视察，对市场存在的食品安全以及开放式小区物业管理等问题提出了整改意见，并对整改情况开展了“回头看”，效果明显。创新提案工作。提案交办后，选取部分承办单位在政协常委会上对办理工作进行汇报，实现了政协、承办单位、提案人三方互动；提案办结后，组织委员对部分承办单位开展了民主评议提案办理活动，进一步增强了提案办理工作的针对性和实效性。区政协七届二次会议共立案提案90件，提案办复率、满意或基本满意率均实现了100%，我区提案工作得到了上级政协充分肯定，在《人民政协报》《光华时报》等国家、省级媒体上予以报道，反响较大。力求监督实效。精心选派了一批政协委员作为行风监督员，直接参与市、区行风政风监督工作，有力地促进了窗口单位效能的提升。

三是参政议政焕发新活力。一年来，区政协围绕保障性住房建设、城镇居民基本医疗保险、城区旅游发展、市容环境等课题，组织开展专题调研20余次，形成调研报告20余篇，提出意见建议百余条，为区委、区政府决策起到了很好的参谋作用。为助推民生工程实施，切实解决社区居民“看病难、看病贵”问题，完善“15分钟社区卫生服务圈”建设，区政协委员提出了在社区卫生服务机构免费开通医保的建议。区政府左延区长高度重视，亲自召集政府分管领导及人保局、财政局、卫生局等部门进行专题研究，并由政府出资8万元，为全区35个社区卫生服务机构免费开通了医保服务网络。为加快推进文化建设，区政协积极组织委员开展文化产业和文化事业专题调研，提出了“成立文化产业发展促进中心，建立文化产业研究与开发机构，搭建有效投融资平台”等建议，引起了广泛共识。

四是团结民主迈上新台阶。坚持团结民主两大主题，充分发挥协调关系、凝心聚力的作用，协作共事的政治氛围更加浓厚。加强广泛团结。自觉加强同各党派、团体和各界的联系，主动安排各民主党派和无党派人士参加政协各种会议，并鼓励他们建言献策。区政协班子成员分别参与、指导各民主党派和无党派知联会换届选举工作，进一步巩固和发展了统一战线上的大团结、大联合。组织九三学社浔阳支社、民革浔阳支部、农工党浔阳支部等委员开展了专题讲座、送爱心等公益活动。密切对口联系。积极争取省市政协的大力支持，不断加强与兄弟县（市、区）和友好城区政协的联谊往来，加强与台办、侨办、民宗等单位的工作联系。积极开展港澳台侨工作，对部分台企和台属进行了走访慰问，举办了春节、中秋等联谊活动，我区港澳台侨工作得到了省、市政协充分肯定，并在全省政协港澳台侨和外事工作会上做了典型发言。

三、紧系民生主旨，强力发挥委员主体作用

始终依靠委员资源优势，积极引导，做实平台，创新开展政协委员进社区“四进四联”活动，委员的主体作用得到进一步显现。

一是平台建设树立新亮点。坚持突出主题，打造亮点，不断推进“委员之家”建设工作，为委员履职提供平台、奠定基础。成立了街道联络组和各专委会专门组织机构，为各街道及专委会开展活动奠定了组织基础。各街道政协联络组以“民生桥梁”“家政服务”“社区文化”“民主监督”为特色，积极推进“委员之家”打造工作，设立了“民生驿站”“委员品书吧”“委员论坛”等委员活动平台；启动了“委员亮相台”活动，让委员零距离了解基层群众的意见和建议。

二是委员活动再创新形式。关注民生进社区。委员把关注民生、体察民情，作为进社区活动的经常性工作，设立了委员信箱，开展了“委员联系群众日”活动，引导委员在社区开展敬老、爱孤、助残、扶弱等活动，切实为群众解决实际困难。资源优势进社区。委员充分发挥各自优势，积极开展医疗、科普、文化、法律、劳动就业等进社区活动，为社区提供了人力和智力支持。民主监督进社区。委员坚持将民主监督职能融入进社区活动之中，对食品药品安全、开放式小区物业管理、社区医疗卫生等事关群众切身利益的工作，积极开展了民主监督活动。建言献策进社区。委员通过深入基层，了解街道社区发展情况，分析全区经济社会发展状态，提出了很多很好的建议意见。去年9月份，全市政协“委员进社区”活动座谈会在我区召开，我区的“四进四联”活动得到了市政协领导的好评。

三是公益事业展示新风采。自“四进四联”活动开展以来，委员们主动作为，积极开展了一系列公益活动。一些委员主动深入到困难家庭，开展了“一对一”结对帮扶活动。一些委员通过邀请知名艺术家进行艺术创作并现场拍卖等形式，主动开展募捐活动。一些委员经常联系社区，主动帮助下岗职工、“4050”人员等困难群众实现就业和再就业。一些委员主动与街道、社区沟通协商，并出资出力解决社区卫生、小区物业等方面实际问题。一些从事医药医疗、法律咨询等行业的委员利用自身优势开展了送医送药、法律援助等活动。尤其是我们的政协委员帮扶社区高龄老人的先进事迹，在《人民日报》上予以报道，受到好评。一年来，全区共有80多名委员参与各种公益活动，帮扶资金达100余万元，帮助200余名贫困学子解决了入学难题。

四、紧抓自身建设，努力提升政协服务水平

始终保持大局观念和服务意识，不断完善制度建设，强化队伍建设，加强工作宣传，政协自身建设得到进一步提升。

一是制度建设再添新内容。健全规章制度。对机关内部各项规章制度进行了修订完善，出台了加强和改进人民政协工作、提案办理规程、政协委员街道联络组工作等制度。坚持委员履职、街道联络组和专委会活动情况通报制度，促使委员积极参加活动，认真履行职能。坚持把提案办理工作纳入街道和各单位年终目标考核，促进了政协工作全面发展。完善激励机制。制订出台了政协宣传工作奖励办法和优秀委员提案、提案办理先进单位评选办法等，每年对优秀委员提案、提案办理先进单位、优秀调研文章等进行表彰，委员履职的积极性得到进一步激发。

二是队伍建设呈现新形象。积极争取区委的重视，加大对政协干部的培养力度，吸收、交流、提拔了部分年轻干部，充实了政协干部队伍力量。充分发挥常委会的领导核心和示范带动作用，打造了一个政治坚定、观念创新、作风务实的领导集体。发挥专委会和街道联络组的基础作用，打造了一个活动上配合、工作上支持、组织上团结的共同群体。优化委员服务，畅通委员履职渠道，切实保护委员的合法权益。加强委员管理，进一步完善了委员履职档案，对委员实行了动态管理，发展吸收了一批优秀新委员，对履职不积极的委员予以劝退。深入开展干部作风整治、“假、浮、蛮”方面问题自查整改及党风廉政建设活动，政协机关工作作风得到明显改善。

三是宣传工作实现新跨越。拓宽宣传平台。充分利用现有平台，积极向《人民政协报》《光华时报》《九江日报》等新闻媒体上报政协信息。不断完善自身平台，加强了对《浔阳政协网》的管理，加快了信息更新。积极拓宽新的平台，编辑刊印了《浔阳政协信息》。一年来，区政协在各级各类媒体上用稿300余篇，其中省级以上200余篇，并首次实现在《人民日报》《人民政协报》等国家级新闻媒体上用稿3篇，连续两年荣获“全市政协系统宣传工作先进集体”称号。

各位委员、同志们，过去一年我们取得了一定的成绩。这些成绩的取得是区委正确领导、区政府大力支持的结果，是全区政协组织密切配合、社会各界积极参与的结果，是各参加单位精诚协作、广大政协委员共同努力的结果。在此，我代表区政协常委会表示衷心的感谢，并致以崇高的敬意！

同时我们也清醒地看到，与区委、区政府的要求相比，与人民政协承担的使命相比，与广大政协委员的期望相比，我们的工作还存在差距和不足，主要表现在：委员履职的主动性和实效性还有待提高，发挥政协界别作用的机制还有待创新，政协自身建设还有待加强等。对于这些问题，我们将高度重视，并采取有效措施，切实加以解决。

2013年工作意见

2013年是贯彻落实十八大会议精神的开局之年，是全面建成小康社会的首战之年，也是加快浔阳发展的关键之年。十八大报告把“健全社会主义协商民主制度”作为今后一段时间内，我国政治体制改革最为重要的内容，充分体现了党和国家对政协工作的高度重视。各级党委相继出台了一系列的加强人民政协工作的意见，加大了对政协工作的支持力度，这些都为我们做好政协工作提供了前所未有的机遇，也对政协工作提出了新的更高要求。为此，我们要牢牢抓住这一利好机遇，全力推进我区政协工作的开展。

2013年区政协工作的指导思想是：坚持以邓小平理论、“三个代表”重要思想和科学发展观为指导，全面贯彻落实十八大会议精神，在区委的坚强领导下，紧紧围绕全区“12345”发展战略，牢牢把握团结和民主两大主题，认真履行政治协商、民主监督、参政议政三大职能，广泛团结社会各界人士，为在更高的起点上推动浔阳经济社会更好更快地发展做出新的更大贡献。

围绕以上指导思想，今年主要做好以下五项工作：

一、强化工作理念，更好地为加快浔阳发展尽责尽力

坚持以学习提升理念，用理念促进工作，不断增强围绕中心、服务大局的自觉性和坚定性。找准工作定位。坚持区委的正确领导，自觉地在全局工作中找准政协工作的切入点，切实做到“尽职不越位，帮忙不添乱，切实不表面”，确保区委的决策在政协工作中得到贯彻落实。坚持“一线政协”理念，紧紧围绕全区工作重点，主动作为，勇于担当，确保区委的工作部署全面完成。加强理论学习。积极组织政协干部和委员开展理论及业务知识的学习，自觉地把学习贯彻十八大精神作为当前及今后一个时期内首要任务，把思想统一到十八大精神上来，把力量凝聚到加快浔阳发展的目标上来，不断增强政协工作的使命感、责任感和紧迫感。加大宣传力度。加强与各级新闻媒体的沟通联系，不断优化浔阳政协门户网站结构，提升《浔阳政协信息》编辑质量，充分利用各类宣传阵地，广泛宣传政协创新做法、亮点工作和委员典型事例，不断扩大政协的影响力。

二、强化三大职能，更好地为加快浔阳发展献计出力

紧紧围绕区委的科学决策部署，围绕全区经济社会发展，围绕改善民生的重大问题，积极履行好“政治协商、民主监督、参政议政”三大职能。突出协商议政重点。坚持协商制度，充分运用全委会总体协商，常委会专题协商、主席会重点协商以及专委会对口协商的政治协商等方式，参与事关社会经济发展重要问题的协商讨论。组织委员围绕全区做强区域经济、做活重大项目、做优城市环境、做实惠民实事等中心工作进行协商议政，深谋发展之道，多建务实之言。增强民主监督实效。积极引导委员开展调研活动，提出有情况、有分析、有具体提议的提案，提高提案的数量和质量。继续实施重点提案领导督办、常委会提案办理情况汇报、民主评议提案办理工作机制，认真开展优秀提案和提案办理先进单位的评选工作，切实提高提案的工作水平。深入开展民主评议活动，充分发挥政协委员在政风行风建设中的监督作用。营造参政议政氛围。积极搭建参政议政平台，主动将参政议政的重点放在加快浔阳发展上来，浓厚委员参政议政氛围。围绕拓展发展空间开展沿江区域协作工作调研，围绕加快城市建设开展旧城改造工作调研，围绕培育文旅产业开展文化街区工作调研，围绕健全城市管理开展开放式小区物业管理工作调研，围绕实施民生工程开展发展社会福利机构工作调研等。

三、强化两大主题，更好地为加快浔阳发展增强合力

高举团结民主两大旗帜，在发扬民主，增进团结的基础上，努力促进政党关系、民族关系、宗教关系、海内外同胞关系的和谐共融。广泛增进团结。进一步发挥联系广泛、沟通各界的优势，认真做好与民族宗教界人士的沟通联系工作，做好与港澳台同胞、海外侨胞及其眷属的交流联谊工作，做好与街道联络组、台办和侨办的指导、协调工作，促进各种社会力量良性互动，为化解矛盾、维护稳定、汇聚力量作出积极努力。大力发扬民主。进一步发挥求同存异、兼容并蓄的优势，主动邀请各人民团体、民主党派、无党派和工商联等各界人士，共同参与政协组织的各种视察、调研、座谈等活动，鼓励他们在政协各种会议和活动中积极提出建议、发表意见，在政治上精诚合作，在工作中协调配合，营造民主和谐的政治氛围。不断促进和谐。进一步发挥位置超脱、渠道畅通的优势，及时准确反映社会舆情，积极开展民主监督，促进党委、政府各项决策部署更加科学合理，各项惠民政策真正落到实处，不断巩固和发展我区民主团结、安定和谐的政治局面。

四、强化委员作用，更好地为加快浔阳发展凝心聚力

进一步深化“四进四联”活动，通过不断优化服务，规范管理，促进委员的主体作用得到更好发挥。做实履职平台。充分发挥街道联络组和“委员之家”积极作用，强化平台建设，完善平台功能，为委员开展活动奠定基础。拓宽委员活动范围，将委员活动进一步引用到机关、企业、学校、社区、家庭，鼓励委员开设博客、信箱，进一步密切委员与群众的联系，及时掌握与反映群众的意愿和诉求。优化服务环境。畅通委员履职渠道，切实维护委员政治协商、民主监督、参政议政等合法权利。加强沟通联络，继续开展委员“大走访”活动，为委员企业提供优质、高效服务，密切委员与组织之间的和谐关系。加强委员之间友好往来和友情互助，增强委员的凝聚力。规范委员管理。完善委员履职档案，做到每位委员个人信息和履职档案齐全，履职情况清楚。加强委员动态管理，积极吸纳优秀人才充实到委员队伍，为委员自身的进步和事业的发展提供必要的帮助；强化委员履职考核，严格按照委员管理相关规定，对履职不积极的委员进行劝退。

五、强化自身建设，更好地为加快浔阳发展增添活力

主动适应新形势、新要求，以创建“学习型、服务型、创新型”机关为目标，全力推进政协工作制度化、规范化、程序化建设。完善制度建设。坚持以制度管人管事，不断健全会议、学习、工作等各项制度，完善机关工作人员行为规范，保证机关工作协调统一、规范有序、高效运行，为政协履行职能提供科学的制度保障。强化队伍建设。继续强化政协常委会的领导和带头作用，发挥政协委员主体作用，发挥专委会和街道联络组的基础作用，注重政协干部的培养与成长，打造一支政治坚定、作风优良、学识丰富、业务熟练的干部队伍，提高政协办事效率和服务能力。深化作风建设。坚决执行中央“八项规定”，全面加强机关效能建设，扎实推进机关作风转变，大力弘扬创新精神，切实提高政协工作科学化水平。深化党风廉政建设，加强廉政教育，提高干部的思想境界，筑牢反腐倡廉防线。

各位委员、同志们，面对新形势、新要求、新起点，人民政协责任重大、使命光荣。让我们紧密团结在以习近平同志为总书记的党中央周围，在区委的坚强领导下，牢记神圣职责，不负人民重托，进一步解放思想、振奋精神、锐意进取、扎实工作，为开创我区政协工作新局面，建设“美丽、实力、文化、幸福”新浔阳而努力奋斗！

七届四次会议常委会工作报告

（2014 年 1 月 15 日在政协第七届浔阳区
委员会第四次会议上）

区政协主席　**文建华**

各位委员：

现在，我代表政协第七届浔阳区委员会常务委员会，向大会做工作报告，请予审议，并请列席会议的同志提出意见。

2013 年工作回顾

2013 年，在中共浔阳区委的正确领导下，区政协常委会坚持以邓小平理论、“三个代表”重要思想和科学发展观为指导，深入学习贯彻中共十八大和十八届三中全会精神，紧紧围绕“打好‘四张牌’、打造‘四座城’”的工作目标，积极履职，顺利完成了区政协七届三次会议确定的各项任务，为提升政协工作、助推浔阳发展做出了积极贡献。

一、围绕中心、服务大局，在加快浔阳发展中积极履行职责

一年来，区政协常委会坚持把助推浔阳发展作为政协工作的首要任务，不断强化发展理念、凝聚发展力量、浓厚发展氛围，在服务发展大局中做出了应有贡献。

积极为城市建管献智献计。坚持以区委区政府“打造现代幸福宜居城区”工作目标为政协工作切入点，积极为做美浔城出谋划策。围绕推进旧城改造，委员们深入调研，认真撰写提案，提出了集约利用土地资源、确保安置房建设质量、做好后续配套服务等建议。区委戴晓慧书记在关于《加快旧城改造步伐，建设美丽浔阳》的提案上批示：建议很好，要求相关部门认真研究、积极采纳。组织开展公租房建设专题视察，提出了解决公租房建设资金、严把建设质量、完善配套设施等建议。区政府分管领导非常认可，专门召集相关部门就委员们提出的建议进行研究，提出解决的办法和措施。围绕城市管理，组织开展加强开放式小区物业管理专题调研，提出了理顺工作机制、强化宣传培训、加大改革力度等建议，促进了我区对开放式小区物业管理水平的提升。

积极为经济发展建言献策。坚持以加快发展为主题，紧跟区委区政府工作思路，精心选题、深入调研，积极为全区经济发展协商议政。围绕加强税源建设，组织开展财政收入情况专题调研，提出了积极培植税源、完善税收体制、加大护税力度等建议。区政府左延区长高度重视并批示：报告有现状调查、有原因分析、有对策建议，很有参考价值，要求分管领导召集财税征管部门认真研究。围绕加快三产发展，组织开展发展现代物流业专题调研，提出了加快物流园区和龙头企业建设步伐、加大对现代物流业发展扶持力度等建议，为加快我区现代物流业的发展提供了参考意见。进一步强化委员责任意识，在委员中广泛开展“讲诚信、做贡献、促发展”活动，一些委员将企业从外地注册到浔阳区，将投资转移到浔阳区，为浔阳经济发展做出了积极贡献。

积极为民生改善献计出力。坚持把促进民生的改善作为政协工作的努力方向，积极对惠民实事开展视察调研，推进民生工程落实。围绕促进教育公平，组织委员开展义务教育均衡发展专题调研，提出了逐步完善网点布局、不断改善办学条件、努力提升教育质量等建议，得到区委区政府领导的肯定。围绕做实民生工程，组织区政协常委和部分市政协委员对区委区政府“十件惠民实事”推进落实情况进行了专题视察，并在常委会上听取了区政府有关情况通报，委员们提出了提升新建社区日间照料中心服务水平、确保新建社区蔬菜直销点食品安全等建议，有力地促进了惠民实事的落实。组织开展促进养老社会化专题视察，提出了把社区养老事业用房纳入小区配套设施建设范围、加强养老保障体系建设等建议，引起了相关部门的共识。

积极为中心工作尽职尽责。坚持把政协工作融入区委区政府中心工作，主动作为、勇于担当，确保区委区政府的决策部署在政协工作中得到贯彻落实。不断推进项目建设，按照全区统一要求，主动跟进、调度、服务挂点项目，确保了区政协领导班子挂点服务的金旺达石化、钒宇新材料、园区综合码头、中翰商务大楼、广东商会大厦、曹家山公租房等重大项目有序推进。积极开展招商引资工作，充分发挥政协联系广泛、资源丰富的优势，动员委员和机关干部积极开展招商引资活动，全年引进项目 3 个，总投资 1.35 亿元。

二、深入基层、密切群众，在发挥委员作用中

彰显工作特色

一年来，区政协常委会坚持把发挥委员作用作为政协工作的重要抓手，不断优化活动平台，创新活动形式，注重活动实效，在推动民生改善中取得了应有成绩。

做实履职平台。坚持以街道和社区为依托，整合有效资源、突出各自特色，打造了“品位化”“庭院式”“温馨型”等各具特色的“委员之家”，设立了“委员约谈室”“社情民意收集室”“委员议事室”等功能室，为委员履职奠定了基础。拓展活动平台，按照就近原则，将所有区政协委员和住区市政协委员划分到委员居住所在地社区（村），实现了每个委员联系一个驻地社区（村），进一步拉近了委员与基层和群众的距离，增强了委员履职针对性和实效性。

畅通民意渠道。重视提案工作，充分发挥提案工作“三会”制度作用，提案工作质量得到进一步提升，区政协七届三次全会审查立案的198件提案顺利办结，提案回复率、满意率或基本满意率实现了100%。强化民主监督职能，与区纪委和区监察局联合选派了15名政协委员担任相关部门民主监督员，对部门落实区委区政府工作任务、履行部门职能进行了民主监督，向相关部门提交《民主监督建议书》10份，提出了建议意见32条，有效促进了部门工作提升。加强社情民意工作，出台了进一步加强反映社情民意工作制度，设立了5个社情民意收集点，聘请了20名社情民意信息员，社情民意信息的收集、整理、报送、办理得到进一步加强，被市政协评为“2013年度反映社情民意信息工作先进集体”。

深化活动内容。积极开展市政协密切联系群众“三进三服务”和区政协委员进社区“五个一”活动，委员主体作用得到有效发挥。坚持开展“委员约访”活动，组织委员与群众面对面交流，充分听取群众意见，切实解决实际问题。区政协委员在基层走访时，了解到很多来自外地长期为我区市容服务的一线环卫工人，生活非常困难，享受不到本地困难户优惠政策，特向有关部门建议，对他们要给予适当的生活补助，得到了市政府和市物价部门高度重视，决定从价格调节基金中划拨62万元，对城区一线环卫工人进行补助。委员进社区活动开展以来，市、区两级政协委员主动走进或联系社区，累计实施各类惠民实事120余件次。区政协被市政协评为“2013年度先进区域活动组”。

切实为民解困。发挥政协委员自身优势，组织委员深入基层、走进群众，广泛听取、及时反映民生诉求，大力实施惠民实事。积极引导委员开展慈善助学活动，全年共有83名委员参与贫困助学活动，累计筹集贫困助学等各项资金50余万元。特别是，为帮助正在九江求学的20名贵州贫困山区孩子回家看望父母，由10名政协委员共同组织开展了“圆贵州孩子回家梦”活动，为他们购置了生活和学习用品，解决了孩子们在九江城区和南昌参观学习、住宿及往返路费等所有费用，在社会上反响很大，《人民日报（海外版）》《光华时报》《九江日报》等国家、省市级媒体予以报道。一年来，共有300余名市、区政协委员参与公益活动，赢得了社会的肯定，树立了委员良好形象。

三、增进团结、发扬民主，在凝聚智慧力量中发挥政协优势

一年来，区政协常委会坚持把促进团结民主作为政协工作的永恒主题，积极团结各方力量、协调各层关系、化解各种矛盾，在促进社会和谐中发挥了应有作用。

增强组织合力。重视发挥各民主党派、工商联、无党派人士在参政议政中的作用，主动邀请他们列席政协常委会及其他重要会议，支持和鼓励他们以党派团体的名义，围绕加快发展、改善民生和促进和谐等方面进行参政议政。加强与统战、民族宗教、科协等部门的协作与配合，定期向参加单位通报工作情况，了解他们对政协工作的意见，合作共事的政治基础得到进一步加强。大力开展非公经济人士“理想信念”教育实践活动，进一步增强了非公人士对中国特色社会主义的信念、对党委政府的信任、对企业发展的信心。

广泛联络联谊。主动争取上级政协指导与支持，积极配合省、市政协开展了“公共文化服务体系建设”“九江沿江开放开发对策研究”“中心城区社区菜店建设”“园区基础设施建设情况”等调研视察活动。注重联谊交流，与新疆和静县、武汉市新洲区、石家庄市桥东区、沈阳市沈河区、景德镇市珠山区等外地和兄弟县区政协进行了交流学习。认真做好港澳台侨工作，积极走访侨胞、侨属及其企业，全力配合市政协做好驻区港澳台侨企业基本情况调查统计。

加强文史工作。为传承浔阳政协历史，彰显时

代特色，全面、系统、准确、客观反映浔阳区政协组织成立、历史沿革和工作进程，区政协启动了《浔阳区政协志》编纂工作，目前已经完成了志书篇目和体例的设置，正在广泛收集相关资料。组织文史专家学者，以反映计划经济时期各种票据的由来、使用、变迁为目的，编辑出版了《票证岁月》文史资料图书，该书共收集图片 2000 余张、文字近 20 万字。

四、开拓进取、固本强基，在加强自身建设中提升服务水平

一年来，区政协常委会坚持把强化自身建设作为政协工作的重要保障，不断夯实履职基础，激发组织活力，扩大工作影响，在提升工作水平中巩固了应有地位。

健全组织建设。加强政协机关组织建设，成立了区政协委员工作委员会和政协机关后勤服务中心，及时调整各专门委员组成人员，机关组织建设不断得到强化。加强街道政协联络处联系与指导，促进了政协工作向基层的延伸和拓展。争取区委重视与支持，加强政协机关干部的培养，3 名年轻干部被提拔或重用到各专委会，根据委员岗位变动和《浔阳区政协委员守则》规定，新调整了委员 24 名，对 5 名履职不积极的委员予以劝退。

强化机关管理。加强制度建设，按照“客观有效、实事求是、拾遗补阙”的原则，对提案工作、民主监督、委员活动等工作制度以及财务管理、车辆管理、宣传工作等机关管理制度进行了修改完善，制定出台了统一选派民主监督员、社情民意等工作制度。加强作风建设，积极开展“精细化管理年”和解决“四风”问题等活动，着力改进文风会风作风。加强廉政建设，切实贯彻落实中央“八项规定”，认真开展自查自纠活动，树立了政协机关风清气正的良好形象。

加强新闻宣传。重视新闻宣传工作，健全工作激励机制，新闻宣传工作取得了重大突破。一年来，区政协在各级各类报纸刊物上稿 112 篇次，同比增长 20%，在《人民日报（海外版）》和《人民政协报》等国家级报刊上稿 4 篇，在省政协机关报刊《光华时报》上稿 50 篇，其中头版 11 篇，头条 1 篇，有力地扩大了区政协对外影响。区政协连续 2 年荣获“全省《光华时报》宣传发行工作先进单位”称号，连续 3 年荣获“全市政协系统宣传工作先进集体”称号。

各位委员，过去的一年我们取得了一些成绩，这些成绩的取得，是区委正确领导和区政府大力支持的结果，是各参加单位和相关部门及社会各界密切配合的结果，是政协工作者和全体政协委员共同努力的结果，也是全区历届老领导和老同志热情关注的结果。在此，我谨代表区政协常委会，向所有重视、关心、支持政协工作的各级领导及同志们表示衷心的感谢和崇高的敬意。

在肯定成绩的同时，我们也清醒地认识到，对照新形势、新要求，我们的工作还存在一些薄弱的地方，如调研成果的转化有待于进一步加强，社情民意工作有待于进一步强化，民主监督力度有待于进一步提升等。在今后的工作中，我们将高度重视这些问题，积极改进方式，切实加以解决。

2014 年工作建议

2014 年是贯彻落实中共十八大和十八届三中全会精神的重要一年，也是建设“美丽、实力、文化、幸福”新浔阳的关键一年。今年区政协常委会工作总体思路是：坚持以邓小平理论、“三个代表”重要思想和科学发展观为指导，深入学习贯彻中共十八大及十八届三中全会精神，在中共浔阳区委的正确领导下，团结和带领广大政协委员和社会各界，主动融入“昌九一体化”“做大九江”战略部署，紧紧围绕“3785”工作目标，以开展群众路线教育实践活动为契机，不断创新履职方式，汇聚发展力量，营造和谐氛围，为打造美丽、和谐、幸福首善之区做出新的更大贡献。

围绕总体要求，我们将着力做好以下四个方面工作：

一、着力为强化思想意识加强学习

始终把加强理论学习作为强化思想意识、提升理论水平、推进政协工作的重要抓手，努力提高参政议政能力。

不断强化责任意识。始终坚持党的领导不动摇，牢牢把握政协工作的正确方向，在服务发展大局中找准位置、把好尺度、发挥优势，自觉地把区委的重大决策贯彻落实到位，真正地把政协工作融入区委、区政府的中心工作中去，与党委、政府在思想上同心、在目标上同向、在行动上同步。

努力提升理论水平。始终坚持学习引领作用，把学习宣传、贯彻落实中共十八大和十八届三中全会精神作为当前和今后一段时间内首要政治任务，深刻领会十八大和十八届三中全会精神实质，准确把握社会主义协商民主工作内涵，把全体政协委员的思想和行动统一到十八大和十八届三中全会精神上来，把社会各界人士的智慧和力量凝聚到实现今年全区目标任务上来，不断提升政治理论水平。

密切联系人民群众。按照中央、省、市、区关于改进工作作风、密切联系群众的有关要求，认真开展以“为民、务实、清廉”为主要内容的党的群众路线教育实践活动。积极组织区政协机关干部和政协委员，深入基层、走进群众，以实际行动践行为民服务的宗旨。大力开展创新社会管理、服务基层社区、帮扶困难群众等活动，引导机关干部和委员争当联系群众、履行职责、热心公益的表率。

二、着力为助推科学发展积极履职

紧扣“七大工程”工作目标，切实履行政协职能，积极为助推浔阳发展贡献力量。

围绕加快发展协商议政。增强加快发展的意识，提高对中央全面深化改革的认识，强化对区委发展战略的理解，充分发挥政协人才荟萃和智力密集优势，积极为助推我区经济和社会持续健康发展进行参政议政。突出加快发展的重点，紧紧围绕推进经济发展，加强总部楼宇、商贸物流、园区工业、文旅产业等专题调研；围绕做美中心城区，加强旧城改造、生态环境、市容管理等专题调研，为区委区政府发展决策提供参考依据。

围绕改善民生调研视察。按照“党政所思、群众所盼、政协所能”的原则，围绕民生工程和社会事业，对公租房建设、基层医疗服务、城乡最低生活保障等工作进行专题视察；围绕区委区政府确定的惠民实事推进落实情况，开展专题视察，多建利民之言，多献惠民之策。更加注重困难群体的帮扶实效，积极开展形式多样的公益活动，力求在解决人民群众最关心、最直接、最现实的利益问题上更有作为。

围绕民主监督务求实效。不断畅通民主监督渠道，强化民主监督措施，增强民主监督成果的转化力度。坚持提案工作“三会”制度，继续实施领导领衔督办重点提案工作机制，不断提高提案工作质量。重视民主监督员作用，继续与区纪委、区监察局联合开展统一委派民主监督员活动，创新形式、丰富内容、扩大范围。强化社情民意工作，充分发挥社情民意收集点和信息员作用，定期编发社情民意刊物，切实做好社情民意信息反馈和办理工作。

围绕中心工作积极作为。按照“抓投资、攻项目不动摇”的工作要求，积极做好政协挂点项目的跟踪服务，确保项目建设按时间节点、目标要求顺利推进。发挥政协组织联系广泛、渠道畅通的优势，主动参与、全力服务、积极配合全区招商引资工作。积极参与和开展文明创建活动，通过组织和引导机关干部及政协委员增强文明意识、培养文明习性、树立文明新风，带动群众共同创建文明城市。

三、着力为形成发展合力凝心聚智

充分发挥政协组织大团结、大联合优势，凝聚各方面的社会力量，努力营造共谋发展的良好氛围。

强化委员主体作用。继续拓宽活动平台，进一步整合资源、彰显特色、完善管理，加强“委员之家”的打造提升工作，选择在有条件、有意愿的委员企业里打造“委员之家”。深化开展委员进社区活动，积极引导委员走进社区、深入基层，充分利用和发挥自身优势，做好协调关系、化解矛盾、扶贫帮困等工作，真正为社区和群众解决实际问题。深化开展委员“讲诚信、做贡献、促发展”活动，不断增强委员的履职意识和责任意识。努力提升服务水平，坚持工作上支持委员，感情上贴近委员、服务上方便委员，关心支持委员企业发展，增进委员之间的交流与协作，增强委员的向心力和凝聚力。

汇集党派团体力量。进一步密切与各民主党派、工商联、人民团体和无党派人士的联系，重视和发挥他们在参政议政中的作用。充分利用各类例会、调研视察、界别活动，支持和鼓励他们在全体会议、常委会议及专题协商会议上发表见解，营造“民主协商、求同存异、体谅包容”的良好氛围。

深化联络联谊活动。加强与上级政协联系，争取更大支持和更有力的指导。加强与兄弟和外地政协联系与交流，进一步开阔视野、增长见识。加强与参加单位和对口单位的工作联系，争取他们的协作配合。加强与港澳台同胞、海外侨胞、民族宗教和社会各界人士的联系，鼓励和引导他们为全区招商引资牵线搭桥，为促进祖国和平统一贡献力量。

四、着力为提升履职实效奠定基础

坚持把加强自身建设作为发展政协事业的基础性工作，不断激发政协组织活力，为政协履职提供坚强的组织保障。

强化组织建设增活力。切实加强常委会自身建设，发挥常委会组成人员的表率作用，努力把常委会建设成为政治坚定、尽职尽责、作风过硬的领导集体。切实加强专委会、街道政协联络处和界别的基层建设，发挥其组织优势、专业优势和联络优势，不断增强政协基层组织的工作活力。切实加强机关干部队伍建设，争取区委重视，注重对政协干部的培养，着力打造“三型”政协机关。

完善制度建设提效率。积极探索适应时代发展、符合政协特点、利于履行职能的工作方式方法，进一步完善政协工作制度，不断提升政协工作和机关运转规范化、制度化和程序化水平。继续坚持委员约访、民主评议提案办理、领导班子走访委员等工作制度，不断完善社情民意、统一委派民主监督员以及对口协商、专题协商等工作制度。

加强机关建设练内功。严格贯彻落实中央“八项规定”、《党政机关国内公务接待管理规定》和《党政机关厉行节约反对浪费条例》等要求，认真查找、切实解决工作中存在的问题，进一步改进文风、会风和作风。继续强化新闻宣传工作，不断保持和巩固我区政协新闻宣传工作在省市先进地位。切实加强文史工作，有序推进《浔阳区政协志》的编纂工作；积极配合旧城改造，不断挖掘、保护和传承浔城街区历史文化，着手《百年莲花池》编纂工作，力争今年底出版。

各位委员，回首过去，我们同舟共济谋发展；展望未来，我们肝胆相照谱新篇。让我们继续高举爱国主义和社会主义两面旗帜，在中共浔阳区委的坚强领导下，同心协力、凝心聚力、尽心尽力，为推进浔阳政协事业再上新台阶、打造美丽、和谐、幸福首善之区而努力奋斗！

附：　　名词解释

1．打好四张牌，打造四座城：即打好沿江牌，聚力开放开发，打造工贸并举新兴港城；打好城建牌，突出旧城改造，打造宜居宜业魅力城；打好文化牌，创新文化传承，打造文旅产业名城；打好服务牌，着力改善民生，打造文明和谐幸福城。

2．提案工作“三会”制度：即提案交办会明确责任，常委汇报会督促落实，民主评议会跟踪问效。

3．“三进三服务”活动：即市政协在全市各级政协组织和广大政协委员中开展的进社区、进园区、进乡村，服务中心、服务社会、服务群众为主要内容的活动。

4．“五个一”活动：即区政协组织广大委员开展联系一个驻地社区、帮扶一户困难家庭、参加一次委员约访、反映一条社情民意、实施一件惠民实事等活动。

5．委员约访：即区政协和各街道政协联络处通过广泛搜集社区和群众反映的各种问题与困难，邀请相关委员与群众面对面交流，通过发挥委员自身优势，帮助社区和群众解决实际问题。

6．“四风”问题：2013 年 6 月 18 日，习近平总书记在中国共产党的群众路线教育实践活动工作会议上强调，要集中解决形式主义、官僚主义、享乐主义和奢靡之风这“四风”问题。

7．“昌九一体化”发展战略：在省委十三届七次全体（扩大）会议上，省委、省政府提出要通过推进南昌九江联动一体发展，形成强大的区域集合效应，把南昌和九江打造成江西发展的“双核”。

8．“3785”工作目标：即用 3 年时间，实施七大工程、改造 80 万平方米边街小巷和院落小区、实现财政收入突破 50 亿元。

9．七大工程：即改造十大片区，打造十大千万楼宇、十大特色市场、十大亿元项目、十大精品社区、十大文化景观、十大街面整治。

10．“三型”政协机关：即学习型、服务型、创新型政协机关。

七届五次会议常委会工作报告

（2015 年 2 月 3 日在政协第七届浔阳区委员会第五次会议上）

区政协主席　**文建华**

各位委员：

现在，我代表政协第七届浔阳区委员会常务委员会，向大会报告工作，请予审议，并请列席会议的同志提出意见。

2014 年工作回顾

2014 年，在中共浔阳区委的坚强领导下，区政协常委会以学习贯彻中共十八大和十八届三、四中全会以及习近平总书记系列讲话精神为动力，以深入开展党的群众路线教育实践活动为契机，紧紧围绕“3785”工作目标，坚定信念，积极履职，各项工作取得新进展，为打造美丽、和谐、幸福首善之区做出了应有贡献。

一、突出重点、创新履职，协商议政更富成效

区政协常委会按照“助推浔阳发展，服务首善之区”的工作要求，积极开展协商议政活动，为促进浔阳经济社会发展建言献策。

助推浔阳加快发展。近年来，区委区政府积极探索“借地”发展模式。为助推“飞地工业”科学发展，区政协紧跟区委区政府的发展思路，组织开展“飞地工业”专题调研。通过深入分析我区“飞地工业”发展利弊，外地学习先进做法，提出了建立健全合作机制、前瞻思维定位“飞地”规划、科学态度定位“飞地”模式等建议。区委书记戴晓慧和区政府区长左延高度重视，并做了重要批示，认为报告对推进全区“飞地工业”发展具有很好的参考作用，要求区政府分管领导和相关部门深入研究，积极采纳。区政府充分结合调研报告所提建议，对我区跨江合作规划进行了补充完善。一年来，围绕加快浔阳发展，区政协还开展了发展现代物流业、做大做强总部楼宇经济以及琵琶湖农产品市场建设运营情况等调研视察活动，为加快浔阳发展提供了参考依据。

聚焦民生工作改善。针对防艾难题，区政协组织开展艾滋病防治工作专题调研，提出了完善“艾滋病防治”保障和投入机制，破解艾滋病防治工作人才瓶颈，落实艾滋病患者关怀政策等建议。区政府分管领导要求卫生部门结合所提建议，深入调研，创新方式，提升我区防艾工作水平。针对城区噪音污染问题，区政协委员提交了《加强治理城区噪音问题》的提案，建议对工地施工、娱乐场所等噪音污染进行专项治理。区政府将此提案列为重点督办提案，成立了专项治理工作领导小组，开展了为期一个月的专项整治活动，社会反响较好。一年来，围绕促进民生改善，区政协还开展了公租房建设、边街小巷改造、物价工作、日间照料中心运行情况等调研视察活动，为推进民生改善献计出力。

促进社会事业进步。为提升我区矛盾纠纷调处工作水平，针对“启和”调解室运行情况专题视察过程中发现的问题，区政协及时将专题视察转化为专题调研，通过外地学习、座谈协商，就强化部门协作配合、加大经费支持力度、加强专业队伍建设等方面提出建议。区委分管领导认为，这些建议对“启和”调解室工作经验推广非常有利。为改善城区市容环境，区政协组织开展了加强市容管理工作专题调研，提出了理顺工作机制、探索市场化运作方式、建立数字化监控体系等建议。区政府分管领导认为建议具有操作性、针对性，要求市容管理部门积极运用到市容环卫工作中去。一年来，围绕社会事业发展，区政协还开展了新建学校运行管理情况、法院“开放日”、检察院重点工作等调研视察活动，为推进各项社会事业统筹发展尽职尽责。

畅通协商议政渠道。完善全体会议整体协商、常委会议专题协商、主席会议重点协商工作机制。一年来，区政协常委会先后听取了区政府或相关部门对全区经济社会运行、“十大片区”旧城改造、义务教育均衡发展、标准化农贸市场改造等工作情况的通报，并进行协商讨论，常委们所提建议意见受到区政府及相关部门高度重视。对呈报到区委区政府的发展“飞地工业”、加强市容管理等调研报告，区政协主席会进行了重点协商。规范提案工作“三会”制度，去年审查立案的151件提案全部办结，提案满意率或基本满意率为100%，提案工作先后两次被《人民政协报》重点报道。强化民主监督工作，向6个部门派出18名民主监督员，先后围绕计划生育、环境保护、司法公正等开展了16次民主监督活动，提交民主监督建议书18份。加强社情民意工作，全年共编报社情民意信息44条，其中《建议将普通群众定期体检列为惠民实事》等2篇社情民意信息由省政协专报全国政协和省政府，填补了区政协社情民意信息被省政协采编的历史空白。

二、发挥优势、深化活动，委员风采更显魅力

区政协常委会充分发挥委员资源优势，深化委员进社区活动，政协委员主体作用得到进一步彰显。继续加强平台建设，充分发挥界别作用，先后打造了经济界和文卫界“委员之家”。继续开展“委员亮相台”活动，将412名市区两级委员划分到各社区（村），实现了委员服务社区和群众“零距离”。各街道政协联络处充分利用“委员之家”平台，积极组织委员开展进社区活动。有的街道政协联络处组织委员开展“暖冬行动”，向街道200余名环卫工人每人赠送一个保温瓶。有的社区联合委员组织辖区居民开展“环湖健步行”活动，近百名居民参加，受到群众好评。深入开展委员进社区

“五个一”活动，坚持把“委员约访”作为一项长效机制，出台了《浔阳区政协“委员约访”工作细则》，组织引导委员切实为社区和群众解决实际问题，累计开展“委员约访”80余次，解决实际问题50余件。继续开展“讲诚信、做贡献、促发展”活动，区政协委员主动将企业落户到浔阳，为浔阳税收增长做出积极贡献。积极组织委员开展慈善助学、阳光助学、扶残助残、扶贫助困等公益活动。一年来，共有390余名市区两级政协委员参与公益活动，实施惠民实事100余件。

三、围绕中心、主动作为，大局意识更加坚定

区政协常委会坚持与区委区政府同频共振，不断增强大局观念，围绕中心工作，主动作为、赢得地位。积极参与“十大片区”旧城改造，两名班子成员分别挂点两大片区改造工程。主动跟进服务重点项目、工业企业、总部楼宇，协调解决项目或企业在推进过程中的困难，确保了广东商厦、中翰商务楼宇、公租房建设、园区综合码头等项目顺利推进。积极开展招商引资工作，引进总投资6亿元的求振国际商住楼开发项目。积极响应“双百双千”活动，帮扶困难群众30余人次。全力融入城市环境综合整治“百日大会战”主题活动，实行领导带班上路巡查工作机制。积极参与党风廉政建设社会评价工作，引导机关干部和政协委员对全区党风廉政建设工作作出客观公正的评价。

四、强基固本、提升效率，自身建设更具活力

区政协常委会坚持把自身建设作为激发政协组织活力的关键环节，为政协履职提供强有力的组织保障。

为民理念更加牢固。严格按照“照镜子、正衣冠、洗洗澡、治治病”的总要求和市委、区委统一安排，认真开展党的群众路线教育实践活动，提出打造“三型机关”、提升“四种意识”的工作目标，深入学习贯彻中共十八大和十八届三、四中全会以及习近平总书记系列讲话精神，广泛听取群众意见，深刻剖析存在问题，切实落实整改措施。活动以来，共召开征求意见座谈会15次，征求意见建议100余条，归纳整理为26条，制定完善工作制度12项。通过整改，区政协办会、办文、办事效率明显提升，会议同比精简了20%、文件同比减发了15%。

机关建设不断强化。进一步强化常委会“以上率下”的引领作用，发挥专委会、街道政协联络处和界别的特色与基础作用，政协组织建设不断加强。进一步强化干部队伍建设，选派优秀干部参与到旧城改造、总部楼宇等中心工作中，政协机关干部一线实践操作能力得到提升。进一步加强委员队伍建设，修改完善了《浔阳区政协委员守则》，对履职积极的40名委员予以表彰，对不称职的委员予以劝退。进一步加强作风建设，严格执行中央八项规定，认真落实党风廉政建设要求，机关作风明显改善。

交流联谊更加密切。注重借鉴外地先进经验，先后就矛盾纠纷调处、艾滋病防治、“飞地工业”发展等调研工作，赴辽宁省凌源市、吉林市船营区、安徽省广德县等地学习考察；积极宣传浔阳，友情接待四川省江油市、广州市天河区、景德镇市珠山区及本市兄弟县区政协来我区学习交流。牢牢把握团结民主两大主题，主动加强与各民主党派、工商联、无党派人士沟通联系，加强与台办、科协、民宗、侨办等政协参加单位协作配合，加强与港澳台侨胞、侨属联络联谊，为浔阳加快发展凝聚了智慧力量、浓厚了和谐氛围。

文史宣传取得突破。积极跟进“文化”浔阳建设，为“浔阳之眼”历史文化展示馆建设提供了大量的历史资料和文化创意元素。组织开展了“中国现代书画艺术鉴赏”知识讲座，提高了政协委员和区直机关干部书画艺术的鉴赏能力和文化素养。加快推进《浔阳区政协志》编纂工作，完成了资料收集、初审、修改工作。着眼于莲花池片区历史文化保护与传承，编辑出版了《百年莲花池》文史资料。组建专业文史工作队伍，首次聘请了10名历史文化专家学者为区政协文史资料研究员。区政协被评为“全市政协文史工作先进单位”称号。宣传工作实现新突破，全年在各类新闻媒体、报纸杂志上稿300余篇，其中《人民政协报》上稿12篇，《光华时报》上稿55篇。区政协连续3年荣获全省《光华时报》宣传发行工作先进单位，连续4年荣获“全市政协系统宣传工作先进集体”称号。

各位委员，过去的一年，区政协常委会工作所取得的成绩，是区委坚强领导和区政府大力支持的结果，是各参加单位和社会各界鼎力相助、密切配合的结果，是全体政协工作者和政协委员团结协作、共同奋斗的结果，也是全区历届老领导和老同志热情帮助、重视关注的结果。在此，我代表区政协常委会，向所有重视、关心、支持政协工作的各级领导及同志们表示衷心的感谢和崇高的敬意！

回顾过去一年的工作，对照新形势、新要求，我们也清醒地认识到工作中仍存在一些不足，主要表现在：协商民主实践不多、深化不够；调研视察成果不多、转化不够；民主监督形式不多、力度不够；委员资源优势虽多，但作用发挥不够等。对此，我们将高度重视，并认真加以改进。

2015年工作建议

2015年是全面深化改革的关键之年，也是全面推进依法治国的开局之年。区政协常委会工作总体思路是：始终坚持在中共浔阳区委的坚强领导下，深入贯彻落实中共十八大及十八届三、四中全会和习近平总书记在人民政协成立65周年大会等系列讲话精神，主动适应新常态，全力融入“聚力做大九江、开创双核发展新征程”，紧扣“3785”目标，进一步提升资政水平，汇聚发展力量，夯实基层基础，为打造美丽、和谐、幸福首善之区做出新的更大贡献。

围绕总体思路，我们将着力做好以下工作：

一、更加注重履职质量，努力在助推浔阳发展上出实招、见实效

始终坚持把助推发展作为履职首要任务，紧扣发展主题主线，善谋发展之计、善建睿智之策。

不断推进协商民主实践。深入学习、深刻领会协商民主内涵，贯彻落实区委转发《区政协党组关于进一步推进社会主义协商民主制度建设，加强人民政协民主监督工作意见》，科学制定协商工作计划，不断推进我区协商民主制度化、规范化、程序化建设。紧紧抓住我区全面深化改革和科学发展中的关键性、制约性及深层次问题，开展政府机构改革和职能转变、区域优势和发展瓶颈、经济发展和环境保护、人才引进和培养等专题协商。拓宽协商民主方式，积极开展对口协商、界别协商、提案办理协商等活动。

不断提升调研视察水平。紧紧围绕全区中心工作，把握好调研视察课题全局性、综合性和前瞻性。区域发展上，持续关注商贸物流、楼宇经济、文旅产业、园区工业等；城市管理上，着眼于市容网格化管理和市场化运作、城市环境综合整治等；民生工作上，聚焦学前教育、扩大就业、保障农民工权益等；社会事业上，致力于卫生防疫、精品社区打造、公益性服务平台建设、政府购买公共服务、志愿者服务、禁毒工作等。深入开展调研视察，认真撰写调研报告，科学提出建议意见。

不断强化提案工作质量。切实把好审核关，积极引导委员紧扣发展重点、民生热点、社会焦点等方面提交提案，力争提案有深入调研，有事实分析，有可行建议，从源头上提高提案工作质量。把好责任关，继续发挥提案办理“三会”工作机制作用，提高提案办理工作的针对性。把好督办关，继续坚持领导领衔督办，区委区政府和区政协三家联合督办工作机制，探索推行“一号”提案政协常委会重点督办，部分提案办理结果网上公示等工作机制。把好成果转化关，对已经落实、承诺解决或计划解决的提案开展“回头看”，促进提案办理工作落到实处。

不断加大民主监督力度。进一步明确监督重点，围绕法治建设要求，对《中华人民共和国环境保护法》《中华人民共和国计划生育管理条例》《中华人民共和国残疾人保障法》等法律法规执行情况开展民主监督；围绕惠民政策落实情况，开展公租房建设、食品安全、边街小巷改造等民主监督。进一步加强民主监督工作力度，实行班子成员挂点指导民主监督小组工作机制。继续发挥政协委员民主评议行风监督员作用，为促进部门提升工作效率、改善全区发展环境献计出力。积极探索政协民主监督与党内监督、法律监督、舆论监督相结合的新机制。

不断加强社情民意工作。坚持把反映社情民意信息作为群众表达利益诉求的重要形式，不断扩大民生信息来源，畅通信息反馈渠道，及时把群众诉求和各界意见反映给区委、区政府。加强社情民意工作力量，继续发挥社情民意采集点和社情民意信息员作用，充分调动各民主党派积极性。组织召开社情民意恳谈会，多形式收集社情民意信息。不断完善社情民意信息收集、报送、办理、反馈等工作程序，定期编发社情民意信息专报，促进社情民意工作规范化、制度化建设。

二、更加注重大局观念，努力在服务首善之区上有作为、聚合力

始终坚持“围绕中心、服务大局”的工作理念，积极汇集发展力量，实现更大作为。

主动融入中心工作。继续参与、关注“十大片区”旧城改造，为加速推进旧城改造、科学谋划保障性住房建设建言献策。积极跟进服务挂点项目，主动下到项目一线，动态掌握推进情况，及时解决存在问题，严格按照全区统一要求，确保项目顺利推进。继续发挥政协联系广泛和人脉优势，积极开展牵线搭桥和对外联系，为全区招商引资工作再添新项目、再增新固投。

积极发挥委员作用。继续深化开展委员进社区“五个一”活动，组织引导委员直接面向群众、直接服务群众。充分发挥“委员之家”平台作用，把“委员之家”打造成亲民、为民、惠民重要阵地，选择在条件成熟的界别、党派、商会全新打造“委员之家”，利用网络平台，开通网络“委员之家”。坚持“委员约访”工作机制，多渠道搜集社区和群众诉求，发挥委员自身优势，切实帮助社区和群众解决实际问题。积极参与公益活动，开展扶贫济困、捐资助学、结对帮扶以及送法律、科技、医药、文化进社区等活动。

广泛开展联络联谊。进一步加强与上级政协的联系，争取各级政协组织支持与指导。重视与外地政协友好往来，促进两地政协工作交流与合作。不断浓厚民主团结氛围，主动加强与各人民团体、工商联的联系合作，加强与统战、民族宗教、侨办、台办、科协等部门的协作配合，加强与港、澳、台侨胞和侨属的交流联谊，巩固和发展最为广泛的爱国主义统一战线。主动邀请政协各参加单位负责人和政协委员列席政协常委会议及其他重要会议，鼓励他们发表意见、开展协商活动。

三、更加注重自身建设，努力在提升服务能力上强基础、促效能

始终坚持学习引领作用，不断夯实基层基础，提升依法依章履职能力。

不断加强理论学习。持之以恒地把学习作为工作责任和精神追求，把学习成果转化为履职的思路、议政的基础、干事的本领。明确学习重点，继续把学习贯彻落实中共十八大和十八届三、四中全会以及习近平总书记系列讲话精神，作为当前重要的政治任务来抓，把协商民主、依法治国、深化改革作为当前学习的重点。拓展学习形式，把学习列入政协常委会、主席会、专委会和街道政协联络处召开的各类座谈会会议议程。

不断加强组织建设。切实加强常委会组织建设，落实党建工作主体责任。加强专委会和界别组织建设，充分发挥各专委会和界别组织特色作用，开展形式多样的组织活动。充分发挥街道政协基础作用，组织委员为群众多办事、办实事。加强制度建设，巩固好党的群众路线教育实践活动成果，把各项制度完善好、执行好，确保政协工作高效开展和政协机关有序运转。加强机关作风建设，坚持贯彻落实中央八项规定，自觉遵守党风廉政建设要求，节俭办会、办文、办事。

不断加强队伍建设。切实加强干部政治思想建设，努力打造一支思路开阔、勇于担当、主动作为的干部队伍。加强委员的服务与管理，坚持“委员大走访”工作机制，帮助委员解决实际困难；认真执行《浔阳区政协委员守则》有关规定，注重吸纳政治过硬、能力出众、贡献较大、意愿性高的各界精英加入委员队伍。

不断加强文史宣传工作。继续深挖履职过程中的典型事例、经验做法，积极宣传党委政府的惠民政策和群众好声音、委员正能量。充分把握好信息宣传工作基本要求，在时间上求准、内容上求实、文字上求精。不断提升宣传工作质量，力争更大的平台、更好的版面、更多的力作。继续做好文史工作，以反映知青年代历史为主题，启动《难忘岁月》文史资料的征集工作。不断推进《浔阳区政协志》编纂工作，力争年底完成初编工作。

各位委员，面对新形势、新任务，人民政协责任重大，使命光荣。让我们紧密团结在以习近平同志为总书记的党中央周围，在中共浔阳区委的正确领导下，以更加坚实的信念、更加扎实的举措、更加务实的作风，凝聚共识，汇聚力量，为不断做实政协事业、全力助推美丽、和谐、幸福首善之区建设而努力奋斗！

七届六次会议常务会工作报告

（2016 年 1 月 19 日在政协第七届浔阳区委员会第六次会议上）

区政协主席　**文建华**

各位委员：

现在，我代表政协第七届浔阳区委员会常务委员会，向大会做报告，请予审议，并请列席会议的同志提出意见。

2015 年工作回顾

2015 年，区政协常委会在中共浔阳区委的坚强领导下，全面贯彻落实中共十八大以及十八届三中、四中、五中全会和省、市、区委政协工作会议精神，紧紧围绕“3785”战略部署，积极履职，主动作为，各项工作取得新进展，为打造美丽、和谐、幸福首善之区作出了应有贡献。

一、深化认识、创新实践，协商议政有序推进

区政协不断深化对新时期协商民主内涵的认识，积极拓宽方式，畅通渠道，突出重点，协商议政取得实效。继续发挥全委会、常委会、主席会等常规会议协商作用，先后就全区“一府两院”报告、财政预算报告、经济社会发展、重大项目建设、党风廉政建设等 10 余个议题开展协商讨论，委员们所提意见建议得到区委、区政府及相关部门重视采纳。有效利用调研视察重要协商方式，围绕经济发展、城市建管、民生改善、依法治区等各领域，开展了推进中小企业上市、发展电子商务、完善保障性住房后期管理、加强法律援助等调研视察活动，为区委、区政府决策部署提供了参考依据。不断巩固提案办理协商成果，坚持提案工作“三会”制度和党政领导领衔督办重点提案工作机制，创新实施了政协常委会督办“一号提案”、重点提案办理情况网上公示和部分提案办理情况“回头看”等有效措施，区政协七届五次会议以来审查立案的 112 件提案全部办结，满意率为 100%。积极开展对口协商，各专委会围绕垃圾分类、社会救助、学前教育等工作，与对口部门开展协商座谈，共同研究解决问题的对策。切实加强民主监督工作，选派 18 名委员对 6 个部门开展了 20 余次民主监督活动，提交民主监督建议书 15 份，有效促进部门工作提升。认真做好社情民意工作，通过“委员约访”“社情民意恳谈会”等有效方式，广泛听取、积极反映群众意见建议，累计上报社情民意信息 52 条，其中 4 条由省政协专报到全国政协或省委、省政府。

二、围绕中心，服务大局，履职活动取得实效

区政协坚持“助推浔阳发展，服务首善之区”的工作理念，积极为浔阳率先发展献智献策。

一是努力助推经济发展。区政协始终坚持发展第一要务，紧紧围绕助推区域经济发展议政建言。企业上市对中小企业打破融资瓶颈、寻求发展壮大尤为重要。针对我区目前企业上市工作的实际情况，区政协组织开展了推进中小企业上市专题调研，提出了完善服务机构、出台扶持配套政策、培育引进服务企业上市工作中介机构等建议。区委、区政府主要领导高度重视，戴晓慧书记批示要求分管领导认真研究，组织相关部门和企业召开座谈会，听取各方意见，积极推动企业上市工作。针对当前电子商务迅速发展势头和利好发展机遇，区政协主动跟进，组织开展促进全区电子商务产业发展专题调研，提出了建立电商产业发展有效机制、搭建电商产业发展孵化平台、强化电商产业发展人才保障等建议，得到区政府主要领导充分肯定。左延区长认为报告数据详实，内容丰富，具有很强的针对性和操作性，要求分管领导组织相关部门抓好落实。

二是积极建言城市建管。区政协坚持把提升城市品位作为工作的着力点，紧紧围绕建设美丽浔阳献计献策。边街小巷是城市环境治理的盲点、“脏乱差”的焦点。针对边街小巷管理体制不顺、协调难度较大、规划不够科学等问题，区政协组织开展专题调研，提出了强化部门责任意识、完善边街小巷建设资料、提升市民综合文明素养等建议。戴晓慧书记批示认为，报告围绕边街小巷改造及管理这一民生工程，问题找得准，建议提得好，为建立长效管理机制提供了有效参考，要求相关部门认真研究落实。为提高城市管理水平，针对全区市容环卫工作体制不顺、投入不足等问题，区政协组织开展专题调研，提出选择若干路段进行环卫工作市场化运作试点等建议，得到区政府及相关部门的重视。去年，区政府选择在大中路步行街进行环卫工作市场化试点，并出台了《关于进一步建立健全城市管理长效机制的实施意见》，充分吸收了区政协相关建议。

三是有效促进民生改善。区政协坚持把促进民生改善作为履职宗旨，紧紧围绕群众所关心的热点难点问题尽责尽力。随着全区旧城改造的深入推进，部分保障性住房陆续交付使用。为进一步理顺保障性住房后期管理，区政协组织开展了专题调研，提出了探索社区居委会、物业公司和业主委员会共同参与的“三位一体”管理模式，加快物业服务市场化运作，完善保障性小区公共服务体系等建议，得到相关部门的赞同。城区公交关乎百姓切身利益。为缓解城市拥堵压力，区政协对城区公交工作进行了专题视察，提出了进一步强化公交优先发展战略意识，尽快确立公共交通在城市交通系统中的主体地位；进一步完善公交配套工程建设，加强对公交站点、场站和枢纽等基础设施建设；进一步发挥公交流动广告的最大效益，有效缓解当前城区公交运行亏损现状等建议，得到了市公交公司的充分肯定。

四是不断推进依法治区。区政协坚持将依法治区作为推动我区全面深化改革的重要抓手，紧紧围绕促进社会公平献计出力。为进一步提升全区法律援助工作水平，区政协组织开展专题调研，针对全区法律援助基层建设不强、管理机制不优、协调配合不畅等问题，提出了成立法律援助工作委员会、全力打造区级法律援助中心、有效利用社会律师力量等建议。左延区长批示认为，报告很有价值，要求在区法律援助中心打造的人力、财力投入上加大力度，使法律援助中心成为浔阳区的又一品牌。为促进司法公正，区政协对全区刑事审判和反腐败贿赂工作进行了专题协商，针对执法力量不足、信息化水平不高等问题，提出了进一步加强执法硬件建设，提升法官、检察官的能力素质，加大司法调解力度等建议，得到法检两院一致认可。

五是主动融入中心工作。区政协班子成员按照全区统一安排，积极跟进挂点服务项目，德化综合市场、曹家山公租房、新立基沥青化工等项目有新进展。充分发挥政协联系广泛优势，大力开展招商引资工作，新引进汉庭酒店（南湖支路）等项目。积极参与全区党风廉政建设社会评价工作，动员和引导机关干部和政协委员对全区党风廉政建设工作作出客观公正评价。

三、突出主题、发挥优势，发展氛围更为浓厚

区政协牢牢把握民主团结两大主题，不断强化委员主体作用，努力为首善之区建设凝心聚力。

一是强化委员主体作用。区政协重视发挥街道政协联络处基础作用，充分利用“委员之家”有效平台，深化开展委员进社区活动，组织实施了系列有影响的公益活动。高考前期，30余名区政协委员自发组成“政协委员爱心送考小分队”，为100余名考生免费送考；端午前夕，区政协委员邀请280名社区困难老人、空巢老人、老党员，走进电影院观看电影；暑假期间，区政协委员主动组织辖区26名留守儿童，开展“爱心守护，希望同行”关爱活动，给他们上安全教育课、体验游戏、送水杯；盛夏时节，区政协委员联合倡议开展“访基层·送清凉”活动，为全区1200余名环卫工人送去价值10余万元的防暑食品、药品和慰问金；金秋之际，区政协委员积极响应全区“爱满浔阳·慈善助学”和“见义勇为”基金募捐活动，筹集爱心款近6万元。一年来，区政协委员组织开展各类公益活动80余次，惠及群众2000余人次，委员进社区活动多次被《人民政协报》和《光华时报》头版头条重点报道，被市政协评为“先进区域活动组”称号。

二是增进民主团结意识。区政协重视加强与各民主党派、工商联和无党派人士的沟通联系，积极组织党派团体参加调研视察、协商议政、民主监督活动，每年全会重点安排党派团体独立承担调研任务，并在大会上作专题发言，为党派团体参政议政创造条件、搭建平台。注重与台办、科协、民宗、侨办等政协参加单位协作配合，加强与港澳台侨胞侨属联络联谊，为浔阳发展凝聚了智慧和力量。

三是加强交流促进合作。区政协注重交流学习，积极吸取外地经验成果，就法律援助、中小企业上市、保障性住房后期管理等调研课题，组织委员分赴山东省威海市环翠区、浙江省绍兴市上虞区、江苏省南京市鼓楼区等地考察学习。同时，大力宣传推介浔阳，友情接待安徽省广德县、江苏省宝应县以及赣州市章贡区等外地和兄弟县区政协，就全区经济社会和政协工作等各方面广泛交流学习。

四是认真做好文史工作。区政协坚持“存史资政团结育人”原则，以反映知识青年上山下乡运动时期历史为主题，编辑出版了《那月那年——九江知青谈忆录》文史资料，该书共收集知青文稿70余篇、40余万字。为全面、系统、客观反映浔阳区政协组织成立和发展历程，2013年初启动了《浔阳区政协志》编纂工作，通过近三年的努力，目前初稿已定，正在审核，即将出版，全书分8章、60余万字。

四、从严要求、务实进取，自身建设不断加强

区政协不断强化为民意识，坚持把加强自身建设作为做好政协工作的重要保证，履职能力建设得到进一步提升。

一是扎实开展专题教育。区政协党组严格按照“忠诚、干净、担当”的目标要求，深入开展“三严三实”专题教育，通过专题党课、学习研讨、查摆问题、落实整改，领导干部干事创业精神和履职为民意识得到提升。区政协机关按照“守纪律、讲规矩”的要求，大力开展“党规党纪教育年”活动，持续深入地抓好党风廉政建设，政协机关作风建设得到进一步改进。

二是切实加强组织建设。加强常委会组成人员思想理论学习，强化常委会“以上率下”的引领作用。加强各专门委员会与党政部门对口联系，专委会建设不断提升。加强基层政协组织建设，完善街道联络处联系和服务委员及群众的相关制度，政协工作触角得到进一步拓展延伸。

三是不断强化队伍管理。加强委员学习培训，充分利用常委会会议和专题会议，组织委员学习各级党委和政协加强政协工作的新要求，为每名委员免费订阅了《光华时报》，对新增补委员及时进行业务培训，委员履职水平得到有效提高。坚持政协班子成员带队走访委员制度，对全体委员进行了走访。强化委员履职纪律意识，完善委员考核激励机制，对60名履职突出的委员予以表彰。强化机关干部队伍建设，机关干部思想政治和工作能力不断提高。

四是继续加大宣传力度。充分利用各类媒体，积极宣传政协工作和委员风采。一年来，在各类新闻媒体上刊登理论文章和新闻稿件300余篇，其中《人民政协报》18篇，《光华时报》68篇，《九江日报》14篇，区政协连续4年荣获“全省《光华时报》宣传发行工作先进单位”称号，连续5年荣获“全市政协系统宣传工作先进集体”称号。

各位委员，过去的一年，区政协常委会所取得的成绩，得益于区委的坚强领导和区政府的大力支持，得益于各部门和社会各界的密切配合，得益于全体政协委员和政协工作者的不懈努力，得益于历届老领导和老同志的关心帮助。在此，我谨代表区政协常委会，向所有关心、支持政协工作的各级领导和同志们以及社会各界，表示衷心的感谢和崇高的敬意！

回顾一年的工作，虽然取得了一些成绩，我们也清醒地认识到工作中存在的问题与不足，如在提升协商民主的层次和水平、拓宽民主监督的领域和渠道、扩大委员履职覆盖面等方面，研究不够深，方法不够多。对此，我们将在今后工作中认真对待，切实改进。

2016年工作建议

2016年是区政协七届委员会收官之年，也是实施“十三五”规划开局之年。区政协常委会工作总体思路是：以党的十八大和十八届五中全会精神为指导，在中共浔阳区委的坚强领导下，深入贯彻落实省市以及区委政协工作会议精神，团结引领广大政协委员和社会各界人士，进一步解放思想，创新举措，为首善之区建设作出新的更大贡献。

一、把准当前新形势，不断筑牢政协事业发展基础

持之以恒地强化政治理论学习，不断提高思想认识，进一步夯实政协事业基础。

不断增强学习意识。把深入学习贯彻十八届五中全会和区委政协工作会议精神，作为政协当前和今后一段时期内一个重要的政治任务，深刻领会全面推进依法治国的战略部署和“十三五”规划目标任务，切实增强同党委保持高度一致的思想自觉、政治自觉和行动自觉。注重理论联系实际，认真贯彻落实中央、省市和区委对发展协商民主的新部署新要求，准确把握协商民主精神实质，不断强化协商民主意识。

不断增强发展意识。坚持党的集中统一领导，主动融入全区中心工作，紧紧围绕区委、区政府确定的总体思路和工作部署建言献策，切实做到工作不越位、履职不缺位、协商有实效、事业有作为。以区委、区政府工作要求和工作重点确定政协工作思路和履职方向，始终与党委政府同心协力、同频共振。

不断增强担当意识。坚持把践行党的群众路线、贯彻“三严三实”要求，具体落实到政协转变工作作风、提高服务能力的全过程，努力做到勇于担当、主动作为、务实创新。积极发挥政协组织的自身优势和广大政协委员的主体作用，努力在服务项目建设、开展招商引资等工作上，勇于担当，再创新绩。

二、紧跟发展新常态，不断提升协商议政工作水平

深刻把握经济发展新常态，围绕我区改革发展大局协商议政、建言献策，不断提升政协履职水平和实效。

拓宽协商渠道。充分发挥政协作为专门协商机构的作用，进一步拓展协商民主参与渠道。不断强化常规会议协商的基础性作用，对全区重大问题进行全面协商。有效利用专题协商、对口协商、界别协商、提案办理协商以及专题调研、视察、考察等协商方式，探索网络议政和远程协商形式。鼓励和引导街道政协联络处开展基层协商，对涉及社区和群众利益热点难点问题，组织委员在基层群众中广泛开展协商活动。

突出协商重点。紧扣全区“十三五”规划总体目标，紧跟区委、区政府的重要部署、紧盯发展中的瓶颈问题和民生热点等开展协商议政活动。在推进经济发展上，围绕电子商务、楼宇经济、文旅产业、商贸物流等建言献策；在加强城市建管上，围绕旧城改造、数字城管、网格管理、生态环境等资政建言；在促进民生改善上，围绕创新创业、食品监管、养老服务、临时救助等尽职尽责；在发展社会事业上，围绕司法公正、社区管理、志愿服务、廉政建设等献计献策。

注重协商实效。坚持把推动工作改进、解决实际问题作为协商的最终目的，加强与区委、区政府沟通，积极配合区委科学制定协商工作计划。不断完善协商成果报送及转化机制，努力使其及时转化为决策依据和政策措施。对于经党委政府相关领导批示的意见建议，加大跟进力度，督促相关部门办理落实。适时将协商成果的办理落实情况纳入部门年终综合考评，提升协商工作实效。

三、关注和谐新要求，不断凝聚浔阳发展社会力量

充分发挥政协包容各界、联系广泛的独特优势，汇聚智慧力量，为推动浔阳发展实现更大作为。

强化委员主体作用。继续发挥“委员之家”阵地作用，提升“委员之家”管理水平，使之真正成为“学习之家、履职之家、联谊之家”，切实增强政协组织的亲和力和感召力。继续深化开展委员进社区活动，丰富活动内容、创新活动形式，引导委员为街道社区出谋划策，为居民群众排忧解难，激励委员在本职工作中建功立业，在政协舞台上履职尽责，在公益事业中担当责任。

浓厚民主团结氛围。进一步加强同各民主党派、人民团体及社会各界人士的沟通联系，保障各民主党派、人民团体能够在政协充分发表意见。加强与宗教、侨办、台办等部门的协同配合，与港澳台侨胞侨属的交流联谊。注重团结新经济组织、新社会组织和新社会阶层代表人士，扩大社会各界有序政治参与。

加强交流联谊工作。秉承人民政协海纳百川、交流合作、联谊互动的人文理念，积极配合做好上级政协来浔考察调研，密切与外地政协或兄弟县区政协的联系合作，不断加强对外交往，大力推介浔阳发展成就和投资环境。注重学习借鉴，积极组织委员到外地拓展视野、学习交流。

加大宣传工作力度。进一步加强与新闻媒体沟通联系，拓宽宣传领域，保持我区宣传工作在省市的先进地位，扩大政协工作社会影响力。积极开展新形势下人民政协理论研究工作，以理论的创新指导和推动政协工作的创新。

四、树立机关新形象，不断增强政协自身履职能力

坚持内练素质、外争先进，不断激发政协组织和队伍的活力，进一步提升政协工作科学化水平。

加强组织建设。注重加强政协常委会和党组建设，不断提高政协班子领导和决策水平。注重发挥专委会基础作用和界别纽带作用，加强专委会之间的协同配合。强化基层政协工作，提高街道政协联络处政治地位和工作地位，推进政协工作不断向基层延伸。

强化队伍建设。加强委员队伍建设，合理调配委员组成结构，完善委员的推选、培训、考核、激励、退出机制，建设一支高素质的委员队伍。继续争取区委对政协干部的重视与培养，着力打造年龄梯次合理、工作氛围活跃、干事活力焕发的机关干部队伍。

改进作风建设。主动适应从严治党新要求，不断巩固和拓展群众路线教育实践活动及“三严三实”专题教育成果，深入学习《中国共产党廉洁自律准则》和《中国共产党纪律处分条例》，严格执行中央、省、市、区作风建设各项规定，严守政治纪律和政治规矩，把政协机关作风建设持续推向深入。

做好换届工作。严格遵守换届选举工作制度和纪律要求，把好政协委员“进出口”关，发挥界别优势，理顺各方关系，确保换届选举工作取得圆满成功。全面总结区政协七届委员会工作成绩，查找问题和不足，提出改进措施。不断强化对新形势下政协工作的认识与理解，认真谋划今后一个时期政协工作。

各位委员，新形势对人民政协工作提出了新的更高要求，也为人民政协履行职能、发挥作用提供了更为广阔的舞台。让我们更加紧密地团结在以习近平同志为总书记的中共中央周围，在中共浔阳区委的坚强领导下，求真务实，开拓创新，奋力谱写全区政协事业发展新篇章，为建设美丽、和谐、幸福首善之区而努力奋斗！

三、提案工作报告选辑

一届二次会议提案工作委员会提案工作报告

（一九八八年三月二十三日在区政协一届二次会议上）

王柱勋

各位委员：

我受提案工作委员会的委托，向大会报告区政协一届一次会议以来的提案工作情况和本次会议提案审查意见。

区政协一届一次会议以来，广大委员以高度的政治热情和为振兴浔阳服务的积极性，共提出提案61件。这些提案充分反映了全区人民群众的意愿和要求，体现了委员们关心全区大事的主人翁态度，对我区的经济建设、改革开放、体制改革和党风建设、促进精神文明建设、改进政府工作等，起到了积极作用。

区政协对委员提案非常重视，经过专门会议讨论与审议，对提案进行分门归类，建立提案档案，并立即向有关承办单位发出办理联系函。提出了具体要求，政协有专人负责办理。办案人员上门催促协商提案的办理落实，对重要提案政协与承办单位及时协商，共同办理。各承办单位领导对提案也很重视，指定专人及时研究，按政协要求办复回音。

委员提案内容广泛，涉及政治、经济、文化、教育和社会生活的各个方面。其中有关经济建设和经济体制改革方面的提案21件，占提案总数的34.4%；有关教育、科学、文化、卫生等方面的提案24件，占提案总数的39.3%；有关统一战线、劳动人事等方面的提案16件，占提案总数的26.2%。这些提案分送到区委、区政府有关部门、有关人民团体、各街道办事处，以及上报到市委、市政府有关部门等十多个单位研究办理，在各承办单位的大力支持和积极配合下，到1987年12月4日，已办复提案61件，占全部提案的100%。其中，已得到有关部门的采纳和接受，基本落实的有17件，占已办复提案的27.8%。如开发金鸡坡的提案，已被区委、区政府及时采纳，列入了今年重要工作部署。教师住房难的提案，受到教育局的重视，在区委、区政府的关怀支持下，1987年经多方设法，已新建住宅22套，解决了28位教师的住房困难问题。部分落实和正在落实办理之中的提案22件，占已办复提案的36%；因权限问题，已转市有关部门办理的22件，占36%。

区政协一届二次会议截至1988年3月22日下午4点，共收到委员提案29件，其中有关经济建设方面的12件，有关教育、科技、文化、卫生等方面的9件，有关统战、政法、劳动人事等方面的8件。委员们以饱满的政治热情，本着知无不言、畅抒己见的精神，通过提案，对浔阳区改革开放，两个文明建设和发展爱国统一战线等方面积极献计献策，并针对时弊，坦诚地提出了批评和意见。

对于上述各项提案，区政协提案委员会将进行认真的审查，分别提出处理意见，在这次会议之后，尽快转送有关部门办理。

委员提案是委员积极参政议政的重要途径，是人民政协行使政治协商、民主监督职能的重要形式，是党政部门联系各界人士，听取意见建议的重要渠道，为了更好地发挥委员提案的作用。今后要以开展委员一封信活动，召开献计献策会等形式，为委员提案创造条件，要切实抓好大会提案和平时提案的办复工作。在办复的过程中要积极开辟提案人与承办单位协商对话的途径，有计划地组织调查、座谈等活动，促进各项建议和意见的落实，为振兴浔阳做出贡献。

二届一次会议以来提案工作报告

（1991年3月27日在政协浔阳区第二届委员会第二次会议上）

张力才

各位委员：

我代表提案工作委员会就政协浔阳区二届一次会议以来的提案工作情况向大会作如下报告，请予审议。

政协浔阳区二届一次会议以来，委员们在各级党组织的领导和教育下，以主人翁的高度责任感，怀着满腔的政治热情和振兴浔阳的积极性，运用提案形式参政议政，围绕浔阳的稳定，经济的发展，治理整顿、深化改革、城市管理、社会治安以及密切党和政府与人民群众的关系，改进机关作风，加强廉政建设等，提出了许多质量较高、针对性较强、措施较得力的提案，使委员通过提案的方式参政议政显示出越来越好的效果。

二届一次会议以来共收到委员提案63件，63件提案中属区内办理的54件，属市直办理的9件。参加提提案的委员67人，占委员人数的49.3%。提案的内容很广泛，其中经济建设、科技、物价、财贸方面的13件，占全部提案的20.6%；城管、环保、卫生方面的17件，占26.98%；文化教育方面的12件，占19.04%；劳动人事、政法、统战方面的19件，占30.15%；其他方面的2件，占3.17%。提案委员会对以上各项提案及时进行了审理，转请21个单位进行办理。截至今年1月底，已办复提案57件，占全部提案的90.47%。其中已经解决或正在努力解决的有34件，占办理提案总数的54.84%；列入计划创造条件逐步办理的有22件，占办理委员提案总数的35.48%，暂时无法解决或超越政府职能范围难以办理，须向委员做出解释的6件，占办理委员提案总数的9.68%。

一年来，区委、区政府领导对提案办理工作十分重视，绝大多数承办单位对委员的提案办理也很认真负责，列入重要议事日程，去年在办理委员提案中，凡属区内办理的54件提案，都做到了件件有着落，事事有交代。特别是对重要提案，区政府领导亲自起草函复意见，要求承办单位认真办理。

区政府对委员张年宝《要求召开个体经营者与区领导的对话会》，郑颂委员《关于设立区领导接待日和接待专线电话的建议》，李光清委员《建议沟通政府与工商联之间的联系》，王炳元委员《政府领导应有综合经济技术的专家筹划并领导市、区的经济建设》，王柱勋委员《关于组织浔阳区科技智囊团的建议》和吴杏儒委员《建议浔阳区成立退休工程师协会》等提案，给予了高度重视，并在政府常务会议上列为一项重要内容进行研究，决定从去年9月30日起实行区长月末接待日制度，公布了接待电话号码；待区委审议同意组建浔阳区智囊团；区科协正在筹建工程师协会；由区政府办公室、区委组织部分别撰写了对王炳元委员提案的答复意见；在加强政府与工商联之间联系上，区政府在实际工作中，在有关全区工商活动时，及时邀请了工商联负责同志参加活动；在落实张年宝委员的提案中，区政府召开了有20多位个体户代表与区政府有关部门负责同志参加的座谈会，会议由常务副区长朱来泉主持，会上个体户代表们就工商管理、税收政策等问题提出了许多很好的意见，会后由各职能部门进行了书面答复。区工商局对刘利民委员《关于加强商品市场管理，振兴九江经济》的建议十分重视，召开有关会议，依法整顿了各类市场，加强和坚持了对食品市场、农衣市场、水果市场和各类营业摊点的检查和监督；区环卫处从区情实际出发，对叶于康、胡祖培委员《要求改造厕所》和《加强公共厕所的管理，确保人民健康》的建议和要求，一方面向市政府写出书面报告，请求拨款更新，另一方面加强对公共厕所的清扫和清运。

去年换届以来，区政协领导对提案工作进一步重视，主席亲自过问，分管副主席亲自抓，提案委员会虽然在人员少兼事多的情况下，仍然花较大精力抓好提案工作。在例会召开之前给每位委员一封信，宣传提案工作的意义及其作用，要求委员认真学习，围绕党的中心任务和浔阳的实际情况提出质量较高、数量较多的提案。全会结束以后，认真做好审查立案要工作，并与区政府、区人大联系，召开人大代表、政协委员建议和提案办理工作会议；对已立案的提案及时转送区政府办公室与区政府办公室和有关部门联系，进行催办和督促，并对答复意见复函给提案人。

二届一次会议以来提案工作虽然收到了一定的成效，但也存在一些问题。这主要是，还有一部分委员对提案的性质、意义和作用认识不足，积极性没有充分发挥出来，提提案的委员还不太多；有少数提案缺乏调查研究和认真思考，内容比较空泛，质量不够高；有少数单位承办提案不够严肃认真，不是从如何办理落实上去努力，而只是在如何答复上下功夫，有的甚至三言两语，敷衍应付。对上述问题，在今后工作中必须认真克服和改进。

今年一月份全国政协七届十二次常委会通过了《全国政协提案工作条例》，遵照《条例》精神，我区提案工作在新的一年里应着重抓好好五个方面工作。一是抓好认真学习、宣传、贯彻《条例》精神，进一步明确提案工作的重要意义及其在国家政治生活中的重要作用，提高委员和政协机关以及各承办单位的认识，增强提好提案、办好提案、做好提案工作的积极性。二是加强调查研究，提高提案质量，要求委员多提提案，提好提案，使提案发挥更大效益。三是认真做好审查立案工作，进一步完善制度，使提案工作逐步做到规范化、制度化。四是加强与区政府办公室和各有关单位的联系，使承办单位尽量在如何落实上下功夫，克服在文字上下功夫的弊端，使委员的提案办理得到较好落实。五是加强提案委员会的自身建设，努力做好服务工作，加强学习，制订计划，调查研究，抓好重点，搞好跟踪服务。

政协提案是人民政协行使的政治协商、民主监督职能的一个重要方面，是政协委员、民主党派和参加政协的人民团体参政议政，为社会主义现代化建设和祖国统一大业献计出力的一种重要方式，也是协助共产党和人民政府各界人士的联系，实现决策民主化、科学化的一条主要渠道，《全国政协提案工作条例》鼓舞我们进一步做好提案工作，1991年将是实行十年规划、“八五”计划的第一年，我们殷切希望各位委员发扬主人翁精神，肩负起当家做主的重任，把振兴中华、统一祖国大业的满腔热情倾注到提案工作中去，认真学习。深入实际，调查研究，积极参政议政，为我区提案工作迈出新的一步而努力。

谢谢大家！

三届一次会议以来提案工作报告

（1994年1月10日在政协浔阳区
三届二次会议上）

王柱勋

各位委员、各位同志：

我代表提案工作委员会就区政协三届一次会议以来的提案工作情况，向大会作如下报告，请予审议。

（一）

区政协三届一次会议以来，共收到委员提案42件。撰写提案的委员41人，占委员总数的30.77%。提案中属于经济规划、科技开发、财政税收方面的11件；城建环保、交通管理、房屋开发方面的16件；民族宗教、社会福利方面的3件；文化教育、医疗卫生方面的7件；社会综合治理、提高公安队伍素质方面的3件；其他方面的2件。

上述提案经提案工作委员会审查并转请区政府办公室分送各有关部门办理后，自3月中旬至8月底止，先后收到了区政府办公室、区计经委等15个单位转来的答复件38件，办复率为98.47%。其中A类提案，即内容准确，针对性强，已为有关部门采用的有11件，占办复总数的26.13%。如，王炳元委员“关于组建浔阳区经济贸易公司”的提案得到区政府较好地落实，按照有关规定，进行了浔阳区对外贸易进出口公司的组建工作；李仁礼委员“关于开发金鸡坡片区的建议”提案，也受到了区政府的重视，决定把开展金鸡坡片区列入区经济工作的重要议事日程，并在原金鸡坡小区开发论证的基础上，拟定了金鸡坡整体开发规划和实施方案；邹德庸委员“关于加强对外开放意识，吸引国内外资金开发浔阳”的提案，使区计经委进一步加深了对吸引外资工作的认识，成立了外商投资工作委员会、引进外资办公室、招商局等机构，充分联络社会各界，多渠道地吸引国内外资金来开发、建设浔阳，截至目前，已引进外资7594万元，项目5个。办复B类提案，即内容符合实际，但付诸实施又受到一些因素制约，只能列入规划，待条件成熟后再予以实施的有14件，占办复总数的33.33%。这类提案所提的问题，对进一步加强浔阳区两个文明建设和方便人民群众生活，具有一定的促进作用。如袁绍安委员提出的“关于结合本市经济发展规划，正确引用外资”的提案，区计经委已将如何正确引用外资的投资流向问题列入了该部门的工作规划，决定在充分调查基层情况的前提下，结合全市经济发展规划，以区委、区政府制定的“经济发展战略”为指导，由引进外资办公室负责建立引进外资项目库，力争把外商投资吸引到高起点、高水平、高效益的开发性项目和基础上来；邓湘宁委员“关于试办保姆学校”的提案得到了区劳动人事部门的肯定，打算在资金落实后，由劳动就业培训部门牵头，开办保姆培训班。办复C类提案，即所反映的情况和要求，因受条件制约或事实有些出入，需作解释工作的有8件，占办复总数的19.84%。如王斐娴、沈淑文委员“关于在三里街与朝阳路交叉路口设立交通指挥岗亭的建议”案，经市公安局多次研究论证，认为此路口人密车多，道路狭窄，不宜设立指挥岗亭，故只责成市交警直属大队把此路段作为重点，增加警力加强管理，以防交通事故发生；郑颂、殷祥生委员提出的“关于石化总厂邮电局私人函件递送到私人家”提案，市邮电局根据《中华人民共和国邮政法实施细则》的有关规定；投递到户应具备公安机关统一编制的门牌号码，而石化总厂只有一个总门牌，故答复目前还不具备递送到家的条件。办复B类提案5件，占办复总数的11.9%。这类提案所提问题的解决权限，涉及市属有关部门，需要将提案通过有关渠道，转递市政府协调解决。如徐世平、洪玉琢委员“关于在房屋开发时应注意解决及时还房问题”，茆有成委员“关于建设白水湖风景区建议”等。

总之，自区政协三届一次会议以来，无论是从委员提案的内容，还是办理的质量来看都优于往年。大多数提案所提的问题针对性强，适应性广，充分体现了委员们为振兴浔阳献计献策的良好愿望；大多数单位对提案办理工作比往年要重视，办理程序比往年有所严格，答复格式比往年较规范。

（二）

提案工作委员会在区政协的领导下和在上级提案工作委员会的指导下，去年主要做了以下两项工作。

一、适时调整了提案工作委员会的成员。第三届政协委员会成立后，随着新老委员的交替，人员变化较大。对此，我们及时对提案工作委员会成员进行了调整，坚持以第二届提案工作委员会成员为主体，适当增补新委员，使第三届政协提案工作委员会既保留了老的骨干力量，又补充了新生力量。人员调整后，我们又及时召开了提案工作委员会全体成员会议，讨论研究了本年度提案工作的活动内容，结合学习《全国政协提案工作条例》，加强了对委员提案的审查和把关，强化了分类、编号、登记的程序，注重了提案办理的规范化，使每个委员都能及时收到提案表，从而调动了大家撰写提案的积极性。

二、加强了与政府办公室及其他承办部门的联系，搞好协调工作。组织了部分委员参加由政府牵头，政协、人大三家联合召开的提案交办会。交办会后，及时掌握办理情况，并开展了一些督办查办工作。

在过去的一年中，我们在提案工作上虽然做了一点工作，但总的来说，还存在很大的差距，一是提案交办后，跟踪问效少，督促办理工作做得不够；二是与具体承办单位的联系面不广；三是办理的透明度不强。这些都有待我们在新的一年里努力克服。

（三）

各位委员，1994年是全国人民深入学习贯彻落实党的十四大和十四届三中全会精神的关键一年，也是全国人民加快改革开放步伐，加速向社会主义市场经济体制转化的关键一年。因此，摆在我们面前的任务既光荣又艰巨。我们热忱地希望各位委员在新的一年里，充分发挥自己的优势，继续保持和发扬积极参政议政的光荣传统，“肝胆相照、荣辱与共”，为振兴浔阳，建设浔阳多献计策，广开言路。同时，在新的一年里，我们将从以下几个方面做好工作，为各位委员撰写高质量的提案创造条件。

一、继续加强人民政协提案工作重要性的宣传，提高委员撰写提案的自觉性

政协提案是人民政协行使政治协商和民主监督职能的重要手段，是政协委员行使民主权利，参与国家事务管理的重要方式，是党和政府倾听人民群众意见，实现决策科学化、民主化的重要渠道。政协委员提案对促进两个文明建设，加强民主法制建设，克服官僚主义，改进机关作风都具有十分重大的现实意义。因此，在新的一年工作中，我们将进一步加大对政协委员提案工作重要性的宣传力度。通过会议、简报等多种宣传形式，发挥区政协提案工作委员全体成员的积极作用，做好委员的工作，使各位委员都能掌握和运用提案这种民主方式，进行参政议政，促使提案的数量和质量在上一年的基础上有所增加和提高。

二、注重总结经验，不断提高办案质量

政协提案是政协委员深入调查研究的结果，是广大人民群众呼声的反映。办案质量的高低，是直接影响委员撰写提案积极性的一个重要因素。在历年提案办理过程中，我们有过一些成功的经验，也有过一些失误的教训，不断总结正反两个方面的经验和教训，是我们提高办理质量的一个重要环节。同时，还要注意加强督办和查办工作，采取走出去，请进来的办法，来增加办案工作的透明度。经常性地组织委员到承办单位走访，了解办理进度，熟悉和掌握区情，定期或不定期地邀请承办单位的分管领导和承办人员到政协来，听取委员们对承办工作的意见和要求。

三、密切与承办单位的联系，发挥各方面的积极作用

办理委员提案工作是项十分复杂的工作，不是

光靠那一个单位的努力就可以做好的工作。有的提案要通过几个单位的共同努力才能办好办实。因此，只有加强提案单位和承办单位之间的联系，做到共同努力，密切配合、相互支持，发挥方方面面的积极作用，才能使办理质量不断得到提高。在新的一年里，我们将加强与承办单位的联系与协作，不断拓宽办案渠道，加强信息反馈，开展联合办案。在联合办理过程中，注重加强与市属有关单位的联系，尽量使办理工作落到实处。

各位委员，让我们在邓小平同志建设有中国特色社会主义的理论和党的十四大及十四届三中全会精神的指引下，紧紧围绕经济建设这个中心，同心同德，和衷共济，使提案工作在促进政治协商、民主监督和浔阳区两个文明建设中发挥更大的作用。

四届一次会议以来提案工作报告

（1999 年 1 月 11 日在政协浔阳区
四届二次会议上）

梅冬乔

各位委员：

我代表提案工作委员会就四届一次会议以来的提案办理工作情况向大会作如下报告，请予审议。

（一）

区政协四届一次会议期间收到委员提案 66 件。撰写提案的委员为 56 人，占委员总数的 39.72%。上述提案经提案工作委员会审查，认为其中 17 件提案内容超越区政府行政管辖范围，不宜立案，改由致函市属有关单位作人民来信方法处理。其余提案在编号、登记后于 1998 年 2 月 16 日转区政府办公室分送各有关部门办理，到 8 月底止，先后收到区政府办公室、市容局、城建局、民政局、卫生局、区计经委、科委、公安分局等 12 个单位转来的答复件 49 份，区属提案办复率为 100%，办复时间也基本上达到了规定和要求。

在区承办的 49 件提案中，一是属于办好办实的“A”类提案为 34 件，占办复提案总数的 69.39%。这些提案所提的问题已大部分得到解决和落实。如朱定方委员提出的关于“提高九江市民素质”的提案，区政府非常重视。除加强居民干部的培训和创建文明小区规范和标准外，还加强了对市场摊贩的管理、城区环卫方面的监督。除定期实行每日三次全天保洁外，区委、区政府还不定期组织党员、团员、机关干部、青年突击队上街清扫卫生和清理卫生死角；又如唐亚林委员提出的关于“建立居委会干部退休制度”的提案，也得到政府的重视。制定了《浔阳区居委会干部退养统筹暂行办法》，对居民干部退休退养年龄作了限制和规定；如吴恒忠委员提出关于“打社区建设‘牌’，建新型文明城”的提案后，根据提案要求加强了对居委会组织法的贯彻执行。现各居委会公开向社会招聘 130 名下岗职工任居委会干部。新招聘的人员年纪较轻，有文化、热爱居民工作，对创建文明居委会发挥了积极作用，如湓浦街道孤溪埂居委会被列入全国文明小区单位。在开展社区服务活动方面，安排了部分下岗职工再就业和社会无业人员就业，建立社区服务网点 1154 个。

二是牵涉范围广或受诸多方面因素制约，需向委员做好解释的“B”类提案 14 件，占办复提案总数的 28.57%。如潘治富委员提出的关于“建议区政府机关广泛深入开展‘三优一满意’活动”的建议案，政府认为这个建议针对性强，尤其是“加强考核评比”，抓住了提高公务员素质这个关键，采取了一系列措施，把考核考评工作与精神文明建设结合起来，推动了机关作风和纪律建设，但这是一项长期任务，故不是一下就能收到较好的效果；如赵金山委员、赵健委员、刘益斌委员提出的关于“怎样解决日益突出的职工下岗问题”提案，政府考虑将准备在庐峰北路中段南侧修建一座占地 6600 平方米的“下岗职工再就业市场”。市场内部既可供下岗职工经营一些小买卖，同时又可安排职业介绍所，为下岗职工提供就业信息；又如赵凤翔委员提出的“适应市场经济、强化街头食品卫生监督”提案，由于这个问题牵涉面广，管理难度大，只能是采取加大执法力度，从长计议，逐步解决这个问题。

三是一时难以解决，需列入长期规划逐步解决的“C”类提案 1 件，占区办提案总数的 2.04%。如李良铁委员提出的关于“加强城市建设的计划性、综合性和科学性”的提案，由于因城市的基础建设、道路乱开挖、甚至多次开挖，造成人力、物力、财力极大的损失问题，确实是我市基础建设中经常出现的问题，作为区属职能部门，我们有责任向市有关单位传达您的意见，积极配合市有关部门做好规划管理工作。

四是超越政府职权管辖范围，改寄各有关单位的提案 17 件，占提案总数的 25.76%。如王学堂委员“呼吁加速市区南北道路建设”建议案；张安委员要求“加强甘棠湖整治”案；岳琳委员“要求尽快建立九江市博物馆馆址”建议案；殷金钗委员要求“增加公交线路”的提案；陈玲珠委员“关于在九江市成立综合性大学”的提案；王清荣委员“边街小巷装路灯”的提案；高平委员“关于加强烟水亭管理与保护”的建议案和汤雅葵委员“关于修复战备路”（长虹北支路）建议案等 17 件，由于超越了区政府管理权限，故只能改由发函各单位。这些提案，有的单位已经采纳，有的列入中长期规划逐步解决，有的则无信息反馈。

（二）

四届一次会议以来，浔阳区政协提案工作在区政协领导关心和区政府领导的重视下，通过各单位承办人员和各位委员的支持和紧密配合，取得了一定的成绩。对提案工作的重要性有了进一步认识，工作思路得到拓宽，承办网络在人事变化较大的情况下很快得到调整和健全，办理质量有所提高，较好地完成了四届一次会议提案报告中预定的任务。

一、发挥委员积极作用，广泛组织参与

提案是人民政协履行三大职能的重要形式，是人民政协一项重要工作的内容。因此，要搞好这项工作必须发挥政协委员的主体作用，动员全体委员广泛参与，让委员们用自己的聪明才智，为浔阳区两个文明建设献计出力。但由于去年刚好换届新老委员交替，对提案工作产生一定的难度，面对现实，我们坚持过去办理工作经验，一是采取了给各位委员写公开信的办法，将全区工作重点，征集提案的内容，及时和委员通气，使委员们能紧紧围绕全区中心撰写提案；二是经常通过政协和各专委会组织活动和学习的机会，加大提案宣传工作的力度和树立全体委员的荣誉和责任感，增强参政议政的自觉性。通过上述办法，四届一次会议期间，委员提案数是最高的一年，委员参与人数是最多的一年，难能可贵的是新委员的提案数多于老委员的提案数。

二、努力健全办理网络，提高办理质量

去年由于政府换届，人员变动较大，原来的一些承办人员已经调离，这样过去的承办网络已不复存在。在这样的情况下，我们立即和政府联系，重新组建网络，并组织以旧带新的培训，使承办网络迅速得到健全。另在承办工作中，我们对于过去办理工作中一些行之有效的好做法加以肯定和继承，使办理质量得到明显提高，一是坚持了实事实办的原则，对提案中所提问题能够办到的要求各单位都要采取有效措施，克服过去只答不办的现象。如王学堂委员关于“修复柴桑支路”的提案和胡琼委员关于“修复新潮商厦宿舍楼路面”的提案，经过城建局的过细工作和协调，都已修复和正在修复；二是坚持了查办的做法，由政府牵头组织人大、政协有关领导和工作人员分别到区城建局、区文教局、区计生委、区市容局和区市容管理监察大队进行了查办，从检查结果情况来看，各单位都能按照承办工作要求认真办理，督办工作由于今年抗洪成为压倒一切工作的大事，加之提案工作委员会的同志生病故未组织委员进行；三是坚持了走访回访制度，有的承办单位对委员进行走访，上门征求意见。如城建局的承办人员在提案办复后，对邹德庸等委员进行了逐个走访，征求意见，受到委员好评。从总的来看，各承办单位的承办人员比上届配备的更加整齐，业务也较为熟悉。因此，承办质量比上年更好。

三、加强提案工作领导，办理工作扎实

提案交办后，领导认识的高低是办好提案工作的关键。从政协到政府对提案工作历来重视，政协方面安排第一副主席，分管提案工作；政府方面也安排了常务副区长主管提案工作。在每年召开的提案交办会上，区政府主管领导都要反复讲述承办工作的重要性，都要对办理工作提出具体要求。由于区级领导主动到位，各单位领导也就更加自觉地将提案列入了本单位工作的重要议事日程，原则上对办复件都一把手亲自把关，全区上下都建立了承办网络，实行一级抓一级，下级向上级负责的首长责任制，使办理工作在时间上、人力上得到了充分保障。同时，规定了答复和打印的操作程序，使办理工作逐步朝制度化、规范化方向发展。由于各级领导的重视，为办理工作打下了扎实的基础，各承办人员对答复件也不马虎，都是在做好调查研究之后，根据实际情况进行办复。

今年的提案工作通过各个方面的共同努力，虽然有些新的起色，收到一些实效，但还存在一些不尽人意之处．具体表现在：一是委员对办复结果认定没及时反馈给我们：二是督办工作由于客观原因没有做好；三是有些单位虽办理完毕，但没有将结果寄给委员。上述存在的这些不足方面在新的一年工作中，加以克服和改进，使浔阳区提案工作出现一个新局面。

（三）

1998 年全国人民在党中央和江总书记领导下，弘扬了“万众一心、众志成城、不怕困难、顽强拼搏、坚韧不拔、敢于胜利”的伟大抗洪精神，取得了战胜历史上最大洪魔，保卫家园的伟大胜利。向全世界人民展现了中国人民战胜困难的决心和勇气。

1999 年是 20 世纪最后一年，是建国 50 周年大庆年，也是喜迎澳门胜利回归的一年，这一年我们要更加高举邓小平理论的伟大旗帜，紧密团结在以江泽民同志为核心的党中央周围，以辉煌成就迎接 21 世纪的到来，因此摆在我们每个同志肩上的担子将十分繁重，这是历史赋予我们的重任。我们希望全体委员不负重托，牢记人民政协的三大职能，为浔阳区两个文明建设做出我们应有的贡献，为了实现这个目标，我们要从以下几方面做好工作：

一、开创提案工作的新局面。提案是委员们参政议政的重要工具，是委员和政府之间联系的桥梁，只有不断地开创新的局面，充实新的内容，倡导新的方法，才能赋予提案工作新的活力。在新的一年里，我们要在宣传动员的基础上，尽量多组织一些学习、调查、视察、参观等活动，扩大委员参与面，为委员熟悉了解区情多提供一些有利条件，并通过视察，组织一些集体提案，为发展浔阳区经济，加强精神文明建设献计献策。

二、加强对承办工作信息的收集和反馈。坚持以往成功的经验，进一步密切撰写人、承办单位之间的联系，做好牵线搭桥工作，力争做到全体提案撰写人都要分别和提案承办单位相互见面，直接交流对办理工作的意见，特别是对一些重要提案，一定要组织专题调查，进行实地考察，办理时做到领导到场、委员督办，以增加办案的透明度。

三、真正使评比工作起到促进作用。去年由于换届，使一年一度的评比工作中断。今年我们要继续恢复对优秀提案的评选工作，以促进提案质量的提高。在今后评选工作中，我们除组织提案委员会的全体委员参加外，还应召开一定形式的会议，逐件介绍参评提案的内容及所提问题产生的社会效应。在参评人员的思想得到统一和初步认定后，分别征求各方面意见，再报请主席会议和常委会议批准。以减少评比工作中的失误。

各位委员，让我们在新的一年进一步弘扬伟大的抗洪精神，和衷共济，团结拼搏，为发挥提案在两个文明建设中的积极作用而共同奋斗。

五届一次会议以来提案工作报告

（2004 年 2 月 5 日在政协浔阳区
五届二次会议上）

任惠萍

各位委员、各位同志：

我受政协浔阳区第五届委员会常务委员会的委托，向大会作提案工作情况报告，请予审议。

区政协五届一次会议以来，在邓小平理论和“三个代表”重要思想的指引下，全体政协委员积极参政议政，围绕浔阳区的中心工作以及人民群众普遍关心的热点、难点问题，运用提案方式积极建言献策，为浔阳区政治、物质、精神文明建设和社会事业的发展做出了应有的贡献。

基 本 情 况

五届一次会议期间，各位委员以饱满的参政议政热情和高度的政治责任感，积极、认真地撰写提案，提案总数达 107 件，创出历年之最，参政规模有了新的突破，参政能力上了新的档次，参政水平有了新的提高。

五届一次会议后，提案委员会通过认真审查立案，确定了 66 件提案由区属部门办理，2 件提案作来信处理，39 件提案超出区属办理范围，已作为建议和意见转交市属有关部门，其中 20 件已作答复和落实。66 件提案转交给区政府办公室后，我们与区政府办公室即时召开提案交办会。交办会上，区政府分管领导和区政协分管领导对提案办理时间、答复格式、办理程序等提出了要求。通过提案委员会的电话查办、上门督办、座谈通报等有效运作。大部分承办部门都能在规定的时间内按一定格式分别答复提案人，并将答复件转到区政府办公室和区政协提案委员会，办复率100%，委员们对所办理的提案都比较满意。

区政府各办、局提案分办答复的情况：民政局、教育局各办理答复11件，人事局办理答复7件，城建局办理答复5件，公安分局、招商局各办理答复6件，政府办公室、机关事务局、卫生局、财政局、市场局各办理答复2件，计生委、监察局、土管局、房产局、网络服务中心、旅游局、经贸委、工业园办公室、消防大队各办1件。在提案办理答复中，共分三类：一是有条件解决办好办实的“A”类提案为34件，占提案总数的52%；二是因条件有限一时不能解决的，要列入计划、创造条件、逐步落实的“B”类提案为25件，占提案总数的38%；三是确属不可行的，要实事求是地向提案人说明理由，作为解释的“C”类提案7件，占提案总数的10%。大部分承办单位都把提案放在认真实践“三个代表”，依法履行职责的高度上来认识。他们把办理政协提案与加强和改进本单位工作结合起来，与调查研究和促进决策科学化、民主化结合起来，与听取社情民意和实行民主监督结合起来，所有立案的提案都得到认真办理。

主要成效

一年来，广大政协委员紧紧围绕中共浔阳区委、区政府的中心工作，以自己的聪明才智，提出了一大批不乏新思路、新观念、新见解的好提案。经办理落实对推动实际工作发挥了各方面的作用。一是为党委、政府科学决策提供参考。一些提案由于政府部门通过深入调查，广泛征求意见，得到很好的落实，如张从越委员提出“关于成立财会核算中心”的提案，由于党政领导高度重视，经财政局筹划运作，浔阳区会计核算中心于10月8日挂牌办公。叶树浔委员提出“关于浔阳区消防工作进社区”的提案得到区政府的高度重视，并责令区民政局和消防大队在各社区实际调研。从硬件设施、软件建设、人员素质等方面综合考虑，选取5~7个社区作为消防建设示范区，而后逐步在全区铺开。消防进社区工作在全省得到推广。张松波委员提出“解决企业困难，实现多企联担贷款”的提案，区政府在去年第十一次常务会议上作了专题研究，决定由区财政出资30万元注册成立民营企业信用担保中心，并组建“浔阳区中小企业信用担保监督管理委员会”。此外，还有一些委员提出的“关于发展工业的几点构想、关于招商引资工作的几点建议、打造明星社区建设”等提案均得到党委政府的采纳。二是及时反映了社会热点问题和社情民意。委员们紧贴群众生活实际，运用提案方式反映了许多关系人民群众切身利益和亟待解决的问题。诸如严楚江、汤善军等委员提出“将生活补贴金落到实处，落实特困群体政策”的提案。区民政局会同全区各街道通过调查摸底、公示、举报等一系列措施，使全区低保工作无漏洞，杜绝了低保工作的后门保、人情保。任惠萍委员、关荣之委员“关于社区养老统筹的建议”，在区民政局广泛的调查摸底基础上，区政府于7月发文《关于提高社区居委员会干部退养费和实行社会保险有关问题的通知》，解决了社区居民干部退养统筹和社区居委会在职干部社保问题，并增发了退养费和每个月社保补助金。刘蕴智委员、凤宝珍委员提出的“关注城市中弱势群体医疗保险的问题”“关于社会养老保险的建议”，区社保局通过办理，落实开办了个人社保缴费服务窗口，大大方便了劳动者个人参加社会保险。三是发挥了民主监督作用。实行民主监督，是党和国家赋予人民政协的一项重要职能，政协委员通过提案方式对党和政府的工作提出批评和建议，是实行民主监督的一种方式。一年来，委员们针对实际情况提出了“关于规范医疗诊所卫生和收费管理的建议”“关于计生收费的一些询问”“加强廉政建设”等方面的提案，对有关部门起到提醒、督促和警示作用。

主要做法

一年来，我们在工作中着重从提高提案质量、促进提案办理实效及为委员服务等方面扎实开展工作，并在借鉴以往经验的基础上，摸索了一些行之有效的做法。主要是：

（一）知情服务，为撰写高质量的提案提供基础

提案质量是整个提案工作环节的重要关口，直接体现政协组织和政协委员参政议政水平，关系到提案的经济效益和社会效果的发挥，是提案工作的前提和基础，没有高质量的提案，办理的高质量和高效益就会成为“无米之炊”，为此，我们一方面组织委员学习，提高素质，另一方面主要做好知情服务工作。在例会前，区政协办公室和提案委员会把浔阳区的中心工作、经济发展思路、社会事业等方面内容以简报、致函等形式发给各位委员，尽可能地让委员多了解区情。4月16日学习提案文史委员会活动组召开了会议，会上学习全国、省、市政协会议精神，通报浔阳区工作重点，同时以会带训，学习了提案撰写知识。各专委会根据区中心工作，一方面选准题，组织委员深入市场服务局、公安分局调查研究；一方面召开对口协商会，通报区属企业改制、招商引资等工作情况。通过这些活动，协助委员知情参政，让他们了解区属办理提案范围，为委员撰写高质量提案提供基础。

（二）健全网络，多方督办，促进提案高质量办理

提案工作落脚点是在提案落实的效果上，一件较好的提案，没有得到认真办理就不会发挥应有的作用。提案有没有进入党政决策或能否产生实际效果，很大程度取决于具体承办单位对提案办理的认识高度、办理力度、采纳程度等。只有抓实办理就会产生明显经济效益或社会效果，就会成为党政决策程序重要依据，就会对改进工作产生积极促进作用。一年来，我们主要从以下几方面开展工作，促进提案的办理。一是建立即时交办制。区政协五届一次全委会后，提案委员会即时将收集到的提案进行整理、登记、审查、立案、编号，交区政府办公室转办，使提案办理及时迅速。二是建立办理网络。各承办单位实行一把手负责制，分管领导具体负责，具体承办人员抓调研、抓落实，并及时与区政府办公室及区政协提案委员会联系，与区政协委员沟通或上门咨询，有的还召开政协委员提案办理通报会，如区文教局于6月16日召开了提案办理情况通报会，通报了提案办理全过程，委员十分满意，其承办的提案得到较好的落实。三是健全了反馈机制。我们制定《政协委员提案办理情况征询意见表》，加强委员与承办的联系和沟通，达到满意的办理效果。四是加强督查。主要采取“走出去”和“请进来”的办法进行提案督办。8月下旬，我们组织部分委员深入到市场服务局、民政局、招商局等单位登门督办，各单位非常重视。视委员提案为改进作风、促进工作重要手段，认真研究，认真答复，切实办理。10月下旬，区政协召开了提案督办座谈会，邀请提案人和承办单位的主管领导或分管领导来政协座谈，参加会议的各承办单位认真地介绍了提案的承办全过程，通过面对面地交流办理情况，面对面地交换意见，收到较好的效果。

（三）主动热情，积极做好提案服务工作

服务的好坏，直接关系到提案质量和办理效果。在工作中，我们积极主动，热情周到，诚心诚意为委员服务，努力做到，一、加强岗位意识。增强岗位责任感，提高做好提案工作的政治意识。二、强化创新意识。不断创新服务形式，提高服务质量，在工作中探索新方法、新途径，推动提案工作不断前进。三、抓好联系工作。既联系提案人及各民主党派和人民团体，又联系党委、政府及有关部门，掌握提案办理动态，了解实情，积极推动提案落实。

一年来提案工作虽然取得一定成绩，但与形势的发展要求，与全体政协委员及提案承办单位的期望还有一定的差距。主要表现在：1．为委员“知情”服务工作还做得不够周到、细致；2．有些提案质量不高，提出的问题不够准确，解决方法过于简单；3．个别承办单位重视不够，甚至有推诿现象。4．政协整体功能的优势在提案工作中还未得到充分发挥。以上不足有待今后进一步克服和改进。

几点建议

各位委员，2004年是全国人民认真贯彻落实党的十六大和十六届三中全会精神的一年，也是深化改革、扩大开放、促进发展的重要一年。在新的一年里，区政协提案工作的总体思路是：高举邓小平理论伟大旗帜，全面贯彻“三个代表”重要思想，在区政协常委会领导下，认真履行工作职责，以创新的精神，把握提案质量、办理质量、服务质量“三个环节”，实现由量到质、由答复到落实、由收发到服务“三个转变”，不断推进提案工作上新的台阶。为此，提出几点建议：

（一）加强政治业务学习，促进提案工作的开展

继续深入学习党的十六大及十六届三中全会精神，学习邓小平、江泽民同志关于人民政协工作的论述，学习政协章程和提案工作条例等方面的知识，不断提高政治素质和业务水平。提高贯彻执行党的基本路线和基本政策的自觉性和坚定性，开拓进取，以做好提案工作来实践“三个代表”的重要思想，不断促进提案工作的开展。

（二）围绕中心，服务大局，进一步提高提案工作质量

围绕中心，服务大局，这是政协提案工作的一条基本原则和经验。要围绕区委、区政府提出“发展工业、兴旺商贸、繁荣社区、美化市容”工作思路和“全面建设小康城区”的战略目标，引导委员把握主题，加强调查研究，提出更多的具有前瞻性、科学性和可操作性的提案。同时要把服务寓于提案工作的全过程，推动提案办理质量不断提高。

（三）加强协调联系，进一步发挥政协整体功能在提案工作中的优势

进一步探索提案工作发挥政协整体功能优势的新途径、新方法。提案工作要与政协各专委会的工作有机结合起来，与政协常委会议的专题议政、专题协商、专题研讨和主席会议的有关议题结合起来，与各界政协委员的本职工作结合起来，形成互动的联系机制，促进提案工作在探索中前进。

（四）加强提案督办力度，抓好重点提案的办理

提案贵在办理，重在落实。今年，区政协提案委员会在总结近几年来提案督办经验基础上，将建立政协领导领衔督办重要提案的制度。认真梳理委员提案，一些重点提案将作为主席或副主席督办。以提高提案的办理运作层次，引起承办单位的重视，使提案提出的意见和建议得到最大限度落实，并产生良好效果和影响。

各位委员、各位同志，让我们在中共浔阳区委领导下，以邓小平理论和“三个代表”重要思想为指导，全面贯彻落实区委七届二次会议精神，扬起区政协提案工作的风帆，在履行政协职能，推动和促进浔阳区政治文明、物质文明和精神文明建设中发挥更大的作用。

六届一次会议以来提案工作报告

（2008年2月26日在政协浔阳区第六届委员会第二次会议上）

区政协副主席　**朱少芬**

各位委员、同志们：

我受政协浔阳区第六届委员会常务委员会的委托，向大会作提案工作报告，请予审议。

区政协六届一次会议以来，高举邓小平理论和“三个代表”重要思想伟大旗帜，深入贯彻中共十六大、十七大精神，以科学发展观为统领，认真贯彻“围绕中心、服务大局、提高质量、讲求实效”的提案工作方针，运用提案形式积极建言献策，为促进经济社会发展，构建社会主义和谐社会做出了积极贡献。

基本情况

一年来，提案委员会共收到提案156件，其中，党派提案58件，政协专门委员会和团体提案98件。经审查立案133件，未立案的提案23件，作为委员来信处理。立案率达到85.2%。在立案的提案中，经济建设方面21件，占15.8%；科教文卫体方面23件，占17.3%；城建、环保、交通方面45件，占33.8%；政策法律、劳动人事方面27件，占20.3%；其他方面17件，占12.8%。所有立案的提案，都通过交办会等形式分别送区委、区政府的有关部门和单位研究办理。截至2007年年底，所有提案已经办复。这些提案的办复率为100%，满意率92%，基本满意率8%。

主要成效

政协提案是人民政协行使政治协商、民主监督、参政议政职能的一个重要方面；是政协委员、民主党派和参加人民政协的团体行使民主权利、参政议政的一种重要方式；也是协助党政部门改进工作、联系群众，为人民办实事、办好事的一条重要渠道。一年来，通过各承办单位的办理，提案发挥了应有的作用和效果。

一、所提问题已经解决或基本解决的有78件，占总数的59%

经济工作是历届委员关注的重点，朱朝霞、黄俊民等委员提出的“富民兴赣，鼓励创办私营企业”的提案，区政府非常重视，制定并落实了《加快非公有制经济发展的实施意见》等一系列扶持政策，进一步优化发展环境，民营经济得到了迅猛发展，并已成为我区经济的重要支柱。晏飞委员提出的“关于浔阳区辖区内保险业务外流，杜绝税收外流现象”的提案，区政府安排财政部门牵头，税务、街道等相关单位进行调查研究，学习借鉴外地好的做法，通过加强重点税源管理，严厉打击引税、买税现象，税源流失得到了有效遏制。蔡杰、汪琦委员提出的“挖掘保护九江封缸酒品牌，重塑地方老字号形象”的提案，区政府已专门向市文化局报告，申请将九江封缸酒、九江桂花茶饼列为第一批市级非物质文化遗产名录。区招商局已将九江封缸酒列入市区两级招商项目库进行重点招商。陈和平委员提出的“将老灌塘污水处理厂”更名为“九江市水质净化厂”的提案，经区城建局与市建设局联系沟通办理，已答复待老灌塘污水处理工程竣工后将更换门牌，以注册名称“九江市蓝天碧水环保工程有限公司”作为正式名称对外进行运营。

城市管理是浔阳区工作的永恒主题，委员的提案为提升我区城市管理水平起到了很好的促进作用。张松波委员提出的“市容建设是大计，市容维护更关键”的提案得到了区政府的重视。近年来，我区不断深化“4+1”城市管理长效机制；建立了“五位一体”的网络管理责任体系；推行市容督查日志，完善“三级”督查、“局包街”、“区直单位包社区”制度。王中财、丁香玉、施法林委员提出的“对青年路段上学放学时间实行交通管制”的提案，经浔阳公安分局与市公安局交警支队一大队联系沟通，已得到妥善办理。

民生是第一事务，民生工作既是政府工作的重点，也是委员关注的热点。程侯峰、江津委员提出的“统一规划建设社区医院，缓解看病难”的提案得到区政府的高度重视，并作为2007年政府重点落实的一件惠民实事予以解决。就业问题是委员们关注的社会热点问题之一，王晓军、赵凤翔、徐燕芳、余贵萍等委员分别从再就业技能培训、职业教育、失地农民就业、农民工素质提升等不同角度提出了很好的建议。政府去年以金蓝领工程、阳光工程、雨露计划为载体，实行“政府主导、企业参与、市场运作”的机制，积极落实就业服务措施，做好就业再就业培训，打造街道劳动保障服务平台，就业再就业工作走在全省前列。

社区建设是我区的一项亮点工作，这与委员长期以来的关心关爱是分不开的。翟志、王卫华、张杰、赵凤翔、胡辉庆等委员对新建居民生活小区精神文明建设、社区未成年人思想道德建设、和谐社区建设、社区物业管理、社区业主组织建设等方面提出了很好的意见。近年来，我区进一步巩固和深化社区建设“三三四”模式，积极开展“和谐社区”创建活动，引导建立和规范社区业主委员会的活动，逐步理顺社区居委会、业主管理委员会和社区物业之间的关系，不断建立和完善社区内部管理的组织架构，提升社区综合管理和服务水平，推进我区社区建设工作向纵深发展。

二、所提问题正在解决或已列入规划逐步解决的有43件，占总数的32%

由于上级政策、行政职能、政府财力等原因，委员提案还有部分正在解决的过程中。黄训友委员提出的“关于加快港口物流建设促进经济持续发展”的提案提供了很好的思路。我区已明确了物流业的发展方向，制定了产业发展扶持政策，引进了一批物流企业。最近，通过区委、区政府主要领导亲自协调、高位推进，市委、市政府已经初步同意了在我区金安组团1号地设立物流园区的意见。潘俊俊委员在“关于加强城市管理”的提案中重点关注了城区“牛皮癣”的治理。去年，区政府安排了10万元专项经费，并投入了大量的人力物力治理“牛皮癣”，取得了一定的成效。但治理“牛皮癣”是一项繁重而又艰巨的任务，需要长期的努力。曹文文委员提出的“关于开通浔阳区电视传媒频道”的提案。由于历史原因和政策因素制约，目前设立浔阳区自己的广电宣传机构条件还不成熟，但宣传部门已经加强了与市电视台的合作，引入“官方合作媒体”概念，将九江电视台第三频道纳入浔阳区长期电视媒体宣传及资源整合规划。李秋帆、琚四清等委员提出的“关于加强浔阳区青少年科普教育和青少年科普教育基地建设”，有关部门与市级部门进行协商后，认为还不具备建立科技展览馆的条件，暂时没有列入城市发展规划，但我区已建设了九江少儿活动中心，承担了部分科普教育基地的功能，发挥了青少年科普教育基地的作用。

三、所提问题因目前条件限制或其他原因暂时难以解决的有12件，占总数的9%

李伟群、包仁建、张从越、廖贵英等委员提出新建或重建粮食、灯具、茶叶、电子产品等专业批发零售市场的提案，对于我区完善市场体系，提高市场竞争力具有较高的指导意义。但受城区政府工作职能限制，建立或搬迁市场，其立项、规划、审批都在市级相关部门，我区各相关部门正在积极努力，加大协调沟通力度，争取在制定新一轮城市发展规划时，提高城区商业贸易项目建设比例，逐步解决各专业市场建设问题。罗勇委员提出的“成立浔阳区商务局”提案的办理条件暂时还不成熟。商贸经济是浔阳区经济结构的重要组成部分，成立专门的管理机构对于促进我区的商业贸易行业的发展将起到积极的作用。去年，市政府已经成立了市商务局，正在梳理工作职能和明确工作定位，城区设立商务局的条件正在逐步成熟。

主要做法

一年来，我们着重从提高提案质量，促进提案办理实效，扩大提案工作的社会影响及为委员服务等方面，扎实开展工作。主要是：

一、知情服务，提高提案质量

提高提案质量是做好提案工作的首要前提。一年来，为使提案内容更加贴近生活、贴近群众、贴近实际，更具科学性和可操性，区政协采取多种方式，为委员知情参政提供服务。一是通过常委会、专委会会议和视察调研活动了解区情。二是通过信函传达区情。在例会前，区政协办公室和提案委员会把我区的中心工作，经济发展思路，社会事业等方面内容以简报、信函等形式发给各位委员，尽可能地让委员多了解区情。三是举办提案知识专题讲座。邀请省政协常委、优秀提案人汪玉奇教授来浔授课，为委员们撰写提案进行了具体指导。四是举办提案工作座谈会。委员们互相交流撰写好提案的心得和体会，并就如何提高提案质量等问题进行了深入的讨论，对下一步提案工作的开展提出了许多有见解、可操作性的意见。

二、形成合力，促进办理实效

领导重视是抓好提案工作的前提，部门主动配合是办理提案的关键，委员参与是落实提案的有效途径。在办理提案过程中，各级领导予以高度重视。区政协六届一次全会期间，区委书记、区政府区长认真审阅大会发言材料和有关提案，傅云生书记还及时对《加快均衡发展步伐实现区域教育公平》等5件提案做出重要批示，要求有关部门进行调研、协调和解决，并抓紧办实办好。区政府分管领导在提案交办会上，要求有关职能部门，从实践“三个代表”重要思想和提高执政能力的高度，认真办理委员提案，解决委员所反映的问题。各承办部门把提案办理作为转变作风和为民办实事的重要途径，纳入议事日程，建立健全了严格的办理责任制和办理工作程序。许多部门主要负责同志率先垂范，做到“五个亲自”：亲自过问，亲自答复，亲自办理，亲自督促落实，亲自征求意见。如城建、市容等部门对委员呼声比较强烈、反映比较集中的问题，作为重点解决对象，加大办理力度，千方百计予以解决；财政、文教等部门把提案工作列为“一把手”工程，做到有布置，有检查，有总结；劳动人事、就业、医保、社保等部门坚持先沟通后答复，主动征求意见，有效地提高了办理工作的满意度；市场、旅游等部门健全从接收到分发、办理、上报等一整套规章制度，狠抓落实，规范实施。在重点提案的办理上，我们加大了合作力度，采取提案委员会、提案者和承办单位“三结合”的方式，进行面对面的协商座谈，或者进行联合调研，进一步深化、充实提案的建议，先后召开协商办理座谈会5次，进行重点提案调研4次。政协主席、副主席分别参加了提案协商办理座谈会、重点提案调研活动和提案办理工作座谈会，有力地推动了重点提案的重点办理。

三、积极宣传，扩大提案影响

搞好提案宣传，对提高委员的责任意识、督促提案办理、扩大提案工作的社会影响具有重要意义。政协六届一次会议以来，提案委员会积极向新闻媒体投稿，如，区政协领导督办重点提案，区委、区政府办公室、区政协提案委联合督办提案，部门办理提案的好经验好做法等提案工作活动情况都在《江西日报》《光华时报》《九江日报》、九江电视台、九江新闻网、中国浔阳网等主流新闻媒体得到及时报道。提案工作的社会影响力不断增强。

一年来，提案工作虽然取得了较好的成绩，但也存在一些差距和不足。在提高信息化服务水平、提案的督办实效等方面，还需要进一步采取改进措施，加大工作力度。我们真诚地希望各位委员对提案工作提出意见和建议，以便于我们把今后的工作做得更好。

工作建议

今年是我区落实“十一五”规划，实现经济和社会大发展的关键一年，提案工作始终坚持以邓小平理论、“三个代表”重要思想和党的十七大精神为指导，紧紧“围绕中心、服务大局、提高质量、讲求实效”的提案工作方针，认真贯彻落实科学发展观和构建社会主义和谐社会的重大战略思想，紧跟区委、区政府的中心工作，不断提高提案质量，办理质量和服务质量，使提案工作再上新台阶。

一、加强学习，不断提高对新时期提案工作重要性的认识

提案工作是人民政协工作的重要组成部分，是人民政协履行职能的重要渠道。新时期对人民政协工作提出了新要求，也对提案工作提出了更高要求。广大政协委员要深入学习党的十七大精神和《中共中央关于加强人民政协工作的意见》及全国政协提案工作会议精神。针对六届政协新委员较多的实际，加强提案知识培训和学习。通过加强学习，不断提高自身素质和能力，不断提高运用提案履行政协职能的自觉性和主动性、责任感和使命感。

二、与时俱进，不断提高提案质量、办理质量和服务质量

1．优化源头，进一步提高提案质量。提案质量的高低决定着提案本身的价值，也反映委员参政议政的水平。广大政协委员和参加政协单位应始终把提高提案质量作为立足点抓好抓实。这就要求委员在不断加强自身学习的同时，还要积极参加区政协举办的各种知识讲座和各项调研活动，不断拓展知识面，扩大知情权，提高观察问题、分析问题、处理问题的能力。区政协要积极引导委员围绕中心，准确选题，深入调研，多提精品提案。政协提案工作应与各专委会开展的视察、调研、考察等活动有机结合起来，并注重发挥好党派团体、政协界别和专委会提案作用。

2．注重实效，进一步提高提案办理质量。办理是提案工作的关键环节，直接关系到提案工作的成效。我们要在总结、继承过去好经验好做法的同时，不断开拓思路，积极探索新的形式和方法，创新办理新机制，提高办理实效。提案委要密切同区委、区政府以及有关部门的联系合作，加强与提案者的沟通，使“提”“办”双方形成良性互动，进一步建立和完善提案办案民主监督机制，将协商与监督贯穿提案办理工作始终，使办理工作不断取得新成效。

3．加强自身建设，进一步提高服务水平。要加强提案委员会自身学习，增强服务意识、责任意识。要加强组织协调，积极主动为党派团体、各界委员运用提案参政议政创造条件，提供服务。要针对新形势、新要求，不断改进工作方法，提高工作效率。注重将提案工作与党委、政府中心工作和政协总体工作任务紧密结合起来，与各专委会开展的活动结合起来，充分发挥各专委会参政议政整体优势，从而形成合力，使政协提案工作在发挥人民政协优势，构建和谐浔阳建设中发挥更大的作用。

三、创新机制，不断推进提案工作制度化、规范化、程序化建设

提案工作既是一项传统性工作，又是一项在实践中不断发展、开拓创新的工作。我们要进一步解放思想，从实际出发，努力探索提案工作新方法，建立提案工作新机制，完善提案工作各项规章制度，把制度建设贯穿于整个提案工作，不断推动提案工作“三化”建设，增强参政议政的实效。

四、扩大宣传，不断优化提案工作环境

为使政协提案工作充满生机和活力，须进一步加大宣传力度，扩大宣传面，拓宽宣传渠道，使全社会共同关注、重视提案工作。大力宣传优秀提案和先进承办单位，激发委员和承办单位工作积极性，促进提案工作不断发展。

各位委员、同志们，回顾过去一年，提案工作稳步前进，不断发展。面对未来，提案工作责任重大，大有可为。让我们以求真务实、开拓进取的精神，扎扎实实开展工作，在构建和谐浔阳大跨越发展进程中，使政协提案发挥更大的作用。

七届一次会议以来提案工作报告

（2012年2月8日在政协浔阳区
第七届委员会第二次会议上）

张华桥

各位委员、同志们：

我受政协浔阳区第七届委员会常务委员会的委托，向大会作提案工作情况报告，请予审议。并请列席会议的同志们提出意见。

一、七届一次会议以来提案办理工作主要情况

区政协七届一次会议以来，全体政协委员、政协各参加单位坚持以党的十七届五中、六中全会和胡锦涛总书记在纪念建党90周年大会上讲话精神为指导，深入贯彻落实科学发展观，紧紧围绕区委、区政府的中心工作和人民群众普遍关心的热点难点问题，积极运用提案形式建言献策。

七届一次会议以来，共收集提案138件。经提案委员会审查立案112件。对所提事由超出我区事权范围的21件提案，已委托市政协委员在市政协召开全会期间提出，引起了市政协的高度重视并转送市有关部门办理；没有立案5件作为委员来信转交区有关部门研究处理。在区委、区政府的高度重视和各承办单位的共同努力下，截至去年12月底，112件提案按规定时限全部办理完毕。已经解决或基本解决的有80件，占总数的71%；正在解决或逐步解决的29件，占总数的26%；因政策和条件限制目前难以解决的有3件，占总数的3%。对办理的提案表示满意的111件，基本满意的1件，办复率100%，满意和基本满意率达100%。这些提案极具政治性和时代性，为党委政府民主决策、科学决策，推进我区经济社会发展发挥了积极作用。

1．围绕中心工作，为促进经济发展建言。围绕发展经济，实现浔阳率先发展，委员们积极建言，提出发展浔阳经济提案18件，其中涉及第三产业8件、园区建设5件、民营经济2件、招商引资3件。对委员们的建言，区政府相关部门极为重视，积极吸纳委员们的建议，发展浔阳经济。一是扬优发展第三产业。坚持三产主导地位，不断做强传统商贸，培育现代服务业，全年实现三产税收8.53亿元，占财政总收入的63%。传统商贸不断提升，派拉蒙超市老车站店、苏宁电器西门口旗舰店等现代卖场相继开业，现代商贸流通网络日益完善。楼宇经济发展迅速，入驻总部企业380余家，全年实现楼宇经济税收1亿元，增长30%。沿江物流成效明显，新雪域物流园主体建成，琵琶湖农副产品批发市场正在建设，京九市场整体搬迁方案初步确定，烟草物流中心项目正式启动。二是着力做实工业园区。加大政策扶持力度，优化项目服务质量，完善园区功能配套。继续安排1000万元企业扶持发展基金，实行领导挂点工业企业制度和入园项目代办制度，成立专门机构，组建专业队伍，强化跟踪服务，共引进入园项目23个，全年实现工业主营业务收入22亿元，税收1亿元。全力推进石化产业园建设，编制了石化产业发展规划和石化产业园规划，完成了产业园征迁摸底、房屋丈量、评估、地类调整和用地报批等工作。三是积极发展民营经济。加大政策扶持，进一步完善信用担保体系，帮助中小企业解决融资难题，鼓励民间资本进入教育、文化、卫生、体育等社会事业，积极引导民营企业做大做强，民营经济发展实现了新突破。四是大力开展招商引资。大力开展以商招商和产业招商，组建了石化和三产2个专业招商组，积极与长三角、珠三角等重点区域和世界知名公司企业对接，借助“香港经贸活动周”“赣台会”“中博会”等平台，加大项目宣传推介力度，成功举办了深圳石化产业招商推介会，招商引资取得了明显成效。

2．突出重点，为城市建设和管理献策。中心城区的建设和管理是城市政治、经济、文化的集中反映，也是委员们关注的重点。为推进美丽新浔阳，委员们踊跃献策，对城市建设和管理提出提案46件，占提案总数41%。就此，区政府高度重视，根据发展需要，把城市建设和管理定为政府及其相关部门重点工作。一是强攻旧城改造。按照“统筹规划、分步实施、先易后难”原则，全力推进旧城改造，城市功能得到进一步提升。全力推进棚户区改造，浔阳楼片区动迁工作基本完成。加快城区道路建设和改造，桃园路全线通车，浔阳西路改造完毕，完成了30余条背街小巷改造，市民出行条件得到明显改善。大中路西段改造全面完成，打造升级后的整个大中路将九江的历史人物、历史事件、文化元素完美地融入步行街，已成为游客和市民旅游、休闲、购物的好去处，城市品位显著提升，浔城人感到骄傲。二是深化城市管理。以“六城同创”为契机，深入开展“两声三乱”“百院千巷”“文明祭祀”“畅通工程”和“两违”拆除等专项整治行动，不断加强城市管理，城区环境不断优化。对环境卫生工作不断加大力度，积极筹建二级垃圾中转站。全面推行节能减排工作，确保城区空气和环境质量位居省市前列。

3．关注热点，为改善民生出谋。民生工作是社会和谐之基。实现好、维护好、发展好人民群众的根本利益是广大委员们的共同心声，委员们直抒己见，提出关乎民生的提案8件。区政府对此非常重视，把民生工作作为政府工作的着力点和落脚点狠抓落实。一是积极推进就业工作。就业是民生之本，也是政府极力推进的社会工作。劳动就业部门积极采取措施，扩大就业规模，优化就业结构，多渠道开发就业岗位，使得去年新增城镇就业5281人，城镇就业率达到98.5%，同时打造了13个充分就业社区。二是不断完善保障体系。坚持“广覆盖、保基本、多层次、可持续”的原则，不断扩大覆盖范围。在全省率先启动城镇居民养老保险工作，为符合条件的60周岁以上的居民发放了85万元养老金。三是努力提升救助能力。进一步提高救助标准，落实救助政策，救助能力不断加强。大力实施“光明·微笑”工程，积极开展儿童两病和尿毒症免费救治，为1820名残疾人提供免费康复服务。四是建立三级养老服务网络。构建了以社会福利机构为龙头，以居家养老为基础，以社区养老为依托的三级社会养老服务网络。

4．倾心社会管理，为推进社会事业发展支着。加强社会管理，促进我区社会事业的协调发展，是政协委员履行参政议政职能的重要内容。委员提案中关于社会管理和社会事业方面的共有40件，集中反映在社区建设、社会稳定和科教文卫等方面。对这些提案，根据社会和现实的要求，区政府相关部门认真组织实施。一是加强基层基础建设。基层基础建设是社会管理的基础性工作。因此，区政府有关职能部门积极推进社区建设、健全社区组织体系、完善社区基础设施、增强社区自治功能、规范社区自治管理、健全社区（村）委会成员考核激励机制等社区建设的基础性工程，以此提高社区管理和服务水平。同时，以典型示范引路，打造了三星级以上的“明星社区”43个。二是协调发展社会事业。科技、文化、教育、卫生、体育、计生等社会事业取得了明显成效。成功创建“全国科技进步先进区”，荣获“全国科普示范区”称号。大力发展教育事业，区中心幼儿园和新庐峰学校正在有序筹建，荣获“全省义务教育均衡发展示范区”称号。“国家卫生城市”创建工作通过省级复检。全民健身活动得到了普及，荣获“全国全民健身先进区”。认真落实计划生育政策，荣获“全省流动人口计划生育服务管理先进区”称号。三是全力维护社会稳定。深入推进“和谐平安浔阳”的建设，加强社会治安综合治理，严厉打击各种违法犯罪行为，公众安全感和满意度明显提升，荣获“全市社会治安综合治理目标管理先进单位”称号。

二、提案工作主要做法

一年来，区政协常委会认真贯彻落实“围绕中心、服务大局、提高质量、讲求实效”的提案工作方针，按照“以提高提案质量为重点，以推进办理实效为目标”的工作要求，切实加大提案工作力度，为提高提案质量、办理质量和服务质量，积极开展提案工作。

1．注重基础，着力提高提案质量。提高提案质量是做好提案工作的基础。为了丰富提案素材，我们定期不定期邀请区委、区政府及相关部门在政协常委会上通报区情、政情，组织委员对全区重点工作、重点工程、重点项目进行视察，使委员了解区情、知晓民情，为委员撰写提案提供第一手资料。充分利用学习、培训、视察、走访、委员活动日等多种形式，引导督促委员认真开展调研，为委员撰写好提案创造了良好的条件。在政协全委会召开之前，围绕区委、区政府中心任务，把日常工作和视察调研中征集的提案线索进行提炼，编印成《提案参考提纲》发送到全体委员手中，为委员积极撰写提案，提高提案质量，打下了坚实的基础。在审查立案中，提案委员会根据《提案工作条例》的立案要求，将收到的提案进行分类整理，邀请区委办、政府办同志参加提案审查，既严把了提案审查关，又共同确定了提案承办单位，提高了提案整体质量。

2．把握关键，努力提高办理实效。提高提案办理质量是做好提案工作的关键。一是强化督办，对重点提案，政协主要领导挂帅，亲自到承办单位督办，政协分管领导深入基层牵头督办，从而有效地推动了重点提案的办理落实。区委办、区政府办、区政协办坚持上门督办，对提案承办数量较多的单位进行走访，多次与提案承办单位进行联系、沟通，督促提案承办单位在提案办理落实上下功夫，提案办理工作逐步实现了由“答复型”向“落实型”转变。二是加强对超出我区事权范围提案的情况分析。对委员所提内容超出我区事权范围的提案，召开提案分析会，邀请区政协委员中的市政协委员参加，对提案内容进行深入分析。委员们认为，这些提案虽然超出我区事权范围，但又是发生在我区百姓身边的一些热点、难点问题。市政协委员以高度的政治责任感和社会责任感，结合自身优势和特点认真选择，将其中涉及城市建设、市政管理、园林绿化、公共交通、小区物业管理等方面的21件提案带到市政协以提案形式提出，这些提案也引起了市直相关部门的重视，并认真予以回复。

3．竭诚服务，全面提升工作质量。竭诚服务是提升提案工作水平的重要保证。围绕服务，着重做了三项工作：一是要求提案委认真强化服务意识，努力提高服务质量，不断加强和改进与提案人、提案承办单位的联系、沟通，切实做好提案交办后的协调指导工作；二是以“提得好、办得好、效果好”为标准，表彰优秀提案和先进承办单位，充分调动了提案者和提案承办单位的积极性。这次我们共表彰了9件优秀提案和6个提案办理先进单位。三是加强提案宣传工作，扩大提案社会影响，通过网站、报纸、杂志等新闻媒体对提案工作进行多角度、多层次宣传报道，让广大群众和社会各界了解提案、重视提案、参与提案、支持提案工作。

一年来，区政协提案工作取得了一定成绩，这主要得益于：一是广大政协委员以高度的政治责任感和使命感切实履行职责，密切关注全区经济社会发展，深入调研，形成了真知灼见的高质量提案。二是区委、区政府高度重视提案工作，把提案工作纳入重要议事日程，对提案工作进行周密部署，狠抓落实。三是区委办、区政府办和各有关部门密切配合，积极办理与本部门有关的提案，提高了提案工作办理成效。在此，我谨代表区政协七届常委会，向全体政协委员、政协各参加单位、提案各承办单位表示衷心的感谢和崇高的敬意！

三、2012年提案工作意见

2012年，是实施“十二五”规划的重要一年。政协的提案工作要继续坚持“围绕中心、服务大局、提高质量、讲求实效”的提案工作方针，深刻领会党的十七届六中全会精神，以科学发展观为指导，紧紧围绕区委、区政府的中心工作，充分发挥提案在履行“政治协商、民主监督、参政议政”职能中的作用，为促进我区经济社会又好又快发展做出积极贡献。

1. 深化认识，增强使命感和责任感。提案工作是人民政协一项具有全局性的工作，是政协履行职能最直接、最经常和最有效的一种方式，而围绕“建设美丽、实力、文化、幸福的新浔阳”献计出力，是人民政协围绕中心、服务大局的必然要求。因此，全体政协委员和各参加单位要深刻认识，主动作为，始终坚持提案是促进发展、关注民生、营造和谐的理念，充分发挥同人民群众联系密切的优势，精心选题深入调研，做到明实情、知政情、晓民情，及时准确反映人民群众的呼声，不断增强做好提案工作的责任感和使命感。

2. 求真务实，提高提案整体质量。我们要加强自身学习，拓展知识面，充分发挥委员的主体作用。通过召开各种座谈会、协商会、情况通报会，搞好视察、调研、考察等活动，扩大委员的视野，增加委员的知情渠道，做到视点求高、选题求准、观点求新、效果求实，为提出高质量的提案夯实基础。要把提案工作和专委会工作结合起来，及时把调研、视察成果和大会发言转化为提案。提案委员会要把提高提案质量放在提案工作的首位，注意筛选部分提案作为今年专题调研的课题，推动提案整体质量的提高。要进一步完善优化提案评选表彰机制，使之真正成为一种激励和鞭策。

3. 增强合力，提高提案办理实效。要进一步加强对办理工作的领导，采取多种形式，加大督办力度。一是继续推行领导督办重点提案制度。按照“事关全局，群众关心，建议合理”的原则，确定一批重点提案，由政协领导督办，以点带面，促进问题解决。二是大力营造政协、提案人、承办者三方良性互动氛围。适时邀请提案人、承办单位参加政协常委会，加强政协、提案人、承办单位的沟通联系，努力提高提案办理的回复率，落实率和满意率，促进提案办理。三是在督办上做到“五个强化”。即强化重点办理。各主席对确定的重点提案，将定期了解进展情况，确保取得实效；强化透明办理。将提案办理情况向社会公布，加快办理进度；强化现场办理。召开办理工作会，邀请政协委员参加并检查、督促办理工作；强化比较办理。保留原始资料与办理现状进行对比；强化跟踪办理。对提案办理工作进行回头看，对列入计划进行逐步解决的提案，进行跟踪办理。

4. 加强服务，提升提案工作水平。一是做好引导服务，帮助委员扩大视野、积累素材，从而提高他们对提案的认知水平和撰写能力。二是做好提案征集服务，通过培训、考察、视察、调研、通报、座谈等形式，为委员开拓多种途径收集提案线索。三是加强提案审查服务，继续完善提案“三审制”，把好提案入口关。四是做好提案交办服务，在提案交办之前，征求有关部门和提案者的意见，以确保提案办理责任分解的科学性、民主性。五是做好提案网络化服务，积极开展网上公开征集提案线索，公开提案办理情况反馈工作，以增强提案征集的广泛性和办理的透明度，推动提案工作发展。

各位委员，提案为民代言，办理提案为民谋利。使命考验责任，责任激发智慧。让我们携起手来，牢记使命与责任，充分运用提案这一人民政协履行职能最广泛、最直接、最有效的方式，多建有用之言，多献务实之策，不断开创政协提案工作新局面，为建设美丽、实力、文化、幸福的新浔阳做出积极贡献！

七届二次会议以来提案工作报告

（2013 年 1 月 15 日在政协第七届浔阳区委员会第三次会议上）

区政协副主席　**张华桥**

各位委员、同志们：

我受政协第七届浔阳区委员会常务委员会的委托，向大会作提案工作情况报告，请予审议。并请列席会议的同志提出意见。

一、提案办理工作主要情况

去年，区政协七届二次会议共收集提案 95 件。经提案委员会审查立案 90 件。对所提事由超出我区职权范围的 5 件提案，已委托市政协委员向市政协十四届二次全会提出，受到了市政协的高度重视并转送市有关部门办理。在区委、区政府高度重视和各承办单位共同努力下，截至去年 12 月底，90 件提案按规定时限全部办理完毕。其中，已经解决或基本解决的有 75 件，占总数的 83.3%；正在解决或逐步解决的 7 件，占总数的 7.8%；因政策和条件限制目前难以解决的有 8 件，占总数的 8.9%。对办理的提案，委员表示满意的有 88 件，基本满意的有 2 件，办复率 100%，满意和基本满意率 100%。这些提案极具政治性和时代性，为党委政府民主决策、科学决策，推进我区经济社会发展发挥了积极作用。

1．围绕中心工作，为促进经济发展献良策。围绕发展经济，实现浔阳率先发展，委员们积极献策。民建浔阳区支部提出《扬优乘势多措并举加快推进楼宇经济集聚发展》的提案，区委、区政府主要领导非常重视，批示有关部门认真研究落实。承办部门高度重视该提案办理工作，对照提案提出的意见建议，开展了一系列工作。即在盘活现有楼宇资源的基础上，集中培育一批有特色的精品商务楼宇。为推进楼宇经济的发展，在全区推行了一套政策和机制，实行了领导挂点楼宇企业制度，对引进楼宇企业或总部的单位，以及贡献大的楼宇企业，给予奖励。委员关于《项目建设快速推进》的提案，区委、区政府采取集中调度、责任包干、督查督办、倒逼等制度，实行重大项目“一名领导、一套班子、一事一议”的服务机制，严格执行项目建设“六个一”工作机制和“十四条举措”，统筹推进项目工作，使项目建设得到了快速推进。

2．围绕热点，关注民生建真言。政协委员就社会保障、居家养老、食品安全等人民群众直接关注的热点问题提出提案。如“居家养老”问题，无党派知识分子联谊会和委员分别提出了关于《发展社区居家养老，构建幸福浔阳支撑》《如何完善以居家养老为重点的社会养老服务体系》的提案。承办单位把办理这些提案作为构建和谐社会的重要举措来落实：一是积极争取上级政策支持。前期通过向省、市民政部门申报，将湓浦社区日间照料中心列入全国居家养老服务示范点，并获得 100 万元资金支持。二是完善居家养老优惠扶持政策。对于民办养老服务机构，通过采取资金补贴、公建民营、税费优惠、政府购买服务等优惠扶持措施，推动养老服务事业社会化。通过多方努力已建立了“机构养老、专业服务、社区照料、邻里互助、协会维权”的“五位一体”养老工作新模式，并作为“浔阳模式”在全省推广。

3．突出重点，为城市建设和管理提建议。浔阳区作为中心城区，城市建设与管理必然成为委员们普遍关注的重点，因而这方面的提案占有较大比重。旧城改造既是提升城市形象和品位的需要，也是改善市民居住条件的要求，是历史和现实的必然选择。对此，区委、区政府极为重视，在推进旧城改造进程中，既按照全市总体规划的要求，又积极采纳委员们提出《关于推进浔阳区旧城改造的建议》《加快旧城改造提升城市品位》的提案。在全市整治“两违”建筑的大背景下，区委、区政府按照市委、市政府的要求，并积极吸纳委员提出《关于有效治理浔阳区“两违”建筑的建议》的提案，先后出台《浔阳区违法违规建房处理实施意见》《浔阳区农村违法违规建设责任追究办法》。采取领导挂帅，精心组织，重拳出击，依法拆违，防控结合举措，从而有效地遏制了违法违规建设的势头，治理“两违”取得了明显成效。委员提出《浔阳路和庾亮北路交汇的十字路口新建行人过街天桥，并增设红绿灯》的提案，由于受到职能的限制，我们委托驻区市政协委员向市政协提交，这一提案引起了市直部门的高度重视并给予回复和办理。回复说，鉴于该处用地局促，人行道狭窄，在目前暂不具备建设地下通道或天桥的条件下，但考虑交通通行要求及行人过街便利，可增设红绿灯。目前该路口已设立了临时红绿灯。

4．倾心社会事业，为推进文化、旅游等社会事业发展出谋。社会事业的协调发展，是政协委员们的共同愿望，委员们直抒己见。在政协七届二次全会上，《“文化浔阳”发展的战略选择》的大会发言，得到了区委戴书记高度评价，戴书记亲自做了重要批示。各承办单位按照书记批示要求，认真研究落实意见，着力组织实施。大会发言中的意见和建议，在我区精心打造大型音舞诗画剧《春江花月夜》、打造特色精品文化街区、扶持文化艺术业态发展、做强旅游产业、开发“滨江历史文化长廊”等工作中得到了采纳。委员提出的《关于推进社区建设的思考与建议》提案，相关承办单位一直高度重视，并积极推进和不断深化社区建设，成功打造十五个街道便民服务中心，创新实施社区“三全两化”工作模式，完善社区投入保障机制，加强社区工作人才队伍建设，提高社区居干生活补贴，社区建设得到了进一步加强。

二、提案工作的主要做法

一年来，我区政协提案工作，按照“以提高提案质量为重点，以推进办理实效为目标”的工作要求，切实加大提案工作力度，为提高提案质量、办理质量和服务质量，积极开展提案工作。

1．真诚用心促改进，切实提高提案质量。改进工作，提高服务质量是做好提案工作的前提。区政协常委会对此高度重视。一是要求提案委认真强化服务意识，努力提高服务质量。充分利用学习、培训、视察、走访和“委员进社区”等形式，引导委员认真开展调研，尽力为委员撰写好提案创造良好的条件。二是开展民主评议提案办理活动。我们抽选5个承办单位，邀请了11位委员面对面地进行互评。由此，既提高了提案办理质量，又提高了提案撰写水平。三是表彰优秀提案和先进承办单位，充分调动了提案者和提案承办单位的积极性。四是切实加强提案宣传工作。通过各种新闻媒体对提案工作进行多角度、多层次的宣传报道，让广大群众和社会各界了解提案、重视提案、参与提案、支持提案工作。

2．强化督办促落实，努力提高办理实效。提高提案办理质量是做好提案工作的关键。一是强化督办。对重点提案，政协主要领导挂帅，亲自到承办单位督办，政协分管领导深入基层牵头督办，从而有效地推动了重点提案的办理落实。二是增强实效。为了增强提案办理实效，采取督办主体与承办部门沟通对接的形式。即将领导督办、党委政府督查部门督办、政协提案部门督办和承办部门办理有机结合起来，在督办中协商，在协商中理解，在理解中达成共识，有效地推动了提案办理；三是加强互动。邀请提案人，承办单位列席政协常委会，推进了政协、承办单位、提案人三方良性互动，取到了共促提案办理的效果。

3．领导重视促保证，全面提升工作水平。领导重视是做好提案工作的保证。我区各级领导不仅把提案工作作为密切联系群众，认真听取意见，接受民主监督的一条重要渠道，而且倾注精力关注提案工作，使得提案工作不断加强。一是区委、区政府领导高度重视提案工作。区委书记、区长亲自阅批“大会发言材料”和重点提案，对提案办理提出明确要求，使提案的办理落实掷地有声。其他分管区长将各自分工的工作与提案办理工作对接，对每件提案的办理都提出指导意见。在政协全会期间，区四套班子主要领导出席表彰大会并亲自给先进承办单位和优秀提案委员颁发奖状和证书，使承办单位和委员倍受鼓舞，进一步调动了大家的积极性。二是政协领导更是把提案工作作为政协参政议政的一项重点工作，列入主席会议和常委会议议事日程，定期听取提案工作情况汇报，研究部署提案征集、督办、表彰等事项，并采取主席、副主席分工督办和现场督办方式，推动了重点提案的办理落实。三是各承办单位主要领导亲自承办、督办提案，出面协调解决办理工作中出现的困难和问题，在提案答复前都亲自审核、签发，有效地提升了办理工作水平。

过去的一年，提案工作取得一定的成绩，但也存在一些问题。一是少数提案调查研究不够深入，所提意见建议缺乏针对性，提案质量仍有待进一步提高；二是个别办理单位对提案办理工作认识不足、调研不够、沟通不力，仍存在重答复轻落实现象；三是个别答复格式不规范，答复分类不准确，答复内容过于简单，办理工作质量有待进一步提高。这些问题都需要在今后的工作中认真加以研究，努力改进。

三、2013年提案工作意见

2013年的提案工作，主要抓好以下三个方面：

1．在注重提案质量上下功夫。重点把握三个环节，一是提案撰写注重针对性，力求提得好。二是提案办理注重规范性，力求交得准。三是提案质量注重时效性，力求办得实。要深入学习、全面贯彻落实中共十八大精神，把握时代主题，紧扣区委、区政府中心工作，关注民生民意，深入实际，调查研究，多提党委政府决策需要的提案，多提利民惠民富民的提案，多提化解社会矛盾的提案。

2．在狠抓提案办理上求实效。着重完善三项机制，一是完善质量型提案产生机制，夯实提案办理工作的基础。二是完善落实型提案办理机制，提高提案办理工作实效。三是完善效能型提案督办机制，形成提案办理工作的合力。提案委员会应努力为政协委员和承办单位做好服务工作，会同区委办公室、区政府办公室、区政协办公室等部门开展联合督办、跟踪督办等活动，使提案办理工作由重答复向重落实转变，由重单纯见面向重沟通协商转变，由重办理态度满意向重办理结果满意转变。

3．在加强提案宣传上做文章。突出宣传三个重点，一是要结合十八大精神的学习全面推进提案各项工作，进一步加强提案办理落实情况的督查，努力提高提案办理落实率，探索建立提案办理科学评价体系。二是要广泛宣传中办发〔2012〕13号文件和九办字〔2012〕67号文件以及浔办字〔2012〕75号文件精神，努力增强各部门、各单位对提案办理工作重要性的认识。三是要深化对新修订条例的学习与宣传，结合工作实际，适时举办提案办理联络员培训班，切实增强提案人和承办单位贯彻条例的自觉性。

各位委员，提案为民代言，办理提案为民谋利，使命考验责任，责任激发智慧。让我们携起手来，牢记使命与责任，充分运用提案这一人民政协履行职能最广泛、最直接、最有效的方式，多建有用之言，多献务实之策，不断开创政协提案工作新局面，为建设美丽、实力、文化、幸福的新浔阳做出积极贡献！

七届三次会议以来提案工作报告

（2014年1月15日在政协浔阳区第七届委员会第四次会议上）

区政协副主席　**张华桥**

各位委员、同志们：

我受区政协浔阳区第七届委员会常务委员会的委托，向大会作提案工作情况报告，请予审议。并请列席会议的各位委员和同志们提出宝贵意见。

一、提案办理工作的基本情况

区政协七届三次会议以来，全体区政协委员和区政协各参加单位坚持以邓小平理论、“三个代表”重要思想和科学发展观为指导，深入学习中共十八大和十八届三中全会精神，以高度负责任的态度，积极履职，主动作为，围绕全区经济社会发展大局和群众关注的热点、难点、焦点问题，运用提案形式积极为浔阳建言献策，促进了全区经济和社会事业的全面发展。

区政协七届三次会议期间共收集提案209件，经提案委员会审查立案198件（其中道路交通方面42件，市容环卫方面37件，经济建设方面21件，文化旅游方面19件，科教卫生方面14件，旧城改造方面13件，社会保障方面9件，社区管理方面8件，政法综治、计划生育以及素质建设、精神文明等综合方面35件）。对所提事由超出我区事权范围的11件提案，已委托市政协委员在市政协召开全会期间提出并转送市级相关部门办理。在区委、区政府的高度重视和各承办单位的共同努力下，截至去年12月底，198件提案已按规定时限全部办理完毕。其中，已经解决或基本解决的有137件，占总数的69%；正在解决或已列入计划逐步解决的有55件，占总数的28%；提案所提问题因政策或条件限制暂时难以解决的6件，占总数的3%。对办理的提案，委员表示满意的有192件，基本满意的有6件。办复率100%，满意率97%，基本满意率3%。这些提案大多极具建设性和实践可操作性，为区委区政府民主科学决策，为推进我区经济社会发展发挥了积极作用。

（一）围绕“美丽浔阳”，为浔阳城市管理工作献计出力。加强市容管理、完善路网交通，是塑造美丽浔阳的职责所在。随着近年来城市经济快速发展、机动车辆迅速增多，加上城市路网设施不完善、干道宽度不足、支路网络不健全，中心城区交通拥堵问题成为政协委员们关注的焦点。如朱齐敏委员提出的《浔阳区老城区停车问题与建议》和费亚克委员提出的《改进城区交通状况，缓解行车难问题》等提案。对此，区城建局在2012年成功修建花果园北路基础上，去年大力实施战备路、浔阳路改造，切实改善城市主、支干道路行车环境；严格商住街区、公共场所建筑标准，切实按照规划设计要求、标准配建、增建停车场，尤其是在去年保障性住房建设项目规划设计当中，将交通组织、车辆停放问题放在突出的位置加以考虑。

大中路步行街是我区商贸街区的样板，也是市民群众和广大委员重点关注对象。冷运岚委员提出的《理顺大中路管理体制，强化机构服务职能》和杨明卿委员提出的《如何加强大中路步行街管理的相关建议》等提案，就加强大中路步行街市容管理，提出了很好的意见和建议。为此，区政府进一步健全“部门联动”机制，区大中路管理办公室积极推进市容保洁精细化管理，全面运行街区网格化管理，竭力打造一条整洁卫生、文明和谐的省市知名休闲购物街。今后将继续按照“集中执法、分块负责、疏堵结合”的思路，建立健全多部门单位联合执法机制，努力提升综合服务能力，确保大中路步行街管理机制更加健全规范。

（二）围绕“实力浔阳”，为浔阳经济发展广建真言。做大经济总量、提升发展质量，是浔阳发展的重中之重。浔阳作为九江市的中心城区，水陆交通发达，发展沿江商贸物流业具有得天独厚的区位优势。李辉秋、谭兴铭、张鹏宇委员提出的《推进九江长江沿岸商贸物流业快速发展的若干建议》和游敏委员提出的《发展现代商贸物流业的思考》等提案，就加强我区现代物流业发展的组织管理和扶持力度，加快物流园区和龙头企业建设步伐提供了有价值的参考意见。区委区政府大力推进我区现代商贸物流业的发展，在2012年组织修编《浔阳区服务业发展规划》和《浔阳区沿江产业发展规划》基础上，去年又组织修编《浔阳区沿江现代物流园发展规划》。在近三年推进的全区重点项目中，现代商贸物流项目占比40%以上。我区推荐的派拉蒙集团和琵琶湖农产品批发市场申报省级服务业龙头企业已经通过省发改委评审，这也是我市去年通过评审的仅有的两个龙头企业。

浔阳作为九江市的首善之区，发展总部楼宇经济是浔阳经济发展的重要引擎。如罗万辉委员提出的《关于浔阳区楼宇经济发展的建议》等提案。自2011年以来，我区高度重视发展总部楼宇经济，按照新建、盘活、引进、培育的基本思路，编制完成《浔阳区楼宇经济发展规划（2011—2015)》，明确提出用5年时间新建商务楼宇15座以上、新增楼宇面积60万平方米以上，努力打造赣北地区乃至长江中游重要的现代商务中心。去年，我区专门成立总部经济服务中心，加强总部楼宇培育和管理，大力推进现有26个商务楼宇提档升级，重点建设广东商会、福建商会等10个总部楼宇项目，在旧城改造新盘整土地中优先规划建设总部楼宇，长虹北路总部楼宇一条街初具雏形。

（三）围绕“文化浔阳”，为浔阳文化事业贡献良策。做强文化产业、发展文化事业，是彰显浔阳魅力的关键之举。如赵为委员提出的《开发文化旅游项目，打造文化旅游精品》和吴建军委员提出的《加大对群众文化活动引导、指导》等提案。发展文化旅游是繁荣文化的有力抓手，也是浔阳区全力推进的一项重点工作，目前已经纳入到我区文化产业发展规划当中。今年以来，我区积极整合资源，以“春江花月夜”大型音舞诗画剧为核心，全力开发“春江花月夜”及其衍生文化产品，大力建设东方神韵文化产业园项目，努力打造文化产业示范基地。在发展文旅产业的同时，全面实施“八个一”文化工程，继续举办“浔阳讲坛”，出版发行“文化浔阳”系列丛书。区委、区政府十分重视群众文化的建设工作，制订了以和谐社区建设为抓手，以健全公共文化服务为桥梁，以社区文化建设为重点，以满足群众日益增长的文化需求为目标的工作方法。截至到去年底，全区已建成社区（农家）书屋64家，覆盖了全区5个街道，受益人口达22万人。社区文化活动中心和社区文化活动室建设逐步进行，现已成功打造5个街道社区文化活动中心和15个社区文化活动室。积极开展浔阳文化社区文艺展演活动，不断丰富浔城百姓的精神文化生活。

（四）围绕“幸福浔阳”，为浔阳社会保障和民生事业尽心尽力。实施旧城改造是我区为改善市民居住环境，提升市民幸福指数的重大民生工程，被千家万户和政协委员们所关注。如程焕新委员提出的《学习成都曹家巷“自改委”模式，充分发挥群众自身力量，推动浔阳区旧城改造的步伐》等提案。近年来，我区强力推进旧城改造，仅2012年就完成110万平方米征迁，是过去10年征迁数量的总和。去年，我区全面启动旧城改造“2111”工程，计划用两年时间改造十大片区，拆除100万平方米，改善1万户居民居住条件。目前，已经先期启动了封缸酒厂、孔家洼、莲花池三个片区征迁工作，下步将按照时间节点全力推进，力争浔阳城区更宜居、城市品位再提升。

做实惠民实事、保障民生需求，是打造为民政府的必然选择。社会养老问题受到很多委员的关注，对社区居家养老服务提出了许多意见和建议。我区 60 岁以上老人约 4.3 万人，占总人口的 13%，人口老龄化日趋加剧。区委区政府高度重视居家养老工作，把居家养老工作纳入“十二五”发展规划。区民政局除每年拿出 10 万元为四类对象老人提供政府送小时家政服务外，还拿出 30 万元专项资金用于发展、补贴社区养老服务。去年，我区在城市花园社区成功打造了一所日间照料中心，已建成居家养老“一键通”信息服务平台，逐步构建完成以社会福利机构养老为龙头、居家养老为基础、社区养老为依托的三级社会养老服务体系，形成了“机构养老、专业服务、社区照料、邻里互助、协会维权”的养老新模式，基本满足全区居民的托老养老需求。

二、提案工作的主要做法

一年来，区政协常委会认真贯彻“围绕中心、服务大局、提高质量、讲求实效”的提案工作方针，主动服务全区大局，不断加大工作力度，切实提升服务水平，进一步推动了提案工作的整体提升。在坚持以往好的经验做法基础上，今年我们着重在强化责任、规范程序、加强督查上下功夫，使提案工作的质量和水平有了新的提高。

（一）党政领导高度重视，提案工作运作机制更加科学。提案工作作为政协的一项全局性工作，越来越受到各级领导和承办单位的高度重视，运作机制也更加科学。区委戴晓慧书记对王坚委员的《加快旧城改造步伐，建设美丽浔阳》、李前锋委员的《关于“背街小巷”管理的思考》等提案亲自阅批，要求有关领导和部门积极采纳委员意见，并加强调研、推进落实。区政府把政协委员提案办理工作作为开展“精细管理年”活动的重要载体，把政协委员提案办理作为解决问题、推动工作的有效方式。区政府专门召开提案交办会议，要求承办部门把办理提案的过程看成是听取意见、吸纳建议、改进工作的过程，当作促进决策科学化、民主化的过程，办出质量、办出水平。区政府分管领导领办重点提案，亲自参与调查研究，具体指导办理工作，有力地推动了提案的落实。区政协主席会议、常委会议及时将提案关注的热点、难点问题纳入调研和视察课题，实现了调研、视察、提案的有机结合，使提案工作做到工作上有部署、组织上有依托、措施上有保障。各承办单位建立了“主要领导亲自抓，分管领导具体抓，明确专人负责抓”的工作机制，从交办部署、调查研究、协调问题到走访面商、答复审阅，主要领导都亲自参与，严格把关。政府办自始至终跟踪督办，抓好落实，充分发挥综合协调、督促检查的作用。

（二）多措并举抓落实，提案整体质量不断提升。我们始终树立提案质量意识，采取各种有效方式夯实提案工作的基础。通过定期不定期邀请区委、区政府及相关部门在政协常委会上通报区情、政情，组织委员视察全区重点工程、重点项目，通过各街道政协委员联络处，积极开展“政协委员进社区”活动，鼓励、引导委员密切联系界别群众，认真听取意见建议，了解区情、知晓民情，通过提案积极反映各界群众的意愿和呼声。通过政情通报、专题调研、实地视察、对口联系和界别活动，畅通知情渠道，及时将有价值的调研课题、视察成果和社情民意转化为政协提案。组织和动员各民主党派、工商联、无党派人士和政协专门委员会发挥自身特点和优势，深入开展调查研究，精心选题，提出了有分析、有建议、可操作性强的高质量调研报告 9 件。根据提案工作规则认真审查立案，尊重和维护委员的民主权利，保护委员的参政议政热情，坚持严格标准，保证质量。按照优秀提案评选表彰办法，通过承办部门推荐，政协提案委、主席会议、常委会议评议协商，从中确定优秀提案 10 件予以表彰奖励，引导和鼓励委员和政协参加单位提出高质量提案。

（三）突出重点抓督办，提案办理成效显著。提案办理是实现提案价值、发挥作用的关键环节。我们始终坚持突出重点，创新方式，讲求实效，力促提案办理落实。突出抓好重点提案的督办，围绕反映本区经济建设、社会发展和人民群众普遍关注的问题，遴选出 9 件重点提案，分别由主席、副主席领衔督办，促进了提案的办理落实。加强提案的办理跟踪，通过组织提案人听取承办单位办理意见、办理情况的通报，做好事前沟通、事中协商、办理结果征询意见工作，加大了督办力度。

（四）齐心合力搞服务，提案工作彰显活力。我们始终注重挖掘提案内涵，努力拓展提案工作领域，推动提案工作不断创新。注重提案实效，按提案内容、重要程度以及提案可能产生的效果进行分类，确定重点提案、重要提案、一般提案，让一些高质量的提案进入领导视野，作为决策的重要参考依据。建立完善提案人、提案委与承办单位的三方协调办理机制，积极发挥提案委在“提办”双方的桥梁纽带作用。实施会前参考选题、会中调研督办、会后民主评议相结合的“三会”制度，动员各民主党派支部、政协专门委员会、各街道政协联络处，结合调研视察，构思和撰写高质量的提案和调研报告。在提案督办过程中，通过调研视察将了解到的有关情况，及时通报给有关承办单位和提案人，协助推进提案办理工作的落实。充分运用《中国浔阳网》《浔阳政协信息》等各种宣传平台，加强宣传报道，吸引政协委员和人民群众对有关提案的关注和讨论，为提案办理提供思路、营造舆论氛围，不断推进提案工作。

区政协七届三次会议以来，从提案数量和质量上看，提案工作取得了明显的成绩，这是区委正确领导，区政府大力支持，区相关部门的有效配合和我们政协委员积极参与的结果。在看到成绩的同时，我们也清醒地认识到，与浔阳经济社会快速发展的要求和政协委员、社会各界的期望相比，提案工作还存在一定的差距：一是部分提案所提建议较为笼统，操作性不强，提案质量有待进一步提高；二是少数承办单位对提案办理重视不够，“重答复、轻落实”的情况依然存在；三是提案工作的创新机制还需完善，服务水平有待进一步提高等。这些问题都需要我们在今后的工作中认真研究，加以改进。

三、2014 年提案工作的思路和建议

新的一年，是全面贯彻落实党的十八大和十八届三中全会精神之年，也是我区实施“七大工程”的关键之年。政协提案工作要继续坚持围绕区委、区政府中心工作，全面提高提案工作的科学化水平，充分发挥提案在政协履职过程中的正能量作用，使政协提案工作为我区经济社会又好又快发展做出积极的贡献。

（一）深入调研、广集民意，力求提案质量精品化。做好提案工作是政协委员履行职能最直接和最有效的参政议政方式，而要做出精品提案必须紧紧围绕区委、区政府的中心工作，积极关注我区实施“七大工程”的战略目标部署，重视教育、卫生、社会保障、市容环境等重点民生问题；加强知情服务和征集引导，创新提案线索征集方式，广泛汇集民意民智，广辟优质提案来源；进一步发挥各民主党派团体、政协专门委员会和街道政协联络处的组织优势，围绕中心，关注热点，科学选题，深入调研，撰写高质量提案；进一步完善立案标准和审查制度，规范提案初审、会审、复审的程序，提高立案质量和交办的准确性。

（二）突出重点、加强督办，力求提案办理实效化。深化完善办理机制，不断探索有利于督办落实的工作制度，真正实现提案办理由答复型向落实型转变；继续坚持区委、区政府领导批办重点提案，区政协主席、副主席督办和政协常委会议听取承办单位办理落实情况通报等制度；充分发挥政协各专门委员会、街道联络处的作用，参与提案的跟踪督办，切实提高提案的采纳率和落实率；健全提案办理督促检查和信息反馈制度，研究实施“不满意”提案的再办理工作，建立完善提案人、提案委与承办单位的三方协调办理机制，规范会前参考选题、会中调研督办、会后民主评议相结合的“三会”制度。

（三）创新服务、提升效能，力求提案服务优质化。提案委要不断强化自身建设，改进服务方式，切实加强提案撰写、提交、立案、交办、面商、办理、反馈等环节上的互动交流；把提案工作与专题调研、委员约谈、界别活动等有机结合，促进调研视察成果和社情民意信息转化为高质量提案；主动为承办单位搭建交流平台，召开承办单位经验交流会，总结推广提案承办工作经验和做法，不断增强提案办理的合力、活力、效力。

各位委员，人民政协使命光荣，提案工作任重道远。在新的一年里，让我们在中共浔阳区委的领导下，认真学习贯彻中共十八大和十八届三中全会精神，团结合作，开拓进取，以高度的政治责任感和历史使命感，继续开创我区政协提案工作新局面，为打造美丽、和谐、幸福首善之区做出新的更大贡献！

七届四次会议以来提案工作报告

（2015 年 2 月 3 日在政协第七届浔阳区委员会第五次会议上）

区政协副主席　**张华桥**

各位委员：

我受政协第七届浔阳区委员会常务委员会的委

托，向大会报告区政协七届四次会议以来的提案工作，请予审议，并请列席会议的同志提出意见。

一、2014 年提案和提案办理工作落实情况

区政协七届四次会议以来，共收集委员提案 193 件，经提案委员会审查立案 151 件（其中经济建设方面 23 件，市容环卫及城市管理方面 22 件，文化教育方面 17 件，食品安全方面 16 件，民生事业方面 13 件，医疗卫生方面 12 件，社会稳定方面 11 件，旧城改造和边街小巷整治方面 11 件，治理交通拥堵方面 9 件，其他安全生产、人才引进、干部作风建设等方面 17 件）。对所提事由超出我区事权物权范围的 42 件提案，已委托驻区的市政协委员在市政协召开全会期间提出并转送市级相关部门办理。在区委区政府的高度重视和各承办单位的共同努力下，截至去年 12 月底，151 件提案已按规定时限全部办理完毕，办复率达到 100%，其中，所提问题已经解决和基本解决的提案有 111 件，占总数的 73.5%；所提问题正在解决或已列入计划逐步解决的提案有 30 件，占总数的 19.9%；所提问题因政策或条件限制暂时难以解决的提案有 10 件，占总数的 6.6%。对办理的提案，委员表示满意的有 149 件，表示基本满意的有 2 件，满意率 98.6%。这些提案大多极具建设性和实践可操作性，为区委区政府科学决策，为推进我区经济社会发展发挥了积极作用。

（一）围绕经济建设主题，为浔阳加快发展建睿智之言

2014 年，委员们关注浔阳经济发展，服务大局的意识进一步增强。王林委员提出的《推进我区高新科技企业孵化器建设的思考》等提案，对我区城东工业园区和石化产业园区高新科技企业创新发展提出了建设性的建议和意见。区发改委认真办理此提案，在深入调研的基础上，代区政府起草和出台了《浔阳区支持中小微高新科技企业孵化器发展实施细则（暂行）》，为区高新科技企业孵化器建设发展提供了政策支持。区发改委、科技局、园区办等职能部门还积极向上级部门为我区高新科技企业孵化器发展争取科技扶持资金和各项优惠政策，引导高新科技企业孵化器创新服务模式，作为我区高新科技孵化器的代表企业——津晶城科技产业园科技孵化作用已经显现。赵为委员提出的《深化浔阳金融改革，促进我区成立民间企业“融资互助”促进会》、徐凯委员提出的《关于中小微企业走出困境与发展的思考》等提案，对我区中小微企业发展的“融资难”问题，提出了自己的可行性建议。区政府高度重视，并把赵为委员的提案作为常务副区长领衔督办的提案，区金融办联系区财政局、工信委和城投公司共同调研办理，在巩固我区和国有商业银行“政银合作”的基础上，积极构建银企合作平台，推进我区中小微企业融资担保体系建设，到 2014 年底，我区各类担保机构共为中小微企业担保借款 2.3 亿元。建立我区中小微企业贷款风险代偿保证金制度，2014 年，区财政安排 1400 万元专项保证金，积极推进“财园信贷通”和“财企惠贷通”业务，引导金融机构对 114 家中小微企业融资贷款 4.5 亿元，成为全省第二批“财园信贷通”放款规模最大的试点县区。区城投公司注资 350 万元，与浦发银行合作推进“银元宝”业务，为园区企业融资担保贷款 3500 万元。发挥政府财政资金的导向作用，解决了部分中小微企业发展的融资需求。

（二）突出旧城改造中心，为加快浔阳建设谋前瞻之计

“十大片区”旧城改造是当前我区的中心工作，也是千家万户和政协委员们关注的热点。朱建春、舒钟坤委员提出的《关于充分抓住本次旧城改造的大好机会，全面提升浔阳区形象的建议》、王飞炎委员提出的《做好十大片区改造，打造商业中心片区》等提案紧紧抓住浔阳旧城改造工作中心，提出了自己的见解。区建设局、房产局认真办理落实。邀请知名专家学者来我区实地调研，对我区旧城改造规划设计提出意见建议，区建设局结合专家意见，提出“安置小区要在质量上好于、品质上优于周边商业楼盘”的工作目标，完善商业配套，交通组织等基础功能，打造浔阳商业中心街区。随着我区城市经济快速发展，中心城区交通拥堵，解决出行难和车辆停放问题，是市民群众和委员们关注的重点。薛东文委员提出的《在“十大片区”改造过程中重视停车位的规划和设计》等提案对我区旧城改造停车场及停车位规划设计问题，发表了可行性的建议。区建设局非常重视并予以采纳，正在组织编制我区停车场建设规划。特别是我区的“十大片区”旧城改造项目，在对保障性安置小区建设和改造地块设置规划条件时，全面提高了停车位设置标准和规划指标，以此改变我区停车位偏少的现状。同时增加财政资金投入，拓展城区支路建设，进一

步改善和优化城市主次干道行车环境；另外，区建设局将进一步联合市直相关部门，清理被挪用、占用的停车设施，恢复、重启部分公益性停车场，努力缓解老城区停车难问题。

（三）加大市容管理力度，为塑造美丽浔阳献务实之策

浔阳作为九江市的中心城区，市容管理历来是我区的工作重心。曾祥民委员提出的《采用“双规”治理小摊贩乱摆卖的建议》、李国良委员提出的《加强城区边街小巷卫生环境整治的建议》等提案就我区的市容整治和环境卫生工作，提出了很好的意见和建议。去年以来，我区结合全市城市环境综合整治“百日大会战”活动，大力开展“十大街区”整治。滨湖路、庚亮南路、庐山路、环城路、浔阳东路等整治项目正在加快推进，有效改善了街区经营环境和整体品位。区市容局和各街道市容环卫所建立市容整治长效管控机制，加大老居民区、学校周边、边街小巷、农贸市场等路段巡查力度，占道经营、流动摊贩得到有效管控。区建设局按照“路平、水通、灯亮、线齐、墙美”的要求，全力实施边街小巷改造和院落小区整治项目，市容市貌、城区环境得到全面提升。城市噪音污染也是严重影响城区环境和居民生活质量的问题。任顺旦委员提出的《城区噪音问题》等提案，对我区城市噪音污染防治问题提出了整改建议。区环保局非常重视，专门就城区噪音监管问题上报区政府，并从2014年5月14日起，联合区委宣传部、区公安分局、市执法局浔阳区大队、大中路步行街管理办公室，对生活噪音、交通运输噪音、建筑噪音、商业娱乐噪音等噪音污染源头开展了为期一个月的专项整治活动，效果明显。

二、提案工作的主要做法和成效

政协委员提出提案是委员建言献策、开展民主监督的重要方式。一年来，区政协常委会认真贯彻“围绕中心，服务大局，提高质量，讲求实效”的提案工作方针，高度重视提案和提案办理工作，积极探索新形势下加强提案工作的方法和途径，推动政协提案工作水平继续向前迈进。

（一）领导高度重视，提案办理实效进一步加强

区委区政府高度重视政协提案工作，把提案工作作为扩大民主、了解民情、广纳民意的重要途径。2014年4月，区委办公室、区政府办公室联合下发《关于印发〈实行区党政领导领办督办政协重点提案的意见〉的通知》（浔办发〔2014〕1号）文件，对事关改革发展稳定全局、涉及人民群众切身利益、社会普遍关注，并且建议措施可行的特别重要的提案，建立区委区政府领导领办制度，每年确定一批重要提案由区委区政府领导亲自领衔，重点研究、重点办理、重点督办。我区重点提案领办督办工作已经走上规范化、制度化、常态化轨道。常务副区长亲自召开提案办理工作会议，要求区政府各分管领导按照分工对提案进行审阅，并签发到相关职能部门，确保了提案办理工作的高位推进；为落实办理工作责任，区政府及各承办单位都建立了主要领导督导、分管领导负责、专人具体承办的三级办理责任制，对涉及多个部门单位联合办理的提案，区政府首先确定主办单位和协办单位，由主办单位牵头负责，协办单位予以支持配合，共同完成提案办理任务；结合群众路线教育实践活动，要求各办理单位定期反馈办理结果，及时将办理过程中存在的困难和问题提交区政府进行协调解决。由于高位推进、责任明确，增强了承办单位办理工作的责任意识，促进了重点、难点提案的迅速落实、高效办结。

（二）创新工作方法，提案办理程序进一步规范

区政协常委会始终把推进提案办理作为提案工作的根本落脚点，以不断创新的举措，督促每一件提案得到有效办理落实。将涉及全区经济社会发展重要问题的一些提案，提交政府会议研究，邀请区政协领导列席会议，让提案办理上升为政府决策，不断拓宽政府决策信息、完善决策思路、提升决策成效；在办理政协提案过程中，把办复落实提案作为推动提案办理工作的重要内容来抓，注重由“答复型”向“落实型”转变，通过召开座谈会、开展调研等方式，主动加强与委员的联系沟通，切实提高办理工作实效。在明确各承办单位工作责任的基础上，要求每一件提案由承办单位专人负责办理、跟踪、落实，并负责起草提案的答复件，保证提案在规定的时间内答复完毕；各承办单位把提案办理纳入本部门中心工作，坚持以提案办理促进工作水平提升，努力提高解决实际问题能力、不断提高提案办理质量；区委办公室、区政府办公室对提案办理过程实时跟踪、督查和定期汇总，重点提案上门了解或现场督查，加强了办理工作的沟通协调、督促检查和跟踪问效力度，并对重点领域的提案办理工作进行了集中汇报和现场督查，取得了较好的

效果。

（三）完善工作机制，提案质量进一步提高

提案工作是政协的一项全局性工作。一年来，区政协常委会不断加强提案工作各个环节的机制建设，完善提案工作机制，为提案工作规范有序运行提供了重要保证。进一步规范提案工作“提案交办会，常委会调研督办会，民主评议会”的“三会”制度。2014 年年初区政协七届四次全会召开后，区政协提案委立即组织了提案立案审查会议，邀请了提案委全体成员、各民主党派支部、区政协各专委会负责人，对大会收集的提案逐件审查筛选，并提出审查立案、重点提案目录，报区政协主席会议审定。在提案立案审查过程中，我们还对同类别提案作了并案处理，提高了承办单位的办复效率。对一些有价值的提案建议但撰写质量不高、格式不规范的提案，我们要求提案的委员修改后继续立案，有力保障了委员履职的权益。为充分调动提案提办双方的积极性，区政协提案委每年年底召开提案办理评议会议，全面实行提案工作“双向评议”制度，使提案委员对提案办理质量、承办单位对提案质量都有“发言权”，通过面对面协商办理，背靠背评议成效的做法，进一步完善了提案办理考核评议机制。根据优秀提案评选表彰办法，通过承办单位推荐，区政协提案委、主席会议、常委会议评议协商，确定 10 件优秀提案予以表彰奖励，引导和激励委员提出高质量的提案。

回顾过去的一年，区政协提案工作在区委区政府的高度重视和支持下，经过全体区政协委员和各承办单位的共同努力下，取得了一定的成绩，我们的提案工作做法先后两次被《人民政协报》重点报道推广。但在欣喜成绩的同时，我们也清醒地认识到提案工作存在的差距和不足：提案数量取得明显增长的同时，部分提案所提建议较为笼统、模糊，操作性不强，提案质量还有待进一步提升；极少数承办单位办理提案依然存在“文来文往”和“重答复，轻办理”现象；部分承办单位工作人员业务不够熟悉，与委员沟通不够细致深入，导致答复行文不够规范，办理工作的真实度和完整性存在不足。这些问题都需要我们在今后的工作中高度重视，并加以改进。

三、2015 年提案工作思路和建议

2015 年，是深入贯彻落实党的十八大及十八届三中、四中全会和习近平总书记系列讲话精神关键之年，也是我区打造美丽、和谐、幸福首善之区的攻坚之年。区政协提案工作将继续坚持围绕区委区政府的中心工作，以提高提案质量为基础，以增强提案办理实效为目标，充分发挥提案在政协委员履职过程中的正能量作用，全面提高提案工作的科学化水平，提高质量，突出重点，创新服务。

（一）提高提案质量、督办质量和服务质量

实现提案质量、督办质量和服务质量的提高，是提案工作的中心任务。区政协提案委必须做好三项工作。一是要积极引导提案者增强质量意识和精品意识，以高度负责的精神，通过深入调查研究撰写提案，同时坚持标准，严格审查立案，严把提案质量关，努力提高提案质量。二是要主动协助区委办和政府办严格按照《关于加强和改进提案工作的意见》和《关于进一步加强政协提案办理工作的实施意见》文件要求，加强提案的督办工作，切实增强办理实效，特别是对那些建议可行但办理答复“基本满意”甚至“不满意”的提案，督促承办单位重新研究，进行二次办理。对提案答复“正在解决或已列入计划解决”的已办复提案进行全面筛选，抓重点、盯难点，求实效，督促承办单位采取措施狠抓落实，推动提案办理工作由“答复型”向“落实型”转变。三是要进一步做好服务工作，充分发挥提案委的职能作用，认真做好提案征集、审查、督办工作，切实加强与提案承办单位的联系、沟通，强化服务意识，努力提高服务质量。

（二）抓好重点提案的办理

提案能否促进经济社会的发展，提案工作能否产生广泛的社会影响，关键是抓好提案的办理落实，而抓重点提案的办理又是提升提案工作水平的最有力的措施。按照“事关全局、群众关心、建议合理”的原则，确定一批重点提案，并进一步完善党政领导和政协主席会议成员领衔督办重点提案机制，并通过这些重点提案的办理，对一般提案办理起到引导、示范、推动作用，进一步扩大政协提案工作的影响力，促进提案工作再上新台阶。

（三）创新服务举措，做好服务保障

充分发挥政协组织优势和提案委的桥梁纽带作用，通过组织专题调研视察，举办培训班、研讨班、界别委员约访等活动，创新服务举措，将提案工作与这些活动有机地结合起来。改进服务方式，不定期向委员通报浔阳经济社会发展情况，使委员知区情明区政，为委员撰写提案提供帮助和保障。

为承办单位搭建交流平台，尝试对提案人、提案涉及方和提案办理单位三方的互动交流。加强与新闻媒体的协作，总结宣传提案办理工作的典型经验和做法，探索建立部分提案网上公示办理结果机制，为开展提案工作营造良好的社会氛围。

各位委员、同志们，委员提案不仅是政协委员对区委、区政府工作意见和建议的集中体现，也反映了社会各界对区委、区政府工作的要求和期望。我们将以更加务实的作风，更加积极的态度，更加有力的措施，全力做好提案工作，为建设美丽、和谐、幸福首善之区而不懈努力！

七届五次会议以来提案工作报告

（2016年1月19日在政协第七届浔阳区委员会第六次会议上）

区政协副主席 **张华桥**

各位委员：

各位委员：

我受政协第七届浔阳区委员会常务委员会的委托，向大会报告五次会议以来的提案工作，请予审议。并请列席会议的同志提出意见。

一、2015年提案工作回顾

区政协七届五次会议以来，常委会认真贯彻落实中共十八大提出的“充分发挥人民政协作为协商民主重要渠道作用”要求，坚持“围绕中心，服务大局，提高质量，讲求实效”的提案工作方针，始终把提案工作作为政协全局性工作来谋划和部署，充分发挥政协委员、政协各参加单位撰写提案的积极性，深入推进提案办理协商，提案工作呈现出新的活力、新的局面。

（一）提案基本情况和办理成效

一年来，提案委员会共收集委员提案145件，经提案委员会审查立案112件。对所提事由超出我区事权物权范围的33件提案，已委托驻区的市政协委员在市政协召开全会期间提出并转送市级相关部门办理。在区委区政府的高度重视和各承办单位的共同努力下，截至去年12月底，112件提案已按规定时限全部办理完毕，办复率达到100%，其中：所提问题已经解决和基本解决的提案有67件，占总数的59.9%；所提问题正在解决或已列入计划逐步解决的提案有37件，占总数的33%；所提问题因政策或条件限制暂时难以解决的提案有8件，占总数的7.1%。对办理的提案，委员全部表示满意，满意率100%。总体来看，这些提案质量较高，充分体现了广大政协委员履职建言的能力和水平，通过认真办理提案，为加快推进我区改革开放和科学发展发挥了积极作用。

1．关注产业和企业发展，促进区域经济建设 围绕扶持培育中小企业，破解中小企业融资难题；发展电子商务，推动产业结构转型升级等问题，委员们深入调查研究，积极献计献策。薛东文委员、兰师香委员提出的《政府加强支持引导，构建和谐银企关系》，张新润委员、郭庆敏委员提出的《关于解决中小企业融资难问题的提案》等提案，针对性强，许多建设性意见在区财政局、区金融办等职能部门工作部署中得到借鉴。区财政局继续为城东工业园区和中小企业开展财源信贷通和财企惠贷通业务，区金融办和城投公司通过与建设银行对接，为园区企业开展助宝贷业务，积极为企业融资贷款7.7亿元，有效缓解了企业资金瓶颈，促进了企业健康发展。周光辉委员提出的《关于浔阳区打造九江地区电子商务中心，助推产业升级的几点思考》提案，区发改委和区商务局积极采纳。为进一步促进电子商务发展，我区初步完成了浔阳区电子商务发展“十三五规划”编制工作，出台了《关于进一步加快服务业发展的实施意见》，开工建设了京九电子商务大厦项目，并通过与阿里巴巴合作，成功打造了“阿里巴巴·九江产业带”平台，目前已签约电商200余家。

2．关注市容管理，促进文明城区创建 浔阳是我们共同的家园，加强浔阳城市管理、维护市容整洁，是打造美丽浔阳的关键之举。张恒颖委员提出的《进一步加强浔阳区市容环境卫生管理工作的建议》、王小春提出的《关于建设美丽浔阳，强化“门前三包”的建议》等提案，就浔阳区市容环境卫生整治，提出了具体的建议和措施。对此，区市容局和街道环卫部门积极落实，按照区委、区政府“机构不撤、力量不减、标准不降”的要求，巩固城市环境综合整治“百日大会战”成果，打响了“垃圾死角、道路清洗、工地管理、占道经营、占道亭棚、市政园林、交通秩序、公共秩序”八个方面攻坚整治活动，实现了城区环境卫生根本性转变的目标；完善了城区环卫基础设施，启动了25个片区342条边街小巷和院落小区改造，实施甘棠南路、滨江路、庐山北路、庐山南路、庐峰东路5条道路整体立面改造，全面改造12座垃圾中转台以及18座城市公厕；健全了城市管理长效化机制，对大中路进行市场化运作清扫保洁，并按照每年5个的进度要求推广开放式小区物业管理试点，使城市管理走向规范化、精细化、常态化。

3．关注民生工程，维护百姓利益　民以食为天，食品安全问题是广大群众最为关切的热点问题，也是委员们积极调研建言的焦点问题。如费璠委员提出的《关于加强食品安全监管的几点建议》、费亚克委员提出的《关于切实加强学校周边食品安全的建议》、朱建春委员、舒钟坤委员提出的《关于整治老年人保健品销售市场的提案》等提案。区食品药品等监管部门非常重视，把办理提案与破解难题相结合，在全区广泛开展了食品安全法律、法规和食品安全标准和知识的宣传普及工作；对食品安全开展每月一检查制度，节假日（元旦、春节）对学校及周边、城区旅游景区餐饮食品进行专项检查，确保食品安全。在开展食品安全检查的同时，深入开展保健品专项整治，重点整治减肥、辅助降血糖、降血压、缓解疲劳类保健品，通过市场整治，震慑了违法行为，规范了食品药品市场秩序。

4．关注交通拥堵，缓解停车难题　解决交通拥堵和停车难问题，也是市民群众和广大委员关注的一个重点。随着近年来我市经济快速发展、机动车辆迅速增多，加上城市路网设施不完善，中心城区交通拥堵成为一个亟待解决的难题。王坚委员提出的《规范浔城交通秩序，确保居民安全出行》、田理心委员提出的《关于解决城区交通拥堵停车难，完善停车场建设与管理的建议》、赵为委员提出的《加强浔阳立体停车场建设和停车场收费改革的建议》等提案，就优化老城区交通拥堵和旧城改造停车场规划设计问题，提出了独特的建议。对此区建设局、房产局高度重视，积极协调市级城市交通、规划、市政、执法等相关部门，制定了以下一些措施：一是着眼长远，合理规划，组织编制停车场建设和地下空间开发利用规划，在新建地块开发建设时，高标准设置停车位，在有条件的地带设置大型停车场；二是因地制宜，对现有停车场进行改造，构建立体停车场；三是组织相关部门清理被挪用、占用的原有停车场；四是对城区主次干道现有的临时占道停车实行合理规划，有序管理，实行计时收费，提高临时停车位使用率和周转率；五是结合“十大片区”旧城改造项目，要求改造地块必须建设地下停车场，努力缓解老城区停车难问题。

5．关注少儿心理健康，提升教育事业　小学教育是浔阳教育事业的亮点，近年来中小学生的心理健康问题受到全社会越来越多的关注。贾涵清委员提出的《关于规范和发展学校心理健康教育的建议》、何麟懿委员、石安平委员、魏保良委员提出的《关于加强少年儿童心理素质教育的建议》等提案，就我区在校学生的心理素质教育，提出了很好的意见。区教体局非常重视政协委员提案，将提案办理融入到实际工作中，首先是在学校地方课中开设健康教育课，结合思想品德课、主题队会等活动对学生进行心理训练和指导；二是逐步建立了学生心理健康档案，开展心理健康教育和心理干预活动，帮助青少年化解成长过程中的心理问题；三是加大培养和培训学校心理辅导教师工作力度，建立教师心理健康教育进修制度。区教体局还高度重视教师的心理健康问题，建立了教师访谈制度，定期对教师开展心理辅导活动。

（二）提案工作的主要做法

政协委员提出提案是委员建言献策、开展民主监督的重要方式。一年来，区政协常委会认真贯彻“围绕中心，服务大局，提高质量，讲求实效”的提案工作方针，高度重视提案和提案办理工作，积极探索新形势下加强提案工作的方法和途径，推动政协提案工作水平继续向前迈进。

1．强化组织领导，提高提案工作实效　领导重视，是提案工作有效开展的重要保证。区政协常委会高度重视提案工作，把提案工作作为履职的重要方式和有效载体，精心组织，认真谋划。一是坚持领导推动，提高运作层次。区政协七届五次全会后，提案委及时组织政协委员，并邀请区委办、区政府办分管领导召开提案立案审查会，将提案分类整理成册，并精心筛选重点提案报区党政主要领导阅批。去年区委、区政府领导分别对五件重点提案领办督办，并对具体提案办理单位提出具体办理工作要求。区政协领导分别对八件重点提案进行督办，并对政协“一号提案”实行了探索督办。区政协主席文建华同志多次主持召开专题会议，调度、督办重点提案，促进提案办理落实。区政府分管领导对重点提案直接调度并参与办理。区政协各位副主席按照重点提案督办要求和责任分工，通过视察、调研、问效等形式积极开展提案督办活动，一些事关民生和全区经济社会发展大局的提案得到有效落实。二是与区委、区政府建立了联合交办、联合督查、联合评先树优的有效机制，形成了提案工作合力。区委、区政府、区政协领导共同出席提案交办会议，明确提案承办工作"一把手"负责制和工作目标责任制。各承办部门单位主要负责同志把办理政协提案同改进工作、解决问题紧密结合，不断提高办理实效。提案工作呈现出党委高度重视、政府大力支持、政协积极主动、承办单位认真落实、相关部门协调配合的良好局面。

2．强化引导服务，提升提案质量　围绕区党政工作中心，引导委员在提案选题上树立大局意识，选择区委、区政府重视和人民群众关注的课题进行调查研究，提出提案。加强对委员的"知情"服务。邀请党政领导向政协委员通报经济社会发展情况和重点工作进展情况。组织委员对教育、民政、城建等工作视察调研，还通过各类报告会、座谈会、提案视察等方式为委员知情议政、知情参政创造条件。加强与各民主党派、人民团体的沟通协调，通过出题目、交任务，引导他们加强调查研究，多提精品提案。加强对委员的培训与指导，指导委员撰写提交高质量的提案。对征集到的委员提案，在提案委员会认真审查的基础上，严格把关，确保提案具有严肃性、科学性和可行性。

3．结合专题教育活动，加大提案落实力度　结合开展"三严三实"专题教育活动，区政协广泛征求委员及社会各界对提案工作的意见建议，针对集中反映的重答复、轻落实问题，加大督办力度，推动办理落实。一是规范办案程序。按照《提案工作条例》的规定，细化、量化提案工作任务，指导帮助承办单位建立提案工作台账，完善提案办理机制，推进提案工作扎实开展。二是倡导面商，搭建提、办双方交流的平台。通过召开专题面商会、提案督办会、寄发提案办理情况征询意见表等形式，畅通办案渠道，为提、办双方沟通协商提供机会。去年6月，区政协组织召开了重点提案督办专题会议并开展了提案集中督办活动。通过看现场、听汇报、座谈交流，提、办双方真诚沟通，共同促进问题的有效解决。此外，区建设局、区教体局等单位还先后召开了提案办理专题面商会议，区市容局、区民政局等单位坚持面复委员，认真征询委员对提案办理的意见和建议，促进了提案办理质量的提高。三是加大督办力度，促进提案有效落实。把一些涉及面广、社会关注度高的热点提案和区委、区政府领导阅批的重点提案作为督办重点，强化调度落实。通过带案视察、民主评议、跟踪办理等方式，推动承办单位真说实干。

4．加大提案宣传报道，提高提案工作的社会影响力　一是做好提案宣传报道工作。我们在各街道办聘请政协提案和社情民意信息员，利用街道社区宣传专栏宣传委员提案和提案办理落实情况。二是在浔阳网开办提案工作宣传专题。将提案及承办单位名单、承办单位办复文件、重点提案办理情况等内容及时公开，提高提案工作的透明度。三是认真评选优秀提案和提案承办先进单位，激励先进。去年底，利用浔阳网政协宣传专题栏目宣传优秀提案和提案办理先进单位。推动全社会关注提案工作。

回顾过去的一年，区政协提案工作在区委区政府的高度重视和支持下，经过全体区政协委员和各承办单位的共同努力，取得了一定的成绩，我们的提案提、办和涉案三方互动工作、提案办理民主评议"三会制度"在去年分别被《人民政协报》和《光华时报》头版报道推广。但在欣喜成绩的同时，我们也清醒地认识到提案工作存在的差距和不足：部分提案所提建议较为笼统、模糊，操作性不强，提案质量还有待进一步提升；极少数承办单位办理提案依然存在"文来文往"和"重答复，轻办理"现象；部分承办单位工作人员业务不够熟悉，与委员沟通不够细致深入，导致答复行文不够规范，办复工作的真实度和完整性存在不足。这些问题都需要我们在今后的工作中高度重视并加以改进。

二、2016年提案工作意见

2016年，是实施"十三五"规划的开局之年，区政协提案工作将以党的十八大和十八届三中、四中、五中全会精神为指导，认真贯彻全国、省、市、区政协工作会议精神，深入学习习近平总书记在纪念人民政协成立65周年大会上的讲话精神，围绕区委、区政府中心工作，服务大局，不断提升提案工作科学化水平，进一步提高提案和提案办理质量，以提案工作服务于全区经济建设和社会发展。

（一）围绕改革发展建言献策，不断提高提案整体质量　认真抓好学习培训，积极引导委员科学选题，深入调研，多提立意新颖，建议可行的精品提案。进一步完善政情通报会制度，积极组织委员开展调研视察活动，为委员知情明政创造条件，不断提高提案的针对性、科学性和实效性。加强与各民主党派、人民团体的协商，就落实改革发展的重要措施提出建议。严格按照全国政协和省、市政协的有关要求，细化立案标准，不搞凡提必立，严把提案立案审查关。

（二）深入推进提案办理协商，切实加强协商民主制度建设 完善办理工作机制，加强办理工作中的沟通协商，积极推动“开门办案”，切实增强办理工作实效。深入开展主席会议督办、界别督办、联合督办和跟踪督办等活动，不断提高督办协商的成效。创新办理形式，围绕提案集中反映的事关全区改革发展、民生民计等重大问题，在决策之前和决策实施过程中进行专题协商。

（三）充分发挥新闻媒体作用，推动提案办理协商在阳光下运行 加强与新闻媒体机构的联系，大力宣传提案工作的重大活动和提案办理成效。坚持新闻舆论监督与政协提案监督相结合，跟踪报道一些热点、难点提案的协商办理情况，实现委员、承办单位和新闻媒体的互动，使提案工作在电台里有声、电视上有影，报纸上有名，努力形成全社会关注、参与和支持提案工作的良好氛围。

各位委员、同志们，“中国梦”激扬参政热情，“提案篇”彰显建言风采，让我们在中共浔阳区委的正确领导和区政府的强力支持下，扎实工作，开拓创新，共同把我区政协提案工作提高到一个新的水平，为建设美丽、和谐、幸福首善之区而不懈努力！

四、大会决议选辑

一届一次会议决议

（1987年7月16日政协浔阳区第一届委员会第一次会议通过）

中国人民政治协商会议九江市浔阳区第一届委员会第一次会议在全区人民正积极响应中共中央和国务院的号召，认真落实省、市、区委的部署，把坚持四项基本原则的正面教育不断引向深入；把“双增双节”运动不断推向高潮的大好形势下，于1987年7月14日至16日举行。会议充满着民主、团结、融洽、活跃的气氛，体现了政治协商、民主监督的主要职能，圆满地完成了预定的任务。这是一次发扬民主，加强团结，走向新的胜利的大会，是开创浔阳区政协工作新局面的大会。

会议听取了毛应生同志致的开幕词；听取和审议了岳广明同志所做的《政协浔阳区第一届委员会筹备工作报告》；学习讨论了《中国人民政治协商会议章程》、浔阳区第三届人民代表大会第一次会议通过的《浔阳区人民政府工作报告》和王文敬同志在区第三届人民代表大会第一次会议闭幕式上的讲话；按照政协章程的规定，选举了政协浔阳区第一届委员会主席、副主席、秘书长和常务委员会委员。

会议期间，市、区领导同志亲自莅临并向大会致辞，使委员们深受鼓舞，增强了信心。

会议完全同意岳广明同志所做的区政协筹备工作报告。一致认为，成立区政协，是发展新时期的爱国统一战线的需要，是建设浔阳、振兴中华的需要，意义十分深远重大。区政协委员阵容的广泛性、代表性和先进性，生动地体现了浔阳区社会主义建设事业的新发展和全区人民的大团结大统一。区政协的成立，对于动员和组织全区各族人民、各民主党派、无党派民主人士、各人民团体、各界爱国人士全国正确地贯彻党的十一届三中全会以来的路线，坚定不移地加快改革进程，深入抓好两件大事，做好各项工作；对于进一步调动一切积极因素，巩固和扩大爱国统一战线，开创浔阳区政协工作的新局面，必将产生积极深远的影响。

会议一致赞同区人大三届一次会议通过的政府工作报告。大家高兴地看到经过中共浔阳区委和区人民政府领导全区人民团结奋斗浔阳区国民经济继续沿着协调稳定发展的轨道前进，工农业生产持续稳定增长市场繁荣活跃，人民生活继续有所改善；城市管理和“创三优”活动取得了显著成效，市区面貌有了很大改观；社会治安情况稳定好转，社会秩序进一步稳定；教育、科技、文化、体育、卫生、计划生育等事业有了新的进展；社会主义精神文明建设继续加强；“七五”计划的执行有了良好的开端。会议认为，报告中对浔阳区1987年基本任务的建议，是积极稳妥、切实可行的、一致表示，要同心同德，奋发图强，和全区人民一道，为努力完成上述任务积极贡献力量。

会议认为，全国政协五届五次会议通过的新的政协章程，体现了党在十一届三中全会以来的方针政策，排除了1978年章程中“左”的错误理论和提法，既总结了三十多年来人民政协工作的基本经验，又反映了统一战线和人民政协在新的历史发展阶段的要求，是人民政协在新的历史时期开创新的工作局面的正确纲领。区政协和全区各党派、团体要把组织自己的成员学习好新章程、宣传好新章程，作为会议闭幕后的第一件大事，认真抓紧抓实。所有参加政协的单位和个人，都要认真遵守和履行新章程，做好自己的工作。

会议听取了中共浔阳区委书记王文敬同志的讲话。认为王文敬同志的讲话及其在区人大三届一次会议闭幕式上的讲话，正确分析了浔阳区当前的形势，提出了今后工作的基本任务，对抓好两件大事，恢复卫生城、建设文明城、加强民主和法制建设，改进工作作风以及做好政协工作等重要问题，作了深刻明确的阐述，表示完全拥护和赞同。

会议就浔阳区人民政协今后的主要工作任务进行热烈讨论。一致认为，要认真学习中共十一届三中全会以来尤其是近几年来中央关于政协工作的一系列文件和指示精神，认清政协工作的新形势、新任务，坚持四项基本原则，坚持人民政协工作为社会主义现代化建设服务的方向，坚持中国共产党同各民主党派、无党派爱国人士“长期共存，互相监督”“肝胆相照，荣辱与共”的方针，积极主动地协同有关部门进一步贯彻落实好党的各项统战政策，加强统一战线内部团结，搞好各方面的合作共事关系。要充分调动委员和各方面人士的积极性、主动性，发挥人民政协的“智力库”和“信息库”的作用，为两个文明建设服务。要广开言路，广开才路，充分发挥委员和各方面人士的专长，行使人民政协政治协商和民主监督的职能，帮助国家机关改进工作，提高工作效率，共同把国家的事情办好。要积极做好对港澳同胞、台湾同胞和海外侨胞的团结工作，推进“一国两制”方针的实施，加速祖国统一大业的实现。要加强政协机关自身建设，提高政协干部的政治和业务素质，切实保证各项政协工作任务的完成。

会议指出，当前正在集中深入进行的反对资产阶级自由化斗争和“双增双节”运动，是合乎国情，顺乎民意的两件大事。抓紧这两件大事，对于实现浔阳区社会主义现代化目标，加强我国经济实力，增进人民利益，具有重要的现实意义和深远的历史意义。要组织推动委员和各方面人士，按照中共中央和省、市、区委的部署，紧紧围绕这两件大事，扎扎实实地把各项工作推向前进。

会议号召，全体委员回到自己岗位后高举爱国的旗帜，发扬人民政协的优良传统和作用，努力工作，振奋精神，团结各方面人士，积极贯彻大会精神，在中共浔阳区委的领导下，为开创政协工作的新局面，为推动浔阳区两个文明建设，促进祖国统一，维护世界和平做出新的贡献。

二届一次会议决议

（1990年4月13日在政协浔阳区
二届一次会议通过）

中国人民政治协商会议九江市浔阳区第二届委员会第一次会议，于1990年4月10日至13日举行。这次会议，是在全区人民深入学习贯彻党的十三届四中、五中、六中全会精神，进一步开展治理整顿和深化改革的关键时刻召开的。与会委员以高度负责的精神，听取和审议了一届委员会常务委员会的工作报告和一届一次会议以来的提案工作报告；听取了九江市政协副主席王国珍同志和中共浔阳区委副书记范序德同志的重要讲话；列席了浔阳区第四届人民代表大会第一次会议，听取和讨论了陶自应同志所做的《政府工作报告》；选举了政协浔阳区第二届委员会主席、副主席、秘书长和常务委员会委员。与会委员就浔阳区两个文明建设、治理整顿和深化改革等方面的重大事务，坦诚地发表了意见。会议开得生动活泼，充满着民主、团结、和谐的气氛。

会议一致赞同区政协一届常务委员会的工作报告，对一届一次会议以来的常务委员会工作表示满意。会议认为。在中共浔阳区委的正确领导下，一届常务委员会团结全体委员和全区各界人士，认真贯彻党的十一届三中全会以来的路线和党在新时期统战工作的方针政策，围绕“一个中心，两个基本点”，在组织和推动委员学习，履行“政治协商，民主监督”基本职能，开展调查研究和咨询服务活动，接待台、港、澳同胞和海外侨胞，办理委员提案，加强自身建设等方面，都取得了较为显著的成果。

会议对区政府工作报告表示赞同。对1987年以来浔阳区的两个文明建设取得的进展表示满意。会议认为，政府工作报告对三年来的工作分析总结是实事求是的，对今后三年发展的设想和1990年奋斗目标的具体安排，是积极的；同时，对浔阳区今年政府工作也提出了一些建设性的意见和建议。总结以往，令人振奋；展望未来，信心倍增。全体政协委员决心同全区人民一道，为完成1990年全区的各项任务而共同奋斗。

会议要求，为了协助中共浔阳区委和区政府完成当前的重要任务，继续保持浔阳区局势的稳定，推进治理整顿和深化改革，使浔阳区经济逐步走上持续、稳定、协调发展的道路，本届委员会在今年要切实做好以下工作：继续深入学习、认真贯彻党的十三届四中、五中、六中全会精神，学习贯彻全国人大、全国政协七届三次会议精神和《中共中央关于坚持和完善中国共产党领导的多党合作和政治协商制度的意见》，统一认识，统一思想，统一行动，在政治上与中共中央保持高度的一致，努力做到协商监督制度化、经常化；进一步发挥政治协商、民主监督的作用，发挥政协人才优势，为保持和发展浔阳区安定团结的政治局面继续作出努力；进一步促进治理整顿、深化改革；加强委员的学习工作；加强与委员的联系；进一步开展对台、港、澳同胞和海外侨胞的联谊工作，坚定不移地按照“一国两制”的方针促进祖国统一。

会议号召，全体政协委员要在中共浔阳区委的领导下，为了共同的目标，振奋精神，团结奋斗，把人民政协的工作做好，在浔阳区两个文明建设中，在促进祖国统一、振兴中华的征途上发挥更大的作用。

三届一次会议决议

（1993年1月7日通过）

中国人民政治协商会议九江市浔阳区第三届委员会第一次会议，于1993年1月5日至7日举行。这次会议是在全国上下贯彻落实中共十四大精神。加快改革和建设步伐的新形势下召开的。与会政协委员本着“肝胆相照、荣辱与共”的精神，积极参政议政，共商国家大政方针和本区的重要事务。经委员酝酿协商选举产生了区政协第三届委员会主席、副主席、秘书长和常务委员。组成了新的常务委员会。这生动地反映了浔阳区爱国统一战线的进一步发展与壮大，体现了中共浔阳区委领导的浔阳区各界爱国人士的团结合作得到了进一步加强。

经过全体委员的认真审议，会议同意区政协屈章湧主席代表第二届委员会常务委员会所做的工作报告和区政协王柱勋副主席代表第二届委员会提案工作委员会所做的提案工作情况的报告。会议认为，二届一次会议以来，区政协在中共浔阳区委领导下，高举社会主义和爱国主义旗帜，认真履行政治协商、民主监督基本职能，广泛团结各方面人士，围绕经济建设中心，搞好浔阳区改革开放，加快区街经济发展，加强社会主义精神文明建设和民主法制建设，加强城市管理和社会治安综合治理，促进祖国统一等方面做了大量的工作，发挥了积极的作用。

与会委员列席了浔阳区第五届人民代表大会第一次会议，听取并讨论了区长冷绪河所作的《政府工作报告》。会议认为，《政府工作报告》关于浔阳区三年来经济建设和社会事业发展的总结，以及对当前存在问题和困难的分析，是符合实际的；对今后工作提出的总的要求和部署，也是切实可行的。会议对这个报告表示赞同，并希望区政府采取切实有力的措施，积极加以落实。委员们表示要同全区人民一道。增强信心，克服困难，为完成全区今年的各项任务而团结奋斗。

会议听取了中共浔阳区委副书记范序德同志的讲话。委员们一致认为，这个讲话对区政协二届委员会所取得的工作成绩给予了充分肯定，对新的一届委员会的工作提出了更高的要求和希望，这表明区委对区政协的工作十分重视，寄予厚望。大家深受教育和鼓舞，一致表示，要在区委的领导下，认真履行政协委员的职责，充分发挥政治协商，民主监督的职能作用，努力工作，为浔阳区的经济建设和各项事业的发展献计出力。

会议指出，为给新一届区政协的工作打下良好基础，认真做好1993年的各项工作至关重要。今年，区政协要组织全体政协委员进一步学习中共十四大精神和邓小平同志建设有中国特色社会主义的理论，紧密结合浔阳区实际，按照区委、区政府的总体部署，有计划地开展调查视察活动，为区委、区政府的决策和实施，提出好的意见和建议；要团结和动员全区各界人士，为浔阳区经济建设和改革开放献计献策，要以廉政建设为重点，加强民主监督；要进一步开展海外联谊活动，为推进祖国和平统一，促进外向型经济的发展，发挥积极作用；要继续加强政协自身建设，使人民政协真正成为各党派、各人民团体、各界代表人士团结合作，参政议政的重要场所和发挥社会主义民主的重要渠道。

会议号召，全体政协委员广泛联系各方面人士，紧紧团结在以江泽民同志为核心的党中央周围，在中共浔阳区委领导下，认清当前形势，振奋精神，群策群力，艰苦奋斗，为社会主义现代化建设事业和促进祖国统一做出新贡献，为完成浔阳区今年的各项任务共同奋斗。

四届一次会议决议

（1998年2月8日）

中国人民政治协商会议九江市浔阳区第四届委员会第一次会议，于1998年2月6日至8日举行。与会委员以邓小平理论和党的十五大精神为指导，围绕中心联系实际，献良策，进诤言，积极参政议政。经酝酿讨论，选举了区政协第四届委员会主席、副主席和常务委员，组成了新的常务委员会。会议自始至终洋溢着民主、团结、奋进的气氛，生动地反映了浔阳区爱国统一战线的进一步发展与壮大，充分体现了中共浔阳区委领导的浔阳区各界爱国人士的团结合作得到了进一步加强。

会议听取和审议了梅冬乔副主席代表第三届委员会常务委员会所做的工作报告，王之军副主席代表第三届委员会提案工作委员会所做的提案工作情况的报告。一致认为，在过去的五年里，区政协坚持邓小平同志建设有中国特色的社会主义理论和党的基本路线，认真履行“政治协商，民主监督，参政议政”的基本职能，注意发挥自身的特点和优势，致力于两个文明建设，协助区委、区政府做好各项工作，取得了一定的成绩。会议认为常务委员会工作报告和提案工作情况的报告，是实事求是的，提出的今后工作任务也是切实可行的，会议一致同意这两个报告。

会议听取了中共浔阳区委书记曹林淼同志代表区委所做的重要讲话。讲话在充分肯定全区政协委员在过去的五年里为浔阳区两个文明建设做出了积极贡献的同时，要求大家结合当前的新形势新任务，认真学习好邓小平理论，用以指导我们的事业和各项工作；认真学习好有关社会主义市场经济的知识和现代科学技术，不断提高参政议政水平；要学习好《政协章程》和政协工作的业务知识，提高做好新时期政协工作的能力，增强责任感和荣誉感，进一步发挥自身的优势和作用，为浔阳区两个文明建设再上新台阶，为继续推进祖国统一大业做出新贡献。与会委员受到极大鼓舞，一致表示认真贯彻执行。

与会委员列席了区第六届人民代表大会第一次会议，听取并讨论了代区长余策恩同志所做的《政府工作报告》。会议认为，过去的五年，区委、区政府带领全区人民艰苦奋斗，做了大量富有成效的工作，经济建设、市容市貌建设及社会各项事业都取得了可喜成绩。会议对区政府的工作表示满意。会议希望区委、区政府要继续重视政协委员提出的各项合理的意见和建议，扎扎实实把浔阳区的事情办得更好。

会议指出，1998年是全面贯彻落实十五大提出的各项任务的第一年，也是完成“九五”计划的关键一年。党和国家大政方针已经确定，新形势、新任务向人民政协工作提出了更高的要求。在新的一年里，要高举邓小平理论的伟大旗帜，坚定自觉地全面贯彻党的基本路线和社会主义初级阶段的基本纲领，认真学习宣传落实党的十五大精神，落实全国政协《关于政治协商、民主监督、参政议政的规定》和区委〔1997〕42号文件批转的《中国人民政治协商会议九江市浔阳区委员会关于政治协商、民主监督、参政议政的实施办法》等文件，紧紧围绕区委、区政府的中心工作，认真履行政治协商、民主监督、参政议政的职能。要继续贯彻“长期共存，互相监督，肝胆相照，荣辱与共”的方针，团结各民主党派、工商联、无党派、人民团体和社会各界人士，为全区社会的政治稳定服务。要加强政协机关的自身建设，发挥政协专门委员会的作用，进一步完善各项制度，提高办事效率，增强工作活力，促进政协工作全面开展。

会议号召，全体政协委员要在中共浔阳区委和区政协第四届常务委员会领导下，在邓小平理论指导下，高举社会主义和爱国主义的伟大旗帜，同全区人民一道，同舟共济，艰苦奋斗，全面贯彻党的十五大精神，贯彻区第六次党代会精神，为完成区委、区政府提出的各项战斗任务而努力奋斗！

五届一次会议决议

（提请2003年1月8日政协浔阳区第五届委员会第一次会议通过）

中国人民政治协商会议九江市浔阳区第五届委员会第一次会议，于2003年1月6日至8日在区综合楼十楼会议室举行。会议听取审议了四届区政协常务委员会工作报告，审议了四届区政协五年来提案工作报告，听取并讨论了区政府工作报告及有关报告，选举产生了政协浔阳区第五届委员会领导机构。与会委员以高昂的政治热情和认真负责的态度，坦诚谏言，献计献策，就浔阳区经济和社会发展中的重要问题以及人民群众关心的热点、难点问题，提出了许多好的意见和建议。这是一次民主求实、团结鼓劲的大会，是一次承前启后、继往开来的大会，是一次与时俱进、再创辉煌的大会。

会议听取了傅云生书记代表中共浔阳区委所做的重要讲话。讲话充分肯定了区政协在浔阳区政治、经济和社会生活中所发挥的重要作用，并对今年的政协工作提出了殷切希望和更高要求，具有重要的指导意义。委员们表示要在履行职能的实践中认真贯彻落实。

会议同意潘亦生副主席代表区政协四届委员会常务委员会所做的工作报告；同意任惠萍副主席代表区政协四届委员会所做的提案工作报告。会议认为，区政协四届委员会以邓小平理论为指导，认真贯彻“三个代表”重要思想，在中共浔阳区委的领导下，团结和组织广大政协委员、各民主党派和各族各界人士，紧紧围绕经济建设这个中心，积极履行政协职能，为维护政治稳定，推动浔阳区改革开放和现代化建设，促进社会全面进步，做出了积极的贡献。会议向为人民政协事业付出辛勤劳动的四届区政协委员表示崇高的敬意。

会议赞同尹雪秀区长所做的政府工作报告。会议认为，过去的五年，是浔阳区改革开放和社会主义现代化建设不断取得新成绩的五年。全区人民在区委、区政府的领导下，克服困难，抓住机遇，与时俱进，开拓进取，浔阳区经济发展，市场繁荣，社会稳定，人民生活水平进一步得到改善，社会各项事业取得了较大的进步。区政府工作报告对过去五年工作成绩的总结实事求是，对困难和问题的分析符合实际，未来五年工作的指导思想明确，发展思路清晰，奋斗目标催人奋进，符合区情，体现民意，是一个开拓务实，鼓舞人心的报告。

会议指出，政协浔阳区第五届委员会任期的五年，是贯彻落实中共十六大精神，实现“十五”奋斗目标，全面建设小康社会的重要历史时期。面对改革和发展新形势、新任务，人民政协任重而道远。区政协要高举邓小平理论伟大旗帜，全面贯彻“三个代表”重要思想，以中共十六大精神为指针，围绕区第七次党代会提出的全面建设小康城区的奋斗目标，广泛团结各界人士，以创新为理念，以学习为先导，加大监督力度，丰富协商内容，拓宽参政渠道，开创政协工作新局面。

会议号召，全体政协委员，各民主党派、工商联、人民团体和各族各界人士，要常怀为民之心，常思为民之策，常兴为民之举，常议为民之事，在中共浔阳区委的领导下，以更加高昂的斗志，更加务实的作风，更加扎实的工作，为全面建设小康城区而努力奋斗！

六届一次会议决议

（草案）

（提请2007年3月1日政协浔阳区第六届委员会第一次会议通过）

中国人民政治协商会议九江市浔阳区第六届委员会第一次会议，于2007年2月27日至3月1日在九江市少儿活动中心隆重举行。会议听取审议了区政协五届常务委员会工作报告，听取审议了区政协五届一次会议以来提案工作情况的报告，听取并讨论了区政府工作报告及其他重要报告。与会委员以高度的主人翁精神和饱满的政治热情，就我区经济和社会发展中的重要问题以及人民群众关心的热点、难点问题，坦诚谏言，献计献策，提出了许多很好的意见和建议。会议顺利完成了各项议程和任务，取得了圆满成功，是一次民主求实、团结鼓劲、与时俱进、共创辉煌的大会。

会议同意刘宗强副主席代表区政协五届委员会

常务委员会所做的工作报告，同意易晓慧副主席代表区政协五届委员会所做的提案工作报告。会议认为，区政协五届委员会一次会议以来，认真贯彻中共十六届五中、六中全会精神，在中共浔阳区委的正确领导下，团结和组织广大政协委员、各民主党派和各界人士，紧紧围绕经济建设这个中心，积极履行政协职能，为创建美丽和谐新浔阳，全面建设小康城区，做出了积极的贡献。

会议赞同李广欣区长所做的政府工作报告。会议认为，过去的一年，是我区改革开放和社会主义现代化建设不断取得新成就的一年。全区人民在区委、区政府的领导下，克服困难，抓住机遇，与时俱进，开拓进取，我区经济发展，市场繁荣，城市靓丽，社会稳定，人民生活水平进一步得到改善，社会各项事业取得了较大进步。《区政府工作报告》总结过去实事求是，对困难和问题的分析符合实际，今后工作的指导思想明确，发展思路清晰，奋斗目标催人奋进，符合区情，体现民意，是一个求真务实、鼓舞人心的报告。

会议指出，2007 年是第十一个五年规划的关键年，新的一年里，我们要高举邓小平理论和“三个代表”重要思想伟大旗帜，深入贯彻中共十六届六中全会精神，全面落实科学发展观，紧紧围绕全区总体目标任务，广泛团结各界人士，以创新为理念，以学习为先导，加大监督力度，丰富协商内容，拓宽参政渠道，开创政协工作新局面。

会议号召，全体政协委员，各民主党派、工商联、人民团体和各界人士，要常怀为民之心，常思为民之策，常兴为民之举，常议为民之事，在中共浔阳区委的领导下，以更加高昂的斗志，更加务实的作风，更加扎实的工作，为全面建设小康浔阳、构建和谐社会而努力奋斗！

七届一次会议决议

（草案）

（提请 2011 年 8 月 30 日政协浔阳区第七届委员会第一次会议通过）

中国人民政治协商会议九江市浔阳区第七届委员会第一次会议，于 2011 年 8 月 28 日至 8 月 30 日在九江市少儿活动中心隆重举行。会议听取和审议了区政协六届常务委员会工作报告和区政协六届委员会五年以来提案办理情况的报告，听取和讨论了区政府工作报告及其他重要报告，选举产生了新一届区政协领导班子。经过全体委员和列席人员的共同努力，会议取得了圆满成功。这是一次团结民主、凝聚力量的大会，是一次与时俱进、共谋发展的大会。

会议同意刘宗强副主席代表区政协六届委员会常务委员会所做的工作报告，同意张华桥副主席代表区政协六届委员会所做的提案办理情况的报告。会议认为，区政协六届委员会在中共浔阳区委的正确领导下，认真贯彻落实党的十七大和十七届三中、四中、五中全会精神，坚持“参政谋发展，履职为人民”的工作理念，广泛团结广大政协委员和各界人士，积极履行政协职能，圆满地完成了区政协六届委员会的各项任务，为我区在九江争得应有地位的进程中率先发展做出了积极贡献。

会议赞同左延代区长所做的政府工作报告。会议一致认为，过去五年，全区人民在区委的正确领导下，抢抓机遇，与时俱进，锐意进取，开拓创新，是我区经济发展最快、城市变化最大、百姓实惠最多的五年。区政府工作报告总结成绩令人振奋，分析困难和问题符合实际，对今后工作的部署，指导思想明确，发展思路清晰，奋斗目标催人奋进，是一个体现民意、求真务实、振奋人心的报告。

会议指出，今后五年是全面实施“十二五”规划的重要时期，也是我区争先进位、率先发展的奋进之期。我们坚持以邓小平理论和“三个代表”重要思想为指导，深入贯彻落实科学发展观，认真学习党的十七届五中全会和胡锦涛总书记“七一”讲话精神，深入贯彻省市党代会精神，按照区第九次党代会提出的“繁荣两湖、决战城东”的发展思路，大力实施“12345”发展战略，以学习为先导，以创新为理念，加大监督力度，丰富协商内容，拓宽参政渠道，努力开创政协工作新局面。

会议号召，全体区政协委员、各民主党派、工商联、无党派和各界人士，要常怀为民之心，常思为民之策，常兴为民之举，常议为民之事，在中共浔阳区委的正确领导下，以更加高昂的斗志，更加务实的作风，更加扎实的工作，为建设美丽、实力、文化、幸福的新浔阳而努力奋斗！

五、领导讲话选辑

在一届一次会议开幕时的讲话

江国镇

（记录整理，未经本人审阅）

一九八七年七月十四日

各位委员：

政协浔阳区一届一次委员大会今天隆重召开。首先，我代表中共九江市委、市政府向大会表示热烈的祝贺！向出席会议的委员和同志们致以亲切的问候！

政协浔阳区一届一次会议胜利召开，是浔阳区一件大喜事。二个区政协是这次县乡换届时市委研究，并经省委批准正式成立的。这样我市各县区都成立了政协。人民政协是包括各民主党派、各人民团体和社会各方面代表的爱国统一战线组织。政协在我国的作用是很大的。区政协怎样开创浔阳区新局面，要靠大家进一步努力工作。政协工作必须围绕四个现代化建设这个中心；要很好地完成振兴中华，统一祖国这样光荣使命。我们政协工作要紧紧围绕这个主题。我相信区政协71名委员、各民主党派人士，知名人士发挥积极作用，做好这一工作，为开创浔阳区的新局面做出积极贡献。

我希望区政协成立后，大家为开创浔阳区建设新局面，团结奋斗，艰苦创业，共同努力，为四化建设献计献策。大家最近都学习了紫阳、小平同志重要讲话，特别强调，就是当前学习邓小平关于建设有中国特色的社会主义理论。小平同志讲话有个新意：建设有中国特色社会主义，“两个基本点”一个就是坚持四项基本原则，这是我们立国和治国之本；二个是坚持改革、开放，这是我们建设社会主义总方针、总政策。我们建设中国的社会主义，要以四化建设为中心，做好我们的本职工作。要靠大家艰苦奋斗，共同努力，花大心血，出大力气，做出更大的贡献，才能完成这个光荣的使命。

小平同志讲，建设有中国特色的社会主义，应该说还是社会主义初级阶段。目前我们富国富民政策，希望大家共同努力，使我们人民生活更加富裕。在下个世纪中叶基本达到四千美元水平，但这数字也可能大点也可能小点，有这样的概念，到那个时候我们才能讲真的搞社会主义，那时我们社会主义才能真正优越，那时候才理直气壮地讲社会主义，现在讲还是社会主义初级阶段，这个任务非常光荣而艰巨，要完成这样个光荣任务，希望委员们要为四化献计献策。你们在不同行业、不同的岗位，发挥自己的才华，做出自己的贡献。我们政协在长期革命斗争中取得革命的胜利，在社会主义建设中起了很大的作用，我们党充分认识到了这一重大作用。

希望我们委员在政协党组领导下，贡献自己的力量。

另一方面，小平同志说的三大任务，我们要为振兴中华、统一祖国，更好贯彻“一国两制”，为和平统一台湾更好的做出自己的贡献。这就希望我们委员、各民主党派人士，特别是有影响和各党派人士，为统一祖国大业这个历史的使命，为完成这个使命要耐心的做好宣传工作，希望大家为完成这个使命积极工作。小平同志讲，80年代实现“一国两制”统一祖国大业。希望各个委员，爱国侨胞耐心地、热情地宣传祖国未来，宣扬党的十一届三中全会以来的方针、政策，以及改革、开放以来所取得的伟大成就。应该向他们说清楚，我们中华民族应该要统一，台湾回归祖国，统一祖国的大业一定能实现，一定会成功。要积极向国外宣传这个大任务，在座委员们都有责任，应积极努力。也是我们政协应做好的工作，也是政协工作一个主题。

我们区政协工作刚刚成立，区委、区政府也很关心。市政协及各有关部门都给予了大力支持。区政协筹备工作刚开始，区政协领导也和我谈过。目前各方面工作多，开头难，工作条件较差，困难不少，要克服目前的困难。现在面对政协工作新局面，摆在大家面前一个新任务。为什么这么讲，其他县的政协成立早，工作经验多。你们刚成立，要做好各方面工作，目前条件艰苦一点，但工作还是要努力。政协要按照政协章程做好工作，发挥委员们的作用。这个问题为什么提出来？就是希望大家相互支持，相互谅解，工作扎扎实实地干，不能放松，在区委领导下、在区政府支持下，我们区政协要加快步伐，提高效力和工作水平，力争赶上其他县区政协，登上新的台阶。

总之，区政协在区委领导下，经过短时的艰苦努力的筹备，今天终于胜利召开了委员全体会议，我们感到这个会议标志着我们浔阳区人民政协的工作新的开始，我们相信区政协的工作在区政协全体委员共同努力下，会做出新的贡献。最后，预祝大会圆满成功！祝全体委员身体健康！工作愉快！

贺 信

政协浔阳区第一届第一次会议大会主席团暨全体同志：

欣悉大会隆重开幕，我们特致函表示热烈的祝贺！并向全体委员和各界人士致以亲切的问候！

政协浔阳区第一届第一次会议，是在全国政治稳定、经济稳定的大好形势下召开的。这是全区人民政治生活中的一件大事，是爱国统一战线不断发展壮大的生动体现。

人民政协是我国发扬社会主义民主的重要组织形式；“长期共存、互相监督”“肝胆相照，荣辱与共”是我们统一战线的一项基本方针。为了充分发挥人民政协的重要作用，我们希望全体委员在会议期间，坚持四项基本原则，坚持改革、开放、搞活的方针，对国家的大政方针和今年的两件大事，对本区的四化建设和群众关心的重大问题，进行充分讨论、民主协商，真正做到知无不言、畅抒己见，坦诚地提出批评和建议，使会议开得更有成效，为本区的政治安定，经济腾飞，为振兴中华，统一祖国做出更大贡献！

预祝大会圆满成功！

祝委员和同志们身体健康，精神愉快，工作顺利！

政协九江市委员会
中共九江市委统战部
1987 年 7 月 13 日

贺 信

市政协主席王佐良

各位委员、各位同志：

今天，政协九江市浔阳区第一届委员会第二次会议隆重开幕了。我代表政协九江市委员会表示热烈的祝贺，向与会委员和列席同志致以亲切的问候！

你们这次会议，是在深入学习贯彻中共十三大精神，加快和深化改革的新形势下召开的。全体委员和列席同志济济一堂，共商振兴浔阳的大计，充分体现了统战、政协工作的进一步发展，是全区人民政治生活中的一件大事，也是政协委员的光荣。希望大家发扬高度的主人翁使命感，发扬披肝沥胆、直言不讳的诤友精神，对全区的改革开放和两个文明建设，对政协工作和政府工作充分发表意见，积极提出建议，努力把会议开成一个民主团结、融洽活跃的会议，开成一个解放思想、奋发进取的会议。

中共十三大明确提出，统一战线要高举两面旗帜，这就是在中国人产党领导下，全国各族人民、各民主党派、各人民团体，在建设有中国特色的社会主义的伟大旗帜下，更加紧密地团结起来，大陆同胞同港澳台胞和海外侨胞，在祖国统一和振兴中华的爱国主义伟大旗帜下，更加紧密地团结起来。这两面旗帜的提出，进一步明确了社会主义初级阶段爱国统一战线的战略目标、任务和范围，展示了统战、政协工作的广阔前景。我们要按照十三大指明的方向，进一步解放思想、大胆创新、积极进取、勤奋努力把政协工作不断推向前进，肩负起十三大赋予人民政协的光荣使命。

完善共产党领导下的多党合作制度，充分发挥人民政协的职能作用，关系到党委、政府和政协三个方面。我们要在调查研究、总结经验的基础上，完善政治协商、民主监督制度，赋予它更充实的内容，真正把重大问题的协商纳入决策民主化和科学化的程序。努力使政治协商、民主监督经常化、制度化。同时，要按照党委的部署和政协本身的特点，为加速浔阳区的经济振兴充分发挥自己的作用。对区委、区政府提出的加快和深化改革的各项决策和措施，认真进行研究和贯彻落实。把政协这个综合人才库的智力资源充分挖掘出来，并把这一资源和社会需要结合起来，发挥整体功能，共同为加速九江浔阳的经济振兴做出新的贡献！

祝会议圆满成功！

谢谢大家！

1988 年 3 月 23 日

在一届一次会议闭幕式上的讲话

（1987年7月16日）

王文敬

各位委员、各位同志：

政协浔阳区第一届委员会第一次会议，在市委、市政协的亲切关怀下，经过委员们的共同努力，今天就要胜利闭幕了。

这次会议，是在坚持和贯彻党的十一届三中全会以来路线的两个基本点，全区上下集中精力抓好两件大事，各项工作蓬勃发展的大好形势下召开的。这是一次发扬民主、广开言路、广开才路的大会，是调动一切积极因素，同心同德，团结一致，共谋浔阳振兴的大会，也是全区各界人士盼望已久、如遂心愿的一次大会。这次大地的成功召开，必将对全区人民的政治生活产生积极影响，对全区两个文明建设起促进作用。

会议期间，委员们认真听取和审议了区政协筹备工作报告。学习和讨论了区人大三届一次会议精神，选举产生了区政协第一届委员会班子成员，对办好今年两件大事，搞好政协工作，开诚布公地提出了许多有益的意见和建议，会议充分发扬了社会主义民主，认真履行了“政治协商、民主监督”的职能，自始至终洋溢着民主、团结、活跃、融洽的热烈气氛。我们相信，大会之后，各界人士将会以更新的姿态，更高的热情，更大的干劲，投入到全区的两个文明建设中去，为浔阳的振兴开拓进取，为实现“恢复卫生城，建设文明城”的奋斗目标竭尽全力。

借此机会，我代表中共浔阳区委向大会表示热烈的祝贺！向同志们致以亲切的问候！

下面，我就政协工作讲四点意见：

一、正确认识人民政协的性质、地位和作用。积极把政协的各项工作做得更好。

人民政协是中国共产党领导下具有广泛代表性的爱国统一战线组织，是共产党领导的实现各党派和无党派人士团结合作的重要政治组织。政治协商、民主监督是人民政协的基本职能。人民政协作为统一战线组织和协商机关在国家政治生活中发挥重要作用，是我国具有中国特色的社会主义政治制度的一个特点和优点。它的根本任务是，调动一切积极因素，团结一切可以团结的力量，巩固和发展爱国统一战线，为建设社会主义物质文明和精神文明服务，为社会主义民主和法制建设服务，为促进祖国统一服务，为维护世界和平服务。它的作用是，对国家的大政方针和地方重要事务以及群众生活，统一战线内部关系等重要问题进行政治协商，并通过提出建议和批评，发挥民主监督的作用。同时，广开言路，广开才路，通过各种形式和方法，组织和推动政协委员及他们所联系的有关人士为“四化”献计献策。坚持四项基本原则，一切活动以中华人民共和国宪法为根本的原则，这是人民政协的政治基础。人民政协坚持中国共产党同各民主党派人士“长期共存，互相监督”“肝胆相照，荣辱与共”的方针。

对于人民政协的性质、地位和作用，由于区政协刚刚成立，人们还知道的不多或者知道的不是那么很多，因此，要做好这方面的宣传工作。这次大会召开之前和会议期间，区政协筹备小组为此做了大量的努力，使人们对政协有了一些初步的认识，今后还要继续做好这方面的工作。只有这样，才能使人民政协在共产党的领导下，争取和得到广大人民群众的支持；才能在宪法的范围内，依照政协章程，不断开创政协各项工作的新局面。

二、正确理解党的十一届三中全会以来的路线的两个基本点，坚持四项基本原则，坚持改革、开放、搞活。

全面深刻地理解和掌握三中全会以来的路线，是建设有中国特色的社会主义的伟大事业胜利前进的重要保证。党的十一届三中全会以来的路线有两个基本点：一个是坚持四项基本原则，这是建设有中国特色的社会主义的立国治国之本；一个是坚持改革、开放、搞活，这是建设有中国特色的社会主义的总方针、总政策。这两个基本点不是相互排斥的，而是唇齿相依的。无论缺了哪一条，都谈不上中国特色的社会主义。因此，对四项基本原则的正面教育和对改革、开放、搞活的宣传应该并重，不仅不能偏废，而且要互相促进。

今年年初以来，我们在共产党内开展坚持四项基本原则的教育反对资产阶级自由化的斗争已经取得了很大的成绩，资产阶级自由化思想泛滥的情况已经扭转。政治思想领域发生了很大变化，安定团结的政治局面进一步得到巩固和发展，有力地保证了改革和社会主义现代化建设顺利进行。应该指出的是，在解决资产阶级自由化问题上，各民主党派和党外人士做了许多有益的工作。党中央曾给予了高度评价，指出各民主党派同中国共产党长期风雨同舟，患难与共，不仅是我国社会主义现代化建设和爱国统一战线的一支重要依靠力量，也是维护我国安定团结政治局面的一支重要力量。希望民主党派和党外人士发扬成绩，再接再厉，认真学习，不断提高。当前，为了更好地贯彻执行党的十一届三中全会以来的路线，坚持四项基本原则，坚持改革、开放、搞活，反对资产阶级自由化和僵化。更需要宣传群众、动员群众，倾听群众意见，集中群众智慧，发挥群众力量。政协正是在这一方面拥有自己的优势，希望政协积极组织民主党派和党外人士，在深入开展反对资产阶级自由化的斗争中，继续为搞好坚持四项基本原则的正面教育。多做有益的工作；在改革、开放、搞活总方针、总政策的指引下，继续为宣传改革、推动改革，多做积极的贡献。

三、充分发挥政协组织的作用，为浔阳区两个文明建设献计出力。

区政协的成立。体现了市委对浔阳区人民政治生活的关怀。它充分反映了我区各民族、各人民团体、各界人士的意愿和要求，是全区人民政治生活中的一件大事。我们要充分发挥区政协在全区两个文明建设中的作用。

发挥区政协的作用，就要重视发挥政协政治协商、民主监督的职能。全区各级党组织、各部门各单位。都要正确认识、高度重视政协组织在政治协商和民主监督方面的重要作用。并在工作中充分发挥这种作用。一方面要按规定发给政协文件资料，经常向政协委员通报情况，吸收参加有关会议。为他们创造知情出力的条件；另一方面，要求政协坚持开好各种例会，采取多种形式。不断丰富协商内容，提高参政议政水平。

要发挥政协“智囊团”“人才库”的优势。目前，全区共有各民主党派、无党派知名人士、少数民族代表、爱国宗教代表、投诚起义人员、工商业者、非党知识分子干部、台胞台属、港澳同胞、归国华侨和海外侨胞，共4000多人。这些人，有较多的现代知识，较深的政治阅历，较广泛的社会联系。他们对搞好浔阳区的两个文明建设有着极大的积极性和政治热情。区政协要充分发挥这个人才优势，积极组织他们参加全区的增产节约、增收节支运动，参加“恢复卫生城，建设文明城”的各项活动。要联系和发动委员和各界人士，围绕浔阳区“以经济建设为中心。以城市管理、社会治安为重点。两个文明一起抓”和建设“社会安定。环境优美。经济繁荣。精神文明，生活方便”的新城区的总体部署和奋斗目标，开展座谈讨论、专题研讨、专题调查、考察访问。咨询服务，提出建设性的意见，协助党和政府不断改进工作。希望政协委员们充分利用社会关系广，海外联系多的特点，广泛开展联谊和交友的活动。为振兴浔阳，为促进祖国统一，献计出力。

四、发扬人民政协的优良传统和作风，搞好政协组织的自身建设。

人民政协有着光荣的历史，有着优良的传统和作风。新的历史时期，人民政协的作用日益重要。我们要继续发扬政协的自我教育的优良传统。区政协机关要认真组织学习邓小平同志《党和国家领导制度的改革》的讲话等重要文章，加强自身建设，加强思想工作。加强坚持四项基本原则和坚持改革、开放、搞活总方针、总政策。反对资产阶级自由化僵化的教育，加强统战理论和政策的学习，加强责任心，增强使命感，改进工作作风，提高工作效率，要发扬艰苦奋斗，勤俭建国的优良传统，克服困难，扎实工作，努力建设一支政治上过硬，思想作风好，工作效率高，在理论政策、统战观点、文化素质、组织活动能力等方面都有适当水平的工作队伍，使区政协成为广大委员和各界人士联络感情、沟通思想、相互切磋、交流意见的民主园地。

各位委员、各位同志，我们正处在一个新的历史发展时期，新时期为我们各项事业展现了广阔的发展前景。让我们在中国共产党领导下，坚持“长期共存，互相监督”“肝胆相照，荣辱与共”的方针，加强与各民主党派和无党派人士的合作，巩固和扩大爱国统一战线，团结一致，共同奋斗，以政协工作的新成绩、新面貌，迎接党的十三大的胜利召开。

祝各位委员、各位同志身体健康！

在二届一次全体会议上的讲话

九江市政协副主席　王国珍

（1990年4月10日）

主席团、各位委员、各位同志：

在党的十三届四中、五中、六中全会和全国政协七届三次会议精神的指导下。政协浔阳区第二届委员会第一次全体会议今天隆重开幕了。我谨代表政协九江市委员会向大会致以热烈的祝贺！向新的一届政协委员表示亲切的问候！预祝你们，依靠全体委员的共同努力，把这次大会开成一个民主、团结、振奋精神的大会，开成一个促进地方政治、经济和社会进一步稳定发展的大会。

你区过去一届的人民政协工作，在当地中共党委的直接领导和人民政府的支持下，高举爱国主义、社会主义两面旗帜，坚决贯彻执行中共中央十一届三中全会以来的路线、方针和政策，认真履行政治协商、民主监督的基本职能，发扬人民政协的优良传统和群体优势，团结各民主党派和各界人士参政议政，为维护社会的安定团结，推动治理整顿、改革开放和发展地方经济，加强社会主义民主和法制建设，促进祖国和平统一大业，做了大量卓有成效的工作，取得了很大的成绩。

各位委员、各位同志，最近，中国共产党以它一贯对国家和民族的前途高度负责的精神，制定并发出《中共中央关于坚持和完善中国共产党领导的多党合作和政治协商制度的意见》，这是马列主义、毛泽东思想同中国革命实践相结合的产物，是我国政治生活中的一件大事，《意见》对新时期人民政协工作提出了更新更高的要求，特别在当前动荡的国际形势下，更具有重大的政治意义和深远影响。中共中央的这个《意见》是推进我国政治体制改革和民主政治建设的纲领性文件，也是爱国统一战线组织和人民政协工作必须遵循的基本原则，全面贯彻执行《意见》，必将加强和改善中国共产党的领导，坚持社会主义道路，充分发扬社会主义民主，充分发挥民主党派和无党派人士的参政作用，希望你们通过这次大会，进一步动员全体政协委员、各民主党派和爱国人士认真学习中共中央《意见》、深刻领会精神，坚持四项基本原则，坚决反对资产阶级自由化，切实履行人民政协的基本职能，对《意见》中提出的人民政协的六条任务，要逐条地进行研究，结合实际地提出具体贯彻意见与措施，并在实施中做出不懈的努力，把人民政协工作大大向前推进一步。

各位委员、各位同志：

今年是充满希望的九十年代第一年，继续保持国内局势的稳定，推进治理整顿和深化改革，使国民经济逐步走上持续、稳定、协调发展的道路，是全国各族人民面临的中心任务，我市的人民政协组织都要坚定不移地贯彻执行中共十三届六中全会精神，认真贯彻全会审议通过的《中共中央关于加强党同人民群众联系的决定》通过委员的调查、视察活动，进一步运用人民政协的组织形式，更好地发扬党同广大人民群众血肉相连的光荣传统；认真贯彻落实全国政协七届三次会议提出的七项工作任务；紧紧围绕中共九江市委提出的今年全市工作要切实做到：农业保丰收、工业增效益、廉政办实事、换届建班子和除害保安定，打好“五个硬仗”的总任务，结合各地情况，运用多种形式，采取有效措施，贯彻执行全国政协《关于政治协商、民主监督暂行规定》，积极参政议政，为稳定九江，促进改革、发展经济、扩大联谊、发挥人民政协的整体功能和优势，积极主动地协助地方党委和政府把自己的事情办好，为努力完成我市今年各项任务而努力奋斗。

各位委员、各位同志，人民政协工作大有可为，我们肩负着光荣而艰巨的历史使命。社会主义民主政治的大厦需要脚踏实地，一砖一瓦地筑起，统一祖国、振兴中华的伟业要求我们奋发努力，开拓进取，马年，要快马加鞭，三年看头年，新的一届委员会、新班子、新队伍，一定要有新气象，实现政协工作新的起步。让我们团结在以江泽民为总书记的中国共产党的领导下，在地方中共党委的直接领导和人民政府的支持下，进一步组织委员努力学习马列主义和毛泽东思想，学习时事政策，学习政协章程，提高对人民政协地位、性质、任务和作用的思想认识，不断提高委员自身的政治素质和业务素质，履行委员的权利和义务，增强参政意识，提高参政水平，朝着共同的目标，振奋精神，同心同德，团结奋斗，把人民政协工作做得更有成效，在社会主义物质文明和精神文明建设，促进祖国统一，振兴中华的千秋大业中，愿你们做出更新更大的贡献。

预祝大会圆满成功!

在二届一次会议上的讲话

（1990年4月13日）

范序德

各位委员、各位同志:

区政协二届一次会议今天就要胜利闭幕了。几天来，委员们共济一堂，认真听取和讨论了牛增辉同志所做的区政协一届委员会常务委员会工作报告；列席了区人大四届一次会议；选举了区政协二届委员会主席、副主席、秘书长和常务委员会。大家根据中共十三届四中、五中、六中会会精神，围绕浔阳区各项工作进行了热烈的讨论，真诚而坦率地提出了许多好的意见和建议，充分体现了“肝胆相照，荣辱与共”的精神。这次会议开得很好，是一次民主协商的大会，团结奋进的大会。我代表中共浔阳区委对大会的圆满成功表示热烈祝贺!

区一届政协成立以来，高举社会主义和爱国主义的旗帜，认真贯彻党在新时期统一战线的方针、政策，积极开展政治协商、民主监督，在两个文明建设和促进祖国和平统一的各项工作中，都发挥了自己应有的作用。政协工作紧紧围绕全区经济建设这个中心，开展调查研究、献计献策、咨询服务、牵线搭桥、提供信息等，促进了社会生产力的发展。政协组织认真参与浔阳区大政方针、重要事务以及重要人事安排的政治协商和民主监督，发挥了积极的作用。政协委员广泛加强了同各界爱国人士，台、港、澳同胞和海外侨胞及其眷属的联系，为实现“一国两制”、促进祖国统一做了许多有益的工作。政协机关不断加强组委和自身建设，提高了政协工作的效率和水平。总之，区政协工作在全区整体工作中做出了显著的贡献，区政协组织在浔阳区各方面的地位、影响和作用，越来越突出地表现出来了。特别是在去年春夏之交的政治风波，我们区政协团结各界爱国人士，紧紧地与党中央保持一致，旗帜鲜明地反对资产阶级自由化，反对动乱、暴乱，坚决拥护党中央采取的一切措施，真正地体现了“荣辱与共、肝胆相照”、和衷共济的精神。对此，我代表区委向区政协表示衷心的感谢。

各位委员、各位同志，人民政协是我国爱国统一战线组织，也是共产党领导的多党合作和政治协商的一种重要组织形式，是各民主党派和各界爱国人士参政议政的重要场所。建国四十年来，人民政协为建立和巩固人民民主专政，维护祖国统一和各族人民的团结，推动社会主义革命和社会主义建设，发挥了重大的作用。中共十一届三中全会以后，人民政协在拨乱反正中开拓前进，工作领域扩大，组织机构发展，各项规章制度日趋完善。去年初，中共中央批转了政协全国委员会《关于政治协商、民主监督的暂行规定》，前不久中共中央又发布了《关于坚持和完善中国共产党领导的多党合作和政治协商制度的意见》。这些，都为我们进一步搞好多党合作和政治协商工作创造了良好的条件；同时，也标志着我国的多党合作和人民政协的政治协商、民主监督工作跨入了制度化、经常化的新阶段。

一、学习贯彻《意见》精神，用《意见》精神统一思想行动。

《中共中央关于坚持和完善中国共产党领导的多党合作和政治协商制度的意见》，是推进我国政治体制改革，加强社会主义民主政治建设的一个重要文件。它的贯彻实施，对于我国政治局面的长期稳定，对于推动治理整顿、深化改革和经济建设的长期持续、稳定、协调发展，对于爱国统一战线的巩固和壮大，对于建设有中国特色的社会主义，都具有十分重要的意义。我们要充分认识这一重要意义，以《意见》精神作为做好政协工作的指导思想和行动指南。要发扬人民政协“自我教育”的优良传统，精心组织、合理安排好对《意见》的学习。把学习、领会、贯彻《意见》精神，作为当前和今后一个时期的一项重要任务。要和学习、贯彻中共十三届四中、五中、六中全会精神以及七届全国人大三次会议、全国政协七届三次会议精神结合起来。要从实际出发，采取灵活多样、生动活泼的形式，坚持理论联系实际的学风，以增强学习效果。要通过对《意见》精神的理解，正确认识政协的地位、作用，明确职责，增强事业心责任感，振奋精神努力工作，肩负历史的重托。

二、完善协商监督制度，强化政协的基本职责。

政治协商、民主监督是人民政协的基本职能。为了履行好这一职能，全国政协、省、市政协都制订并颁布了相应的规定，明确了协商监督的事项、程序、方式。这都是坚持和完善中共领导的多党合作和政治协商所必须遵循的。要结合浔阳区的实际，不断完善协商监督的内容和形式。从协商的内容上讲，有关浔阳区治理整顿、深化改革和两个文明建设的重要方针、政策和措施，政府工作报告和财政预算，经济和社会发展规划，经济建设和政治生活方面的重大事项，人大、政府和政协的重要人事安排，关系到人民群众生活的重要问题，统一战线内部关系的重要问题等，都要在决策之前进行协商。从监督内容上讲，除了对宪法、法律以及区委、政府对党的重大方针政策的实施情况进行监督外，还要注意对党政机关及其工作人员在为政清廉、履行职责、遵纪守法等方面的情况进行民主监督。参政议政，协商、监督，首先要知情。今后，区委和政府的领导同志要经常组织民主协商会和意见听取会，同政协委员和各界人士开展协商，向大家通报情况，听取意见，提高党政机关工作的透明度。区委、区政府召开的有关重要会议，都应邀请政协负责人参加，以便了解情况。政协要经常组织委员深入实际，调查研究，接触群众，听取呼声，对各方面工作提出批评建议。要把调查研究与参政议政结合起来，要在搞好调查研究的基础上积极参政议政，寓协商监督于调查研究之中。以提高参政议政水平和质量，使政治协商、民主监督逐步达到规范化、制度化、经常化。

三、发挥政协两大优势，为两个文明建设服务。

人民政协在建设四化、振兴中华，实现祖国统一的伟大事业中有两大优势。一是人才多，拥有一大批各行各业的名流、学者和专业技术人员；二是联系面广，区内外、市内外、省内外、海内外，均有联系。区政协要利用自己的优势，为浔阳区两个文明建设服务。首先，要发挥“综合人才库”的整体功能，根据委员的专业所长，多组织开展一些专题调查，专题研究，专题协商活动，选准题目，开展咨询服务，为浔阳区经济建设和社会发展，提出建设性的意见，还要鼓励委员们在各自的工作岗位上创造性地工作，建功立业。其次，开展横向联系，积极与兄弟县、市、区政协建立关系，宣传浔阳，并尽可能为经济往来牵线搭桥，促成区域行业、企业之间多层次、多渠道、多形式的经济协作和合作。第三，通过“三胞”亲属和委员中的多种社会关系，引进人才、技术、资金，为浔阳区发展外向型经济做出贡献。

四、搞好机关自身建设，树立良好工作作风。

政协机关是常务委员会的日常工作机构，是联系委员和各界人士的纽带。政协工作的效果如何，在很大程度上取决于政协机关的作用发挥得如何。而政协机关作用的充分发挥，又要靠从事政协工作干部良好的政治素质和良好的思想作风。因此，区政协机关加强自身建设，首先要组织和推动机关干部认真学习马列主义、毛泽东思想，学习党的方针政策、时事政治，学习科学文化知识，学习党的统战理论和各种统战政策，使大家具有一定的政治、经济等多学科理论素养，以避免工作中的“卡壳”和“短路”现象。其次，要加强干部的思想作风建设，教育大家树立全局观念，高瞻远瞩，恢宏气度，勇于进取，勇于创新的作风；尊重知识，尊重人才，坦诚待人，广交朋友，联系群众，平易近人的作风；虔诚合作，协商共事，平等待人的作风；尊重事实，坚持真理，实事求是的作风；深入实际，调查研究，立足服务，求实务实的作风；以身作则，勤勉自励，公正廉洁、艰苦奋斗的作风。以适应形势和任务发展的需要。再次，加强各专门委员会的建设，理顺关系，明确职责，做到统而不死，放而不乱，各司其职，互相配合，充分调动各自的积极性和主动性，提高工作效率，当好参谋，加强与委员的联系，做好服务工作，起到参政议政的桥梁和纽带作用。

各位委员、各位同志，人民政协工作是在党的领导下诸多方面工作的一个重要方面。加强和改善党对政协工作的领导，事关政协作用的充分发挥和统一战线的巩固发展。从浔阳区过去三年的情况来看，各级党政部门对政协工作是支持和重视的，帮助解决了不少的实际问题，推动了政协工作的前进。今后，仍要进一步重视宣传人民政协的地位、作用，提高对人民政协工作意义的认识，让各方面都来关心支持政协的工作。区委要真正把关心支持政协工作看作是自己义不容辞的职责。要把它摆到党的议事日程上来，适时听取政协工作汇报，对请示的问题，及时研究解决。并根据实际和可能尽力提供方便和创造工作条件。区直属各单位及街道需与区政协各委办建立、健全对口协商、通报情况制度，使政协委员有更多的机会参政议政。政协中的共产党员，特别是担任领导职务的党员，一方面要通过自己的行动确保党对统一战线的政治原则、政治方向和重大方针政策的领导；另一方面要切实有效地搞好同各民主党派人士的合作。必须成为宣传贯彻党的方针政策的模范，与党外朋友合作共事的模范，廉洁奉公和保持民主作风的模范。我希望新的一届政协，在中共浔阳区委的领导下，按照政协章程，围绕浔阳区的中心，结合自己的实际，努力开展工作，加强自身建设，提高政治素质和业务素质，充分发挥政协的重要作用，以自己的工作实绩争取党委和政府以及全社会的重视和支持。

各位委员、各位同志，九十年代是充满希望的年代。九十年代的头一年，是治理整顿和深化改革的关键一年。全国的大好形势使我们深受鼓舞，中共中央的《意见》以及六中全会和刚刚闭幕的全国人大、政协会议，为人民政协工作展示了广阔的前景，同时，也向我们提出了更高的要求。我深信，在中共浔阳区委的正确领导下，区政协二届委员会一定能够肩负起历史赋予的光荣使命，为建设浔阳，振兴浔阳做出更大的贡献。

谢谢大家。

在三届一次会议上的讲话

（1993年1月5日）

范序德

各位委员、各位同志：

新年伊始，万象更新。在全国上下深入学习和贯彻落实中共十四大精神的新形势下，政协浔阳区第三届委员会第一次会议胜利召开了。值此，我代表中共浔阳区委向大会表示热烈的祝贺！向各位委员致以亲切的问候！

中国共产党领导的多党合作和政治协商制度，是我国的一项基本政治制度，是有中国特色社会主义政治体制的重要标志之一。三年来，我区政协紧紧依靠这项制度，认真贯彻落实《中共中央关于坚持和完善中国共产党领导的多党合作和政治协商制度的意见》，始终坚持党的“一个中心、两个基本点”的基本路线，高举社会主义和爱国主义旗帜，充分发挥政治协商和民主监督作用，增强了与各民主党派、工商联、无党派人士的团结合作，积极推进“和平统一、一国两制”方针的实施，增强了与台港澳同胞、海外侨胞及其眷属的联系和交往。紧紧围绕经济建设这个中心，组织委员深入实际开展调查研究，献计献策，咨询服务，牵线搭桥，紧紧围绕和平统一祖国这个目标，广泛开展各种宣传、服务、联谊活动，反响很好。我区经济建设和各项事业所以能够不断发展进步，与在座的政协委员和各界爱国人士的大力支持和积极参与是分不开的，借此机会，我代表中共浔阳区委向你们表示衷心的感谢，并致以崇高的敬意！

大家知道，党中央、国务院做出重大战略部署，把九江市列为长江沿岸开放城市之一。省委、省政府做出重大决策，加快昌九工业走廊建设。最近召开的中共九江市委六届六次全体会议又为我们展示了九江市的发展前景，纵贯南北的京九铁路全线三年建成，连接首都和沿海沿江开放城市的九江民航，将于今年旅游旺季开通，为拉开九江开发建设骨架，兴建九湖大桥，开辟九龙新街，改造滨江路，拓宽九湖、九瑞、九威公路，在市区一批重点工程项目也将陆续上马。当前形势对我区加快发展非常有利。

为贯彻落实中共十四大精神，不断推进经济建设和社会各项事业，刚刚闭幕的中共浔阳区第五次代表大会，对我区今后一个时期改革和建设的主要任务做出了决策和部署，规划了浔阳区的发展蓝图。在我区这次党代会上，全体代表和与会同志，精神振奋，倍受鼓舞，这使我们更加坚定和增强了把浔阳区的经济建设搞上去的信心和力量。面对改革开放和经济建设的新形势，我们对区政协全体委员和全区各界爱国人士寄予厚望，愿我们“肝胆相照、荣辱与共”，振兴浔阳，敢为人先。

各位委员、各位同志，形势喜人，形势逼人。为实现我区的奋斗目标，就政协工作讲几点意见：

一、深入学习领会中共十四大精神，用建设有中国特色社会主义理论指导工作

中共十四大总结了十四年的伟大实践，确定了今后一个时期的战略目标。它是历史上一个新的里程碑，明确了坚持党的基本路线一百年不动摇，明确了我国建立社会主义市场经济体制，明确了我国政治体制改革方向，明确了用邓小平建设有中国特色社会主义理论武装全党。解放思想，实事求是，是建设有中国特色社会主义理论的精髓。社会主义要赢得同资产主义相比较的优势，必须大胆吸收和借鉴世界各国包括资本主义发达国家的一切先进文明成果来发展社会主义。国外资金、资源、技术、人才以及作为有益补充的私营经济，都应当而且能够为社会主义所利用。一切反映现代社会化生产和商品经济一般规律的先进经营方式和管理方法，我们都可以采取“拿来主义”。不要再被一些姓“社”姓“资”的抽象争论束缚自己的思想和手脚。要冲破一切陈旧保守的观念。只要坚持“三个有利于”的标准，只要符合中共十四大精神，就放手干，大胆闯。

我们希望各位政协委员深入学习中共十四大文件，深刻领会和把握其精神实质，用邓小平同志建设有中国特色社会主义理论指导行动，进一步解放思想，转变观念。思想解放了，观念更新了，我们的视野就会更加开阔，发展经济的路子更宽，办法更多，措施更实，各方面的力量就能更好地凝聚在一起，实现我们的目标就有更加坚实的基础。

二、充分发挥政协优势，为改革开放和经济建设服务

政协是各党派、各人民团体、各界代表人士团结合作，参政议政的重要场所。政协工作要以邓小平同志建设有中国特色社会主义理论为指导，继续坚定不移地贯彻执行党的基本路线，始终把住经济建设这个中心不放，以新的视角、新的高度，不断探索和努力实践振兴浔阳的新路子，着眼于经济建设大局，使政协工作更好地服从和服务于经济建设这个中心。区政协要围绕经济决策的制定，搞好政治协商，围绕经济部署的实施，进行民主监督，围绕经济目标的完成，提供咨询服务，围绕经济发展的走势，开展调查研究。要抓住这“四个围绕”，重点做好以下三项工作：

（一）要充分发挥政协“智囊团”的作用。在新的发展时期，各民主党派、工商联和无党派人士，所面临的任务是光荣而艰巨的。各位政协委员对自己的工作领域十分熟悉，经验丰富，足智多谋，知名度高，有各行各业的行家里手，有广泛的社会影响。希望区政协充分发挥大家的作用，经常组织委员和各界人士深入城区基层单位，深入区街企业，开展调查研究，让政协委员更多地了解浔阳区的区情，积极参政议政，献计献策，共谋浔阳建设大略。

（二）要充分利用政协“人才库”的优势。政协委员中，知识分子多，专家学者多，科技人员多，有一技之长的各界人士多，人才荟萃，是我区加快改革和建设的一支重要力量。我们希望各位委员充分施展自己的一技之长，关心、支持和直接参与区街经济建设。为振兴浔阳经济建功立业。凡是为浔阳区的经济发展做出重大贡献的，我们将给予重奖。

（三）要充分运用政协“辐射面广”的特点。政协委员与社会面联系广，朋友遍及海内外。我们希望区政协广泛沟通信息，广交朋友，增进了解，联络感情，为浔阳区的经济发展牵线搭桥，疏通渠道，大力引进海内外资金、技术和人才，大力发展外向型经济，以促进浔阳区的经济建设早日腾飞。

三、坚持“和平统一、一国两制”的方针，积极促进祖国统一

完成祖国统一大业，是中华民族的根本利益所在，是全中国人民包括台湾同胞、港澳同胞和海外侨胞的共同愿望。我们要高举爱国主义和社会主义两面旗帜，巩固两个范围的联盟，团结国内全体劳动者和国内外一切爱国者，调动一切积极因素，有计划、有步骤、有重点，广泛深入持久地开展促进祖国和平统一工作。随着我国国际地位日益提高，改革开放步伐加快，“一国两制”方针深入人心，两岸交往不断发展。现在“三不”已被打破，“三通”似通非通，实际已通，双方大门都已敞开。当前要抓住机遇，趁热打铁，运用多种渠道，利用各种方式，从各个方面做好促进祖国统一工作。

（一）积极主动地开展宣传。要向台港澳同胞和海外侨胞，进一步宣传中共中央关于“和平统一、一国两制”的方针政策；宣传大陆改革开放，经济发展的大好形势，宣传祖国的综合国力的增强和人民生活水平的不断提高。宣传九江市和浔阳区的发展和变化，使他们更多地了解祖国，了解家乡，消除顾虑，增进感情，想统一、盼统一，与我们共同来促进祖国早日统一。

（二）诚心诚意地搞好服务。要放开视野，扩大联谊，努力造成一种民主、和谐、宽松、融洽的气氛，又要加强同新朋友的结交。要积极维护台胞、侨胞、侨眷的合法权益，为他们多办实事，提供方便，排忧解难，以暖人心。

（三）千方百计发展两岸经济合作。要十分珍惜台港澳同胞和海外侨胞的爱国爱乡之心，借以架起经济桥梁，系上经济纽带。大力引进技术、设备、项目和台侨资，大力兴办“三资”企业，共同振兴民族经济。要通过经济桥梁和纽带作用，增加接触，增进了解，凝聚人心，产生合力。这既有经济效益，又有政治意义。希望凡与台港澳同胞和海外侨胞有关系的政协委员和各位同志，积极行动起来，穿针引线，当好红娘，使浔阳区的招商引资工作和发展“三资”企业有较大的突破。

各位委员、各位同志，区政协三届一次会议，将选举产生新的一届政协领导班子，我们希望新的班子进一步加强自身建设，加强政协机关建设，加强同政协委员和各界人士的团结，积极为各民主党派、工商联和无党派人士的参政议政创造条件，搞好服务，政协机关的同志，要多办实事，讲求实效，学习经济，积极参与经济建设，努力创办经济实体，在市场经济的实践中，锻炼自己，增长才干。

中国共产党与各民主党派、工商联和无党派人士风雨同舟，患难与共。全区各级党组织要关心和支持政协工作，共产党员要成为宣传贯彻党的方针政策的模范，成为同党外朋友合作共事的模范。

春风又绿江南岸，轻舟已过万重山。我们相信，在中共浔阳区委的领导下，在市政协的关心和指导下，在区政协和全体委员的共同努力下，区政协三届一次会议一定能够开成一个解放思想、团结鼓劲的大会，开成一个务实求新、积极进取的大会，开成一个和衷共济，振兴浔阳的大会。

预祝政协浔阳区三届一次会议圆满成功！

在四届一次会议开幕式上的讲话

（1998 年 2 月 6 日）

曹林淼

各位委员、同志们：

告别牛年，喜迎瑞虎。辞旧迎新之际，正当全区人民进一步学习贯彻中共十五大精神，认真落实区第六次党代会提出的目标任务的时候，今天政协浔阳区四届一次会议隆重开幕了。借此机会，我谨代表中共浔阳区委向大会表示热烈的祝贺，预祝大会取得圆满成功！

区政协第三届委员会至今已五年届满。五年来，区政协在区委的领导下，全面贯彻执行党的十四大以来的路线、方针、政策，坚持中国共产党领导的多党合作和政治协商制度，遵照“长期共存、互相监督、肝胆相照、荣辱与共”的方针，紧紧围绕区委、区政府提出的各项任务和奋斗目标，认真履行“政治协商、民主监督、参政议政”的职能，“尽职而不越位，帮忙而不添乱，切实而不表面”，积极反映社情民意，服务两个文明建设，为我区的经济发展、文明创建、市容整治、计划生育、社会治安等工作建言献策，做出了新的贡献。为此，我代表区委、区政府对区政协第三届委员会的努力工作表示衷心的感谢，向各位政协委员致以崇高的敬意。

刚刚过去的 1997 年，是我国历史上极不平凡的一年。香港回归，洗雪百年国耻，实现了几代人未圆的梦想；十五大胜利召开，开创了一个改革开放和现代化建设的新时代，为全国各族人民指明了继续前进的方向。这一年也是我区各级党政组织认真贯彻“以经济建设为中心，立足市容，主攻市场，大力发展高效产业，促进社会全面进步”的总体工作思路，各项事业发展较快较好的一年。在这一年里，经济建设持续稳步发展，主要经济指标全面完成，财政收入在前年率先过亿元的基础上，去年又有新的增长，招商引资取得较大突破，市场建设蓬勃发展；精神文明建设再创佳绩，市容市貌明显改观，社会治安进一步稳定，计划生育工作成效显著，社会各项事业全面进步。充满希望的 1998 年，是全面贯彻落实党的十五大提出各项任务的第一年，也是新的一届区委、区人大、区政府、区政协领导班子五年任期的第一年。在这一年，我们要在十五大精神和党的基本路线的指引下，按照我区今后五年的工作思路和九八年的工作目标，抓住机遇，扎实工作，继续巩固完善区街企业改制成果，打好攻坚仗；扩大招商引资，加快市场建设培育步伐，力争经济工作快速进位，财税收入再上新台阶，市容环卫管理更加制度化和规范化，社会治安综合治理措施进一步落实；进一步加强党的建设，深入开展反腐败斗争，促进两个文明协调、健康、蓬勃发展。1998 年，机遇与挑战共存，任务非常艰巨，我们必须进一步增进团结，和谐四方，调动一切积极因素，形成抓工作，求发展的合力。我希望，在新的一年里，新的一届区政协能够进一步发挥组织上最广泛的代表性和政治上最大限度的包容性，调动全体委员和各界爱国人士的力量，为我区的两个文明建设做出更大的贡献。下面，我讲三点意见：

一、高举伟大旗帜，加强学习，努力提高参政议政水平

世纪之交，我们面临着千载难逢的发展机遇，中共十五大报告为我们指明了继续前进的方向，大京九铁路的贯通和长江流域的开放开发，为我们加快经济发展提供了新的机遇，区第六次党代会为我区工作做出了明确部署。新的形势和任务，要求我们必须进一步加强学习，了解新情况，掌握新知识。一要认真学习邓小平理论。坚持用邓小平理论武装头脑，是推进改革开放和现代化建设的迫切需要。希望各位政协委员完善准确地把握邓小平理论的科学体系，领会其基本观点和基本精神，用它来指导我们的事业和各项工作。二要认真学习有关社会主义市场经济的知识和现代科学技术，更新知识结构，适应形势的发展，不断提高参政议政水平。三要认真学习《政协章程》和业务知识，提高做好新时期政协工作的能力，增强使命感和荣誉感。

二、切实履行职能，促进我区两个文明建设再上新台阶

人民政协作为中国共产党领导的多党合作和政治协商制度的政治形式和组织形式，它以政治协商、民主监督、参政议政的职能，在我国政治生活中起着不可替代的作用，在推动我国的改革开放和经济发展，加强社会主义民主和法制建设，维护团结稳定和促进祖国统一等方面，具有独特的优势。在新的形势下，区政协要切实履行职能，加强自身建设。一是区政协机关要以机构改革为契机，进一步健全和完善各项制度，使政协工作逐步走上规范化、制度化轨道，充分发挥政协联结全体社会主义劳动者、拥挤社会主义的爱国者和拥护祖国统一的爱国者的广泛代表性，发挥智力雄厚、位置超脱、通达各界的有利条件，切实履行政协三大职能，使它能够在参与我区两个文明建设的重要决策中提供更多有价值的意见和建议。二是政协委员要增强参与意识和服务意识，改进工作方法，提高办事效率；要在我区经济建设、改革开放、城市管理、社会治安等方面出谋划策，协助区委、区政府搞好正确决策，减少工作失误；要围绕中心工作开展专题调研，掌握情况，提供反馈意见，提高协商质量和参政议政水平。

中共浔阳区委将一如既往地坚持“长期共存，互相监督，肝胆相照，荣辱与共”的方针，更好地发挥人民政协的重要作用。全区各级党政组织要继续重视、关心和支持政协工作，加强同政协委员、各界爱国人士的联系，鼓励他们多提意见和建议，以便不断改进我们的工作。

三、大力宣传“一国两制”方针，继续推进祖国统一大业

实现祖国的完全统一，是海内外全体中国人的共同心愿，也是人民政协为之努力奋斗的历史重任。1997 年，香港顺利地回到祖国的怀抱，1999 年 12 月澳门也将回到祖国怀抱。台湾是中国领土不可分割的一部分，实现祖国统一，是大势所趋，民心所向。区政协在新的一年里要加强同台胞、台属的联系，沟通感情，增进友谊，扩大团结面；要利用我国对香港恢复行使主权这一百年盛事，及回归后香港继续保持繁荣稳定的事实，大力宣传“一国两制”方针，宣传江泽民同志关于推进祖国和平统一进程的八项主张，宣传党的对台政策和九江改革开放的大好形势，宣传我区得天独厚的区位优势，让台胞对我区有更多的了解，吸引更多的台胞来家乡旅游观光，给他们创造优越的投资环境，欢迎他们来我区投资，推进两岸经济交流与合作，架起海峡两岸的经济桥梁，以经济促政治，为完成祖国统一大业做出新贡献。

各位委员、同志们，回首已有的成绩，我们豪情满怀，展望宏伟的蓝图，我们信心百倍。让我们高举邓小平理论的伟大旗帜，紧密团结在以江泽民同志为核心的党中央周围，在区委的领导下，在上级政协组织的指导下，抓住机遇，团结协作，同心同德，开拓前进，共创浔阳更加灿烂辉煌的明天！

最后，祝各位委员、同志们在新的一年里身体健康、工作顺利、阖家幸福！

在五届三次全会上的讲话

（2005 年 1 月 10 日）

中共浔阳区委副书记、区长　**尹雪秀**

各位委员、同志们：

区政协五届三次会议今天隆重开幕了。这次会议是在全区上下深入学习贯彻党的十六届三中全会、四中全会和区委七届四次全会精神，认清形势，抢抓机遇，迎难而上，奋发崛起的新形势下召开的。在此，我代表中共浔阳区委向大会的召开表示热烈的祝贺！向全区广大政协委员表示亲切的问候和节日的祝福！

刚刚过去的2004年，是不平凡的一年，全区在市委、市政府的正确领导下，始终牢固树立科学的发展观、正确的政绩观，紧紧围绕“发展工业、兴旺商贸、繁荣社区、美化市容”的总体工作思路，与时俱进，真抓实干，实现三个文明建设协调发展。区域经济稳步增长。全年共利用内资13.5亿元，外资1101万美元。财政总收入达到2.62亿元，居全市各县区之首，市场商贸亮点频出，社区建设再上台阶，城市面貌焕然一新，各项事业蓬勃发展。这些成绩的取得，是市委、市政府正确领导，全区上下努力拼搏的结果，也是政协组织、广大政协委员、各民主党派和社会各界人士团结合作、辛勤工作的结果。

当前，我区正处在不进则退、慢进也是退的关键时期，要使浔阳继续保持快速协调发展的良好势头，更需要凝聚政协委员、各民主党派和各界人士的力量，做到一心一意搞建设，同心同德谋发展。

第一，要站在浔阳发展的角度，凝聚一切积极因素。要把团结各界、凝聚人心的工作摆在突出的位置，坚持“长期共存、互相监督、肝胆相照、荣辱与共”的方针，广泛联系各界人士，更好地促进不同党派、不同信仰、不同民族、不同界别之间的合作共事。要做好海内外联谊工作和对台工作，积极牵线搭桥，通过联谊会、招商会、经贸洽谈会等各种形式和载体，广交朋友，增进友谊，宣传我区投资环境，引进资金、项目、技术和人才，为浔阳发展奠定坚实基础。

第二，要站在完善决策的角度，切实履行各项职能。要紧紧围绕全面建设小康浔阳的战略目标，充分发挥政协组织的政治协商职能，做到重大问题协商在党委决策之前、人大通过之前、政府实施之前，要突出参政议政的针对性、可行性和预见性，做到“参到点子上，议到关键处”，提高党委、政府决策的科学化和民主化水平。要紧紧围绕区委、区政府重大决策实施，城区群众普遍关心的重大社会问题的解决以及政协委员提案办理等，充分发挥政协组织的监督职能，不断增强民主监督的代表性、权威性和科学性。

第三，要站在社会稳定的角度，努力维护群众利益。要按照“群众利益无小事，百姓生活无小事”的指导思想，充分发挥人民政协知情渠道多、联系广泛的优势，通过专题视察等形式，深入到困难群众和矛盾较多的地方，摸实情，出实招，办实事，解决群众关心的热点、难点问题，理顺情绪、协调关系、化解矛盾，维护政治安定和社会稳定。

第四，要站在与时俱进的角度，不断加强自身建设。要把政协机关建设成为学习型组织、创新型组织和为民型组织，政协委员要当学习的模范、创新的先锋、为民的表率。要加强党对政协工作的领导，一如既往地关心和支持政协工作，把政协工作列入党委重要议事日程，把政协工作同全局工作紧密联系起来，真正使政协工作有位有为。政协委员所在部门和单位，要充分尊重政协委员的职责，鼓励委员干事业、做贡献，积极支持委员参加政协组织的活动，并在时间、活动经费、工作条件等方面给予支持。

各位委员、同志们。让我们紧密团结在以胡锦涛同志为核心的党中央周围，团结拼搏，攻坚克难，与时俱进，真抓实干，努力推动各项工作再上新台阶，为实现小康浔阳的宏伟目标而努力奋斗！

最后，祝大会圆满成功！

在六届三次会议闭幕式上的讲话

（2009年2月5日）

朱汉浩

各位委员、同志们：

浔阳区政协六届三次会议，经过全体委员和与会同志的共同努力，圆满完成了各项议程，即将胜利闭幕。会议期间，大家始终以饱满的政治热情和强烈的责任感、使命感，认真履行职责，积极建言献策，共商发展大计，充分体现了大家关心浔阳、热爱浔阳、建设浔阳、发展浔阳的真挚情感和共同心愿。会议始终洋溢着团结民主、共识共为、求实鼓劲的浓厚氛围，对于更好地动员和组织全区干部群众，振奋精神、抢抓机遇、赶超跨越，实现浔阳在九江争得应有地位的进程中率先发展，必将起到重要的推动作用。在此，我代表区委、区政府对会议的圆满成功和新当选的政协常委表示热烈的祝贺！同时，也向长期以来为浔阳改革发展稳定大局做出重要贡献的区政协、政协委员、政协工作者和各界人士致以崇高的敬意和衷心的感谢！

刚刚过去的2008年，是极不寻常、极不平凡的一年，我们战胜了年初冰冻雨雪灾害，圆满完成了奥运安保任务，努力克服复杂多变的国内外经济形势的影响，实现了浔阳经济社会平稳协调发展，区域经济奋力攀升，城区环境不断优化，社会事业蓬勃发展。之所以能取得这样的成绩，是全区上下同心同德、艰苦奋斗、共谋发展的结果；也是与区政协和广大政协委员、社会各界人士竭诚尽智、献计出力紧密相关的。区委、区政府对政协工作是充分肯定和满意的。

刚刚开始的2009年，是浔阳经济发展最为困难的一年，也是蕴含重大机遇的一年，更是浔阳扬优乘势、攻坚克难、率先发展的关键一年。站在新的起点上，面对前所未有的挑战和机遇，浔阳的发展比以往任何时候都更加需要区政协和广大政协委员的大力支持，更加需要全区人民的大团结、大联合，更加需要我党与各民主党派、无党派人士肝胆相照、荣辱与共的亲密合作。我们必须全面贯彻落实省委、市委、区委全会精神，高举科学发展观大旗，团结一切社会力量，调动一切积极因素，汲取一切真知灼见，坚定信心，抢抓机遇，率先发展，为浔阳争得应有地位，为九江争得应有地位做出应有贡献。下面，我就如何做好政协工作，发挥政协作用，谈三点意见。

一、围绕中心，服务大局，在浔阳率先发展中建功立业

率先垂范、共谋发展，是当前人民政协最大的政治任务，必须在党委的正确领导下和政府的大力支持下，紧紧围绕区委八届四次全体（扩大）会议明确的工作目标和重点，积极出思路、提建议、想办法。一是争当建言献策的模范。要围绕推进三产活市、城建兴区“两大战略”建言献策，围绕打造环湖商贸、总部楼宇、城东工业、沿江物流、文旅产业“五个基地”，建言献策，围绕繁荣浔阳经济建言献策，围绕加强社会建设建言献策，争取一个点子引进一个项目，一条建议带动一个产业，一套方案激活一个市场。二是争当项目建设的标兵。项目建设是当前浔阳经济发展的主抓手、生命线、重中之重。要充分发挥政协的桥梁纽带作用，通过乡情联谊会、经贸洽谈会、民企恳谈会等有效载体，向知名企业、实力客商宣传浔阳、推介浔阳、展示浔阳，穿针引线，全程服务，切实做到一套人马追着项目跑，一门心思围着项目转，一切力量对着项目投。三是争当全民创业的表率。我们的政协委员既有企业老板，又有社会名流，还有基层骨干，都是各行各业的精英人才、中坚骨干，要充分发挥自身的优势与特长，引领和带领群众创家业，帮助和扶持能人办企业，激励和号召干部干事业，掀起全民创业的高潮。

二、强化职能，认真履责，在浔阳率先发展中保驾护航

长期以来，区政协为浔阳经济社会快速发展做出了重要贡献，成效显著。如今，浔阳正处于攻坚克难、爬坡过坎的重要关口，区政协要与浔阳发展更加紧密的联系起来，突出团结、民主两大主题，强化政协职能，发挥政协作用，为浔阳率先发展提供坚强的政治保障。一是强化政治协商职能。要坚持把政治协商列为区委区政府决策的重要程序，加强完善党委、人大、政府、政协间的沟通联系，切实做到“三在前”“三在先”：即重大决策要协商在党委决策之前，人大通过之前，政府实施之前；制定经济建设和社会发展规划要先协商后决策，对重大人事安排和事关人民生产生活的重大问题要先协商后决定，制定关系全局的重要政策法规要先协商后通过。二是强化民主监督职能。要充分发挥政协委员的主体作用、民主党派的骨干作用、界别组织的纽带作用，调动政协各个方面参与监督的主动性。把民主监督与党内监督、人大监督、行政监督、廉政监督、舆论监督和社会监督紧密结合起来，通过委员视察、行风评议和工作提案充分发挥民主监督作用，用监督促进工作，用监督推进发展。三是强化参政议政职能。要认真贯彻“长期共存，互相监督，肝胆相照，荣辱与共”的方针，把区委、区政府的思路、决策、部署带到民主党派、外侨民宗、商界精英等各类群体当中去，同时把他们对浔阳发展的好建议、好想法、好提案带到区委、区政府的决策中来，努力扩大团结面，增强包容性，把全体委员的智慧和各界人士的力量集中到推动浔阳率先发展上来。

三、内强素质，外塑形象，在浔阳率先发展中提升效能

今年是全省“机关效能年”，政协机关要把机关效能建设摆在突出位置，顺应形势需要，服务发展大局，不断加强自身建设，提升工作效能。一是提升能力。要加强政协机关干部队伍建设，大兴学习之风，培养学习之气，着力提升查摆问题、分析问题、解决问题的能力。切实加强政协、人大机关与区委、政府机关干部的双向交流，着力打造一支“政治素质好、业务能力强、办事效率高、服务作风实”的政协干部队伍。二是提升服务。要继续坚持主席联系常委、常委和机关干部联系委员以及为委员和企业提供优质服务的“双联一服务”制度。要始终关注民生问题，充分发挥区政协联系广泛、植根基层的特点，积极开展扶贫帮困、捐资助学等活动，着力解决困难群体生产生活难题。要积极协助党委、政府多做解疑释惑、理顺情绪、化解矛盾、维护稳定的工作，为浔阳发展营造心齐气顺、劲足实干的良好氛围。三是提升效率。要健全完善民主监督评议制、提案办理销号制、社情民意专报制，切实增强各套班子、各职能部门之间的协调配合，对评议件、提案件、专报件，做到有一件、议一件、办一件、成一件，件件有回音，事事有落实，为改革发展减少阻力，增加助力，汇聚合力。

各位委员、同志们，今年是新中国成立60周年，也是人民政协成立60周年。一路走来，我们历经艰辛而意志更加顽强，遭遇困难而信心更加坚定，面临挑战而思路更加清晰，让我们把思想统一到贯彻落实省委、市委、区委全会精神上来，以更新的理念、更好的状态、更实的作风去争取更优异的成绩，为实现浔阳在九江争得应有地位的进程中率先发展做出新的更大贡献！

在七届一次会议闭幕式上的讲话

（2011年8月30日）

戴晓慧

各位委员、同志们：

政协浔阳区七届一次会议，经过全体委员和与会同志的共同努力，圆满完成了各项议程，即将胜利闭幕。这次会议开得很成功，始终洋溢着团结民主、共识共为、求实鼓劲的浓厚氛围，充分体现了大家关心浔阳、热爱浔阳、建设浔阳、发展浔阳的真挚情感和共同心愿。在此，我代表区委、区政府对会议的圆满成功、向新一届政协领导班子表示热烈的祝贺！向不再担任新一届政协领导的同志们致以崇高的敬意！并向长期以来为浔阳发展做出积极贡献的委员们表示衷心的感谢！

过去的五年，浔阳经济社会平稳较快发展，城区环境不断优化，社会事业健康发展。之所以能取得这样的成绩，是全区上下同心同德、艰苦奋斗及广大政协委员、社会各界人士竭诚尽智、献计出力的结果。今后的五年，是浔阳经济社会发展挑战最大的五年，也是蕴含重大机遇的五年。为此，我们必须全面贯彻落实区九次党代会精神，全力推进“12345”战略，团结一切社会力量，调动一切积极因素，汲取一切真知灼见，全力推动浔阳经济社会又好又快发展。在此，我代表区委、区政府向大家提三点希望。

一、围绕一个中心，在服务发展中做出新贡献

面对千帆竞发、你追我赶的发展态势，政协务必要围绕全区发展大局，凝聚力量，形成共识，主动服务发展、参与发展、促进发展。

一是要善谋发展之策。要围绕区委、区政府的决策部署畅所欲言、集思广益，充分调动社会各界的积极性，让各种观点能够充分交流碰撞，不断形成新办法、新思路来抓好各项工作的落实。特别是要围绕“12345”战略，深入基层抓好调研，提出具有前瞻性、战略性、开拓性的提案和建议，当好区委、区政府的“智囊团”，为区委、区政府决策提供科学依据和有力支撑。

二是要多聚发展之力。要最大限度地调动一切积极因素、社会力量，形成齐心协力干事业的强大合力。充分发挥桥梁纽带作用，积极开展乡亲联谊会、乡情恳谈会、经贸洽谈会、民企座谈会等各种联谊活动，着力加强对外联络与交流，充分展示浔阳魅力，提升中心城区凝聚力，挖掘各方潜力，更加广泛地凝聚各方人士，积极为浔阳招商引资、项目建设牵线搭桥、传递信息，为浔阳发展助力添翼。

三是要多兴发展之举。我们的政协委员都是各行各业的精英人才、领导力量，因此要充分发挥自身的优势与特长，引领和带领群众创家业，帮助和扶持能人办企业，激励和推动干部干事业，掀起全民创业的高潮，为浔阳发展造势聚力。

二、突出两大主题，在履职守责中展现新风采

当前，浔阳正处于攻坚克难、爬坡过坎的重要关口，面对新形势、新任务、新要求，政协要广开言路，广集民智，广聚民力，为浔阳率先发展提供坚强的政治保障。

一是要强化政治协商职能。要坚持把政治协商列为区委、区政府决策的重要程序，切实做到“三在前，三在先”，加强完善党委、人大、政府、政协间的沟通联系，着力打造委员知情平台、委员建言平台和委员互动平台，以此充分发挥各党派和各界人士的优势作用，切实保障各民主党派和社会各界在政协中的民主权利，确保他们的意见主张能得到充分反映，努力形成和谐融洽、共谋发展的政治局面。

二是要强化民主监督职能。要调动政协各个方面参与监督的主动性，紧紧抓住人民群众最关心、最现实、最直接的利益问题，把民主监督与党内监督、人大监督、行政监督、廉政监督、舆论监督和社会监督紧密结合起来，通过委员视察、行风评议和工作提案充分发挥民主监督作用，协助党委、政府多做解疑释惑、化解矛盾、维护稳定的工作，为浔阳率先发展营造心齐气顺、风清气正的和谐氛围。

三是要强化参政议政职能。要认真贯彻“长期共存，互相监督，肝胆相照，荣辱与共”的方针，把区委、区政府的思路、决策、部署带到民主党派、外侨民宗、商界精英等各类群体当中去，同时把他们对浔阳发展的好建议、好想法、好提案融汇到区委、区政府的决策中来，努力扩大团结面，增强包容性，把全体委员的智慧和各界人士的力量集中到推动浔阳率先发展上来。

三、强化三项建设，在自我完善中迈出新步伐

区政协要努力适应时代发展需要，用开放的视野、辩证的思维和创新的理念，大力加强自身建设，努力使政协工作真正体现时代性、把握规律性、富有创造性。

一是要加强队伍建设。要引导委员把加强学习作为一项政治责任、内在需求和创新动力，不断创新学习形式、学习载体和学习方法，不断提高参政议政的能力和水平，充分发挥委员在本职岗位中的带头作用、政协工作中的主体作用、界别群众中的代表作用。

二是要加强机关建设。政协机关、工作人员要牢固树立为政协工作服务、为委员履职服务、为科学发展服务的观念，切实增强政治意识、统战意识和服务意识，努力建设“学习型、服务型、创新型”机关，为政协开展工作提供有力支撑。

三是要加强制度建设。要不断加强政协工作的制度化、规范化、程序化建设，通过“主席联系点、常委会进企业、机关联社区”和开展“一名委员一面旗帜”等活动，不断提升政协工作水平。要以改革创新的精神，大胆探索新形势下履行职能的新形式、新方法、新路子，努力做到政治协商规范有序，民主监督切实有效，参政议政广泛深入。

各位委员、同志们，薪火相传创伟业，同舟共济谱华章，让我们把思想统一到全面贯彻落实区九次党代会精神上来，以更新的理念、更好的状态、更实的作风去争取更优异的成绩，为建设美丽、实力、文化、幸福的新浔阳做出新的更大贡献！

在政协开幕式上对调研报告的点评发言

区长 **左延**

各位委员、同志们：

今天，政协浔阳区七届委员会第五次大会隆重开幕了。来自全区各条战线和社会各界的政协委员汇聚一堂，共商和谐发展大计，共谋富民强区良策。受区委戴书记委托，我代表中共浔阳区委、区人民政府向大会的胜利召开表示热烈的祝贺！向出席会议的各位委员并通过你们向社会各界人士致以亲切的问候和良好的祝愿！

过去的一年，是不平凡的一年。全区上下抢抓“昌九一体化”、沿江开放开发等重大发展机遇，紧紧围绕“3785”总体工作目标，全力以赴优化经济结构，加快推进了七个“十大工程”项目，楼宇经济、商贸物流、文化旅游、工业经济等提质提效，全年完成地区生产总值349.76亿元，增长10.4%；财政总收入22.27亿元，净增1.65亿元，增长8%；完成固定资产投资72.23亿元，增长20.2%；实现社会消费品零售总额173.8亿元，增长13.5%。坚定不移推进旧城改造，全面完成了面粉厂、战备路东侧、考棚、莲花池等片区征迁，完成征迁面积达43万平方米，拆除房屋41万平方米；建设了战备路、德化二期、殷家畈、琵琶亭、孔家洼、封缸酒厂等安置小区，安置区建设面积超过100万平方米，创浔阳历史之最。集中精力强化城市管理，开展了城市环境综合整治暨“百日大会战”活动，投入6700万元实施了边街小巷综合整治工程，打造了10个精品开放式物业小区，完成了浔阳东路等街面整治工程，健全了市容环卫长效管控机制，实现了元旦前城区环境有明显变化的目标。不遗余力增进民生福祉，全力打造了九龙、花果园等5个精品社区，荣获了第二批“全国和谐社区建设示范城区”等荣誉称号；成立了浔阳志愿者之家，成为全省首家县级志愿者综合服务平台。同时，在全面完成省市民生任务指标基础上，着力推进了“十二件惠民实事”项目，受到人民群众的广泛好评。

这些成绩的取得，是包括全体政协委员在内的全区上下共识共为、共同奋斗、顽强拼搏的结果。一直以来，全区广大政协委员，紧紧围绕全区经济社会发展中心，牢牢把握团结、民主两大主题，认真履行政治协商、民主监督、参政议政职能，切实发挥协调关系、汇聚力量、建言献策、服务大局的重要作用，为区委、区政府决策的民主化、科学化提出了许多宝贵意见和建议。一年来，全区政协委员撰写各类提案160余篇，撰写各类调研文章数十篇，涉及经济社会发展方方面面，这反映出广大政协委员对浔阳发展事业的关心和关注，体现了你们融入中心、深入一线的优良作风，更凝聚着你们认真履职、积极作为的智慧和汗水。

刚才，5位政协委员，代表各自民主党支部或商会，都做了很好的发言。你们通过深入调研、深入一线，用翔实的数据、严谨的分析、前瞻的眼光、科学的结论，撰写了这5篇调研报告，实属来之不易、弥足珍贵。下面，我就五份调研报告进行一个简要分析：

一、关于推进环卫服务外包的调研报告。这份调研报告客观的指出了我区环卫工作的现状和存在问题，介绍了南昌东湖区等地区环卫工作服务外包模式，最后指出要通过转变观念、理清权责、健全机制等方式试点推进环卫工作服务外包，具有很强的参考借鉴意义。近几年来，区委、区政府高度重视城市管理工作，不断加大环卫投入，扎实开展城市环境综合整治，积极理顺环卫体制机制，城市环境保洁工作取得了一定成果。我们在坚持原有的好经验、好做法的同时，也将继续探索环卫工作新机制。例如今年，我区将探索社会资本参与环卫市场化运作，并启动大中路环卫保洁和长虹东大道机扫市场化试点，努力形成“统一开放、有序竞争、运转高效”的城市管理市场化机制。

二、关于引进提升商务服务业的调研报告。这份调研报告站在经济发展前沿角度，科学剖析了商务服务业的产业特点，包括其市场专业性、投入多样性和服务综合性；指出了我区商务服务业发展的制约因素，包括政策引导、管理服务、市场化和产业化程度、高精尖人才等方面的短板；给出了用活政策、提升管理、培育产业、重视引进来优化商务服务发展环境的对策建议。正如文中所说，商务服务业是我区过去的经济支撑点，也是未来发展的主攻方向，已经渗透到经济发展的方方面面。下一步，我区将加快推进七个“十大工程”，依托商务楼宇、专业市场、特色街区等载体，既要高度重视传统商贸、物流等产业发展，更要着力扶持产业升级和业态提升，为做大做强商务服务业搭建好平台。

三、关于边街小巷改造及管理的调研报告。这份调研报告全面分析了我区边街小巷改造和管理过程中存在的五个方面问题，并紧扣问题提出了采取推进属地管理模式、推行“一把扫帚扫浔阳”模式、强化管线单位责任意识、建立边街小巷建设资料档案、加强市民文明素养宣传等措施，具有很强的操作性和针对性，值得我们参考借鉴。2015年，是我区“城市管理提升年”，我们将继续实施边街小巷改造，建立健全边街小巷长效管理机制，力争全年再改造10万 以上。在抓好改造工作的同时，我们也将探索边街小巷长效化管理机制，进一步完善“一把扫帚扫浔阳”工作模式，深化“条块结合、以块为主”的网格化管理模式，切实提高边街小巷管理水平。

四、关于农贸市场标准化改造与管理的调报告。这篇调研报告盘点了我区农贸市场现状，非常全面细致；指出了存在的四个方面问题，非常客观；在此基础上，提出的四个方面改造与管理的建议都非常贴合实际，具有很好的参考借鉴意义。近几年来，我区高度重视农贸市场改造与管理，先后对龙开河、新柴桑等部分农贸市场进行了升级改造，尤其是去年正式启动了“十大特色市场”建设项目，其中就包括了姚家洼、中瀚城东购物中心等2个农贸市场项目。同时，我区还结合城市环境“百日大会战”活动，进一步加大了农贸市场环境卫生整治力度，有效改善了部分农贸市场管理混乱、卫生脏乱的现状。下一步，我们将按照“建管结合”的思路，加大资金投入，在新建安置小区合理布局一批农贸市场，对部分老旧农贸市场进行升级改造；理顺管理机制，加大农贸市场周边环境整治力度，维护好农贸市场经营秩序和环境卫生。

五、关于扶持非公企业做大做强的调研报告。这篇调研报告指出了非公企业在提升经济能量方面的重要性，以及扶持非公企业的必要性；提出了非公企业发展面临的一些困难和问题，尤其是宏观经济环境下的制约因素；提出了扶持非公企业发展的建议对策。一直以来，非公经济是我区经济发展的重要力量，占据着重中之重的位置。为加快民营经济蓬勃发展，我区积极搭建政银企平台，想尽一切办法为企业破解融资难题。2013 年，我区抢抓机遇，及时举办了“策应双核、昌九一体”政银企共商发展对接会，为企业融资达 5.05 亿元；去年，通过“财园信贷通”“银园保”等信贷平台，共为 114 家企业放贷 4.427 亿元，在全省第二批 61 个县市区中名列第一。下一步，我们将扶持培育非公经济发展，充分利用浔阳创业大学等平台，培育一批非公企业，推动非公企业做大做强；充分发挥“银园保”等政银企平台，进一步拓宽融资渠道，破解非公企业融资难题。

今天的大会上还印发了 9 篇调研文章作为交流发言，写得都很好，很客观，倾注了委员们的心血，由于时间关系，就不一一点评了。

各位委员、同志们，适应新常态，实现新跨越，需要全区上下团结一致，共同奋斗。尤其需要全体政协委员的大力支持，需要社会各界人士的鼎力相助，更需要与各民主党派、工商联、无党派人士保持“长期共存、互相监督、肝胆相照、荣辱与共”的亲密团结。在此，我衷心希望广大政协委员，要进一步在抢抓发展机遇的征程中献真言，在服务经济社会发展的大局上建真功，在破解各项发展难题上出实绩，在汇聚提速发展合力上求实效。在区委的领导下，全面支持政府的工作，为打造美丽、和谐、幸福首善之区贡献应有的力量！

最后，预祝大会取得圆满成功！

六、重要文件选辑

中共九江市委办公室
关于同意浔阳区成立区政协的批示

九办字〔1987〕14 号

中共浔阳区委：

报来《关于要求成立中国人民政治协商会议九江市浔阳区委员会的请示》收悉。经市委常委讨论。同意你区成立政协。特此批复。

中共九江市委办公室

1987 年 4 月 18 日

中共浔阳区委关于进一步加强
人民政协工作的意见

浔发〔2003〕29 号

为了切实加强和改善党对人民政协工作的领导，充分发挥人民政协履行政治协商、民主监督、参政议政职能作用，更广泛地团结各界人士，调动一切积极因素，早日实现小康浔阳的宏伟目标，现就进一步加强我区政协工作提出以下意见：

一、进一步提高认识，加强和改善党对政协工作的领导

1．中国共产党领导的多党合作和政治协商制度是我国的一项基本政治制度，统一战线是中国共产党执政兴国的重要法宝。做好人民政协工作是贯彻落实十六大精神和“三个代表”重要思想的需要，是建设社会主义政治文明的需要，是实现九江在江西率先崛起和全面建设小康浔阳的需要。充分发挥人民政协政治协商、民主监督、参政议政的职能作用，有利于了解民情、反映民意、集中民智，促进党委和政府决策的科学化、民主化；有利于团结各界、凝聚人心，为全面建设小康社会创造良好的社会政治环境；有利于加强和改善共产党的领导，充分发挥民主党派的参政党作用，发展社会主义民主政治。近几年来，我区政协团结和组织各界人士，围绕核心，服务中心，积极建言献策和反映社情民意，履行三大职能取得了明显成效。进一步加强和做好政协工作，对于调动各方面的积极性，促进改革、发展、稳定，建设社会主义物质文明、政治文明、精神文明，具有十分重要的意义。

2．重视和支持政协工作是各级党组织的一项重要职责。人民政协工作是党的全局工作的重要组成部分。重视和支持政协工作是各级党组织领导水平和执政能力的重要体现。长期以来，我区各级党组织对人民政协工作是重视和支持的，从而推动了人民政协事业不断发展。但也要看到，在有些单位，仍然存在着对政协工作的重要性认识不深，对政协的实际困难帮助解决的不够等现象。区第七次党代会以来，全区上下形成了心齐、气顺、劲足、实干的良好局面。我们要珍惜、维护和发展这种良好局面，克服对人民政协工作的一些不正确看法和模糊认识，牢固树立政治意识、大局意识和责任意识，用宏观战略眼光、长期发展思想重视和支持政协工作，充分发挥人民政协在全区政治、经济和社会生活中的重要作用。

3．把政协工作列入党委重要议事日程。区委常委会议每年至少听取一次政协党组的工作汇报，区委、区政府主要领导每年至少到政协做一次工作调研，并至少参加一次政协常委会。区委、政府领导要分工联系政协委员中的党外高层代表人士，广交朋友，就一些重大问题听取他们的意见和建议。要把加强和支持政协工作纳入各级领导班子和领导干部的考察考核内容。

4．加强与政协的工作联系。区委、区政府要分别确定一名领导联系政协工作。党政各职能部门要建立与政协各相关专门委员会的对口联系。宣传部门要及时报道政协的重要活动和参政议政的重要成果。要健全由区委办公室主任牵头，区委、人大、政府、政协、纪委办公室主任参加的联席会议制度，及时通报情况，协调工作。

5．充分发挥政协党组的作用。政协党组要主动向区委汇报工作和反映情况。区委对政协党组的请示、报告，要及时研究，明确答复。有关政协换届的人事安排和换届后的人事变动、政协的机构设置、人员编制、干部配备等问题，要事先征求政协党组的意见，并严格按照《政协章程》规定的程序办事。政协换届时，党委组织部门、统战部门要加强与政协党组的联系，共同做好政协委员人选的推荐工作。政协党组可向区委推荐任用政协委员中的党外干部。

6．重视政协机关干部队伍建设。政协党组对政协机关干部的选调要认真把关，加强培养，提高素质，积极推荐。区委要重视政协机关干部的配备、使用、提拔，加大政协机关干部与党政机关干部的双向交流力度，增强政协机关的活力。政协机关的中层干部要注意形成梯次结构，解决政协机关干部年龄老化的问题。在政协机关要有非中共人士担任中层领导职务。为避免退休干部在政协过于集中，今后凡安排到政协担任中层以上领导职务的年龄偏大的同志，其编制、工资关系可保留在原单位。不驻会的副主席其编制、工资关系，保留在其原所在单位。

二、进一步推进政治协商、民主监督、参政议政制度化建设

7．规范政治协商。做到重大问题协商在党委决定之前、人大通过之前、政府实施之前。制定经济和社会发展规划，要先协商后决策；重要人事安排，要先协商后决定；制定关系全区的政策性、规范性文件，要先协商后通过。对上述应协商而未协商的，政协党组要及时向区委提出意见和建议，党委要把好关。政协认为应协商的其他问题，也可以建议区委、区政府及其有关部门提交政协协商。

8．接受政协民主监督。要重视发挥政协在维护社会稳定和党风廉政建设中的民主监督作用，社会治安综合治理协调机构应吸收政协领导或相关部门委员会负责人参加，人民法院、人民检察院每年应向政协通报办案情况，纪检监察部门每年应向政协通报反腐倡廉情况。要完善对政协提交的建议案，提案及反映的社情民意的办理程序。对建议案，党委或政府要在一个月内以正式文件作出答复；对提案要提高采纳率，区委办公室和政府办公室每年要向政协常委会通报一次提案办理情况；对重要社情民意的办理要纳入党委、政府的督查范围，并及时向政协反馈办理情况。要支持政协开展民主评议活动，在区委、区政府的领导和协调下，每年选定几个部门和单位，由政协组织委员对其履行职责及政务环境建设等情况开展调查和视察，进行评议，并将评议意见提交区委、区政府，作为对该部门和单位进行考核的参考依据。支持建立政协委员民主监督小组，分别对政府及其部门工作情况进行专门性、经常性的民主监督，并继续坚持和完善在政协委员中聘请特约监督员的制度。要建立政协民主监督交办事项不办责任追究制度，对政协开展民主监督中提出的意见和建议，置之不理、顶着不办的，要追究该部门和单位主要负责人的责任，并作为干部任免的重要参考依据。

9．支持政协参政议政。要为政协委员知情问政提供方便。区委、区政府每年至少向政协通报一次全局性工作情况，重要情况及时向政协通报。党委、政府组织的调查、考察活动，可视情请政协派员参加；支持政协开展专题调研和视察活动。党委、政府成立的议事协调机构，根据工作需要可商请政协领导或办委负责人参加。党政有关职能部门的重要会议和重要活动应邀请政协相应专门委员会负责人参加；各部门的文件应抄送政协办公室。要坚持和完善双向参加重要会议制度。不担任区委常委职务的政协党员主席，列席区委常委会议和其他有关重要会议；常务副主席列席政府常务会议、区长办公会和其他有关重要会议。对政协全委会议，区委、政府领导及部门主要负责人应出席和列席大会。政协常委会议有重要协商议题，党委、政府负责联系政协工作的领导及有关主要负责人应列席会议；政协召开专题协商会议和组织活动时，受邀请的有关方面领导应当参加；有政协委员的单位召开重要会议时，应邀请本单位的政协委员列席。

三、进一步为政协履行职能创造有利条件

10．切实帮助政协改善工作条件。党委、政府对政协在办公设施、公务用车、办公经费等方面存在的实际困难要引起重视，帮助政协搞好办公自动化建设，采取有效措施，逐步予以解决；要确保政协的工作经费，并根据形势发展的需要做到有所增加。对政协全委会议、常委会议、委员视察、外出考察、专题调研、文史资料、各专委会专项工作及接待工作等项经费和政协委员的活动经费在年度财政预算中要给予保障。政协换届时要与人大换届同等经费安排，政协副主席、秘书长，不论是否驻会，其工作、政治、生活待遇应按有关规定予以落实，不驻会的副主席开展政协工作等项经费，财政要予以专项安排，并拨给政协掌握。

11．维护政协委员的权利。对委员参加政协组织的活动，委员所在单位要从时间、经费、工作条件等方面提供方便，并安排相关经费；他们参加政协活动的情况，纳入本人实绩考评内容。充分保障委员提出批评、发表意见的民主权利，委员因提出批评意见或反映社情民意而受到不公正对待时，党委、政府、政协有责任予以保护。人民法院、人民检察院、公安机关、国家安全机关对有犯罪嫌疑的政协委员采取拘留、逮捕及其他限制人身自由的强制措施时，应及时向区政协党组通报情况；纪检监察部门对有违纪问题的政协委员实行“两规”，也应及时向政协党组通报情况。

12．支持政协开展对外交流交往活动。要充分发挥政协联系面广的优势，支持政协加强与外地政协的联系，开展各种形式的对外联谊活动，广泛团结港澳台侨同胞，积极参与招商引资工作。区委、区政府每年应适当安排政协领导赴外地考察。

四、进一步开创政协工作新局面

13．发挥共产党员在政协中的先锋模范作用。政协委员和政协机关中的共产党员要自觉贯彻党的路线、方针、政策，遵守党的纪律，执行政协章程和党委决议、决定，热爱政协工作，善于与非中共人士合作共事。在党政部门担任领导职务的政协委员，要积极参加政协活动，认真履行委员的职责。

14、以创新精神开拓政协工作。区政协要弘扬与时俱进的精神，切实加强自身建设，积极、主动、创造性地开展工作，在实践中不断总结新经验，努力提高政治协商、民主监督、参政议政的水平和成效。要加强机关作风建设，提高服务水平，把政协机关建设成为有凝聚力的委员之家。

2003 年 12 月 3 日

中共浔阳区委办公室
关于印发《政协浔阳区委员会机关主要职责内设机构和人员编制规定》的通知

浔办字〔2010〕97 号

各街道党工委，区委各部门，区直各单位党组织：

《政协浔阳区委员会机关主要职责内设机构和人员编制规定》经区委批准，现予印发。

中共浔阳区委办公室

2010 年 12 月 22 日

政协浔阳区委员会机关
主要职责内设机构和人员编制规定

根据《中共浔阳区委、浔阳区人民政府关于印发〈浔阳区党政机构改革实施方案〉的通知》（浔发〔2003〕3 号）和《关于设立区政协人口环境资源委员会的批复》（浔编办字〔2009〕1 号），保留政协浔阳区委员会机关。

一、主要职责

根据人民政协“政治协商、民主监督、参政议政”的基本职能，政协浔阳区委员会机关的主要职责为：

（一）组织和处理本会来往文电、机要保密、文书档案、文印通讯和印章、监印工作。

（二）负责区政协常务委员会议、主席会议的会务工作和以本会名义举办的庆祝会、纪念会、茶话会和其他重要活动的计划组织工作，贯彻落实有关会议精神。

（三）组织起草、审核以醋会名义发出的文电和本会领导同志的报告或讲话，宣传指导本会的重要活动和工作成就。

（四）组织办理委员增补、机构设置、编制定员具体事项，调配和管理本会机关干部和职工，管理本会离退休干部与职工、机关行政事务、财产管理，接待和处理委员与各界人士的来信来访等工作。

（五）组织政协委员积极提出各项提案，认真审定委员提案，检查和督促有关方面对提案的办理，征集浔阳区文史资料，编印《浔阳文史资料选辑》，政协全委会议期间，负责向大会报告委员提案落实情况。

（六）协助中共浔阳区委和区政府宣传中共中央和国务院有关文化艺术、新闻出版、社会科学、教育、医药卫生、计划生育、法制和社会治安、工青妇、青少年、民族宗教等各方面的方针政策。

（七）协助中共浔阳区委和区政府宣传中共中央和国务院有关经济建设、科学技术方面的方针政策和成就，对区经济和科学技术方面重大问题组织委员和各界人士座谈讨论，调查研究，提出意见和建议。

（八）组织委员就文教、卫生、法制、社团、环境、人口、资源方面的重要问题，开展调查研究，座谈讨论，提出意见和建议。

（九）开展多种形式的“三胞”联谊活动，了解掌握九江籍浔阳区“三胞”的情况，加强同“三胞”及其亲属的联系，开展对“三胞”工作的调查研究，及时向区委、区政府反映他们的合理意见和要求；协助有关部门解决他们工作和生活中的困难。

（十）组织政协机关学习马列主义、毛泽东思想和邓小平理论以及“三个代表”重要思想和科学发展观，学习统战理论和政协知识、时事政治等。

（十一）完成政协领导交办的其他事项。

二、内设机构

根据上述职责，区政协机关内设6个职能股室。

（一）办公室

负责常务委员会议、主席会议和以本会名义举办的庆祝会、纪念会、茶话会和其他重要活动的计划、组织工作；协助有关委员会召开的专业会议的会务工作，承办党政领导机关和民主党派、人民团体邀请本会正、副主席、常务、委员参加有关会议和活动的联系、组织工作。负责起草、审核以本会名义发出的文电和本会领导同志的报告、讲话，宣传、报道本会的重要活动和工作成就。负责接待和处理委员与各界人士的来信来访，协助专委会组织参观、考察、调研等活动。

（二）学习提案文史委员会

负责制订各个时期的学习计划，组织和推动本会委员和各界人士的政治学习；贯彻执行关于人民政协学习工作的各项方针、原则，研究解决学习工作中带有普遍性的重大问题；组织委员参加视察、调研等活动。及时向有关部门反映学习中提出的意见、建议和问题；开展对学习工作的调查研究，总结经验。负责制订文史资料征集计划，组织和推动本会委员和各界人士撰写近、现代有关资料，编印《浔阳文史资料选辑》。发动全体委员积极提出各项提案，负责委员提案的审定，并提出处理意见，检查和督促有关方面对委员提案的办理；针对提案中的重大问题或群众普遍关心的问题进行调查研究，向有关方面提出意见和建议。

（三）文教卫生法制社团委员会

协助区委、区政府宣传有关文化艺术、新闻出版、社会科学、教育、医药卫生等方面的方针政策和成就；宣传宪法和各种法律知识，宣传有关法制、社会治安以及工会、妇女、青年、少年儿童、民族、宗教工作方面的方针、政策和成就。联系和团结本会有关文教、卫生、法制、社团方面的委员和人士，反映他们的意见、建议和批评，推动他们发挥所长，广泛开展咨询服务、讲学办学、促进外引内联等活动，为发展全区文教、卫生事业和加强法制建设、治安管理以及工会、妇女、青年、少年儿童、民族、宗教各项工作贡献力量。有计划地就文教、卫生、法制、社团方面的重要问题，开展调查研究、座谈讨论，提出意见和建议。

（四）经济科技委员会

协助区委、区政府宣传有关经济建设、科学技术方面的方针、政策和成就。联系和团结本会有关工商、财政、金融、商业、税务及科，学技术界的委员和专家学者，反映他们的意见、要求和建议。有计划地就经济工作、科学技术方面的重大问题，组织座谈讨论、调查研究，提出意见和建议。推动发挥本委成员及所联系的各方面人士之所长，为促进经济建设和科学技术的繁荣、发展贡献力量。

（五）港澳台侨委员会

协助区委、区政府宣传“一国两制”的科学构想和实现祖国统一的方针、政策。了解、掌握九江籍“三胞”以及在本区的外地“三胞”的情况，加强同“三胞”及其亲属的联系，及时反映他们的合理意见和要求，协助解决他们工作和生活的困难。协助做好“三胞”回浔探亲的接待工作和引进资金、技术、人才工作。组织多种形式的“三胞”联谊活动。有计划地开展对“三胞”工作的调查研究，解决“三胞”联络工作中的重要问题，总结和交流检验。

（六）人口环境资源委员会

组织委员学习宣传党的路线、方针、政策和国家有关法律、法规和《政协章程》，帮助委员不断提高履行职责的水平。贯彻落实政协全委会、常委会和主席会议精神和有关规定，制订专委工作计划并组织实施，做好年度工作总结。广泛联系各界委员，积极反映社情民意，定期开展活动、积极组织委员开展调查、视察、考察活动，为政协委员在环境、人口、资源等方面知情参政，建言献策、履行职责创造条件。组织委员对提案、建议案和重要课题进行专题调研，为本区改革开放和经济建设献计出力。

机关的党、团、工会、妇女组织按有关章程设置。

三、人员编制和领导职数

政协浔阳区委员会机关行政编制9名，机关工勤人员事业编制8名（政协主席、副主席编制单列）。

领导职数：办公室主任1名，副主任1名；各专门委员会主任1名。

四、附则

本规定由浔阳区机构编制委员会办公室负责解释，其调整由浔阳区机构编制委员会办公室按规定程序办理。

中共浔阳区委关于加强和改进人民政协政治协商工作的意见

浔发〔2011〕5号

人民政协的政治协商是中国共产党领导的多党合作的重要体现，是党和国家实行科学民主决策的重要环节，是党提高执政能力的重要途径。把政治协商纳入党政重大决策程序，就国家和地方的重要问题在决策之前和决策执行过程中进行协商，是政治协商的重要原则。为深入贯彻落实胡锦涛总书记在庆祝人民政协成立60周年大会上的讲话精神及七一讲话精神和中央、省委有关文件及《中共九江市委关于加强和改进人民政协政治协商工作的意见》（九发〔2010〕10号）等重要文件精神，进一步加强和改善党对人民政协工作的领导，提高政治协商的自觉性和主动性，完善协商内容，规范协商程序，创新协商形式，增强协商实效，推进党政决策科学化、民主化，现就加强和改进人民政协政治协商工作提出如下意见：

一、政治协商的总体要求

1．坚持以科学发展观为统领。要深入贯彻落实科学发展观，把促进发展作为第一要务，把服务“十二五”规划、实现浔阳率先发展作为最大责任，选择我区经济、政治、文化、社会以及生态文明建设中具有综合性、全局性、前瞻性的重大课题展开充分协商，把各方面的积极性、主动性和创造性凝聚到推动浔阳率先发展上来，为建设美丽、实力、文化、幸福的新浔阳做出积极贡献。

2．坚持党委在政治协商中的主导地位。人民政协的政治协商是在党的领导下发扬民主、扩大公民有序政治参与的重要渠道和平台。区委要坚持运用人民政协这一政治组织和民主形式，主动把人民政协的政治协商列入党委的重要工作内容，统一部署，统筹安排，并认真组织实施，大力支持区政协依照章程独立负责、协调一致地开展工作。

3．坚持“三在前”“三在先”的原则。即：重大问题协商在党委决策之前、人大通过之前、政府实施之前；制定经济和社会发展规划先协商后决策，对重要人事安排和关系人民群众切身利益的重大问题先协商后决定，在制定关系地方全局的政策性、规范性文件时先协商后通过。对涉及经济、政治、文化和社会生活的重要问题，决策前要在政协进行充分民主协商，决策执行过程中要及时与政协进行沟通和协商，认真听取政协的意见和建议，适时调整和完善重要决策，提高党的执政能力。

4．坚持把发扬民主贯穿于政治协商全过程。要切实贯彻“民主协商、平等议事、求同存异、体谅包容”的要求，鼓励和支持政协开展各项协商活动，畅通政协反映社情民意、表达诉求和提出批评建议的渠道，通过协商增进理解、扩大共识，发挥政协在加强和创新社会管理方面的作用，形成融洽和谐、生动活泼的政治局面。

二、政治协商的主要内容

5．区委、区政府对于各自职权范围内决策、决定的重大问题，都应列入政治协商的范围。根据中央、省委和市委有关文件精神，结合我区实际，明确我区政治协商的内容为：(1) 同级党的代表大会、党委全委会或党委、政府联合做出的事关全局的重要决议、决定和意见；(2) 政府工作报告；(3) 国民经济和社会发展中长期规划；(4) 财政预算（草案）、财政决算；(5) 城市建设和环境保护的总体规划及修编、重大工程和重大建设项目的拟订与实施；(6) 事关本行政区域内经济、政治、科技、教育、文化、医疗卫生、住房和社会保障以及社会公共服务等领域的体制改革、重大决策；(7) 本行政区域内的行政区划的变动和调整方案；(8) 重要行政规章、政令的制定；(9) 法院、检察院工作报告及重大执法活动；(10) 有关社会主义政治文明、精神文明和民主法制建设以及文化体制改革的重大问题；(11) 各民主党派之间和民主党派内部的共同性事务；(12) 爱国统一战线的重要事务和其他重要问题；(13) 涉及社会各界和影响群众生活的重大问题；(14) 党委决定的重大人事任免和重要人事安排；(15) 政协内部的重要事务；(16) 党委、政府、政协和政协各参加单位提出的、有必要进行政治协商的其他重要问题。

三、政治协商的主要形式

6．政协全体会议。每年举行一次，这是最高层次的政治协商。党委、人大、政府领导班子成员和党政部门负责人应出席会议开、闭幕会，应邀参加分组、联组讨论。党委、政府有关领导和有关部门负责人应认真听取委员的大会发言、分组讨论发言，应邀参加政情通报交流会，听取意见，与委员共商发展大计。

7．政协常委会议。每季度举行一次，主要就党委政府关心、人民群众期盼、涉及地方社会发展全局的重点、难点、热点问题进行协商。与协商议题有关的党委或政府领导及相关职能部门主要负责人应出席会议，并通报情况，听取意见。会后，参加会议的党政领导要根据政协常委会议议题，及时向党委、政府汇报会议协商情况，召集相关职能部门共同研究制定落实整改意见。根据会议议题和需要，形成的建议案或政协常委会的意见和建议，报送党委、政府参考。

8．政协主席会议。每月举行一次，主要根据党委工作部署和政协常委会工作要点，研究安排各项协商活动，并就党委、政府的重大决策及经济社会生活中的重大问题进行协商讨论，形成建议案。

9．政协专题协商会议。主要围绕党委、政府和政协常委会议、主席会议提出的协商议题，邀请相关界别政协委员及专家、学者进行专题协商，并视协商议题邀请党委、政府有关领导及相关职能部门主要负责人出席会议，通报情况，听取意见和建议。

10．对口协商。党政有关部门应与政协有关专门委员会建立对口协商联系制度，定期通报有关情况，保持经常性的工作联系，对重大工作部署和规范性文件进行协商，听取意见和建议。政协专门委员会也可邀请党政有关部门进行对口协商，提出意见和建议。

11．书面协商。政协建议案、调研报告、视察报告和委员提案、反映社情民意等，是人民政协履行职能的重要形式。党委、政府及有关部门对政协以书面形式提出的意见建议，要认真研究和答复，并将办理情况以书面形式反馈政协。对党委、政府及其有关职能部门以书面形式征求政协意见的文件、文稿，政协应组织参加单位和相关界别委员协商讨论，并将意见汇总，以书面形式反馈给党委、政府及有关部门。

12．其他协商形式。除上述形式外，党委、政府领导或有关部门负责人也可以约请面谈的形式，与政协领导或政协专门委员会负责人及有关政协常委，就重要人事安排或地方经济社会发展的敏感问题进行协商；或约请政协委员中的专家学者，就某些专业技术性强的重要项目、重大工程，沟通情况，听取意见和建议。

四、政治协商的基本程序

13．协商议题的提出和确定。区委在研究部署年度工作时，要提出全年的政治协商计划；政协党组会议、主席会议要根据区委、区政府的年度工作部署，在听取参加政协的各民主党派和各界代表人士意见的基础上，主动向党委、政府提出协商议题的建议。党委常委会议应对协商议题进行专题研究，并予以批复。党委、政府对协商的内容所做的调整，应及时通报政协，政协党组会议、主席会议应做出相应安排部署。

14. 协商活动的准备。根据党委确定的协商议题，经政协党组会议、主席会议研究，提出政协常委会年度工作要点，提请政协常委会议审议通过后执行，并认真制订好协商方案，及时组织政协委员围绕协商议题开展调查研究、咨询论证。需要会议协商的议题，有关方面一般应在协商会召开的 15 个工作日之前将协商文件和相关材料送交政协；需要协商的重要文件文稿，主持起草工作的部门在起草过程中要提前与政协协商；需要协商的重大决策和重大事项，有关方面要采取多种形式征求政协组织和政协委员的意见。党委、政府有关部门应积极配合，提供相关文件、数据和材料，并根据需要派员参加有关情况通报会和调研活动。

15. 协商会议的组织。协商会议由区政协具体组织实施，党委、政府相关领导及有关部门负责人参加。政协全会期间，党政领导班子成员分头参加政协委员分组讨论；政府负责联系政协工作的领导和党政有关部门负责人参加会中提案协商办理活动。政协常委会议进行专题协商期间，应邀出席会议的党政有关领导及其部门负责人应主动参与协商，并就协商的议题做出具体说明，听取委员意见和建议，提出采纳意见。列入年度计划的协商事项，召开协商会议时，政协办公室应提前 10 个工作日通知与会人员；临时召集的协商会议，应尽早通知与会人员。

16. 协商成果的报送。协商成果均应以书面形式报送。其中政协建议案和重要的视察、调研报告，以及在政协全委会上正式安排的委员大会发言，经会议协商通过后，以政协委员会的名义报送党委、政府。各专门委员会的意见建议或有关视察、调研报告，以政协办公室的名义报送党委、政府分管领导及其有关部门。对参加政协的各党派团体、各界人士在政协全体会议或闭会期间提出的重要意见建议，由政协办公室负责综合整理，分别报送党委、政府及其有关部门。政协提案经过政协提案委员会审查立案后，按规定程序报送党委、政府办公室，由党委、政府办公室分别以交办会的形式，交有关部门和单位具体承办。政协反映的社情民意经过及时收集、整理，综合报送党政领导及其有关职能部门。党委、政府办公室及其有关部门要加强与政协办公室和专门委员会的联系与沟通，共同建立规范运行的办理机制。

17. 协商意见的处理和反馈。党委、政府对政协报送的建议案、视察报告、调研报告，以及提案、社情民意反映等建言献策成果，应认真研究，积极采纳。其中，以政协建议案形式报送的要列入党委常委会议、政府常务会议议程进行研究，并将研究政协建议案的意见和办理落实情况，以书面形式答复政协。必要时，也可召开专题会议研究吸纳政协的意见建议，并形成相关文件。党政领导对政协报送的视察、调研报告要亲自阅批，明确办理部门，并要求及时反馈办理落实结果。承办单位主要领导要亲自研究办理。政协报送的建议案及其他建言献策成果，党委、政府及其有关职能部门应及时办理、认真答复。凡政协委员会报送的建议案和重要视察、调研报告以及经党政领导批示的政协建言献策材料，均列入党委、政府督查内容，由党委政府督查部门专题督办。党委、政府及有关部门采纳政协意见建议的情况，应及时向政协办公室反馈。

18. 协商成果的跟踪问效。对党委、政府及有关部门吸纳政协意见建议的落实情况，政协可通过视察、调研、座谈、走访等形式，及时进行跟踪问效。每年年底，政协应将跟踪问效的情况汇总整理，报送党委、政府，并在下年初召开的政协全会上印发给全体委员。

五、加强对政治协商的领导

19. 进　步加强和改善党对人民政协政治协商的领导。要高度重视政治协商工作，区委和区政府负责联系政协工作的领导要切实负起责任，把充分发挥好人民政协政治协商的职能作为检验领导水平和执政能力的一项重要内容。要切实把政治协商纳入决策程序，严格按照规定的内容和程序进行协商，不能以通报情况代替协商，不能以个别征求意见代替组织形式进行协商。凡规定需要经过区政协协商而未经协商的事项，除特殊情况外，原则上区政府不研究，区委不决策。

20. 充分发挥政协党组在政治协商中的重要作用。政协党组要在同级党委的领导下，认真做好政治协商的协调安排和组织实施工作，区委、区政府做出的重要决策和工作部署，要及时向政协党组通报，善于通过人民政协中的党组织和党员干部贯彻党委的重大决策和工作部署，善于引导参加人民政协的各民主党派、人民团体和各界代表人士自觉接受中国共产党的领导，使党委的意图和主张成为广泛共识和自觉行动。

21．为人民政协参政议政提供组织保障。政协主席应列席党委常委会议和其他重要会议。党委全会、常委会议和政府常务会议及有关重要会议，应根据需要邀请政协领导班子成员或有关专门委员会负责人列席；政府及其有关职能部门、人民法院、人民检察院召开涉及全局工作的重要会议，应视情邀请政协有关领导和专门委员会负责人列席。区委常委会每年至少1次听取政协工作情况汇报。规范政协委员产生的程序，完善政协委员的提名推荐制度。各级党委对政协委员的提名、界别的设置，要事先与政协党组协商，并注意把思想品德优、社会贡献大、公众形象好、参政议政能力强的非公有制经济人士吸收到政协委员队伍中来。要切实保证民主党派成员和无党派人士在政协委员、常务委员和政协领导成员中占有较大比例，其中，政协委员的协商人选应在政协常委会审议之前进行公示。为了更好地组织委员履行职责，要研究制定政协委员管理的指导性意见，建立健全履职情况考核、激励机制，促进政协委员全面提高履行素质。要把政协干部的培养、选拔、交流、使用纳入干部队伍建设的整体规划，与党政干部统筹安排。加大政协组织与党政机关干部的交流力度，政协机关要有一定数量的民主党派人士担任专职领导职务。各街道成立政协工作联络处，街道党工委要明确一名领导同志负责政协工作。

22．为人民政协履行协商职能创造必要条件。宣传部门要有计划、有重点地组织新闻媒体积极宣传中国共产党领导多党合作和政治协商制度。区委党校要把人民政协理论列入教学计划。全区各类新闻媒体要积极开辟专栏和专题节目，及对报道政协重要会议、重要活动和政协委员的先进事迹。要积极帮助政协改善工作条件，每年要把政协履行职能必需的视察、调研、考察、培训、宣传等经费，与有关会议经费一并列入同级财政年度预算，并根据政协工作需要和地方财力的增长逐年有所增加。对政协办公场所、人员编制和用车等方面与党政机关享受同等待遇。

中共浔阳区委

2011年12月30日

区委办公室　区政府办公室
转发《浔阳区政协办公室关于政协提案办理工作的规程》的通知

浔办字〔2012〕75号

各街道党工委、办事处，区委各部门，区直各单位：

政协提案是人民政协履行政治协商、民主监督、参政议政职能的重要方式；是坚持和完善中国共产党领导的多党合作和政治协商制度的重要载体；是协助中国共产党和人民政府与各界人士的联系，推进社会主义民主政治建设，实现决策民主化、科学化的重要渠道。各部门、各单位要从坚持和完善中国共产党领导的多党合作和政治协商制度，贯彻党的十八大精神和落实科学发展观的高度，把办理好政协提案与加强和改进本部门、本单位的工作紧密结合起来，与支持政协参政议政，接受政协民主监督，实现决策科学化、民主化结合起来，以对人民高度负责的精神，切实做好政协提案办理工作，充分发挥政协提案促进我区经济和社会事业发展的重要作用。

经区委、区政府同意，现将区政协办公室《关于政协提案办理工作的规程》转发你们，请认真贯彻执行。

中共浔阳区委办公室

浔阳区人民政府办公室

2012年12月25日

浔阳区政协办公室关于政协提案办理工作的规程

第一章　总　则

第一条　为推动政协提案办理工作制度化、规范化、程序化和信息化，更好地保障各民主党派、有关人民团体和各界政协委员通过政协提案的方式履行职能、发挥作用，根据中办、国办《关于进一步加强人民政协提案办理工作的意见》和市政协办公厅《关于政协提案办理工作的规程》的有关规定，结合我区实际，制定本规程。

第二条　政协提案办理工作的总体要求：高举中国特色社会主义伟大旗帜，以邓小平理论、“三个代表”重要思想和科学发展观为指导，紧紧围绕区委、区政府中心工作，不断完善提案办理工作机制，提高办理工作质量和效率，增强办理工作实效，充分发挥政协提案的积极作用，为推动经济社会发展服务。

第二章 组织领导

第三条 区属各单位应确定一名班子成员分管政协提案办理工作。区委办、区政府办作为党委、政府系统提案办理工作的归口管理单位，应确定一位分管领导具体负责日常办理工作。

第四条 承办单位要切实加强领导，把提案办理工作纳入议事日程。明确提案承办单位一把手是提案办理的第一责任人，分管领导是直接责任人。承办单位主要领导要经常过问和研究办理工作，每年应亲自负责办理一件以上重点提案。同时，对提案答复意见审核把关。

第五条 承办单位应确定办理工作部门和人员，建立承办工作网络，加强与有关部门、区政协提案委员会及提案者的沟通和联系。

第三章 办理程序

第六条 交办。政协提案经审查立案后，送交承办提案的区委办、区政府办，由区委办、区政府办分别以交办会或交办文的形式，交有关部门和单位具体办理。承办单位要积极参与政协提案交办工作，加强与政协组织沟通协调，确保所有提案交办对口，分办合理，避免提案“回娘家”办理。政协全体会议期间的提案，采取集中交办，闭会后的平时提案，每季度由提案委审查汇总，报请区政协主席会议审定后，分别交办。

第七条 办理方式。政协提案办理，根据需要分为独办、分办和会办三种方式。提案只需一个单位单独办理的为独办；需两个以上单位根据各自职责分别办理的为分办；需一个单位牵头、其他单位协同办理的，牵头办理单位为主办，协同办理单位为会办。

第八条 办理。

（一）承办单位接到提案后，要认真逐件清点、校对、签收。如发现不属于本单位的提案，自收到之日起于十日内说明情况，将原件退回交办单位，不得自行转给其他单位。任务较多的承办单位应及时召开专门会议，制定办理工作方案，明确办理责任。

（二）办理时限。承办单位接收提案后，要及时研究，落实办理责任，安排好办理进度。办理工作应在接到提案之日起5个月内完成；确需延长办理时间的，须经交办单位同意，延长时间一般不得超过两个月。

（三）加强联系。办理过程中，承办单位要注重调查研究，要加强与提案者的联系，采用座谈、现场办理、上门走访、电话联系等各种形式，听取提案者对办理工作的意见，共商解决办法。主办单位和会办单位要加强联系，密切协作，相互支持。

（四）办理要求。提案办理要求真务实，提高办理的质量和效率，切实解决问题。对提案中提出的问题，凡应解决且有条件解决的要抓紧解决；应解决但因各种原因暂时未能解决的要制定计划，创造条件，安排时间进度逐步解决；对确实不能解决的，应实事求是的向提案者讲明情况，做好解释工作。

（五）切实抓好跨年度提案的办理。对需跨年度办理的提案，承办单位要建立和完善提案的持续跟踪办理反馈制度；对已做出承诺列入计划解决的提案，要继续跟踪办理，并将办理情况反馈提案者、交办单位和政协提案委员会。

第九条 答复。

（一）承办单位对独办提案，直接逐条答复提案者；对分办的提案，原则上应逐条答复提案者；对会办的提案，会办单位应按主办单位要求认真办理，并在两个月内将会办意见函告主办单位，由主办单位综合各方意见后答复提案者。答复及会办意见均须同时抄送政协提案委员会和归口管理单位。会办的提案，答复须抄送会办单位。

（二）答复及会办意见要严格按照规范的格式行文，由承办单位主要领导审批并加盖单位公章后印发。各承办单位应在答复件的首页右上角、字号后标明规定的符号（并附简略文字说明），所提问题已解决或基本解决的标“A”；正在解决或列入规划逐步解决的标“B”；因条件所限，一时难以解决的标“C”。当年办理工作结束后，要立卷归档。

（三）答复提案者时，应向提案者寄送办理情况征询意见表（包含工作态度和建议落实是否满意两项内容），并直接提示提案者通过提案网上办理系统提交对办理情况的反馈意见。对联名提出的提案，征询第一提案者的意见。承办单位答复提案者的同时，应告知政协提案委员会。

（四）收到提案者对办理情况不满意的反馈意见后或提案者拒签反馈意见的，承办单位要研究处理，并在一个月内第二次答复提案者。

第十条 总结。

承办提案的单位在办理时限截止后的三十天内，向归口管理单位、政协提案委员会报送提案办理总结材料。为帮助政协委员开拓思路，不断提高提案质量，要在总结材料后附上征集提案参考目录。区政协商请区委办、区政府办在当年提案办理工作完成后，向区政协常委会通报提案办理情况。对部分具有前瞻性，暂时无法落实的提案，由归口管理单位送区委政研室、区政府经研室参考。

第四章 重点提案的产生、办理和督办

第十一条 围绕区委、区政府中心工作，人民群众切身利益和社会普遍关注的热点难点问题，反映问题准确，分析问题客观，建议合理，可操作性强，通过办理能取得明显成效，对经济社会发展具有重要推动作用的政协提案，可确定为重点提案，进行重点办理和督办。

第十二条 重点提案的产生。

（一）区委、区政府领导班子成员领办督办提案的产生。在政协大会结束后两个月内，由区政协办和区委办、区政府办先行协商，并在征求有关方面意见的基础上从立案提案中遴选出若干件候选提案，经政协主席会议审议通过，报请区委、区政府班子成员确定，并由区委办或区政府办发文通知有关承办单位。

（二）政协主席、副主席领办督办提案的产生。在政协大会结束后两个月内，由政协提案委员会在征求有关方面意见的基础上，从立案的提案中遴选出若干件作为候选提案。经政协主席会议审议并确定牵头督办的主席、副主席，由政协办发文通知有关承办单位。

（三）党政部门主要领导同志牵头督办提案的产生。由办理单位在综合分析本单位承办提案的基础上，结合本单位工作实际自行确定，报送归口管理单位和政协提案委员会。

第十三条 重点提案的办理。

（一）建立办理工作协调机制。由提案主办单位牵头会同会办单位，建立必要的办理工作协调机制。

（二）制订办理工作方案。由承办单位共同制定包括办理目标、办理方式、办理措施、办理步骤、办理责任人和时间安排等内容的办理方案，经归口管理单位审核后，报牵头督办的领导审定后组织实施。

（三）开展办理工作。根据办理工作方案，由主办单位牵头会同会办单位进行具体办理。可采取协商座谈、专题调研、实地考察等形式进行办理。在办理过程中，应安排督办领导、政协提案工作机构负责人、提案者等参加有关调研和协商座谈活动。

（四）报告政协主席会议。每年重点提案办理工作结束前，归口管理单位要组织承办单位向政协主席会议报告办理情况并听取意见。归口管理单位和各承办单位应根据主席会议意见，进一步完善办理措施，加大协调落实力度。对区委、区政府主要领导同志督办的重点提案，承办单位要及时将主席会议意见向督办领导同志报告，并按督办领导同志的要求抓好落实。

（五）办理答复。主办单位应按照确定的重点提案办理意见，会同会办单位认真落实相关事项，并形成办理答复意见，报领办督办的区领导同志审批后，正式答复提案者，提案答复应实事求是，明确具体，内容包括提案反映问题的解决情况、建议的采纳或处理情况等；对未予采纳的建议，要予以说明。如提案者对办理结果不满意，承办单位要向提案者和区政协提案委员会做出书面说明。

第十四条 重点提案的督办。

（一）区委办和区政府办要会同区政协办和提案委员会做好联合督办工作，力争办理工作取得实效。

（二）重点提案督办形式应根据提案内容和办理工作实际确定，可采取实地考察、专题调研、协商座谈等形式进行。

（三）重点提案办理的跟踪落实。承办单位在向主席会议报告时，应对当年未完全落实、需跨年度办理落实的重点提案事项逐一做出说明。区委办、区政府办要将需要继续办理落实的重点提案列入重点督办事项，并督促承办单位抓好办理落实，将有关情况及时回复区政协提案委员会。

第五章 宣传报道、考核和奖惩

第十五条 区委办、区政府办、区政协办和区政协提案委员会要加强与新闻媒体的联系，及时报

道提案办理情况；要建立政协提案办理工作评价考评体系，共同加强对提案办理工作的督促检查和考核，及时总结经验，以区委办、区政府办、区政协办名义表彰先进承办单位。对不重视提案办理工作、办理责任不落实、办理工作迟缓、办理制度不健全、遗失提案、办理质量效果差的要及时纠正，情况严重的予以通报批评。

第六章　附　则

第十六条　本规程自发布之日起施行。

第十七条　本规程由区政协提案委负责解释。

中共浔阳区委办公室关于转发区政协办公室《关于开展政协委员进社区活动方案》的通知

浔办字〔2012〕40号

各街道党工委、办事处，区委各部门，区直各单位：

区政协办公室《关于开展政协委员进社区活动方案》已经区委研究通过，现转发给你们，请结合实际，认真贯彻落实。

中共浔阳区委办公室

2012年5月22日

关于开展政协委员进社区活动方案

开展委员进社区活动，是新形势下政协工作向基层延伸和拓展的有益探索，也是创新政协委员活动形式，充分发挥政协委员主体作用的有效载体，为进一步拓宽区政协履职渠道，创新区政协履职方法，充分发挥政协委员在和谐社区建设中的优势作用，更好地为建设美丽、实力、文化、幸福新浔阳献计出力，根据《关于开展政协委员进社区活动试点工作的指导意见》（九协办发〔2012〕8号）文件精神，为扎实开展委员进社区活动，并真正取得实效，特制订本实施方案。

一、指导思想

以邓小平理论和“三个代表”重要思想为指导，深入贯彻落实科学发展观以及中共十七大以来对人民政协提出的各项任务要求，坚持团结民主两大主题，关注发展，关注和谐，关注民生，努力搭建政协委员和居民群众沟通交流的平台，充分调动街道委员联络组、政协委员的积极性，把委员进社区履行职责和发挥作用的重点放在为推动经济社会又好又快发展，为加强基层民主政治建设，为构建社会主义和谐社会，为解决关系社区群众切身利益的突出问题献计出力上来。

二、组织形式

1. 区政协领导指导和联系委员进社区活动，各专门委员会要加强与各街道委员联络处的联系和指导，区政协办公室统筹协调，各街道委员联络处具体组织开展省、市、区三级委员进社区活动。

2. 各街道委员联络处根据三级委员居住社区或工作单位所在地等情况，可按照委员优势和特长组建若干个社区委员联络小组（也可按照政协委员本人意愿安排到相关社区委员联络小组开展活动）。委员活动小组设组长1名，副组长2名。

3. 各街道委员联络处要本着“因地制宜、务求实效”的原则，综合考虑政协工作特点、委员特长、辖区实际情况，统一安排、集中组织有影响、有特色的活动。活动要有计划、有方案、有主题、有实际内容，注重实效。要围绕“服务人民群众，服务赶超发展”主题教育活动，做到“三个一”，即每个季度参加一次社区活动、提出一条建议、为群众办一件实事。

4. 要依靠社区，创建“委员之家”，为委员进社区履行职责，承担责任，施展才华提供一个长期固定的场所。“委员之家”建设可借助社区已有的党员活动室、爱心书屋等平台，有机结合、一地多能、资源共享。委员活动组要根据委员界别、专业特长组建若干个活动小组，与社区结成活动对子，采取灵活、多样、有效的形式开展活动。

三、主要任务

结合履行政治协商、民主监督、参政议政职能，深入社区开展视察、调研，收集和反映社情民意；结合界别优势和特色，深入社区开展社会服务活动，为群众办实事、办好事。整个活动将以“四进四联”方式进行。即组织委员开展“关注民生进社区、资源优势进社区、民主监督进社区、建言献策进社区”等活动，逐步实现“联户知民情、联居解民困、联片促和谐、联区议发展”活动目标。

1. 关注民生进社区、联户知民情。要把关注民生、体察民情、反映民意，作为进社区活动的经常性工作。加强与社区居委会以及居民群众的联系，通过设立“委员信箱”，公布联系电话和电子邮箱，入户走访等形式深入基层、深入群众，听民声，解民忧、集民智，把群众普遍关心的热点、难点问题，通过民情恳谈会、调研报告、提案、意见建议等形式，及时向党委、政府反映，促进问题解决。

2．资源优势进社区、联居解民困。要以社区居委会为依托，发挥政协委员资源优势，积极开展医疗、教育、科普、文化、法律等进社区活动，为社区提供人力、智力支持。积极开展“下基层、解民忧”活动，为社区弱势群体扶贫解困、结对助学。

3．民主监督进社区、联片促和谐。坚持将民主监督职能融入进社区活动之中，对社区建设发展、社会管理、食品药品安全、小区物业管理、社区医疗卫生等事关群众切身利益的事项进行民主监督。积极开展“三访三帮”活动，定期到社区进行“接访、走访、回访，帮提供信息、帮解决问题、帮化解矛盾”。积极组织委员协助社区矛盾调解中心调解矛盾纠纷，化解维稳隐患。

4．建言献策进社区、联区议发展。发挥政协委员智力密集、人才荟萃的优势，通过组织委员深入基层，了解街道社区发展情况，分析全区经济社会发展状态，提出建设性意见，进而促进我区各项事业又好又快发展。

四、方法步骤

1．制订方案。5 月制订活动方案，并与街道党工委协商，选定开展试点工作的社区，设立“委员之家”，政协街道联络处上报参加活动人员名单。

2．宣传发动。6 月上旬，策划活动方案，举办启动仪式，10 月份召开“政协委员进社区活动交流会”，从街道联络组及社区活动小组组织活动、委员积极参与、群众切身感受等方面，进行座谈交流，及时总结经验，发现不足，不断改进工作。

3．总结提高。试点活动开展期间，对涌现出的先进典型和经验做法，及时宣传报道，总结归纳，转化成果。今年 12 月前对“委员进社区”试点工作进行“回头看”，对街道联络处及社区活动小组开展活动情况全面总结，注重总结经验，建立长效机制。对创出成功经验的街道委员联络组和社区居委会，在全区进行推广，以点带面，深入推进。

五、工作要求

1．精心组织，加强领导。区政协成立活动领导小组，由区政协主席文建华担任组长，区政协副主席朱少芬担任副组长。领导小组下设办公室，由区政协秘书长韩万金担任办公室主任，负责活动的具体协调工作。区政协各专委会、各界别要提高认识，积极引导委员自愿报名，参与活动；各活动小组成立后，要注重与街道联络处的沟通协调，以“委员之家”为活动阵地，精心设计活动载体，建立健全活动制度，积极搭建活动平台，充分发挥委员的积极性、主动性和创造性，吸引群众广泛参与，努力提高活动质量和效果。

2．指导督查，搞好服务。区政协办公室和各专委会要做好委员联系社区活动的协调、服务工作，协助各街道联络处做好委员活动组与社区的对接工作。区活动领导小组办公室要经常深入到社区中去，指导创建“委员之家”，要充分利用已有资源，规范建设，精心打造，使之真正成为委员建言献策的讲台、为民履职的平台、展示风采的舞台。要及时了解委员进社区活动开展情况和委员履行职责情况，积极解决工作中出现的困难和问题，为深入开展此项活动创造条件、提供服务。

3．建章立制，注重长效。进一步加强对委员进社区活动的管理，建立健全相关制度。一是建立委员汇报制度。召开座谈会，听取委员汇报，检查活动的实际效果。二是建立活动记录册制度。由街道联络处根据委员参加活动的出勤、反映社情民意及做好事、办实事情况认真填写，作为对委员年度考核的重要内容，纳入委员管理档案。三是建立考评激励制度，制定评选表彰办法。四是规范“委员之家”建设标准，因地制宜，实事求是，不拘一格，求同存异。

4．加大宣传，营造氛围。要及时总结推广委员进社区试点活动中的好做法和好经验，挖掘活动中涌现出的先进典型和突出事迹，运用多种形式和手段加大对这项活动的宣传力度，组织力量做好宣传报道工作。通过发现、推广、宣传、表彰委员进社区活动中的典型，以点带面，推进委员进社区活动向纵深发展。

中共浔阳区委办公室
转发《关于统一选派政协委员担任相关部门民主监督员的实施意见》的通知

浔办字〔2013〕27号

各街道党工委，区委各部门，区直各单位党组织：

现将区纪委、区政协办公室、区监察局《关于统一选派政协委员担任相关部门民主监督员的实施意见》转发给你们，请按照文件要求，认真贯彻执行。

中共浔阳区委办公室

2013年5月23日

区纪委　区政协办公室　区监察局
关于统一选派政协委员担任相关部门
民主监督员的实施意见

为进一步提高政协民主监督质量和实效，不断优化发展环境，提升机关效能，推动实施打好“四张牌”，打造“四个城”目标，根据中央关于改进工作作风、密切联系群众“八项规定”精神，按照《中国人民政治协商会议章程》《中共中央关于进一步加强人民政协工作的意见》和区委、区政府《关于加强干部作风建设，进一步优化发展环境的决定》等要求，结合实际，现就统一选派政协委员担任相关部门民主监督员制定本实施意见。

一、政协委员担任民主监督员的意义

人民政协的民主监督是我国社会主义监督体系的重要组成部分，是在坚持解放思想，增强服务意识的基础上通过提出意见、批评、建议的方式进行的政治监督。政协委员担任民主监督员既是人民政协履行民主监督职能的有效形式，又是党委政府倾听群众呼声、反映社情民意的重要渠道，也是加强党风廉政建设、改进工作作风、提升机关效能、促进部门工作的重要监督举措。

二、民主监督员应具备的基本条件

1．必须是区政协委员。在社会和所属界别中具有一定的影响和声望，具有一定代表性和良好的社会声誉。

2．拥护党的路线、方针、政策，具有较高的政治素质，遵守国家法律、法规和政协章程及民主监督员各项规定。

3．为人公道正派，参政议政能力强，热心民主监督工作。

4．有较强的社会责任感和民主意识，关心经济社会发展和民生民情，能够密切联系群众，及时搜集，全面、客观反映涉及社情民意、浔阳区发展环境的问题，积极参与被监督部门活动，及时按规定向区纪委、区政协办公室和区监察局反馈民主监督情况。

三、民主监督员的选派程序

1．区纪委、区政协办公室、区监察局共同协商并征求相关部门意见后确定派驻单位。

2．区政协办公室根据部门性质、工作需要，结合委员履职能力、行业和界别特点等情况，按照每个部门3名委员为小组的要求，提出民主监督员建议名单，并征求委员意见后报请区政协主席会议协商确定。

3．区政协办公室向派驻单位公布民主监督员名单，民主监督员任期与本届政协届期一致。

4．区纪委、区政协办公室、区监察局共同召开监督单位与民主监督员工作会议，启动民主监督工作。

四、民主监督员的主要职责

1．了解和掌握派驻单位贯彻执行党的路线、方针、政策和国家法律、法规以及党委政府重大决策、决定的情况。

2．了解和掌握派驻单位依法行政、优化发展环境的情况。

3．了解和掌握派驻单位及工作人员遵纪守法、廉洁勤政、优质服务的情况。

4．协同派驻单位主要领导分析本部门存在的困难和问题，并以提案、社情民意或报送发展环境监测信息等形式及时反映。

5．监督检查政协提案、社情民意及环境监测件在派驻单位的办理落实情况。

五、民主监督员的工作方式

1．每年年初同派驻单位一道共同商定监督工作的重点，明确工作内容和要求，认真做好履职记录。

2．应邀参加派驻单位的有关会议和活动。

3．进行调查研究，包括个案跟踪调查了解。

4．反映社情民意，传递干部、群众意见和建议。

5. 反映违反干部作风等影响发展环境的人和事。

六、民主监督员的服务管理

1. 民主监督员工作在区纪委、区政协办公室和区监察局联合会议领导下开展，其日常管理工作由政协分管副主席、秘书长负责。监督员报送信息处理工作由区政协办公室负责，处理结果由区纪委、区政协办公室和区监察局联合运用、商定、督办、通报。

2. 区纪委、区政协办公室、区监察局适时联合组织民主监督员进行培训和工作交流，每年至少召开一次民主监督员工作会议，由民主监督员述职并交流情况，总结经验，表彰先进，布置工作。

3. 建立民主监督员履职档案。每年年终，民主监督员要如实填报《民主监督员履职情况登记表》，记入委员履职档案。因各种原因不能正常履职或履职不积极的民主监督员，区政协办公室将视情况及时予以调整。各监督小组每年定期或不定期分别以书面形式向区纪委、区政协办公室、区监察局汇报民主监督工作情况；每年至少提交一份民主监督建议书。

4. 各监督小组的民主监督情况作为对区直单位民主评议政风行风建设情况的考评依据之一，并纳入部门机关效能考核。

5. 根据政协章程赋予政协委员的权利，民主监督员享有与做好监督工作相应的知情、调查、视察、协商、建议和批评等权利。

6. 民主监督员要正确行使权利，依法、依纪、依章实施监督，不得借机谋取私利或干扰派驻单位正常工作，对被监督单位所存在的问题应及时向区纪委、区政协办公室或区监察局反映，不得直接进行处理或做出决定。

7. 派驻单位要将民主监督员工作列为本单位工作的一项重要内容，建立和完善民主监督员工作制度，尊重民主监督员权利，充分发挥民主监督员的作用。主动邀请民主监督员参加本单位的有关会议和活动，及时提供工作计划、总结、简报等有关资料，配合做好相关工作，为民主监督员履行民主监督职能创造良好的条件，切实保护民主监督员的权利。任何部门、单位和个人都不得阻挠民主监督员行使正常的监督权利。

8. 对打击报复民主监督员的部门或个人，区纪委将会同区政协办公室、区监察局等部门，按照国家有关规定予以严肃查处；对有违纪违法行为的民主监督员，区纪委、区政协办公室、区监察局将及时对其民主监督员或委员资格予以取消，并视其情节送交相关部门严肃处理。

关于在政协委员中开展密切联系群众“三进三服务”活动的实施方案

九协发〔2013〕3号

为深入学习贯彻中共十八大精神，坚决执行落实改进工作作风、密切联系群众的“八项规定”，进一步拓展政协工作领域，更好履行政协职能，充分发挥政协委员在促进社会和谐中的积极作用，根据九江市政协2013年工作部署和要求，在全市各级政协组织和广大政协委员中全面开展密切联系群众“三进三服务”（进社区、进园区、进乡村，服务中心、服务社会、服务群众）活动。为使活动开展扎实有效，特制定本方案。

一、指导思想

全面贯彻落实中共十八大精神，坚持以邓小平理论、“三个代表”重要思想、科学发展观为指导，紧紧围绕全市工作大局，按照“服务赶超发展，实现更大作为”的总体要求，以改进工作作风、增强履职实效、提升服务水平为目标，以“服务中心、服务社会、服务群众”为主线，以广大政协委员为主体，以基层群众为服务对象，将政协工作职能和工作领域延伸到社会最基层，为政协委员了解民意、掌握民情，和密切联系基层群众搭建起互动平台，从而进一步增强委员的社会责任感，激发创新履职热情，充分发挥主体作用；进一步彰显政协组织作用，协助党委、政府解决基层群众最关心最直接最现实的问题，为民排忧解难，化解社会矛盾，树立良好形象，扩大社会影响。

二、活动原则

1. 坚持服务中心、服务社会、服务群众的原则。各级政协组织和广大委员要将“三服务”这一主线贯穿活动的始终。要紧紧围绕全市中心大局，把实现市委提出的赶超发展目标作为活动的出发点和落脚点，坚持走群众路线，开门搞活动，自觉沉下身子，深入基层、深入一线、深入群众、深入实际，带着感情倾听群众呼声，把更多的百姓声音传递上来；带着真情为群众做好事办实事解难事，架起党和政府与群众联系的“桥梁”。

2．坚持试点先行，循序推进的原则。“三进三服务”活动以街道社区（乡镇村组）为主阵地。各地开展活动时，可采取先试点后铺开、统筹协调推进的方式进行。浔阳区、庐山区、开发区在去年试点的基础，对委员较多、条件成熟的社区（村），应深入推进、全面铺开；对一些委员少、尚不具备铺开条件的，可暂不开展；其他县（市、山），要选择1~2个条件较好、委员比较集中的社区（中心村、集镇）先开展试点，加强示范引导，及时总结经验，在此基础上逐步推开。

3．坚持委员为主体，属地活动的原则。“三进三服务”活动的主体是全国、省、市、县（市、区）四级政协委员，以市、县（市、区）政协委员为主。要以委员居住地或单位所在地的社区（乡村、园区）为基础，建立委员联络站、联络小组，也可以界别为单位进行。在充分尊重委员意愿的基础上，倡导大家积极参与。委员参与活动情况由所在街道（乡镇、园区）委员活动联络站负责记录、管理。各联络站可根据基层实际，建立若干委员联络小组，以小组为单位，定期或不定期开展活动。

4．坚持自主开展，因地制宜的原则。各县（市、区、山）应紧密结合各地、各社区（村、园区）实际，组织委员开展活动。各地要积极探索、鼓励创新，因地制宜地丰富行之有效的活动载体，但切忌搞形式主义、做表面文章，特别是在建立“委员活动室”时，社区（村、园区）要具备条件，可进行资源整合，不千篇一律，不贪大求洋。

5．坚持创新履职，务求实效的原则。各级政协组织要积极创新形式、创新载体、创新手段，积极引导委员深入社区、深入园区、深入乡村，在服务中心、服务社会、服务群众中不断提高履职能力，彰显政协特色。各地要把这项活动作为日常性的一项工作，建立健全各项活动制度，形成长效工作机制，使之规范化、常态化。

三、主要内容

开展政协委员“三进三服务”活动，要以《政协章程》为准则，认真落实中共十八大提出的“积极开展基层民主协商”的新要求，密切联系群众，履行好人民政协的政治协商、民主监督、参政议政三大职能。

1．开展政策宣传。充分发挥政协委员自身优势，大力宣传中共十八大精神、党的各项方针政策以及市委、市政府的重大决策，协助党委、政府做好沟通思想、协调关系、理顺情绪、化解矛盾的工作，维护社会的和谐稳定；大力宣传人民政协的性质、地位和作用，宣传基层政协组织履行职能、发挥作用的情况，努力形成有利于人民政协事业发展的良好氛围。

2．反映社情民意。在“三进三服务”活动中，要把体察民情、反映民意，作为长期的经常性工作。要围绕民生民意，通过入户走访、开展专题调研、设置“委员信箱”、公布联系电话和电子邮箱等形式，深入基层、深入群众，真实了解民情，充分掌握民意，提炼出有价值的社情民意，及时向上反映，既为党政科学决策提供参考，也促进人民群众关注的热点、难点问题早日得到妥善解决。

3．组织为民服务。充分发挥政协组织界别优势，组织委员深入社区（乡村），了解群众的所思所想所盼，在自愿和力所能及的条件下开展教育资助、医疗救助、法律援助、再就业扶助、文化帮扶等活动。同时，积极引导委员与困难群体结对帮扶，开展送温暖活动，帮助解决具体困难。通过系列为民活动，增强政协工作的凝聚力和影响力。

4．实施民主监督。以“三进三服务”活动为契机，坚持将政协民主监督职能融入活动之中，对基层建设发展、食品药品安全、义务教育、物业管理、基层医疗卫生、征地拆迁、信访稳定等事关群众切身利益的事项进行民主监督。号召委员们通过深入实际广泛了解掌握基层群众所思所想所盼，急民之所苦、想民之所利、帮民之所需。

5．促进当地发展。充分发挥政协委员智力密集优势，根据街道社区、乡村园区的实际，在调查研究的基础上，为社区（乡村、园区）建设上层次、上水平，提合理化建议，提供智力支持。同时，要在走向基层、贴近群众中，坚持问政于民、问计于民，注意发掘推动经济社会发展的“金点子”和提供招商引资等信息。

四、活动载体

1．建立委员活动组织。各地政协在当地党委的领导下，负责在各街道、乡镇、园区成立政协委员活动联络站。联络站肩负委员开展活动的组织领导、督促协调等重要职责。由联络站负责建立一个委员活动组，原则上以所辖区域内的市、县（区）两级政协委员为主，也可适当吸纳其他的委员自愿参加。委员活动组可组建若干个活动小组，与社区（村、企）结成活动对子，采取灵活、多样、有效的形式开展活动。

2．打造“委员活动室”（“委员之家”）。各联络站要在开展活动的社区（村）借助已有的党员活动中心、青少年活动中心等平台，设置“委员活动室”，为委员进到社区履行职责、承担责任、施展才华提供一个长期固定的场所。要建立“委员联系日”制度，定期开展活动，定期由参加活动的委员轮值到社区（村）坐班，便于基层群众直接向委员反映有关情况和建议意见。

3．设置“政协委员信箱”。由乡镇（街道、园区）联络站在选择在社区（村）或合适地段设置“政协委员信箱”，受理群众来信，委员信箱由各联络站指定专人负责管理，原则上每月开启一次。对收到的信件要及时进行分类，写成社情民意信息或委员提案交给相关部门。

4．拓宽与群众联系渠道。根据委员意愿，在社区（乡村）发放“委员联系卡”，公布委员信息及联络方式；在社区宣传栏开辟“委员专栏”，宣传政协委员“三进三服务”活动情况；不定期组织委员开展“‘爱心帮您’社区（乡村）行”活动，增进委员与基层群众的沟通联系。

5．积极开展服务活动。各街道（乡镇、园区）委员活动组要制订活动实施方案，结合自身特色编制年度活动计划，为委员联系群众、履职服务搭建平台，每年尽量组织委员活动4次以上。要引导委员把参与活动与积极履职紧密结合，真正走进基层，切实做到“四个一”：每季度至少参加一次联系基层群众的活动；每年至少反映一条社情民意、提出一条创新政协工作的意见建议、为基层群众办一件实事好事，并以此作为委员年终考核的重要依据之一。

五、相关要求

1．提高思想认识，强化舆论宣传。各县（市、区）政协、庐山联络处要充分认识到“三进三服务”活动是市政协深入学习贯彻落实十八大精神，坚决执行改进工作作风、密切联系群众“八项规定”的具体行动；是面对新形势、新要求，如何进一步发挥委员主体作用，不断提升履职水平的一项重大举措；是充分发挥政协组织在健全协商民主制度中重要渠道作用的客观要求；是政协组织主动配合党委、政府做好新形势下群众工作的重要体现。把开展这一活动摆上重要议事日程，积极稳妥地实施推进。各地要运用多种形式和手段加大对此项活动的宣传力度，激发全体委员和广大基层群众共同参与的热情。要及时总结推广“三进三服务”活动中的好做法、好经验，挖掘活动中涌现出的先进典型和突出事迹，组织力量做好宣传报道工作，不断丰富活动内涵，扩大社会影响，推进活动向纵深发展。

2．强化组织领导，精心部署实施。市政协成立“三进三服务”活动领导小组，组长由市政协党组书记、主席魏宏彬担任，常务副组长由市政协党组成员、副主席朱汉浩担任，市政协党组成员、秘书长洪华，办公厅副主任余德义担任副组长，领导小组下设办公室，余德义同志兼任办公室主任，负责活动的日常性工作。市政协领导班子成员以双重身份深入各县（市、区、山）参加活动，既是活动的指导者又是参与者。市政协各委办均负责联系1至2个县（市、区）政协，指导开展委员“三进三服务”活动。各县（市、区）政协也应成立相应的领导机构，要坚持一把手亲自抓，分管领导重点抓，一级抓一级的责任机制。九江经济技术开发区也要成立活动领导小组，明确专人负责此项工作。市政协委员工作委员会、各地政协办公室要做好各级委员进社区（园区、乡村）的协调、服务工作；协助各街道（乡镇、园区）联络站做好委员活动组与社区（村企）的对接工作。

3．建立长效机制，稳步深入推进。各地政协和市政协各委办要加强对活动的指导督查，经常深入社区（园区、乡村），了解政协委员“三进三服务”活动进展情况，及时协调解决活动中出现的困难和问题。今年8月召开“三进三服务”活动情况现场会，年底召开座谈会，进一步总结交流经验，不断推进。各地要注重在加强组织领导、扩大覆盖面和规范化管理等方面进行有益探讨和实践，对行之有效的做法进行总结提升，建立健全活动开展的长效运行机制。一是建立委员“三进三服务”活动的工作规则，明确相关职责与任务；二是建立委员汇报制度。召开座谈会，听取委员汇报，检查活动的实际效果。三是建立活动记录制度。制订记录簿，由联络站根据委员参加活动的出勤、反映社情民意及做好事、办实事情况认真填写，作为对委员年度考核的重要内容，纳入委员管理档案。四是建立考评激励制度，制定评选表彰办法，对参与活动表现突出的委员给予表彰通报。

4．做好结合文章，务求取得实效。在“三进三服务”活动中，要做到“四结合”：一是与全面学习贯彻落实十八大精神相结合。要把学习十八大、宣传十八大，作为“三进三服务”活动的重要内容，认真组织开展政策宣讲、座谈辅导等活动。二是与群众路线教育活动相结合。下半年，中央即将在全党范围内开展以为民务实清廉为主要内容的群众路线教育活动，各级政协要把“三进三服务”活动作为开展群众路线教育活动的重要抓手，不断提高政协做好新形势下群众工作的能力和水平。三是与创造性履行政协职能相结合。要在“三进三服务”活动中，不断创新政治协商的新方法、搭建民主监督的新载体、探索参政议政的新途径，进一步拓宽协商民主渠道，实现政协更大作为。四是与委员本职工作相结合。要结合委员专业特长周密制定活动主题与方案，根据委员岗位实际合理安排活动频次和时间，确保委员履行政协职责与做好本职工作“两不误”“双促进”。

政协九江市委员会
关于全面深入推进政协委员密切联系群众“三进三服务”工作的指导意见

九协发〔2014〕4号

为深入贯彻落实党的十八大、十八届二中全会和习近平总书记系列讲话精神，进一步拓展政协工作领域、履行政协职能、实现更大作为，结合中央党的群众路线教育实践活动、省委“连心、强基、模范”工程和市委“帮百企联千村进万户”活动的深入开展，经市政协主席会议决定，继续组织引导全市各级政协组织和广大政协委员以改进工作作风、密切联系群众为核心，全面深入推进“三进三服务”工作常态化、规范化、科学化，从而在践行党的群众路线中不断提升履职能力、发挥主体作用、做好联系服务群众工作、推进我市人民政协事业的发展。现特提出如下指导意见：

一、增进思想共识

“三进三服务”活动自2012年6月启动以来，全市各级政协组织和广大政协委员走进基层、深入一线，通过开展扶贫济困、送医义诊、捐资助学、法律援助等一系列活动，直接联系群众、服务群众，广泛倾听民声、纾解民困，赢得了基层群众由衷拥护，社会各界普遍赞誉，党委政府充分肯定，整个活动反响良好，取得了阶段性成果。实践证明，开展“三进三服务”活动，是全市政协组织和广大政协委员发挥政协优势，践行群众路线，在新形势下开展政协工作的必然要求；是全市政协组织和广大政协委员履职尽责、提升能力，改进作风、服务群众的现实需要；是人民政协工作围绕中心、服务大局，创新委员活动方式、提高建言建策水平的有效载体。它对进一步激发广大政协委员的履职热情、充分发挥主体作用，服务和推动九江赶超发展大局；进一步加强政协自身建设、拓展政协工作领域，全面提升政协工作科学化水平；进一步凝聚各方力量，传递社会正能量、扩大人民政协影响，都具有十分重要的现实意义。

全面深入推进委员“三进三服务”工作，不仅是市政协面对新形势新任务新要求，创新履职服务方式，推动政协事业发展的一项基础工程，更是全市政协系统贯彻落实党中央、省委、市委部署要求的一件政治任务。全市各级政协组织和广大政协委员要进一步增进思想共识，不断总结经验，坚持改革创新，扎实深入推进，努力实现委员联系服务基层群众工作的常态化、规范化、科学化。要始终坚持“履职为民”理念，把关注民生作为出发点和落脚点，将政协职能和工作领域延伸到社会最基层，为政协委员了解和掌握社情民意、密切联系群众搭建互动平台；始终坚持“委员为主体”原则，充分尊重委员意愿，采取灵活多样的形式，让委员“做得了、做得到、做得好”，有效激发履职热情，扩大活动覆盖面，真正让广大委员动起来、沉下去，在活动中“唱主角”；始终坚持因地制宜、“量体裁衣”，从实际出发，从群众需求出发来推进工作，力戒形式主义，不做表面文章；始终坚持做好结合文章，将“三进三服务”工作与群众路线教育实践活动相结合，与创造性履行政协职能相结合，与委员的本职岗位工作相结合，紧紧围绕加强政协职能、提升履职能力来谋划、来推进，力避“两张皮”，实现“两促进”。

二、明确主要任务

全面深入推进“三进三服务”工作，应以《中国人民政治协商会议章程》为准则，紧紧围绕政治协商、民主监督、参政议政三大职能，突出“服务中心、服务社会、服务群众”这一主线，组织引导广大委员深入基层、深入群众开展经常性活动。

1．把反映社情民意作为首要任务。民意表达功能是最具政协特色的功能。充分发挥政协“直通车”作用，积极组织引导广大政协委员深入基层、贴近群众，通过入户走访、实地调研、座谈交流、设置“委员信箱”、发放联系卡等形式，真实了解群众诉求，掌握社会基本情况，及时、全面、客观、准确地向上反映，为党政科学民主决策提供参考，促进人民群众关注的热点难点问题得到妥善解决。

2．把组织为民服务作为重要责任。服务和保障民生是政协工作的出发点和落脚点。结合市委“帮百企联千村进万户”活动，将“三进三服务”与政协界别工作紧密结合，组织委员结合本职工作、特长优势、人脉资源，深入基层一线开展教育资助、医疗救助、法律援助、文化扶助等系列为民服务活动。同时，积极引导广大委员关注弱势群体、关心困难群众，重点与“四类”人（得了重病治不起的，成绩优异上不起学的，大学毕业就不了业的，家住危房改建不起的）开展结对帮扶“送温暖”活动，帮助解决具体困难。

3．把助推赶超发展作为基本要求。政协工作只有始终与党政“同频共振”，才能不断提高履职成效。在全面深入推进“三进三服务”工作中，要引导委员自觉融入中心，主动服务大局，充分发挥智力密集优势，紧紧围绕市委、市政府的决策部署，在深入调查研究的基础上，善谏诤言、多献良策、力当高参。同时，在走进基层、贴近群众中，坚持问政于民、问计于民，注意发掘推动经济社会发展的“金点子”和提供招商引资等信息。

4．把促进社会和谐作为内生动力。团结民主是人民政协两大主题。通过全面深入推进“三进三服务”工作，促使广大委员有组织、有计划地深入到基层和群众当中，宣讲党的路线方针政策、推进社会主义核心价值体系建设，及时帮助化解一些消极因素，协调各种关系，协助党委、政府做好沟通思想、理顺情绪、化解矛盾的工作；坚持将政协民主监督职能融入活动之中，对食品安全、医疗卫生、义务教育、物业管理、信访稳定等事项进行民主监督，反映广大群众的利益诉求，畅通群众表现意愿的渠道，有效推进基层民主政治建设。

三、工作推进措施

1．进一步扩大工作覆盖面

——扩大委员参与面。各级政协组织应在充分尊重委员意愿的基础上，依托界别组活动优势，进一步加强组织引导、示范鼓励，确保参与活动的委员不断增加。除海外委员及部分宗教界委员外，市政协委员参与率应达到100%。对参与活动的各级委员，由各地政协根据委员特长优势，按照就近、方便、自愿的原则，负责统筹安排编组，每组人数一般5～10人左右。“进社区”宜以企事业单位、私营业主委员为主；“进园区”宜以党政部门委员为主；“进农村”宜以涉农部门、原籍委员为主。经委员同意，可对其交叉重复编组。

——扩展工作联系点。“委员之家”既是“三进三服务”的工作载体，也是活动阵地。至2014年年底，各县（市、区）市政协委员活动组应在城区社区建点2个以上、园区企业建点1个以上、农村建点2个以上，还可根据委员专业特长、兴趣爱好等，探索建设打破界别和区域界限的“委员之家”，定点开展活动。开发区、庐山联络处市政协委员活动组在建好现有“委员之家”的基础上，可通过丰富活动进一步示范影响、辐射带动。各县（市、区）政协根据当地工作实际，自主决定是否扩面跟进。

2．进一步界定各参与主体职责

——市、县级政协机关：一是思想动员。市、县两级政协共同负责做好各级委员的到点报到工作，组织、引导、鼓励各级政协委员参与活动。市政协牵头在每个“委员之家”召开一次见面会，提出活动要求，布置有关任务。县（市、区）政协负责活动编组（含驻当地市政协委员），并从每组中选配一名责任心强、热爱政协工作、有一定组织协调能力的委员担任组长。二是督促指导。负责制定工作方案、确定工作目标，健全机制制度、创新工作载体，严格规范实施、务实稳步推进；负责督促引导委员在完成本职工作的基础上，主动深入基层一线，开展为民服务活动。三是跟踪管理。定期了解委员在“三进三服务”中的表现和服务情况，有针对性地提出要求；对好的经验做法及时总结完善、宣传推广。四是做好服务。帮助委员解决在“三服务”过程中遇到的实际困难和问题。

——乡镇（街道、园区）联络组（处）：一是负责委员开展活动的组织领导、督促协调。结合本地实际和群众需求，指导各活动小组编制年度“三进三服务”活动计划，并督促按计划实施开展。二是负责按照规范要求建设“委员之家”，做到“四有”“五簿七上墙”，为委员联系群众、履职服务提供场所、搭建平台。三是加强与委员的联系沟通，做好委员到点参与活动的协调服务工作。四是随时了解掌握委员在“三进三服务”工作中的现实表现情况，及时向市、县两级政协组织反馈，协助做好服务管理。

——社区（乡村、园区）：一是加强与委员的直接联系，为委员到点开展活动创造条件、提供便利，做好协调服务工作。二是建立委员台账，掌握委员职业特长、服务意愿等情况；三是收集基层群众意见建议及相关需求。按照群众需求分类梳理，制定服务“菜单”，让委员服务有的放矢。四是建立委员活动档案，真实准确反映委员到点表现及服务情况。

——各级政协委员：一是主动到所进社区（乡村、园区）报到，根据自身特长和能力开展为民服务活动。二是切实做到“四个一”：加强与所进社区（乡村、园区）群众的沟通交流，每季度联系基层群众不少于1人次；经常性听取群众意见，反映百姓诉求，每年反映社情民意不少于1条；主动服务群众，参与基层建设，每年参加集中为民服务活动不少于1次；每年力所能及地为群众办好事实事不少于1件。

3．进一步实现活动开展经常化

——定期开展组团活动。市政协牵头每季度组织开展一次“‘爱心帮您’社区（乡村）行”活动；各县（市、区、山）政协应统筹本区域内委员力量，发挥专业优势，组建群众文艺、法律维权、健康义诊、科普宣传，以及企业发展咨询、群众就业扶持等专业化服务团队，开展巡回式定点服务，帮助基层解决一些自身难以办到的问题。组团服务可定期到广场、公园、商业中心等人流量较大的地方或跨区域开展，尽可能发挥组团服务的优势。

——紧密结合界别活动。市政协进一步健全和规范“界别＋区域”委员活动组活动，依托专委会和界别（区域）组牵头、协调、联系的纽带作用，通过精心安排委员参与政策宣讲、咨询服务、走访座谈，送文化、科技、法律、健康、教育，以及慈善公益、扶贫济困、捐资助学等系列为民服务活动，让委员与群众零距离接触、面对面交流，尽心量力地为民办实事好事，将委员个体优势转化为活动的整体优势。建议各县（市、区）政协结合各自优势，突出界别作用，广泛发动委员参与，有效开展具有界别特色的“贴近民生、贴近实际、贴近群众”活动，建立健全界别为民服务长效机制。

——引导委员自主活动。各级政协组织要通过召开动员会、发放倡议书、开设专栏等形式，进一步统一思想，让委员认识到这是他们履行政协职责的“分内事”，促使委员主动深入基层根据自身特长和能力，认领服务项目，开展履职活动。并努力做到“三个延伸”：由“助困”向“为民”延伸，多在“送科技、义诊、文化等”方面上下功夫；由“输血”向“造血”延伸，多在出“金点子”、提供招商引资信息和企业发展咨询等方面下功夫；由“访贫问苦”向“问计于民”延伸，多就教育、医疗、就业等民生问题，积极反映社情民意，在为党政科学决策建管用之计上下功夫。

4．进一步健全工作推进机制

——坚持委员约访群众制度。由各“委员之家”负责收集梳理基层群众需求，直接与相关委员联系，有计划安排委员到点与群众“面对面”座谈交流，听取意见，对能够解决的问题，由委员力所能及地帮助解决；对没有能力帮助解决的，由委员直接向有关党政职能部门反映，或以社情民意形式及时向市县两级政协报送。

——建立服务供需对接机制。各乡镇（街道）联络组（处）负责及时了解基层所需，群众所盼，定期进行梳理，制定服务“菜单”，将为民服务的内容和事项分类列出，并及时向委员发布，由委员根据自身专业特长、社会能力及资源优势，自愿选择认领服务项目，开展履职活动。

——完善民情收集反馈机制。进一步规范社情民意的收集报送流程，着力构建反映社情民意的市、县、乡、村四级联动网络，建立全方位、立体式民情信息收集渠道。在市政协网站设立“民情直通平台”，由专人负责信息接收处理。同时，设立“回音壁”，对社情民意信息的处理情况进行公布，及时向社会公开反馈。

——建立服务双向反馈制度。乡镇（街道）联络组、社区（乡村、园区）要与市、县两级政协机关保持经常性联系沟通，及时反馈委员到点开展活动情况，每年年底，市政协对“三进三服务”工作整体情况予以通报。同时，市、县政协机关要加强与广大委员的联系沟通，及时将相关工作情况向委员进行反馈，有针对性地督促指导委员开展活动。

——完善履职考评激励机制。修订完善《市政协委员履职考评暂行办法》，将“三进三服务”工作列为基础考评内容，对表现优秀的予以加分鼓励。并将“三进三服务”情况纳入委员履职档案，作为换届调整的重要依据。各地政协办公室作为审核单位，要对市政协委员参加活动情况严格把关，如实上报。

四、加强组织保障

1. 强化工作领导。市政协党组对“三进三服务”的全面深入推进工作负总责，常委会、主席会每年定期听取情况汇报，研究部署推进措施。健全“党组书记亲自抓、分管领导直接抓、秘书长具体抓、牵头部门日常抓、各专委会共同抓”，一级抓一级、层层抓落实的责任机制。各县（市、区、山）市政协委员活动组召集人作为区域组开展活动的主要责任者和组织者，要把全面深入推进“三进三服务”工作，作为践行群众路线的重要抓手来统筹部署推进。市政协委员工作委员会负责做好“三进三服务”工作的综合协调、调度服务等工作。

2. 加强督查指导。坚持市政协主席会议成员“三进三服务”联系点制度，每名主席会议成员分别负责联系1～2个市政协委员区域活动组，挂点1～2个“委员之家”，负责督促指导所联系点深入开展“三进三服务”活动。建立市政协各专委会分工联系1～2个县（市、区、山）政协制度，负责引导、指导各县（市、区）政协深入推进“三进三服务”工作。健全日常管理工作机制。按照“工作有文件、活动有方案、履职有记载、考核有办法、经验有总结”的要求，进一步完善工作规则，健全联系协调、组织活动、意见反馈办理等机制，强化长效运行管理，促进活动有序开展。

3. 注重宣传引导。坚持开门搞活动，广泛宣传，深入发动，充分利用简报、网站、专栏、报刊等形式，及时反映活动动态，宣传先进典型，真正使“三进三服务”活动进村入户、家喻户晓。注重对工作中一些好的做法、好的经验，及时予以挖掘总结、宣传推广，以点带面深入推进活动开展。加大先进典型的宣传力度，在九江市政协网站、刊物上分别开设“委员风采”专栏，定期对“三进三服务”中涌现出的先进典型进行宣传报道，影响带动更多的委员参与活动。同时，深入开展理论研讨活动，以理论的创新来推动工作的创新。

4. 落实活动保障。市县两级政协机关、乡镇（街道、园区）政协工作联络组（站）要完善工作计划、设计活动载体、健全相关机制，为委员进基层开展活动创造条件、提供服务。市政协办公厅按照每名市政协委员每年500元的标准拨付活动经费，要求区域活动组活动经费主要用于“三进三服务”工作；界别活动组以“三进三服务”为载体开展活动。各县（市、区）政协应积极争取将“三进三服务”工作经费列入财政预算，或单列活动经费，做到专款专用。各乡镇（街道、园区）政协工作联络组（处）要主动争取委员所在单位的大力支持，为开展活动提供必要保障。

5. 形成联动合力。全面深入推进“三进三服务”工作，作为市政协统一部署的整体性、全局性工作，需要各县（市、区）政协、各乡镇（街道、园区）政协工作联络站（处）、各级政协委员的紧密配合、上下呼应、整体联动、齐头并进。市县两级政协组织要深化思想共识，加强协作配合，有效整合资源，形成“同唱一台戏”的工作氛围；紧扣活动主题，加强工作指导，进一步发挥政协机关的组织协调功能，真正协助做好委员到点开展活动；充分发挥界别优势和委员主体作用，使“三进三服务”工作成为委员履职的重要渠道。市政协每年召开一次专题工作会，并在每年年底对“三进三服务”工作进行总结表彰，以推动“三进三服务”工作常态化、规范化、科学化。

2014年8月22日

中共浔阳区委转发《区政协党组关于进一步推进社会主义协商民主制度建设加强人民政协民主监督工作的意见》的通知

浔字〔2014〕18号

各街道党工委，区委各部门、区直各单位党组织：

《区政协党组关于进一步推进社会主义协商民主制度建设加强人民政协民主监督工作的意见》已经区委同意，现转发给你们，请认真贯彻执行。

中共浔阳区委

2014年10月9日

区政协党组关于进一步推进社会主义协商民主制度建设加强人民政协民主监督工作的意见

为进一步加强我区民主监督工作，充分发挥民主监督在推进地方协商民主政治建设中的重要作用，根据《中共中央关于加强人民政协工作的意见》《中共江西省委关于推进人民政协政治协商制度建设的意见》以及《中共九江市委转发〈市政协党组关于进一步推进社会主义协商民主制度建设加强人民政协民主监督工作的意见〉的通知》文件精神，提出如下意见。

一、充分认识推进社会主义协商民主制度建设、加强人民政协民主监督工作的重大意义

党的十八大报告提出“完善协商民主制度和工作机制”的要求，把协商民主从一种民主形式上升为一种制度形式，体现了党对社会主义民主政治的实践创新、理论创新和制度创新。民主监督与政治协商、参政议政等职能，共同构成了协商民主制度建设的重要组成部分，在推进社会主义民主实践中发挥着不可替代的作用。支持政协履行民主监督职能，有利于加强和改善党对政协工作的领导，推进重大决策的科学化、民主化；有利于密切人民群众联系，健全完善协商民主的制度与机制建设，拓宽群众有序的政治参与；有利于广泛调动政协委员和各界人士的积极性创造性，推动全区上下凝心聚力，努力实现“美丽、和谐、幸福首善之区”奋斗目标。

二、按照推进社会主义协商民主制度建设的新要求，进一步明确人民政协履行民主监督职能的主要内容和主要形式

（一）人民政协民主监督的主要内容：

1. 国家宪法、法律、行政法规和地方性法规在全区实施情况；

2. 各级党委、政府以及区委、区政府出台的重大方针政策、重大改革方案的贯彻执行情况；

3. 全区国民经济和社会发展中长期规划执行情况，以及政府工作报告和经济计划、财政预算、人民法院、人民检察院工作的执行情况；

4. 全区重大投资项目、地方发展重点工程以及为民办实事的项目建设与运行情况；

5. 党政机关、事业单位及其工作人员履行工作职责和遵纪守法、为政清廉等方面情况；

6. 政协建议案、提案、社情民意反映以及委员大会发言等建言献策的办理与答复情况；

7. 政协各参加单位和委员遵守政协章程、执行政协决议、决定等方面情况；

8. 其他需要监督的事项。

（二）人民政协民主监督的主要形式：

1. 会议监督。通过政协全体会、常委会、主席会、界别会、专题协商会以及专门委员会会议等开展协商，会后及时向区委、区政府报送有关建议意见；就全区经济社会发展的相关重大问题，邀请党政领导及有关部门负责人参加会议并通报情况。

2. 提案监督。充分发挥提案交办会明确责任、常委汇报会促进办理、民主评议会跟踪问效“三会”工作机制作用，不断提升提案工作实效；坚持党政主要领导和班子成员带头领办、督办提案制度；通过协商办理、跟踪督办、联合办案等形式，对提案办理情况开展走访、检查和评议等，充分发挥提案的民主监督功能。

3. 调研、视察监督。政协各参加单位、各专委会、界别、委员活动小组，根据区委要求和政协年度工作安排，开展专题调研、视察，并以建议案或调研报告、视察报告等形式，向区委、区政府及有关部门提出建议、批评、意见。

4. 专项监督。根据区委要求或政协有关会议决定，组成监督工作小组，对全区重点推进的工作、重大民生事项或人民群众普遍关注的热点难点问题，开展专项民主监督。

5. 社情民意监督。充分发挥政协界别特色和委员优势，如实向区委、区政府反映社会各界和人民群众的诉求与呼声，为党政机关了解民情、集中民智、凝聚民力、推进发展提供参考依据。区政协学习提案文史委要拓宽社情民意收集途径，畅通社情民意反映渠道，建立向区委、区政府及上级政协组织直接反映重要情况、提出重要建议的绿色通道。

6. 民主评议监督。在区委的领导下，政协常委会做好计划安排，适时对党委工作部门、政府职能部门或司法机关，就其贯彻执行党和国家的方针政策以及依法行政、履职为民、机关效能和廉政建设情况开展民主评议，提出评议意见。

7. 委派民主监督小组和特约监督员监督。充分发挥民主监督小组和特约监督员作用，民主监督小组和特约监督员通过列席派驻单位的重要会议和活动，向政协、纪委和派驻单位提交建议书等形式，实施民主监督。

三、不断推进社会主义协商民主制度，建立健全人民政协民主监督机制

（一）健全完善重大决策与人民政协开展政治协商的工作机制和保障机制。要把政治协商纳入决策程序，落实“三在前”“三在先”制度，切实做到重大决策协商在区委决策之前、人大通过之前、政府实施之前，制定经济和社会发展中长期规划要先协商后决策，对重大事项和关系人民群众切身利益的重大问题要先协商后决定，在制定重要地方性规章时要先协商后提请审议。对重要人事安排适时向区政协通报。坚持做到规定需要经过政协协商而未经协商的事项，除特殊需要外，原则上不予决策。要把重大问题在决策之前和决策执行过程中提交政协政治协商的要求纳入议事规则和工作规划，为把政治协商纳入决策程序提供制度保障。对政协提出的协商意见和建议，要认真研究、积极采纳。

（二）健全完善重点工作向人民政协协商通报机制。协商通报的议题由区委、区政府及相关部门提出，或由政协建议提出。通报的主要形式包括：1. 每年由区委、区政府根据年度工作重点确定情况通报议题；2. 政协围绕全区中心工作，提出全年协商通报计划，经主席会议审议，报区委审定、批转；3. 区纪委向政协通报党风廉政建设情况；4. 法检两院向政协通报工作，由主席会议确定；5. 每年选取部分党政部门向政协通报工作，由主席会确定；6. 需要临时向政协通报的工作或提交政协协商的议题，由区委、区政府、区政协三家办公室共同协商确定。

（三）健全完善人民政协建言成果的报送、办理、反馈机制。对政协报送的建议案、视察报告、调研报告，以及提案、社情民意反映等建言献策成果，应认真研究，积极采纳。经区委、区政府会议研究或领导批示的，要列入区委、区政府督办落实事项，并将承办单位的落实情况上报区委、区政府，同时将相关会议意见、领导批示及落实情况在四个月内反馈或抄告政协。要坚持党委、政府、政协“三家”联合督办提案，党政主要领导带头领办、党政班子成员领办督办重点提案机制，认真执行提案办理结果“双向评议”和信息反馈制度。要加强对社情民意信息办理工作的领导，通过社情民意了解群众的意愿和诉求，及时解决群众反映强烈的困难和问题。

（四）建立人民政协民主评议工作机制。政协民主评议是由区委交办或经区委同意，由政协党组会议、主席会议组织实施，对党政部门、司法机关工作评议或单项工作评议。民主评议工作的基本程序包括组织动员、调研视察、公开评议（测评）、集中整改、总结报告（通报）五个阶段，民主评议要坚持走群众路线，广泛吸纳政协委员和社会各界人士参与，实行开门评议。民主评议结束后，要形成专题民主评议报告报送区委、区政府和相关部门。要强化民主评议成果的运用，责成有关部门对评议意见及时研究落实，认真进行整改。

（五）建立健全人民政协重要交办事项办理情况责任追究机制。要高度重视、认真对待政协提交的各类建言献策和民主监督意见。对政协正式报送、转办的建议案、视察调研报告、提案、社情民意反映等建言成果，要做好登记、送审、办理和答复工作。要明确责任领导和责任单位，提出办理方案、质量标准和时限要求，并做好跟踪协调、督促落实。对该办未办或办理不力的，政协可要求承办部门主要负责人作情况说明；对给办理工作带来不良影响的，政协可向区委、区政府提出追究其相关负责人责任的建议；对办理难度较大、建言单位或建言人对办理结果不满意的，应采取联合办理、专项督办、跟踪问效等形式，加大力度，督促落实，力争给建言单位或建言人一个满意的答复。

四、加强党对人民政协协商民主制度建设的领导，为推进民主监督工作提供组织保证

要加强对政协民主监督工作的领导，不断推进协商民主制度建设，把民主监督工作真正纳入协商民主制度建设的总体框架，列入重要议事日程；对政协开展民主监督的议题和实施方案要及时研究批复、督促执行，支持政协依照章程开展工作；听取政协党组关于推进协商民主制度建设、加强民主监督工作情况的汇报；每届要开展一次推进协商民主制度建设、支持政协履行民主监督职能情况的检查活动。要坚持在区政协全会期间参加联组讨论，坚持党政负责人应邀参加政协常委会制度。建立党委、人大、政府、政协办公室主任联席会议制度，党政部门、司法机关与政协专委会对口联席制度。

区政协党组要在区委的领导下，认真做好政治协商、民主监督、参政议政活动的协调安排和组织实施，始终做到同区委、区政府方向一致、目标一致、工作一致，使党的主张成为各民主党派和无党派人士、各人民团体和各族各界人士的广泛共识，更好地发挥政协在地方经济社会发展中的重要作用。

区委组织部和区委党校要把协商民主理论纳入干部培训教学计划，增强干部队伍的协商民主观念和自觉接受民主监督意识。宣传部门要加强政协履行职能的宣传，浓厚协商民主制度建设良好氛围。

各部门要为政协开展民主监督活动提供情况、创造条件、积极配合。区委、区政府的监督机构要密切同政协的联系，建立健全民主监督与党内监督、法律监督、行政监督、舆论监督、群众监督相结合的监督体系和联动监督机制。政协委员所在单位要大力支持委员行使民主监督职能，并提供必要的时间和经费保证。

中共浔阳区委关于切实保障人民政协充分履行职能加强人民政协协商民主建设的实施意见

浔发〔2015〕6号

为深入贯彻落实党的十八大和十八届三中、四中、五中全会和习近平总书记在庆祝中国人民政治协商会议成立65周年大会上的重要讲话精神，切实保障人民政协积极履行职能，充分发挥作为社会主义协商民主重要渠道和专门协商机构的作用，切实不断推进政协协商民主广泛多层制度化发展，根据政协章程和中共中央《关于加强社会主义协商民主建设的意见》、中共中央办公厅《关于加强人民政协协商民主建设的实施意见》以及省委、市委相关文件精神，提出如下实施意见。

一、充分认识人民政协协商民主的重大意义和重要作用

1. 人民政协是人民民主的重要形式，是协商民主的重要渠道和专门协商机构，是国家治理体系的重要组成部分。人民政协作为中国人民爱国统一战线组织、中国共产党领导的多党合作和政治协商的重要机构、我国政治生活中发扬社会主义民主的重要形式，是各党派团体和各族各界人士发扬民主、参与国是、团结合作的重要平台，地位不可或缺、优势不可比拟、作用不可替代。人民政协的协商民主，以宪法、政协章程和相关政策为依据，以中国共产党领导的多党合作和政治协商制度为保障，集协商、监督、参与、合作于一体，具有代表性强、联系面广、包容性大的优势。通过这个平台，就地方政治经济社会发展重大问题、关系人民群众切身利益的实际问题、统一战线内部共同性问题等进行充分协商、坦诚交流，有利于巩固我们党的执政基础，发展中国特色的社会主义协商民主；有利于广纳群言、广谋良策、广聚共识，促进党委政府科学民主决策；有利于扩大社会各界和各阶层人士的有序政治参与，体现知情权、参与权、表达权、监督权的有机结合，更好地实现人民当家做主。

2. 进一步加强人民政协协商民主建设，是形势发展的需要。近年来，市委提出了决战工业一万亿、全力做大九江、奋力开创“双核”发展新征程的战略部署。区委结合浔阳实际提出了“3785”工作目标，奋力打造美丽、和谐、幸福首善之区。实现这些目标任务，更需要找到全社会意愿和要求的最大公约数，更需要广泛凝聚共识增进团结，更需要汇聚各方面的智慧和力量。新形势、新任务赋予人民政协更重大的责任，更光荣的使命，也呼唤和要求人民政协继承光荣传统，提高履职水平，不断有新的更大作为。近年来，区委注重把协商纳入重大决策程序，做到重大问题在政协协商、重要情况向政协通报、重要工作与政协沟通，带动了各类协商民主形式共同推进。区政协不断完善专题协商、对口协商、界别协商、提案办理协商等形式，形成了全会整体协商、常委会专题协商、主席会重点协商、专委会对口协商工作机制，积累了一定的协商经验。当前，党中央对加强社会主义协商民主建设提出了新的更高要求，对进一步推进政协协商民主建设作出了具体部署。而对新形势新任务，我区在健全协商制度、拓展协商内容、丰富协商形式、规范协商程序、增加协商密度、提高协商能力和实效以及加强政协协商与党政工作的有效衔接等方面还有大量工作要做，亟待进一步改进、完善和创新。区委将进一步加强对政协协商民主建设的领导，区政协要以改革思维、创新理念、务实举措不断提高履职能力，共同推进人民政协事业发展。

二、进一步明确加强人民政协协商民主建设的指导思想、重要原则

3. 指导思想。加强人民政协协商民主建设，必须贯彻落实党的十八大和十八届三中、四中、五中全会精神，高举中国特色社会主义伟大旗帜，以马克思列宁主义、毛泽东思想、邓小平理论、“三个代表”重要思想、科学发展观为指导，深入贯彻落实习近平总书记系列重要讲话精神，坚持围绕协调推进“四个全面”的总体战略布局和加快赶超发展、全力做大九江、建设首善之区的奋斗目标，把协商民主贯穿履职全过程，重点推进政治协商、民主监督、参政议政制度化、规范化、程序化，进一步拓展协商内容、丰富协商形式、规范协商程序、提高协商密度、增强协商成效，广泛凝聚各党派团体、各族各界人士的智慧和力量，为充分发挥人民政协作为社会主义协商民主重要渠道和专门协商机构的作用、加快全区经济社会发展作出新的更大贡献。

4．重要原则。加强人民政协协商民主建设，必须始终坚持党委统一领导的原则。坚持党的领导与推进协商民主是统一的、相互促进的，要确保协商民主建设始终沿着正确的政治方向进行；必须始终坚持围绕中心、服务大局的原则，使政协协商始终围绕经济社会各项事业发展持续发力，体现协商民主的必要性和实效性；必须始终坚持协商于决策之前和决策实施之中的原则，认真贯彻落实地方重大决策出台之前的“三在前、三在先”制度，对于按照规定程序需经政协协商而未予协商的事项，区委区政府要做到不决策、不实施；必须始终坚持民主协商、平等议事、求同存异、体谅包容的原则。做到协商于民、协商为民，不强加于人、不敷衍了事、不强求一致、不流于形式，积极营造民主协商的浓厚氛围。

三、不断提高人民政协协商民主建设的科学性和实效性

5．政协协商的主要内容。(1) 党代会报告，区委或区委、区政府联合制定的事关全局的重要文件，党风廉政建设有关问题；(2) 政府工作报告，国民经济和社会发展计划、财政预决算报告，人民法院、人民检察院工作报告；(3) 国民经济和社会发展中长期规划，区域总体规划、行政区域调整、重大体制改革方案；(4) 重大政府性投资项目、重点工程及群众普遍关注的重大经营性投资项目；(5) 涉及社会各界和影响群众生活的重大问题；(6) 本级政协主席会议成员、常委、委员及专门委员会主任、副主任的建议人选，党委提请政协协商的其他重要人事事项；(7) 各党派参加政协工作的共同性事务，政协内部的重要事务，以及有关爱国统一战线的其他重要问题；(8) 地方性法规以及政府重要行政规章制度的协商；(9) 有必要进行协商的其他重要问题。鼓励和支持政协组织根据形势发展，围绕全区中心工作和具体工作实际，拓展协商范围，规范协商内容。

6．政协协商的主要形式：

(1) 全体会议协商。主要就政府工作报告、国民经济和社会发展计划、财政预决算报告，人民法院、人民检察院工作报告，以及有关本区经济社会发展全局的重大问题等进行全面协商。

(2) 常务委员会会议协商。主要协商讨论党代会报告，区委或区委、区政府联合制定的重要文件，重要规划、重大改革和区委、区政府年度重要工作，有关人事事项等。

(3) 主席会议协商。主要协商讨论本地经济社会发展重大问题，重要人事事项，各党派参加政协工作的共同性事务，政协内部的重要事务，以及有关爱国统一战线的其他重要问题等。

(4) 专题协商。主要协商讨论本地经济、政治、文化、社会、生态文明建设某一领域或某一方面工作，以及人民群众普遍关注的某项重点、热点、难点问题。

(5) 对口协商。政协专委会、党派团体与党政对口联系部门之间以议题为纽带共同开展的协商活动。主要就某一领域、某一方面的重要事项或某部门专项工作进行协商。

(6) 界别协商。以界别为单位、以议题为纽带开展的协商活动。主要是政协领导和专委会根据联系界别的分工，召集所在界别委员举行的专题座谈、论证会等。

(7) 提案办理协商。在政协提案的立案、交办、办理、督办以及答复等各个环节进行的协商活动。主要通过沟通与协商，推动提案的办理、办结及答复、反馈，提高提案的办理实效。提案办理须经协商，重点提案重点协商。

(8) 其他形式协商。政协在区委、区政府重大决策形成过程中及时召开专题座谈会，有关方面负责同志到会听取意见建议；通过专题调研、视察、考察等活动开展协商；在撰写提案、反映社情民意信息中与有关方面进行协商；整合地方网络资源，探索网络议政、远程协商等形式。

7．政协协商的基本程序：

（1）制定年度协商计划。认真落实由区委、人大、政府、民主党派、人民团体等提出议题的规定，年度协商计划由区委会同区政府、区政协共同制定。协商议题由区委或区政府交办，区政协与区委、区政府及有关部门沟通协商等形式提出，重点协商议题由区委同区政府、政协会商形式提出。政协可通过常务委员会会议、主席会议、专委会会议以及专题座谈会等形式征集议题，积极探索界别、委员联名、委员小组提出议题。对规定需要协商的事项必须先经协商再提交决策、组织实施。年度各项协商议题由政协办公室汇总，形成年度协商计划草案，经政协主席会议审议后，报区委常委会研究决定，并列入区委年度工作要点。政协专题协商、对口协商、界别协商重点议题，须列入年度协商计划。协商计划由区委、区政府、区政协办公室联合印发。

（2）组织开展协商活动。政协专委会、办公室要按照年度协商计划，会同党政相关部门制定协商工作方案，并根据议题组织开展调研、了解和掌握情况；区委、区政府及有关部门要围绕协商议题进行必要的工作准备、提供相关资料；由政协组织实施的协商活动，区委、区政府相关领导及其部门负责人要全程参加，并主动通报情况，认真听取协商意见；参加协商活动的政协委员要积极建言献策、反映民意。

（3）形成和报送协商成果。每次根据协商计划安排的协商活动，政协都要将相关的协商意见综合形成专题报告，书面报送区委、区政府及有关部门参考。其中，政协建议案和重要的调研、视察报告，经政协常务委员会议或主席会议审议后，以政协名义报送区委、区政府；各专委会的报告或协商意见，以政协办公室名义报送区委、区政府分管领导及有关部门；各类协商会议期间记录、整理的建言成果，以《协商会议纪要》或《协商专报》形式报送区委、区政府及有关部门参阅。

8．政协协商成果的转化与运用。区委、区政府应将决策前和决策实施中的协商纳入区委议事规则和政府工作规则，并制定协商成果的采纳、运用和反馈机制。区委、区政府在研究讨论被列入政协年度协商计划的议题时，应附上政协的相关报告或协商意见。对政协全体会议、常务委员会议、主席会议审议通过的建议案，区委常委会议或政府常务会议应视情列入议事日程。对政协报送的建言成果，党政领导应及时阅批，并明确办理部门和有关要求。经区委、区政府集体研究或党政领导批示的协商成果，由区委、区政府督查部门负责督办落实，并将研究、批示、办理结果及时抄送政协办公室。

四、把协商民主贯穿人民政协履行职能全过程

9．大力加强政治协商制度建设。要把政治协商作为重要环节纳入党政决策程序，坚持做到凡规定需经政协协商而未经协商的事项，不予决策。要进一步完善党政领导及部门负责人参加政协协商活动的制度。党政领导每人每年至少应出席1—2次政协协商活动；政协全会时，区委各部门、区直各单位、各街道党政主要领导参加大会开、闭幕式；负责联系政协工作或与协商议题相关的党政分管领导，除出席政协全会外，应邀参加政协组织召开的常务委员会、主席会、专题协商会和通报会；党政有关部门负责人要按政协会议和活动要求，应邀参加会议和活动，并通报情况、听取意见、当面协商。党政领导参加政协会议或活动，由政协办公室负责与党政办公室协调落实。要进一步完善区委、区政府及相关部门向政协定期通报情况制度。除政协全体会议、专题协商会议、专题调研视察安排通报情况外，区委、区政府要向政协每年至少通报1次经济社会发展、法制建设、党风廉政建设等方面情况，为政协委员知情明政、履行职责提供便利、创造条件。

10．充分发挥民主监督职能作用。区委、区政府及其有关部门要认真听取、虚心接受来自政协组织及委员的批评、意见、建议，支持和保障政协积极履行民主监督职能。（1）区委、区政府及其有关部门组织的重要调查、专项检查活动，应邀请政协派员参加。（2）每年就财政预算、民生工程、城市管理、社区建设等工作至少安排一次专题民主监督活动。（3）切实发挥协商会议、视察、调研、提案、社情民意反映以及大会发言、建议案、委员举报等形式在民主监督中的作用。（4）完善民主监督员统一聘任制度。政协可应有关部门邀请推荐特约监督员，也可统一聘任相关委员担任民主监督员，组成民主监督小组派驻司法机关和政府职能部门，开展民主监督。（5）加大民主评议监督力度。在区委领导下，政协每年可酌情对区直和驻区具有审批、执法和公共服务职能的单位开展民主评议，就其贯彻执行党和国家方针政策以及依法行政、履职为民、廉政建设等情况进行民主监督。区委、区政府应强化民主评议成果的运用，责成被评部门及时研究评议意见，逐项抓好整改落实。

11．切实提高参政议政能力水平。区委、区政府及有关部门要积极主动为政协履行职能搭建平台、改善条件、提供保障。(1) 适时委托政协开展重大课题调研，邀请政协委员参与重大项目研究论证，支持政协对涉及群众利益的重大决策收集社情民意信息，进行风险评估，为区委、区政府决策提供参考。(2) 建立区委、区政府和区政协共同交办、办理、督办提案工作机制，继续实行党政领导分工领办督办重点提案制度，把提案办理纳入区委、区政府年度督查工作计划，推动提案及办理结果向社会公开。(3) 健全党政部门与政协专门委员会对口联系制度，建立信息共享机制和汇集分析机制，加强工作沟通联系，党政部门每年在向“两办”报告工作总结，同时要抄送政协对口专委会。

五、积极推进政协协商民主建设的实践创新与机制创新

12．完善委员推荐提名工作机制，优化委员构成。严格按照中央、省委、市委、区委文件和政协章程有关规定，规范委员产生程序，真正把代表性强、议政水平高、群众认可、德才兼备的优秀人士吸纳到政协队伍中来。区委有关部门要严格把好委员素质关、入口关，坚持广泛协商原则，合理确定委员构成与分布，保证民主党派成员和无党派人士在政协委员、常务委员中占有较大比例。政协换届及届中委员调整时，政协党组要与区委有关部门密切协调、通力合作，做好委员推荐提名、协商的相关工作。委员建议名单经区委审定后，按政协章程规定的程序办理。

13．切实完善委员联络管理制度，规范委员履职。区政协要不断加强委员联络工作，做好委员队伍的日常联系、管理和服务。进一步规范委员履职工作有关制度，明确委员的权利和义务，建立委员履职档案，统计委员履职情况，加强委员履职考核，及时将考核结果通报区委有关部门和委员所在单位，并将考核结果作为换届或届中委员调整是否继续提名（保留）的重要依据。严格会议请假制度，委员出席政协会议和参加政协活动情况要及时通知本人并在适当范围通报。探索委员年度履职情况向政协报告制度。政协委员在届中因工作岗位变动、不便继续履行职责的，应及时予以调整。要强化委员廉洁自律管理，对严重违反政协章程或全体会议、常务委员会会议决议的，按章程规定由政协常务委员会会议给予相应处理。

14．积极探索政协工作向基层延伸新途径，夯实工作基础。充分发挥政协委员在推进基层协商民主中的积极作用，完善基层政协组织联系服务群众制度。积极引导委员深入实际、深入基层、深入群众，按照市政协“三进三服务”、“双争四创”等活动要求，深入开展“五个一”活动，打造政协工作新品牌。推动基层民主协商议事，做好上情下达、下情上达工作，增强政协工作的凝聚力和影响力。根据大力发展基层协商民主建设的需要，探索各街道政协联络机构设置，由正科级干部担任联络机构负责人，具体担负推进基层协商民主建设和委员联络责任。

15．努力构建政协机关自身建设新格局，强化组织保障。按照精干、高效、统一的要求，加强政协专委会建设，专门委员会配备专职副主任。加强政协组织的履职保障，确保政协工作机构、人员编制、预算经费适应工作需要。要以课题调研为纽带，积极搭建协商议政新平台，多组织开展一些左右联动、优势互补的调研活动、课题研究，实现各方资源的协调配合、成果共享。要加强政协同海外侨胞、归侨侨眷以及港澳台侨界别在本地委员的交友联谊。

六、不断推进政协协商的能力建设

16．加强学习培训，增强协商民主观念。区政协要把协商民主建设内容纳入委员学习培训计划，确保全体委员每届至少培训一次。通过专题讲座、学习讨论、理论研究等形式，切实提高对政协协商民主在推进社会主义协商民主中重要性的认识。强化全局观念，始终站在全区、全局的高度思考问题、研究问题，为推进党政中心工作提出真知灼见；强化战略思维，做到既立足当前，又把握事物的发展趋势，尽力提出前瞻性和可操作性强的意见建议；强化法治意识，运用法治思维和法治方式履行职能、推动工作；强化务实精神，做到一切从实际出发，摸实情、献实策、求实效。

17．采取务实举措，增强协商议事能力。(1) 提高政治把握能力。完善常务委员会议、主席会议、委员活动小组等不同层次的学习制度，坚定理想信念，增进政治认同，提高运用科学理论分析判断形势、研究解决问题的能力和水平。(2) 提高调查研究能力。明确调研内容、科学选题，始终围绕中心、服务大局，坚持问题导向，注重用事实说话、用数据说话，把一个专题研深研透，确保形成切实有效、行之有用的建言成果供党政参考。(3)提高联系群众能力。不断探索政协经常性工作与群众工作相结合的途径，畅通和拓宽各界群众利益诉求的表达渠道。积极反映社情民意，及时编发舆情专报，加强政协网站建设，开通网上舆情收集和汇总报送平台。(4)提高合作共事能力。建立健全政协主席、副主席联系界别和委员制度，探索和巩固以界别为单位推荐大会发言、提出集体提案的作法，加强政协组织与党委统战部门的沟通协调，为民主党派委员和无党派人士委员在政协履行职能、协商议政、合作共事、发挥作用创造条件。

七、加强和完善党对人民政协协商民主建设的领导

18．党委要从全局和战略高度重视、支持政协协商民主建设与政协事业的发展。按照党委总揽全局、协调各方原则，支持政协依照宪法法律和政协章程独立负责、协调一致地开展工作。(1)区委切实把政协协商民主建设纳入总体工作部署和重要议事日程，每届任期内应召开一次政协工作会议，每年至少听取一次政协工作汇报，及时研究解决政协工作中的问题。(2)加强政协领导班子建设，坚持和完善政协主席列席同级党委常委会议制度；区委、区政府召开的重要工作会议邀请政协有关负责同志参加；部分政协党组成员选入区委委员。(3)区委、区政府召开全局性会议，开展重大活动，要政协专门委员会和办公室负责人参加；区委组织部门组织民主推荐、民主测评，除上级党委组织部门和区委明确具体参加推荐和测评人员范围外，应根据工作需要安排区政协专门委员会和办公室主要负责人参加。(4)区委、区政府负责同志要高度重视政协工作，大力支持政协推进协商民主建设。党政主要领导每年至少要到政协开展一次工作调研，应邀参加一次政协常务委员会会议；区委、区政府要分别明确一名领导联系政协工作，班子其他成员也要在各自分管范围大力支持政协工作，党政各部门都要确定一名负责同志联系政协工作，切实加强党政工作与政协协商的有效衔接。(5)把加强政协履职保障、积极吸纳政协协商成果等情况纳入党政领导班子和领导干部考核体系，把办理政协提案等情况纳入党政部门年度工作绩效考核。

19．重视加强政协机关干部队伍建设。把政协机关干部的培养、交流和使用纳入干部队伍建设总体规划和年度工作计划，采取切实有效措施，加大政协机关和党政机关之间的干部交流力度，并形成长效机制。有计划选调政协机关中的中青年干部参加各级党校学习培训。政协各专门委员会主任、副主任中的党外代表人士要有适当比例。

20．支持和保障委员依法依章履行职责。切实保障政协委员依照法律和政协章程履行职能，保护委员的合法权益，严肃查处对委员履职进行压制和打击报复的行为。积极帮助政协改善工作条件，把政协履职必需的各类会议、调研、视察、宣传、学习培训、专委会工作以及委员活动、老干部活动等专项经费，一并列入财政预算，并根据政协工作需要和地方财力的增长情况，做到逐年有所增加。委员所在单位要大力支持委员参加政协会议和活动，在时间、经费、工作条件等方面提供方便和保障。区政协委员涉嫌违纪违法的，有关机关采取强制措施前，应向区政协通报。

21．充分发挥政协党组的领导核心作用。政协党组肩负着实现党对政协领导的重大政治责任，要自觉接受区委的领导，主动向区委汇报和请示工作，坚定不移地贯彻执行党关于政协工作的方针政策，把区委的重大决策和工作部署贯彻到政协全部工作中去。区委研究有关政协的重大问题，要事先征求和听取政协党组的意见，有些重要问题的政治协商可以委托政协党组实施。认真落实党风廉政建设主体责任，抓好委员队伍建设和政协机关干部队伍建设，强化正风肃纪、反腐倡廉。政协组织中的共产党员，要充分发挥先锋模范作用，带头遵守政协章程，主动加强与非中共人士的团结合作，努力成为合作共事的模范、发扬民主的模范、求真务实的模范、廉洁奉献的模范。通过人格的力量和民主协商的办法，努力把更多的人团结在党的周围。

22．积极推进人民政协理论研究、教育和宣传工作。高度重视人民政协理论建设和教育培训工作，把人民政协理论作为学习的重要内容，列入区委中心组专题学习内容，列入党校的教学计划。宣传部门要把对人民政协理论和政协工作的宣传纳入总体宣传计划，组织新闻媒体及时开辟专栏和专题节目，运用新载体、新形式大力宣传人民政协及协商民主建设的意义与作用以及我区政协协商民主建设的新成效，努力营造全社会重视政协工作、支持协商民主的良好氛围。积极开展新形势下实践对策和基础理论的研究，切实以理论的创新指导和推动政协协商民主实践的创新。

中共浔阳区委
2015 年 12 月 11 日

关于成立浔阳区政协筹备方案的报告

1987 年 6 月 2 日

区委：

市委对我区政治民主生活非常重视，批准我区成立政协，这是我区人民政治民主生活中的一件大事，必将对我区两个文明建设产生深远影响。市委批复下来以后，在区委直接领导和亲切关怀下，在市政协、市委统战部的正确指导下，经过各方面的努力和配合，政协筹备小组已成立并正式开展了工作。为了使筹备工作有计划、有步骤的全面展开，促进区政协尽快成立，早日为爱国统一战线工作和祖国统一大业服务，为促进我区两个文明建设做出贡献，政协筹备小组通过讨论研究，草拟出筹备工作方案，现将方案主要内容报告如下：

一、关于开展宣传的问题

为了使全区干部群众知晓区政协成立，特别是清楚政协的性质，任务和作用，主要的宣传形式：

一是编写书面材料进行宣传，把中国人民政治协商会议是中国人民爱国统一战线的组织的性质；她的任务是巩固和发展爱国统一战线；她的作用是通过建议和批评，对国家和地方的重要事务进行政治协商和民主监督的这些基本常识编制成书面宣传材料，发至各单位、各群团组织、各民主党派和有关方面进行广泛的宣传。

二是利用文化橱窗进行宣传。通过与宣传部门和有关单位的配合，在《浔阳文艺》和“四栏一室”等橱窗和栏报中进行大力宣传。

三是利用两个会进行宣传。酝酿协商产生政协委员拟先后召开各单位党组织负责人会和民主协商会。我们准备利用这一机会，在党内和党外、单位内和社会上进行宣传政协的性质、任务和作用。

四是出动宣传车 1 ~ 2 次，在主要街道进行广播宣传。

总之，力争宣传工作在形式上多一些，声势上大一些，达到效果上实一些。

二、关于组织领导的问题

成立区政协的筹备工作在区委直接领导下，筹备小组负责实施具体工作。为了把筹备工作搞得进展更快一些，工作更扎实一些，拟在筹备小组办公室下设三个办事机构，即组织组：由牛增辉、谢生梅、李德文三同志负责；宣传秘书组：由王柱勋、张行冶、梅冬乔三位同志负责；总务组：由毛应生、漆建华二位同志负责。成立三个组也是为召开成立区政协大会对口的。会前分别落实三项任务：一是搞好政协性质、任务和作用的宣传工作。二是做好酝酿协商和推荐产生政协委员的工作。三是搞好筹备工作和成立大会的后勤服务。

三、关于政协委员名额、界别、比例的问题

根据赣统发〔1986〕135 号文件精神，政协人事安排的指导思想是：政协是统一战线组织，人事安排要贯彻大团结，大统一的精神，以利于加强政治协商、民主监督，调动各方面积极因素为原则，放宽视野，全面布局，不忘老友，广纳新友，统筹兼顾，全面安排，以适应改革、开放和发展最广泛的爱国统一战线需要，为实现统一祖国，振兴中华，促进“一国两制”服务。对县（区）级人民政协委员人数要求是：中等县（20 万至 50 万人口）设委员 100 名至 150 名。

根据上述精神，结合我区现有 22 万人口中，统战工作对象十种人共有 3746 人的实际情况，区第一届政协委员的名额，党内外比例、界别设置、产生方法和条件，我们意见是：

1．政协委员名额和党内外比例。从打好基础，积累经验，逐步发展考虑。区首届政协委员为 70 至 75 名。委员中党内外比例按中央统发〔1986〕62 号文件规定，中共党员最多不超过 40%，党外人士不低于 60%，妇女委员不少于 20%，在现配 72 名委员中中共党员 26 名（占 36.1%），党外人士 46 名（占 63.9%）。

2．政协常委名额和党内外比例。根据赣统发（87）17 号文件规定：委员数少于 100 名的县级政协常委名额最高限度占委员总数的 25%；中共党员比例可占 35%左右。党外人士可占 65%左右。根据我区实际，第一届政协常委拟设 18 名，其中中共党员常委 7 人（占 38%），非党常委 11 人（占 62%）。

3．界别设置和各界别委员人数。根据上级要求结合我区实际，第一届区政协委员会由 17 个界别的委员组成。（1）中共 12 名；（2）民革 4 名；

（3）民盟2名；（4）工商联5名（中共党员1名）；（5）农工民主党2名；（6）无党派民主人士2名；（7）共青团（青年）3名（中共党员1名）；（8）工会3名（中共党员1名）；（9）农民2名（中共党员1名）；（10）妇联3名（中共党员1名）；（11）科、教、文、体6名（中共党员2名）；（12）医药卫生5名（中共党员1名）；（13）台属台胞4名；（14）归侨侨眷4名；（15）社会福利2名（中共党员1名）；（16）民族宗教4名（中共党员1名）；（17）特邀9名（中共党员5名）。

4．政协委员的条件：遵守和履行中国人民政治协商会议章程，拥护中国共产党的领导，坚持四项基本原则，拥护社会主义制度，热爱祖国，热爱政协和积极为政协工作，具有参政议政能力。除个别资深望重，对台湾、港澳和海外影响较大的党外人士外，中共党员年满六十岁，党外人士年满六十五岁的拟一般不予安排，区政协委员与区人大代表，市政协委员原则上不交叉，工作需要的例外。

5．委员产生的方法和步骤：（1）政协委员采取推荐协商的方法产生，既可由上到下又可由下到上。上下结合，交叉推荐。（2）请区委组织召开两个会：六月六日召开区直各单位党组织负责人会议。主要内容：一是宣传成立政协的意义和政协的性质、任务、作用；二是布置推荐产生委员的具体安排；三是强调各级党组织要高度重视。认真做好这项工作。七月五日前召开民主协商会，就委员人数人选等相关问题，广泛听取各民主党派、无党派、各群众团体和各方面人士的意见。（3）要求各单位在六月廿日前将协商推荐的政协委员人选，是中共党员的报区委组织部审定，是党外的报区委统战部审定，组织部和统战部要多加联系，共同协商研究，最后由统战部会总平衡报请区委审批，七月十日前颁发委员证书。

四、关于政协内部机构设置、人员编制的问题

根据市委九发〔1984〕17号文件精神，我区政协内部拟设二室（办公室、工作组办公室）、三委（学习委员会、文史资料委员会，提案委员会）。人员编制问题根据市委要求配15～20名，我们拟请定编18人。

五、关于召开成立政协大会的问题

待各项筹备工作就绪后，我们将报请区委审批召开成立浔阳区政协大会，开会时间初步拟定7月下旬。为了使首届区政协委员会胜利召开，圆满成功。将要积极认真地做好各项工作，一是要起草一份水平较高的筹备工作的报告；二是搞好选举产生第一届区政协领导班子；三是做好会议各项后勤服务工作，力争第一届区政协大会开得声势隆重，收到实效。

六、关于几个具体问题

1．办公地点。从我区各单位办公用房困难的实际情况出发，拟要求区委出面做工作，将我区政府礼堂批给区政协维修改造，作为区政协办公地点。

2．交通工具。鉴于区委、人大、政府交通工具都较紧张的情况，而政协筹备工作又急需工作用车，拟把区政府挪给公安分局使用的一部警车暂借筹备小组使用，以解急需。

3．经费开支。从筹备工作开始到成立大会召开正式开展工作，拟需如下几笔急需经费：一是开办经费（1万元左右）；二是礼堂维修费（另订预算）；三是会议经费（2.5万元左右）。

做好筹备工作，开好第一届第一次会议，这是市委、区委交给我们的光荣任务。由于时间短、任务重，加之又没有经验，我们希望全区各级党组织，广大干部和群众大力支持我们的工作，共同为开好政协浔阳区第一届第一次会议做贡献。

以上报告，当否请批示。

浔阳区政协筹备小组

专门委员会工作条例

（2003年3月25日政协浔阳区第五届一次常委会议通过）

第一条　为了进一步加强政协专门委员会基础建设，充分发挥各专门委员会在履行职能中的重要作用，根据全国政协《章程》和《中国人民政治协商会议全国委员会专门委员会通则》有关规定的精神，结合我区实际情况，特制定本工作条例。

第二条　区政协各专门委员会是在区政协常委会议和主席会议的领导下，组织政协委员进行参政议政的工作机构，是政协工作的重要组成部分。日常工作由主任或副主任主持，分管的副主席或秘书长、负责协调。

第三条　区政协专门委员会要以邓小平理论和“三个代表”重要思想为指导，贯彻执行“长期共存、互相监督、肝胆相照、荣辱与共”的方针，切实履行政协职能，逐步推进政治协商、民主监督和参政议政的规范化、制度化、为全面建设小康城区服务。

第四条　各专委会根据区政协常委会议和主席会议提出的各项工作任务和要求，主动、自觉、创造性地开展工作。其主要工作职责是：

（一）组织委员学习宣传党的路线、方针、政策和国家的法律、法规；

（二）围绕全区的大政方针以及政治、经济、文化和社会生活中的重要问题，组织委员开展专题调查研究，提出意见和建议；

（三）组织委员开展视察等各项活动，为委员知情出力、履行职责服务；

（四）广泛联系委员，及时了解社会各界人士的意愿，积极反映社情民意；

（五）通过多种方式，广开言路，广求善策，充分发挥委员的专长和作用；

（六）结合本专门委员会的特点做好有关工作。

第五条　专门委员会要根据区政协全委会、常委会议和主席会议的精神，制订年度工作计划，并认真组织实施。

第六条　专门委员会要经常组织委员进行活动，原则上每两月召开一次本专委会的委员会议，组织学习，开展活动，交流情况。

第七条　专门委员会要认真组织委员开展专题调查研究，每年力争拿出1~2个有分量的调研成果，提交区政协常委会议、主席会议协商讨论。对重要的建议和意见，经协商讨论后，由区政协办公室以正式文件送达有关部门，供党政部门决策参考。

第八条　专门委员会要为委员知情出力积极创造条件。各专委会要运用通报会、报告会、座谈会等形式，向委员通报情况。

第九条　专门委员会要加强同委员的联系，主动与区直党政有关部门建立经常性的联系，原则上每个季度召开一次对口联系会议，沟通情况。要切实有效地开展协商监督，搞好对口协商，积极参政议政。

第十条　专门委员会要加强信息工作，积极了解和反映社情民意。各专门委员会每月要向区政协办公室提供1~2条有价值的信息。

第十一条　本条例自区政协常委会议通过之日起实行。

中共浔阳区政协党组会议事决策规则

浔协党发〔2003〕1号

按照推进政治协商、民主监督、参政议政制度化、规范化的要求，为进一步提高区政协党组会议事决策水平，根据《中国共产党章程》《政协章程》和《中共九江市浔阳区委常委会议事决策规则》，特制定中共浔阳区政协党组会议事决策规则如下：

一、议事决策原则

1. 坚持以马列主义、毛泽东思想、邓小平理论和“三个代表”重要思想为指导，坚持中国共产党领导的多党合作和政治协商制度，巩固和发展爱国统一战线，在思想上、政治上与党中央保持高度一致。

2. 坚持解放思想，实事求是，与时俱进，结合区政协实际，认真贯彻落实区委的指示、决定和部署，创造性地开展工作。

3. 坚持民主集中制，实行集体领导和个人分工负责相结合的制度。

二、会议议题范围

4. 传达、学习中央、省、市、区委的决定、指示和会议精神及中央、省、市、区领导的重要讲话和指示精神。

5. 研究区政协的重要问题和重大决策；听取有关涉及党和国家利益的国际国内重大事件的通报，研究贯彻执行意见和应对措施。

6. 研究需提请区委常委会讨论的重要问题以及拟提交组织部门有关政协的人事安排问题。

7. 研究区政协全委会以及换届选举等工作，并以区政协党组文件形式向区委报告。

8. 召开党组民主生活会，原则上每半年召开一次。

三、会议制度

9. 区政协党组会议一般每月召开一次，遇有重要紧急事项可随时召开。

10. 区政协党组会议由党组书记主持。党组书记因故不能参加会议时，可委托副书记主持。

11．区政协党组会须有半数以上的党组成员到会方能举行。

12．党组成员要积极参加会议，因故不能出席的应提前向主持人请假。党组成员要遵守纪律，保守机密，对泄密者将依纪依法严肃处理。

13．区政协党组会由区政协办公室负责记录，会后将原始记录存档。

2003 年 6 月 30 日

主席会议工作规则

2011 年七届一次常委会议通过

第一条　为进一步推进政协浔阳区委员会主席会议（以下简称主席会议）工作的制度化、规范化、程序化建设，根据《中国人民政治协商会议章程》，参照《中国人民政治协商会议九江市委员会主席会议工作规则》，结合浔阳区实际，制定本规则。

第二条　政协浔阳区委员会（以下简称区政协）主席、副主席、秘书长组成主席会议，负责处理常务委员会的重要日常工作，主席主持常务委员会的工作，副主席、秘书长协助主席工作。

第三条　主席会议以《中华人民共和国宪法》为根本准则，以《中国人民政治协商会议章程》为依据，以马克思列宁主义、毛泽东思想、邓小平理论和“三个代表”重要思想为指导，全面落实科学发展观，坚持和完善中国共产党领导的多党合作和政治协商制度，高举爱国主义、社会主义的旗帜，围绕团结和民主两大主题，认真履行政治协商、民主监督、参政议政职能，巩固和发展最广泛的爱国统一战线，调动一切积极因素，为促进社会主义物质文明、政治文明、精神文明协调发展，为实现我区经济社会发展的各项目标、构建和谐浔阳而奋斗。

第四条　主席会议组成人员要认真执行《中国人民政治协商会议章程》和区政协全体会议、常务委员会、主席会议的规定、决议，切实履行职责，加强同各方面人士的联系，广交朋友，及时反映人民群众的意见和愿望，积极参加区政协常务委员会、主席会议举行的会议和活动。

第五条　主席会议的主要任务：

（一）学习《中华人民共和国宪法》，学习《中国人民政治协商会议章程》和有关规定，学习建设有中国特色社会主义的基本理论、基本路线、基本纲领和基本经验，学习科学发展观，学习统一战线和人民政协的理论和政策，学习经济、科技、法律和现代管理知识；研究部署学习工作。

（二）审议本届区政协增加或者变更参加单位、委员名额和人选，提请常务委员会协商决定。审议下届区政协的参加单位、委员名额和人选及界别设置，提请常务委员会协商决定。

（三）根据《中国人民政治协商会议章程》和有关规定，安排协商活动，决定协商的形式和内容。

（四）对区委、区政府的重大方针政策以及社会生活中的重大问题进行讨论，提出建议、意见或建议案。

（五）审查以区政协或常务委员会名义向区委、区人大常委会、区政府提出的重要建议案。

（六）召集并主持常务委员会会议，拟定会议的议程草案和日程，审议提交会议审议的文件。

（七）受常务委员会的委托，主持下一届第一次全体会议预备会议。

（八）审议区政协及其常务委员会的工作计划、工作报告和重要活动方案，审议区政协组织的赴区外学习考察报告，审议各专委会年度计划和工作总结；决定专委会的人选。

（九）执行常务委员会会议的决议；根据常务委员会的授权，履行常务委员会的部分职权。

（十）协调区政协各参加单位之间的关系，促进团结合作。

（十一）处理常务委员会的其他重要日常工作。

第六条　主席会议由主席或主席委托的副主席召集并主持。

第七条　主席会议的议题由主席或副主席、秘书长提出，由主席或主席委托主持会议的副主席确定。

第八条　主席会议一般每月举行一次；必要时可临时召开。

第九条　主席会议举行前，办公室应将开会时间、地点、主要议题等事项和提交会议审议的重要文件，送达主席会议组成人员；临时召开的会议临时通知。

第十条　主席会议举行时，办公室主任、副主任和专门委员会主任、副主任列席，视需要可邀请其他人员列席；协商讨论重大问题时，可邀请有关部门负责人到会介绍情况、听取意见。

第十一条　主席会议须在全体组成人员过半数出席时方能举行。

第十二条　主席会议协商讨论问题，要充分发扬民主。讨论决定问题，必须坚持少数服从多数的原则；对于少数人的不同意见，应当认真考虑。如对重要问题发生争论，双方人数接近，除在紧急情况下必须按多数意见执行外，应当暂缓做出决定，待进一步调查研究、交换意见、统一认识后再做决定。

第十三条　主席会议决定问题时，一般以分项审议方式通过，必要时也可以合并审议通过。

第十四条　对提请主席会议审议通过的文件，提请人应在主席会议审议时做出说明。

第十五条　主席会议审议通过的文件，需继续提请常务委员会会议审议通过的，在常务委员会会议表决通过前，主席会议可指定有关人员做出说明，或以书面形式做出说明；主席会议审议通过即发生效力的文件，由主席或主席委托的主席会议其他成员签发，以区政协或办公室文件形式送达有关方面或部门。

第十六条　主席会议应作会议记录，根据需要由办公室及时处理。

第十七条　本规则经区政协主席会议通过后实行。

关于印发《浔阳区政协委员街道联络处工作制度》的通知

浔协办字〔2012〕5 号

区政协各专门委员会、各街道联络处：

经浔阳区政协七届三次常委会协商通过，现将《浔阳区政协委员街道联络处工作制度》印发给你们，请认真贯彻执行。

2012 年 4 月 28 日

浔阳区政协委员街道联络处工作制度

（浔阳区政协七届三次常委会通过）

第一条　为了进一步加强政协委员联络处（以下简称联络处）工作，推进政协履行职能的制度化、规范化、程序化建设，根据《中国人民政治协商会议章程》有关规定，结合我区政协工作实际，制定本制度。

第二条　联络处按以街道辖区为主的原则设置。

各联络处设主任一名，专职联络员一名。

第三条　联络处的工作任务

（一）团结和联络本联络处人员，组织委员学习政治理论和统战知识，宣传党和国家的各项方针、政策，贯彻落实区政协全会和常委会的各项决议，开展学习交流、协商座谈、听形势报告会等活动。

（二）就全区和本地、本单位的重大问题与群众普遍关心的热点问题组织调查、视察活动，了解和反映社情民意，提出意见、建议或提案。

（三）邀请本地、本单位党组织或行政领导通报情况，组织委员开展讨论、建言献策。

（四）根据具体情况为维护社会稳定、民族团结和祖国统一事业开展联络联谊活动。

（五）积极组织委员参与扶贫济困、医疗援助、科技服务、法律服务、文艺慰问等社会公益活动。

（六）积极配合区政协开展的调研、视察和文史资料征集等工作，努力完成区政协交办的各项事宜。

（七）做好本地经济界人士、知识分子、宗教界人士、“三胞”人员及其亲属、影响较大的在外地工作的各界人士的联络工作，广交朋友，协调关系，充分发挥党和政府联系群众的桥梁作用，积极为本地的和谐稳定、经济建设做好服务工作。

第四条　联络处开展活动时，要严密组织，规范运作。

（一）做到年初有计划、年终有总结。计划和总结要及时报送区政协办公室。

（二）人数较多的联络处在开展活动时，可视情况划分若干活动组，有分有合地开展活动。凡是分组开展活动的，全年集中活动的次数不得少于两次，以联络处名义提出的意见建议必须经本联络处全体委员讨论通过。

（三）严格执行《浔阳区政协委员守则》有关考勤规定，将考勤情况于活动结束后 7 日内报送区政协办公室。

第五条　区政协通过以下方式对联络处工作进行激励和指导：

（一）开展先进联络处评比和表彰活动；

（二）主席会议成员联系指导联络处工作，每年至少二次到联络处指导工作、辅导学习、参加讨论、听取意见；

（三）区政协常委会会议讨论部署全区政协工作时安排联络处主任列席；

（四）安排联络处主任参加区政协有关重要会议和重大活动。

第六条　本制度自区政协常委会通过后实施。

浔阳区政协关于开展“百名委员进社区，带动群众促创建”工作方案

2012 年 9 月

为了充分发挥政协在创建省级文明城市工作中的积极作用，更好地促进省级文明城市创建活动有效开展，根据《九江市创建第四届省级文明城市工作方案》文件要求，按照全区创建省级文明城市工作统一部署，结合区政协工作实际，特制订本方案。

一、指导思想

坚持以科学发展观为统领，全面贯彻落实市、区关于创建第四届省级文明城市的工作部署，以“百名委员进社区，带动群众促创建”为主题，充分结合政协委员“四进四联”活动，广泛动员区政协机关、街道政协联络处、政协委员积极参与和开展创建省级文明城市活动，为全市成功创建省级文明城市做出积极贡献。

二、活动主题

本次活动主题是：“百名委员进社区，带动群众促创建”

三、总体目标

通过引导委员进社区，履行社会职责，树立文明新风，带动群众共同创建文明城市。从而进一步提高政协组织和政协委员“围绕中心、服务大局”的能力，协助区委、区政府深入推进创建第四届省级文明城市活动的开展，为建设“美丽、实力、文化、幸福”新浔阳做出应有贡献。

四、工作安排

1．加大工作宣传。举办“百名委员进社区，带动群众促创建”活动启动仪式，倡议动员政协委员积极参与创建文明城市主题活动。充分发挥《浔阳政协网》《浔阳政协信息》等宣传阵地作用，积极宣传政协委员在创建文明城市工作中典型做法和先进事迹。充分发挥街道政协联络组作用，大力开展委员进社区活动，组织委员进门入户，宣传创建文明城市的重要意义，不断提高创建文明城市群众知晓率和支持度，不断浓厚创建良好社会氛围。

2．建立示范岗位。发挥政协委员主体作用，在各界别、各委员行业企业以“百名委员进社区，带动群众促创建”为主题，设立“法律政策宣传岗”“社情民意信息岗”“文明创建服务岗”“民事纠纷调解岗”等文明示范岗，开展“争做文明人、争创文明岗”“岗位学雷锋，争做好员工”“文明餐桌行动”“爱国歌曲大家唱”等活动。严格按照行业或企业标准，文明经营、恪守信用，确保本行业、本企业在创建活动中不丢分。

3．加强专题调研。明确活动主题，以公共环境、公共秩序、公益活动等为重点，积极开展各种形式的调研活动。具体为：以市容环境为主题，开展创建全国卫生城市专题调研；以城市管理为主题，开展大中路步行街管理专题调研；以生态环境为主题，开展捡拾白色垃圾公益行动；以民生工程为主题，开展城镇居民医疗保险专题调研；以维护民权为主题，开展法制工作专题调研；以城区旅游为主题，开展旅游发展专题调研；以浔阳文化为主题，组织举办“庆国庆、迎中秋”专题文艺晚会。

4．强化民主监督。坚持将民主监督职能融入创建文明城市活动之中，采取现场视察、听取意见、书面汇报等方式方法，对重点工作、公共环境、公共秩序等事关城市公共文明水平工作进行民主监督，增强民主监督工作的针对性和实效性。通过民主监督，及时发现文明城市创建过程中存在的问题，并提出相关建议和意见，促进创建文明城市工作的落实。

5．开展公益活动。充分发挥政协委员资源优势，积极开展医疗、教育、科普、文化、法律、捐资助学等公益活动，为创建文明城市提供必要的人力、智力支持。组织委员进社区，开展社区卫生保洁大扫除活动；组织委员进学校，开展慰问九江市特殊教育学校走访慰问活动，帮助学校解决实际困难；组织委员进家庭，深入贫困家庭开展“一对一”贫困助学活动，帮助今年新考入大学的优秀贫困家庭子女解决入学难题。

五、保障措施

1．强化认识。创建省级文明城市，是加快经济发展、改善城市环境、提高群众生活质量，让百姓共享改革发展成果的一项民心工程、德政工程，对提高市民素质，提升城市形象，增强城市综合竞争力和影响力具有重大的现实意义、战略意义和时代意义。各委办、各街道联络处及各位委员要充分认识全市创建省文明城市的重大意义，切实把思想、认识和行动统一到市委、市政府和区委、区政府的决策部署上来，积极配合、主动融入创建文明城市活动中来，树立信心、众志成城，确保全市成功创建省级文明城市。

2．加强领导。为切实加强区政协创建工作的组织领导，成立区政协创建省级文明城市工作领导小组，由区政协副主席朱少芬任组长，区政协秘书长韩万金任副组长，区政协各委办、各街道政协联络处负责人为成员，领导小组下设办公室，负责做好协调和抓好工作落实。

3．明确责任。实行创建文明城市工作目标管理责任制，区政协副主席朱少芬为创建工作的第一责任人，办公室主任何君为直接责任人，机关各专委会的主要负责人和各街道联络处为具体责任人，按照本工作方案要求，层层分解任务目标，明确责任，牢固树立“一盘棋”的大局意识，既各负其责又密切配合，形成人人参与、齐抓共管、协调配合的创建工作新机制，确保各项创建工作落到实处。

4．健全制度。要以开展创建省级文明城市活动为契机，紧密结合政协工作职责和政协机关干部队伍建设的实际，建立健全政协机关各项工作制度，加强调查研究，找准民主监督工作的着力点，促进群众反映集中的热点、难点问题来解决，确保创建活动扎实有效。

政协九江市浔阳区委员会关于开展政协委员进社区“五个一”活动的实施方案

浔协发〔2013〕3号

各位委员：

为切实贯彻执行改进工作作风、密切联系群众的“八项规定”，进一步发挥政协委员的主体作用，不断巩固和深化我区政协委员进社区“四进四联”活动成果，根据市政协《关于在政协委员中开展密切联系群众“三进三服务”活动的实施方案》要求，结合我区实际，区政协决定在全区开展政协委员进社区“五个一”活动。具体方案如下：

一、指导思想

坚持以邓小平理论、“三个代表”重要思想和科学发展观为指导，认真贯彻落实十八大会议精神，通过进一步深化活动内涵，注重活动实效，强化规范管理，不断激发政协委员履行职责、为民服务的主动意识，引导委员把全局性工作与社区具体事务性工作相结合，把建言献策与为民办实事工作相结合，积极协助党委政府做好新形势下的社区和群众工作，促进社会和谐稳定，逐步建立和完善政协委员进社区活动的长效机制。

二、活动原则

一是坚持“以委员为服务主体，以社区为服务平台，以居民为服务对象”的原则。

二是坚持“尽力而为、量力而行”的原则。

三是坚持“创新形式、务求实效”的原则。

三、活动内容

进一步深化委员进社区活动，凝聚和发挥政协委员的正能量，引导委员主动融入，积极开展“五个一”活动。

一是联系一个驻地社区。各政协委员要按照就近原则，主动走进驻地社区，切实了解并掌握基层组织的实际情况，帮助社区解决实际问题，对确定联系的驻地社区，一年内走访、座谈或现场办公不少于2次。要积极配合党委政府、街道、社区做好社区创建工作，努力协调关系，化解矛盾，凝聚人心，促进和谐。

二是帮扶一户困难家庭。各政协委员要深入家庭，切实了解和掌握帮扶困难家庭的基本情况，帮助困难家庭解决实际困难，对确定帮扶的困难家庭，一年内走访、服务不少于2次。要继续开展“一对一”结对帮扶活动，积极帮助下岗职工、“4050”人员、残疾人等困难群众解决就业和再就业等实际问题。

三是参加一次委员约访。各街道政协联络处要根据委员的自身优势，合理安排委员参与约访活动，每个街道联络处必须定期安排委员约访活动，并做到约访工作有计划、有主题、有记录、有落实、有反馈。各政协委员要根据所属街道政协联络处安排，积极参与委员约访活动。

四是反映一条社情民意。各政协委员要坚持将民主监督职能融入进社区活动之中，通过对社区建设发展、食品药品安全、义务教育、物业管理、社区医疗卫生等事关群众切身利益的事项进行民主监督，及时反映有调研、有分析、有建议的社情民意。

五是实施一件惠民实事。各政协委员要充分发挥自身优势，本着“尽力而为、量力而行”的原则，通过开展文化、科技、法律、医疗等进社区活动，为社区居民提供形式多样的便民服务，每位委员一年内必须实施一件惠民实事。惠民实事要务求实效，让社区或居民真正受益，使委员进社区活动悉民情、顺民意、得民心。

四、实施步骤

（一）广泛动员（4 月份）进一步深化“四进四联”活动，制订出台实施方案，召开动员会议，大力宣传活动意义，提高委员参与活动的主动性和积极性。

（二）深入实施（5—10 月份）引导委员走进社区、深入家庭，结合自身优势，大力开展形式多样的为民办实事活动。同时，加强活动的督促检查，确保活动顺利开展、取得实效。

（三）总结提升（11—12 月份）各街道政协联络处将活动情况收集、整理、上报。区政协将对活动情况进行全面总结分析，对委员活动情况和街道政协联络组组织、协调、服务情况进行考核，并在区政协全委会上进行通报表彰。

五、工作要求

一是提高思想认识。委员进社区“五个一”活动是“四进四联”活动的深化提升，对扩大政协组织影响，树立委员良好形象具有重要现实意义。根据市政协《关于印发〈在政协委员中开展密切联系群众“三进三服务”活动实施方案〉的通知》要求，市政协委员按属地活动的原则，驻浔阳区市政协委员由所在街道政协联络处负责记录、管理，区政协将根据实际情况把驻区市政协委员分解到各街道政协联络组。各政协委员，特别是政协常委要带头参与，主动融入，切实履行好委员职责。“五个一”活动由各街道联络处牵头组织实施，各街道政协联络处及社区要切实做好协调、引导、记录、管理工作，做好活动的资料收集、整理、上报工作；要进一步整合资源，继续打造和完善街道“委员之家”，为委员进社区提供坚实平台。各委办要积极配合街道政协联络组，开展对接与服务工作。

二是强化督查考核。活动领导小组要做好对街道联络组开展活动的指导、督查工作，每 2 个月要召开一次协调调度会议，及时了解和解决活动过程中存在的问题，总结推广委员进社区活动的好做法和好经验。要加大政协委员进社区活动考核力度，把委员进社区活动情况纳入委员履职档案，作为对街道政协联络处和委员年度考核的重要依据。

三是加强组织领导。政协委员进社区“五个一”活动是今年区政协工作的重中之重，为确保活动顺利开展，区政协主席将亲自推进，分管副主席及秘书长具体抓落实，区政协委员工作办公室具体负责活动的协调、督查、考核工作。

2013 年 4 月 23 日

2014 年度政协提案办理考评办法（机关）

一、领导重视（10 分）

主要领导亲自抓，明确一名分管领导和具体经办人，责任分工明确，有具体的办理措施。（明确责任分工 5 分，明确办理措施 5 分）

二、办理时限（10 分）

在规定时限内将所有提案全部办结，并及时向区委办、区政府办、区政协提案委和委员报送正式答复行文。如因客观条件限制不能如期完成的，要书面报区委办、区政府办，经区委办、区政府办商区政协提案委同意，可适当延长办理时限。（对超过办理时限的，按未按期办结件数占总承办件数的比例扣分）

三、答复格式（10 分）

严格按照规定的公文格式进行答复，包括发文字号、分类、标题、内容充实、语言精练等内容。（每错一处扣 1 分，扣完为止）

四、办理程序（10 分）

承办单位在办理前与委员本人取得联系，征求他们对办理工作的意见，正式答复前将办理情况先向委员本人进行反馈，征求意见，取得一致意见。承办单位与委员的见面率要达到 100%，委员的意见反馈率要达到 100%。（见面率未达到 100% 扣 5 分，意见反馈率未达到 100% 扣 5 分）

五、满意程度（30 分）

主动与委员进行沟通，争取委员支持与理解，力争提案办理满意率达100%的。（有基本满意的，按满意的件数占总件数的比例计分；有不满意的，按承办总件数的比例扣分）

六、综合考核（30分）

（1）工作创新（10分）。在政协提案办理过程中，创新工作方式，取得较好效果，得到区委办、区政府办、区政协提案委、委员和群众的一致认可。

（2）宣传报道（10分）。在各类媒体上大力宣传政协提案办理工作的重要性和经验做法。

（3）其他方面（10分）。及时上报办理工作总结、经验材料和考核所需其他相关材料。

（备注：自2012年起，区委将政协提案办理工作纳入年终对部门综合考评范围，区委每年征求区政协建议，区政协根据实际需要，对此考评办法作了适当修订，此考评办法为2014年修订后的）

2014年度政协工作考评办法（街道）

1．高度重视政协工作，将政协工作列入街道工作计划，明确联络处主任和联络员，为街道政协联络处开展工作提供必要的场所和经费支持。（共16分，列入工作计划5分，明确联络处主任和联络员5分，提供场所和经费支持6分）

2．积极参与政协会议或活动，全力配合区政协开展调研、视察、考察、检查及民主测评和评议等。（共10分，无故不参加、不重视政协会议或活动每次扣2分）

3．切实做好政协提案的办理工作。（共6分，按所交办提案满意率记分，没有办理任务的取平均分）

4．加强对政协工作的宣传力度，每年在市级以上媒体上稿不少于1篇，在区级以上各类媒体上宣传报道政协工作不少于3篇。（共10分，市级一篇4分，区级一篇2分）

5．继续开展委员进社区“三进三服务”和“五个一”活动，积极组织委员开展“委员约访”、社情民意、公益活动等。（共20分）

6．进一步完善“委员之家”管理，建立健全活动制度、活动资料和委员信息档案（18分，活动制度5分，活动资料8分，委员信息档案5分）

7．建立委员联系制度，每年集中组织委员召开座谈会、开展专题调研等活动各不少于1次。（共10分）

8．根据区政协年度工作要点和全会精神，制定年度工作计划，认真组织实施，年终要进行总结工作，并及时向区政协报送。（共10分，工作安排5分，工作总结5分）

（备注：自2012年起，区委将政协工作纳入年终对街道综合考评范围，区委每年征求区政协建议，区政协根据实际需要，对此考评办法作了适当修订，此考评办法为2014年修订后的）

关于在全区委员中开展“讲诚信、做贡献、促发展”活动的实施方案

浔协发〔2013〕4号

为进一步发挥政协委员正能量作用，积极引导委员参与浔阳经济建设中来，充分展示委员新形象，结合政协工作实际，制订以下实施方案。

一、指导思想

坚持以邓小平理论、“三个代表”重要思想和科学发展观为指导，认真贯彻落实中共十八大会议精神，以做“讲诚信、做贡献、促发展”的新时代政协委员为目标，进一步深化委员活动内涵，激发委员履职意识，积极引导政协委员争做诚信道德的倡导者，守法经营的示范者，公益事业的先行者，和谐社会的推动者，建言献策的实践者，为浔阳经济社会发展做出积极贡献。

二、活动内容

（一）讲诚信。一是丰富企业文化内涵。用创新的思想和文化理念规范企业和员工行为，培育员工崭新的精神风貌和良好的职业习性，形成特色的企业文化理念，提升企业管理水平，增强企业核心竞争力。二是注重企业产品质量。加大技术革新力度，注重产品质量建设，培育知名品牌和名牌企业，坚持杜绝假冒伪劣产品，不断促进企业上水平、上质量、上规模、上效益。三是强化自身道德

修养。坚持诚信立身，加强品格修养，陶冶道德情操，牢固树立诚信为本、操守为重、守信光荣、失信可耻的信用意识和道德观念。

（二）做贡献。一是积极为招商引资做贡献。发挥委员联系广泛的作用，积极为浔阳招商引资提供价值信息。二是积极为地方税收做贡献。引导委员依法经营、照章纳税，协助区财税部门和街道办事处做好协税护税工作，提高对浔阳财政税收的贡献率。三是积极为劳动就业做贡献。结合本行业、本企业自身特点，尽力创造就业岗位，加强业务技能培训，改善职工工作环境，保障职工合法权益。四是积极为公益事业做贡献。主动融入委员进社区“五个一”活动，积极参加区政协及各街道政协联络组组织的各项公益活动。

（三）促发展。坚持以市场为导向，抢抓机遇，创新发展，开拓市场，不断促进企业做大做强。充分发挥政协委员智力密集、人才会聚的独特优势，紧紧围绕沿江开放开发、鄱阳湖生态经济区建设发展战略部署，围绕区委、区政府经济工作重点，主动思考，深入调研，为区委、区政府决策提出科学化、可操作性的建议意见。当前，要紧紧围绕做优做强总部经济、提升聚集商贸物流、培育壮大文旅产业、稳步推进工业发展等方面，积极开展专题调研，提出建设性意见，为加快浔阳发展做出积极努力。

三、实施步骤

（一）宣传发动（7 月份）。研究制订活动实施方案，通过召开主席会、常委会，利用各种新闻媒体及短讯平台，加大活动的宣传力度，提高活动的知晓率和参与率。

（二）组织实施（8—11 月份）。

1. 调查摸底（8—9 月份）。积极开展调查摸底工作，切实了解和掌握委员企业文化、生产经营、劳动用工等情况，广泛征求委员对加快浔阳经济发展方面的意见建议。

2. 重点走访（10 月份）。针对调查摸底情况，对部分委员进行重点走访，进一步了解情况，尽力解决委员企业存在的实际困难和问题，不断扶持委员企业做大做强。

3. 督促落实（11 月份）。开展“回头看”活动，看在调查摸底或重点走访过程中发现的问题、存在的困难是否得到解决，看对企业的相关扶持政策是否得到落实等。

（三）总结表彰（12 月份）。认真对活动情况进行整理、总结，形式书面汇报材料。对委员参与活动积极性高、贡献率大等典型事例进行广泛宣传、通报表彰。

四、工作要求

（一）统一思想，提高认识。开展政协委员“讲诚信、做贡献、促发展”活动，是增强委员企业诚信依法经营理念，展示委员企业风采的重要举措，也是强化委员履行职能意识、树立当代委员新形象的有益探索。各位委员要高度重视，主动参与，在不断壮大企业自身的同时，积极为浔阳经济社会发展做贡献。

（二）明确责任，积极推进。为确保活动深入开展、取得实效，区政协主要领导将亲自抓，明确一名副主席具体分管。区政协办公室负责活动宣传发动、组织协调、调度督查、考核表彰等工作，组织开展“回头看”活动。各专委会、各街道联络处及区发改委、区工信委、区财政局、区园区办等相关部门要全力配合做好委员企业情况调查、重点走访。

（三）积极探索，完善机制。坚持从实际出发，积极创新实践，不断总结经验，打造品牌，形成特色，努力探索建立委员“讲诚信、做贡献、促发展”长效机制，切实为浔阳经济社会更好更快发展做出积极贡献。

2013 年 7 月 15 日

关于进一步加强反映社情民意信息工作的通知

浔协办字〔2013〕11 号

各位委员：

为进一步加强政协社情民意工作，推动反映社情民意信息工作规范化、制度化建设，根据省、市政协有关要求，结合政协工作实际，现将进一步加强反映社情民意信息工作有关事项通知如下：

一、把握反映社情民意信息工作的主要内容

反映的社情民意信息主要包括以下主要内容：对国家和地方大政方针、政策、法规的制定与实施的意见和建议，特别是对区委、区政府重大举措、重要工作部署的反映；对人民群众普遍关注的热点、难点、焦点问题，特别是普遍性情绪变化，有识之士的预警性、前瞻性、批评性、建设性意见；对经济社会发展中存在的问题及原因分析、对策建议，特别是对经济社会发展的警示性、前瞻性意见；对加强社会主义精神文明建设和民主法制建设的意见和建议，特别是对国家机关及其工作人员勤政廉政建设情况的反映；对重大突发事件、严重自然灾害的反映，特别是消除隐患、维护稳定意见和建议；对政协工作中重要的意见、建议，特别是保障政协委员正常履行职能的意见和建议等。

二、明确反映社情民意信息工作的基本要求

（一）质量要求。一是选题要准确。要根据党政工作中心和经济社会发展大局收集“社情”，结合群众普遍关注和反映强烈的问题反映“民意”。要注重党政工作重点、社会关注热点、民生改善难点。二是内容要真实。对所反映的每一条社情民意信息，都必须坚持先调查核实，后编写报送，务求反映的信息真实准确、万无一失。三是建议要可行。针对所反映的问题，提出切实可行的处理意见和解决办法，为领导决策提供参考和借鉴。四是反映要快速。反映社情民意是一项时效性很强的工作，目的在于让人民群众和社会各界人士的意愿和心声能够快速反映上去，使社情民意信息在规定时限内发挥作用。

（二）任务要求。反映社情民意是政协委员的基本职责，为此，各位委员要主动做好反映社情民意信息工作。原则上，每位委员每年至少反映 1 条社情民意信息；各街道政协“委员之家”均作为区政协社情民意信息收集点，通过开展“委员约访”活动，积极收集社情民意信息，每个社情民意信息收集点每年至少反映 5 条社情民意信息；区政协将聘请部分委员担任全区社情民意信息员，每位社情民意信息员每年至少反映 2 条社情民意。

三、完善反映社情民意信息工作的运行机制

（一）加强反映社情民意信息工作组织领导。强化组织领导。区政协主席会议将经常听取反映社情民意工作开展情况的汇报，并加以研究。同时，确定一名副主席分管此项工作。区政协学习提案文史委具体负责此项工作，以确保此项工作扎实有效地开展。加强队伍建设。要加强社情民意信息员学习培训力度，适时举办业务知识培训班，建立一支思想和业务素质好的信息工作队伍。

（二）拓宽反映社情民意信息工作收集渠道。要畅通政协各党派、专委会、街道政协联络组、各信息收集点以及各政协委员反映社情民意信息的渠道。要通过各种会议、委员视察、专题调研、提案、大会发言、座谈讨论、走访委员等形式，注意收集和反映社情民意。要密切与各相关部门单位的联系，注重工商联和各界代表人士对重要事件动态反映的收集、整理、上报，使之成为反映社情民意的一个重要来源。

（三）规范反映社情民意信息工作各项程序。

一是完善社情民意信息收集报送制度。各街道“委员之家”要明确一名工作人员具体负责收集、整理、上报社情民意信息。区政协学习提案文史委具体负责社情民意的登记、分类、处理工作，根据社情民意的不同内容采取不同的报送形式。对于平时收集到的有价值的重要社情民意，及时以《社情民意》形式，直接报送区委、区政府，凡涉及有关部门的，直接发送有关部门；对于一些重要社情民意可转化为提案；对于一些可作为政协调查研究和视察参考的社情民意，可推荐给有关专委会或党派；对于一些适宜公开的社情民意，可通过《浔阳政协信息》形式予以刊登。

二是完善社情民意信息阅批处理制度。相关部门要高度重视政协报送的社情民意信息，主要负责人要亲自阅批，并明确分管责任人和具体经办人。对社情民意信息中反映的有价值的意见和建议，应积极采纳，并及时将办理落实的情况反馈至区政协办公室。

三是完善社情民意信息反馈通报制度。区政协学习提案文史委要与区委办公室、区政府办公室保持密切联系，及时了解社情民意信息处理结果。要及时把区委区政府领导及有关部门对社情民意提出的处理意见、采纳情况反馈给社情民意的反映者。对未予编发的信息件，要加强与反映者联系，主动说明原因，增进相互理解，以确保每一件反映上来的社情民意信息有回音、有着落。

（四）加强反映社情民意信息工作考核奖励。加大考核力度。把反映社情民意信息工作，作为对街道政协联络处和委员年终考核的重要内容。开展评比表彰。每年开展一次优秀社情民意信息评比表彰工作，对优秀社情民意信息员和先进街道政协联络处在政协全会上予以通报表彰。

2013 年 7 月 10 日

关于区政协委员2013年度履职情况考核的通知

浔协办字〔2013〕19号

区政协各位委员：

为全面了解今年以来区政协委员履职情况，认真总结区政协委员在协商议政、视察调研、公益事业等方面典型事例，为年终委员履职情况考核提供真实、有效的依据，区政协拟于近期组织对委员2013年度履职情况进行考核。现将有关事项通知如下：

一、考核内容

今年以来，各位委员在参加政协各项会议、活动，提案工作，委员进社区“五个一”活动，“讲诚信、做贡献、促发展”活动等方面履职情况。

二、考核步骤

1．发放登记表（11月20日前）。各街道政协联络处负责将考核通知分送到各委员手中。

2．委员自评（11月30日前）。各委员根据实际情况，认真填写《浔阳区政协委员履职情况登记表》，本人签字、单位盖章后，交送到所在街道政协联络处。

3．街道核准（12月10日前）。各街道政协联络处收齐街道政协委员履职情况表后，根据所掌握的情况，负责对委员履职情况进行逐项核准，确定无误后由街道联络处主任签字并加盖公章，报送至区政协委员工作委员会。

4．政协评定（12月20日前）。区政协委员工作委员会根据委员自评、街道核准情况，对委员履职情况进行评定，拟定初步表彰意见，经区政协主席会、常委会通过后，将在全委会上对协商议政和公益活动积极性高、社会贡献大的委员进行通报表彰。

三、有关要求

1．各政协委员要认真对待考核工作，严格按照时间要求填写、报送《浔阳区政协委员履职情况登记表》和《浔阳区政协委员履职典型事例简述》，尤其是对自身一些典型事例，要另作相应详细的文字说明。

2．各街道政协联络处要认真组织好本街道辖区内政协委员的考核工作，帮助并指导委员填写好《浔阳区政协委员履职情况登记表》，针对所了解掌握的情况，对委员履职情况表进行必要补充和完善。

3．各专委会要积极配合做好委员考核工作，认真对本专委会委员参加专委会组织的各项活动情况进行汇总，对《浔阳区政协委员履职情况登记表》进行必要补充和完善。

4．区政协委员工作委员会要认真疏理各街道、专委会和委员所上报的各项资料，负责向区政协主席会、常委会拟定初步表彰人员名单。

附1：《浔阳区政协委员履职情况登记表》

附2：《浔阳区政协委员履职典型事例简述》

2013年11月13日

关于进一步加强调查研究工作的通知

浔协办字〔2014〕11号

区政协各委办：

开展调查研究工作是政协履行职能的重要方式，搞好调研工作，对于了解实情、掌握社情民意，助力区委、区政府科学决策和民主决策有着重要作用。同时也有利于密切党群干群关系、改进工作作风和提高政协委员素质。为加强调查研究工作，提升建言质量，特制定如下工作制度。

一、认真确定调研课题

1．调研课题确定的原则。调研课题的选择要坚持围绕中心、服务大局，突出综合性、战略性、前瞻性，在“求真、求实、求精”上下功夫。要从以下方面择优选题：区委、区政府关注的具有战略性、宏观性、前瞻性的问题；群众普遍关心的热点、难点问题；尚未引起区委、区政府重视的潜在性问题。

2．调研课题确定的方式。各委办于上年底与区政府相关部门共同协商，确定1～2个课题作为次年的重点调研课题，经请示分管领导同意，报主席会研究通过后，纳入区政协年初工作要点。除重点课题外，各委办根据实际需要和主席、副主席要求，积极开展其他课题调研活动。各党派和街道政协联络处每年在区政协的指导下领题开展调研，或自行确定调研课题开展调研活动。

二、充分做好调研准备

1．拟订方案。重点调研课题前，各委办必须认真分析研究，详细制订调研方案，明确调研指导思想、目的任务、调研提纲、日程安排、方法步骤、组织领导及注意事项等。调研方案需经分管副主席同意，并呈主席审批。其他专题调研也要精心安排、精细组织。

2. 组成人员。调研一般由分管副主席带队、专委会牵头组织、熟悉业务的委员参与，也可根据实际需要，邀请区政府有关部门负责人以及相关专家参与。调研人员确定后，要组织调研组成人员认真学习与调研有关的方针政策和法律法规，全面掌握熟悉与调研任务有关的文件精神，详细了解调研对象的基本情况，确保调研工作不偏离目标和方向。

三、精心组织调研活动

1. 争取支持配合。调研工作开始前，对调研需要给予支持配合和协作的单位，应及时联系沟通，主动做好协调配合工作，提前通知，做好准备。

2. 务实开展调研。调研活动要深入实际、求真务实，要认真听取相关部门单位的情况介绍，积极开展座谈讨论，深入到现场，深入到群众，切实了解和掌握实际情况。

3. 全面了解情况。根据需要，采取听取被调研单位工作介绍、召开座谈会、个别听取汇报、查看现场、发放问卷等形式，认真做好记录，尽可能收集用于参考的文字资料、图片、实物等资料；有必要时，也可组织委员和相关部门外出考察学习与调研课题相关的经验、典型；对收集到的调研资料，要按调研提纲要求加以核实、归纳、整理，并进行分析论证，确保调研活动有效、有序推进。

四、用心撰写调研报告

1. 起草专题报告。调查阶段结束时，专题调研视察组要及时召开小结会，确定报告起草组成员，研究报告初步提纲。参加人员要充分发表调研视察中的意见建议。调研报告要做到“高、新、深、准、实”，实事求是，建言中肯，不折中、不含糊，既要有一般情况，又要有典型事例；特别是对存在的问题要客观全面分析，找出规律，抓住要害，提炼观点，有所取舍，有针对性地提出有新见解、新对策的意见和建议。

2. 综合提炼报告。要在广泛搜集材料的基础上，充分吸取本地做法、外地经验和现代先进成果，对材料进行郑重而不敷衍、深刻而不肤浅、系统而不零碎的分析、综合、提炼，力求提出一些带战略性的思路和建议。要及时通过召集座谈会或单独送阅形式，征求相关部门和调研视察组全体成员对专题报告的意见，及时修改完善，形成高质量的专题报告。

3. 协商专题报告。重点调研课题形成调研报告后，必须再次征求参加调研人员和相关部门意见建议，经分管副主席和主席审核后，根据需要，分别提交主席会议或常委会议协商通过。其他调研报告根据实际情况进行必要的专题协商。

五、及时报送调研报告

重点调研报告原则上经常委会协商通过后，以区政协名义向区委、区政府主要领导或分管领导报送。其他专题调研报告根据实际情况，经主席会协商通过后，以区政协办的名义向区委办、区政协办以及相关部门抄送，同时向相关分管领导抄报，确需要向区委、区政府主要领导报送的，需经常委会协商通过后再行报送。

对领题或自行确定开展调研活动的调研报告，经主席会研究，并由区政协常委会审议通过，列为政协全会大会发言或交流材料，或形成重点提案转送有关部门办理。

区委、区政府领导批示后，要做好信息反馈和跟踪落实，以促进调研成果的转化。要运用大会发言、提案、信息等多种形式反映调研成果，通过报刊、电视、广播、互联网等媒体加强宣传报道，增强成果转化的实效性。

六、切实抓好评选工作

区政协成立调研报告评审小组，对所有调研报告进行评选；参加评选的调研报告由各撰写单位择优选送。调研报告每年评选一次，年底进行，评选出的优秀报告在次年进行表扬奖励。

2014 年 9 月 25 日

关于进一步加强“委员约访”活动的通知

浔协办字〔2014〕12 号

区政协各委办：

为切实践行务实为民主旨，充分发挥委员优势，确保委员进社区活动更有活力、更具实效，使“委员约访”工作长态化，特制定如下制度。

一、约访内容。各街道政协联络处要多渠道收集辖区内社区和群众反映的经济发展、城市建管、民生工程、社会稳定、社区建设、社会事业等方面问题，并进行分类整理，以一个或一类问题为主题开展“委员约访”活动。

二、约访方式。各街道政协联络处以“委员之家”为主要平台，充分发挥委员优势，针对性地选择好主题开展“委员约访”活动。“委员约访”可以将政协委员邀请到“委员之家”，与群众面对面进行交流，也可以带着群众和问题到委员企业进行交流，或者以走访的形式带着委员深入社区和群众中去约谈。因约访主题需要，各街道政协联络处需要跨辖区邀请相关委员的，可与区政协办沟通，由区政协委员工作办公室协调邀请。

三、约访时间。各街道政协联络处每个月至少要开展一次“委员约访”活动。具体的日期由各联络处根据实际情况自行确定。同时，根据群众需要或委员要求，不定期组织“委员约访”活动。

四、约访处理。各街道政协联络处要本着为民务实的态度，认真对待“委员约访”工作。对委员能立即解决的问题要敦促委员及时解决，对委员一时难以解决的问题要及时跟踪，对委员解决不了的问题要求委员以社情民意或提案的形式向市政协或区政协反映。同时，区政协各委办及各街道政协联络处要协同委员做好部门协调工作，配合解决群众反映的实际问题。每次“委员约访”要认真填写《浔阳区政协“委员约访”情况登记表》（见附表）。

五、相关要求。

1．高度重视。各街道政协联络处要高度重视“委员约访”工作，把“委员约访”工作作为推进委员进社区活动的主要抓手，作为践行群众路线的重要途径，真正把“委员约访”做活做响。

2．及时反馈。各街道政协联络处要及时向区政协反馈“委员约访”工作情况，每次的“委员约访”工作以电子版形式报送到区政协委员工作办公室（电子信箱：gqw20071103@163.com；联系电话：8225347）。问题处理结果要向及时向社区和群众反馈，并再次征求社区和群众的意见建议。

3．加大宣传。各街道政协联络处要及时宣传“委员约访”工作，积极宣传典型事例，营造良好工作氛围。

附：《浔阳区政协“委员约访”情况登记表》

2014 年 9 月 25 日

浔阳区政协“委员约访”情况登记表

编号：

接访对象姓名		性　别		年　龄	
联系电话		住　址			
日　期		约访地点			
接访委员姓名		委员单位及职务			
反映内容					
处理意见					
办理结果					
群众意见	满意 □　不满意 □　或其他建议意见：				

区政协常务委员会工作规则

2014 年七届十七次常委会通过

第一章 总 则

第一条 为了提高政协浔阳区委员会常务委员会（以下简称常务委员会）会议质量，推进常务委员会工作的制度化、规范化和程序化建设，根据中央、省委、市委关于加强人民政协工作的有关文件精神和《中国人民政治协商会议章程》有关规定，结合工作实际，制定本规则。

第二条 常务委员会的活动以宪法为根本准则，以邓小平理论、“三个代表”重要思想、科学发展观为指导，深入贯彻落实习近平总书记系列重要讲话精神，以《中国人民政治协商会议章程》为依据，坚持中国共产党领导的多党合作和政治协商制度，突出团结和民主两大主题，围绕中心，服务大局，积极履行政治协商、民主监督、参政议政职能，开拓创新，履职尽责，为建设美丽、和谐、幸福首善之区做出应有贡献。

第三条 常务委员会由政协浔阳区委员会主席、副主席、秘书长和常务委员组成，主席主持常务委员会的工作，副主席、秘书长协助主席工作。

第四条 常务委员会主持政协浔阳区委员会的会务。在全体会议闭会期间，行使政协浔阳区委员会的职权，处理重要工作。

第二章 工作职权和主要任务

第五条 常务委员会行使下列职权：

（一）召集并主持政协浔阳区委员会全体会议（每届第一次全体会议由会议选举的主席团主持）；

（二）履行政治协商、民主监督、参政议政职能，组织实施全体会议规定的各项任务和上级政协做出的决议，组织委员开展视察、调查研究等活动；

（三）协商和决定区政协参加单位、委员名额、界别设置、人选及委员增补、辞职等事项。每届委员的名额、界别设置及第一次会议的委员人选，由上届常务委员会协商决定，每届任期内如有必要增加或变更，由本届委员会协商决定。

（四）常务委员会组成人员增加或变更时，协商提出建议名单，提交政协浔阳区委员会全体会议决定；

（五）决定区政协工作机构的设置，任免办公室、各专门委员会正副主任及街道政协机构负责人，督促和检查专门委员会的工作；

（六）根据政协章程决定对参加政协的单位和政协委员的纪律处分事项。

第六条 常务委员会的主要任务：

（一）听取传达上级党委、政府、政协有关重要会议精神和重大政策、决定，贯彻落实区委、区政府的重要会议精神和重大决策部署；

（二）协商讨论我区经济社会发展中的重大问题，听取区委、区政府以及有关部门的负责人关于我区工作重大决策和重要情况的通报或说明，提出建议和意见；

（三）审议本会的年度工作计划，重要的建议案、视察报告、调研报告和其他报告；

（四）审议提交政协浔阳区委员会全体会议的文件；

（五）协商通过政协浔阳区委员会及常务委员会会务和工作中的重大事项；

（六）联系和指导各街道政协联络处工作；

（七）协商讨论其他事项。

第三章 常务委员会会议制度

第七条 常务委员会一般安排在每季度末举行一次，必要时可临时举行。

第八条 常务委员会会议议程草案由主席会议协商拟定，提请常务委员会会议通过。一般于常务委员会会议召开前一周将主席会议决定的开会日期和有关事项及相关材料通知常务委员会全体组成人员，临时召集的会议可临时通知。

第九条 常务委员会由主席主持或主席委托副主席主持。

第十条 常务委员会必须有全体组成人员过半数出席方能举行。会议的一般议案，采取鼓掌方式表决通过，重要议案和人事任免案，采取举手方式表决，须经常务委员会全体组成人员过半数通过方能生效，表决结果，会议主持人当场宣布。人事任免案，可逐人表决，也可根据情况合并表决。

第十一条 每个季度的常务委员会会议一般应做出总体规划安排，可在当年的常委会工作要点中提出每次常委会议专题协商议政计划。根据议政专题计划，按照分工负责的原则，由主席或副主席、秘书长事先组织有关专委会、界别等方面开展调研视察等工作。对提请常务委员会会议进行协商的重要专题调研视察报告，应在常务委员会会议召开之前，由牵头调研的副主席召集小范围协商座谈会，征求并吸纳有关部门、专家学者以及部分委员的意见建议。

第十二条　根据常务委员会会议议题，会前，常务委员会组成人员要深入调查研究，及时收集社情民意。举行常务委员会会议时，要踊跃发言，积极提出自己的见解。

第十三条　精心组织常务委员发言。根据会议协商议题，区政协办公室会前可事先征求党派、团体、界别以及各专委会的意见，推举代表做好重点发言准备，提高发言质量。

第十四条　常务委员会会议邀请下列人员列席：

（一）不是常务委员的办公室主任、副主任和各专委会主任、副主任。

（二）各街道政协联络处主任。

（三）根据会议的议题和需要，邀请区委、区政府主要领导或联系领导，区法院、区检察院的负责人，区直有关部门单位的负责人参加；邀请与议题有关的人员列席；邀请住区的全国和省、市政协委员列席；邀请不是常务委员的部分区政协委员列席。

（四）主席会议认为需要列席的其他人员。

第十五条　根据需要，常务委员会可举行专题座谈会，就某项专门问题进行协商座谈，提出建议和意见。专题座谈会不定期举行，由主席或副主席、秘书长召集，有关常务委员和其他有关人员参加。

第十六条　常务委员会会议由区政协办公室负责协调新闻媒体做好宣传报道工作。

第十七条　建立和完善常务委员会考勤。常务委员会组成人员出席常务委员会会议，应履行签到手续，无故不得缺席会议。因特殊原因不能出席或中途缺席会议时，须履行请假手续。请假人应在会议召开前两天以书面或电话等形式，向秘书长请假，待秘书长请示区政协主席后，方予准假；中途请假的，可在会场以口头形式，向会议主持人提出，经同意后退席。不能正常履行常务委员职责的，应劝其辞去常务委员职务。

第十八条　建立常务委员会履职考评制度。常务委员会会议的发言以及出勤情况，应列入相关常务委员的年度考评内容。

第四章　常务委员会决定的实施

第十九条　常务委员会做出的决定，提出的意见建议，通过的报告和建议案等文件，经主席或主席委托的副主席、秘书长签发后，以委员会或办公室文件的形式上报、下发或送达有关部门。

第二十条　常务委员会做出决定后，按分工负责的原则，由主席或副主席、秘书长组织有关方面贯彻执行。常务委员会决定的执行情况，由秘书长负责检查和反馈。

第二十一条　常务委员会决定或拟决定的事项如遇特殊情况无法实施时，可由主席会议作适当调整，并提请下次常务委员会会议认可。

第五章　附　则

第二十二条　历届区政协常务委员会制订的工作规则与本规则有不相符的条文规定，以本规则为准。

后　记

《浔阳区政协志》是政协浔阳区第七届委员会第一次会议后，由第一次主席会议研究决定编纂的首部区政协志书。

经过一段时间的准备，2013 年 5 月正式启动《浔阳区政协志》编纂工作。5 月 23 日，第十七次主席会议研究决定成立编纂委员会，主席任主任，分管办公室副主席任执行副主任，秘书长任主编，并聘请有丰富经验的专家为顾问。同时成立编志办公室，负责统筹协调编志工作。7 月 18 日，区政协七届九次常委会讨论通过《浔阳区政协志编辑工作方案》和编辑提纲目录，明确责任，分配到人。此后，各民主党派、无党派、工商联、民族宗教团体、各委办和各街道政协联络处按照分工，对区政协成立以来的资料进行收集、查阅、整理和筛选。2014 年 3 月，正式进入编写阶段。10 月底完成《浔阳区政协志》初稿，约 120 万余字。2015 年 3 月，由执行主编审稿、补充和完善。9 月，邀请市史志办专家和区地方志办公室同志对初稿进行评审。根据评审意见和该书实际情况做进一步加工和取舍，压缩精简为 100 万余字。而后，编纂委员会召开座谈会，集思广益，多方征求意见，形成《浔阳区政协志》送审稿。并于 12 月上旬交由方志出版社最后审定。审定后，为完整记录第七届区政协工作，仅依照体例补充 2016 年 3 月区政协即将换届前的部分相关内容。

本志的出版是集体智慧的结晶，区政协党组书记、主席文建华为该书成功修纂倾注了大量心血，亲自编经织纬，修改润色。区政协历届主席、副主席及在政协工作过的同志为本志的编写积极提供资料，认真审阅文稿，提出了有益的意见和建议。本志在编纂过程中得到区委、区政府的大力支持。市史志办专家为本志进行热心指导，区地方志办公室为本志的编写提供了参考资料，在此，谨向为本志的编纂出版做出贡献的单位和个人致以最诚挚的谢意！

《浔阳区政协志》的编纂出版，由于缺乏经验，编写人员水平有限，再加上图片和文字资料的缺失，难免存在选漏或不当之处，敬请各级政协委员会、社会各界和广大读者谅解，并提出宝贵意见。

《浔阳区政协志》编委会

2016 年 4 月

图书在版编目（CIP）数据

浔阳区政协志／中国人民政治协商会议九江市浔阳区委员会编．
－－北京：方志出版社，2016.2
ISBN 978－7－5144－1954－2

Ⅰ.①浔…　Ⅱ.①中…　Ⅲ.①中国人民政治协商会议－地方委员会－概况－九江市　Ⅳ.①D628.563

中国版本图书馆 CIP 数据核字（2016）第 046274 号

浔阳区政协志

编　　者：中国人民政治协商会议九江市浔阳区委员会
责任编辑：李志瑜

出 版 人：冀祥德
出 版 者：方志出版社
地址　北京市朝阳区潘家园 9 号（国家方志馆 4 层）
邮编　100021
网址　http://www.fzph.org
发　　行：方志出版社发行部
（010）67110500
经　　销：各地新华书店
印　　刷：江西昌华印刷厂

开　　本：889 × 1194　1/16
印　　张：36.5
字　　数：995 千
版　　次：2016 年 4 月第 1 版　2016 年 4 月第 1 次印刷
印　　数：0001 ~ 1500 册

ISBN 978－7－5144－1954－2　　**定价**：380.00 元